TI
T A
MUN
DOS

China

Autor y director de la colección
Philippe Gloaguen

ANAYA
TOURING

Cofundadores de la colección
Philippe Gloaguen y **Michel Duval**

Redactor jefe
Pierre Josse

Edición española
Anaya Touring
Editora de proyecto: **Ana Catherine Gómez Collins**
Editoras de textos: **Esther García González** y **Ana Morcillo**
Coordinación técnica: **Mercedes San Ildefonso**
Equipo técnico: **Silvana Appeceix, José Miguel Bendito López, Michi Cabrerizo** y **Antonio Sereno**
Diseño tipográfico y cubierta: ***mariwies***

Fotografías: **XBI, HAIBO/Istockphoto,** 8-9. **Chang, Cheng/Istockphoto,** 112-113. **McGillis, Don/Istockphoto,** 114. **Padavona, Daniel/Istockphoto,** 14-15. **Tsuji, Sawayasu/Istockphoto,** 16. **Wang, Linda/Istockphoto,** 372. **Yakovlev, Alexander/Istockphoto,** 247.

Impresión: Fernández Ciudad, S.L.

Depósito legal: M-53.046-2010
ISBN: 978-84-7525-566-8
Impreso en España - Printed in Spain

La información contenida en esta guía ha sido cuidadosamente comprobada antes de su publicación. No obstante, dada la naturaleza variable de algunos datos, como horarios, recomendamos su verificación antes de salir de viaje. Los editores agradecen de antemano cualquier sugerencia u observación al respecto y declinan cualquier responsabilidad por los daños o molestias que pudieran ocasionar a los usuarios de la guía.

Sumario

> CÓMO IR

> GENERALIDADES

> CHINA

Pekín(Beijing) y alrededores

Centro de China

Shanghai y su región

Yunnan

Delta del río de las Perlas

Guilin y el río Li

> LOS COLORES Y LOS SIGNOS DEL TROTAMUNDOS EN EL TEXTO

> Cada **CAPÍTULO** de la guía se identifica mediante un color:

- Sumario e índice
- Generalidades
- Cómo ir
- Visita

> Cada **SECCIÓN** de la **VISITA** se identifica mediante un color:

TRANSPORTES

- Alquiler de coches
- Barcos
- Taxi
- Autobuses
- Bicicletas
- Tranvía
- Avión
- Metro
- Tren

DIRECCIONES E INFORMACIONES ÚTILES

- Compañías aéreas, agencias de viaje
- Información turística
- Sanidad/urgencias
- Banco
- Internet/cibercafé
- Teléfono
- Correos
- Lavandería
- Varios
- Embajada, consulado
- Piscina

¿DÓNDE DORMIR?

- Cámping
- Hotel, B&B, albergue

¿DÓNDE COMER?

- Café
- Pastelería
- Restaurante

OCIO Y TIEMPO LIBRE

- Bodega
- Club, pub, copas
- Discotecas, conciertos

CULTURA Y ESPECTÁCULOS

- Cine
- Fiestas, festivales, eventos

COMPRAS Y MERCADOS

¿QUÉ VISITAR?

> Otros **SIGNOS:**

- Atención
- Exposiciones
- Patrimonio Mundial
- Discapacitados
- Página web
- Playa
- E-mail
- Para niños
- Teléfono

CHINA DEL SUROESTE

JILING
Shenyang
LIAONING
NORTE
Chengde
PEKÍN
(Beijing)
Shanhaiguan
Dalian
COREA
DEL
NORTE
Tianjin
HEBEI
Yantai
COREA
DEL
SUR
Jinan
SHANDONG
Qingdao
MAR
AMARILLO
Qufu
Lianyungang
Kaifeng
JIANGSU
JAPÓN
ENAN
Nankin
Nanjing)
Yangzhou
Hefei
Wuxi
SHANGHAI
ANHUI
Suzhou
Monte Huangshan
Zhouzhuang
uhan
Hangzhou
Ningbo
Tunxi
MAR
DE CHINA
ORIENTAL
ZHEJIANG
Nanchang
Wenzhou
JIANGXI
FUJIAN
Fuzhou
Longyan
Quanzhou
Xiamen
(Amoy)
OCÉANO
PACÍFICO
TAIWÁN
UANGDONG
Kaiping
CANTÓN (Guangzhou)
Shenzhen
Hong Kong
lacao
MAR
DE CHINA
MERIDIONAL
0
200
400 km
FILIPINAS
Patrimonio
de la Humanidad

Cómo ir

> EN AVIÓN

CHINA EASTERN AIRLINES
www.china-airlines.es.com
Es la compañía aérea china, que une Madrid con Pekín y Shanghai varias veces por semana. La oficina que tiene en Madrid no vende billetes al público, así que deberéis gestionarlos a través de una agencia de viajes.

AIR FRANCE
www.airfrance.es Ofrece varias posibilidades de volar a China desde Madrid (Madrid-Pekín, Madrid-Hong Kong y Madrid-Shanghai), pero siempre haciendo escala en el aeropuerto Charles de Gaulle, de la capital francesa, o en otros aeropuertos franceses.

KLM
www.klm.com
Todos los días hay vuelos desde Madrid o Barcelona a Pekín, Hong Kong y Shanghai, con escala en Amsterdam.

LUFTHANSA
www.lufthansa.es
Con esta compañía haréis escala en alguna ciudad alemana, desde donde proseguiréis el viaje directo a China. De Madrid o Barcelona a Pekín, Shanghai o Hong Kong, con escala en Frankfurt, por ejemplo. En algunos casos, incluso tendréis que hacer dos escalas en Alemania.

BRITISH AIRWAYS
www.britishairways.com
Aterriza en Pekín, Hong Kong y Shanghai con escala en Londres.

Billetes económicos

En Internet podréis comprar billetes aéreos a precios muy bajos. En las agencias *on line* suelen vender las plazas que han sido canceladas a última hora o las que quedan vacías pocos días antes del vuelo. Algunas funcionan como subastas, otras os proponen poner un precio al billete y ellas se encargan de buscar una compañía que acepte vuestra oferta. Es una buena alternativa para los trotamundos que saben esperar hasta el último momento. Las más conocidas son:

- www.atrapalo.com
- www.despegar.com
- www.es.lastminute.com
- www.rumbo.es
- www.viajar.com
- www.e-viajes.com

Otra opción es consultar las ofertas de última hora que proponen las compañías aéreas o las agencias de viajes, que a veces también hacen subastas de últimas plazas (consultad el apartado «Agencias de viajes»).

> EN TREN

Aunque es una alternativa poco utilizada desde España, existe la posibilidad de un enlace ferroviario con las redes europeas a través del transiberiano o transmongoliano. Algunas agencias de viajes especializadas en China, como *Promochina* (ver el apartado «Agencias de viajes»), gestionan la compra del billete para el transiberiano (realiza el trayecto de Moscú a Vladivostok) y el transmongoliano (va de Moscú a Pekín pasando por Mongolia). Lo más frecuente y económico es comprar el billete en cualquier agencia de Moscú o de Pekín.

> AGENCIAS DE VIAJE

AÑOS LUZ

902-522-555. www.aluz.com Agencia especializada en viajes exóticos y de aventura por todo el mundo. Dispone de varios programas e itinerarios con destino a China, entre ellos las «Ciudades Imperiales, Shanghai y Hong Kong».

CATAI

www.catai.es Esta agencia mayorista ha diseñado varios paquetes de viaje para conocer China a fondo. Algunos combinan China con otro país, como, por ejemplo, Japón. Consultad su página web. Para bolsillos desahogados, claro.

CLUB MARCO POLO

902-101-200. www.clubmarcopolo.es Están especializados en organizar viajes de aventura, entre los cuales encontraréis interesantes expediciones a China y ascensiones y recorridos por sus montañas.

ORIXÁ VIAJES

www.orixa.com Esta agencia nació de la mano de la librería Altaïr, especializada en viajes. Dispone de un catálogo con destinos por todo el mundo, donde también destacan los itinerarios por China y la ruta de la Seda. Se trata de programas que se alejan de las rutas más turísticas. Además de los circuitos que ellos organizan, están abiertos a cualquier sugerencia para viajes a medida, vuelos internos o apoyo logístico.

POLITOURS

902-877-778.
www.politours.com
Agencia mayorista que dispone de unos diez programas distintos para visitar China o alguna de sus ciudades. Sus propuestas suelen incluir el alojamiento en hoteles de cuatro y cinco estrellas, con guía en español para las rutas culturales y de ocio. No se trata de viajes de aventura, sino más bien de paquetes vacacionales clásicos. Podéis solicitar sus folletos en la agencia que os quede más cercana, seguro que los tienen.

PROMOCHINA

www.promochina.net Como su nombre indica, es la agencia de viajes en España encargada de promocionar el turismo en China. Organiza viajes y ofrece información sobre el país.

TRANSRUTAS

www.transrutas.com
Agencia mayorista con más de 30 años en activo. En sus folletos sobre Asia encontraréis diversos viajes a China: «China a su alcance», «Bellezas de China» o «China selecta». En vuestra agencia de viajes os informarán de las características de cada programa... Elegir ya es cosa vuestra.

TUAREG VIATGES I EXPEDICIONS

tuaregweb@tuaregviatges.es
www.tuaregviatges.es
Entre sus propuestas por el continente asiático, destaca China como uno de sus destinos. Organiza viajes individuales o en grupos reducidos de turismo de aventura y rutas inéditas.

VIAJES EL CORTE INGLÉS

902-304-020 (información y reservas). www.viajeselcorteingles.es Tienen oficinas repartidas por todo el territorio español. Diseñan programas exclusivos para sus agencias. Os informarán de todos los itinerarios y paquetes vacacionales de que disponen para vuestro destino. Lo mejor de sus viajes es la garantía que dan, al tratarse de una de las grandes agencias españolas.

VIAJES IBERIA

902-116-221 (información y reservas). www.viajesiberia.com

Ésta es otra de las grandes, por lo que abundan los precios económicos, las ofertas de última hora y de temporada. Consultad sus programas de vacaciones en Asia; encontraréis varios itinerarios por China.

> AGENCIAS DE VIAJE EN INTERNET

Cada día crece más el número de agencias de viajes que operan únicamente a través de Internet (las agencias *on-line*). Un paseo por la red y encontraréis un sinfín de ellas. Una de las principales ventajas que ofrecen casi todas son los precios económicos, sobre todo en los billetes de avión, y la posibilidad de consultar, reservar y comprar directamente desde vuestro ordenador. Para que no os perdáis en la selva del ciberespacio, a continuación os proponemos algunas para empezar a buscar.

www.agencias-de-viajes.com
Web muy interesante, ya que ofrece información de todas las agencias de viajes agrupadas por los destinos turísticos o por la comunidad autónoma, provincia o localidad en la que están situadas, entre otros criterios. También presenta de forma destacada las ofertas de última hora o permite buscar alojamiento.

www.123agencias.com
Un, dos, tres... y a buscar. Ésa es la filosofía de esta agencia de Internet. Para no perder ni un solo minuto en buscar la mejor oferta, basta con que introduzcáis los datos del viaje que queréis hacer, y ellos los envían a más de 6.000 agencias en todo el país. Después os informan sobre el resultado de la búsqueda.

www.edreams.es
Una de las primeras agencias que prestaron sus servicios a través de la red, de ahí que sea una de las más conocidas. La gran variedad de resultados que acostumbra a ofrecer para cada solicitud os permitirá escoger la que mejor se ajuste a vuestras necesidades de precio, fecha de salida, etc.
☎ 902-887-107.

www.es.lastminute.com
Aunque en el momento de su llegada a Internet esta agencia ofrecía pasajes pocas horas antes del despegue del avión a precios muy rebajados, la fuerte competencia desatada en este sector la obligó a reciclarse. Tras ampliar sus servicios, hoy incorpora los conocidos paquetes turísticos de vuelo más alojamiento.

www.travelofertas.com
Reúne toda la información que reciben las agencias de los mayoristas. Es una forma de conocer, con cierta antelación, lo que después podrá verse en las páginas web de las agencias minoristas.

www.viajar.com
Podréis buscar los vuelos que más os convengan y, como empieza a ser habitual en este tipo de web, reservar tanto el viaje como la estancia. Son especialmente recomendables las ofertas de última hora.

www.muchoviaje.com
Todo tipo de ofertas, muy completas. Podéis hacer la reserva de paquetes, estancias o, incluso, cruceros, aunque la confirmación de la oferta se realiza siempre por teléfono. Tienen las clásicas ofertas de última hora y descuentos según el destino y la época en la que se reserva el viaje.

www.viajes en china.com
Empresa de servicios de viajes *on line* en China. Todo tipo de viajes y precios a la carta.

CÓDIGO DEL TROTAMUNDOS

Cuando salimos de nuestro país, los extranjeros somos nosotros. Con este refrán en mente, una actitud correcta caerá por su propio peso.

Los usos y costumbres del país: respetad sus costumbres o creencias aunque os sorprendan. La discreción y la humildad permiten a menudo evitar algún malentendido. Bastará con observar las actitudes de los demás y adaptarse a ellas. Informarse de las tradiciones religiosas resulta siempre interesante. Un atuendo discreto, una sonrisa, algunas palabras en el idioma local, son detalles que facilitan el intercambio y el establecimiento de una verdadera relación. Estos pequeños gestos constituyen un paso hacia el otro. Y somos los visitantes quienes debemos darlo. La consigna: tolerancia y derecho a la diferencia.

Visitante/visitado: una relación de fuerzas desequilibrada: el pasado colonial o las abismales desigualdades económicas pueden conllevar tensiones. La diferencia de poder adquisitivo es enorme entre el Norte y el Sur. No exhibáis vuestro dinero, sobre todo billetes grandes, que muchos no habrán tenido jamás entre las manos.

El turismo sexual: es inadmisible que los occidentales utilicen sus medios económicos para aprovecharse sexualmente de la pobreza. Nuevas leyes permiten perseguir y juzgar en sus países de origen a aquellos culpables de abusos sexuales, especialmente a menores. Apelamos a la conciencia personal y al simple respeto al prójimo. Combatir estos comportamientos es fundamental. Boicotead los establecimientos que favorecen este tipo de relaciones.

¿Foto o no foto?: hay que informarse bien sobre la relación que los habitantes del país establecen con esta cuestión. Algunos pueblos consideran que la fotografía roba el alma. Limitaos a fotografiar paisajes o pedid permiso antes de apuntar con vuestro objetivo. No ignoréis la opinión de la gente. No dudéis en apuntar la dirección de la persona retratada para enviarle una copia. Un objeto mágico: dejadle una foto polaroid.

Cada uno, su traje: querer comprender un país para apreciarlo mejor es una actitud encomiable, pero a veces conviene mantener cierto distanciamiento (que no distancia), permaneciendo en el lugar que nos corresponde. No es preciso llevar un traje beréber para demostrar que nos gusta el país. La idea misma de «imitar» a los habitantes locales será mal recibida. Asimismo, los atuendos demasiado escuetos les resultan a menudo molestos.

Cada uno, su ritmo: los viajeros tienen siempre demasiada prisa. No puede verse ni hacerse todo. Hay que aceptar los imprevistos, a menudo más ricos en recuerdos que los periplos sin sorpresas. Las mejores relaciones humanas nacen con el tiempo y no con el dinero. Tomaos tiempo para sonreír, hablar, comunicaros... Ahí radica el secreto de un viaje memorable.

Evitar las actitudes moralistas: el trotamundos «aleccionador» resulta molesto. Observad, comparad e informaos antes de expresar opiniones. Y, sobre todo, escuchad.

El exotismo adulterado: denunciad a las empresas turísticas que tratan a los autóctonos de forma degradante y rechazad las excursiones que suponen el disfrute de una curiosidad malsana. No alentéis los espectáculos turísticos que adulteran las tradiciones y pervierten a los habitantes.

Generalidades

«Aunque China parece cada vez menos lejana, su poder de atracción y su misterio permanecen.»

Hoy día es posible ir de España a Pekín (Beijing) en 10 h de vuelo. Aunque China parece cada vez menos lejana, su poder de atracción y su misterio permanecen. Desde su apertura económica, iniciada en 1992, este destino se ha hecho accesible a los viajeros. Y para llegar allí basta con un simple visado. Ya no es necesario ningún permiso para circular por las numerosas provincias. El hecho de llegar ya supone un gran choque: perderse entre la compacta población china, observar caras tan distintas, aprender algunas palabras de esta hermosa lengua, sentir los aromas y escuchar el ruido de la calle, disfrutar de las sutilezas y de los múltiples sabores de su cocina... Estamos claramente en otro mundo.

El viajero que llega a China suele empezar por una estancia en Pekín, Shanghai o Hong Kong. Andaréis muchas horas por las avenidas atestadas de coches y bicicletas para apreciar la velocidad de los cambios que está viviendo el país. Por todas partes hay ciudades en obras, repletas de grúas y modernos rascacielos. De Yunnan a Jiangsu, el viento del progreso tecnológico sopla también en el campo (aunque con menos intensidad, no tan rápido). En Lijiang, Dali o Yangshuo podréis imaginaros inmersos en estampas antiguas. He aquí un país de casi

1.300.000.000 de habitantes que quiere recuperar el tiempo perdido e integrarse en la economía mundial sin tener que vender su alma al diablo.

¿Cómo puede descubrirse en tres semanas un país 19 veces mayor que España? Un viaje no bastará para conocer las riquezas de una de las más antiguas cunas de la civilización. Habrá que volver una segunda vez. Avión, tren o autobús, no importa el medio de transporte. Aquí se encuentran tesoros históricos y artísticos ineludibles, que hay que ver cueste lo que cueste, a pesar de las enormes distancias. En el norte y en Pekín tenéis la Gran Muralla, la Ciudad Prohibida, el palacio de Verano, los museos y los templos. En el centro del país, los guerreros de Xi'an. Cerca del mar, Shanghai, paradigma del nuevo capitalismo chino. Es otra China –delicada, secreta y poética– la que se oculta en sus jardines de Suzhou o a orillas del río Li, al sur, cerca de Guilin.

> SEÑAS DE IDENTIDAD

- **Capital:** Pekín (Beijing).
- **Superficie:** 9.596.961 km^2 (19 veces mayor que España).
- **Población:** 1.300.000.000 de habitantes (unas 32 veces la población de España).
- **Tipo de régimen:** Dictadura democrática popular socialista.
- **Lenguas:** mandarín (*putonghua*, lengua común oficial) y ocho dialectos principales con sus variantes.
- **Etnias:** 56, cada una con su lengua: han (92%), zhuang, hui, miao, yi, tibetana, uigur...
- **Moneda:** el yuan (abreviado en el texto como ¥).
- **Esperanza de vida:** 72,8 años.
- **Analfabetismo:** 8%.
- **Monumentos declarados Patrimonio Mundial por la Unesco:** la Gran Muralla, el monte Taishan, el palacio imperial de las dinastías Ming y Qing, el mausoleo del primer emperador Qin, el monte Huangshan, la residencia de montaña y los templos próximos de Chengde, los jardines clásicos de Suzhou, la ciudad antigua de Lijiang, el palacio de Verano, el jardín imperial de Pekín, las cuevas de Longmen, las tumbas imperiales de las dinastías Ming y Qing, las áreas protegidas de los tres ríos paralelos en Yunnan, el Gran Buda de Leshan, el conjunto rupestre de Dazu, la montaña sagrada del budismo Emeishan, el monte taoísta Qingcheng, la presa-canal de riego de Dujiangyan y los parques naturales de Jiuzhaigou y Huanglong.

> ANTES DE PARTIR

DIRECCIONES ÚTILES

En España

> **Embajada de China:** Arturo Soria, 113, 28043 Madrid. ☎ 915-194-242. Fax: 915-192-035. 💻 www.embajadachina.es

> **Sección Consular:** Josefa Valcárcel 40, 1ª planta, 28027 Madrid. ☎ 917-414-793.

> **Consulado General de China:** avenida de Tibidabo, 32, 08043 Barcelona. ☎ 932-541-199. Fax: 932-127-718.

> **Oficina de Turismo de la Embajada de la República Popular China:** ☎ 915-480-011. Fax: 915-480-597. 💻 www.turismodechina.org

> **Casa Asia:** Casa Asia es «la puerta de Asia y el Pacífico en España». Su objetivo: contribuir a un mejor conocimiento mutuo y facilitar intercambios culturales, educativos y académicos, económicos e ideas y proyectos de interés común. Aunque no tienen un servicio dirigido al turista, sí que os ofrecerán información sobre los eventos que organizan. En Barcelona: Diagonal, 373, 4º 1ª, 08008 Barcelona. ☎ 933-680-836. Fax: 933-680-333. 💻 www.casaasia.org En Madrid: Palacio de Miraflores, Carrera de San Jerónimo, 15, 1ª planta. ☎ 914-202-3 03, fax: 914-291-173.

FORMALIDADES

Para ir a la República Popular China, son necesarios el **pasaporte** (con seis meses de validez) y el **visado** (excepto para Hong Kong y Macao).

Hay dos tipos de visado: el turístico y el de negocios. Para el visado turístico debéis presentar el pasaporte (en el momento de la solicitud, tiene que ser válido hasta seis meses después de la fecha de regreso), una foto tamaño carné y un formulario cumplimentado. Es mjy difícil obtener un visado turístico multi-entradas. Para el visado de negocios, las formalidades son las mismas que para el turístico, con la obligación de presentar una carta de invitación (o fax) de una empresa o un socio chinos.

Los visados se tramitan normalmente en cinco días laborables. Si se realizan en menos de ese intervalo, la tarifa es de urgencia (20-30 € más la entrada); si se quiere para el mismo día de la solicitud, la tarifa es aún mayor (35 € más la entrada). Este visado es válido durante tres meses y puede obtenerse en los consulados de China.

Atención: es recomendable comprobar antes del viaje la validez del visado ya que si permanecéis en China con este documento expirado, seréis apercibidos y sancionados con una multa que puede variar de 50 a 500 € o bien seréis detenidos entre 3 y 10 días.

> No se aceptan pasaportes enviados por correo.

> Para los extranjeros que tengan previsto residir más de un año en China, se solicita una prueba del sida y un certificado médico.

> **Solicitud de visado al salir de Hong Kong:** en Hong Kong puede obtenerse el visado para la República Popular China. La espera es corta: entre medio día y tres días laborables. El precio del visado varía según el plazo de solicitud y el número de entradas.

> UN CONSEJO

Escanead vuestro pasaporte, visado, tarjeta de crédito, billete de avión y reservas de hotel, y enviadlos a vuestro propio correo electrónico como documentos adjuntos. En caso de pérdida o robo, nada más fácil que ir a un cibercafé a recuperarlos. Las gestiones administrativas serán mucho más rápidas.

VACUNAS

No se exige ninguna vacuna para los viajeros que llegan desde Europa. No hay fiebre amarilla en China; al menos, no más que en el resto del continente asiático. Pese a todo, algunas vacunas son muy recomendables para la protección personal del viajero (remitíos al apartado «Salud»).

CARNÉ INTERNACIONAL DE ESTUDIANTE (ISIC)

Acredita la condición de estudiante en todo el mundo y permite beneficiarse de diversas ventajas, servicios o reducciones, oportunidades de precios en transportes, alojamiento, cultura, ocio... Es la clave de la movilidad para el estudiante. El carné ISIC da también acceso a ventajas exclusivas con relación al viaje (billetes de avión especiales, seguros de viaje, tarjeta de teléfono internacional, alquiler de coches, autobús al aeropuerto...).

Para más información sobre el carné ISIC, contactad con alguna de las oficinas de turismo juvenil donde se expide este documento o consultad en las páginas 💻 www.injuve.mtas.es y 💻 www.istc.org (en inglés).

Para obtenerlo en España

Los requisitos para conseguir el carné ISIC son: acreditación de que sois estudiantes a tiempo completo matriculados en un curso académico reconocido oficialmente; ser mayor de 12 años, y una fotografía tamaño pasaporte. Cuesta 6 €.

Más información en: **Área de Información y Programas Sectoriales del INJUVE,** ☎ 91-363-76-20. Fax: 91-309-30-66. ✉ carnetjoven@mtas.es

■ CARNÉ INTERNACIONAL DE ALBERGUISTA (REAJ)

La Red Española de Albergues Juveniles (REAJ), miembro de la Federación Internacional de Albergues Juveniles (IYHF), expide un carné de alberguista con validez en más de cien países, que permite beneficiarse de los 4.500 albergues juveniles de la red Hostelling International repartidos por todo el mundo. Los periodos de apertura varían según los países y albergues.

Hay que destacar que el carné de alberguista es interesante sobre todo en Europa, Estados Unidos, Canadá, Oriente Medio, Japón... A menudo este carné es obligatorio para pasar la noche en un albergue juvenil, por lo que es aconsejable salir de casa con él. Además, sale más barato hacerlo en España que en el extranjero. Podéis informaros en:

Dirección General de la Juventud: Paseo de Recoletos, 7-9, 28004 Madrid. ☎ 91-276-74-33.
Oficina de Turismo Juvenil (TIVE): Fernando el Católico, 88, 28015 Madrid. ☎ 91-543-74-12. ✉ tivejuventud@madrid.org
Red Española de Albergues Juveniles (REAJ): ✉ info@reaj.com 💻 www.reaj.com
Teléfono joven: ☎ 901-510-610.

Para obtenerlo en España

Se expide en los puntos de información juvenil y en los albergues (los teléfonos de los puntos de información juvenil de las Comunidades Autónomas aparecen en la web de la REAJ). Basta con presentar el DNI y abonar el importe correspondiente según la categoría.

Existen seis categorías de carnés de alberguista: juveniles (14-25 años y 26-29 años): 5 €; adulto (más de 30 años): 12 €; grupo (mínimo: 10 personas): 15 €; familiar (matrimonio e hijos): 24 € y visitantes extranjeros: 3,50 €. Para el carné familiar se expide una sola tarjeta, que los padres pueden utilizar si viajan solos. En ella figuran los menores de 14 años, mientras que los que tengan más de esta edad deberán estar en posesión de su propio carné.

El carné de alberguista también da derecho a descuentos en transportes, museos y puntos de interés turístico de más de 80 países. Estas ventajas varían de un país a otro, lo que no impide probar a presentarlo en cada ocasión por si tenéis derecho a algún descuento.

> LAS PREGUNTAS MÁS FRECUENTES

¿Se puede viajar solo?

Sí, y sin ninguna autorización especial (en avión, en tren, en autobús, en barco). No obstante, para el Tíbet, se necesita un permiso especial y es obligatorio ser miembro de un grupo previamente constituido. Serán de gran ayuda, para no perderos, un buen diccionario español-chino y un mapa de la ciudad o de la región. Por razones idiomáticas, el 70 % de los viajeros viajan en grupo con un guía intérprete.

¿Cuál es la diferencia horaria con respecto a España?

Es de 6 horas más en verano y 7 horas en invierno.

¿Es cara la vida?

Una habitación doble cuesta aproximadamente 30-60 €. Comer sigue siendo barato; los precios de una comida copiosa oscilan de 3 a 7 €. Las tarifas de los transportes por el país (autobús, tren, avión, barco) son razonables. Un viaje a China no resulta, en realidad, realmente económico, pero cuesta un 20-30 % más barato que viajar a cualquier país europeo.

¿Cómo desplazarse por China?

El avión es el transporte más adecuado para las grandes distancias: de Pekín a Xi'an, de Xi'an a Shanghai, de Shanghai a Cantón... El autobús para los trotamundos y el barco para recorrer el Yang Tsé Kiang (cruceros de 2 a 7 días). Los viajeros a la antigua usanza preferirán el tren, que permite una inmersión lenta y progresiva en el país: en el caso de largos trayectos, tened presentes los trenes nocturnos, que resultan confortables, prácticos y con precios módicos. En Pekín y Shanghai el metro y los taxis no son caros.

¿Cuál es la mejor época para viajar a China?

Evitad el invierno, muy frío en el norte, y el verano, muy cálido y húmedo en el sur. En julio en Pekín, la atmósfera es pesada y el cielo rara vez es azul debido a una especie de neblina que produce el calor. Por lo tanto, la primavera y el otoño son los mejores períodos.

¿Es fácil orientarse si no se sabe interpretar los ideogramas?

Sí, pero sólo en las grandes ciudades, donde las grandes vías están indicadas (a veces) en inglés. Sin embargo, en cuanto os aventuréis por los barrios periféricos y las pequeñas ciudades de provincia, encontraréis todo o casi todo escrito en caracteres chinos (ideogramas). ¡Os hará falta, además de un buen léxico español-inglés, una buena dosis de paciencia!

> ALOJAMIENTO

> **Cámping:** no está autorizado en China. ¿Quizá algún día?
> **Albergues juveniles:** están en plena expansión y se encuentran sobre todo en grandes ciudades como Shanghai y Hong Kong, y también en pequeñas poblaciones turísticas concurridas por los trotamundos, como Yangshuo

¿Es necesario un visado?

Sí. Cuesta unos 35 € y se consigue en 10 días.

¿Qué vacunas son obligatorias?

No se exige ninguna en particular, sólo se recomiendan las vacunas clásicas previas a cualquier viaje.

¿Hay que prever algún tratamiento antipalúdico?

No, excepto si vais a moveros por algunas zonas rurales muy alejadas del Yunnan.

¿Qué lugares no hay que dejar de visitar?

Pekín, la Ciudad Prohibida, los museos, el Templo del Cielo y el Palacio de Verano. La Gran Muralla. Shanghai, por su modernismo futurista. Pingyao, por la excelente preservación de su hábitat. La ciudad imperial de Xi'an con su ejército enterrado de guerreros de terracota. Guilin y sus montañas kársticas. Y la guinda del pastel: las pequeñas ciudades tradicionales del sur, Dali, Lijiang y Yangshuo.

¿Hay inseguridad en el país?

No, China es un país seguro para el viajero. Evitad aventuraros solos en los barrios desfavorecidos de las grandes ciudades.

¿Qué se puede traer de China?

Té verde, seda, cerámica y porcelana, sellos de jade, artesanía y multitud de objetos chinos atemporales que encontraréis en los mercadillos.

¿Es cierto que los chinos no aprecian a los extranjeros, apodados los de «narices grandes»?

Falso. En la época colonial de las Concesiones (década de 1930), los europeos no eran aceptados, pero en la actualidad, todos los *laowai* (extranjeros) son bienvenidos.

¿Es verdad que se puede ver a Mickey Mouse en China?

¡Sí! En septiembre de 2005 Disneyland abrió su primer parque de atracciones en Hong Kong.

¿Se come carne de perro?

Sí, podréis encontrar platos a base de carne de perro en algunos restaurantes especializados. Según reza un proverbio: «Los chinos comen todo lo que tiene cuatro patas excepto las sillas y las mesas».

(cerca de Guilin, en Guangxi). Estos albergues están afiliados a la red internacional.

El carné de miembro (de la federación internacional) es a veces obligatorio y, en caso de no poseerlo, puede adquirirse en el propio albergue o pagar un suplemento por persona y noche. En general están bien cuidados: construcciones recientes y dormitorios limpios. Ofrecen la posibilidad de lavar la ropa y, a menudo, aunque no siempre, podréis utilizar ordenadores conectados a Internet para consultar el correo electrónico. Paneles informativos proponen, frecuentemente, información de todo tipo a los que viajan solos, como suele hacerse en otros albergues juveniles. También destacaremos los YMCA, que ofrecen, como el de Shanghai, dormitorios asequibles, además de las habitaciones clásicas.

Para alojarse en los AJs no hay ningún límite de edad. Lo único que hace falta es estar asociado.

Existen dos guías que incluyen todos los AJs del mundo: una para Europa y otra para el resto; son de pago.

La REAJ ofrece a sus miembros la posibilidad de reservar desde España, gracias al sistema informático IBN (International Booking Network), con seis meses de antelación y seis noches como máximo, en algunos albergues juveniles en el extranjero (la red Hostelling International alcanza más de 80 países). La gran ventaja es que, dado que los AJs a menudo están llenos, vuestra cama (en un dormitorio común, no hacen reservas para habitaciones individuales) está reservada para la fecha indicada. Se paga la tarifa en España, además de los gastos de reserva. La gracia está en que lo hacéis antes de partir, ¡en español y en euros! A cambio recibiréis un comprobante de pago que deberéis presentar en el albergue cuando lleguéis. Este servicio permite asimismo anular y recibir un reembolso. El plazo de anulación varía de un AJ a otro. Podréis acceder a IBN por Internet: 💻 www.hihostel.com, para informaciones útiles de los albergues conectados a la red, reservas y pago de tarifas sin cargos suplementarios.

> **Alojamiento en los campus universitarios:** os podéis alojar a precios realmente económicos en centros que dependen de las universidades (campus universitarios) o de un centro oficial destinado a la juventud. En las grandes ciudades (Pekín, Shanghai, Hangzhou), los dormitorios comunes de las universidades aceptan a estudiantes extranjeros que presenten el carné internacional de estudiante. Con todo, algunas veces no lo solicitan, dependerá del recepcionista. La tendencia actual es abrir estos dormitorios universitarios a los jóvenes viajeros con poco presupuesto, además de los estudiantes, que tienen, en ocasiones, un porcentaje adjudicado. Sin embargo, las residencias de los campus no están disponibles todo el año, sino que abren, principalmente, en el periodo de vacaciones de verano.

> **Pequeños hoteles privados:** algo más acogedores que los bloques de cemento de la época, se trata de pensiones (con ambiente de casa de huéspedes). Algunos establecimientos sirven comidas, pero constituyen una excepción; en general, no ofrecen ni siquiera desayuno. Generalmente, el confort de las habitaciones es básico. Pueden ser enormes o del tamaño del armario de la limpieza. Tienen lavabos colectivos, con letrina y ducha en más o menos buen estado. Atención, la acogida cambia de un centro a otro, y los propietarios raramente hablan inglés.

> **Albergues selectos:** constituyen una categoría muy rara en China. Pero también aquí las cosas están en plena evolución. Así pues, se puede dormir en una habitación decorada a la antigua y beneficiarse, además, de un buen nivel de comodidades (baño, aire acondicionado y teléfono). Los precios de las habitaciones no son necesariamente altos (categoría media).

> **Hoteles de categoría media (hoteles «estándar»):** ofrecen una buena relación calidad-precio, pero ninguna personalidad y ningún encanto particular, pues con frecuencia se trata de inmuebles de hormigón de la década de

1950 destinados a grupos. A decir verdad, en esta categoría pueden encontrarse hoteles muy buenos y también muy viejos.

> **Grandes hoteles de lujo:** empiezan en las tres estrellas e incluyen las cadenas internacionales. La decoración reúne a menudo los mismos elementos: largas columnas doradas, balaustradas relucientes y colores chillones. Pero las habitaciones, siempre bien equipadas, cumplen las normas internacionales. Sus tarifas frecuentemente son más ventajosas si se efectúa una reserva en una agencia de viajes antes de partir. De este modo, podréis dormir en una habitación de cierto lujo al precio de un hotel de gama media en Europa. Sin embargo, si se trata de un hotel de cinco estrellas, los precios pueden llegar a ser muy elevados.

Consejos

> **Descuentos en el precio de las habitaciones:** si no tenéis reserva, acordaos de negociar una rebaja en el precio. Según el hotel y la época del año, la reducción puede ir del 10 al 50%. Generalmente, el recepcionista os dirá los precios más elevados. Justo después, según lo que preguntéis, puede indicaros el precio «de promoción». Los llamados precios «de promoción» son, de hecho, nuevamente negociables. Os corresponde a vosotros regatear bien. En ocasiones, os dirán directamente el precio «de promoción»; los precios colgados están sólo de decoración.

> **Atención con los pisos:** en China, el primer piso corresponde a la planta baja en Europa.

Atención: el **agua del grifo** no es potable.

> ARTES MARCIALES

Sin duda, China es el lugar del mundo donde las artes marciales tienen una mayor relevancia. Practicadas por el cuidado de la salud, para defensa personal, para el perfeccionamiento espiritual o por los tres motivos a la vez, las artes marciales (*wushu*, en Occidente *kung fu*) se consideran parte integrante de la cultura china, del mismo modo que la medicina y la caligrafía. Ciertamente marcial, pero ante todo, el kung fu debe conducir a la mejora del cuerpo y del espíritu. Un proverbio afirma que «el boxeo no es nada sin sabiduría».

Antiguamente práctica exclusiva de los guerreros y, más tarde, del pueblo y de los letrados, las artes marciales se fueron enriqueciendo y refinando progresivamente hasta llegar a una variedad de estilos y técnicas casi infinita. Tradicionalmente, se distinguen los estilos *externos*, que se orientan hacia el rendimiento físico y trabajan la fuerza, y los *internos*, como el *tai-chi-chuan* (o *tai-chi*), que aspiran al control de la energía y se centran en la flexibilidad. Ambos son complementarios. Además, el tai-chi relaja los nervios, estimula los órganos y la circulación, y cura los reumatismos. El kung fu se practica con las manos desnudas, un sable, un bastón o una de las 180 armas conocidas.

> ASEOS PÚBLICOS

Una experiencia insólita. No os los recomendamos, excepto como curiosidad etnográfica, puesto que son mejores los baños de los hoteles. Debéis saber que en China, tanto en la ciudad como en el campo, los aseos públicos (gratuitos) están particularmente sucios. No esperéis encontrar papel higiénico o cadenas que funcionen. Que no os sorprenda ni el olor ni la promiscuidad. Tampoco os debe sorprender ver a algunos hombres en cuclillas, porque en algunos aseos públicos ni siquiera hay tabiques. ¡Todo se hace de manera colectiva! Por otra parte, pueden encontrarse aseos de pago en las grandes ciudades. Generalmente, están más limpios y son más acogedores. En caso de necesidad, podéis utilizar los baños de los grandes hoteles (incluso si no os alojáis allí), que normalmente se encuentran en la planta baja, en el vestíbulo de recepción.

> BEBIDAS

Agua

Atención: el agua no es potable en China, incluso en los hoteles más prestigiosos. Conservad las pastillas potabilizadoras de agua para las posibles caminatas, ya que es fácil procurarse agua mineral embotellada. Además, los hoteles ponen siempre a vuestra disposición un termo de agua hervida *(kai shui)* en las habitaciones. Los chinos raramente beben agua sola, pero muchos aprecian una taza de agua caliente, sin más.

Té

En China, estéis donde estéis, os invitarán siempre a compartir una taza de té. ¿Un té? Se trata de algunas hojas en el fondo de una taza cubiertas con el agua hirviendo del termo. Tradición secular por excelencia, afecta a todos los chinos, desde el conductor de autobús –inseparable de su tarro, donde flotan indolentes algunas hojas ya bien escurridas– hasta el funcionario virtuoso, para quien será un placer descubriros algunas raras esencias.

Los chinos beben principalmente té verde *(lü cha)*. Es más suave que el té negro y se considera más saludable. No está fermentado, sino simplemente deshidratado (tiene un 80% de agua en la hoja) y después tostado. Tras la cosecha (la mejor y, por lo tanto, la más apreciada es la de primavera), se calientan las hojas (cuatro o cinco veces de 20 minutos en un wok) y se secan antes de amasarlas y dejarlas al sol. Algunas variedades son el *maojian* (Hunan o Guizhou), el *biluochun* (Suzhou), el *longjing* (Hangzhou) y el *maofeng* (montes de Huangshan).

Podemos encontrar también té negro (fermentado), denominado aquí té rojo *(hong cha)*, de sabor más intenso, más perfumado y con más teína –de ahí su éxito entre los occidentales. ¡Está recomendado en dietas adelgazantes!–. Lo encontraréis a menudo mezclado en pasteles o en tabletas, como el *pu'er*, famoso en Yunnan. También existe toda una gama intermedia de tés semifermentados *(wulong cha)*, de los que un buen representante es el té *guangyin*. Finalmente, cabe citar los numerosos tés perfumados (crisantemo, osmanto y el famoso té de jazmín, tan apreciado por los pekineses y los turistas), algunos más raros como el té blanco (hojas muy tiernas de té verde aún recubiertas de pelusa en estado de brote) o el té amarillo, con su receta celosamente guardada por los maestros.

Cerveza

La cerveza *(pijiu)* es también una bebida muy apreciada por los chinos. Sumamente barata, existen centenares de marcas, entre ellas la famosa *Qingdao*, importada por cerveceros alemanes a finales del siglo XIX en Shandong (antigua concesión), o la *Liquan*, apreciada en todo el sur. Por lo general, contiene poco alcohol. Se presenta en botellas de cristal (grandes o pequeñas) o en latas (a menudo, reservadas sólo para cervezas de importación). En estos últimos años se ha detectado también la aparición de la cerveza de barril *(zhapi)*, muy de moda en los bares de Pekín o Shanghai.

Vino

El vino (*hongputaojiu*) no forma parte de la cultura china tradicional, que prefiere los licores fuertes *(jiu)*. Así pues, los productos locales decepcionan a los paladares exigentes. Se trata de un vino dulce que recuerda al oporto; el vino tinto chino es un producto aparte. No obstante, desde hace unos 15 años, China ha conseguido avances considerables. Mientras que los mejores caldos surgen con frecuencia de la colaboración con Occidente –como el Dragon Seal, cuya bodega, al norte de Pekín, es gestionada conjuntamente con una compañía francesa; al igual que el inevitable Dynastie, distribuido en todos los hoteles–, empiezan a encontrarse algunos vinos locales totalmente aceptables.

En cuanto a los vinos de importación, siguen siendo muy caros y, a menudo, poco fiables.

Licores

Apasionados de los licores fuertes *(jiu)*, los chinos no dudan en finalizar una buena comida vaciando una botella de cualquier tipo de aguardiente. La selección es amplia, y la gama de precios, extremadamente vasta; oscila entre el peleón barato y las grandes marcas. Entre los mejores licores, el *maotai* (53º) está presente en todos los banquetes. Hace dos siglos, un rico comerciante de Shanxi que iba de viaje a Guizhou se detuvo en Maotai. Seducido de inmediato por el lugar, hizo venir a obreros de su ciudad natal y les ordenó destilar para él el sorgo y el trigo. Poco a poco, la técnica del licor se refinó. Hoy día implica siete fermentaciones y ocho destilaciones sucesivas durante un ciclo de nueve meses. El licor que se obtiene se guarda por separado durante tres años.

En la región también se fabrica *xishui*, muy perfumado y a base de sorgo, y el vino de Dongjiu, mezcla de sorgo, trigo y plantas medicinales chinas. Cabe citar también el *daqu* (55º) de Guangxi, famoso licor de sorgo, y el *wuliangye* de Sichuan, licor de cinco cereales (mijo, sorgo, arroz, maíz y una gramínea no comestible que crece en los arrozales).

Si no os acaban de gustar los licores fuertes, probad mejor el licor de arroz y el licor de arroz glutinoso *(nuomijiu)*. La mayoría se degustan algo calientes, como el vino joven de Shaoxin. En Guizhou, el *jiuquanjiu* de los shui es un licor de arroz glutinoso aderezado con nueve hierbas. En el campo, los campesinos suelen destilar los cereales que cultivan. Trigo, maíz, arroz, plantas medicinales o hierbas de las montañas, cada uno tiene sus fórmulas y secretos; hasta ese alcohol de miel, hidromiel espeso, receta de un apasionado retirado en una aldea de Guizhou. Finalmente, en Guilin, uno no puede salir de la ciudad sin haber mojado los labios con *guihuajiu*, el licor de osmanto (especie de canelero), árbol emblema de la ciudad.

Varios

Respecto a las bebidas más clásicas, observaréis un enorme contraste entre las grandes ciudades, donde se puede encontrar casi de todo (Coca-Cola, Sprite, zumos de fruta, cócteles, coñac rebautizado como *bailandi* por los autóctonos), y el campo, donde hay que contentarse con una variedad más limitada. Atención a los amantes del café, pues deberán tomarse las cosas con paciencia: escasea el *espresso* y los cafés son extremadamente desiguales en los desayunos de los hoteles. En cambio, algunos bares de moda empiezan a ofrecer un café excelente.

> BELLAS ARTES

Caligrafía

La caligrafía *(shufa)* está considerada una de las cuatro disciplinas artísticas mayores, junto a la pintura, la poesía y la música. Y es omnipresente en la vida cotidiana. De origen pictográfico, esta escritura es mucho más que un simple instrumento de comunicación: se trata de una pintura del sentido, de las ideas, que transciende el verbo. El valor del «signo» resulta primordial en China y va íntimamente ligado a la caligrafía.

El valor de los signos escritos sigue teniendo mucha importancia: caracteres trazados con pincel pueden tener un alcance honorífico si están dedicados a una persona, un lugar o un suceso. Según la tradición, la destreza en el manejo del pincel es un signo de refinamiento y demuestra que se posee una gran calidad humana. El buen médico puede reconocerse por su buena letra, y los letrados deben ser excelentes calígrafos para llegar a mandarines.

La caligrafía ha evolucionado a lo largo de los siglos, y los estilos se agrupan en cinco grandes familias:

> El **estilo sigilario** *(zhuanshu)*, cuya época se extiende hasta los Qing, fue desarrollado antes de la invención del pincel y se utiliza para grabar sellos.

> El **estilo de los funcionarios** *(lishu)* se popularizó con los Han, al principio de nuestra era, con numerosas escuelas. Elegante y unificado, se reconoce por sus rasgos curvados y puntiagudos.

> El **estilo regular** *(kaishu)*, el más ortodoxo y extendido, se inició a finales de los Han. Es, claro, similar en su construcción a la escritura moderna. Los aprendices de calígrafo empiezan por este estilo.

> El **estilo cursivo** *(xingshu)* deriva del precedente. Los trazos se ejecutan más rápidamente y, a menudo, van unidos. Se reserva a los calígrafos expertos.

> El **estilo de la hierba** *(caoshu)* se denomina así porque los trabajos parecen un prado ondulante bajo el viento. Es el más suelto, el que permite al artista expresarse más libremente. Roza los límites del arte abstracto o de la escritura automática.

Pintura

Arte noble, aunque no mayor en China, la pintura tradicional es inseparable de la caligrafía, del arte sigilario (los sellos) y de la poesía. Los cuadros chinos, sobre seda o papel, no están enmarcados, sino sostenidos por dos cilindros de madera. La pintura tradicional, al agua, no conoce la perspectiva, las sombras ni el color. Desarrollada durante el periodo de los Tang con la contribución del budismo, tiene sólo un papel secundario. Toda la fuerza recae en el trazo, que, como en la caligrafía, no se puede ni retocar ni borrar.

Corrientes pictóricas

Se acostumbra a clasificar a los pintores en corrientes: los **primitivos,** que abarcan desde la dinastía Han hasta el reinado de los Tang, con Gu Kaizhi (nacido hacia 345), componían frescos históricos que representaban sobre todo personajes. Con Wang Wei (699-759), el uso del **lavado** adquirió su máximo esplendor. Sin embargo, es el arte del **paisaje** (*shanshui*: «montes y aguas»), a mediados del siglo X, el auténtico paradigma de la pintura china. Inspiradas por una cierta idea taoísta de la creación y, después, por la corriente *chan* (zen) del budismo, las obras de maestros como Dong Yuan o Mi Fu conducen al espectador a vastos decorados naturales imaginarios, en los que el lugar del hombre es discreto y en los que se puede penetrar por varios lugares y seguir itinerarios distintos según su sensibilidad. Con el emperador Huizong, en el siglo XII, se desarrolló paralelamente la corriente de los **animalistas académicos:** para ellos, se trataba de reproducir los elementos de la naturaleza (flor, animal...) en sus detalles más pequeños, con un manierismo que roza el artesanado.

Un nuevo aliento

La pintura clásica figurativa al óleo, que se imparte en Bellas Artes y se practica en China desde principios del siglo XX, contrasta con la sobriedad pictórica tradicional (capas espesas y relieves exagerados). Pintores como Xu Beihong (1895-1953), con sus célebres caballos al galope, han seguido utilizando las técnicas ancestrales, sin llegar a innovar realmente. El periodo soviético, época en que no apelaba al estilo folclórico, marcó un empobrecimiento de las técnicas pictóricas. Según Mao, todas las artes tenían que estar al servicio de la Revolución.

La pintura contemporánea es, en cambio, mucho más fértil. Ha permitido dar un nuevo aliento al arte pictórico chino. La importancia consagrada al vacío y a la espontaneidad en la pintura tradicional, como las nociones de «formar a uno con la obra» y de ocuparse «más del espíritu que de la forma», se combinan de maravilla en este estilo contemporáneo. Las tintas abstractas de Zao Wou k'i o de Gao Xingjian (Premio Nobel de Literatura en 2000), las grandes cabezas de Fang Lijun, los Mao al estilo de Warhol de Wang Guangyi, por citar sólo algunos, gozan de gran éxito en Occidente y se venden a precios astronómicos en las galerías más modernas.

> CHINA EN INTERNET

Algunas páginas interesantes que podéis consultar antes de partir

Webs generales

www.chinasite.com
Una página web muy completa. Pulsando en «Travel to China» se obtiene información práctica para viajar a este país. En inglés.

www.chinapage.com/china.html
China The Beautiful es una página muy buena para descubrir todos los aspectos de una cultura milenaria: caligrafía, pintura, poesía, lengua y una galería de imágenes que merezce una ojeada. Numerosos enlaces os conducirán a través del mundo chino.

www.embajadachina.es
Página oficial de la embajada de China en España. Contiene información sobre asuntos consulares, historia del país, turismo y cultura, entre otros. En español.

www.cultura-china.com
Departamento de cultura de la embajada china en España.
www.china.org.cn/spanis
Web del centro de periodismo de la red internacional de China. Ofrece la posibilidad de visitar el país, ciudad a ciudad, a través de un amplio catálogo fotográfico. Se divide en varios apartados: salud, historia, arte y cultura, noticias, turismo, deporte y economía. Tiene enlaces a otras páginas web sobre el país. En español.
www.xinhuanet.com
Se trata de la dirección de la agencia de noticias china Xinhua en Internet (la otra es la Agencia de Noticias de China). Esta web tiene una versión en español y ofrece información actualizada del país, últimas noticias y enlaces a algunos medios de comunicación españoles (*El País* y *Agencia Efe*).
www.aeep.es
Web de la Asociación Española del Pacífico (AEEP), una organización no gubernamental, sin ánimo de lucro, cuyo objetivo es impulsar las relaciones entre España y la región de Asia y el Pacífico. Agrupa a académicos, diplomáticos, periodistas, estudiosos o simples interesados. Su actuación se centra en el estudio y la divulgación de la actualidad de la zona, de sus perspectivas de desarrollo y de la presencia española, tanto la histórica como la actual. Incluye información sobre congresos, charlas y exposiciones, así como direcciones de restaurantes y tiendas especializadas.
www.chinaviva.com
Bajo este título encontraréis información turística por regiones, además de literatura china (libros de música, cuentos y novelas), cine, medicina e incluso datos prácticos sobre la adopción de niños en China.

Si queréis intentar familiarizaros con el idioma, ahí van dos de los mayores portales de acceso *made in China* (en chino, naturalmente): **www.sohu.com** y **www.elong.com**

Prensa *on-line*

www.chinadaily.net
China Daily coloca en la red, gratuitamente, todos sus artículos en inglés, archivados desde 1996. Es el medio de comunicación del gobierno. En él puede encontrarse la versión oficial de la actualidad, además de información exclusiva.
www.scmp.com
South China Morning Post, editado en Hong Kong, sigue siendo la mejor plataforma de observación de la actualidad china, sin edulcorar la política (aunque ligeramente más benevolente con Pekín después de la devolución). En él podréis encontrar los mejores análisis.

El *Grupo de Publicaciones para Exterior de China* se dedica a editar, imprimir y distribuir libros en lenguas extranjeras. Incluye siete revistas, que se publican en varios idiomas, entre ellos el español, algunas de las cuales se pueden visitar en Internet:

> **> AVISO**
>
> **Los horarios que se indican en la guía corresponden al momento de la edición de la misma y, por tanto, son orientativos.**

www.spanish.peopledaily.com.cn
People Daily (Diario del Pueblo) es el rotativo de más tirada en China, y ésta es su versión en español.
www.chinatoday.cn/hoy
China Hoy, revista de información general.

> CINE

Los pioneros de la «quinta generación»

Se llaman Zhang Yimou, Chen Kaige, Li Shaohong, Tian Zhuangzhuang e Ying Ning, y se dieron a conocer en Europa en la década de 1990 con obras (más o menos) personales realizadas con presupuestos estatales. Estos pioneros han iniciado también una independencia y una audacia artística, a pesar de que hoy día se les considere, paradójicamente, cineastas «académicos», por no decir «oficiales». Aunque ya hay una nueva generación emergente que está relegando a estos «antiguos cineastas» a la categoría de «fabricantes de películas», rindamos un homenaje a los dos más famosos de esta generación: Zhang Yimou y Chen Kaige.

Zhang Yimou

Zhang Yimou es seguramente el director chino más visto de las dos últimas décadas. En sus primeras películas intervenía su actriz fetiche Gong Li. Empezó como jefe de cámara y colaboró con Chen Kaige. Después, en *Sorgo rojo* (1987), codirigida junto a Yang Fung-liang, nos hizo revivir el doloroso episodio del exterminio de un pueblo chino durante la guerra contra Japón.

La linterna roja (1991) supuso su primera película como director y le permitió darse a conocer en Estados Unidos. Con *Qiu Ju, una mujer china* (1992) seguimos los pasos obstinados de una campesina embarazada (Gong Li) que quiere hacer justicia. En 1994, con *¡Vivir!* cuenta la historia de una familia reducida a la miseria por culpa de un marido jugador; una historia a la que se añaden los dramas de la vida. En 2003 rodó *Hero*, una bonita y estética epopeya en el reinado de los Qing, y en 2007, *La Ciudad Prohibida,* una minuciosa reconstrucción de la China del siglo X.

Chen Kaige

A sus 50 años, Chen Kaige tiene una filmografía consecuente. Marcado por su reeducación durante la Revolución Cultural, cuando fue enviado al campo como leñador y peón de una plantación de caucho, se vinculó profundamente a esta tierra que tanto le hacía sufrir. *La gran parada* (1986) describe los preparativos del Ejército Rojo para el gran desfile que tendrá lugar en Tian'anmen el 1 de octubre de 1985, durante el aniversario de la Revolución. Laureada en Cannes en 1993, *Adiós a mi concubina* es su obra más conocida. Dos jóvenes actores de la ópera de Pekín se cobran cariño antes de convertirse en estrellas a principios de la década de 1930. *Suavemente me mata* (2002) sería su primera película rodada en inglés, con Heather Graham y Ralph Fiennes. A esta última le siguieron otras películas, como: *Together* (2002) y *Wu Ji, la leyenda de los caballeros del viento* (2005).

Los rebeldes: Jiang Wen y Tian Zhuangzhuang

Jiang Wen (nacido en 1963) dio mucho que hablar en el festival de Cannes de 2000, donde su segunda película como director, *Devils on the Doorstep*

(1999), galardonada con el premio especial del jurado, fue objeto de las iras del gobierno chino, que consideró la obra muy poco patriota. Después, criticado por el poder, instaló simbólicamente su oficina en plena Ciudad Prohibida. Conocido como el «Depardieu chino», ya ha rodado como actor más de una decena de películas con los mejores directores del país (*Missing Gun*, de Lu Chuan, y *Guerreros del cielo y la tierra*, de He Ping, con las que obtuvo grandes éxitos).

Otra personalidad controvertida es Tian Zhuangzhuang. Autor de *Ladrón de caballos* y exponente de la quinta generación, fue criticado por el poder chino tras la presentación en el festival de Cannes de la película *La cometa azul*, en 1993, que narra los altercados políticos durante el Gran Salto y la Revolución Cultural.

La nueva generación frente a la censura y a los «grandes»

Desde 1998, el auge de la tecnología digital permite a los jóvenes cineastas de la nueva generación (que rechazan ser llamados la «sexta generación») escapar un poco de la censura. La tecnología digital está también muy presente en la vida cotidiana de estos jóvenes directores modernos. Sus obras relatan a menudo las mutaciones sociales que provoca el cambio de la era económica y el contraste, cada vez más profundo, que se establece entre ciudad y campo.

Encontraréis bastantes películas chinas disponibles en Wild Side Productions. 💻 www.wildsideproject.com

> CLIMA

«En una sola montaña es posible encontrar las cuatro estaciones, y sobre diez azucenas, todos los climas», reza un proverbio chino. El inmenso territorio experimenta, en efecto, la influencia de casi todos los climas (excepto el siberiano): del más tórrido al más glacial.

Las mejores estaciones para viajar a China son otoño (septiembre y octubre) y primavera (finales de abril, principios de junio), periodos durante los cuales es posible llevar ropa ligera y una chaqueta o una sudadera. También hay una luz más hermosa. En verano (de junio a agosto), llevad ropa muy ligera (excepto a grandes alturas); en invierno (de diciembre a febrero), la ropa habitual y una bufanda bastan en el sur, mientras que en el norte debéis proveeros de gorro y guantes. Un impermeable no está nunca de más en el sur, sea cual sea la estación.

En conjunto, el sur de China es cálido y húmedo, mientras que el norte es más bien seco y ventoso; pero la mayor parte de regiones de la «China de las 18 provincias» se encuentran en zonas de clima templado o subtropical. La amplitud térmica es importante por todo el país en invierno, aunque se reduce significativamente en verano.

> Las **regiones áridas del noroeste (Mongolia interior y Xinjiang)** experimentan grandes diferencias de temperatura, con veranos caniculares y secos, salpicados por violentas tormentas, e inviernos fríos y muy secos. Se dice que en estas regiones es preciso vestir «un abrigo de pieles de buena mañana y una camiseta de algodón a mediodía».

> La **meseta tibetana,** con una altitud media de 4000m, se caracteriza por inviernos extremadamente fríos y rigurosos, y veranos cortos y relativamente suaves. Muchas horas de sol durante todo el año.

> En el **noreste,** los veranos son breves y frescos, y los inviernos, largos y duros.

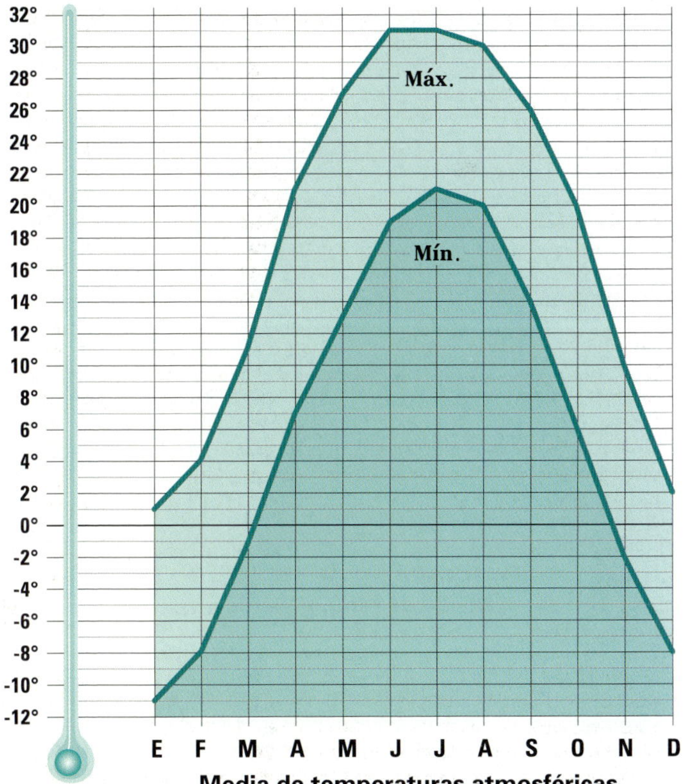

Media de temperaturas atmosféricas

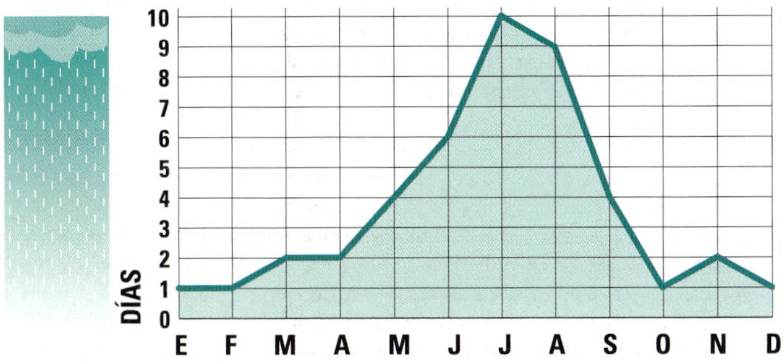

Número de días de lluvia

CHINA (Beijing)

> Si bajamos a la **gran llanura del norte de China**, donde se encuentra **Pekín,** la primavera y el otoño son relativamente cortos, pero magníficos. Hacia mediados de abril, los vientos del noroeste arrastran las arenas de

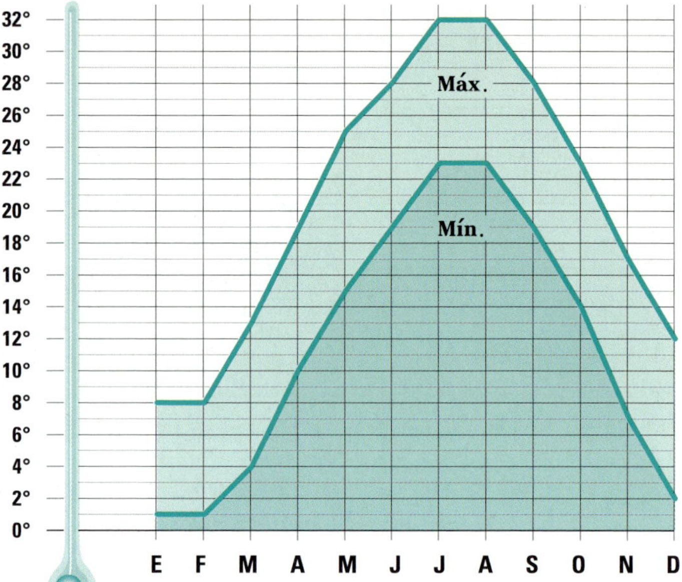

Media de temperaturas atmosféricas

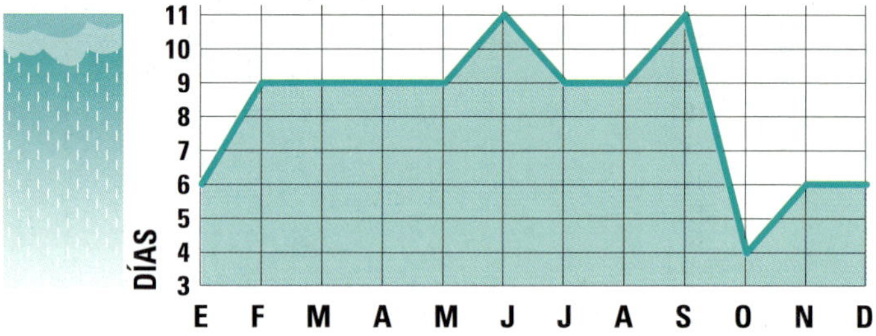

Número de días de lluvia

CHINA (Shangai)

Mongolia hacia el llano, en lo que se conoce como las «tormentas de arena amarilla».

> A lo largo de las **regiones costeras del este** domina el clima oceánico, templado y húmedo, y las cuatro estaciones están bien diferenciadas; mientras que en los llanos de *loess*, a lo largo del río Amarillo, los veranos son más largos.

> En el **centro agrícola,** en el curso del Yangtsé, los veranos son siempre cálidos y muy lluviosos. Aquí se practica el cultivo intensivo del arroz y del trigo. También en esta zona se encuentra Wuhan, el primero de los «cinco hornos de China», donde el intenso bochorno veraniego aniquila toda veleidad de movimiento.

> El clima en el **sur de China** es de tipo subtropical, con inviernos suaves y húmedos, y veranos cálidos y lluviosos.

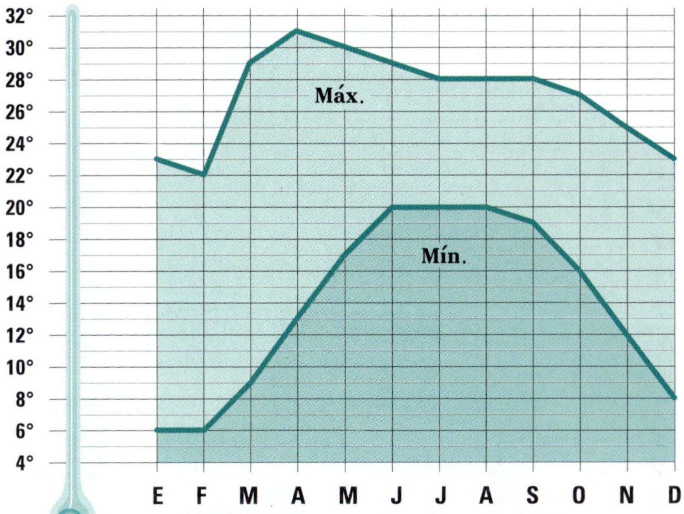

Media de temperaturas atmosféricas

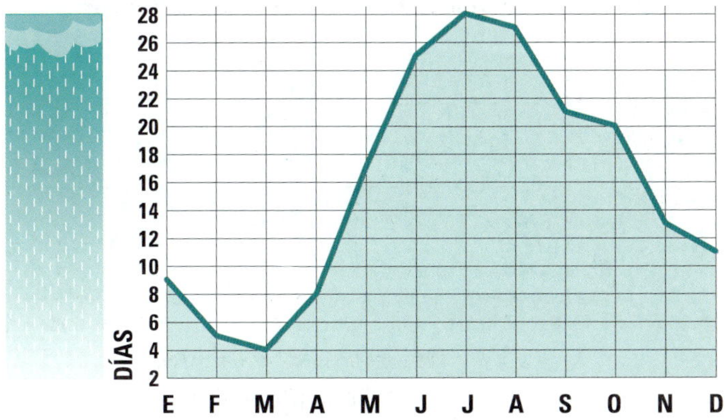

Número de días de lluvia

CHINA (Kunming)

> La franja situada completamente al sur, formada por **Yunnan, Guangxi, Guangdong y la isla de Hainan,** disfruta de un clima tropical. Este hecho explica la abundancia de cosechas durante todo el año y hasta tres cosechas de arroz anuales.

> Excelente clima el del **altiplano de Yunnan,** que además es la región más favorecida: no tan sólo goza de una temperatura agradable durante todo el año, lo que le vale a Kunming el apelativo de «ciudad de la primavera eterna», sino que también posee la mayor variedad de especies animales y vegetales.

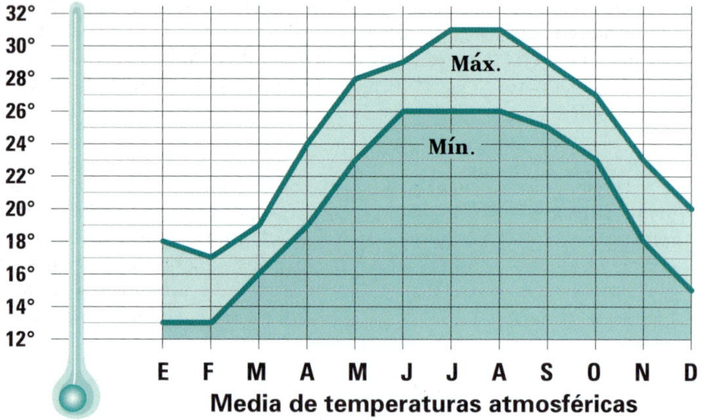

Media de temperaturas atmosféricas

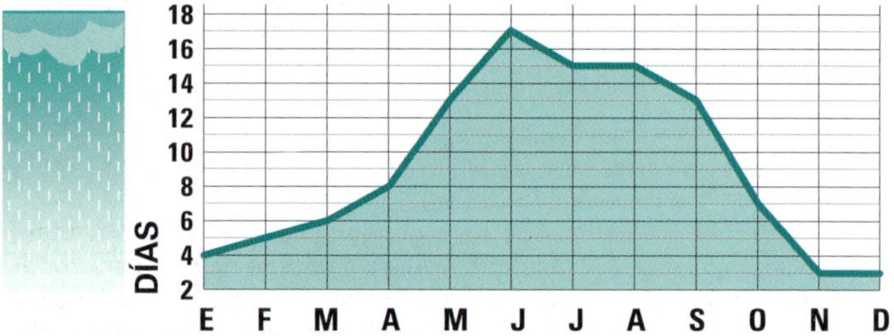

Número de días de lluvia

CHINA (Hong Kong)

> El monzón riega toda la **China oriental y central,** y asciende desde el sur hasta el norte durante la estación cálida. En el norte de China, el 80% de las precipitaciones tienen lugar durante los meses de verano, mientras que en el sur de China sólo cae el 5% de la lluvia en ese mismo periodo. Pero esto no significa que no llueva, lo que sucede es que durante el resto del año también descarga en abundancia. Al sur, el monzón empieza en mayo, y a partir de julio se desplaza al norte del Yangtsé. El monzón dura hasta septiembre. La temporada de lluvias es también la época de los tifones en la costa sureste y de las inundaciones en el curso medio y bajo de los ríos, que pueden alterar las comunicaciones. ¡Informaos antes de emprender el camino!

> COCINA

Una filosofía del paladar

En China, para que un plato sea apetitoso tiene que estar, ante todo, bien presentado. Sabia asociación de colores, sabores y olores, la cocina es una ciencia exacta que combina todos los arcanos de un pensamiento complejo. Pero comer, más allá del placer que supone, constituye también una manera de mantenerse en forma. ¿No se saludaban entre ellos, tradicionalmente, con un «¿has comido arroz?» *(chi fan le ma?)*? Ante un déficit de yin, os ofrecerán un yang (carne de perro, por ejemplo, especialmente calórica); por el contrario, ante un déficit de yang, os prescribirán un alimento yin.

Una gran variedad culinaria

Dos comidas diarias a lo largo de un año no bastarían para agotar toda la gama de platos, sabores y texturas que ofrece este reino de sibaritas. Cada provincia tiene su especialidad. Esta variedad, única en el mundo, no está exenta de algunos aspectos en común. Así pues, se habla de cuatro grandes tradiciones culinarias (Pekín, Cantón, Shanghai y Sichuan), y se distingue la cocina del norte, basada en el trigo, de la del sur, donde predomina el arroz.

Paseo gastronómico

En Pekín y en toda la región del río Amarillo (a menudo se tiene en cuenta también el Shandong), la presencia dominante del trigo se encuentra en forma de galletas *(bing)*, *crêpes* rellenas, buñuelos, panecillos *(baozi)*, raviolis (*jiaozi* o *hundun*), pastelillos *(xiaolongbao)*, tallarines y pastas de todo tipo. Van acompañados de un vinagre local que recuerda al vinagre balsámico, o bien de salsa de soja. En invierno, los pequeños comerciantes de batatas animan las aceras de los barrios populares. Dazhalan, en el sur de la ciudad, es el barrio ideal para reunirse alrededor de un hornillo con la intención de degustar una *fondue* china *(huoguo)*.

En Sichuan, el clima, muy cargado en verano, conlleva sabores fuertes y especiados. Pimiento, pimienta, clavo y jengibre se utilizan para condimentar las salsas. A veces, el pimiento se come simplemente mezclado con cereales, como los *lawanmian*, unos excelentes tallarines de arroz perfumados con una pasta de habas fermentada. Probad también la *fondue* local enriquecida con queso de soja *(doufu)*, las verduras en salmuera (como los *pickles* ingleses), el puré de sésamo y el pato ahumado con hojas de té y madera de alcanforero.

En Shanghai y en la región del bajo Yangtsé, la proximidad del mar comporta una abundancia de marisco: cangrejos, gambas, conchas, crustáceos, carpas ahumadas (en Suzhou), pez mandarín *(guiyu)*, pequeñas anguilas que se suelen saltear con ajo, holoturia (en Wenzhou)... Los lugareños también aprecian las verduras, los tallos de bambú, los brotes de soja, las raíces de loto cortadas a rodajas, las setas cultivadas (perfumadas) o silvestres (negras), la col *(cai)*, las calabazas *(gua)*, o las especialidades regionales, como el codillo de jamón de Zhouzhuang y los raviolis salteados *(guojie)*.

El mercado de Qingping (en Cantón) constituye una muestra de lo que todo sibarita puede encontrar en los platos: coipos, zorros, serpientes, erizos, ciervos, ranas, gorriones... En China no existen los tabúes alimentarios. Sentados ante una buena mesa, tendréis la ocasión de probar el lechón asado entero con su crujiente piel, las costillas de cerdo braseadas o bien la oca asada. En este sur audaz adoran los sabores dulces, pero también los *dim sum*: exquisiteces cocinadas al vapor similares a esas pequeñas *crêpes* vietnamitas, fritas, llamadas *nems*.

Finalmente, no dudéis en probar en Yunnan los «tallarines por encima del puente» *(guoqiao mixian)*, una sopa de pollo muy caliente en la que se cuecen por sí solos carne cruda, verduras y tallarines de arroz. Otra especialidad conocida por sus virtudes medicinales es el pollo a las hierbas y al vapor *(qiguoji)*, cocido en una marmita de barro en la región de Jianshui. Para terminar, el pescado a la cazuela *(shaguoyu)* y el jamón *(xuanwei huotui)*, a menudo servido con queso de oveja *(rushan)*, constituyen auténticas delicias.

Algunos platos que descubrir

> El **pato laqueado** *(kaoya)* es la especialidad pequinesa por excelencia. Primero, se engorda el pato con grano y soja. Después, se practica un pequeño orificio en la axila del animal y, con la ayuda de un tubito, se insufla aire entre la piel y la carne para separarlas. Entonces, se escalda con agua caliente y luego se cubre la piel con una salsa a base de miel, mezclada con vino de arroz, soja y agua. Antes de asarlo, el pato debe estar medio lleno de agua hirviendo. De esta manera, el calor del fuego alcanza la piel del animal, y el vapor que exhala el agua hirviendo cuece la carne del interior. Según la madera elegida para cocerlo, se obtendrán sabores distintos. Antes de cortarlo, se muestra el pato a los comensales. El cocinero exhibirá por última vez su arte con el cuchillo. Las axilas, las patas y toda la carne de tercera categoría del animal se comen frías como entrantes. Después, la piel crujiente y las láminas de carne se sirven acompañadas de una torta de trigo. Sobre ella, se disponen trozos de pato mojados en una salsa de soja espesa y azucarada, y aderezados con briznas de cebollino. Un caldo de pato finaliza la comida.

> ***Fondue* china** *(huoguo):* este plato de invierno, también llamado *marmita mongola*, permite comer verdura y carne con toda seguridad gracias a la utilización de agua hirviendo. La *fondue* clásica consiste en un surtido de carnes, pescados, espaguetis (de arroz, de soja o de judías verdes), lechuga, finas hierbas, queso de soja *(doufu)*, tallos de bambú, etc.

> Los **huevos de «cien años»** son huevos conservados en una mezcla de arcilla, paja triturada y cal viva durante uno o dos meses. Tras este periodo de tiempo, se produce una reacción química: el color amarillo y el blanco se mezclan y adoptan un tono verdoso translúcido. Pese a su aspecto repulsivo, no hay que desanimarse.

> Finalmente, quedan todos los platos míticos por su rareza, su originalidad o simplemente porque sólo es en China donde... Citaremos los nidos de golondrina (saliva de salangana), el escorpión a la parrilla (en Pekín, entre otros lugares), las larvas de abeja fritas (en el sur de Yunnan), la medusa seca, la vejiga natatoria de algunos peces y también la carne de perro, especialmente calórica. No debéis inquietaros: no os lo van a poner en el plato por sorpresa. Plato de invierno consumido principalmente en el sur, especialmente en la provincia de Guizhou, el perro resulta también un manjar carísimo.

La magia del desayuno

Entre los clásicos, destacan el cuenco de leche de soja acompañada con un buñuelo aceitoso parecido a los churros *(doujiang youchao)*, los tallarines de trigo *(mian)* o de arroz *(fen)* acompañados con carne, verdura, huevo, cebollino, pimiento... También debéis descubrir la variedad de panecillos dulces rellenos de sésamo, cacahuetes, pasta de judías pintas y coco, o bien salados, con carne o verduras. A ellos hay que añadir mil y una galletas, pasteles y buñuelos. Un gran momento: la sopa de bolitas de arroz glutinoso rellenas *(jianjiu jidan)*, servida en un jugo de arroz fermentado y mezclado con huevo. El *zhou* nos parece imprescindible: una papilla de arroz, sosa pero nutritiva, que os curará todos los dolores de estómago. Se come acompañada de queso de soja fermentado, carne y pescado secos, y otras verduras en sal y vinagre.

Comer fuera

Atención: la cena se toma muy pronto, a veces a partir de las 17.30 h en el norte, y algo más tarde en el sur. Una buena parte de la población china sigue acostándose pronto, y muchos establecimientos cierran a las 22 h. Los hoteles, más familiarizados con las costumbres internacionales, ofrecen a veces horarios más flexibles, pero es mejor que os informéis antes. Siempre podéis saltaros el postre, ya que, tradicionalmente, toda comida termina con una sopa o un caldo, beneficiosos para una buena digestión. En cuanto a la fruta, los chinos prefieren comerla durante el día.

Para encontrar un buen local, observad la afluencia de público. En los restaurantes populares, la carta –desfile estético pero no menos desconcertante de ideogramas– puede inducir a error. Una solución puede ser inspirarse con los platos de los vecinos de mesa. Otra, conocer o confeccionar una lista de platos favoritos.

Una vez en la mesa, debéis saber utilizar los palillos. Los más reacios siempre podrán encontrar un tenedor que les salve. Si os gusta comer en la calle o si os encontráis en un pequeño café poco fiable, os aconsejamos que compréis un par de palillos y los guardéis durante todo el viaje. Puede que esto os evite algunos problemas intestinales. Controlad también el glutamato de sodio, un potenciador del sabor que algunos cocineros tienden a utilizar de manera exagerada. Finalmente, sabed que es frecuente tirar huesos, sobras y raspas de pescado al suelo. Un buen barrido eliminará todos estos desechos. Es así.

Pese al aumento del nivel de vida, todavía se puede comer por precios razonables en todo el país. Los cuencos de tallarines para llevar, adquiridos en un puesto de un mercado nocturno, tienen precios insuperables; pero una comida cuesta, de media, entre 7 y 8 €. Todo depende de vuestros gustos. En los hoteles, los menús suelen ser más caros. También existen restaurantes de gama alta, e incluso cabe la posibilidad de organizar un banquete. Finalmente, MacDonald's, Pizza Hut y KFC pululan junto a mil posibilidades de restauración rápida o *kuai can*. Los chinos usan y abusan de la comida rápida. Los lugares de moda, así como numerosos bares y cafés que pretenden estar a la última, sirven una mezcla de cocina china y occidental.

> COMPRAS

Hábiles y con una gran inventiva, los chinos han sabido crear una artesanía de una riqueza incomparable. Noble o popular, sumamente refinada o que lleva hasta el extremo el arte de la recuperación y del arreglo, los artesanos saben jugar con los materiales y las posibilidades.

Seda

La seda comportó la fortuna del Imperio. En las rutas del comercio y de la seda, este material era patrimonio exclusivo de los chinos. Hasta el día en que una princesa camufló un capullo en su moño... Y el secreto voló.

Hoy, en la región del bajo Yangtsé, crisol de la seda, se pueden observar todas las etapas de la fabricación de este hilo mágico: cría de gusanos, visita a un taller de devanado de capullos o a una fábrica de impresión. En el siglo XVI, Suzhou era la principal ciudad productora de seda del país. Hoy día la región todavía produce el 25% de la seda china.

A lo largo de todo el periplo, encontraréis la seda a metros, en forma de vestidos, tejida en tapices, amalgamada en coletas (adúcar), etc. Hay seda de distintas calidades: seda cruda, seda salvaje, seda lavada, brocados (especialidad de la región de Chengdu, en Sichuan)... Las tiendas de las fábricas suelen ser algo más caras, pero os garantizan una buena calidad. Otra solución: los minoristas y los mercados. En Pekín, el mercado de la seda tiende a diversificarse, y en él os ofrecerán, además de seda, toda una variedad de artículos: batiks, bordados, zapatos, felpas... Podéis hacer buenos negocios si prestáis un poco de atención.

Jade

Utilizado para tapar los orificios naturales de los cadáveres hace mucho tiempo, durante la alta Antigüedad, el jade tenía la facultad de convertir a su poseedor en inmortal. Esto se debe, sin duda, al hecho de que es una piedra extremadamente dura de trabajar (no se esculpe, se pule). Este poder mágico hacía que se encontrara con frecuencia en las tumbas, en forma de cinturón, sudario o armadura protectora. Piedra noble, se puede encontrar también en las insignias de poder. Hoy día pueden visitarse muchos talleres por todo el país.

Debéis aprender a distinguir la jadeíta –más cara, fría al tacto y de un bello color verde translúcido (Xingjiang)– de la nefrita o piedra maorí, pálida y más barata (a menudo llega desde Myanmar), y de la cloromelanita, de un verde más oscuro y no tan cara. Existe jade negro, blanco, rosado e incluso gris. Pero, atención, los chinos tienen tendencia a denominar «jade» algunas piedras semipreciosas como las ágatas. Además, les gusta llevar alrededor del cuello un amuleto *(bi)*: un anillo de jade que simboliza el cielo (un círculo) y que vuelve intocable al que lo lleva.

Alfarería

Muy abundante en la región de Xingjiang, a menudo es de basta factura y está adornada con motivos simples rojos y negros. En Luoyang (Hebei) encontraréis numerosas reproducciones de «tres colores» *(Sancai)*: alfarería verde, marrón anaranjado y blanco, muy extendida bajo los Tang. A menudo, representa a los caballos y camellos que recorrían las rutas de la seda. En algunas vasijas se alía la utilidad con la estética, como los servicios de té de Jianshui (Yunnan), las teteras de Suzhou (en las que se bebe el té *biluochun*) o las telas pintadas y trabajadas que encierran, a veces, auténticas obras de arte. En Yunnan, las *wamao* (telas de gato) protegen las casas.

Laca

Resina del árbol de la laca utilizada por su adherencia, la laca permite proteger la madera contra la podredumbre (la humedad del sur). Filtrada, calentada, deshidratada y con la adición de un pigmento, se dispone en capas de 0,035mm. Son necesarias una treintena de capas para obtener 1 mm. Una vez secada al aire, la laca se vuelve dura e impermeable. Con ella se recubrían objetos cotidianos como cajas, copas, bandejas, platos..., pero también servía para muebles o biombos. De color rojo o negro, puede pintarse o grabarse.

Esmaltes tabicados

Llegada desde Persia, la técnica de los esmaltes tabicados data de la dinastía Yuan. Los más conocidos son los esmaltes azules fabricados en tiempos del emperador Jingtai (de la época Ming). La propia palabra que designa el tabique *(jingtailan)* significa «azul de Jingtai». En Pekín, es todo un clásico visitar alguna fábrica para observar las diferentes etapas de fabricación. Fijadas sobre un soporte de bronce (vasos, brazaletes, cuadros, etc.), las láminas de metal se sueldan y forman multitud de compartimentos en los que se vierten esmaltes *(falang)*. Éstos, obtenidos a partir de minio, ácido bórico y polvo de cristal, a los que se añaden pigmentos metálicos oxidados, a menudo adquieren tintes muy vivos. Tras su aplicación, la pieza pasa al horno. La calidad dependerá del número de capas. La última capa, una vez aplicada, debe ser pulimentada y abrillantada.

Sellos

De oro, plata o bronce, y a menudo con tallas de animales del horóscopo chino o coronados por un Lao Tse o por un anciano inmortal, los sellos se reservaban en el pasado a los emperadores y mandarines. Hoy día, sin embargo, marfil, jade y varias piedras duras no tan preciosas se han democratizado. Han pasado de objetos de poder a objetos de recuerdo. Es posible hacerse grabar uno propio por todo el país. Basta con decir los nombres que hay que inscribir. Transcribirán éstos al chino y después los trazarán con el estilo que elijáis: caracteres sigilarios, clásicos o cursivos. Algunos grabadores famosos aportan valor añadido al objeto. Y no olvidéis comprar el indispensable tampón de tinta bermellón *(yin ni)*, colocado en una pequeña caja roja de metal que recuerda a la del ungüento de tigre.

Tejidos y bordados

Punto de cruz miao, tejido tai, bordado dong..., la magia del trabajo con la aguja se extiende por el sur de China, rico en pueblos diversos y donde las jóvenes rivalizan en imaginación antes de mostrar sus galas en fiestas y mercados. Existe todo un lenguaje de los tejidos, con complementos y abalorios a la vez originales y fieles al espíritu del grupo étnico correspondiente.

Los *nianhua* (estampas del Año Nuevo)

Cuando llega el Año Nuevo, es costumbre adornar puertas y ventanas con imágenes pintadas, que constituyen a la vez representaciones populares de divinidades y símbolos de buenos augurios. Papeles de arroz y papeles recortados de color rojo (símbolo de la felicidad) se adornan con niños mofletudos, carpas que saltan y graciosos mandarines. Cada familia se convierte, un poco, en artista.

Tiendas

La reputación de comerciantes que tienen los chinos dista mucho de ser falsa. Desde la apertura al turismo, los lugares interesantes han sido tomados al asalto por miles de vendedores que vienen a probar suerte. O sea, que dispondréis de mucho donde elegir para vuestras compras. En los mercados, la artesanía se ofrece a precios interesantes, pero la calidad es algo variable. Prestad atención también a las numerosas falsificaciones. Los chinos se han convertido en maestros del arte de la copia, especialmente en todo lo relacionado con las «antigüedades».

Las Tiendas de la Amistad o Youyi Shangdian siguen existiendo en la actualidad, y pueden resultar incluso una buena solución. Allí podréis encontrar, en un mismo lugar, toda muestra representativa de lo que China puede ofrecer. En cuanto a las clásicas tiendas del Estado *(baihuoshangdian)*, se han visto superadas por un sinnúmero de tiendas y centros comerciales.

Regateo

El regateo es, ante todo, una cuestión de sentido común. Evidentemente, en los lugares turísticos, los vendedores ambulantes intentarán que paguéis el precio más alto. A vosotros os corresponde negociar. Muy rápidamente sacarán una calculadora o una hoja de papel para que podáis escribir vuestro precio. Algunos incluso han aprendido algunas palabras, en inglés o en otras lenguas, necesarias para la transacción. ¡Empieza el juego! También encontraréis una sarta de tiendas. En las privadas, los precios suelen ser muy elevados. En cambio, en las tiendas del Estado os daréis cuenta rápidamente de que a las vendedoras adormiladas detrás de los ábacos no les interesan vuestras gesticulaciones.

En los mercados, intentad diferenciar el revendedor pícaro del campesino pobre. Muchas etnias tienen tendencia a liquidar trajes que, a menudo, son el resultado de meses de trabajo (por no hablar del patrimonio que representan y del riesgo de saqueo cultural). Es preferible que compréis la artesanía que os ofrecen y no insistáis en conseguir el atavío, ciertamente espléndido, de la señora de la tienda.

> CORREOS

> Las **oficinas** de correos de China abren habitualmente todos los días de la semana, incluidos los sábados y domingos. Por lo general, abren a las 8.30 h y cierran a las 20 h. Tenéis oficina de correos en cada ciudad, pero son menos numerosas que en cualquier ciudad europea. Los empleados rara vez hablan otra lengua que no sea el chino.

> Los **sellos** se adquieren en correos, pero también en las recepciones de los hoteles, donde suele resultar más práctico.

> El **correo de China a Europa** por avión requiere un sello de 5,60 ¥ (0,56 €) para una carta de menos de 10 g. Calculad entre seis y diez días para que la carta llegue. Una postal de China a Europa debe llevar un sello de 4,50 ¥ (0,45 €). Y enviar un paquete de hasta 500 g por vía aérea cuesta alrededor de 100 ¥ (10 €). Muchas tiendas se ocupan del envío: podéis confiar en ellas.

> COSTUMBRES, SABER ESTAR Y CORTESÍA

Algunos consejos sobre la vida cotidiana

La aventura china, un juego agotador en el que la paciencia, la observación y el discernimiento son las palabras clave de un país cuya lógica se recompone a cada momento.

> Señor, le aseguro que no quedan billetes para Shanghai.

> Pero si acabo de ver cómo vendía tres...

Enfadarse, discutir u obstinarse puede ser una solución. A veces os saldréis con la vuestra. Otras, tendréis que volver con las manos vacías, asqueados, dispuestos a abandonar este país imposible. Sin embargo, cuando se comprende que el sistema siempre es más fuerte que uno, hay que cambiar de estrategia. ¿Por qué tienen los chinos tan a menudo ese punto fatalista que enerva al viajero apresurado, aún lleno de energía renovadora? Sed más astutos. Vivid cada mala experiencia como una aventura adicional y sabed que quien no espera nada suele ganar algo.

Por contra, **resulta útil aprender algunas palabras en chino**. Los autóctonos atesoran una curiosidad terrible. No os ofendáis. En el campo, es costumbre bombardear al interlocutor con un interrogatorio recurrente.

> **Si os invitan a casa de una familia**, la puntualidad es de rigor. Recordad que debéis llevarles algún regalo. Un obsequio de vuestro país o ciudad será muy apreciado, o bien fruta (mejor que flores) o una botella de licor. Durante la cena, vuestro anfitrión os colocará delicadamente en el cuenco la mejor comida. Dejadle oficiar. Evitad cebaros de arroz al final de la comida: significaría que aún tenéis hambre. En cuanto a los palillos, deben estar paralelos al cuenco durante la comida y perpendiculares al terminar. Sobre todo, nunca los dejéis sobre los alimentos, es signo de mal augurio. Tal proceder corresponde a los ritos funerarios.

En el momento de brindar con los anfitriones (al principio o al final de la comida), es costumbre que cada uno os invite a un brindis. Empieza quien ocupa el lugar más elevado en la jerarquía, y así sucesivamente. A continuación, *ganbei!* (¡de un trago!). Os toca jugar. Evidentemente, existen algunas fórmulas m ilagrosas que permiten evitar el coma etílico. *Biaoshi yisi*, por ejemplo, una manera educada de decir a vuestro compañero de bebida que os humedecéis los labios, por respeto, pero que no os beberéis el vaso entero.

Finalmente, sabed que hay que hacer algo realmente muy grave para ofender a un chino, que sabe perfectamente que no siempre vais a estar al corriente de las costumbres locales. Por contra, sonrisa, humor y entusiasmo encantarán a todos. En el campo, los viejos siempre aprecian que se les ofrezca un cigarrillo; las mujeres, curiosas, se deleitarán descubriendo tarjetas postales o fotos de familia. Podéis dejarles también algún pequeño recuerdo, pero tened cuidado de no ofender a vuestros anfitriones con regalos desconsiderados o inútiles. Aquí todo se considera un intercambio.

Matrimonio: entre rojo y blanco

¿Matrimonio libre o matrimonio tradicional? China está cambiando. Y, con ella, los jóvenes matrimonios. Las leyes se suceden: se consideró que la de 1950 marcaba una cierta emancipación femenina; la de 1981, que proclamaba la «libre decisión de los cónyuges, la monogamia y la igualdad de derechos de ambos sexos». Sin embargo, el peso de la tradición no desaparece totalmente con la modernización. Las ceremonias fastuosas del presente se parecen sorprendentemente a las de antaño.

Al principio, seis ritos marcaban el matrimonio: la elección de la esposa, la petición del nombre (comparación de temas astrales con el fin de que los destinos de los futuros esposos fueran compatibles), el envío de regalos para la familia del joven contrayente, la proclamación del noviazgo, la determinación del día de la boda (según los astros favorables) y, finalmente, el gran día (la entrada oficial en la casa del marido). Ese día, un palanquín escoltado por músicos iba a buscar a la joven para conducirla a su futura morada. Una vez en la casa, los esposos se postraban ante el altar del Cielo y de la Tierra, donde se disponían las tablillas de los antepasados. Después, el marido levantaba el velo rojo de su prometida. Finalmente, se celebraba un banquete memorable.

En la actualidad, las mediadoras que presidían la elección de la esposa son sustituidas por los amigos o por las agencias matrimoniales. Los regalos cambian sin cesar: relojes, máquinas de coser y bicicletas en la década de 1960; televisores en color, neveras con dos puertas, lavadoras y magnetófonos en 1986; climatizadores, coches y vídeos en 1995. ¿Tal vez pisos en un futuro? En cuanto al banquete, sigue siendo pantagruélico, con un despliegue de fastos. Finalmente, por la tarde, los jóvenes esposos reciben a los invitados uno a uno con muchos caramelos y cigarrillos. Los tiempos cambian, igual que los vestidos. El rojo, color de otros tiempos, símbolo de la felicidad y de la alegría, se ve hoy reemplazado por el blanco, a modo de ligera coquetería occidental. Este hecho no impedirá que la novia luzca, algo más tarde, un espléndido *qipao* con un corte que le llegue hasta la mitad del muslo. El último lazo de unión entre el pasado y el presente, postrero rito de esta jornada festiva, lo constituye el *naofang*: los amigos acompañan a los recién casados hasta la cámara nupcial y se divierten durante un buen rato, antes de dejarles solos para pasar el final de la noche de bodas.

Funerales: entre blanco y gris

En la Antigüedad, cuando un hombre moría, se le deslizaban algunos hilos de seda en la boca para comprobar si todavía respiraba. A continuación, se procedía a llamar a su alma, y a bañar y vestir al cadáver. Lo colocaban en el ataúd junto con comida o bien con un trozo de jade (para proteger el cuerpo). Finalmente, si el difunto tenía la suerte de ser un personaje notable, lo enterraban con su cortejo, junto a muchos objetos valiosos, reproducciones de barro cocido de su entorno familiar o, más recientemente, con retahílas de papel recortado que después se quemaban sobre la tumba.

Sin embargo, antes de enterrar el cuerpo y de que se pusiera en marcha el cortejo, toda la familia se reunía por última vez sobre el catafalco. El alma del muerto era conducida al dios del suelo y honrada con una serie de oraciones. Los sacerdotes budistas estaban invitados. Hasta 49 días después del fallecimiento no se colocaba la tablilla funeraria en el altar familiar. Entonces, los miembros de la familia vestían de luto, representado éste por una camisa de lino o cáñamo crudo, que se debía llevar un número de días preciso, según el grado de parentesco con el difunto.

Hoy día el blanco ha desplazado a los tejidos naturales beis o crudo sin adornos ni costuras, con los que se representaba la muerte. Cuando se encuentran con un funeral, los campesinos tienen la costumbre de ceñirse en la frente o en el brazo una tira de tela blanca. En la actualidad, los funerales son menos fastuosos. Si bien siguen constituyendo una ocasión para celebrar grandes reuniones y banquetes, el déficit de suelo agrícola cultivable ha inducido al gobierno a animar a los campesinos a incinerar a sus muertos. Esta costumbre, muy extendida en las ciudades, sigue resultando chocante en el campo, donde se piensa que el cuerpo, cargado de energía, debe unirse intacto a las entrañas de la tierra.

En realidad, en el paisaje rural chino, los cementerios están siempre presentes. Situados en los flancos de las colinas, según los principios geománticos del feng shui, comienzan a animarse a principios de abril, con motivo de la Fiesta de los Muertos. Ese día, las familias acuden a honrar a sus antepasados. Queman billetes y hacen estallar petardos con el fin de asegurarles días mejores en el más allá.

> DERECHOS HUMANOS

Liu Xiaobo, antiguo profesor universitario, simboliza a ese puñado de valientes disidentes que aún hoy se oponen al régimen chino desde territorio nacional... en vano. El 25 de diciembre de 2009, Liu Xiaobo, que había sido detenido tras los acontecimientos de Tiananmen, fue condenado a once años de prisión por escribir la «Carta 08», un manifiesto en el cual pedía reformas democráticas al régimen chino. Ni las lágrimas de cocodrilo de los gobiernos occidentales ni la determinación de las organizaciones de defensa de Derechos Humanos han hecho cambiar de idea a las autoridades chinas. El régimen quiso demostrar así su poder, dejando claro que el Partido es el auténtico capitán del barco, el único en poder gobernar un sistema, que, por otra parte, es difícilmente controlable e inestable desde un punto de vista económico. Algunos días antes, por primera vez desde 1951, las autoridades se permitieron la «libertad de ejecutar a un occidental, condenado a muerte por tráfico de drogas, a pesar las protestas internacionales ante la clara evidencia de tratarse de un desequilibrado al que habrían manipulado traficantes de heroína). De manera general, y todas las ONG así lo constatan, la represión se ha recrudecido desde el final de los Juegos Olímpicos de Pekín. La crisis ha acentuado aún más este «apretar las clavijas», y no se permiten manifestaciones de protesta. Arrestos y acoso a periodistas y ciberdisidentes, intensificación del uso de la pena capital, represión de los movimientos sindicales y religiosos: las violaciones a los derechos humanos son tantas que parece imposible citarlas todas aquí. Especialmente porque a esos desmanes «oficiales» se añaden múltiples malversaciones relacionadas con la corrupción, muy extendida en ciertas regiones. Incluso el *Xianfang* (petición popular), único medio de protesta tolerado hasta ahora, se ve actualmente sometido a un estricto control e incluso a una represión camuflada. Los «abogados descalzos», juristas que utilizan todos los recursos legislativos a su alcance para defender ciertas causas consideradas peligrosas (medio ambiente, lucha contra las expulsiones abusivas...), nunca han merecido tanto este apelativo, y todos pagan hoy las consecuencias de esta política represiva. En el Xianjiang o en la región semiautónoma del Tíbet, la represión y la política de aculturación de las minorías sigue estando a la orden del día, seis meses después de los graves disturbios que opusieron a los representantes de las poblaciones Han (cada vez más numerosos) con los uigures, que ven su territorio cada vez más colonizado. Al igual que en el Tíbet, la lucha contra el terrorismo es utilizada como excusa para justificar todo tipo de abusos (torturas, ejecuciones...).

En octubre de 2010 fue concedido el **Premio Nobel de la Paz** al disidente chino **Liu Xiaobo,** quien se ha distinguido por su defensa de los derechos humanos. Actualmente, Xiaobo permanece encarcelado.

> **Federación Internacional de Derechos Humanos:**
fidh@fidh.org
www.fidh.org

> **Amnistía Internacional:** Fernando VI, 8, 1º izquierda, 28004 Madrid.
info@es.amnesty.org
www.es. amnesty.org

Recordad que las organizaciones de defensa de los derechos humanos también trabajan en España para luchar contra la discriminación y el racismo, y a favor de la integración de los más desfavorecidos.

> DESFASE HORARIO

En relación con España, seis horas más en verano y siete horas más en invierno. A pesar de estar dispuestas en cinco husos horarios, las provincias chinas se unifican respecto a la hora oficial; es decir, la de Pekín.

> DINERO, BANCOS, CAMBIO

Moneda

La moneda china es el yuan (¥) o *renminbi* («moneda del pueblo»). En el habla cotidiana, el yuan se denomina también *kuai*. El yuan se divide en 10 jiao y 100 fen: 1 yuan = 10 jiao = 100 fen. Existen billetes de 1, 2, 5, 10, 50 y 100 yuanes; billetes de 1, 2 y 5 jiao, y billetes de 1, 2 y 5 fen. Las monedas son de 1 yuan, 5 jiao y de 1, 2 y 5 fen. Un yuan renminbi (RMB) equivale a unos 0,10 €. Diez yuanes = 1 €.

Bancos

El Banco de China (Bank of China) es el más importante y conocido. En todas las ciudades hay una agencia principal o un cajero, donde podréis sacar dinero con tarjeta de crédito, y varias sucursales en los barrios (más bien orientadas al dinero en metálico, excepto en las grandes ciudades como Shanghai). El Banco Industrial y Comercial de China (ICBC) también dispone de oficinas en casi todos los barrios de las ciudades. Otros bancos como el Banco Popular de China, el Banco de Agricultura de China o el Banco Popular de Construcción de China no están tan extendidos.

Cambio

Cambiar os resultará muy fácil. El tipo de cambio oficial se comunica cada tarde en la cadena CCTV, se publica en los periódicos o se cuelga en los bancos y hoteles. También podéis consultar la página web 💻 www.bank-of-china.com Varía muy poco. El tipo de cambio en el mercado negro apenas tiene ventajas, así que os lo desaconsejamos excepto en caso de emergencia.

Las divisas extranjeras, especialmente los euros y los dólares americanos, se cambian en la mayoría de bancos, oficinas de cambio y grandes hoteles. Tendréis que presentar siempre vuestro pasaporte. El tipo de cambio de los hoteles no es tan bueno. Guardaos un impreso de cambio para convertir los últimos yuanes cuando os vayáis.

Cheques de viaje

Sólo los acepta el Banco de China. Las comisiones varían de un banco a otro, pero son razonables (una media del 0,75% del total). De cualquier modo, el cambio de dinero en metálico es más fácil y frecuente.

Tarjetas de crédito

La mayoría de los bancos y las grandes superficies aceptan *Visa, MasterCard, American Express, Diners Club* y *JCB*. Podéis sacar dinero en metálico en los cajeros automáticos (los que tengan el distintivo *Visa, MasterCard,* etc.) en las grandes ciudades. Disponen de un botón que al pulsarlo muestra las instrucciones en inglés. Si utilizáis los cajeros en lugar de las ventanillas, os ahorraréis un 3% de comisión local adicional.

En los cajeros no podréis sacar más de 2.000-2.500 ¥ (200-250 €) en cada operación, pero podréis hacer varias seguidas. Si no os deja realizar la operación, no os pongáis nerviosos, puede ser que no funcione bien, intentadlo en la ventanilla. Hay una comisión en cada reintegro. En caso de emergencia, podéis obtener dinero en efectivo en algunos hoteles mostrando vuestra tarjeta, pero vigilad las comisiones.

> La tarjeta ***MasterCard*** ofrece al titular y a su familia asistencia médica y repatriación. En caso de problemas, contactad inmediatamente con el ☎ 900-971-231 (en España) o con el ☎ 10-800-110-7309 (en China). 💻 www.mastercard.com

> Para la tarjeta ***Visa***, en caso de pérdida o robo, llamad al ☎ 906-991-124 (en España) o al ☎ 10-800-711-2911 (China norte) o al ☎ 10-800-110-2911 (en China). 💻 www.visa.com

> Para la tarjeta ***American Express***, en caso de problemas, telefonead al ☎ 902-375-637 (en España) o al ☎ 1-800-327-1267 (teléfono internacional de emergencia; os atenderán en inglés), o a los números ☎ 852-2-885-9332, 852-2-885-9366, 852-2-967-8828 (en Hong Kong). 💻 www.americanexpress.com/spain/homepage.shtml

En caso de apuros

> Si por cualquier razón, durante vuestra estancia en China necesitáis de forma urgente dinero en metálico, el producto «Dinero en minutos» de Correos, en colaboración con la Western Union Money Transfer, es una buena alternativa. Basta con que alguien deposite el dinero a vuestro nombre en cualquier oficina de Correos, y allí le facilitarán los datos para que podáis hacer efectiva esa cantidad en alguna oficina de Western Union o entidades colaboradoras. El dinero está disponible al instante (20 minutos). Horario para envíos: de lunes a viernes, de 7 a 22 h, y los sábados, de 8 a 15 h. Para más información, podéis llamar al ☎ 902-197-197 o consultar 💻 www.correos.es

Otras empresas ofrecen también servicio de envío de dinero, en colaboración con la Western Union Money Transfer: Fexco España (☎ 900-633-633; de 8.30 a 23 h los días laborables) y Caja España de Inversiones (☎ 902-365-024, 💻 www.cajaespana.es), que ofrece servicio las 24 h.

> ECONOMÍA

Ante un occidental sorprendido al observar la hoz y el martillo en una pantalla gigante en mitad de un centro comercial ultralujoso, rebosante de artículos de alta tecnología y de vestidos de moda, un joven chino declaró: «¿Lo ve? ¡Aquí el comunismo ha funcionado!».

El «Pequeño Timonel», Deng Xiaoping, orquestó la pacífica transición de un sistema colectivista a un sistema más liberal. Se hizo público el programa de las Cuatro Modernizaciones (agricultura, industria, ciencia y tecnología, y ejército). En sólo unos años, China se subía al tren de la modernización, se abría al capital extranjero y aflojaba las riendas de las viejas veleidades mercantiles. En el campo, donde todavía viven tres cuartas partes de la población, se autorizaban los mercados libres. En las ciudades, la gente empezaba a vestir pantalones vaqueros, a invertir en bolsa y a descubrir los beneficios del turismo de masas. «No importa si el gato es blanco o negro, mientras cace ratones», respondía Deng a los nostálgicos del sistema colectivista.

En 20 años, la economía socialista se ha inclinado hacia el capitalismo. Durante este periodo, se ha quintuplicado el PIB por habitante. Por todas partes pueden verse grúas, camiones, luces de neón... Se construyen rascacielos en amplias zonas de Shanghai, se inauguran centros comerciales, se amplían las carreteras y se restauran monumentos. Estamos en la era de la «economía de mercado socialista» *(sic)*, término inventado por el gobierno para recordar que el país ha cambiado su apariencia, pero sigue estando bajo el estricto control del Partido.

En el amanecer del tercer milenio, el nuevo equipo dirigente que rodea a Hu Jintao se declara decidido a ir más lejos en la transformación económica del país, a romper con los últimos pilares del «socialismo» y, sobre todo, a obligar al mastodóntico sector público a disminuir su poder y a participar en la economía de mercado.

Una gran potencia... en potencia

China se ha convertido en la tercera potencia comercial del mundo. País ante todo agrícola y minero, es el primer productor mundial de ganado porcino, ovino y caprino, trigo, arroz, patatas, carbón, hierro y estaño; el segundo de maíz, café y té, y el quinto de petróleo. Con el proceso de apertura, China ha encontrado una importante ventaja: la abundancia de mano de obra. Dicho claramente, vende su fuerza de trabajo llevando a cabo una transferencia tecnológica que le permitirá, con el paso del tiempo, liberarse de la materia gris extranjera.

Extranjeros de todo el mundo, ¡invertid!

Desde finales de la década de 1970, se anima a las empresas extranjeras para que inviertan en territorio chino mediante la apertura de «zonas económicas especiales»: enclaves costeros que ofrecen condiciones de preferencia. Estas inversiones han pasado desde 1970 a 1990 de ser prácticamente inexistentes a elevarse a más de 55.000 millones de euros al año. Con aproximadamente 61.000 millones de euros China se ha convertido en el país con mayor inversión extranjera.

¿El taller del mundo?

Pero entonces, ¿cómo hace China para conservar una tasa de crecimiento tan elevada? Hay varias razones que lo explican: un enorme mercado interior chino, una demanda de materiales que va en aumento, así como de infraestructuras (carreteras, autopistas, puertos, puentes, aeropuertos, ciudades nuevas) y bienes de consumo, un socialismo de mercado que anima a la libre empresa (bajo control), el gusto innato de China por el comercio, la pasión por las cifras, el amor al dinero y a la ganancia, el placer del trabajo bien hecho (les encanta hacer copias, pero están muy bien hechas) y, sobre todo (en lo referente a las exportaciones) una mano de obra abundante y muy barata.

> China es uno de los mayores emporios del mundo en materia de construcción: de las diez fortunas más cuantiosas de China, ocho pertenecen a importantes directivos de sociedades inmobiliarias. Cuando la construcción funciona, ¡todo marcha bien!

> China es el taller del mundo: con los precios de la mano de obra china, ¿qué empresa no se siente tentada a fabricar sus productos en ese país? Cerámica, ropa, calzado, juguetes, todo se puede fabricar en China y vender en el mercado interior chino, pero especialmente en el europeo y el americano. ¡Basta con ver la intensa actividad del puerto de Shanghai y el incesante ir y venir de los contenedores hacia Estados Unidos y Europa!

> China es una potencia financiera: cuenta con la reserva de divisas más grande del mundo. En octubre de 2006, el banco ICBC (controlado por el Estado) hizo su aparición en la bolsa de Hong Kong. Con una suma de 22.000 millones de dólares americanos, es la mayor inversión en Bolsa de todos los tiempos.

Contradicciones internas

El país se ha modernizado y enriquecido, a falta de democratizarse. No obstante, el desarrollo rápido ha ido acompañado de la rápida emergencia de nuevos problemas. El crecimiento (¡de dos cifras durante casi diez años seguidos!) se ha calmado y hoy ronda el 10%, lo que no basta para absorber a los recién llegados al mercado de trabajo ni a los millones de parados procedentes de las empresas estatales. Uno de los efectos más inquietantes del desarrollo es el aumento de las desigualdades entre las regiones pobres del interior y las regiones ricas de la costa, animadas por las inversiones extranjeras. Guizhou, la provincia más pobre en el año 2004 (con un PIB por habitante de 280 € anuales), está al mismo nivel que Bangladesh; mientras que Shanghai, con 3.400 € por habitante, está al mismo que Turquía o Sudáfrica. Sin embargo, los habitantes de Hong Kong disponen de una renta individual superior a la del Reino Unido, su antiguo dominador.

China sigue siendo, pues, un país muy pobre. Es importante recordarlo. Entre las ciudades conectadas a Internet y las zonas rurales sin agua corriente, media un inmenso abismo.

Más allá de las contradicciones sociales, al régimen le queda un enorme problema por resolver a principios del siglo XXI: su inclusión dentro del comercio mundial. Autorizado su ingreso en la OMC (Organización Mundial del Comercio) en noviembre de 2001 tras un largo regateo con los países occidentales, China se comprometió a reducir progresivamente sus barreras aduaneras, lo que implica la muerte en un plazo previsto de la economía socialista y la llegada de una economía liberal. Quién sabe lo que el capitalismo tiene reservado al pueblo que inventó el papel moneda.

> ELECTRICIDAD

La tensión es de 220 V. Proveeos de un adaptador internacional con clavijas planas llamadas americanas, y también de otro del tipo «Gran Bretaña», con tres clavijas, para la toma de tierra.

> FAUNA Y FLORA

China a cuatro patas

¿Sabíais que China estuvo poblada, hace muchos, muchos años, por unicornios, quimeras *(qilin)*, dragones con cuernos, aves fénix, cornejas rojas de tres patas y otros animales míticos legendarios? Más recientemente, era fácil encontrar elefantes, tigres, monos de las nieves... Sin embargo, hoy, la industrialización, la urbanización, la contaminación, así como toda suerte de tráficos sospechosos, han acabado por dar buena cuenta de toda esta fauna original. Aunque es posible encontrar todavía serpientes, monos, pangolines, osos, salamandras gigantes, mapaches y otros simpáticos cuadrúpedos –a veces incluso en la gastronomía–, los chinos se han visto forzados a crear numerosas reservas naturales para intentar, por poco que puedan, salvar el patrimonio animal que les queda. Entre las especies más amenazadas, cita-

> LOS FAVORITOS DEL TROTAMUNDOS

> Explorar **Shanghai:** la ciudad del *Loto azul* se convirtió en el arquetipo de la megalópolis china estimulada por el crecimiento económico. El **viejo barrio de la concesión francesa** ha permanecido intacto con sus plátanos y sus villas afrancesadas, mientras que el **futurista Pudong,** la Manhattan China, alza su barrera de rascacielos (cada vez más altos) y sus torres de cristal del otro lado del río Hoangpu.

> Visitar **Hangzhou** –a 2 horas al sur de Shanghai–, una ciudad a orillas de un gran lago, rodeada de colinas y plantaciones de té. A pesar de su trepidante actividad, Hangzhou ha sabido preservar su entorno natural.

> Perderse **una noche en Lan Kwai Fong,** el alucinante corazón de la noche de Hong Kong, donde cafés y restaurantes se suceden entremezclando su bulliciosa clientela y las notas de su música cacofónica.

> Contemplar desde el **Victoria Peak** de Hong Kong una vista de conjunto de la ciudad y de su impresionante bahía, donde todavía hoy podréis ver los tradicionales sampanes junto a enormes embarcaciones modernas.

> Recorrer la **Ciudad Prohibida de Pekín,** sus inmensos patios y sus palacios de nombres inverosímiles como un «bárbaro de Occidente» en el corazón de la civilización china.

> **Explorar las últimas concentraciones de *hutong*** –tradicionales barrios de callejuelas– en la «ciudad tártara» de Pekín: lagos, residencias, torres, templos, sucesiones de *siheyuan* (casa tradicional con un patio cuadrangular), abuelas jugando apasionadamente al Majong en el suelo, *rickshaw*...

> Adentrarse **de lleno y sin temor en los restaurantes populares** para deleitarse con la variedad de la cocina china.

> Levantarse al amanecer y acudir a un parque en Pekín para descubrir (¡o practicar!) la gimnasia, los juegos y las artes populares chinos: **taichí, danzas grupales, corales, diábolo, dominó.** ¿Por qué no intentarlo?

> Pasear por el **mercadillo de Panjiayuan** en Pekín.

> Descansar en alguno de los **jardines de Suzhou,** que se cuentan entre los más hermosos de China: un universo en miniatura, el espejo de un

remos el panda, el leopardo de las nieves, el delfín del Yangtsé, el ibis moñudo, el elefante, el mono dorado, la grulla de cuello rojo y la grulla de cuello negro. En cuanto al tigre del sur de China, víctima de la caza furtiva –muy deseado, tanto por sus huesos (medicina china) como por sus pieles–, los últimos representantes se extinguieron con el siglo XX.

En el suroeste, a pesar de que ya han desaparecido muchas especies, tal vez tengáis aún la suerte de ver un oso, un elefante o, algo más fácilmente, gibones bromistas. La población alada ofrece también alguna grata sorpresa: faisanes, grullas, avutardas, cisnes y, más raramente, loros y cálaos. Por último, inmutable y omnipresente, el búfalo sigue removiendo la tierra de los arrozales. Junto al pequeño caballo de Yunnan, es el privilegiado compañero del campesino.

Un animal emblemático: el panda gigante

Considerado un fósil viviente (habita la Tierra desde hace tres millones de años), el panda gigante es originario de las provincias del suroeste y vive

saber vivir ancestral, fruto de la sabiduría, la filosofía y la estética del pueblo chino.

> Descubrir las ciudades de Tongli o Wuzhen, atravesadas por canales y un entramado de callejuelas peatonales flanqueadas por casas de artesanos y mandarines rescatadas de la Revolución Cultural.

> Dar rienda suelta a la imaginación en la Gran Muralla, un dragón de 10.000 km de lomo almenado, que saluda desde la Tierra a los selenitas: la leyenda cuenta que los alienígenas pueden verla desde su luna natal.

> Aventurarse hasta la presa de las Tres Gargantas en la provincia de Hubei: la planta hidroeléctrica más grande de China... ¡y del mundo! Un sofisticado monstruo de cemento, construido sobre el río Yangtsé, con 18 gigantescas turbinas.

> Escalar los montes Emeishan y Qingcheng Shan, montañas sagradas de la región de Sichuan, entre magníficos bosques que cubre la bruma y que harán las delicias de los excursionistas... ¡y de los más soñadores!

> Disfrutar del legado budista en piedra de Dazu, con más de ocho siglos de antigüedad.

> Admirar los oros y bronces de Sichuan (museo de los yacimientos de Jinsha y Sanxingdui): un «impacto arqueológico y estético» emergido de las profundidades de la historia, de esos misteriosos reinos de Shu destruidos por Qin Shi Huangdi, el emperador que encargó la realización del ejército de guerreros de terracota de Xi'an.

> Relajarse en una casa de té, en el recinto de un templo o de un parque, a orillas del río o incluso... a la sombra de los rascacielos.

> Quedarse sin palabras en Xi'an ante el increíble ejército de guerreros de terracota del primer emperador de la China unificada: el juego de soldaditos más impresionante jamás imaginado.

> Escuchar el latido del corazón de Pingyao, con sus venerables casonas, bancos, albergues y tiendas de artesanos: una de las últimas ciudades a salvo del cemento.

en 12 reservas naturales; entre ellas, la de Woolong, en el suroeste de Sichuan. En chino, al panda se le llama *daxiongmao* («gran oso gato»). Un adulto puede llegar a medir 150 cm y pesar 160 kg. Tímido, este animal se alimenta exclusivamente de un tipo concreto de bambú que crece a gran altitud, que coge con los seis dedos de sus patas delanteras. Es una especie de bambú que sólo florece una vez y luego muere. Ahora bien, las necesidades diarias de un panda se elevan hasta los 20 kg de ramas y hojas. Su rutina diaria consiste, pues, en rebuscar en el bosque durante horas, echar una siesta y continuar de nuevo su búsqueda.

Amenazado de extinción debido a la explotación y a la tala a la que el hombre somete los bosques, el panda sufre también un problema de reproducción. Animal solitario, excepto durante la temporada de celo (en primavera), la hembra sólo puede conseguir una prole cada dos o tres años. Nacerán uno o dos pequeños, pero si son dos, la madre abandonará al más débil para llevar por todas partes a su recién nacido, hasta que tenga la suficiente piel para poder apañarse solo. Se han inventariado menos de 1.000 supervivientes.

Una variedad excepcional de ecosistemas

El territorio chino cuenta con una variedad excepcional de ecosistemas. ¿Qué tienen en común los bosques de coníferas de Heilongjiang, las vastas extensiones de la estepa mongola, la exuberancia tropical de Yunnan y los áridos desiertos de Xinjiang? De hecho, la flora es, a menudo, de una gran riqueza. Entre las flores que se encuentran con mayor frecuencia, cabe citar las magnolias, las camelias, las azaleas, los hibiscos, los jazmines, las gardenias, los narcisos, los crisantemos, las orquídeas (las de Yunnan son muy famosas), los rododendros, las peonías y los lotos. Los árboles más representativos son el ginkgo, el osmanto (variedad de canelero de Guilin), el eucalipto, el baniano (árbol sagrado y venerado por muchos pueblos animistas), el arce, la morera, el granado, el abedul, el álamo, el plátano (árbol francés de la concesión de Shanghai) y el abeto. A causa de una deforestación preocupante, muchas zonas del sur se han replantado con árboles frutales (mandarineros, melocotoneros, ciruelos, etc.). Finalmente, las tres provincias del suroeste (Yunnan, Guizhou y Guangxi) constituyen una auténtica reserva de plantas medicinales.

Bambú: omnipresente y omniscio

Fuente de inspiración infinita para pintores y poetas, el bambú (que se dobla, pero nunca se rompe) se suele comparar con un funcionario virtuoso, confuciano cumplidor. En China ocupa más del 3% de los bosques, y sus numerosas especies se encuentran principalmente en el sur del Yangtsé, sobre todo en la provincia de Sichuan. Algunas, como la *Gigantochloa*, pueden alcanzar los 40 m de alto y los 50 cm de diámetro. Así pues, el crecimiento rápido de la planta y su resistencia a los climas más hostiles han hecho de ella un vivero inagotable. Sus usos son de lo más variados: andamios, material de construcción, muebles, palancas, balsas, flautas, papel... También se puede disfrutar de sus tallos, su pulpa y sus semillas. En cuanto a los artistas, han realizado maravillas con el bambú, esculpiendo con destreza estatuas y otros pequeños personajes.

> FIESTAS Y DÍAS FESTIVOS

Año Nuevo chino o Fiesta de la Primavera *(Chunjie)*

El Año Nuevo sigue siendo la gran fiesta tradicional china. Fiesta agrícola en un principio y Fiesta de la Primavera, los agricultores aprovechaban ese momento del año para realizar votos con el fin de conseguir una buena cosecha. Establecida en la segunda luna después del solsticio de invierno, forma parte de un ciclo de 12 años (12 ramas terrestres), cada uno correspondiente a un animal: rata, buey, tigre, liebre, dragón, serpiente, caballo, carnero, mono, gallo, perro y cerdo. Con motivo de esta reunión familiar bajo el signo del color, la animación, el recogimiento y la renovación, los agricultores atraviesan todo el país (atención: ¡toman los transportes al asalto!) para visitar a sus seres queridos e intercambiar regalos y buenos deseos.

A partir del día 23 del duodécimo mes, las familias ofrecen dulces al dios del hogar *(Zaojun)*. Se supone que lo ablandan, e incluso le cierran con pegamento la boca, puesto que irá a presentar su informe anual al emperador de Jade. Su efigie, una imagen impresa o una tableta de madera, será quemada y sustituida por una nueva a su regreso (Año Nuevo). Tras su marcha, empiezan los preparativos para la fiesta. Se decoran las casas con estampas, con papeles recortados; se adornan con plantas y e imágenes de buenos augurios (con muchos símbolos). Se cambian las frases paralelas que bordean ambos lados de la puerta. Y el color rojo, símbolo de alegría y de buena suerte, predomina.

Desde la víspera *(chuxi)*, se invita a los antepasados anotando sus nombres en una hoja de papel. Ésta se coloca en el altar familiar *(tang)*. Tradicionalmente, después salían con farolillos de colores y pebeteros, y tiraban petardos para ahuyentar a los malos espíritus. Sin embargo, hoy día, al ser considerados muy peligrosos, se han prohibido los petardos en el interior de las ciudades. Algunos se conforman con casetes que reproducen sus estallidos, ya que no sólo hay que espantar a los malos espíritus, sino que también hay que despertar al dragón. Animal totémico de China, el dragón tiene que transformar las aguas que ha acumulado en los ríos de la lluvia.

Antiguamente, esa noche, la familia se acostaba vestida para velar el Año Nuevo *(Hou sui)*. En nuestros días, muchos se contentan con dormitar ante el gran espectáculo televisado de la CCT. Se transmite desde hace 16 años, y consigue el 75% de la audiencia (850 millones de espectadores).

El día concreto se recibe a la familia para organizar un almuerzo memorable. De nuevo, los platos tienen que ser variados y de buen augurio. También hay que comer algo dulce para terminar el año con dulzura. Durante los días siguientes, se acude al templo familiar para presentar ofrendas a los antepasados. Después, deben ir a transmitir los buenos deseos a sus allegados, a los amigos, a los compañeros, vestidos con ropa nueva. Por último, en los parques se organizan ferias *(miaohui)*, que constituyen una ocasión para admirar las famosas danzas del león o del dragón.

Fiesta de los Faroles *(Yuanqiaojie)*

Quince días después del Año Nuevo (decimoquinto día del primer mes lunar), la Fiesta de los Faroles celebra la primera luna llena del año. Para la ocasión, las familias decoran su porche con faroles y se reúnen para degustar juntas bolitas de arroz glutinoso rellenas de sésamo, cacahuetes o judías, que representan a la luna. Cuando anochece, hacen fuegos de artificio y tiran petardos. Niños y adultos blanden farolillos o faroles, que cuelgan de largas cañas de bambú.

Fiesta de los Muertos *(Qingming)*

En este día de Qingming, ahora establecido el 5 de abril (en el pasado, era el decimoquinto día del tercer mes lunar), se recuerda a los muertos. Los chinos acuden a las tumbas de sus antepasados para barrerlas, realizar ofrendas y quemar papel moneda, una manera simbólica de enviar dinero o regalos a los difuntos. También tiran petardos para ahuyentar a los malos espíritus. Se elevan volutas de incienso, para entrar en contacto con el más allá y con los antepasados gracias al humo: lazo de unión entre el cielo y la tierra, real e irreal.

Fiesta de los Barcos Dragón *(Duanwujie)*

Aunque la Fiesta de los Barcos Dragón (quinto día de la quinta luna) posee un origen extremadamente antiguo, que evoca a un pueblo que tenía como tótem el dragón, hoy día la versión consagrada hace referencia al poeta Qu Yuan (340 a.C.), figura importante del reino de Chu. Exiliado de la corte por haber intentado audaces reformas, fue condenado a vagar, y compuso una serie de poemas en los que expresaba su inquietud por su patria y su pueblo. Poco antes de la caída del reino, se suicidó tirándose al río Miluo (Hunan). Cuando su muerte fue anunciada, acudió gente de todas partes para honrar su cuerpo. Con la intención de que no fuera devorado por los peces, los campesinos tiraron bolas de arroz al río. Desde entonces, cada año, para conmemorar su recuerdo, se preparan *zongzi*: pasteles triangulares hechos de arroz glutinoso, rellenos de azufaifas, castañas, nueces, canela..., y envueltos en hojas de bambú. También se organizan varios tipos de fiestas, entre ellas, los torneos de los barcos dragón.

Fiesta del Doble Siete *(Qixi)*

Esta fiesta alude a la leyenda del Boyero y la Tejedora, esposos malditos castigados por el Emperador Celeste. Sólo se les permite verse una vez al año, el séptimo día del séptimo mes lunar. Se dice que en este día el Boyero atraviesa el «Río Celeste» (la Vía Láctea) sobre un puente de urracas para unirse a su esposa, la Tejedora. Al contemplar las miríadas de estrellas de la bóveda celeste, podemos imaginar al Boyero atravesando la Vía Láctea, que separa la estrella del Boyero (Altaír) y la estrella de la Tejedora (Vega). Esta leyenda, muy popular, ha inspirado a los ilustrados en todas las épocas.

Fiesta de la Mitad del Otoño *(Zhongqiujie)*

Con ocasión de la Fiesta de la Mitad del Otoño (decimoquinto día del octavo mes lunar; equinoccio de otoño), se admira la Luna, particularmente redonda y brillante, símbolo de la unificación familiar. Especialmente, se acostumbra a regalar pasteles de luna *(yuebing)*, en recuerdo de Chang'e: mujer del arquero Hou Yi, que bebió el elixir de la larga vida antes de refugiarse en el palacio lunar. Bajo los Ming y los Qing, se organizaban ritos y sacrificios para la Luna que presidían las mujeres (yin). Además de la contemplación del astro sagrado, el pastel de luna sigue siendo un elemento clave de la fiesta. Cada región tiene su receta. En Suzhou se hace con un recubrimiento de varias capas crujientes y se rellena de puré de judías pintas, cinco pepitas y pimienta china, todo ello mezclado con sal, azúcar y carne de cerdo.

Fiesta del Doble Nueve *(Chongyang)*

La fiesta del noveno día de la novena luna (doble nueve) destaca de manera muy simbólica en China, donde el nueve es un número especialmente venerado. Cifra yang, emblema a un tiempo del emperador y homófono de la eternidad, los emperadores de la dinastía Ming mandaron construir 9.999 salas en su palacio imperial.

Fiestas étnicas

A excepción de los han, la etnia mayoritaria, los numerosos pueblos que componen el país también tienen tradiciones festivas originales: justas galantes, fiestas religiosas o conmemoraciones varias. Estas fiestas ofrecen la ocasión de admirar las danzas y los concursos de canto, y de descubrir los diferentes instrumentos musicales de estas regiones: tambores de bronce *(tonggu)*, trompetas *(suona)* y flautas de bambú *(lusheng)*. Los combates de búfalos, las carreras de caballos y los espectáculos de ópera suelen ser el acompañamiento. Más que nada, estas fiestas permiten que el viajero asista a un despliegue de ornatos y joyas sin igual, ya que, en estas ocasiones, las mujeres muestran sus más bellos atavíos. Atención, sin embargo:

al calcularse según el calendario lunar, los lugares y los días de festejos fluctúan. Así pues, será necesario estar muy alerta antes de presentarse en un lugar concreto.

Entre las numerosas fiestas, destacamos el Año Nuevo miao (en noviembre); el Año Nuevo dai (en abril), conocido por las aspersiones rituales que se aprovechan para desearse felicidad y larga vida; el San Yue San (tercer día del tercer mes lunar), gran fiesta de la juventud celebrada por numerosas etnias del sur de China, entre ellas, los dong, que la denominan «tirar el cañón florido» (cada año en Fulu), y la fiesta de las antorchas de los yi (vigésimo cuarto día del sexto mes), que tiene como origen la intención de alejar epidemias, invasiones de insectos y otras plagas. Muchos de estos pueblos celebran también el *Duanwujie* (el doble cinco). Los shui celebran un año nuevo que se desarrolla durante varias semanas, normalmente hacia el mes de octubre. Los miao también efectúan ceremonias variables, que se celebran cada 13 años y durante las cuales se recuerda la línea de los antepasados. Cada año, en el mes de agosto, los mongoles celebran el *Nadaam*, caracterizado por carreras de caballos, concursos de tiro con arco y combates cuerpo a cuerpo. Cabe añadir a estas fiestas las innumerables formas de ópera que han perdurado en estas regiones. En Guizhou, en torno al Año Nuevo, los buyi practican la ópera local denominada *Dixi*. Los dong, los yi o los tujia también disponen de óperas locales.

Días festivos

> **1 de enero:** Año Nuevo.
> **Año Nuevo chino:** tres días que fluctúan entre mediados de enero y mediados de febrero.
> **8 de marzo:** fiesta internacional de las mujeres (1910).
> **12 de marzo:** día nacional de la reforestación.
> **1 de mayo:** fiesta internacional de los trabajadores (1889).
> **4 de mayo:** fiesta de la juventud china (1919).
> **1 de junio:** fiesta de los niños (1949).
> **1 de julio:** aniversario de la fundación del Partido Comunista Chino (PCCh; 1921).
> **1 de agosto:** aniversario del Ejército Popular de Liberación de China (1927).
> **1 de octubre:** aniversario de la fundación de la República Popular China (1949).

> FOTOGRAFÍA

Siempre resulta una buena idea salir de viaje con carretes de sensibilidad diferente. Si vais con unos diez carretes, llevad seis películas de 200 ISO (todo terreno), dos de 400 ISO (para hacer fotos de noche) y dos de 100 ISO (para las fotos con mucha luz o los retratos en primerísimo plano). Cuando estéis allí, sólo encontraréis de 100 ISO, seguramente.

Los que prefiráis las digitales encontraréis tarjetas de memoria fácilmente en todos los almacenes.

> GEOGRAFÍA

China es un país grande. Por el número de habitantes, la inmensidad del territorio, la variedad de climas y de etnias, y la profusión de relieves y de cursos de agua, se clasifica sin duda alguna en la categoría de los gigantes geográficos, ávidos de superlativos, y merece el sobrenombre de «país-continente». Con cerca de 9.600.000 km^2 de territorio, se sitúa en el tercer lugar mundial (después de Rusia y Canadá). China ocupa la cuarta parte de la superficie de Asia y tiene 19 veces la superficie de España; es decir, un país que iría del río Ural a las costas francesas del Atlántico, y de Suecia a Marruecos.

El conjunto del territorio chino se encuentra en el hemisferio norte. Su extremo meridional, un arrecife del mar de China del sur (representado en los billetes de dos yuanes), y su extremo septentrional, sobre el río Amur, distan entre sí 5.500 km, y hay que recorrer 5.300 km a vuelo de pájaro para unir sus extremos este y oeste, desde Xinjiang hasta Manchuria.

La topografía se caracteriza por una oposición entre el oeste y el norte, por una parte, formados por tierras altas continentales montañosas, desiertos y bosques, y, por la otra, el este y el sur, más húmedos, salpicados de bosques, llanuras fértiles y cursos de agua. Las regiones de cultivo se encuentran al este, en el centro y al sur del país, mientras que el noroeste y el gran oeste de desiertos y estepas están ocupados por pastos o bien se hallan sin explotar. En realidad, los dos tercios del espacio chino no son adecuados para la agricultura ni la silvicultura, y las superficies cultivadas eficazmente sólo representan el 10% de la superficie total, lo que no es mucho para alimentar a sus casi 1.300 millones de habitantes, y menos cuando las tierras cultivadas ceden terreno a las zonas urbanizadas. El rendimiento ha aumentado mucho en 50 años, ¡pero la población también!

Relieve escalonado

China es un país montañoso: cinco sextas partes de sus tierras tienen más de 500 m de altura. Visto desde el cielo, desciende escalonadamente de oeste a este hasta el océano. Se puede dividir el relieve en tres escalones: el primero, el «techo del mundo», es la meseta de Qinghai-Tíbet, formada por altas llanuras y cordilleras de 5.000 a 6.000 m de altura. Aquí se encuentran 10 montañas de más de 8.000 m, entre ellas el Qomolangma –que nosotros llamamos «Everest»– (8.848,13 m), además de las fuentes del río Amarillo, del Yangtsé y del Mekong (denominado Lancang Jiang por los chinos). El segundo escalón, a 1.500 m de altura, está formado por las mesetas de Mongolia interior, de las provincias de Yunnan y Guizhou, y por la meseta del curso alto del río Amarillo, además de las cuencas del Tarim y Sichuan. El tercer escalón se extiende hasta el mar, descendiendo por colinas o montañas poco elevadas, con la llanura del Norte, la llanura del curso medio del Yangtsé y toda la costa.

Grandes ríos

China es un país de aguas, que fluyen casi todas de oeste a este. Sus dos mayores ríos, el Amarillo y el Yangtsé (o Yangzi), han desempeñado un importante papel en la historia del país. Vías de transporte y de comercio naturales, estos dos monstruos líquidos han sido venerados como fuente de fertilidad, además de temidos como causa de calamidades. Y marcan con su impronta la consciencia colectiva del pueblo chino.

> El **Yangtsé** o **Yangzi** (Yangtsékiang o Yangzijiang, «el río Azul»; o Changjiang, «el largo río») es el más grande de China y, con una longitud de 6.300 km, el tercero mayor del mundo, tras el Amazonas y el Nilo. Sus fuentes se encuentran en la meseta de Qinghai-Tíbet. Marca la frontera simbólica entre el norte, dominio del trigo, el mijo y el sorgo, y el sur, territorio del algodón, la seda y

el arroz. Su cuenca es una de las zonas más pobladas de China. Con unos 3.000 km navegables, en el norte de Sichuan cruza las famosas Tres Gargantas antes de atravesar tres ciudades importantes (Chongqing, Wuhan y Nankín) para alcanzar el norte de Shanghai.

A causa de su caudal, que supera los 30.000 m^3 por segundo, su paso será cerrado con la mayor construcción hidráulica del mundo: la presa de las Tres Gargantas producirá la energía de 18 centrales nucleares. El río Azul verá crecer entonces su nivel hasta más de 135 m.

> El **río Amarillo** (Huanghe) es emblemático de la cultura china. Con una longitud de 5.464 km, lleva este nombre debido al loes que arrastra en su curso medio (¡hasta 35 kg de sedimentos por metro cúbico de agua!). Atraviesa nueve provincias mientras va secándose progresivamente y, durante el verano, no siempre llega al océano. Su cuenca es el hogar de la civilización china antigua y la cuna de la nación china Han. Respetado por la fertilidad del limo, también es temido por sus impulsos devastadores, ya que ha cambiado su curso varias veces para precipitarse hacia el norte, o hacia el sur de la península de Shandong. Regularmente rompe sus diques.

Las inundaciones en la cuenca del río Amarillo, el segundo más largo de China, han causado durante siglos, al igual que en la del Yangtsé, cientos de miles de muertos, especialmente en su desembocadura. La última desgracia ocurrió en junio de 2002, cuando a causa de las fuertes lluvias se desbordaron ambos ríos.

Estos dos grandes ríos están unidos por una completa red de vías artificiales, entre las que destaca el Gran Canal, terminado en el siglo VII y que conecta Pekín con Hangzhou a través de 1.782 km. Aún hoy se utiliza para el transporte de mercancías, pese a que el ferrocarril y la carretera le hayan ganado la partida.

> HISTORIA

Los primeros hombres...

¿Podría ser chino el hombre más antiguo del mundo? En la década de 1930, unos arqueólogos descubrieron en Zhoukoudian al hombre de Pekín o sinántropo. Con una antigüedad de 500.000 años, fue considerado el antepasado mítico de todo un pueblo. Más adelante, los descubrimientos recientes de Renzidong (Anhui) plantearon preguntas a los científicos. En diferentes estratos de sedimentos, los obreros desenterraron herramientas cortantes. ¿Un nuevo *homo* contemporáneo de sus hermanos africanos (2,5 millones de años)? Más de seis lugares distintos aportaron conclusiones similares. En 1995, las excavaciones practicadas en la cueva de Longgupo (Sichuan) permitieron el hallazgo de tres dientes y una mandíbula atribuidos a un homínido de 1,8 millones de años. ¿El antepasado directo de los pequineses?

En China, estas polémicas tienen una gran resonancia. ¿No reivindican los chinos regularmente la importancia de una civilización con dos milenios de antigüedad, de la época en que Qin Shi Huangdi unificó el país? El propio nombre de *Zhongguo* (China), «país del Centro», muestra este etnocentrismo recurrente: China y los bárbaros. Y toda la historia de este territorio no es más que una serie ininterrumpida de invasiones, de asimilaciones, de acuerdos y de tratos con las «tribus» del norte y del sur. En el corazón del valle del río Amarillo se formaron numerosos principados. Éstos no dejarán de hacer y deshacer el Imperio, fundando su legitimidad territorial en una geografía cuyas fronteras avalará la historia. Las provincias actuales no hacen más que confirmar esta lógica del territorio.

En el neolítico (5000-2000 a.C.), China se circunscribía al corazón del valle del Wei (que se convirtió en Shaanxi). Para domar la tierra, los hombres recurrieron a tres héroes civilizadores. Fuxi enseña a cazar, a pescar, a criar animales, las técnicas de la construcción y la adivinación (los ocho trigramas). Su mujer, Nuwa, salvó a la humanidad reparando la bóveda celeste. Shennong, el agricultor, introdujo el uso de la azada y de las plantas medicinales. Más adelante, cinco soberanos míticos continuaron este aprendizaje. De ellos, Huangdi es el más conocido.

Poco a poco, entre mito y realidad, las primeras tribus chinas se vuelven sedentarias. Primeros testigos históricos de este periodo, las culturas principales del neolítico son la Yangshao (6000-3000 a.C.; cerámica roja con dibujos geométricos) y la Longshan (5000-2000 a.C.), más avanzada (ciudades fortificadas y cerámica negra).

Las primeras dinastías

Fundada por Yu el Grande, que doma las aguas del diluvio y domestica el río Amarillo, la dinastía de los **Xia** (siglos XXII-XVII a.C.) dejó pocos restos históricos. En 1700 a.C., los **Shang** (1700-1025 a.C.) ascendieron al trono –30 soberanos reinarían sobre la cuenca inferior del río Amarillo– y legaron el prestigioso lugar de Anyang (última capital de la dinastía en la provincia de Henan). En esta ciudad real (incluso se han encontrado los cimientos del palacio), los nobles vivían separados de los plebeyos (agricultores, ganaderos y artesanos). Las tumbas cruciformes indican que celebraban sacrificios. Objetos funerarios o rituales (vasos sacrificiales, marmitas o copas con tres patas) extremadamente elaborados en bronce marcan la aparición de una civilización que domina a la perfección este metal. Los Shang practicaban el culto a los antepasados y el arte de la adivinación mediante los huesos, los omoplatos de buey o las conchas de tortuga *(jiaguwen)*. Ésta es también la época de los inicios de la escritura.

Durante la hegemonía de esta dinastía brillante, algunas tímidas incursiones hacia el sur iniciaron la roturación y la conquista de nuevas tierras. Pero los avances fueron modestos. La región del Yangsé seguía siendo, ante todo, una tierra poblada por aborígenes para estos «Han del norte». En cambio, los rudos pioneros que vivían sobre los valles altos del Gran Oeste (Shanxi, Gansu) comenzaron a interesar a estos agricultores de la llanura central. A mediados del siglo XI a.C., el rey Wu derrotó al último rey Shang, que acabó suicidándose. Los **Zhou** tomaron el poder y disfrutaron del reinado más largo de la historia de China (1050-221 a.C.). Las principales escuelas de pensamiento que han influido en el destino del Imperio datan de esta época.

Durante la primera parte de su reinado, los Zhou del oeste (1025-771 a.C.) instauraron un régimen feudal. La capital se estableció en Chang'an (región de Xi'an). En 771, ésta fue saqueada por los bárbaros y, acosada, la dinastía se replegó sobre Luoyang (Henan). El poder pasó a los señores feudales. Los Zhou del este (770-256 a.C.) tomaron el relevo.

No obstante, esta ascensión en el poder de los principados cercanos al nuevo dominio real (reinos de Zheng, Wei, Cao, Lu, Song, Cheng y Cai) se tradujo rápidamente en luchas incesantes, guerras de caballerías y enfrentamientos repetidos entre reinos. Estos siglos, también denominados época de las Primaveras y los Otoños (722-484 a.C.), contemplaron señoríos luchando sin piedad y nuevos principados que aparecieron sin parar en la periferia de la llanura central (Jin, Qin, Qi y Chu). Marcaron también la debilitación de la nobleza, que benefició a los príncipes. Por contra, la agricultura emprendió un viraje decisivo con la aparición de las herramientas de hierro.

Hastiados de estos campos de batalla y de tanto despilfarro humano, sabios consejeros ilustrados, que asistieron en los distintos reinos, intentaron reunificar el territorio bajo sus banderas. Su influencia dio origen a las Cien Escuelas. En estas escuelas se predicaban los métodos de gobierno y se elaboraban sistemas de pensamiento con el objetivo último de restablecer la paz. Confucianismo, taoísmo y legismo nacieron en esta época confusa. Durante el periodo de los Reinos Combatientes (480-221 a.C.) se multiplicó la violencia de los conflictos. A las guerras de caballería les sucedieron las guerras de masas, con sus consiguientes matanzas, pillajes y ejecuciones. Al mismo tiempo, el arte militar evolucionaba: la caballería sustituyó el uso del carro (307 a.C.). Empezaron a despuntar las máquinas de sitio: torres giratorias y catapultas.

Siete reinos se enfrentaban en ese momento: Zhao, Wei, Han, Yan, Qi, Chu y Qin. Aunque los más importantes eran el de Wei y el de Qin. Este último gozaba de una posición geográfica ventajosa: dominaba las llanuras de Henan desde el alto valle del río Wei. Además, el príncipe reinante se rodeó de buenos soldados formados por la escuela de los legistas. La disciplina era estricta. De repente, los acontecimientos se precipitaron. En 331 los Qin se apoderaron del ejército Wei y decapitaron a 80000 hombres. En 318 dispersaron la coalición de los Wei, los Han y los Zhao. Finalmente, entre 230 y 221, se fueron anexionando progresivamente los reinos restantes. El territorio conquistado comprendía las provincias de Shanxi, Henan, Hubei, Shandong y Anhui. Por fin, todo estaba preparado para la llegada del primer emperador: Qin Shi Huangdi.

El primer emperador

La dinastía de los Qin (221-207 a.C., se pronuncia «Chin») dio su nombre al Imperio. Tras 20 años de luchas y divisiones, el primer emperador consiguió imponer la unidad territorial, que duró 21 siglos y no terminó hasta 1912. Administrador de genio unido a un ministro legista sin par, Lisi, Qin Shi Huangdi combinó el trabajo de centralización con las reformas a la vez políticas, sociales y culturales. Con la intención de romper los regionalismos, procedió a llevar a cabo intercambios masivos de población y creó 36 encomiendas administrativas que eran gobernadas directamente por un gobernador civil, un gobernador militar y un superintendente. Unificó la escritura, las leyes y las reglas, los pesos y las medidas, y los ejes de los carros. Después, con la esperanza de proteger su reino contra las invasiones de los turco-mongoles venidos del norte, reunió diferentes tramos de murallas preexistentes. En 215 a.C. se construyó la Gran Muralla, que va desde el paso de Shanghaiguan (Gansu) hasta la península de Liaodong.

En su reinado, el territorio se extendía desde el río Amarillo hasta los valles del Yangtsé. Se enviaron ejércitos hacia el sur para que las costumbres bárbaras decayeran en favor de las chinas. En 213 un auto de fe que haría época se levantó contra la resistencia de los ilustrados y tendió a marcar el advenimiento de una nueva era. El pasado debía desaparecer. Miles de libros fueron quemados, entre ellos *Los cuatro libros clásicos* de Confucio. Pese al frenesí de grandes obras en el que nacieron caminos, canales y palacios, el fin del reino del emperador lo vio replegarse en un despotismo megalómano. Murió en el año 210, y su tumba estaba a punto. En Chang'an (región de Xi'an), un ejército de barro cocido guarda su sepulcro, que unos campesinos descubrieron en 1974.

La sucesión recayó en su hijo Huhai. Su reinado empezó en 209 a.C., pero, aún más megalómano que su padre, se mostró incapaz de continuar la obra de los Qin. Estallaron nuevas revueltas. Y en ese momento destacaron dos generales: Liu Bang y Xiang Yu. Asociados en un primer momento, acabaron por disputarse el poder. Tras cuatro años de luchas intestinas, Liu Bang venció. En el año 206 fundó la dinastía de los Han bajo el nombre de Gaozu. El imperio de los Qin había sido definitivamente depuesto.

Los Han del oeste (206 a.C.-8 d.C.)

Al principio de su reinado, los Han tuvieron que confiar en los legistas para restablecer la paz, y cedieron grandes feudos a los generales. En el año 200, Gaozu trasladó la capital de Luoyang a Chang'an. Con todo, la experiencia del primer emperador le permitió flexibilizar su política. La dinastía era más humana y se apoyaba en funcionarios ilustrados. Muy rápidamente, el confucianismo se convirtió en religión de Estado. En 191 se emprendía la reconstrucción de las antiguas obras destruidas. Basándose en *Los cuatros libros clásicos*, se puso en práctica el sistema de exámenes para el cargo de mandarín.

Sin embargo, entre 209 y 43 a.C., la preocupación de los gobernantes se concentraba en la neutralización de los Xiongnu, que, al norte del territorio, amenazaban al Imperio. Juegos de alianzas, dones de princesas y expediciones militares fueron otros procedimientos para contenerlos. En el año 141, el emperador Wudi (140-87) ocupó el trono. Para contrarrestar esta amenaza del norte, lanzó múltiples expediciones e intentó rodear a los bárbaros enviando un emisario a los escitas, en el otro extremo de Asia central. ¡Es la famosa epopeya de Zhang Qian!

Con Wudi, la potencia china se extendía desde Corea del Sur hasta el norte de Vietnam, y del mar de China hasta Asia central. Emisarios chinos llegaron incluso hasta el lejano Ferghana en busca de sementales capaces de hacer frente a los caballos de los Xiongnu. Continuó la expansión hacia el sur. Centenares de miles de personas fueron trasladadas allí. Cantón (llamada también actualmente Guangzhou) fue anexionada definitivamente a China. Se desarrollaron las rutas comerciales. La seda llegó hasta Roma con la mediación de los partos. También se intercambiaban porcelana, hierro, sal, laca y bronce. Rodeado de consejeros confucianos, en ocasiones cansados de tantas campañas militares, Han Wudi no dudó en utilizar a los letrados contra la nobleza ni en combatir sus prerrogativas. Su poder era ya inconmensurable. Durante 53 años, reinó sobre el Imperio. Aún hoy, los chinos se honran con el nombre de «hijos de Han», en alusión a él.

Xuandi (73-49 a.C.) continuó durante algún tiempo la obra de Wudi, pero a sus sucesores les faltó brillantez. Empezaba una época de inestabilidad y de intrigas cortesanas entre eunucos y letrados. Comenzaron a surgir revueltas de inspiración taoísta. En el año 48, el emperador Yuan-ti (48-33) tomó el trono con 27 años y cedió todo el gobierno al poder de los eunucos. Sin resolver nada, sólo consiguió hundir más en el caos a la dinastía. En el año 32, su sucesor no fue más que un disoluto. Finalmente, en el año 6, favorecido por el clan de una familia de emperadores, Wang Mang se proclamó emperador (hasta entonces era regente). Durante algunos meses utilizó a un emperador fantasma. Después, el 10 de enero del año 9, acabaría fundando su propia dinastía: la Xin.

La usurpación de Wang Mang (9-23 d.C.)

El reino de los Xin marcó el triunfo de los ilustrados, partido al cual pertenecía Wang Mang. Durante algunos años, sus interesantes y atrevidas reformas intentaron atajar los problemas de final de dinastía. Con la intención de reducir el poder de los nobles, dividió las grandes propiedades y nacionalizó el suelo. Reglamentó los mercados y reformó los impuestos y la moneda. Sin embargo, en el año 11, un cambio de curso del río Amarillo debilitó nuevamente a la dinastía. Le siguió una terrible hambruna (año 14). Y la revuelta de los Cejas Rojas (organización de distintas bandas de obediencia taoísta) se desató. Las reformas frenaron la economía, y los campesinos insurrectos acabaron por hacerse dueños de la cuenca inferior del Huang He (18). En el año 22, Chang'an volvió a ser tomada y Wang Mang fue asesinado en el parque Imperial. Aprovechando la situación, un general, Liu Xiu, se proclamó emperador con el nombre de Guangwu, y ascendió al trono. Se restableció la dinastía de los Han y la capital se trasladó a Luoyang.

Los Han del este (25-220 d.C.)

En los primeros años de su reinado, Guangwu (25-57) sufrió numerosos problemas alrededor de su territorio. Una vez más, los bárbaros amenazaban: los Xiongnu al norte y los Annamitas al sur, en plena rebelión. Un valeroso general, Ma Yuan, consiguió poner fin a estas sublevaciones y logró la fidelidad de los Xiongnu en el norte. La estabilidad obtenida duró casi dos siglos y permitió al emperador restaurar la unidad del Imperio y abrirse al extranjero. El comercio era floreciente. El emperador se apoyaba en la nobleza y en las ricas familias de la llanura central. Se ampliaron las grandes propiedades. La agricultura se perfeccionó.

En el año 58, Mingdi (58-75) le sucedió. Restableció la hegemonía china respecto a Asia central mediante repetidas expediciones. Ban Chao, general muy astuto y por aquel entonces todopoderoso, consiguió incluso someter los oasis que bordean la ruta de la seda. La pacificación lograda favoreció la penetración del budismo. Pronto se conoció una primera comunidad en Luoyang. Este largo periodo de paz también fue provechoso para el reino, que se enriqueció. Se desarrollaron las artes, sobre todo el arte funerario (figurillas, personajes y animales fantásticos) y las técnicas de incrustación de piedras: turquesa, malaquita, oro y plata.

En 102, el ilustre Ban Chao falleció en Luoyang. Su hijo (año 106) tomó el relevo. Consiguió convencer a los ilustrados (convertidos en cuerpo de Estado muy importante con el que era preciso contar) de la importancia de no olvidarse de Asia central. Durante algunos años más, los Han consiguieron contener el impulso de los Xiongnu. Entonces se les sumó la amenaza de los Xianbei, protomongoles que, a lo largo del final del siglo II, no dejaron de atacar el Imperio. Sin embargo, bajo el reino de Hedi (88-105), la creciente influencia de los eunucos permitió augurar un cierto declive del Imperio, con gran perjuicio para los letrados.

Una vez más, la corte tuvo que soportar a emperadores jóvenes que sólo pensaban en entregarse a todos los placeres. Reaparecieron las sectas taoístas. En 184, los Turbantes Amarillos –un movimiento de obediencia mística e igualitaria– se sublevaron. La revuelta estalló al sur de Hebei. Los poderes públicos estaban desbordados. La miseria era espeluznante. La corte debió movilizar a considerables ejércitos. En 189, Yuan Shao, un noble de Henan, tomó Luoyang. En ese momento se libró definitivamente de los eunucos en una matanza que hizo historia y asumió la dictadura, lo que marcó el principio de la anarquía militar. Cada provincia levantó sus propias tropas, que sólo obedecían a sus jefes. El poder se fragmentó y siguió un gran periodo de confusión, de matanzas y de guerras. En Sichuan, una nueva secta, la sociedad de los Cinco Montones de Arroz, se rebeló. Se constituyeron facciones y el poder de los Han pasó a ser nominal.

Los Tres Reinos (220-265 d.C.)

Tras la fragmentación del Imperio que siguió a la caída de los Han, destacaron tres generales. Vencedor de los Turbantes Amarillos (192) y de Yuan Shao (200), Cao Cao se convirtió en señor de la cuenca del río Amarillo y de las provincias del norte. Él fue quien fundó el reino de los Wei. En la cuenca del Yangtsé, Sun Quan pronto controló casi toda la China meridional y se convirtió en el líder del reino de los Wu. Finalmente, en Sichuan, Liu Bei, ayudado por Guang Yu y Zhang Fei (sus dos fieles lugartenientes) y aconsejado por Zhuge Lang, reinó sobre los Shu. Las rivalidades, alianzas y trampas a las que se entregaron los tres socios forman parte de los clásicos de la historia de China y se han popularizado en forma de obras de teatro, libros... En el siglo XIV, la *Novela de los Tres Reinos* culmina la conversión de este periodo épico en una referencia para todos los chinos.

Tras numerosos repuntes, las diferentes facciones se estancaron. Se instauró un periodo de degeneración y de reyes holgazanes. En 249, aprovechando el declive de la dinastía Wei, el general Syma Yi tomó el poder. En 263 se anexionó el reino de los Shu, en Sichuan. Por último, en 265, su hijo, Siman Yan, destronó al primer rey Wei y fundó la dinastía de los Jin occidentales en Luoyang. El reino de los Wu, por su parte, fue anexionado en el año 280. Es el final de los Tres Reinos. Empezó una de las etapas más confusas de la historia de China. Tras 40 años de guerra, el país estaba arruinado. Al norte, los bárbaros habían constituido de nuevo sus principados. El Imperio se hallaba dividido una vez más.

La fragmentación del Imperio

El reino de los Jin del oeste (265-316) fue efímero. Rápidamente fue hundido por las rebeliones de mercenarios y de los pueblos bárbaros introducidos en el Imperio. Dieciséis reinos se sucedieron en el norte: los Dieciséis Reinos de los Cinco Bárbaros (304-439). Entre ellos destacan los Wei del norte (386-534). Pueblo tabghatch (nacido de una tribu turca), los Wei absorben las hordas de China del norte y reúnen el país bajo su dominio. Durante un tiempo, China del norte quedó unificada bajo su mando, con todo el territorio protegido contra nuevas incursiones de los nómadas. Algunos de sus reyes, fervientes budistas, fueron los iniciadores de los sitios rupestres más bellos del país: Yungang (Datong) y Longmen (Luoyang).

En el sur, más allá del Yangtsé, los chinos intentaron imponerse a las diferentes etnias. Nankín pasó a ser la capital de las Dinastías del Norte y del Sur (304-589). Algunos reinos se convirtieron en particularmente ilustrados: los Jin orientales (317-420), en Fujian, y los Liang, en el bajo Yangtsé (502-557). Estos últimos aprovecharon los 50 años de paz para favorecer la expansión del budismo. En 577, el reino de los Zhou del norte (557-581) unificó China del norte en Chang'an y el reino de los Chen (557-589) en Nankín. El enérgico general Yang Jian reunificó el territorio. En 581 fundó la dinastía de los Sui (581-618), en Chang'an, y tomó el nombre de Wendi (581-604). Tras 271 años de enfrentamientos y fragmentaciones, China volvía a encontrar su unidad.

Los Sui (581-618)

Los Sui tomaron muchas cosas de los Qin. Surgida de una conquista guerrera, la dinastía estaba gobernada por autócratas intransigentes que se lanzaron a realizar gigantescas obras de acondicionamiento. Entre las más famosas destaca la continuación de la Gran Muralla, el establecimiento de una red de graneros y la excavación de grandes canales para unir el norte con el sur. Wendi, emperador poco ilustrado pero buen administrador, consiguió devolver el orden al seno del Imperio. Hábil diplomático, se concentró en avivar las discordias entre turcos occidentales y turcos orientales, ante el empuje del Imperio turco. A su muerte, en 604, estos últimos estaban paralizados por la guerra civil y dejaron que China retomara su supremacía en Asia Central.

En 605, Yangdi (605-617) sucedió a su padre. Durante un cierto tiempo prosiguió su obra: reforma del sistema fiscal y monetario, grandes obras de utilidad pública... Pero, rápidamente, su amor por lo fastuoso, por los placeres románticos y desmesurados, acabó por cansar al pueblo. Hombre desigual, se mostró brillante en el año 608, con ocasión de una importante visita a Gansu, donde recibió un homenaje por parte de varios oasis, y después sufrió tres derrotas sucesivas en Corea (612, 613 y 614). En 616, hastiado de sus piruetas, el pueblo se levantó. El emperador se retiró a Hangzhou. Y en 618 fue asesinado junto a su hijo dentro del palacio Imperial. Apenas tenía 50 años. De nuevo, a imagen de los Qin, una dinastía determinante pero efímera cederá su lugar a una dinastía brillante y duradera. Todo estaba preparado para la llegada de los Tang.

Dinastía Tang (618-907): lo mejor de lo mejor

Los Tang están considerados, junto a los Han, la flor y nata de las dinastías chinas. Durante su reinado, el Imperio conoció un esplendor cultural, económico, administrativo y militar sin precedentes. Apenas instalados en el trono imperial en Chang'an (Xi'an), los Tang emprendieron la consolidación de las instituciones heredadas de los Sui. Tras acceder al poder gracias a rebeliones populares, no sintieron deseos de caer de la misma manera. A su llegada, el emperador Taizong (627-649), sin duda uno de los soberanos más eminentes de la antigua China, sostuvo fuertemente las riendas del Estado y puso en práctica una serie de reformas políticas. Éstas permitieron que el régimen de los Tang lograra la cima de su poder y su prosperidad. Taizong reorganizó de pies a cabeza la Administración y dividió el país en 10 grandes regiones administrativas. Las administraciones civiles y militares quedaron cuidadosamente separadas unas de otras, y el sistema de exámenes del mandarinado se racionalizó. La aristocracia redistribuyó las tierras de los campesinos. Obras de regadío faraónicas aumentaron la producción agrícola. En esta época, las fronteras del Imperio se extendían de Siberia (al norte) a Corea (al este), justo hasta el territorio que hoy constituye Vietnam (al sur). Hacia occidente, el corredor comercial de la ruta de la Seda estaba seguro. Las caravanas unían continuamente China con India y Persia, hecho que permitía la llegada de riquezas e ideas nuevas.

En el año 684, una mujer singular, Wu Zetian, antigua concubina de Taizong y de su sucesor Gaozong, ascendió al trono tras asesinar a su propio hijo y acusar a su rival del crimen. Se trata de la primera y única emperatriz china de la historia. Budista iluminada, tenía todas las virtudes de un gran jefe: determinación, cultura y resistencia a las intrigas de la corte. Bajo su cetro, el Imperio actuaba con cautela. Se recuerda a Wu Zetian, sobre todo, por sus caprichosas orgías y por su crueldad (hacía ejecutar esclavos al son de la música). En el final de sus días, se desinteresó por completo de los asuntos de Estado. En el año 712, el emperador Xuanzong asumió el control del país. China era próspera, con una capital cosmopolita de dos millones de almas (Xi'an), donde convivían artesanos chinos, monjes indios y negociantes árabes. Es la gran época de las artes decorativas sagradas, como lo demuestran la laca incrustada, los vasos de metal y la seda con motivos entrelazados que se han encontrado en las tumbas.

El propio emperador era un buen calígrafo. Mecenas ilustrado, favoreció el estudio de los clásicos del budismo venidos desde India. Pero el hombre tenía sus debilidades: su loco amor por la bella concubina Yang Guifei le llevó a olvidarse de dirigir el Imperio. Los señores locales vieron en esto la oportunidad de vencerle. Favorito secreto de Yang Guifei, el general An Lushan decidió tomar el poder, desencadenando en el año 755 una rebelión que azotó el país durante ocho años. Dice la historia que el emperador derrotado tuvo que abandonar la capital con su concubina. Y la hizo estrangular durante su huida, antes de tirar el cuerpo a un surco de regadío, precisamente el símbolo del éxito económico de la dinastía. Es el fin de los Tang. Aunque, más tarde, la rebelión de An Lushan fue sofocada, la autoridad de Xi'an había recibido un golpe del que no se recuperó y el Imperio se desintegró progresivamente.

Cinco dinastías y tres reinos (907-960)

Aprovechando la debilidad del poder central, los jefes militares de cada región iniciaron la secesión y se proclamaron todos soberanos. Una vez más, China estaba dividida en cinco dinastías al norte y diez reinos al sur, en permanente rivalidad por el terreno. Este periodo inestable corresponde también –como suele suceder durante las épocas de caos a lo largo de la historia– con un periodo de efervescencia creativa: los chinos inventaron el papel moneda, la imprenta y la pólvora de cañón.

Los Song (960-1279): un imperio unificado y próspero

Medio siglo después del fin oficial de los Tang, el general Zhao Guangyin desencadenó una sublevación y reunificó China, conquistándola ciudad por ciudad, y se proclamó primer emperador de la dinastía de los Song con el nombre de Taizu.

Con él se abría una época de avances notables en los ámbitos de la técnica, la cultura y la economía, que alcanzaron una velocidad de crucero y la conservaron durante muchos siglos. El neoconfucianismo se instaló como culto oficial. Las escuelas florecieron y las artes se expandieron, apoyadas por el emperador Huizong, que fundó una academia de pintura y caligrafía. También era el reino del dinero. Los intercambios interiores y exteriores se multiplicaron, hecho que dio lugar a la formación de una clase de mercaderes y de burgueses urbanos. El cobre y el estaño extraídos de las minas del sur se transformaron en monedas. Más importante aún, se realizaron avances cruciales en el ámbito de la agricultura. Una variedad de arroz que crecía rápidamente, importada desde Vietnam, y nuevas máquinas agrícolas permitieron desde ese momento alimentar sin problemas a la mayoría de la población. En realidad, el sistema agrícola funcionaba tan bien que casi no se modificó hasta el siglo XX. Hoy se considera que éste es el motivo por el cual se mantuvieron tan estáticas la economía y la sociedad hasta la caída del último emperador, a principios del siglo XX. En Europa, uno de los detonantes de la Revolución Industrial fue el hecho de que no hubiera suficiente gente para cultivar los campos y que, por lo tanto, fuera necesario inventar nuevas máquinas. Pero China no ha conocido nunca esta necesidad, porque la mano de obra agrícola siempre ha abundado, desde los Song. El Imperio estaba alimentado, unificado y seguía siendo próspero; si todo funciona, ¿para qué cambiar?

Pero la prosperidad de China atrajo la codicia. Las tribus bárbaras (otra vez ellas) amenazaban las fronteras en el norte y el oeste. Los jurchen, señores de las llanuras del noreste, no se conformaron simplemente con los tributos que les asignaban, y en 1126 pasaron al ataque y se abalanzaron sobre el ejército chino, entorpecido por una larga época de paz. En su avance se apoderaron de Kaifeng, la capital, y fundaron la dinastía de los Jin. Refugiados en Hangzhou, donde establecieron su nueva capital, los Song del sur reinaron más de un siglo todavía, aunque sobre la mitad del territorio que habían poseído. De ningún modo vengativos, durante este periodo desarrollaron nuevos métodos de navegación, como la brújula marina y el timón de codaste, que les llevaron a establecer lazos comerciales con el sureste asiático. Aquí fundaron sus primeras factorías, que recibieron a inmigrantes chinos, un precedente de la diáspora hoy presente en esta parte del mundo.

Los Yuan (1276-1368): la fuerza mongol

En 1206, un tal Gengis Khan unificó los pueblos de la estepa mongol y alcanzó un poder absoluto. En un impulso formidable, sus hordas conquistaron, en algunas décadas, ¡prácticamente todo el territorio que se encuentra entre Austria y Corea! Esto incluye Manchuria, Asia central, Rusia y una buena porción de Europa del Este. ¿Su método? Es simple: primero, la fuerza bruta. Quien ose resistirse, muere. A continuación, la conciliación. Los que juren fidelidad se integran en el dominio de Khan y pueden esperar una cierta autonomía. Y China está, evidentemente, incluida en el menú del gran Khan. Desde 1234, los aguerridos caballeros mongoles barrieron a los Jin e instalaron sus yurtas en todo el norte del país. Kublai Khan, nieto de Gengis Khan, estableció su capital en Khanbalik, conocida hoy como Pekín (Beijing), donde fundó la dinastía de los Yuan en 1271. Después, lanzó a sus tropas contra los Song del sur, que opusieron mayor resistencia que los jurchen gracias a su poder económico.

Pero la técnica no pudo durar mucho ante la fuerza militar mongol. Hangzhou cayó en 1276 y, tres años después, toda China se halló sometida al «pueblo de la estepa». El subcontinente chino se integró en el imperio del Gran Khan, el más grande de todos los tiempos. Además, por primera vez, toda la China unificada se dirigía desde Pekín. La inmensidad del territorio dominado por los mongoles acarreó numerosos intercambios con el mundo entero, y los extranjeros se sucedieron en la corte del Khan, amante de novedades «exóticas». De este modo, hacia 1275, las caravanas de la ruta de la seda trajeron a Marco Polo, que permaneció 17 años al servicio de Kublai, e incluso se convirtió en gobernador de Yangzhou (en el actual Jiangsu). En su libro *Las maravillas del mundo*, el mercader veneciano describió China como un país extraordinario, destacando especialmente el papel moneda, el té y la porcelana; pero todo esto no despertó ningún interés en el Occidente cristiano, demasiado ocupado con las cruzadas.

Para aprovechar mejor la prosperidad china, Kublai adoptó una línea de conducta racional: prefirió dejar las estructuras económicas y administrativas como estaban, para sacarles más partido, y acabó incluso por adoptar ciertas instituciones, como los exámenes para mandarín. Sin embargo, los jinetes de la estepa, si bien no convirtieron China en un gran pasto para sus carneros (como preconizaban algunos de sus generales), fueron ante todo invasores, y no asimilaron características chinas. Hicieron reinar la discriminación racial, prohibiendo a los chinos el acceso a los puestos claves del poder, a cambio de instalar a otros extranjeros, como los uigur o los lamas tibetanos, que se encargaron de administrar las órdenes religiosas. Esta situación tuvo un efecto positivo: dejó ociosas a las elites chinas para que pudieran dedicarse a las artes y las letras. En efecto, fue en esa época cuando apareció la ópera y se desarrollaron numerosas corrientes literarias y pictóricas, como el arte del paisaje.

La ocupación mongola favoreció también que, en el sur, el neoconfucianismo, desarrollado por los Song, recobrara fuerza. Esta filosofía puede considerarse el germen de un nacionalismo de Estado. Hacia la mitad del sigloXIV emergieron numerosas corrientes místicas por todo el país, que se alimentaron de las frustraciones campesinas y del odio a los mongoles. La rebelión de los Turbantes Rojos condujo a una insurrección a gran escala a partir de 1348, y en el espacio de 20 años el país pasó al control chino. Zhu Yuanzhang, antiguo monje budista y jefe de los Turbantes Rojos, fundó en el año 1368 en Nankín la dinastía Ming, cuyo nombre significa «luz que ilumina».

Dinastía Ming (1368-1644): Pekín se convierte en capital

Tras su victoria, el primer Ming, conocido por el nombre dinástico de Hongwu, emprendió la edificación, sobre las ruinas del imperio mongol, de una sociedad frugal, regulada y bien encerrada en un «grillete» administrativo en el que el comercio quedaba controlado hasta el extremo. Se creó un temible cuerpo de policía secreta para comprobar el comportamiento de los funcionarios, después de que el primer emperador descubriera un complot fomentado por su primer ministro (al que hizo ejecutar, junto con 30.4000 letrados y sus familias, vinculados con él directa o indirectamente). Autocrático pero lúcido en cuanto a las necesidades del país, Hongwu también alivió las penas de los campesinos disminuyendo los impuestos y mejorando las redes de irrigación.

Una vez bien instalada la dinastía, el tercer emperador, Yongle (1402-1424), transfirió la sede del poder a Pekín, «la capital del norte», y no dejó a Nankín, «la capital del sur», más que un papel secundario de capital económica. Esta transferencia marcó la preeminencia de los mandarines y de los militares sobre los mercaderes, tendencia que se ha mantenido hasta hace muy poco. Cómodamente sentado de cara al sur en la Ciudad Prohibida, edificada en esa época, Yongle dominaba un imperio unificado en manos de los Han, que influyó en toda Asia. Son los tiempos de los grandes viajes marítimos patrocinados por la corte: el eunuco Zheng He, a la cabeza de una flota de 70 juncos de alta mar que transportaba a 30.000 hombres, navegó por los mares del Sur y fundó un imperio comercial que se extendió desde las Filipinas, en el océano Índico, hasta Etiopía. Fue el principio de la formidable diáspora china que avanzó desde entonces en el sureste asiático. A la vuelta de los marinos no se repitieron las expediciones, ya que los mandarines conservadores de la corte no vieron su utilidad.

Con la llegada de los portugueses a mediados del siglo XVI, China descubrió la patata y el maíz, que causaron un gran desarrollo demográfico. En 1557 cedieron Macao a los portugueses, y el padre jesuita Mateo Ricci se convirtió en consejero del emperador, iniciando a éste en la astrología y en la música occidental, y tradujo numerosos clásicos chinos. En el siglo XVII, el Imperio tuvo que hacer frente a los ataques reiterados de los piratas japoneses que arruinaban sus costas. Además, se enfrentó a intrigas cortesanas que veían a los conservadores xenófobos retomar la cima, y a una serie de carestías que provocaron revoluciones en el campo y entre los comerciantes urbanos, muy gravados de impuestos. Una vez más, el dominio del país escapaba a sus dirigentes.

Dinastía Qing (1644-1911): grandeza y decadencia

La última de las dinastías imperiales, la de los Qing («la pureza»), reinó durante dos largos siglos cruciales, que conocieron sucesivamente una era de grandeza y prosperidad, el fin del aislamiento con Occidente y el embrión de una modernización económica y política. Pero también contemplaron la extinción irreversible del sistema imperial ancestral, demasiado rígido para adaptarse al mundo moderno.

A mediados del siglo XVII, mientras los Ming se hallaban en pleno derrumbamiento, los príncipes manchúes, que dominaban todo el noreste, decidieron que la situación era la idónea para partir a la conquista de China. Superaron la Gran Muralla sin dificultad y se apoderaron de Pekín en 1644, gracias a una alianza con el ejército septentrional de los Ming, que estaba combatiendo las insurrecciones campesinas. Acogidos con todos los requisitos, los manchúes se instalaron en el trono y fundaron la nueva dinastía Qing, con el objeto de restablecer el orden en la región. Si bien la conquista del norte fue una excursión, por contra, necesitaron más de medio siglo para poder imponerse en el sur, donde los legalistas Ming dirigían una guerra de resistencia encarnizada en el suroeste, al mando del general Wu Sangui. Este último reinaba sobre el sur del Imperio Celeste, que después se convirtió en Yunnan y repelió todos los ataques de los recién llegados. A su muerte, ocurrida en 1663, las tropas de los Qing seguían encerradas en el valle del Yangtsé. Hubo que esperar al emperador Kangxi, recién llegado al poder, para culminar la conquista del sur y reunificar de nuevo plenamente el Imperio. Los manchúes consiguieron imponerse gracias al largo reinado de una estirpe de emperadores fuertes: Kangxi (*c.*1662-1723), Yongzhen (1723-1736) y, sobre todo, Qianlong (1736-1796), que dejó el trono simplemente para no reinar más tiempo que su abuelo. Durante estos 130 años, el disciplinado ejército Qing amplió las fronteras del país hacia los cuatro puntos cardinales, hasta englobar completamente Xinjiang al oeste, Mongolia al norte, Corea –sometida a vasallaje– al este, y hasta los confines de Vietnam, Laos y Birmania al sur. Ello representó la mayor extensión de China de todos los tiempos.

Percibidos primero como invasores, los manchúes y su dinastía impusieron su lengua en la Administración, centralizaron el poder, promulgaron un «gran código penal» e impusieron la censura en todos los grados.

Los puestos de altos dignatarios, reagrupados en la Ciudad Prohibida en torno al emperador, se atribuían principalmente a la aristocracia manchú. Para asegurar sus nuevas conquistas territoriales, los Qing establecieron en ellas colonias de soldados-labradores, que se adjudicaban una parcela de tierra y caballos. También en esa época se generalizó el uso de la coleta, costumbre manchú: se considera que la larga trenza permite «atrapar al vuelo» a los que caen a los infiernos.

Lúcidos, los emperadores Qing pronto se rindieron a la evidencia: el país era demasiado grande, y su civilización, demasiado arraigada, para dirigirlo durante mucho tiempo mediante métodos extranjeros. Al contrario que los mongoles que les habían precedido, no cometieron el error de distinguirse de los chinos, y se asimilaron a ellos profundamente, sin escatimar medios. Era una cuestión de legitimidad. ¿La aristocracia surgida de los Ming planteaba problemas? Los Qing se asociaban a la burguesía comercial para hacer negocios. ¿Faltaban funcionarios? El viejo sistema de exámenes imperiales se reactivaba para integrar a los ilustrados han más brillantes en la Administración. ¿La religión puede resultar útil? La corte devolvió el honor a las creencias confucianas, budistas y taoístas ortodoxas. El pueblo campesino no se quedó sin nada: se instauró un nuevo impuesto más justo y se constituyeron «graneros de auxilio» en caso de hambre. Se reanudaron las obras de irrigación y la población se triplicó hasta alcanzar los 300 millones de personas en 1750.

Tras una etapa de grandeza, y como todo lo que llega a la cúspide, la dinastía estaba llamada a descender. A partir de la segunda mitad del reino de Qianlong y hasta 1850 se inició el declive. El campo superpoblado vivía continuas hambrunas, y estallaron numerosas insurrecciones. Los pueblos irredentos de Xinjiang rechazaron la ocupación y entraron en conflicto, mientras que, en el suroeste, los príncipes de Yunnan escapaban a la autoridad y guardaban para sí una fracción del Imperio. De inspiración mística, la secta del Loto Blanco captó a campesinos decepcionados y atacó varias ciudades del centro, mientras que las sociedades secretas formadas por nostálgicos de los Ming, las tríadas, urdían complots en la costa. Estos problemas costaron muy caro a los Qing, que dilapidaron enormes sumas para llevar a cabo campañas de represión, y perdieron, de paso, su reputación de pacíficos administradores. En la corte, las intrigas pudrían la cima del poder, mientras que las autoridades provinciales fueron vencidas por la corrupción. A finales del siglo XVIII, el emisario británico lord MacCartney describía China como «un gran navío al que dejan pudrirse y que no se puede reconstruir sobre la misma obra viva».

La presión contenida del descontento popular explotó en 1850, con la gran revuelta Taiping, que causó la muerte de 20 millones de personas. Saliendo del sur detrás de su jefe Hong Xiuquan (que creía ser el hermano menor de Jesucristo), se apoderaron de la mitad de China e instalaron su capital en Nankín, en 1853. Ejército de descamisados que creían en un monoteísmo fanático y un sistema igualitario, la revuelta Taiping prefigura, para algunos, el movimiento comunista chino. Al igual que éste, surgió de los campesinos, y sus jefes predicaban una doctrina que garantizaba la salvación y la reforma de la sociedad mediante el colectivismo, con igualdad y libertad para las mujeres. El movimiento resistió a las tropas imperiales hasta el año 1864, antes de ser aplastado, pero el país nunca curará del todo esta herida.

China y Occidente: de roer... a destruir

En Occidente nos encontramos en la época colonial. Cada vez más cautivadas por los relatos de los comerciantes y de los misioneros que circulaban desde el siglo XVII, las potencias europeas empezaron a interesarse por el Imperio chino. Los europeos estaban colonizando el mundo entero, pero en China fueron considerados bárbaros, confinados en algunas colonias comerciales de Cantón, lejos de Pekín. Por otra parte, los negocios beneficiaban más a los chinos que a los extranjeros, que compraban masivamente té, seda y porcelana, muy de moda en los salones del Viejo Continente. Para compensar su déficit, los ingleses iniciaron, en la década de 1770, la venta del opio que fabricaban en India, cuyo consumo se intensificó rápidamente, y el Imperio emitió leyes para prohibirlo.

Pero ante la estupefaciente popularidad de la droga, las prohibiciones surtieron tanto efecto como una gota de agua en medio del mar. En 1839, cansadas, las fuerzas manchúes confiscaron y quemaron 20000 cajas de opio almacenadas en las dársenas de Cantón. No hacía falta menos para provocar la reacción de los militares británicos, ávidos de conquistas. Podían reírse de ellos, pero no reducir a cenizas sus mercancías. Con la connivencia tácita del resto de países occidentales, la Royal Navy venció en Cantón a las fuerzas imperiales –mal equipadas–, bloqueó los principales puertos y remontó el Yangtsé con sus lanchas cañoneras. China se vio obligada a firmar el Tratado de Nankín de 1842, que otorgaba a los extranjeros el derecho de instalar concesiones en varias ciudades como Shanghai, Cantón y Nankín. Hong Kong se convirtió en posesión británica y se instalaron misiones diplomáticas en Pekín, afrenta suprema para el emperador. Otras dos intervenciones llevadas a cabo entre 1858 y 1860 por tropas franco-británicas culminaron con el saqueo del palacio de Verano, la apertura de nuevos puertos y la autorización para que los misioneros cristianos predicaran en el interior del país. Rusia aprovechó para extender su dominio en el norte de Manchuria, y el temible vecino japonés pasó al ataque en 1895, anexionándose Taiwan y Corea. Ingleses, franceses, alemanes, rusos y japoneses se repartieron el gran pastel chino, acapararon lo mejor del comercio y despreciaron las leyes chinas.

El declive del Imperio

China ya no era el centro del mundo; se había convertido en «el enfermo de Asia». El atraso tecnológico acumulado condenó al país, en contraposición al resto del mundo: no había universidades modernas ni una industria desarrollada, y el ejército no tenía el potencial suficiente para enfrentarse a otro. La corte se aferraba a los antiguos valores, y entre los intelectuales, el sentimiento de que la humanidad y China eran una sola cosa seguía estando muy extendido. Alertado por reformadores ilustrados como Kang Yuowei, el emperador Guangxu intentó volver a espolear el país en 1898, modernizando las instituciones durante la reforma de los Cien Días. Se despidió a los oficiales corruptos. Se abrieron escuelas especializadas y se construyeron astilleros navales. Pero era demasiado tarde: la tía del emperador, Cixi, tomó el poder y se rodeó de ultraconservadores, para quienes todo lo que procedía del extranjero era considerado bárbaro y, por lo tanto, inferior. Se detuvo la reforma, y China, como el avestruz, escondió la cabeza para no ver el peligro, lo cual le resultaría fatal. La naturaleza también se implicó: se perdieron dos cosechas seguidas y el río Amarillo se desbordó, signo tradicional de que el emperador había perdido el Mandato Celeste. El pueblo estaba hambriento.

En 1899-1900, todo volvió a explotar otra vez con la revuelta de los bóxers, los «puños de la justicia» en chino. Se trataba de jóvenes campesinos y culis surgidos de las capas más pobres de la sociedad, que practicaban las artes marciales y creían estar a prueba de balas. Encendieron a todo el país y atacaron todo lo europeo o cristiano, asesinando a misioneros y a comerciantes chinos «colaboracionistas». Sus eslóganes eran simples: «¡Si la lluvia no quiere caer, es porque las iglesias cristianas bloquean el cielo! ¡Si queréis perseguir a los demonios, arrancad las vías del tren!». Primero se beneficiaron de un apoyo discreto por parte de la corte, satisfecha de poder luchar contra los «diablos extranjeros» sin tener que comprometer al ejército. Pero, rápidamente, los bóxers escaparon a todo control en el interior del país. En 1900 entraron en Pekín, incendiaron la catedral francesa y sitiaron el barrio de las legaciones durante 100 días. Los occidentales enviaron a escape sus cañones, redujeron a los bóxers y obligaron otra vez al Imperio a pagar grandes indemnizaciones. Y les odiaron aún más por haber demostrado definitivamente hasta qué punto estaba China atrasada para su tiempo. Cuando Cixi murió, en 1908, dejó un país en profunda crisis, con un gobierno rígido alejado de la realidad de una sociedad en plena mutación. El emperador Puyi, de dos años, subió al poder. Su destino se narra en la película de Bernardo Bertolucci *El último emperador*.

El fin de la dinastía Qing y del régimen imperial

Decepcionados por la obstinación de la corte de los Qing al rechazar las reformas, numerosos oficiales jóvenes, suboficiales del ejército y los intelectuales formados en el extranjero proyectaron transformar el Imperio en una república moderna. Se inspiraron en las ideas revolucionarias de Sun Yat-sen, médico en el exilio que intentaba, desde hacía años, captar partidarios para su causa en el sur, territorio más permeable a las influencias extranjeras. El 10 de octubre de 1911 estalló una insurrección en Wuhan y, en un mes, la mitad del país pasó a ser una república, sin que se produjera una guerra civil. El Imperio había muerto.

La república de Sun Yat-sen

Los revolucionarios y los reformistas, pragmáticos, cedieron puestos de responsabilidad a los funcionarios Qing conciliadores. El 1 de enero de 1912, Sun Yat-sen se convirtió en el primer presidente de la nueva república china. En el mes de febrero, Puyi abdicó, pero lo hizo sin contar con el poder de los últimos potentados todavía influyentes. En Pekín, el mariscal Yuan Shikai le sacó todo el partido posible a la situación. Y comprendiendo que este último estaba en mejor posición que él para combatir a los manchúes, Sun Yat-sen, influyente sobre todo en el sur, cedió. Pero su ambición personal le llevó a autoproclamarse emperador, con lo que apuñaló por la espalda al naciente movimiento al no realizar ningún esfuerzo por unificarlo. Yuan Shikai fue elegido presidente de la joven república. Tras su muerte, en 1916, dejó el país hundido en el caos, fragmentado entre varios déspotas regionales; el país vivía la terrible época de los «señores de la guerra». Perdido el control del Estado, Sun Yat-sen y los republicanos instalaron una base en Cantón y se prepararon para la reconquista.

Sun Yat-sen daba cada vez más que hablar. Su partido nacionalista, el Kuomintang, no dejaba de extender su influencia, canalizando las diversas reivindicaciones que surgían aquí y allí. Éstas culminaron después de la Primera Guerra Mundial.

Mayo de 1919

En 1919, el Tratado de Versalles cristalizó la venganza popular. Los antiguos territorios alemanes (Shandong y Manchuria) fueron cedidos a Japón en lugar de ser entregados a China. La indignación y la frustración crecieron. El 4 de mayo de 1919, un movimiento de protesta aunó a la juventud china contra este tratado injusto. Inquietos por el destino de China, los intelectuales denunciaron la parálisis del gobierno y predicaron la renovación de la cultura china. En 1917, Hushi, cantor del pensamiento chino, había publicado un manifiesto para defender la lengua hablada *(baihua)* contra la lengua clásica *(wenyan)*. Los estudiantes retomaron estas reivindicaciones. Los obreros les siguieron. China salió a la calle.

Nacionalistas y comunistas

Entre 1917 y 1923, el gobierno nacionalista del Kuomintang dominaba casi toda China, pero los militares continuaban gobernando *de facto* el territorio. Poseedores de la fuerza armada, los sátrapas reinaban en las diferentes regiones chinas. Durante ese tiempo, en Pekín, un gobierno marioneta intentaba hacerse oír. En 1921, doce intelectuales fundaron el Partido Comunista en Shanghai. Pronto sellaron una alianza con el Kuomintang. Pero, tras la muerte de Sun Yat-sen (1925), Chiang Kai-shek, uno de los generales nacionalistas, tomó el poder y, en 1927, al precio de una terrible matanza en Shanghai, rompió el pacto de unión con los comunistas. Estos últimos entraron en la clandestinidad. China estaba más dividida que nunca. Ahora bien, en 1931, los japoneses iniciaron unas operaciones militares en el noreste (Manchuria) y crearon, aprovechando la confusión (1932), el Estado marioneta de Manchukuo. Puyi era restaurado en el trono. En el país, comunistas y nacionalistas (Kuomintang) se entregaban a una guerra larvada. La situación no podía ser más confusa.

Larga Marcha

Refugiados en las montañas de Jinggang, en Jianxi, Mao Zedong y algunos seguidores harapientos fundaron la primera base roja (1931). Durante cuatro años, Mao puso a prueba sus reformas (reorganización total del poder político y militar, y colectivización del campo). Pero en 1934, bajo la presión reiterada del Kuomintang, el enclave rojo cedió. Los hombres de Mao emprendieron entonces la Larga Marcha, epopeya legendaria a través del país. De los 90.000 hombres que partieron, sólo 30.000 llegaron a Yan'an (Shaanxi), en noviembre de 1935. Atravesaron 10 provincias chinas, a menudo bajo el fuego de los nacionalistas. Mao instaló en Yan'an su cuartel general. De 1936 a 1947, esta base revolucionaria fue el nuevo laboratorio del Partido Comunista Chino (PCCh).

Guerras y guerrillas

Sin embargo, en 1936, la amenaza japonesa se hizo cada vez más opresiva. Un general nacionalista (Zhang Xue Liang) decidió forzar el destino. Capturó a Chiang Kai-shek y le obligó a colaborar con los comunistas para echar a los japoneses de Manchuria. Este episodio, conocido en la historia como el incidente de Xi'an, confirmó el acercamiento efectivo de ambos partidos. Desde 1937, la guerra causaba estragos. Comunistas y nacionalistas avanzaban. Habiendo entrado de lleno en la Segunda Guerra Mundial en 1941, Japón no capituló hasta 1945. Sin embargo, muy rápidamente se retomó la guerra civil entre comunistas y nacionalistas. Esta vez, los hombres de Mao supieron organizarse y, poco a poco, aventajaron a Chiang Kai-shek. En abril de 1949 tomaron Nankín, y en mayo, Shanghai. Finalmente, el 1 de octubre de 1949, Mao entró en Pekín. La ciudad fue conquistada pacíficamente. Y se declaró la República Popular China.

La República Popular China

En 1949, una nueva era se abría para China. Mao tomó la presidencia del gobierno. Zhou Enlai se convirtió en su primer ministro. La primera tarea que ocupó a los comunistas fue la implantación de instituciones fuertes con la intención de edificar un Estado nacional. En ese periodo de Guerra Fría, se aliaron con la Unión Soviética. Aunque Stalin apoyó durante mucho tiempo a Chiang Kai-shek, finalmente reconoció el gobierno de Mao. Se firmó un tratado de ayuda económica en febrero de 1950. El modelo soviético sancionaba los primeros años del nuevo régimen, aunque se esbozaron dos tendencias: por un lado, los partidarios del desarrollo de la industria pesada y de la toma del poder por parte de los obreros, a ejemplo de Liu Shaoqi, y por otro, la camarilla de Mao, más orientada hacia la agricultura y el mundo rural.

La era de las reformas

Una serie de reformas marcaron los primeros hitos del gobierno comunista. El 30 de abril de 1950, la ley sobre el matrimonio tenía como objetivo emancipar a las mujeres y modificar las estructuras familiares tradicionales. El 30 de junio, la reforma agraria anunciaba ya la colectivización de la agricultura. Las tierras se repartieron igualitariamente entre los campesinos (3 *mou* por persona = 0,2 ha). Los propietarios de tierras fueron expropiados. El poder buscaba «elevar la conciencia revolucionaria del pueblo». Al mismo tiempo, el Estado central aplicaba un importante aparato de seguridad y control.

Violentas purgas

A partir de 1951, se dirigieron purgas violentas contra la resistencia y se intentó eliminar a los elementos «contrarrevolucionarios». Para ello, el gobierno se sirvió de la terrible arma de los movimientos de masas. La campaña de los Tres Anti denunció la corrupción, el derroche y la burocracia de la Administración. En 1952, los Cinco Anti apuntaron a los medios burgueses, los comerciantes y los industriales. A continuación les llegó el turno a los intelectuales. Empezó entonces un periodo de purgas sin igual. Se organizaron ejecuciones masivas ejemplarizantes. Circulaban listas negras. Extranjeros, capitalistas e importantes familias abandonaron el país. China se cerró definitivamente al mundo occidental. Durante aquellos años, el poder comunista consiguió la hazaña de penetrar hasta el corazón del campo y dictó, desde entonces, su ley a todo un pueblo.

La construcción socialista

Pese a las numerosas luchas y tensiones, los primeros años del poder comunista se presentaron también como una transición clásica hacia la construcción de un socialismo que se imponía cada vez más. En junio de 1955, Mao aceleró la colectivización de la agricultura. A pesar de la resistencia de los defensores de la vía soviética, lanzó un ambicioso plan de 12 años para las regiones rurales, nacionalizó la industria y el comercio privado, e incluso inició un movimiento voluntarista para acelerar la producción. Este pequeño «Gran Salto», producido entre enero y abril de 1956, constituyó un primer paso hacia una cierta relajación del poder. La campaña de las Cien Flores fue la continuación lógica.

Las Cien Flores

Desde 1956, la desestalinización iniciada por Jruschev desestabilizó y asustó al gobierno chino. Una crisis política sacudió al Partido Comunista. En febrero de 1957, Mao pronunció un discurso que sería famoso: «Sobre la justa solución de las contradicciones en el seno del pueblo». Se invitó a los intelectuales a expresar sus críticas. El 27 de abril de 1957 se inició la campaña de las Cien Flores. Rápidamente, el Partido se vio superado por la contestación política. Se descubrieron muchos opositores al régimen, víctimas de un movimiento que acabó volviéndose contra sus propios autores, tachados de «derechistas». Se establecieron cuotas en cada unidad de trabajo. Cada una de ellas debía designar los elementos negativos que era necesario eliminar, los cuales eran enviados a los campos de confinamiento o al ámbito rural. Las consecuencias fueron importantes. Los medios intelectuales chinos se vieron nuevamente diezmados. Y Mao aprovechó para imponerse aún más en el seno del Partido. Todopoderoso, tenía total libertad para pasar a la etapa siguiente.

El Gran Salto Adelante

El año 1958 fue una locura. Mao se fijó el objetivo de atrapar al Reino Unido en 15 años y conseguir en dos los objetivos del segundo plan quinquenal. China estaba bajo el yugo del «entusiasmo rojo». Obras monumentales tenían ocupados hasta a 10 millones de campesinos. Se aceleraron las cosechas, a menudo en contra del sentido común. Se crearon miles de pequeñas acerías en el campo. Gigantescas comunas populares agrupaban a 300.000 personas. Se colectivizaron los bienes de producción y se retribuyó a sus miembros mediante tiques, en función de sus necesidades. Los mandos que tenían la desgracia de oponerse eran enviados al campo *(xia fang)*, con la intención de debilitar los órganos centrales opuestos al movimiento. El resultado fue catastrófico. Los campesinos no trabajaban. Las cosechas se pudrían sin recoger. El campo estaba desorganizado. Incluso los mercados rurales habían cerrado, sustituidos por puntos de intercambio designados en las sedes administrativas de las comunas.

En 1959, en el congreso de Lushan, el gobierno reconoció sus errores. Mao se quedó en minoría y se retiró a la segunda línea. Liu Shaoqi fue conducido a la presidencia de la República y se esforzó por restaurar un cierto control económico. Pero las consecuencias del Gran Salto fueron terribles. El ministro de Defensa, Peng Dehuai, fue destituido. Se atrevió a recordar el desastre y a poner en cuestión a Mao en Lushan, citándolo por su nombre. Habría que esperar hasta principios de la década de 1960 y la ruptura de las relaciones entre China y la Unión Soviética para ver el fin de este delirio utópico. Para conseguir la ayuda soviética, el país quedó al borde del hundimiento económico. Los tres años que siguieron estuvieron marcados por las hambrunas. Una angustia real reinaba en el campo. El gobierno ya no sabía qué hacer. Las facciones volvieron a constituirse. El viento soplaba ora a la derecha, autorizando parcelas privadas y pequeños mercados, ora a la izquierda, reanimando el impulso colectivizador. Pero el balance fue muy grave: entre 20 y 40 millones de muertos y un déficit demográfico global superior a 50 millones de personas.

Entre izquierdistas y derechistas

Entre 1961 y 1964 se reanudaron las luchas del clan. Liu Shaoqi, Deng Xiaoping y Peng Zhen predicaban una flexibilidad de las reformas y defendían un régimen más moderado para las comunas populares. Se detuvieron las grandes obras. Y, aunque más discreto, Mao no era menos activo. La lucha tenía lugar en todos los terrenos. Los partidos en liza se dirigían mensajes y alusiones mediante la publicación de panfletos y a través de peroratas escogidas en obras de teatro. Desde 1962, un movimiento de educación socialista iniciado por Mao fue objeto de un pulso con Liu Shaoqi, que se volvió contra los mandos centrales del régimen. Los indicios de la Revolución Cultural empezaban a vislumbrarse. El ascenso de figuras fuertes anunciaba los delirios utópicos que se avecinaban. Dazhai, comuna popular de Shanxi, se erigió como ejemplo para todo el país. Lei Feng, simple soldado raso, fue elevado a la categoría de soldado modelo. Responsable de la propaganda que pasaba por el canal del ejército, Lin Biao preparaba el retorno de Mao.

En febrero de 1963 se emplazó el país entero en la «escuela del ejército». El culto a la popularidad de Mao se contagió de los militares al pueblo, ayudado por la difusión del *Pequeño Libro Rojo*. En 1964, China poseía armas atómicas. La independencia respecto a la Unión Soviética era definitiva. Sin embargo, el país seguía estando aislado en el ámbito internacional. En 1965 se reanudaron los debates ideológicos camuflados en forma de ataques a los intelectuales e ilustrados. Mao preparaba la toma definitiva del comité permanente del Politburó. Entre mayo y agosto de 1966, la ascensión del clan maoísta era un hecho. En junio se movilizaron alumnos y estudiantes. En julio, Mao atravesó el Yangtsé a nado, prueba de que seguía siendo fuerte. Y en agosto, con ocasión del undécimo pleno del octavo Comité Central, se proclamó el lanzamiento de la Revolución Cultural.

Revolución Cultural

Por primera vez, un dirigente comunista tenía claramente como objetivo desmontar el Partido y sus estructuras burocráticas. Los Guardias Rojos se lanzaron al asalto del país. Proliferaron los eslóganes. Era necesario suprimir las Cuatro Antiguallas (pensamiento, costumbres, moral y culturas antiguas) y crear el nuevo hombre. El comunista debía estar preparado para entregarse en cuerpo y alma al Partido. La consecuencia fue un desorden inimaginable. Templos, iglesias y edificios antiguos fueron destruidos. Por todas partes se iniciaron procesos públicos contra los elementos derechistas o contra todos los que se atrevían a oponerse a la Revolución. Cada uno tenía que denunciar a su vecino, su tío, su hermano. Los enemigos estaban por todas partes. Los grupúsculos se multiplicaban. Las víctimas se contaron por miles.

A finales del año 1966, la inseguridad reinaba en todo el país. El movimiento llegó a ser incontrolable. Los obreros se unieron al tumulto general. Finalmente, en 1967, el ejército se vio obligado a intervenir. China estaba al borde del caos. Los militares recibieron el encargo de emprender la eliminación de los Guardias Rojos. Desde agosto de 1968, miles de jóvenes fueron enviados al campo para ser reeducados por «campesinos pobres y medios inferiores». En 1970 se calculaba en 15 millones el número de Guardias Rojos exiliados de este modo en las provincias alejadas. Sin embargo, poco a poco, volvió la calma. En 1969, durante el noveno congreso del PCCh, la Revolución Cultural rozó el fin. Los daños fueron considerables. China estaba más aislada que nunca de la escena internacional. La elite dirigente se regionalizó. De 29 provincias, 21 estaban dirigidas por militares.

Después de la Revolución Cultural

Al igual que sucedió en los años de lucha entre facciones que habían seguido al Gran Salto Adelante, el principio de la década de 1970 vino marcado por las disputas de sucesión. Lin Biao era el designado como heredero de Mao. La camarilla izquierdista reivindicaba un retorno a la política del Gran Salto Adelante. Zhou Enlai y los responsables regionales del PCCh predicaban lo contrario, una política de reajuste y un acercamiento a Estados Unidos. En 1971, Lin Biao moría en oscuras circunstancias. Su muerte fue el pretexto para una nueva campaña: *Piling Pikong*. Con la excusa de criticar a Lin Biao y a Confucio, la izquierda maoísta intentó desestabilizar a los militares con la intención de recuperar su supremacía. Pero las masas estaban cansadas de tantos virajes. Finalmente, Zhou Enlai se impuso políticamente. Poco a poco, pese a las luchas de poderes, China inició la década de 1970 abriéndose al mundo exterior. En febrero de 1972, la visita de Nixon a Pekín avaló la entrada de China en la ONU.

En 1973, el décimo congreso marcó la derrota definitiva de Lin Biao y de sus seguidores. Deng Xiaoping fue rehabilitado. El aparato militar central cedío terreno, y se instaló un equilibrio inestable entre la izquierda de la Revolución Cultural, representada por la famosa Banda de los Cuatro (bajo la égida de Jiang Qin, la mujer de Mao –ver el capítulo de «Shanghai»), los mandos civiles del Partido y los militares moderados. De agosto de 1973 a octubre de 1976, esta división entre moderados e izquierdistas continuó envenenando el poder. Se enfrentaban dos grupos rivales. Los primeros querían relanzar la revolución y mantener la lucha de clases (Mao, Kang Shen, Jiang Quin). Los segundos se preocupaban más por garantizar la economía (Deng Xiaoping, Liu Shaoqi). En 1975 Zhou Enlai lanzaba las Cuatro Modernizaciones, forma de testamento político que señalaba cuatro prioridades: la agricultura, la industria, la ciencia y la técnica, y la defensa nacional. Murió poco después, en enero de 1976.

El año del dragón

Tras la muerte de Zhou Enlai, la izquierda intentó una última toma del poder. Una virulenta campaña de prensa se dirigió contra el antiguo primer ministro. Pero el 5 de abril de 1976 (Fiesta de los Muertos), el pueblo desfiló en la plaza de Tian'anmen. De este modo dio fe de su adhesión al fallecido primer ministro. Deng Xiaoping fue designado sucesor, pero nuevas maniobras de Mao y de Jiang Qin le obligaron a alejarse por un tiempo del poder. Relevado de sus funciones el 7 de abril de 1976, se salvó gracias a la protección de los militares, y se refugió en Cantón. Hua Guofeng, un ilustre desconocido, sucedió finalmente a Zhou Enlai.

El año 1976 se hallaba bajo el signo del dragón. Después de Zhou Enlai, Zhu De, gran mariscal del Ejército Popular de Liberación, también murió. Durante el verano, un terrible seísmo destruyó la ciudad de Tanshang. ¿Había llegado el fin del Mandato Celeste? Mao falleció poco después, el 9 de septiembre de 1976. Dejó un régimen extremadamente inestable, preso de la agitación y las manifestaciones. Los mandos recién rehabilitados experimentaron un sentimiento de inseguridad. Hua Guofeng, entonces candidato de compromiso y de transición, vio aumentar su poder. Y, bajo la dirección del mariscal Ye Jinying, el ejército disolvió la Banda de los Cuatro. China perdía un emperador, pero, en la sombra, el próximo preparaba su regreso.

Cambio de rumbo con Deng Xiaoping

Apenas un mes después de la muerte del Gran Timonel, el Partido hizo limpieza, y los miembros de la «camarilla contrarrevolucionaria» de Jiang Qin, la viuda de Mao, fueron detenidos y condenados a duras penas de prisión. Entre la confusión, el antiguo «derechista» Deng Xiaoping volvió al primer plano de la escena y tomó las riendas del país. Acto seguido, efectuó un viraje ideológico de 180 grados: se rehabilitó a las víctimas de la Revolución Cultural; el periodo se consideró vergonzoso, y se escribió en los libros de texto que Mao «cometió graves errores, pese a que, si se considera su vida en su conjunto, su contribución a la Revolución China supera ampliamente los mismos». El Gran Salto Adelante fue calificado oficialmente de «Gran Salto Atrás». Como quien no quiere la cosa, una purga masiva fue orquestada por el Pequeño Timonel, y millones de miembros del Partido vieron cómo se les retiraba el carné por haber cometido «errores izquierdistas». El país salió del caos y los dirigentes regresaron a posiciones más pragmáticas en casi todos los ámbitos.

En la tercera sesión plenaria del Comité Central del undécimo congreso del PCCh, se adoptó una decisión estratégica: concentrar todo el trabajo en la reforma del sistema y en la apertura económica. Se puso énfasis en la modernización. Y Deng lanzó el programa de las Cuatro Modernizaciones (agricultura, industria, investigación científica y ejército), las universidades y las bibliotecas volvieron a abrir sus puertas, y las artes y las letras salieron de su hibernación forzosa. Para poner un límite al igualitarismo maoísta, se autorizó a las empresas a guardar una parte de sus beneficios y a modificar los salarios. En el campo, los campesinos obtuvieron el derecho de vender libremente una parte de su producción y se hizo lo posible para atraer inversiones en las ZEE (Zonas Económicas Especiales), abiertas al capital extranjero. China se afirmó en la escena internacional, atacando Vietnam en febrero de 1979 (para retirarse rápidamente), aunque también rompiendo relaciones con la maoísta Albania y reanudando los contactos con Europa y Estados Unidos.

Primavera de 1979: el Muro de la Democracia

El país se abría, se desarrollaba, lo que proporcionaba una formidable bocanada de aire hacia la liberalización. El pueblo entero esperaba ver por fin la salida del túnel totalitario. En abril de 1979 tuvo lugar el Muro de la Democracia en Pekín. Durante varias semanas, ciudadanos de a pie e intelectuales acudieron a pegar carteles para reclamar la «quinta modernización: la democracia». Pero el Partido no vio en ello más que nefastos desórdenes e hizo arrestar a los líderes democráticos, entre ellos el conocido Wei Jingsheng, que no sería liberado hasta 17 años después. El mensaje fue claro: los chinos no debían hacerse ilusiones, el Partido había cambiado de remeros, ¡pero no de barco! El espíritu de Deng Xiaoping quizá resida en el hecho de haber conseguido llevar durante algunos años a todo el país por la vía de la modernización, aunque sin ceder ni un ápice de la autoridad suprema del PCCh. En la década de 1980, el boom económico acompañó la mejora en las condiciones de vida de los obreros y campesinos, las tiendas se llenaron, y en las ciudades se volvió a soñar con la libertad. Pero, al mismo tiempo, problemas como la inflación, la delincuencia y la corrupción resurgieron de lo más recóndito de la historia, incrementando el descontento popular.

En la calle, los chinos veían la prosperidad con sus propios ojos, pero tenían la sensación de que sólo algunos sacaban provecho de la apertura económica. En efecto, el mundo de los negocios seguía siendo el dominio reservado de una pequeña elite cercana al poder. Los estudiantes y los intelectuales pedían cambios más profundos, pero, en la cima, los partidarios de la reforma chocaban contra las reticencias de algunos mastodontes conservadores, horrorizados por la idea de cambiar la ideología. En mayo de 1986, los reformadores intentaron acelerar la apertura, mientras que se organizaban manifestaciones en los campus para pedir la mejora de las condiciones de vida. La reacción fue severa e inmediata: el secretario general del PCCh, Hu Yaobang –ex protegido de Deng Xiaoping–, fue cesado y sustituido por Zhao Ziyang, un reformador más «blando». Al mismo tiempo, para contrarrestar su poder, se nombró primer ministro a Li Peng, antiguo ingeniero formado en la URSS, fiel a la línea del Partido. Los veteranos conservadores frenaron la reforma ante su inquietud por las «influencias nefastas llegadas de Occidente». Un abismo se abría definitivamente para la inmensa mayoría de los chinos, que deseaban ir más allá en las reformas.

1989: la Primavera de Pekín

La muerte de Hu Yaobang, el 15 de abril, resultó la ocasión que esperaba el pueblo para manifestar su necesidad de cambio. Sin recibir la aprobación del Partido, decenas de miles de pequineses se reunieron varios días seguidos en la plaza de Tian'anmen para honrar la memoria del difunto reformador. Muy rápidamente, las exequias tomaron visos de movimiento de contestación generalizada; centenares de miles de estudiantes, profesores, funcionarios y periodistas bajaron a la calle en los días siguientes y convergieron en la plaza. Bajo las ventanas de la Asamblea del Pueblo, el corazón simbólico del País del Centro fue ocupado pacíficamente, en un ambiente que recordaba, por una parte, el mayo del 68 y, por la otra, a Woodstock. Florecieron los eslóganes: «Respetad las leyes que nos imponéis», «¿De dónde sacaréis el dinero que os gastáis yendo de compras?», «Libertad para la prensa»... Llenos de alegría y de resignación, los manifestantes entonaban la *Marsellesa* y la *Internacional*, escribían dazibaos y tocaban la guitarra. El 27 de marzo eran un millón en la plaza. Soplaba un viento de democracia para el imperio de los 1.000 millones, en el mismo momento en que Gorbachov, el autor de la Perestroika, estaba de visita en Pekín. La contestación se extendió también a otras grandes ciudades, mientras trenes gratuitos (los ferroviarios mostraron su solidaridad) llevaban a la gente desde las provincias hasta Pekín para manifestarse. Pese a las advertencias de las autoridades, que rechazaban las conversaciones, la plaza estuvo ocupada día y noche durante el mes de mayo. Cerca de 2.000 estudiantes emprendieron una huelga de hambre colectiva exigiendo «la libertad o la muerte, las dos si hace falta». Por primera vez en la era comunista, un gran movimiento popular de contestación nacía espontáneamente.

Con la publicación en 2001 de los *Archivos de Tian'anmen*, se puso aún más de manifiesto el desprecio y el odio que sentía el Partido por la gente con un espíritu contestatario.

Tanques contra estudiantes

Deng Xiaoping no aprobaba los acontecimientos, pero, desconcertado por la amplitud de los hechos, se dio cuenta demasiado tarde de que estaba jugando con fuego. Zha Ziyang, con los reformadores, intentó volver a coger las riendas discretamente, pero se vio inmediatamente marginado. El 20 de mayo de 1989, su sucesor, Li Peng, decretó la ley marcial, aunque la plaza seguía ocupada por los manifestantes. La noche del 3 al 4 de junio, cuando Gorbachov acababa de irse, unidades blindadas entraron en Pekín, arrasaron las barricadas y abrieron fuego a discreción sobre el gentío desarmado. En este baño de sangre hubo probablemente miles de muertos y varios miles de heridos. Poco después, una capa de plomo cayó sobre el país; se fomentaron las delaciones, y miles de opositores, incluidos algunos mandos del Partido, fueron enviados a campos de reeducación o bien ejecutados. Más de 10000 disidentes partieron hacia el exilio: una cuarta parte a París, donde fundaron el *Frente Democrático*. Burla para los dirigentes chinos: en 1989 el Nobel de la Paz se concedió al dalai lama. Los extranjeros fueron enviados de vuelta a sus casas, se detuvo la reforma y los conservadores recuperaron el poder. La ley marcial siguió hasta 1990. La versión oficial continuó valiéndose de la existencia de un «complot contrarrevolucionario», en el transcurso del cual un grupo de «elementos subversivos atacó al ejército».

Desde 1990: la década dorada

Durante la década de 1990, el Partido relanzó la reforma económica, favorecida por un crecimiento que llegó hasta el 30% en el litoral chino, con «estabilidad social» como palabra clave; es decir, con la intención de eliminar de raíz todas las veleidades contestatarias. Las divisas extranjeras volvieron a estar presentes, ya que la *realpolitik* rechazaba la mezcla de imperativos morales y comerciales. Mientras la Europa del Este asumía la forma política de la democracia liberal, China se abría al turismo de masas, sacaba sus valores a bolsa, fabricaba ordenadores y colocaba satélites en órbita. Ofrecía una nueva cara: la de un país que ganaba mercados a Estados Unidos, que obtenía medallas de oro en los Juegos Olímpicos (28 en 2000 en Sydney, justo detrás de Estados Unidos y Rusia) y que dominaba su inflación mientras Asia caía en crisis. En 1997, año de la muerte de Deng Xiaoping, éste fue sustituido por Jiang Zemin a la cabeza del poder, y el «peñón» de Hong Kong se reintegró en la «madre patria». La bandera roja con cinco estrellas reemplazó a la Union Jack, pero China conservó la mayoría de sus instituciones según el principio «un país, dos sistemas», con una duración establecida de 50 años. ¡No hay que matar a la gallina de los huevos de oro!

El nombramiento de Zhu Rongji como primer ministro en la primavera de 1998 marcó una actualización de las reformas, con el reconocimiento oficial de la propiedad privada y la visita de Bill Clinton. Durante el verano, graves inundaciones paralizaron el país y ofrecieron una ocasión al ejército para recuperar su imagen de «salvador» del pueblo. Ante los riesgos de recalentamiento económico y los problemas sociales, las reformas aminoraron la marcha. Los dirigentes se dotaron de todos los medios para conservar el monopolio de la expresión de ideas. Numerosos intelectuales fueron privados de la palabra, las detenciones de «elementos subversivos» y las ejecuciones capitales (alrededor de 3000 al año) volvieron con fuerza, alimentadas por una propaganda neonacionalista. Y el bombardeo de la embajada china en Belgrado a principios de 1999 por parte de aviones norteamericanos dio lugar a violentas manifestaciones antiimperialistas que tuvieron a los países occidentales como primer objetivo. De este modo, las frustraciones populares se canalizaron hacia el exterior. En octubre de 1999, las celebraciones con motivo de los 50 años de la República Popular China se desarrollaron en un Pekín «esterilizado» bajo una dura vigilancia y «limpio» de los 300.000 habitantes de provincias considerados indeseables.

Fluctuat nec mergitur: China se tambalea, pero no se hunde

En el amanecer del siglo XXI, China ofrece la cara de un país próspero pero caótico; más seguro que nunca de sí mismo en el plano internacional, aunque también lleno de contradicciones internas. El Partido aún sujeta las riendas del poder, y nada indica que en un futuro próximo esté dispuesto a soltarlas gustosamente. Su adhesión a la OMC (Organización Mundial del Comercio) en noviembre de 2001 marca el principio de una nueva era en la escena internacional: China ya no es un adversario, se ha convertido en un competidor, y de los grandes.

El futuro del país depende de una ecuación con dos incógnitas: su capacidad de absorción de las contradicciones internas y su inserción en el círculo de las grandes potencias económicas. En junio de 2001, China reforzó los lazos con Rusia y algunas antiguas provincias que habían alcanzado la independencia. El objetivo atribuido a esta nueva organización de cooperación de Shanghai no sólo es el de luchar contra cualquier posible ataque extremista, sino también el de reforzar los lazos militares y económicos para hacer frente a Estados Unidos.

Los más pesimistas dirán que las tensiones sociales y la pérdida de credibilidad del Partido ante los chinos son de tal magnitud que el país está al borde de la implosión, como en el pasado. División entre provincias ricas y pobres, corrupción generalizada, levantamientos étnicos y sociales, e incluso guerra civil; todas las posibilidades se han previsto.

De momento, China se tambalea, pero no se hunde, aunque les pese a los pesimistas. A la luz de la historia, los más optimistas señalarán que el Imperio del Centro se encuentra hoy en una situación sin precedentes: es la primera vez que el país está unificado, es relativamente rico, independiente y, al mismo tiempo, está conectado con el mundo entero. Cinco mil años de historia condicionan; China no puede cambiar por arte de magia. Los problemas abundan igual que en el pasado, aunque esta vez China no se vuelve contra sí misma, y está demasiado metida en la vía de la modernización como para poder dar marcha atrás. Los dirigentes son muy conscientes de ello, como recordaba el primer ministro Zhu Rongji a finales del año 2000: «Utilizando la historia como un espejo, tenemos que avanzar. Esperemos que la historia no se repita».

China brilla en el panorama internacional...

Desde el decimosexto congreso del PCCh en noviembre de 2002 se notaron los efectos de la modernización. Hu Jintao, el antiguo favorito de Deng Xiaoping, fue nombrado nuevo presidente, mientras que Wen Jiabao ocupó el cargo de primer ministro. Hasta aquí, nada nuevo, diréis, porque Deng Xiaoping había previsto la elección de su delfín incluso antes de su muerte. Lo realmente novedoso fue la llegada de empresarios en el seno del Partido. El Partido se abrió progresivamente a una clase media que a partir de ese momento quedó oficialmente reconocida. ¿Pero no fue un poco forzado? Las clases populares lo abandonaban poco a poco. Sin embargo, Hu Jintao parecía decidido a renovar desde dentro el Partido, pausadamente pero con firmeza, sin forzar a sus iguales, pero apoyándose en la fuerza viva del país..., actualmente, los empresarios. Todo en el marco de un PCCh muy presente, dirigista y totalitario. El Partido –y, por consiguiente, China– se abre, de manera un poco forzada y muy controlada.

China cada vez está más presente en el panorama internacional. En primer lugar, es el tercer país que manda un hombre al espacio. Se llama Yang Liwei y sitúa a China en el grupo de las grandes naciones. En segundo lugar, se pronuncia contra la guerra de Irak, aliándose con Francia y Alemania, aunque sigue relacionándose con Estados Unidos, rival y amigo a la vez. El país termina el año 2004 de celebración. Las televisiones chinas emiten los excelentes resultados de los atletas chinos en los Juegos Olímpicos de Atenas 2004, a la espera de los de Pekín, que llegarían en 2008.

... pero sufre en el plano interior

El desarrollo social del país es otro tema. En el plano institucional y democrático, el presidente Hu Jintao controla todo el poder con sus propias manos, relegando del control del ejército a Jiang Zemin, que se jubila definitivamente. La cuestión de Hong Kong sigue siendo delicada, ya que Pekín acostumbra a querer dominar en secreto el territorio supuestamente autónomo. Y, además, la corrupción mina la sociedad y los escándalos están a la orden del día. Algunas empresas privatizadas se «confían» a antiguos caciques del Partido, frecuentemente incompetentes y sobre todo corruptos. Muchos habitantes son expulsados de sus casas por un bocado de pan en beneficio de promotores inmobiliarios deshonestos o incluso mafiosos. Se habla del riesgo de que estalle la burbuja inmobiliaria, que, en cualquier caso, amenazaría la paz social. Para protestar contra su desalojo, un hombre se inmoló en Nankín el 28 de agosto de 2003, pero la noticia no salió en ningún periódico local. En el campo crecen las urbanizaciones, mientras que las zonas cultivables disminuyen dando lugar a una población de campesinos sin tierra ni trabajo. Estas zonas alcanzan ya la categoría de periferia urbana. También existe la gripe aviar, que supone una amenaza tras la mala gestión del SRAS.

Y, finalmente, las detenciones (como la de Cheng Yizhong, el redactor jefe del principal periódico de Cantón, que se atrevió a anunciar el primer caso de SRAS en su ciudad, por ejemplo) y las ejecuciones masivas dificultan esta imagen de apertura. ¿China se democratizará finalmente? ¿Y conseguirá instalar un mínimo de justicia y de equilibrio social?

La época de los Juegos Olímpicos

En marzo de 2008, en plenos preparativos de los Juegos Olímpicos, se produce en Lhassa una manifestación de monjes tibetanos: entre 20 o varios centenares (según las fuentes) de personas fueron asesinadas por el ejército chino, y muchas otras fueron arrestadas y encarceladas. La ceremonia de apertura de los Juegos Olímpicos de Pekín se retransmite en diferido, con el propósito de poder censurar cualquier eventual desorden. China es aplaudida internacionalmente. El mundo puede ver por fin el «Nido de Pájaro» o el «Cubo de Agua».

El país, que cuenta oficialmente con 1.300 millones de habitantes, colabora por primera vez con el Programa Mundial de Alimentos, después de haber recibido su ayuda durante más de dos decenios. La industria levanta el vuelo: se comienza a construir un cuarto centro espacial en la isla de Hainan, y gracias al *Shenzhou VII*, que acogió al primer *taikonauta* que efectuó un paseo espacial (octubre de 2008), China se convierte en el tercer país, tras Estados Unidos y la antigua URSS, en llevar a cabo una experiencia semejante en solitario. Y regresando de nuevo a la Tierra, la fábrica Foxcon, cerca de Shenzen, cuenta con 200.000 obreros y tiene una superficie de 50 km^2.

En mayo, varios terremotos terrible sacuden la región de Sichuan. En el transcurso del año salen a la luz diversos escándalos relacionados con defectos graves de fabricación: chocolates infectados con gusanos, juguetes tóxicos retirados del mercado, pijamas que se queman al contacto con los radiadores... En septiembre, tiene lugar el escándalo de la leche adulterada, que ocupa las portadas de todos los medios de comunicación. Como consecuencia 50.000 niños resultan infectados y hay 4 víctima mortales (oficialmente). Los gobiernos de diversos países prohíben la importación de productos chinos que contengan leche. 27 personas son imputadas en el caso. La admiración que despertaron los Juegos Olímpicos se ve empañada en menos de 15 días. La crisis financiera mundial, que se declara en el mismo período y castiga duramente a todos los países, es parcialmente indulgente con China. Protegida en parte por el aislamiento de su sistema financiero, China se ve, no obstante, muy expuesta a la ralentización del crecimiento internacional, puesto que su propio crecimiento está basado principalmente en las exportaciones.

> JARDINES

Visitar los jardines chinos equivale a descubrir las raíces de una civilización milenaria. Estas reproducciones de paisajes en miniatura *–recreaciones* sería una palabra más justa– están íntimamente relacionadas con todas las variantes del arte de la China clásica: pintura, poesía, caligrafía, música y arquitectura. Escenifican su visión del universo, sus filosofías, pero también sus mitos religiosos, su orden social y sus símbolos políticos. Desde los albores del Imperio, los soberanos y emperadores chinos acondicionaban jardines para afirmar su poder y su origen divino. El primero de ellos, Qin Shi Huangdi (221-209 a.C.), planteó de esta manera el parque de Afang Gong, en su capital de Xianyang: hizo reproducir todos los palacios y jardines de los reinos que había conquistado, además del mar del Este y su isla-montaña Penglai, paraíso de los Inmortales. De estos «modelos reducidos de imperios», hoy sólo subsisten las creaciones más recientes de la dinastía Qing (1644-1911): el parque Beihai y los jardines del palacio de Verano en Pekín, los de la Aldea en Chengde, el parque Zhongshan en Hangzhou y el parque del lago Shouxi en Yangzhou.

Jardines imperiales, jardines de mandarines

Junto a estos vastos dominios imperiales, aparecen jardines particulares, de tamaño mucho más modesto, desde el siglo III de nuestra era. Se inspiraban directamente en la naturaleza que los rodeaba y servían como retiro para los ilustrados, una vez concluida su carrera de funcionarios. Esta tradición se afianzaba en el pensamiento taoísta, propagado por los ermitaños que se retiraban de la sociedad para vivir en las montañas con serenidad, al ritmo del cosmos. Los mejores y más famosos de estos jardines de mandarines se encuentran hoy en la ciudad de Suzhou, al oeste de

Shanghai. Además están catalogados como Patrimonio Mundial de la Unesco. La mayoría fueron concebidos entre los siglos XVI y XVIII, como el jardín de Yu en Shanghai, el jardín de Geyuan y el de Heyuan en Yangzhou, sin olvidar el jardín de la villa del príncipe Wang en Pekín.

El universo en miniatura

Aunque tienen funciones distintas, los jardines imperiales y los de los ilustrados están compuestos por los mismos elementos. El agua, representada por un arroyo, un lago o un estanque, es el aliento de la vida *(ch'i)* que recorre y une el universo. Las montañas, donde habitan los Inmortales, se representan mediante colinas, rocallas o piedras puestas en pie y esculpidas por olas y corrientes. Las más famosas se obtuvieron del fondo del lago Taihu, no muy lejos de Suzhou.

El jardín como un cuadro que se transforma

Por otra parte, el jardín chino se presenta como una yuxtaposición de cuadros. Puertas y ventanas componen marcos con las más variadas formas que separan sus diferentes partes, con lo que se crea una serie de cuadros de paisajes. Sobre las paredes blancas, las sombras de los peñones, las ramas y los ramilletes de hierbas, proyectadas por los rayos del sol o de la luna, dibujan caligrafías efímeras. Los vegetales, a su vez, marcan el ciclo de las estaciones mediante su floración y sus cambios de color. Además, cambian de significación simbólica: el pino es el emblema de la longevidad; el bambú, el del hombre recto e íntegro; el loto, que nace del barro y se expande en la superficie del agua, es la imagen de la pureza budista brillando sobre el fango del mundo.

Un refugio para ilustrados y poetas

Todo ello aspira a constituir un rincón de naturaleza en plena ciudad, para permitir que quien vive en ella entre en comunión con el universo. El jardín no queda menos unido a su entorno: su creador dirige los puntos de vista sobre las lejanas montañas o sobre el cercano río, «préstamo de escenas» o «captura de paisajes»; también puede integrar al jardín elementos sonoros exteriores, como la campana de un monasterio vecino. Con el mismo fin, jardín y edificios habitados nunca están separados: se interpenetran el uno al otro, gracias a una red de patios interiores. Pero si los edificios de residencia, por su disposición simétrica, obedecen a los preceptos del confucianismo, el jardín permanece como espacio del tao, del ocio sin límites, fuera de las rígidas reglas de la sociedad. Pabellones, quioscos, terrazas y miradores son refugios donde el letrado se entrega a la meditación, practica la pintura, la música o la poesía, charla con sus amigos o juega al ajedrez mientras bebe té o vino. También disfruta de las múltiples obras de arte que allí se exponen: muebles lacados, caligrafías, artesonados grabados o colecciones de bonsáis.

Estos elementos de arquitectura constituyen otras tantas etapas que marcan un recorrido por los paisajes renovados sin cesar. Colinas, piedras alzadas, bosquecillos de árboles, muros, grutas y laberintos se erigen como pantallas que evitan toda visión de conjunto, pero desvelan panoramas inéditos al visitante, a medida que éste avanza. Como una pintura sobre un rollo, las diferentes escenas se van descubriendo a medida que aquél se desenrolla. Paseos, puentes y galerías cubiertas se precipitan en zigzag para multiplicar las perspectivas del jardín y dar la ilusión de un espacio infinito. Aunque tienen también otra función: crear el vacío, que permite que el aliento primordial circule de un lugar a otro, uniéndolos entre ellos.

Para más información

> ***Todo lo que necesita saber sobre el feng shui***, de Richard Craze (Grupo Editorial CEAC, Barcelona, 2001). El arte del feng shui para decorar la casa, el jardín o cualquier otro ambiente.

> JUEGOS

Tan cierto como que «querer es poder» para un hispanohablante, se podría decir que «querer es jugar» para un chino. La afición y la práctica de los juegos están muy extendidas en China: ajedrez, dados, cartas, dominó, billar, lotería, *mah-jong*, carreras, combates de grillos... Todo o casi todo puede servir para divertirse. No es raro ver a los clientes respetables de un restaurante jugando a la morra después de unos cuantos brindis. Aquí tenéis un resumen de los principales juegos chinos.

> **Ajedrez chino:** sus reglas son similares a las del ajedrez internacional, pero se juega en las intersecciones y las piezas son discos de madera decorados con caracteres. El *general* (el rey) sólo puede desplazarse dentro de su palacio, un cuadrado con nueve intersecciones, y no tiene dama. Por contra, existe una pieza suplementaria, el *cañón*, que se mueve como la torre y mata como una ficha del juego de damas. El juego es fluido, con frecuentes cambios completos de la situación.

> El ***go* o «*weiqi*»** («ajedrez de cerco») es un juego más que milenario, con reglas muy simples, pero con infinitas combinaciones. Se juega sobre un «tablero» cuadrado con 361 intersecciones, donde blancas y negras disponen, por turnos, sus «piedras», todas de igual valor. Una vez colocada una piedra, no se vuelve a mover. El objetivo es construir el territorio más amplio posible, cercando al adversario. Este juego es de una sutilidad extrema. Tened en cuenta que la CIA ha recuperado las reglas del juego del *go* para colocarlas en sus ordenadores como modelo estratégico.

> El ***mah-jong*** es un juego con dinero, al menos en teoría, ya que las apuestas están prohibidas oficialmente. Juegan cuatro participantes alrededor de una mesa. Cada jugador encarna un viento o punto cardinal (este, sur, oeste o norte) y roba 18 «tejas» de la «muralla» de un total de 144. Las reglas recuerdan a las del rami (robar y tirar), y hay que hacer líneas o series que se abaten progresivamente o de un golpe. Entonces se hace un *hu!*

> Los **juegos de naipes** también son muy populares, y las partidas, muy animadas.

Macao, «el infierno del juego»

En Macao –«el infierno del juego», «el Chicago de Oriente»–, las tríadas relacionadas con el juego son una institución. Los casinos, abiertos las 24 h, suman el 55% de los ingresos de la Administración, es decir, 22.000 millones de dólares al año. El chantaje, la prostitución y los ajustes de cuentas son moneda frecuente.

> LENGUA

La lengua de un país es el reflejo de la manera de pensar de sus habitantes, y el chino es, sin duda, la principal llave de acceso a la comprensión de la cultura china. La escritura china constituye un modelo único de continuidad entre todas las escrituras de las grandes civilizaciones del planeta. Nacida hace 70 siglos y unificada desde los tiempos del primer emperador, Qin Shi Huangdi, sigue utilizándose y concierne a una cuarta parte de la humanidad. Es la única que no ha realizado el formidable salto hacia la abstracción del alfabeto, y está compuesta por sinogramas cuya pronunciación puede variar sin cambiar su significado. Dice la leyenda que Cangjie, un personaje del siglo XXVI antes de nuestra era, habría «inventado» la escritura china contemplando los movimientos de los astros y las huellas de los pájaros. De origen pictográfico, esta escritura ha preferido «logografiar» los seres y las cosas antes que limitarse a una pura transcripción

Algunas palabras usuales

Aeropuerto	*Jichang*
Autobús	*Gonggong qiche*
Avión	*Feiji*
Banco	*Yinhang*
Billete de ida	*Dancheng piao*
Billete de ida y vuelta	*Wangfan piao*
Cambio	*Huan qian*
De nada	*Bukeqi*
Embajada	*Dashigguan*
Estación de autobuses	*Changtu qiche zhan*
Estación de trenes	*Huoche zhan*
Gracias	*Xiexie*
Hasta luego	*Zaijian*
Hola	*Ni hao*
Menú	*Caidan*
Metro	*Ditie*
Museo	*Bowuguan*
No	*Bushi*
Sí	*Shi*
Oficina de correos	*Youju*
Oficina de turismo	*Luxingshe*
Pasaporte	*Huzhao*
Perdón	*Dui buqi*
Taxi	*Chuzu qiche, dishi (HK, Cantón)*
Tren	*Huoche*

Salud, urgencias

¡Al ladrón!	*¡Xiaotou!*
¡Cuidado!	*¡Xiao xin!*
Estoy enfermo	*W bing le*
¡Fuego!	*¡Zhao huole!*
Hospital	*Yi yuan*
Médico	*Yisheng*
No me encuentro bien	*W bu shufu*
¡Socorro!	*¡Jiu ming!*

fonética. El chino es un poco como las señales de la carretera: se puede reconocer un carácter chino sin saber pronunciarlo, igual que se puede reconocer una cara sin saber adjudicarle un nombre. En el interior del país, la escritura permite que los chinos se comuniquen a pesar de los múltiples dialectos que hablan. Por este motivo, la mayoría de programas de televisión están subtitulados... ¡en chino!

Cada carácter chino se compone de una sílaba y un sentido, pero en la lengua moderna la mayoría de palabras están formadas por dos caracteres combinados. Así pues, cuando fue necesario inventar una palabra para designar los trenes se utilizó *huo* (el fuego) y *che* (vehículo con ruedas) para formar la palabra *huoche*, el vehículo con ruedas que funciona con fuego; o sea, el tren. Otro ejemplo: los verbos *mai* (comprar) y *mai* (vender) forman la palabra *maimai*, comprar-vender, que significa comercio.

En la década de 1950, el gobierno decidió «simplificar» la grafía de 2.000 caracteres para hacerlos más fáciles de memorizar, y la escritura pasó a ser horizontal de izquierda a derecha, mientras que tradicionalmente era vertical de derecha a izquierda. En 1958 se adoptó el ***pinyin*** como sistema de transcripción alfabética unificado para el mandarín, que constituye la pronunciación oficial del chino. De este modo, Pekín se convirtió en Beijing.

El pinyin es la transcripción fonética del chino en el alfabeto latino. Gracias a este sistema, los ideogramas se transcriben igual en Madrid, en Londres o en... ¡Beijing (antes Pekín)! Paulatinamente, el pinyin ha ido sustituyendo los antiguos métodos de transcripción. De este modo, China se transcribe «Zhongguo» en pinyin. ¡Para volverse loco! Hoy día el pinyin sólo se utiliza con los extranjeros, para indicar la pronunciación de los nombres de lugares y personas. Hong Kong y Taiwan, además de las comunidades chinas en el extranjero, siguen empleando la grafía no simplificada.

> LIBROS DE RUTA

> ***Cisnes salvajes: tres hijas de China***, de Jung Chang (Circe Ediciones, Barcelona, 2004). Novela histórica. Abuela, madre e hija constituyen una saga de mujeres que luchan por sobrevivir en una China sometida a guerras, invasiones y revoluciones. Es la historia verídica y espeluznante de un país contada a través de tres mujeres dotadas de una fuerza y un carácter casi sobrehumanos.

> ***La dama de Shanghai***, de Nien Cheng (Ediciones Martínez Roca, Barcelona, 1998). Crónica sobre la Revolución Cultural. La escritora narra su propia historia, la de una dama china, educada antes de la revolución comunista en la occidentalizada alta sociedad de Shanghai. Cuando regresa a la China de Mao con su familia, su vida y la de los suyos serán destruidas. A lo largo del libro, la autora explica la muerte de Mao Zedong, la Revolución de Enero y la militarización en China.

> ***Balzac y la joven costurera china***, de Dai Sijie (Publicaciones y Ediciones Salamandra, Barcelona, 2002). En 1971, en pleno proceso de reeducación china, implantada por Mao Zedong, al pie de la montaña del Fénix del Cielo, dos adolescentes descubren la libertad a través de la literatura occidental. Y aprenderán que un libro puede ser un instrumento muy valioso a la hora de conquistar a la joven costurera.

> ***La montaña del alma***, de Gao Xingjian (Ediciones del Bronce, Barcelona, 2002). Premio Nobel de Literatura en 2000. Una gran novela que celebra la década de 1980 china. El narrador huye de la capital para aventurarse en

busca de dicha montaña. Se entremezclan entonces historias divertidas, historias de amor e historias personales cáusticas. Xingjian hace un retrato profundo de China, de su gente y sus costumbres. Del mismo autor, *El libro de un hombre solo* (Ediciones del Bronce, Barcelona, 2002).

> ***Madame Mao***, de Anchee Min (Círculo de Lectores, Barcelona, 2001). Novela biográfica (e histórica) sobre Madame Mao, hija de una concubina, que consiguió que Mao Zedong se convirtiera en su cuarto marido. Un retrato poético de la esposa de Mao, una de las mujeres más poderosas y temidas del siglo XX, a quien muchos llamaban «el demonio de los huesos blancos».

> ***El libro del Tao***, de Lao-Tzu (Círculo de Lectores, Barcelona, 2001). Obra filosófica sobre el Tao.

> ***La buena tierra***, de Pearl S. Buck (Círculo de Lectores, Barcelona, 1992). La autora escribió esta novela en 1931 y fue galardonada con el premio Pulitzer de 1932. Traducida a 20 idiomas, se ha hecho también una versión en teatro y cine. En ella se narran las penurias económicas que atraviesa una familia pobre campesina de China.

> ***Viento del este, viento del oeste***, de Pearl S. Buck (Nuevas Ediciones de Bolsillo, Barcelona, 2001). Esta obra retrata a una familia distinguida, apegada a tradiciones antiquísimas, en la que surgen los conflictos que, de manera inevitable, hay entre padres e hijos cuando las ideas occidentales penetran en los baluartes de la cultura china.

> ***La esposa del dios del fuego***, de Amy Tan (Tusquets Editores, Barcelona, 2002). Novela. Una historia que transcurre en el Shanghai de la década de 1920 y en los Estados Unidos de 1949. Durante más de 50 años, Winnie y Helen han ocultado sus peores secretos. Cuando Helen está a punto de morir, Winnie decide contarle todo a su hija Pearl.

> MEDIO AMBIENTE

No hay que dejarse engañar, pues, salvo por la existencia de algunas zonas salvajes bien conservadas, China se ha convertido en uno de los países más contaminados del mundo. Una espléndida capa de polución de 3 km que flota en el cielo de Asia... El fulgurante crecimiento industrial, el aumento del 100% de la población en 50 años y una desastrosa gestión de los recursos naturales han provocado una degradación masiva –e irreversible– del medio ambiente. El Imperio chino sigue acogiendo a una gran variedad de animales (más de 2.000 especies, es decir, un 15% de las que se conocen en todo el mundo), del panda gigante al caimán chino, y sobre sus amplias zonas de variados climas crecen 32.000 tipos de plantas y flores, y cerca de 3.000 especies de árboles. Además, cuenta con más de 200 especies animales amenazadas por la caza furtiva y por la destrucción de su hábitat.

Otra mala noticia, ahora en el terreno de la flora, es que se han talado la mitad de los bosques desde 1950, y el 93% de los que quedan están amenazados por la contaminación o la destrucción.

La protección del medio ambiente es una cuestión de supervivencia para China. El dilema es simple: una quinta parte de los habitantes del planeta, en proceso de convertirse en consumidores sibaritas, sólo dispone del 7% de las tierras cultivables del mundo, el 3% de bosques, el 2% de recursos petrolíferos y el 7% de las reservas de agua dulce. Cada día los chinos consumen más carne y más plástico: el doble que a principios de la década de 1990.

Nueve de las diez ciudades más contaminadas del mundo se encuentran en China, según un informe reciente del World Resources Institute. En el noreste, el *smog* (nube de contaminación) es casi permanente en las ciudades industriales (265 días al año en Pekín) y, lo que es peor, el agua empieza a faltar en el país. Los sistemas de depuración de las aguas utilizadas son insuficientes en todas partes. El desierto crece. En el norte, la tierra desertificada ocupa ya 1.300.000 km^2 (13,5% del país), y gana algunos kilómetros cada año. China se ha convertido en una enorme consumidora de energía. Consecuencia: es el segundo emisor mundial de gas carbónico, uno de los principales factores del calentamiento climático, y suma el 14% del total mundial. El gobierno alega que, dada su inmensa población, el país produce cuatro veces menos CO_2 por habitante que los países desarrollados. Pero, al ritmo actual, el consumo de energía va en camino de, por lo menos, doblarse en los próximos 20 años. Nueva época, nueva plaga que se suma a las otras: la contaminación del parque móvil, parásito de las ciudades. Si los chinos tuvieran tantos coches como los americanos, quemarían 80 millones de barriles de petróleo al día, o sea, más que toda la producción mundial (64 millones). Una perspectiva que hace que apetezca ir en bici... China se ha convertido en el segundo país consumidor de petróleo mundial.

Por contra, China tiene una de las políticas medioambientales más completas del mundo, pero que no alcanza –o no quiere alcanzar– el nivel local.

¿Una anécdota? Cuando el Comité Olímpico Internacional visitó Pekín para determinar si la ciudad iba a ser elegida sede de los Juegos Olímpicos de 2008, se dio la orden de detener todas las industrias de la zona. Un bello cielo azul reapareció, y al día siguiente de la partida del comité se retomó la producción. Por otra parte, «pensar en verde» es todavía una actividad peligrosa. Condenado por un libro en el que defendía a ultranza una vía distinta de la industrialización, Peng Ming, un «ecologista disidente», huyó en secreto de China tras haber cumplido un castigo de 18 meses de «reeducación mediante el trabajo». Como nunca nos cansaremos de decir, lo único que hace falta para que las cosas cambien es que todos arrimemos el hombro... y ahorremos agua.

> MEDIOS DE COMUNICACIÓN

En julio de 2003, el Estado impuso una reforma radical en los medios de comunicación chinos. A partir de ese momento, quedaba totalmente prohibido que los organismos gubernamentales intervinieran en las publicaciones de pago excepto en el *Diario del Pueblo*, la revista teórica del Partido Comunista Chino, y en tres publicaciones locales. Los demás títulos debían adaptarse a las leyes del mercado. Toda una revolución en China. Desde 2003 hemos asistido al surgimiento de grandes grupos en el sector de la prensa escrita y de los medios audiovisuales, que cuentan con un total de 2.000 periódicos, 8.000 revistas y 1.000 cadenas de televisión. Pero el Partido Comunista no ha abandonado por completo el control de la información. En varias ocasiones, especialmente desde la crisis del SRAS, a través del Departamento de Publicidad (antiguamente de la Propaganda), las autoridades han sancionado a los periodistas que investigaban sobre las mentiras y las negligencias del gobierno ante esta epidemia.

La redacción del semanario *Nanfang Zhoumo* y *Bing Dian*, símbolo del periodismo de investigación desde hace muchos años, ha vuelto a ser «decapitada» por las autoridades por haber publicado artículos considerados demasiado independientes.

Radio

La radio sigue siendo muy popular en China, y en todas partes hay receptores de radio, incluso en los rincones más perdidos. En las ondas se captan emisoras internacionales cuyo tono es muy diferente del estilo cortante de las chinas. Radio France Internationale, la BBC y Radio Free Asia difunden programas en chino cuyos oyentes se cuentan por decenas de millones. Pero no se puede decir que estas «radios libres» estén muy bien vistas por las autoridades del país, que intentan bloquear las frecuencias mediante antenas que permitan establecer esta «gran muralla» de China. Las páginas web de estas emisoras son inaccesibles en China, y el gobierno intenta bloquear las emisiones en tibetano de *Voice of Tibet*.

Televisión

La televisión, y en particular la televisión por cable, está en pleno desarrollo. El país cuenta con más de 1.034 cadenas de televisión nacionales y locales, y 729 cadenas por cable que difunden cada semana 56.000 horas de programación, captadas por 300 millones de televisores y con una audiencia de 1.100 millones de telespectadores. En septiembre de 2000, el Estado puso en marcha una cadena por satélite en inglés, llamada CCTV-9, con el objetivo «de ofrecer al mundo la oportunidad de comprender la nueva era del gobierno y la sociedad chinos». En 2003, la cadena CCTV-4 emitía información continua sobre la invasión de Irak. Más tarde, en 2004, nuevamente la CCTV lanzó un nuevo canal de información continua que emitía franjas de cuatro horas en español y en francés. Además, las cadenas asiáticas del grupo News Corp de Rupert Murdoch han conseguido penetrar en el mercado chino de forma controlada. Sin embargo, China no siempre autoriza la recepción de las cadenas taiwanesas. En los hoteles para turistas se pueden captar emisoras extranjeras, como la BBC, pero, cuidado, cuando un reportaje aborda un tema delicado, los censores lo desconectan.

Prensa escrita

En China existen unos 2.000 diarios y más de 8.000 revistas. Las únicas publicaciones que superan el millón de ejemplares son tres diarios del sur: *Xinmin Wanbao*, *Yangcheng Wanbao* y *Nanfang Zhoumo*. El oficial *Diario del Pueblo* (💻 www.spanish.peopledaily.com.cn) tiene una tirada de cuatro millones de ejemplares, pero casi todos van a parar a las administraciones. En el sur del país, donde existen grupos de prensa que funcionan según el modelo occidental, hay publicaciones que periódicamente intentan burlar las limitaciones de la censura, especialmente el *Nanfeng Chuang*, que publica habitualmente informaciones sobre corrupción y abusos de autoridad. En Pekín, también el semanario *Zhongguo Xinwen Zhoukan*, editado por la agencia de prensa oficial, tiene un tratamiento de la actualidad menos ideológico.

El número de periódicos de pequeño formato conocidos por su gusto desmesurado por publicar noticias sensacionalistas ha aumentado en todo el país. En noviembre de 2003, el periódico *Xin Jing Bao* («Noticias de Pekín») hizo su aparición en los quioscos del país. Nacida del acuerdo entre grupos de prensa de Pekín y Cantón, esta publicación promete a sus lectores que relatará las «noticias prohibidas».

Los dos diarios en inglés que se publican, el *China Daily*, en Pekín, y el *Shanghai Star*, en Shanghai, también están estrictamente controlados por las autoridades. En cambio, existen varias modestas revistas culturales, destinadas a los expatriados y a los turistas que visitan estas dos grandes ciudades, que tratan la actualidad y la vida artística de un modo bastante desenfadado; se pueden adquirir en los lugares de ocio.

Libertad de prensa

«No hacemos un trabajo corriente. Nuestra causa sorprende al cielo y a la tierra. Anunciamos al mundo: *Nanfang Dushi Bao* («Noticias de la Metrópoli del Sur») llegará a ser grande y poderoso. (...) ¿Era fácil el camino para llegar a la cima de la prensa china? Nuestra pretensión, nuestro particular idealismo, han chocado con el horror y la suciedad de la realidad social». Con estas palabras se dirigía a su equipo Cheng Yizhong, el joven jefe de redacción del diario reformista de Cantón, antes de ser arrestado por la policía. Con 38 años, se ha convertido en la estrella de moda de la prensa china. En menos de 10 años ha creado dos publicaciones que han entusiasmado a los lectores de Cantón y Pekín, además de a los anunciantes, de los que obtenía 200 millones de euros de ingresos publicitarios al año. Pero sus artículos, especialmente los que hablaban sobre el SRAS y sobre la muerte de un estudiante torturado en una comisaría cantonesa, no gustaron a las autoridades. Fue detenido junto con dos de sus colaboradores más directos y arrestado en secreto durante cinco meses en 2004.

Al menos 29 periodistas y más de 62 cyber-disidentes están encarcelados en China; la mayoría condenados a largas penas de cárcel por «propaganda subversiva», acusados de haber publicado artículos sobre la corrupción, la represión en Tíbet o la falta de democracia. Cuatro de ellos están encarcelados desde la represión de la Primavera de Pekín de 1989.

A los periodistas extranjeros se les somete a un control muy estricto por parte de las autoridades. Interrogatorios, amenazas y seguimientos forman parte de la rutina con la que deben contar los profesionales de la información que intentan cubrir los temas prohibidos.

Las relaciones con los periodistas extranjeros fueron modificadas en enero de 2007, con vistas a los Juegos Olímpicos de 2008 en Pekín, pero las llamadas de atención, las amenazas y lo seguimientos se multiplican cuando se trata de temas «candentes».

Este texto se ha realizado en colaboración con **Periodistas sin Fronteras**. Si deseáis obtener más información sobre los atentados contra la libertad de prensa, no dejéis de poneros en contacto con:

> **Periodistas sin Fronteras** (Centro de Prensa de la Asociación de la Prensa de Madrid): Claudio Coello, 98, 28006 Madrid. ☎ y fax: 915-850-045. psf@clientes.qualia.es www.rsf.org/rsf/esp/

> MÚSICA

La música tradicional china se divide en dos tipos: la música popular, folclórica, y la música culta, clásica. En los pueblos, la música popular se toca en orquestas, normalmente de pie y en movimiento, para animar bodas, entierros, la siembra e inauguraciones de comercios. Muy rica en cuanto a la percusión, esta música enérgica utiliza gongs *(luo)*, tambores y tamboriles *(gu)*, además de diversos tipos de flautas polifónicas hechas de bambú *(sheng)*.

La música folclórica también sirve para acompañar las conocidas danzas del león y del dragón. Se golpean los tambores para «despertar al dragón de la primavera», y el león, interpretado por dos bailarines, tiene que coger una lechuga con la boca, pues el verde simboliza la renovación.

Más sutil, la música culta es, al mismo tiempo, de una gran sobriedad y refinamiento. Se interpreta casi siempre sentado, con un único instrumento cada vez. Como instrumento más destacado, mencionamos la cítara sobre caballete de siete o trece cuerdas (*guqin* o *zheng*), que se toca punteando. También se toca la *pipa* –una especie de guitarra de cuatro cuerdas que se sostiene vertical–, así como la flauta de bambú y jade. Y en las familias acomodadas se interpretan baladas romántico-burguesas acompañadas por el *erhu*, un instrumento de dos cuerdas que se toca con un arco de crin de caballo.

A ritmo de rock

La música occidental apareció en China en el siglo XVII en la corte imperial, con los jesuitas, pero no se popularizó hasta el siglo XX, al ritmo de las orquestas de jazz de las concesiones y de los primeros discos. Durante la Revolución Cultural, las cancioncillas, consideradas «pornográficas», fueron estrictamente prohibidas en beneficio de los grandes himnos revolucionarios. Pero desde los inicios de la década de 1980, la ola de música pop ha invadido el país, con vaqueros y guitarras eléctricas *made in China*, o incluso *made in Hong Kong* o *Taiwan*. Las canciones de amor han sustituido los eslóganes en la megafonía pública. Algunos rockeros comprometidos, como Cui Jian, no dudan en dibujar crudamente el malestar generado por la nueva sociedad de consumo. La mayoría de las canciones de moda hablan de sentimientos azucarados. Y las dos suaves voces más brillantes de estos últimos tiempos son Wang Fei y Zhang Huimei, una taiwanesa recientemente prohibida en China... por haber cantado el himno de la isla con motivo de las últimas elecciones. También excelente, Hanhong es una cantante de Tíbet que tiene mucho éxito en todo el país.

Ópera de Pekín y de otros lugares

La ópera de Pekín *(Jingju)* está considerada una de las tres realizaciones de la civilización china, junto con la pintura y la medicina. Existe desde principios del siglo XIX y cuenta con un repertorio de 1.300 piezas. De hecho, es el resultado de una mezcolanza de varias óperas provinciales que se han inspirado unas en otras y han acabado utilizando el mismo dialecto pequinés. El resultado es un arte total que mezcla el canto, la danza, la música, la mímica y la acrobacia. El acompañamiento lo efectúa una orquesta de instrumentos de cuerda, viento y percusión que marcan el ritmo a los movimientos de los actores.

En escena existen cuatro tipos principales de personajes: el *sheng*, letrado o héroe masculino; el *dan*, el rol femenino; el *jing*, dios, general o mandarín, y el *chou*, el bufón. El juego está totalmente codificado y no queda nada al azar. El maquillaje es el de la época que se representa y tiene un sentido especial. De entrada, ya indica ante qué tipo de personaje estamos: un maquillaje complicado = crueldad, oblicuo = maldad o fealdad, blanco sobre la nariz = cómico, rojo = lealtad/valentía, negro = benevolencia, azul = brutalidad/arrogancia, amarillo = astucia, verde =inconstancia, dorado = seres sobrenaturales. Existen 24 maneras de entrar en escena, 52 tipos de pasos, 76 gestos que indican emociones y ¡300 maneras de hablar, reír o toser! Por ejemplo, una fusta agitada significa un viaje a caballo, un tintero sobre una mesa es un tribunal, y una zancada indica que se ha cruzado una puerta.

Cada región tiene su ópera. Suzhou, en el oeste de Shanghai, es la cuna de la ópera *Kunqu*, que, con más de 600 años, es más antigua que la de Pekín. Surgió y se desarrolló durante las dinastías Song, Jin y Yuan. En 2001 fue declarada Patrimonio Oral de la Humanidad por la Unesco. En Suzhou hay un museo donde se puede asistir a representaciones. En los jardines de la ciudad también se representan pequeños espectáculos de ópera *Pin Tan* (un hombre y una mujer cuentan una historia en dialecto, y a veces, cantando). Actualmente existen más de 300 compañías profesionales en toda China que suman un total de 250.000 personas.

> PELIGROS Y CONTRATIEMPOS

China no es un país peligroso. Evidentemente, en estos últimos años, las crecientes desigualdades han comportado un aumento de la delincuencia. Cuanto más confiados y abiertos os mostréis, más se enriquecerá vuestra experiencia con los imprevistos de un pueblo ante todo hospitalario y caluroso.

Como en todas partes, es preferible evitar las conductas ostentosas. En este sentido, en los mercados es mejor utilizar billetes pequeños en lugar de sacar un fajo de billetes grandes. En los hoteles, se aconseja depositar los objetos de valor en la caja fuerte o en una maleta cerrada con llave. En los trenes y especialmente en los coche-cama, no perdáis nunca de vista vuestro dinero y vuestro pasaporte. Atención también a las aglomeraciones, donde los carteristas hacen estragos.

> **En caso de robo**, ponedlo en conocimiento del hotel o guía inmediatamente. Si no vais acompañados, la comisaría local *(Gong An Ju)* tomará nota de vuestra declaración. Pensad también en informar a vuestra compañía de seguros, que abrirá automáticamente un expediente. Si esperáis a regresar a vuestro país, os arriesgáis a dejar pasar los plazos de declaración. Para facilitar los trámites que conlleva la **pérdida de un pasaporte,** una buena idea es fotocopiar las seis primeras páginas de éste y llevar algunas fotos de tamaño carné. También debéis saber que volveréis a pagar un visado de salida.

> **Otro incidente puede perturbar vuestra estancia:** es posible que suene el teléfono en la habitación después de medianoche. Una voz encantadora, seguramente incomprensible para quien no domine el chino, pero no por ello menos explícita, intentará haceros salir de la cama. A menudo, de acuerdo con los hoteleros, las prostitutas se sirven del teléfono para buscar clientes. No dudéis en comunicarlo en recepción.

> Tened cuidado con los **billetes falsos.**

> En China, una cosa que sorprende en general es el **nivel de ruido**. Los chinos hablan en un tono fuerte y pueden mostrarse muy irritables. No es raro que se produzcan disputas, en las que la gente acaba mediando. La descortesía en los medios de transporte es algo que también sorprende mucho.

Por contra, más allá de esta esfera del «cada uno a la suya» o del universo confuso de la calle, una vez entre los suyos (clanes, familiares, amigos), los chinos se vuelven encantadores y serviciales. El extranjero, el huésped o el visitante siempre serán bien recibidos.

> Atención a la compra de material audiovisual o informático; comprobad las características reales de vuestras compras.

> Cerca de los lugares turísticos encontraréis jóvenes que os intentarán vender sus obras de arte. No se trata de un acto malintencionado. Otros os conducirán a restaurantes que os costarán un riñón. ¡Tened cuidado!
> Por último, resulta totalmente factible **viajar a China en solitario**. De nuevo, el sentido común y una mente abierta son las mejores precauciones. En los últimos años, los chinos viajan cada vez más. Por lo tanto, cada vez hay más visitantes en todas partes. Ahora bien, en Asia, todo circuito organizado tiene su guía «abanderado», armado con el inevitable altavoz... A vosotros os corresponde encontrar huecos en los horarios para estar algo más tranquilos. Finalmente, en las situaciones críticas no debe sorprenderos una cierta flema asiática para afrontar los problemas (incluso los urgentes). Y aceptad no saberlo todo ni entenderlo todo a la primera.

> POBLACIÓN

Demografía

El inmenso territorio chino es el más poblado del mundo, con, oficialmente, 1.300 millones de habitantes en enero de 2008 (sin contar los que no están censados, quizá unos 50 millones). Esto equivale a decir que más de una persona de cada cinco es china. La mayoría de chinos (unos 800 millones) son campesinos, que se reparten solamente el 7% de las tierras cultivables del planeta. De este modo, pueblos de 500 o 600 habitantes viven gracias a la misma superficie agrícola que cinco o seis personas en una explotación familiar de América del Norte.

La densidad media del país está alrededor de los 137 habitantes/km^2, pero hay que tener en cuenta que la población se reparte de manera muy desigual: el 85% de los chinos vive en menos de un tercio del territorio. Esto hace que en las regiones costeras, la densidad media por kilómetro cuadrado roce los 500 habitantes, mientras que en en las zonas del oeste apenas alcanza los 10.

Desde la fundación de la República Popular China, un verdadero maremoto humano ha caído sobre el país. En 1949 «sólo» se contaban 540 millones de habitantes: la población se ha doblado en 50 años. La paz recuperada y una mejor higiene no son ajenas a este crecimiento, pese a las hambrunas de la década de 1950. Pero el *baby boom* fue promovido sobre todo desde el gobierno, que consideraba que la fuerza del país era proporcional al número de sus habitantes, con eslóganes del tipo «una boca = dos brazos». En 1949, Mao declaraba: «Es muy bueno que China tenga una gran población... Incluso si se multiplica varias veces, China es totalmente capaz de encontrar las soluciones adecuadas». Fue, sin duda, su mayor error; un error cuyo precio el país aún no ha terminado de pagar.

Pequeños emperadores y jubilados

Desde la década de 1970, los altos cargos tomaron conciencia de las perspectivas maltusianas engendradas por esta marea humana, y en 1978 se lanzó la política del «hijo único» para intentar invertir la tendencia. Desde entonces, las parejas urbanas que sólo tienen un hijo reciben ayudas. Si tienen dos hijos, pierden las subvenciones y son multadas. Con el tercero se las penaliza fuertemente. La esterilización y la contracepción se han generalizado al ritmo de las campañas de propaganda, y toda una generación de «pequeños emperadores» sin hermanos o hermanas ha aparecido en las ciudades, lo que ha modificado profundamente las relaciones familiares tradicionales. Actualmente existe una elite, minoritaria, llamada *dinkies* –abreviatura de *double income, no kid*, es decir, «doble sueldo, ningún hijo».

Una encuesta efectuada en Shanghai muestra que la mayoría de las parejas prefieren tener una hija que un hijo; una verdadera revolución para un país al que todavía le cuesta, especialmente en el campo, no ahogar a un bebé en la bañera cuando se trata de una niña (ver el apartado «Retrato de la mujer china», más adelante). Además, en el campo las leyes son un poco más flexibles. Si el hijo mayor es una niña o un disminuido (curioso paralelismo), la pareja está autorizada a tener otro hijo. Si se pertenece a una minoría nacional, se puede llegar hasta los tres niños. De cualquier modo, los resultados de esta terapia de choque son sorprendentes: del 43 ‰ en 1965, el índice de crecimiento natural ha pasado a menos del 10 ‰ hoy día. El objetivo anunciado es estabilizar la población en 1.600 millones de habitantes antes de la mitad del siglo XXI y, después, hacerla disminuir progresivamente. Si la tendencia se confirma, China no debería ser el país más poblado del mundo en el año 2050. Será sustituido por India.

Un Estado pluriétnico

China está poblada por un 92% de han. Pero en este vasto territorio existen numerosas nacionalidades minoritarias que representan el 8 % del conjunto, pero que ocupan un 60% del territorio. Para comprender la división étnica de un país 19 veces mayor que España, hay que remontarse a la década de 1950. En aquella época, la naciente República Popular China contrató a un equipo de encuestadores y etnólogos con la intención de redefinir un cierto número de nacionalidades. Finalmente, se obtuvieron 56 grupos. Entre la treintena de provincias chinas, cinco se convirtieron en regiones autónomas: Xinjiang (uigur), Guangxi (zhuang), Ningxia (hui), Mongolia interior y Tíbet. Sin embargo, estas nacionalidades minoritarias surgidas de la historia reciente no reflejan exactamente la realidad de la población china. Los etnólogos hablan de más de 400 grupos distintos. Y cuando el político se opone al científico...

Ahora bien, pese a un sistema de autonomía administrativa que incluye ciertos privilegios, estos pueblos pasan por enormes dificultades para afirmarse culturalmente frente a la hegemonía han. Considerados súbditos o esclavos durante el Imperio, hoy día se ven gestionados por un organismo «responsable de las cuestiones de las minorías» *(minwei)*. Ningún mando de este organismo es han, y las nacionalidades tienen cierta capacidad de decisión; pero, con todo, las desigualdades siguen siendo reales, y la autonomía, relativa. Las nacionalidades minoritarias siguen representando un 44% de la población pobre de China.

La China del noreste

Los bosques de Manchuria están poblados en su mayoría por han, aunque también pueden encontrarse algunos descendientes de los tungu (bárbaros del norte): 19.000 evenk, criadores de renos, y unos 4.000 oroqen, criadores de caballos. También hay que tener en cuenta a los escasos manchúes, la mayoría asimilados a los han, y a un pueblo nómada de origen mongol, los dahur (unos 90.000). Finalmente, cada vez más refugiados coreanos cruzan la frontera con la intención de huir del hambre que reina en numerosos pueblos de Corea del Norte.

La meseta mongol

Mongolia interior se constituyó como región autónoma en el año 1947. Ocupa una octava parte del territorio chino, pero presenta una de las densidades más bajas del país: menos de 9 hab./km^2. Aquí viven tres millones de mongoles, criadores de ovejas, caballos y vacas en el este, y de camellos en el terreno subdesértico. En un principio nómadas, prácticamente se han sedentarizado y, exceptuando algunos lugares turísticos, cada vez es más difícil verles evolucionar en su hábitat natural: la *yurta*, una gran tienda de fieltro fácil de desmontar.

En el pasado, cada tribu tenía su *khan*, jefe elegido mediante una guerra incesante contra sus vecinos. Tras la conversión al budismo lamaísta (promovida por los chinos), se pacificaron. En la actualidad, reina una confusión extrema en lo que concierne a la determinación del origen de los numerosos grupos que viven en estas regiones.

Ningxia

Fundada en 1958, la región autónoma hui de Ningxia se encuentra en el sur de Mongolia interior. Los hui, más de un millón y medio de los cuales viven aquí, son de origen musulmán y descienden de los sunitas (mercaderes, artesanos y soldados árabes y persas), que llegaron desde el oeste, a partir del siglo VIII, a través de las distintas rutas de la seda. Algunos han se convirtieron y se integraron con ellos. Primer grupo musulmán en número de China (9 millones entre los 30 millones de musulmanes actuales), los hui son los únicos que hablan una lengua china. Oran en sus mezquitas, respetan la prohibición del cerdo y se reconocen por el pequeño gorro blanco que cubre sus cabezas.

Xinjiang

Xinjiang, en otro tiempo conocido como Turkestán oriental, se convirtió en una región autónoma uigur en 1955. Agrupa en el noroeste de China a varios representantes de la familia altaica, entre los que se encuentran entre siete y ocho millones de uigur. Estos últimos, musulmanes de influencia sunita, hablan una lengua turca y ocupan un lugar aparte dentro del islam chino. Viven en los oasis que en otro tiempo jalonaban la ruta de la seda, y en ellos cultivan cereales y hortalizas.

El espacio tibetano

Desde la invasión china de 1950, la región autónoma de Tíbet se extiende de Cachemira a Sichuan y de Xinjiang a India. También pueden encontrarse tibetanos en las provincias vecinas de Qinghai, Sichuan y Yunnan, donde se han constituido distritos autónomos.

La cultura tibetana se remonta al siglo VII. Las instituciones, forma de teocracia feudal, se basan en un dalai lama «elegido» desde su nacimiento y considerado la reencarnación de una divinidad. La religión de los lamas combina rituales, danzas y trances con fascinantes dramaturgias. En estas ocasiones, los médiums llevan máscaras y peinados sorprendentes. Sin embargo, después de la ocupación china, muchos monasterios fueron destruidos. Una parte importante de la población se refugió en India. Y se instauró un gobierno tibetano en el exilio en la ciudad de Dharamsala, bajo la égida del dalai lama. Otras etnias presentes en la región son los lopa, los denpa, los menpa y los sherpa, y en Qinghai, los turcos, los mongoles, los kazako, los salar y los tu (mongolotibetanos).

Los zhuang de Guangxi

La región autónoma de Guangxi posee la más numerosa de las nacionalidades minoritarias chinas: 17 millones de zhuang (familia tai-kadai). Cultivadores de arroz y, también, de numerosas verduras y frutas tropicales, son grandes amantes del pescado. Sus casas, construidas sobre pilotes o en el suelo, están hechas de ladrillo o de adobe. Casi totalmente asimilados por los han, algunos grupos más alejados siguen llevando el vestido tradicional, que resulta muy sobrio.

Otros pueblos

Además de esta variedad de nacionalidades minoritarias, el viajero curioso también tendrá ocasión de cruzarse con algunos representantes de la familia austroasiática (wa, bulang, deang), de los yao (familia miao-yao) –de los que el Estado intenta salvar una escritura femenina única en vías de extinción– y de grupos más minoritarios de birmanotibetanos (dulong, lisu, jingpo, achang, lahu o jinuo). Por último, numerosos hui, que descendieron con las tropas mongolas en el siglo XIII, han echado raíces en la provincia.

La minorías en Yunnan

Ver la introducción del capítulo dedicado a Yunnan.

> POLÍTICA

El Partido Comunista Chino (PCCh) está al mando del país desde 1949 y aún ostenta un poder absoluto, fuertemente centralizado, como en tiempos de Mao Zedong. La reciente ola de reformas económicas, pese a los profundos cambios sociales que ha generado, se ha efectuado sin una reforma política de fondo, a diferencia de lo ocurrido en la antigua URSS y en los países de Europa del Este. Los puestos de comida rápida y las tiendas de electrónica han invadido las calles, pero China sigue siendo – hasta nueva orden– un «Estado socialista de dictadura democrática popular», donde «la clase obrera ejerce el control del Estado por intermediación del PCCh». La Constitución de 1982, actualmente en vigor, anuncia en su preámbulo que sus «cuatro principios fundamentales» siguen siendo «el papel dirigente del PC, el marxismo-leninismo y el pensamiento de Mao Zedong, la dictadura democrática del Pueblo, la Vía socialista».

El PCCh cuenta con 73 millones de miembros, sometidos a una jerarquía muy consolidada. El Partido es quien posee el monopolio de la acción política y administrativa en todos los ámbitos. Se puede encontrar a sus militantes en toda la sociedad, desde los bancos hasta las escuelas primarias, pasando por las fábricas y las comisarías. La administración del país está marcada por una burocracia omnipresente. El Comité Permanente del Politburó es el que mueve todos los hilos. Círculo restringido de los hombres verdaderamente poderosos, reúne a siete miembros y al secretario general del partido, Hu Jintao. Éste es, además, presidente de la República y presidente de la Comisión de Asuntos Militares, tres cargos que ningún otro dirigente antes que él (incluido Mao) había ocupado a la vez.

Paralelamente al Partido, el Consejo de Asuntos de Estado gestiona los asuntos corrientes del país. Dirigido por el primer ministro Wen Jiabao desde 2003, se compone de una treintena de ministerios y comisiones, similares a los que se encuentran en Occidente (Justicia, Educación, Defensa, Turismo, Agricultura, etc.). Dispone de una cierta autonomía en las cuestiones económicas y sociales, pero siempre debe aplicar las directrices del Partido. La Asamblea Nacional Popular (ANP) reúne una vez al año a sus 3.000 diputados en el «gran palacio del pueblo», en el lado oeste de la plaza de Tian'anmen. Sus atribuciones son teóricamente amplias, como, por ejemplo, votar las leyes o elegir al presidente de la República y al primer ministro. En la práctica, su influencia es más bien débil, y nunca ha rechazado un texto ni ningún candidato del Partido ha perdido su elección.

En los tiempos de la mundialización

Con Cuba, Laos, Corea del Norte y Vietnam, la República Popular China es uno de los últimos regímenes «socialistas» del planeta. Considerado el más poderoso de ellos en la escena internacional, puesto que dispone al mismo tiempo de recursos económicos y de un fuerte ejército que le permiten ejercer su influencia mucho más allá de la esfera regional, China aplica los principios de una política socialista independiente. El único país en vías de desarrollo que es miembro permanente del Consejo de Seguridad de la ONU defendió la coexistencia pacífica y ejerció un papel de «hermano mayor» respecto a numerosos países del Tercer Mundo. Teniendo mucho que ganar en un mundo multipolar, no ha abandonado su caballo de batalla: la lucha contra el «imperialismo, el hegemonismo y el colonialismo». Ello le permite afirmar su soberanía y unir a las distintas capas de su sociedad. En la era de la mundialización, China desea presentarse como el principal contrapeso de Japón y Estados Unidos. Y no fue el lanzamiento de la primera nave espacial china en octubre de 2003 lo que frenó los deseos de expansión chinos. Según Hu Jintao, el presidente, China es a partir de ahora «un gran país (...) en el mundo de la ciencia y la tecnología». Fue una gran proeza que, sin embargo, pasó casi desapercibida entre la población, que se mostró prácticamente indiferente ante este logro. ¿Un pequeño paso para el hombre chino, pero un gran paso para la supremacía china?

> PRESUPUESTO

Una advertencia sobre el alojamiento: los precios en las grandes ciudades como Shanghai y Pekín, salvo algunas excepciones, son al menos el doble que en las ciudades más pequeñas. Por otro lado, lo que es barato en Shanghai no tiene por qué serlo en Chengdu. Por esta razón nuestras horquillas son bastante amplias.

Por otra parte, los precios que indicamos pueden aumentar durante las épocas de fiestas y las vacaciones populares, especialmente en las zonas turísticas.

Alojamiento

> **Muy barato:** hasta 100 ¥ (unos 10 €) por una habitación doble (con o sin baño) o una cama en un dormitorio común.
> **Barato:** entre 100 y 300 ¥ (10 y 30 €) la habitación doble.
> **Precio medio:** entre 300 y 600 ¥ (30 y 60 €) la habitación doble.
> **Más selecto:** entre 600 y 1000 ¥ (60 y 100 €) la habitación doble.
> **Muy selecto:** más de 1000 ¥ (100 €) la habitación doble.

Comida

> **Barato:** hasta 30 ¥ por comida (3 €).
> **Precio medio:** de 30a 60 ¥ por comida (3 a 6 €).

> **De precio medio a más selecto:** de 60 a 150 ¥ por comida (6 a 15 €).
> **Más selecto:** a partir de 150 ¥ por comida (15 €).

> PROPINAS

En el universo paraestatal del turismo chino, la palabra *propina* parecería casi paradójica. No es que no exista; al contrario, está casi institucionalizada. Debéis saber que los guías y los conductores esperan recibir un sobre, y se verán contrariados si esto no sucede. Con todo, sois totalmente libres de dar o no propinas.

Si habéis previsto pasar varios días con el mismo guía, algún pequeño obsequio de vuestro país también le hará feliz (un libro, un casete o CD, tarjetas postales, algún plato típico, etc.). Por contra, en los restaurantes, la propina sigue siendo marginal (excepto en algunos establecimientos muy selectos con un servicio muy atento). Y no olvidéis tampoco a los botones de los hoteles ni a los ayudantes ocasionales.

> RELIGIONES Y CREENCIAS

Resulta difícil hablar de religiones en el mundo chino. Filosofías, maneras de vivir y supersticiones se confunden bajo un término demasiado rígido para el País del Centro. Más allá de los sistemas de pensamiento que ha creado y de las grandes tradiciones que han penetrado en el país, ha sabido modelar sus propios movimientos religiosos e incorporarlos en un gran sincretismo donde se mezclan las tres doctrinas (budismo, taoísmo y confucianismo), asociadas a todo un conjunto de creencias populares y de supersticiones locales. El animismo más primitivo convive con rituales y creencias de lo más elaboradas.

Para el pueblo, la relación entre los hombres y los dioses sigue siendo extremadamente pragmática. Las divinidades se organizan en el seno de una vasta «administración religiosa», donde cada una tiene una función precisa que acaba por imponerse a la identidad original de su representación. La multitud de dioses responde, ante todo, a las necesidades del hombre. A lo largo de la historia, nuevos personajes se han integrado a este vasto panteón: generales divinizados, héroes locales o mujeres milagrosas. No obstante, desde hace 50 años, el comunismo no ha ayudado a esta expansión espiritual. A pesar de todo, cada vez son más los que vuelven a encontrar el camino de los dioses.

En el amanecer de los tiempos: tradiciones religiosas y religiones populares

En la cúspide de la escala social, el emperador es el garante del orden cósmico. Él posee el Mandato Celeste y, con la intención de preservar la correcta ordenación del mundo, tiene que cumplir los rituales vinculados a su función, como el culto a los antepasados imperiales y los sacrificios estacionales a los astros (Tierra, Sol, Luna y Cielo). Estos sacrificios rigen los momentos claves del año: siembras, siegas y cosechas. Cuando el Imperio es presa de sublevaciones populares y la dinastía se debilita, se dice que el emperador ha perdido el Mandato Celeste.

Desde la Antigüedad, dos principios rigen el buen funcionamiento del universo: un principio yin (sombra, frío, humedad, mujer, luna, oscuridad, etc.) y un principio yang (calor, hombre, sol, etc.). Opuestos sin ser antagónicos, se interpenetran, se completan y trabajan por el buen funcionamiento del universo. Todas las cosas tienen, en sí mismas, un poco de yin y un poco de yang. El mundo se rige por la mutación constante, el movimiento permanente o *Dao* («la Vía»), que tiende a recrear un equilibrio sutil entre cada cosa y a reinar sobre el caos inicial. El deseo de seguir esta Vía da vida a los distintos movimientos religiosos, aunque cada uno propone su fórmula.

En el centro del hogar, las familias poseen un altar sobre el que colocan las tablillas de sus antepasados (cinco generaciones intercaladas), a quienes se informa de los acontecimientos importantes (una boda, un fallecimiento, el Año Nuevo, etc.). Además, hasta en el último pueblecito, un templo del dios Sol, primitivamente representado mediante un árbol (a menudo una higuera en India) o una piedra en bruto (a menudo reconocible por una banda roja), protege a los habitantes del lugar y acoge los diferentes sacrificios anuales.

De este modo, las religiones populares han penetrado en todos los hogares chinos. Los aspectos cotidianos del pueblo se ven reforzados con divinidades que les acompañan a lo largo del año.

Confucianismo

«No sé qué es la vida, ¿cómo voy a saber qué es la muerte? No soy capaz de servir a los hombres, ¿cómo podría servir a los dioses?». La enseñanza de Confucio (551-479 a.C.) nunca fue estrictamente religiosa. Creador de una moral política, hace hincapié ante todo en el civismo y en el hombre de bien, que no puede dejar de perfeccionarse mediante el estudio ni de probar su rectitud interior mediante el respeto de los rituales. Según Confucio, el hombre siempre puede mejorar.

En aquellos tiempos, China se encontraba fragmentada entre varios reinos combatientes. La preocupación principal de las numerosas escuelas de pensamiento que aparecen es la de devolver la paz al reino. Decepcionado por el mal gobierno de los Zhou, donde ejercía de archivista, Confucio abandonó sus funciones y propuso una visión ética de la sociedad centrada en lo humano. Pasó el resto de sus días predicando y, aunque no dejó nada escrito, sus discípulos recogieron sus palabras en la obra *Lun Yu* («Analectas»), basada en textos tradicionales existentes pero revisados por el maestro.

Los valores principales que preconizaba son el sentido de lo humano o la benevolencia (*Ren*), la piedad filial *(xiao)* y la familia, que, como el Estado, tiene que estar sometida a códigos precisos. Confucio aconsejaba también seguir la vía media *(zhong)*, y recomendaba la confianza *(xin)* y el sentido de la justicia *(yi)*. La filosofía del maestro es, pues, un aliento moral que se insufla a los hombres, que tienen que crecer siempre hacia una mayor humanidad en armonía con la Vía *(Dao)*. El soberano, benévolo, posee la virtud *(de)*, y se convierte en el mediador entre Cielo y Tierra.

Taoísmo

Pensamiento místico y naturalista, el taoísmo se diferencia del confucianismo por su esencia eminentemente social. El sabio taoísta busca la Vía, que no puede enunciarse porque representa una forma de realidad absoluta y, sin embargo, indecible. El taoísmo es, pues, de esencia ambigua. ¿Se trato tan sólo de una religión? ¿Existió realmente Lao Zi? Quedan muchos puntos oscuros en una filosofía de las más complejas que existen.

Lo que sí es seguro es que Lao Zi (Lao Tse), contemporáneo de Buda y Confucio, nos ha legado el *Daodejing* («Libro de la Vía y de su Virtud»), una colección de aforismos escrita en chino clásico, en forma de sobreentendidos y formas oscuras. De él se han realizado innumerables versiones. Esta obra convierte el taoísmo en un pensamiento complejo, siempre susceptible de interpretación. Otra certeza: Zhuangzi, sucesor del viejo maestro, sí existió realmente. Vivió en el reino de Chu (actual Sichuan) entre finales del siglo IV y principios del siglo III a.C. Su obra, el *Zhuangzi*, es un conjunto de numerosos textos de tono vivo.

Entre los métodos preconizados por los taoístas, la búsqueda del *Dao*, el no-actuar *(Wuwei)* y la práctica de la paradoja son primordiales. No actuar no significa ser pasivo, sino intentar una forma de acción en unión con el mundo, y no contra éste. En cuanto a la paradoja, aspira a recuperar la unidad (Uno) primordial que se encuentra en el corazón de todas las cosas, como el yin y el yang, que no se oponen, sino que se complementan. Este Uno, origen de todo, se convertirá en un elemento central de la mística taoísta. El ideal es formar un cuerpo con el *Dao*. En el siglo I d.C., los Ocho Inmortales materializaron esta búsqueda con la intención de dar al pueblo un soporte religioso más imponente. También se tradujo como la búsqueda obsesiva de la inmortalidad (por la corriente Huang-Lao). Los emperadores pusieron a su servicio equipos completos de adivinos y alquimistas, de los que se esperaba que encontrasen la receta milagrosa y que lograsen la unión entre Cielo y Tierra. El taoísmo favoreció la penetración del budismo, puesto que los maestros del *Dao* estaban interesados por las técnicas de meditación de los bonzos.

Finalmente, varias nociones, como las de *Wuwei* y *Dao*, han sido reinterpretadas por los políticos con el paso de los siglos para conservar su poder. Se han desarrollado varias escuelas, entre ellas la *Zhang Dao Lin* (desde el siglo I). En el siglo V, el taoísmo se convirtió en la religión del Estado, antes de que el confucianismo se impusiera en el siglo VII. En el sur, dos grandes corrientes importantes congregan todo un conjunto de rituales exorcistas: *Meishan* y *Lushan*.

Budismo

Base de toda la filosofía budista, las Cuatro Nobles Verdades parten del principio de que la vida es sufrimiento e intentan remontarse al origen de éste para salir de él. Para ello, el hombre debe lograr que cese el dolor (inherente a este sufrimiento nacido de una ilusión ignorante) liberándose de sus deseos, del *karma*, y siguiendo el «noble sendero óctuple» postulado por Buda. Hay tres principios fundamentales: la impermanencia de todos los elementos, el sufrimiento inherente a todos los elementos y la ausencia de ego de todos los elementos. Y moralidad, meditación y sabiduría deben practicarse simultáneamente.

Como movimiento disidente del hinduismo, sin duda opuesto al poder excesivo de los brahmanes, el budismo, que surgió en India, ha penetrado progresivamente en toda Asia.

Príncipe indio de la tribu de los sakya *(Sakyamuni)*, Siddharta Gautama, el Buda histórico (563-463 a.C.), nació al pie del Himalaya, en el actual Nepal. Su enseñanza es, a imagen de su vida, una búsqueda permanente que tiene como fin encontrar en sí mismo la naturaleza de Buda, «el que ha despertado». Una vez conseguido este estado, Buda dio su primer sermón en el parque de las Gacelas y puso en marcha «la Rueda del Dharma».

Como consecuencia del primer sermón en el parque de las Gacelas, nacieron numerosas escuelas. Cada una interpretaba a su manera la última de las nobles verdades que debe conducir a la salvación. El Hinayana (Pequeño Vehículo), o Theravada, representa el budismo original y se acerca al absoluto por la vía negativa, poniendo el acento en la sabiduría, la meditación y la disciplina moral. Sin embargo, en China, el Mahayana (Gran Vehículo) se ha difundido más ampliamente, adaptándose más a la mentalidad china. Éste predica una forma más evolucionada de budismo, para la cual la salvación está abierta a todos, y en la que se relajan todas las normas disciplinarias. Otras escuelas chinas: el Ch'an, el amidismo o el Vajrayana (Vehículo del Diamante), que caracteriza la tradición tibetana (tantrismo, lamaísmo).

Considerado más una manera de vivir que una religión, el budismo sigue siendo una de las manifestaciones religiosas más visibles del país. Violentamente atacado durante la Revolución Cultural, los templos vuelven a animarse, aunque sus practicantes, más supersticiosos que creyentes, ignoran a menudo los rituales.

Para tener en consideración

China cuenta con más de 30 millones de musulmanes, 14 millones de protestantes y 10 millones de católicos (una Iglesia oficial admitida por Pekín, que no reconoce al Vaticano, y una Iglesia más oculta vinculada a Roma, pero cuyos miembros se ven perseguidos y, a menudo, obligados a exiliarse).

> RETRATO DE LA MUJER CHINA

La imagen de la mujer puebla el imaginario chino. En los orígenes se encuentra Nuwa, la esposa de Fuxi (pareja primordial representada bajo la forma de serpientes entrelazadas) y madre de la humanidad. Ella reparó la bóveda celeste. Desde entonces, los humanos viven seguros bajo la protección del cielo. Otra figura importante, Guanyin, encarnación femenina de Avalokitesvara (famoso *bodhisattva*), se ha convertido en garante de la fecundidad de miles de esposas que le imploran un hijo. Finalmente, Xiwangmu, Reina Madre de Occidente y benévola emperatriz celeste, guarda el secreto de la píldora de la inmortalidad y es venerada por numerosas etnias.

¿Sabíais que la sociedad china era, en sus orígenes, una sociedad matriarcal? El ideograma que designa el «nombre» (nombre del clan, de la familia) está compuesto por la clave de la mujer, a la que se asocia el carácter de nacimiento. En la Antigüedad china se nacía, pues, bajo el nombre de la madre. Hoy día quedan aún algunos ejemplos, como el pueblo de los na (lago Lugu-Yunnan), siempre organizado en forma de sociedad matrilineal.

Los pies vendados, símbolo de la condición femenina en la época imperial

Mujer yin o esposa de la sombra, la representante del sexo débil se encarna en las Si Mei Nu, cuatro bellezas famosas en toda China, pero bellas, simplemente bellas. Mujer abandonada, esperando el regreso de un marido funcionario o soldado, la mujer del interior se vio también cada vez más encerrada en su papel con la aparición del nuevo confucianismo de los Song (960-1279). En esa época, la sociedad china se reorganizó. La mujer se integró en un sistema y pasó a ser considerada un ser fundamentalmente inferior al hombre: «Nunca debe oírse a una mujer fuera de su casa». Entonces empezaron a vendarle los pies, lo que contribuyó a enclaustrarla en el secreto del interior.

Con el paso de los años, esta práctica se generalizó, se convirtió en sinónimo del devenir femenino, forma ritual del paso a la edad adulta, según la cual la mujer no posee completamente su estatus de mujer hasta que es mutilada. Sin los pies vendados no hay consideración, no hay boda, no hay descendencia, no hay culto a los antepasados, no hay familia. Todos los cimientos de la sociedad china se alían contra una mujer-víctima. Y en el momento de elegir el noviazgo, se envía un pequeño zapato al futuro marido. Y cada uno lo examina, lo admira y comprueba su tamaño. Desde un punto de vista más material, se dice que esta tortura estaba pensada para que las esposas no pudieran alejarse demasiado del domicilio conyugal. De un modo más prosaico, esta mutilación permitía que los maridos gozasen más de sus sensaciones sexuales. En Shanghai se puede visitar una impresionante colección de zapatos para pies vendados.

«Una hija casada es como agua derramada»

La desgracia de nacer niña. Algunas tradiciones todavía se mantienen, sobre todo en el campo, y de vez en cuando aparecen en las páginas de actualidad noticias sórdidas que no han sido filtradas o silenciadas. En el campo se reza y se hace todo lo necesario para tener un «pequeño emperador», porque aún se cree que «una hija casada es como agua derramada». La razón es evidentemente económica: en estas zonas poco adelantadas, todavía no hay ni seguridad social ni jubilación. Entonces, ¿quién va a cultivar la tierra para mantener a los padres cuando la hija se vaya? Esta imperiosa necesidad de tener un hijo varón ha sido durante mucho tiempo una maldición para las mujeres. Hace algunos años, aún se encontraban frecuentemente bebés (sólo niñas, por supuesto) abandonados, envueltos en cartones, delante de alguna institución local. ¿Se trata de una época superada? No está tan claro: en 2004, en la provincia de Guanxi la policía detuvo a una mujer que viajaba en un autobús con una treintena de bolsas de viaje que contenían niñas para ser vendidas. En total, se calcula que Xie Deming habría vendido 120 bebés en dos años: el mayor tráfico de bebés descubierto desde la instauración de la República Popular. ¿Pero quién las va a comprar, si nadie quiere hijas? Una vez más, la respuesta es sórdida pero económica: existen familias campesinas que prefieren comprar a bajo precio una chica que se case con su «pequeño emperador» antes que pagar una dote por encima de sus posibilidades. Hasta el momento de casarse, la niña puede trabajar de sirvienta para la familia. Los defensores de Xie Deming afirmaron que ella, al menos, había salvado la vida de esas niñas, pero las autoridades no lo vieron así y la condenaron a la pena capital.

La mujer yang

Afortunadamente, la historia de la mujer china no es solamente la de ese ser retirado que experimenta las malas pasadas de la sociedad. También están todas las que saben jugar con su feminidad, que empujan hacia delante a las otras mujeres: las mujeres yang, las del exterior. De este modo, las cortesanas aprenden a jugar con un pequeño zapato para pies vendados convertido en un fuerte símbolo erótico. Elemento central de las justas galantes, el enamorado tantea a su bella oliendo su pie mediante alguna estratagema, y se siente con ánimo para proseguir si ella no muestra ninguna intención de echarse para atrás. Acompañando a los ilustrados, las jóvenes utilizan muy bien los secretos de la seducción, las danzas, los cantos, el decoro. Bajo los Tang, ¿no eran las arpías, seductoras perversas, quienes robaban la esencia vital de los letrados?

También existen las concubinas, sumisas o rebeldes, como lo fue Yang Guifei, favorita del emperador Xuanzong, cuyos frascos siguen siendo famosos (ver la «Dinastía Tang» en el apartado «Historia»). Asimismo hay estudiantes conquistadoras. Daiyu, por ejemplo –heroína de la obra de los Qing, *Sueños en el pabellón Rojo*–, decidida a estudiar, en contra del modelo de la mujer en el hogar (el *dan*), sinónimo de hastío, de fantasma estético y moral. Por último, existen mujeres guerreras o emperatrices. Mulán se vistió de varón para ir a la guerra en lugar de su padre enfermo. ¿Y cómo no recordar a la terrible Wuzetian, de la dinastía de los Tang, o a la legendaria Cixi, última emperatriz de una dinastía en decadencia?

Estas mujeres, si bien no han evitado que otras miles, las que viven una dura vida en el campo, pasen por las inhumanas condiciones de los gineceos, de las ventas o de los matrimonios forzosos, pese a todo, han luchado y han preparado el terreno para los cambios. Sus nombres son Qiu Jin, Xie Binyin, etc. Gracias a ellas, a principios del siglo XX se abolió definitivamente la práctica de los pies vendados.

La mujer moderna es urbana

Convertida en un engranaje de la sociedad de producción durante el periodo de Mao, la mujer no ha dejado de afirmarse en todos los ámbitos desde hace unos 20 años. En 1950, gracias a la ley sobre el matrimonio, el poder del cabeza de familia se debilitó a favor del Partido. Hoy día la revolución tiene lugar por todas partes. El matrimonio se ha convertido en una simple formalidad administrativa. Determinada a defender a ultranza su identidad, la mujer moderna, esencialmente urbana, ha pasado de seductora a atractiva, interesándose por todas las facetas de la moda hasta llegar a la cirugía estética, que causa furor en Shanghai. Uno puede rehacerse la nariz en esta ciudad en 20 minutos. O decir abiertamente que quiere tener una hija. Mujer florero o mujer de negocios, muchas de ellas se han convertido en sus propias dueñas, al mando de empresas florecientes, combatiendo la imagen de la eterna campesina que, incansablemente, sigue batiendo las plantas de arroz en el barro de los arrozales. Finalmente, un último símbolo de una época ya pasada: con Yang Huanyi, que falleció en 2004 a los 98 años, se extinguió el *nushu*, el único lenguaje en el mundo utilizado exclusivamente por las mujeres durante siglos en las zonas más atrasadas de China.

> SALUD

Desde el punto de vista sanitario, los años 2002 y 2003 estuvieron marcados por la neumonía atípica o síndrome respiratorio agudo severo (SRAS) y en 2005 por la gripe aviar, que se podía transmitir a través del animal vivo o de sus excrementos (pero nunca a través de la carne del animal cocida). En este país pueden aparecer epidemias de este tipo en cualquier momento.

Por otra parte, China podría ser un continente, con grandes contrastes climáticos y también sanitarios. En general, cuando nos alejamos de los hoteles lujosos de las grandes ciudades, se trata (todavía) de un país pobre con una higiene muy precaria. Y lo mismo ocurre con la sanidad: no esperéis encontrar instalaciones sanitarias competitivas... lejos de las grandes zonas industriales y comerciales; una muy buena razón para partir bien vacunados.

Aviso: recordad que el agua de China no es potable. Remitíos al apartado «Bebidas», antes.

Vacunas

Os recomendamos, por vuestro propio bien, que os pongáis las siguientes vacunas:

> **Las vacunas llamadas «universales»**
- Difteria, tétanos, poliomielitis.
- Hepatitis B: China es una zona muy castigada por esta enfermedad, que puede prevenirse con una simple vacuna.

> **Las vacunas contra las enfermedades que se transmiten por la alimentación**
- Hepatitis A.
- Fiebre tifoidea.

> **En algunos casos, las siguientes vacunas**
- Rabia: una enfermedad muy presente en China. Es una vacuna preventiva indispensable para estancias rurales o largas, o en el caso de estar expuestos al riesgo por tener contacto con animales tanto salvajes como domésticos.
- Encefalitis japonesa: vacuna recomendada para todos los exiliados y para quienes vayan a pasar más de un mes en zonas rurales del país. Consultadlo con un Centro de Vacunación Internacional.

Enfermedades transmitidas por los alimentos y una mala higiene alimentaria

> La **diarrea del viajero** (turista) es muy frecuente en China. Para evitarla, resulta necesario seguir las precauciones universales: evitad consumir las verduras crudas, las frutas y verduras que no sea posible lavar, pelar o cocer; la carne poco hecha, el marisco, los productos lácteos no industriales y las bebidas no embotelladas. Así, además, os protegeréis de las amebas y otros parásitos muy extendidos.

Pueden adquirirse medicamentos que cortan la diarrea en cualquier farmacia, sin receta, antes de partir.

> Queda muy poco cólera en China y es muy raro que un turista se contagie. En cuanto a la **polio**, aún no está erradicada, pero todos los viajeros irán –así lo esperamos– debidamente vacunados, al igual que contra la **hepatitis A** y **B** y la **fiebre tifoidea**, muy frecuentes.

Enfermedades transmitidas por picaduras de mosquito

> El **paludismo grave** (vinculado al parásito *Plasmodium falciparum*) está muy limitado actualmente a algunas zonas poco frecuentadas por los turistas: las regiones más alejadas de Yunnan (especialmente en la época de las lluvias) y la isla de Hainan. Si queréis pasar la noche en estas provincias, en las zonas rurales, existe un pequeño riesgo de contagio. Hablad con vuestro médico para que os recete la medicación adecuada.

> El **dengue** plantea problemas más serios, ya que se extiende periódicamente en toda la mitad sur de China y está en constante progresión.

> Si a todo ello se le añade la posibilidad de contraer, mediante la picadura de un mosquito, la **encefalitis japonesa**, la **filariosis linfática**..., está claro

que hay que protegerse, como en todos los países exóticos, contra estas picaduras: mosquiteras impregnadas y repulsivos antimosquitos eficaces resultan imprescindibles en cuanto se abandonan las grandes metrópolis.

Otros problemas de salud

> En algunas ciudades muy contaminadas (Pekín, Shanghai, Chengdu...), los viajeros alérgicos, asmáticos o con insuficiencia respiratoria pueden acusar algún problema.

> Finalmente, hay que tener mucho cuidado, tanto en China como en cualquier otro lugar, con el avance de las enfermedades de transmisión sexual y el sida, espectacular desde hace algunos años.

Una vez dicho esto, debéis saber que un viaje a China no puede considerarse peligroso y, con las precauciones citadas, se desarrollará sin problemas y con la mayor tranquilidad para descubrir un inmenso país, aún no muy frecuentado por los turistas.

Para más información, consultad la web del Ministerio de Sanidad y Consumo 💻 www.msc.es

> SEXO

«Nubes y lluvia» *(Yun Yu)*: con esta bella metáfora poética, los antiguos chinos designaban el acto sexual entre un hombre y una mujer. En las afueras de Shanghai se encuentra el increíble Museo del Sexo Chino, una colección de curiosidades dedicada a las prácticas sexuales de la antigua China, y que constituye una sorprendente lección de saber vivir y de humanidad. Nos recuerda que el sexo en China nunca ha estado vinculado al pecado (como en el Occidente cristiano) ni a la culpa, sino al placer individual, a la familia y a la salud (favorece la longevidad). Fruto de un instinto vital del ser humano, con la condición de practicarlo según algunas reglas elementales, en China se considera que el sexo es benéfico, tanto para el hombre como para la mujer. Así pues, no hay que avergonzarse de lo natural.

Sin embargo, bajo el mando de Mao, el puritanismo sexual fue llevado al extremo en el sentido de las prohibiciones. Por más que en su vida privada fuera un libertino, Mao se convirtió en un despiadado padre castigador contra su pueblo. En las alcobas de su palacio se divertía en compañía de jóvenes y bellas chinas (a veces vírgenes), pero imponía el ascetismo más estricto y la abstinencia a más de mil millones de proletarios. Como reflejo de la miseria sexual de esta época, la ropa interior tenía que ser utilitaria, sin encanto y lo menos sexy posible.

Desde la apertura del país, iniciada hacia 1992, China recuperó sus viejos instintos durante tanto tiempo inhibidos; pero aquí todo se hace a la china, es decir, de una manera muy púdica. Con respecto al pudor, nunca veréis que los chinos se besen ni en la calle ni en las discotecas. No se besa en público. En privado es distinto. Hay que seducir a la pareja. Con la planificación que impone un hijo por familia, las costumbres sexuales de la pareja cambian. Una vez que las mujeres han tenido a su único hijo, habitualmente hacia los 30 años, el sexo se convierte en un hecho puramente recreativo. Este tipo de libertad no había existido jamás en la historia de China, excepto para los emperadores y las concubinas o para los mandarines, que podían tener varias esposas. Las costumbres evolucionan más rápidamente en las grandes ciudades que en el campo. Las relaciones sexuales antes del matrimonio son cada vez más frecuentes. Las tiendas de tipo «sexo y salud» se multiplican. Los clientes compran remedios contra la impotencia masculina, lociones y afrodisiacos. El vibrador, destinado a las mujeres solas, se expone como un producto ordinario de la vida cotidiana. Los tabúes de la época de Mao caen uno detrás de otro.

Como consecuencia inevitable de esta apertura al mundo, las relaciones sexuales denominadas «ilegales» se extienden, especialmente las extraconyugales. El índice de divorcios, derivado de esta liberalización, aumenta. La prostitución, muy discreta, existe en las grandes ciudades. Oficialmente no existe, y todavía es un delito severamente castigado por las autoridades. La policía decreta regularmente el cierre de establecimientos sospechosos.

¿Y la situación de la homosexualidad en China? Existe, pero sigue siendo un tabú difícil de destruir. Para muchos, los homosexuales son considerados seres marginales peligrosos, muy cerca de los criminales.

En cuanto al sida (se cifró en 1,5 millones de personas infectadas en 2004, pero esta cifra está por debajo de la realidad), comporta actitudes de exclusión y de rechazo respecto a las personas seropositivas. Según Onusida, el virus se está extendiendo rápidamente debido a un entorno favorable.

Una panorámica de la vida sexual china quedaría incompleta sin hacer mención a la «problemática» que afecta al panda, el *osito de peluche* de Sichuan, símbolo de todas las luchas ecologistas. Según los científicos chinos, esta especie está en vías de extinción a causa de su inapetencia sexual. El panda macho no consigue copular durante más de veinte segundos. La medicina tradicional ha intentado en vano recuperar su libido. Los pandas no saben hacer el amor.

> TELÉFONOS Y TELECOMUNICACIONES

> **De España a China:** marcad el 00 + 86 (indicativo de China) + el prefijo de la ciudad + el número del abonado.
> **De China a España:** marcad el 00 (prefijo internacional) + 34 + el número del abonado.
> Si telefoneáis desde el hotel, tened en cuenta que las comunicaciones son más caras. El hotel factura sistemáticamente 3 minutos desde que descuelga quien recibe la llamada.
> **Llamar en el interior de China:** marcad el 0 + el prefijo de la ciudad + el número correspondiente. Por ejemplo, para telefonear a Pekín desde Shanghai, marcad 0 + 10.
> Las **cabinas telefónicas** funcionan cada vez más con tarjeta telefónica, y las hay de varios tipos: de 30, 50 y 100 ¥ (3, 5 y 10 €). Para llamadas internacionales, comprad las tarjetas IC ka.
> **Teléfonos públicos** *(gonyong dianhua):* los encontraréis en tiendas de ultramarinos, bazares, quioscos o pequeños locales llenos de teléfonos alineados. Fijaos en los letreros o en la mención *IP ka*. Os permitirá ahorrar mucho dinero, tanto en las llamadas nacionales como en las internacionales.
> El servicio de Telefónica **España Directo** permite llamar desde una cabina o un teléfono fijo de China. La llamada es atendida en español. El pago se

> TELÉFONOS DE INTERÉS

Emergencias sanitarias: ☎ 120.
Policía: ☎ 110. En Hong Kong y Macao, ☎ 999.

PREFIJOS TELEFÓNICOS DE LAS PRINCIPALES CIUDADES DE CHINA

Changchun	431	Harbin	451	Shanghai	21
Changsha	731	Hefei	551	Shenyang	24
Chengdu	28	Hohhot	471	Shenzen	755
Chongqing	23	Jilin	423	Taiyuan	351
Fuzhou	591	Kunming	871	Tianjin	22
Guangzhou	20	Nanchang	791	Urumqi	991
Guilin	773	Nankín (Nanjing)	25	Wuhan	27
Guiyang	851	Pekín (Beijing)	10	Xi'an	29
Haikou	750			Xiamen	592
Hangzhou	571			Zhengzhou	371

realiza en la factura habitual del número llamado en España o de un tercer número, y con cargo a vuestra tarjeta personal o global de Telefónica. El número de teléfono de acceso a este servicio desde China es el ☎ 108-340.

> El **correo electrónico** es la solución más barata (a partir de 6 ¥/0,60 € la hora) en los *Wamgba,* una especie de cibercafés a la china. Hay casi en todas partes. Para encontrar alguno, sólo tenéis que preguntar en el hotel o por la calle. Las pensiones y cafés para viajeros acostumbran a tener acceso a **Internet.** A veces es gratis para los huéspedes o los clientes. De lo contrario, calculad a partir de 5 ¥ (0,50 €). En los hoteles normalmente encontraréis un *business center* con teléfono, fax y acceso a Internet (aunque resulta caro). En los establecimientos lujosos, la conexión es posible a menudo desde las habitaciones.

> TRANSPORTES

Coche

> **Alquiler de un coche:** calculad 500 ¥ (50 €) al día, obligatoriamente con conductor (los extranjeros de paso en China no están autorizados a conducir solos).

Carreteras

China ha priorizado el ferrocarril sobre las carreteras durante mucho tiempo. Sin embargo, en estos últimos años se han realizado considerables avances. Por todas partes hay movimiento, se asfalta y se construye. Con todo, el estado de las carreteras es aún desigual por todo el país, puesto que, una vez terminadas las obras, los problemas de mantenimiento y la inclemencia de los elementos naturales siguen molestando a los viajeros. Evidentemente, las grandes metrópolis y su periferia siguen siendo las mejor acondicionadas. La mejor red está en el norte de China. Y si uno se esfuerza, encuentra pistas de barro, socavones, derrumbamientos, circulación alterna y algún perezoso rebaño.

La carretera continúa siendo un universo apasionante. Tractores, motocarros, motocultores, coches de caballos, triciclos, mujeres encorvadas sobre palancas, carretas tiradas por animales, bicicletas trasladando muebles, motocicletas echando humo a lo lejos, un cerdo atado sobre el portaequipajes... ¡Todo un poema! Pero debéis estar tranquilos. Más allá de los autobuses bamboleantes, actualmente podéis encontrar, en minúsculas estaciones, flamantes autobuses con aire acondicionado, acabados de importar desde Japón. Y es que China es ilógica. Si bien los transportes públicos permiten seguir ordenadamente provincia tras provincia, cada uno tiene que apañárselas para encontrar el buen camino.

Finalmente, aunque resulta muy fácil conseguir mapas de las ciudades o turísticos, los mapas de carreteras en versión inglesa o en pinyin (transcripción fonética del chino) son difíciles de encontrar. Tendréis que ingeniároslas. ¡Y paciencia! En las ciudades hay embotellamientos; en el campo, aglomeraciones. El aumento del tráfico os depara, pues, algunas paradas de las que no vais a conocer las causas hasta que los dioses de la carretera lo decidan. Pero, tranquilos, colgando del retrovisor de los chinos, Mao –transmudado en san Cristóbal– vela por vosotros.

Bicicleta

China, sin sus hileras de bicicletas, ¡no sería China! Incluso actualmente, cuando los coches y los vehículos a motor tienden a invadir progresivamente las ciudades, la bicicleta sigue siendo la predilecta del pueblo chino, ya que se trata de un medio de transporte fácil y económico. En las grandes avenidas, los ciclistas utilizan una vía especial reservada para ellos. En las calles adyacentes (incluso en Pekín y Shanghai), los ciclistas son los reyes, más numerosos que los automóviles. En la mayoría de ciudades y lugares turísticos podréis alquilar bicicletas en las tiendas especializadas o en los hoteles. Por lo general, hay que dejar el pasaporte (o una fotocopia) y un depósito, y acordar el precio y la duración del alquiler.

Atención: las bicicletas chinas no tienen luz (excepto en casos excepcionales). Se alquilan con un antirrobo que debéis acordaros de cerrar. Un consejo: no salgáis nunca sin un mapa de la ciudad que tenga los nombres de las calles escritos en chino.

Autobús

Autobuses urbanos

Después de la bicicleta y de las piernas, los autobuses constituyen la solución más económica, aunque no la más cómoda. Todo depende de la riqueza de la ciudad o de la provincia. Por ejemplo, en Shanghai, los vehículos son modernos. En las grandes ciudades, los autobuses son numerosos y el sistema funciona bastante bien. Circulan de 6 a 23 h.

El destino final del autobús está escrito en la parte delantera del vehículo en caracteres chinos, pero el número de línea está indicado en numeración romana. Incluso sin hablar nada el idioma, es posible desenvolverse solo, a condición de ser avispado y llevar un mapa de la ciudad con los nombres de las calles en chino.

Para comprar un billete, se echan unas monedas en una caja especial situada en la entrada del vehículo o bien se entrega la cantidad al conductor, en el momento de subir al autobús. En caso de duda, preguntad sin miedo el camino que tenéis que seguir a los pasajeros o al conductor, indicando sobre el mapa de la ciudad el lugar exacto donde queréis bajar. Los carteles de las paradas de autobús están escritos en caracteres chinos. Normalmente, el autobús se detiene en todas ellas, a menos que no haya nadie en la parada. Por precaución, debéis advertir al chófer o al interventor de la parada dónde os queréis apear.

> Los **estudiantes extranjeros** pueden beneficiarse de tarjetas mensuales a mitad de precio.
> **Horas punta *(rush hours)*:** de 7 a 8.30 h y de 17 a 19 h.

Viajar en autobús por el interior de China

Exige paciencia y saber apañarse, ya que en las estaciones, al igual que en los propios autobuses, todo (o casi todo) está escrito en chino. Cuando sea posible, lo mejor es que os informéis en las pequeñas agencias privadas para comprar los billetes. En los ejes principales, entre las grandes ciudades (Shanghai-Nankín, por ejemplo), los autobuses VIP *(Gaokuai Daba)* están equipados con climatización y asientos reclinables. Para los trayectos nocturnos, también encontraréis unos **autobuses** llamados *Wopuche*, donde los pasajeros duermen tumbados en estructuras metálicas de escasa comodidad. Evitad las camas del final en las que suelen dormir cinco personas. Fuera de los grandes ejes, en las carreteras secundarias, entre las pequeñas ciudades, se encuentran a menudo **minibuses** *(zhongla)* de 35 plazas, o camionetas Iveco (traducido... *Yiweike*). Menos confortables, salen cuando están llenos y no es necesario reservar. El viaje en autobús puede resultaros agotador, sobre todo si los pasajeros fuman. A pesar de todo, constituye una experiencia única.
> **Billetes y reservas:** los billetes para los autobuses de larga distancia o los autobuses-cama se adquieren al menos con un día de antelación en la estación de autobuses, en una agencia de viajes o (en algunos casos) en las recepciones de los hoteles. En ciudades como Yangshuo (Guangxi) o Dali (Yunnan), estas pequeñas agencias que ofrecen varios servicios son una bendición para el viajero. El personal habla inglés y es más amable que en las grandes agencias estatales. Los horarios y los destinos del autobús se muestran cada día.

Taxi

Este medio de transporte resulta en China fácil y económico. En las grandes ciudades, todos los vehículos disponen de un contador, que utilizan sistemáticamente (la bajada de bandera y el precio por kilómetro dependen del tipo de vehículo, y están especificados a menudo en la ventanilla del taxi). En otros lugares (en pequeñas ciudades y en el campo), se puede preguntar en el hotel el precio habitual de una carrera. En los trayectos largos (aeropuertos y lugares turísticos alejados), se puede negociar un precio sin taxímetro, lo cual sale a cuenta cuando se conocen un poco las tarifas.

Se encuentran taxis por todas partes, y a todas horas del día y de la noche. Basta con cualquier gesto convencional hacia el vehículo. También podéis pedir un taxi por teléfono.

En Shanghai, el cliente entra siempre por la puerta trasera de la derecha, controlada por el conductor, mientras que la puerta trasera de la izquierda está siempre cerrada (por motivos de seguridad).

En esta ciudad y en Pekín, podéis pedir un recibo que indica el precio de la carrera, el kilometraje, la hora exacta y otros datos prácticos. Para pedirle el recibo al taxista, hay que decirle: «Qing ni kai fa piao».

Normalmente, los taxistas son amables y más bien competentes. Saben el servicio que tienen que prestar y lo cumplen bien. Tampoco son timadores. Suelen estar detrás de una reja de acero o una burbuja de plexiglás. Pagadles a través de ella.

> **Consejo:** los taxistas chinos sólo hablan y entienden chino. Muy pocos hablan inglés (y aún menos, español). La única solución consiste en llevar siempre la dirección a la que queréis llegar escrita en caracteres chinos, ya sea en una tarjeta de visita, en vuestra guía preferida o en un papel de la recepción de vuestro hotel.

Metro

Se trata de un medio de transporte muy adaptado a la inmensidad de las grandes ciudades chinas. El metro os permitirá desplazaros rápidamente de un barrio a otro evitando los embotellamientos en las horas punta (de 7.30 a 8.30 h y de 17 a 19 h).

Varias ciudades chinas tienen metro: Pekín, Shanghai, Hong Kong, Macao y Cantón. Los metros de Shanghai y de Cantón son muy modernos. Hay menos líneas que en Madrid y menos paradas; además, éstas se encuentran más separadas. Las indicaciones en los paneles de las estaciones de metro están en caracteres chinos y en pinyin.

Los billetes pueden adquirirse en taquillas administradas por empleados (como en Pekín) o en máquinas automáticas (como en Shanghai). En Pekín se controlan mediantes escáners de seguridad los bultos que llevan los pasajeros.

Tren

De todos los medios de transporte para recorrer largas distancias, el tren resulta el más económico y práctico para circular por China. Los trenes chinos llegan y salen puntualmente, pero son muy lentos: una media de entre 50 y 80 km/h. Por ejemplo, entre Shanghai y Pekín (un viaje muy bonito y aconsejable) salen cuatro o cinco trenes al día que tardan de 12 a 20 h (para recorrer 1.479 km) en unir las dos metrópolis. No calculéis menos de 21 h para ir de Shanghai a Xi'an, ni menos de 24 h para ir de Shanghai a Hong Kong. Dicho esto, para el auténtico viajero, sin embargo, descubrir China a este ritmo es un placer.

El viaje en tren por China constituye una experiencia tal que puede ser fuente de inspiración para los artistas. Es el caso de Paul Théroux, escritor estadounidense que escribió un libro sobre el tema, titulado *En el gallo de hierro: viajes en tren por China* (Edhasa, Barcelona, 1992).

> **Información y horario de trenes:** www.travelchinaguide.com/chinatrains.

> **Reserva y compra de billetes:** las reservas de billetes de tren se realizan en las agencias de viajes (como, por ejemplo, CITS, la agencia turística estatal), en la recepción de los hoteles o directamente en la estación. En las grandes ciudades (Shanghai, Pekín, Xi'an, Chengdu, etc.) existe una taquilla especial reservada para los extranjeros, donde las azafatas chinas hablan algo de inglés.

Se puede reservar un billete con hasta diez o veinte días de antelación para los trenes de largo recorrido y hasta cuatro para el resto. En cualquier caso, es preferible que compréis el billete con, al menos, un día de antelación. Se pueden comprar billetes de ida y vuelta para los trenes de largo recorrido. Existe la posibilidad de reembolso de una parte del precio del billete incluso después de la fecha de salida (las condiciones están expuestas en las estaciones).

Atención: nunca tiréis el billete, porque a veces lo solicitan al bajar del tren en la estación de destino.

> **Estaciones:** en los vestíbulos de las estaciones, los nombres de las ciudades y los horarios de salida y llegada de los trenes se pueden consultar en grandes pantallas electrónicas. La información está escrita en chino y, en ocasiones, en pinyin. Así pues, resulta fácil distinguir en una pantalla el número del tren deseado. Estos números aparecen unos 15 minutos antes de la partida. Pese al inmenso gentío, las estaciones están bastante bien organizadas y cuentan con salas de espera destinadas a los discapacitados, a las mujeres embarazadas, a ciudadanos de la tercera edad y a las familias con niños muy pequeños. Estas personas pueden presentarse en el andén 10 minutos antes de la aglomeración de pasajeros, lo que les evita tener que soportar el trajín.

> Los trenes chinos se distinguen según cuatro tipos de asientos. Los **asientos duros** *(yingzuo)*, de escay o madera, con un respaldo muy rígido, que suelen ser tomados al asalto por la muchedumbre. Las **literas duras** *(yingwo)*, recubiertas de escay, que se reparten en tres niveles en un compartimento de seis plazas. Las más baratas son las superiores; las más caras, las inferiores. A continuación, los **asientos blandos** *(ruanzuo)*, amplios y confortables. Finalmente, las **literas blandas** *(ruanwo)* son, con diferencia, el lugar más agradable para pasar una noche en un tren chino. Sus compartimentos tienen sólo cuatro plazas.

> **Billetes:** emitidos por un sistema informatizado que funciona bien, los billetes muestran información útil como, por ejemplo, la fecha del viaje y la hora exacta de salida del tren, la estación de salida y la de destino, el número de tren, el precio en yuanes, el número de vagón y el de la litera, además del tipo de plaza elegido. Cada billete es válido únicamente para el tren solicitado y en la fecha establecida. Un consejo: no compréis billetes a revendedores, podríais ser objeto de un timo.

> **Tarifas:** chinos y turistas extranjeros pagan el mismo billete al mismo precio. Un billete en asiento duro es muy económico. Por contra, el precio de una plaza en litera blanda cuesta tanto como un billete de avión de promoción. Un billete de ida en litera dura de Shanghai a Pekín cuesta 340 ¥ (34 €), y uno en litera dura también de Shanghai a Hong Kong, 550 ¥ (55 €).

> **Comer en el tren:** encontraréis coche-restaurante en los trenes de largo recorrido, pero la calidad de la comida es decepcionante. Algunos empleados pasan regularmente por los vagones. Venden agua caliente, sobres de sopa de fideos o platos para llevar por un módico precio.

> **Aseos:** suelen estar muy sucios, y es mejor que llevéis vuestro propio rollo de papel higiénico.

Avión

Las conexiones interiores están cubiertas por compañías nacionales o regionales, y los aparatos son seguros. Los aviones salen y llegan puntualmente. Y en los aeropuertos de las grandes ciudades (como Shanghai y Pekín) las llamadas se hacen en chino y en inglés.

China posee varias compañías aéreas: *Air China, China Southern Airlines, China Southwest Airlines, China Eastern Airlines, etc.*

> **Reservas:** si reserváis algún vuelo interior desde Europa, es obligatorio confirmar la reserva 72 h antes del despegue. Se aconseja reservar los vuelos bastante pronto, incluso 10 días antes si es posible. Calculad una sobretasa de un 20% en las tarifas durante las vacaciones escolares y los días de fiesta nacional. Sólo se permite un cambio de fecha para un vuelo interior chino.

> **Buena planificación:** en todos los vuelos interiores se puede obtener hasta un 60% de rebaja del precio total. Basta con ir a las pequeñas agencias de viajes especializadas que se encuentran en las ciudades. Las agencias de viajes de los AJs y los hoteles para trotamundos también os ofrecerán estas tarifas promocionales. Se calculan en función del grado de ocupación del avión. Los primeros que hagan la reserva obtendrán las mejores tarifas.

> Los billetes de avión entre la China continental y Hong Kong son notablemente más caros. Por ejemplo, para ir de Hong Kong a Guilin resulta más interesante, desde un punto de vista económico, tomar el avión hasta Cantón o Shenzhen y, después, el tren o el autobús hasta Hong Kong, que coger un vuelo directo. Y viceversa. Para obtener más detalles, leed con atención el capítulo de Hong Kong.

> **Tarifas:** un vuelo de Cantón a Pekín cuesta alrededor de 1.900 ¥ (190 €).

> **Tasas de aeropuerto:** ¡se suprimieron en 2004! Tanto para los vuelos interiores como para los internacionales.

China

> Pekín (Beijing) y alrededores

La «Capital del Norte» (18 millones de habitantes; prefijo telefónico: 010) no es tan sólo el centro político por excelencia, el imán que atrae a la elite del país y el escaparate de su desarrollo, sino que constituye también una gran ciudad imperial en la que el pasado ha dejado profundas huellas, de Gengis Khan a Mao, pero que hoy ofrece al viajero muy pocos clichés. Cuando uno llega a la plaza de Tian'anmen, ya no se ve rodeado por un océano de cazadoras azules, cuellos Mao, banderas rojas y bicicletas. Observad el bosque de rascacielos, manzanas de inmuebles y gigantescos centros comerciales que surgen por todas partes y, acto seguido, cerrad los ojos. Cuando volváis a abrirlos, veréis que acaban de ponerles una planta más. La ciudad está viviendo una impresionante etapa constructora. Tras haber sido elegida sede de los Juegos Olímpicos de 2008, el Ayuntamiento decidió «reformar» el 50% del tejido urbano para convertirla en una capital «moderna».

La ciudad tradicional desaparece por momentos. Barrios enteros se evaporan rápidamente, dejando lugar a torres desalmadas. Entonces, ¿se ha perdido todo? No, por supuesto. Evidentemente, lo mejor para comprender la ciudad es intentar conectar con los pekineses, que, aunque tienen fama de protestones, orgullosos, de trato más bien difícil y obsesionados por la política, también tienen algo de poetas y siempre están dispuestos a echar una mano, aparte de que son perseverantes, corteses y comedidos. Tras un aspecto cerrado encontraréis a menudo grandes cualidades humanas por descubrir.

Algunas cifras para terminar: Pekín ocupa 16 800 km^2 y tiene una población oficial de 12 millones de habitantes, que probablemente llega a los 18 millones si contamos a los residentes temporales, con un 92% de han y el 8% restante que pertenece a las minorías étnicas (un total de 55). Un fiel retrato de China.

Un poco de historia

Los primeros vestigios de población se remontan hasta hace 3000 años. La historia urbana empieza en el momento en que el pequeño reino Yan instaló allí su capital, que fue anexionada en el año 222 a.C. por el primer emperador de China, Qin Shi Huangdi. La ciudad se desarrolló como importante capital administrativa y militar de la región de Ji. Tras la caída de la dinastía Tang, llegó el tiempo de los Kitan, que se apoderaron de la ciudad en 936 d.C. y fundaron la dinastía de los Liao. La ciudad adoptó entonces el nombre de Yanjing. De esta época sobreviven una mezquita y dos templos budistas situados en el suroeste del actual Pekín. A principios del siglo XII, los jurchen, antepasados de los manchúes y fundadores de la dinastía Jin, tomaron la ciudad y la convirtieron en su nueva capital, dándole el nombre de Zhongdu. Y por primera vez apareció una ciudad prohibida y una ciudad interior.

¡Gengis Khan reestructura! (1260-1368)

En 1215, los ejércitos mongoles de Gengis Khan saquearon Zhongdu, de la que no quedó gran cosa. En 1271, Kublai, nieto de Gengis Khan, fundó la dinastía de los Yuan. Y, quizá atormentado por el remordimiento, decidió construir su capital en el noreste de lo que fue Zhongdu. Hoy constituye el eje exacto del actual Pekín. Adoptó el nombre de Khanbalik («la ciudad de Khan»), aunque también el de Dadu en chino («la gran capital»). La ciudad, de forma rectangular, se construyó siguiendo la técnica de las cajas chinas: una ciudad exterior, para la aristocracia, que rodea la ciudad imperial que contiene los edificios públicos, los del gobierno y las propiedades de la nobleza; finalmente, en el centro, el palacio Imperial. El plano en forma de tablero es cuadriculado por una red de callejuelas, los hutong, que originaron numerosas de las calles pekinesas actuales. Marco Polo, un turista del siglo XIII, la describe maravillado bajo el nombre de Cambaluc. Como consecuencia, la fama de la ciudad atrajo a numerosos diplomáticos, mercaderes y misiones religiosas. De esta época aún resisten la torre del Tambor y la de la Campana. Sus murallas eran por entonces de tierra.

La «Capital del Norte» de la dinastía Ming (1421-1644)

En 1368, los Ming liquidaron el Imperio mongol. Pero no fue hasta 1421 cuando el emperador Yongle instaló aquí su capital, Beijing (Pekín), la «Capital del Norte», con lo que abandonó definitivamente Nanjing (Nankín), la «Capital del Sur» de los primeros emperadores Ming. Fue él quien le dio la forma definitiva a Pekín y retomó el plano de Kublai Khan. Las murallas de ladrillo con grandes fosos sustituyeron a las de tierra. Desde entonces, y perfectamente centrado en medio de la ciudad interior, se encuentra el palacio Imperial, conocido como la Ciudad Púrpura Prohibida por los extranjeros, rodeado por la ciudad Imperial. Al sur, aparece la ciudad exterior, *grosso modo,* el sector en torno al templo del Cielo. En este momento, Pekín se revela ya como la ciudad heredera de un compromiso entre chinos y tártaros. Primero es Kublai Khan, el mongol, quien abandona su capital y las brumas del norte para instalarse aquí, en la frontera de China y de su imperio. Después es Yongle, el chino, quien cambia la próspera China del sur y su clima, bastante más agradable, por los rigores del invierno pekinés, en un gesto simbólico (de apropiación de la herencia mongol) y estratégico, para así poder controlar de cerca al viejo enemigo. Esta elección tiene aún hoy sus consecuencias, y es especialmente perceptible en la fuerte rivalidad, y las culturas tan distintas, entre Pekín y Shanghai.

La era manchú (1644-1911)

La era de los Ming acabó de un modo sangriento y con un cambio de dinastía. Económicamente exhausta, con un campesinado y una clase comercial atenazados por los impuestos, esta dinastía tenía que enfrentarse a numerosas revueltas, como la de Li Zicheng, un antiguo pastor convertido en cabecilla de un levantamiento. En 1644 éste tenía cerca de un millón de hombres armados bajo sus órdenes y consiguió apoderarse de Pekín, penetrar en la Ciudad Prohibida e imponer su mando durante tres meses. El emperador Chongzhen se suicidó al pie de la colina de Carbón. Y una alianza entre las tropas imperiales y los manchúes consiguió expulsar a Li Zicheng, que huyó a Xi'an. Los manchúes, tras conquistar Pekín, se quedaron y fundaron la dinastía Qing («puros», por oposición a los corrompidos Ming). Se estableció como obligatoria la trenza en la cabeza rasurada (tradición de la estepa mongol) y se obligó a todos los chinos a vivir en la ciudad exterior, en el sur (lo que explica su nuevo nombre de «ciudad china»). La ciudad interior, reservada a los manchúes, a los mongoles y a los otros pueblos de Asia central, se denominaba entonces «ciudad tártara». Aún hoy puede encontrarse en el ambiente y la arquitectura de Pekín esta dualidad. La ciudad china superpoblada en el sur, activa y comercial, y la ciudad tártara en el norte, residencial y con el mayor número de palacios, bellas mansiones tradicionales y siheyuan, en los espacios más tranquilos, abiertos y verdes.

PEKÍN, CAPITAL DE LOS QING

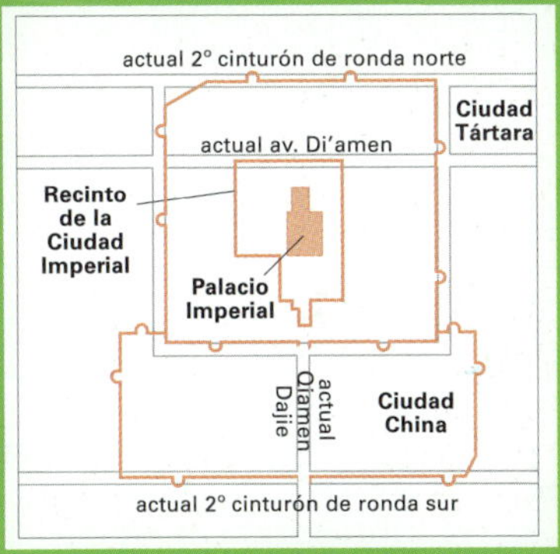

Un siglo XIX agitado... ¡y del que Pekín no se escapa!

Sin embargo, los manchúes no modificaron demasiado el aspecto de la ciudad. Ningún giro completo arquitectónico; sólo se preocuparon de restaurar o embellecer la ciudad con la aportación de nuevos jardines y de suntuosos palacios de verano. La vida urbana tampoco sufrió grandes cambios. Los Qing adoptaron casi todas las instituciones chinas, únicamente doblando los cargos importantes con un funcionario manchú.

No obstante, a mediados del siglo XIX, Pekín no escapó a las importantes revueltas y rebeliones que sacudieron China en esa época, como tampoco lograría zafarse del feroz apetito de las grandes potencias europeas, Estados Unidos y Japón. En 1850 la ciudad fue casi barrida por el movimiento de los Taiping. En 1858 el emperador se vio obligado a aceptar el establecimiento de consulados extranjeros. Y el mismo año, con ocasión de la Segunda Guerra del Opio, las tropas franco-británicas amenazaron con ocupar Pekín e incendiar el palacio de Verano. Hacia finales del siglo XIX, la miseria y las humillaciones sufridas por el pueblo chino desarrollaron un fuerte sentimiento de xenofobia y provocaron la famosa revuelta de los bóxers. Durante 55 días, las legaciones extranjeras de Pekín fueron asediadas por el ejército imperial y los regimientos provinciales. Fue necesaria una nueva intervención de un cuerpo expedicionario occidental para liberar la ciudad, y la emperatriz Cixi huyó a Xi'an.

El final del Imperio

En 1911 la revolución republicana de Sun Yat-sen barrió a los Qing y el joven emperador Puyi se vio forzado a abdicar. Sun Yat-sen tuvo que ceder su lugar rápidamente a un militar, el mariscal Yuan Shikai, quien intentó instaurar su propia dinastía. Tras su muerte, en 1916, Pekín se hundió un poco más en la miseria. Desde aquel momento, China perteneció a los «señores de la guerra», que se repartieron territorios a medida mientras se libraban incesantes batallas. Sin embargo, Pekín volvió al primer plano de la actualidad con motivo del tratado de Versalles, que concedió a Japón los antiguos derechos de Alemania sobre la provincia de Shandong. El 4 de mayo de 1919, los estudiantes manifestaron su cólera ante la puerta de la Paz Celeste (actual plaza de Tian'anmen), y su movimiento se extendió luego a las provincias. En 1927, Chiang Kai-shek, jefe del Kuomintang, instaló su gobierno en Nankín, y Pekín perdió el papel central y político que desempeñaba. En 1937 la ciudad caía en manos de los japoneses, y no fue liberada hasta 1945.

Los años de Mao

El 31 de enero de 1949, Mao Zedong y los comunistas entraron triunfalmente en Pekín, y en octubre se proclamó la República Popular China. La ciudad volvería a ser la capital del país, y dictaría todos los grandes momentos políticos de estos últimos 50 años. Hay que recordar la

Revolución Cultural, sus exilios forzosos, sus humillaciones públicas de intelectuales, artistas y profesores, sus ejecuciones (se habla de 1.700 muertos sólo en Pekín), además de las deportaciones masivas de estudiantes con demasiado fervor patriótico como para servir a los designios de Mao por reconquistar el poder (¡de 15 a 20 millones en todo el país! Una cifra realmente escalofriante).

Pekín, que apenas había experimentado cambios arquitectónicos durante los siglos precedentes, inició a principios de la era de Mao algunos cambios radicales. Las murallas, símbolo del pasado feudal, fueron demolidas y cedieron su lugar a cinturones de ronda. Barrios enteros fueron borrados del mapa para construir nuevos edificios oficiales como la Asamblea Popular y diferentes ministerios, así como la estación central, grandes hoteles y almacenes, etc., en el más puro estilo monumental estalinista. Además, se instalaron fábricas en las afueras.

En 1976, a la muerte de Mao, puede decirse que Pekín, globalmente, seguía siendo esa gran ciudad típicamente china que siempre fue. Aún dominaban las guerreras azules, la intensa vida de barrio a la sombra del hormigón «estalinoide», y se veían muy pocos turistas.

El período contemporáneo

El periodo inicial de reformas (1979) vio cómo centenares de miles de ciudadanos exiliados regresaron a Pekín, durante el periodo que se conoce como de las Cuatro Modernizaciones. Pekín vio florecer las reivindicaciones populares sobre sus paredes. En el corazón de la ciudad apareció el célebre Muro de la Democracia, recubierto de dazibaos (periódicos murales). Cabe destacar por su enorme importancia los hechos de Tian'anmen. La terrible noche del 3 al 4 de junio de 1989, el ejército intervino de modo sangriento y brutal para vaciar la plaza que había sido ocupada desde el 15 de abril por los estudiantes que reclamaban la democratización del régimen y el fin de la corrupción (ver el apartado «Historia» en «Generalidades», antes). Murieron entre 1.000 y 3.000 personas. Dos decenios después, los estudiantes de Pekín casi han ocultado este periodo y se refugian en un individualismo furibundo.

El gran cambio

Pero, durante las décadas de 1980 y 1990, la ciudad cambió de manera espectacular. Éstos fueron terribles años de especulación, en los que la ciudad fue entregada, sin pudor, a los inversores, promotores y especuladores de toda índole. La horizontalidad simbólica del viejo Pekín se desvanece frente a la maraña de rascacielos, condominios y centros comerciales gigantescos que parecen elevarse cada vez más, en un abrir y cerrar de ojos. La modernidad ante todo, y la Internacional al pie de la letra: «del pasado hay que hacer añicos». Los arquitectos y los responsables, claro está, se enfrentaron a una verdad inevitable: la estructura rural de la ciudad. En China, desde siempre, no había habido modelos urbanos. En consecuencia, se cayó en lo más fácil: destripar el antiguo tejido y sacrificarlo todo para la «masa automóvil». Es verdad que aún quedan muchas bicicletas, pero éstas ceden paso a los millones de vehículos que ruedan por la increíble red de autopistas urbanas y otras vías rápidas que recorren la ciudad y se propagan a marchas forzadas. La sexta ronda de circunvalación exterior cubre una circunferencia de 130 km.

Se calcula que en Pekín se modificó un 50% de la ciudad en 10 años y dos millones de personas tuvieron que mudarse. Los habitantes expulsados no tenían medios para protestar. Sólo disponían de un mes para hacer las maletas, coger su mísera indemnización y mudarse a un descolorido apartamento de bajo alquiler al menos a 20 km.

Esta brutal metamorfosis se llevó a cabo sin consideraciones previas del patrimonio histórico y social. En ocasiones la única esperanza de salvar un *hutong* o barrio era que algún jefazo del Partido viviera allí. Ya no era cierto como decía un refrán que «existieran tantos *hutong* como pelos en la piel de una vaca». A algunos protestones se les echaba en cara su falta de patriotismo: ¡sabotean la modernización de Pekín!

Este colosal trajín –la región de Pekín contaría con más obras en construcción que toda Europa– acarreó inquietantes consecuencias ecológicas: polvo y contaminación de todo tipo que la dictadura (perdón, la República popular...) no ha conseguido paliar, a pesar de la ampliación de la red de transportes públicos, el traslado de las industrias pesadas, el refuerzo de las normas anticontaminación, etc.

Los juegos de todos los récords

Las últimas estrellas arquitectónicas del frenesí de la construcción son olímpicas: el nido de Pájaro y el Cubo de

Agua, un estadio y una piscina que millones de telespectadores pudieron conocer el 8 del 8 de 2008. Pekín, al hilo de sus Juegos Olímpicos, apostó por dos objetivos: el medio ambiente y obtener beneficios. Sólo los más utópicos creyeron en la repercusión que un acontecimiento tal podría tener en relación a los derechos humanos en una de las últimas grandes dictaduras.

Un presupuesto faraónico, 250 km de nuevas líneas de metro y 5.000 millones invertidos en carreteras, los chinos hicieron las cosas a lo grande: había que desafiar a todos los aguafiestas que querían apagar la gloriosa llama.

A pesar de los temores relacionados con la calidad del aire (Pekín y las regiones aledañas se encuentran entre las más contaminadas del mundo), las autoridades pusieron toda la carne en el asador: desplazamiento de fábricas, severas restricciones a la circulación de vehículos, interrupción de la producción en algunas industrias pesadas antes y durante las competiciones. Todo se desarrolló dentro de la normalidad y los chinos incluso pudieron conseguir el tercer puesto en el medallero (al dragón del nacionalismo le tiemblan todavía las escamas de la alegría).

La eternidad pekinesa

Si no sucede ningún cataclismo, Pekín contará siempre, a pesar del aséptico mar de edificios modernos, con un extraordinario patrimonio arquitectónico y cultural, como la Ciudad Prohibida, el templo del Cielo y los maravillosos jardines imperiales, frescos y románticos en verano, cuando el calor aprieta. Afortunadamente, aquí y allí quedan jirones del antiguo Pekín. Por supuesto, cabe temer que estos últimos bastiones del antiguo y pintoresco Pekín se conviertan rápidamente en reservas para turistas donde los rutilantes ciclo-taxis circulan al servicio de los viajes organizados.

Así pues, os aconsejamos encarecidamente que no tardéis en venir a captar las últimas tarjetas postales auténticas de este Pekín cálido que adoramos: las casas bajas con techos acabados en punta y los *siheyuan* (viviendas tradicionales con patios cuadrados), y todas esas abuelitas acuclilladas ante sus puertas que hacen circular los últimos cotilleos del barrio; mientras que viejos sabios hundidos en sus tumbonas, con el torso perlado de sudor, ni siquiera intentan escapar del calor y se abanican con desgana. Caras fruncidas y luminosas, miradas que expresan un punto de ironía, mezclado con los gritos y juegos de los niños... Jugadores de *mah-jong* y trabajadores de la calle, peluqueros, barberos, minúsculos tenderetes, vida de barrio... Un modo de vida que se obstina en no morir, con tradiciones aún bien enraizadas.

Clima

El verano en Pekín tiene varios inconvenientes.
Nos encontramos en la temporada de las lluvias y hace calor, mucho calor... Un calor húmedo, pesado. El cielo está normalmente gris durante el día, con brumas de calor ascendentes. Un pedazo de cielo azul de buena mañana, aunque despejado hacia última hora de la tarde para que podáis tomar fotos. Y también muchos turistas (sobre todo chinos).

El invierno puede ser extremadamente riguroso (en enero, -10 o -20 ºC fácilmente), aderezado con un viento glacial, penetrante, pero con un cielo casi siempre de un azul perfecto. En esta época se pueden tomar las mejores fotos de los hutong. Por si fuera poco, disfrutaréis de sustanciosas reducciones en los hoteles.

El periodo de entretiempo acaba siendo el más cautivador (de abril a mediados de junio, en septiembre y en octubre): temperaturas suaves y cielos azules; aunque la primavera puede comportar vientos con arena bastante secos. Un pequeño consuelo, en verano: si vais a Chengde, por las mismas buenas razones que los emperadores, encontraréis (en principio) un tiempo magnífico...

Advertencia: en la época del Año Nuevo chino (hacia finales de enero) y durante las vacaciones del 1 de mayo y del 1 de octubre, como dicen los chinos, «se paga cinco veces más para ver cinco veces más gente». Es una afirmación un poco exagerada en cuanto a los precios, pero real en cuanto a la gente.

LA LLEGADA A PEKÍN

Aeropuerto de Pekín

(Shoudu jichang; *fuera del plano de conjunto por D1)*: ☎64-56-36-04. 💻 www.bcia.com.cn (web muy práctica: plano, información de transportes y horarios de aviones). Hablan inglés en las ventanillas de información. En el vestíbulo de recogida del equipaje hay oficinas de cambio menos convenientes que las que hay en el vestíbulo de llegadas (todos los días de 6 a 19 h). También hay cajeros automáticos (24 horas) y consigna, aunque es bastante cara.

La nueva y gigantesca **terminal 3,** diseñada por el arquitecto Norman Foster, entró en servicio en 2008. Recuerda la silueta de un dragón y utiliza los colores de los templos chinos.

Acceso al centro de la ciudad desde el aeropuerto

En autobús o taxi, entre 40 minutos y 1 hora de trayecto hasta el centro; 30 minutos en metro. El metro es lo más rápido, mientras que no hay casi diferencia entre autobuses y taxis. Os resultará económico hacer parte del trayecto en metro o un autobús y acabarlo en taxi.

En metro

El **Airport Line** (Jichang Xian) une el aeropuerto con Dongzhimen. Precio: 25 ¥ (2,50 €) el trayecto. Correspondencias con líneas 2 y 13 en Dongzhimen y línea 10 con Sanyanqiao (hay que comprar un tique de metro clásico que cuesta 2 ¥ (0,20 €) cuando hagáis la correspondencia).

En autobús

> **Hacia/desde el centro de la ciudad:** compra de billetes en el exterior del vestíbulo de llegadas, en una taquilla específica. Parada de los autobuses justo enfrente. Precio: 16 ¥ (1,60 €). La taquilla indica la línea a elegir según vuestro destino. Haced lo mismo en el autobús, para bajaros lo más cerca posible. De las 5 líneas, sólo 2 van al centro:

> **Línea nº 2:** pasa por Dongzhimen (muy cerca del metro, a la altura de un quiosco China Post) antes de llegar a Xidan (edificio de la Aviación, Minhang Yingye Dasha). Cada 10 minutos, de 7 h hasta el último vuelo (desde el aeropuerto); de 5 a 21 h (desde la ciudad).

> **Línea nº 3:** pasa por Wangfujing antes de llegar a la estación central. Cada 15 minutos, de 7.30 h hasta el último vuelo (desde el aeropuerto); de 5 a 21 h (desde la ciudad).

En taxi

En el exterior del vestíbulo de llegadas. Calculad entre 80 y 100 ¥ (8-10 €) y 10 ¥/1 € de peaje. Un empleado os ayudará a indicarle el destino al conductor y anotará el número de licencia del vehículo. El taxímetro debe ser puesto en marcha imperativamente. El precio de los taxis en sentido inverso (de la ciudad al aeropuerto) es similar.

CÓMO DESPLAZARSE POR LA CIUDAD

Nuestras direcciones indican el metro más próximo o las correspondencias en autobús. Comprad un buen plano con las líneas de metro y de autobuses (escoged uno en una librería, escrito en chino para indicar vuestro destino al chófer y en Pyin para orientaros vosotros...).

En metro *(ditié)*

Tarifa única independientemente del número de estaciones (excepto para la Airport Line: 2 ¥ (0,20 €). Rápido y barato. Las líneas abren desde 5 o 6 h de la mañana y cierran pronto, a las 21 o 23 h. Es fácil de utilizar, ya que todo está trascrito fonéticamente.

METRO DE PEKÍN

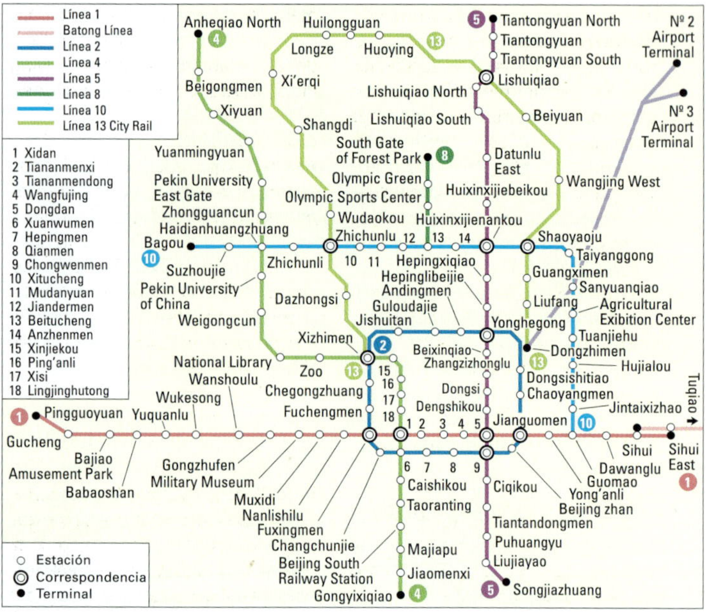

Las direcciones se dan con el nombre de la estación siguiente. En los trenes veréis indicadores luminosos y se anuncian las estaciones por megafonía en inglés.

En autobús *(gonggong qiche)*

Tenéis muchas líneas, si bien las indicaciones sólo están en chino (los números no). En las horas punta, por supuesto, se tragan las aglomeraciones y van más que llenos. Los horarios son más o menos los mismos que los del metro: de 5 a 23 h la mayoría; o de 7 a 21 h el resto.

En taxi *(chuzuche)*

El precio ronda los 10 ¥ (1 €) los cuatro primeros kilómetros. A partir de ahí 2 ¥ (0,20 €) por kilómetro extra. Una carrera media os costará de 12 a 15 ¥ (1,20 a 1,50 €). Suplemento de un 20% de 23 a 6 h.

Este transporte resulta barato. Además es muy práctico. Circulan a todas horas, y hay una flota de unos 100.000 vehículos. En principio, el taxímetro se activa casi automáticamente y, si queréis, os entregarán un recibo. Curiosamente, y pese a que os halláis en una ciudad segura, los taxistas están algo paranoicos y se parapetan en una jaula. Muy pocos hablan inglés. Por lo tanto, un consejo: que un amigo o el recepcionista del hotel os escriba la dirección en chino. Si el taxista no quiere llevaros allí, es que es nuevo en el oficio y no conoce aún lo suficiente la ciudad (para muchos jóvenes de provincias, conducir un taxi es su primer empleo en la ciudad), o bien no acaba de leer bien el papel o quiere marcharse a casa. En cualquier caso, no os molestéis e intentadlo con otro. La propina no es habitual; puede estar incluso mal vista.

En bicicleta *(zixingche)*

Es una manera realmente agradable de recorrer la ciudad. Aunque han cedido mucho espacio a los coches, todavía hay numerosos carril-bici. No se puede ir en bicicleta por los cinturones ni tampoco por ciertas calles comerciales durante el día. Hay muchos aparcamientos en los que podéis dejar tranquilamente el velocípedo, aunque conviene que comprobéis si funciona bien el antirrobo.

> Podéis alquilar bicicletas en la mayoría de los hoteles y albergues juveniles, o en Dazhalan y las orillas del lago Shishahai.

> Si queréis comprar una bicicleta china (un poco pesada y lenta, pero más robusta y divertida que muchas bicicletas de montaña baratas), debéis decantaros por la marca Flying Pigeons. Atención a las imitaciones.

A pie *(xingbu)*

Atención, la prioridad en Pekín la tiene a menudo el más fuerte. El peatón es muy frágil: ni bicicletas, ni motos, y todavía menos los coches o autobuses se detendrán para dejaros pasar, aunque estéis en un paso peatonal o protegido por el semáforo... Tenedlo en cuenta y así evitaréis tener que consultar «Urgencias – Salud»...

LA SEGURIDAD EN PEKÍN

Pekín es una de las metrópolis más seguras del mundo. Aunque hay que reconocer que la estadística de uniformados por milímetro cuadrado ¡alcanza cifras récords! Policías de todo tipo, militares y milicias están presentes en todas las calles pequinesas. Sin olvidar la infinidad de voluntarios con sus brazaletes fosforescentes, que denuncian con facilidad las actitudes poco cívicas o a cualquier desconocido vagabundeando por el barrio que les resulte sospechoso... A toda esta gente uniformada hay que sumarle la fría mirada de las cámaras instaladas por todas partes (calles, autobuses, metros, vestíbulos de hoteles...). Sin dejar de mencionar los controles sistemáticos de los bolsos en cada estación de metro o lugar importante.

ORIENTACIÓN

Las distancias en Pekín son considerables. No os dejéis engañar por la escala de los mapas. Para que os hagáis una idea, de la puerta sur de la Ciudad Prohibida a la puerta sur del templo del Cielo hay... ¡4 km!

A menudo oiréis hablar de los cinturones de ronda *(huanlu)*. Hay seis y son los que organizan la ciudad:

> **El primer cinturón de ronda** aún no se ha materializado, y corresponde tan sólo a cuatro avenidas que rodean el parque Beihai en el norte, la plaza de Tian'anmen en el sur, y en el este y en el oeste, la Ciudad Prohibida.

> **El segundo cinturón de ronda** (*Erhuan Lu*) engloba lo más céntrico de la ciudad: en el norte este cinturón pasa por encima del lago Xihai; hacia el sur, por la entrada del templo del Cielo; en el oeste, a lo largo del parque Yuetan, y en el este, por el parque Longtan.

> Entre el **segundo** y el **tercer cinturones de ronda** (*Sanhuan Lu*), nos alejamos del centro. Vale la pena visitar, por ejemplo, el mercadillo, el Friendship Store, el último barrio uigur y algunos restaurantes (Samlitun o Chaoyang).

> En cuanto al **cuarto** y al **quinto cinturones de ronda,** no hay casi nada que visitar salvo el Palacio de Verano y el Parque Olímpico.

Terminología de los nombres de las calles

Los nombres de las calles encuentran a menudo su origen en la división geográfica. Primero, siguiendo los puntos cardinales: *xi* pegado a un nombre indica que estamos en el oeste; *dong*, en el este (el eje de la Ciudad Prohibida los delimita); *bei*, en el norte, y *nan*, en el sur. En los compuestos se adopta una jerarquía inversa. Por ejemplo: *dongnan* (este-sur) equivale a nuestro sureste; *dongbei*, al noreste, etc. Además, quedan las nociones de «interior» *(nei)* y «exterior» *(wai)* empleadas como sufijos. Vamos a diseccionar, por ejemplo, la palabra *Fuxingmenwai Dajie*: tenemos avenida *(dajie)* en el exterior *(wai)* de la antigua puerta de la ciudad *(Fuxingmen)*. En cuanto a su prolongación hacia el este, *Fuxingmennei Dajie*, se sitúa pues en el interior *(nei)* del antiguo recinto de la ciudad.

Un pequeño truco adicional: las placas que indican los nombres de las calles y avenidas orientadas este-oeste están escritas en letras rojas sobre fondo blanco, y las de los ejes norte-sur, en blanco sobre fondo verde.

Finalmente, hay que decir que las direcciones en Pekín se presentan del siguiente modo: número de la calle, calle *(lu, dajie)*, nombre del distrito (Chaoyang, Dongcheng, etc.). Por ejemplo: 1, Jianguomenwai Dajie, Chaoyang.

En los barrios de los *hutong*, las calles se llaman *xiang*.

DIRECCIONES ÚTILES

Informaciones turísticas y culturales

Agencias del BTIC (Beijing Tourist Information Center): Todos los días de 9 a 21 h para información, hasta las 23 h para comprar billetes de tren. Algunas agencias prácticas están en: puerta sur del parque Beihai *(plano general II, B2)*, ☎ 64-00-23-78, en el nº 1, Wenjin Dajie, Xicheng; sureste del lago Qianhai *(plano general II, B1)*, ☎ 64-03-27-26, en el nº 49, Dianmen Xidajie, Xicheng; Sanlitun *(plano general III, E5)*, ☎ 64-17-66-27, en el nº 11-2, Gongrentiyuchang Beilu, Chaoyang; sin olvidar las oficinas del Palacio de Verano (entrada este) y del aeropuerto (vestíbulo de llegadas). Éstas son las oficinas que más se acercan a una oficina de turismo (aunque aun les queda un largo camino por recorrer). Los empleados hablan inglés. Hay muy pocos folletos y planos disponibles. Resultan especialmente interesantes para comprar billetes de avión y tren (cobran una comisión de 5 ¥/0,50 €).

> Los **periódicos gratuitos en inglés:** disponibles en los hoteles y bares. *That's Beijing* (www.thebeijinger.com), *Time Out Beijing* (www.timeout.com/travel/beijing) y *City Weekend* (www.cityweekend.com.cn) son my útiles. Incluyen artículos culturales, listas de direcciones (restaurantes, bares y discotecas), anuncios clasificados, lugares y fechas de *parties*, conciertos y exposiciones.

> **Información:** ☎ 114.

> **Denuncias:** ☎ 63-84-87-20. ¡En caso de necesidad!

Correos y telecomunicaciones

> **Correo internacional** *(plano general III, E6):* en el segundo cinturón de ronda, Jianguomen Beidajie (esquina con Guanghua). Todos los días de 8 a 18 h. Muy moderno y funcional. Cartas, paquetes, agente de *Western Union*.

> **Correos internacional, agencia de la estación** *(plano general I, C2):* delante de la estación, al otro lado de la avenida. Abierto las 24 h. Cartas y paquetes internacionales, agente de *Western Union*. No hablan inglés.

> **Oficina filatélica, agencia de Qianmen** *(plano general I, B3)*: 84, Qianmen Dajie. Todos los días de 8 a 18 h. En un país donde la filatelia es una tradición, gran surtido para hacer un regalo.

> **Internet:** en los albergues juveniles y en los hoteles *Budget*. Los grandes hoteles disponen de un *business center* e incluso, cada vez más, de un acceso a la red en las habitaciones para los portátiles. También es posible la conexión Wifi en la mayoría de los bares y restaurantes de los barrios más animados y turísticos. En cuanto a los *wangba* (cibercafés), han desaparecido en su mayor parte.

Bancos, cambio

Bancos y más bancos a derecha e izquierda. No hay ningún peligro de quedarse sin dinero en Pekín, casi todos los establecimientos cambian euros. Horarios habituales de apertura: todos los días de 9 a 18 h (17 h los fines de semana); cajeros automáticos por toda la ciudad abiertos las 24 horas. También tened en cuenta que los hoteles ofrecen un tipo de cambio a menudo muy similar al de los bancos, lo que resulta muy práctico.

Representaciones diplomáticas

Los viajeros españoles necesitan obligatoriamente un visado para ir a Rusia, Mongolia y Vietnam (el precio es de unos 400 ¥/40 €, para cada caso). No es necesario un visado para ir ni a Japón ni a Corea del Sur si no os quedáis más de un mes.

> **Embajada de España** (Xibanya dashiguan): 8, Sanlitun Lu, 100600. ☎ 65-32-36-29, 65-32-37-28 y 65-32-14-45. Fax: 65-32-34-01. embespcn@mail.mae.es www.mae.es/embajadas/pekin

> **Embajada de Rusia** (Eluosi dashiguan; *plano general III, E4)*: 4, Dongzhimenwai Dajie, Chaoyang. ☎ 65-32-20-51. www.russia.org Ⓜ Dongzhimen

> **Embajada de Vietnam** (Yuenan dashiguan; *plano general III, E6)*: 32, Guanghua Lu, Jianguomenwai. ☎ 65-32-11-25. Ⓜ Yong'anli

> **Embajada de Mongolia** (Menggu dashiguan): 2, Xiushui Beijie, Jianguomenwai. ☎ 65-32-17-96. www.mongolianembchina.org.cn Ⓜ Yong'anli.

> **Foreign Section of the Public Security Bureau** (Gong'anju waishike; *plano general II, C1,* ***14****)*: 2, Andingmen Dajie, Dongcheng. ☎ 84-01-52-92. Aquí podréis tramitar las prórrogas de visados. Calculad una semana. Ⓜ Yonghegong

Urgencias y salud

> **The Wangfujing Drugstore** *(plano general II, C2)*: 267, Wangfujing, Dongcheng. ☎ 65-24-99-32. De 8.30 a 22 h. Se trata de una de las farmacias más grandes de Pekín. Muy céntrica.

> **SOS International** *(plano general III, E4)*: Building C, BITIC Leasing Center, 1, North Rd, Xing Fu San Cun, Chaoyang. ☎ 64-62-91-00. Clínica privada abierta las 24 h. Un buen equipamiento. Servicio de dentista. Calculad 100 € la visita. Aceptan la tarjeta *Visa*.

> **Beijing United Family Hospital** (Beijing hemujiafu'er yiyuan): 2, Jiangtai Lu, Chaoyang. ☎ 64-33-39-60. Abierto las 24 horas. Clínica privada especializada en pediatría, ginecología y obstetricia. También dispone de clínica dental (departamento 310). La visita cuesta 80 €. Aceptan la tarjeta *Visa*.

> **International Medical Center** *(IMC; plano general III, F4)*: Lufthansa Center, Room S106, Office Building, 50, Liangmaqiao Rd. ☎ 64-65-15-61. Clínica privada abierta las 24 horas. La visita cuesta unos 60 €. Aceptan la tarjeta *Visa*.

> **Hospital de Pumch** *(Xiehe Yiyuan)*: 53, Dongdan Dajie. ☎ 65-29-52-84. Se trata de un hospital chino con un servicio para extranjeros y dotado de un buen equipamiento. Calculad

PEKÍN - PLANO DE CONJUNTO

■ **Transportes y Direcciones útiles**

- Aeropuerto
- Beijing Huochezhan
- Beijing Xizhan
- Estación de Zhaogongkou
- 1 Piscina del Beijing Friendship Hotel
- 2 China Culture Center

¿Dónde comer?

- 51 Vincent Café -Season Café

● **Galerías de arte**

- 51 Dashanzi 798 Art Space

Compras

- 125 Mercado de las flores y de los pájaros de Shilihe
- 126 Beijing «Silicon Valley»

¿Qué visitar?

- 51 Dashanzi 798 Art District
- 150 Templo de la Gran Campana
- 151 Templo de la Longevidad - Museo de Arte de Pekín
- 152 Museo Militar

BADALING
Datun
Lu
Parque Olímpico
Olympic Green
Beichen
Anli Lu
Datongludong
Huixinxijiebeikou
Wangjingxi
Zhonglu
Beisihuan
Beisihuan Donglu
Beixiao R.
Parque Chino de la Cultura Étnica
Olympic Sports Center
Anding
Deshengmenwai
Jiandemen
Anzhenmen
Huixinxijienankou
Shaoyaojiu
Beitucheng
Hepingxiqiao
Guangximen
Taiyanggong
Ba R.
Beisnahua
Zhonglu
Beisanhuan
Sanyuanqiao
Airport Line
Parque Liuyin
Gulowai Dajie
Andingmenwai Dajie
Hepinglibeijie
Hepingli Donglu
Dajie
Parque Qingnianhu
Parque Ditan
Dongzhimenwai Xiejie
Donglu
Liangma R.
Puerta Deshengmen
Andingmen Dongdajie
L. Shuidui
Memorial Huitonggi
Guanghua si
Torre de la Campana
Torre del Tambor
Mercado
Huguo si
Puente Yidong
Casa del Príncipe Gong
Residencia de Guo Moruo
Yonghegong Dajie
Dongzhimen
Dongzhimen Zhan
SANLITUN
Xindong Lu
Dongsanhuan
CHAOYANG
L. Nanhu
Gongrentiyuchang Beilu
Gongrentiyuchang Donglu
Nongzhanguan Nanlu
Parque Honglingjin
L. Beihai
Parque Jingshan
Palacio Nacional de Bellas Artes
Dongsi Beidajie
DONGCHENG
Chaoyangmen
Beilu
Parque Beihai
véase plano detellado
Chaoyangmen Wai Dajie
Dongdaqiao
Dongdaqiao Lu
Ciudad Prohibida
Dongsi Nandajie
L. Zhonghai
Parque Ritan
Guanghua
Lu
Chaoyang
Lu
Sihui
Sihui East
Xichang'an Jie
Dongchang'an Jie
Jianguomen Neidajie
Jianguomen
Waidajie
PL. TIAN'ANMEN
Puerta Qianmen
Tonghui R.
véase plano general III
Lao She Chaguan
Rongbaozhai
Qianmen Dajie
Chongwenmen Waidajie
Guanggu mennan binhe
Dongsanhuan Zhonglu
XUANWU
CHONGWEN
Templo del Cielo
Parque Tiantan
Tiantan Donglu
Jinsong
Jinsong Lu
Nanmofeg Lu
Parque Yaowa
Huagong Lu
Parque Taoaring
Parque Longtan
Panjiayuan Lu
Yongdingmen Dongbinhe Lu
Zuo'anmen Xibinhe Lu
cinturón de ronda)
Beijing Nanzhan
Anlelin Lu
Puhuangyu
Puhuangyu Lu
Nanlu
125
Liujiayao
Xilu
Nansanhuan Zhonglu
Nansanhuan Donglu
Majiapu
Zhaogongkou
Majiapu Donglu Huafang
Yongdingmen Waidajie
Songjiazhuang
Liangshui R.
Jiaomenxi
Songyixiqiao
(4º cinturón de ronda)
TIANJING, TANGGU
Xuanwumen
Xidan Beidajie
Xinjiekouwai Dajie

alrededor de 5.000 ¥ (500 €) en metálico en caso de hospitalización.
> **Urgencias:** ☎ 999.
> **Policía:** ☎ 110.
> **Bomberos:** ☎ 119.

Varios

Ocio

> **Piscina del Beijing Friendship Hotel** *(plano de conjunto, **1**):* 3, Baishiqiao. ☎ 68-49-88-88. Es un enorme complejo edificado en 1954 al estilo de Stalin, en forma de pagoda. Tiene una piscina inmensa con agua muy limpia. Está situada a pocos metros de la recepción, frente al anexo nº 2. Abierta de 10 a 23 h. Acceso de pago para los que no son clientes del hotel.
> **Xuanwumen Tupianshi** *(plano general I, B2):* cruce Xuanwumen. ☎ 63-07-23-98. Ⓜ Xuanwumen. Es un gran edificio en la esquina suroeste del cruce, a un minuto del metro de Xuanwumen. Este establecimiento está frecuentado por profesionales, por lo que podréis tener confianza en la calidad de los revelados tanto en color y en blanco y negro (entregados el mismo día) como en las diapositivas (entregadas a los tres días). Es una tienda del Estado, os saldrá barato. Calculad unos 25 ¥ (2,50 €) por un carrete en color de 36 fotos. Hacen copias y ampliaciones. Venden películas, cámaras, trípodes, fundas y filtros.
> **Wangfujing (material fotográfico)** *(plano general II, C2):* en el lado oeste de la calle. Disponen de marcas especializadas. Trabajan más con fotografía digital que con analógica. Buen servicio de reparaciones.

Cultura

> **Librería Bookworm** *(plano general III, E5, **8**):* 4, Sanlitun Nanlu, Chaoyang. ☎ 65-86-95-07. 💻 www.chinabookworm.com Ⓜ Tuanjiehu. Tienen una gran selección de libros de ocasión casi nuevos.
> **Beijing Foreign Language Bookstore** (Waiwen Shudian; *plano general II, C2, **17**):* 235, Wanfujing Dajie. Ⓜ Dengshikou. Todos los días de 9 a 21.30 h. Un gran fondo de obras en inglés y en francés.

Compañías aéreas

Compañías extranjeras

> **Mongolian Airlines (MIAT):** Sunjoy Mansion Jianguomenwai, Room 705, 7º piso, 6, Ritan Lu. ☎ 65-07-92-97. 💻 www.miat.com
> **Korean Air:** Hyundai Millenium Building, Room 901 1/F; 38, Xiaoyun Lu, Chaoyang. ☎ 84-53-88-88. 💻 www.koreanair.com
> **Singapore Airlines:** China World Trade Center Tower 2, Room 8-1-8; 1, Jianguomenwai Dajie, Chaoyang. ☎ 65-05-22-33. 💻 www.singaporeair.com
> **Thai Airways:** 303-4, 3/F, Bldg W3, Oriental Plaza, 1, Dongchang Anjie, Wangfujing. ☎ 85-15-00-88. 💻 www.thaiairways.com
> **British Airways:** Scitech Towers, Room 210, 22, Jianguomenwai Dajie, Chaoyang. ☎ 85-11-55-99.
> **Air France:** Building1, Kuntai International Mansion, 12b, Chaoyangmen Waidajie, Ritan. ☎ 400-880-88-08. 💻 www.airfrance.com.cn

Compañías chinas

> **Air China:** Xidan Minhang bldg, 15, Xi Chang'an Jie, Xicheng. ☎ 40-08-10-09-99. 💻 www.airchina.com.cn
> **Dragon Air:** 28F, East Tower, Twin Towers, 12b, Jianguomenwai, Chaoyang. ☎ 40-08-88-66-28. 💻 www.dragonair.com
> **China Eastern Airlines:** ☎ 64-68-11-66. 💻 www.flychinaeastenr.com
> **China Northwest Airlines:** W501, 5/F, west wing, China World Trade Center, 1, Jianguomenwai Lu. ☎ 40-08-14-00-81.
> **China Southern Airlines:** 2, Dongsanhuan Nanlu, Dongcheng. ☎ 65-67-22-03. 💻 www.csair.com

> **Shanghai Airlines:** Civil Aviation Building, 15, Xichang'an Jie, Xicheng. ☎ 80-08-20-18.

Agencias de viajes

> Los **albergues juveniles** y los **hoteles para trotamundos** (ver «¿Dónde dormir?») ofrecen, casi todos:

– Reservas de billetes de tren (con una pequeña comisión) y de avión (con tarifas reducidas cercanas a las de las agencias de viajes privadas).

– Excursiones y espectáculos. Precios y fórmulas muy similares que incluyen la entrada en el lugar, el transporte, un guía y, según la duración, incluso la comida. Antes de decidiros, informaos bien del número de gente apuntada, de su nacionalidad (ser el único *laowai* puede resultar divertido o pesado, según cómo), la duración de la visita, las paradas para comprar souvenirs y... preguntad si el guía habla inglés. Algunos ejemplos (precios por persona): la Gran Muralla (sector de Jinshanling-Simatai), 140 ¥ (14 €); Badaling y las tumbas de la dinastía Ming, 260 ¥ (26 €).

Hay que señalar que los **grandes hoteles** también disponen de una agencia de viajes. No son necesariamente más caras para los billetes de tren y de avión, pero comparadlas para las excursiones.

> **China Culture Center** *(plano de conjunto, **2**):* 29, Anjialou, Liangmaqiao Lu, Chaoyang. ☎ 64-32-93-41. 💻 www.chinaculturecenter.org Imparten cursos y conferencias de variados temas: caligrafía, pintura china, ceremonia del té, etc.

> **BTG Business & FIT Tours** *(plano general III, E6, 5):* 28, Jianguomenwai. ☎ 65-15-85-66. Fax: 65-15-86-02. Se encuentra situada detrás del hotel *New Otani*. Se trata de una agencia turística estatal. Excursiones, recorridos, venta y reserva de billetes de tren o de avión, etc.

Lavanderías

Increíble pero cierto (teniendo en cuenta el estereotipo del tintorero chino), es casi imposible encontrar una lavandería en Pekín. Las tintorerías y servicios de *laundry* de los hoteles son bastante caros. Lo más ventajoso es pasar por un AJ (para los no residentes, intentadlo con una sonrisa, suele funcionar).

¿DÓNDE DORMIR?

En los AJs el trotamundos será recibido en inglés y disfrutará de numerosos servicios: agua caliente las 24 h, aire acondicionado (excepto en algunos dormitorios muy baratos), lavandería, consigna para las maletas (a menudo en forma de cuartitos dentro de las habitaciones), llamadas internacionales a precios reducidos «IP ka» y fax, Internet, agencia de viajes (ver antes), cocina, bar-restaurante barato y alquiler de bicicletas. Para alojarse en ellos no hace falta el carné de alberguista, pero si lo tenéis, os puede servir para obtener un descuento del 10 al 20% de los precios que os indicamos.

DONGCHENG (CIUDAD DEL ESTE)

De muy barato a barato

Candy Inn - 1 Hai Inn

*(Plano general II, C1, **33**):* 31, Beixin Hutong. ☎ 84-02-65-48. 📧 bj1haiinn@163.com Ⓜ Yhonge Gong. Segundo hutong al sur del templo de los lamas. Dormitorio para seis personas 45 ¥ por persona (4,50 €), doble con baño 180 ¥ (18 €). Esta es una excelente ocasión para alojarse en el corazón de un barrio popular, al alcance de las encantadoras voces

PEKÍN - PLANO GENERAL I

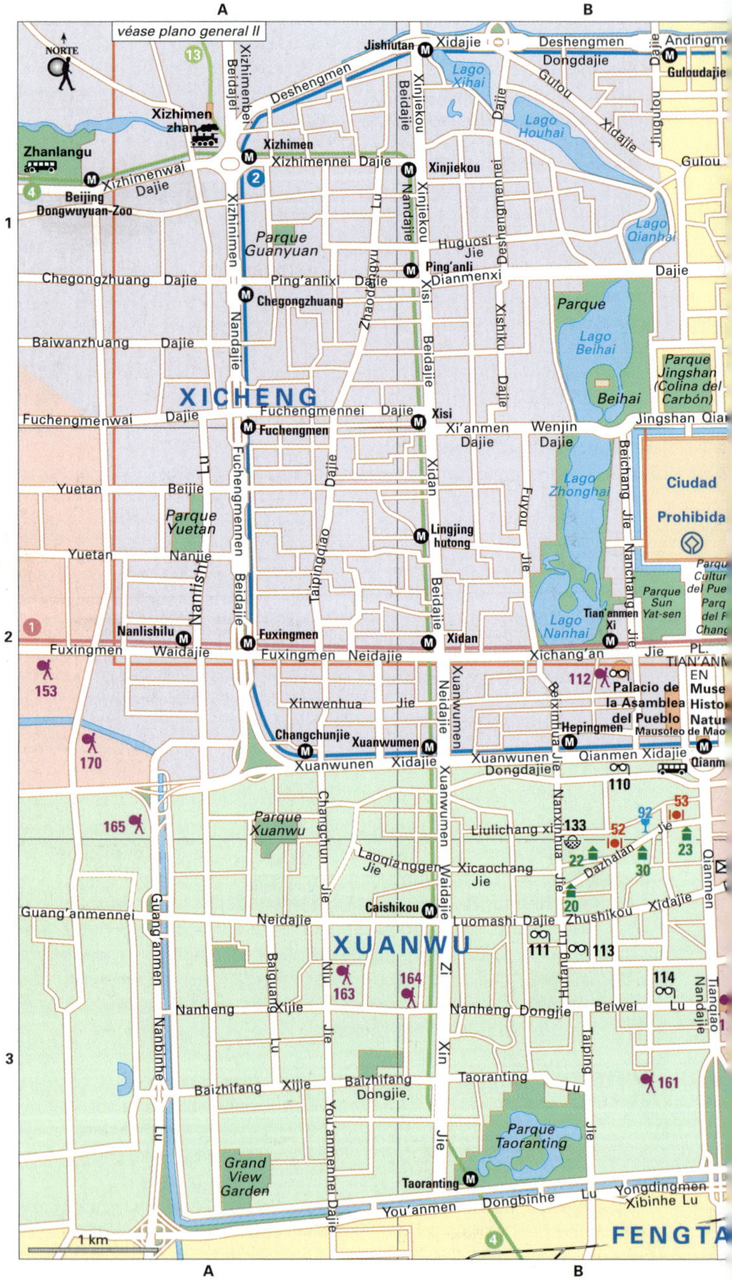

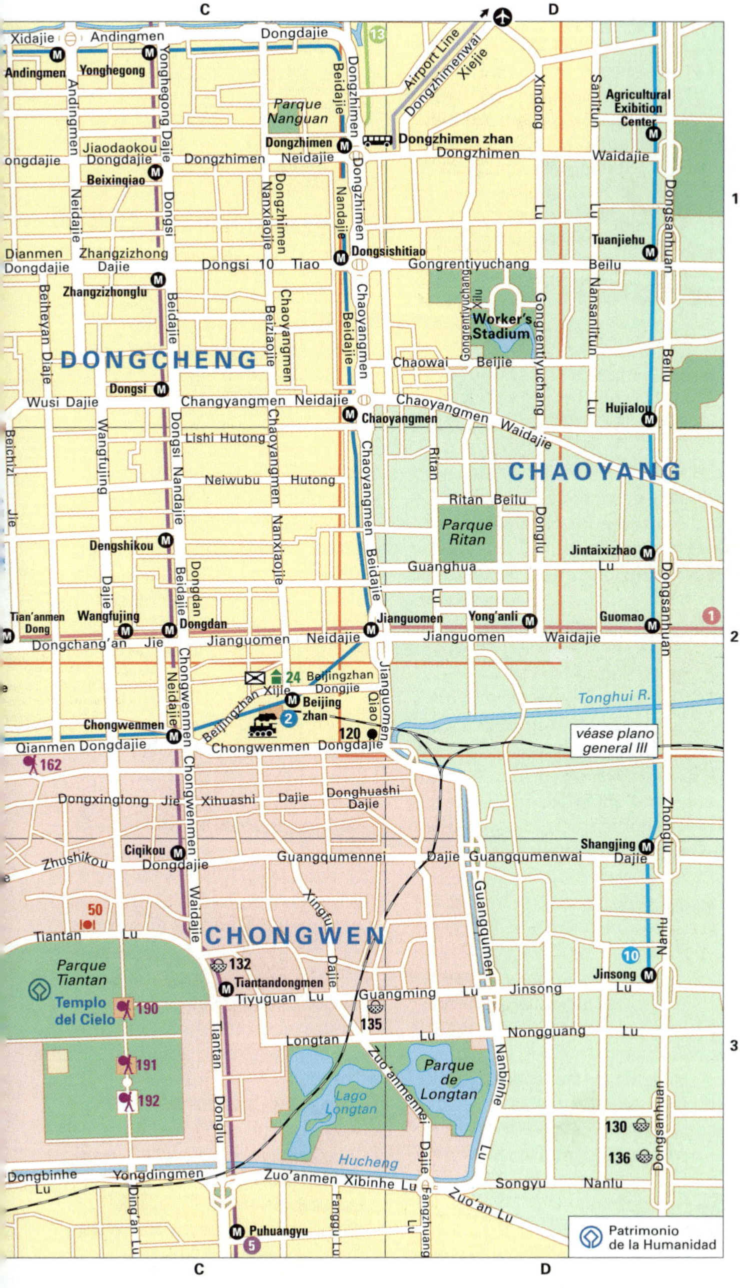
C
D
1
2
3
DONGCHENG
CHAOYANG
CHONGWEN
Xidajie
Andingmen
Dongdajie
Yonghegong
Yonghegong Dajie
Andingmen
Jiaodaokou
Dongdajie
Beixinqiao
Neidajie
Dongsi
Dianmen
Dongdajie
Zhangzizhong
Dajie
Zhangzizhonglu
Beiheyan Dajie
Dongsi
Wusi Dajie
Beichizi
Jie
Wangfujing
Dajie
Dengshikou
Tian'anmen
Dong
Wangfujing
Dongdan
Dongchang'an
Jie
Beidajie
Dongsi Nandajie
Lishi Hutong
Neiwubu
Hutong
Parque
Nanguan
Dongzhimen
Neidajie
Dongzhimen
Beidajie
Nanxiaojie
Nandajie
Dongsishitiao
Dongsi 10
Tiao
Chaoyangmen
Beiziaojie
Changyangmen Neidajie
Chaoyangmen
Nanxiaojie
Chaoyangmen
Beidajie
Jianguomen
Jianguomen
Neidajie
Beijingzhan
Xijie
Dongjie
Beijing
zhan
Qiao
120
Chongwenmen
Chongwenmen Dongdajie
Qianmen Dongdajie
162
Dongxinglong
Xihuashi
Dajie
Donghuashi
Dajie
Ciqikou
Zhushikou
Dongdajie
Guangqumennei
Dajie
Guangqumenwai
Chongwenmen
Waidajie
50
Tiantan
Lu
Xingfu
Dajie
132
Tiantandongmen
Tiyuguan
Parque
Tiantan
Templo
del Cielo
190
191
192
Guangming
135
Longtan
Zuo'anmennei
Parque
de
Longtan
Lago
Longtan
Tiantan
Donglu
Hucheng
Dongbinhe
Lu
Yongdingmen
Zuo'anmen
Xibinhe Lu
Ding'an Lu
Puhuangyu
5
Fanggu Lu
Fangzhuang
Zuo'an Lu
Airport Line
Dongzhimenwai
Xiejie
13
Dongzhimen zhan
Dongzhimen
Xindong
Lu
Sanlitun
Lu
Agricultural
Exibition
Center
Waidajie
Tuanjiehu
Beilu
Gongrentiyuchang
Gongrentiyuchang
Xilu
Worker's
Stadium
Gongrentiyuchang
Nansanlitun
Lu
Chaowai
Beijie
Hujialou
Chaoyangmen
Waidajie
Ritan
Ritan
Beilu
Parque
Ritan
Donglu
Guanghua
Lu
Jintaixizhao
Yong'anli
Guomao
1
Jianguomen
Waidajie
Dongsanhuan
Beilu
Tonghui R.
véase plano
general III
Zhonglu
Shangjing
Dajie
Guangqumen
Nanlu
10
Jinsong
Lu
Nongguang
Nanbinhe
Lu
130
136
Dongsanhuan
Songyu
Nanlu
Patrimonio
de la Humanidad

PEKÍN - PLANO GENERAL I *(págs. 132-133)*

- **Transportes y Direcciones útiles**
  - Estación de Beijing Huochezhan
  - Estación de Dongzhimen
  - Estación de Qianmen
  - Estación Zhanlanguan
  - Correos, oficina de la estación
  - Oficina filatélica de Qianmen
- **¿Dónde dormir?**
  - 20 Far East Hotel and Youth Hostel
  - 22 Emperor Guest House
  - 23 Wanch Inn
  - 24 City Central Youth Hostel
  - 30 Leo Hostel
- **¿Dónde comer?**
  - 50 Yu Shan
  - 52 Tianhai Canting
  - 53 Goubuli
- **¿Dónde tomar una copa?**
  - 92 Sakura (365 Inn)
- **Espectáculos**
  - 110 Salón de té Laoshe
  - 111 La Cofradía del Huguang
  - 112 Ópera de Pekín
  - 113 Liyuan Theatre

de los lamas. Es un AJ modesto pero sumamente agradable, con precios realmente tirados. En cuanto al confort, no deja de ser bastante espartano, sobre todo en los dormitorios, que rozan la superpoblación. El conjunto está bien mantenido.

Saga Youth Hostel

(Shijia qingnian lüshe; *plano general II, C2, **27**):* 9, Shijia Hutong por Nanxiaojie. ☎ 65-27-27-73. sagaiyh@yahoo.com.cn Ⓜ Chaoyangmen. Se trata de un pequeño edificio moderno de dos plantas, en un barrio de *hutong* restaurados muy bien situado. Hay un rótulo en la pared de la esquina de la avenida. Dormitorios de cuatro a diez camas: de 40 a 60 ¥ (4 a 6 €) por persona. Dispuestos como una cuadrícula y limpios. Las habitaciones dobles y triples con baño cuestan, respectivamente, 180 y 210 ¥ (18 y 21 €). Bien mantenido y funcional. En el tejado hay una terraza que hace de bar-restaurante con vistas a los *hutongs*. Os recibirán cordialmente. No es de extrañar que esté tan concurrido.

Home Inn

(Rujia Kuaijie Jiudian; *plano general II, C1, **28***): 7, Xiguan Hutong, Dongsi Beidajie. ☎ 64-00-44-55. www.homeinns.com Ⓜ Beixinqiao. Habitaciones dobles 220-240 ¥ (22-24 €); desayuno 10 ¥ (1 €). Bien situado y tranquilo, este hotel de la cadena amarilla y azul, es funcional y está limpio, y además ofrece confort. El desayuno se toma en una sala que hay detrás.

7 Days Inn - Dong Si

(lanliansuo jiudian; *plano general II, C1, **29**):* 45, Dongsi Liu Tiao. ☎ 84-01-76-88. Ⓜ Zhangzizhonglu. Al lado de Dongsi Beidajie. A 300 m de la entrada del hutong, en una callejuela a la izquierda. Dobles 210-290 ¥; doble «special» (190 ¥/19 €) con el carné de socio (40 ¥/4 €). Cadena de hoteles «eco» con habitaciones limpias y confortables, y descuentos a los socios. Ocupa dos inmuebles rehabilitados en un tranquilo barrio de *hutongs*. Hablan algo de inglés.

Jade International Youth Hostel

(Xihua Zhide Fandian; *plano general II, C2, **35**):* Zhide Beixiang, Beiheyan Dajie. ☎ 65-25-99-66. www.xihuahotel.com Ⓜ Tian'anmen mendong y después autobús n°2 (parada Fun-

114 Alegre salón de té de Tianqiao, teatro Wansheng

- **Galerías de arte**

120 The Red Gate Gallery

Compras

130 Mercadillo de Panjiayuan
132 Hongqiao
133 Barrio de los anticuarios de Liulichang
135 Baigongfang
136 Beijing Ciuadad Antigua (o Curio City)

¿Qué visitar?

112 Ópera de Pekín
153 Museo de la Capital
159 Museo de Historia Natural
161 Museo de Arquitectura Antigua - Xiannongtan
162 Beijing Planning Museum
163 Gran Mezquita
164 Templo de la Fuente de la Ley de la Loi
165 Pagoda de la Paz Celeste
170 Templo de la Nube Blanca
190 Sala de la oración para las Buenas Siegas
191 Bóveda Celeste Imperial
192 Altar del Cielo

chanyiyuan). Está bien indicado desde la esquina de Dengshikou Jie con Beiheyan Jie. Dormitorios de cuatro personas a partir de 70 ¥/persona (7 €); dobles con o sin baño 200-360 ¥ (20-36 €). Bien reformado, bien proyectado y también muy limpio, parece un hotel de dos estrellas. Habitaciones de tamaño pequeño pero confortables con decoración agradable y moderna. Restaurante y bar (bebidas, snacks, TV y DVD).

City Central Youth Hostel

(Chengshi guoji Qingnian Lüguan; *plano general I, C2, **24**):* 1, Beijingzhan Qianjie. ☎ 65-25-80-86. 💻 www.centralhostel.com Ⓜ Beijingzhan. Si os ponéis de espaldas a la estación, cruzad la calle delante de la explanada; es el primer edificio de la izquierda. Completamente nuevo, muy agradable. Dispone de dormitorios de seis camas a partir de 60 ¥ (6 €). Las habitaciones dobles salen por 160-370 ¥ (16-37 €), pero no tienen ventana, a diferencia de los dormitorios. Los lavabos son comunes, pero están inmaculados. Si queréis una habitación con baño, cuesta de 250 a 300 ¥ (25 a 30 €). Se trata de un edificio moderno de varias plantas. Os recibirán de forma muy agradable y en un inglés perfecto. Muy bien situado, aunque no se encuentre en un barrio muy bonito.

De barato a precio medio

Tailong Hotel

*(Plano general II, C2, **36**):* 51, Dong'anmen Dajie, Wangfujing. ☎ 65-25-79-08. Fax: 65-22-21-40. Ⓜ Dengshikou (el más próximo), después a unos 800 m al oeste. Edificio de cuatro plantas a espaldas del Donghuamen Night Market. La indicación «Star of Yunlong» induce a confusión. Dobles estandard a partir de 200-240 ¥ (20-24 €). Sin desayuno. Las «C» son pequeñas y tienen un cuarto de baño muy pequeño. Las «A», son grandes y confortables, y además dan a la calle. Bien mantenido, prodigan también un recibimiento servicial para un hotel «eco», que por añadidura está bien situado.

Motel 268

*(plano general II, C2, **37**):* 19, Jinyu Hutong. ☎ 51-67-16-66. 💻 www.motel268.com Ⓜ Dengshikou. Dobles 270 ¥ (27 €), con desayuno. Tras una fachada de

vidrio, este motel es un establecimiento funcional y está bien equipado y limpio. Las habitaciones «D» son un poco más pequeñas que las «B». Atención, las «C» no son recomendables.

Jade Garden Hotel

*(Plano general II, C2, **38**):* 1, Nan He Yan Dajie, Dongcheng. ☎ 58-58-09-09. booking@jadegardenhotel.cn www.jadegardenhotel.cn Dobles 570-650 ¥ (57-65 €); sin desayuno. Reconvertido en un agradable hotel, reconoceréis su fachada amatilla en forma de pagoda. El interior es seductor, y aunque las habitaciones no tienen encanto sí son confortables. Está bien situado entre Wangfujing y la Ciudad Prohibida. Restaurante y *coffee-shop*, tienda, gimnasio, billar, etc.

De selecto a más selecto

Lüsongyuan Hotel

*(Plano general II, C1, **31**):* 22, Bangchang Hutong. ☎ 64-04-04-36. www.the-silkroad.com Casi en la intersección entre Dianmen-Dongdajie y Jiaodao Nandajie. Se llega por un *hutong*. Las habitaciones dobles 740-820 ¥ (74-82 €). Dispone de unas 50 habitaciones y es el hotel ideal para los que deseen vivir en uno de los últimos barrios del antiguo Pekín, cerca de la torre del Tambor y de los lagos. Situado en un *siheyuan*, que fue la vivienda de Marco Polo en otros tiempos. El conjunto posee un encanto enorme, varios patios y una decoración magnífica con muebles de estilo antiguo; camas con baldaquín y cortinas; sala de lectura con libros antiguos, salón de té e Internet. Todo en una atmósfera de refinamiento, descanso y distensión. Y, también, restaurante, alquiler de bicicletas y organización de excursiones.

Novotel Peace Hotel

(Nuofute Heping Fandian; *plano general II, C2, **39**):* 3, Jinyu Hutong, Wangfujing, Dongcheng. ☎ 65-12-88-33. novotel@novotelpeacebj.com www.novotel.com.cn Ⓜ Dengshikou. Dobles 840 ¥ (84 €), desayuno incluido. Este cuatro estrellas de 350 habitaciones está dirigido por franceses y es un valor seguro. Lo esperable en un hotel de su categoría. Las columnas del vestíbulo contradicen una sobriedad que es sólo aparente. Desayuno bufé y almuerzo de muy buena calidad relación-precio. Dos bares, sauna, gimnasio y piscina cubierta.

Hotel Kapok

(Mumianhua Jiudian; *plano general II, C2, **40**):* 16, Donghuamen Dajie. ☎ 65-25-99-88. www.hotelkapok.com Dobles 700-800 ¥ (70-80 €), sin desayuno. Es difícil pasar de largo ante su fachada cubierta de una verja de color verde muy *tendance moche*. Al llegar la noche, este hotel de 80 habitaciones, «*hip, cool* y elegante», se ilumina como dicen en el folleto. Parqué y moquetas, cuarto de baño de diseño, sorprendente bar-librería y restaurante similar. A pesar de los jardines y del patio de luces, el conjunto es un poco frío.

Guxiang 20 Club

*(Plano general II, C1, **34**):* 20, Nanluogu Xiang. ☎ 64-00-55-66. www.guxiang20.com Entrada por una eleante puerta de estilo siheyuan. Dobles estandard y *deluxe* a partir de 760-1.400 ¥ (76-140 €), con desayuno. Decoración de dudoso gusto, con demasiada ostentación: muebles, moquetas y cuarto de baño clásicos. Tiene en cambio la situación ideal para disfrutar de una de las calles más agradables y ambientadas de los hutongs. En el piso más alto, hay tres habitaciones superdeluxe (las más caras) con terrazas que dan a una pista de tenis suspendida. Por el contrario, evitad el restaurante así como las habitaciones estandard del entresuelo (las del 2º piso están bien).

XICHENG CIUDAD DEL OESTE)

Uno de los barrios más animados de la capital, donde da gusto instalarse.

De muy barato a barato

Lotus Hostel

(Lianhua Lüshe; *plano general II, A1, **21**):* 29, Xisibei Qi (7) Tiao. ☎ 66-12-83-41. lotushostel@yahoo.com.cn www.lotushostel.cn Ⓜ Pinganli. El *hutong* está a 100 m al sur. Dormitorio con o sin baño 60-70 ¥/persona (6-7 €); dobles con o sin baño 180-260 ¥ (18-26 €). Instalados en una *siheyuan* rehabilitada, los dormitorios y las habitaciones dobles sin cuarto de baño de la planta baja se benefician de un acogedor patio interior con un emparrado y un manzano. Las estandard ocupan una sección de construcción más reciente. Dos de las encantadoras habitaciones está amuebladas a la antigua (calculad 60 €). Dispone de todos los servicios. Gran sala común, salón de té. Céntrico y tranquilo al mismo tiempo. La recepción es perfecta.

Red Lantern

(Fanggu Yuan; *plano general II, B1, **41**):* 5, Zhengjue Hutong, Xinjiekou Nandajie. ☎ 83-28-57-71. lindyguo@hotmail.com Ⓜ Xienjiekou. Desde el cruce con Xizhimennei Dajie, continuad por el primer *hutong* al sur. Es necesario reservar. Cama en dormitorio a partir de 55 ¥/persona (5,50 €), dobles con o sin cuarto de baño a partir de 180-260 ¥ (18-26 €). Situado en un interesante dédalo de animadas callejuelas de Xicheng, cuenta con habitaciones en torno a un patio cubierto en una *siheyuan* restaurada. Riachuelo artificial. Buen ambiente familiar. Tiene un anexo a 200 m que es todavía mejor ya que cuenta con patios al aire libre. La vida en un *hutong* a precios y con todos los servicios de un AJ (lavadora, reserva de transportes y excursiones, alquiler bicicletas).

Drum Tower Youth Hostel

(Guyun Qingnian Jiudian; *plano general II, B1, 42):* 51, Jiugulou Dajie. ☎ 64-03-77-02. drumtowerutels@hotmail.com www.guyunhostel.com Ⓜ Guloudajie. A 300 m al sudeste de la estación de metro. Dormitorio 50 ¥/persona (5 €), dobles con o sin cuarto de baño140-200 ¥ (14-20 €). Habitaciones en el sótano o sin ventanas (las menos caras) y triples. Wifi gratuito. Dos plantas de gris hormigón y entrada a la antigua (linternas, pórtico y tejadillo). El mantenimiento está algo descuidado, pero no se trata de nada grave. Tiene una situación ideal, y desde la terraza (pequeño café) se contempla una hermosa vista de los *hutongs.*

Sleepy Inn

(Lishe Jiudian Liansuo; *plano general II, B1, **43**):* Xihai Dongyan. ☎ 64-06-99-54. book@sleepyinn.cn www.sleepyinn.com.cn Ⓜ Jishuitan (después 700 m al sudeste). En la orilla izquierda del canal que enlaza Houhai y Xihai. Dormitorios de 4-6 personas con o sin cuarto de baño, 60-80 ¥/persona (6-8 €), doble con cuarto de baño 300 ¥ (30 €). Habitaciones en un pequeño edificio de ladrillo con ventanas para todo el mundo. Elegante recepción-*lounge* y patio sombreado. Todo el equipamiento y los servicios de un AJ particularmente cuidado.

Barato

7 Days Inn-Gulou

(Guyun Qingnian Jiudian; *plano general II, B1, 42):* 53, Jiugulou Dajie. ☎ 64-05-81-88. Ⓜ Guloudajie, después 300 m al sudeste. Se aconseja reservar. Dobles 210-320 ¥ (21-32 €). Descuentos de un 10 % y dobles «special» (190 ¥/19 €) con el carné de socio (40 ¥/4 €). Pertenece a una cadena de hoteles bien concebido y bien mantenido. TV y ADSL gratuito. Las habitaciones reservadas a los socios son de pequeño tamaño y algo sombrías.

Precio medio

Huguosi Hotel

*(plano general II, B1, **44**):* 125, Huguosi Jie. ☎ 59-33-15-88. hgshotel@public.bta.net.cn www.hgshotel.cn.net Ⓜ Pinganli. A 50 m de Xinjiekou Nandajie. Habitaciones dobles entre 300 y 420 ¥ (30-42 €), desayuno incluido. Hotel de turismo al estilo chino, bien situado en una pequeña calle comercial y popular. La decoración es coqueta, el equipamiento bueno, y el confort y mantenimiento de las habitaciones son muy correctos. Un «buen plan» dentro de su categoría.

Qilu Hotel

*(Plano general II, B1, **45**):* 103, Dianmenxi Dajie, Xicheng. ☎ 83-22-33-66. Al oeste de la entrada norte de Beihai. Un poco retirado de la calle, en un edificio de 4 pisos detrás de otro primer edificio. Habitaciones dobles entre 300 y 400 ¥ (30-40 €); insistid para conseguir un descuento; desayuno incluido. Los precios más económicos son los de las habitaciones del 5º piso. En los pisos inferiores (unos 10 € más): bañera en lugar de ducha, y tanto las camas como el equipamiento son más recientes. Bien situado, y con una decoración de estilo chino muy lograda... que el exterior no deja adivinar.

Más selecto

Bamboo Garden Hotel

(Zhuyuan binguan; *plano general II, B1, **32**):* 24, Xiaoshiqiao Alley, Jiugulou Dajie. ☎ 64-03-22-29. www.bbgh.com.cn Ⓜ Gulou Dajie. Habitaciones dobles 750-800 ¥ (75-80 €). Un bello lugar más en nuestro barrio preferido. Inmenso *siheyuan* con sus edificios esparcidos en exuberantes jardines, con peñascos, un pequeño bosque de bambú, pabellones, estanques y fuentes, que fue la residencia de un gran eunuco de la dinastía Qing y del consejero personal de Jiang Qing (la viuda de Mao). Serenidad total para disfrutar de la seducción del antiguo Pekín. La mayoría de las habitaciones dispone de balcón y vistas al jardín. Decoración cautivadora con pinturas y caligrafías. Una de las suites está amueblada al estilo Ming. Y las habitaciones más económicas son modernas. Excelente confort: aire acondicionado, teléfono directo, nevera y TV con programa interior. Dos restaurantes (cocina occidental y china), gimnasio, sauna, etc.

Qomolangma Hotel

(Guanyue miao; *plano general II, B1, **26**):* 149, Xi Gulou Xidajie. ☎ 64-01-88-22. www.qomolangmahotelcom Ⓜ Gulou Dajie Habitaciones dobles estandard o de *luxe* 750-1.050 ¥ (75-105 €, con desayuno) en un hotel situado en un barrio que nos encanta (el de los lagos y la torre del Tambor). El entorno es magnífico, con techos en pagoda, puertas decoradas, frescos y vigas esculpidas. El edificio alberga también las oficinas del dalai lama desde 1949 y cuenta con un gran jardín con árboles. Correcto en su conjunto, a pesar de que la moqueta de la escalera esté raída y, en las habitaciones, a veces manchada. Estancias bastante espaciosas.

XUANWU (SUDOESTE)

De muy barato a barato

Far East Hotel and Youth Hostel

(Yuandong fandian; *plano general I, B3, **20**):* 90, Tieshu Xie Jie, Xuanwu. ☎ 63-01-88-11. www.fareastyh.com

Ⓜ Hepingmen. Es un edificio moderno por una parte y un *siheyuan* por otra. A partir de 45-60 ¥ (4,50-6 €), las camas se reparten en dormitorios de cuatro personas en el sótano del ala moderna. Calculad unos 60 ¥ para los dormitorios de seis camas del *siheyuan*. Lavabos comunes bien cuidados. Las habitaciones dobles con baño salen por 280 ¥ (28 €). La parte *siheyuan* normalmente está llena, pero siempre podréis usar su patio y su cafetería. Se encuentra en un barrio popular, pero mal situado. Es la competencia del AJ *Saga* (ver antes). El trato nos parece un poco frío.

Emperor Guesthouse
*(Plano general I, B3, **22**):* 11, Yingtao Xie Jie, Qianmen. ☎ 63-17-62-88.
💻 www.emperorguesthouse.com
Ⓜ Qianmen (a 600 m al sudoeste). Desde Qianmen, coged la Dazhalan Jie, pasar Meishi Jie, y después en el primera bifurcación a la derecha. Dormitorio 50 ¥/persona (5 €), dobles con o sin baño 160-240 ¥ (16-24 €). ¡Atención, se trata de un establecimiento excepcional! No necesariamente por el confort rústico y la decoración antigua (papeles pintados, muebles, grifería y camas muy tristones), sino por el estilo de la construcción, que cuenta con más de 200 años de antigüedad. Albergó en su día una especie de pensión donde se concentraban estudiantes y emigrantes del lejano Guizhou. En la planta baja, muy apreciado por los habitantes del barrio y a quienes les gusta el antiguo Pekín: un restaurante, degustación de té y representaciones ocasionales de arte pequinés.

Wanch Inn
(Wancheng Xinrun Jiudian; *plano general I, B2-3, **23**):* 32, Dazhalan, junto a la farmacia Tongrentang. ☎63-01-30-11. Ⓜ Qianmen y después continuad 500 m hacia el sur. Dobles con o sin cuarto de baño entre 180 y 300 ¥ (18-30 €). Su fachada es fotogénica, semejante a una pagoda con dorados, y cuenta con pequeñas habitaciones con mobiliario sencillo. Recepción en chino, puro y duro.

Leo Hostel
*(Plano general I, B2-3, **30**):* 52, Dazhalan. ☎ 63-01-30-11. A 100 m al oeste de la Meishi Jie. Dormitorios para 4 a 6 personas con o sin baño entre 60 y 80 ¥ por persona (6-8 €), dobles 240 ¥ (24 €). Al final de un largo pasillo, un *jungle-cour* longilíneo distribuye dos grupos de habitaciones y dormitorios compartidos, así como un pequeño edificio más moderno (al fondo). El conjunto tiene comodidades correctas teniendo en cuenta el precio, y ofrece mucha tranquilidad a pesar de estar situado no muy lejos de la animada Dazhalan.

CHAOYANG (GRAN ESTE)

De muy barato a barato

Zhaolong International Youth Hostel
(Zhaolong guoji qingnion lüshe; *plano general III, F5, **25**):* 2, Gongren Tiyuchang Beilu, Chaoyang. ☎ 65-97-26-66.
💻 www.zhaolonghotel.com.cn
Ⓜ Tuanjiehu. Se halla bastante lejos del centro, aunque muy cerca del barrio de moda de Sanlitun. Dormitorios de

> **> PARA ORIENTAROS**
>
> **Consultad los planos de Pekín: plano de conjunto *(págs. 128-129)*, plano General I *(págs. 132-133)*, plano General II - Ciudad Tártara *(págs. 168-169)*, plano General III - Chaoyang *(pág. 179)* y Pekín - La Ciudad Prohibida *(pág. 160)*.**

dos a seis camas que cuestan entre 60 y 80 ¥ por persona (6 y 8 €) y dobles 160-300 ¥ (16-30 €). También se trata de un albergue juvenil que depende de un gran hotel clásico. Las habitaciones y los baños comunes están impecables. La decoración es la típica de un AJ: paredes blancas y muebles de madera clara. Podréis utilizar el gimnasio del hotel. Agradable bienvenida en la recepción.

Poacher's Inn

(Youyi qingnian jiudian; *plano general III, E5,* ***46****):* 43, Sanlitun Beijie Nanlu, Chaoyang. ☎ 64-17-26-32. 💻 www.poachers.com.cn Ⓜ Tuanjiehu. Es un antiguo edificio residencial de la década de 1970 transformado en pensión. Las habitaciones dobles con baño salen por 200 ¥ (20 €). Esta casa de huéspedes la abrió Zhao, un veterano trotamundos de la vida nocturna de Pekín. El lado norte es muy tranquilo, pero el lado sur da a una escuela (mala noticia para los dormilones). El mobiliario es muy simple. Más sombrío (podríamos decir que de estética rock) que los albergues juveniles. Pero está muy limpio, no os asustéis. El desayuno y el servicio de lavandería salen gratis. Frecuentemente organizan fiestas y conciertos en la gran sala separada que da a la calle (ver «¿Dónde tomar una copa? ¿Dónde ir de marcha? En Sanlitun»).

Sanlitun Youth Hostel

(plano general III, E5, ***47****):* 1, Chunxiu Lu, Chaoyang. ☎ 51-90-92-88. ✉ sanlitunhostel@yahoo.com.cn Ⓜ Dongsishitiao. A 400 m al este del metro, subid por Chunxiu Lu unos 80 m, lo encontraréis a la derecha. Dormitorios de 4 a 6 personas de 60 a 70 ¥ por persona (6-7 €), doble con baño privado 220 ¥ (22 €). Al fondo de un laberinto de patios, un tanto alejado de la calle principal, este *hostel* se encuentra justo al lado de la animación nocturna de Sanlitun. Con una fachada poco alegre, en tonos de gris, alberga dormitorios compartidos y habitaciones no demasiado grandes, con decoración básica, pero limpios. La mejor baza de esta dirección son sus precios bajos. Recibimiento afable y cordial.

Muy selecto

Hotel G

(Plano general III, E5, ***48****):* 7, Gongrentiyuchang Xilu, Chaoyang. ☎ 65-52-36-00. ✉ info@hotel-g.com 💻 www.hotel-g.com Dobles y *suite* entre 1.090 y 1.690 ¥ (109-169 €). Ya sabemos lo que estaréis pensando: en la República socialista, el Trotamundos se aburguesa. Pero hay que decir que este *hotel-boutique* pequinés tiene un encanto impresionante. Su austera fachada ilumina por la noche todas sus ventanas al ritmo cromático del arco iris. El recibimiento y el servicio son muy atentos, y os ayudarán durante toda vuestra estancia. Las habitaciones tienen una decoración moderna y están bien equipadas. Es una buena inversión.

¿DÓNDE COMER?

Pekín es una auténtica fiesta culinaria. Aparte del pato laqueado, la cocina pekinesa propiamente dicha no tiene nada que ver con la que llamamos cocina china en Occidente, más bien de inspiración cantonesa. Es una cocina rica y generosa, adaptada a los inviernos duros, con influencias manchúes y mongolas. Hay mucho cordero, *fondues* y legumbres al ajo, acompañados de productos hechos a base de trigo o de mijo (panecillos rellenos, diversos tipos de pastas y raviolis, rollitos y tortas), ¡algo más que de arroz!

DONGCHENG

Precio medio (30-60 ¥/3-6 €)

Fujialou

*(Plano general II, D1, **75**)*: 23, Dongsishitiao. ☎ 84-03-78-31. Ⓜ Dongsishitiao. Al lado de una pasarela peatonal próxima al 3er cinturón periférico.Todos los días de 10 a 14 h y de 17 a 21.30 h. Salón luminoso y limpio, decorado típicamente *Muyi Muzuo* (mesa y sillas de madera) en la planta baja de un edificio de dos plantas a la antigua (ladrillo gris y madera roja). Menú con fotos. Se trata de una de las mejores direcciones para iniciarse en las delicias de la cocina pequinesa Lao Beijing: *zhajiangmian, madoufu,* cordero a la parrilla (¡riquísimo !), *jingjiang rousi, xiangsu heyeya* (pato frito envuelto en una hoja de loto), etc.

Jindingxuan

*(Plano general II, C1, **54**)*: 77, Hepingli Xijie. ☎ 64-29-68-88. Ⓜ Yonghegong. Al norte, hacia el parqueDitan. Todo los días de 24 h. Descuentos sur los domingos: de 6 a 11 h, de 14 a 17 h y de 22 a 6 h. Desde lejos se distinguen los titilantes farolillos de este edificio de 3 pisos que parece un barco pirata bogando sobre el pavimento. Cocina cantonesa en un ambiente muy animado, típicamente «ruidoso a la vez que acogedor». Menú con fotos. Todos los platos son buenos y baratos: gran variedad de cestas al vapor de *dim su*m que van desde los raviolis a las costillas de cerdo, una colección de diferentes cuencos de *zhou* (papilla de arroz con diversos ingredientes, mucho más sabrosa que lo que su aspecto deja suponer), y deliciosas tartaletas al huevo (como postre). No hablan inglés.

Liuzhai Shifu

*(Plano general II, C2, **76**)*: Jiangjiadayuan Hutong, que comienza a la altura del nº 9 de Meishuguan Dongjie. ☎ 64-00-59-12. Todos los días de 9 a 14 h y de 16 a 22 h. Se aconseja reservar. Un secreto bien guardado por los pequineses, indicado sólo por dos farolillos rojos, y donde, por el momento, no encontraréis *laowai*... Gran salón central acondicionado en un patio cubierto, atiborrado y pintoresco, rodeado de pequeños espacios más íntimos. Menús con fotos y nombres en pinyin. Toda una página dedicada a las especialidades Lao Beijing. Mobiliario y decoración antiguos. Muy acogedor.

Donghuamen Night Market

(Donghuamen Meishifang Yeshi; *plano general II, C2, **67**)*: Donganmen Dajie. Calle perpendicular perpendicular a Wangfujing, en la prolongación de Jinyu Hutong. Todos los días de 9 a 22 h. Muy animado. Unos 20 agradables puestos nocturnos invaden la acera. Podréis probar una gran cantidad de cosas para picar y bebidas insólitas. Tofu, tallarines, raviolis, brochetas, tripas, helado frito (sobre una tostada de pan de molde), escorpiones, saltamontes, escarabajos y larvas, testículos de oveja... ¡hay para todos los gustos, si tenéis el valor de probarlos!

Wangfujing Xiaochijie

*(Plano general II, C2, **68**)*: al sur de Wangfujing, en el lado oeste, franqueando una puerta tradicional. No lejos del Night Market, en una callejuela que imita las antiguas, se concentran diversos puestos, con mesas y sillas en esta ocasión. A veces se organizan espectáculos. Es un establecimiento muy popular.

Taste

*(Plano general II, C1, **69**)*: 106, Nan Luo Guxiang, Dongcheng. ☎ 64-01-70-29. Un enredo de patios, pequeñas habitaciones y recovecos sirve como decorado a este estableci-

miento; un batiburrillo de abundantes platos chinos y un enredo de tímidas palabras en inglés en boca de un equipo de jóvenes y atentos camareros. Pero no temáis, la carta es bilingüe. A pesar de tanto enredo, quedaréis muy satisfechos.

De precio medio a más selecto (60-150 ¥/6-15 €)

Yuxiang Kitchen

*(Plano general II, C2, **70**):* 138, Wangfujing Dajie (en la esquina de Jinyu Hutong). ☎ 65-28-06-68. Centro comercial Sun Dong'an Plaza, 6º piso. Todos los días de 10 a 22 h. Calculad unos 100 ¥ (10 €) por persona. Decoración de diseño. Especialidades de la región de Sichuan. Además de los menús pantagruélicos (que exceden un apetito normal), si no tenéis mucha hambre ni mucho presupuesto, tendréis ocasión de elegir entre muchos platos en el amplio abanico que ofrece la carta. Servicio exquisito en este local que pertenece a una buena cadena de restaurantes. No está muy bien situado, pero es una buena ocasión para hacer una pausa agradable y sin estrés en este sector comercial.

Minfuju

*(Plano general II, C2, **71**):* 32, Dengshikou Xijie. ☎ 65-13-51-41. Enuna calle perpendicular a Wangfujing, en el lado oeste. Todos los días de 10 a 22 h. Los restaurantes de este tipo, con un estilo afectado que difícilmente disimula su verdadera naturaleza, abundan en Pekín. Los platos asados, salteados, calientes y fríos, así como las sopas, alegran la vista y las papilas, ya sean de *Lao Beijing* o de la región de Sichuan. Entre tantos otros platos, mencionamos las generosas piernas de cordero al mismo precio que el pollo. Menú con fotos y en inglés.

> **> AVISO**
>
> **Las tarifas que se indican en la guía son orientativas.**

Muy selecto (a partir de 200 ¥/20 €)

Red Capital Club

(Xinhong julebu; *plano general II, C1, **78**):* 66, Dongsi Jiu Tiao. ☎ 84-01-61-52. Todos los días de 18 h a medianoche. Se trata de un lugar absolutamente excepcional, situado en un *siheyuan* muy bien rehabilitado en un *hutong* perdido del todo, sin rótulo. El auténtico club. Clientela de hombres de negocios, dignatarios del Partido, artistas y gente moderna. Ambiente elegante nada esnob. Todo es refinamiento, hasta en los detalles más nimios (no se ha utilizado ni un clavo en la renovación), con magníficos objetos de arte, y muebles de la década de 1950, la mayoría procedentes de las residencias o despachos de la *nomenklatura*. En el precioso bar, por ejemplo, los dos sofás de debajo de la caligrafía decoraban el despacho de Deng. La carta, realmente original, reúne los platos preferidos de todos los grandes hombres de la historia de China, de los emperadores al Gran y al Pequeño Timonel. Cada plato se presenta, pues, en su contexto histórico. Así es el *mandarin orange in garden of the South*, el plato preferido de Deng Xiaoping (pollo frío con un toque de pimienta y muy aromático), al que se le atribuye la propiedad de calmar a los que se enfadan con demasiada facilidad. En cuanto al querido presidente, era aficionado al *hongshaorou*, de cerdo asado con salsa roja. Prefería degustarlo tarde, porque decía: «Este plato alimenta mi cerebro y me permite escribir mucho tiempo durante la noche». Vinos a partir de unos 128 ¥ (12,80 €). Los cócteles «Larga marcha» y «Lin Biao Crash» no son ningún regalo (88 ¥/8,80 €).

LA CALLE DE LOS FANTASMAS (GUIJIE)

Dongzhimennei Dajie. Se llama así porque los restaurantes están abiertos todo el día, lo que no es habitual en Pekín. Hay decenas de grandes y pequeños establecimientos, bordeados por carriles para bicicletas y repletos de farolillos rojos. La parte oeste de la calle es la más pintoresca. La parte este, más allá del cruce con Dongzhimen Xiaojie, fue arrasada y reconstruida después. Encontraréis dos cosas en todas partes: las especialidades de cangrejo a la pimienta de Sichuan *(mala longxia)* y la *fondue* china *(huoguo)*.

Precio medio (60 ¥/6 €)

Jin Gui Xiaoshansheng

*(Plano general II, C1, **80**):* 253, Dongzhimennei Dajie. ☎ 84-02-08-56. Un lugar para tomar una *fondue* china. Pedid un caldo base y después elegid los ingredientes entre una lista de 150 carnes y verduras. No pidáis demasiado de entrada, siempre podréis pedir más después. Otros dos establecimientos del mismo dueño se encuentran uno un poco más lejos hacia el este y otro al cruzar la calle.

Huajia Yiyuan

*(Plano general II, C1, **81**):* 235, Dongzhimennei Dajie. ☎ 64-05-19-08. Cruzad el pasaje que está a la derecha de un porche de madera, llegaréis a un gran patio tradicional. Platos 100-140 ¥ (10-14 €). El que no come es porque no quiere. Hay mesas bajo la vidriera y salas a los lados. Os recomendamos: *dawanji* (una gran ensaladera repleta de trozos de pollo, pastas y verduras), *ruanzha xiaren* (unas gambas fritas muy digestivas). Servicio muy atento, garantizado por elegantes *qibao*. Disponen de una carta en inglés con fotos. Es un lugar turístico, pero bastante auténtico.

XICHENG (Y EL BARRIO DE LOS LAGOS)

De barato a precio medio (hasta 60 ¥/6 €)

Xinjiang Fengwei

*(Plano general II, B1, **72**):* Mao'er Hutong. ☎ 64-04-51-58. Desde Di'anmenwai Dajie, continuad unos 30 m por la avenida (a la izquierda). Ni número ni pinyin; cartel verde. Todos los días de 11 h a medianoche. Una sala alargada, suelo de baldosas, mesas y sillas de madera. Con una decoración sencillísima, éste es uno de los restaurantes populares más apreciados de la zona. Los pequineses profesan un amor fiel a las especialidades de la ruta de la seda (provincia de Xinjiang), y aquí son excelentes y muy abundantes. Por ejemplo el *dapan* (plato cocinado a fuego lento con la carne que elijáis, tofu, verduras, etc.). ¡Más que suficiente para dos! Mientras esperáis, podéis pedir unas brochetas de cordero y entradas frías aliñadas *(liangban)*, como los nabos crujientes *(luobo)*. Té gratis. Nada de inglés, ni siquiera en la carta, pero que esto no os desanime.

Beipingju

*(Plano general II, B1, **74**):* 108, Di'anmenwai Dajie. ☎ 64-04-51-58. Todos los días de 10 a 14 h y de 17 a 21.30 h. Platos entre 20 y 40 ¥ (2-4 €). Gran salón luminoso que da a la calle. Decoración tradicional. Cocina pequinesa de calidad. Raciones *(xiaochi)* y entradas muy elaboradas, como los *suoyi huanggua* (ensalada de pepinos). Buen pato laqueado, albondiguillas de carne, frituras, platos de verduras, etc. Menú con fotos.

Jiumen Xiaochi

*(Plano general II, B1, **82**):* 1, Xiaoyou Hutong. ☎ 64-02-58-58. Porche tradicional a 50 m a la derecha del comienzo de un hutong que sale del extxremo noroeste del lago Houhai.

Funciona como un *food center*. Hay que comprar una tarjeta de prepago de 50 ¥/persona (5 €) máximo (más sería excesivo). Los carritos con platos fríos *liangcai* se pagan aparte (en efectivo). Gran espacio laberíntico, instalado en una *siheyuan*. Y terraza en la azotea para cuando el tiempo acompaña. Salón comedor con escenario (pequeños espectáculos) y muchos espacios anexos. Decoración y mobiliario rústicos, animado y ruidoso *(renao)*.

Chutianhong

*(Plano general II, B1, **83**):* 141, Dianmenxi Dajie. ☎ 83-22-90-01. Próximo al cruce de Deshengmennei Dajie. Platos 15-18 ¥ (1,50-1,80 €), 40 ¥ (4 €) para los más sofisticados. En una inmensa sala iluminada, una oferta muy abundante y no demasiado cara. Menú en inglés con fotos. Podréis elegir entre el salteado, la cocción al vapor o el ragú en cazuela de barro. ¡Y postres copiosos a más no poder!

Le Little Saigon

*(Plano general II, B1, **73**):* 141, Jiugulou Dajie, Xicheng. ☎ 64-01-84-65. Menú al mediodía 70 ¥ (7 €); a la carta, 80-100 ¥ (8-10 €) una comida. Todos los días de 11 a 22 h. Da gusto varar en este pequeño islote chino-franco-vietnamita alejado de la agitación de los alrededores de los lagos y decorado con viejos carteles francesa y de la película *Indochina*. La gastronomía del lugar permite saborear un cerdo caramelizado, muy asiático, del mismo modo que un clásico pato a la naranja, muy francés, ambos preparados de manera excelente. Los postres y el buen vino (nada caro) os deleitarán. No dudéis en subir a la terraza de la azotea, romántica hasta decir basta, y agradablemente resguardada por la sombra de un árbol durante el día.

Fusong Zhai

*(Plano general II, B1, **32**):* en el patio del *Bamboo Garden Hotel* (remitíos a «¿Dónde dormir?»). Todos los días de 11.30 a 14 h y de 18 a 21 h. Este restaurante de hotel, con una encantadora terraza que da a un precioso jardín, ofrece una estupenda selección de platos preparados con esmero y a precios muy razonables. Nos encantó el pato ahumado y aromatizado con té, la carne de buey con dátiles y champiñones salteados con brotes de bambú, pero hemos tenido que dejar para la próxima visita su gran variedad de platos de tofu, cordero y otras verduras o entradas. Menú en inglés. Servicio impecable.

Raj

*(Plano general II, B1, **77**):* 31, Gulou Xidajie. ☎ 64-01-16-75. A 100 m al oeste de la torre del Tambor; entrada detrás de la calle. Todos los días de 11 a 14 h y de 17 a 23 h. Platos 30-40 ¥ (3-4 €). Ambiente de las «mil y una noches en un *hutong*» mucho más logrado en el salón que en la terraza de la azotea, sin gracia alguna. Gran carta de platos indios clásicos correctamente realizados: *samosas, dals,* muchos *tandooris, curris*. Selección de platos vegetarianos. *Brunch* los fines de semana y menús especiales los festivos. Servicio cortés, al compás de alguna música, y a veces con espectáculos en vivo y danza.

Kao Rou Ji

*(Plano general II, B1, **84**):* Qianhai, Dongyan. ☎ 64-04-25-54. Abierto de 11 a 14 h y de 17 a 22 h. En este adorable barrio, a pocos metros del puente Yinding, que separa los lagos Qianhai y Houhai. Lo reconoceréis fácilmente por sus dos farolillos rojos ante una placa escrita en árabe. Uno de los restaurantes más antiguos de Pekín (1848). En la sala del primer piso descubriréis la auténtica cocina musulmana. Su especialidad es el «dragón fénix», unión de carne y pescado. La placa fue grabada por un hermano del emperador (dinastía Qing) en persona que dejó su caligrafía a modo

de pago. Punto gastronómico ideal antes de dar un romántico paseo a orillas del cercano lago.

Kejia Cai

*(Conocido también como **Han Cang;** plano general II, B1, **85**):* Qianhai Nanyan (orilla sudoccidental del lago). ☎ 64-04-22-59. A 100 m de Dianmenxi Dajie. Todos los días de 10.30 a 22.30 h. Se aconseja reservar. Amplia terraza y salones redecorados en estilo «rústico». El papel de arroz «gourbi» en las paredes y los revestimientos de madera armonizan estupendamente con las especialidades campesinas de la etnia Hakka (*Kejia* en mandarín): delicado *roast beef in lotus leaf,* tiernísimo *toasted perch* en papillote, *hakka stuffed vegetable and tofu* para entrar en calor servido sobre una especie de brasero, sabroso pato y muchas otras cosas más. Buen trato.

Kong Yi Ji

*(Plano general II, B1, **86**):* Houhai Nange. ☎ 66-18-49-15. Todos los días de 10 a14 h y de 13.30 a 22.30 h. El nombre del local es el del personaje de un relato de Lu Xun que se desgañitaba hablando en chino antiguo mientras el país se modernizaba. Este pequeño establecimiento al borde del lago, con un pequeño jardín de bambú, constituye todo un símbolo que perpetúa la atmósfera de la China clásica, con una decoración tradicional de madera del Zhejiang. Sus especialidades: cerdo troceado sobre col roja marinada en marmita de barro *(yancai wenrou)* y el famoso vino amarillo de Shaoxing *(Shaoxing huangjiu),* que se bebe calentado al baño María y acompañado con habas al anís *(hui xiang dou).*

Selecto (a partir de 200 ¥/20 €)

Fangshan

*(Plano general II, B2, **79**):* en el parque Beihai. ☎ 64-01-18-79. Todos los días de 11 a 14 h y de 17 a 20.30 h. Se aconseja reservar. Los menús son mucho más baratos que a la carta. Magníficamente situado al oeste de la isla de las Hortensias, antiguo «coto de caza» de la señora Mao. Turístico pero elegante. Cocina imperial servida por unas señoritas con trajes típicos manchúes. A la emperatriz Cixi le encantaban sobre todo las populares *rou mo shao bing* (unas tortitas rellenas de carne) y el *wan dou huang* (un postre a base de harina de judías verdes azucarada), ¡estos platos figuran en la carta!

CHAOYANG

Precio medio (60 ¥/6 €)

Xinjiang Red Rose

*(Plano general III, E5, **59**):* Xingfu Yicun. ☎64-15-57-41. Ⓜ Tuanjiehu (antiguo Gongti Beilu). A 50 m en el fondo de una callejuela que hay frente a la entrada norte del Worker's stadium (rótulo Xijiang muslim restaurant). Todos los días de 11 a 23 h; espectáculo de 19.30 a 21 h. Un salón antiguo, no demasiado grande, donde la cocina, las danzas orientales y la música de la región de Xinjiang animan una atmósfera campechana y bulliciosa. Comida sencilla, contundente y especiada. Muchos platos a base de cordero y sabrosos fideos de trigo, que obligatoriamente tendréis que acompañarlos de delicioso pan-galleta. También podréis fumar chicha (narguile) mientras tomáis un té.

The Bookworm

*(Plano general III, E5, **8**):* 4, Sanlitun Nanlu. ☎ 65-86-95-07. Ⓜ Tuanjiehu (antiguo Gongti Beilu). En un paralelepípedo verde pistacho que se ve desde la avenida. Menú 2-3 platos 90-125 ¥ (9-12,50 €), dependiendo de la hora. Todos los días a mediodía y para cenar. Ya nos había gustado el agradable popurrí de libros que conforman la decoración de esta librería, y los mismo nos pasó con su

cocina. Inspirada en Occidente, mezclar la pasta y la carne, pero también los patos y las salsas mediterráneas. ¡Y como si esto fuera poco, la carne se puede cortar y comer sin palillos! Podréis acompañar los platos con alguno de los numerosos vinos disponibles en la carta (precios razonables). ¡No hay vinos chinos!

Rickshaw

*(Plano general III, E5, **61**):* Sanlitun Nanlu. ☎ 65-00-43-30. Ⓜ Tuanjiehu (antiguo Gongti Beilu). Todos los días de 11 a 3 h de la madrugada (4 h el fin de semana). *Happy hours* de 16 a 20 h. Un edificio de cemento pintado de color salmón que da la réplica al verde pistacho del *Bookworm* vecino. El primer piso y su balcón está siempre muy solicitados por lo que es mejor llegar al final de la tarde si es que queréis cenar allí. Ensaladas y buenas hamburguesas caseras. Probad su *signature sauce* con queso azul. También les gustará a los incondicionales de los burritos, las pizzas o los desayunos americanos, que sirven durante todo el día. En cuanto al bar: billar, TV, buena música. Servicio excelente que os hará olvidar los precios algo exagerados.

De precio medio a más selecto (60-150 ¥/6-15 €)

Xiao Wang's Home Restaurant

(Xiao Wang Fu; *plano general III, E6, **63**):* 2, Guanghua Dongli. ☎ 65-92-55-55. En un callejón, frente al Prosper Center. Todos los días de 11 a 14 h y de 17 a 23 h. Una sala desprovista de toda decoración y una amplia terraza en la azotea, desde la que de noche se ven los edificios de su entorno iluminados al mejor estilo «*¡We are the king of the world!*». Muy buen pato laqueado, al igual que el resto de la carta (en inglés) que, plegada como un acordeón, despliega su infinita variedad: costillas de cerdo *(paigu)*, foie gras *(lianggan)*, platos fríos *(liangban)*, todo tipo de verduras, etc. Servicio muy cordial.

Makye Ame

*(Plano general III, E6, **56**):* 11, Xiushui Nanjie, Jianguomenwai. ☎ 65-06-96-16. En una callecita detrás del *Friendship Store* (remitíos a «Compras», más adelante). En un primer piso. Todos los días de 11.30 a 2 h de la madrugada. Se trata de un bar-restaurante tibetano muy animado. Algunos clientes hacen kilómetros por el *mutton sparerib* (costillas a la parrilla). Probad también: *yak's tongue salad* (ensalada de lengua de yak con aceite de sésamo especiado) y *juab* (cordero frito al estilo tibetano). Gran variedad de *qinke* (alcohol de cebada tradicional). Makye Ame es una heroína tibetana, feminista en su época, que fue la amante del 6º dalai lama. Ha marcado un estilo. Las camareras son del país y llevan la indumentaria típica. Buenas orquestas. Canciones y bailes endiablados que terminan en congas alocadas que serpentean entre los clientes del local, que acaban incorporándose a su paso. Las mejillas se enrojecen, el *qingke* hace su efecto. Os aconsejamos que reservéis si queréis ver el espectáculo.

Hele Sushi

(Fuzhu; *plano general III, E6, **60**):* 17, Jianguomenwai. ☎ 65-01-77-98. En el exterior del Friendship Store. Todos los días de 11 a 23 h. Buen *sushi-bar* donde veréis los platos desfilar ante vuestros ojos en una mesa giratoria. A los niños les encanta. Cantidades a precios correctos.

Alameda

*(Plano general III, E5, **62**):* Nali Mall, Sanlitun Bei Jie. ☎ 64-17-80-84. Ⓜ Tuanjiehu (antiguo Gongti Beilu). A 100 m al norte del cruce con Gongrentiyuchang, en un callejón al este. De lunes a sábado, de 12 a15 h y de 18 a 23 h; domingo, servicio ininte-

rrumpido. Menú rápido o comida a partir de 60-130 ¥ (6-13 €) excepto el fin de semana; carta a partir de unos 100 ¥ (10 €). Cocina brasileña contemporánea en un entorno... igual de contemporáneo: un salón alargado bajo un techo de cristal, rodeado de árboles como si fuera una alameda brasileña. Color blanco imperante y atmósfera cálida y luminosa. Las cartas y menús incluyen solomillo, atún a la plancha y también platos vegetarianos. El menú «rápido» será muy adecuado para los que coman como pajaritos. *Feijoada* deliciosa los sábados. Ambiente cosmopolita (chinos incluidos), esencialmente compuesto por ejecutivos de los alrededores. Servicio profesional y distendido. Carta de vinos en concordancia.

Morel's

(Moalo; *plano general III, E5, **64**):* Gongrentiyuchang Beilu, frente a la entrada norte del gimnasio (no confundir con el vecino Worker's Stadium). ☎ 64-16-88-02. Todos los días, excepto lunes, de 11 a 1 h de la madrugada (servicio ininterrumpido). Si tenés ganas de un solomillo o de un buen chuletón para regado con vino, entonces tenéis que ir a *Morel's,* una casa de probada calidad. La decoración carece de encanto particular, pero lo esencial está en los platos, abundantemente servidos. El vino de la casa se deja tomar, pero si vuestras finanzas lo permiten, tienen otros mejores. *Morel's* también es famosa por sus gofres, su amplia selección de cervezas (entre las cuales hay varias de «abadía», sus mejillones fritos, su *waterzoï* y su *flemish beer stew.* ¡Cómo ya lo habéis imaginado, el restaurante es belga!

Selecto (a partir de 250 ¥/25 €)

Green T House

(Zi Yun Xuan; *plano general III, E5, **65**):* 6, Gongrentiyuchang Xilu. ☎ 65-52-83-10. En el flanco derecho de un edificio modernista, le côté droit d'un immeuble moderniste, después del ***Bellagio*** (rótulo y entrada discretos). Todos los días de 10.30 a medianoche. Se convierte en salón de té de 14.30 a18 h), unos 10 €. Se aconseja reservar. Porteros y elegantes camareras os esperan para abriros las puertas de este lugar selecto. En el interior, un ambiente onírico. Un conjunto de ramas en el techo y lacas de color lechoso contrastan con una enorme mesa rectangular y negra, rodeada de sillas con respaldos gigantescos. Es una creación abstracta de Jin R., icono del diseño pequinés. Las tranquilizadoras hojas de *green T* están presentes en numerosos platos. Un poco caro pero sigue siendo asequible si no tomáis vino. Siempre bueno y sin peligro para quienes están a dieta...

XUANWU Y CHONGWEN

Precio medio (30-60 ¥/3-6 €)

Tianhai Canting

*(Plano general I, B2-3, **52**):* 37, Dazhalan Xijie, Xuanwu. ☎ 63-04-40-65. Todos los días de 11 a 14 h y de 17 a 22.30 h. Atención, una dirección de lo más pintoresco. Sus jefes de cocina, apostados en la entrada, parecen figurantes salidos directamente de alguna serie antigua de la televisión china y vigilan atentamente los ingredientes que se cocinan a fuego lento en un guiso de color marrón oscuro –prevenimos a los valientes–. Tras una fachada con arcadas, la sala aparece dominada por una televisión que transmite arias de la ópera de Pekín. La cocina es representativa esencialmente de Lao Beijing y del noreste. Menú en inglés con fotos. Jia Yong, el dueño que además es fotógrafo, ha decorado las paredes de este restaurante de barrio con hermosas fotografías en blanco y negro.

Goubuli

*(Plano general I, B2, **53**):* 31, Dazalhan. ☎ 63-53-33-38. Platos entre 25 y 40 ¥ (2,50-4 €). En este tramo de Dazhalan que parece un decorado teatral se encuentra este restaurante que reconstruye, precisamente, una falsa calle. Por suerte, la cosa queda ahí: a pesar del entorno turístico, el servicio es diligente y la carta es tan larga como la Gran Muralla. Animaos a probar los *whitebait with peanuts* (pescado ahumado con cacahuetes y salsa picante). O si no, un impecable pato laqueado: los cocineros lo ahúman delante de vuestros ojos. Los más *roots* preferirán adentrarse en cualquiera de los tantísimos puestos de comida populares, sin carta ni menú en inglés, que pueblan el *hutong* un poco más al noroeste.

Yu Shan

*(Plano general II, C3, **50**):* 87, Tantian Liu, Chongwen. ☎ 67-01-42-63. A unos 100 m al oeste de la entrada norte del parque Tantian. En el primer piso (entrada contigua al hotel homónimo). Todos los días de 11 a 22 h. Si se evitan las dos grandes salas, se puede disfrutar de pequeños espacios aislados por puertas que las camareras tienen la delicadeza de cerrar para resguardaros del ruido. La decoración, bastante elegante, se acerca más a la época imperial que a la República Popular. En cuanto a los platos, muy bien preparados, varían entre carnes, pescados, mariscos, verduras, frutas, sopas, frituras, en salsa... todos sutilmente elaborados. El Palacio del Cielo está a un tiro de piedra: ¡casi como alcanzar el Nirvana!

SALONES DE TÉ, CAFÉS Y PASTELERÍAS

Eatea

*(Plano general II, C1, **89**):* 28-1, Guozi Jianjie. ☎ 84-04-85-39. Todos los días de 10.30 h a medianoche. 40-80 ¥/persona (4-8 €). Frente a la entrada del templo de Confucio, un edificio de una sola planta, a la antigua, con el cartel *Tea Ceremony*. Curioso nombre para una hermosa y elegante casa de té sin afectación. Selección limitada, pero que cubre lo esencial, en la carta (en inglés). Por otra parte, una señorita anglófona (incluso francófona) vendrá a atenderos y a introduciros en los refinamientos de este arte: pasaréis un buen momento. En cuanto a la teoría, imparten diferentes tipos de cursos.

Sanyuan Meiyuan

*(Plano general II, B1, **88**):* 75, Gulouxi, Xicheng. Una decoración típica de *fast-food* para una cadena con logotipo rojo (muchas otras tiendas en la ciudad) que vende gran variedad de yogures, flanes y otros productos lácteos típicamente pekineses, actualmente muy en boga. La leche brilla por su ausencia en la cocina tradicional china por razones médicas (sólo se toma leche materna durante el período de lactancia). Sin embargo, la corte real manchú (dinastía Qing) se aficionó a las recetas a base de leche de algunos artesanos pekineses, que les recordaban sus orígenes esteparios. Esta es la razón por la que *Sanyuan Meiyuan* no dudó en aliarse en 1986 con el joven hermano del último emperador, un experto en estas dulzuras imperiales olvidadas. ¡Un golpe publicitario real, sin lugar a dudas! Un consejo para la degustación: los *nailao* (queso) son más sorprendentes que los *suannai* (yogur). Otros apetecibles bocados en el escaparate, los deliciosos rollitos de crema.

> **> AVISO**
>
> **Los horarios que se indican en la guía son orientativos.**

¿DÓNDE TOMAR UNA COPA? ¿DÓNDE ESCUCHAR MÚSICA?¿DÓNDE IR A BAILAR?

¿Quién ha dicho que Pekín es una ciudad sosa y aburrida? Hace tiempo que se acabó la época en que todo el mundo iba vestido con el mono azul de mecánico. Ahora, a los jóvenes de la capital les gusta salir de marcha, bailar toda la noche y llevar ropa informal de marcas caras, a la última moda de Hong Kong o Japón. Se están abriendo bares y discotecas en toda la ciudad a un ritmo exponencial. Los lugares más de moda son, en general, bastante asequibles para todos. El barrio de Sanlitun-Worker stadium se lleva la palma, sin lugar a dudas, por tener las mejores discotecas y los bares calientes; Nanluogu Xiang, la de los restaurantes tipo trotamundos, y los lagos de Shishahai, la del frenesí popular con un cierto toque de pavonearse ante los demás. En las arenas movedizas de las veladas de moda, los periódicos gratuitos (leed el apartado «Direcciones e informaciones útiles») tienen un valor incalculable para saber dónde hay que ir.

SANLITUN, WORKER'S STADIUM Y ALREDEDORES

Bar Blu

(Lanba; *plano general III, E5, **46***): edificio Tongli Studio, Sanlitun Jiubajie, 3er piso. ☎ 64-16-75-67. Abierto de de domingo a jueves de 18 a 2h (4 h viernes y sábado). En la entrada, dos salas *lounge* y dance, bañadas por una luz azul frío muy *fashion,* con su respectivo. El bar de la terraza de la azotea convirtió al *Blu* fuera el local de moda de los veranos pekineses. Algo clásico en este barrio, generoso *happy hour* (17 a 21 h, ¡incluso hasta más tarde al principio de la semana!). No os decimos nada más, probad vosotros mismos. Billar y pantalla gigante. Precio medio, clientela turística y extranjera residente.

Aperitivo

(*Plano general III, E5, **46***): junto al Tongli Studio. ☎ 64-17-77-93. Todos los días de 10 h hasta tarde. Un italiano ideal a la hora que su nombre indica (especialmente en verano), con una gran terraza rodeada de setos.

Poacher's

(Youyi qingnian jiudian; *plano general III, E5, **46***): 43, Sanlitun Beijie Nanlu, Chaoyang. ☎ 64-17-26-32. (Ver también «¿Dónde dormir? De muy barato...», antes). Se encuentra situado en una calle paralela a *Jiubajie* (Sanlitun norte). Gran sala, como un pub enorme. Un buen ambiente, conciertos, DJ. Barato y muy popular.

The Tree

(Shu jiuba; *plano general III, E5, **46***): en el patio del Poacher's Inn, remitíos a «¿Dónde dormir?». Todos los días desde 11 h hasta tarde. Brilla por su notable selección de cervezas belgas (de barril y en botellas) y sus generosas y buenas pizzas al fuego de leña. Larga barra o mesas más íntimas. Ambiente distendido y musical. Precio medio.

Boutique Wine Cellar

(*Plano general III, E4, **90***): 7, Salitun Beilu. A 150 m al norte del cruce con Gongrentiyuchang. Todos los días de 18 a 2 h. Botella 80-220 ¥ (8-22 €), copa 20 ¥ (2 €). Al final de la noche, para la última copa. Ambiente apacible y sofás envolventes al ritmo del jazz y la bossa. Para beber hay que contentarse con el vino (bueno) de la casa. O si no, buena selección de bodegas internacionales en botella.

Alfa

(*Plano general III, E5, **59***): a 80 m al fondo de una callejuela frente a la entrada norte del Worker's stadium. ☎ 64-13-00-86. Todos los días de 11 a 2 h. Su terraza cubierta, de estilo «burgués-bohemio-diseño», es uno de los lugares más de moda de la ciudad. Se come y se bebe en modernas «mesas-sofás». Veladas especiales muy apreciadas (80's viernes a las 22 h por ejemplo). Consumiciones asequibles, narguiles y cocina de fusión inspirada por un misterioso padre Lamy.

Salsa Caribe

*(Plano general III, E5, **8**):* 4, Gongrentiyuguan Beilu. ☎ 65-51-49-15. Todos los días desde 19.30 h hasta tarde. Al lado del *Rock'n'Roll*. De la fachada emerge la proa de un barco que marca un estilo. DJ y orquesta cubana. Profesores en la pista. El ambiente se calienta...

Rock'n'Roll

*(Plano general III, E5, **8**):* 4, Gongrentiyuguan Beilu, justo detrás del *Salsa Caribe*. ☎ 65-92-98-56. En la misma esquina que *Salsa Caribe*. Todos los días de 20.30 h a 5 h. Entrada: 25 ¥ (2,50 €). Es una de las discotecas más alocadas de la capital, llena a reventar los siete días de la semana, de la noche a la madrugada. En su inmensa pista resuenan los éxitos locales en mezclas house, mientras que, cada hora, unos bailarines glamurosos ejecutan una coreografía estática que resucitaría al mismísimo Mao, cuando no se trata de una cantante que interrumpe al DJ para entonar una canción romántica.

Vic's

(Weikesi; *plano general III, E5, **96**):* Gongrentiyuchang Beimen, Chaoyang. ☎ 52-93-03-33. En la entrada norte del Worker's Stadium, salida C de la estación Dongsishitiao. Entrada en forma de concha. Con una decoración bastante sencilla y unas bebidas asequibles, el *Vic's* atrae a una clientela bastante asidua y masculina. Mesa de billar, jardín para saborear una cerveza en verano y grandes sofás para el invierno. *Rhythm and blues, soul, reggae, hip-hop.*

Face

*(Plano general III, E5, **97**):* 26, Dongcaoyuan. ☎ 65-51-67-88. Al fondo de una callejuela al noreste de Gongrentiyuchang Nanlu. Todos los días de 14 a 2 h. En una antigua escuela de dos pisos hábilmente reacondicionada: mobiliario tipo «anticuario colonial», cama para fumar opio *lounge*. Agradable terraza ajardinada, protegida por bambús. Animado a la hora del aperitivo. Las cervezas son un poco caras, mejor inclinarse por un cóctel con precios relativamente más asequibles.

Stone Boat

(Shifang Kafei; *plano general III, E6, 91):* en el parque Ritan, por la entrada oeste. ☎ 65-01-99-86. Todos los días de 10 h hasta tarde. ¿Os apetece tomar un té, un café, una cerveza bien fresquita o un cóctel en un barco de piedra, frente a los pescadores, en el entorno zen de un parque? Si el tiempo acompaña, podréis tomar una copa al aire libre mientras escucháis los sonidos de músicas eclécticas de orquestas en vivo (una vez al mes). Este establecimiento recuerda una máxima feudal china: «El agua hace flotar el barco pero también puede hundirlo», ¿qué pasará con un barco de piedra? ¡Insumergible, inamovible, y los precios tampoco os hundirán!

BARRIO DEL PARQUE CHAOYANG

The World of Suzie Wong

*(Plano general III, F5, **93**):* 1A, Nongzhanguan Nanlu. ☎ 65-00-37-77. www.suziewong.com.cn A la altura de la puerta oeste del barrio de Chaoyang. Entrada en el primer piso (hay un letrero). Todos los días desde las 20 h hasta tarde. Se trata de uno de los

lugares más de moda de la capital. A partir de 50 ¥/5 €. Está dispuesto en diferentes niveles, con pasarelas y espacios abiertos, todos ellos sabiamente combinados. Una mezcla muy lograda de modernidad y del Shanghai de la década de 1930. Se puede bailar, beber o relajarse. En este local se mezclan chinos y extranjeros. Buenos DJ.

Block 8

(Bahao Gongguan; *plano general III, F5,* ***93****)*: 8, Chaoyang Xilu. ☎ 65-08-85-85. 💻 www.block8.cn Todos los días de 19 h hasta tarde. En una zona de marcha nocturna, se trata de un complejo muy selecto, que cuenta con: ***I-Ultra lounge,*** un *lounge* efectivamente *ultra... lounge*, y, la guinda del pastel, ***The Beach,*** una playa con arena en la terraza de la azotea. El ambiente pretende ser distendido y para nada pretencioso aunque hace guiños a una clientela más bien de estilo alta costura. Un lugar para tener en cuenta en Pekín, de fácil acceso, a pesar de que la playa artificial de la azotea suele estar a menudo abarrotada.

CD Jazz Café

(Sendi jueshi; *plano general III, F5,* ***95****)*: Nongzhanguan Damen, Dongsanhuan Lu, Chaoyang. ☎ 65-06-82-88. Ⓜ Agricultural. En el tercer cinturón de ronda, al oeste del parque Chaoyang, por el acceso principal del *Agricultural Exhibition Center*. Todos los días de 16 h hasta tarde. Jazz, jam, swing, skat. El dueño, Liu Yuan, considerado el primer saxofonista chino, quedó bien impregnado de su experiencia en Occidente. Bar minúsculo que atrae a los mejores seguidores de jazz de la ciudad. Conciertos de miércoles a domingo.

DONGCHENG

Al sur de Dongheng

Café Serendipity

(Plano general II, C2, ***107****)*: 36, Wangfujing, al norte del cruce con Dengshikou Dajie. Abierto todos los días de 8 a 2 h. Incluso en esta avenida, símbolo de la nueva China, no es fácil encontrar un café tranquilo para una pausa al estilo «occidental». *Serendipity* significa «encuentro fortuito y feliz»: el nombre le sienta como anillo al dedo. Bebidas nada caras. Minúscula terraza al aire libre en la planta baja, o en el 1er piso bajo una cristalera. Buen servicio.

Nanluogu Xiang

Este encantador *hutong*, a 500 m al este de los lagos, fue repavimentado y ampliado tras haber derribado varios edificios. Colonizado por una multitud de cafés, bares y restaurantes, así como por algunas tiendas, el moderno Nanluogu Xiang conserva mucho de su encanto gracias a la elegancia de sus edificaciones, casi siempre bien aprovechadas. El ambiente sigue siendo más bohemio que comercial. Por la noche, cuando hace bueno, muchísimas terrazas improvisadas invaden las calles.

Pass By

(Guoke jiuba; *plano general II, C1,* ***104****)*: 108, Nanluogu Xiang. ☎ 84-03-80-04. Todos los días de 10 h a 2 h. Está situado más allá de Di'anmen, en un

> **PARA ORIENTAROS**
>
> **Consultad los planos de Pekín: plano de conjunto** ***(págs. 128-129),*** **plano General I** ***(págs. 132-133),*** **plano General II - Ciudad Tártara** ***(págs. 168-169),*** **plano General III - Chaoyang** ***(pág. 179)*** **y Pekín - La Ciudad Prohibida** ***(pág. 160).***

agradable barrio de *hutong*. Precios razonables, como es lógico en un lugar que aboga por los viajes. Bar-restaurante limpio y muy bien iluminado, situado en un gran *siheyuan*. Cuartel general de viajeros chinos que, normalmente en esta zona, son gente de clase media con estudios. Regentado por Xiao Bianr, forofo de Tíbet y de Xinjiang (su último viaje: Lhassa-Katmandú en bicicleta), y Hai Yan, su mujer. Revistas, servicio de préstamo de libros, exposiciones de pintura... Cocina internacional para acompañar cervezas, cafés y whiskys.

Tibet Café

*(Plano general II, C1, **105**)*: 97, Nanluogu Xiang. Todos los días de 10 h hasta tarde. Con ambiente lamaísta y música del Himalaya, el techo del mundo se posiciona pacíficamente en esta calle del viejo Pekín. Una especie de armisticio entre ocupado y ocupante, entre la ligera cerveza tibetana *Lhassa* y un recio vino chino. Mejor no abusar de ninguno de los dos.

Yugong Yishan

*(Plano general II, C1, **106**)*:3, Zhang Zizhong Lu. ☎ 64-04-27-11.
💻 www.yugongyishan.com
Ⓜ Zhangzi Zhonglu, después unos 80 m al oeste por la avenida. Todos los días de 18 h hasta tarde. Las noches de concierto se cobra (30 ¥/3 €). Un poco alejado de Nanluogu Xiang, este célebre bar de conciertos de Pekín ocupa la antigua mansión de un señor de la guerra. Si bien el espíritu dominante punk alternativo se mezcla con un poco de *chill out lounge*, el lugar sigue siendo el centro del *underground* pekinés..

XICHENG

Alrededor de los lagos de Shishahai

La gran cantidad de bares y restaurantes nuevos han modificado el ambiente popular y el aspecto artesanal de los bailes de antaño. Sin embargo, el sentimiento general persiste. Tras un día de visitar lugares, ésta es la etapa ideal para finalizar una jornada en Pekín.

Empecemos la exploración desde el sur del lago Qianhai: ***Lotus Lane*** (avenida de los Lotos) se puede considerar más bien un restaurante hasta las 21 h, en la orilla izquierda. Podréis tomar una copa en una mesa a orillas del lago o en un edificio de dos o tres plantas que mezclan elementos típicamente chinos con otros de diversos lugares del mundo. Una mezcla que, en ocasiones, no está nada mal. Al final de la avenida, en la orilla del lago Houhai hay otros bares nuevos, más respetuosos con los volúmenes tradicionales, hasta el llega al célebre puente Yinding Qiao, verdadero centro neurálgico de Shishahai.

Lotus Blue y Cang Su Feng Ge

*(Plano general II, B1, **87**)*: Lotus Lane, Qianhai Xiyan. Respectivamente, ☎ 66-17-25-99 y 83-28-68-66. Están situados a mitad de camino viniendo de Dianmenxi Dajie. Todos los días de 12 a 2 h. Dos direcciones con sendas terrazas contiguas a orillas del lago, ideales para tomar una copa (fuera de las horas de las comidas). Precios un poco caros debido al emplazamiento. Observad el refinamiento del interior de *Lotus Blue*. DJ a partir de las 22 h. La sala con diseño contemporáneo del *Cang Su Feng Ge* es obra de Fang Lijun, célebre artista chino de vanguardia.

La Baie des Anges

*(Plano general II, B1, **99**)*: 5, Nanguanfang Hutong. ☎ 66-57-16-05.
💻 www.la-baie-des-anges.com
Desde el puente Yinding, seguid la la orilla sur de Qianhai y girad a la derecha en el 1er *hutong*. Excepto lunes, de 18 a 2 h. Vaso o botella 25-

130 ¥/2,50-13 €. *Lounge*-vinoteca con decoración moderno-íntimista, y las dimensiones justas para estar en un *hutong*. Perfecta selección de unos 40 vinos, casi todos franceses. Cócteles y otras bebidas por si las moscas. Tostas variadas y sándwiches, pero también algunos platos de cocina mediterránea. Habitualmente conciertos de jazz o veladas con DJ.

> Las dos orillas del lago Houhai presentan un abanico de bares, todos iguales. Efecto hipnótico garantizado. Pero no os preocupéis, se encuentran lugares más *cool* en el extremo del lago. En verano, unos coloridos sofás pueden improvisar surrealistas salones en las orillas y las plazoletas donde suelen venir los autóctonos a tomar una copa.

No Name
(Wuming jiuba; *plano general II, B1, **84***). En una casa cuya entrada está prácticamente tapada por la vegetación y cuyo interior está deteriorado. Regentado por el diseñador Baifeng, tanto el lugar como los camareros o la clientela son muy *cool*. Decoración variopinta. Cafés, cervezas y cócteles asequibles. Servicio muy agradable.

Nuage
*(Plano general II, B1, **84**)*. Junto al *No Name*. ☎ 64-01-95-81. Excepto lunes de 11 a 2 h. En un edificio majestuoso, pertenece almismo propietario, pero tine un ambiente más ostentoso. Restaurante refinado en el primer piso hasta las 21.45 h, *lounge* en la planta baja y en ocasiones discoteca.

> Coged la calle Yandaixiejie. Está llena de cafés, restaurantes y chiringuitos de brochetas. Desemboca en Di'anmen (a la altura de las torres de la Campana y del Tambor).

Huxley's
*(Plano general II, B1, **102**)*. 16, Yandaixieje. ☎ 64-02-78-25. Abierto todos los días desde las 18 h hasta tarde. Enésima obra de un pekinés que inauguró la moda de las consumiciones con precios económicos en Sanlitun. Fiel a su célebre slogan, «*Shut up and drink*», la música suena a todo volumen en el interior de este auténtico bar.

> Más al norte en Jiugulou Dajie acaba la letanía de *resto-bars*. Aquí los agradables nenúfares ceden espacio a un mar de coches por la avenida. Está más contaminado por tanto.

Bed & Tapas Bar
*(Plano general II, B1, **103**)*: 17, Zhangwang Hutong. ☎ 84-00-15-54. En una callejuela casi enfrente del AJ *Drum Tower* (remitíos a «¿Dónde dormir?». Todos los días de 14 a 2 h. Nos olvidamos de las mediocres tapas para celebrar este *lounge* instalado en una antigua fábrica. En la entrada, amplio espacio de estilo «industrial» con bar y espacios con cojines. Detrás, divertidas «camas-plataformas chinas» y una sala para bailar. DJ en vivo *electro-underground* y *house* minimalista los viernes y sábados. Precios no demasiado caros.

Alrededores de Qianmen

Sakura (365 Inn)
*(Plano general I, B2-3, **92**)*: 55, Dazhalan Dajie, Xuanwu. Abierto todos los días de 8 h hasta tarde. Un agradable punto de encuentro para los trotamundos occidentales. Alojados en los *hostels* de los alrededores, vienen a tomar un Tsintao, un cóctel, o incluso un chocolate caliente (los más recatados) con un toque de Kalhua (para los menos modositos). Un techo lleno de banderas, farolillos de papel, efigie del Che, paredes cubiertas de pintadas, un toque de Manu Chao y ya están todos los estereotipos reunidos en esta dirección tan *cool*.

MASAJES

Masajes en la calle

*(Plano general II, B1, **145**):* a la altura de Di'anmen Xidajie, en la plazoleta (en la parte de Qianhai) que precede *Lotus Lane* (ver «¿Dónde comer? En el oeste», antes). Precio: 20 ¥ (2 €) por 20 o 30 min. Señores alegres vestidos con camisas blancas realizan enérgicos masajes en plena calle. Un poco cutre, pero eficaz. Debéis tener cuidado con los precios indicados; sólo incluyen los masajes de espalda, nuca y brazos. Si queréis que os hagan un masaje en la cabeza, con sus dedos convertidos en un peine, o que os masajeen con detenimiento las piernas, esperad un suplemento de 10 ¥ (1 €) más. Poneos de acuerdo antes de empezar. El choque cultural y físico está garantizado, amplificado por la animación de esta plaza (bailes populares y vendedores ambulantes).

ÓPERA DE PEKÍN, CANTO, ACROBACIA

En otro tiempo, las representaciones podían durar medio día, o incluso varios días, y el público entraba, salía, hablaba y comía durante el espectáculo. Sin embargo, los tiempos han cambiado, y se han creado versiones cortas para satisfacer al nuevo público. He aquí algunas excelentes salas:

Ópera de Pekín

*(Plano general I, B2, **112**):* 2, Xichang'an Jie. Una calle al oeste de Tian'anmen. Ⓜ Tian'an Menxi. ☎ (reservas): 66-55-00-00. 💻 www.chncpa.org Calculad 100-800 ¥ (10-80 €) los conciertos sinfónicos, 120-600 ¥ (12-60 €) el ballet, 180-880 ¥ (18-88 €) una ópera.

Chang An Grand Theater

(Chang'an da xiyuan; *plano general II, D2, **118**):* 7, Jianguomennei Dajie, Chaoyang. ☎ 65-10-13-09. Representaciones integrales de la ópera de Pekín todos los fines de semana a las 19 h. Es necesario reservar con antelación. Precio de las localidades: entre 50 y 280 ¥ (5 y 28 €).

El salón de té de Laoshe

(Laoshe chaguan; *plano general I, B2, **110**):* 3, Qianmen Xidajie. ☎ 63-03-68-30. Teatro 19.50 h, 21.20 h; sombras chinas, cinco sesiones 12.30-20.30 h; otras actividades, por la tarde. Representaciones de teatro, canto y musicales en grupos pequeños, en un ambiente tradicional.

La Cofradía del Huguang

(Huguang Huiguan Daxilou; *plano general I, B3, **111**):* 3, Hufangqiao, Xuanwu. ☎ 63-51-82-84. Está en la esquina sudoeste del cruce de Luomashi Dajie y Nanxinhua Jie. Museo: abierto todos los días de 9 a 17 h; entrada: 10 ¥ (1 €). Espectáculo: todos los días 19.30-20.30 h; entrda 180-380 ¥ (18-38 €). Las cofradías *(Huiguan)* reagrupaban en otra época a comerciantes y estudiantes procedentes de otras regiones en estas casas de té, que incluso funcionaban como pensiones. El ***Huguang*** englobaba a las provincias de **Hu**nan, **Hu**bei, **Guang**dong y **Guang**xi. La casa construida en 1807 acogió a los revolucionarios de Sun Yat-Sen. Restaurada, es un hermoso lugar que programa cada noche espectáculos de la ópera de Pekín, adaptados para los no iniciados. El interés de las escenas puede variar, pero el conjunto siempre disfruta de la extrema calidad de la música tocada en vivo y de la actuación de los intérpretes. Es inútil coger las localidades más (y demasiado) caras.

El Alegre Salón de Té de Tianqiao

(Tianqiaole Chaguan; *plano general I, B3,* ***114****):* 113, Tianqiao Shichang. Está abierto a partir de las 19 h. Entrada: 180 ¥ (18 €). Situado en el barrio tradicional de los saltimbanquis, ofrece un bello espectáculo, ideal para sentiros como en las buenas épocas imperiales. ¡Asombrosos malabaristas!

Liyuan Theatre

(Liyuan Juchang; *plano general I, B3,* ***113****):* 175, Yong'an Lu ☎ 83-15-72-97. Al final del hall del hotel *Qianmen*. Entradas 200-580 ¥ (20-58 €) en el anfiteatro. La decoración no es tradicional, pero hacen espectáculos de calidad y adaptados para turistas. Os enseñarán la sala de maquillaje y os podréis hacer fotos con los actores. Representaciones a las 19.30 h.

ACROBACIAS, KUNG FU

Teatro Wansheng

(Plano general I, B3, ***114****):* 95, Tianqiao Shichang, Beiwei Donglu, Xuanwu. ☎ 63-03-74-49. Todos los días de 17.30-18.30 h y de 19.15 a 20.35 h. Entrada: 100-200 ¥ (10-20 €). Jóvenes contorsionistas y equilibristas muestran sus habilidades en este teatro, en mitad de la callejuela.

Teatro Chaoyang

(Plano general III, F5, ***115****):* 36, Dongsanhuan Beilu. ☎ 65-07-24-21. Ⓜ Hujialou. Se encuentra situado al este de la ciudad, frente al hotel *Jinguang*. Todos los días de 17.15 a 18.15 h y de 19.15 a 20.30 h. Entrada: 100-300 ¥ (10-30 €). Un buen espectáculo de acrobacia.

COMPRAS

Mercadillo de Panjiayuan

(Panjiayuan jiuhua shichang; *plano general I, D3,* ***130****):* Panjiayuan Lu. En el este, tocando el tercer cinturón de ronda. Ⓜ Jingsong. Está rodeado por una pared gris. Abierto de 8.30 a 18 h, y los fines de semana, abre a partir de las 4.30 h. Veréis tiendas en edificios de una o dos plantas y más tenderetes durante el fin de semana. Aquí encontraréis casi de todo y, frecuentemente, a mejor precio que en otros lugares: vestidos y artesanía (como esas magníficas sillas tibetanas), porcelana de Jiangxi, marfil esculpido, viejos pinceles, ábacos antiguos, instrumentos musicales, marionetas, pipas de opio, cuernos de musmón, joyas, filigranas, pequeños muebles y toda la quincalla típica de Mao. Regatead hasta una tercera parte o incluso una cuarta parte del precio que os pidan y subid (muy lentamente) únicamente si es imprescindible. Si pensáis ir a Xi'an, sabed que allí los souvenirs son bastante más baratos, pero no hay tanto surtido. De todos modos, os aconsejamos ir pronto, porque las mejores piezas desaparecen enseguida.

Beijing Antique City (Curio City)

(Beijing Guwancheng; *plano general I, D3,* ***136****):* 21, Dongsanhuan Nanlu. A 10 minutos a pie del mercadillo de Panjiayuan, hacia el sur. Todos los días de 9 a 18.30 h. Edificio de tres pisos con un luminoso patio interior, lleno de stands (joyas y artesanía) en la planta baja. a lo largo de las galerías hay tiendas de antigüedades, de pintura, de artículos de jade...

Mercado de las flores y de los pájaros de Shilihe

(Shilihe Niaoshi; *plano de conjunto,* ***125****):* Shilihe, Dongsanhuan Nanlu.

Desde Antique City, caminad 500 m hacia el sur y a continuación pasad bajo la vía después del intercambiador aéreo. Todos los días de 8 a 18 h. A pesar del intento de recrear todo el ambiente Tiangiao de un barrio de malabaristas, saltimbanquis y titiriteros, ya desaparecido, es la actividad tradicional complementaria del mercado de flores, pájaros y peces lo que mejor funciona. No os perdáis las reuniones de aficionados a los grillos y otros insectos, así como los pintorescos escultores de nueces. Con un poco de suerte, especialmente en fin de semana, podréis asistir tal vez a una demostración de lanzamiento de mástiles por encima de un pórtico, luchadores doblando lanzas puntiagudas con su tórax, lucha mongola u otras actividades menos violentas, como la danza del león, el cambio de máscaras.

Barrio de los anticuarios

(Liulichang; *plano general I, B2-3, **133***): id hacia el sur de la boca de metro Hepingmen. Funciona de 9 a 18 h. Queda dividida en la parte oeste (Liulichang Xijie) y la parte este (Liulichang Dongjie) por Nanxinhua Jie. Antigua calle de los fabricantes de tejas barnizadas, hoy reconvertida en la de las antigüedades, el buen chamarileo, el papel, la tinta, los sellos personalizados, los venerables libros, etcétera. Gran variedad de calidades y precios.

Bannerman Tang's Toys and Crafts

(Cheng Tangxuan; *plano general II, C1, **143***): 38, Guozijian, Dongcheng. ☎ 84-04-71-79. Ningún letereo, sólo una puerta roja y oro... y ¡ábrete, sésamo! Todos los días de 9 a 19 h. Soldados, marionetas, muñecas, figurillas de animales, *panzhongxi*... La familia Tang fabrica estos artículos desde hace cinco generaciones; muchos de ellos son de origen manchú. Objetos a partir de 25 ¥/2,50 €.

> **AVISO**
>
> **Los horarios que se indican en la guía son orientativos.**

Baigongfang

(*Plano general I, C3, **135***): 12 B, Guangming Lu. Se encuentra a 1 km al este del templo del Cielo, en la esquina de Zuoanmennei Dajie (cerca de la vía férrea). Todos los días de 9.30 a16.30 h. Ocupa los primeros pisos de un inmueble moderno y reúne en su interior una serie de talleres-almacenes de todo tipo y condición. A veces se puede ver a los artesanos trabajando. Bronces, cobre, cerámica, marquetería, etc.

Xiushui Silk Market

(*Plano general III, E6, **140***): 8, Xiushui Dong Jie. Cerca del parque Ritan. Ⓜ Yonganli. Todos los días de 9 a 21h. Aquí no encontraréis únicamente seda, nada más lejos, sino una amplia selección de zapatos, ropa y accesorios, así como tapices y telas en la 3ª planta. Entre un sinfín de falsificaciones, algunas tiendas ofrecen rebajas sobre auténticas marcas.

Ya Show Clothing Market

(Yaxiu Fuzhuang Shichang; *plano general III, E5, **137***): 58, Gongti Beilu. Ⓜ Tuanjiehu (antiguo Gongti Beilu). La antigua «calle de la seda» que tiempo atrás había estado repleta de tiendas y tenderetes al aire libre se ha trasladado a este gran edificio moderno. A pesar de ello, hay mucho ambiente y sigue llena de gente. Zapatos y complementos en la planta baja, ropa en los dos primeros pisos y recuerdos en el tercero.

Friendship Store

(Youyi Shangdian; *plano general II, B2, **134***): 17, Jianguomenwai, Chaoyang. ☎ 65-00-33-11. A 800 m al oeste del metro de Jianguomen, unos grandes almacenes bastante bien surtidos. En varios pisos, recuerdos, juguetes, tapices, vestidos, telas, bisutería... Y una de las más amplias ofertas de té que se conocen. Sección de libros en inglés muy nutrida. Una visita al principio del viaje permite hacerse una buena idea de los precios (que aquí son bastante razonables). Ciertos emporios, por ejemplo, a menudo resultan más caros y de menor calidad (por no hablar del mal gusto y de «joyas» turísticas).

Mercado de Xidan

*(Plano general II, B2, **134**):* justo en el norte de la gran plaza futurista, detrás de un edificio moderno. Abierto de 9 a 18 h. Es un laberinto de tiendas de ropa y complementos, una parte de las cuales está en un antiguo templo. Los jóvenes vienen a comprar calcetines de colores, pantalones vaqueros coreanos, gorras de Mao, gafas de sol, zapatos de piel, mochilas e imitaciones. Todo muy barato y, además, se puede regatear.

Calle Dazhanlan

(Plano general I, B2-3): Ⓜ Quianmen. Seda, calzado, té...

Imagen, sonido e informática

Beijing «Silicon Valley»

(Zhongguancun Diannaojie; *plano de conjunto, **126***): al noroeste, justo al sur de 4º cinturón periférico. Ⓜ Huang Zhuang. Todos los días de 9 a 18 h. En total, cinco pisos de aparatos electrónicos, informáticos y algo de imagen y sonido. Tienen grandes marcas y también algunas menores a precios reducidos: debéis venir sabiendo lo que buscáis. Tened en cuenta que las garantías sólo tienen validez en China, excepto en contadas ocasiones, y no os olvidéis de la aduana. En todo caso, pedid una factura. Hablan muy poco inglés.

Hongqiao

*(Plano general I, C3, **132**):* enfrente de la entrada este del templo del Cielo, en un gran edificio moderno también llamado el «mercado de las perlas». Ⓜ Tiantandongmen. Abre todos los días de 8.30 a 19 h. Consta de tres plantas: en la planta baja, fotografía, vídeo, audio, teléfonos y artículos de belleza; en el primer piso, bolsos, ropa y zapatos, y en la segunda planta, perlas y *souvenirs*.

¿QUÉ VISITAR?

Advertencia sobre los horarios de apertura y las tarifas: os indicamos los de la temporada alta, que va del 1 de abril al 15 (o al 31, en algunas ocasiones) de octubre. En temporada baja suelen cerrar media hora antes a causa de la latitud y el clima. Acostumbran a cerrar las ventanillas media hora antes del cierre del lugar.

PLAZA DE TIAN'ANMEN

(Plano de conjunto y plano general I, B2) Acceso: Ⓜ Tian'anmendong (al este), Tian'anmenxi (al oeste) o Quianmen (al sur). El corazón de Pekín y de la vida política (ver «Un poco de historia», antes). Desde la puerta de la Paz Celeste, entrada sur de la Ciudad Prohibida, Mao proclamó la República Popular China, y fue quien reordenó de arriba abajo la plaza. A los lados del retrato observaréis las inscripciones: «Larga vida a la República Popular China» y «Larga vida a la unión

de los pueblos del mundo». A uno y otro lado se erigen los palacios de la **Asamblea del Pueblo** y del **Museo Nacional.** En el centro, el **mausoleo** del presidente Mao, y en su prolongación, la **puerta Cara al Sol** y la **puerta Qianmen.** ¡Ni se os ocurra tirar vuestro chicle en cualquier sitio de esta famosa plaza! Una ley autoriza a la policía a poneros una multa por ello.

La guardia iza y baja la bandera china cada día a las 16.50 y a las 3.50 h. Para la hora del té y los que padecen de insomnio...

Mausoleo del presidente Mao (Mao Zhuxi Jiniantang): pl. Tian'anmen. Todos los días excepto lunes de 8 a 12 h. Entrada gratuita. Hay que dejar en la consigna los bolsos (10 ¥/1 €, por pieza) que hay al sur del Palacio de la Asamblea del Pueblo.

Fue construido en 1977, un año después de la muerte de Mao. Y el abismo entre el Pekín que ensalza hoy, de manera provocadora, el capitalismo y este tropel de gente humilde, grupos de trabajadores, escuelas e institutos que, de mil en mil, acuden día a día a rendir homenaje al presidente, resulta simplemente sobrecogedor. La prueba es que su imagen sigue siendo igual de fuerte.

La cola para hacer la visita se inicia a las 7 h, y os recomendamos sinceramente que lleguéis lo antes posible (a las 7.45 h la cola ya llega hasta los 45 min de espera, por lo menos). Los responsables del orden, con sus megáfonos, vigilan con mucha atención y la visita se realiza casi a paso de carrera, y va bastante rápida.

El presidente descansa en su tumba de mármol y cristal. La carga emotiva está casi ausente. Tanto más cuando, algunos segundos después, uno se ve lanzado a un vasto mercadillo en el que el presidente se vende y se muestra sobre todos los soportes posibles e imaginables (os recomendamos el encendedor musical)... Amigos de los homenajes sinceros rendidos a los grandes hombres o nostálgicos de la historia, ¡hasta luego!

Monumento a los Héroes del Pueblo (Renmin Yingxiong): es el obelisco ante el mausoleo que reproduce las grandes etapas de la Revolución china, además de la frase de Mao que proclama que «los héroes son inmortales».

Puerta Qianmen: situada en el sur de Tian'anmen, se divide en dos imponentes bastiones. Primero, la **puerta Cara al Sol,** que era la que cerraba el recinto propiamente dicho de la Ciudad Tártara y se abría sobre la ciudad china, y, después, la **puerta Anterior,** defensa sobresaliente que se abría en arco circular ante el recinto. Las dos fueron incendiadas en 1900 con motivo de la revuelta de los bóxers y se reconstruyeron. Las murallas desaparecieron poco después para permitir la circulación dentro de la ciudad.

Palacio de la Asamblea del Pueblo (Renmin Dahuitang): al oeste de la plaza. Todos los días de 8.15 a 14 h, excepto si hay sesión de la Asamblea. Entrada: 30 ¥ (3 €). Hay que depositar los bolsos en la consigna que hay en el ángulo sur: 10 ¥ (1 €) por pieza.

De arquitectura estalinista típica de principios de la década de 1950, alberga la asamblea legislativa. Podéis visitarlo por la mañana, cuando no hay sesiones de la asamblea, especialmente el gran auditorio y la sala de banquetes de 1.000 plazas.

Museo Nacional (Guojia Bowuguan): al este de la plaza. Se encuentra en proceso de renovación. Cuando finalicen las obras, con el centenario de su ceación, en 2012, se asegura que será el mejor museo de China.

Ópera de Pekín *(plano general I, B2,* ***112****):* 2, Xichang'an Jie. Una calle al oeste de Tian'anmen. Ⓜ Tian'an Menxi. 💻 www.chncpa.org Abierta, de abril a octubre, de martes de domingo, de 9 a 17 h; resto del año, de martes a viernes de 13 a 17 h (desde las 9 h los sábados). Entrada: 30 ¥ (3 €).

Obra del arquitecto francés Paul Andreu, está rodeada por un minilago artificial que reproduce la silueta de una medusa en el agua. Unas 22.000 planchas de titanio recubren este caparazón que cubre una sala de conciertos con una capacidad para 2.400 personas, un auditorium de 2.000 plazas y un teatro de 1.000. El acceso se realiza a través de un túnel de vidrio que discurre bajo el lago. Espacios grandiosos y materiales clásicos para una obra cuyo coste ascendió a 300 millones euros.

El proyecto tuvo muchos detractores incluso antes de su puesta en marcha ya que modificaba totalmente el espacio arquitectónico en el sur de la Ciudad Prohibida, y su coste social y humano fue terrible; sobre todo, en términos de la expulsión de miles de familias chinas y de destrucción de *hutong* tradicionales.

CIUDAD PROHIBIDA O CIUDAD PÚRPURA ◈

(Plano general I, B2, y plano de la Ciudad Prohibida): se encuentra en proceso de renovación hasta 2020. La compra de entradas debe hacerse en la puerta del Mediodía o en la puerta de la Armonía Terrenal, en la entrada norte. 💻 www.www.dpm.org.cn/english/default.asp Acceso: por la entrada norte, autobuses n°s 101 y 103; por la entrada sur, Ⓜ Tian'anmen Xi o Tiananmen Dong. Abierta todos los días de 8.30 a 17 h. Entrada principal: 60 ¥ (6 €); museo 10 ¥ (1 €). En la entrada sur podéis encontrar auriculares. Salen un poco caros (40 ¥/4 €), pero las explicaciones son muy buenas. Se devuelven en la entrada norte. Preved unas 4 h de visita (y un tentempié).

Un poco de historia

Lugar de residencia del emperador y centro del poder político (e incluso del mundo, según la filosofía china), durante cinco siglos, los maestros del Imperio del Centro hicieron de ella el ombligo de China. En la ciudad, la Ciudad Prohibida se afirma también en el plano arquitectónico, ya que estaba prohibido construir más alto que ella y que, con su superficie (960 × 750 m), había que rodearla necesariamente al atravesar la ciudad.

Su edificación se inició en 1407 y duró hasta 1420; fue el emperador Yongle quien la ordenó cuando trasladó la capital de Nankín a Pekín. La construcción requirió hasta 200.000 obreros. Más cifras: muro

PEKÍN - CIUDAD PROHIBIDA

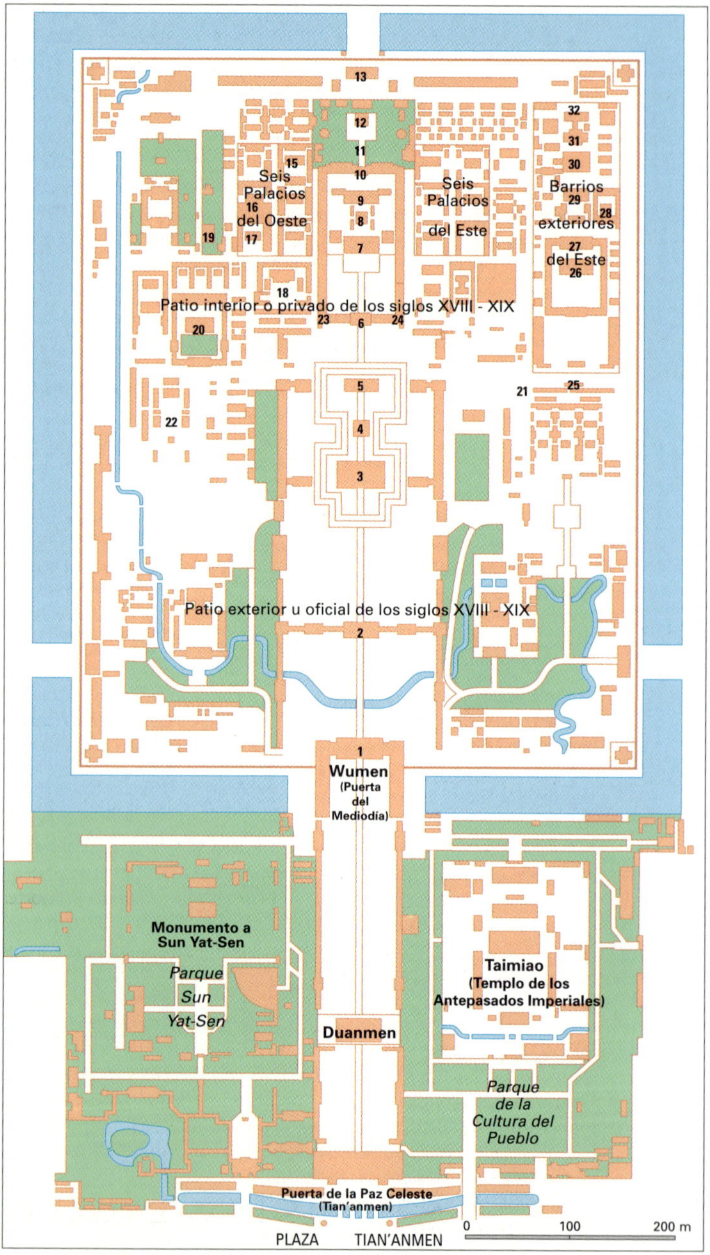

de cierre, de 7 a 10 m de alto, y fosos de un tamaño de 52 m. Además, el suelo de los patios necesitó 12 millones de ladrillos, y se cuentan más de 9.000 habitaciones o salas. Los materiales llegaron desde todos los rincones del Imperio: piedra de la región de Pekín, mármol de la de Shanghai, madera de Yunnan y Sichuan, ladrillos de Shandong. ¡Imaginad la logística para traer todo esto!

Su plano corresponde al de una inmensa *siheyuan*, la casa tradicional china. Todo se alinea sobre un eje central de norte a sur, en una simetría casi perfecta. El conjunto se dividió en dos partes. En el **patio exterior** (o parte oficial), el primer espacio que se encuentra viniendo del sur, miles de personas trabajaban, pero no residían aquí. Era donde se trataban los asuntos de la corte y se celebraban las grandes ceremonias. Y más allá de la puerta de la Pureza Celeste se extendía el **patio interior** (o parte privada). Aquí se encontraba la residencia del emperador, sus despachos, las residencias de las concubinas, de las emperatrices viudas y de los hijos del emperador. En cuanto al personal, las cifras también dan miedo. Se cuentan hasta 20.000 eunucos con los Ming. Al final, durante el reino de Puyi, ¡aún quedaban 1.000!

1 Puerta del Mediodía (Wumen)
2 Puerta de la Armonía Suprema (Taihemen)
3 Palacio de la Armonía Suprema (Taihe dian)
4 Palacio de la Armonía del Centro (Zhonghe dian)
5 Palacio de Armonía Conservada (Baohe dian)
6 Puerta de la Pureza Celeste (Qianqingmen)
7 Palacio de la Pureza Celeste (Qianqing gong)
8 Palacio de la Union (Jiaotai dian)
9 Palacio de la Tranquilidad Terrestre (Kunningong)
10 Puerta de la Tranquilidad Terrestre (Kunningmen)
11 Jardines imperiales (Yuhua yuan)
12 Pabellón de la Tranquilidad Imperial
13 Puerta del Genio Militar (Shenwumen)
15 Palacio de las Elegancias Acumuladas o de las Jóvenes Bellezas (Chuxiu gong)
16 Palacio de la Primavera Eterna (Changchun gong)
17 Palacio de la Gran Supremacía (Taiji dian)
18 Palacio de la Alimentación del Espíritu o del Carácter (Yangxin dian)
19 Pabellón de la Lluvia y de las Flores (Yuhua ge)
20 Palacio de la Tranquilidad Compasiva (Cining gong)
21 Puerta de la Fortuna Espléndida (Jingyun Men)
22 Puerta de los Grandes Ancestros (Long Zong men)
23 Palacio del Favor Celeste (Cheng Qian Gong)
24 Palacio de la Armonía Eterna (Yong He Gong)
25 Muro de los Nueve Dragones (Jiulong bi)
26 Palacio de la Perfección Imperial (Huangji dian)
27 Palacio de la Longevidad Tranquila (Ningshou gong)
28 Pabellón de los Sonidos Agradables (Changyinge)
29, 30 y 31 Apartementos privados de Qianlong
32 Puerta de la Verdad Pura (Zhenshunmen)

En cuanto a las esposas y concubinas, respondían a una jerarquía muy precisa. El gineceo imperial, primero organizado por los Ming siguiendo una jerarquía de 12 rangos, pasó luego a siete con los Kangxi (1662-1722). Se reclutaba a jóvenes manchúes o mongoles de 13 a 15 años. Una sola esposa llevaba el título de emperatriz *(huang-hou)*, y le seguían dos segundas esposas *(shufei)*, cuatro concubinas imperiales *(guifei)*, seis concubinas de cuarto rango *(fei)*, las concubinas de quinto rango *(ping)* y un número ilimitado de concubinas de rango inferior *(guiren)*. La movilidad era bastante amplia, según los nacimientos. De este modo, Cixi, concubina de quinto rango, se vio impulsada a la categoría de segunda esposa al nacer su hijo y, más adelante, a la de emperatriz viuda al convertirse éste en heredero. Por otra parte, emperatriz, esposas y concubinas poseían un número preciso de damas a su servicio (diez para la emperatriz y dos para una concubina de séptimo rango). Niñas reclutadas a la edad de 13años recibían un aprendizaje severo y, después, retornaban al hogar a la edad de 18 años provistas de un pequeño peculio.

Visita

Atención: excepto en la parte considerada museo, los palacios no se pueden visitar por dentro. Hay que estirar el cuello por encima de las vallas fijas que hay frente a las puertas y darse codazos con los numeros turistas chinos... Si llegáis cuando abren las puertas, podréis visitar el recinto con mayor tranquilidad, mientras que, si os esperáis a que haya llegado todo el mundo, vuestra visita puede durar 5 h como mínimo.

> **Entrada sur:** por la **puerta Tian'anmen** (puerta de la Paz Celeste), custodiada por un inmenso retrato de Mao (¿el último emperador verdadero?). A la izquierda, el **parque Sun Yat-sen;** a la derecha, el **parque de la Cultura del Pueblo,** en el que se erige el templo de los Antepasados Imperiales, que se remonta a la época del emperador Yongle (1406). Se cruza la **puerta Duanmen** (puerta de la Rectitud) y se llega a la **Wumen** (puerta del Meridiano o del Mediodía), verdadera entrada de la Ciudad, donde podréis comprar, a ambos lados, las entradas.

El patio exterior

Puerta del Mediodía (Wumen; *plano de la Ciudad Prohibida, **1**):* imponente y majestuosa (más de 100 m de ancho). De una arquitectura particular, este edificio en forma de U posee dos alas laterales con cuatro pabellones. La puerta está coronada por un pabellón de doble tejado, cubierto por tejas barnizadas amarillas (color imperial). Aquí es donde el emperador presidía los desfiles militares y anunciaba el nuevo calendario. La puerta del medio estaba siempre reservada al emperador, a la emperatriz el día de su boda y a los tres laureados del concurso imperial el día de su recepción. Y la del este veía salir el féretro del emperador y de las concubinas.

Puerta de la Armonía Suprema (Taihemen; *plano de la Ciudad Prohibida, **2**):* particularmente impresionante, con una inmensa explanada ante ella y atravesada por el río de Aguas de Oro. Dicho río pasa por cinco puentes de mármol, uno de los cuales estaba reservado al emperador (el central). Su curso aquí imita la forma de un arco cuyos cinco puentes serían las flechas (trazado que se sustenta en la geomancia tradicional). Se accede a la puerta por una escalera de mármol (considerada la más bella de la Ciudad Prohibida). En el centro, observaréis una gran losa de mármol esculpida con dragones (símbolo del emperador), por encima de la cual pasaba el palanquín imperial. Dos leones de bronce de la época Ming protegen la puerta. A la izquierda, el animal tiene un cachorro en su pata (símbolo del amor, la mujer), y a la derecha, una bola (símbolo de poder, el hombre). Bajo la puerta hay un gran plano de la Ciudad.

Palacio de la Armonía Suprema (Taihe dian; *plano de la Ciudad Prohibida, **3**):* también va precedido por un inmenso patio que puede albergar cerca de 100.000 personas en las grandes ceremonias. Los adoquines, dispuestos en bloques rectangulares paralelos, son los originales. Edificado en 1420 y reconstruido por Kangxi en 1695, es el mayor de la Ciudad. Se accede a él por una sucesión de escaleras y terrazas con barandillas de mármol esculpidas con toda la belleza. En primer plano, reinan la tortuga con cabeza de dragón (símbolo de longevidad, incluso de inmortalidad) y la grulla (longevidad de las mujeres). Fijaos en las gigantescas jarras de bronce que encontraréis un poco más adelante. Se llenaban de agua para apagar posibles incendios (la gran obsesión de los oficiales del palacio) y en invierno se calentaban.

En el interior del Taihe dian se celebraban las ceremonias más importantes del Imperio. Alta sala de unos 30 m, sostenida por 24 pilares finamente trabajados. En el centro, el trono esculpido de forma magnífica. Por encima, observad el artesón central decorado con una enorme perla. Es una lástima que todo esto sólo pueda verse desde fuera... Fijaos también en los animales que decoran el techo y que evocan el horóscopo chino.

Palacio de la Armonía del Centro (Zhonghe dian; *plano de la Ciudad Prohibida, **4**):* detrás del *Taihe dian*, es el más pequeño de los tres. Una vez más, podemos ver hermosas terrazas de mármol. Sala construida en 1420 y restaurada en 1627, hace honor a su nombre, pues sirve de transición entre los otros dos grandes palacios. El emperador se detenía aquí para meditar antes de las grandes ceremonias, preparar sus discursos, repasar los textos de las oraciones y, a veces, recibir a sus ministros.

Palacio de la Armonía Conservada (Baohe dian; *plano de la Ciudad Prohibida, **5**):* construido al mismo nivel que el Palacio de la Armonía Suprema, era utilizado para los grandes banquetes. Además, el emperador recibía aquí a embajadores y príncipes vasallos, y él mismo efectuaba a los candidatos la última prueba de las importantes oposiciones imperiales de reclutamiento de funcionarios.

El mobiliario y el trono son de la época Qing. Detrás del edificio podréis descubrir una de sus maravillas (en el centro de la escalera):

> **> LOS NUEVE DRAGONES DEL PALACIO**
>
> **Los nueve dragones del Palacio de la Armonía Conservada, la obra Ming más colosal de la Ciudad Prohibida, de casi 17 m, pesa 250 toneladas y su traslado fue homérico. Se necesitaron 28 días para que 20.000 obreros llevaran el bloque. Técnica ingeniosa: se deslizó la losa sobre una pista de hielo. Y a lo largo del recorrido se excavaron centenares de pozos para regar la pista y, con el hielo, hacerla más deslizante.**

la losa de mármol esculpida que representa **nueve dragones** con una perla en la boca, paseando en un torbellino de nubes, de ondeantes olas y de precipicios.

Más allá veréis el patio interior. En la explanada hay un café de una gran cadena estadounidense. Presencia extranjera en este lugar. Resulta caro y la comida no es gran cosa, pero sirve para descansar un poco y comprar cuatro refrescos y algún tentempié.

El patio interior

Era el espacio privado de la Ciudad. Aquí vivía el emperador. Siempre sobre el eje central, tres palacios son como el eco de los tres palacios del patio exterior. Cerrado por un gran muro rojo y la **puerta de la Pureza Celeste** (Qianqingmen; *plano de la Ciudad Prohibida,* ***6****),* custodiada por dos magníficos leones de bronce chapados en oro. Las alas de la puerta de la Pureza Celeste albergan dos museos. A la izquierda, una colección de cerámica de todas las épocas que muestra la evolución de este arte a lo largo de 8000 años; a la derecha, una colección de bronces con la misma temática cronológica. Entrada gratuita. A la derecha de la entrada encontraréis un *Starbuck Coffee.*

Palacio de la Pureza Celeste (Qianqing gong; *plano de la Ciudad Prohibida,* ***7****):* el edificio más antiguo de la Ciudad (aunque reconstruido en 1798) albergaba los apartamentos de los Ming y de los primeros emperadores Qing (Shunzhi y Kangxi). Una decena de dormitorios permitían cambiar de habitación a menudo y burlar los intentos de asesinato. Reconvertido más adelante en sala de audiencias para los embajadores, también era el lugar donde se exponían los féretros de los emperadores difuntos antes de las exequias. En la sala central, observad la inscripción horizontal, por encima del trono (*zheng da guang ming*, «la sinceridad y la rectitud»).

El emperador Yongzheng escondió aquí una caja sellada que contenía el nombre de aquel a quien eligió como sucesor, y que se confirmaba en otra carta que llevaba siempre consigo, como garantía de que no habría manipulación tras su muerte. Era la primera vez que un emperador rompía con la tradición que llevaba de forma automática el hijo mayor al trono.

Palacio de la Unión (Jiaotai dian; *plano de la Ciudad Prohibida, **8**):* durante mucho tiempo fue la sala del trono de la emperatriz. Aquí recibía la emperatriz en ocasión del Año Nuevo lunar y de su cumpleaños. Después, fue la sala de los sellos de los emperadores, ya que, en 1748, Qianlong depositó aquí los 25 sellos que simbolizaban el poder imperial y que actualmente se exponen en la parte destinada a museo. También podéis admirar un precioso techo decorado con el ave fénix, el emblema de la emperatriz, además de un monumental reloj de carillón fabricado en 1798, que sigue funcionando, y una clepsidra de cobre.

Palacio de la Tranquilidad Terrestre (Kunningong; *plano de la Ciudad Prohibida, **9**):* aquí se encontraba la alcoba de la emperatriz durante el reinado de los Ming. Después fue habitación nupcial de los emperadores (pintada de rojo, color de la unión conyugal). En este punto, los chinos se vuelven locos y pegan sus caras a los cristales. Según como se refleje la luz, podrán ver unos u otros detalles del mobiliario interior. A la derecha hay un pasillo en el que todos los autóctonos acarician el carácter de la doble felicidad y murmuran algunas palabras bajo la atenta mirada de los guardas. ¡Dicen que trae suerte a los matrimonios!

Por la parte de detrás, unas escaleras con la barandilla de ladrillos barnizados amarillos y verdes os conducirán a la **puerta de la Tranquilidad Terrestre** (Kunningmen; *plano de la Ciudad Prohibida, **10**)*, que marca la entrada a los jardines imperiales.

Jardines imperiales (Yuhua yuan; *plano de la Ciudad Prohibida, **11**):* numerosos árboles (pinos y cipreses) varias veces centenarios (algunos tienen 500 años)..., todo el arte de los jardines chinos. En el centro, el **pabellón de la Tranquilidad Imperial** *(plano de la Ciudad Prohibida, **12**)*, dedicado al culto taoísta del genio del agua, que se supone que protegía contra los incendios. Al este, una pequeña colina artificial, coronada por el **pabellón de la Vista Imperial** (Yujing ting). Uno de los pocos lugares del palacio que permiten tener vistas sobre el exterior. El emperador y su familia venían aquí el día de la fiesta del séptimo día del séptimo mes lunar.

En la parte este de la **puerta de la Tranquilidad Terrestre** (Kunningmen; *plano de la Ciudad Prohibida, **10**)* hay una exposición de autómatas de los siglos XVIII y XIX. En el norte del jardín, sobre el eje del palacio, se encuentra el **templo de la Tranquilidad Imperial** (Qin'an dian).

Puerta del Genio Militar (Shenwumen; *plano de la Ciudad Prohibida, **13**):* puerta norte de la Ciudad Prohibida. Antiguamente no era la última puerta. La colina de Carbón (ver más adelante) estaba realmente integrada en la Ciudad Prohibida. Por aquí entraban los generales cuando los convocaba el emperador. Y por aquí salieron brutalmente ciertos emperadores, como el último Ming, Chongzen, para ser colgado en otro lugar, y Cixi huyó de los bóxers en 1900. Cerca de la puerta hallaréis una interesante librería ubicada donde el emperador repudiaba a las concubinas que ya no deseaba.

Los palacios y apartamentos privados de Qianlong (y salas de exposiciones)

Se entra desde la explanada por la puerta de la Fortuna Espléndida (Jingyun Men; *plano de la Ciudad Prohibida, **21***) o por el extremo noreste de la Ciudad. Gran parte de los palacios de este sector se han adaptado para albergar el **Museo del Tesoro Imperial.** Entrada suplementaria 10 ¥ (1 €).

Justo después de la ventanilla, encontraréis el **muro de los Nueve Dragones** (Jiulong bi; *plano de la Ciudad Prohibida, **25***), de cerámica policroma barnizada, que indicaba el inicio de la zona del emperador Qianlong y que debía proteger el palacio de los malos espíritus. Recordemos que, tras 60 años de reinado, Qianlong (1736-1796) cedió el poder a su hijo, como deferencia a su antepasado Kangxi, para no batir el récord de longevidad que éste ostentaba. Para pasar un feliz retiro, se hizo preparar el **Palacio de la Perfección Imperial** (Huangji dian; *plano de la Ciudad Prohibida, **26***), además del **Palacio de la Longevidad Tranquila** (Ningshou gong; *plano de la Ciudad Prohibida, **27***), que son dos copias del Palacio de la Pureza Celeste y el de la Tranquilidad Terrestre.

En el Palacio de la Perfección Imperial hay una magnífica colección de objetos (budistas y de ritual imperial) que no os podéis perder: collares de perlas y lapislázuli, utensilios para calentar las manos, frascos para perfumes e incienso, los 25 sellos imperiales, *gold babao* (ocho buenos augurios), una vajilla para tomar vino *(jue)* con tres pies, un magnífico joyero para las concubinas, un carillón de jade grabado, armas decorativas del emperador, instrumentos musicales, ricos vestidos y una armadura del emperador.

En el Palacio de la Longevidad Tranquila (espléndida sala con pilares dorados y techos artesonados) encontraréis más tesoros y muchas joyas: fijaos en el lecho de marfil trenzado, en los elefantes de terracota de 1,80 m de altura, etc.

A continuación vienen los **apartamentos privados de Qianlong** *(plano de la Ciudad Prohibida, **29**, **30** y **31**)*. En el **pabellón de los Sonidos Agradables** (Changyinge; *plano de la Ciudad Prohibida, **28***), teatro del emperador, colecciones de decorados y de trajes para la escena. No debéis perderos la obra maestra *El emperador Yu dirigiendo el aprovechamiento de los cursos de agua*, un enorme bloque de jade completamente cincelado, de 2,24 m de alto y más de 5 t.

En el extremo norte, cerca de la **puerta de la Verdad Pura** (Zhenshunmen; *plano de la Ciudad Prohibida, **32***) tuvo lugar, en la atmósfera crepuscular de finales del reinado, uno de esos episodios dramáticos de la vida secreta de palacio que a uno le encantaría ver en una película. En este caso, la heroína es Zhenfei (Perla), favorita del emperador Guangxu. Tras graves rencillas con la emperatriz viuda Cixi, por haber defendido los proyectos de reforma del emperador, pero, sobre todo, por haber criticado la huida de Cixi ante las tropas extranjeras, Cixi no hace concesiones y manda lanzar a la insolente rival al pozo más cercano a la puerta de la Verdad Pura. En realidad, no hay nada espectacular, sólo el lugar con el cartel explicativo. Una vez allí, estaréis a dos pasos de la puerta norte de la Ciudad Prohibida.

Los seis palacios del Oeste

Pasemos al lado oeste, si aún os quedan fuerzas. Hay algunos pabellones más y pequeños palacios dignos de interés. Por lo general, albergaban las residencias de las esposas y concubinas. A partir de Kangxi, algunos emperadores se instalaron en ellos. El más próximo es el **Palacio de las Elegancias Acumuladas o de las Jóvenes Bellezas** (Chuxiu gong; *plano de la Ciudad Prohibida, **15***). Aquí se estableció Cixi tras el nacimiento del futuro emperador Tongzhi (1862), en lugar de instalarse en el **Palacio de la Tranquilidad Compasiva** (Cining gong; *plano de la Ciudad Prohibida, **20***) como habían hecho todas las emperatrices viudas precedentes. Podréis apreciar el trono de Cixi, además de mamparas y biombos de preciosa madera negra. En el sur se encuentran el **Palacio Tihe dian**, el comedor de Cixi, y el **Palacio Yikun**, donde vivió por un tiempo cuando no era más que concubina de quinta categoría.

Siguiendo hacia el oeste, encontraréis el **Palacio de la Primavera Eterna** (Changchun gong; *plano de la Ciudad Prohibida, **16***). Cixi se retiró aquí cuando su hijo Tongzhi alcanzó la mayoría de edad y aquí vivió hasta 1875. La segunda esposa de Puyi también vivió aquí. Podéis visitar la elegante alcoba y el trono recubierto de precioso tejido amarillo bordado. En el sur del palacio tenéis la sala de la Unidad del Estado, reservada al teatro, y el **Palacio de la Gran Supremacía** (Taiji dian; *plano de la Ciudad Prohibida, **17***), residencia de Cixi durante el reinado de Tongzhi. Enmarcando el trono, dos elefantes de porcelana que simbolizan la paz.

Los otros palacios del Oeste

En el sur del grupo de los seis palacios está el **Palacio de la Alimentación del Espíritu o del Carácter** (Yangxin dian; *plano de la Ciudad Prohibida, **18***). El emperador Yongzheng fue el primero en instalarse aquí. El primer patio estaba reservado a las concubinas. En el edificio central, situado en el segundo patio, se halla la sala del trono, con un techo destacable. Ante la puerta de Yangxin vigilan dos leones de bronce chapados en oro. Subiendo hacia el oeste, se encuentra el **pabellón de la Lluvia y de las Flores** (Yuhua ge; *plano de la Ciudad Prohibida, **19***), que posee un magnífico techo de tejas rojo y azul, coronado por una pequeña pagoda decorada con largos dragones en sus cuatro esquinas. Aquí es donde residían las concubinas imperiales.

Colina de Carbón *(Jingshan Gonguan; plano general I, B1)*

Está situada en el norte, en la prolongación de la Ciudad Prohibida, al otro lado de la avenida. Todos los días de 6 a 21 h. Entrada: 2-5 ¥ (0,20-0,50 €).

Colina artificial que se erigió 108 m por encima del nivel del mar, con la tierra de la excavación de las zanjas y los estanques pekineses. Su forma y la simetría de sus edificios responden a los principios clásicos de la geomancia, que consideraban que protegía la ciudad contra los malos espíritus que llegaban del norte. En la época, sólo el emperador tenía derecho a pasear por ella. Seguid el muro rojo a la derecha, en dirección al pabellón oriental, hasta el árbol del suicidio del emperador Chongzhen. En 1644, el último emperador Ming se colgó aquí, en el momento de la entrada en Pekín de 400.000 campesinos dirigidos por Li Zicheng. Bonito paseo de subida hasta la cima de la colina. Las familias se zarandean por hacer la foto mítica con la Ciudad Prohibida al fondo. Hay que decir que constituye una visión mágica.

XICHENG

Al norte de la Ciudad Prohibida, es uno de los lugares más bonitos de la ciudad. Hay que recorrerla a pie o en bicicleta, al ritmo del Pekín de antaño. Especialmente, el paseo por las orillas de los cuatro lagos, última ocasión de capturar todo el encanto de unas escenas populares y familiares, pintorescas y emotivas. Muchos creen que aquí es donde reside el espíritu del viejo Pekín.

PEKÍN- PLANO GENERAL II (LA CIUDAD TÁRTARA)

A B

A B

Parque Beihai *(plano general II, B1)*

Todos los días de 6 a 21 h (la taquilla cierra a las 17.30 h). Entrada: 10 ¥ (1 €); entrada que permite acceso completo: 20 ¥ (2 €); por cada tres sitios de pago, 10-15 ¥ (1-1,50 €).

Marco Polo también se encaprichó de este rincón. El parque fue ampliado por el emperador Yongle en 1403 y anexionado a la Ciudad Prohibida. Más adelante, a Qianlong y Cixi les gustó vivir aquí, y construyeron templos y palacios. La alta burocracia comunista también se lo apropió, y la viuda de Mao lo consideraba su jardín privado. Abierto en gran parte al público en 1976.

Justo enfrente se halla la **Ciudad Redonda (Tuancheng),** colosal plataforma circular edificada en 1417. Aquí podréis empezar la visita. Alberga hermosos árboles y, ante un pabellón, una gran pila de jade negro esculpida. También se puede admirar un buda de jade blanco espléndido (el preferido de Cixi). Al final del puente descubriréis la

PEKÍN- PLANO GENERAL II (LA CIUDAD TÁRTARA) *(págs. 168-169)*

■ **Transportes y Direcciones útiles**

- Estación de Xizhimen Beizhan
- Estación de Deshengmen
- Estación de Dongzhimen
- BTIC (Bureau Tourism Information Center)
- Estación de Beijing Huochezhan
- 14 Foreign Section of the Public Security Bureau
- 17 Beijing Foreign Language Bookstore

¿Dónde dormir?

- 21 Lotus Hostel
- 26 Qomolangma Hotel
- 27 Saga Youth Hostel
- 28 Home Inn
- 29 7 Days Inn – Dong Si
- 31 Lusongyuan Hotel
- 32 Bamboo Garden Hotel
- 33 Candy Inn -1 Hai Inn
- 34 Guxiang 20 Club
- 35 Jade International Youth Hostel
- 36 Tailong Hotel
- 37 Motel 268
- 38 Jade Garden Hotel
- 39 Novotel Peace Hotel
- 40 Hotel Kapok
- 41 Red Lantern
- 42 Drum Tower Youth Hostel y 7 Days - Inn Gulou
- 43 Sleepy Inn
- 44 Huguosi Hotel
- 45 Qilu Hotel

¿Dónde comer?

- 32 Fusong Zhai
- 54 Jindingxuan
- 67 Donghuamen Night Market
- 68 Wangfujing Xiaochijie
- 69 Megabite 2 Taste
- 70 Yuxiang Renjia
- 71 Minfuju
- 72 Xinjiang Fengwei
- 73 Jiaozi GuanLe Little Saïgon
- 74 Beipingju
- 75 Fujialou
- 76 Liuzhai Shifu
- 77 Raj
- 78 Red Capital Club
- 79 Fangshan
- 80 Jin Gui Xiaoshansheng
- 81 Huajia Yiyuan
- 82 Jiumen Xiaochi
- 83 Jiutouniao Jiujia Chutianhong

isla de las Hortensias (Qiongnua), dominada por el **Dagoba Blanco.** Construida por un arquitecto nepalés en 1651, con motivo de la visita del dalai lama a Pekín, contiene escrituras budistas sagradas.

En el norte del lago, por la puerta de detrás (Beihai houmen), no podéis dejar de ver el fabuloso **muro de los Nueve Dragones,** construido por Yongle en 1417 para proteger contra los malos espíritus un templo hoy desaparecido. Tras el muro de los Nueve Dragones, el **jardín Sukavati**, que Qianlong hizo construir para el cumpleaños de su madre. Especialmente feo, en el centro hay un gran pabellón con la reproducción del monte Sumeru.

Paseo alrededor de Shishahai *(plano general II, B1-2)*

Shishahai (los lagos de los Diez Monasterios) agrupa los lagos Qianhaim Hohai y Xihai, todos ellos al norte del lago Beihai. La esencia de esta zona (especialmente en las orillas) ha pasado de lo auténtico (viejos tenderetes, picnic, baños) a lo turístico (restaurantes, bares, souvenirs; ver «¿Dónde tomar una copa?», antes). Rastread

84 Kao Rou Ji
85 Kejia Cai
86 Kong Yi Ji

Salones de té, cafés y pastelerías

88 Sanyuan Meiyuan
89 Eatea

¿Dónde tomar una copa? ¿Dónde escuchar música?

84 No Name y Nuage
87 Lotus Blue, Cang Su Feng Ge
99 La Baie des Anges
102 Huxley's
103 Bed & Tapas Bar
104 Pass By
105 Tibet Café
106 Yugong Yishan
107 Café Serendipity

Espectáculos

118 Chang An Grand Theater

Galerías de arte

121 Wangfung Gallery
122 Museo Nacional de Bellas Artes
123 The Courtyard Gallery

Compras

134 Mercado de Xidan
143 Bannerman Tang's Toys and Crafts

Masajes

145 Masajes en la calle

¿Qué visitar?

154 Antiguo Observatorio
166 Museo Lu Xun
167 Templo del Dagoba Blanco
168 Templo de los Antiguos Monarcas
169 Templo de la Gran Caridad
180 Casa del príncipe Gong
181 Residencia de Guo Moruo
182 Residencia de Mei Langfang
183 Residencia de Song Qingling
184 Puerta Deshengmen-Museo de las Monedas Antiguas
185 Museo Xu Beihong
186 Torres del Tambor y la Campana
187 Residencia de Mao Dun
188 Residencia de Lao She
189 Templo de la Intelectualización

un poco para encontrar lo que es realmente popular. Id a Houhai y Xihai para visitar los rincones más espléndidos. Al anochecer veréis barcas con familias y enamorados que se deslizan lentamente sobre sus aguas. Hay que hacer el recorrido a pie, decididamente.

Lago Qianhai: se inicia el paseo en Dianmenxi Dajie, por el sur del lago Qianhai. Ya de entrada, se sumerge uno en el ambiente con los jugadores de ajedrez, damas o mah-jong y masajistas. A veces, reducidas orquestas de venerables ancianos tocan en público. La orilla izquierda ha sido bautizada como **Lotus Lane** (ver «¿Dónde ir de marcha?», antes) y está bastante aburguesada. La orilla derecha es un poco más tranquila. Las callejuelas que quedan en el oeste del lago muestran bonitas ***siheyuan***, algunas de las cuales se pueden visitar, como, por ejemplo, la **residencia de Guo Moruo** *(plano general II, B1, **181**)* o la de **Mei Lanfang** *(plano general II, B1, **182**;* en Huguo Sidajie), un famoso cantante de ópera. En esta última se muestran muchos objetos personales y fotos. Abierta de 9 a 16. h. Cerrada los lunes. Entrada: 10 ¥ (1 €).

SIHEYUAN (RESIDENCIA TRADICIONAL)

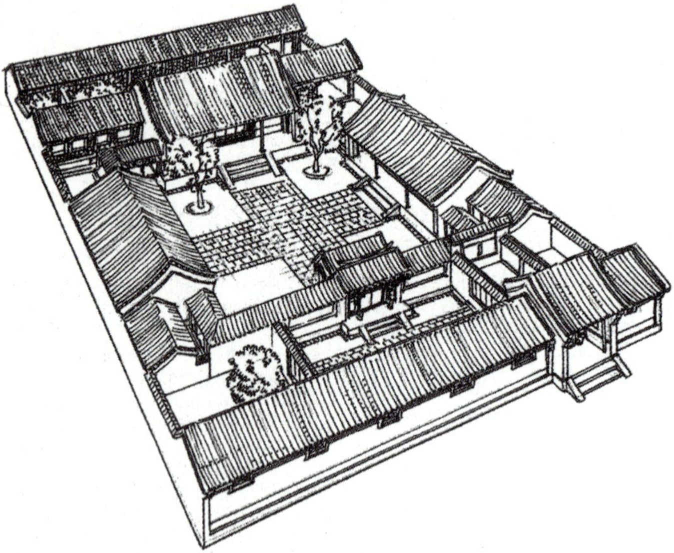

En Qianhai Xijie, un poco más hacia el norte, está la magnífica **casa del príncipe Gong** *(plano general II, B1, **180**)*, que data de finales del siglo XVIII. Abierta todos los días de 8.30 a 18 h. Entrada: 40 ¥ (4 €). Dicho príncipe, hermanastro de Xianfeng, negoció en 1860 con franceses y británicos. Podréis ver una gran cantidad de patios y pabellones bien protegidos, y visitar la sala de ópera.

Lagos Houhai y Xihai *(plano general II, B1):* prolongación del lago Qianhai pasado el puente Yingding (que une la parte más estrecha del lago). Sus orillas y sus barrios circundantes valen su peso en *hutong*, a pesar del desarrollo turístico. En cuanto a la **residencia de Song Qingling** *(plano general II, B1, **183**)*, en Houhai beiyan (en el noroeste del lago Houhai), fue construida en 1949 por el nuevo gobierno comunista para la viuda de Sun Yat-sen. Se visitan los apartamentos y el precioso jardín. Entrada: 20 ¥ (2 €). También en la misma esquina, tenéis el **Museo Xu Beihong** *(plano general II, A-B1, **185**)*, en el número 53 de Xinjiekou Beidajie (Ⓜ Xinjiekou Neidajie) que exhibe las obras de este pintor, uno de los maestros de la pintura contemporánea china que estudió en la década de 1920 en París.

Para finalizar el paseo en el extremo del lago Xihai (Jishui-Tan), aún os falta por ver el **memorial Huitongji** *(plano general I, B1)*, sobre una pequeña isla. Se trata de un antiguo convento dedicado a Guanyin, diosa de la misericordia. Ella lo ve y lo oye todo; no dudéis en pedirle algo. Vistas a la **puerta Deshengmen** y el **Museo de las Monedas Antiguas** *(plano general II, B1, **184**)*; la puerta es una de las pocas que escaparon, milagrosamente, de la destrucción del recinto de la ciudad.

Torres del Tambor y de la Campana y los *hutong* de alrededor

Torres del Tambor y de la Campana (Gu lou y Zhong lou; *plano general II, B1, **186***). En el extremo de Dianmenwai Dajie. Ⓜ Gulou Dajie. Se trata de dos torres gemelas encaradas una a cada lado de una magnífica plazoleta inundada de *sanlunche* (triciclos). Abiertas de 9 a 17.30 h. Entrada: 20 ¥ (2 €) cada torre; 30 ¥ (3 €) por las dos.

En el sur se encuentra la torre del Tambor, edificada en un primer momento por los Yuan y reconstruida en el siglo XV con su forma actual. Antiguamente, desde esta torre de tres tejados superpuestos redoblaban los tambores cada 2 h. Con ello se indicaban los 12 fragmentos en que estaba dividida la jornada china y que correspondían al horóscopo chino. Esta torre dio el nombre a todo el barrio, que actualmente es uno de los más característicos de Pekín. Unas escaleras muy empinadas os conducirán a la sala en la que se exponen los 24 tambores gigantes. Desde ahí tendréis una vista preciosa del barrio, los lagos, la colina de Carbón y la Ciudad Prohibida. Cada media hora hacen una demostración.

En el norte está la torre de la Campana. Su aspecto es más austero y militar que el de la coqueta vecina. Data del siglo XVIII. Según cuenta la leyenda, la hija del fundidor que hacía la campana se sacrificó lanzándose en el material de la fundición para que el fundido del bronce fuera perfecto.

Los *Hutong* de alrededor (*plano general II, B-C1*): de norte a sur de las torres, descubriréis una multitud de calles flanqueadas por las emblemáticas siheyuan del viejo Pekín. A lo largo de unos 2 km entre las calles Jiugulou Dajie, Dianmenwai y Dianmendong Dajie, Zhangzi Zhonglu, Dongsi y Yonghegong Dajie.

Residencia de Mao Dun (*plano general II, C1, **187***): 13, Houyuan' ensi Hutong (entre Nanluogu Xiang y Jiaodaokou Nandajie). Todos los días excepto lunes de 9 a 16 h. Entrada: 5 ¥ (0,50 €).

En su interior podréis ver una exposición que documenta la vida de este gran escrito chino (1896-1981). Entre los pseudónimos que utilizó, se encuentra «maodun» (literalmente «contradicciones»), término que hace referencia a los problemas sociales y revolucionarios.

A lo largo de Fuchengmen (distrito de Xicheng)

Este agradable itinerario recorre una arteria de la ciudad particularmente rica en lugares de interés. Todos ellos pueden ser recorridos siguiendo la propia avenida o los interesantes y populares *hutong* paralelos a la misma.

Museo Lu Xun (*plano general II, A2, **166***): 19, Gongmen Ertiao. Ⓜ Fuchengmennei. Al final de una callejuela perpendicular a la avenida. Abierto de 9 a 15.30 h y cerrado los lunes. Entrada: 5 ¥ (0,50 €).

Consagrado a Lu Xun, fundador de la literatura moderna china; aun estando exclusivamente en chino, la interesante museografía, los manuscritos y las numerosas ilustraciones, grabados y fotografías permiten captar el contexto histórico y social en el que vivió el escritor. Así pues, se trata de una visita que se construye con impresiones dispersas, con retales de atmósfera, con detalles insólitos o curiosos capturados aquí y allí... La visita se organiza cronológicamente: su infancia, los años de estudio, su vida en Pekín de 1912 a 1926, fotos de secundaria y de su mujer (1898-1968, una de sus estudiantes), retrato al carbón realizado por un amigo del pintor, recuerdos de la universidad de Pekín, su despacho... También lo sabréis todo sobre sus maestros de pensamiento: Descartes, Ibsen, Nietzsche, etc. En 1926 tuvo que abandonar la universidad de Pekín a causa de su compromiso político con la izquierda.

Templo del Dagoba Blanco (Baita si; *plano general II, A2, **167***): 11, Fuchengmennei Dajie. Abierto todos los días de 9 a 16 h. Entrada: 20 ¥ (2 €).

Edificado en tiempos de los Yuan (1276-1368) por un arquitecto nepalí, el dagoba, de 51 m y rematado por un disco de bronce en forma de paraguas adornado con campanillas, es más alto que el del parque Beihai. La tercera sala (llamada de los Siete Budas) alberga interesantes estatuas, entre las que destaca la magnífica Guanyin «de mil brazos». A los lados, *arhats* de bronce de estilo Ming.

Templo de los Antiguos Monarcas (Lidai Diwangmiao; *plano general II, A2, 168)*: 131, Fuchengmennei Dajie. Ⓜ Xisi. Todos los días de 9 a 16 h. Entrada: 20 ¥ (2 €).

Al igual que en el templo de los Ancestros Imperiales, los emperadores Ming y Qing acudían a este recinto para venerar a sus antepasados. Los palacios, impresionantes, carecen sin embargo de historia. Las tablillas de los ancestros expuestas en el imponente **Jingde Chong Sheng Dian** con doble tejado (segundo patio) dejan ver a las claras que son falsas: las originales fueron destruidas durante la Revolución Cultural. Alrededor, cuatro pabellones cuadrados protegen las estelas Qing de 8 m de alto. Exposiciones y puestos interactivos en las salas laterales explican (en inglés) la tremenda complejidad de los ritos. Originariamente, los sacrificios honraban a los fundadores míticos de la civilización china: los tres augustos y los cinco emperadores que precedieron a la dinastía Xia (más de 2200 años a. C.) ¡Bajo la dinastía Qing, las ceremonias incluían hasta 23 etapas, honrando a 188 soberanos (en el palacio Jingde), 79 ministros y generales (pabellones este y oeste)! Muy astutos, los emperadores no acudían necesariamente en persona, confiando más bien esta tarea a sus correspondientes ministros.

Templo de la Gran Caridad (Guangji Si; *plano general II, A2, **169**)*: 25, Fuchengmennei Dajie. Ⓜ Xisi. Todos los días de 8.30 a 16.30 h. Entrada gratuita.

Sede de la Asociación Budista, fue fundado bajo los Jin (1115-1234) y reconstruido en la época Ming y en 1932 (tras sufrir un incendio). La sala principal *(Daxiong dian)* presenta en el tejado una cresta decorada con flores de loto. En la sala del fondo del tercer patio, destaca la diosa Guanyin «de mil brazos».

DONGCHENG

Templo de los Lamas (Yonghe gong; *plano general II, C1)*

En el número 12 de Yonghegong Dajie. Ⓜ Yonghegong. Abierto de 9 a 17 h. Entrada: 25 ¥ (2,50 €).

Uno de los mayores templos de Pekín, antiguo palacio del emperador Yongzheng de la dinastía Qing, fue ofrecido a los monjes tibetanos en 1732. El centro de culto lamaísta más importante después del «gran Tíbet». Desde ese momento fue la residencia de muchos fieles tibetanos y mongoles –fijaos en las estelas y en los rollos redactados en tibetano, mongol, chino y manchú–.

Los emperadores manchúes se interesaron enormemente por el budismo tibetano. Quizá porque su práctica religiosa mezclaba sin problemas ciertos rituales chamanistas (que les recordaban la religión de sus antepasados), el hecho es que el monasterio prosperó en los siglos XVIII y XIX (alojaba a 300 lamas). Por otra parte, éstos disfrutaban de relaciones privilegiadas con el emperador y eran los únicos, según se dice, que podían mirarle a los ojos. A lo largo del Imperio, los diferentes emperadores tuvieron así el medio de controlar la jerarquía lama y de saber qué ocurría en el lejano Tíbet. El templo escapó de las destrucciones de la Revolución Cultural (enormes en Tíbet), porque el régimen comunista, incluso durante esta etapa de anarquía, relanzó su papel tradicional de control de las autoridades religiosas.

Acceso por la **puerta de la Concordia** (Zhaotou). Preciosas tejas barnizadas amarillas y verdes preceden el camino que conduce a dos **pabellones:** a la izquierda, **el del Tambor;** a la derecha, **el de la Campana.** A ambos lados vigilan los espléndidos leones tradicionales.

Sala de los Cuatro Guardianes Celestes (Tianwang Dian): alberga un buda Maitreya sonriente de madera dorada y, a cada lado, una *stupa* de 500 budas cada uno. Los cuatro guardianes de barro cocido policromo son particularmente expresivos y aplastan alegremente a los diablos que hay bajo sus pies.

Sala de la Concordia Armoniosa (Yonghe Gong): contiene tres budas de bronce (el pasado, el presente y el futuro), y una peana en forma de flor de loto simboliza la pureza. Ante ellos, un pebetero, un candelabro y un florero con esmalte tabicado. A cada lado, nueve *arhats* simbolizan el buda militar y garantizan protección. Tambor y ruedas de oraciones, y, a continuación, otro patio con espléndidos granados y caquis.

Sala de la Protección Eterna (Yongyou dian): tres budas (de la medicina, la longevidad y la enseñanza). Preciosos techos de artesonado policromo. Fijaos en los dos *tankas* de las paredes laterales. El de la izquierda, compuesto por 6.000 retales de seda cosidos, es de una delicadeza suprema, y el de la derecha está pintado sobre papel.

Sala de la Rueda de la Ley (Falun dian): inmensa sala de planta cuadrada con bonitas losas de piedra. Su arquitectura es la que más se aproxima a la de un templo tibetano. Edificada en 1694 y dedicada a Tsongkapa, fundador de la secta lamaísta de los Boinas Amarillas *(Gelugpa)*, una de las más importantes del budismo tibetano. Alberga una enorme estatua de bronce (de varias decenas de toneladas) de Tsongkapa, cuya cabeza sale por un orificio del techo. Delante, los asientos de los monjes, dispuestos en paralelo y perpendiculares a la entrada. A la izquierda, el trono del dalai lama; a la derecha, el del panchen lama, los dos grandes patriarcas de la secta Gelugpa. Pero la foto del dalai lama no está. A los lados, frescos originales que representan todos los templos en servicio en China y el desarrollo del budismo. Observad detenidamente los detalles, la riqueza de la vida, las montañas con animales salvajes, escena de caza, carrera tras el tigre (arriba, a la izquierda). Debajo, los *sutras*. Después, los famosos **mandalas** de arena de colores. Tras la estatua, el espléndido monte de los 500 *arhats* de bronce, oro, plata, madera, barro cocido, etc. Detrás, el último patio.

Pabellón de las Diez mil Felicidades (Wanfu ge): por las 10.000 estatuas. Edificio con triple tejado que data de 1750. Fue construido para albergar una estatua de Buda gigante, con una altura de 26 m y de 8 m de diámetro. Impresionante, ¡esculpida en un solo tronco de sándalo blanco, barnizado dorado! Regalo del séptimo dalai lama al emperador Qianlong.

Por último, la visita termina en una especie de pequeño **museo**. Exposición permanente de objetos de culto, *sutras*, campanas, caracolas, budas y miniaturas. También hay mucha propaganda. Incluso podréis ver una foto del dalai lama, que se autorizó únicamente porque lo mostraba votando a mano alzada durante la visita que hizo a Mao el 27 de septiembre de 1954. Hay que conservar la entrada para otra exposición más etnográfica en otro edificio.

Entre otros objetos: hermoso vestido de corte que llevaron Qianlong y Yongzheng, *tankas*, pebeteros, coronas imperiales, bonitos vestidos, cinturón y collar de concha de tortuga, silla ricamente ornamentada, casco de caza del emperador, etc. ¡En invierno organizan exposiciones de elegantes esculturas hechas de mantequilla de leche de yak!

EN GUOZIJIAN JIE (CALLE DEL COLEGIO IMPERIAL)

Se accede, casi frente al aparcamiento del templo de los Lamas, por uno de los últimos pórticos *(pailou)* de Pekín; todos los demás han sido derribados por las grandes obras de urbanismo del último siglo.

Templo de Confucio y Colegio Imperial (Kongmiao y Guozijian respectivamente; *plano general II, C1):* a la derecha de la calle. Abierto de 8.30 a 17h y cerrado los lunes. Entrada: 20 ¥ (2 €). El colegio está a la izquierda antes de llegar al templo de Confucio.

> El templo fue fundado en 1306, durante la dinastía Yuan, y es el segundo más importante después del de Qufu (la ciudad de origen de Confucio). El primer pórtico da acceso a un patio bordeado por cipreses centenarios. Ahí es donde están escritos en grandes estelas de mármol blanco los nombres de todos los que superaron en su día los exámenes imperiales para acceder a la función pública. Sus nombres se honran y respetan como si fueran dioses.

Una escalera conduce a una terraza con balaustrada de mármol y magníficos bajorrelieves de dragones, emblema imperial (que demuestra lo mucho que los emperadores valoraban a Confucio).

> **Sala de los Grandes Logros** (Dacheng dian): gran sala de ceremonias en honor de Confucio. Está en mal estado, pero eso le da encanto. Aquí podréis admirar hermosos instrumentos musicales: laúdes, arpas, tambores, carillones de piedras o de campanas. También podréis contemplar una especie de «huevos musicales» con seis agujeros que parecen ocarinas. Todo está previsto..., incluso las compras. Al fondo, un hotel lleno de ofrendas, como el *erguojiu* (un licor muy fuerte) y efigies de bueyes. Mirad hacia arriba: bonitos techos artesonados.

> **Colegio:** fundado también a principios del siglo XIV. Durante mucho tiempo fue la más alta institución académica, y hoy alberga la biblioteca de Pekín, con más de dosmillones de obras (de las dinastías Song, Ming y Qing). Tras superar un bello *pailou* (la puerta del Gran Estudio), se accede al célebre **pabellón Biyong (del Disco de Jade),** construido por Qianlong en el siglo XVIII: de forma cuadrada, en mitad de un estanque redondo y rodeado por una balaustrada con cuatro puentes antiguos de mármol. Su estructura ocupa una superficie de 310 m^2 sin la ayuda de ningún pilar ni viga interior. Una obra maestra de la arquitectura y del simbolismo.

Templo del Pico del Este (Dongyue Si; *plano general III, E5, 175):* Chaoyangmenwai Dajie. Frente al *hotel Kuntai.* Ⓜ Chaoyangmen. Todos lo sdías excepto lunes de 8.30 a 16.30 h. Entrada: 10 ¥ (1 €).

Fundado bajo los Yuan, ha sido objeto de numerosas reformas a lo largo del tiempo. Hoy ha perdido su condición de templo taoísta para convertirse en un museo de tradiciones populares (exposiciones temporales) en el que se documentan las numerosas fiestas que se organizaban (y todavía se celebran) en el lugar.

El templo ocupaba en origen una extensión mayor de la actual y conserva un camino elevado que está decorado con linternas y tarjetas. Alrededor hay un gran número de salas y dependencias cuyas paredes conservan pinturas que relatan la creación. En el fondo, se halla la sala Daiyuedian, morada del dios de Taishan (o dios Dongyue).

El paseo es agradable; contemplaréis miles de tabletas votivas de color rojo, árboles venerables y un bosque de piedra formado por un centenar de estelas.

> **AVISO**

El icono del Trotamundos os indica el interés de la visita.

- **Direcciones útiles**
  - BTIC (Bureau Tourism Information Center)
  - Correos
  - 5 BTG Business & FIT Tours
  - 8 Librería The Bookworm
- **¿Dónde dormir?**
  - 25 Zhaolong International Youth Hostel
  - 46 Poacher's Inn
  - 47 Sanlitun Youth Hostel
  - 48 Hotel G
- **¿Dónde comer?**
  - 8 The Bookworm
  - 56 Makye Ame
  - 59 Xinjiang Red Rose
  - 60 Hele Sushi
  - 61 Rickshaw
  - 62 Alameda
  - 63 Xiao Wang's Home
  - 64 Morel's
  - 65 Green T House
- **¿Dónde tomar una copa? ¿Dónde escuchar música? ¿Dónde ir a bailar?**
  - 8 Salsa Caribe, Rock'n'Roll
  - 46 Poacher's, Bar Blu, Aperitivo, The Tree
  - 59 Alfa
  - 90 Boutique Wine Cellar
  - 91 Stone Boat
  - 93 The World of Suzie Wong, Block 8
  - 95 CD Jazz Cafe Club
  - 96 Vic's, Mix
  - 97 The Face
- **Espectáculos**
  - 115 Teatro Chaoyang
- **Compras**
  - 137 Ya Show Clothing Market
  - 140 Xiushui Silk Market
  - 141 Friendship Store
- **¿Qué visitar?**
  - 175 Templo del Pico del Este

Residencia de Lao She *(plano general II, C2, **188**):* 19, Fengfu Hutong, que empieza frente al 34, Dengshikou Xijie. Todos los días de 9 a 15.30 h. Entrada gratuita. Audiguías: 10 ¥.

Hasta la fecha de su muerte, en 1949, Lao She residió en esta modesta *siheyuan*, conocida como la del «patio del caqui rojo». La vida del autor de *Cuatro geneaciones bajo un mismo techo,* entre otras obras, aparece documentada a través de forografías, ediciones originales y diversos objetos.

Templo de la Intelectualización (Zhihuasi; *plano general II, D2, **189**):* Lumicang Hutong. Abierto 9 a 16.30 h. Conciertos a las 9 h, 10 h, 11 h y 15 h. Entrada: 20 ¥ (2 €).

Constituye la más bella arquitectura budista de la época Ming (bajo el emperador Zhengtong), con el techo de tejas barnizadas de color azul oscuro, de donde le viene el sobrenombre de «templo negro».

En el edificio principal se encuentra la estatua de Buda de 3 m, puesto que la sala de abajo está dedicada a los «tres cuerpos de Buda». Las paredes muestran 9.000 estatuillas esculpidas, y los techos de artesonado están magníficamente decorados, obra maestra de la pintura Ming. No os perdáis la pequeña pagoda octogonal de madera, decorada con motivos budistas y que funciona como rueda de oraciones. Al fondo del templo observaréis una interesante colección de instrumentos musicales.

PEKÍN - PLANO GENERAL III /CHAOYANG)

Antiguo Observatorio (Gu Guanxiangtai; *plano general III, E6, 154):* Ⓜ Jianguomen, salida este. Todos los días de 9 a 18 h. Entrada: 10 ¥ (1 €).

Es una especie de fortín cúbico en cuya azotea están expuestos extraños instrumentos de astronomía. Todas las piezas están muy trabajadas y tienen bellos adornos. Evidentemente, los objetos científicos de aquella época también tenían que ser hermosos.

Para los fanáticos de la astronomía, pequeña exposición en la planta baja.

XUANWU Y CHONGMEN

Xuanwu y Chongmen delimitan la antigua ciudad china que empieza exactamente en el sur de la puerta Qianmen. Y en ella, viejos barrios populares, en plena transformación desde hace ya algunos años, son víctimas de enormes operaciones inmobiliarias. La última, pero no menos importante, es la construcción de la futura ópera de Pekín. A pesar de ello, subsistirán por lo menos durante algún tiempo, aquí y allí, algunos de los *hutong* que tanto amamos. Ciertamente, no poseen todo el encanto de los de la Ciudad Tártara, pero siguen bien vivos. O sea, que id a pasear por Dazhalan y, después, acercaos a estos auténticos pulmones de la ciudad, los parques Longtan y Taoranting. En medio de todo esto, el maravilloso templo del Cielo.

Hacia Tian'anmen

Calle Dazhalan *(plano general I, B2-3):* Dazhalan Jie. Con poco más de 1 km de largo, une Qianmen Dajie con Nanxinhua Jie. Al principio peatonal y comercial, «Dachela'r» (en pequinés) está decorada con célebres y centenarios carteles y letreros. Desde Qianmen Dajie: **Liubiju** (justo a la izquierda en una callejuela perpendicular), un especialista con más de 400 años en conservas en salmuera tradicionales (¡pequeños envases disponibles en cajitas de regalo!); la gran tienda *Yi Chenghou* (en el nº 1) con su espléndida fachada en hierro forjado; **Ruifuxiang** (en el nº 5), gran especialista pequinés de la seda, frontón de mármol blanco y columnas; justo al lado, Tianfu Cha, un supermercado del té, o los más rigurosos *Zhang Yiyuan* (en el nº 22), donde se pueden comprar *Oolong, Pu'er, Longjin* y otros tés al peso o envasados, sin preocuparse por la calidad ni el regateo; **Tongrentang** (nº 24), la más famosa y antigua farmacia de Pekín (creada a finales del siglo XVII), ahora modernizada pero siempre dedicada a la medicina tradicional china; **Neiliansheng** (nº 34), fábrica de multitud de modelos de zapatillas chinas. Mao y sus consortes fueron algunos de los innumerables clientes, y finalmente **Daguan Lou** (n° 30), el cine más antiguo de Pekín, siempre en funcionamiento; se puede visitar (carteles y fotos).

Pasando la perpendicular Meishi Jie, Dazhalan se transforma en la arteria principal de un popular barrio de *hutong*, animado a más no poder, una verdadera especie en vía de extinción. Se trata del antiguo barrio rojo de la capital, el de los **Ba Da Hutong** (Cuatro Grandes Hutong), donde toda la ciudad (y según parece, algunos emperadores) se dedicaban a los placeres de las «nubes y la lluvia». Un lugar que se renueva sin tener que sufrir, aparentemente, una irremediable destrucción.

Beijing Planning Museum (Beijingshi Guihua Zhanlanguan; *plano general I, C2, 162):* 20, Qianmen Dongdajie, Chongwen. Ⓜ Qianmen, salida sudeste. Junto a la antigua estación. Todos los días excepto lunes de 9 a 16.30 h. Entrada: 30 ¥ (3 €); películas 3D (en inglés): 10 ¥ (1 €).

Conocido como «Museo de la Destrucción» por los amantes del viejo Pekín en vías de desaparición... Enorme cubo de vidrio y acero en cuyas cuatro plantas se glorifican, en la más pura línea propagandística, los grandes cambios urbanísticos y arquitectónicos de Pekín. Veréis una maqueta con los edificios olímpicos y algunos barrios futuristas.

Más al sur: el templo del Cielo

(Tiantan, plano de conjunto y plano general I, C3): Ⓜ Tiantandongmen. Jardín: todos los días de 6 a 22 h. Templo: todos los días de 8 a 17.30 h. Entrada (hay una por cada punto cardinal): 15 ¥ (1,50 €) para el jardín y 35 ¥ (3,50 €) para todo el conjunto. Conservad la entrada, ya que se requiere al acceder a cada uno de los lugares (parque, altar, sala). Audioguía 40 ¥ (4 €). Preved 3 horas de visita. en la entrada venden un plano con comentarios en inglés.

Un poco de historia

Construido en 1420 fuera de los límites de la ciudad de la época, sobre una superficie casi el doble de grande que la de la Ciudad Prohibida, este templo representa la transposición en el terreno de la cosmogonía china y la jerarquía política en la que se basaba la legitimidad imperial. Así pues, en su construcción se pueden encontrar la oposición del yin y el yang, del Cielo y la Tierra, el simbolismo de las cifras, etc. De este modo, en cuanto a la forma, la base del parque es cuadrada, a imagen de la Tierra, mientras que su parte alta forma un círculo, a imagen del Cielo, que en otro tiempo se consideraba redondo. Se puede ver también esta disposición en las bases cuadradas de los templos y los altares (como el altar del Cielo).

> **> DEL NUEVE AL CIELO**
>
> **La cifra 9 (o múltiplos de 9) se encuentra en unos cuantos lugares del templo del Cielo. Así pues, el parque mide 270 ha (3 × 90), los peldaños están en grupos de 9 y la colina que soporta el altar del Cielo cuenta con 81 losas (9 × 9).**

Hay puertas hacia los cuatro puntos cardinales. Los rayos, a lo largo de la historia, han provocado algunas destrucciones seguidas de reconstrucciones o restauraciones. Se admitió al público por primera vez en el templo en 1949.

El emperador estaba obligado a asistir a tres ceremonias durante el año. La primera, el *solsticio de invierno*, era la más importante. Cuando las potencias celestes (para la ocasión, el yang), tras haber descendido muy abajo, volvían a crecer, el emperador acudía, rodeado de gran pompa, a rendir cuentas al Cielo de su gestión y también, en cierto modo, de lo que pasaba en el Imperio. Durante todo el trayecto, el camino que conducía de la Ciudad Prohibida al templo del Cielo estaba desierto, sin habitantes, para evitar toda contaminación que pudiera alterar la pureza del acto religioso. Del mismo modo, se expurgaba cuidadosamente el cortejo de príncipes, aristócratas y notables para no dejar ninguna persona con problemas (enfermedad, luto...). Llegado al templo del Cielo, generalmente por la puerta oeste, el emperador se consagraba durante cuatro días a devociones, rituales varios y sacrificios, y pasaba la noche en la sala de la Abstinencia. La segunda ceremonia se llevaba a cabo con motivo de la *primera luna del año* (en febrero). El emperador acudía entonces a rendir homenaje al Cielo, que, en recompensa, renovaba su mandato. Finalmente, para el *solsticio de verano* (en junio), solicitaba al Cielo buenas cosechas en la sala de la Oración para las Buenas Siegas.

Visita

El **parque Tiantan**, con más de 4.000 cipreses (algunos de ellos de más de 800 años) engloba todo el conjunto.

Sala de la Oración para las Buenas Siegas *(plano general I, C3,* ***190****):* constituye una de las obras maestras de la arquitectura china, y un modelo de equilibrio y armonía. Rotonda de madera edificada en 1420, fue incendiada por un rayo en 1889 y reconstruida idéntica. Poco antes de llegar a ella, veréis la terraza donde el emperador se vestía con las ropas de ceremonia. Balaustrada de mármol decorado con hilos de dragón. La sala de oración, con triple tejado de tejas azules, de 40 m de alto y 30 m de diámetro, se encuentra en el centro de una triple terraza de mármol blanco. En mitad de la escalera, tres piedras representan las nubes, el fénix y el dragón. Y en el interior, magnífico maderamen que no necesitó ni un solo clavo y suntuosa policromía. Cuatro grandes columnas en el centro que simbolizan las cuatro estaciones, círculo de dos columnas (los 12 meses del año), otro círculo de 12 (las divisiones del día), y las 28 últimas, que representan las 28 constelaciones zodiacales. A ambos lados, veréis accesorios musicales para las ceremonias. En el lado este están las cocinas, donde podréis asistir a la ceremonia del té.

En el anexo oeste (accesible al público), construido en 1420 –en el decimoctavo año (2 × 9) del reino del emperador Yongle–, se guardaban las tablillas de las divinidades, y se encuentran también algunos pebeteros de bronce, vestidos bordados del emperador, porcelana, etc. En el anexo oriental, una hermosa exposición de campanas y carillones, entre ellos, la *Bianzhong* y su espléndido pórtico decorado. Asimismo, un pintoresco *Bian Qing* con piedras sonoras, una arpa occidental, enormes tambores, laúdes, etc.

Puente Danbi: vía sobreelevada que representa la ascensión hacia el paraíso entre la sala de la Oración y la Bóveda Celeste Imperial. Por el centro caminaba la divinidad, por el este el emperador y por el oeste los nobles. Elegid el que más os guste.

Bóveda Celeste Imperial (Huangqingyu; *plano general I, C3,* ***191****):* se halla encerrada dentro de un recinto circular de piedra gris. En este pequeño templo redondo se guardaban las tablillas del Cielo y de los emperadores fallecidos. Si hay muy poca gente, intentad el siguiente experimento curioso: manteneos detrás de los edificios anexos y conversad, en un tono normal, con un compañero situado en un punto diametralmente opuesto. Por un sorprendente fenómeno acústico, es posible oírse el uno al otro al hablar. Otra curiosidad la encontraréis en las tres grandes losas rectangulares de la avenida central que conducen a la rotonda. Si se golpea con la mano la primera losa, se obtiene un eco simple, pero será un eco doble si se hace sobre la segunda, y triple sobre la tercera. Observad en el exterior, en el lado este, el ciprés de los Nueve Dragones, que tiene más de 500 años. Cuenta con una bonita forma nudosa.

Altar del Cielo (Huanqiu; *(plano general I, C3,* ***192****):* cuando se llega por la puerta sur, se tropieza con el gran centro ceremonial circular elevado en un recinto cuadrado. Los escalones para acceder a él van siempre en grupos de 9. Rodeado de 360 balaustradas de mármol, el círculo central lo está de 9 circunferencias: la primera, formada por 9 losas; las siguientes, por múltiplos de 9, y el círculo central, por 81. Os dejamos que calculéis el total de losas... En mitad de la terraza superior se halla el trono del Cielo, ex centro del mundo. Probablemente por este motivo sea hoy uno de los lugares más populares para hacerse fotos.

Al oeste del templo del Cielo

Museo de Historia Natural (Ziran Bowuguan; *plano general I, B3,* ***159****):* Tianqiaonan Dajie. En el oeste del parque Tiantan, abre cada día, excepto lunes, de 9 a 17 h.

Contiene una rica sección paleontológica que ofrece, sobre todo, esqueletos de dinosaurio, que se cuentan entre los mayores descubiertos hoy día, y una colección de fósiles. Igualmente interesantes son las secciones de zoología y botánica.

Parque de Longtan *(plano general I, C-D3):* uno de los pulmones de este rincón, con sus numerosos lagos. En el noroeste, podéis visitar el mercado de pájaros. Por la mañana, muy temprano, se convierte en uno de los lugares más populares para la práctica del tai-chi. Parque de atracciones en el oeste del recinto.

Museo de la Arquitectura Antigua - Xiannongtan (Beijing Gudai Jianzhu Bowuguan; *plano general I, B3,* ***161****):* 21, Dongjin Lu. Al oeste del templo de Cielo. Todos los días de 9 a 16 h. Entrada: 15 ¥ (1,50 €); audioguía: 20 ¥ (2 €).

Instalado en los majestuosos templos de Xiannongtan (altar de la Agricultura). Interesantes croquis, fotografías, hermosas maquetas de madera y diversos objetos permiten iniciarse en la influencia de la geomancia y del rango social en la arquitectura china tradicional.

Gran Mezquita (Niujie Libaisi; *plano general I, A3,* ***163****):* Niujie. Para llegar hasta allí, tenéis el autobús n° 61. Entrada: 10 ¥ (1 €); gratis para los musulmanes. Las mujeres no pueden llevar ni minifalda ni manga corta. La sala de oraciones está vetada (se puede ver bien desde la ventana).

Fundada en 996, la mezquita más importante de la ciudad, que ocupa 6.000 m^2, adquirió oficialmente su nombre en 1474. Es de estilo indudablemente chino, excepto por las reproducciones de versículos del Corán en árabe, que permiten identificarla como mezquita. Después de la entrada tropezaréis con la **torre para observar la luna,** desde donde el imán decidía la fecha del ramadán (parece la torre del Tambor en pequeño). En un patio están las tumbas de los fundadores de la mezquita y de predicadores árabes llegados a extender el islam a principios de la era Yuan (1271-1368).

Templo de la Fuente de la Ley (Fayuan Si; *plano general I, B3,* ***164****):* Nanheng Xijie. Autobuses nos 6 o 10. Abierto de 8.30 a 11.30 h y de 13.30 a 16 h. Entrada: 10 ¥ (1 €).

Templo budista antiguo y poco conocido, fundado durante el reinado de los Tang y reconstruido en el de los Ming, fue un gran centro de estudio del budismo. En el primer patio, torres de la Campana y del Tambor. En la **sala de los Reyes Celestes,** estatuas de bronce de la época Ming. En el pabellón principal, bellas columnas pintadas y vigas esculpidas. Y en la **sala de la Gran Compasión,** hermosa estatua de *Guanyin* del siglo VII. El último pabellón está dedicado al *Buda del futuro*, y en él puede admirarse una interesante estatua también de la época Ming.

Pagoda de la Paz Celeste (Tianning Si; *plano general I, A2,* ***165****):* en piedra y de forma octogonal, es uno de los monumentos más antiguos de la ciudad, hoy día ahogado entre el hormigón. Entrada: 10 ¥ (1 €). Consta de 13 pisos rematados por una corona en forma de pera, se construyó en el reinado de los Liao (947-1125) y alberga hermosos bajorrelieves búdicos.

HAIDIANS

Museo de la Capital (Shoudu Bowuguan; *plano general I, A2,* ***153****)*: 16, Fuxingmenwai Dajie, Xicheng. ☎ 63-37-04-91. 💻 www.capitalmuseum.org.cn Ⓜ Muxidi, después unos 200 m al este. Todos los días, excepto lunes, de 9 a 17 h. Entrada: 30 ¥ (3 €); 50 ¥ (5 €) con la exposición temporal.

Su pesado aspecto y la presencia de guardias le hacen parecer más un edificio gubernamental que un lugar público. En su interior de grandes volúmenes modernos, apenas muestra 300 piezas de

> AVISO

Los lugares de interés relacionados en la guía están acompañados de una referencia que indica su situación en los PLANOS de la ciudad. Por ejemplo, Museo de la Capital *(plano general I, A2, 153)* significa que dicho museo se halla situado en el plano general I de Pekín, en la cuadrícula A2, y está referenciado mediante el número 153.

talla mundial de una colección de más de 5.000 objetos. Museografía variable dependiendo de las salas (desde muy imaginativa a las más clásica); pocas explicaciones en inglés.

El ala oeste

Primer piso

En una larga vitrina se expone una selección de objettos (utensilios, armas, escultura, caligrafía) desde el Paleolítico hasta la toma del poder por los comunistas. Las piezas, a veces de gran factura, están fabricadas en todo tipo de materiales: dagas de jade, drogones de bronce, hermosas pinturas, mobiliario con un antigüedad de 10 siglos... También hay una maqueta de la Gran Muralla.

Segundo piso

Caligrafías de los siglos XIV-XIX, un auténtico bosque de Budas de bronce, carámica, terracota, jade y un espléndido zodíaco de jade de la época Qing.

Tercer piso

> La **sala de las estatuas de Buda** ilustra el progresivo afianzamiento del estilo chino en detrimento de la influencia india original. Ejemplo de ello son: *Sakyamuni y dos boddhisatvas* (Jin del Este y del Oeste, 265-581, las escuelas chinas del Sur y del Norte se unen); placa de 56 Budas y nichos esculpidos en forma de tejas (Sui y Tang, 581-907, época de equilibrio de las influencias); relicario *Sarira* (época Song en Yuan, 907-1368, la edad de oro de la expresividad), etc. También podréis contemplar una selección de **estatuas tibetanas** que refleja la exitosa unión entre el estilo nepalí-tibetano con la estética y las técnicas tibetano-mongoles. La edad de oro se produjo bajo los Ming (1368-1644).

> La **sala de las cerámicas** sigue un orden cronológico (en el sentido de las agujas del reloj). En los siglos X al XIII en Pekín, el sofisticado estilo desarrollado bajo los Song entró en contradicción con las producciones menos elaboradas de los Liao y Jin del Norte, que se inspiraban en objetos cotidianos. Con posterioridad los Yuan administraron y controlaron la producción. El centro de Jingdezhen (provincia de Jiangxi) se desarrolló al convertirse en una manufactura imperial bajo los Ming. El apogeo llegó con el período de Kangxi-Qianlong (1662-1796) de los Qing (estatuilla de *Avalokitesvara).*

> El flanco oeste de este piso está dedicado a la faceta lúdica de la **ópera de Pekín:** reconstrucción de una escena, máscaras, instrumentos y rico vestuario.

Cuarto piso

Dedicado al folklore pekinés. Con un decorado de *hutong* reconstruidos, colección de puertas de *siheyuan*, carrozas (Dragón del Año Nuevo). Cuatro de sus salas documentan los temas más queridos de la tradición china: el Año Nuevo, el nacimiento, el matrimonio, la vejez...

El ala este

En la planta baja hay una **sala interactiva** y otros pisos dedicados a la pintura, la caligrafía, el bronce y el jade. Y si tenéis fuerzas visitad:

Templo de la Nube Blanca (Baiyun guan; *plano general I, A2, **170**):* 69, Baiyunguan Jie. Ⓜ Muxidi. Girad a la derecha después del Museo de la Ciudad. Todos los días de 8.30 a 16.30. Entrada: 10 ¥ (1 €).

Fundado en 739, fue uno de los templos taoístas más importantes de China. Abierto de 8.30 a 16.30 h. Entrada: 10 ¥ (1 €). En él residió en 1224 Qiu Chuji, llamado maestro Changchun y gran protegido de Gengis Khan. Los edificios actuales datan de las épocas Ming y Qing. Los sacerdotes taoístas *(daoshi)* de todo el norte de China se ordenaban aquí y, ya que poseían la condición de funcionarios del Imperio, las actividades y el poder del taoísmo eran así totalmente controlados. Hoy día es uno de los pocos templos taoístas aún en activo en la zona de Pekín.

Podréis encontrar aquí a los *daoshi*, reconocibles por su banda negra alrededor de la frente y por el moño que se levanta en lo más alto de su cabeza sujeto por un alfiler de jade. En la prolongación de la entrada, la **sala de los Guardianes Celestes,** seguida de la **sala del Emperador de Jade** (divinidad suprema del taoísmo) y de la **sala de las Viejas Disciplinas,** donde se llevan a cabo las principales ceremonias. En el centro, la estatua del maestro Qiu Chuji, enterrado aquí. La gran pila de ofrendas de madera del centro fue un regalo del emperador Qianlong.

En las galerías que rodean el edificio, el museo muestra colecciones de objetos de culto. Algunas bonitas pinturas de los periodos Yuan y Qing, en el edificio este, cuentan el viaje del maestro Qiu a la corte de Gengis Khan. La **sala de los Ciclos de Sesenta Años,** al fondo, contiene 70 estatuillas, cada una de las cuales representa un año del ciclo del zodiaco chino (12 signos multiplicados por 5 elementos). Aquí acude la gente a implorar la fortuna cósmica ante la estatua que corresponde a su signo. Algunas son de hermosos y elegantes monjes, mientras que otras resultan desagradables (cabeza de rata, pulpo celeste...). Y si padecéis algún mal, buscad en el patio el caballo de bronce que, según dicen, tiene la propiedad de curar a los fieles. Basta con tocar en el caballo la parte que corresponda a la de vuestro cuerpo que sufre la enfermedad (pero, como ya hemos comprobado, la cosa no funciona con el dolor de muelas).

EL TERCER CINTURÓN PERIFÉRICO Y MÁS LEJOS

Parque Olímpico *(al norte del plano de conjunto):* a 3 km al norte de la Ciudad Prohibida. Ⓜ Olympic Park.

Los XXIV Juegos Olímpicos fueron finalmente pekineses. Los chinos utilizaron su número de la suerte (el 8) para hacer comenzar el acontecimiento, el 08/08/08, a las 8 horas y 8 minutos. El Parque Olímpico despliega a lo largo de más de 1 km su avenida peatonal impecablemente asfaltada, dominada por una torre de televisión especialmente dedicada al evento, y la silueta del Pan Gu Plaza... en forma de llama olímpica (para no ser aguafiestas, no os recordaremos las condiciones inhumanas de expulsión de la población que vivía aquí).

Al norte (a la salida del metro), un **centro de exposiciones** (de martes a domingo, de 9 a 17 h, gratuito) narra la construcción del parque con fotos y bellas maquetas.

Entre diez 10 lugares que engloba, se pueden visitar dos de sus joyas más importantes: el estadio olímpico, conocido como **el Nido de Pájaro** (todos los días de 9 a 18 h, entradas norte y sur, 50 ¥/5 €), tiene un nombre muy a propósito con su estructura, donde una red de acero recuerda las delicadas ramitas que los pájaros transportan en primavera para construir sus nidos; la piscina, e**l Cubo de Agua** (todos los días de 9 a 18.30 h, entrada al sur, 30 ¥/3 €), comprende varias piscinas de entrenamiento y la piscina principal contigua a la de saltos. No podréis zambulliros. De día no resulta tan espectacular, pero por la noche se ilumina con una maravillosa luz azul glaciar.

Templo de la Gran Campana (Dazhong si; *plano de conjunto, **150**):* 31 A, Beisanhuan Xilu. Haidian. Ⓜ Dazhongsi. Abierto de 8.30 a 16 h. Entrada: 10 ¥ (1 €).

En este antiguo monasterio, aislado del intenso tráfico automovilístico del tercer cinturón de ronda y rodeado de hormigón, se encuentra el Museo de las Campanas Antiguas y la campana más pesada del mundo, interesante para quien quiera informarse sobre las técnicas de fabricación y fundición de las campanas. Allí veréis campanas de carillón y, en el llamado pabellón del Bosque de Campanas, un modelo fundido en 1707 (Kangxi). Parece ser la mayor campana del mundo y fue trasladada aquí en 1733 mediante la técnica del «camino helado» (ver «Ciudad Prohibida»). El tañido de la campana, que pesa 46 t, mide 6,75 m de alto y tiene un diámetro de 3,30 m, se oye a decenas de kilómetros. En las paredes, 227.000 caracteres chinos reproducen los textos del famoso *sutra* del Loto. Podéis pedir un deseo mientras lanzáis una moneda al agujero de encima de la campana.

Templo de la Longevidad - Museo de Arte de Pekín: (Wanshou Si; *plano de conjunto, **151**):* Xisanhuan Beilu (3er periférico oeste; sección norte). Al este del puente Suzhouqiao. Autobuses n°s 425, 708, 831 y 944; parada Zhizhuqiaobei. Todos los días, excepto lunes, de 8.30 a 16.30 h. Entrada: 20 ¥ (2 €).

Fue edificado en 1577 bajo el reinado de Shenzhong (dinastía Ming) con el propósito de custodiar en él las escrituras de Buda. Se halla emplazado a orillas del canal Changhe, que comunica la Ciudad Prohibida con el Palacio de Verano. A los emperadores les gustaba detenerse en él y tomar el té, además de ser el escenario de sus aniversarios.

Su trazado está inspirado en los palacios y le valió el sobrenombre de «mini-Ciudad Prohibida». Guarda bellas colecciones de bronce, jade y estatuillas de Buda en porcelana Dehua, conocida en Europa como «blanco de China». Hay un jardín al fondo.

Museo Militar *(plano de conjunto, **125**):* 5, Fuxingmenwai Dajie. Ⓜ Military Museum. Todos los días de 8 a 17.30 h. Entrada gratuita (es obligatorio llevar el pasaporte).

Aunque la primera reacción es pasar de él, si dejáis de lado el aspecto de propaganda militarista, resulta interesante por sus secuencias de historia y, sobre todo, por los numerosos testimonios, fotos y objetos insólitos (lo malo es que casi todos los textos están en chino) que encierra. Frecuentado mayoritariamente por familias chinas, escolares y turistas del interior.

> **Vestíbulo central:** inmensa sala que encanta a los niños. Va desde el jet soviético de 1949 hasta el famoso tanque de la plaza Tian'anmen de 1989, pasando por cañones japoneses, los *katiuskas* (lanzacohetes conocidos como «órganos de Stalin») y un misil «Oriente Rojo», de 10 m de alto, que puede llevar carga nuclear. Los niños hacen cola para manejar las ametralladoras.

> En la **primera planta,** colecciones de armas, espadas, sables trabajados, bayonetas, etc.

> **Segunda planta:** historia de las armas y de los conflictos bélicos. Una verdadera mina para los expertos y los aficionados a la historia. Atención, las salas son inmensas. Las batallas están descritas de manera minuciosa, con planos y todo. Por todas partes hay bonitas ilustraciones, dibujos y caligrafías. Se muestra también una sorprendente arma capaz de disparar 45 flechas al mismo tiempo (ancestro del *katiuska*).

> En las **plantas superiores** se exponen las guerras modernas. Las fotos de las atrocidades cometidas por el ejército japonés son elocuentes, pero hay pocas traducciones de los textos: una lástima. Se reproduce una «cueva de guerra» y, si queréis reír un poco, la sección dedicada a los regalos de los ejércitos de los países hermanos nos parece de un kitsch increíble. Dispone de tienda y de una pequeña cafetería.

PALACIO DE VERANO

(Yiheyuan; *plano de conjunto y plano del Palacio de Verano):* se halla a unos 15 km al noroeste de Pekín, en el distrito de Haidian. Ⓜ Xiyuan (entrada este). Todos los días de 6.30 a 20 h (parque), 8.30 a 17 h (palacio). Entrada: 60 ¥ (6 €) incluyendo todos los monumentos; 30 ¥ (3 €) sólo el parque, en ese caso se paga el acceso a cada lugar (15-20 ¥/1,50-2 €). Calculad al menos 3 h de visita. En la entrada disponen de planos (10 ¥/1 €). Audioguía 40 ¥ (4 €).

Un poco de historia

El lugar fue apreciado desde el principio por su privilegiada situación (conjunción de las aguas), su encanto y sus virtudes geománticas. Primero, para la dinastía Jin en el siglo XII, y después para los mongoles, los Ming (que le pusieron el nombre de jardín de las Colinas Maravillosas). Aquí mimó Qianlong a su madre, la emperatriz viuda Nihulu, para la que construyó un palacio en 1751 y acondicionó el parque para que pareciera un jardín lacustre de la China del sur (y al que llamó *jardín de las Olas Claras*), tal como a ella le gustaba. En su honor bautizó también el collado del parque como **colina de la Longevidad Milenaria.**

El Palacio de Verano fue devastado en 1860 (al mismo tiempo que el Yuanming yuan, el otro Palacio de Verano, ubicado a 5 km) por el cuerpo expedicionario franco-inglés. El palacio lo reconstruyó Cixi en 1888, y utilizó para ello los fondos destinados a modernizar la marina imperial. Así se explica la derrota que le infligieron los japoneses a la flota china unos cuantos años después. Cixi, que tenía un sentido del humor muy peculiar, llamó al palacio «jardín donde se cultiva la concordia». Y fue precisamente allí donde su sobrino Guangxu vivió detenido hasta el final de su vida, tras el fracaso de sus tentativas de reforma. En 1900, el palacio volvió a sufrir graves desperfectos durante la revuelta de los bóxers. Cuando Cixi regresó de Xi'an, donde se había refugiado, intentó restaurar el palacio, pero no pudo terminarlo por falta de fondos.

Visita

El Palacio de Verano forma parte del Patrimonio de la Humanidad de la Unesco, y sus «medidas» producen vértigo: 290 ha, 3.000 edificios, 420.000 árboles (1.200 son varias veces centenarios)... Todo eso a cargo de 1.700 empleados. Para que os hagáis una idea de sus enormes dimensiones, hay que entrar en el jardín por la puerta del Este. Enfrente se extiende el inmenso **lago Kunming** (220 ha), con el famoso **puente de los Diecisiete Arcos,** que une la isla del Sur. A la derecha se recortan los tejados curvados de los edificios imperiales. En el norte se levanta la colina de la Longevidad, cubierta de bosques de pinos entre los que emergen los templos de tejas barnizadas. A sus pies, la célebre galería cubierta, decorada con suntuosas pinturas, que bordea el lago a lo largo de más de 700 m. Completamente al fondo, Cixi mandó construir un salón de té de mármol, con forma de barco. Un irónico símbolo del inmovilismo imperial (ver «Un poco de historia»).

El conjunto da la impresión de un parque diseñado para distracción de la emperatriz. Esa sensación queda reforzada por las mejoras realizadas para acoger a seis millones de visitantes anuales, con todo lo que eso conlleva: puestos de restauración y de recuerdos, música difundida por altavoces, alquiler de barcas. Sin embargo, se trata claramente de un jardín imperial, con una serie de paisajes que reproducen el reino y su función política. Precisamente, el templo budista tibetano, situado detrás de la colina de la Longevidad, parece subrayar la voluntad de integrar en el Imperio a las etnias minoritarias que profesaban esa religión. A pesar de las apariencias, este grandioso paisaje no tiene nada de natural. Así, la colina de la Longevidad se remodeló por completo con tierra drenada en el lago Kunming. Aquí no encontraréis ni un sendero, ni un parterre de lilas, ni una roca que se haya puesto por casualidad. Pero la inmensidad del lugar desdibuja un tanto su carácter chino. Para poder captarlo mejor, id al amanecer a la isla del Sur, cuando las ancianas hacen gimnasia cantando junto a los cipreses del templo del Rey Dragón. O al jardín de los Placeres Armoniosos, cerca de los edificios imperiales, en cuyo estanque con lotos se reflejan los templetes, los sauces llorones y los pinos piñoneros. Allí es donde se esconde el verdadero carácter del Yiheyuan.

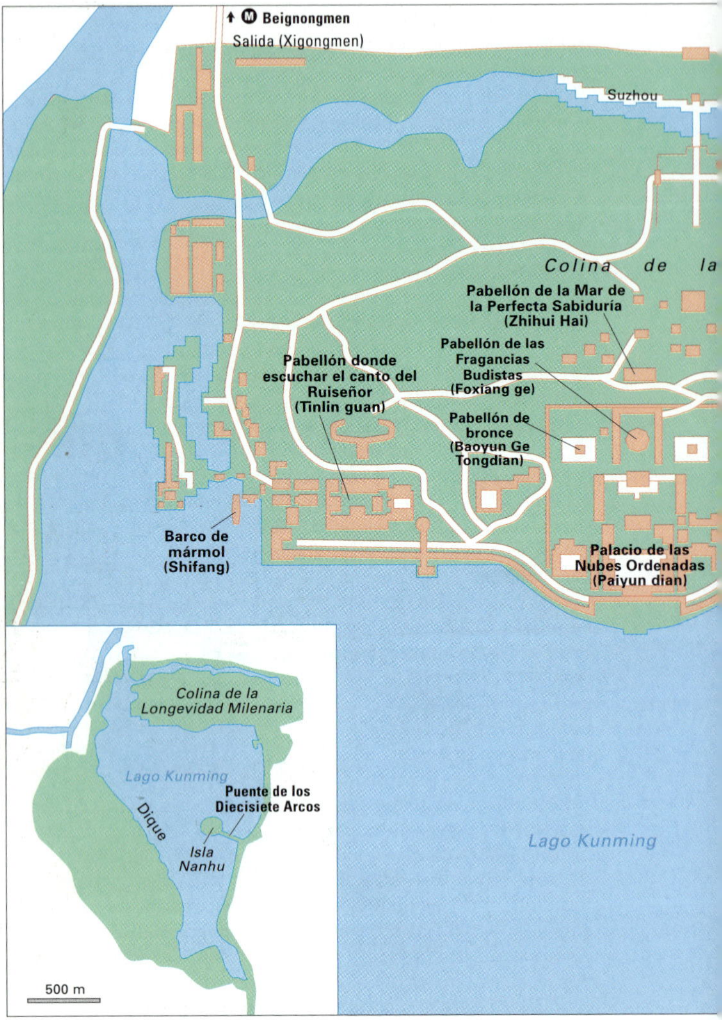

Galería Wenchang: al sur de la puerta del Este, junto a la torre homónima. Entrada de pago. En su interior se exponen piezas que datan de las dinastías Shang (1000 a.C.) hasta el final del Imperio (principios del siglo XX). Todos ellos proceden del Palacio de Verano o son símbolos del Estado o regalos imperiales. Son de excepcional calidad.

Palacio de la Benevolencia y de la Longevidad (Renshou dian): enfrente de la puerta del Este. La emperatriz recibía aquí a sus ministros. En el espejo de detrás del trono está escrita

la palabra *longevidad* de diferentes maneras. Delante, cuatro pebeteros de bronce.

Palacio de las Olas de Jade (Yulang tang): detrás de esta hermosa metáfora se esconde el lugar donde estuvo «secuestrado» el desdichado Guangxu durante 10 años (aunque disfrutaba de una hermosa vista del lago); algunos historiadores rechazan esta versión.

Jardín de la Armonía Virtuosa (Dehe yuan): en él se encuentra un teatro con un escenario de tres plantas y unos 20 m de altura.

Cixi se lo autorregaló al cumplir 60 años. Adoraba el teatro, tanto que mantuvo una compañía de varios centenares de eunucos en la corte (éstos al menos estarían bien tratados).

Palacio de la Alegría y de la Longevidad (Leshou tang): lugar de residencia de la emperatriz desde mayo hasta septiembre. Construido en 1750, fue incendiado por la soldadesca franco-inglesa en 1860 y reconstruido en 1887. La «vieja Buda» –así llamaban respetuosamente a la emperatriz– recibía en la pieza del centro. A la izquierda está la estancia donde se cambiaba de ropa; a la derecha, su dormitorio. Aquí se refleja bastante bien la atmósfera lúgubre que debió de existir al final de su reinado. ¿Tradición imperial o exigencias gastronómicas? En cada comida le presentaban más de cien platos, de los que sólo se dignaba a probar diez con la punta de los labios (que normalmente eran los mismos). Según cuentan, los cocineros desarrollaron un buen truco: servirle los platos desdeñados varios días seguidos; eso les ahorraba trabajo.

Galería cubierta (Changlang): es la más larga del mundo (728 m) y servía para pasar de uno a otro de los edificios principales, resguardado de la lluvia y el sol. Decorada con más de 14.000 pinturas de temas variados (literatura, mitología, teatro, animales, motivos florales, etc.). Se trata de un lugar de paseo y descanso muy popular entre las familias chinas, que ocupan las balaustradas de madera. Divertidas escenas familiares. El turista sale de allí con una ración completa de sonrisas y guiños.

Palacio de las Nubes Ordenadas (Paiyun dian): precedido por un bello pórtico *(pailou)*, justo en el eje geomántico del lugar, y ubicado frente al lago, constituye la foto de recuerdo favorita de los chinos. De aquí arrancan un sendero y las escaleras que conducen a los demás pabellones, y se puede disfrutar de una vista magnífica de todo este complejo arquitectónico, con las colinas que lo rodean y el lago.

Pabellón de las Fragancias Budistas (Foxiang ge): de 40 m de altura (60 m si se cuenta la plataforma) y una armoniosa arquitectura de forma octogonal, cuenta con cuatro plantas de tejados. Justo detrás, el **pabellón del Mar de la Perfecta Sabiduría** (Zhihui Hai), con una bonita fachada parcialmente cubierta de cerámica amarilla y verde. Un edificio magnífico junto al lago.

Pabellón donde escuchar el canto del Ruiseñor: antiguo teatro, convertido en restaurante, en el que se puede saborear la cocina imperial en un hermoso entorno de estilo Qing.

Barco de mármol (Shifang): la emperatriz mandó añadir los falsos álabes a estos vestigios de palacio y le dio el aspecto de esquife que tiene. Aquí celebraba espléndidos banquetes a los que invitaba a los ministros y embajadores para manejarlos mejor. Al lado tenéis el embarcadero del pequeño ferri que recorre el lago y va a la isla del lago del Sur.

En el norte de la colina se encuentra situada la **calle de Suzhou**, una falsa zona comercial creada para la familia imperial. Como el emperador no podía mezclarse con el pueblo, se construyó la copia de una calle popular con eunucos disfrazados de comerciantes, clientes...

Más al sur, el **puente de los Diecisiete Arcos** comunica con una pequeña isla. En la entrada del puente se halla el **templete del Despertar de la Primavera;** en la isla, el **templo del Rey Dragón,** y en el dique oeste, ved también el esbelto **puente de Jade,** que se eleva con una curva armoniosa.

Alrededores del Palacio de Verano

Antiguo Palacio de Verano (Yuanmingyuan; *plano de conjunto):* a 5 km al este del Palacio de Verano. Ⓜ Yuanmingyuan. Abierto todos los días de 7 a 19 h (hasta las 17.30 de noviembre a marzo). Entrada: 10 ¥/1 € (parque); 15 ¥/1,50 € (ruinas); 10 ¥/1 € (maqueta).

Hallaréis las ruinas de otro palacio de verano destruido en dos ocasiones: la primera, en 1860 por el cuerpo expedicionario franco-inglés; la segunda, en 1900 por las fuerzas aliadas de ocho países occidentales durante la revuelta de los bóxers. También aquí mandó Qianlong, fascinado por la China meridional, que los paisajes reprodujeran la belleza del sur. Pero lo más extraordinario fue la construcción hacia 1740 de palacios que imitaban la arquitectura italiana y francesa de la época. Los edificios son de una extremada magnificencia, decorados con los tejidos más hermosos, tapicerías, objetos de arte y mobiliario europeos, fuentes, surtidores y jardines a la francesa. Una anécdota: fue lord Elgin, el siniestro saqueador de los frisos del Partenón de Atenas (entre otros desastres), quien ordenó la destrucción y el saqueo del Yuanmingyuan en 1860. En realidad, el Yuanmingyuan se componía de tres jardines: el de la Primavera, que irradia hacia el sur; el Yuanmingyuan propiamente dicho, en el oeste, y el de la Primavera Eterna, en el norte. En este último, Qianlong mandó edificar los famosos palacios inspirados en Versalles con una gran fuente, un laberinto y un teatro acuático. Pero la mayor parte del paraje hace pensar en un centenar de paisajes, reales o imaginarios, siguiendo la tradición china. En particular, el jardín oeste reproducía el relieve del Imperio, sus nueve continentes míticos, el mar de China y la isla legendaria de los Inmortales. Así, Qianlong afirmaba a través de los jardines su poder imperial y divino.

Pero la naturaleza lo invadió todo después. En la actualidad, el Yuanmingyuan es una vasta extensión de terreno medio salvaje a la que acuden los pekineses a merendar y dar un paseo en barca. Evidentemente, el lugar se ha convertido en un inmenso «*self-service* lapidario» del que se han sacado muchas piedras y bajorrelieves para construir otros edificios, y ahora cuesta imaginar la importancia que tuvo en su época.

Parque de las Colinas Perumadas (Xiangshan gongyuan; fuera del plano de conjunto): a 10 km al oeste del Palacio de

Verano, es decir unos 20 km al noroeste del centro. Desde la puerta norte del Palacio de Verano (Ⓜ Beijongmen), autobuses n°s 331, 634 o 696. Parque: todos los días de 6 a 19 h, 10 ¥ (1 €). Templo Biyun Si: 6 a 17 h, 10 ¥ (1 €). Telesilla: 9 a 16 h, 30 ¥ (3 €).

La excursión a este antiguo coto de caza imperial, que data de los Jin del Norte (siglo XII) y que fue ampliada con la llegada de cada nueva dinastía (sobre todo, con el hiperactivo Qianlong), os proporcionará una buena bocanada de aire puro. En otoño, cuando los arces estallan en color rojo, es muy frecuentado los fines de semana.

PARQUES Y JARDINES PÚBLICOS

Ya sean antiguos o modernos, inmensos o diminutos, todos merecen una visita. Si tenéis una hora libre, id a dar una vuelta por cualquier parque; a menudo resulta más instructivo que los museos o los monumentos cubiertos de polvo. A las 6h de la mañana ya están llenos de gente que practica tai-chi, bailes de salón o caligrafía. Después llegan los enamorados en barca, los pescadores, los aficionados a la botánica. Por ejemplo, en el **parque Yuyuantan** *(plano de conjunto)* hay un club de natación que funciona todas las mañanas, incluso en pleno invierno. Y la **colina de Carbón** *(plano general I, B1)* se convierte los fines de semana en lugar de encuentro de los cantantes de ópera. A la izquierda de la entrada sur de la Ciudad Prohibida, está el **parque Zhongshan** *(plano general I, B2)*, con una de las colecciones de plantas más hermosas de la capital. ¿Y el que tenéis cerca de vuestro hotel?

GALERÍAS DE ARTE

Museo Nacional de Bellas Artes

(Zhongguo Meishuguan; *plano general I, C2, **122**)*: 1, Wusi Dajie, Dongcheng. ☎ 64-01-22-51. Ⓜ Dongsi. En la salida norte de Wangfujing. Abierto de martes a domingo de 9 a 17h. Entrada: 20 ¥ (2 €). Grandes espacios destinados a exposiciones temporales en la planta baja, y a la caligrafía y el arte moderno chino «oficial» en las plantas superiores. En resumen, un museo de arte como tiene que ser.

Wangfung Gallery

(Yunfeng gongzuoshi, *plano general II, C2, **121**)*: 136, Nanchizi Dajie. ☎ 65-12-73-38. Ⓜ Tian'anmen. Abierta cada día de 10 a 18 h; entrada libre. A dos pasos de la Ciudad Prohibida, en el edificio de los antiguos archivos imperiales, esta galería ofrece una pequeña colección permanente de telas contemporáneas y de esculturas de madera, además de una tienda de artesanía. Merece la pena verla.

The Courtyard Gallery

(Siheyuan; *plano general II, C2, **123**)*: 95, Donghuamen Dajie. ☎ 65-26-88-83. www.courtyard-gallery.com Abierta excepto lunes de 10 a 19 h. A cuatro pasos de la Ciudad Prohibida, complejo que incluye restaurante, café y galería con decoración elegante y sofisticada. Clientela selecta y a la última. Buenas exposiciones. Y, en el último piso, un bar-salón para fumadores confortable e íntimo.

The Red Gate Gallery

(Hongmen Hualang; *plano general I, C2, **120***): Chongwenmen Dajie, Dongbianmen Jiaolou. ☎ 65-25-10-05. www.redgategallery.com Todos os días de 10 a 17 h. Entrada combinada con los restos de la muralla Ming: 10 ¥ (1 €). En el cuarto piso de una antigua torre de vigilancia medieval, salvada milagrosamente de las grandes obras de la década de los cincuenta. Exposiciones temporales de vanguardia.

Dashanzi798 Art Space

*(Plano de conjunto, **51**)*: 4, Jiuxianqiaolu, Chaoyang. Más allá del cuarto cinturón de ronda, cerca del barrio coreano, en el sector del *Holiday Inn Lido*. Después de la rotonda de Dashanzi, seguid hacia el norte y subid la avenida (hay un letrero a la derecha). Se trata de una inmensa colonia de fábricas de estilo Bauhaus con el techo redondeado, reconvertidas en decenas de galerías de arte contemporáneo chino. También cuenta con numerosos bares y salas de conciertos, como el *Yan Club*.

Vincent Café – Season Café

(Plano de conjunto, 51): un poco escondido al norte del distrito, bloque B, 706 north third, frente al bulevar Jiuxianqiao Beilu. ☎ 84-56-48-23. Todos los días de 10 a 22 h. Vincent, un bretón, ofrece a su clientela sabrosas *crêpes* (¡no podía ser de otra manera!) y buenas pizzas. La sección de bebidas alcohólicas está bien surtida: *pastís*, cervezas belgas, cócteles y *shooters* elaborados por el dueño, experto en la materia. En ocasiones, veladas «especial fondue». Salón y pequeña terraza rodeada por un seto. Un lugar estupendo para no arruinarse si os tenéis ganas de comer a la europea.

¿CÓMO SALIR DE PEKÍN?

Pekín es la ciudad mejor comunicada de China, sobre todo en tren. Los horarios de salida se cumplen, y no se puede cambiar el billete si se pierde el tren. Salid con tiempo, en previsión del tráfico. El autobús resulta una opción atractiva pero muy incómoda, especialmente en los trayectos largos. Os lo desaconsejamos, salvo que no haya ninguna otra alternativa. También es cierto que sale más barato y que las carreteras están en continua mejora. Muchos autobuses nocturnos disponen de literas. El avión es rápido, por supuesto, aunque... sale caro a pesar de que cada vez encontraréis más ofertas. Ver el apartado «Transportes» en el capítulo «Generalidades», al principio de esta guía.

En tren

Atención, existen varias estaciones; comprobad desde cuál vais a salir.

- **Beijing Huochezhan** *(plano general I, C2)*: la estación principal. Ⓜ Beijingzhan. Las taquillas están a la derecha de la estación.

> Algunos enlaces: **Chengde** (4 h de viaje; dos salidas diarias, una desde la estación del Oeste); **Shanghai** (10-

13 h de viaje; ocho salidas diarias, una de ellas por la noche); **Suzhou** (9-13 h de viaje; cinco salidas diarias, dos de ellas de noche); **Hangzhou** (13-16 h de viaje; seis salidas diarias, una de ellas desde la estación del Oeste); **Nankín** (10-14 h de viaje; diez trenes diarios, uno desde la estación del Oeste).

■ **Beijing Xizhan** *(plano de conjunto):* Lianhuachi Donglu, cerca del parque de Lianhuachi. Ⓜ Military Museum, después el autobús 21 o el 320. Enlaza con Sichuan, Yunnan, Guangdong, Guizhou y Xinjiang. Hay consignas y restaurantes a la izquierda del vestíbulo.
> Algunos enlaces: **Datong** (Yungang) y **Pingyao** (vía Taiyuan), remitíos a los capítulos «Llegar - Salir» de estas ciudades. **Guangzhou** (20-22 h de viaje; seis trenes diarios, uno desde la estación central. **Kunming** (40 h de viaje; dos salidas diarias). **Xi'an** (11-13 h de viaje; once trenes diarios). **Chongqing** (25-40 h de viaje; tres salidas diarias). **Guilin** (23-27 h de trayecto; tres salidas diarias). **Chengdu** (25-30 h de viaje; tres salidas diarias).
> **Hacia Mongolia o Rusia:** dos trenes semanales. Respectivamente, 30 h y 5 días de viaje. Pasad por una agencia de viajes para el visado y la reserva.
> **Hacia Hanoi** (no olvidéis el visado): dos trenes semanales (jueves y domingo), unas 40 h de viaje.
> **Hacia el Tíbet** (4.604 km): tren T27, salida a las 21.30 h, llegada a Lhassa dos días más tarde a las 18 h.

■ **Beijing Xizhimen Beizhan** (estación del norte; *plano general II, A1):* Ⓜ Xizhimen. Comunica la Gran Muralla, sitio de Badaling (1 h de viaje).

En autobús

Para ir a los centros turísticos fuera de Pekín, el viaje en líneas regulares puede resultar bastante incómodo y hace perder demasiado tiempo, porque hay muchas paradas. Así que lo mejor es coger los autocares turísticos que realizan el viaje directo.

Principales estaciones

■ **Terminal de Dongzhimen** *(plano general I, C1):* Dongzhimenwai Dajie, en el segundo cinturón noreste. Ⓜ Dongzhimen, salida B.
> Salidas para la Gran Muralla: Mutianyu directamente o pasando por una ciudad (remitíos a «Gran Muralla», más adelante). Enlaza con las ciudades del noreste y del este, principalmente con **Chengde** (de 4a 5 h de viaje; salidas cada hora entre 7.30 y 17.30 h).

■ **Terminal de Deshengmen** *(plano general II, B1):* Deshengmendong, en el segundo cinturón noroeste. Ⓜ Jishuitan.
> Salidas para la Gran Muralla y las tumbas Ming vía Changping (remitíos a las «Tumbas Ming»).

■ **Estaciones «turísticas» de Qianmen** (en el suroeste de Tian'anmen; *plano general I, B2)* **y de Zhanlanguan** *(plano general I, A1).*
> Salidas para la Gran Muralla: **Badaling** (1,30 h de viaje), **Mutianyu** (2h de viaje). También, salidas hacia las tumbas Ming (Ming shisan ling).

■ **Terminal de Zhaogongkou** *(plano de conjunto):* en el sur del parque de Tiantan, en el lado norte de Nansanhuan Lu, Fengtai. ☎ 67-22-94-91. Ⓜ Songjiazhuang (estación más próxima). Reservad con cuatro días de antelación. Moderna, con un gran panel electrónico para que practiquéis vuestro chino. En la ventanilla de información hablan algo de inglés.
> Enlaza con: **Tianjin** (autobús TZ, servicio cada 15 min, de 7 a 18 h; 1,30 h de viaje); **Qingdao** (15 o 16 h de viaje). Y, finalmente, **Shanghai** (todos los autobuses que tienen un 816 en su número; siete salidas diarias de 7.30 a 19.30 h; 16 h de viaje).

> **Datong** (Yungang) y **Pingyao** (vía Taiyuan), remitíos a los capítulos «Llegar - Salir» de estas ciudades.

En avión

Remitíos a la información que se proporciona sobre el aeropuerto anteriormente.

> Más de 600 destinos dentro del país y numerosos vuelos diarios para todas las capitales de provincia y las ciudades turísticas. En otro caso, siempre encontraréis alguna correspondencia.
> Están representadas todas las líneas internacionales de mayor importancia.

ALREDEDORES DE PEKÍN

>TUMBAS DE LOS MING (SHISAN LING)

En un hermoso circo de colinas, que forman una herradura de 7 km de ancho por 9 km de profundidad, están enterrados 13 emperadores Ming. El lugar se encuentra protegido al sur por dos pequeñas colinas, las montañas del Dragón y del Tigre. Evidentemente, también está resguardado de los vientos del norte y de cualquier influencia nefasta, y responde, pues, a todas las reglas de la geomancia. Antes de llegar al valle de las tumbas, se pasa por la vía de los Espíritus, que se extiende de sur a norte. El primero que vino aquí a descansar fue Yongle, y después llegaron todos sus sucesores excepto uno, Daizong (1449-1457). El recinto de las tumbas estuvo protegido durante mucho tiempo por una muralla de

16 km y una guarnición de varios miles de hombres. Aquí se desarrollaba una auténtica vida popular debido a los numerosos rituales que se celebraban a lo largo del año (aniversarios de los nacimientos y los fallecimientos, calendario lunar, etc.) y vivían de forma permanente funcionarios encargados de la administración, jardineros, porteadores, cocineros (que preparaban las ofrendas y los manjares).

Las tumbas que más se visitan son las de Changling (Yongle, 1403-1424) y Dingling (el emperador Wanli, 1573-1619), uno de los destinos más populares del turismo interior chino. Aquí nunca estaréis solos: ambiente muy turístico; tenedlo en cuenta.

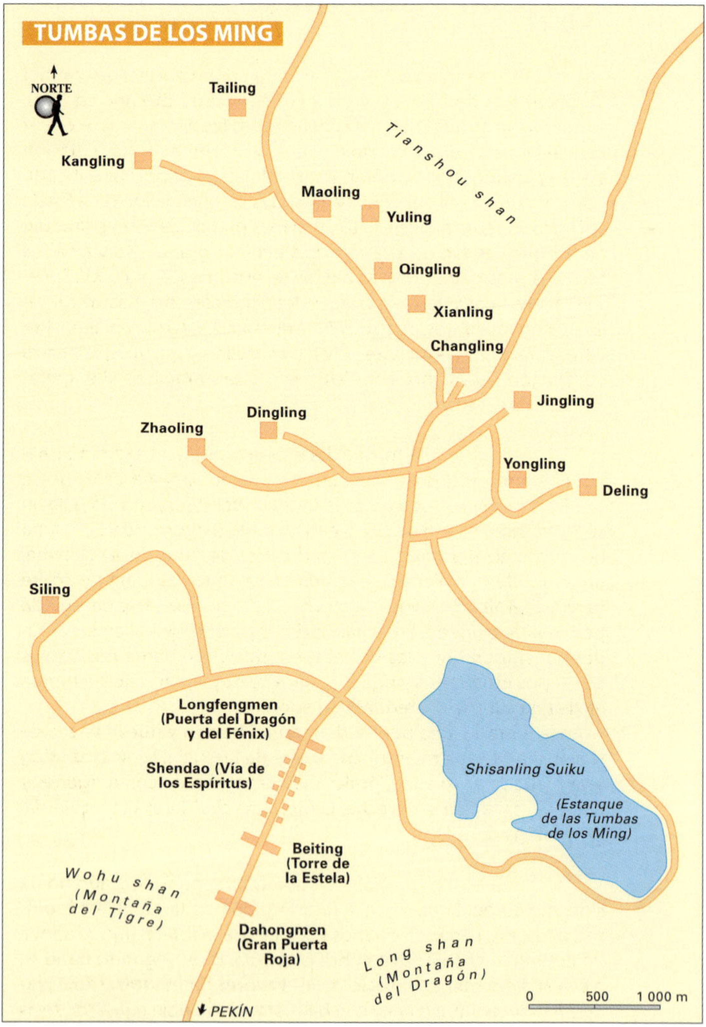

¿CÓMO IR?

Están a unos 50 km al norte de Pekín.
> **Desde Qianmen,** autobús del CITS por la mañana o el nº 919 desde Deshengmen (Ⓜ Jishuitan); cuando lleguéis tenéis que coger el autobús n° 314 a Changping.

LA VISITA

De 8 a 17.30 h. Entrada (dependiendo de la temporada): Dingling 40-60 ¥ (4-6 €); Changling 30-45 ¥ (3-4,50 €); vía de los Espíritus, 20-3 ¥ (2-3 €).

Vía de los Espíritus: se entra por un pórtico de mármol de cinco arcos de 14 m de alto y 29 m de ancho, edificado en 1540. En este lugar se apeaban del caballo todas las personas que entraban en la necrópolis, incluido el mismo emperador. A continuación viene el **Dahongmen** (la Gran Puerta Roja), un impresionante edificio de muros rojos del siglo XV. Después, en el pabellón de la Estela se descubre, según dicen, la tortuga más grande de China, símbolo de la inmortalidad, y también la estela más grande. La vía de los Espíritus prosigue entre dos hileras de estatuas del siglo XV. Sucesivamente, cuatro leones, cuatro *xiezhi* (unicornios), cuatro camellos, cuatro elefantes, cuatro *qilins* (quimeras), cuatro caballos... Por último, mandarines militares, civiles y letrados, y después, la puerta del Dragón y del Fénix *(Longfengmen),* que simbolizan al emperador y la emperatriz.

Dingling: la tumba del emperador Wanli. Era tan previsor que empezó los trabajos en 1584 (cuando tenía 22años). La tumba copia la estructura de la Ciudad Prohibida, con un palacio subterráneo dividido en cinco habitaciones (en forma de T). En una de ellas están el trono del emperador y los de sus esposas. Delante, un jarrón de porcelana que habría de servir de lámpara de aceite para la eternidad, aunque la mecha debió de apagarse enseguida por falta de oxígeno. En la habitación siguiente se hallan los ataúdes del emperador y las dos emperatrices, con pequeños baúles con todos los enseres y riquezas necesarios para el viaje. La tumba es de una curiosa austeridad, sin adornos.

En la entrada, una puerta de mármol blanco y nueve líneas de clavos, también de mármol. En la **torre de la Estela,** la dinastía Ming está grabada en lo alto. Zócalo finamente labrado con dragones y nubes. Y paisaje: a la derecha, la montaña del Tigre; a la izquierda, la montaña del Dragón.

Changling: el palacio subterráneo de Yongle aún no ha sido explorado. Situado en la prolongación de la vía de los Espíritus, el recinto rodea tres patios y la torre de la Estela, que se apoya en el túmulo circular que cubre la tumba. En el segundo patio se eleva el monumental **Palacio de los Favores Eminentes.** Triple plataforma de mármol blanco con balaustradas y doble tejado de tejas amarillas, la construcción reposa sobre 60 enormes pilares de cedro de Yunnan. Aquí es donde se celebraban las ceremonias en honor del difunto. A uno y otro lado, los hornos de cerámica barnizada donde se quemaban las ofrendas, incienso, rollos de seda, etc. En el este y en el oeste, las tumbas de las 16 concubinas que «aceptaron» acompañar al emperador y murieron enterradas vivas (tradición abolida en el siglo siguiente).

> Tumbas de los Qing (Qingdongling)

Se trata de la necrópolis más importante de la dinastía manchú (1644-1911). Allí están cinco emperadores, 15 emperatrices (entre ellas, las más importantes: Kangxi, Qianlong y Cixi), algunos príncipes y princesas, y 136 concubinas. En nuestra opinión, éstas son más interesantes que las tumbas de los Ming, y tienen un carácter mucho menos «mausoleístico». En este sitio también intervino la geomancia para determinar de una manera precisa en qué lugar había que emplazar las tumbas y cómo colocarlas. El entorno es particularmente bucólico y sereno.

¿CÓMO IR?

Qingdongling, cerca de la población de Mulanyu (distrito de Zunhua), se encuentra situada a 130 km al este de Pekín.

> **Desde Pekín:** calculad de 3 a 4 h de viaje. Ⓜ Sihui, después autobús a Zunhua desde la estación de largo recorrido situada al sur del metro.

LA VISITA

Todos los días de 8.30 a 17.30 h. Entrada: combinada 120 ¥ (12 €); en otro caso, 35-45 ¥ (3,50-4,50 €) por tumba. En el verano el CITS organiza excursiones.

Tumba de Cixi: costó una verdadera fortuna (según dicen, el equivalente a 62 t de plata). No se reparó en gastos para superar a la otra esposa del emperador Xianfeng. La tumba fue violada y saqueada en 1928 por un «señor de la guerra». En la torre de la Estela veréis una tortuga gigante que lleva la estela tradicional. En el patio hay tres sendas, también de mármol: la de en medio, reservada al emperador, y las otras dos, para los ministros y altos funcionarios.

El **Palacio de los Favores Eminentes** está ricamente decorado: piedra espléndida labrada con el fénix (símbolo de la emperatriz), situado encima del dragón (símbolo del emperador), algo muy raro y excepcional; a la derecha, la grulla (símbolo de la longevidad); a la izquierda, el ciervo. En la sala principal, cuatro gruesas columnas esculpidas con dragones y una escena con personajes de cera (copia de una célebre foto), con Cixi disfrazada de Guanyug (diosa de la compasión), flanqueada por dos eunucos. En las vitrinas se exponen diversos recuerdos de la emperatriz: vestido azul de ceremonia, tejidos de seda beis muy raros, zapatos y perlas...

En el palacio subterráneo, la decoración quedó sin terminar a causa del fallecimiento de la emperatriz. Detrás, la sala abovedada de mármol con su sarcófago. Y en la entrada, una espléndida puerta de mármol blanco de 20 cm de grosor con cabeza de león. En la parte inferior de la puerta veréis el mármol roto, que está así desde que violaron la tumba.

Yuling: comenzada en 1743, se trata de la tumba de Qianlong, cuyo reinado fue el más largo de los Qing (1736-1796). También de un coste faraónico, aunque en aquel tiempo los negocios del Imperio marchaban bien, la saquearon en 1928. Torre de la Estela que precede la inmensa explanada. Sala principal en la que los ministros rendían homenaje al soberano. A un lado y otro, las salas destinadas a las ofrendas. Cabe destacar que aquí es el dragón el que domina al fénix. Hermoso carillón con campanas de bronce y piedras musicales.

Cuando entréis en el palacio subterráneo, veréis unos magníficos bajorrelieves. Pasadizo de 12 m que estaba lleno de ladrillos. En la sala siguiente, *sutras* tibetanos a un lado. En la bóveda, los cuatro reyes celestiales llevan cada uno un objeto diferente (un *piba*, una espada, un parasol y una *stupa*), y la puerta es de mármol labrado con budas de pie. En la sala siguiente, numerosos budas pequeños cincelados, también en la bóveda. Y una última sala precedida por una doble puerta de mármol. En medio, el ataúd del emperador y de las concubinas. El que saqueó la tumba en 1928 tuvo que derribar las dos puertas para rematar la faena.

> GRAN MURALLA

Véase el plano de «Alrededores de Pekín».

«El que no ha subido a la Gran Muralla es porque no es valiente», dice un célebre adagio. El «dragón de las mil azucenas» es desde luego un pasaje obligado para todo aquel que ponga los pies en China. Con su desmesura arquitectónica y su belleza alucinante, la muralla se ha convertido en el símbolo por excelencia de la civilización china. Serpentea hasta perderse de vista a lo largo de 6.700 km de oeste a este, lo que equivale a la vigésima parte de la circunferencia de la Tierra: desde los áridos confines del desierto de Gobi hasta el paso de Shanhaiguan, donde se arroja de cabeza al golfo de Bohai.

En realidad, habría que hablar de Grandes Murallas, ya que se trata de un conjunto de fortificaciones paralelas edificadas en diferentes lugares por soberanos sucesivos. Los estados de la China antigua empezaron, en el siglo VII a.C., a edificar murallas para protegerse de sus vecinos. La primera «gran» muralla nació cuando el primer emperador, Qin Shi Huangdi (221a.C.), mandó unir los tramos precedentes. Una obra construida con la sangre y el sudor de 300.000 soldados y 500.000 reos, de los que se cuenta que eran enterrados en los cimientos conforme desfallecían en el trabajo. Se calcula que hubo 200.000 víctimas. Las murallas internas del Imperio se desmantelaron, y a partir de entonces la obra se orientó hacia el exterior para proteger al mundo chino de las incursiones de los bárbaros de las estepas del norte, como los jinetes xiongnu. La muralla del primer emperador, de tierra, cayó después en un estado ruinoso por falta de mantenimiento. La que hoy se visita es obra principalmente de los Ming (1368-1644), que temían por encima de todo que volvieran los mongoles. Los trabajos, iniciados en 1368, duraron dos siglos. Construida esta vez con piedra y ladrillos cocidos, cada puerta lleva una marca para identificar a su constructor y a su maestro de obras.

De una altura media de 8 m y una anchura de 6 m, la muralla de los Ming constituía un rosario de fortalezas, puertas y pasadizos, cubiertos por miles de atalayas, y todo ese sistema defensivo estaba a cargo de cerca de un millón de hombres. Para hacer circular rápidamente las noticias contaban con un sistema de señales de fuego. La muralla desempeñó fundamentalmente un papel disuasorio, pero nunca detuvo ninguna invasión. En cambio, desempeñó un papel económico importante, porque actuó como una auténtica membrana de los intercambios entre dos mundos. También sirvió de punto de abastecimiento y protección de las caravanas de los mercaderes, y contribuyó a que éstas circularan más fácilmente de este a oeste. Según dicen, es la única obra humana que se puede ver desde la Luna. Si se utilizaran todos sus ladrillos para construir un muro de 5 m de alto y 1 m de ancho, éste daría la vuelta al planeta. La muralla dejó de utilizarse en el siglo XIX, y los aldeanos que vivían en las cercanías se llevaron los ladrillos para hacer sus casas. Después de la muerte de Mao, las autoridades empezaron a reparar grandes tramos de la Gran Muralla, con lo que la han convertido en la baza turística más rentable del país, al mismo tiempo que le han hecho recuperar toda la majestuosidad.

Consejo

Para ir a Huanghua, Simatai y Jingshanling, los que viajéis solos tendréis que estudiar las excursiones propuestas por los AJ. Es difícil encontrar un taxi o un minibús que os quiera llevar si vais solos o si ya es un poco tarde (mirad bien los horarios).

También podéis alquilar un taxi para todo un día por 600 ¥ (60 €). Es más rápido y cómodo (elegid un modelo grande) que el autobús y os saldrá por el mismo precio si sois varios. Los encontraréis fácilmente al lado de los grandes hoteles. Además tienen una mayor flexibilidad horaria. Aseguraos de que el conductor sabe adónde queréis ir y pagadle al final de la jornada.

> AVISO

Los horarios y las tarifas que se indican en la guía son orientativos.

LA VISITA

Badaling: situado a 70 km al noroeste de Pekín. Todos los días de 8 a 20 h. Entrada: 45 ¥ (4,50 €), incluyendo el museo y el cine. Teleférico, ida o ida y vuelta 45-60 ¥ (4,50-6 €). En tren desde Xizhimen Beizhan (estación del Norte, Ⓜ Xizhimen): unos diez trenes diarios de 7.30 a 19.30 h, trayecto de 1 h, 15-30 ¥ (1,50-3 €) según confort; hay 800 m entre la estación y el yacimiento. Desde las estaciones turísticas de Qianmen y Zhanlanguan; autobuses cada 30 minutos, 1,30 h de trayecto (salvo embotellamientos, muy frecuentes los fines de semana), unos 60 ¥ (6 €) ida y vuelta. Desde la puerta Deshengmen (2º periférico norte, Ⓜ Jishuitan): autobús clásico nº 919, de 6 a 17 h, 1,30 h de trayecto, 12 ¥ (120 €).

Es el paraje más accesible y visitado de todos los tramos de la Gran Muralla que aún permanecen en pie. Allí han invertido las autoridades ingentes cantidades de dinero en la restauración de las murallas y de las atalayas tal como eran hace 700 años, con la dinastía Ming. Gracias a ello constituye el lugar ideal para que los turistas hagan unas fotos tan vistosas que parezcan postales y puedan presumir de haber estado allí. De acceso fácil y seguro, el paraje de Badaling está muy bien cuidado y cuenta con un teleférico, un museo, una galería de fotos y un cine de pantalla panorámica (360º) donde se proyectan documentales históricos que quitan el aliento. El reverso de la medalla es que este largo tramo de la Gran Muralla suele estar lleno hasta los topes, sobre todo los fines de semana. Pero aun así merece una visita.

Mutianyu: situado a 90 km al noreste de Pekín. Todos los días de 8 a 16.30 h (17 h en verano). Entrada 40 (4 €). Teleférico ida o ida y vuelta 35-50 ¥ (3.50-5 €). Desde la estación de Dongzhimen (Ⓜ Dongzhimen): coged los autobuses nº 916 o 936 con destino a Huairou. Salen cada 10 minutos de 7 a 16 h; último regreso a las 17.30 h; 15 ¥ (1,50 €); 1,30 h de viaje; parada Bei Dajie) y después el minibús que va a Mutianyu (25 ¥/2,50 €) y 1 h de viaje. Desde las estaciones turísticas de Qianmen y del zoo: un minibús directo por las mañanas. Para volver, tenéis muchos minibuses desde Mutianyu aunque los últimos salen hacia las 17.30 h. Desde Huairou, el último autobús de línea regular sale para Pekín a las 18.30 h. La subida desde la parada del autobús hasta la muralla dura unos 30 min, pero el teleférico os llevará en 5 min, a 100 m por encima de los robledales.

La muralla está menos explotada por los operadores turísticos, a pesar de que se halla perfectamente bien restaurada a lo largo de varios kilómetros. El entorno es bastante salvaje, entre bosques y colinas abruptas, con desniveles que pueden rozar los 45º, de modo que conviene ir con un buen calzado. Cuando se marcha sobre la Gran Muralla 1 o 2 h hacia la izquierda, se llega a una especie de fonda instalada en un fuerte, donde se puede hacer una agradable parada en el camino.

Huanghua Cheng: el paraje de **la muralla de la Flor Amarilla** es aún más salvaje y sólo está a 2 h de Pekín. Como para Mutianyu, debéis coger el minibús que cubre la línea de Huairou, e indicarle al conductor que os bajáis en Wenhuaguan. Os dejará cerca del pueblo, en la parada de minibuses que enlazan con Huanghua. Calculad unos 40 ¥ (4 €) para todo el trayecto. Cuando lleguéis a Huanhua, caminad 30 min hacia el norte, en dirección al estanque.

Cuando alcancéis el pie de la muralla podréis escoger entre girar a la izquierda y dar un paseo tranquilo, entre los arbustos, o meteros por la derecha, donde el terreno es más accidentado y hay que subir cuestas empinadas. Pensad en llevar agua y calculad el tiempo para el viaje de regreso.

La entrada es simbólica; los lugareños han puesto una pancarta de madera, pero... ¡cuidado!, no os dejarán pasar hasta que no hayáis pagado. Cuenta con numerosos tramos de muralla abandonados que propician la caminata para merendar. Paisajes magníficos con un vasto estanque y una vida campestre que quiere haceros olvidar los atascos de tráfico. Atalayas –época Ming– bien conservadas. Está prohibido acampar y hacer fuego. Encontraréis a muy pocos vendedores de *souvenirs*.

Simatai: a 110 km al noreste de la capital. Está situado en la carretera de Chengde. Entrada: 40 ¥ (4 €). Teleférico ida o ida y vuelta 35-50 ¥ (3.50-5 €). Desde la estación de Dongzhimen (Ⓜ Dongzhimen): autobús nº 970 directo a las 6 h. Otra posibilidad es coger el autobús hacia Chengde (sale cada hora de 7.30 a 14.50 h) y bajar a medio camino. Cuesta 30 ¥ (3 €); el viaje dura 2,30 h. Pero también podéis coger un taxi o un minibús, que os saldrán por unos 10 ¥ (1 €) por persona.

Sin duda, uno de los parajes más salvajes y auténticos de los alrededores de Pekín. Actualmente cuenta con un teleférico, un aparcamiento, máquinas para validar billetes de entrada y arcos, y han abierto muchas tiendas de souvenirs. En este tramo, la Gran Muralla Ming sólo ha sido restaurada en un pequeño trozo (subiendo a la derecha). Hacia la izquierda, iréis a Jiangghanling (ver más adelante). El conjunto se extiende a lo largo de unos 20 km, en los que se suceden 135 atalayas con unos acantilados impresionantes y unos colores (ocre, amarillo) espectaculares. ¡Una gozada para los fotógrafos! Conviene venir con una buena ración de agua (aunque hay algunos vendedores ambulantes). Existen lugares en los que la pendiente supera los 60º, y para subir debéis estar en buenas condiciones físicas. ¡Cuidado! Pensad que pasada la decimocuarta torre, por la parte de la derecha, el lugar es precioso, pero muy escarpado, y hay un tramo impracticable para quienes tengáis vértigo.

Bonito complejo cerca del teleférico con un **bar-restaurante** y un **albergue.** ☎ 0137-01-26-56-74. Dispone de habitaciones dobles o triples con AC y baño a 200 ¥ (20 €); a mitad de precio durante los meses de temporada baja. Tiene una agradable terraza sobre pilotes encima de un pequeño lago. Bonitas casas de ladrillos grises.

Caminata de Simatai a Jingshanling: 10 km de bellos paisajes. Es original y muy aconsejable para quienes hagáis senderismo. El camino sube y desciende de golpe y hay que vigilar dónde se ponen los pies, pero no tiene una gran dificultad técnica ni resulta peligroso. Marchando a buen paso llegaréis a Simatai en 4 h, después de pasar por 30atalayas. En algunos momentos se tiene la sensación de que te están tomando el pelo, porque te hacen pagar la entrada dos veces, y también el paso por un puente (10 ¥/1 €)... que no se puede esquivar. Eso se debe a que, en realidad, los dos lugares no son del mismo distrito. Y a partir de finales de octubre empieza a hacer frío. Una opción: salid a última hora de la tarde, bien equipados, y pasad la noche en una atalaya para ver la salida del sol. ¡Una maravilla!

Jinshanling: al igual que Simatai, Jingshanling está en la carretera que va de Pekín a Chengde. Desde la estación de Dongzhimen (Ⓜ Dongzhimen) calculad unos 30 ¥ (3 €) para el autobús nº 980 (dirección Miyun) y 10 ¥ (1 €) para el taxi o el minibús turístico. Precio de la entrada: 40-50 ¥ (4-5 €). Teleférico ida o ida y vuelta 35-50 ¥ (3.50-5 €).

Del mismo estilo que Simatai, pero algo menos concurrido. Para llegar hasta la Muralla desde la ventanilla tenéis dos opciones: 1 h andando o el telesilla (30 ¥/3 €). En la primera atalaya encontraréis un pequeño café. A la derecha veréis la Gran Muralla y ocho torres restauradas. A la izquierda, un tramo de 10 km (32 torres) medio en ruinas, que os llevará hasta Simatai (ver antes).

> Chengde

300.000 HAB. PREFIJO TEL.: 0314

La antigua residencia de verano de los emperadores se halla a unos 200 km al noreste de Pekín. Cuando la atmósfera se volvía demasiado sofocante en la capital, se marchaban raudos a Chengde, donde el clima dulcificado por la altitud era más fresco y el buen tiempo garantizaba un cielo completamente azul. Las cosas apenas han cambiado, y el clima sigue siendo agradable. Se trata casi de un pueblo en comparación con las dimensiones del país (pensad que sólo tiene 300.000 habitantes); el ritmo local no es demasiado frenético. Chengde posee una buena herencia de su época dorada, el siglo XVIII, bien conservada y restaurada, y el aire que se respira allí es mucho más puro que el de las contaminadas Pekín y Shanghai. Tiene atractivo suficiente como para que paséis una noche o dos. Además está bien comunicado con la capital y sus encantos decantan favorablemente la balanza.

Un poco de historia

Chengde gustó mucho al emperador Kangxi cuando estuvo aquí. El hombre andaba buscando un sitio ideal para escapar del calor espantoso de Pekín y hacerse una casa de veraneo. Desde entonces, los Hijos del Cielo pasaban en Jehol (el antiguo nombre de Chengde) seis meses al año. Sólo les hacían falta siete días para llegar desde Pekín, acompañados de 10.000 soldados y jinetes. Después, Chengde se convirtió no sólo en un refugio donde se estaba fresco, sino también en una residencia diplomática y un importante centro político. En realidad, en Pekín se resolvían los asuntos interiores chinos, y aquí se abordaban los problemas relativos a las relaciones con todos los vecinos no han: mongoles, tibetanos, etc. Para contentar a los soberanos extranjeros, en 1750 se inició en Chengde la construcción de tres grandes templos cuya arquitectura se inspiraba en la de los tres grandes centros religiosos del budismo tibetano: el prestigioso Potala, el Tashilumpo (feudo del panchen lama) y Samye. Kangxi y después Qianlong mimaron al dalai lama y al panchen lama. Procuraron «cuidar los detalles» para garantizar el control imperial y la fuerte influencia de los grandes clanes mongoles en el país de las Nieves. Además, fue aquí donde Qianlong decidió la eliminación de los dzungaros, de los que, según se dice, más de 600.000 fueron asesinados.

El fracaso de una embajada

Los informes de los jesuitas enviados a Europa sobre la magnificencia de la corte y el potencial de China suscitaron un tremendo interés y el nacimiento de una verdadera «chinomanía». El rey de Inglaterra Jorge III organizó en 1793 una impresionante embajada que encabezó lord Macartney, el más hábil diplomático de la época. La delegación, que fue recibida con todo el boato imaginable en Chengde, estaba decidida a alcanzar dos logros importantes: la apertura de una embajada en Pekín y la mejora de las condiciones del comercio con China. Pero a Qianlong, que consideró a estos bárbaros sus vasallos, le chocó mucho que alguien osara pedirle cualquier cosa. Así que, al cabo de seis semanas, le dieron a entender a Macartney que lo mejor que podía hacer era regresar a su país, porque, como se acercaba el invierno, se exponía a coger frío. El resultado fue que Macartney regresó sin obtener lo que buscaba, sin más resultado que una simple carta del emperador en la que éste le agradecía su regalo y el «humilde deseo de Jorge III de poder disfrutar de los beneficios de la civilización china».

Tras la abdicación de Qianlong, Chengde perdió gran parte de su importancia. Y, sobre todo, cuando el siguiente emperador murió allí de una manera ridícula, alcanzado por un rayo. Esta reputación de gafe la sobre-

Transportes y Direcciones útiles

- Estación de ferrocarril
- 2 Parada de los autobuses del hotel Yunshan
- 3 Estación del Este
- Correos
- 5 Teléfonos
- 6 Internet
- 7 Bank of China (agencia principal)
- 8 Bank of China
- 9 Comisaría de Seguridad Pública

¿Dónde dormir?

- 10 Hotel Saibei
- 11 Jingcheng Hotel
- 12 Mountain Villa Hotel
- 13 Menggu Bao
- 14 Qi Wang Lou Hotel
- 15 Yunshan Fandian

¿Dónde comer?

- 13 Menggu Bao
- 20 Li Xiansheng
- 21 Meishicheng
- 22 Yuxiangla Popo
- 23 Qianlong Jiaoziguan
- 24 Shunkaida Shaokaodian y Xin Qianlong
- 25 Calle de los Huoguo

pasó Cixi cuando, siendo aún emperatriz, vino huyendo con su corte de las hordas franco-inglesas que estaban saqueando Pekín. Cuando el emperador murió, Cixi se convirtió en emperatriz viuda, pero, a partir de entonces, no vino nadie más, y las tropas japonesas remataron ese triste destino saqueando Chengde en 1933.

De todas maneras, la invasión de los turistas durante los últimos años ha supuesto el renacer de los palacios y de los templos.

LLEGAR - SALIR

En tren

> Desde Pekín os recomendamos el *Fast Train*, por la rapidez y la comodidad. Una salida diaria, el K7711 a las 6.30 h: 60 ¥ (6 €) por 4 h de viaje. Con los demás trenes tardaréis, como

CHENGDE

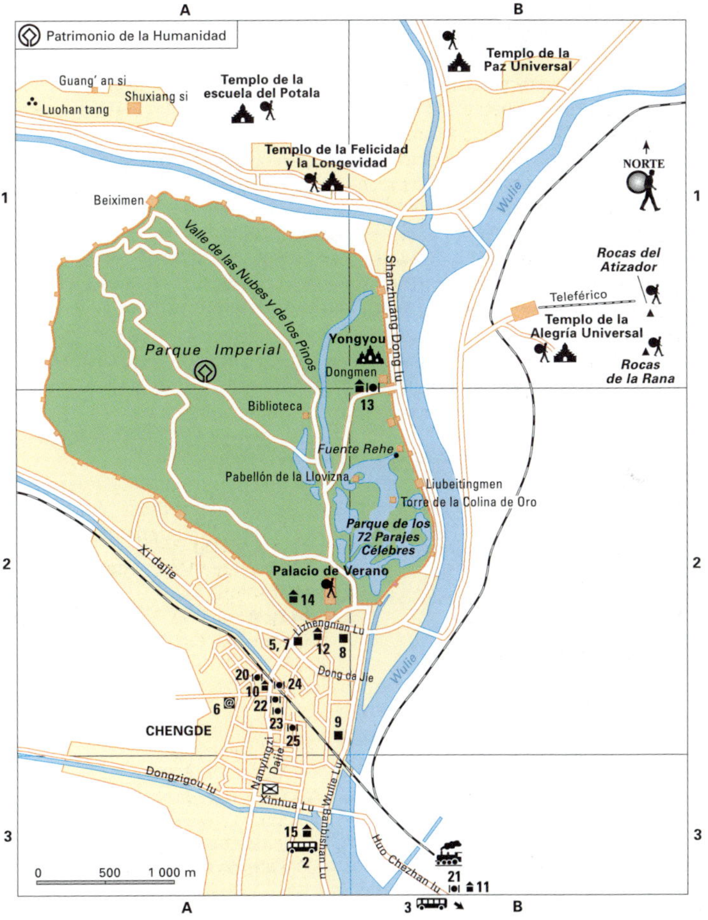

mínimo, 3 h más. Los horarios del *Fast Train* os permitirán organizar una excursión de ida y vuelta desde Pekín con estancia de una noche: visitad los templos lamaístas por la tarde, disfrutad del ambiente provincial de la noche de Chengde y levantaos temprano para ver (¡y realizar!) los ejercicios de tai-chi que se hacen en uno de los parques más bellos de China, acabad de visitar los templos... y regresad a lacapital con el K7712 de las 13.30 h del día siguiente, que llega a Pekín a las 17.48 h.

> **Estación de trenes de Chengde** (Huochezhan; *B3):* Huo Chezhan Lu. Venta de billetes en la ventanilla del primer piso. En el lado derecho de la explanada están la consigna y los teléfonos. Los taxis y los autobuses tienen sus respectivas paradas delante de la estación.

En autobús

La estación de autobuses de Chengde (Dongzhan; *fuera del plano B3,* ***3****)* queda a las afueras de la ciudad, por lo que es mejor ir al aparcamiento de la estación de trenes o a la parada que se encuentra a la altura del hotel *Yunshan (A3,* ***2****):* Banbishan Lu. Muy práctico. Los autobuses de la estación que queda a las afueras pasan a recoger a pasajeros.

> **Hacia Pekín:** terminal de Dongzhimen, Dongzhimen Dajie, 2° periférico noreste. Una quincena de autobuses diarios, 4-5 h de trayecto. Posibilidad de bajarse en Simatai o Jinshanling (ver «Gran Muralla», antes). Salen casi cada hora (en realidad, cuando el autobús está lleno) de 6 a 18 h; calculad 46 ¥ (4,60 €) y 4 h de bonito trayecto por la montaña.

> **Hacia Jingshanling** (ver «Gran Muralla», antes): coged cualquiera de los autobuses que van a Pekín y bajad en Gubeikou (calculad 30 ¥/3 €, por unas 2 h de viaje). Desde allí deberéis recorrer sólo 4 km; para hacerlo tenéis dos opciones: la moto o el tractor-taxi. Precio: 15 ¥ (1,50 €), a repartir entre todos los pasajeros.

> **Hacia Simatai** (ver «Gran Muralla», antes): tenéis que hacer lo mismo. Decidle al conductor adónde vais y os dejará en el cruce en que esperan los taxis. Precio: unos 35 ¥ (3,50 €).

DESPLAZARSE POR LA CIUDAD

En autobús

La red permite llegar a cualquier punto. Precio: 1 ¥ (0,10 €). La línea n° 11 enlaza la estación con el Palacio de Verano, y la n° 6 llega a los templos lamaístas. Aseguraos siempre de los números de las líneas y los destinos con la ayuda del guía.

En taxi

Todos llevan un taxímetro, aunque muchos no lo utilizan dentro de la ciudad. La tarifa para que os den una vuelta por toda la ciudad es de 5 ¥ (0,50 €). Para cualquier otro tipo de carrera, preguntad antes el precio o pedid que os pongan el taxímetro. Por ejemplo, para ir desde el centro hasta Puning Si os tiene que salir, como mucho, por 10 ¥ (1 €).

A pie, en bicicleta

Lo podéis hacer perfectamente, porque se trata de una ciudad pequeña y poco empinada. Si queréis visitar los templos más alejados, podéis pedir una bicicleta en vuestro hotel.

> **AVISO**

Los horarios y las tarifas que se indican en la guía son orientativos.

ORIENTACIÓN

La estación de tren se encuentra en el extremo sureste de la ciudad, a la orilla del río Wulie He, que va de norte a sur. Llegaréis al centro de la ciudad cruzando un gran puente. El **Palacio de Verano y el parque Imperial** constituyen el límite de la ciudad por el norte, a la altura de la calle **Lizhengmen Dajie.** El extremo oeste de Lizhengmen cambia de nombre y se llama **Nanyingzi Dajie** después de la primera rotonda. Si seguís por ahí, a la izquierda, iréis a parar a la salida de **Qingfeng Dongjie,** una calle peatonal con muchos restaurantes pintorescos, antes de cruzar una vía férrea. Siguiendo siempre a la izquierda, llegaréis a una plaza muy animada por las noches (bailes públicos), que está limitada al oeste por **Zhongxin Lu** (más restaurantes).

El ***Chengde Newly Published Traffic Map*** puede resultaros útil. Se vende en los quioscos por un precio de 6 ¥ (0,60 €). Contiene información de páginas web en pinyin, del parque y de la ciudad.

DIRECCIONES ÚTILES

Correos

Nanyingzi Lu *(A3):* abierta de 8 a 18 h.

Teléfonos

Informaos de los establecimientos que usan la telefonía por Internet. Normalmente tienen el logo IP y disponen de unos cuantos teléfonos en pequeñas cabinas. Hay uno en Lihzhengmen Dajie *(A2, **5**)* y algunos más adelante. Puede que se hayan trasladado, pero una cosa está clara, los precios resultan muy interesantes.

Internet

*(Wangba; A2, **6**):* situado en la planta baja, cuesta 2 ¥ (0,20 €) por hora y está abierto de 8 a 24 h. Hay otro muy cerca.

Bancos

Bank of China (Zhongguo yinhang): Dong Dajie *(agencia principal; A2, **7**)*. Está situado en el centro de la ciudad. Abierto de lunes a viernes de 8 a 12 h y de 14.30 a 18.30 h (en invierno cierran antes). Se pueden efectuar todo tipo de operaciones y disponen de cajero automático. Encontraréis otra agencia delante del Palacio de Verano *(A2, **8**),* pero solamente para efectivo.

Comisaría de Seguridad Pública

(Gon An Ju; *A2, **9**):* Wulie Zhongduan. ☎202-23-52. Para cualquier problema relacionado con la seguridad.

¿DÓNDE DORMIR?

Chengde no es famosa por la calidad de sus alojamientos económicos. Pero, a pesar de ello, vale la pena visitarla.

De muy barato a barato

Hotel Saibei

*(A2, **10**):* 12, Nanyingzi. ☎268-45-08. Justo a la derecha, tras la vía férrea, viniendo del palacio. Se pronuncia tal como se escribe. Os harán un descuento del 50 % del precio que anuncian todo el año, lo que es una cantidad nada despreciable. Dormitorios de cuatro camas bastante sencillos a 20 ¥ (2 €) por cama (normalmente están llenos). Habitaciones dobles a 140 y 190 ¥ (14 y 19 €) en función de las dimensiones. Duchas en todas las habitaciones. Moquetas muy gasta-

das. Bien situado en un barrio muy animado (evitad las habitaciones exteriores). No está sucio, pero se ve un poco viejo. En conjunto, es aceptable. Acogida cordial.

Jingcheng Hotel

(Jingcheng fandian; *B3, **11**):* a la izquierda, conforme se sale de la estación. ☎ 208-20-27. Nuevamente, os indicamos los precios reales, no los colgados. Unos 50 ¥ (5 €) por una cama en un dormitorio cuádruple. Las habitaciones individuales/dobles y triples cuestan, respectivamente, 160 y 240 ¥ (16 y 24 €). Han quitado las moquetas y el mobiliario está un poco destartalado. Antiguamente estaba impecable, sin embargo ahora necesitaría una buena restauración general. Teniendo en cuenta los precios, le damos un aprobado. Además está muy cerca de la estación. Acogida agradable.

De precio medio a selecto

Mountain Villa Hotel

(Shanzhuang binguan; *A2, **12**):* 127, Xiaonanmen. ☎ 202-55-88. Fax: 203-41-43. Muy bien situado, delante del parque Imperial. Habitaciones dobles de 280 a 580 ¥ (28 a 58 €), desayuno aparte. Las habitaciones más baratas son las de detrás. No tienen vistas, pero sí bastante luz y duchas. Las otras, de tres o cuatro estrellas según la recepción, no justifican la diferencia de precio. Sigue siendo un agradable hotel turístico, aunque empieza a notar el paso de los años. Que os enseñen varias habitaciones si no os convence.

Menggu Bao

*(B1-2, **13**):* en el recinto del parque Imperial (en la parte «Atila», que evoca las estepas de Mongolia), cerca de la puerta del Este. ☎ y fax: 216-30-94. Habitaciones dobles estilo «yurta» con baño, 380 ¥ (38 €), desayuno y entrada al parque Imperial para dos personas incluidos. Se trata de unas cuarenta falsas yurtas mongolas (una tela disimula la estructura sólida), equipadas a todo confort con baño, moquetas y alfombras, y sofás. Como siempre, no le iría mal una mano de pintura, un barrido más a fondo y destornilladores más eficaces. También dispone, en un edificio más convencional, de habitaciones dobles a 320 ¥ (32 €) y cuádruples a unos 120 ¥ (12 €) por persona, con la entrada al parque Imperial siempre incluida. El ambiente es de club de vacaciones. Una yurta-restaurante gigante, en la que podréis ver espectáculos, domina el campamento (ver «¿Dónde comer?»). Cuando crucéis la puerta del Este, os pedirán 100 ¥ (10 €) de depósito para evitar que algún espabilado quiera colarse en el parque.

Qi Wang Lou Hotel

*(A2, **14**):* 1, East Road of Bifeng Gate. ☎ 202-43-85. Fax: 202-19-04. Habitaciones dobles a 500 ¥ (50 €). Es el hotel con más encanto y mejor situado de la ciudad. La prueba: da directamente al parque Imperial (¿quién fue el mandarín corrupto que permitió construir?). Dicho esto, no habrá ningún turista que se queje, ya que el hotel está perfectamente integrado en el entorno y disfruta de una gran calma. Habitaciones en la parte «antigua», alrededor de un patio tradicional, espaciosas y con decoración estilo qing. Al fondo, un edificio nuevo con habitaciones más modernas, todas de gran confort. Si queréis levantaros temprano, tenéis acceso directo al parque Imperial hasta las 6h. Bar tranquilo, con decoración antigua, en la primera planta.

Yunshan Fandian

*(A3, **15**):* 2, Banbishan Lu. ☎ 205-58-88. Fax: 205-58-85. Situado en el sur de la ciudad, en la orilla izquierda del río después del puente. Gran edificio de 10 plantas. Habitaciones individuales y dobles a todo confort y

bien amuebladas a partir de 480 ¥ (48 €), desayuno incluido. El precio oficial es de 780 ¥ (78 €), pero en temporada baja os las tendrían que dejar por unos 350 ¥ (35 €). No hagáis caso de los azulejos blancos (un desastre de la arquitectura china) desgastados de la fachada: es un edificio bonito, luminoso y limpio. Dispone de un jardín chino con fuente incluida. Prensa internacional, varios restaurantes y *Beer garden*.

¿DÓNDE COMER?

¡Cuidado! Excepto los restaurantes de la calle Qingfeng Dongjie, los demás cierran temprano, poco después de las 21 h.

Barato

Li Xiansheng

*(A2, **20**):* situado a la derecha del hotel *Saibei* (ver «¿Dónde dormir?»). «Señor Li» es una popular cadena de restaurantes de comida rápida china. Tallarines, raviolis y arroz salteados a partir de 5 ¥ (0,50 €). Es muy práctico para todos aquellos que os sintáis desorientados con las preparaciones complejas. Tampoco os resultará difícil pedir, porque hay fotos de los platos. Evidentemente, no esperéis nada refinado.

Meishicheng

*(B3, **21**):* en la explanada de la estación, junto al hotel *Jingcheng*. Se trata de un pequeño restaurante limpio y luminoso, especializado en platos de comida rápida a partir de 5 ¥ (0,50€), fríos o calientes (tallarines, arroz y verduras salteadas). No tienen una carta en inglés, así que os tendréis que inspirar con el plato de vuestros vecinos.

Shunkaida Shaokaodian

*(A2, **24**):* 3, Qingfeng Jie. ☎ 202-04-38. El segundo a la derecha viniendo de Nanyingsi Dajie. Abierto de 17 a 2 h. Calculad unos 20 ¥ (2 €) por persona con la bebida incluida. A lo largo de toda la fachada hay una hilera de farolillos rojos. Decoración rústica. Id a un *shaokao* (bar especializado en barbacoas), muy típico en China. Esta actividad, que además de culinaria también es muy entretenida, os llevará de nuevo al karaoke, ese «invasor» procedente de Japón. Aquí estaréis cómodamente sentados en banquetas. En el centro veréis un brasero con un sistema de ventilación que os dejamos que descubráis vosotros (¡dichosos chinos!). Evidentemente, tienen brochetas: cordero, buey, piel de pollo y verduras, además de *shaobing*, una especie de minibocadillos con sésamo para rellenar con lo que más os guste (buey, *niurou*, por ejemplo), y, como manda la tradición, *liangcai* (tentempiés fríos y condimentados), verduras, carne y tofu. Típico y tópico.

Xin Qianlong

*(A2, **24**):* siguiendo en Qingfeng Jie, al lado de *Shunkaida*. A partir de 40 ¥ (4 €) por pareja. Excelente reputación. Un ambiente agradable, repleto de gente y camareras simpáticas y sonrientes. El menú está exclusivamente en chino (pero ahora ya os espabiláis mejor que al principio).

Calle de los Huoguo

*(A2, **25**):* girad a la izquierda al final de Zhongxin Lu, a la altura del extremo sureste de la gran plaza. Calculad de 30 a 40 ¥ (3 a 4 €) por pareja. Existen muchos establecimientos especializados en *fondue* china. No os preocupéis por pedir, lo tienen todo expuesto en una larga mesa. Se paga por raciones. Mucha variedad de carne, pescado y verdura que ten-

dréis que sumergir en un recipiente individual de agua hirviendo. Para beber, una cerveza bien fresca. Al final se habrán mezclado los sabores de todos los ingredientes para dejar paso a un caldo delicioso.

De precio medio a más selecto

Menggu Bao

*(B1-2, **13**):* en el recinto del parque, ver «¿Dónde dormir?». Calculad de 50 a 100 ¥ (5 a 10 €) por comida. La yurta principal alberga un restaurante mongol y de caza, la especialidad de Chengde. Faisán *(shan ji)*, ciervo *(lu)*, gamo *(pao zi)*, verduras salteadas y... marmita mongola. El mobiliario evoca el estilo de Gengis Khan, con alfombras, mesas bajas y madera esculpida. Los fines de semana organizan espectáculos de danzas mongolas.

Yuxiangla Popo

*(A2, **22**):* Zhongxin Lu, al final de la calle, cerca de la vía del tren. ☎207-88-99. Se entra por la esquina del edificio. Tiene un letrero amarillo y rojo encima de la puerta (no está en pinyin). El comedor, bastante coqueto, se encuentra situado en el primer piso. Calculad de 25 a 50 ¥ (2,50 a 5 €) por persona. Las raciones son tan generosas que un plato se puede repartir entre cuatro perfectamente. Os recomendamos: el *mala yu*, finas láminas de pescado servidas en una sopera metálica con caldo especiado al estilo de Sichuan, y las increíbles *shaguo yuxiang qiezi*, unas berenjenas que se deshacen servidas en una cazuela de barro. ¡Exquisito! Rico y delicado a la vez. Disponen de una carta con fotos. Servicio muy correcto, puesto que se alegran mucho de que estéis ahí.

Qianlong Jiaoziguan

*(A2, **23**):* 8, Zhongxin Lu. ☎207-85-77. Después de *Yuxiangla Popo*, bajad por la calle unos 100 m. Sale por el mismo precio que el anterior. Preparan todas las especialidades locales, raviolis *(jiaozi)*, pescado y carne. El interior está muy modernizado e increíblemente iluminado. Mesas en la planta baja y en el primer piso. Hay muchos espacios reservados de los que tanto gustan a los chinos. Nadie habla inglés. Tendréis que apañaros con el menú y las fotos.

¿QUÉ VISITAR?

Los horarios y los precios de las entradas corresponden a la temporada alta; en temporada baja cierran antes.

El parque Imperial *(A-B1-2)* y el Palacio de Verano *(Bishu Shanzhuang; A2)*

Ésta fue la residencia de verano de los emperadores manchúes, y el palacio y el parque estaban en el mismo recinto. Entrada conjunta: 90 ¥ (9 €). El parque permanece abierto de 5.30 a 18.30 h, y el palacio, de 8 a 17.45 h. Su superficie es de 564 ha, casi el doble que la del palacio de Verano de Pekín.

Las obras fueron encargadas por los emperadores Kangxi y Qianlong, y duraron de 1703 a 1790. En la entrada sur erigieron una pequeña Ciudad Prohibida con el Palacio Separado o de Verano. Detrás está el parque donde cada emperador reprodujo 36 de sus lugares preferidos en China. En el lado este, los paisajes románticos de lagos y colinas; en el oeste y en el norte, los bosques y las estepas. Todo el conjunto forma parte del Patrimonio de la Humanidad de la Unesco desde 1994.

Empezaremos nuestra descripción por el parque, puesto que es la entrada de todo el conjunto. Al llegar, os darán un plano gratis en la puerta.

Parque Imperial, llamado «de los 72 Parajes Célebres»: aquí, los emperadores proyectaron sus fantasías en la naturaleza. También cabe apreciar en su concepción un valor simbólico. Lo que vamos a hacer ahora es vagabundear sin rumbo de un lago a otro. Empecemos por la entrada principal. Id hacia el este. Al final, llegaréis forzosamente al **Huxinxie,** nuestra postal preferida: tres bellos pabellones de doble tejado sobre un puente de piedra atravesado por esclusas y dominando un lago cubierto de hojas de loto gigantescas. Siguiendo con el paseo, visitaréis algunos edificios que cobijaron al emperador durante las obras: pequeño palacio en la **isla de la Felicidad** (Ruyizhou); gran salón del trono en el que recibía a los ministros y los funcionarios, y pequeño teatro. En la planta baja, atrezo teatral y una inmensa habitación con mobiliario antiguo a continuación; en la primera planta, maniquíes de emperador. En el islote de Quinghian, en el norte de la isla, no os perdáis la **torre de la Lluvia y de la Bruma** (Yanyulou). «El mejor lugar para disfrutar de las montañas y los árboles entre la bruma y la lluvia», decía Qianlong, quien por lo visto estaba enamorado de este paraje.

En el noreste se eleva la alta pagoda del **monasterio Yongyou** (67 m y 9 plantas). Imita el templo *Bao'en* de Nankín. Fue aquí donde estuvo el emperador Qianlong la primera vez que vino a Chengde para ofrecer sacrificios a los dioses. Con un poco de suerte, veréis espectáculos acrobáticos.

Sabed que es imposible verlo todo en un solo día. En el lado suroeste de los lagos, más allá del embarcadero, encontraréis patines y otras embarcaciones, y justo delante del palacio de Verano, pequeños autobuses eléctricos (40 ¥/4 € por persona) os ayudarán a recorrer la parte oeste del parque. Es una zona más escarpada y salvaje que os permitirá contemplar ciervos y diversas especies de pájaros.

Palacio de Verano: su distribución sigue el protocolo habitual. Se trata de una sucesión de patios y edificios alineados de sur a norte. Empecemos, pues, por la puerta sur (justo en la entrada del recinto). Primero encontraremos **Lizhengmen,** la «bonita puerta principal». Este nombre está repetido en muchas lenguas (manchú, chino, tibetano, uigur, mongol) en un cartel encima de la puerta. El primer patio queda cerrado por la **puerta Wumen,** que lleva la famosa inscripción *Bishu Shanzhuang*, «aldea de montaña para huir del calor del verano», elegida por Kangxi para definir el palacio de Verano. Hay un fresco que representa una escena de caza, un pequeño museo y un plano del palacio y de los templos.

Más allá se encuentra el patio más importante, que precede a la **sala del Desinterés y del Respeto Religioso** (Danbo Jingcheng). Se trata de un edificio sobrio y majestuoso, el más importante del palacio, que fue construido en 1710 por Kangxi en jabí *(nanmu)*. Se dejó sin pulir para que mostrara su magnífico tono marrón-púrpura. Se trata de una madera muy dura y densa (se hunde en el agua) que además tenía la particularidad de ser olorosa como el sándalo (sobre todo cuando llovía). La sala servía para las audiencias y las fiestas de cumpleaños. Trono esculpido, estrado ornamentado y, a uno y otro lado, bibliotecas. A los lados, salas de espera. En una de ellas, las armas: cotas de malla, fusiles, arcos y flechas, silla de montar del emperador, cuchillos con empuñaduras de jade de los Qing, grandes sables, caracolas, etc. En la otra, a la derecha, los ocho estandartes manchúes que representan los ocho cuerpos aristocráticos manchúes.

Después, al fondo del tercer patio, se encuentra la **oficina de los Cuatro Conocimientos,** la sala de reunión imperial. Estos cuatro conocimientos son la firmeza, el secreto, la flexibilidad y la apertura, cualidad que Kangxi decía tener en cuenta. En el sillón amarillo veréis un rascador de jade para la espalda y una caja roja (el escupidero). A la derecha, una sala de recepciones más íntima. Y al lado, una habitación para descansar. El cuarto patio da paso a la parte privada del palacio.

Los **aposentos del emperador** empiezan a los lados del cuarto patio, donde descubriréis el palanquín del emperador, la carroza de sus mujeres y una silla gestatoria. Después hallaréis una sala más grande en la que se exponen hermosos objetos: mamparas (de cobre y esmalte), pebeteros, candelabros y tazones. También podéis contemplar siete hermosas estatuillas de cobre dorado y esmalte azul. A la izquierda se halla la sala de porcelanas celadón, con un bonito plato del Dragón Rojo, porcelanas «sangre de buey» y «blanquiazules» (incluida una enorme cantimplora para el aguardiente). Y en el centro, un tambor de piedra con textos del emperador.

El quinto patio nos conduce a la **sala de las Olas y las Brumas Refrescantes** (Yanbo Zhishuang). En el centro, el dormitorio del emperador y, a continuación, las salas de oración, de recepciones y de reuniones familiares. A la izquierda, la habitación en la que murió en 1862 el emperador Xianfeng, esposo de Cixi; la habitación de la emperatriz viuda, cantidad de fotos, objetos personales y colecciones de relojes, etc.

Y aún os quedan por ver tres patios si tenéis tiempo y ganas...

Templos lamaístas

En el valle que queda en el norte y en el este del parque imperial, los emperadores mandaron edificar 12 templos entre 1713 y 1780. Agrupados en ocho enclaves y gestionados por el superior del templo de los lamas en Pekín, la mayoría se construyeron en tiempos de Qianlong (a partir de 1755). La inspiración tibetana de la arquitectura respondía más a consideraciones políticas que religiosas. Ante todo, se trataba de impresionar y, muy especialmente, de alimentar el orgullo nacional de los príncipes extranjeros. De los doce templos, sólo cinco están restaurados y se pueden visitar.

Una entrada para el conjunto cuesta 110 ¥ (11 €) y os permite ahorrar 20 ¥ (2 €) de las entradas combinadas de Potuo Zongcheng,

Xumifushou, Anyuan Si y Pule Si. Es una lástima que Puning Si no esté incluido. Haced vuestros cálculos teniendo en cuenta que no vale la pena visitarlo todo porque os cansaréis y tendréis una sobredosis cultural, a no ser que vayáis a pasar dos noches aquí.

Templo de la Paz Universal (Puning Si; *B1):* situado en el norte. Entrada: 50 ¥ (5 €). Abierto de 8 a 17.30 h. Construido en 1755 para conmemorar una victoria contra los mongoles, sigue el modelo de Samye, el templo tibetano más antiguo.

Sin embargo, los primeros edificios tienen una arquitectura y un estilo chinos. En el primer patio, el *pabellón de las Estelas.* A la derecha, la *torre del Tambor,* y a la izquierda, la de la *Campana.* En la gran estela se narra la historia del templo en cuatro lenguas (manchú, han, mongol y tibetano). Pórtico con triple arcada y dos «guardianes de la Puerta», uno amenazante y otro sonriente (uno que cierra y otro que abre, como es lógico). Según se sale hacia la sala del Buda, hay unos hermosos pebeteros.

> **Sala del Buda:** aquí está, impresionante y sonriente. En los cuatro puntos cardinales, los cuatro reyes celestes. El primero a la derecha es el *rey del Norte* (con paraguas); detrás suyo, el *rey del Este* (con una serpiente); el primero a la izquierda, el *rey del Sur* (con una espada), seguido del *rey del Oeste* (con el piba en sus manos, un instrumento musical). Detrás, el «Buda severo», dispuesto a expulsar a los malos espíritus.

> **Sala del Bodhisattva:** bonito edificio antiguo situado a la izquierda de la sala del Buda. En el centro, la diosa de la Misericordia. A la derecha, la diosa de la Inteligencia (montando un león negro), y a la izquierda, la diosa de la Beneficencia (montando un elefante). Al lado, una gran pila para hervir arroz.

> Siguiendo en el eje norte-sur, antes del gran templo se encuentra la **sala de los Budas del Pasado, el Presente y el Futuro.** A los lados, los 18discípulos *(harats)*, y a uno y otro lado, pequeñas bibliotecas.

> **Templo del Gran Buda** (Dashengge): dominando los anteriores, se encuentra este impresionante templo, lleno de sorpresas. En una vitrina se expone el mandala de arena (tierra cuadrada y cielo circular). Espléndidos frescos con pátina. A la derecha, *tangka* tibetano y estatua de estilo tántrico (un hombre y una mujer en elocuente posición). Pero la obra maestra del recinto es la colosal estatua de Guanyin de 23 m de alto que pesa más de 100 t. Es la diosa de la Compasión, el equivalente femenino del dios hindú Avalokitesvara. Cuando un rayo de sol toca su magnífica laca, ésta resplandece con una dulce y misteriosa luz rojizo-anaranjada. Cada uno de los 40 pares de brazos tiene un ojo en la palma de la mano, teniendo en cuenta, por otra parte, que cada brazo y cada ojo representan 25 karmas... Lo cual explica (veamos, 40 × 25 igual a...; pues claro, ya está) la denominación de *mil brazos y mil ojos.* A los lados, dos discípulos. A la izquierda, la hija del Dragón, y a la derecha, el hombre rico, benefactor y viejo, ya que se le ven las varices en las piernas. Si os gastáis unos cuantos yuanes, podéis subir encima, y así tendréis ocasión de observar de cerca la estatua. Otros puntos de vista impresionantes son las antiguas efigies y las pagodas esculpidas en madera *nanmu* (ver el palacio de Verano, antes).

> Finalmente, detrás de la pagoda, unos escalones os conducirán al pequeño **templo del Heavenly King of Wealth.** Sus barandillas están recubiertas de cadenas con candados, como si fueran exvotos. Si os interesa, os costará 30 ¥ (3 €) por el grabado y el eslogan. Un poco más allá encontraréis mesas donde venden refrescos y extrañas plantas dentadas para ver pero no tocar. A la derecha del recinto hallaréis *Puning Si Street*, una reproducción para los chinos destinada a cambiar sus yuanes por la antigua falsa moneda antes de perderlos definitivamente con las mercancías que venden los mongoles y tibetanos falsos.

Templo de la escuela del Potala (Putuo Zongcheng; *A1):* constituye el punto fuerte de la visita. Entrada: 40 ¥ (4 €). Abierto de 8 a 18 h.

Aun teniendo en cuenta que sólo es una copia del célebre Potala de Lhasa, sigue siendo verdaderamente impresionante. Tiene una extensión de 22ha, y se construyó en 1767 para celebrar los 60 años del emperador y los 80 de su madre (al año siguiente); se terminó en tan sólo cuatro años. En aquella ocasión vinieron a visitarlo muchos reyes y príncipes de los pueblos vasallos del Imperio. Los primeros edificios están situados siguiendo el clásico plano norte-sur, y otros muchos están dispersos por la colina de una manera más «libre», más tibetana.

> Después de la tradicional puerta de triple arcada se halla el templo de la Estela. El estilo propiamente tibetano arranca en el segundo pórtico. Alta fachada blanca de tres plantas facticias marcadas por falsas ventanas rojas trapezoidales, abierta con tres puertas y rematada por cinco *stupas*. Detrás, el camino serpentea de un edificio a otro, sin nada que ver con la geomancia y el rigor geométrico chino. Sin embargo, poco después se encuentra uno con una espléndida puerta de tres arcos, en una total armonía del ladrillo rojo y barnizado, amarillo y verde. Delante, los leones, símbolo del poder imperial, e infinidad de pequeños tejados de tamaño decreciente.

> Justo detrás de los arcos, en el **Zhong Gang Hall,** se puede admirar una magnífica pintura que cuenta la historia del infierno. En ella se relatan las penalidades que sufriréis como castigo por vuestra vida disoluta, y que os vamos a detallar, movidos por la esperanza de que no volváis a pecar: baño en una piscina de agua hirviendo, los ojos arrancados de cuajo, el cráneo cercenado con una sierra, vertiginosa caída en unas rocas afiladas, ahogamiento y, finalmente, seréis atados de frente a un poste al rojo vivo, colgados de ganchos, con las tripas y los dientes extraídos... Para que no os queden ganas de pecar.

> El **mini-Potala** mide 43 m de altura y luce una decoración al estilo Cinecittà; tiene la misma bicromía blanca y roja que la fachada de Lhasa, aunque se trata de un trampantojo que muestra muchas ventanas aparentes. Cabe destacar los seis nichos de cerámica con buda, cada uno de los cuales simboliza 10 años (para recordar en la arquitectura los 60 años del emperador). Y en tres lados, debajo de la cornisa, 80 pequeños budas (para el cumpleaños de la madre). A propósito, para hacer la foto os aconsejamos que subáis a la terraza de la derecha, donde está la campana grande, y que cuenta con una interesante vista del edificio principal.

Ahora podéis descansar un momento, porque después tendréis que subir cantidad de escalones. En el interior de la parte roja destaca su disposición, como en un claustro de plantas superpuestas, y el recorrido está muy bien señalizado. En el centro del patio, el **pabellón de Oro,** elegante y majestuoso, tanto dentro como fuera. Una gran sala de ceremonias. En el centro, un trono para el octavo dalai lama, aunque nunca vino, porque era muy joven en la época (13 años). Detrás, un hermoso *tangka* y el notable techo labrado (con un dragón jugando con una perla). Y en el nicho negro, el Buda de la Longevidad. A su alrededor, frutas (melocotones y peras) y flores. Delante, tres *stupas* articuladas para colocar las reliquias. Detrás, dos *stupas* de madera de sándalo (con la palabra *longevidad* escrita 10.000 veces, pero todas ellas diferentes). Las tres plantas albergan numerosas salas de exposiciones que se distribuyen alrededor del pabellón: estatuas de bronce con sombreros puntiagudos (los sabios), pequeñas pagodas de madera esculpida, bibliotecas, relicarios, pinturas, estatuas y estatuillas, objetos de arte lamaístas, etc. En los extremos este y oeste se alzan dos pagodas de madera de sándalo de nueve plantas (19 m de altura). Las encontraréis en cada nivel, integradas en el cuerpo del edificio. Sus cimas están protegidas por dobles tejados, que se ven desde fuera del templo, encima de la parte roja.

En lo más alto, en la última terraza, tenéis una vista admirable de los dragones y frisos que discurren por las aristas de los tejados policromos, en un conjunto de líneas completamente armoniosas, sobre todo en el pabellón de Oro, con tejas de bronce dorado. Bajo un cielo azul con la luz del atardecer, esta imitación imperial se convierte en una realidad encantada o en un sueño entre el tintineo de las campanillas, con los ojos puestos en el maravilloso paisaje y con la larga muralla recortando la montaña. Aquí se siente uno tentado de hacerse budista, aunque sólo sea por un momento.

Si todavía disponéis de tiempo, informaos sobre la posibilidad de visitar los demás templos, especialmente el vecino **templo Xumifushou** (templo de la Felicidad y de la Longevidad; *A1)*. Entrada: 30 ¥ (3 €).

Construido en 1780 para conmemorar los 70 años de Qianlong, y sobre todo ante la primera venida a Chengde del sexto panchen lama, que tuvo que hacer un largo viaje. Para honrar su presencia y permitirle residir y enseñar, el emperador mandó construir este templo, a imitación del de Tashilumpo en Shigatse (Tíbet). En nuestra opinión, se debió de sentir agradecido por el regalo. Ved la **Sala**

> AVISO

Los lugares de interés relacionados en la guía están acompañados de una referencia que indica su situación en los PLANOS de la ciudad. Por ejemplo, Templo de la escuela del Potala *(A1)* significa que dicho templo se halla situado en el plano de Chengde, en la cuadrícula A1.

Impresionante y Maravillosa donde se celebró la reunión entre los dos semidioses. El tejado tiene una vistosa decoración de dragones serpentiformes de bronce. Los dragones miden cada uno cerca de 2 m de alto y simbolizan el deseo del emperador de mantener la unidad del país. Aquí también hay una hermosa puerta con tres arcos decorados con ladrillos verdes y amarillos barnizados. Arriba del todo, la **pagoda Wanshou** muestra una arquitectura octogonal en siete plantas, de una gran elegancia y sobriedad. Detrás de la pagoda está el pequeño templo. Hay una estatua de Buda haciendo el amor con un abrazo místico bastante atrevido.

En cuanto a los **templos del Este,** son mucho más tranquilos, porque están menos concurridos. El más espectacular parece ser el **Pule Si** (templo de la Alegría Universal; *B1)*. Entrada: 20 ¥ (2 €). Construido en 1766, tiene en el centro un pabellón circular, único en su género, el **pabellón de la Luz de la Aurora** (Xuguang). Dentro se puede contemplar una estatua tántrica (el *Hde mchog rdo rje* o Buda de la Felicidad). Magnífico techo dorado, adornado con dragones jugando con perlas, y en las salas anejas, hermosas colecciones de divinidades lamaístas.

Desde el templo se puede ir en menos de una hora por un sendero hasta las **rocas de la Rana** *(B1)* y **del Atizador** (Club Peak; *B1).*

Se trata de unas rocas de formas muy extrañas. La segunda parece un gran dedo de piedra que apunta al cielo. Un teleférico os conducirá al pie de las rocas por 50 ¥ (5 €).

Luminosas mañanas del tai-chi: una gozada para los que seáis madrugadores. El parque posee rincones ideales para descansar y recuperarse antes de seguir la visita. Además, incluso en verano, hace un tiempo suave y fresco, y la niebla se disipa dulcemente en las colinas de los alrededores. A las 5.30 h, miles de lugareños llegan al parque. La gente se divide en grupos por tipos, por especialidades, en la puerta de entrada a los primeros lagos. Hay quienes hacen el tai-chi tradicional o las figuras con sable, dirigidos por monitores. Otros forman grupos de danza y se mueven graciosamente bajo los pinos. Y, por si fuera poco, veréis también pequeñas corales femeninas. Por todos los rincones, las abuelas se mueven con una ligereza que ya nos gustaría tener a muchos de nosotros.

> Centro de China

XI'AN

8 MILLONES DE HAB. PREFIJO TEL.: 029

Hasta hace 30 años, muy poca gente pasaba por Xi'an, capital de la provincia de Shaanxi. Más o menos se sabía que la ciudad había sido también la capital de dos grandes dinastías y el punto del que salía la ruta de la seda, que tenía hermosas murallas y que en los alrededores había una necrópolis real donde se podían ver unos cuantos túmulos funerarios inmensos. Pero de ahí a convertirse en foco de atracción turística hay mucha diferencia. Hasta que un día de 1974 se produjo el milagro del descubrimiento del prodigioso ejército enterrad, declarado Patrimonio Mundial por la Unesco.o. A partir de entonces, la ciudad se equipó con uno de los aeropuertos más modernos de China, dinamizó su economía y se convirtió prácticamente en una pieza fundamental del turismo chino. Las autoridades se sintieron obligadas entonces a llenar de hormigón toda la ciudad antigua, viniera o no a cuento. Menos mal que aún no han llegado a tocar el viejo y fascinante barrio musulmán, y que, para compensar su fascinación por el modelo arquitectónico occidental (el más mediocre), la ciudad ofrece su maravilloso Museo de Historia y Etnografía.

Un poco de historia

En realidad, la región revela un rico pasado. A unos 20 km al sur se han localizado Feng y Hao, las dos primeras capitales de los Zhou del oeste (1050-771 a.C.). Después, se produjo el nacimiento del estado de Qin en el siglo VII a.C., y la construcción de una capital (Xianyang) hacia 350 a.C. en el norte de la ciudad actual. En la consolidación de este estado de Qin se sucedieron 37 generaciones de príncipes. El último fue Shi Huangdi, que se convirtió en el primer emperador de China (aunque su reinado sólo duró 20 años) y murió en 210 a.C. Su capital no sobrevivió a la guerra de sucesión que estalló entonces entre Xiang Yu, surgido de la nobleza local, y Liu Bang terminó con la victoria de este último, fundador de la dinastía Han. Según la leyenda, los inmensos palacios de la ciudad ardieron durante muchas semanas. Más tarde se construyó aquí una nueva capital, *Chang'an* («paz constante»), en el sur de la anterior, que llegó a tener hasta 250.000 habitantes. Los Sui instalaron luego al lado su capital, que experimentó un prodigioso crecimiento y, según dicen, llegó a contar con dos millones de habitantes, lo cual la convirtió probablemente en la ciudad más populosa del mundo en el siglo VI d.C.

Chang'an vivió su última edad de oro en tiempos de los Tang (618-907 d.C.). Ciudad comercial y cosmopolita particularmente activa, y también muy tolerante, en ella se aceptaban todos los cultos. Aquí convivían budistas de todas las obediencias con sectas persas; en 638 se construyó la primera iglesia cristiana de rito nestoriano y, un siglo más tarde, la primera

XI'AN - PLANO DE CONJUNTO

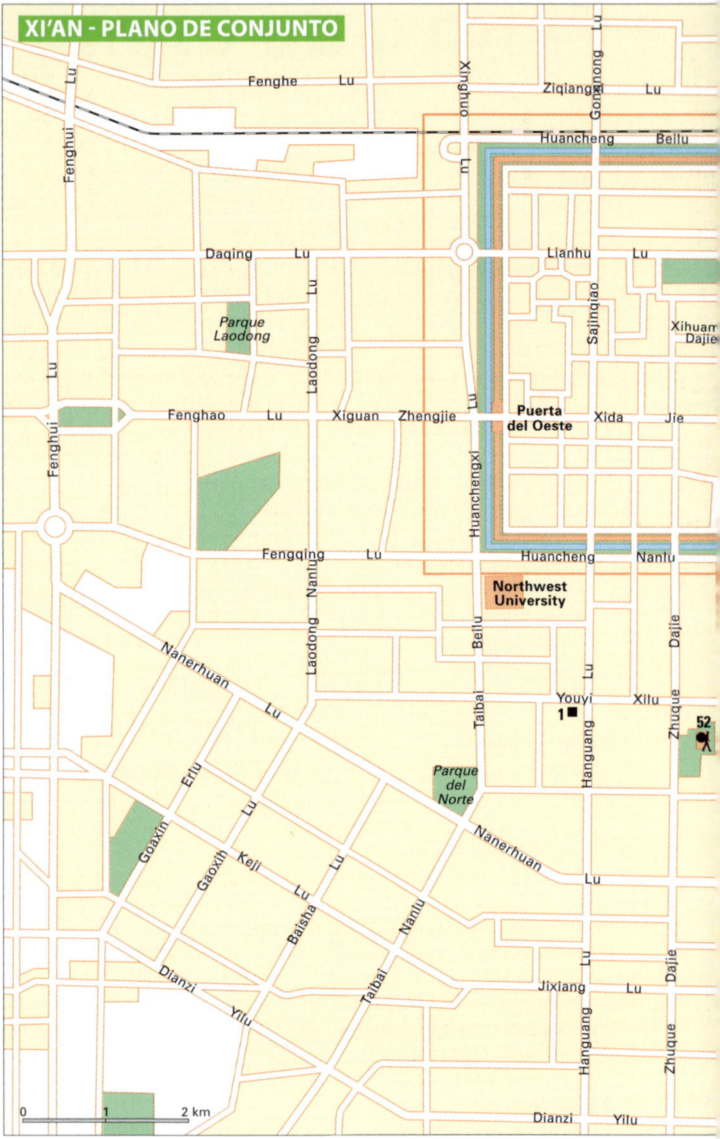

■ **Direcciones útiles**

1 Provincial People's Hospital

Espectáculos

45 Sunshine Grand Theater

51 Espectáculo de la gran pagoda de la Oca Salvaje

Compras

53 Mercadillo de los Ocho Inmortales

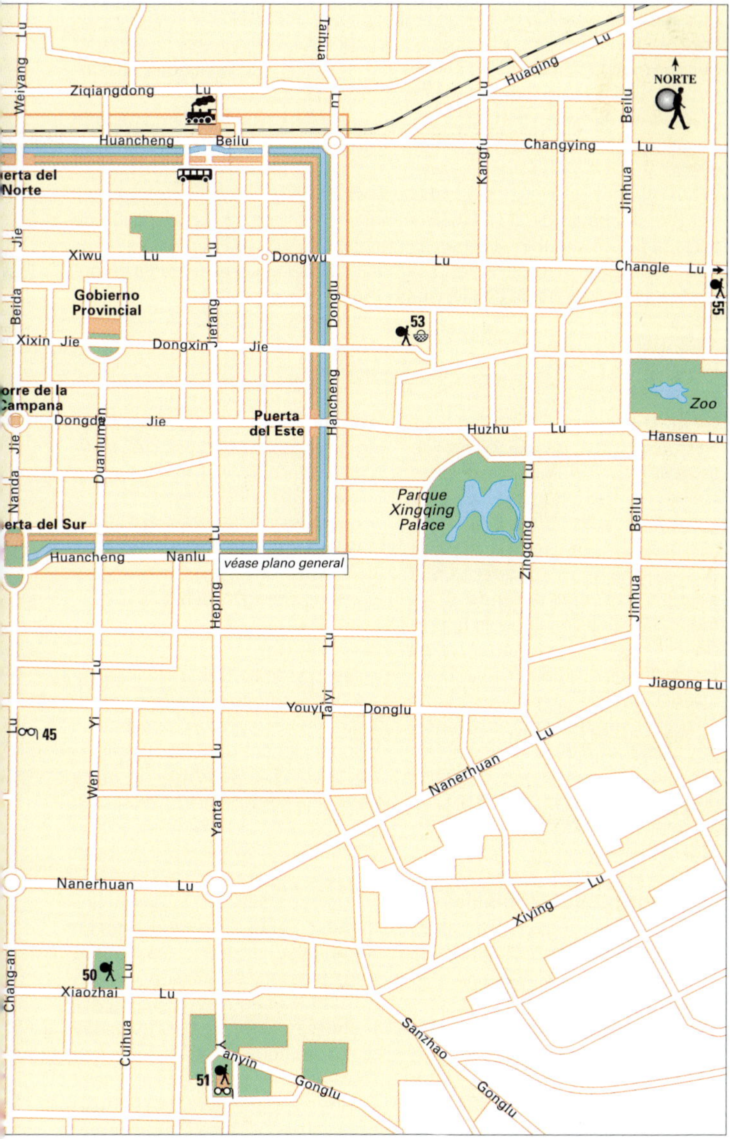

¿Qué visitar?

50 Museo de Historia

51 Gran pagoda de la Oca Salvaje

52 Pequeña pagoda de la Oca Salvaje

53 Templo de los Ocho Inmortales

55 Yacimiento neolítico de Banpo

mezquita. Pero en 755 estalló una rebelión que obligó al emperador a huir. Era el comienzo del fin, y los Tang ya no pudieron mantenerse en el poder durante mucho tiempo. Evidentemente, con la caída de esta dinastía, Shaanxi perdió toda su importancia política. Todas las capitales a partir de ese momento se situarían más hacia oriente. Chang'an cayó en un largo periodo de decadencia, durante el cual llegó incluso a cambiar de nombre varias veces.

Los Ming sacaron a la ciudad del abandono en que estaba y le dieron el nombre definitivo de *Xi'an* («paz del oeste») en 1368. La recuperación de la ciudad la emprendió el segundo hijo del fundador de la dinastía Ming, nombrado príncipe de la región. La muralla de tierra que la defendía entonces fue sustituida por la de ladrillo en 1568.

LLEGAR - SALIR

En tren

> **Estación** (Xi'an Houchezhan; *plano general, D1):* esquina noreste exterior de la ciudad amurallada. A no ser que habléis chino, utilizad la ventanilla para extranjeros («Ticket Office») que se encuentran a la derecha. Sus empleados suelen defenderse en inglés. Hay una consigna 24 h (precio módico) en el exterior, entre los vestíbulos de entrada y de venta de billetes.

Xi'an, nudo ferroviario muy importante del centro de China, tiene trenes directos con todas las ciudades del país:

> **Chengdu**: diez trenes diarios: 13-18 h de trayecto.

> Otros trenes para **Kunming, Chongqing, Canton, Lanzhou, Urumqi,** etc.

> **Lhassa**: tres trenes diarios (líneas Lhassa-Beijing y Lhassa-Chongqing), unas 34 h de trayecto. Hace falta un permiso especial para visitar el Tíbet y formar parte de un grupo turístico.

> **Pekín:** once trenes al día; 11 y 13 h de viaje.

> **Pingyao:** un tren por las mañanas, el 1673 o el 1676, y dos de noche, el 2670 y el 2672. 11 h de trajecto.

> **Shanghai:** diez salidas diarias; 14 a 18 h de viaje.

En autobús

> **Terminal de autobuses** (Shengzhan; *plano general, D1):* a 400 m de la estación ferroviaria, un poco al oeste de Jiefang Lu. En esta estación no es fácil orientarse, ya que no hablan inglés.

> Autobuses hacia **Luoyang** (Henan, 389 km), **Taiyuan** (Shanxi, 740 km), **Lanzhou** (Gansu, la ruta de la Seda; 680 km), **Zhengzhou** (Henan), etc.

En avión

> **Aeropuerto de Xi'an** (Xi'an Jichang): a 40 km al noroeste de la ciudad. Calculad 1 h de trayecto. El aeropuerto dispone de consignas, banco, oficina de cambio (de 9 a 17 h) y de venta automática de billetes en el vestíbulo de salidas. A la salida del vestíbulo de equipajes hay un punto de información.

> **Vuelos nacionales:** varios vuelos diarios a **Pekín, Shanghai, Canton Kunming, Chengduy** y **Chongping** y al menos un vuelo diario para todas las grandes ciudades del país.

> **Lhassa:** de mayo a octubre hay uno dos vuelos directos diarios; el resto del año, dos vuelos al día vía Chengdu. Hace falta un permiso especial para visitar el Tíbet y formar parte de un grupo turístico (enéis que comprar obligatoriamente un abono).

> **Hong Kong:** un vuelo diario. Los más pícaros irán primero a **Shenzhen,** que cuesta un 30 % menos (remitíos a Llegar - Salir en Hong Kong).

Transportes entre el aeropuerto y la ciudad

> Los ***Airport Bus*** salen cada 30 minutos (de 6 a 18 h hacia la ciudad y de 7 a 19 h en sentido inverso) frente al vestíbulo de llegadas. ☎ 88-79-13-84. Os saldrá por 25 ¥ (2,50 €) por 1 hora de trayecto. De las cinco líneas existentes, sólo dos se dirigen al centro: **línea 1,** parada delante del *Melody Hotel (plano general, B2,* ***2****);* **línea 2,** parada en el cruce de Jiefang y Dongwulu a la altura del *Long Hai Hotel (plano general, D1,* ***3****),* todos los días de 7 a 19 h. En caso de duda, indicad vuestro destino al conductor.

> Evitad los **taxis** que están aparcados en el aeropuerto; rehúsan poner en marcha el taxímetro y trapichean. Hay una parada en los mismos puntos del Airport Bus. Calculad unos 100 ¥ (10 €).

TRANSPORTES URBANOS

En taxi

Son prácticos, nada caros y muy numerosos. Excepto en los recorridos largos y delante de las estaciones, los taxistas ponen siempre el taxímetro. Tarifas: bajada de bandera, 6 ¥ (0,60 €), y después, 1,50 ¥ (0,15 €) a partir del 3er kilómetro.

En moto-taxi

Para recorridos intramuros es lo más divertido. Calculad 10 ¥ (1€).

En autobús y trolebús

La red está bastante bien. Calculad 1 ¥ (0,10 €) para el trayecto. Evidentemente son más lentos que los taxis. Cuidado con los carteristas en horas puntas; es mejor que os pongáis la mochila delante. Algunas líneas muy prácticas que salen de la estación de autobuses: los nos 205, 206, 229, 608 y 611 pasan por la rotonda de la torre de la Campana; las nos 603 y 608 continúan hasta la puerta Sur. Haceos con un plano en cuanto podáis.

En bicicleta

Podéis alquilar biciletas al lado de los AJ. Calculad aproximadamente unos 20 ¥ (2 €) al día y 400 ¥ (4 €) de fianza. Atención a la circulación de los coches en las grandes arterias y a los robos. Poned los candados.

ORIENTACIÓN

Qué detalle por parte de los chinos el hacer coincidir el plano de sus ciudades con los puntos cardinales... Además, la famosa muralla rectangular es un referente adicional. La estación de trenes y la de autobuses están una enfrente de la otra en el sector noreste de la muralla. La **torre de la Campana** se eleva a 500 m al sur del centro geométrico del recinto. Está situada en el centro de una rotonda de la que salen como radios, y siguiendo las agujas del reloj: **Bei Dajie** (avenida norte), **Dong Dajie** (avenida este), **Nan Dajie** (avenida sur) y **Xi Dajie** (avenida oeste). Los extremos de estas cuatro avenidas van a parar respectivamente a las **puertas del Norte (Beimen), Este (Dongmen), Sur (Nanmen)** y **Oeste (Ximen)** de la muralla.

La hermana gemela de la torre de la Campana, **la torre del Tambor,** se alza en el extremo noroeste de una gran explanada rodeada de numerosos hoteles. Se podría decir que os moveréis en un cuadrado, cuyos lados miden 2 km cada uno, y cuyo centro es la torre de la Campana.

En el noroeste se encuentra el pintoresco **barrio musulmán** (mezquita, restaurantes y mucha animación); en el sur, las murallas (AJ y calle de bares hacia el oeste, bosque de las Estelas en el lado este), y en el este, la zona de Dongda Jie (tiendas, Internet y restaurantes).

El plano *Xi'an Traffic and Tourist Map* (Xi'an Jiaotong Lüyoutu; de tapa roja) está muy bien hecho: con colores, transcripciones en pinyin y caracteres chinos para las calles, nombres en inglés, líneas de autobuses... Lo encontraréis a la venta en todos los quioscos (8 ¥/0,80 €).

DIRECCIONES ÚTILES

Información turística

Xi'an Tourism Information *(plano general B2):* Xi Dajie, a la derecha después de la puerta del Tambor. ☎ 87-63-01-66. Todos los días de 8.30 a 21 h.

Correos

(Plano general, C2): 1, Bei Dajie. Situado en el lado noreste de la rotonda de la torre de la Campana. Abierto de 8 a 20 h. Para servicio postal y de paquetes. Hay muchas otras oficinas por toda la ciudad.

Teléfono

China Telecom *(plano general, C2, **4**):* en Bei Dajie, a dos pasos del cruce con Xixin Jie. De 8 a 20 h. Práctico, pero más caro que en las pequeñas tiendas privadas o en los AJ.

Internet

Los cibercafés son muy escaos en Xi'an. Frente a la estación central: **Netbaronline** *(plano general D1)*. También hay acceso a Internet en la mayoría de los AJ, y wifi o ADSL en el resto de los hoteles.

Bancos, cambio

Agencias abiertas todos los días de 9 a 18 h (hasta las 17 h los fines de semana) y cajeros automáticos. Hay infinidad de bancos en la ciudad y al parecer cada día se abren más.

> **> AVISO**
>
> **Los horarios que se indican en la guía corresponden al momento de la edición de la misma y, por tanto, son orientativos.**

Sanidad

Provincial People's Hospital (Sheng renmin yiyuan; *plano de conjunto, **1**):* Youyi Xilu, en el oeste del cruce con Lingyuan Lu. Desde la torre de la Campana, coged el autobús nº 6 (parada Huangyuan).

PSB

(Gong'an Ju; *plano general B2, **11**):* 138, Xi Dajie. ☎ 87-23-45-00. A 500 m al oeste de la torre de la Campana. De lunes a viernes de 8 a 12 h y de 15 a 17 h. Para prolongar el visado.

Librerías

Foreign Language Bookstore (Waiwen Shudian; *plano general, C2, **12**):* Dong Dajie. Todos los días de 10 a 18 h. Disponen de muchos planos, juegos de postales, métodos de aprendizaje del chino y múltiples pósteres educativos, muy bien elaborados, que tratan temas como el tai-chi o la medicina china.

Agencias de viajes

Los AJ se las ingenian de maravilla para reservar billetes de tren (pequeña comisión), avión, autobús, pequeñas excursiones por los yacimientos de alrededor, un crucero por el Yangzi, el permiso de viaje para el Tíbet,etc. Para estos mismos servicios se puede acudir al **CITS,** en el 1er piso del *Bell Tower Hotel (plano genera, B2, 5),* ☎ 87-42-92-00; todos los días de 8.30 a 19 h. Son más caros y a veces en grupos exclusivamente chinos.

¿DÓNDE DORMIR?

Xia'an está siempre lleno de turistas chinos y los AJ llenos por lo que os aconsejamos que reservéis con mucha anticipación.

De muy barato a barato

Qixian Hostelling International

*(Plano general, C1, **21**):* 5, Qixianzhuang, Beixin Jie. ☎ 87-44-40-87. gaoming55514@yahoo.com.cn Acceso por un callejón al este de Beixing Jie. Camas en dormitorios colectivos de 4-5 personas, con baño común, 40-50 ¥ (4-5 €). Doble con o sin baño, 120-150 ¥ (12-15 €). Alejado de la calle y sus ruidos. Conjunto de patios que datan de 1946 y que fueron antiguo campamento del Ejército rojo de la 8ª ruta (Baban, nombre conocido por los taxistas). Este funcional edificio de época está ahora habitada por pacíficos y alegres trotamundos. Buen restaurante. Equipamiento completo (AJ, con AC en todas las instalaciones. Café-restaurante y terraza acogedores. Buen trato. Velada DVD todos los días. Uno de los AJ más agradables.

Ludao Youth Hostel

*(Plano general, C-D1, **23**):* 80, Xibalu. ☎ 87-42-03-03. xalvdao@163.com A 50 m al oeste de la estación de autobuses. Dormitorio compartido 45 ¥/persona (4,50 €). Dobles con baño entre 190 y 220 ¥ (19-22 €); descuentos del 20 % con el carné internacional de alberguista (REAJ). Está instalado en el edificio de un hotel de buena categoría. Hay que sacrificar el ambiente y el estilo trotamundos en beneficio de un agradable confort propio de un hotel. Las habitaciones y dormitorios amplios, así como el estar tan cerca de la estación son algunas de las ventajas de este establecimiento. Pero si queréis animación, tendréis que coger el autobús o el taxi.

Shuyuan Youth Hostel

(Shuyuan Qingnian Lüguan; *plano general, B3, **22**):* a 50 m al oeste de la puerta del Sur (Nanmen), siguiendo la muralla, veréis un letrero a la derecha. ☎ 87-28-77-21. shuyanhostel@tomyahoo.com.cn Disponen de camas en dormitorios (para cuatro o seis personas) sin baño, en la planta baja, sin ventanas y un poco húmedos por 30 ¥ (3 €). En el primer piso cuestan 50 ¥ (5 €), pero son más claros y agradables. Dobles160 ¥ (16 €). El conjunto se distribuye alrededor de varios patios pequeños. Mantenimiento y confort correctos. La gracia de este establecimiento es que está muy bien situado, el personal es muy amable y habla inglés, y además ofrece muchos servicios.

Xiangzimen Youth Hostel

*(Plano general, B3, **22**):* 50 m al oeste de la puerta Sur (Nanmen), en una callecita paralela a las murallas. ☎ 62-86-78-88. yhaxzm@163.com www.yhaxian.com Cama en dormitorio para 4-8 personas de 40 a 50 ¥ (4-5 €). Dobles con o sin baño 120-180 ¥ (12-18 €). Un pequeño AJ con confort estándar y tarifas correctas. Muchísima actividad: trotamundos que van y vienen, salen de excursión, toman café... en una palabra, un verdadero AJ. Muy práctico, está próximo al *Shuyuan*... cuando uno está lleno, podéis intentarlo en el otro.

Xi'an Bell Tower Youth Hostel

*(Plano general, C2, **20**):* 1, Bei Dajie. ☎ 87-23-30-05. yha.xian.china@gmail.com www.xianhostel.com En el edificio de correos, entrada a la izquierda, recepción en el 1er piso (ascensor). Cama en dormitorio de 4 a 16 per-

sonas 40 ¥ (4 €). Dobles con baño 180 ¥ (18 €). Según la ocupación, se puede negociar y conseguir descuentos. AC en todas las instalaciones. Una casa muy bien mantenida, a pesar de que el equipamiento y la decoración de las habitaciones no son nada del otro mundo. Atención, las que dan a la calle son más ruidosas. TV con canales extranjeros. Perfecto para conocer gente.

Barato

Wenshang Hotel

*(Plano general, C2, **26**):* 60, Luomashi Lu. ☎ 87-25-51-18. Situado en un callejón que sale de la parte sur de

XI'AN- INTRAMUROS (PLANO GENERAL)

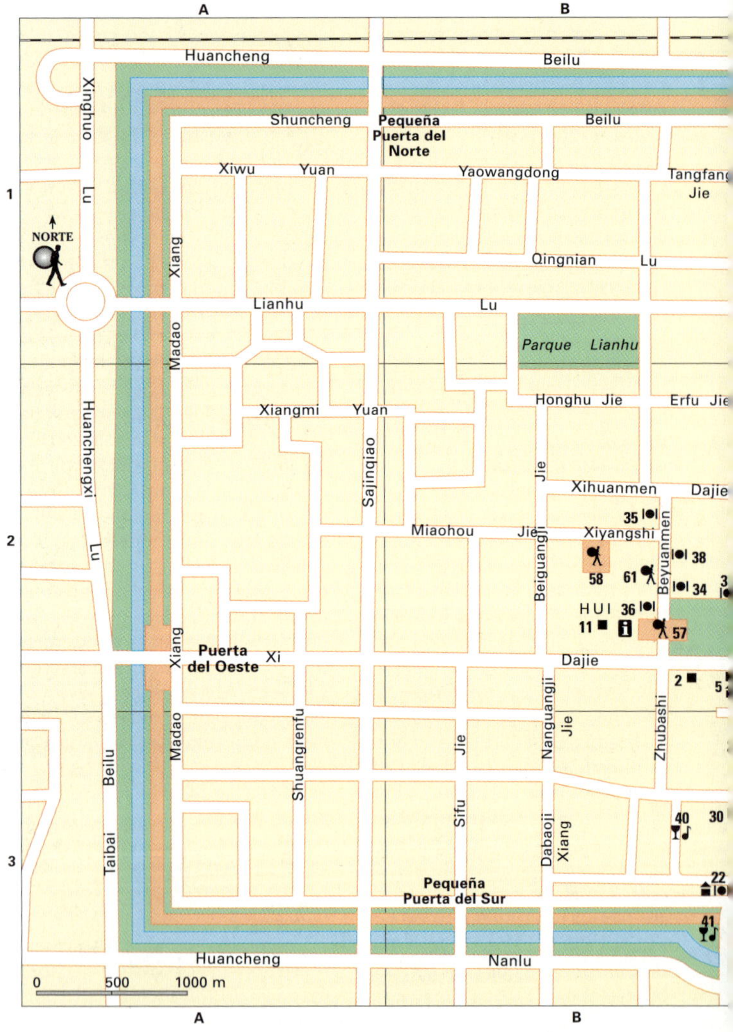

Dong Dajie, al fondo a la derecha, a 500 m de la torre de la Campana. Os harán interesantes rebajas sobre los precios oficiales. La habitación doble más barata (sin ventanas) os saldrá por 200 ¥ (20 €), a lo que tendréis que añadir 90 ¥ (9 €) si la queréis con ventana. Las alfombras podrían estar un poco mejor, pero en general este dos estrellas se mantiene bastante bien conservado. Es relativamente nuevo y está bien situado. Dispone de un bar en el vestíbulo y... de karaoke en las plantas superiores.

City Hotel Xi'an

*(Plano general, B3, **27**):* 70, Nan Dajie. ☎ 87-21-99-88.

XI'AN- INTRAMUROS (PLANO GENERAL) *(págs. 226-227)*

- **Transportes y Direcciones útiles**
  - Estación de ferrocarril
  - Estación provincial de autobuses
  - Xi'an Tourism Information
  - Correos
  - Netbaronline
  - 2 Parada Airport Bus nº1 (Melody Hotel)
  - 3 Parada Airport Bus nº2 (Hotel Long Hai)
  - 4 China Telecom
  - 5 CITS Bell Tower
  - 11 PSB
  - 12 Foreign Language Bookstore
- **¿Dónde dormir?**
  - 5 Bell Tower Hotel
  - 20 Xi'an Bell Tower Youth Hostel
  - 21 Qixian Hostelling International
  - 22 Shuyuan Youth Hostel, Xiangzimen Youth Hostel
  - 23 Ludao Youth Hostel
  - 26 Wenshang Hotel
  - 27 City Hotel Xi'an
- **¿Dónde comer?**
  - 30 Nan Yuan Biao Mei
  - 31 Wuyi Fandian Zhongguo Kuaican
  - 32 Xi'an Fanzhuang
  - 33 Defachang
  - 34 Gusan Huantang Baozi, Anjia Chaocai
  - 35 Laojinjia
  - 36 Pingwa Kaoroudian
  - 37 King Town Nº1
  - 38 Huifang Renjia
- **¿Dónde tomar una copa? ¿Dónde salir? ¿Dónde bailar?**
  - 40 Bares y cafés de la calle Defu
  - 41 Nº88 Sunny
  - 43 1+1
- **Compras**
  - 70 Barrio de Shuyuanmen
- **¿Qué visitar?**
  - 56 Torre de la Campana
  - 57 Torre del Tambor
  - 58 Gran Mezquita
  - 59 Bosque de las Estelas
  - 60 Paseo por las murallas
  - 61 Antiguo Style Folk House
  - 62 Templo del Dragón Acostado
  - 63 Mercado de Tanshi Jie

cityhotelxian@163.com www.cityhotelxian.com Entrada por una calle perpendicular a la avenida. Dobles, 230-260 ¥ (23-26€), con desayuno. Desde luego, las habitaciones «big» son más grandes que las «small». Pero todas las categorías cuentan con una decoración moderna y un buen equipamiento general: bañera, caja de seguridad, nevera, TV. El personal es muy profesional y se desmarca de la competencia en esta categoría.

Más selecto

Bell Tower Hotel

(Plano general, B2, 5): 110, Nan Dajie, en la esquina suroeste de la torre de la Campana. ☎ 87-27-92-00 y 89-00. bth@sein.sxgb.com.cn Dobles 590-690 ¥ (59-69 €, y un 15% de tasas). El mejor hotel en esta categoría y muy céntrico. Habitaciones elegantes y confortables. Por la noche, excelente bufé en el restaurante internacional por precios muy asequibles (ver «¿Dónde comer?»). No lo confundáis con el *Bell & Drum Tower Hotel*, que está justo al otro lado de la explanada, hacia el este.

> **> AVISO**
>
> **Los horarios que se indican en la guía son orientativos.**

¿DÓNDE COMER?

Las calles y callejuelas de Xi'an están repletas de pequeños restaurantes, puestos y tenderetes que ofrecen todo tipo de tentempiés *(Xiao Chi)*. Normalmente son deliciosos y muy baratos.

Barato

Wuyi Fandian Zhongguo Kuaican

*(Plano general, C2, **31**):* 351, Dong Dajie. ☎ 87-21-22-12. Se trata de una gran sala en la planta baja del hotel 1 de Mayo *(Wuyi Fandian)*, un edificio beis de cuatro plantas. Es uno de los *self-services* más famosos de Xi'an. De 10 a 22 h. Platos de 6 a 20 ¥ (0,60 a 2 €). Elegid lo que queréis comer entre una gran variedad de platos alineados en los puestos de los cocineros. Se paga directamente por cada plato. Un gran panel muestra decenas de nombres de platos en chino y en inglés. Raviolis al vapor, albóndigas de carne y verdura troceadas, deliciosos *qingchao xiaren* (cangrejos salteados con salsa agridulce), arroz y tallarines salteados, *babaozhou* y *heimizhou* (harina de arroz blanco o negro), además de toda una serie de platos de carnes y verduras, y tentempiés fríos. Según nuestro parecer, el ambiente es un poco ruidoso, pero para nuestros amigos chinos es simplemente *renao* (animado). Un estilo parecido al de un *fast-food*, con mesas y sillas de plástico, pero a los chinos esto les da igual, para ellos lo que cuenta es lo que hay dentro del plato.

Defachang Dumpling

*(Plano general, B2, **33**):* en el lado norte de la explanada de las torres, al principio del pasaje que lleva a la calle Shehui Lu. ☎ 87-21-40-60. Abierto de 10 a 21.30 h. Calculad de 16 a 32 ¥ (1,60 a 3,20 €) por persona para quedar satisfechos. El local de los raviolis de todas las formas y sabores posibles. Tiene un gran ventanal que da a la calle. Dispone de dos plantas. En la planta baja se sirven cosas básicas, y en la superior, platos más elaborados. Original y servicio amable.

Pingwa Kaoroudian

*(Plano general, B2, **36**):* 92, Beiyuanmen. ☎ 87-25-83-96. Uno de los primeros restaurantes que os encontraréis a la izquierda viniendo de la torre del Tambor. Solera como nos gusta. Muy adecuado para tomaros una cerveza fresca con unas brochetas y disfrutar del espectáculo tanto dentro como fuera en la calle.

Anjia Chaocai

*(Plano general, B2, **34**):* 57, Beiyuanmen. ☎ 87-28-75-86. Frente al *Pingwa Kaoroudian*, un poco más al norte. Un ambiente pícaro, mesas y sillas que todavía resisten al estilo *fast-food*. Un sencillo arroz salteado, brochetas, *yangrou paomo* a la buena de Dios, servido ya preparado. El lugar ideal para dejarse tentar por unas buenas costillas o, directamente, por una sabrosa pierna de cordero.

Gusan Huantang Baozi

*(Plano general, B2, **34**):* 93, Beiyuanmen. ☎ 87-25-75-07. A medio camino viniendo de la torre del Tambor, a la derecha. No hay ningún rótulo en inglés ni en pinyin, pero lo reconoceréis por el letrero vertical de color verde y el grabado pulido del ventanal que representa una mezquita. Especialidad en raviolis al vapor rellenos de verduras, carne de cordero y de buey. Consiguen que sean ligeros y deliciosos. Selección de *liangcai* (tentempié de verduras o diversos tofus fríos, sazonados con pimienta y aceite de sésamo). Dispone de un gran comedor y está limpio dentro de lo que cabe (se ve que confían mucho en el poder de las bayetas mágicas).

Laojinjia

*(Plano general, B2, **35**):* 216, Beiyuanmen. ☎ 87-27-85-51. Al norte de Xiyang Shi. *Yangrou jiaozi,* aproximadamente 15 ¥ (1,50 €) los 500 g. La sala no tiene el encanto del escaparate (falsos techos, triste suelo de baldosas). Pero lo que realmente importa es disfrutar de sus famosos *yangrou jiaozi* (carne de cordero) caseros, vendidos al peso. Una ración es más que suficiente; si no, habrá que llevárselos en el *«doggy bag».*

Precio medio

Huifang Renjia

*(Plano general, B2, **38**):* 111, Beiyuanmen. ☎ 88-55-92-58. Todos los días de 10 a 2 h. Restaurante clásico. Menú en inglés que incluye pescado y una amplia selección de verdura acompañando a las carnes o a las barbacoas y pequeños platos tradicionales.

Defachang

*(Plano general, B2, **33**):* remitíos también a «Barato», anteriormente. ☎ 87-21-40-60. En el primer piso. Todos los días de 11 a 14 h y de 17 a 21 h. Menú cuyo precio varía dependiendo de la cantidad de raviolis que se desee pedir. Los hay de todos los sabores y de todas las formas.

De precio medio a selecto

Nan Yuan Biao Mei

*(Plano general, B2, **30**):* Nan Dajie. ☎ 87-26-71-88. Todos los días de 11 a 15 h y de 17 a 22 h. Platos 30-40 ¥ (3-4 €). Este es un establecimiento típicamente cantonés. Para no limitarse a los restaurantes que sirven raviolis. En la primera planta, una sala sin ventanas pero muy luminosa y agradablemente decorada. Una llegada impactante: os darán la ¡BIENVENIDA! a voz en cuello. Después, sólo os queda elegir en su amplísima carta:

> LOS TENTEMPIÉS MÁS SABROSOS

> *Yangrou pomo:* tallarines de arroz y pan desmigado sumergidos en un caldo con trozos de cordero. No en vano es el plato estrella de la zona. Os darán un gran bol. Este plato se come con un ritual típico previo que consiste en desmigar el pan cada uno en su bol. El recipiente lleva un número que tendréis que recordar para poder recuperar vuestro plato cuando regrese de la cocina con el caldo, la carne y los tallarines. Finalmente, deberéis añadir la cantidad que queráis de ajo confitado, picante y cilantro fresco. Así quedaréis como unos expertos delante de vuestros atentos vecinos.

> *Fenrerou:* especie de picadillo de sémola de trigo y carne de cordero. Un poco seco, pero reconstituyente.

> *Majiang mianpi:* largos tallarines de arroz fríos (la piel de la pasta) en una salsa de aceite de sésamo, pimientos y pimienta de Sichuan.

> *Roujiamo:* tortas de pan de pita rellenas de carne de buey o de cordero frito, especiadas y con pimientos.

También existen muchas especialidades dulces, como el *jingao,* pasta de almendras molida y de forma cilíndrica, espolvoreada de cacahuetes y con cuatro aureolas de colores, o los *luomigao,* bolas de harina de arroz glutinoso y sésamo. Y aún hay más especialidades, tanto saladas como dulces. Si no, ¡fijaos en las colas de gente delante de los tenderetes!

hangpan eggplants (especialidad de la casa: berenjenas servidas en una marmita), *duckbreast with pepper* (un pato que suena bien), *ptéridophyte root noodles* (un nombre para citar en vuestras veladas mundanas). En cuanto a los postres, ¿por qué no probar las azufaifas al caramelo o (un poco especial) el apio con melocotón y miel? Todo está muy bien presentado, servido con diligencia por una escuadrilla de camareros uniformados... Es nuestro favorito en Xi'an.

Xi'an Fanzhuang

*(Plano general, C2, **32**):* Dong Dajie, justo al lado del Xi'an Hotel, en la primera planta. Calculad 50-80 ¥ (5 y 8 €) la comida. Uno de los restaurantes más selectos de la región. Disponen de una gran variedad de especialidades regionales, preparadas con gusto y con productos muy frescos. Deliciosos bocaditos de gambas, judías verdes con setas exóticas en salsa, pescado de río y los famosos tallarines de Shaanxi. Una visita esencial para todo sibarita, a pesar de la austera decoración.

King Town Nº1

*(Plano general, C2, **37**):* 178, Dongmu Toushi. Todos los días de 8.30 a 21 h. En una ciudad donde abundan los *fast-foods,* el nombre de este restaurante nos predispone ¡para lo peor! No es así en absoluto. Una vez pasado el banal salón de su planta baja, se se sube de piso y también de clase social. En la segunda planta, un salón más elegante con mesas bien dispuestas y mucho espacio entre ellas, presenta una decoración contemporánea y cuenta con un servicio de buen tono. La lista de platos es más larga que la doctrina de Confucio, para conseguir un resultado acorde con las promesas que profesa: tallarines con espinacas, buey braseado, frituras de calabaza, algas o tortuga (para quien se atreva). Un restaurante muy elegante con precios que no son excesivos.

¿DÓNDE TOMAR UNA COPA? ¿DÓNDE SALIR? ¿DÓNDE IR A BAILAR?

A la avenida Defum, que cuenta con una buena parte de los bares más agradables de esta ciudad, da gusto venir a pasar el rato y tomar algo. También tenéis el bar de vuestro AJ... ¡os evitará tener que salir!

Bares y cafés de la calle Defu

(Defu Xiang; *plano general, B3, **40**):* a 200 m al noroeste de la puerta del Sur, cerca del *AJ Shuyuan*. Coged la calle Xiangzimiao Jie y, cuando lleguéis a la bifurcación, girad a la derecha. La pequeña calle pavimentada que hace una curva es la *Jiuba Jie* (calle de bares). A los chinos les gusta que la animación se concentre en una misma zona. Aquí hay fiesta hasta las 2 h o incluso más tarde. Cuenta con una veintena de establecimientos que van de los cafés-club más pijos a los bares musicales para estudiantes. Realmente, no es como Maoming Nanlu (Shanghai) ni como Sanlitun (Pekín), pero tiene un encanto provincial.

Nº 88 Sunny

*(Plano general, B3, **41**):* al suroeste de la puerta Sur. Un cerco de vigilantes uniformados, escalera monumental tipo Titanic para sumergiros en una sorprendente sala en el sótano: cortinas rojas, sillones de estilo Chesterfield, lámparas rococó, una barra de bar infinitamente larga; da la sensación de que se está en el barco personal de la reina de Inglaterra. Música va en vivo, pop, china. Atención, las mesas están reservadas para una con-

sumición mínima de 300 ¥ (30 €): los precios son asequibles en el bar. Agradables terrazas.

La mayoría de los locales de moda y las discotecas se concentran en **Dong Dajie** *(plano general, C-D2)*. Os recomendamos el ***Bar 1+1*** *(plano general, C2, **43**)*, en el 125, Dong Dajie, por su música en vivo. En el mismo lado, ***Mulisishe,*** al sudoeste de la calle, o el ***Party Mix*** frente al City Hotel.

ESPECTÁCULOS

Sunshine Grand Theater

(Yangguang Lidu Dajuyuan; *plano de conjunto, **45**):* 29, Huancheng Nanlu, Dongduan. ☎ 87-85-85-55. Todos los días de 18h.3 a 20.30 h, espectáculo 20.30-21.40 h. Localidad (sin cena) rebajada (a través de los hoteles o del AJ) a partir de 128 ¥ (12,80 €), trayecto ida y vuelta incluido. Quedaréis anonadados por la monumental arquitectura exterior, pero la estocada final la recibiréis al ver el vasto restaurante teatro «ítalo-rococó». Una compañía de bailarines ejecuta una coreografía muy llamativa, *kitsch*, melodramática y exagerada, con cegadoras luces de neón, pantallas gigantes y una música ensordecedora e híbrida. Intermedios acrobáticos salvan el conjunto: increíbles especialistas en efectos sonoros con voces chillonas, grupos de jovencitas manejando con destreza el diábolo, etc. Divertido e instructivo si esperáis el oro y el moro. Evitad la opción que incluye el menú y contentaos con la botella de agua gratis (café o alcohol sería excesivo).

Espectáculo de la Gran Pagoda de la Oca Salvaje

*(Plano de conjunto, **51**):* todos los días excepto martes a las 21 h; fin de semana sesión suplementaria a las 18 h. Gratuito. Duración: 20 minutos. Espectáculo de luz y sonido en la fuente musical, en la plaza al norte de la pagoda.

COMPRAS

Pinturas y acuarelas

Xi'an tiene fama por la calidad de sus artistas. Todavía no se ha empezado a especular con los grandes paisajes, de manera que los precios siguen resultando asequibles. No os perdáis la escuela de arte de Beiyuanmen, donde se pueden encontrar auténticas virguerías. Delante de los grandes hoteles, artistas y profesores de arte intentan conseguir algún dinero extra.

Beiyuanmen

(Plano general, B2): ver «¿Dónde comer?», antes. Para comprar tinta, pinceles y porcelana. En el dédalo de callejuelas de los alrededores de la Gran Mezquita encontraréis las mejores ocasiones para comprar telas, vestidos de minorías étnicas, piezas pequeñas de bronce, antigüedades con pinta de ser realmente antiguas, etc. También podéis encargar la fabricación de vuestro propio sello (con vuestro nombre en chino). Por lo general, los precios son razonables, pero regatead siempre.

Barrio de Shuyuanmen

*(Plano general, C3, **70**):* calles paralelas a las murallas de la parte sur. Gran selección de pinceles, piedras de tinta y materiales de dibujo.

Mercadillo de los Ocho Inmortales

(Baxiangong Wenwu Shishang; *plan o de conjunto, **53**):* al sur del templo de su mismo nombre. Anticuarios. Hay e todo: verdadero y falso.

¿QUÉ VISITAR? ¿QUÉ SE PUEDE HACER?

Os indicamos los horarios y precios de la temporada alta (de abril a octubre). En temporada baja, normalmente abren un poco más tarde y cierran un poco antes (en general, hay unos 30 min de diferencia, a veces 1 h), y algunos precios bajan alrededor de un 25 %.

Intramuros

Torre de la Campana (Zhong lou; *plano general, C2,* ***56****):* el corazón de la ciudad. Abierta de 8.30 a 21 h. Entrada: 27 ¥ (2,70 €).

Esta impresionante construcción data del siglo XIV, y fue restaurada en los siglos XVI y XVIII. Se accede a ella por un túnel en la esquina suroeste de la plaza. Cabe destacar el armazón, bastante elaborado, y, debajo de la torre, los antiguos refugios antiatómicos, construidos durante la época de la gran amenaza nuclear soviética, que ahora ya no se visitan.

Torre del Tambor *(plano general, B2,* ***57****):* Xi Dajie y Beiyuanmen. Está abierta de 8.30 a 21 h. Entrada: 27 ¥ (2,70 €) o 40 (4 €) para las dos torres.

Puerta de entrada al barrio Hui (musulmán), fue edificada en la época de los Ming. Resulta interesante la arquitectura de su interior y la vista que ofrece del barrio Hui. Impresionantes tambores, vigas y techos profusamente ornamentados, frescos de Dunhuang, exposición de pinturas y mobiliario antiguo (Ming y Qing).

Barrio Hui *(plano general, B2):* uno de los pocos que se han librado de la voracidad de los promotores inmobiliarios. Los hui son una etnia musulmana de China (ver el apartado «Población» del capítulo «Generalidades», al principio de la guía). Empezad vuestro paseo por la calle principal, Beiyuanmen (ver también «¿Dónde comer?» y «Compras», antes), pasando por debajo de la torre del Tambor. Es una calle con un bello pavimento que poco a poco se va modernizando con la apertura de tiendas más elegantes que las de antaño. Buscad las tiendecitas para pintores y calígrafos. Por la noche se convierte en la capital de la comida y del *huoguo*. En el oeste, en el entramado de callejuelas entre Beiyuanmen y la Gran Mezquita, hay cantidad de tiendas de recuerdos, hermosas telas y falsas (a menudo bonitas) «antigüedades». Pero no os quedéis sólo en este sector. Dad un paseo por la otra parte de la mezquita, en el lado este de Beiyuanmen. Veréis pórticos de madera que esconden grandes residencias o pequeñas mezquitas, con pintorescas habitaciones, muchas de las cuales están hechas todavía de ladrillos de terracota. Toda la zona es un hervidero de artesanos, carniceros y pequeños fabricantes de alimentación tradicional. Aprovechad esta ocasión para visitar uno de los últimos barrios urbanos realmente auténticos de China central.

Antes de llegar al *pailou* (pórtico) que marca el final de Beiyuvanmen, a la izquierda, no os perdáis la *escuela de pintura* instalada en una destacable manzana de casas construida hace tres o cuatro siglos. Talleres, viviendas y salas de exposiciones de arte dan a un delicioso patio. El lugar tiene mucho encanto (sobre todo de noche). Producción francamente interesante, y la oportunidad de ver una admirable combinación de estilos y géneros.

Gran Mezquita *(plano general, B2, **58**):* Hua se Xiang. Abierta de 8 a 19.30 h. Entrada: 25 ¥ (2,50 €) con folleto explicativo.

Edificada en el primer año del reinado de Tian Bao (séptimo emperador de la dinastía Tang), en el año 742. Según dicen, es la mezquita más importante de China por su fuerza espiritual y la segunda más antigua después de la de Cantón. En China se han hecho muchas restauraciones de mala calidad e incluso feas en muchos templos budistas, taoístas o confucianos. Éste no es el caso.

El plano y la arquitectura de esta mezquita son de inspiración china, pero con una muestra de la tolerancia y la mezcla cultural de la época de los Tang. Pórtico de entrada del siglo XVII con magníficas vigas labradas, jardines de una gran armonía, sucesión de patios, parterres y templetes. Los dos primeros pabellones fueron escuelas coránicas en su época.

En la entrada del segundo patio, tambores de basalto, pórtico de piedra y dos estelas que cuentan la ampliación de la mezquita en tiempos de los Ming y los Qing. A la izquierda, el *hammam*, y, después, la entrada del tercer patio. Estelas bajo el porche, algunas con textos en árabe. *La torre de la Serenidad (Introspection Tower)*, con su triple tejado octogonal que hace de minarete. A la izquierda, la sala de recepción de los imanes; a la derecha, la biblioteca.

Entrada del cuarto patio y *pabellón del Fénix*, un elegante templete al que acuden los fieles a descansar y conversar. Por último, la majestuosa sala de plegaria en la que caben más de mil personas. Recubierta de tejas verdes, el color del islam. Si la entrada está prohibida a los no musulmanes, podéis mirar por sus aberturas para entrever excepcionales tableros de madera labrada. Y en el perímetro interior está grabado todo el Corán en paneles de madera. Una visita imprescindible.

Bosque de las Estelas (Beilin Bowuguan; *plano general, C3, **59***): en el extremo sur de Duanlumen, casi en la muralla. ☎ 87-31-23-58. Todos los días de 8 a 18.30 h. Entrada: 30 ¥ (3 €).

Fundado en tiempos de los Song (siglos X-XIII). Aunque todos los edificios datan de la época de los Qing –excepto el *pailou* (pórtico), Ming–, es el antiguo museo provincial el que ha conservado la sección lapidaria y las estelas. Encontraréis un panorama completo de los escritos grabados en la piedra desde el 206a.C. hasta 1911 (desde los Han del oeste hasta los Qing). A menudo, los occidentales se aburren un poco en este tipo de exposiciones, pero aquí la calidad artística e histórica de las piezas es excepcional. ¡Incluso los más reacios tendríais que intentarlo! Las estelas, frecuentemente coronadas con un capitel esculpido, están colocadas sobre tortugas de piedra. Gracia y elegancia de las caligrafías, con una gran capacidad para expresar el «arte del tiempo». Como decía el escritor Michaux en *Ideogramas en China*: «Es la espontaneidad lo que nos puede llevar a la ruptura. No hay que imitar la naturaleza. Hay que representarla, mediante trazos, mediante impulsos...».

En la entrada hallaréis el viejo pórtico, y, delante, dos estanques para lavar los pinceles. Barandillas de época, aunque las fuentes son más recientes. En el segundo patio, a la izquierda, destacan las columnas de piedra coronadas por animales y personajes, que antes estaban delante de las residencias de los mandarines de la provincia y servían para atar los caballos, gracias a las cavidades de la base.

En el tercer patio están los primeros pabellones que contienen las estelas.

> **Primera sala:** una monumental estela encargada por el sexto emperador Tang, en 845, a Zeng Shen, discípulo de Confucio. Y en la sala de al lado, 112 estelas grabadas igualmente en tiempos de los Tang (830 a 838), que contienen todos los textos confucianos clásicos (los 12 libros canónicos).

> **Segunda sala:** el periodo Tang (618-907). Hermosa columna grabada en sánscrito y chino, y, sobre todo, una importante estela en la que se presentan los textos nestorianos (una rama de la cristiandad) del año 781. Abajo, en el lado derecho, unas frases en griego. Y enfrente, estela de la familia Yan con caracteres grandes que servía de modelo para los niños de las escuelas.

> En la **tercera sala** se muestra toda la evolución de los caracteres chinos. En la primera estela de la derecha (nº 28), que data del año 999 (dinastía Song), veréis, por una parte, los 545 caracteres arcaicos de la caligrafía de los sellos que aún se parecen mucho a los dibujos y, por otra parte, los equivalentes en estilo clásico. Fijaos también en la nº 41, obra de Zhang Xu, llamado Zhang el Loco. Vivió en la época de la dinastía Tang y se caracterizó por su estilo cursivo y continuo, producido en un estado de embriaguez profundo que sólo podía, según él, liberar su genio creativo.

> **Cuarta sala:** técnica de la copia (estampado), sobre todo en los paisajes. Alberga una vista de la montaña Taibai (1700), imagen de Confucio (1734), plano del palacio Xingqing (periodo Tang), etc. A derecha e izquierda, estelas funerarias de gente adinerada. A partir de 200 ¥ (20 €) podréis comprar alguna reproducción de muy buena calidad.

> **Quinta sala:** zócalos en forma de tortuga o relieve de dragón.

> No os perdáis la gran **galería de escultura.** Entrad por la puerta custodiada por dos extraños y fascinantes animales con la cabeza de león y el cuerpo de tigre (época de los Han del oeste). La exposición empieza con una magnífica colección de *pictorial stones*, unas tablillas verticales u horizontales grabadas con trazos largos y finos de una estética fascinante. Proceden de una tumba del siglo I d.C. (Han del este). Un poco más lejos, veréis una tumba sin profanar, un sarcófago y un impresionante rinoceronte de piedra que pesa 10 t y fue encontrado delante del mausoleo del primer emperador Tang (635 d.C.). En la siguiente sala, dedicada al budismo, hay una veintena de espléndidas estatuillas del Buda y esculturas de la época de la dinastía Wei, Sui y Tang. En ellas se refleja la influencia del estilo griego (arte del Gandhara) e hindú. Cuando salgáis, lo haréis bajo la mirada de un Lao Tsé (Lao Zi) sentado de la época Tang (siglo VIII).

Paseo por las murallas *(plano general, C3, **60**):* la entrada principal está un poco al este de la puerta del Sur, aunque también se puede entrar por las puertas Oeste y Norte. Abierto de 7.30 a 22.30 h (19 h en temporada baja). Entrada: 40 ¥ (4 €).

Construidas bajo los Ming (1368-1374), al principio fueron de tierra apisonada, y en 1568 se reforzaron con ladrillo. Tienen 13 km de diámetro, 12 m de alto y 12 a 14 m de ancho. Los 120 m están marcados por 98 salientes y en los ángulos se erigen cuatro torres. Dicen que son las murallas mejor conservadas de China. En el foso, cerca de las puertas, encontraréis agradables zonas ajardinadas donde los lugareños van a practicar tai-chi, a jugar al dominó o a tomar un té. Cuando se está arriba, aquello parece un auténtico bulevar. La vista más hermosa de la ciudad se divisa desde la puerta del Sur.

Ancient Style Folk House (Minju; *plano general, B2,* ***61****):* 144, Beiyuanmen. Viniendo de la torre del Tambor, a la izquierda, casi a medio camino del *pailou*. Abierto de 9 a 23 h. Entrada: 15 ¥ (1,50 €).

Seguramente os asaltarán con amables ganchos, destinados a atraer la atención de los turistas. Es la antigua residencia de Gao Yuesong, un mandarín superdotado de la época Ming que quedó segundo en los exámenes imperiales cuando tenía 12 años. Magníficos ladrillos y tableros de madera esculpidos. Mobiliario hecho con madera de palisandro. Espectáculos, exposiciones y venta de cerámica y papeles recortados. Salón de té.

Templo del Dragón Acostado (Wolong Si; *plano general, C3,* ***62****):* al sudeste de la calle Baishulin (Vendedores de flores), por una callejuela sin nombre. Entrada gratuita. Recibimiento muy calmado por parte de los monjes. Situado fuera de los circuitos turísticos, este modesto templo alberga una comunidad de 80 monjes. Es una buena ocasión para ver cómo el pueblo chino vive su fe actualmente. Fue reconstruido en el año 168 y se convirtió en un lugar para que los emperadores Han meditaran. Los edificios actuales datan de la época de los Qing (1644-1911). A cada lado del patio, bonitas estelas representan los *arhats*, esos iluminados que fueron mandados a la tierra para ayudar a los mortales. Al fondo se encuentra el templo principal, donde tienen lugar las ceremonias. Se puede mirar, pero no hacer fotografías.

Mercado de Tanshi Jie *(plano general, C2,* ***63****):* en una calle que va de norte a sur y que desemboca en Dong Dajie. Cuando ya estéis un poco atontados con tanta historia y tantos vestigios de una cultura milenaria, ¿por qué no os mezcláis entre la multitud? Para los occidentales, los mercados chinos son siempre fascinantes por su abundancia y distribución. Pescados, langostas, ranas, tortugas, bígaros, toda clase de moluscos e infinidad de tipos de caracoles. Además de las semillas, hierbas para cocinar, setas, lagartos y serpientes secas, etc., también existe una pequeña sección de charcutería de pato laqueado. Por la noche se transforma. Les ha llegado el turno a todo tipo de ropa interior, maquillaje y bisutería.

> **> AVISO**
> **El icono del Trotamundos os indica el interés de la visita.**

Extramuros

Museo de Historia de Shaanxi (Shauxi Lishi Bomuguan; *plano de conjunto, **50***): 90, Xiaozhai Donglu. ☎ 85-21-94-22. www.shxm.com En el sur de la ciudad, no muy lejos de la gran pagoda de la Oca Salvaje. Id en autobús: nos 5, 14 o 610 desde la estación; nº 701 a 200 m al sur de la puerta Sur. Abierto de 8.30 a 17.30 h. Entrada: 50 ¥ (5 €). Creado en 1991, es uno de los museos más fascinantes de China. En él se expone el resultado de las excavaciones realizadas en la región en la década de 1970. Su arquitectura recuerda la de los palacios Tang. En el vestíbulo, un monumental león del siglo VII da la bienvenida a los visitantes. Las salas de la planta baja están dedicadas a la prehistoria y al periodo que llega hasta el primer Imperio (206 a.C.).

> **Primera sala:** poblado neolítico (6000 a.C.), cráneo de un millón de años y varios «primeros»: primera vasija de arroz (8000 a.C.), primer dibujo de China, primera escultura conocida, primer objeto de jade, etc. También alberga un hermoso trípode de bronce del siglo XI a.C. y una vitrina con materiales de construcción de la primera capital.

> **Galería:** con ricas colecciones de bronce y jarras. Especialmente, los vasos de tres pies, jarras con «puntas» para que no resbalen y otras con relieves en hueco. Vasija de tres pies para calentar el agua. Vajillas rituales y armas.Objetos funerarios que señalan muy bien la categoría social del difunto y jarra de tipo *jifu* con un dibujo trabajado (siglo IX a.C.), conchas, primera moneda china y grueso jarrón trípode para cocer las ofrendas (siglo X a.C.).

> **Cultura Qin** (770-206 a.C.): en las dos últimas salas. Restos de las excavaciones de Yong, que fue la capital de los Qin desde 677 hasta 382 a.C. (180 km al oeste de Xi'an). Una gran foto de las excavaciones. Tambores de piedra labrados, trozos de teja para proteger los tejados y elementos de bronce para sostener las vigas. También se encontró una necrópolis real con varias docenas de tumbas. Y se hallaron más de 250 «agujeros de ladrón». Pero, a pesar de todo, se recuperaron unos 3.000 objetos. En la tumba del rey Jing (577-537 a.C.) enterraron vivos a 20 esclavos y diversos animales para que el difunto no se sintiera solo (además de 166 personas sacrificadas).

En el primer piso

> **Galería de los Han del oeste** (206 a.C.-8 d.C.) **y del este** (25-220 d.C.): constituye el periodo de todos los inventos (papel, brújula, pólvora de cañón, imprenta, etc.). Hermoso sello de jade blanco de la emperatriz Lu (202-224). Y, en la gran vitrina central, soldados del ejército enterrado.

> Espléndidos espejos de bronce de los **Han del oeste,** monedas redondas (el cielo) con un agujero cuadrado en el centro (Tierra), que se podían ensartar en una varilla. La vitrina del centro contiene alfarería barnizada con motivos de pavo real. En un dintel se cuenta la vida de un alto funcionario. Cabe destacar las pequeñas varillas que fueron la primera calculadora, las muestras del papel más antiguo del mundo y los fragmentos de seda.

> **Dinastías del norte y del sur** (220-581): este largo periodo de inestabilidad política se manifiesta aquí por la importancia dada a

las armas, principalmente Wei. Diversos objetos relacionados con los nobles, incluidos los sellos (grabados por las dos caras), guerreros de terracota, etc. Ved también las elegantes figurillas de terracota en las que se aprecia una gran variedad de etnias. Una vitrina consagrada a la introducción del budismo. Bronces votivos de los Wei del norte (hermosas imágenes de Maitreya, el buda del futuro).
> **Salas de las dinastías Sui y Tang** (581-907): dedicadas al arte de la cerámica, que vivió su edad de oro en la época de los Tang. Porcelana llamada *sancai* (tres colores: verde, marrón-amarillo y azul) y gres de color verdeceledón. En la entrada, plano de la antigua capital Tang, enladrillado de la ciudad, frescos de tumbas en los que se describen los trabajos del campo, muchas representaciones de caballos, los animales favoritos de la dinastía Tang. Vitrinas de objetos funerarios (polvera, cubeta, boles de oro, pequeños dragones grabados), monedas Tang (la primera de oro). Preciosa alfarería blanca y policroma (altos funcionarios y figuras de mujeres de carnes abundantes). En la pequeña vitrina central, no os perdáis un hermoso *sancai*, un camello montado por músicos, y uno de los tesoros del museo: un *vaso de ágata* en forma de buey.
> **Dinastías Song, Yuan, Ming y Qing:** hay tanta variedad en estas secciones que sólo os mencionamos unas cuantas piezas por lo extraordinarias que son. Juego de ajedrez, ladrillos con guerreros en relieve, luchadores, sellos, placas de bronce para imprimir billetes de banco, «cuadrado mágico», viejo registro de impuestos, colección de figurillas exhumadas en una tumba en 1990, porcelanas, etc.

Gran Pagoda de la Oca Salvaje (Dayan ta; *plano de conjunto, **51**):* abierta de 8.30 a 18.30 h. Entrada: 25 ¥ (2,50 €) para el parque y 20 ¥ (2 €) más para subir a la pagoda. Autobuses n°s 5 o 610 desde la estación, y nº 609 desde la puerta Sur. Espectáculo de luz y sonido casi diario.

Fue edificada en 652 en un monasterio que había acogido, para no perderse nada, a *Xuanzang*, el más célebre monje trotamundos, ante el que nos inclinamos, quien se marchó de Chang'an (Xi'an) en 627 para ir a visitar todos los grandes centros budistas de India y volver con los textos canónicos. Con este fin atravesó las regiones no pacificadas de Xinjiang, Afganistán, Cachemira y del valle del Ganges, y recorrió India para estudiar con los grandes maestros y recoger los preciosos escritos de Buda. Cuando regresó a Chang'an habían transcurrido 20 años. Entonces inició un largo trabajo de traducción que duró hasta su muerte, en 663. En realidad, la pagoda se construyó para conservar la totalidad de sus valiosos escritos y documentos.

Con una altura de 64m, su base cuadrada revela sus orígenes Tang (tiempos después, las pagodas adoptarían la forma octogonal). Precedida por la torre de la Campana, la del Tambor y diversos pabellones. Otros, más recientes, se erigen en la parte trasera. Son una especie de imitaciones del monasterio original con la pagoda; un desastre: demasiado comercial, incluso presuntuoso. Pero al final poco importan estas ráfagas de música clásica o todo tipo de golosinas que invaden el lugar mientras los monjes, resignados, o cómplices, intentan rezar. El peregrino del siglo XXI podrá contemplar el estampado de una estela-retrato de Xuanzang. Este dibujo, particularmente delicado, lo representa marchando cargado con su mochila llena de valiosos *sutras*, con un bastón en una mano y una hoja en la otra. También lleva una pequeña linterna enganchada a un bambú para guiarse de noche. Por otra parte, para no perderse, a lo largo del viaje fue consignando sistemáticamente sus observaciones sobre las tradiciones, costumbres y cultura de las regiones por las que pasaba. Su aventura y su diario sirvieron de base en tiempos de los Ming para la escritura de *Xiyouji, la peregrinación hacia el oeste*, una de las obras chinas (medio novela, medio cuento fantástico) más populares.

Pequeña Pagoda de la Oca Salvaje (Xiaoyanta; *plano de conjunto,* ***52****):* Youyi Xilu. A unos 3 km del centro, el autobús nº 610 desde la estación y nº 701 a 200 m al sur de la puerta Sur (parada Nanshaomen). Abierta de 8 a 20 h. Entrada de pago.

Se construyó en 707 en un monasterio en el que vivió otro erudito muy viajero, *Yijing* (635-713). Perdió dos plantas a causa de un terremoto en 1556 (aunque conserva 12). Según dicen, ha resistido unos 60 seísmos. ¿Había ya entonces sofisticados sistemas de construcción antisísmica? No, la elasticidad del edificio se debería, simplemente, a la forma semiesférica de sus cimientos de tierra batida. Todos los demás edificios se construyeron después del siglo XVII, y también cuenta con agradables jardines para practicar tai-chi por la mañana.

Templo de los Ocho Inmortales (Baxian Guan; *plano de conjunto,* ***53****):* 15, Wudao Shizi Dongjie, Changlefang. Todos los días de 8 a 17 h. Entrada de pago.

Templo taoísta situado en el este de la ciudad amurallada (por la puerta Zhongshanmen), en un barrio popular. Retahíla de pabellones, patios y jardines, y fieles de blanco con el moño tradicional. Atmósfera plácida. En los patios encontraréis inmensos pebeteros de bronce. En el santuario principal, a la izquierda, hay un fresco de los Ocho Inmortales cabalgando un tigre, un dragón, una pantera, un jumento, etc. A la derecha, la reina del Oeste. En el último edificio, en el centro, la diosa «de todas las estrellas». Procurad asistir a alguna ceremonia, sobre todo los días 1 y 15 de cada mes lunar (no, no nos pidáis que os lo calculemos…).

Yacimiento neolítico de Banpo *(fuera del plano de conjunto,* ***55****):* situado a 9 km al sureste de Xi'an. Autobús nº 11 en Bei Dajie, al norte de la torre de la Campana. Abierto de 8.30 a 18 h. Entrada de pago.

Tiene de 6000 a 7000 años, y resulta interesante sobre todo para aficionados a la arqueología. Evidentemente, es mucho menos espectacular que el «ejército enterrado» (no vengáis aquí después de ver el otro, porque, en ese caso, éste os va a parecer muy aburrido). Vestigios de cabañas circulares, fondos de cabañas, hornos de alfarero, reproducciones de tumbas, urnas funerarias para los niños, etc. Bastantes objetos funerarios descubiertos en las tumbas están ahora en el Museo Histórico de Shaanxi.

ALREDEDORES DE XI'AN

Viajes por cuenta propia

Las líneas de autobuses turísticos públicos garantizan precios bajos y evitan los inconvenientes de los tours organizados. Salen al este de la plaza de la estación.

> **la «línea 5»** ***(you wu):*** también llamada nº 306. Pasa por el monumento del Ejército Enterrado, por la tumba de Qin Shi Huangdi, así como por las fuentes de agua termal *(Huaqing chi)* y por el Museo Lintong *(Lintong Bowuguan)*. Frecuente y muy económico. Trayecto: 7 ¥ (0,70 €), 1 h hasta el aparcamiento del yacimiento de los soldados.

> **la «línea 2»** ***(you er):*** pagoda Faen Si. Pasa también por Qian Ling. Solamente un salida a las 7 h, regreso alas 15 h (a la pagoda). Precio: 18 ¥ (1,80 €).

También podéis alquilar un taxi para una excursión de ida y vuelta. Calculad 200 ¥ (20 €) por la mitad del día.

Viajes organizados

Las agencias de los AJ, los hoteles y el *CITS* ofrecen excursiones en autobús hacia los distintos lugares de los alrededores de Xi'an. Los precios incluyen transportes, entradas a los monumentos, un guía (a veces hablan inglés, preguntadlo) y una comida según la duración de la excursión. Los candidatos deberían saber que se trata de excursiones al estilo «chino». La experiencia es realmente enriquecedora y divertida, pero las múltiples paradas en tiendas de recuerdos (los guías también tienen que ganarse la vida) y las largas comidas hacen que en general la gente no repita. Además, van muy rápido, ya que normalmente se trata de ver tantos lugares como sea posible en un solo día. A través de un Aj las tarifas por persona son: Ejército de guerreros (media jornada) 200 ¥ (20 €), West line tour (pagoda Famen Si, tumbas imperiales Qian Ling; 1 día): 290 ¥ (29 €), Mont Huashan (1 día): 350 ¥ (35 €).

El ejército enterrado del primer emperador Qin (Bingmayong)

Se halla en el distrito de Lintong, a 42 km al este de Xi'an. Abierto todos los días de 8.30 a 17.30 h. Entrada: 90 ¥ (9 €). El precio cambia de noviembre a marzo.

Se trata de uno de los lugares más turísticos del mundo. A pesar del aspecto de búnker de mármol, del aire tan comercial de los alrededores y de la atmósfera tan turística que existe, llegar hasta aquí aún sigue siendo todo un acontecimiento. Si pensáis que hace 22 siglos sólo en esta tumba del emperador estuvieron trabajando más de 500.000 personas durante 36 años... Una tumba a la que muchos se unieron.

Un poco de historia

Había una vez, en 231a.C., un reyezuelo que se aburría tanto en su reino de Qin (que en aquellos tiempos se llamaba T'sin, de donde derivaría China), que decidió irse a conquistar la media docena de reinos que tenía al lado y, de paso, divertirse un poco. Intrépido, ambicioso y despiadado como era (ver el apartado «Historia» del capítulo «Generalidades»), consiguió su propósito, y en 221 a.C. se convirtió en el primer emperador de una China unificada, proclamándose *Qin Shi Huangdi* (primer soberano emperador de los Qin).

Obsesionado por la muerte, ya había dado mucho antes (cuando tenía 13años, edad a la que accedió al trono) el primer paso para construir una grandiosa tumba, a la altura de su miedo. De la desmesura de esta obra estamos enterados gracias al historiador Sima Qian, que escribió su epopeya casi un siglo después (ver «Tumba del emperador Qin Shi Huangdi», más adelante). Además, tanto por su delirio como por la tradición, el emperador debía rodearse de un auténtico ejército destinado a protegerlo eternamente. Deseaba que fuera potente, como él, tal vez para homenajear a los hombres que le habían proporcionado tantas victorias. Recordemos que fue el arqueólogo, escritor, poeta y visionario bretón Victor Segalen quien descubrió la tumba en 1914, y el que se planteó al pie del túmulo la cuestión: «¿Dónde están escondidas las estatuas antiguas de los Ts'in, y dónde hay que buscarlas?». No sabía que las tenía bajo sus pies, a 1,5 km al oeste. Pero un campesino que intentaba excavar un pozo encontró en 1974 un curioso guerrero de terracota, y después otro, y otro... hasta que aparecieron 6.000 o 7.000 más enterrados debajo.

En 25 años se han sacado cerca de mil soldados de arcilla. Éste es uno de los yacimientos más alucinantes que se han abierto en el planeta. El extraordinario «ejército enterrado» de terracota está ahora a buen recaudo en un museo de mármol, hormigón y vidrio.

Visita

Os recomendamos que empecéis la visita por el edificio de los carros de guerra, y sigáis por las fosas 2 y 3, las más pequeñas, descubiertas dos años después (en 1976), hasta llegar a la número 1. Así irán en aumento constante la sorpresa y la emoción. Las tres fosas forman juntas un verdadero cuerpo de ejército en orden de batalla. La mayoría de los letreros están bien traducidos al inglés.

Edificio de los carros de guerra: en él se encuentran dos cuadrigas de bronce descubiertas en 1980 y espléndidamente restauradas. La iluminación realza muy bien el conjunto. Huecos, para que no pesen demasiado, son una copia exacta a escala 1:2 de dos tipos de carros de guerra. Uno es el de un miembro de la familia imperial en gira de inspección. El «augusto» se situaba en el interior de un habitáculo cuadrado recubierto con una especie de baldaquín en cuyo borde se hallaba el cochero que conducía los cuatro caballos. Pesaba 1,2 t y estaba formada por 3.400 piezas montadas de manera muy precisa, y varios centenares de ornamentos de oro y plata. El segundo era un carro de combate. Más ligero, más ágil, para ser conducido sólo por un soldado bajo el parasol. Alrededor está lleno de placas explicativas y de piezas arqueológicas: un escudo de bronce, frenos de caballo, etc.

Yacimiento nº 2: seguid los letreros. Este lugar fue saqueado por Xiang Yu sólo cuatro años después de la muerte de Shi Huangdi.

Los incendios devastaron las galerías, que se hundieron. Originariamente estaban recubiertas con ladrillo y cerámicas, con techos de vigas en las que se calcula que había unas 1.500 estatuas que fueron despojadas de sus armas reales por sus saqueadores. Esta fosa, en forma de L, constituye el ala izquierda del «ejército» y revela cuatro unidades: arqueros, carros de guerra, caballería e infantería. En el puesto más avanzado, se encuentran en el centro los ballesteros y, alrededor, los arqueros. Muchos detalles interesantes permiten recomponer el pasado, como las vigas calcinadas (algunas fosilizadas en posición vertical), restos de carro en una pendiente, marcas de cañas en montículos de tierra. Se exponen objetos exhumados de los tres yacimientos (sables, espadas y frenos de caballo) y esquemas de la construcción de los corredores.

En la demostración de las cadenas de trabajo para la fabricación de los guerreros de arcilla, observaréis lo diferentes que son entre sí cada rostro, cada expresión, cada moño. La talla de las estatuas varía entre 1,75 y 1,96 m (alta para la época). Los pies y las piernas son macizos, y las demás partes del cuerpo, huecas. Al final, se ponía una fina capa de policromía en los soldados y sus monturas. Uno no puede evitar reconstruir mentalmente la actividad febril que debía de reinar en las obras y pensar en la enorme cantidad de artesanos de todos los oficios que trabajaban aquí.

Yacimiento nº 3: situado detrás del yacimiento nº 2. El último que se descubrió y el más pequeño. Contiene un centenar de soldados y cuadrigas. En el espacio central se ha descubierto un establo. Resulta interesante, ya que es más profundo que el nº 1, y algunos arqueólogos creen que se trata de los dirigentes del Ejército Enterrado.

Yacimiento nº 1: después del yacimiento nº 3, volved a la explanada central y entrad por el inmenso vestíbulo rectangular recubierto de una bóveda metálica. Echad un vistazo a la maqueta y respirad hondo. Ante vosotros se encuentra el ala derecha del Ejército Enterrado del emperador Qin Shi Huangdi, con más de 18 siglos de historia. Impresionante orden de batalla de 210 m de largo por 62 de ancho. Está compuesto por 11 filas, más una avanzadilla y una retaguardia; se han descubierto ya más de 1.000 estatuas entre miles de soldados de infantería y de carros de combate. Las superficies planas indican los puntos que aún no han sido excavados. Los guerreros, en filas de cuatro, constituyen el grueso de la tropa. Sus nueve columnas están separadas por muros de tierra. Parecen estar listos para el combate, con aire decidido y con la mirada hacia el este y los reinos que quedan por conquistar. A ambos lados, dos filas de zapadores y batidores los protegen. Caballos particularmente bien reproducidos, con músculos en tensión, orejas erguidas en posición de vigilancia y alerta, boca grande y ollares anchos, que revelan la resistencia de la raza *taohe*, una de las más famosas de China. En el último vestíbulo, justo al lado del yacimiento nº 1, encontraréis tiendas de recuerdos, postales, libros y una pantalla panorámica que emite continuamente reconstrucciones de batallas y de hechos de la época Qin.

Acabaremos diciendo que el **yacimiento nº 4** está vacío. La muerte precoz del emperador (a los 49 años) y el desmembramiento de su imperio detuvieron legítimamente los trabajos. Qin Shi Huangdi... ¡tendrías que haber encargado estatuas de obreros que continuaran el trabajo! Sin embargo, hay muchos expertos que consideran que los yacimientos encontrados hasta el momento sólo son una pequeña parte del Ejército Enterrado.

Tumba del emperador Qin Shi Huangdi (Qin Shihuang Ling)

Se encuentra situada a 1,5 km al este del Ejército Enterrado. Entrada: 40 ¥ (4 €). Abierta de 7 a 18 h. Si habéis cogido el autobús nº 306, bajad en la parada Qin Shihuang Ling, unos 10 minutos antes del final. Podéis subir al túmulo que se eleva unos 47 m, el único vestigio que queda de una pirámide que en otros tiempos estuvo rodeada por dos murallas.

Veréis que la visita sólo interesa a los apasionados del tema, ya que no se conserva casi nada de lo que fue una de las tumbas mayores de toda la humanidad, a no ser que algún día alguien decida entrar en la tumba...

Recuperemos los textos de Sima Qian, ese historiador contemporáneo del emperador. Describe edificios administrativos y un palacio de 120 por 160 m, construidos a 30 m de profundidad; una bóveda celeste con estrellas hechas de perlas y piedras preciosas; el mar (sobre el que «flotaría» el sarcófago del emperador) y una reproducción de los 100 ríos de China realizada con toneladas de mercurio y con un ingenioso mecanismo que permitía simular las corrientes. También tenía un sistema de ballestas trampa que disparaban automáticamente saetas a los que intentaran violar la cámara funeraria. ¿Mito o realidad? Lo cierto es que los análisis científicos que se han realizado en la zona revelan que la cantidad de mercurio hallada en el túmulo es 100 veces superior a la media...

El historiador también nos describe los propósitos del hijo de Qin Shi Huangdi: «Tampoco hay que dejar en libertad a las mujeres del emperador que no hayan tenido hijos». De este modo, fueron enterradas vivas en la tumba junto con los obreros que habían trabajado dentro o aquellos que habían estado en contacto con sus magníficos tesoros.

Así es como el contenido del túmulo ha ido fomentando la imaginación, ya que la tumba nunca fue profanada. Lo único que se ha descubierto han sido esbozos de «agujeros de ladrón» y de pasadizos, pero nada más.

Entre los arqueólogos chinos existen dos escuelas enfrentadas ante esta cuestión: los que empezarían las excavaciones inmediatamente (y ven ya el dinero del negocio) y los que no quieren hacerlo, porque creen que eso podría poner en peligro el equilibrio de la tumba. En la actualidad, nadie conoce el riesgo real vinculado con las posibles emanaciones de mercurio (¿una autodefensa calculada por el emperador?) y el que se derivaría del cambio de la atmósfera en los vestigios (temperatura, humedad y bacterias).

Tumbas Imperiales Qian Ling

A 80 km al noroeste de Xi'an. Comunicado por la línea «2». Abiertas de 8 a 17 h. Entrada: de marzo a noviembre 45 ¥ (4,50 €); resto del año, 25 ¥ (2,50 €). Interior de las tumbas: 15-25 ¥ (1,50-2,50 €).

Aquí, en el monte Liangshan (1.048 m), descansan el emperador Gaozong (649-683, de la dinastía Tang) y su esposa la emperatriz Wu Zetian (624-705), una mujer que tuvo una vida que parece sacada de un culebrón. Primero fue concubina del emperador Taizong. Tras la muerte de éste, sedujo a su retoño, el nuevo emperador Gaozong; no sin antes haberse deshecho de su mujer y emperatriz titular mediante toda clase de engaños y artimañas, llegando al extremo de acusarla de haber asesinado a su hijo (al que, según dicen, ella misma mandó estrangular). Este drama shakespeariano, aderezado con su parte de leyenda, se convirtió en un sangrante culebrón del Imperio del Centro. Devorada por la ambición, fue ella la que reinó en realidad. Cuando su esposo el emperador murió, puso en el trono a un príncipe y, después, a otro; pero lo echó enseguida. Así que terminó por asumir el poder durante 30 años y se convirtió en la primera emperatriz de China. Según cuentan, su vida entonces consistió únicamente en una sucesión de gastos suntuarios, crímenes y amantes jóvenes. Pero es que en aquella época había una misoginia muy burda y no se les perdonaba nada a las mujeres, mientras que los emperadores sí podían gastar sin dar cuentas a nadie, se deshacían de quien les venía en gana y tenían centenares de concubinas. En realidad, la emperatriz tenía mucho olfato político y supo rodearse de los consejeros, técnicos y diplomáticos que le hicieron falta para asegurar la estabilidad del régimen durante 50 años, a pesar de lo turbulentos que fueron aquellos tiempos. En 705, cuando tenía 80 años, fue finalmente destituida por una conspiración.

Actualmente sólo se visita la vía del Espíritu, un museo y dos tumbas principescas: la de la princesa Yongtai y la del príncipe Zhanghuai. La tumba de Gaozong aún no ha sido profanada. Se ha descubierto la galería que conduce al mausoleo. Mide 64 m de largo por 4 m de ancho y está formada por unas 40 capas de piedra selladas con metal (¡a ver quién se atreve a entrar!).

Vía del Espíritu: muy diferente de la de los Ming (ver «Pekín y alrededores»). A partir de dos Pegasos (puerta Erdao), se suceden las estatuas de parejas de caballos con funcionarios civiles y militares a lo largo de la subida. Llegaréis a dos estelas y dos grupos de 61 estatuas, la mayoría de ellas decapitadas, que representaban a jefes de estado extranjeros, oficiales y jefes tribales. Según dicen, fueron decapitadas por campesinos coléricos que querían salvar sus cosechas. Algunas estatuas aún tienen el nombre o el título grabados en la espalda. A la izquierda se halla la estela del emperador. El cuarto bloque todavía conserva inscripciones con marcas de oro, aunque la erosión ha borrado muchos de los 8.000 caracteres. Esos textos fueron redactados por la propia emperatriz Wu y ensalzaban los méritos políticos y militares de su esposo. La caligrafía corrió a cargo de su hijo Li Xian. A la derecha, la estela de la emperatriz (cerca de 100 t), curiosamente, sin ninguna inscripción. Lo cual se explica porque, según dicen, tenía tanto poder que no había palabra alguna que pudiera referirse a ella y describirla. En realidad, parece que creía que sólo la historia podría juzgarla. Las inscripciones que figuran ahora en la estela las hicieron unos peregrinos, probablemente en el siglo XI. Después de los leones, algunos vestigios de dos torres de tierra.

Tumba de la princesa Yongtai (684-701): Li Xianhui, la princesa Yongtai, se entendía bastante bien con Wu, pero perdió finalmente la confianza de ésta por criticar demasiado su vida sexual. Y Wu, que era muy rencorosa, terminó estrangulándola, lo mismo que a su marido, cuando ella sólo tenía 17 años. La tumba mide 90 m de largo y 17 m de profundidad. Aunque ha sido violada, se han encontrado en ella numerosos objetos pertenecientes al patrimonio funerario (actualmente en el museo), pinturas en las paredes, tigres, dragones y guerreros, nichos en los lados para las estatuillas que simbolizan a los sirvientes y, en la cámara funeraria, un sarcófago de mármol blanco finamente cincelado.

Tumba del príncipe Zhanghuai (654-684): Li Xian, el príncipe Zhanghuai, era hijo de Wu Zetian y Gaozong. A causa de un complot, su madre lo exilió y se vio obligado a suicidarse (apenas tenía 30 años). Así que esto ya no tiene nada que ver con Shakespeare, sino con los *Átridas.* Se encuentra en una sala subterránea de 70 m de largo, célebre también por sus frescos; sobre todo, el de *Salida a cazar* y el de los *Mensajeros*. En el muro de un corredor, el *Juego del polo*: escena de un ritmo desenfrenado, calidez y sentido del detalle en la indumentaria.

El museo alberga muchos objetos de las excavaciones locales: estatuillas que representan funcionarios, jinetes, palafreneros y caballos, y protectores aplastando a los diablos, objetos domésticos, loza *sancai* (tres colores), cerraduras antiguas, bonitos espejos de bronce cincelado, exquisitas estatuillas de terracota que exhiben las modas de la época y una vistosa serie de jinetes policromos. Una gran sala con esquemas que muestran los yacimientos y un cuadro en el que se presentan las tumbas de los 18 primeros emperadores. Copias de frescos, incluido el magnífico del partido de polo. Reproducción del sarcófago de la princesa, y estampas que recrean el decorado.

Pagoda de Famen Si

A 90 km al oeste de la ciudad. Se accede con la línea «2». Calculad 2 h de trayecto. Todos los días de 9 a 16.30 h. Entrda del yacimiento: 28 ¥ (2,80 €); museo: de marzo a noviembre 45 ¥ (4,50 €), y resto del año, 30 ¥ (3 €).

Originariamente era una pagoda de madera de cuatro plantas de la época de los Tang, que más tarde, en época de los Ming, se convirtió en un edificio de 47 m de altura. Una pagoda que no tenía nada de especial, a simple vista, hasta que en 1981 se derrumbó la parte izquierda como consecuencia de su deteriorado estado y de unas inundaciones. Las autoridades, que seguramente tenían otras cosas más importantes que hacer que preocuparse de unos cuantos ladrillos, no empezaron las obras de reconstrucción hasta 1988 y... se descubrió un tesoro oculto en una cripta ubicada entre los cimientos, cuyo secreto había perdurado durante siglos. Gran emoción entre la comunidad budista y científica: este tesoro inestimable, al que muchos escritos se referían como una leyenda, es una reliquia extraordinaria. Contiene tres falanges de un dedo del Buda histórico, Cakyamuni en persona. Para nosotros no parece tener mucha importancia, pero debéis pensar que es algo parecido al sudario de Cristo en la cultura occidental.

Después de este descubrimiento, se construyó un gigantesco monasterio (de estilo moderno) alrededor de la pagoda. Además, se ha hecho un acceso a la cripta y un museo. Se trata de acoger a los peregrinos que acuden en masa desde todos los rincones de China y de los países budistas del mundo entero. Además de las reliquias, el tesoro contaba con importantes piezas que actualmente se exponen en el museo: regalos reales, objetos de sacrificios, cofres de oro, *tanka*, etc. Todos ellos de más de diez siglos de antigüedad. En cuanto a los dedos de Buda, se cree que traen la paz allí donde estén y por esta razón se están utilizando, de forma muy calculada y con toda la pompa mediática, con fines políticos.

> Shanghai y su región

Es la ciudad más electrizante y abigarrada que hay en todo el mundo.
J.-G. Ballard, El imperio del sol

Cuando subáis a las torres de Pudong de **Shanghai** (18 millones de hab. Prefijo tel.: 021), pensaréis que os habéis metido en la ojiva de un cohete chino dispuesto a despegar a la conquista del tercer milenio. Alrededor se extiende, a lo largo de muchos kilómetros hasta perderse de vista, la ciudad nueva de Pudong, que parece seguir el mismo impulso desmedido hacia el cielo del progreso, al igual que el resto de la ciudad. Esta jungla urbana que parece imitar Manhattan –alucinante amalgama de torres de acero y rascacielos de vidrio– ha surgido de la tierra en un decenio. ¿Espejismo o milagro? En cualquier caso, la impresión que se impone en un primer momento es la de un Shanghai futurista, efervescente y explosivo; la de una megalópolis inmersa en el torbellino del dinero y el crecimiento económico.

Mientras tanto, ¿qué ha ocurrido con la misteriosa ciudad del Loto Azul? ¿Qué ha sido del mítico Shanghai de los salones de juego, los fumaderos de opio, las *sing song girls* y los gángsters? Pues bien, esa ciudad ya ha dejado de existir, o casi, desaparecida, desvanecida, barrida por los fantasmas de la historia. No la busquéis. De la década de 1930 ya sólo quedan las paredes de un suntuoso escenario del que han desaparecido todos sus actores: gloriosas fachadas del Bund, a lo largo del río Huang Pu, y lujosas mansiones de la antigua Concesión Francesa, así como tiendas discretas al fondo de las *lilong* (esas callejuelas provincianas en las que las familias vivían amontonadas en una sola habitación). Aquí no es la nostalgia lo más recomendable para que el viajero se sienta a gusto, sino todo lo contrario.

A pesar de esto, y de que las cosas cambian muy deprisa, la ciudad aún no ha vendido su alma al diablo. Para comprenderlo, basta con darse una vuelta por la antigua Concesión Francesa, en la que todavía quedan muchos islotes de verdor y tranquilidad. Apenas sale uno de las vías elevadas que cincelan la ciudad, y se libera de las avenidas atestadas, llega a este otro universo, de ritmo casi latino. Pequeñas calles bordeadas de plátanos, invadidas por hileras de bicicletas, bares, cafés, discotecas a la última, tiendas de moda y galerías de arte. En suma, ahí es donde debéis terminar la jornada.

Todo lo que funciona bien en China lo ha probado Shanghai primero, incluida la nueva manera de vivir de los ciudadanos. Claro que Shanghai no es toda China. Pero sí es su brillante escaparate humano, comercial y financiero. Algo que los jóvenes chinos expresan muy bien: «Para ver mil años de historia hay que ir a Pekín, pero para saber qué es lo que se hace en la China actual hay que venir a Shanghai».

Un poco de historia

Shanghai no tiene una historia que se pierda en la noche de los tiempos. El patrimonio histórico de esta ciudad portuaria no cuenta con ninguna función imperial, filosófica ni guerrera. Hasta el siglo XVIII fue simplemente un modesto pueblo de pescadores a orillas del río Huang Pu, un afluente del caudaloso Yangtsé, en el que desemboca unos 50 km al norte. ¿Shanghai? Su nombre significa «ciudad encima del mar». Es decir, que tan sólo era un puerto fluvial en el corazón de Jiangnan, el centro cultural y económico del Imperio chino.

La guerra del Opio y el Tratado de Nankín

Todo empezó a mediados del siglo XIX con la guerra del Opio. Unos rápidos veleros (los famosos *clippers* británicos) iban y venían desde hacía mucho tiempo a lo largo de las costas chinas con enormes cargamentos de opio en sus bodegas. La droga procedía de las plantaciones inglesas del Imperio de las Indias. Los que controlaban el negocio en la sombra eran los merchants blancos, los country-traders y los

patronos de Calcuta, que sólo tenían un objetivo: penetrar en el mercado chino fuera como fuera para vender su tentadora e infame mercancía. Pero para eso hacía falta el consentimiento del Emperador Celeste. En 1838, el emperador Dao Guang les negó los privilegios comerciales que reclamaban y denunció en un edicto «el fango inmundo de los bárbaros... Ese veneno que debilita a nuestro pueblo». En Cantón, el virrey representante del Imperio Celeste decidió prohibir el tráfico de opio bajo pena de muerte. Mandó requisar más de 20.000 cajas, las quemó en una gran ceremonia expiatoria y arrojó sus cenizas al mar. Sintiéndose injuriados, los ingleses reclamaron daños y perjuicios, y al no obtenerlos recurrieron a la fuerza y enviaron las cañoneras en 1842. Cantón y muchos puertos de la costa sur de China quedaron aplastados por los obuses y las armas.
El Emperador Celeste tuvo que doblegarse a la voluntad de los «bárbaros» y firmar el humillante Tratado de Nankín, que puso fin a la guerra del Opio y abrió cinco puertos a los extranjeros –Shanghai, Cantón, Ningbo, Fuzhou y Amoy–, donde los británicos, franceses y estadounidenses tenían derecho a comerciar y residir.

El Shanghai de las concesiones extranjeras

Los primeros en desembarcar fueron los comerciantes británicos. Dos años después, hacia 1848 (a comienzos de la fiebre del oro en California), llegaron los franceses y los estadounidenses. Shanghai quedó dividida en concesiones –que al principio comprendían unos cuantos centenares de hectáreas y años después se ampliaron–, «concedidas» a los extranjeros para hacer en ellas lo que quisieran. Así, la ciudad quedó dividida en tres partes: la ciudad antigua china, la Concesión Francesa y la Concesión Internacional. En 1863, Francia rechazó la propuesta británica para agrupar las concesiones y regirlas por una administración común. Entonces, los británicos se unieron a los estadounidenses y los japoneses para controlar la Concesión Internacional, que estaba administrada por un consejo de grandes propietarios terratenientes. La Concesión, situada en el norte de la ciudad, comprendía desde la actual plaza del Pueblo hasta el barrio de Hongkou, inclusive.

La Concesión Francesa, situada más al oeste y tocando con la ciudad antigua china, estaba dirigida por un cónsul. El primer cónsul de Francia, Charles de Montigny, llegó en

1848 con su mujer y sus hijos, lo que sorprendió a los ingleses, que eran todos solteros. Al principio, Montigny vivió en un chamizo, en un solar, desde el que se dominaba el río Huang Pu. Al cabo de poco tiempo consiguió que aquel terreno se convirtiera en la Concesión Francesa, dotada de un ayuntamiento con concejales y todo. Pusieron nombres franceses a las calles (avenue Joffre, rue Lafayette, etc.), y plantaron plátanos en ellas (que aún siguen en pie). Los extranjeros lo controlaban absolutamente todo: administración, policía, servicio sanitario, reglamentación de las carreteras, aduanas, etc. Disfrutaban en las concesiones de privilegios desorbitados, y llegaron incluso a tener un estatuto de extraterritorialidad. Dicho en otras palabras, aunque estuvieran en territorio chino, sólo estaban sometidos a las leyes de sus países respectivos y no a las de China. En el sector francés, el mantenimiento del orden estaba a cargo de los policías indochinos (Vietnam, Camboya y Laos). Al escritor Joseph Kessel le ofrecieron el cargo de prefecto de policía en sus años mozos. Entre los británicos, eran los soldados sijs, procedentes del Punjab, los encargados de hacer cumplir las leyes de su majestad.

En el Bund, a lo largo del río, se alineaban los lujosos edificios en los que tenían su sede los bancos internacionales y las compañías extranjeras más poderosas del planeta, que hacían y deshacían colosales fortunas.

El París de Oriente fue el Brooklyn del Imperio Celeste

Hacia 1900, Shanghai tenía ya un millón de habitantes, incluidos los 350.000 extranjeros de las concesiones, y entonces se inició un fulgurante ritmo de crecimiento que no se ha detenido hasta ahora. Era la plaza financiera más rica de Asia y una de las ciudades más cosmopolitas del mundo. Albert Londres escribió: «Hay ciudades que hacen cañones, otras hacen jamones. En Shanghai hacen dinero. Es la gallina de los huevos de oro. Si Lenin hubiera visto Shanghai, se le podría disculpar...». Se trabajaba de día y se corría la juerga de noche. En las salas de juego y los casinos, los millones se esfumaban como humo. En esta Babilonia disoluta e infernal, parece que todo el mundo se había puesto de acuerdo para no dormir nunca. Los bares estaban llenos de muchachas chinas –las sing song girls, peinadas y pintadas a la moda parisiense–, que esperaban, sentadas en hileras sucesivas, la llegada de los marineros. En los dancings, muchas veces había que inyectar morfina a las bailarinas más débiles para mantenerlas «en forma». En cuanto a los burdeles, se contabilizaban cerca de 670, y en algunos de ellos se hacinaban las prostitutas como en un hangar. Había más fumaderos de opio que iglesias. El opio llegaba primero a la Concesión Francesa y, desde allí, se vendía al resto de China. La droga se repartía a domicilio.

Un «Gran Mundo» derrumbado

Como icono de esta época de revolución, evocaremos la historia del Gran Mundo (en chino, Da Shijie). Desde el viaducto de Yan'an Donglu hasta la intersección de Xizang Nanlu, todavía se ve algún edificio antiguo de seis plantas, coronado con una linterna redonda rodeada de columnitas. Hoy casi ni se ve, en medio del bosque de rascacielos modernos y de las continuas obras, y cuesta imaginar que, en otros tiempos, en las décadas de 1920 y 1930, fue la casa de placeres y juego más importante de toda Asia, durante la época de las concesiones extranjeras. Podías cruzarte con millonarios palpitantes y jadeantes, espías rusos con esmoquin y monóculo, jugadores dispuestos a todo, estafadores profesionales, taipans y compradores, como en la película *Shanghai Express,* de Joseph von Sternberg, «chulos y madams... escritores»; se veían «estudios fotográficos, barberos, videntes, restaurantes... girls que podían clasificarse en una veintena de categorías». Actualmente, el Gran Mundo espera una chispa para renacer de sus cenizas, pero, por lo que se dice, será bajo la forma de un Luna Park, que propone inocentes acrobacias, espectáculos de magia, ópera y atracciones infantiles.

La ciudad del Loto Azul

En este Shanghai cosmopolita y tremebundo fue donde Hergé, el creador de las *Aventuras de Tintín,* buscó inspiración para escribir *El Loto Azul.* Aunque nunca puso los pies en la ciudad, dispuso de los conocimientos de su amigo chino Tchang Tchong Jen, un estudiante procedente de Shanghai que serviría de modelo al entrañable personaje de Tchang. *El Loto Azul,* que se publicó por vez primera en 1934 (en blanco y negro), cuenta las tribulaciones de un joven reportero en la ciudad de las concesiones y en los fumaderos de opio. En esta aventura, una de las más poéticas de la colección, muestra una ciudad de la que se han adueñado los extranjeros y en la que los chinos luchan como pueden para salvar su dignidad y su identidad. El universo de las concesiones descrito por Hergé es bastante fiel a la verdad histórica, salvo las murallas que rodean la ciudad antigua china, que ya no existían en la década de 1930 porque fueron destruidas durante la revuelta de los bóxers.

La cuna del comunismo chino

Shanghai fue una ciudad efervescente, la más occidentalizada de China y un verdadero laboratorio de las nuevas ideas. Allí germinaron las ideas nacionalistas que después se extenderían por el resto del país. En una casa de la Concesión Francesa se celebró en 1921 la primera reunión del Partido Comunista Chino, organizada por numerosos intelectuales chinos formados en el extranjero, y a la que asistieron Mao Zedong y Zhou Enlai.

Al principio, los comunistas y los nacionalistas del Kuomintang (el partido fundado por Sun Yat-sen y dirigido después por Chiang Kai-shek) lucharon juntos contra los «señores de la guerra» y por la unidad del país. Pero con el paso del tiempo afloraron graves discordias hasta que los dos grupos se separaron y se produjo el enfrentamiento. El 21 de marzo de 1927,las tropas de Chiang Kai-shek se dirigieron a Shanghai, donde los obreros se habían rebelado contra el Gobierno constituido. En unos pocos días murieron en los combates cerca de 25.000 comunistas y otros 15.000 fueron masacrados, casi todos por arma blanca, en el barrio de Tcha P'ei. A los supervivientes los arrojaron a las calderas de las locomotoras en la estación del Norte. Curiosamente, esta tragedia reforzó a los comunistas en detrimento de los nacionalistas, y los condujo progresivamente hacia la victoria. André Malraux, que fue testigo presencial de estos hechos de 1927, se inspiró en ellos para escribir su novela *La condición humana.*

Al día siguiente del ataque por sorpresa a Pearl Harbor (1941), los japoneses se apoderaron de Shanghai, cuya ocupación duró hasta 1945. Ante la presión alemana, delimitaron un sector reservado a los judíos apátridas en el barrio de Hongku, en el norte del actual río Suzhou. Shanghai albergaba desde hacía mucho tiempo una próspera y brillante comunidad judía (entre ellos, el magnate Victor Sassoon), y muchos judíos que huían de Europa central o habían sido expulsados de Japón vinieron a refugiarse en este gueto de 2,5 km^2. El único que tuvo un gesto humanitario con ellos fue el vicecónsul japonés Shibota, quien les advirtió en secreto de un proyecto aún peor, aislado del resto de la ciudad, en una isla del Yang Tze Kiang. Después de una negociación con el Gobierno de Tokio, los judíos no fueron expulsados de Shanghai y esperaron hasta el final de la guerra para marcharse al extranjero.

La Banda de los Cuatro en Shanghai

Vanguardista en todos los campos, Shanghai se convirtió después de la victoria de los comunistas de Mao Zedong, en 1949, en la ciudad más «roja» de China. La cortesana Shanghai pasó a ser la virtuosa Shanghai. Durante la Revolución Cultural, la ciudad sirvió de base experimental a la famosa Banda de los Cuatro, dirigida por Jiang Qing, mujer del Gran Timonel Mao, y que contaba con Yao Wenyuan, Zhang Chungiao y Wang Hongwen, además de ella misma.

En plena Revolución Cultural consiguieron, por un momento, hacerse con el control total de Shanghai. Yao Wenyuan, el «cañonero de Mao», era el chupatintas de la banda. Fue él quien, siguiendo las órdenes de Jiang Qing, firmó la Destitución de Hai Rui, la sátira teatral que lanzó la primera salva de la Revolución Cultural. Y es que todo el tinglado de la Revolución Cultural se montó a partir de una pieza teatral que se tramó en un rincón del hotel Jinjiang (que aún sigue en pie en la antigua Concesión Francesa). Allí se reunía Mao todas las mañanas con Kang Sheng, Zhang Chunqiao, Yao Wenyuan y a veces Chen Boda. El texto se publicó en el Diario del ejército, donde Jiang Qing se consolidaba poco a poco como consejera cultural y donde se iba tramando la lucha contra los intelectuales.

A principios de 1967 se precipitaron los acontecimientos y se desencadenó la tormenta: huelga general en la ciudad. Zhang Chunqiao, respaldado por Mao, disolvió la Municipalidad y creó la Comuna de Shanghai. Jiang Qing pensó que por fin iba a alcanzar sus fines: detentar el poder en esta ciudad que no la había reconocido en sus viejos tiempos, y tomarse la revancha de verdad. Pero Lin Biao, Kang Sheng y finalmente Mao reaccionaron enseguida. Mao exigió la sustitución de la palabra Comuna por la de

Comité Revolucionario y, por último, mandó intervenir al ejército para impedir la anarquía. Así se cortaron de raíz los plenos poderes de la Banda de los Cuatro en Shanghai. Mientras tanto, las otras facciones se iban organizando...

El corazón y motor del capitalismo de Estado

Aquéllos eran tiempos de celo ideológico extremo, austeridad y marasmo económico. A finales de la década de 1980, Shanghai era una ciudad fantasma, gris, agitada, contaminada, tristemente superpoblada, y una sombra de la brillante metrópoli que había sido. Las avenidas sin coches estaban invadidas por enjambres de bicicletas conducidas por chinos vestidos «a lo Mao» con la guerrera azul. Y, cuando de pronto China decidió cambiar de rumbo, Shanghai se puso en marcha de nuevo, después de haber sufrido durante tres decenios una anemia que la puso en grave peligro. Dos antiguos alcaldes de Shanghai –Jang Zemin y Zhu Rongji– dieron el pistoletazo de salida para la recuperación económica. Ésta empezó en 1990 con la creación de la zona económica de Pudong. Objetivo: dar un nuevo impulso a la ciudad, abriéndola a las empresas extranjeras, hasta convertirla en la primera plaza comercial y financiera de China. El Gobierno chino cuenta ahora con esta renacida megalópolis como avanzadilla para propulsar a China al rango de superpotencia económica.

Una megalópolis en busca del tiempo perdido

Desde los inicios de la década de 1990 se ha acelerado todo. Las torres y los rascacielos brotan del suelo a una velocidad de vértigo. Actualmente hay 3.000, y otros 2.000 están proyectados. El subsuelo de la ciudad se está convirtiendo en un extenso terreno en obras (uno de las más grandes del mundo, según parece). Se arrasan barrios enteros, o se renuevan, lo que también presenta sus problemas. Se ha constatado que el suelo se hunde 1,5 cm cada año. Además, los vecinos expulsados de los *lilong* (los barrios antiguos de casas bajas) son realojados por el Estado en suburbios lejanos.

A pesar de los problemas de financiación que han paralizado provisionalmente algunas obras, el ritmo no ha cesado. El sueño de un joven chino de 20 años es conseguir empleo en una empresa extranjera, porque así podrá entrar de lleno en la sociedad de consumo. Pero hay una competencia feroz, tanto en la universidad como en las oficinas y en la calle. Sólo del 3 al 5% de los ciudadanos

–es decir, 600.000 personas– ganarían más de 2.000 ¥ (200 €) al mes en una ciudad que se ha convertido en una de las más caras del mundo. Cerca de un millón y medio de personas se empujan cada día en las tiendas de la calle Nankín (Nanjing Lu) o Huahai Lu, que están inundadas de artículos hechos en China o importados. Y es que los hijos de Mao están fascinados por Internet, los teléfonos móviles, la música tecno, las minifaldas, los pantalones ajustados y la Coca-Cola.

Después de una entrada brillante en el tercer milenio, la ciudad ya acumula unos cuantos récords: tiene el aeropuerto más grande de China, el hotel más alto del mundo (el Grand Hyatt, en la torre Jinmao), la torre de comunicaciones más alta del planeta (Oriental Pearl TV Tower) y la mayor cantidad de teléfonos móviles, de kilómetros de autopistas y de edificios de viviendas (unos 3.000) en el interior de una ciudad china. Se ha hablado incluso de la creación de un puente flotante submarino de 28 m en el estrecho de Jintang, de un Neverland en homenaje a Michael Jackson en la isla de Chongming y de un nuevo parque de atracciones Disney.

El progreso no se detiene... ¿Recuperará Shanghai la euforia de los Años Locos? Nos atreveríamos a decir que sí, si no hay ningún problema nacional o internacional que frene esta eclosión espectacular.

Shanghai Expo 2010

Shanghai también se ha convertido en una ciudad de moda, como puede verse en el barrio de Xintiandi, el flamante escaparate de la nueva China, en el reino de las apariencias. También cuenta con un premio de Fórmula 1 y ha celebrado con un rotundo éxito la Exposición Universal de 2010, celebrada de mayo a octubre aorillas del río Huangpu.

Los últimos proyectos

Sólo en la región de Shanghai se presentaron cerca de 13 proyectos de ciudades (Anting, Pujiang, Fenjing, Chenjia...), cuya inauguración estaba prevista para el año de la Expo. Un buen ejemplo de este frenesí inmobiliario es la nueva ciudad de Luchao (Luchao New Harbour City), a 55 km al sureste de Shanghai, en el distrito Nanhui. Surgió de la tierra en las orillas bajas y húmedas del mar de China. De forma circular, se extiende en torno a un gran lago de 2,5 km de diámetro. Esta «ciudad moderna y ecológica» fue concebida por arquitectos alemanes para albergar a cerca de 100.000 habitantes.

LA LLEGADA A SHANGHAI

Aeropuerto de Pudong

Información: ☎ 96-08-3-88. En el aeropuerto os recibirán unos agentes muy serviciales que hablan inglés. Dispone de una consigna y de ventanillas de los hoteles más selectos de la ciudad.

Cambio: entre el vestíbulo de llegadas y el de salidas, encontraréis numerosos bancos, uno de los cuales abre las 24 h (está cerca de la puerta 1, a la altura de las llegadas, terminal 1). Algunos sólo cambian dinero en efectivo, otros aceptan tarjetas de crédito o disponen de cajero automático. No os preocupéis por el cambio, siempre os aplicarán el tipo oficial del día, que es el mismo para todo el país.

Del aeropuerto al centro urbano

El aeropuerto de Pudong se encuentra a unos 40 km al sur de la ciudad de Shanghai.

■ **En autobús:** hay una ventanilla de información de los autobuses en la zona de llegadas. Los billetes se compran directamente en el autobús. Los *Airport Bus* enlazan con el centro urbano a intervalos de 20 min aproximadamente, desde las 6 o 7 h hasta las 21.30 o 23 h, según la línea. El servicio está garantizado hasta el último vuelo para los *Airport Bus* de las líneas 1 y 2. Tarifas: entre 20 y 30 ¥ (2 y 3 €), según el autobús.

> *Airport Bus 1* (puerta 6): del aeropuerto de Pudong al aeropuerto de Hongqiao (líneas interiores).

> *Airport Bus 2* (puerta 7): del aeropuerto de Pudong al centro urbano; tiene parada en la City Air Terminal. De 7 a 23 h.

> *Airport Bus 3* (puerta 7): del aeropuerto de Pudong a Zunyi Lu (pasando por Xujiahui); tenéis la parada delante del hotel *Galaxy.* De 7.20 a 23 h, cada 15 minutos.

> *Airport Bus 4* (puerta 8): del aeropuerto de Pudong a East Jiangwan Road y a Hongkou Stadium (pasando por Wu Jiaochang, Da Baishu y Luxun Gongyuan). De 7 a 23 h, cada 15 minutos.

> *Airport Bus 5* (puerta 8): del aeropuerto de Pudong a la estación central central de Shanghai (Shanghai Railway Station); pasa por Luoshan Lu, el East Hospital y la plaza del Pueblo. Si vais a la calle Nankín (Nanjing Donglu), en el antiguo centro urbano, tomad este autobús y bajad en la plaza del Pueblo. Un poco más de 1 hora de trayecto. De 7 a 23 h, cada 15 minutos.

> *Airport Bus 6* (puerta 9): del aeropuerto de Pudong a la estación de trenes del Oeste, en Taopu Lu, pasando por Nanshi Lu. Circula de 8 a 23 h.

> *Airport Bus 7* (puerta 8): del aeropuerto de Pudong a Shanghai South Raiway. Circula de 7.30 a 23 h.

> *Airport Bus 8* (puerta 10): se dirige a Gozong Lu y Huchenghuan Lu. De 8 a 18 h.

> Los autobuses A a F, H e I hacen de lanzadera con los grandes hoteles. Indicad dónde queréis ir al personal de información y os dirán si quedan asientos disponibles, aunque no hayáis reservado plaza.

■ **En taxi:** calculad unos 150 ¥ (15 €) la carrera. El trayecto desde el aeropuerto de Pudong hasta el centro de Shanghai (o sea, la avenida Huaihai, en la parte oeste) dura entre 45 minutos (en las horas de poco tráfico) y 1,15 h si hay mucha circulación.

■ **En *Maglev*:** se trata de un tren diseñado en Alemania y que se sostiene por magnetismo. Enlaza el aeropuerto de Pudong con el centro de Shanghai en unos 7 min a una velocidad máxima de 301 km/h. Una primicia mundial. La línea sólo funciona de 7 a 21.30 h. Y el precio que piden por experimentar esta «levitación magnética» no es desorbitado: 50 ¥ (5 €) y 80 ¥ (8 €) para billetes de ida y vuelta. Descuento del 20 % para todos aquellos viajeros que tengan un billete de avión que llegue o salga ese mismo día. Vale la pena probar la sensación de ir más rápido que un piloto de Fórmula 1, aunque solamente sea una vez en la vida, y después haya que coger el metro (estación Longyang de la línea 2) o un taxi.

Del aeropuerto a otros destinos

En el aeropuerto de Pudong hay una estación de autobuses de largo recorrido (Pudong International Long Distance Bus Station), situada, hasta nueva orden, en la puerta 15 de la terminal 1. ☎ 68-34-57-43. Os informarán en las ventanillas de las puertas 6 y 9, pero deberéis comprar los billetes en la puerta 15. Es muy práctico para las salidas inmediatas a Hangzhou, Suzhou, Wuxi o Nankín.

Aeropuerto Hongqiao

Información: ☎ 52-60-46-20.
Desde la apertura, en 1999, del nuevo aeropuerto internacional de Pudong, el de Hongqiao está reservado a los vuelos interiores, que proceden de Pekín, Kunming o Xi'an, por ejemplo, aunque a él también llegan algunos vuelos internacionales procedentes de Asia.

Del aeropuerto al centro urbano

> En principio, el autobús nº 806 os dejará en el centro de la ciudad. A la altura del zoo coged el nº 925, que os llevará a la plaza del Pueblo por la calle Yan'an. En autobús climatizado: 12 ¥ (1,20 €).
> La carrera en **taxi** os costará unos 100 ¥ (10 €), según cómo esté el tráfico. Preved unos 45 minutos.

En tren

Shanghai tiene dos estaciones de tren. La **principal** se halla al norte del centro de la ciudad y está comunicada mediante las líneas de metro 1 y 3. La parada de taxis al nivel del aparcamiento subterráneo de delante de la estación.

La segunda estación, **Shanghai South Railway Station,** está al sur de la ciudad y también está comunicada por las mismas líneas de metro.

DESPLAZARSE POR LA CIUDAD

Es imprescindible llevar un plano de la ciudad con los nombres en inglés y en chino para preguntar por las calles. Podéis comprarlo antes de salir o una vez allí. Destaca el *Shanghai Tourist Map.* Es muy barato (10 ¥/1 €), está muy actualizado y lo encontraréis en los quioscos y en los barrios turísticos.

A pie

Aunque Shanghai sea inmenso, allí se anda mucho. Ése es el mejor medio, y el más barato, para recorrer los barrios uno por uno, sin caer en el embrollo del tráfico automovilístico. Por ejemplo, el centro histórico entre la plaza del Pueblo y el río Huang Pu se puede recorrer a pie sin ningún problema por la calle comercial de Nankín (Nanjing Donglu). Esta larga calle, llana y agradable, es en gran parte peatonal. Evidentemente, no se trata de atravesar andando toda esta megalópolis de este a oeste. Para ir de un barrio a otro, coged el metro (rápido y barato) o un taxi (que tampoco resulta caro).

En *side-car*

Shanghai Sideways: ☎ 150-211-12451. thomas@shanghaisideways.com www.shanghaisideways.com Excursiones de 1, 2 o 4 horas por la ciudad. Se proporcionan *in situ* explicaciones sobre los lugares más destacados de Shanghai. Los vehículos son impecables. Precios variables: por 3 horas, 750 ¥ (75 €).

En metro

Información: ☎ 64-37-00-00.
Como siempre, el metro es un medio de transporte ideal, aunque no permita ver el paisaje (excepto la línea 3 aérea, Pearl Line). Las líneas no tienen todas el mismo horario. La que abre antes lo hace a las 5.30 h y la que cierra más tarde lo hace a las 23 h. Es moderno, limpio y seguro. Precio: 3-8 ¥ (0,30-0,80 €) según la distancia recorrida.

Hay máquinas de venta automática de billetes, que funcionan con monedas. En ellas podréis comprar los billetes magnéticos que deberéis introducir luego en el torniquete.

EL METRO DE SHANGHAI

Conservadlo porque también es necesario para salir.

Por desgracia, las estaciones en los planos normalmente están escritas con ideogramas, así que preguntad a algún lugareño que hable un poco de inglés. En el metro la señalización en pinyin y en inglés es correcta, pero un poco escasa. Estad atentos.

Actualmente existen **ocho líneas** de metro. Las líneas 1 y 3 pasan por las estaciones de ferrocarril y la línea 2 enlaza Puxi y Pudong, es decir, va del oeste al este de la ciudad. Por ahora, funciona desde el parque de Zhongshan, en el oeste, y la zona más moderna de Zhangjiang, en el este, justo una estación después de Longyang Lu, donde se encuentra el tren Maglev, que enlaza con el aeropuerto de Pudong (en un futuro la línea 2 enlazará los dos aeropuertos de la ciudad).

En autobús

Los autobuses no resultan caros. El billete cuesta 2 ¥ (0,20 €) en los climatizados, sea cual sea el recorrido, y entre 1 y 5 ¥ (0,10 y 0,50 €) en los no climatizados. Pero son bastante lentos y suelen estar abarrotados de gente (sobre todo, en las horas punta). Circulan entre las 6 y las 23h. Para pagar, se echan las monedas en una especie de embudo, o se entrega el dinero al conductor o a su asistente cuando se sube al autobús. El número de la línea va escrito en el exterior de la parte delantera del autobús. Para distinguir los autobuses climatizados de los otros, los primeros llevan en la parte delantera un pictograma que simboliza un cristal de nieve. Vuestro problema consistirá en comprender el nombre del destino, que está escrito en caracteres chinos encima del parabrisas.

En taxi

Encontraréis taxis por todas partes y a cualquier hora del día y de la noche. Basta con hacerles la señal de que paren. Además, no resultan caros. El precio de la carrera es de 11 ¥ (1,10 €) y 14 ¥ (1,40 €) a partir de las 23 h. Por término medio, la carrera entre el Bund y Huaihai Zhonglu (en la antigua Concesión Francesa) cuesta de 20 a 25 ¥ (2 a 2,50 €) por aproximadamente unos 8 km.

Todos los taxis de Shanghai llevan un taxímetro que da automáticamente un recibo con el precio de la carrera, el kilometraje y la hora exacta de la carrera. Para pedirle el recibo al conductor, hay que decirle «fa piao».

El cliente entra siempre por la puerta trasera derecha, que se abre desde el puesto del conductor.

Los taxistas de Shanghai son gente amable y eficaz. Tienen un sentido profesional del servicio que prestan, y lo desempeñan bien. Tampoco intentan aprovecharse de la clientela.

También podéis pedir un taxi por teléfono llamando a **Taxis-radio Dazhong:** ☎ 96-822 (número directo). En principio os atenderá una operadora que habla inglés.

En coche de alquiler

Calculad unos 600 ¥ (60 €) diarios por el alquiler de un coche, con chófer (los extranjeros que están de paso no pueden conducir en China).

> Las horas punta *(rush hours)* son entre las 7 y las 8.30 h, y entre las 17 y las 19 h.

DIRECCIONES ÚTILES

Información turística

> **Tourist Hotline:** ☎ 62-52-00-00. Cuando se marca este número no se consigue hablar con la persona competente que puede dar la información en inglés. Hay que pedir «Tourist Hotline», y entonces os comunican con otro puesto; después, normal-

SHANGHAI - PLANO DE CONJUNTO

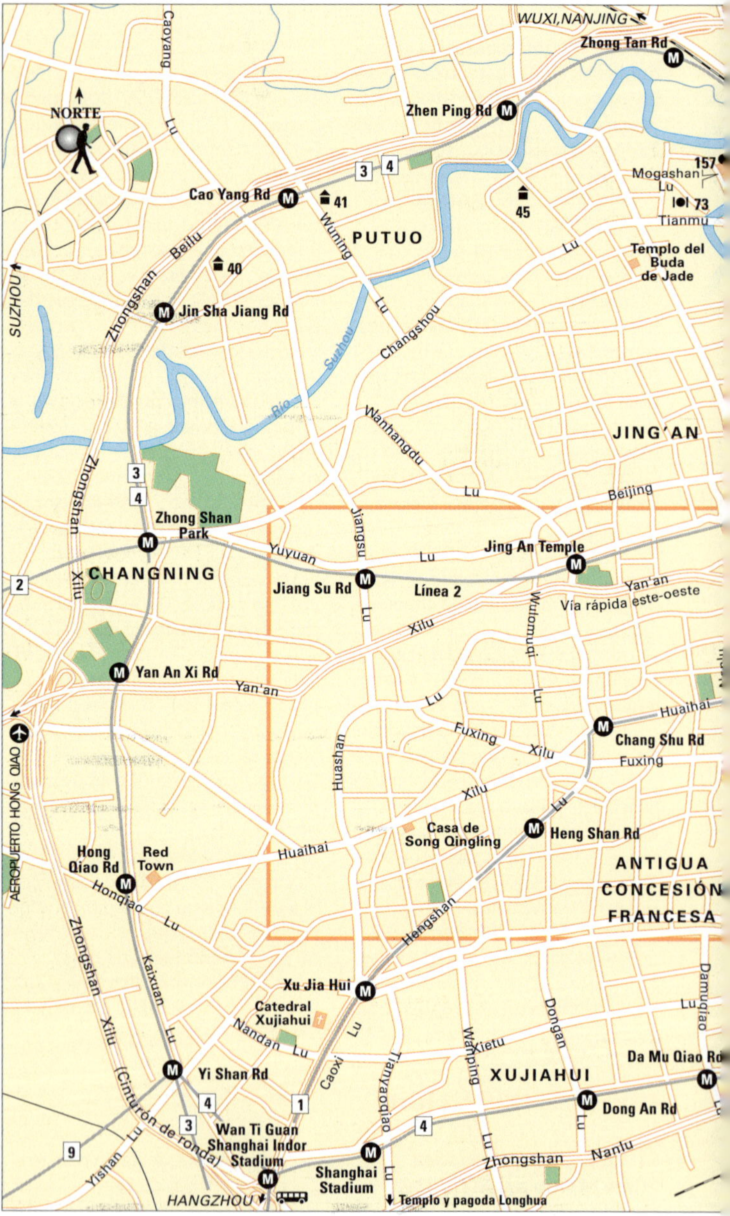

Zhongshan Beilu (Cinturón de ronda)
Parque Hongkou
ZHABEI
Dong Bao Xing Rd
Zhongxing Rd
Estación central
Hotel Longmen
Shanghai Zhan Railway Station
Gonghexin Lu
Zhongxing
Qiujiang
Baoshan Lu
Bao Shan Rd
HONGKOU
Hai Lun Rd
Siping
Zhou Jiazui Lu
Ling Ping Rd
Da Lian Rd
Embarcadero Gongpinglu
Xilu
Hengfeng
Han Zhong Rd
Tianmu
Zhonglu
Hengfeng Lu
Qufu Rd
Sichuan Lu
Wusong Lu
Dongchangzhi Lu
Daming Donglu
Henan
Línea 1
Vía rápida norte-sur
Río Suzhou
Xin Zha Rd
Beijing Donglu
Renmin Guangchang (People's Sq.)
Nanjing Dong Rd
Nanjing Xi Rd
Nanjing Xilu
Nanjing Donglu
Torre de TV Perla de Oriente
Bund
Parque del Pueblo
HUANGPU
Fuzhou Lu
PL. DEL PUEBLO
Zhongshan
Lu Jia Zui
PUDONG (ciudad nueva)
Yan'an Donglu
Jinling Donglu
Dashijie
Zendai MoMA
Av. del Siglo (Century Avenue)
Ciudad de las Ciencias
Century Park
véase plano I
Shan Xi Nan Rd
Huang Pi Nan Rd
Sede de la Primera Reunión
Casa del Dr Sun Yat-sen
Zhonglu
Henan Nanlu
NANSHI
Fuxing Donglu
Laoximen
Donglu
Río Huangpu
Shaanxi
LUWAN
Ruijin erlu
(ANTIGUA CIUDAD CHINA)
Lujiabang
Xujiahui Lu
Lujiabang Lu
véase plano III
véase plano II
Nan Pu Bridge
AEROPUERTO INTERNACIONAL DE PUDONG, HANGZHOU
Xi Zang Nan Rd
Zhongshan Nanlu (Cinturón de ronda)
PUENTE NANPU
Lu Ban Rd
SHANGHAI EXPO 2010
Río Huangpu
Pudongnan Lu
0 500 1 000 m
HANGZHOU

SHANGHAI - PLANO DE CONJUNTO *(págs. 260-261)*

Transportes

Shanghai Long Distance General Bus Station
Estación central de ferrocarril
Estación de autobuses Henfeng Lu
Shanghai Sightseeing Bus Center

¿Dónde dormir?

40 Le Tour Shanghai
41 Shanghai City Central Hostel
45 Koala Youth Hostel

¿Dónde comer?

73 Shanghai Red Chicken

¿Qué visitar?

157 Galerías de arte de Mogashan Lu

mente, sale una empleada china anglófona que responde a todas las preguntas con cierta eficacia.

> **Shanghai Call Center:** ☎ 96-22-88. Una línea telefónica que funciona las 24 h. Información sobre eventos culturales, servicios médicos, transporte, comercio...

Agencias de viaje

> **Shanghai CITS:** es una agencia de viajes gubernamental que cobra los servicios. Tiene varias oficinas (o *branch*) en la ciudad:

– La sede central está en 1277, Beijing Lu *(plano II, G4, **7**)*, en el norte del centro de la ciudad. Abre de lunes a viernes de 9 a 17.30 h. Está bien si buscáis un guía que hable otros idiomas que no sean chino y que os organice una ruta. Alquilan coches, minibuses y autocares con conductor, y también venden títulos de transporte. La responsable del departamento europeo es Chen Qian Min. Su equipo se encuentra en el despacho 702 de la séptima planta. ☎ 62-89-30-06 y 62-79-31-92. qmchen@scits.com El departamento anglófono se encuentra en el despacho 802 de la 8ª planta. En la planta baja venden billetes de avión para vuelos internacionales y nacionales. Para prestaciones más frecuentes, id a las oficinas siguientes:

> **JJ Voyage:** 10F/1010, 309 Tang Gu Lu. ☎ 62-18-54-01 y 135-01-93-45-99. jiangjingloo@yahoo.com Organizan visitas de ciudad y excursiones guiadas por los alrededores (Suzhou, Hangzhou, Wuzhen, Tongli, Zhouzhuang...). Buen servicio.

> **Synwalk Travel :** 22F, Building Yueda International Plaza. 1118 Changshou Lu. ☎ 52-37-13-03.
alainchen@synwalk.com
www.synwalk.com

> Hay una agencia práctica en 149, Jiujiachang Lu *(plano II, H5)* en el barrio de Xintiandi, frente al lugar en el que por primera vez se reunió el PCC.
☎ 63-55-50-32 o 96-20-20.
www.shanghaitour.net Documentación muy diversa y planos detallados. Hacen también reservas de hotel.

Bancos, cambio

Os recordamos que, si tenéis dinero en metálico, encontraréis muchos hoteles que lo cambian siguiendo el cambio oficial, con lo que os ahorraréis ir al banco.

En todo caso, los cajeros automáticos aceptan casi todas las tarjetas de crédito internacionales.

> **Banco de China** *(plano I, C2, **4**)*: 23, Zhongshan Donglu, en el Bund. Id a la ventanilla «Money exchange» para cambiar efectivo, cheques de viaje y operaciones con tarjeta.

> **Cajeros automáticos:** hay muchos, sobre todo en los barrios turísticos y de negocios. La mayoría aceptan las tarjetas *Visa* y/o *MasterCard*, especialmente los del Banco de China. Aseguraos antes de que el logo de vuestra tarjeta aparece por alguna parte.
> **En el Bund:** los cajeros del **Banco de China** *(plano I, C2,* ***4****)* y los del **City Bank** *(plano I, C2,* **4***)*, que están juntos, funcionan, en principio, las 24 h.
> **En la antigua Concesión Francesa:** hay cajeros del **Banco Industrial y Comercial de China** *(plano II, G5,* ***12****)*, en la planta baja del *Novel Building*, en la esquina de Huaihai Lu y Maoming Nanlu. Acepta tarjetas *Visa* y *MasterCard*.

Representación diplomática

> **Consulado de España:** Room 301/303/305 n.º 12. Zhong Shan Dong Yi Lu, Huangpu Qu. Shanghai 200002. ☎ 63-21-35-43. cog.shanghai@maec.es

Urgencias

> **Policía:** ☎ 110.
> **Bomberos:** ☎ 119.
> **Teléfono SOS, ambulancias:** ☎ 120.
> **Hua Shan Worldwide Medical Center:** 12, Wulumuqi Zhonglu. ☎ 62-48-99-99. Hasta las 22 h.
> **Ruijin Hospital:** guangci emergency room, 197, Ruijin Er Lu (1er piso a la izquierda). ☎ 64-66-44-83 y 64-37-00-45 (ext. 668101/668102 de día y 668201 a partir de 17 h).

Compañías aéreas

> **Air China:** 1088, Yan'an Xilu. ☎ 52-39-72-27. www.airchina.com.cn
> **Air Canada:** United Plaza, room 3901, 1468, Nanjing Xilu. ☎ 62-79-29-99. De lunes a viernes de 9 a 17.30 h y sábados de 9.30 13 h.
> **China Eastern Airlines:** 258 Weihai Lu, cerca de la plaza del Pueblo. ☎ 95-808 *(hotline)*.
> **Air France:** Ciro's Plaza, 388, Nanjing Xilu. ☎ 63-34-56-33 (de lunes a viernes de 9 a 17 h) y ☎ 4008-808-808 (de lunes a sábado de 8 a 19 h).
> **KLM Royal Dutch Airlines:** Ciro's Plaza, 3901A, 388, Nanjing Xilu. ☎ 4008-808-222. www.klm.com.cn
> **Lufthansa:** 3/F Building 1, Corporate Ave, 222, Hubin Lu. Unit A4-21. ☎ 53-52-49-99. De lunes a viernes de 9 a 17 h.
> **Shanghai Airlines:** 212, Jiangning Lu. ☎ 62-55-88-88. www.shanghai-air.com
> **Singapore Airlines:** 1266, Nanjing Xilu, Plaza 66 Tour 1, room 1106-1110. ☎ 62-88-79-99. www.singaporeair.com
> **Thai Airways International:** 288 Nanjing Rd, 23º piso del Chong Hing Finance Centre. De lunes a viernes de 9 a 17h. ☎ 33-66-4000.
> **Air Macau:** room 302, *International Equatorial Hotel*, 65, Yanan Lu. ☎ 62-48-11-10.

Correos y teléfonos

> **Correos:** en la ciudad hay varias oficinas; en el 1761, Sichuan Lu *(plano I, C1)* tenéis una en un magnífico edificio colonial. Abierta de 7.30 a 22 h. La **lista de correos** se encuentra en el 276, Bei Suzhou Lu. La oficina de correos de la estación central de trenes también va muy bien. Casi todos los hoteles se ocupan de llevar la correspondencia a correos; es más fácil y rápido.
> **Información telefónica:** ☎ 114.
> Las **llamadas internacionales** salen más caras desde los hoteles que desde las cabinas con tarjeta, que además son más prácticas, porque hay muchas. Las tarjetas se compran en los quioscos de periódicos o en los puntos de venta especializados (por ejemplo, en Nanjing Donglu, frente al *Sofitel Hyland*).

Internet

> **Xingxing Wangba** *(plano I, B3,* ***5****)*: 515, Fuzhou Lu. En el cruce con Hubei Lu. Abierto las 24 h. Subid por la esca-

> SHANGHAI EN INTERNET

www.sh.com Está en inglés. Presentación general de la ciudad: ocio, salidas, museos, tiendas... Apartado sobre bares y clubes, discotecas, hoteles, karaokes, restaurantes, *souvenirs* y también colecciones privadas (francamente original).

www.smartshanghai.com En inglés. El Shanghai de moda. Con muchos y buenos sitios para salir.

www.thatsshanghai.com Un portal dedicado a Shanghai. Restaurantes, bares, discotecas... Un concentrado de los mejores lugares de la ciudad.

www.shanghaidaily.com Web del periódico anglófono del mismo nombre. Información política y cultural, y boletín meteorológico con las temperaturas. Resulta interesante antes de salir de viaje.

www.sinohotel.com Para hacer reservas en inglés de los hoteles. Con descuentos interesantes en los establecimientos a partir de tres estrellas.

lera y girad a la derecha en el primer piso. No hay ningún letrero en pinyin. Es muy grande y está lleno de amantes de los videojuegos. Muy económico.

> **Centro Internet de la Biblioteca de Shanghai** (Shanghai Library; *plano II, F5, **10***): 1555, Huaihai Zhonglu. ☎ 64-45-55-55. Permanece abierto todos los días de 9 a 16 h. La entrada está situada debajo de la escalera principal. Dispone de una amplia y tranquila sala con unos 60 ordenadores que funcionan muy bien.

Highland Internet

*(Plano II, E5, **11**):* 153, Guangyuan Lu. ☎ 64-33-21-32. En la planta baja del edifico que alberga el restaurante *Rong Cheng*. La entrada está en el lado izquierdo. Abierto todos los días de 8 a 24 h. Sale bastante económico. Un auténtico «templo informático» que parece tranquilo y agradable.

Varios

> **Servicio meteorológica:** ☎121.

> **Prórroga del visado:** 1500 Min Sheng Lu, en el barrio de Pudong. ☎ 28-95-19-0. Abierto de lunes a sábado de 9 a 17 h. Sólo está permitido pedir una prórroga del visado de un mes. Tiempo de espera: en principio, cinco días hábiles. Precio: 160 ¥ (16 €).

Cultura, arte, espectáculos

> **Shanghai Grand Theatre** (también llamado **Ópera de Shanghai**) *(plano I, A3)*: 300, Renmin Da Dao. ☎ 63-86-86-86. 💻 www.shgtheatre.com En la plaza del Pueblo. De 9 a 19.30 h; para aseguraros de que hay entradas, reservad con una semana de antelación. La oficina de reserva de entradas (conciertos, ópera, teatro), la **Shanghai Grand Theatre Box Office,** está en la planta baja de la ópera, en el lado izquierdo del edificio según se mira de frente, cerca del restaurante *Maxim's of Paris*. Consultad el programa.

> **Galería Elisabeth de Brabant:** 299, Fuxing Xilu (parte oeste). ☎ 64-66-74-28. 💻 www.elisabethdebrabant.com Abierta de martes a viernes de 10 a 18 h, sábado y domingo de 12 a 17 h. Hermosa galería que expone obras de los mejores artistas chinos contemporáneos. Una dirección de referencia en Shanghai.

> **Shanghai's City of Books** *(plano I, B2-3, **6**)*: 465, Fuzhou Lu. ☎ 63-52-22-22. Está abierto de 9.30 a 20 h. Una de las librerías más grandes de la ciudad, con siete plantas; libros en chino sobre todos los temas. Hay una pequeña sección en inglés en la séptima planta. En la sexta encontraréis una terraza donde podréis tomar algo. Existe una sucursal en el 345, Nanjing Donglu, y otra en el 701, Huaihai Zhonglu (en la antigua Concesión Francesa). Fuzhou Lu es la calle de las librerías, por lo que podréis encontrar otras si buscáis un poco.

> **Garden Books** *(plano II, G4, **3**)*: 325, Chang Le Lu. ☎ 54-04-87-29. Todos los días de 10 a 22 h. Acogedor café-librería con dos plantas. Cuenta con una buen selección de libros y revistas en inglés.

> **Peace Cinema** (290, Xizang Zhonglu; está situado frente a la plaza del Pueblo): los martes las entradas a mitad de precio.

Revistas de información

> ***That's Shanghai:*** 💻 www.urbanatomy.com Revista mensual en inglés a cargo de jóvenes chinos de Shanghai, que se reparte gratuitamente en los bares de moda, los hoteles internacionales y los locales nocturnos. Muy bien hecha, completa, con listas de direcciones de restaurantes, bares, discotecas y, además, la programación de acontecimientos culturales de todo tipo. En Shanghai todo cambia muy rápido. En cuanto lleguéis a la ciudad, intentad consultarla para informaros de las direcciones más recientes.

Guías anglófonos y francófonos

> **Guías-intérpretes del CITS:** remitíos a «Agencias de viaje». Calculad 600-800 ¥ (60-80 €) por día si vais a salir de la ciudad –transportes y alojamientos no incluidos– por un guía que hable inglés o francés. Reservad con antelación, especialmente en temporada alta.

¿DÓNDE DORMIR?

Tened en cuenta que la temporada baja corresponde a los meses de enero, febrero, julio y agosto, mientras que la alta abarca los meses de marzo a junio y de septiembre a diciembre. En temporada baja algunos hoteles reducen un poco los precios. No dudéis en pedir los precios actualizados si no están expuestos. Durante los días festivos, los precios suben y los hoteles están llenos. Sabed que muchos establecimientos ofrecen habitaciones a casi cualquier precio.

En cuanto a las categorías «selecto y más selecto», los precios de los establecimientos están sujetos a una tasa adicional del 10 al 15 %, que a veces está incluida en el precio indicado, pero lo tendréis que preguntar. Ver también «Shanghai en Internet» en «Direcciones útiles». Pasar por una agencia también puede hacer bajar las tarifas.

HACIA EL BUND (río Huangpu) Y BARRIO DE LA CALLE NANKÍN (Nanjing Donglu)

Muy barato

Mingtown Hiker Youth Hostel
*(Plano I, C2, **42**)*: 450, Jiangxi Lu. ☎ 63-29-78-89. 💻 www.hostelz.com 💻 www.hostelworld.com Dormitorio colectivo de 4 a 6 personas 60 ¥ (6 €), dobles 200-300 ¥ (20-30 €), con o sin cuarto de baño: Sin desayuno. Internet y wifi de pago. Situado en una popular calle comercial no lejos de la orilla del Suzhou y del Bund. pertenece a la nueva generación de albergues privados de Hostelling International. Dormitorios y habita-

ciones bien mantenidos y limpios, con climatización. Vistas a la calle o a la parte de atrás. Confort muy acorde con el precio. Lavandería, cocina, alquiler de bicicletas, información sobre transportes, excursiones, bar, billar...

De barato a precio medio

Captain Hostel

*(Plano I, C3, **21**):* 37, Fuzhou Lu.
☎ 63-23-50-53.
💻 www.captainhostel.com.cn
Os harán un 10% de descuento con el carné internacional de alberguista. Se trata de un establecimiento junto al Bund, totalmente decorado como si fuera un barco que va a cruzar el Yangtsé. Veréis gente de todas las clases. Los marineros se hospedan en las habitaciones de cinco a diez camas que tienen reservadas, donde la decoración y el acondicionamiento son elementales: madera clara, ojos de buey y escaleras, armarios individuales para guardar el petate, por 60-70 ¥ (6-7 €) la cama. Se entrega una toalla a todos los navegantes. Los oficiales irán a las cabinas más lujosas, cuyos precios oscilan entre 350 y 400 ¥ (35 y 40 €). Os recibirán con un poco de desgana, pero educadamente. Chapurrean el inglés. Ofrecen Internet y alquiler de bicicletas según disponibilidad. Hay cajeros automáticos cerca.

Motel 168

*(Plano I, B3, **43**):* 531, Jingling Lu.
☎ 51-53-33-33.
💻 www.motel168.com Dobles 200-370 ¥ (20-37 €). Internet gratuito. Bien situado para llegar rápido al corazón de la ciudad. Hablan un poco de inglés. Gran vestíbulo, elegante y moderno (mirad bajo vuestros pies). Habitaciones sin pretensiones, pero muy grandes y confortables (cuarto de baño, TV, climatizador). Las más caras cuentan con ordenador.

New World Holiday Bold Hao Du Hotel

*(Plano I, B3, **22**):* 41, Guangxi Nanlu.
☎ 63-55-70-70. Dobles 228-298 ¥ (22,80-29,80 €). Bien situado, a medio camino de la ciudad antigua, del Bund y de la plaza del Pueblo. Es uno de los hoteles más baratos del barrio. Habitaciones limpias, de tamaño razonable. Hablan un poco de inglés.

Shanghai Railway Hotel

*(PlanoI, A-B2, **23**):* 160, Guizhou Lu.
☎ 51-50-87-77.
💻 www.1930cnh.com Habitaciones dobles 360-480 ¥ (36 a 48 €). Descuentos de entre el 10 y el 20 %, según la temporada. En un viejo edificio de 1937, de tamaño mediano (siete plantas), situado a un paso de Nanjing Donglu, en una calle tranquila y popular. Antes fue el *China Hotel*. En este hotel se hospedó, en 1937, el camarada Zhou Enlai y tomó importantes decisiones sobre la organización del PCCh. Las habitaciones disponen de duchas, WC, TV, aire acondicionado y teléfono; han sido reformadas, presentan una decoración agradable y un mobiliario desenfadado y están bien conservadas. Atención, algunas de las más baratas no tienen ventana. Un establecimiento con excelente relación calidad-precio.

> PARA ORIENTAROS

Consultad los planos de Shanghai: plano de conjunto, ***págs. 260-261;*** **Shanghai - Del Bund a la plaza del Pueblo (plano I),** ***págs. 272-273;*** **Shanghai - La concesión francesa (plano II),** ***págs. 280-281,*** **y Shanghai - plano III,** ***pág. 286.***

New Asia Hotel
*(Plano I, C1, **32**):* 422, Tian Tong Lu. ☎ 63-24-22-10. www.newasia-hotel.com Habitaciones dobles a partir de 400 ¥ (40 €). Un hotel histórico puesto que albergó a la milicia japonesa (el equivalente de la Gestapo) en 1940-1945. No demasiado lejos del centro, con buena relación calidad-precio. Decoración moderna, climatización, moqueta, TV, restaurante, sauna y gimnasio. Desventajas: habitaciones pequeñas, baños gastados y recibimiento distante.

De precio medio a selecto

Alive Design Hotel
*(Plano II, H4, **38**):* 696 Nanjing Lu. ☎ 62-72-88-88. www.a_live.cn Recepción en el tercer piso. Dobles 300-700 ¥ (30-70 €). Una dirección soprendente, a unos pasos de la plaza del Pueblo.Suelos de madera, mobiliario original, pequeño salón en las habitaciones más caras. Las habitaciones osn todas familiares y agradables. Las más económicas son muy pequeñas pero a cambio resultan acogedoras. Buen recibimiento.

Wugong Hotel
*(Plano I, B2-3, **24**):* 431, Fuzhou Lu. ☎ 63-26-03-03. www.wugong.com.cu En la esquina con Fujian Nanlu. Habitaciones dobles, de 400 a 600 ¥ (40 a 60 €). Descuentos de alrededor del 20 % excepto los días festivos. Un moderno edificio de seis plantas, de tres estrellas, muy bien situado. A todo confort y por unos precios razonables, habida cuenta de la situación y el barrio. La mayoría de las estancias dan a la calle, que, por cierto, es bastante tranquila por la noche. Cuanto más alta es la planta, más suben los precios también.

East Asia Hotel
*(Plano I, B2, **26**):* 680, Nanjing Donglu. ☎ 63-22-32-23. Fax: 63-22-45-98. La recepción está en la primera planta (ascensor en la galería comercial). Habitaciones, de 400 a 720 ¥ (40 a 72 €); con posibilidad de descuentos. Internet y wifi gratuitos. Se trata de uno de los hoteles más antiguos de la calle Nankín, situado en un edificio que formaba parte de los almacenes *Sincere*, que ya no existen. Completamente renovado, da a la calle peatonal (se está muy tranquilo por la noche). Algunas habitaciones tienen balcón. Un buen establecimiento para este barrio y en esta línea de precios. Aceptan tarjetas de crédito.

Chunshenjiang Hotel
*(Plano I, B2, **25**):* 626, Nanjing Donglu; en la esquina con Zheziang Donglu. ☎ 63-51-57-10. Habitaciones dobles entre 320 y 400 ¥ (32 y 40 €). Descuentos del 10 %, excepto los días festivos. En un edificio de seis plantas, muy céntrico, que da a la principal calle peatonal de la ciudad, bastante animada por la tarde y muy tranquila por la noche. Buena relación calidad-precio. Las habitaciones, bastante confortables y de categoría estándar (ducha, WC, aire acondicionado, teléfono y TV).

Más selecto

Astor House
*(antiguo Pujiang Hotel; plano I, D2, **20**):* 15, Huangpu Lu. ☎ 63-24-63-88. www.pujianghotel.com Dobles a partir de 1 280 ¥ (128 €). Internet gratuito. Nuestra dirección favorita en Shanghai. Se trata de un hotel histórico, apto para todos los bolsillos y muy bien situado, a 200 m del extremo norte del Bund por el puente metálico que une la Suzhou Creek. Construido en 1846, al principio se llamó *Richards Hotel*, y en 1857 le cambiaron el nombre por el de *Astor House*. Restaurado en 1907, se convirtió en uno de los primeros hoteles de lujo de Shanghai. Las habitaciones de las *celebrities* que decidieron alojarse en este hotel dan una idea del ambiente

que se respiraba en él en otra época (1100 ¥/110 €). En este hotel estuvo el escritor y aventurero Joseph Kessel en 1919 (habitación n° 410), y en la década de 1920 se alojó en él André Malraux, quien lo menciona en su novela *La condición humana*. Después, pasaron también Einstein (habitación n° 304) y Charlie Chaplin (la n° 404, donde encontraréis películas del gran maestro a vuestra disposición). En la actualidad, el edificio está considerado monumento histórico y ha sido enteramenre renovado. Buena relación calidad-precio-carácter-situación.

Shanghai Broadway Mansions

*(Plano I, C2, **27**):* 20, Bei Suzhou Lu. ☎ 63-24-62-60. 💻 www.broadwaymansion.com Tras el descuento, habitaciones a partir de 718 ¥ (71,80 €). Un edificio de ladrillo marrón y 22 plantas; está bien situado, cerca de la confluencia entre la Suzhou Creek y el río Huang Pu. Se trata de uno de los hoteles más antiguos de Shanghai. Construido en 1934 por un comerciante británico, al principio se llamó *Broadway Mansions* (el nombre sigue estando en la fachada), y después se convirtió en residencia de los oficiales estadounidenses de la US Military Advisory. También fue durante cierto tiempo la sede del Club de los Corresponsales Extranjeros en China. Tiene habitaciones a todo confort (algunas de ellas con vistas al puente y al río), cuatro restaurantes, un gimnasio, una sauna y un *dancing*. Por la noche, desde la terraza se tiene una vista espléndida de la ciudad, con el río y las torres de Pudong.

De más selecto a muy selecto

Seagull Hotel

*(Plano I, D2, **29**):* 60, Huangpu Lu. ☎ 63-25-15-00. 💻 www.seagullhotel.com Habitaciones dobles 690-890 ¥ (69-89 €) si queréis disfrutar de vistas al río. Está admirablemente situado en la orilla del agua, frente al Bund. Este moderno edificio, que hoy nos parece un pastel rosa, está junto al antiguo Club de los Marineros de Shanghai (actualmente, el consulado ruso). Muy confortable y con una vista realmente magnífica. Al amanecer aún se oye el ruido de las sirenas de los mercantes que pasan por allí cerca, algo que gustará a los aventureros románticos. Por el contrario, parece que el servicio esté orientado a los clientes ausentes.

Pacific Hotel

*(Plano I, A2, **33**):* 108, Nanjing Rd. ☎ 63-27-62-26. 💻 www.pacifichotelsh.com Dobles a partir de 500 ¥ (50 €), dependiendo de la tempporada. Construido en 1920, fue durante mucho tiempo uno de los hoteles más prestigiosos de la ciudad. Imponente fachada de estilo italianizante, entre columnas y con una magnífica decoración en el interior. Más de 180 habitaciones, un poco sombrías, pero con un confort excelente y muy limpias. Varios restaurantes.

Hotel Sofitel Hyland

*(Plano I, B2, **31**):* 505, Nanjing Donglu. ☎ 63-51-58-88. 💻 www.accorhotels.com/asia En pleno centro de la ciudad, en el barrio comercial, a 15 min andando del Bund y a 10 min de la plaza del Pueblo (ópera de Shanghai). Posee una torre de cristal que alberga habitaciones dobles de una medida estándar y un gran confort a partir de 1.500 ¥ (150 €). Ofrece descuentos importantes en algunas épocas del año.

AL OESTE, EN LA ANTIGUA CONCESIÓN FRANCESA

De muy barato a barato

Mingtown Etour Youth Hostel

*(Plano II, H4, **37**):* 57, Jiangyin Lu. ☎ 63-27-77-66. 💻 www.hostel-

world.com Cama en dormitorio colectivo 65 ¥ (6,50 €), dobles 220-260 ¥ (22-26 €). Internet gratuito. Muy bien situado, junto a la plaza del Pueblo, albergue privado cuya sencillez y encanto contrastan con los rascacielos del entorno. Se trata de una antigua mansión china en piedra y madera, en el fondo de un callejón. Tranquilo patio interior, estanque, terraza y salón con billar. Además de limpio, es funcional y tiene un buen confort. Dispone de 100 camas en dormitorios colectivos y una veintena de habitaciones dobles con o sin baño. Es uno de nuestros hoteles preferidos.

De barato a precio medio

Super Motel 268

*(Plano II, H5, **28**):* 113, Sinan Lu. ☎ 51-70-33-33. 💻 www.motel128.com Dobles 198-298 ¥ (19,80-29,80 €), suites 338 ¥ (33,80 €), familiares 398 ¥ (39,80 €). Internet gratuito. Una cadena de hoteles que nos gusta mucho. Habitaciones espaciosas de diseño, confortables y extremadamente limpias, con mobiliario moderno. Personal agradable. A dos pasos de Taikang Lu. Excelente relación calidad- precio.

De precio medio a selecto

Quintet B& B

*(Plano II, F4, **39**):* 808, Changle Lu. ☎ 62-49-90-88. 💻 www.quintetshanghai.com ✉ fay@quintet-shanghai.com Para vivir felices, vivamos escondidos, esa podría ser la divisa de la encantadora Fay, una joven taiwanesa (anglófona) enamorada de Shanghai y de la antigua Concesión Francesa, donde instaló este estupendo y discreto B&B, en una casona de 1939. Solamente 5 habitaciones encantadoras y muy bien acondicionadas, que dan al jardín, algunas tienen balcón. Desayuno excelente y abundante (a la occidental) que se toma en la planta baja. Nuestro favorito indiscutible nada más verlo, pero atención, hay que reservar con mucho tiempo de anticipación...

New Westlake Hotel

*(Plano II, G5, **30**):* 133, Maoming Nanlu. ☎ 54-65-50-05. 💻 www.shanghainewwestlakehotel.com A 100 m de la intersección de Maoming Nanlu y Huai Hai Lu. Dobles a partir de unos 1.000 ¥ (100 €). Entrada muy discreta, cerca de una zapatería, que conduce a través de una callecita hasta un patio tranquilo. Y una vez allí, ¡sorpresa!, un inesperado hotelito con encanto, con fachada de diseño y un interior de estilo tradicional chino. Habitaciones impecables, confortables (ducha, WC, AC, conexión a Internet) y cuidadosamente decoradas. Las más grandes (42 m^2) tienen un salón y una pequeña cocina. Los desayunos se toman en una casa contigua de estilo francés. Uno de nuestros favoritos.

Old House Inn

*(Plano II, F4, **33**):* 16, Lane 351, Huashan Lu. ☎ 62-48-61-18. 💻 www.oldhouse.cn Se aconseja reservar ua que cuenta con una docena de habitaciones solamente. Habitaciones dobles 800-1.250 ¥ (80-125 €) con desayuno incluido. En un tranquilo callejón al a la sombra de elevadas torres, esta antigua mansión alberga un pequeño y encantador hotel que recuerda el refinado estilo del Shanghai de los años 1930. Habitaciones pequeñas en conjunto, aunque confortables y a la vez elegantes, con muebles antiguos. No tienen vistas y son algo sombrías (pero a cambio, muy tranquilas y agradables) Una excelente dirección. Al lado hay un restaurante de diseño.

Donghu Hotel

*(Plano II, G4, **34**):* 70, Donghu Lu. ☎ 64-15-81-58.

www.donghuhotel.com Habitaciones a partir de 700 ¥ (70 €). Fue durante los Años Locos la residencia de Du Yuesheng, el personaje más influyente de Shanghai, y quien controlaba la droga (opio) y dirigía la Sociedad Verde, la banda de gángsters más poderosa de la ciudad. En la actualidad es un establecimiento de categoría media, buena reputación y una correcta relación calidad-precio. Bonitas entradas de luz natural en el techo y lacas negras en los pasillos. Habitaciones limpias, amplias y bien equipadas, que dan al jardín (tranquilo) o a la calle Xin Lu (tranquila y con sombra).

Jinchen Hotel

*(Plano II, G4-5, **35**):* 795-809, Huaihai Lu. ☎ 64-71-70-00. www.jinchenhotel.com Dobles 1.000 ¥ (100 €), pero siempre podréis obtener un descuento de unos 200 ¥ (20 €) para todas las habitaciones tras una negociación... Un hotel muy céntrico, situado en pleno corazón de la avenida Huaihai, lo que constituye su principal ventaja junto a sus tarifas. Muy confortable, con una decoración agradable y un personal servicial. Buena relación calidad-precio. Aceptan tarjetas de crédito.

Ruijin Hotel

*(Plano II, G5, **36**):* 118, Ruijin 2 Lu. ☎ 64-72-52-22. www.ruijinhotelsh.com.cn En el corazón del antiguo barrio francés, habitaciones dobles a partir de 1.400 ¥ (140 €) en varias villas de ladrillo (de estilo colonial) repartidas por un inmenso parque verdeante y muy tranquilo. Un lugar muy agradable en plena ciudad, donde podréis descansar, pero también tomar una copa en el jardín o pasear de noche por una villa señorial y moderna (remitíos a *Café Bar* en «¿Dónde tomar una copa?», más adelante). Si podéis, es el lugar ideal para recuperar el ambiente de la antigua Concesión Francesa.

> **> AVISO**
>
> **Las tarifas que se indican en la guía son orientativas.**

EN LA CIUDAD ANTIGUA

(plano III)

Precio medio

JJ Inn

*(Plano III, I6, **43**):* 33, Fujian Nanlu. ☎ 63-26-05-05. www.jj-inn.com Bien situado entre el barrio comercial de Nanjing Lu, el Bund y la ciudad antigua. Habitaciones dobles a partir de 240 ¥ (24 €). Edificio moderno con habitaciones funcionales y limpias. Pertenece a una cadena hotelera económica con buena relación calidad-precio. Confort estandar.

Shanghai Classical Hotel

*(Plano III, J6, **44**):* 242, Fuyou Lu. ☎ 63-11-17-77. www.laofandian.com Recepción en el 5º piso. Habitaciones dobles 480 ¥ (48 €), con desayuno. Internet. En la entrada norte de la ciudad antigua, se trata de un edificio de estilo de arquitectura clásica, con los tejados recubiertos de tejas en forma de ala de paloma. Habitaciones impecables y confortables (ducha, WC y AC) que dan a la animada calle (las ventanas tinenen doble acristalamiento) o a la parte de atrás. Muy limpio. Buena relación calidad-precio y emplazamiento ideal.

MÁS LEJOS DEL CENTRO, EN LA PERIFFERIA

Barato

Koala Youth Hostel

*(Plano de conjunto, **45**):* 1447, Xikang Lu. ☎ 62-77-13-70. yhashanghai@126.com Ⓜ Zhen Ping Road A unos 10 minutos andando de la esta-

ción. Dobles 220-240 ¥ (22-24 €), habitaciones de 3-5 camas 300-420 ¥ (30-42 €). Internet gratuito. Un poco alejado del centro, en un barrio donde todavía se respira un ambiente popular. Instalado en un pequeño inmueble, este albergue juvenil no parece gran cosa, pero os llevaréis una sopresa al descubrir las habitaciones, muy bellas y todas provistas de cuarto de baño, nevera, microondas, un hervidor eléctrico y un fregadero. La decoración, elegante, resulta demasiado zen (excepto en los cuartos de baño, muy coloridos). El desayuno se toma en un bar.

Shanghai City Central Hostel

*(Plano de conjunto, **41**):* 300, Wuning Lu. Barrio de Putuo. ☎ 52-90-55-77. www.hinayha.com Ⓜ Cao Yang Road. El alberge se halla a 300 m de la salida del metro. Reservas *on line* booking@utels.com Camas en dormitorio colectivo 70 ¥ (8 €), dobles 240 ¥ (24 €). Internet gratuito. En un entorno de inmuebles colectivos, este albergue juvenil está bien mantenido y cuenta con una gran sala común muy alegre y agradable. Habitaciones y dormitorios colectivos (4-8 camas) muy limpios, con el cuarto de baño fuera. Cocina, lavandería, lockers, salón-TV, bar y una cafetería.

Le Tour Shanghai Youth Hostel

*(Plano de conjunto, **40**):* 136, Bailan Lu, junto a Kaixuan North Rd. ☎ 52-51-08-08. www.letourshanghai.com Ⓜ Cao Yang Road. El albergue está a 3 minutos a pie. Cama en dormitorio común o en habitación triple 65-70 ¥ (6,50-7 €), dobles con o sin cuarto de baño 200-230 ¥ (20-23 €). Internet gratuito. Este albergue juvenil tiene un ambiente casero. Habitaciones y dormitorios (4-6 camas) limpias y bien equipadas (AC). Sala común con revistas, cocina y lavadora. La proximidad de las líneas 3 y 4 del metro aéreo hace que sea un poco ruidoso, pero sólo de día porque de noche el metro interrumpe su servicio.

¿DÓNDE COMER?

BARRIO DE LA CALLE NANKÍN Y PLAZA DEL PUEBLO

Element Fresh

*(Plano II, G4, **95**):* 1376, Nanjing Xilu, Shanghai Centre, al lado del *Long Bar*. ☎ 62-79-86-82. Todos los días de 7 a 23 h. Sirven desayunos hasta las 11 h. Menú 38-65 ¥ (3,80-6,50 €). Si buscáis frescura y desayunos copiosos e imaginativos, habéis llegado al lugar adecuado. Diseño depurado, servicio agradable, fruta, *pancakes*, buen café, zumos y también buenas ensaladas para el resto del día. Hay otros en la ciudad: en el Kwah Center *(plano II, G4-5)*, 1228, Huaihai Zhonglu, en el 4º piso, con una hermosa vista al parque colindante.

Barato

Restaurantes de la Yunnan Lu

(Plano I, A2-B3): en ellos encontraréis un variado surtido de *jiaozi* (raviolis chinos), *baozi* (panecillos rellenos), y *xialongbao* (empanadillas al vapor). Todos esos sabrosos manjares se comen en sopa o sazonados con algunas gotas de un vinagre negro de arroz (de sabor parecido al vinagre balsámico).

East Dawning

*(Plano I, A2, **52**):* 190-208, Nanjing Lu, en la esquina de Huanghe Lu. ☎ 63-57-59-33. Abierto todos los días de 7 a 22.30 h. No hay nada en su carta a más de 10 ¥ (1 €). Una taberna para

jóvenes y animadas familias que se dirigen al parque del Pueblo, que está situado justo enfrente. Una suerte de MCDo a la china. Ambiente algo manga.

Shengdacheng

(Plano I, B2, ***25****):* en el cruce de Nanjing Donglu y Zheijiang Zhonglu, en la planta baja del *Chunshejiang Hotel* (ver «¿Dónde dormir?»), frente a los alma-

SHANGHAI - DEL BUND A LA PLAZA DEL PUEBLO (PLANO I)

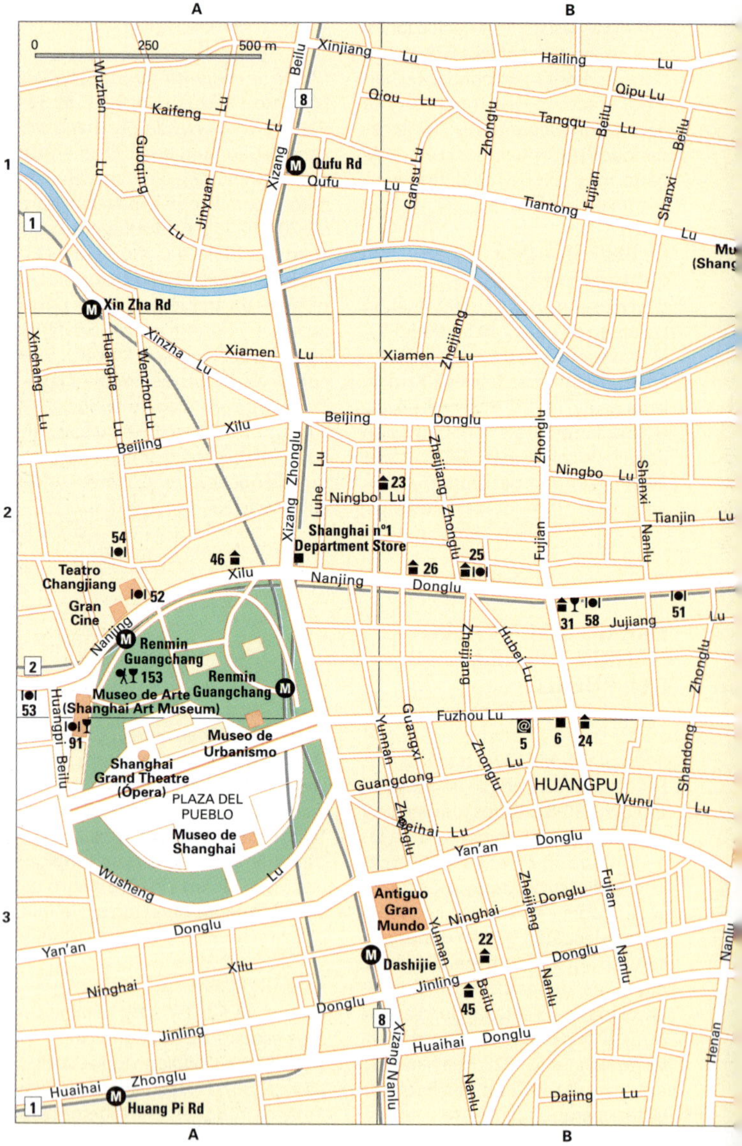

cenes *Hualian*. Abierto de 6.30 a 22 h. Es la cantina barata del barrio. Al mediodía la gente se concentra en la planta baja para pedir los *xiaobao* de cerdo o de cangrejo por 10 ¥ (1 €) las ocho piezas. O si no, sopas de fideos con costillas. Después, podéis sentaros en cualquier mesa con los empleados de la zona y entregar el tique a una camarera que os traerá vuestro pedido.

SHANGHAI - DEL BUND A LA PLAZA DEL PUEBLO (PLANO I), *págs. 272-273*

■ **Transportes y Direcciones útiles**

- ✉ Correos
- 4 Bank of China y City Bank
- @ 5 Xingxing Wangba
- 6 Shanghai's City of Books
- 8 Excursiones por el río Huangpu

¿Dónde dormir?

- 20 Astor House (antiguo Pujiang Hotel)
- 21 Captain Hostel
- 22 New World Holiday Bold Hao Du Hotel
- 23 Shanghai Railway Hotel
- 24 Wugong Hotel
- 25 Chunshenjiang Hotel
- 26 East Asia Hotel
- 27 Shanghai Broadway Mansions
- 29 Seagull Hotel
- 31 Sofitel Hyland
- 32 New Asia Hotel
- 42 Mingtown Hiker Youth Hostel
- 45 Motel 168
- 46 Pacific Hotel

¿Dónde comer?

- 25 Shendacheng
- 51 Lassele Food Court
- 52 East Dawning
- 53 Gongdeling
- 54 Restaurantes de la calle Huanghe Lu - Huang Teng Restaurant
- 56 M On The Bund
- 58 Ajisen Ramen
- 91 Kathleen's 5

¿Dónde tomar una copa?

- 21 Captain Bar
- 31 Mo'fJo Cafe y Le Pub 505
- 91 Back Room
- 103 The Bund Brewery
- 153 Barbarossa

¿Dónde salir? ¿Dónde ir a bailar?

- 56 Glamour Bar
- 110 El Bar Rojo Bar Rouge y Lounge 18

¿Dónde escuchar música?

- 130 House of Blues & Jazz

¿Qué visitar?

- 150 Puente Waibaidu
- 151 Shanghai Pudong & Development Bank
- 152 Casa de los Douanes (Customs House)
- 153 MoCA

Precio medio

Restaurantes de la calle Huanghe Lu

*(Plano I, A2, **54**):* entre Nanjing Xilu y Beijing Xilu. Comida unos 50 ¥ (5 €). A ambos lados de esta animada calle, iluminada por rótulos multicolores, se alinean numerosos restaurantes. La mayoría sirven ininterrumpidamente desde las 10 hasta las 3 h de la madrugada. Al revés de lo que os podría parecer de entrada, los restaurantes populares no son nada caros, sin por ello tener que sacrificar la calidad de la comida. Se puede almorzar o cenar perfectamente por 50 ¥ (5 €) por persona. Os recomendamos especialmente ***Huang Teng Restaurant***, en el 69-73 de la calle, justo en la esquina con Fengyang Lu. ☎ 63-27-70-90. Tienen un bonito comedor bien arreglado con acuarios. Menú en inglés. Especialidad de Chaozhou, los *pot stewed* son unas marmitas que os saldrán entre 12 y 25 ¥ (1,20 y 2,50 €). Se puede comer marisco: cangrejos *dazha* (el cangrejo de Shanghai) que todavía se mueven. O los deliciosos huevos de los 100 años *(pidan)*, conservados y cocidos en cal durante un mes o dos, con

todas las garantías sanitarias, y que después se sirven en una ensalada china *(liangban)*.

Restaurantes de la calle Zhapu

(Plano I, C2): detrás de la *Mansion*, como si fuerais a la oficina central de correos, la calle Zhapu es del mismo estilo que la calle Huanghe. Marisco en abundancia en unos restaurantes con balcones dorados en las fachadas y cuyas formas extravagantes hacen pensar en Gaudí. El más conocido de todos: el ***Wangchao (Dinasty)***.

Thai Express

*(Plano II, H4, **38**):* 696, Nanjing Lu. Todos los días de 11 a 23 h. Platos 18-28 ¥ (1,80-2,80 €). Una cadena de restaurantes thais de calidad. Platos clásico de esta cocina.

Ajisen Ramen

*(Plano I, B2, **58**):* 479, Nanging Nonlu. ☎ 800-820-55-55. Abierto todos los días de 10 a 22 h. En la planta baja, una azafata os espera para guiaros hasta el ascensor que sube hasta la cuarta planta (¡pero no iréis al séptimo cielo con ella!). Forma parte de una cadena de restaurantes japoneses. Los platos (sushis, sashimis, brochetas...) desfilan en una cinta rodante delante vuestro. Bienvenidos a la modernidad.

Gongdeling

*(restaurante vegetariano; plano I, A2, **53**):* 445, Nanjing Xilu. ☎ 63-27-02-18. Permanece abierto todos los días hasta las 22 h. Los platos cuestan entre 12 y 36 ¥ (1,20 y 3,60 €), y los menús completos, entre 120 y 180 ¥ (12 y 18 €). Está situado justo al lado de un concesionario de Ferrari y es uno de los vegetarianos más prestigiosos de la ciudad, ubicado en un elegante edificio de ladrillo y metal. En la decoración veréis una exitosa mezcla de estilo antiguo y de diseño. Disponen de una amplia selección de platos. La primera y la segunda planta están reservadas a los grupos.

Lassele Food Court

*(Plano I, B2, **51**):* 387, Nanjing Dong. ☎ 63-51-13-16. Ⓜ Henan Zhonglu. En la séptima y última planta del almacén de ropa *Metersbonwe*. Abierto todos los días hasta 22.30 h. Comida 30 ¥ (3 €), incluida una gran cerveza. Una sala inmensa con sillas de plástico para una de las *fondues* coreanas más baratas de la ciudad. Gran variedad de verduras y carnes. Buen ambiente.

Más selecto

Kathleen's 5

*(Plano I, A3, **91**):* 325, Nanjing Xilu. ☎ 63-27-22-21. En el 5º piso del antiguo British Racing Club (hoy convertido en el Shanghai Art Museum). Todos los días de 11.30 h -23 h. *Brunch* fin de semana 10.30-15 h. Desayunos 120-140 ¥ (12-14 €). Muy de admirar su elegante decoración, con falsas columnas y un arco dorado. Enorme y luminosa sala para comer. Cocina afamada, por lo que conviene reservar. A mediodía los precios son asequibles, pero para cenar son más caros.

M On The Bund

*(Plano I, C3, **56**):* 20, Guandong Lu. ☎ 63-50-99-88. Hace esquina con el Bund. Abierto al mediodía de martes a viernes y todas las noches hasta las 22.30 h; en principio, sirven comidas los fines de semana de 11.30 a 15 h y abren el domingo de 15.30 a 17.30 h para el té de la tarde. Calculad unos 350 ¥ (35 €) por una comida completa sin contar la bebida. Posiblemente sea uno de los lugares más seductores de esta zona. Dispone de una bonita terraza. Los precios no resultan baratos, pero estamos hablando de una cocina original, refinada y exquisita. También podéis terminar la velada en el *Glamour Bar*, que está justo al lado (ver «¿Dónde tomar una copa?»).

EN LA CIUDAD ANTIGUA

De barato a precio medio

Nanxiang Steamed Buns Restaurant

*(Plano III, J6, **74**):* 85, Yuyuan Lu. ☎ 63-55-42-06. Abierto de 10 a 21 h. Instalado en pleno bazar, a la izquierda del puente en zigzag que lleva al jardín Yu. Tiene los mejores *dim sum* de la zona y, sobre todo, la especialidad de la ciudad, los *xiaologbao*, rellenos de cangrejo. Es muy barato: ¡16 piezas sólo cuestan 12 ¥ (1,20 €)! En la carta veréis platos, y combinados que van de 20 a 150 ¥ (2 a 15 €). Es un buen sitio para picar algo o disfrutar de una comida ligera.

Lubolang

*(Plano III, J6, **74**):* 115, Yu Yuynan Lu. ☎ 63-28-06-02. Abierto de 11 a 14 h y de 17 a 22 h. En la entrada del jardín Yu, en una pequeña plaza invadida por una multitud de turistas. Platos a partir de 20 ¥ (2 €) y hasta 150 ¥ (15 €); una comida normal os saldrá por unos 150 ¥ (15 €). Una institución local. El chef, Lu Yamin, ha sido elegido mejor cocinero de China. Y entre los muchos personajes célebres que lo han visitado, figuran la reina de Inglaterra, Bill Clinton, el multimillonario Li Ka Shing y Fidel Castro. El establecimiento está montado por todo lo alto, con una arquitectura y una decoración de estilo tradicional chino que despierta admiración. Los reservados de la primera planta son preciosos, tranquilos y despejados. Hay que destacar el cangrejo, como el *crab meat with steamed buns*. Aceptan tarjetas de crédito.

EN LA ANTIGUA CONCESIÓN FRANCESA

De barato a precio medio

Sichuan Citizen

*(Plano II, G4, **62**):* 30, Donghu Lu. ☎ 54-04-12-35. 💻 www.citizenshanghai.com Restaurante abierto de lunes a jueves hasta las 22 h, viernes y sábado hasta las 23 h. Después de las 23 h, solamente permanece abierto el bar. Platos a partir de 20-30 ¥ (2 - 3 €). Los dueños, chinos, han viajado por todo el mundo. El director, francés, acoge a los clientes en uniforme chino al igual que su brigada de camareros. Cocina sabrosa de la región de Sichuan, con precios módicos; en la carta se indica el nivel de condimento de los platos. Un muy buen restaurante, no demasiado grande y con una decoración china esmerada, una lograda mezcla de tradición y modernidad.

Pho Real

*(Plano II, G4, **76**):* 166, Fumin Lu. ☎ 54-03-81-10. Abierto todos los días de 10 a 2 h de la madrugada. Menús 40 ¥/4 € (al mediodía) y 88 ¥/8,80 € (por la noche). Grandes ventanales que dan a la calle, algunos escalones para bajar a una pequeña sala con decoración sobria y cálida, juvenil y moderna. Bar, cocina abierta, banquetas, cestas trenzadas colgando del techo, cocina sencilla y sabrosa con un toque de creatividad que dis-

> **> AVISO**
>
> **Los establecimientos relacionados en la guía están acompañados de una referencia que indica su situación en los PLANOS de la ciudad. Por ejemplo, Pho Real *(Plano II, G4, 76)* significa que dicho restaurante se halla situado en el plano II de Shanghai, en la cuadrícula G4, y está referenciado mediante el número 76.**

tingue a Pho Real de los clásicos restaurantes vietnamitas. Fred, el jovial dueño, es un chef chino de Hong Kong pero de origen vietnamita. Habla inglés, chino y vietnamita.

Southern Barbarian

*(Plano II, G4, **57**):* 169, Jin Xian Lu, a unos 50 m de Maoming Lu. ☎ 51-57-55-10. Abierto de lunes a viernes de 10 a 22 h, sábado y domingo hasta medianoche. Una dirección conocida por la gente de la zona y con una clientela habitual. A este pequeño restaurante discreto y escondido al fondo de una galería comercial, se puede acceder a pie por la calle Jing Xian Lu, a la altura del Bar None. Sirven buena cocina de la región de Yunnan, y en particular la famosa sopa de los Tres Puentes. Cuenta con una de las bodegas de cerveza más grandes de Shanghai, algo que resulta insólito en un local tan pequeño.

Megabite

*(Dai Shi Dai Foods ; plano II, H4, **80**):* 300, Huaihai Lu, en la esquina con Huangpi Lu. Todos los días de 10 a 22 h. A la carta, 100 ¥ (10 €) por dos personas. Su enorme sala, con decoración moderna, es un *food center,* hermano del *Megabite* pekinés. Es una perfecta introducción a la variada cocina china.

Wu Yue Renjia

*(Plano II, H4, **75**):* 706, Huaihai Lu, la segunda callejuela a la izquierda, en el nº 10. A resguardo del bullicio del bulevar próximo, este pequeño restaurante familiar sirve buenas sopas a mejores precios. Se trata de uno de los últimos pequeños restaurantes del barrio que resiste al boom inmobiliario.

Guyi

*(Plano II, G4, **64**):* 87, Fumin Lu. ☎ 62-49-56-28. Todos los días de 10.30- a 22.30 h. Comida 80 ¥ (8 €). Menú en inglés. He aquí un auténtico restaurante de cocina de Hunan, la provincia natal del presidente Mao. Atención: los platos son muy, muy picantes. Pedid al camarero «pou yo tai la», que significa que no lo queréis muy especiado. Los platos, por otro lado, está preparados deliciosamente.

Yoshinoya

*(Plano II, H4, **75**):* 688 Huaihai Lu. ☎ 53-82-93-72. Al lado del *Ajisen Ramen*. Una cadena japonesa que sirve platos pequeños y sencillos a precios muy populares. Pescado, carne y arroz. Hay un ambiente muy agradable.

Baoluo Jiulou

*(Plano II, G4, **66**):* 271, Fumin Lu. ☎ 62-79-28-27. Ⓜ Changshu Lu. Abierto de 10.30 a 4.30 h todos los días. Platos 15-60 ¥ (1,50-6 €). ¡Una sorpresa agradable! Su estrecha entrada da a una calle bulliciosa y popular. Carta clásica traducida al inglés: pichones, seoia, anguilas. Una de nuestras favoritas.

Di Shui Dong

*(Plano II, G4, **57**):* 56, Maoming Nanlu. ☎ 62-53-26-89. Servicio ininterrumpido de 10 a 23 h. Entrada por el primer piso. Platos de 20 a 40 ¥ (2 a 4 €) y marmitas por 50 ¥ (5 €). ¡Qué agradable encontrar en este Shanghai tan moderno un viejo restaurante que conserve toda su esencia! La cocina de este local está a la altura de la prestigiosa cocina de Hunan. Destacaremos el buey con pimientos de montaña y las costillas de cerdo especiadas. Los que no estéis bien del estómago es mejor que no vayáis. Disponen de una carta en inglés.

La Crêperie

*(Plano II, F5, **63**):* 1, Tao Jiang Lu. ☎ 54-65-90-55. Abierto todos los días hasta las 23.30 h. Menús a partir de 68 ¥ (unos 7 €). Hacía falta en Shanghai, una cosmopolita gran ciudad, una verdadera crepería bretona. ¡Pues

aquí está! La dirige Philippe, un bretón de Bénodet, y Xia es la chef china. Aprendió el arte de las *crêpes* en Rennes. Resultado: excelentes *crêpes* de trigo sarraceno de China, regadas con una deliciosa sidra (servida en un bol, como marca la tradición).

Precio medio

Meilongzhen

(Plano II, G4, ***61****):* 22, Lane; 1081, Nanjing Lu. ☎ 62- 53-53-53 y 62-56-66-88. Hay que reservar. Platos entre 30 y 100 ¥ (3 y 10 €). En un viejo edificio de estilo anglo-chino, al fondo de un patio interior. Inaugurado en 1938, este restaurante siempre ha estado abierto, incluso durante la Revolución Cultural. Tiempo atrás era el más frecuentado de la ciudad. Renovado en 1978, tiene 20 comedores en tres plantas, una decoración propia de la casa de un letrado, y en él trabajan 600 empleados. Cocina de Shanghai y Yangzhou, sobre todo.

Restaurante 1931

(Plano II, G5, ***59****):* 112, Maoming Nanlu. ☎ 64-72-52-64. Abierto hasta las 23 h o incluso más tarde. Calculad unos 100 ¥ (10 €). Es el lugar ideal para nostálgicos. La decoración está muy cuidada, con muebles y objetos antiguos. Os recomendamos el *brand pancake* de la casa y el *stir fried fresh fat lamb*. Un lugar perfecto para iniciar una velada romántica antes de llevar a vuestro acompañante a los bares de Maoming Nanlu.

Simply Thai

(Plano II, F5, ***70****):* 5C, Dongping Lu. ☎ 64-45-95-51. Está abierto hasta las 23 h. Situado en el elegante barrio de Hengshan Lu. Comida completa os saldrá por unos 120 ¥ (12 €). Se trata de un pequeño y bonito restaurante de color verde pastel con una terraza que da a un jardín. Ofrecen todos los clásicos tailandeses bien preparados y presentados. En cuanto a los paladares más sensibles, en la carta os indican, mediante una guindilla dibujada al lado del nombre, los platos picantes. El *green curry* es delicioso. Hay otra dirección en Xintiandi (ver más adelante).

De precio medio a más selecto

People 7

(Plano II, G4, ***67****):* 805, Julu Lu, a unos 100 m de la intersección de Fumin Lu. ☎ 54-04-07-07. Comidas en torno a los 200 ¥ (20 €). Igual que su hermano mayor, el *People 6* (un poco alejado), el *People 7*, muy céntrico, es uno de los hermosos restaurantes de diseño con precios asequibles de la antigua Concesión Francesa. Sutil y creativa cocina china, servida en un decorado refinado de cemento gris postmoderno, en varios niveles, con luz tenue e íntima, una barra de bar larguísima en la que se alinean kilómetros de botellas (whisky a más no poder) y clientela china glamurosa. Para descubrir a la hora de la cena.

El Willy

(Plano II, G4, ***62****):* 20, Donghu Lu. ☎ 54-04-57-57. Abierto todos los días hasta la 1 h de la madrugada. Calculad aproximadamente entre 200 y 300 ¥ (20-30 €) la comida, más caro si os gusta el vino... Alejado de la calle. El chef trabaja para la bodega Torres de Cataluña, eso explica el ambiente español del lugar, la vinoteca y las tapas. Este restaurante moderno, distinguido e impactante, también dispone de una terraza, y acoge en su galería adyacente a un peluquero y varias tiendecillas. Uno de los lugares animados para los residentes extranjeros de Shanghai, pero no el único.

People 6

(Plano II, F5, ***68****):* 150, Yue Yang Lu. ☎ 64-66-05-05. Todos los días de 11.30 a14 h y de 18 a 1 h. Comida

unos 150 ¥ (15 €). Un bonito restaurante de diseño con ambiente refinado que sirve una cocina china ligera e imaginativa con precios razonables (¡no es el caso de las bebidas que sirven en el bar de la planta baja!). En un sector tranquilo de la antigua Concesión Francesa, una gran puerta plateada, agujereada como un queso gruyer, una sugerente avenida de bambú iluminada discretamente, un interior espacioso distribuido en tres niveles, un ascensor para los platos, camareros uniformados con cierto estilo, y los baños, probablemente los más desconcertantes de Shanghai...

Sashas's

*(Plano II, F5, **69**):* 11, Dongping Lu; en la esquina con Hengshan Lu. ☎ 64-74-61-66. Sirven comida hasta las 24 h, pero el bar está abierto hasta la 2 h. *Brunch* el fin de semana de 11 a 17 h. Menús 90-120 ¥ (9-12 €) de 11 a 16 h; para cenar 350 ¥ (35 €). Se trata de uno de los establecimientos más frecuentados de este barrio, en un elegante edificio de estilo francés (1920) de color rosa envejecido en el que vivieron Chang Kai-shek y, después, la mujer de Mao Zedong, que lo utilizó a partir de 1949 como base para la ópera de Pekín. Uno se siente estupendamente en este ambiente señorial y de diseño al mismo tiempo. En verano también resulta muy agradable estar en el amplio jardín.

Fragrant Camphor Garden

*(Plano II, F5, **82**):* 2, Hengshan Lu. ☎ 64-33-43-85. Todos los días de 10 a 1 h. Comida 120 ¥ (12 €). Sus dos grandes ventanales dan a los plátanos de la avenida. Cocina del sur no demasiado picantes (Cantón).

Bellagio Cafe

*(Plano II, H5, **79**):* 68, Taicang Lu. ☎ 63-86-57-01. En la planta baja y en el primer piso. Todos los días de 11 a 4 h. Comida 100-120 ¥ (10-12 €). Cadena de restaurantes taiwaneses de éxito. Elegante decoración contemporánea para degustar lo mejor de esta cocina.

Jade Garden

*(Plano II, G4, **79**):* 127, Maoming Nan Lu. ☎ 54-03-70-28. Discreta puerta de entrada vigilada por un guardia que os envía en ascensor al 2º piso. Todos los días de 11 a 16 h y de 17.30 a 22.45 h. Comidas aproximadamente 130 ¥ (13 €). Amplio salón familiar y señorial, con terraza en la entreplanta y ambiente de plaza de pueblo: falsa fachada con arcadas y ventanas con postigos, un fresco muy inspirado en Gauguin, sobre toda una pared. En cuanto a la cocina, muy china, de calidad y bastante abundante, casi como la cocina de la abuela.

Xi's Garden

*(Xija Huayuan; plano II, F5, **70**):* 1, Dongping Lu. ☎ 64-74-70-52. En la esquina con Yue Yang Lu, enfrente de la estatua de Pushkin. Todos los días de 11 a 14 h y de 17 a 22.30 h. Entre 30 y 80 ¥ (3 y 8 €) por plato, excepto para el marisco y algunos platos de la zona de Sichuan, que salen un poco más caros. Este edificio de 1917 perteneció a un banquero del Kuomintang y luce decoración modernista: vidrieras con motivos florales, paramentos de madera labrada y sillas de mimbre. Cocina local bastante reconocida.

The Sweet Dynasty

*(Plano II, H4, **77**):* 300, Huaihai Middle Road, Hong Kong New World Tower. ☎ 63-86-99-85. Ⓜ Huangpi Nanlu. Todos lo días de 10 a 23 h. Inmensa sala tipo cafetería. Los empleados de los alrededores acuden a desayunar por las mañanas, y por las noches se acercan a cenar jóvenes y familias. La razón: su cocina cantonesa particularmente cuidada y los precios moderados (con excepción de las gambas).

Restaurantes de Xintiandi *(Plano II, H5, **60**)*: la zona más en boga de Shanghai. Los trotamundos adinerados encontraréis aquí cantidad de restaurantes elegantes y a la última. Puesto que la moda cambia rápidamente, es un poco arriesgado daros direcciones, pero al menos citaremos el ***Kabb***, por su agradable terraza con velas, precios razonables (platos 100-250 ¥/10-25 €), buena cocina internacional y cerveza de barril gigante. El ***T8*** está en una callejuela detrás del *Ark*, donde sirven una cocina sabiamente matizada por las influencias japonesa, sichuanesa y occidental en medio de una decoración de diseño... Eso sí, los platos salen por 200-400 ¥ (20-40 €).

SHANGHAI - LA CONCESIÓN FRANCESA (PLANO II)

EN EL NORTE DE LA CIUDAD

Shanghai Red Chicken

*(Plano de conjunto, **73**):* 188, Aomen Lu (Macao Road). ☎ 62-66-11-88. En la esquina con Chang Hua. Uno de los establecimientos más sorprendentes de Shanghai. La divisa de la casa es: «Bienvenidos al Red Chicken, donde séreis tratados como dioses». Considerado el restaurante chino más grande de China, con una superficie de 12.000 m² (¡más de 1 ha!), el *Red Chicken* puede atender a 2.500 personas a la vez. Para que el servicio sea más rápido, las camareras se desplazan en patines. En cuanto a la cocina, en un rincón están los viveros donde los clien-

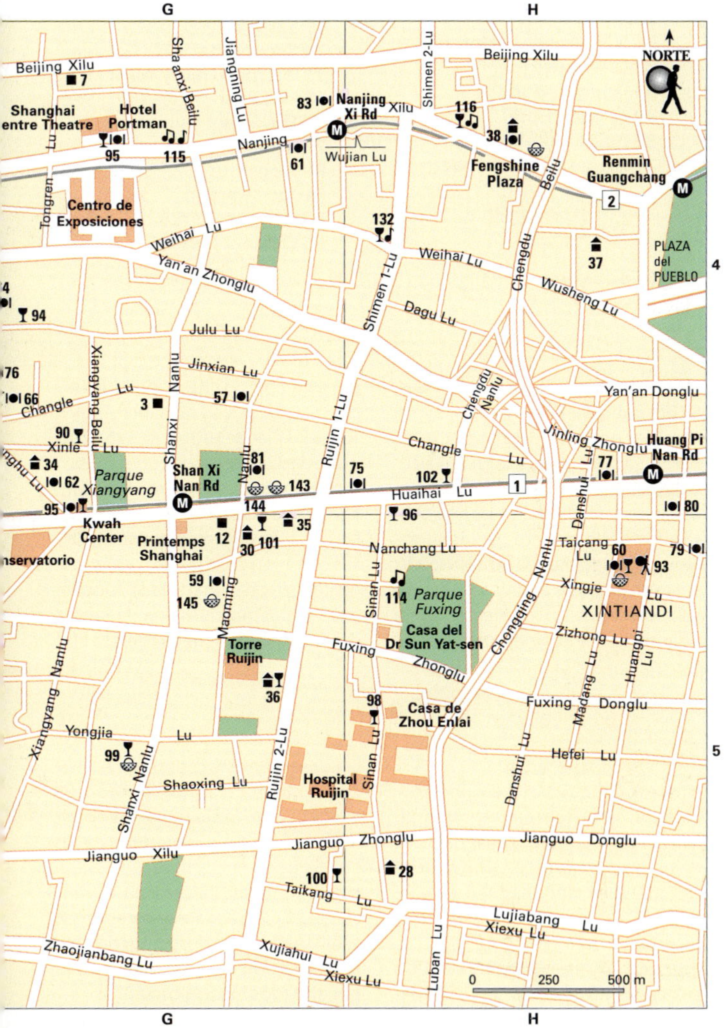

SHANGHAI - LA CONCESIÓN FRANCESA (PLANO II), *págs. 280-281*

Direcciones útiles

- 3 Garden Books
- 7 Sede del CITS
- 10 Centro Internet de la biblioteca de Shanghai (Shanghai Library)
- 11 Highland Internet
- 12 Cajero automático

¿Dónde dormir?

- 28 Super Motel 268
- 30 New Westlake Hotel
- 33 Old House Inn
- 34 Donghu Hotel
- 35 Jinchen Hotel
- 36 Ruijin Hotel
- 37 Mingtown Etour Youth Hostel
- 38 Alive Design Hotel
- 39 Quintet B&B

¿Dónde comer?

- 38 Thai Express
- 57 Di Shui Dong y Southern Barbarian
- 59 Restaurant 1931
- 60 Restaurantes de Xintiandi
- 61 Meilongzhen
- 62 Sichuan Citizen y El Willy
- 63 La Crêperie
- 64 Guyi
- 66 Baoluo Jiulou
- 67 People 7
- 68 People 6
- 69 Sasha's
- 70 Simply Thai y Xi's Garden
- 75 Wu Yue Renjia y Yoshinoya
- 76 Pho Real
- 77 The Sweet Dynasty
- 79 Bellagio Cafe
- 80 Megabite
- 81 Jade Garden
- 82 Fragrant Camphor Garden
- 95 Element Fresh

¿Dónde tomar un pastel?

- 71 Paul

tes escogen los peces, moluscos y crustáceos que quieren; después, los cocineros los pescan en su presencia, los pesan, ya que se pagan a peso (calculad 70-230 ¥/7-23 € los 500 g), e inmediatamente los cocinan. Más allá están expuestos en estantes refrigerados montones de platos de lo más variado, pero son menos interesantes. Una vez habéis escogido, un camarero se ocupa de vosotros. Para comer aquí, lo mejor es venir con un chino, porque hay pocos extranjeros y no hablan inglés. Todos los días de 19.30 a 20.30 h, organizan desfiles de moda con chinas en mallas, lentejuelas y purpurina, pantalones de cuero con clavos y perlas negras, a ritmo de música disco y danzas con abanico. A las 20 h aparecen dando volteretas una docena de camareros en patines, que parecen salidos de un espectáculo de Las Vegas.

¿DÓNDE TOMAR UN PASTEL?

Lilian Cake Shop

*(Plano II, G4, **83**):* 988, Nanjing Xilu. Para disfrutar de cremosos pastelitos que os recordarán a los pasteles de nata portugueses. ¡Una delicia! Hay otra dirección en Huaihai Lu.

Paul

*(Plano II, F5, **71**):* 6, Dongping Lu, entre la *Crêperie* y *Sasha's.* ☎ 54-65-91-31. El nombre de esta cadena ya es muy conocido al estar implantado en varios barrios de Shanghai; la calidad de esta pastelería-panadería-salón de té sigue siendo impecable: deliciosos pasteles, dulces y panes servidos en una elegante decoración de estilo francés que gusta mucho a los chinos. Un lugar que no se les pasará por alto a los más golosos.

83 Lilian Cake Shop

¿Dónde tomar un té o una copa?

36 View Cafe Bar
60 TMSK
90 Boona Café y Bar Constellation
94 Mesa & Manifesto
95 Long Bar
96 RBT (Xian Zong Lin)
97 Bali Laguna
98 Antiques Garden
99 Song Fang Teahouse
100 Kommune
101 Citta
102 Barbie Shanghai Coffee Shop

¿Dónde salir? ¿Dónde ir a bailar?

111 JZ Club
112 Beni's House
114 Park 97
115 M2
116 Windows Underground

¿Dónde escuchar jazz o blues?

131 Cotton Club
132 Jazz 37

Compras

60 Shanghai Tang
99 Song Fang Teahouse
142 Almacén de seda
143 Paris Marriage Photograph Group
144 Huangshan Tea Co
145 Hui Feng Tea Store

¿Qué visitar?

93 Shikumen Open House y emplazamiento de la primera reunión del PCC
156 Taiyuan Villa Guesthouse
158 Shanghai Propaganda Poster Art Center

¿DÓNDE TOMAR UN TÉ O UNA COPA?

Salones de té

Casa de té Hu Xin Ting

(Hu Xin Ting Tea House; *plano III, J6,* ***121****)*: en la ciudad antigua china, justo en la entrada del célebre jardín Yu, en la explanada peatonal. ☎ 63-73-69-50. Abierto todos los días de 8 a 20 h. Calculad 50 ¥ (5 €) por una taza de té. El salón de té más célebre de Shanghai tiene un estilo arquitectónico típicamente chino que hace de él uno de los más hermosos. Para llegar tenéis que atravesar un extraño puente llamado «puente de las Nueve Curvas» o «puente de los Nueve Zigzags»; la historia de las curvas responde a una superstición china según la cual le permiten al paseante evitar el encuentro con los malos espíritus, porque como éstos no conocen las curvas, avanzan siempre en línea recta. Fijaos en las decenas de peces rojos que se ven en el agua. En el interior del pabellón de té, si no hay mucha gente, podréis apreciar la serenidad y el encanto que se desprende de su arquitectura. Además de tomar el té, es posible comer huevos de codorniz, pollo y pasteles chinos. Los lunes, viernes, sábados y domingos a partir de las 18.30 h actúa una orquesta tradicional china. Por desgracia, el trato es un poco desganado debido a la cantidad de gente que va al jardín y al bazar.

Antiques Garden

(Plano II, H5, ***98****)*: 44, Sinan Lu. ☎ 53-82-10-55. De lunes a jueves de 10 a 22 h, viernes a domingo 23.30 h. Tés 60-110 ¥ (6-11 €), pequeña restauración. Frente a la antigua residencia de Zhou Enlai. Un islote de tranquilidad que reafirma el valor de la tradición. El Shanghai de otra época que resurge.

Yuyuan Stage

*(Plano III, J6, **120**):* 10, Wenchang Lu, en pleno corazón del mercado de Fuyou. ☎ 63-20-08-36. Cierra a las 17 h, excepto las noches que hya espectáculo. Té 30 ¥ (3 €).

Old Shanghai Tea House

*(Plano III, J6, **122**):* 385, Fang Bang Zhonglu. ☎ 53-82-12-02. Abierto de 9 a 22 h. Salón de té que su dueño, el coleccionista Zhang Jianming, ha acondicionado como un pequeño museo de la década de 1930. Viejos planos de Shanghai, fotos de época, viejos anuncios publicitarios, servicios de té y mobiliario antiguo. Gran variedad de tés servidos con tres clases de *dim sum*. Calculad entre 35 y 150 ¥ (3,50 y 15 €) por un té; el lugar realmente merece una parada.

RBT (Xian Zong Lin)

*(Plano II, H4-5, **96**):* 671, Huaihai Zhonglu (esquina con Sinan Lu). ☎ 53-06-12-60. Se localiza por el logo, que representa un conejo (de ahí su nombre), y por una decoración moderna con unas originales mecedoras sobre un fondo de color verde manzana. Un salón de té de la nueva generación para vivir la era moderna. Probad el *supreme herbal pearl tea*, un té taiwanés con *sogo*, muy nutritivo. También tienen sándwiches, tentempiés y algunos platos. Otras direcciones en la ciudad, por ejemplo, en el 887, Nanjing Xilu.

Song Fang Teahouse

*(Plano II, G5, **99**):* 227, Yongjia Lu. ☎ 64-33-82-83. Todos los días de 10 a 19 h. Tés 50-110 ¥ (5-11 €). Una tienda en la planta baja y el salón de té en la de arriba muy agradablemente decorado.

> **> AVISO**
>
> **Las tarifas que se indican en la guía son orientativas.**

Cafés y terrazas

En el Bund (Zhongshan Dong Yi Lu)

Captain Bar

*(Plano I, C3, **21**):* en la sexta planta del albergue juvenil *Captain Hostel* (ver «¿Dónde dormir?», antes). Cuenta con una terraza con vistas a un extremo del Bund y al Huang Pu. Buenos precios para trotamundos.

En otros barrios y la antigua Concesión Francesa

Citta

*(Plano II, G5, **101**):* 835, Huai Hai Lu. A 100 m de la intersección con Maoming Nanlu. ☎ 54-66-17-65. Una de las pocas cafeterías (una cadena italiana) de esta avenida rodeada restaurantes y de tiendas selectas y caras. No hay ningún café a la vista, exceptuando el horrible *Starbuck*... Aquí tenemos uno que sirve un verdadero y buen café, así como apetitosos desayunos. En la planta alta, gran salón con vistas a los árboles y a la animación de la calle (nos encanta) con banquetas mullidas y jóvenes con sus portátiles.

The Bund Brewery

*(Plano I, C2, **103**):* 11, Hankou Lu. ☎ 63-21-84-47. Por la noche es otra cosa, pero durante el día, en el Bund, es un problema encontrar un bar para sentarse 5 minutos y tomar algo tranquilo y al fresco. No hay nada en este sector, excepto esta cafetería, a pocos metros de todo el jaleo. Aquí fabrican (observad las cubas de cobre) una buena cerveza china, la *Bundlander Beer*. Una buena escala cuando hace demasiado calor fuera.

Mo'Jo Café

*(Plano I, B2, **31**):* 505, Nanjing Donglu. ☎ 63-60-48-74. Justo detrás del hotel *Sofitel*. Abierto de 8.30 a 1.30 h. Un café o una cerveza cuestan 20 ¥ (2 €).

A pesar de que no es un local muy a la última moda, su acogedora terraza y el trato cordial lo convierten en uno de los mejores lugares para descansar después de pasear por una de las avenidas más concurridas de Shanghai. También sirven algunos tentempiés.

Boona Café y Bar Constellation

*(Plano II, G4, **90**):* 88, Xinle Lu. ☎ 54-04-66-76. Todos los días de 7 a 1 h. Un pequeño café al que viene todo el mundo y a su lado el *Bar Constellation,* abierto hasta las 2 h de la madrugada, de un estilo totalmente diferente, una especie de pequeño club escocés que ofrece, detrás de una larga barra de bar, la variedad más amplia (¡una verdadera constelación!) de whisky de todo Shanghai...

Back Room

*(Plano I, A3, **91**):* 325, Nanjing Xilu. ☎ 63-27-22-21. Todos los días de 11.30-a 2 h. *Happy hours* 17.30-20 h. Lo mejor es su terraza en el Shanghai Art Museum (5º piso) con vistas a la plaza del Puebloy a la Nueva Ópera de Shanghai.

Barbarossa

*(Plano I, A2, **153**):* 231, Nanjing Xilu. ☎ 63-18-02-20. En el parque del Pueblo, a dos pasos del MoCA. Todos los días de 11 a 2 h (3 h viernes y sábado). En pleno corazón de la ciudad, es un salón de té-restaurante con una agradable terraza. Hermosa decoración de inspiración árabe.

View Café Bar

*(Terraza-café de la Ruijin Guest-house; plano II, G5, **36**):* 118, Ruijin 2 Lu. Ver «¿Dónde dormir?», antes. En el oeste, en la antigua Concesión Francesa. Cuando entréis en el hotel, tenéis que girar a la izquierda; el bar está justo detrás del restaurante. Para los más románticos, he aquí un pequeño bar elegante, con una magnífica cristalera que da a un gran parque. Un oasis de tranquilidad y vegetación con algunas mesas.

Bali Laguna

*(Plano II, F4, **79**):* 189, Hua Shan Lu, en el parque Jing'an. ☎ 62-48-69-70. Jing'an Lu. Consumiciones a partir de 50 ¥ (5 €). Si os encontráis en este barrio (con un centro comercial bullicioso y grandes avenidas), este café-restaurante, situado en un parque junto a un lago, debería aportaros el reposo y la serenidad oriental. Como si fuera un oasis en plena ciudad. También preparan comidas.

Bares insólitos y de diseño

Barbie Shanghai Coffee Shop

*(Plano II, H4, **102**):*): 550, Huai Hai Lu. ☎ 400-620-81-81. 💻 www.barbieshanghai.com En este palacio *high tech* con colores rosa chicle podréis tomar una naranjada o una coca cola entre los fans de ojos rasgados de la muñeca Barbie, la célebre rubia con ojos azules. El fenómeno Barbie invadió Shanghai, y las plantas de este edificio albergan un templo de la muñeca rosa. En el 5º piso (el 6F) se encuentra ***The Barbie Café,*** un lugar insólito y kitsch para los adultos, pero que gusta muchísimo a niños y adolescentes.

TMSK

*(Plano II, H5, **60**):* North Block, Unit 2, House 11, Lane 181 Taicang Lu, Xintiandi. ☎ 63-26-22-27. En la calle principal de Xintiandi. Todos los días de 14 a 2 h. Agradable terraza rodeada de bambú y uno de los decorados interiores más sofisticados jamás vistos. Mobiliario original rojo y negro, espléndido bar luminoso, esculturas en vidrio, ambiente íntimo creado por un sofisticado juego de luces. Aquí se viene más por el local que por las bebidas, bastante caras (y los cócteles no son nada del otro mundo).

SHANGHAI- PLANO III

¿Dónde dormir?

- **43** JJ Inn
- **44** Shanghai Classical Hotel

¿Dónde comer?

- **74** Nanxiang Steamed Buns Restaurant y Lubolang

¿Dónde tomar un té?

- **120** Yuyuan Stage
- **121** Casa de té Hu Xin Ting
- **122** Old Shanghai Tea House

Mesa & Manifesto

*(Plano II, G4, **94**):* 748, Julu Lu. ☎ 62-89-91-08. Todos los días hasta las 22 h. Antiguo almacén restaurado en un estilo *design*. Alberga en la planta baja un restaurante y en la alta un *bar-lounge*, que cuenta además con una terraza al aire libre.

Kommune

*(Plano II, G5, **100**):* 210, Taikang Lu. ☎ 64-66-24-16. Además de *Kommune,* hay muchos otros lugares (galerías de arte y tiendas *fashion)* en este pequeño barrio nocturno con

callecitas discretas, una especie de anti Xintiandi, auténtico y sin pretensiones. Con su terraza, *Kommune* es uno de los *before* preferidos de los noctámbulos. También preparan algunos platos para picar.

Le Pub 505

*(Plano I, B2, **31**):* en el hotel *Sofitel*, segunda planta (ver «¿Dónde dormir?»). Está abierto todos los días de 11 a 1.30 h de la madrugada (2.30 h los viernes y sábados). *Happy hours* de 17 a 19 h. Una agradable cervecería en pleno corazón de la calle Nankín, donde no hay prácticamente ningún bar ni café. Por lo que sabemos, es el único local de Shanghai que fabrica la cerveza de barril que sirve.

Long Bar

*(Plano II, G4, **95**):* 2/F, Shanghai Center Retail Plaza, 1376, Nanjing Xilu. ☎ 62-79-82-68. En un edificio situado a lo largo de la calle Nanjing Xilu, a los pies del hotel *Portman Ritz-Carlton*. Está abierto de 10 a 2 h. Como su nombre indica, este establecimiento dispone de una barra muy larga en la que se instalan los residentes anglosajones y los viajeros adinerados. Resulta muy caro, y la decoración es la típica de un pub, pero vale la pena conocerlo, aunque sólo sea por los desfiles de moda que se celebran todos los martes, jueves y viernes por la noche, hacia las 21.30 h. Contemplaréis a unas jóvenes chinas realmente preciosas, con las medidas de top-model y con vestidos de todos los estilos: *drag queen* a base de cuero negro, princesa manchú, bailarina del harén o concubina del último emperador. Deberéis telefonear antes para saber la hora exacta de los desfiles.

¿DÓNDE SALIR? ¿DÓNDE IR A BAILAR?

Finalmente se ha recuperado la vida nocturna en Shanghai. Algunos barrios concentran buena parte de la animación, pero existen otros lugares también dignos de ser mencionados. En cuanto llega el fin de semana, estos barrios se llenan de jóvenes vestidos a la última moda, con el móvil pegado a la oreja y sin recordar los años de austeridad que pasaron sus padres. Viven intensamente su tiempo de ocio, con las mismas ganas o más que sus envidiados homónimos occidentales.

Algunos barrios tienen una vida particularmente animada por la noche, como el Bund, la Nanjung Lu o el barrio de la antigua Concesión Francesa. Para más información consultad 💻 www.smartshanghau.com o la *That's Shanghai*.

Atención: en las discotecas no se acostumbra a ver circular droga, pero, ¡cuidado!, algunos establecimientos han adoptado el sistema *drug busting*, como en Bangkok y Pekín. Consiste en hacer orinar a todo el mundo en un «drogómetro»: si dais positivo, os facturarán directamente al aeropuerto.

M2

*(Plano II, G4, **115**):* 5º piso, Plazza 66, 1266, Nanjing Xi Lu. ☎ 62-88-62-22. Todos los días de 20 a 2 h (5 h viernes y sábado). Entrada libre excepto en los eventos especiales. Consumición 45-55 ¥ (4,50-5,50 €). Resulta un poco sorprendente este club-discoteca encaramado en lo alto de una galería comercial. Uno de esos lugares donde se mezclan nuevos ricos, residentes extranjeros y turistas, y donde la gente va para ser visto. Dicho esto, la calidad de los DJ invita a venir a desmelenarse en la pista central, o a ver cómo otros sudan la gota gorda, cómodamente instalados en el bar

que rodea la pista de baile o también en la planta alta.

Windows Underground

*(Plano II, H4, **116**):* 698, Nanjing Xi Lu. ☎ 51-16-88-57. 💻 www.windows-bar.com Todos los días desde 10 h hasta tarde. Entrada libre. Una sencilla sala con pista de baile y billar, y las cervezas más económicas de la ciudad. Un lugar joven y desenfadado.

JZ Club

*(Plano II, F5, **111**):* 46, Fuxing Xilu, entre Wulumuqi Lu y Yongfu Lu. ☎ 64-31-02-69. 💻 www.jzclub.cn Uno de los locales emblemáticos de la vida nocturna de Shanghai, en la antigua Concesión francesa. No es un lugar para bailar, puesto que no se trata de una discoteca sino de un estupendo club que ofrece una programación musical de primerísima calidad. Atención, es un lugar muy de moda, por lo tanto algunas noches se llena hasta los topes.

Beni's House

*(Plano II, F5, **112**):* 705, Yongjia Lu. ☎ 64-33-59-64. En el curce con Hengshan Lu. Abierto de 10 a 4 h de la madrugada. La cerveza de barril cuesta unos 20 ¥ (2 €). Al igual que sus vecinos (e imitadores), el *Beni's* es un bar nocturno con una fachada muy coloreada y una terraza muy agradable para tomar un poco el aire. Es conocido por su amplia selección de whiskys (pero también por sus *happy hours*, que duran todo el día hasta las 20 h). El personal está compuesto por chicas muy agradables que visten una minifalda blanca y un polo azul cielo. Por la noche actúan cantantes en directo.

Glamour Bar

*(Plano I, C3, **56**):* en el restaurante *M On The Bund* (ver «¿Dónde comer?», antes). Abierto todas las noches. Local muy agradable y bastante selecto para el hombre de negocios que sale de marcha por Shanghai.

El Bar Rojo

*(Plano I, C2, **110**):* 18, Zhongshan Dong Yi Lu. ☎ 63-39-11-99. 💻 www.resto18.com En el último piso. Todos los días de 18 a 2 h. Entrada: 100 ¥ (10 €), consumición aparte. Un bar-club de primer nivel en la cima de una torre de la década de 1920, en el Bund. La prensa especializada lo eligió como uno de los mejores bares del mundo, por su ambiente glamuroso, sus cócteles, sus *brunch* de calidad o sus *afternoon teas*. Espléndida vista del río y las torres iluminadas de Pudong. En la misma dirección, pero en el 4º piso (aunque para nosotros es el 3º), el muy selecto y moderno ***Lounge 18,*** donde mezclan los mejores DJ.

Park 97

*(Plano II, H5, **114**):* 2, Gaolan Lu. ☎ 53-83-22-08 y 53-83-23-28. Abierto todos los días desde las 11 h hasta altas horas de la madrugada. 💻 www.lankwaifong.com. Muy bien situado, con galerías acristaladas que dan al precioso parque Fuxing, uno de los más bonitos de la antigua Concesión Francesa. Se trata de un complejo que pretende ser (en más pequeño y más moderno) la versión shanghaiana de Lan Kwai Fong, el barrio de moda de Hong Kong. Cuenta con un bar-restaurante italiano *(Baci)*, un *lounge (Upstairs)* y una discoteca *(California Club)*. Calculad 50 ¥ (5 €) por una bebida.

¿DÓNDE ESCUCHAR JAZZ Y BLUES?

House of Blues & Jazz

*(Plano II, C2-3, **130**):* 158, Maoming Nanlu. ☎ 64-37-52-70. Al principio de la calle, a mano derecha viniendo de Fuxing Lu. Se trata de un gran bar-club con una decoración muy agradable. Buen ambiente y buenas formaciones de blues y jazz «importadas»

que atraen a un público entendido y distendido a la vez.

Cotton Club

*(Plano II, F5, **131**):* 8, Fuxing Xilu. ☎ 64-37-71-10. Se encuentra situado en la esquina con Huaihai Zhonglu. Está abierto hasta la 1.30 h. La decoración de este establecimiento no tiene nada de excepcional, pero es uno de los mejores lugares de Shanghai para escuchar jazz, blues e incluso *rhythm and blues.*

Jazz 37

*(CJW; plano II, H5, **50**):* Four Seasons Hotel, 500, Weihai Lu. ☎62-56-88-88. Excepto domingos, de 15 a 2h. Si el lujo y la fastuosidad del vestíbulo de recepción no os quitan las ganas, dirigíos hacia el ascensor, que os conducirá hasta el piso 37, donde está este bar con mucha clase desde el que se contempla un magnífico panorama de la ciudad, buenos cócteles y conciertos de jazz de calidad a partir de las 21 h.

ESPECTÁCULOS

Espectáculos de acróbatas chinos

(Plano II, G4): Shanghai Centre Theatre, 1376, Nanjing Xilu. ☎ 62-79-86-63 y 62-79-71-32. Hay que reservar por teléfono. Horario de espectáculos: de 19.30 a 21h. Entrada: de 150-280 ¥ (15-28 €). Los mejores números de acróbatas, famosos en el mundo entero, se presentan enfrente del lujoso hotel *Portman* (también llamado *Ritz-Carlton*). Los acróbatas (unos 50) tienen de media unos 16 años, y siguen una formación de siete años como mínimo en la escuela de circo de Shanghai. La acrobacia es una tradición china muy antigua que, al parecer, se remonta a los tiempos de la dinastía Han. El espectáculo comprende una decena de números: acróbatas, malabaristas, equilibristas, contorsionistas, pirámides humanas, payasos malabaristas, y un final de dragones y guerreros brincando.

Shanghai Grand Theatre

(ópera de Shanghai; *plano I, A3):* 300, Renmin Way. ☎ 63-86-86-86. En la plaza del Pueblo. La oficina de reservas de entradas (conciertos, óperas, teatro) se encuentra en la planta baja de la ópera, en la Shanghai Grand Theatre Box Office, en el lado izquierdo del edificio según se está de frente, cerca del restaurante *Maxim's of Paris*. Está abierto de 9 a 19.30 h. Para aseguraros la entrada, reservad por lo menos con una semana de antelación. Consultad el programa.

Circo de Shanghai

(Shanghai Circus World): 2266, Gonghe Xinlu. ☎56-65-34-46. 💻 www.circus-world.com Hay que reservar por teléfono. Todos los días a las 19.30 h. Entrada: 80-580 ¥ (8-58 €). Duración: 1.30 h. Circo de renombre mundial por la calidad de sus espectáculos de acrobacia y de magia.

COMPRAS

Fengashine Plaza

(Plano II, H4): 580, Nanajing Xilu. todos los días de 9 a 20 h. Tienen de todo, en varias plantas. Para las **perlas chinas,** la tienda ***Amylin,*** en el 3er piso. Abierto de 10 a 20 h. ☎ 52-28-23-72. Son comerciantes honestos (ellas, puesto que son vendedoras) ya que os dirán si las perlas son verdaderas o falsas. Por allí han pasado famosos como Clinton, Tony Blair... Precios razonables para la calidad.

Tienda de telas de seda

*(Plano II, E5, **142**):* F *Shanghai Silk Commercial Building*, 139, Tianping Lu. ☎ 62-82-15-33. Se encuentra situado en la esquina con Guangyuan Lu, en el suroeste de la antigua Concesión Francesa, permanece abierta de 9 a 21h. La tienda tiene tres plantas en las que se pueden encontrar auténticas virguerías. La especialidad de la casa es la seda «cruda», considerada la mejor, y el cachemir. En la tercera planta hay una zona grande reservada a los sastres, que confeccionan trajes a medida y los entregan al cabo de 24 h en el hotel. Os damos algunos ejemplos de precios (sólo la mano de obra, sin contar el tejido): un vestido 300-400 ¥ (30-40 €); un pantalón o una camisa de caballero, de 230 a 260 ¥ (23 a 26 €).

Hui Feng Tea Store

*(Plano II, G5, **145**):* 124, Maoming Nanlu. ☎ 64-72-71-96. Abierto de 9 a 21.30 h. Al igual que en *Huangshan Tea Co*, venden todo tipo de té, pero esta vez en un espacio más pequeño y cálido.

Huangshan Tea Co

*(Plano II, G4, **144**):* en los n°s 605 y 868, Huaihai Lu. ☎ 54-03-54-12. Este local de decoración bastante moderna expone un gran número de variedades de este producto, un centenar en total, presentadas en copas en el escaparate (se vende a granel en una bolsa) o dispuestas en bonitas cajas de colores.

Song Fang Teahouse

*(Plano II, G5, **99**):* 227, Yongjia Lu. ☎ 64-33-82-83. Todos los días de 10 a 19 h. La tienda en la planta baja del salón de té del mismo nombre es ideal para un primer contacto con esta planta: la dueña os aconsejará amablemente sobre los diferentes tés, por los cuales siente una verdadera pasión y sabe describirlos a la perfección.

Shanghai Tang

*(Plano II, H5, **60**):* North Block, 181 Taicang Lu, Xintiandi. ☎ 63-84-16-01. 💻 www.shanghaitang.com Buena marca de lujo de ropa china que ciertamente no está al alcance de cualquier bolsillo, pero los materiales utilizados y el diseño son realmente bonitos.

Paris Marriage Photograph Group

*(Plano II, G4, **143**):* 780, Huai-hai Zhonglu. ☎ 54-04-98-84. Delante del hotel *Jinchen*. No se sabe si es una peluquería, un salón de belleza o un estudio de moda. Lo que sí se sabe es que se trata de una tienda para novios. Muy popular, abierta al bulevar y frecuentada por jóvenes chinas que vienen aquí a ponerse guapas.

Mercados de Shanghai

Mercado de tejidos al por mayor

(Plano II, I7): 399, Lujiabang Lu. Al nordeste de Shanghai. Todos los días de 7.30 a 18 h. Calculad 100 ¥ (10 €) una camisa a medida de algodón, 400 ¥ (40 €) un abrigo de mujer en cachemir mezcla. Nuestro mercado favorito. En 1 ha (¡nada es pequeño en China!) reúne una asombrosa variedad de ropa (los *gipao* azules y rosas son muy bonitos), y sobre todo, telas muy económicas y de buena calidad: lino, algodón, lana, seda y en particular el cachemir, más o menos mezclado. Muchos trajes. Llevad vuestro modelo de camisa porque de lo contrario el sastre la hará con un corte muy entallado y ajustado al cuerpo, por lo tanto preved medidas un poco más amplias... No dudéis en hacer varias pruebas. Podríamos pasarnos horas aquí. ¡Y todo es auténtico!

Rastro

(Antiques Market; *plano III, I6):* situado en la calle Dongtai Lu (peatonal) y en las callejuelas adyacentes de Liuhekou y Zizhong Lu. Abierto todos los días de 8 a 18.30 h. Podéis regresar después a pie a la ciudad china por el lado este. Se trata de un simpático mercado al aire libre, lleno de puestos de lo más variopintos, pertenecientes muchos de ellos a los vendedores de artículos y objetos antiguos. Una de las mejores tiendas de antigüedades es el *Great Merit Hall*, en el nº 87 de la calle Dongtai, situada en una casa china del sigloXIX. En ella podéis comprar cualquier objeto que el arte chino pueda producir: desde estatuillas del triunfante Mao Zedong hasta divertidas cajas eróticas, o mecheros musicales, y, por supuesto, porcelana, teteras, vestidos de seda, muebles y viejas fotos de la década de 1930. Regatead. Tened también en cuenta que a veces se cuelan objetos falsos y reproducciones.

Mercado de Fuyou (Antiques Market; *plano III, I6)*: 457, Fang Bang Zhonglu. En la esquina con Henan Nan Lu. Este mercado de objetos antiguos y artículos de ocasión se encuentra en un edificio de cuatro plantas de la ciudad antigua china, y en el que los dos pisos superiores sólo se abren los fines de semana. La mejor hora para los aficionados de verdad es el domingo por la mañana entre 6.30 y 7 h. Piedras talladas, porcelana, cestos de madera lacada, pequeños frascos de vidrio para tabaco de rapé, joyas, jades (auténticos y falsos), teteras... Muchas reproducciones. También veréis algunos puestos de antigüedades de verdad, pero resultan muy caros.

Mercado de pájaros y flores *(Plano III, I6)*: situado en Xizang Nanlu, a 5min andando del rastro, entre las calles Kuaiji Lu y Fangbang Lu. Abierto todos los días hasta las 18h, este entrañable mercadillo con cantidad de pájaros enjaulados (aunque las jaulas no sean ningún símbolo de la libertad) resulta bonito de ver.

¿QUÉ VISITAR?

En el Bund (Zhongshan Donglu)

Bund *(plano I, C2-3)*: es un largo bulevar en la orilla izquierda del río Huang Pu, también llamado Zhongshan Donglu en los mapas, en el que aún se pueden ver las fachadas más hermosas de Shanghai levantadas durante los Años Locos. Esta impresionante muralla de edificios antiguos hace pensar más en Liverpool, Marsella, el viejo Brooklyn o el Chicago de la década de 1930 que en la China imperial. En un principio, aquello no era más que una ribera fangosa (ésta es la traducción de la palabra anglohindi *bund*) en el meandro de un río un poco más hospitalario que el Yangtsé. Allí descargaban sus mercancías los sampanes en medio de un gentío de marineros, porteadores, culis, vendedores ambulantes, mendigos y traficantes.

Con el fulgurante crecimiento económico que se produjo a comienzos del siglo XX, el Bund se convirtió en la avenida más codiciada de China. Y aquí vinieron a instalarse las empresas y los bancos que querían ocupar una posición ventajosa en la economía china. El Bund fue el corazón comercial y financiero de Shanghai, pero también el símbolo del dominio extranjero sobre una ciudad dividida en concesiones. Allí estaban, uno al lado del otro, el Banco de China, el de Indochina, el Hong Kong and Shanghai Bank, el Banco de Taiwan y el de Yokohama y el Banco Ruso-chino; además del Shanghai Club, donde se reunían los *taipans*, los compradores y los aventureros. La toma del poder por los comunistas en 1949 desembocó en su nacionalización y puesta en cuarentena. El carillón de Westminster fue sustituido por un himno musical más político: «Oriente es rojo».

Con la apertura económica de China en la década de 1990 y la puesta en marcha del «socialismo de mercado», el Bund ha empezado a recuperar poco a poco su esplendor, y quizá llegue también a llamarse como en los viejos tiempos, «la avenida del millardo de dólares».

> El lado del Bund que da al río se ha elevado por encima del suelo y transformado en un paseo peatonal. Es, con mucha diferencia, el lugar preferido por los vecinos de Shanghai para ir a pasear los domingos, y uno de los primeros que visitan los turistas extranjeros. Venid temprano por la mañana o a última hora de la tarde.

> Se puede deambular por el Bund a lo largo de cerca de kilómetro y medio desde el puente Waibaidu (en el norte) hasta Jinling Donglu (en el sur), siguiendo esta especie de dique. Hay una espléndida vista del río, del puerto y de la ciudad nueva de Pudong. Antes de llegar a Jinling Donglu, en el eje de Yanan Donglu, veréis un antiguo faro de arquitectura delicada. Fue construido en 1884 y alberga el diminuto *Museo del Bund*, que expone una decena de fotos antiguas (entrada gratis). Varios cafés y terrazas (ver «¿Dónde tomar una copa?»).

Puente Waibaidu *(plano I, C2, **150**):* este puente metálico de aspecto anacrónico (aunque robusto) atraviesa el río Wusong (Suzhou Creek) y comunica el Bund con Wusong Lu y el barrio de Hongkou, en el noreste de la ciudad. Fue una especie de tierra de nadie que marcaba el límite entre la Concesión Japonesa (donde también se encontraba el barrio judío) y la Concesión Internacional en el sur. Desde el puente se puede abarcar actualmente un siglo de historia de Shanghai en un solo vistazo (¿dónde habéis metido la cámara fotográfica?). Al fondo, algunos espléndidos edificios de la década de 1930 (consulado ruso, hotel *Pujiang* y *Shanghai Broadway Mansions*) y, enfrente, al otro lado del río Huang Pu, el bosque resplandeciente de los rascacielos de Pudong, el Manhattan de Shanghai.

Parque Huang Pu *(plano I, C2):* permanece abierto de 5 h de la mañana a 19 h. En él se encuentra el monumento a los Héroes de Shanghai. Este parque se hizo tristemente célebre en tiempos de las concesiones internacionales por estar «prohibido a los perros y los chinos». En realidad, se trata de una leyenda, ya que lo que estaba vedado era que entraran en el jardín las personas que iban acompañadas de perros y las que no tenían el carné de miembro.

Banco de China (Bank of China; *plano I, C2):* en la época de su construcción, en 1937, se había decidido que el edificio tuviera 33 plantas; pero a ello se opuso el poderoso propietario del lujoso

Cathay Hotel (actualmente *Peace Hotel*, ver más adelante), Victor Sassoon, quien no quería que hubiera en el Bund ningún edificio más alto que el suyo. Auténtica colmena financiera de Shanghai, el Banco de China merece un vistazo a la hora en que los enjambres de clientes se agitan en el salón interior para depositar o retirar dinero.

Edificio de Aduanas (Customs House; *plano I, C2,* ***152****):* 13, Zhongshan Donglu. Allí siguen estando las oficinas de la aduana marítima china. A finales del siglo XIX, el dueño del lugar era un tal Robert Hart, un irlandés «chinizado». En el vestíbulo de entrada, el techo artesonado está adornado con mosaicos que representan el puerto, enmarcados con luces de neón en rojo y azul como los que podéis ver en las discotecas.

Shanghai Pudong & Development Bank *(plano I, C2-3,* ***151****):* en la esquina con Fuzhou Lu. Si hubiera un edificio en el Bund que tuviera una manivela para retroceder en el tiempo, sin duda sería éste. Construido en 1923 por los ingleses, el edificio contiene una inmensa sala climatizada, con altas columnas destinadas a durar siglos, viejos mostradores de mármol bruñidos por el tiempo, orgullosos frescos llenos de colorido, lámparas, dorados y molduras. Salvo los empleados situados detrás de las ventanillas, casi nada ha cambiado desde la época de los *taipans* (los ricos hombres de negocios occidentales de la gran época) y los compradores (los poderosos intermediarios chinos). A decir verdad, este lugar es más que un banco; es un templo dedicado al «vellocino de oro», al comercio del dinero, que fue –y sigue siendo– la principal fuente de riqueza de Shanghai. En el ala derecha del banco hay un café (ver «¿Dónde tomar una copa?»).

Barrio de los alrededores de Nanjing Donglu

(calle Nankín; plano I, A-B-C2)

Calle Nankín, parte este (Nanjing Donglu): «China's nº 1 Street» (la calle nº 1 de China), según los folletos turísticos. En realidad, aunque Huaihai Zhonglu se mantenga en cabeza y siga representando la vía comercial más selecta de la ciudad, el primer lugar al que van los chinos de provincias y los turistas es Nanjing Lu. Esta calle histórica empieza en el Bund, al borde del río, y se prolonga a lo largo de casi 1500 m hacia el oeste hasta la plaza del Pueblo (Renmin People's Plazza), donde se encuentra la ópera de Shanghai. Una parte de la calle, que se extiende sobre un kilómetro (entre Henan Zhonglu y Xizang Zhonglu), es zona peatonal desde 1999.

Nanjing Donglu es la arteria comercial más antigua de Shanghai. La calle (y los edificios que la flanquean) ha sido estudiada, diseñada de nuevo y rehabilitada con objeto de convertirla en un eje comercial de primer orden, en el que se conjugan factores como la belleza arquitectónica y los imperativos del consumo de masas. Al mismo tiempo que se han ido renovando poco a poco los edificios viejos, del suelo han brotado varias torres modernas como la del *Sofitel Hyland*, en pleno corazón de Nanjing Lu.

> Se puede ir de compras hasta las 22 h a cualquiera de los grandes almacenes *(Department Stores)*; el más célebre de todos es el **Shanghai nº 1 Department Store** *(plano I, A2)*, al final de la zona peatonal, justo antes de llegar a Xizang Zhonglu y a la plaza del Pueblo. Considerado durante mucho tiempo uno de los almacenes más grandes de la ciudad e incluso de China, actualmente compite con su vecino **Xin Shi Jie** *(Nuevo Mundo)*, que se reconoce por sus dos torres gemelas de 10 plantas. Un poco más abajo de la calle se encuentran los grandes almacenes **Hualian** (hacia el Bund), delante del *Chunshenjiang Hotel*.

Atención: en esta calle apenas encontraréis cafés; casi toda está dedicada únicamente a grandes almacenes, tiendas y restaurantes. No obstante, podéis hacer una parada en la agradable terraza del *Mo'Jo Café* (ver «¿Dónde tomar una copa?»).

> El tramo más animado está en mitad del recorrido de la zona peatonal, junto al cruce entre Nanjing Donglu y Fujian Zhonglu.

El barrio se puede recorrer a bordo de un pequeño tren turístico, que sale del cruce entre Nanjing Lu y Henan Zhonglu *(plano I, B-C2)*.

Plaza del Pueblo (Renmin Guangchang) y ópera de Shanghai *(plano I, A3)*

Plaza del Pueblo (Renmin Guangchang; *plano I, A3)*: la mejor manera de ir es andando después de hacer el recorrido desde el Bund por la calle Nankín (Nanjin Donglu). En metro, bajad en la estación People's Plazza Station. Es muy agradable llegar por fin a esta inmensa explanada, despejada y luminosa, que contrasta con la estrechez de la calle Nankín. Tiempo atrás, en la época de las concesiones extranjeras, aquí había un hipódromo en el que los europeos apostaban en las carreras de caballos. En la actualidad, es el corazón artístico y cultural de Shanghai. Esta gran plaza de forma vagamente oval está dividida en dos partes diferentes y atravesada de este a oeste por una carretera de doble sentido *(Renmin Da Dao)*.

En la parte norte de la plaza (Renmin People's Park) se halla la nueva ópera de Shanghai, de una elegante arquitectura metálica transparente, y otros edificios, entre los que destaca uno, espléndido, que aloja los servicios de urbanismo del municipio (Shanghai Urban Planning Exhibition Hall). En el norte de la ópera podréis ver un antiguo edificio rehabilitado, rematado por una especie de torreón: el nuevo Museo de Arte de Shanghai (ver más adelante). Enfrente, en el sur se extienden unos grandes jardines públicos (Renmin People's Square), en cuyo centro se levanta la silueta, en forma de trípode, del Museo de Shanghai (ver más adelante). Debajo de este parque verde se encuentran unas galerías comerciales *(underground shopping mall)*, de entrada libre y gratuita, que merecen que les echéis un vistazo. Por la noche, la ópera y las torres están iluminadas, y la plaza del Pueblo nos parece entonces aún más hermosa, a la luz de las estrellas.

Museo de Shanghai (Shanghai Museum; *plano I, A3)*: 201, Renmin Da Dao. ☎ 63-72-35-00. Ⓜ People Square. En pleno centro de la plaza del Pueblo. Abierto todos los días de 9 a 17 h (última entrada a las 16h). Entrada gratuita. Se pueden alquilar audífonos por 40 ¥ (4 €) y un tiempo máximo de 3 h; los encontraréis en distintas lenguas. Folletos gratis en inglés.

Se trata de uno de los tres museos más hermosos de China. No debéis perderos este monumento arquitectónico, que constituye una especie de extraño trípode situado enfrente de la ópera, en la plaza del Pueblo. Esta curiosa marmita de formas un tanto pesadas, dotada de asas redondeadas, tiene la forma de uno de esos grandes recipientes antiguos que el visitante puede admirar en la sala de los Bronces. En realidad, la arquitectura del Museo de Shanghai representa el tema del Cielo y la Tierra: los dos elementos esenciales en la tradición artística y espiritual china.

> La **sala de los Bronces** se encuentra situada en la planta baja, a la izquierda. Esta sala está considerada la más valiosa de toda China. Todo se presenta de una manera cronológica, desde la dinastía Xia hasta la Han; es decir, desde el siglo XVIII a.C. hasta el siglo III d.C. Numerosas explicaciones científicas y un libro del siglo V a.C. (el *Kaogongji*) demostrarían que los chinos fueron los primeros que descubrieron el secreto de la fabricación del bronce. Cabe destacar el refinamiento de las técnicas, la variedad de las piezas, la calidad de las inscripciones: trozos de espadas, jarras, vasos, sables, cántaros, jarrones, jarras de vino, etc. Entre las piezas que más nos gustaron, figuran las *zhong* de Su, marqués de Jin: 16 campanas musicales de bronce, fijadas a un gran caballete de madera de 3 a 4 m de longitud. Descubiertas en 1992 en la provincia de Shanxi, estas maravillosas campanas habrían sido el regalo que el rey Li hizo al marqués en recompensa por una decisiva victoria militar. Pero lo más emocionante es saber que esas viejas campanas tendrían casi 3 000 años de antigüedad. Cerca de la salida veréis algo muy especial: un curioso espejo «transparente» de bronce (206 a.C.), una especie de disco pequeño que recibe la luz y después la proyecta sobre un panel. Fijaos también en la bonita serie de tambores con ranas esculpidas y en el cofre y la almohada con yaks esculpidos.

> La **sala de las Esculturas,** en la planta baja. Abarca desde el periodo de los Reinos Combatientes hasta la dinastía Ming. Cabe mencionar el perro de cerámica de la entrada –muy expresivo–, la estela de los 1.000 budas esculpida en piedra y una gruesa cabeza de hombre de madera, «Head of Kasyapa», con las orejas muy largas, la nariz

> AVISO

Los lugares de interés relacionados en la guía están acompañados de una referencia que indica su situación en los PLANOS de la ciudad. Por ejemplo, Museo de Shanghai *(plano I, A3)* significa que dicho museo se halla situado en el plano I de Shanghai, en la cuadrícula A3.

ganchuda y un aspecto entre burlón y refunfuñón, situada delante de unos elegantes caballeros. Más lejos hay un elegante *bodhisattva* de madera pintada, de la época Song.

> La **galería de las Cerámicas y las Porcelanas** está en la primera planta. En la entrada veréis un gran rótulo que da el tono de la sala: «La alfarería pertenece a toda la humanidad, pero la porcelana es un invento de China». En realidad, se trata de un pequeño museo dentro del gran museo. Se exhiben en él unas quinientas piezas que van desde el Neolítico hasta la dinastía Qing y una interesante serie de cerámicas pintadas de la dinastía Tang. En un principio, los chinos hacían las porcelanas con una arcilla muy pura y pobre en hierro, denominada *caolín* (llamada así por el monte Gaoling, en la región de Jingdezhen, de donde se extraía). Hicieron falta 20 siglos para afinar esa técnica arcaica y conseguir una porcelana dura, sonora y transparente.

> Las **galerías de las Caligrafías, las Pinturas y los Sellos** se encuentran en tres salas de la segunda planta.

> **Galería de las Monedas:** situada en la tercera planta. Aquí descubriréis que las más antiguas monedas (siglos III-VIII) eran herramientas.

> **Galería del Mobiliario de los periodos Ming y Qing:** en la tercera planta. Es una buena oportunidad para comparar las dos últimas dinastías en el plano artístico. Sorprende ver que el mobiliario Ming (siglos XIV-XVII) es mucho más sobrio que el de la época Qing (siglos XVII-XX), etapa de extremo refinamiento (esculturas de madera de una delicadeza increíble) que irá hacia la decadencia.

> Justo al lado, en la tercera planta, se encuentra la **galería de los Jades.**

> **Artes de las minorías étnicas:** en la tercera planta se muestra una preciosa colección de máscaras de madera pintadas, vestidos y embarcaciones *gaoshan* procedentes de Taiwan.

Tiendas: si os interesa adquirir algo de documentación, en la planta baja encontraréis una librería con un gran surtido de libros y revistas de arte. En la primera hay un salón de té, donde las consumiciones son muy caras.

Ópera de Shanghai (Shanghai Grand Theatre; *plano I, A3):* 300, Renmin Da Dao. www.shgtheatr.com

Situada en pleno centro de la plaza del Pueblo, no importa que os parezca un transatlántico transparente del tercer milenio, un yunque de sabiduría oriental o una pagoda volante de vidrio. Lo cierto es que la ópera de Shanghai es una maravilla del arte contemporáneo. Para los chinos tiene una forma que evoca el carácter *wang* (que significa «rey» en chino mandarín), y simboliza la unión entre el Cielo y la Tierra, entre el cosmos y los hombres. El zócalo cuadrado representa la Tierra, y el tejado curvado hacia el cielo, un elegante tocado imperial. Así pues, un buen carácter para una arquitectura inspirada en lo mejor de la civilización china.

Del arquitecto francés Jean-Marie Charpentier, fue una obra titánica que tropezó con numerosos obstáculos. Por ejemplo, había que respetar las reglas milenarias del feng shui (geomancia china).

No se pudo hacer ninguna abertura por el oeste, el lado del sol poniente, ya que el ocaso es sinónimo de muerte. El número de escaleras debía corresponder a un número positivo y benéfico de la numerología china. El revestimiento exterior que había de cubrir el tejado se confió a un grupo de operaciones especiales del ejército del aire. Finalmente, la ópera quedó terminada en 1997.

La decoración del interior es de estilo lujoso. Suelos de mármol negro de Italia, paramentos de madera beis claro, sillones color púrpura. Hay tres salas diferentes, destinadas al ballet, al teatro y a la ópera y los conciertos. El auditorio, de 2.000 plazas, tiene unas sofisticadas paredes que permiten modificar en todo momento el tiempo de reverberación de los sonidos y, por consiguiente, adaptar la sala al estilo del espectáculo. Algo nunca visto en China Popular.

> **Visita del interior:** en la entrada del edificio, a los pies de la gran escalera exterior, se encuentra la ventanilla de venta de billetes para las visitas (no confundir con las entradas para los espectáculos). Abierta de 9 a 12 h. Entrad de pago.

> **Información, reserva y venta de billetes de los espectáculos:** ☎ 63-86-86-86 *(Ticket Hotline*, información telefónica). Reservas con una semana de antelación. Para comprar localidades para los espectáculos (conciertos, ópera y teatro), dirigíos a la *Shanghai Grand Theatre Box Office*, situada en el mismo edificio. Abierta de 9 a 19.30 h. Está situada en la planta baja de la ópera, en el lado izquierdo del edificio según se está de frente, cerca del restaurante *Maxim's of Paris*. Para aseguraros de encontrar entradas, conviene que reservéis con una semana de antelación. Consultad los programas en la prensa local y las revistas culturales gratuitas (en inglés) como *That's Shanghai*.

Museo de Urbanismo de Shanghai (Shanghai Urban Planning Exhibition Hall; *plano I, A2-3):* 100, Renmin Da Dao. Edificio de una arquitectura destacable (inspirada en la de la ópera vecina) situado a la derecha del ayuntamiento de Shanghai (enorme cubo, gris y macizo). ☎ 63-72-20-77. Abierto de 9 a 17 h (18 h de viernes a domingo). Entrada: 30 ¥ (3 €), con algunos descuentos. Recordad que existe una entrada combinada.

Ante vuestra mirada se desplegará toda la historia del urbanismo de Shanghai. La exposición se inicia en la planta baja, con escultura giratoria bastante retro, para continuar después en la primera, con la evolución histórica de la ciudad. En la tercera planta podéis ver una maqueta de 700 m^2 que representa el Shanghai de 2020. En la cuarta hay una galería en la que los visitantes pueden proyectarse en el Shanghai del futuro y admirar la gran maqueta vista desde arriba. También organizan algunas exposiciones temporales y la reconstrucción de una calle comercial para terminar la visita.

MoCA (Museum of Contemporary Art; *plano I, A2, **153**):* 231, Nanjing Xilu. ☎ 63-27-99-00. 💻 www.mocashanghai.org Todos los días de 10 a 18 h. Entrada: 20 ¥ (2 €); descuentos.

Situado en pleno parque, abrió sus puertas en 2005 para albergar exposiciones temporales de arte contemporáneo de calidad muy variable.

Ciudad antigua china *(plano III)*

Situada a un paso del Bund y del río Huang Pu, y rodeada por los bulevares Renmin Lu (en el norte) y Zhonghua Lu (en el sur), la ciudad antigua china es una especie de barrio grande de casas bajas en el interior de una metrópoli que crece por todas partes. De reducida extensión (1,3 km aproximadamente de este a oeste, y 1,6 km de norte a sur), se puede recorrer a pie fácilmente en 2 h. Atravesada por una red de calles y callejuelas bordeadas por casas pobres, algunas de ellas insalubres, nunca formó parte de las concesiones extranjeras, por lo que quedó al margen del desarrollo. Eso, sin duda, la salvó, y también fue lo que la perdió. Las murallas que la rodeaban fueron derribadas en 1912 por razones sanitarias, y en su lugar se abrieron los bulevares circulares que aún existen. La ciudad antigua china, que está en un proceso de progresiva reconstrucción desde 1990, desaparecerá poco a poco, absorbida por el avance ineludible de las torres de hormigón. El periodista Albert Londres, que visitó este barrio en 1920, quedó sorprendido por el mal olor y la suciedad de las calles. Aunque esto ya no ocurre, si paseáis por aquí, aún veréis orinales de porcelana en las aceras: una prueba de la falta de higiene que frecuentemente va unida a un estilo de vida. Finalmente, alrededor del jardín Yu, la mayoría de casas chinas restauradas se han convertido en tiendas que constituyen un inmenso bazar.

Jardín Yu *(Yu Yuan; plano III, J6)*: ☎ 63-26-08-30. Se encuentra en el corazón de la ciudad antigua china y es un clásico jardín chino con una extensión de 2 ha, rodeado de muros. Uno de los jardines más hermosos de China. No os lo perdáis. Abierto de 8.30 a 17.30 h. Entrada: 40 ¥ (4 €); para los niños que no llegan a 1,20 m y los mayores de 70 años, 10 ¥ (1 €).

Diseñado en 1578 por orden del mandarín Pan Yun Duan (gobernador de la provincia de Sichuan) en homenaje a sus padres, fue un jardín privado durante mucho tiempo. A pesar de su extensión, cuando uno pasea por dentro no parece tan grande. Otros dirán lo contrario, que parece más grande de lo que es en realidad. Como todos los jardines de letrados, debe representar al mundo en miniatura y favorecer la meditación y la contemplación en la placidez. Las regueras simbolizan los ríos; los montículos y las rocas, las montañas; las puertas circulares evocan la perfección y armonía del universo; la forma fantasiosa de las ventanas (octogonales, estrellas, hojas) responde a la intención de «capturar el paisaje y la perspectiva». En este jardín, al igual que en los demás jardines chinos, todo debe servir para representar al mundo y al hombre a escala reducida, en un lugar cerrado. Aquí no hay líneas de fuga hacia el horizonte, ni perspectivas de más de unos cuantos metros, y apenas si hay alguna línea recta; un maravilloso laberinto cerrado sobre sí mismo que se extiende en planos sucesivos, como las escenas de un rollo caligrafiado. Cada sección de este dédalo está separada por sinuosos muros blancos, muchos de ellos rematados por el cuerpo ondulante de un dragón, el rey de los animales míticos. Por último, no dejéis de visitar los pabellones.

> **Pabellón de las Tres Espigas (Sansui Hall):** edificio donde se almacenaban las cosechas. Mobiliario de la dinastía Qing (la última).

> **Pabellón para Admirar el Gran Roquedo (Yangshan Hall):** el Gran Roquedo (*Huge Rockery*, a veces escrito *Bi Grockery*) es un montículo de 14 m de alto, formado por 2000 t de piedras amarillas extraídas de la provincia de Zhejiang, fijadas por una especie de cola de arroz. En la cima hay un pequeño templete desde el que se podía contemplar el cauce del río Huang Pu hasta no hace mucho. Ahora ya no se puede subir.

> **Pabellón para Admirar cómo Retozan los Peces (Yule Pavilion):** situado a la derecha, permite ver cómo nadan los peces en una gran charca flanqueada por una bonita pared blanca en la que hay una preciosa y misteriosa ventana.

> **Pabellón de las Diez Mil Flores:** no busquéis las flores por ningún lado, su nombre hace referencia a la belleza de las chicas jóvenes que se reunían en este patio. Fijaos en el Yinkgo Biloba de 400 años y en la magnolia de más de un siglo. En la planta baja se encuentra el salón amueblado, y en el primer piso, las habitaciones. A continuación se accede a un gran patio con un bello dragón corriendo en la pared.

> **Habitación para Contemplar la Luna (Deyue Chamber):** se refiere al reflejo de la luna en el agua. Si lo encontráis abierto, podréis contemplar hermosos muebles de estilo tradicional chino.

> **Salón de la Ternura (Hexu Hall):** es la sala de los orígenes y del sentimiento filial. Según dice un proverbio chino, «por alto que crezca el árbol, sus hojas siempre caen hacia las raíces». Ése es en cierto modo el sentido de este pabellón, que guarda sillones hechos con raíces nudosas de higuera de India. Sirven para recordarle a su ocupante, en todo momento, que procede de la tierra y que a ella volverá un día, después de transmitir la vida a sus descendientes. Seguidamente se accede al corazón del jardín, un gran estanque de agua lleno de peces con árboles, rocas y pabellones.

> **Pabellón de la Magnificencia del Jade (Yuhua Hall):** era el preferido de Pan Yun Duan. Venía aquí a estudiar, escribir, leer y meditar. Su despacho se reconstruyó tal como era en la época de los Ming. Justo delante, no os olvidéis de la roca llamada *Jade Delicado*, que data de mediados de la dinastía Song, es decir, de hace unos 1000 años. Una de las piedras más famosas de esta parte del país.

> **Pabellón de la Mirada Silenciosa (Jingguan Hall):** completamente al final del extremo sur del jardín Yu. Se ha convertido en una tienda de pinturas. Está enfrente de un montón de piedras de formas recortadas que evocan escenas divertidas. Hace falta una detenida y paciente observación (eso que los chinos llaman mirada silenciosa) para identificar al mono que come un melocotón, la rata que quiere salir del elefante o el viejo que lee un libro. Tiempo atrás, desde la torre Guantao, que bordea el jardín de rocas, se podía ver el río Huang Pu (que no anda muy lejos), pero ahora lo esconden un mon-

> AVISO

El icono del Trotamundos os indica el interés de la visita.

tón de edificios modernos. Finalmente, detrás de las rocas, un teatro acoge originales espectáculos y exposiciones temporales. Al salir del jardín llegaréis a un zona llena de tiendas.

Calle Fangbang Zhonglu y mercado de Fuyou *(plano III, I6):* una de las islas conservadas en el barrio antiguo. Fangbang Zhong, calle tradicional china con casas bajas de tejados curvados recubiertos de tejas, fachadas blancas y vigas rojas, empieza por una puerta china de estilo antiguo. Es un lugar muy animado e interesante para ir de compras. La calle está llena de tenderetes, tiendas de souvenirs y de pequeños bares. En el extremo oeste, esquina con Henan Nan Lu, se hallan todos los anticuarios del mercado de Fuyou, el mercado de objetos antiguos. Para más detalles, ver «Compras», antes.

Templo de Confucio *(plano III, I7):* ☎ 59-53-03-79. Abierto de 8 a 16 h. Entrada: 20 ¥ (2 €). En el suroeste de la ciudad antigua china, en la calle Wenmiao, un pequeño islote de calma. En el interior del recinto del templo hay un salón de té en el que de vez en cuando se reúnen los vecinos del barrio que se dedican a la ópera, su distracción favorita.

Antigua Concesión Francesa

(en el oeste de Shanghai; plano II)

Avenida Huaihai (Huaihai Lu*; plano II, E-F-G-H4-5):* tiene 6 km de longitud de este a oeste, no es muy ancha, es llana y casi recta, y constituye, de alguna manera, uno de los grandes bulevares de Shanghai, o al menos uno de los más ruidosos. Abierta en 1901 en tiempos de la Concesión Francesa (llamada por aquel entonces avenida Joffre), está plantada de plátanos y se puede considerar, en cierto modo, el «escaparate» comercial más lujoso de la ciudad junto con Nanjing Lu (ver antes) y el nuevo barrio de moda de Xintiandi (ver más adelante). La avenida Huaihai se divide a grandes rasgos en tres tramos, el más animado de los cuales (y el más comercial) es, en nuestra opinión, el que se encuentra entre Changshu Lu y la gran rotonda de Chongqin Nanlu.

> **Un consejo antes de la visita:** venid a última hora de la tarde, cuando la gente termina de trabajar. Lo mejor es bajar en la estación de metro Shanxi Nanlu *(plano II, G4)*, que está justo al lado de los grandes almacenes *Printemps Shanghai.* Para ver los *lilong*, que constituyen todo el encanto de la antigua Concesión, id por ejemplo al cruce de Shanxi Lu y de Xinle Lu. Volved por Huaihai Lu e id hacia el oeste hasta el cruce con Changshu Lu y la estación homónima. Si no os basta este tramo, podéis ir en la otra dirección, hacia el este, entre Shanxi Nanlu y la gran rotonda de Chongqin Nanlu (aproximadamente, 1,2 km).

Nuevo barrio de Xintiandi *(plano II, H5):* ironías de la historia, el barrio más de moda, el más selecto y el más pretencioso de Shanghai engloba, absorbe y asimila literalmente la *sede de la* *primera reunión del Partido Comunista Chino* (ver más adelante). Cada noche miles de chinos acomodados de Shanghai y de fuera se codean con occidentales y turistas medio borrachos por las callejuelas renovadas de este cuadrilátero completamente orientado a alojar restaurantes y bares selectos. Evidentemente, aquí encontraréis los locales más iluminados, más estudiados y más de moda (y los más caros también) de Shanghai. Pero se trata sobre todo de un ambiente, el del cambio económico, el de la China que se enriquece a toda velocidad y que ha decidido mostrarlo. Los detractores dirían que es superficial. Es posible, pero sin duda es muy revelador. También hay un pequeño museo interesantísimo sobre el barrio y su renovación.

Shikumen Open House *(plano II, H5, **93**)*: 25, Lane 181, Taicang Lu. ☎ 33-07-03-37. Bajo el pasaje, en medio de Xintiandi. Abierto de domingo a jueves de 10.30 a 22.30 h; viernes y sábado de 11 a 23 h. Entrada: 20 ¥ (2 €).

Este elegante y pequeño museo recuerda la historia de las *shikumen*, esas casas del barrio completamente reformadas que actualmente albergan bares y restaurantes selectos. *Shi* (piedra), *ku* (abierta) y *men* (puerta) designan un tipo de casa cuya entrada estaba coronada por un dintel de piedra barroco que simbolizaba el encuentro entre el Este y el Oeste. Las puertas eran de madera lacada negra con magníficos pestillos de bronce. Bonito mobiliario, numerosos paneles explicativos en inglés y proyección de viejas imágenes muy nostálgicas de Shanghai.

Sede de la primera reunión del Partido Comunista Chino *(plano II, H5, **93**)*: venta de entradas en el 374, Hangpi Nanlu, y entrada en el 76, Xingye Lu (la antigua calle Wantz) ☎ 53-83-21-71. Cerca del parque de Fuxing, en la antigua Concesión Francesa. Abierta todos los días de 9 a 17 h (las taquillas cierran a las 16 h). Entrada gratuita.

En esta casa de ladrillo negro pintado de rojo, muy bien restaurada y vigilada como un ministerio, que actualmente cuenta con un martillo y una hoz sobre un parterre de flores, se fundó el 23 de julio de 1921 el Partido Comunista Chino en la clandestinidad. Al cabo de siete días de discusiones, un espía de la policía francesa descubrió el escondite e irrumpió en el lugar, lo que provocó la desbandada de los delegados.

Se pueden visitar todas las habitaciones de la casa. En una de ellas, unas figuras de cera representan a los delegados reunidos alrededor del joven Mao Zedong. Pero, según algunos historiadores, en esta primera reunión histórica, Mao no habría desempeñado un papel tan importante como se dice, y no lo desempeñó hasta mucho más tarde.

Casa del doctor Sun Yat-sen *(plano II, H5)*: 7, Xianshan Lu. ☎ 64-37-29-54. En la intersección con Sinan Lu. Abierta todos los días de 9 a 17 h (la taquilla cierra a las 16.30 h). Entrada: 8 ¥ (0,80 €).

Si hay una casa que se ha de visitar antes que todas las demás, es precisamente ésta, por el encanto de la década de 1930 que encierra.

El doctor Sun Yat-sen (1866-1925) fue uno de los políticos chinos más importantes del siglo XX. Fundador del movimiento republicano chino y del Kuomintang (Partido Nacional del Pueblo) en 1900, teórico de la democracia, Sun Yat-sen fue el instigador de la Revolución de 1911 que puso fin a la monarquía manchú. Primer presidente de la República China, la mayoría de los chinos lo consideran actualmente el primer hombre de Estado moderno de su país. A los 49 años se casó con Soong Qingling, una encantadora china de 22años que trabajaba a su servicio como secretaria. Tras la muerte de Sun Yat-sen, Soong Qingling vivió en esta casa hasta 1937. Aunque los japoneses la desvalijaron durante la Segunda Guerra Mundial, esta casa-museo ha conservado los muebles originales.

La primera villa contiene una sala en la que se cuenta la vida de Sun Yat-sen a través de numerosos documentos de la época. Pero la parte más interesante de la visita es la segunda villa. En ella, deberéis enfundaros los zapatos en unas bolsas de plástico para no estropear el suelo. Una guía china anglófona os hará algunos comentarios, recitándolos de memoria. En el estudio-despacho-biblioteca de Sun Yat-sen se reunieron (en agosto de 1923) el Kuomintang y el entonces clandestino Partido Comunista Chino. También pasaréis por el dormitorio de Sun Yat-sen y su joven esposa. Destaca un cuadro que representa un gato. El animal mantiene la mirada fija en vosotros, tanto si estáis a la izquierda como a la derecha. Quizá sea el fantasma del lugar...

Parque Fuxing *(plano II, H5):* en la antigua Concesión Francesa, entre Huaihai Zhonglu y Fuxing Zhonglu. Tiene la entrada por Gaolan Lu y por Yandang Lu. De 5 a 18 h os cobrarán una pequeña entrada, después sale gratis. Situado cerca de la casa de Sun Yat-sen, se creó en 1909. Bajo estos grandes árboles, los chinos hacen gimnasia por la mañana temprano. En la entrada, a la izquierda, se encuentra la *galería ShanghART* (ver «Direcciones útiles. Ocio, artes y espectáculos», antes) y el *Park 97*, un complejo de restaurantes, bares y discotecas nocturnas (ver «¿Dónde ir de marcha? ¿Dónde ir a bailar?», antes).

Antigua residencia de Zhou Enlai *(plano II, H5):* 73, Sinan Lu (antigua calle Massenet). ☎ 64-73-04-20. Abierta de 9 a 16 h. Entrada gratuita:

Con los muros completamente cubiertos de uvayema, un tejado y ventanas latinos, y un pequeño garaje que da a la acera de una tranquila calle a la sombra de los plátanos, la casa del «camarada» Zhou Enlai parece el lugar soñado por cualquier oficinista para el día de su jubilación. Zhou Enlai (1896-1976), uno de los más antiguos compañeros de Mao Zedong, sólo vivió un año aquí (de junio de 1946 a marzo de 1947), pero fue primer ministro de China Popular y el segundo personaje del Estado a comienzos de la década de 1970. Durante la Revolución Cultural intentó encarnar una línea de «moderación» que le hizo particularmente simpático entre el pueblo chino. Después de la guerra, esta casa sirvió de sede de la oficina de representación del Partido Comunista Chino. El interior de la vivienda es de una gran sobriedad, con suelos y paramentos de madera oscuros. El mobiliario no es el original. En la primera planta hay una sala de lectura y unas habitaciones monacales que tienen una hermosa vista del jardín interior.

Antigua residencia de Soong Qingling *(plano II, E5):* 1843, Huaihai Zhonglu. ☎ 64-74-71-83. Abierta todos los días de 9 a 16.30h. Entrada: 8 ¥ (0,80 €).

Soong Qingling (1893-1981) tuvo una existencia fuera de lo común, lo mismo que sus hermanas Soong Mailing y Soong Ailing. Las vidas paralelas de estas tres chinas originarias de Shanghai están descritas en un libro y han sido llevadas a la gran pantalla por la directora Mabel Cheug, con Maggie Cheung, con el título de *The Soong Sisters*. Soong Qingling era una de las tres hijas de Charlie Soong, un riquísimo empresario del Shanghai de la década de 1930. Educada en el cristianismo, estudió en Estados Unidos y después trabajó como secretaria del doctor Sun Yat-sen, fundador de la República China (1911) y primer presidente de la República. Cuando se casaron, ella tenía 22 años, y él, 49. Una de sus hermanas, Soong Mailing, se casó con Chiang Kai-shek (quien dirigió el Kuomintang, Partido Nacionalista del Pueblo, y China hasta que huyó a la isla de Formosa, Taiwan, tras la victoria de los comunistas de Mao Zedong, en 1949). Y la otra, Soong Ailing, se casó con H. H. Kung, un poderoso banquero que fue ministro de Finanzas del Kuomintang en la década de 1930. Es como si el destino de las tres hermanas Soong las hubiera predestinado a convertirse en las esposas de los tres personajes más influyentes de China antes de la Segunda Guerra Mundial, y así fue. Realmente, la ambición es algo que las hermanas Soong se tomaron muy en serio. Según un refrán que cuentan muchos chinos, «Ailing amaba el dinero; Mailing, el poder, y Qingling, a China».

A la muerte de su esposo (en marzo de 1925), y tras la ruptura definitiva entre los nacionalistas del Kuomintang (dirigido por su cuñado Chiang Kai-shek) y los comunistas, Soong Qingling se alineó definitivamente en el bando de Mao Zedong. Así que se quedó en China, al contrario que sus hermanas (distanciadas de ella por razones políticas), que se exiliaron a Taiwan y Estados Unidos.

Soong Qingling vivió en esta vasta mansión de la antigua Concesión Francesa desde abril de 1948 hasta 1963. En ella recibió a huéspedes importantes como Mao Zedong. Después se instaló en Pekín, donde residió hasta el final de su vida (murió en mayo de 1981). El Partido Comunista Chino le concedió numerosos títulos honoríficos, incluido el de presidenta honoraria de la República Popular China.

A lo largo de la visita os cruzaréis seguramente con grupos de chinos de Taiwan. ¿Cómo se explica eso, teniendo en cuenta que Qingling era comunista? Pues porque, a pesar de las diferencias, esta casa se la había regalado su cuñado Chiang Kai-shek, jefe del Kuomintang, antes de huir a Taiwan con las tropas nacionalistas (después de la derrota de 1948), y su segundo hijo vivió aquí antes de escaparse también a Taiwan.

Shanghai Propaganda Poster Art Center *(plano II, E4, **158**):* Bloc nº 4, 868, Huashan Lu. 💻 www.shanghaipropagandaart.com

En el sótano, en un conjunto de torres; nada que indique su presencia (¡excepto el portero, que en cuanto os veaa se acercará!). Todos los días de 10 a 17 h. Entrada: 20 ¥ (2 €). No se trata de un museo oficial (y el contenido tampoco lo es...), sino de una importante colección privada que cuenta con unos 4.000 carteles publicitarios realizados entre 1949 y 1979; solamente unos cientos de ellos están expuestos. El conjunto está presentado de manera sencilla pero muy profesional, un texto en inglés introduce los diferentes períodos y a menudo pone de manifiesto el abismo entre lo que la publicidad y la realidad china en la misma época.

Taiyuan Villa Guesthouse *(plano II, F5, **156**)*: 160, Taiyuan Lu. ☎ 64-71-66-88.

También conocido por su antiguo nombre de Marshall Residence, esta peque´ña casa solariega de estilo francés (de ladrillo rojo), situada en el corazón de la antigua Concesión Francesa, está rodeada de un apacible jardín y de un parque con hermosos árboles. ¡Increíble remanso de paz y verdor en el corazón de una ciudad tan agitada! Antes de 1949, la casa fue residencia del embajador de Estados Unidos (Marshall). Después, la mujer de Mao Zedong, originaria de Shanghai vivió allí, seducida por la belleza del lugar. En la actualidad, el establecimiento, convertido en hotel y restaurante, suele estar a veces ocupado por altos dignatarios del Ejército chino.

Red Town *(plano de conjunto II, F5, **156**)*: 578, Huaihai Xi Lu. ☎ 62-80-47-41. www.redtown570.com Ⓜ Hongqiao Road.

Con cierto parecido a la Mogashan Lu, pero más limpio y mejor terminado, el Red Town es un hervidero de galerías, cafés y tiendas que ocupan en 5.000 m^2.

En el suroeste de Shanghai

Templo y monasterio budista de Longhua: Longhua Si, 2853, Longhua Lu. ☎ 64-56-60-85. Ⓜ Shanghai Stadium., después 10 minutos a ie siguiendo la Tianyaoqiao Lu. Abierto de 7 a 17 h. Entrada: 10 ¥ (1 €).

Se trata del templo budista más antiguo y más grande de Shanghai que aún sigue activo (en él viven unos 80 monjes). En este lugar se fundó un primer monasterio en el año 242, en la época de los Tres Reinos. Pero el edificio fue destruido y, luego, reconstruido parcialmente en tiempos de la dinastía Song, y se acabó totalmente entre 1403 y 1421. La parte más antigua del monasterio –la pagoda octagonal de nueve plantas (37 m de alto), de madera y ladrillo– se encuentra, paradójicamente, en el exterior del templo y data de la dinastía Song. El resto del monasterio, separado de la pagoda por una carretera, lo componen siete pabellones repartidos alrededor de los patios interiores. En el patio más grande se encuentran las torres de la Campana y del Tambor, una enfrente de la otra, pero sólo se puede visitar la de la Campana. La atracción favorita de los turistas consiste en subir a la torre y hacer tañir la campana de Longhua *(Longhua Bell)*, pero deberéis pagar 50 ¥ (5 €) más para hacerla sonar una sola vez. Detrás del templo hay un restaurante que sirve platos vegetarianos, una especie de hostal de peregrinos. Los trotamundos pueden intentar alojarse en él. La mejor época para visitarlo es en primavera, cuando florecen los melocotoneros.

Catedral de Xujiahui (Xujiahui Dajiaotang; *plano de conjunto):* Ⓜ Xu Jia Hui.

Situada en el barrio de Xujiahui, la catedral de San Ignacio, más interesante en el plano histórico que en el arquitectónico, parece un edificio desplazado y anacrónico en este moderno entorno urbano (entre torres y rascacielos de vidrio y hormigón). En 1848, tras la firma de los tratados leoninos entre China y los occidentales, los jesuitas consiguieron un terreno situado en este emplazamiento que, supuestamente, es el lugar donde nació Xu Guangqi, el célebre discípulo chino de Matteo Ricci al que algunos consideran la más importante figura histórica de la Compañía de Jesús. La primera iglesia que se construyó se llamó Zi Ka Wei, y era del estilo jesuítico de entonces; hasta que en 1906 fue sustituida por ésta, más grande pero sin ningún encanto. La fachada recuerda un poco la de la catedral católica de Ciudad Ho Chi Minh (Vietnam). San Ignacio era el centro católico en la China meridional, una especie de Vaticano del Extremo Oriente que albergaba un seminario, un orfanato, una escuela, una biblioteca, una imprenta, una editorial, talleres de arte sacro y hasta un observatorio. La iglesia fue clausurada durante la Revolución Cultural y abierta de nuevo en 1979. En la actualidad, y tras los años de clandestinidad y persecución, los cristianos de Shanghai (y China) pueden practicar su religión. Todos los domingos se celebran varias misas y, además, se conmemoran las grandes festividades cristianas (Navidad, etc.).

En el noroeste de Shanghai

Templo del Buda de Jade (Yufo Si; *plano de conjunto):* 170, Anyuan Lu; ☎ 62-66-36-68. Justo en el sur de la intersección de Changzhou Lu y Jiangning Lu. Abierto todos los días de 8 a 16.30 h. Entrada: 20 ¥ (2 €), más 10 ¥ (1 €) para el Gran Buda.

Situado en un barrio ruidoso y sin ningún encanto, éste es el templo budista más famoso de la ciudad. En un principio era un monasterio, que se construyó en 1889 para recibir dos estatuas de Buda de jade blanco de Birmania, importadas siete años antes. Cerrado entre 1949 y 1980, y amenazado por los Guardias Rojos durante la Revolución Cultural, su supervivencia se debe a la inteligencia y el valor del bonzo superior de la época. Éste tuvo la buena idea de cerrar las puertas del templo y cubrirlas con retratos del presidente Mao, que no se podían tocar sin cometer un sacrilegio. Y así consiguió que los Guardias Rojos no saquearan el Yufo Si.

En la actualidad, el templo ha recuperado una existencia conforme a su vocación inicial, y está habitado por una comunidad de monjes budistas (budismo zen) que están a su cargo. El templo comprende tres vestíbulos centrales, separados por patios. Tras la sala de los guardianes celestes, fijaos en la majestuosa sala donde rezan los monjes, que es de una gran riqueza. De entre todos los objetos, contemplad el gracioso Buda acostado, que mide 96 cm. Delante hay una réplica gigante de mármol, no tan bonita como la anterior, que fue un regalo de Singapur en 1989 (la estatua de la derecha, realizada con madera de jojoba, tiene mucho más encanto). Finalmente, el Gran Buda sentado se encuentra en la primera planta del gran vestíbulo dedicado a la oración; mide cerca de 2 m y pesa 1 t.

En el noreste de Shanghai (barrio de Hongkou)

(plano de conjunto)

Parque Hongkou *(fuera del plano de conjunto, hacia el norte):* también llamado *parque Lu Xun*, abre de 5 a 19 h en verano. Ⓜ Hongkou Stadium. La entrada no sale nada cara. Inaugurado en 1905, en aquel tiempo formaba parte del barrio japonés de Shanghai, como lo testifican las casas de oficiales japoneses que bordean el jardín en el lado sur. El parque Hongkou es un sitio ideal para venir a primera hora de la mañana (entre 6 y 8h) y observar el impresionante gentío que practica conjuntamente y en silencio el tai-chi (gimnasia tradicional china) o que aprende movimientos de danza. En el interior del parque se encuentra la **tumba de Lu Xun,** con una estatua de bronce del escritor erigida en 1956. Los seis ideogramas de la tumba los escribió el presidente Mao, y los dos árboles de los lados los plantó Zhou Enlai.

Al lado de la entrada principal del parque se levanta el **monumento a Lu Xun,** que abre todos los días de 9 a 16 o 17 h. En él se exponen documentos sobre la vida del escritor, aunque todo está escrito en chino.

Antigua residencia de Lu Xun (Lu Xun's Museum)*:* Lane 132, House 9, Shanyin Lu. Ⓜ Hongkou Stadium. ☎ 65-40-22-88. En el este del parque, permanece abierta de 9 a 16 h. Entrada: 10 ¥ (1 €).

Lu Xun (1881-1936) está considerado uno de los escritores chinos más importantes del siglo XX. En su obra maestra *La verídica historia de Ah Q* fustiga la pasividad del pueblo chino, principal responsable, según él, de las desgracias del país a lo largo de la historia. De ideas progresistas, Lu Xun fue uno de los que encabezaron la Liga de Escritores de Izquierda de China y simpatizó con el comunismo, sin llegar nunca a adherirse al Partido. Ello no impidió que Mao lo convirtiera en un escritor modelo y en uno de los inspiradores del realismo socialista. En realidad, podría decirse que fue el Gorki chino.

Calle Duolun (Duolun Lu): situada a unos 450 m al sur del parque Hongkou, empieza en Jiangwan Lu y termina en Sichuan Beilu. Ⓜ Hongkou Stadium.

En forma de L y con medio kilómetro de longitud, se trata de una vieja calle histórica del barrio de Hongkou flanqueada por algunas casas antiguas: en el nº 59, el templo Hongde; en el nº 250, un edificio de ladrillo de estilo islámico que perteneció a un ministro de Finanzas del Kuomintang; en el nº 201 se encuentra la casa donde se creó la Liga de Escritores de Izquierda, encabezada por el escritor Lu Xun (que vivía en las cercanías).

La ciudad nueva de Pudong

Hasta 1990, el barrio de Pudong («el este del río»), en la orilla derecha del río Huang Pu, era una extensión de terrenos agrícolas, llanos y fértiles, dedicados al cultivo. Los habitantes de toda esta zona vivían todavía como pequeños agricultores, a las puertas de una metrópoli en plena explosión económica. Salvo unos cuantos almacenes industriales y algunas fábricas más o menos modernas a orillas del río, aquí no había nada. Pero, gracias al apoyo de Jiang Zemin y de Zhu Rongji (antiguos alcaldes de Shanghai y antiguos nos 1 y 2 de China Popular), el municipio decidió en abril de 1990 desarrollar esta parte de la ciudad para descongestionar Puxi, «el oeste del río». Por suerte, hay espacio de sobra. Pudong tiene una extensión de 522 km² entre el río Huang Pu y el mar de China, en una superficie tan grande como la de Singapur. En 1992, Deng Xiaoping dio el impulso decisivo para la transformación de Pudong en «zona económica especial», con un importante objetivo: convertir Shanghai en el corazón y motor del nuevo «capitalismo de Estado chino».

En menos de diez años, enfrente de los edificios del Bund ha brotado del suelo una nueva ciudad, donde se han construido a una velocidad de vértigo rascacielos de formas futuristas, altivas torres de acero y cristal, obras maestras –por su audacia y modernidad– diseñadas por los mejores arquitectos internacionales. Se dice incluso que la proliferación de edificios y de torres hará que el suelo baje 1,5 cm al año. Actualmente, Pudong (increíble jungla futurista, cuyos dos máximos exponentes arquitectónicos son las torres Perla de Oriente, Jinmao y el World Financial Center) representa el gran centro de negocios de China, el Manhattan chino, más denso que ayer, pero (sin duda) menos que mañana.

¿Cómo llegar?

> **En taxi:** vigilad los atascos en las horas punta (de 8 a 9.30 h y de 16 a 17 h), espacio temporal en que no pueden ir por el túnel de Yan'an.

> **En metro:** práctico a todas horas, pero, lógicamente, no veréis nada durante el trayecto.

> **En ferri:** muy agradable y barato. El embarcadero está en el Bund, a la altura de Jinling Lu. Sale cada media hora entre las 8 y las 20.30 h. Circula por el Huang Pu. Duración del trayecto: 15 minutos; es casi gratis (8 ¥/0,80 €).

> **Bund Sightseeing Tunnel:** se accede a él por un pasaje subterráneo que hay debajo del paseo del Bund. La entrada peatonal se encuentra a la altura del nº 18. Está indicado como East Nan Jing Road Underpass. Descubriréis, a toda velocidad, que este selecto medio de transporte sobrevivirá al siglo XXI. La cosa parece clara, visto el viaje estilo Star Trek, que os sumerge en un diluvio de electrones fluorescentes, siguiendo las iluminaciones concéntricas. Los que queráis probarlo debéis saber que cuesta unos 40 ¥ sólo ida y unos 50 ¥ ida y vuelta (4 y 5 € respectivamente).

Torre Jinmao (Jinmao Tower; *plano I, D3):* 88, Century Boulevard, en Pudong. ☎ 50-47-51-01. www.jinmao88.com Ⓜ Lujiazhui Rd. Todos los días de 8.30 a 21 h. Entrada (puerta 4):

70 ¥ (7 €); descuentos; gratuito para los niños que midan menos de 0,80 m.

Constituye la joya arquitectónica de la nueva zona de actividad de Pudong, y el símbolo de la recuperación económica de Shanghai. Diseñada por el estudio de arquitectos estadounidenses Skidmore, Owing y Merill, se inauguró en 1999, y es, por ahora, la sexta torre más alta del mundo (420,5 m, 88 plantas –en China, el 8 está considerado el número de la perfección) después de la torre Khalifa (Dubai, 828 m), Taipei 101 (Taiwan; 509 m), la torre vecina del Worl Financial Center (492 m), las torres gemelas Petronas (Kuala Lumpur, Malaysia; 452 m) y la Sears Tower (Chicago, Estados Unidos; 443 m). Pero en materia de récords, todo cambia tan rápido...

La torre Jin Mao podría ser la hija de tres monstruos sagrados del siglo XX: Mao, Frankenstein y Coca-Cola. Ésta es en realidad la primera muralla vertical de China, que no se realizó para proteger el país de los invasores, como en tiempos de los mongoles, sino, por el contrario, para consagrar la apertura al mundo de una potencia que estuvo aletargada durante mucho tiempo. Hasta la 53ª planta sólo hay oficinas. Desde la 54ª hasta la 87ª, las 33 plantas están ocupadas por las 555 habitaciones del lujoso hotel *Grand Hyatt*, que detenta un récord mundial: el de ser el más alto del planeta.

Visita

Os aconsejamos que la visitéis, a ser posible, a última hora de la tarde, porque así podréis ver la ciudad primero de día, con todas sus imperfecciones, y después contemplarla de noche, cuando se muestra con todo su esplendor. Los fines de semana y en vacaciones hay muchos visitantes. Por lo general encontraréis cola, pero avanza muy deprisa. Un ascensor muy rápido os lleva hasta la 88ª planta, a una veliocidad de 9 m por segundo. A esa altura (340 m) descubriréis que el corazón de la torre es hueco y forma un profundo pozo alrededor del cual están dispuestos los pasillos de acceso a las habitaciones del *Grand Hyatt*. Los chinos llaman a ese abismo luminoso, de 152 m de profundidad, el «Túnel del Tiempo».

También lo podréis ver desde el otro lado si vais al hotel *Hyatt*, en la 54ª planta, y desde allí, subiendo con otro ascensor, hasta la 56ª. Pero no dejéis de contemplar la vista de 360º de la ciudad de Shanghai. Las grandes cristaleras indican las direcciones de las ciudades de China y del mundo entero, así como la distancia que las separa de Shanghai. Si os apetece, también podréis mandar una postal desde la oficina de correos «más elevada del mundo».

World Financial Center (SWFC; *plano I, D3):* Ⓜ Lujiazui Rd. Se puede visitar la parte más alta pero es carísimo (todos los días de 8 a 23 h, 22 h venta de las últimas entradas). Para llegar al piso 94, calculad unos 100 ¥ (10 €); para el piso 97, 110 ¥ (11 €) y para el piso 100 150 ¥ (15 €).

Cerca de la torre Jinmao, con una altura de 492 m, cuenta con 101 pisos. Esta torre se distingue de las demás por su arquitectura particular, que evoca una especie de inmenso sacacorchos. El agujero ovalado abierto en lo alto del rascacielos no tiene únicamente un fin estético: permite una disminución de la presión provocada por el viento sobre la estructura del edificio. Y se puede incluso caminar sobre el vacío en el nivel superior del sacacorchos, a más de 474 m del suelo, lo que lo convierte en el observatorio más alto del mundo. Es bastante impresionante: ¡da la sensación de caminar en el vacío puesto que el suelo es de cristal!

Consejo: si no queréis subir hasta lo más alto y pagar ese importe, dirigíos directamente a la planta baja hasta el ascensor de la recepción del *Park Hyatt Hotel* y subid al piso 91, donde hay un bar-restaurante *(Century Avenue)* con una vertiginosa vista de la ciudad. Ascensor gratis, pero las consumiciones son de pago (bastante caras) evidentemente.

Torre Perla de Oriente - torre de la Televisión de Shanghai (Oriental Pearl TV Tower; *plano I, D2).* ☎ 58-79-18-88. Abierta todos los días de 8 a 21 h. Entrada: 100 ¥ (10 €) si queréis acceder directamente a la segunda esfera (a 267 m) sin pasar por la primera; 135 ¥ (13,50 €) para acceder a la segunda esfera más la visita al museo; y 150 ¥ (15 €) si queréis llegar hasta la última, la más alta (350 m).

Si vais a ir al restaurante más alto de Asia (segunda esfera), sabed que un almuerzo o una cena os costarán 250 y 280 ¥ (25 y 28 €), respectivamente, por persona, con la visita a las tres esferas incluida. Por supuesto hay que reservar.

La Perla de Oriente es la tercera torre de radio y televisión más alta del mundo (468 m) y no es difícil reconocerla en medio de la jungla de rascacielos de la zona de Pudong. Tiene el aspecto de una inmensa aguja de hacer punto, de hormigón gris, con un largo mástil vertical al que están enganchadas dos gruesas bolas con cristaleras de color rosa, y una tercera bola bastante más pequeña fijada al pie de la flecha final. Estas esferas albergan terrazas interiores a las que el público puede acceder en ascensor. Para llegar a la entrada de la torre, deberéis atravesar una gran explanada, el lugar ideal para hacerse la foto de recuerdo.

Cabe destacar el **Museo de Historia de la Ciudad,** situado en la planta baja (ver más adelante), y, para los amantes de los peces, el **Acuario de Shanghai,** justo al lado de la torre de televisión.

Si bien la arquitectura de la torre puede discutirse, la vista de Pudong y Shanghai nos parece espectacular. Al igual que para la torre Jinmao, el crepúsculo es la mejor hora para visitarla. Los fines de semana y los festivos recibe muchos visitantes.

Museo de Historia de Shanghai *(plano I, D2):* puerta 4, Oriental Pearl TV Tower, 1, Shi Ji Da Tao. ☎ 58-79-18-88. El museo está ubicado en el interior de la gran torre de la Televisión. Abierto de 9 a 21 h. Entrada: 35 ¥ (3,50 €), sin la visita a la torre de la Televisión; para entradas combinadas, ved el apartado anterior. Disponen de auriculares en inglés.

Se trata de un museo de reciente creación dedicado a la historia de la ciudad, pero con un aspecto moderno y lúdico. Se expone una colección de coches antiguos y tranvías, hasta el primer *Buick* fabricado en Shanghai. Grandes cuadros explicativos, de estilo un poco retro (con muñecos, maquetas, efectos sonoros, etc.), que narran la época de las guerras del Opio, de las concesiones extranjeras, de la vida cotidiana y, sobre todo, de los antiguos oficios de Shanghai, que en la actualidad ya han desaparecido o casi.

Avenida del Siglo (Century Avenue o Shiji Dadao; *fuera del plano I, por D3):* Ⓜ Century Avenue.

Tras visitar las alturas, volvamos a pisar el suelo para dar un paseo por la avenida del Siglo (Shiji Dadao) y así poder observar de cerca el crecimiento económico de una gran ciudad de Asia. Esta interminable avenida, de unos 5 km de longitud, atraviesa la ciudad nueva de Pudong de oeste a este, en la prolongación de Lujiazui Lu. Conforme se viene desde el río Huang Pu, la avenida empieza en la torre Perla de Oriente y en la Jinmao. Su trazado estuvo supervisado por el arquitecto francés Jean-Marie Charpentier, autor de la Ópera de Shanghai. Bautizada con este nombre por el Gobierno chino para destacar la entrada decidida de China en el nuevo milenio, la avenida del Siglo es la digna hermana pequeña de los grandes bulevares que Batman sobrevoló en Gotham City. A lo largo de ella se alinean, junto a los rascacielos edificados, muchos solares en los que pronto empezarán las obras. Cada año surgen de la tierra nuevos rascacielos, con la misma rapidez que las setas después de la lluvia.

Entre otros, casi al final de la avenida, destacaremos la gran **Ciudad de las Ciencias de Shanghao.** Al fondo de la explanada, tres enormes esferas de vidrio (o flores de loto) son el original **Shanghai Oriental Art Center,** dedicado alas artes asiáticas (teatro, música, etcétera), que fue diseñado por Françáis Paul Andreu, el arquitecto de la Ópera de Pekín. Finalmente, cabe destacar el **Century Park,** que, situado al final de esta calle, es el mayor espacio verde de la ciudad (140 ha). Un lugar ideal si tenéis ganas de pasear junto al lago o ir de picnic.

Ciudad de las Ciencias de Shanghai (Shanghai Science & Technology Museum; fuera de plano por D3): simbólicamente situada en el nº 2000 de la Century Avenue. ☎ 68-54-20-00. Se llega en metro; la parada es la que lleva el nombre del museo. Todos los días, excepto lunes, de 9 a 17 h (horarios variables). Entrada: 60 ¥ (6 €).

En cierto modo concebida siguiendo el modelo de la Ciudad de las Ciencias de La Villette en París, se trata de una magnífica obra de arquitectura moderna, a la altura de las ambiciones tecnológicas e industriales de China. Con cuatro niveles, preved al menos de 2 a 3 horas de visita. Realmente es imposible describirlo todo, por lo que a continuación os oindicamos lo que más nos ha gustado:

> **En la planta baja:** todos los animales de la tierra y una inmensa gruta tropical con una vegetación exuberante. Escaleras con cascadas, acuarios naturales, interesantes secciones de insectos, mariposas, batracios, tortugas, pájaros... Una insólita sección de murciélagos. Sala de investigación de genes y bacterias.

> **Escalera mecánica** que conduce a la sección «arácnidos», donde veréis una tarántula capaz de comerse un colibrí.

> **En el centro del museo:** una enorme esfera que cuenta con una sala de proyección IMAX en 4D.
> **En el último piso:** las ciencias y técnicas. Sección sobre el deporte que fascina a los niños. Es posible probar diversos aparatos e incluso efectuar tiros a puerta contra un guardameta virtual. Un trenecito lleva a los más pequeños en 7 minutos hasta el corazón de la aventura de los alimentos y del aparato digestivo. En la sala de exploración espacial, por supuesto, todo sobre los satélites de telecomunicaciones y meteorología, los cohetes, la vida de los cosmonautas... Más adelante una sección sobre el cuerpo humano.
> **Light of Exploration:** sala dedicada a los experimentos con plantas transgénicas, clonación, etc. Primer laboratorio de Morgan en el que estudió los insectos y las frutas. Morgan descubrió los cromosomas y obtuvo un premio Nobel en 1933. También diferentes laboratorios, láser, ciclotrón...

Zendai MoMA (Shanghai Zendai Museum of Modern Art; *fuera de plano I por D3):* nº 28, Lane 199 Fangidian Road (en el cruce con Dingxiang Road). ☎ 50-33-98-01. www.zendaiart.com Ⓜ Shanghai Science and Technology Museum; desde allí es mejor coger un taxi (está muy cerca).

En una explanada inmensa, en medio de conocidas marcas europeas *(Carrefour, Paul...);* alzad la vista, el nombre aparece en lo alto de una torre. Situado en la planta alta (acceso en ascensor). Todos los días, excepto lunes, de 10 a 20 (21 h miércoles). Entrada: 20 ¥ (2 €).

Se trata de uno de los escaparates más importantes de Shanghai por lo que se refiere al arte contemporáneo chino. Organizan unas diez exposiciones al año. El espacio actual cuenta con todo lo que se puede esperar de un museo de arte contemporáneo, con cuales 1.500 dedicados a exposiciones, ¡ni más ni menos!

Puentes Nanpu y Yanpu: estos dos puentes se construyeron en la década de 1990 siguiendo una arquitectura entonces vanguardista (la técnica de los puentes colgantes). Atraviesan el río Huang Pu y comunican la ciudad nueva de Pudong con la orilla oeste de Shanghai. El puente Yanpu se puede contemplar de cerca cuando se hace la excursión fluvial en barco por el río Huang Pu y se pasa por debajo de él (en el norte).

Excursiones en barco por el río Huang Pu

Como todos los grandes puertos míticos del mundo, Shanghai es un lugar que habría que descubrir por primera vez desde el mar, lo mismo que Hong Kong o Yokohama. La ciudad, que nació del mar, aún vive gracias a él. Parece que su nombre la hubiera predestinado a ello: «ciudad encima del mar» o, mejor dicho, «ciudad aguas arriba del mar». Curiosamente, no está situada a orillas del mar de China, sino a unos 50 km de distancia a vista de pájaro. Para amar un gran puerto, primero hay que comprenderlo, y para eso, nada mejor que dar un paseo en barco por el río Huang Pu. De regreso, el barco avanza contra corriente, se cruza con las barcazas cargadas hasta los topes y con los motores ronroneando, mientras los mercantes esperan a lo largo de los muelles, junto a los almacenes y las grúas. Enseguida comprenderéis por qué queremos tanto a Shanghai. Así, desde el barco se puede abarcar de un vistazo toda la belleza y personalidad de la ciudad.

Río Huang Pu: atraviesa Shanghai de sur a norte. Describe una gran curva en el momento en que recibe a su principal afluente, el Wusong (también llamado Suzhou Creek), y, a continuación, desciende perezosamente hasta desembocar en el Yangtsé, el tercer río más largo del mundo. Allí se mezcla con sus aguas fangosas y, después, se pierde en el mar de China. Este río ha permitido el desarrollo del comercio fluvial y marítimo, sin el cual Shanghai no sería lo que es ahora: una metrópoli mundial.

Diferentes excursiones: su duración puede ser de 1, 2 o 3 horas.

> **Venta de billetes** *(chuanshou piaochu):* hay tres puntos de venta en el Bund. El situado más al norte está al lado del paso subterráneo que comunica el Bund con la calle Beijing Donglu, junto a la entrada del parque Huang Pu *(plano I, C2, **8**)*. Los otros puntos de venta se hallan en el sur del Bund *(plano I, C3, **8**)*, en el 219, Zhongshan Dong Er Lu, al nivel de la calle Jinling Lu, cerca del viejo faro donde se encuentra el Museo del Bund, y en el 153, Zhongshan Dong Er Lu.

> Para los **paseos que duran más de 1 h,** es mejor que pidáis información en el embarcadero o llaméis al ☎ 63-74-44-61 o 63-21-40-62, ya que los horarios cambian. Precio del billete: de 50 a 120 ¥ (5 a 12 €) aproximadamente.

> Para el **paseo de 1 h** por el río hay varias salidas al día (de 13 a 22.30h), y el billete cuesta 50 ¥ (5 €). Va hasta el puente Yanpu y regresa al punto de partida. Si andáis mal de tiempo, os basta con hacer esta última, con la que tendréis una buena vista del puerto.

> La **excursión de 3 h** consiste en descender por el río Huang Pu desde el centro de Shanghai hasta su desembocadura en el Yangtsé, y volver después al punto de partida. Esta hermosa excursión permite ver el Bund desde otro ángulo, la ciudad futurista de Pudong, las instalaciones portuarias e industriales que ocupan kilómetros y kilómetros, y la isla de Fuxing, con sus almacenes y sus montañas de contenedores listos para embarcar. 150 ¥ (15 €).

¿CÓMO SALIR DE SHANGHAI?

En autobús

■ **Shanghai Long Distance General Bus Station** (1662, Zhong Xing Lu. ☎ 66-05-00-00. Cerca de la estación central, no es la más accesible ni tampoco la más agradable, pero sí la más importante. Comunica la región de Shanghai y todas las prvincias del este, desde Liaoning a Guangdong, así como Sichuan y Yunnan.

■ **Estación de autobuses de Hengfeng Lu** *(plano de conjunto):* Hengfeng Lu, ☎ 63-17-39-12. Cerca de la estación de metro Hanzhong Lu, en el norte de la ciudad. Está situada en la planta baja de un edificio gris en forma de arco de medio punto. Aquí no hablan inglés y los horarios de los autobuses están escritos en caracteres chinos (al menos los tienen en la consigna para los que sepan chino...). A pesar de todo, es una estación estatal bien organizada, de fácil acceso gracias al metro, por lo que no tendréis ningún problema si perseveráis un poco.

> **Hacia Hangzhou:** unas 13 salidas diarias entre las 7 y las 19 h. La duración del trayecto es de 2,30 h.

> **Hacia Suzhou:** salidas cada 30 minutos entre las 8.30 y las 19.30 h. El trayecto dura 1,30 h. Debéis precisar la estación de llegada en Suzhou (norte o sur).

> **Hacia Nankín:** salidas cada 30 minutos de 7.30 a 18.30 h. El trayecto dura 4 h. Precio: 90 ¥ (9 €).

> **Hacia Yichang (Hubei):** situado sobre el Yangtsé. Una salida diaria a las 16.30 h. El trayecto dura 17 h.

■ **Shanghai Sightseeing Bus Center** *(fuera del plano de conjunto):* Shanghai Stadium, 666, Tianyaoqiao. ☎ 64-26-55-55. 💻 www.chinassbc.com Ⓜ Shanghai Stadium. En el suroeste de la capital. Entrad dentro del estadio; la oficina de venta de billetes se encuentra debajo de la escalera nº 5. Ventanilla abierta de 6.30 a 19 h.

Muchos turistas chinos y extranjeros utiliza esta compañía privada para hacer excursiones en un radio de 100 o 200 km alrededor de la metrópoli. Pero también se puede ir a Yangzhou y Nankín Los billetes, tanto los simples como los de ida y vuelta, incluyen, en principio, el derecho de entrada de los principales puntos turísticos de las ciudades, como en Zhouzhuang o Tongli. Evidentemente, sale más caro que los autobuses públicos, pero también es más fácil para los trotamundos que no habléis chino, ya que os podéis hacer entender en inglés. Disponen de un folleto en inglés para los circuitos alrededor de Shanghai, pero no acostumbran a tener los precios actualizados.

> La misma compañía cuenta con una oficina en la puerta nº 2 del **Estadio Hongkou** (Ⓜ Hongkou Stadium). En principio, no hay tantos autobuses como en el Shanghai Stadium, desde donde también salen autobuses. ☎ 56-96-32-48.

> **Hacia Zhouzhuang:** unas 7 salidas diarias entre las 8 y las 14.30 h.

> **Hacia Tongli:** otro pueblo situado cerca de los canales (ver «Alrededores de Zhouzhuang», más adelante) que os permite hacer una agradable excursión. Hay un autobús diario a las 8.30 h.

> **Hacia Hangzhou:** sólo un autobús diario.

> **Hacia Suzhou:** un autobús diario. La duración del trayecto es de 2 h.

> **Hacia Wuzhen:** varios autobuses diarios (al menos uno).

■ **Estación de autobuses de largo recorrido del aeropuerto:** algunas ciudades conectan directamente con el aeropuerto internacional de Pudong. Ver «La llegada a Shanghai».

En tren

Los asientos están numerados, pero en el billete no consta el nombre del usuario. Se indica el número y el destino del tren, la hora de salida, el número del vagón y el del asiento. Si tenéis problemas, enseñad el billete a algún empleado de la estación y os ayudará en vuestra búsqueda.

> **Información y horarios de los trenes:** consultad 💻 www.travelchina-guide.com/china-trains

■ **Estación central de Shanghai** (Shanghai Railway Station; *plano de conjunto):* en el norte de la ciudad. Las salidas nacionales se efectúan por la parte derecha del edificio. Hay una ventanilla (la n° 43 cuando nosotros estuvimos allí) que está reser-

> **AVISO**
>
> **Los horarios que se indican en la guía son orientativos.**

vada a la «English Speaking Language». Permanece abierta las 24 h con una pequeña pausa de 10 minutos a las horas de las comidas. Provistos del billete, podéis sentaros en la sala de espera correspondiente (segunda o primera clase) y estar atentos a las informaciones que salgan en el gran panel electrónico (en inglés y en chino), donde aparece el número de vuestro tren unos 15 minutos antes de la salida.

Encontraréis varias consignas abiertas hasta medianoche y otras que permanecen abiertas las 24 h alrededor de la estación. Hay una parada de taxis en el subterráneo que está delante de la estación.

Atención: algunos trenes pueden salir o llgar de la Shanghai South Railway Station (líneas de metro 3 y 5) que, como su nombre indica, está situada al sur de la ciudad.

> **Hacia Suzhou:** salen cada hora (hay más a las horas punta). Duración: 40 minutos.
> **Hacia Hangzhou:** tenéis una veintena de trenes diarios. Duración: 1,30-2 h. La mayor parte de los trenes para Hangzhou salen de la Shanghai South Railway Station.
> **Hacia Yangzhou:** dos trenes diarios. Trayecto: 5-6 h.
> **Hacia Zhenjiang:** salen cada hora. Duración: 1,30-4 h.
> **Hacia Nankín:** numerosas salidas diarias. Duración: 2,30 h.
> **Hacia Pekín:** ocho trenes diarios. Sale normalmente a última hora de la tarde. Duración: de 12-13 h (y hasta 23 h con lo smás lentos).
> **Hacia Hong Kong:** el tren K99 sale cada día a las 17 h. Duración: 20 h. Calculad unos 400 ¥ (40 €) en una litera dura y 600 ¥ (60 €) en una litera blanda.

En avión

> **Información sobre los vuelos:** ☎ 181-321-81-81.
> **Para ir al aeropuerto de Pudong:** ver la información más detallada del autobús de enlace *Airport Bus* en «La llegada a Shanghai».
> Actualmente, las tasas del aeropuerto ya se incluyen en el precio del billete.

Destinos chinos

> **Hacia Pekín:** 1,50 h de vuelo. Más de 60 vuelos diarios.
> **Hacia Chongqing:** 2,30 h.
> **Hacia Guilin:** 2,20 h. Seis vuelos diarios.
> **Hacia Hong Kong:** 2,10 h. Más de 30 vuelos diarios.
> **Hacia Kunming (Yunnan):** 3 h.
> **Hacia Macao:** con *Air Macau*, que vende muchos paquetes de viajes organizados del estilo: 3 noches/4 días en Macao.
> **Hacia Shenzhen:** 2 h de vuelo.
> **Hacia Wuhan:** 1 h.
> **Hacia Xiamen:** 1,30 h.
> **Hacia Xi'an:** 2,15 h. Hay diez vuelos diarios.

Vuelos internacionales

> **Hacia Bangkok:** 6 h de vuelo.
> **Hacia Nagasaki:** 1,15 h.
> **Hacia Singapur:** *con Singapore Airlines*, 7 h.
> **Hacia Madrid:** *China Eastern Airlines* realiza el trayecto Madrid-Pekín-Shanghai dos veces por semana. La oficina que tiene en Madrid no está abierta al público; hay que gestionar los billetes a través de una agencia de viajes. También se puede viajar desde Shanghai hasta Madrid con otra compañía europea y hacer escala en la capital correspondiente (con *Air France*, en una ciudad francesa, o con *Lufthansa*, en una ciudad alemana).
> **Hacia Australia:** con *Qantas*, que organiza vuelos Shanghai-Sidney tres veces por semana.
> **Hacia Amsterdam:** la compañía aérea *KLM* tiene varios vuelos por semana entre las ciudades de Shanghai y Amsterdam.

ZHOUZHUANG

3.000 HAB. PREFIJO TEL.: 0512

A hora y media de ruta de la trepidante metrópoli de Shanghai, se encuentra la localidad de Zhouzhuang, a orillas del lago Dianshan (rico en cangrejos) y atravesada por estrechos ríos de nombres evocadores (como Nanbeichi, Houwiang, Youcheyang y Zhongshi), que se libró de milagro de las destrucciones de la Revolución Cultural. No hay construcciones modernas ni casas de más de dos plantas, sino viejos y elegantes edificios de arquitectura clásica, luminosas paredes blancas, tejados de tejas negras en forma de alas de pájaro y patios secretos como los que aparecen en la película *Esposas y concubinas*. Aquí se han rodado muchas películas. Bajo los arcos de los puentes de piedra, se deslizan las barcas de remos en la bruma de una mañana de invierno. He aquí por fin un pueblo a escala humana. Zhouzhuang se ha revalorizado gracias a un plan de conservación. Como los coches están prohibidos en el núcleo antiguo, se circula en barca, a pie o en bicicleta. Esta localidad constituye una miniatura de la antigua China, que seduce a los pintores, atrae a los poetas y gusta a los enamorados.

Atención: Zhouzhuang recibe más de un millón de visitantes al año. Aquí acude una multitud de turistas (chinos en su mayoría) los fines de semana. Si podéis, evitad los sábados y domingos. Entre semana, las calles están más tranquilas y el pueblo respira una cierta serenidad. Lo ideal es venir un día entre semana, en invierno. Algunos viajeros prefieren la tranquilidad de Tongli, en la carretera de Suzhou (ver «Alrededores de Zhouzhuang»), que también tiene canales y algunos sitios que visitar. Puede entenderse, pero Zhouzhuang posee, según nuestro parecer, un patrimonio arquitectónico y un encanto muy superiores. El acceso a la villa es de pago: 100 ¥/10 € por persona. El ticket, que da acceso a una quincena de lugares de interés, sólo es valedero para un día. La taquilla principal está a la altura de la puerta principal.

Un poco de historia

Debido a su situación en la próspera región de Jiangsu, Zhouzhuang (fundada en 1086 durante la dinastía Song) se ha desarrollado al amparo del crecimiento económico de su hermana mayor, Suzhou: brillante capital de la seda. Las casas más suntuosas se construyeron durante las dinastías Ming (1368-1644) y Qing (1644-1911). En la actualidad aún se mantienen en pie el 60% (un centenar), que constituyen en cierto modo un testimonio de aquella edad de oro. Después llegaron la recesión, el declive y el olvido. Hasta que, un día de 1985, un hombre de negocios estadounidense enriquecido con el petróleo regaló un cuadro a Deng Xiaoping, el número uno chino de la época. El cuadro era una pintura realizada por Chen Yifei, un artista vanguardista originario de Shanghai y residente en Nueva York, que representaba el esplendor perdido de Zhouzhuang. Deng se quedó tan impresionado al verlo que decidió intervenir a favor de Zhouzhuang y hacerla salir del olvido. Así se adoptó poco después un plan de conservación, que significó el comienzo del renacimiento cultural de esta ciudad sumida en el olvido durante siglos.

LA REGIÓN DE SHANGHAI

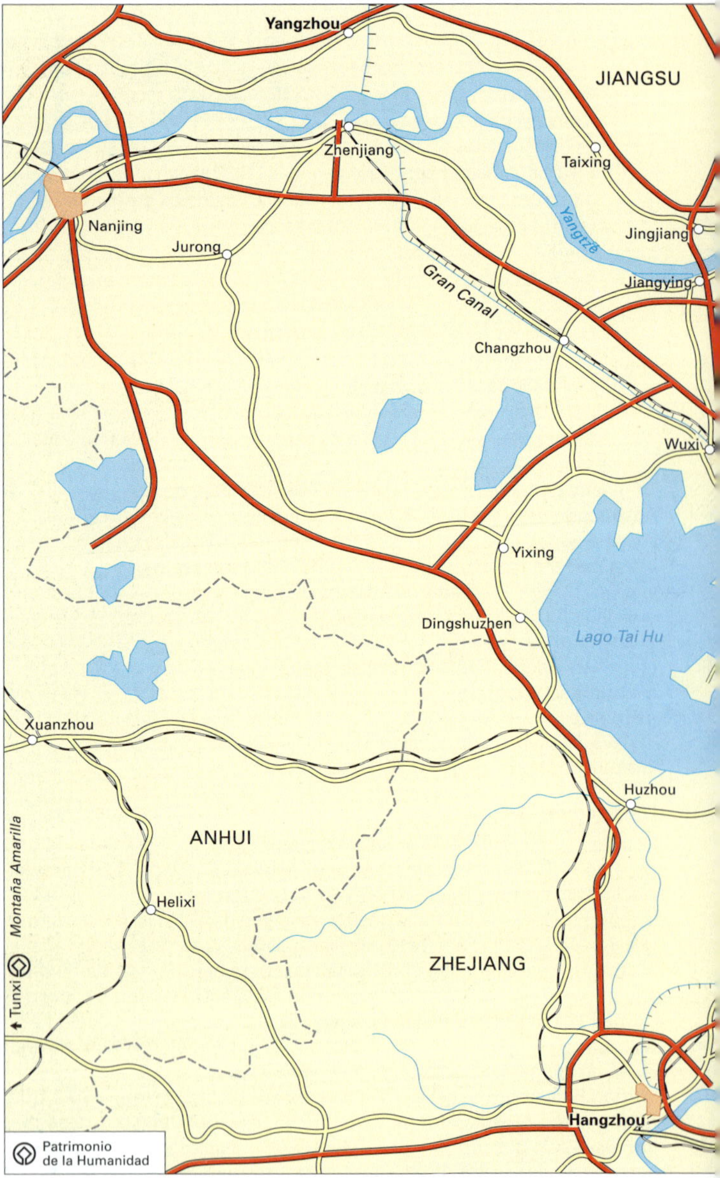

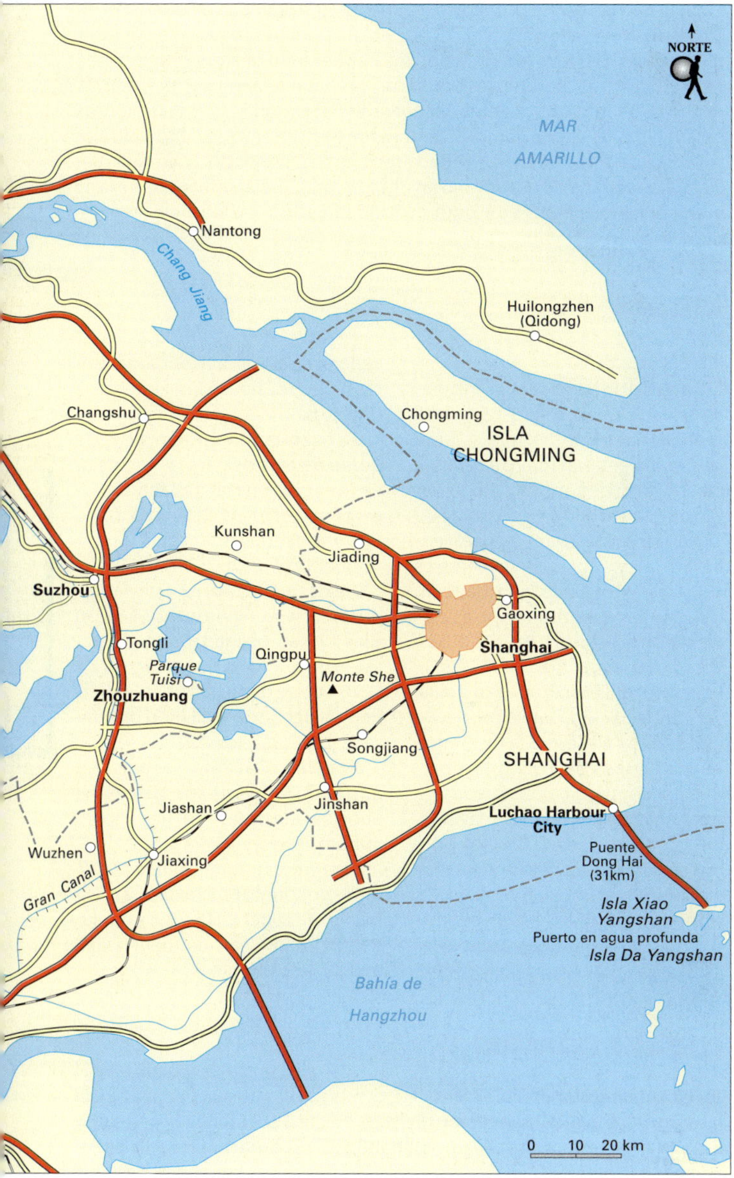
NORTE
MAR
AMARILLO
Nantong
Chang Jiang
Huilongzhen
(Qidong)
Changshu
Chongming
ISLA
CHONGMING
Kunshan
Jiading
Suzhou
Gaoxing
Tongli
Shanghai
Qingpu
Parque
Tuisi
Monte She
Zhouzhuang
Songjiang
SHANGHAI
Jiashan
Jinshan
Luchao Harbour
City
Wuzhen
Jiaxing
Puente
Dong Hai
(31km)
Gran Canal
Isla Xiao
Yangshan
Puerto en agua profunda
Isla Da Yangshan
Bahía de
Hangzhou
0 10 20 km

El renacimiento de una ciudad olvidada

¿Objetivo? Rehabilitar por completo un pueblo catalogado como una obra maestra en peligro.

En la década de 1980, lo único que había aquí eran barcos y agua: ni un solo turista. Para no desfigurar el núcleo antiguo, se construyó en el exterior un pueblo nuevo (en realidad, una pequeña ciudad moderna), donde se agruparon los hoteles, las empresas, los aparcamientos y los edificios nuevos. Los antiguos puentes de piedra se reforzaron, y se restauraron las casas chinas de época. También se abrieron hostales con encanto para alojar a los visitantes. La perla olvidada recuperó su esplendor, y en la actualidad no hay nada de gigantismo en Zhouzhuang. Todo permanece a escala humana, aunque a veces está muy concurrida. Es un buen lugar para remontarse atrás en el tiempo.

LLEGAR - SALIR

En autobús

La estación de autobuses se encuentra situada en el norte, a 1,5 km del centro urbano. Para desplazaros hasta la taquilla general *(fuera del plano, por A1)*, lugar de paso obligatorio (ver «Lo que conviene saber acerca de las visitas», más adelante), y por el centro histórico, lo más conveniente es coger un taxi o un triciclo-taxi (a pedales). Los hay a montones en las cercanías de la estación de autobuses. Por unos cuantos yuanes (5 ¥/0,50 €, la carrera) os llevan hasta la taquilla, y a continuación, con el precio de otra carrera, a la entrada de Zhouzhuang. Después hay que andar, porque esos artilugios con ruedas no están autorizados a entrar en las callejuelas. Ante la afluencia turística, algunos conductores piden precios más elevados, especialmente por la noche.

> **Shanghai:** hay seis autobuses diarios. En Shanghai salen de las estaciones que están situadas en los alrededores de la estación central de ferrocarril. Desde Zhouzhuang salen de 6 a 16.30 h.

Zhouzhuang también sirve de punto de partida para las excursiones que propone Shanghai Sightseeing Bus Center (remitíos al apartado «¿Cómo salir de Shanghai?» anteriormente). Precio: 25 ¥ (2,50 €).

> **Desde/hacia Suzhou:** hay autobuses cada 30 minutos entre las 6.30 y las 17 h aproximadamente. El trayecto dura 1,30 h y cuesta unos 17 ¥ (1,70 €). Hay dos estaciones en Suzhou (la del norte está bien organizada y es más céntrica).

> **Tongli:** circulan tres autobuses diarios; hacia Tongli, de 10 a 15 h; hacia Zhouzhuang de 9 a 15 h. Trayecto: 45 minutos. Precio: 10 ¥ (1 €).

Para volver el último autobús sale tarde de Tongli, pero existe la posibilidad de coger un taxi (en esta ciudad todos los vehículos tienen taxímetro): unos 60 ¥ (6 €).

¿DÓNDE DORMIR?

Todas las direcciones siguientes están en la parte antigua del pueblo, la más agradable de Zhouzhuang. Existen muchos pequeños hoteles chinos *(ke zhan)* que, en realidad, son habitaciones baratas en casas particulares.

Atención: las tarifas aumentan durante los periodos festivos.

Barato

Yu Jia Nong Ke Zhan

*(B1, **11**):* a 50 m al norte del puente Doble, en la orilla derecha yendo hacia el puente Quangong, a la altura del nº 84/3; justo delante del restaurante *Pailou Caiguan*. ☎ 57-21-58-05. Calculad 100 ¥ (10 €) para una o dos personas; 200 ¥ (20 €) e incluso más durante las fiestas. Dispone de seis habitaciones reformadas con ducha, WC, aire acondicionado y TV. Todo impecable, empezando por la sonrisa del propietario. En principio, la cama adicional es gratis y ofrecen servicio de lavandería. Sirven un desayuno chino si lo solicitáis. Por supuesto, no hablan inglés. Encontraréis otro hotel justo al lado, el *Tao Yuan Li Ke Zhan*, peor conservado.

Long Sheng Ke Zhan

*(A2, **10**):* 88, Zhongshi Jie. ☎ 57-21-20-29. A mano derecha, yendo hacia el puente Tongxiu. Dispone de ocho habitaciones dobles por 100 ¥ (10 €), que llegan hasta los 150 ¥ (15 €) durante las fiestas. Muy sencillo. La dueña es un ama de casa china que no habla inglés.

Long Xing Ke Zhan

*(B1, **12**):* situado delante del *Yu Jia Nong Ke Zhan*, en la orilla, en el nº 84/3; las indicaciones en el exterior están únicamente en chino. ☎ 57-21-26-37. Calculad 100 ¥ (10 €) por una o dos personas; de 180 a 200 ¥ (18 a 20 €) durante las fiestas. Tienda de souvenirs en la planta baja. Cinco habitaciones en la casa particular del dueño, con ducha, WC, aire acondicionado y TV. Las habitaciones con tres camas tienen los lavabos fuera. El lugar es muy rudimentario, e incluso un poco anticuado en comparación con la dirección anterior. Sólo hablan chino.

Precio medio

Zhen Feng Ren Jia

*(A2, **13**):* 121, Zhongshi Jie. ☎ y fax: 57-21-20-09. Cerca del pabellón Mi. Habitaciones dobles 300 ¥ (30 €). Es un hotel estatal situado en el corazón del núcleo antiguo, en una bonita casa antigua hecha toda de madera y muy grande. Tiene mucho carácter. Dispone de unas quince habitaciones muy coquetas, bien amuebladas y con baño. Os recibirán con una sonrisa.

¿DÓNDE COMER?

La especialidad del pueblo se llama *wansanti*. Lo veréis por todas partes. Se trata de jarrete de cerdo caramelizado que sirve de sobra como plato único, o incluso para dos personas. Su nombre procede de un personaje local, Shen Wan Shan (remitíos a «Casa de Shen» en «¿Qué visitar?», más adelante). Para los que estéis sin blanca, sale más barato comprar el *wansanti* en una tienda. Otros platos locales: pescado, cangrejos de río, caracoles, etc. Finalmente, también se pueden comprar los *zhen feng su* en los tenderetes; son panecillos, a veces rellenos, recubiertos de semillas de sésamo. Salen muy baratos.

Tabernas y restaurantes con terraza

*(B1, **20**):* se encuentran situdas a orillas del canal, cerca del puente Doble, hay varios restaurantes con terraza en los que se come al aire libre. Cocina china sencilla y nada cara, en un lugar muy agradable para comer cuando hace buen tiempo, y también por la noche a la luz de las velas, cuando los otros restaurantes «oficiales» pueden estar cerrados entre semana por falta de clientela. Platos: 50 ¥ (5 €).

ZHOUZHUANG

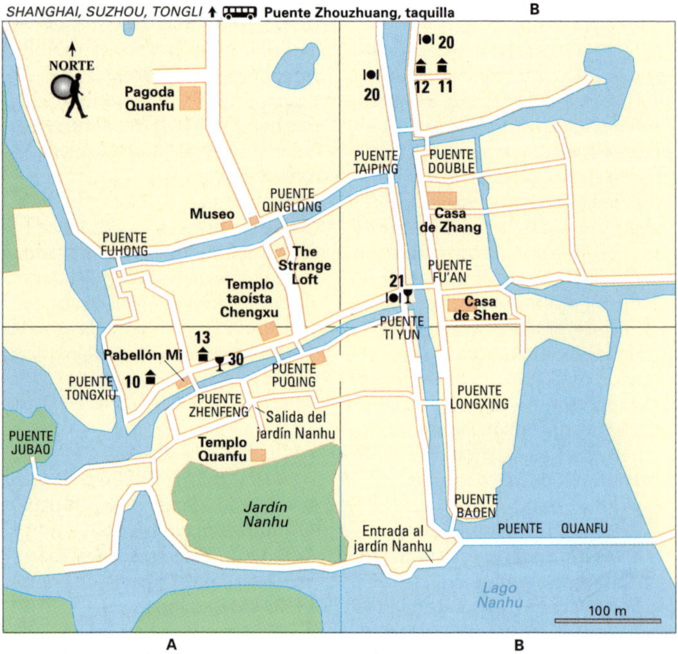

¿Dónde dormir?

- **10** Long Sheng Ke Zhan
- **11** Yu Jia Nong Ke Zhan
- **12** Long Xing Ke Zhan
- **13** Zhen Feng Ren Jia

¿Dónde comer?

- **20** Tabernas y restaurantes con terraza
- **21** El Fénix

¿Dónde tomar un té? ¿Dónde tomar un café?

- **21** Holiday Coffee
- **30** San Mao Cha Lou

El Fénix

*(B1, **21**):* pequeño restaurante que está en el cruce sobre el puente Fu'an. Viniendo de la casa Shen o Zhang, es el segundo restaurante que queda a la izquierda, al pie del puente. ☎ 57-21-21-91. Entre semana está abierto hasta las 19 h (si no hay clientes), pero los fines de semana cierran más tarde. Podréis tomar *wansanti* por 60 ¥ (6 €) y pescado de 50 a 130 ¥ (5 a 13 €). Se trata de un pequeño pabellón con bastante encanto (que antaño albergó un salón de té), con una vista preciosa que da al canal y a los barcos. Seguro que ésta es la razón por la que tienen precios un poco elevados.

¿DÓNDE TOMAR UN TÉ O UN CAFÉ?

San Mao Cha Lou

*(A2, **30**):* 69, Zhongshi Jie. ☎ 57-21-42-90. Abierto de 8 a 18 h. Este pequeño salón de té nos gusta mucho. Da sobre uno de los brazos del canal y se encuentra justo delante de una

espléndida farmacia antigua restaurada. La decoración es totalmente auténtica, así como las diferentes variedades de té que ofrecen. Té verde *biluochun* (de la región), té negro, té de jazmín, con flores de acebo chino, de crisantemo... El nombre del lugar es el de la escritora taiwanesa San Mao, que desapareció trágicamente. Tienen juegos a vuestra disposición.

Holiday Coffe

*(B1, **21**):* 3, Zhongshi Jie (puente Fu'an). 57-21-32-20. Está debajo del restaurante *Fénix*. Todos los occidentales a lo que les gustan los expressos se dan cita en este café, uno de los pocos establecmientos que lo sirven birn. Desde las ventanas, que dan directamente al canal, podréis ver los barcos que lo surcan.

¿QUÉ VISITAR?

Todos los sitios de pago están abiertos de 8 a 20.30 h (21 h los fines de semana). Excepto que se diga lo contrario, os recordamos que el ticket de entrada a la ciudad os permite entrar gratuitamente en los lugares que se describen.

Puente Doble *(B1):* viejo puente de piedra que evoca la forma de una llave, y por eso se le llama también puente de la Llave. Construido en el siglo XVI, atraviesa los ríos Yinzi y Nanbei, y es el símbolo del prestigioso pasado de la ciudad y de su reciente recuperación. Tema de un cuadro pintado en 1984 por el pintor Chen Yifei en recuerdo de su país. Este cuadro, ofrecido a Deng Xiaoping, hizo salvar a Zhouzhuang del olvido.

Casa de Shen *(B1):* situada en el sur del puente Fu'an, en la calle Nanshi (Nanshi Lu). Una de las casas chinas más encantadoras de Zhouzhuang y de toda la región de Shanghai. La construyó en 1742 (durante la dinastía Qing) Shen Benren, descendiente de Shen Wan Shan, que fundó una de las familias má poderosas de la China del sur durante las dinastías Yuan (1206-1368) y Ming. Shen Wan Shan fue un comerciante de arroz y sal que se hizo tan rico que financió una parte de la muralla de Nankín durante la dinastía Ming. Su nombre dio origen al famoso plato local llamado *wansanti*.

Zhouzhuang se hizo célebre en la China del siglo XVIII a causa de una leyenda, según la cual el mandarín del pueblo, Shen, habría descubierto el secreto para transformar el plomo en oro. Vete a saber lo que pueda haber o no de verdad en todo eso, pero lo cierto es que Shen llegó a hacerse muy rico, como lo demuestra la mansión en la que vivió: nada menos que una pequeña casa de campo de 2.000 m^2, consistente en una sucesión de siete patios, separados por arcos y columnas de madera finamente labrada, coronados por galerías con grandes ventanales.

En la primera planta de los pabellones hay dispuestas un centenar de habitaciones (pero no todas se pueden visitar); se puede subir a la primera planta solamente de 8 a 16.30 h, con un suplemento de 10 ¥ (1 €). Al parecer lo hacen con la intención de limitar el número de visitantes. De todos modos, vale la pena, ya que las habitaciones son muy interesantes. La mayoría cuentan con ventanas con madera tallada (sin cristales). Cada habitación tiene su propia decoración, diferente de las demás, con muebles chinos de estilo, como las camas de madera medio cerradas o cubiertas por un dosel. Cabe destacar también el comedor y la cocina (con los utensilios de época).

Casa de Zhang *(B1):* calle Beishi (Beishi Lu). Otra maravilla de la elegancia arquitectónica china, a un centenar de metros al sur del puente Doble (Shide Yongan). Construida entre 1436 y 1449, fue adquirida por la familia Zhang a principios de la dinastía Qing. Se compone de seis patios interiores y más de 70 habitaciones (1800m^2 en total). Fijaos en los peculiares pilares de madera de la sala de estar. La pieza más hermosa es sin duda la Yuyan Hall, de un sobrio estilo chino, con columnas y muebles de época. Tiempo atrás, los barcos podían atracar junto a la escalinata de la casa, como lo demuestra el estanque que aún existe cerca de la pieza principal de recepción. Veréis un pequeño templo familiar al fondo. Se puede salir de la casa por la izquierda del templo, a través de un pasillo muy estrecho.

Museo de Zhouzhuang *(A1):* situado en la entrada del núcleo antiguo. Explicaciones en inglés. Está ubicado en una vieja casa, con objetos de la vida cotidiana que datan de finales de la dinastía Qing y unas 300 piezas de cerámica y reliquias encontradas en el lago Taisi. Los jarrones negros tienen un gran valor arqueológico. No os perdáis tampoco las piezas de ajedrez de la dinastía Song ni las porcelanas de las dinastías Ming y Qing. En la primera planta, pinturas modernas y fotos del pueblo.

Puente Fu'an *(B1):* su nombre significa «riqueza y paz». Precioso, con cuatro pabellones (uno en cada esquina) que albergan restaurantes (remitíos a «¿Dónde comer?», antes). Desde aquí disfrutaréis de una bonita vista del canal y los barcos.

Pabellón Mi *(A2):* una preciosidad de casa a orillas de un canal, cerca del puente Zhenfeng, en un barrio tranquilo y apartado de la agitación del centro. En el interior, numerosos documentos y maniquíes de cera os recuerdan que éste fue un lugar de reunión de artistas, escritores e intelectuales. Entre esos hombres de mente despejada, Liu Yazi, quien sale en una de las fotos dando la mano a Mao Zedong.

Templo taoísta Chengxu *(A1-2):* situado en la calle Zhongshi Jie, enfrente del puente Puqing, fue construido entre 1086 y 1093. Vale la pena echarle un vistazo, ya que es bastante característico de la dinastía Song. El color rojo predomina y las tres grandes divinidades del taoísmo están representadas al fondo. Los guardianes del templo, taoístas convencidos, responden a las preguntas de los visitantes (en chino).

Templo Quanfu *(A2):* en el sur del pueblo y bañado por las aguas del lago, es un templo budista fundado en 1086, que fue reconstruido en 1995. No debe confundirse con la pagoda Quanfu, en el norte de la población.

> ALREDEDORES DE ZHOUZHUANG: TONGLI

PREFIJO TEL.: 0512

Situado muy cerca de Zhouzhuang, Tongli también es un pueblo atravesado por canales y con casas antiguas, mucho más tranquilo. Tiene encanto, pero menos que Zhouzhuang.

Un billete combinado por 80 ¥ (8 €) permite visitar unos ocho lugares (de 7.30 a 17.30 h), entre los cuales destaca el jardín Tuisi, del siglo XIX y catalogado por la Unesco. En cambio, el billete no incluye la visita al Museo del Sexo, único en China.

LLEGAR - SALIR

Estación de autobuses: en las proximidades de la ciudad; seguid las indicaciones.

> **Zhouzhuang:** remitíos a «Llegar - Salir» en Zhouzhuang.

> **Suzhou:** desde Suzhou, cada hora de 7.30 a 17.30 h (salidas de la estación de autobuses del Norte; desde Tongli, cada 20 minutos de 6.15 a 19 h. Duración: 1 h. Precio: 10 ¥ (1€).

DIRECCIONES ÚTILES

Información turística

Tourist Service Center: en la calle principal, a la derecha, poco después de pasar la entrada de la ciudad vieja. Todos los días de 7 a 17 h. Os proporcionarán los horarios de los autobuses y os venderán un plano de la localidad.

¿DÓNDE DORMIR?

Hotel Zheng Fu Cao Tang

14, Ming Qing Jie. ☎ 63-33-63-58. Después del puente que lleva al núcleo antiguo, tomad la calle comercial de la derecha y a continuación girad a la izquierda. Habitaciones dobles de 220 a 580 ¥ (22 a 58 €), según el confort y el tamaño; el desayuno está incluido, pero debéis reservarlo el día antes. Si queréis dormir en Tongli, he aquí un pequeño hotel con encanto que os ofrece una decena de habitaciones en una espléndida casa antigua bien conservada. Habitaciones bonitas, muy confortables, con baño y mobiliario de época. Trato muy cordial, aunque no hablan inglés.

¿QUÉ VISITAR?

Museo del Sexo en la Antigua China (Exhibition for Chinese Ancient Sex Culture): ☎ (0512) 63-32-29-72. Abierto de 8.30 a 17.30 h. Entrada: 20 ¥ (2 €).

Este remarcable museo estuvo instalado en Shanghai, pero tuvo que trasladarse por razones económicas. Actualmente, gracias a la buena voluntad de las autoridades locales, el museo no paga alquiler y los empleados reciben su sueldo gracias a la recaudación de las entradas. Debemos decir que el museo no fue apoyado por las autoridades shanghaianas. Tened en cuenta que en China hay muchos ciudadanos que aún se preguntan: «¿Hacer el amor? ¿Para qué?, si sólo se puede tener un pequeño emperador (hijo único)». Sin duda, se trata de las secuelas recientes de la Revolución Cultural o de los trazos persistentes de un cierto confucionismo castrador. En cualquier caso, los conservadores siguen aún en el poder y se tapan la cara (al menos en público) ante este tipo de iniciativas.

Este museo reúne más de 1.500 piezas excepcionales relacionadas con el sexo en la antigua China. Gracias a la apertura del país, Liu Dalin (un antiguo oficial del Ejército Rojo y autor de numerosas obras relacionadas con el tema) pensó que, en vez de guardarlas en su casa o en su despacho de la facultad, lo mejor sería crear un museo abierto al público. Los objetos que se exhiben están repartidos por temas en varias salas y pueden ser sugerentes o explícitos. Por citar algunos, veréis una colección de piedras que evocan el yin y el yang, penes esculpidos y fotos de montañas «eróticas». Otros, menos divertidos, se deben a las persecuciones sexuales impuestas a las mujeres de la época: instrumentos de tortura para esposas infieles, cinturones de castidad y zapatos para pies vendados (ver «¿Qué visitar?» en Shanghai, antes). Hay una sección dedicada a las prostitutas: anillo que llevaban estas señoras para precisar sus especialidades, documentos de la misma naturaleza y reconstrucción de una habitación típica. Otros objetos son más explícitos, como, por ejemplo, las imágenes impúdicas e incluso zoofílicas. Carteles en inglés explican el éxito de la pornografía durante las dinastías Ming y Qing a pesar de (¿o gracias a?) las restricciones de la época. Sillas concebidas para realizar el acto sexual, diversos objetos que muestran que nuestros *sex-shops* no han inventado nada, grabados y múltiples ilustraciones con una interesante mezcla entre religión y copulación... La actualidad también está presente con esta curiosa publicidad de una máquina para parejas que dos maniquíes occidentales ilustran sonrojados, con regalos de los museos del sexo estadounidense y con una pequeña sección dedicada a la homosexualidad. Finalmente, en la tienda del museo encontraréis algunos souvenirs divertidos y numerosas obras relacionadas con el tema.

HANGZHOU

2 MILLONES DE HAB. PREFIJO TEL.: 0571

¿Adónde van los ciudadanos de Shanghai los fines de semana? Pues a Hangzhou, que está a 1,30 h de tren con el rápido. Lienzos de arrozal se reflejan en los cristales, casas fortificadas como castillos y pararrayos que podrían parecer brochetas de acerolas (una especie de cerezas pequeñas), éstas son las nuevas construcciones de los campesinos ricos. La Administración provincial de Zhejiang ha sabido conservar su encanto campestre. Junto a a las riberas del lago del Oeste

(Xihu), rodeada de colinas y cubierta de parques y jardines, Hangzhou sigue siendo un destino diferente: una ciudad verde, poco contaminada, en la que los peatones y las bicicletas aún tienen «derecho de ciudadanía». Aquí gustan las cosas buenas. Y se cultiva el *longjing cha,* un té verde ligeramente perfumado que formaba parte del tributo que se pagaba cada año al Imperio. Pero, en cambio, no vengáis cuando la ciudad está en fiestas y abarrotada de gente.

Un poco de historia

En un principio, Hangzhou era una simple ensenada que emergía durante la marea baja de las aguas del río Qiantang, y el lago del Oeste consistía en un pequeño golfo unido al mar de China. Poco a poco se fueron formando sedimentos, y la población se asentó a los pies de la colina Lingyinsi. Y entonces se fundó el condado de Qiantang.

El Gran Canal

Aunque la ciudad fue capital del reino de los Wu en la época de las Primaveras y Otoños (722-484 a.C.), su importancia deriva realmente del desarrollo del Gran Canal. Los primeros trabajos se llevaron a cabo en tiempos de los Zhou orientales (770-256 a.C.). Unos cuantos siglos después, el emperador Wendi (581-604) de la dinastía Sui prolongó, hacia el río Amarillo en el norte y hacia Hangzhou en el sur, el canal que unía entonces Suzhou con el río Yangtsé. Gracias a esta vía de transporte, la ciudad se convirtió en un importante nudo de comunicaciones entre el norte y el sur. Por ella transportaban sal, té, flores, seda, porcelana, maderas preciosas, artículos de lujo y hasta los impuestos. Pero después, cuando se descubrieron las virtudes del trasplante del arroz (siglo VIII d.C.), que aseguraba una doble cosecha anual y convirtió el bajo Yangtsé en un auténtico granero, estas cosechas permitieron aprovisionar también las regiones desfavorecidas del norte. Hangzhou quedó definitivamente unida a Pekín durante la dinastía Yuan (1279-1368). El Gran Canal comprendía entonces seis tramos y medía 1.794 km de largo.

La capital de los Song del sur

En 1126, ante la invasión de los jurchen (antepasados de los manchúes), la corte capituló en Kaifeng y el hermano del emperador depuesto se refugió en Hangzhou. Los Song del norte se extinguieron, y Hangzhou se convirtió en la capital de la nueva dinastía de los Song del sur, con el nombre de Linan, hasta la llegada de los mongoles en 1279. Su Dongpo, gobernador de la ciudad, construyó diques y presas para luchar contra las crecidas periódicas del río Qiantang. La ciudad conoció así una edad de oro sin precedentes. El comercio fluvial y marítimo se desarrolló, prosperó la industria naval, y se crearon fábricas de papel, armerías y manufacturas de porcelana. Las hilaturas de algodón y de seda producían tejidos y bordados incomparables. La población de la ciudad aumentó de 500.000 habitantes en 1127 a 1.750.000 en 1275. Grandes edificios de madera de cinco plantas dominaban las callejuelas estrechas, y en la ciudad se instalaron militares, funcionarios y artistas.

El declive

Después de la invasión mongola, Pekín se convirtió en la capital del Imperio, mientras que Hangzhou se mantuvo como un centro de intercambios, con unos mercados repletos de vituallas, tal y como testifican los escritos de Marco Polo. La actividad económica declinó bajo la dinastía Ming (1368-1644), y recibió el tiro de gracia en tiempos del reino Qing (1644-1911), cuando se produjo el movimiento Taiping (1861-1863), durante el cual se destruyeron numerosas villas construidas por los emperadores manchúes. Replegada sobre sí misma durante cierto tiempo, Hangzhou se ha convertido de nuevo en un centro dinámico y cultural apreciado por los visitantes.

LLEGAR - SALIR

En tren

Hay dos estaciones en Hangzhou, la principal, de la cual damos las coordenadas y describimos a continuación, y la estación del Este *(fuera de plano por D1)*.

■ **Estación de Hangzhou** (Hangzhou Huochezhan; *plano C-D2):* Huancheng Dong Lu. ☎ 87-02-37-29. Os llevarán los autobuses K7 y Y2.

> **Desde/hacia Shanghai** (estación del Sur de Shanghai - Shanghai Nazhan): cada 20 minutos (al menos uno nocturno). Los trenes más rápidos *(te kuai che)* tardan a penas 1,30 h, los clásicos 2-2,30 h y los lentos 3 h. Precio: 20-70 ¥ (2-7 €). Preferid los trenes con salida desde Shanghai o Hangzhou puesto que suele haber muchísima gente y encontrar un sitio en los compartimentos más baratos puede resultar difícil.

> **Desde/hacia Suzhou:** unos 7 trenes diarios. Duración: 2,30-4 h. Precio: 40-100 ¥ (4-10 €). Hay otros trenes entre Hangzhou y Suzhou, pero son más lentos.

> **Desde/hacia Nankín:** circulan muchos trenes al día. Duración: 4-7,30 h. Precio: 65-190 ¥ (6,50-19 €) según tren y confort.

En autobús

■ **Estación de autobuses del Este** (Changtu Qiche Dongzhan; *plano D1):* 71, Genshan Xilu. ☎ 86-96-40-11. Os llevarán los autobuses Y5 e Y7.

> **Desde/hacia Shanghai:** 40 autobuses diarios. 6.40-20.20 h. Duración: 2 h. Precio: 70 ¥ (7 €). La mayor parte de los autobuses llegan o salen de la estación del Sur.

> **Desde/hacia Suzhou:** cada 30 minutos 7 a 19 h. Duración: 2-2.30 h. Precio: 70 ¥ (7 €).

> **Desde/hacia Wuzhen:** cada 30 minutos 6.30 a17.30. Duración: 2 h.

■ **Estación de autobuses del Oeste** *(fuera del plano por A1):* 357, Tianmushan Lu. ☎ 85-22-22-37. en el cruce con Zijingang Lu. Autobuses 49, 213, 502, 506 y 526; 20 ¥ (2 €) en taxi.

> **Hacia la montaña Amarilla** (Huang Shan): salen cada hora para Tunxi de 8 a 16.30 h. Desde allí hay un minibús para Taokou cada 10-20 minutos; desde Hangzhou, tres o cuatro autobuses diarios directos a Taokou.

■ **Estación de autobuses del Norte** *(fuera del planopor B1):* 766, Moganshan Lu. ☎ 88-09-77-61. Autobuses 15 y 67. Para el norte de Hangzhou, por ejemplo Nankín.

■ **Estación de autobuses del Sur** *(plano D2):* 407, Qiutao Lu. ☎ 86-07-53-52. Autobuses 14, 20 y 39. Destinos en dirección sur.

> **AVISO**
>
> **Los horarios y las tarifas que se indican en la guía son orientativos.**

DESPLAZARSE POR LA CIUDAD

En bicicleta

Hangzhou es una ciudad ideal para desplazarse en bicicleta, sobre todo a orillas del lago. También hay un servicio municipal de préstamo de bicicletas. Los turistas deben presentar el pasaporte y una fianza de aproximadamente 300 ¥ (30 €).

En autobús

La ciudad de Hangzhou tiene una buena red de autobuses que enlaza con todos los lugares interesantes. Los turísticos se reconocen fácilmente por su revestimiento de madera y por la letra Y que llevan delante. Están climatizados y cuestan 3 ¥ (0,30 €) por trayecto. También podéis coger los autobuses urbanos, igualmente prácticos y económicos. La letra K antes del número significa que el vehículo cuenta con climatización *(kongtiao)*.

Entre los autobuses que conviene conocer, el nº 7 enlaza la estación con el centro urbano y, después, bordea el lago hasta el templo Lingyinsi. El autobús K900 enlaza la estación de trenes con el centro de la ciudad por la orilla este del lago, pasando por Yan'an Lu y después por Tianmushan Lu en el norte. El autobús K516 enlaza la estación de autobuses con Tiyuchang Lu, en el norte del centro.

En taxi

El taxi es un medio práctico y económico para desplazarse en Hangzhou, excepto en horas punta, de 16.30 a 18 h. Tal vez por la influencia del campo o del té *longjing*, todos los taxis son verdes. En la parte delantera llevan un chivato luminoso que indica si el vehículo está ocupado o libre. Pensad en escribir en chino el nombre del lugar al que vais, o llevad con vosotros un plano de la ciudad para enseñárselo al taxista.

El taxímetro marca siempre 10 ¥ (1 €) cuando empieza la carrera. Después de los tres primeros kilómetros, añadid 3 ¥ (0,30 €) por cada kilómetro recorrido. Por ejemplo, la carrera entre el centro urbano y el pueblo de Longjing no debe saliros por más de 30 ¥ (3 €).

Paseo por el lago

Existe la posibilidad de alquilar barcos de remo, especialmente en la orilla del dique Bai Juyi, en el este de la Colina Solitaria. Admiten un máximo de seis personas. Calculad aproximadamente unos 160 ¥ (16 €) por 2 horas. También encontraréis barcos de alquiler en todos los parques que jalonan el lago, con capacidad para 30 a 80 personas, por 45 ¥ (4,50 €) la hora. Algunos llevan cabezas de dragón. Y a lo largo de la Hubin Lu, en el norte del lago, frente al mausoleo de Yue Fei (una salida cada 40 minutos, de 7.30 a 16.30 h, y también de noche, si el tiempo lo permite, con parada en las dos islas).

Por último, tenéis barcos de particulares que se pueden coger en casi todas partes, principalmente en el dique Su, donde, por lo general, os atosigarán para que subáis a bordo. También podéis hacer cruceros nocturnos.

DIRECCIONES ÚTILES

Información turística

Hangzhou Tourist Information Center *(zoom)*: 228, Yan'an Lu. ☎ 87-92-85-42. Todos los días de 8 a 16 h. Oficina de turismo donde os proporcionarán muchos folletos de la ciudad. Hablan inglés.

Hangzhou Tourist Center *(B1, 2)*: en el antiguo estadio Yellow Dragon Sports Center. Una agencia de turismo que organiza entre otras cosas excursiones (Suzhou, Wuhzen...) y dispone de autobuses para algunos destinos (autobús directo al aeropuerto de Shanghai).

Correos

La oficina central está en el 1, Jiefang Lu *(D2)*. En el cruce de la calle Jiefang con la Huancheng Donglu, a unos 5 minutos al norte de la estación. Abierto de 8.30 a 18 h. También hallaréis otra oficina de correos en la calle Yan'an, en el corazón de la ciudad *(zoom)*.

Internet

Taipingyang Wangluo *(zoom, **3**)*: 241, Jiefang Lu. Al final de la escalera. Abierto de 8 a 24 h. Suelen pedir el pasaporte. Un centenar de máquinas funcionando permanentemente y precios sin competencia. Excelente conexión.

China Absolute Tours International

*(C1, **1**)*: rooms F & G, 20º piso, Huazhe Plaza. ☎ 85-27-83-50.
zhuquin@voyages-chine.com
www.voyages-chine.com
Una agencia privada muy dinámica. Organizan circuitos por la región y por todo el país.

Banco de China

(Zhongguo Yinhang; *C1, **4***): 320, Yan'an Lu. ☎ 87-06-30-31. Abierto de 9 a 17 h. Cambian divisas y cheques de viaje, y autorizan reintegros en la ventanilla con tarjetas *Visa* y *MasterCard*. También disponen de cajeros automáticos en el exterior.

Sanidad

Zhejiang Hospital *(B2, **5**)*: en Lingyin Lu, frente al jardín botánico.

¿DÓNDE DORMIR?

Mingtown Garden Youth Hostel

*(B2, **10**)*: 4, Zhaogongdi. ☎ 87-97-58-83. Viniendo del norte, por Yang Gongdi, después del *Hangzhou Jinxi Hotel* (nº 39), coged un camino peatonal a la derecha que atraviesa un enorme parque; el AJ está a unos 150 m. Desde el centro de Hangzhou, autobús K7, parada en Yue Tan Po, después unos 10 minutos a pie. Dobles 230-320 ¥ (23-32 €), cama en dormitorio colectivo 50 ¥ (5 €). Internet y wifi. Es una agradable sorpresa encontrar un AJ con encanto y carácter en un entono como éste. Está instalado en una mansión centenaria rodeada de sauces, bambú, parterres de flores y estanques. Bien decorado y también bien gestionado. Dormitorios limpios y climatizados.

Mingtown Hangzhou International Youth Hostel

*(C2, **11**)*: 101-3 y 101-11, Nanshan Lu. ☎ 87-91-89-48. Al fondo de un callejón entre la carretera y el lago. Cama en dormitorio 45 ¥ (4,50 €), dobles 130-280 ¥ (13-28 €). Internet y wifi. En un gran patio ajardinado con bambú que se cierra con llave por la noche. Tiene menos encanto que el *Mingtown Garden Youth Hostel* y está un poco más desordenado, pero en cambio está bien situado (es tranquilo a pesar de estar en el barrio de los bares y los pubs) y ambiente muy de trotamundos. Dormitorios limpios y de confort variado.

Anxin Hotel

*(C-D2, **12**)*: 11, Huancheng Dong Lu. ☎ 87-81-66-66. Fax: 87-82-77-77. A la derecha, según se sale de la estación. Con el descuento, las habitaciones dobles cuestan de 150 a 200 ¥ (15 a 20 €). Si estáis buscando algo cerca de la estación que no salga muy caro, éste es el lugar ideal. Habitaciones luminosas, bien equipadas, con duchas muy limpias. Una buena relación calidad-precio.

Ling Feng Hotel

*(B1, **14**):* 140, Yugu Lu. ☎ 87-97-14-56. Fax: 87-99-60-12. Justo frente a la Universidad de Zhejiang. Dobles con baño 320-480 ¥ (32-48 €). Un vestíbulo con colores un poco estresantes pero en las habitaciones todo es confort y, con una decoración estandard, son impecables. Buena relación calidad-precio.

Dongpo Hotel

*(zoom, **13**):* 52, Renhe Lu. ☎ 87-06-97-69. Fax: 87-02-42-66. Delante del restaurante *Zhiweiguang*. Con el descuento, calculad de 320 a 480 ¥ (32 a 48 €) para una habitación doble. No sirven desayunos, pero en el barrio encontraréis todo lo que queráis. Situado en pleno centro, se trata de un hotel con precios razonables y un aspecto agradable. Un poco de color alegra la decoración. Algunas habitaciones no tienen ventana, pero todas disponen de ducha, aire acondicionado y TV.

Jiexin Century Hotel

*(C2, **16**):* 220, Nanshan Lu. ☎ 87-07-01-00. En un barrio animado y de moda (restaurantes, bares), ocupa un pequeño y discreto edificio al lado de Instituto de Bellas Artes. Dobles con baño 230-530 ¥ (23-53 €). Una decoración desconcertante puesto que va de un color a otro sin sentido aparente. La de las habitaciones es sobria pero más bien de diseño, aunque lamentablemente acusan un prematuro paso de l tiempo. El establecimiento sigue siendo, de todos modos, aceptable y está bien situado.

Xinkaiyuan Hotel

*(C2, **17**):* 142, Jiefang Lu. ☎ 87-02-22-22. Fax: 87-02-02-05. Dobles 600-800 ¥ (60 a 80 €), pero 380-430 ¥ (38-43 €) con descuento. Es el hotel del restaurante (ver «¿Dónde comer?», más adelante), o al revés. Sea como sea, se trata de un hotel de categoría en pleno centro. No hagáis caso de las tarifas expuestas; podéis negociar. Las habitaciones son muy confortables, con vistas a la ciudad, baño, aire acondicionado y TV. Ofrecen un buen servicio y aceptan tarjetas de crédito.

Hangzhou The New Hotel

*(B1, **18**):* 58, Beishan Lu. ☎ 87-66-00-08. 💻 www.thenewhotel.com Dobles 560-1 400 ¥ (56-140 €). Este elegante hotel es destacable sobre todo por su vista, lo que hace variar el precio de sus habitaciones. Las estándar (las menos caras) dan a un edificio colindante, las que tienen un precio intermedio miran hacia las colinas de atrás) sobre todo las de los alrededores del lago) y las más caras dan al lago, por supuesto (aunque en algunas sólo de adivina el lago a lo lejos). Las habitaciones son bonitas y confortables, con cuartos de baño separados de la habitación simplemente por un cristal.

Xinqiao Fandian

*(zoom, **19**):* 226, Jiefang Lu. ☎ 87-07-66-88. Fax: 87-07-14-28. Dobles cuestan 880 ¥ (88 €) y 530 ¥ (53 €) con descuento. Un hotel de cuatro estrellas a todo confort y situado en pleno centro. Dispone de unas 400 habitaciones muy bien equipadas, que tienen incluso conexión a Internet. La decoración es más bien elegante, especialmente el mobiliario. Centro de negocios, sauna, piscina, tres restaurantes y un bar.

¿DÓNDE COMER?

Existen varios restaurantes que ofrecen las especialidades de la ciudad. Por citar algunas: el cerdo *dongpo* (cocinado con vino amarillo y salsa de soja), el pollo mendigo y la sopa de pescado de las señoritas Song, plato preferido del emperador Qianlong.

A
B
Estación de autobuses del Norte
NORTE
Estación de autobuses del Oeste
Reserva Natural de Xixi
Gudun Lu
Fengtan Lu
Gucui Lu
Xueyuan Lu
Jiaogong Lu
Tianmushan Lu
Huanglong Lu
Estadio
Qiushi Lu
Shuguang Lu
Baochu Lu
Xixi Lu
Yugu Lu
Zheda Lu
Embarcadero de los barcos de remo
Lago Interior del Norte
Dique Bai Juyi
Beishan Lu
Isla de la Colina Solitaria
Embarcadero
Lingyin Lu
Longjing Lu
Yanggongdi
Isla Ruangongdun
Isla del Pabellón del Corazón del Lago
Lago del Oeste
Lago Interior del Oeste
Dique Su Dongpo
Isla Xiaoyingzhou
Parque Feilaifeng
Meiling Lu
Pagoda Leifeng
Huapo Lu
Hupao Lu
Zoo
Colina Yuhuang
1
2
3
2
5
10
14
18
22
26
32
40
41
42
43
44
46
47
48
49
50
51
54
56
58
60
64
0 500 1000 m

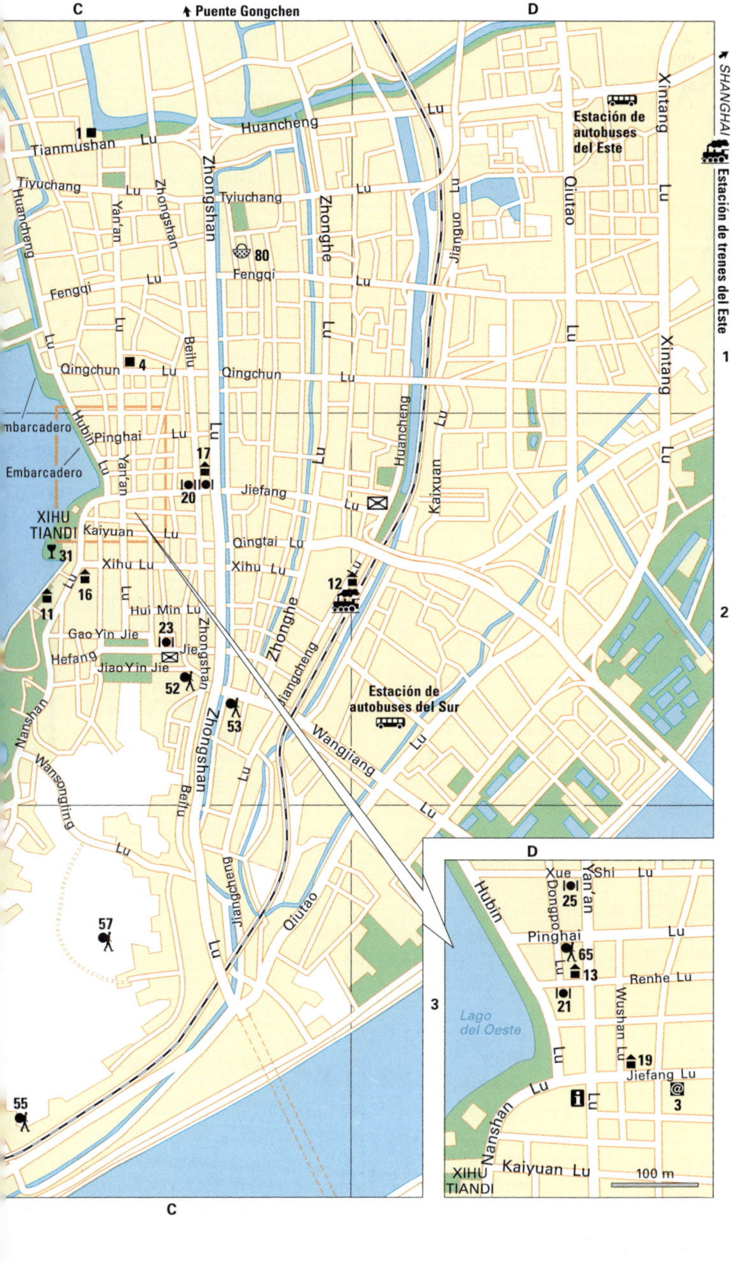
C
Puente Gongchen
D
SHANGHAI
Estación de trenes del Este
Estación de autobuses del Este
Huancheng Lu
Tianmushan Lu
Tiyuchang Lu
Tyiuchang Lu
Zhongshan Lu
Zhonghe Lu
Jianguo Lu
Qiutao Lu
Xintang Lu
Huancheng
Yan'an
Fengqi Lu
Qingchun Lu
Beilu
Embarcadero
Hubin Lu
Pinghai Lu
Kaixuan Lu
Jiefang Lu
XIHU TIANDI
Kaiyuan Lu
Qingtai Lu
Xihu Lu
Hui Min Lu
Gao Yin Jie
Hefang Jie
Jiao Yin Jie
Jiangcheng Lu
Estación de autobuses del Sur
Wangjiang Lu
Nanshan Lu
Wansongling Lu
Qiutao
1
2
3
1
4
11
12
16
17
20
23
31
52
53
55
57
80
Xue Shi Lu
Dongpo
Yan'an
Pinghai Lu
Renhe Lu
Wushan Lu
Lago del Oeste
Jiefang Lu
Nanshan
Kaiyuan Lu
100 m
25
65
13
21
19
3

- **Transportes y Direcciones útiles**
  - Hangzhou Tourist Information Center
  - 2 Hangzhou Tourist Center
  - Estación de Hangzhou
  - Estación de trenes del Este
  - Estación de autobuses del Este
  - Estación de autobuses del Oeste
  - Estación de autobuses del Norte
  - Estación de autobuses del Sur
  - Correos
  - 1 China Absolute Tours International
  - 3 Taipingyang Wangluo
  - 4 Bank of China
  - 5 Zhejiang Hospital
- **¿Dónde dormir?**
  - 10 Mingtown Garden outh Hostel
  - 11 Mingtown Hangzhou International Youth Hostel
  - 12 Anxin Hotel
  - 13 Dongpo Hotel
  - 14 Ling Feng Hotel
  - 16 Jiexin Century Hotel
  - 17 Xinkaiyuan Hotel
  - 18 Hangzhou The New Hotel
  - 19 Xinqiao Fandian
- **¿Dónde comer?**
  - 17 Xinkaiyuan
  - 20 Kuiyuanguan
  - 21 Zhiweiguan
  - 22 Huang Long Da Pai Dang

Puestos de Hefang Jie

*(C2, **23**):* en una calle a la altura de Correos, el nº 97-1 de la calle Hefang. Se trata de una pequeña calle peatonal flanqueada por una treintena de sencillos puestos. Se come en los bancos bajo las sombrillas. Cada puesto tiene un panel en chino y en inglés donde se indican las particularidades o el origen geográfico de la comida que sirven en ellos. Bueno, barato y auténtico.

Zhiweiguan

*(Zoom, **21**):* 83, Renhe Lu. ☎ 87-06-58-71. Calculad unos 50 ¥ (5 €) por una comida. No lo confundáis con el *take away* de la esquina. Famoso en toda la ciudad, este inmenso local fue fundado en 1913. Ofrece un surtido de alimentos al vapor en la planta baja. Tenéis que comprar unos tiques en la ventanilla de la derecha de la entrada (os reembolsarán los que os sobren) antes de ir a pedir. En la primera planta, platos más consistentes y más caros. Carta en inglés.

Kuiyuanguan

*(C2, **20**):* 154, Jiefang Lu. ☎87-02-86-26. Justo antes del puente según se viene del lago. Abierto de 16 a 21 h. Calculad una media de 30 ¥ (3 €). Reputado establecimiento fundado en 1867, cuya especialidad son los tallarines. Más de cincuenta platos con preparaciones diferentes: tallarines con anguilas y gambas del lago, con legumbres y al huevo, con cerdo, etc. Ambiente popular en la planta baja; más refinado en el primer piso.

Huang Fan Er

*(C2, **23**):* 53-57, Hefang Jie. ☎ 87-80-77-68. Calculad unos 50 ¥ (5 €) por persona. Uno de nuestros restaurantes preferidos. Está situado en el renovado y turístico barrio de Hefang Jie (tiendas, salones de té y una farmacia antigua en la calle de detrás). La sala circular con decoración rococó-kitsch está abarrotada al mediodía y bastante concurrida por la noche. Insistid, el lugar vale la pena. En efecto, la carta ofrece (con la ayuda de fotos)

23 Huang Fan Er y puestos de Hefang Jie
25 Hong Ni Garden
26 Louwailou

¿Dónde salir?

31 Jamaica Coffee Shop
32 Bars du stade

Compras

80 Mercado de la seda

¿Qué visitar?

40 Parque Huagang
41 Parque Quyuan
42 Villa Fenyang
43 Pagoda Baoshi
44 Mausoleo de Yue Fei
46 Templo Lingyinsi
47 Pagoda de la Seis Armonías (Liuheta)
48 Museo del Té
49 Pueblo de Longjing
50 Pueblo de Meijiawu
51 Hupaomeng Quan
52 Farmacia Huqingyu Tang y su museo
53 Huxueyan Guju
54 Museo de la Seda
55 Museo de los Hornos y de la Porcelana Imperial de los Song del Sur (Nan Song Yao Guan Bowuguan)
56 Zhiwuyuan
57 Mezquita del Fénix (Fenghuang si)
58 Colina Yuhuang (Yuhuang Shan)
60 Museo Provincial de Zhejiang
64 Santanyinyue
65 Night of West Lake

una impresionante variedad de platos de la vida cotidiana en pequeñas raciones, con lo que podréis probar infinidad de cosas sin arruinaros. Verduras con toda clase de salsas, cerdo (pies, orejas, etc.), dátiles rellenos de arroz, pollo macerado, etc.

Huang Long Da Pai Dang

*(B1, **22**):* en el estadio; acceso por Huanglong Lu. Comida 60 ¥ (6 €). Escoged antes de sentaros. El mercado de Huang Long está instalado bajo enormes tiendas donde cada puesto tiene un espacio dedicado a restaurante. Es muy sencillo y popular, se llena para comer y hacia las 2 o las 3 h de la madrugada a la salida de los bares. Pocos occidentales y turistas llegan hasta aquí, donde todo está en chino, pero... el lenguaje de las señas es universal. Los restaurantes son muy numerosos y en general todo está fresco y delicioso.

Hong Ni Garden

*(Zoom, **25**):* 48, Xue Shi Lu. ☎ 87-92-13-60. Cierra a las 2 h de la madrugada. Comida 60-100 ¥ (6-10 €). Su nombre significa «tierra roja» pero sólo la ropa de sus camareros lo es. El comedor, un poco estridente en su decoración, está en el primer piso. Enorme carta en inglés. Especialidades locales, como el cerdo *dongpo*.

Louwailou

*(B2, **26**):* 30, Gushan Jie. ☎ 87-96-90-23. Abierto de 11.30 a 14.30 h y de 16.30 a 20.30 h. Los platos cuestan una media de 30 a 100 ¥ (3 a 10 €). En Hangzhou hay tres restaurantes extremadamente conocidos, los tres salidos de un poema de Lin Shen: el *Tianwaitian*, el *Shanwaishan* y el *Louwailou*. Este último, situado en el norte del lago, en la Colina Solitaria, es seguramente el establecimiento más popular de la ciudad. A él vienen desde el año 1848 todas las personalidades de la región a saborear las especialidades de Hangzhou: cerdo *dongpo*, pollo asado *del mendigo* y gambas con hojas *longjing*.

Xinkaiyuan

*(C2, **17**):* 118, Jiefang Lu. ☎ 87-01-68-68. Está abierto de 11 a 14 h y de 17 a 21 h. Platos de 30 a 80 ¥ (3 a 8 €). Carta en chino, pero con fotos, o carta en inglés sin fotos. Este restaurante puede servir más de 2.000 cubiertos en seis plantas. Las azafatas de la entrada os conducirán hasta uno de los grandes comedores. Ofrecen numerosas especialidades, como el cerdo con bambú, el cangrejo *ningbo* o las albóndigas de pescado. Se trata de una cocina muy refinada.

¿DÓNDE SALIR?

Barrio de Xihu Tiandi

Una veintena de bares y restaurantes (de estilo diferentes y con precios diversos) instalados entre la vegetación de un tranquilo parque al borde del lago. Los coches no pueden entrar.

Barrio de Nanshan Lu

(C2; zoom): el nuevo barrio de moda cerca del lago. Está lleno de bares y restaurantes elegantes, por lo que no podremos describirlos todos, pero os aconsejamos especialmente el ***bar Dena,*** que se encuentra en el 240 de Nanshan Lu. ☎ 87-77-02-75. Sirven comida hasta las 21 h, y después se convierte en bar hasta las 2 h. En dos niveles, tiene una decoración muy moderna. Todas las noches actúan grupos, y luego, para los noctámbulos, todo el mundo se reúne en la discoteca *Jue Dui Hao Shi*, también en Nanshan Lu.

Nuestro bar preferido es el **Jamaica Coffee Shop** *(C2, **31**):* House 12, 147, Nan Shan Lu. ☎ 87-02-65-98. Todos los días de 9 a medianoche. A la sombra, no lejos del lago, un islote de tranquilidad y frescor para beber y comer con un fondo de música latina. Cerveza a presión y muy buenos cafés.

Talking bars del estadio

*(B1, **32**):* ¡ Shuguang Lu, a la altura del *Wuhuan Xinxile* (remitíos al apartado «¿Dónde comer?»). Están abiertos hasta las 2 h de la madrugada; no merece la pena ir antes de las 21-22 h. Hay unos cuarenta *talking bars* bajo los arcos del estadio. Pero ¿qué es un *talking bar*? Unas azafatas provocativas y dispuestas a haceros consumir litros de bebida están sentadas alrededor de un mostrador circular. Tras estas criaturas diáfanas hay un escenario en el que actúan cantantes, cómicos y grupos de bailarinas con poca ropa (los auténticos striptease están prohibidos) o próximas a cosmonautas del futuro. Las azafatas del mostrador se encargan de entreteneros dándoos conversación, y también con juegos de dados y otras coqueterías. En cuanto perdéis en uno de estos juegos, estáis obligados a beber un chupito de cerveza. Es cierto que ellas también tienen que hacer lo mismo si pierden. Los clientes piden botellas de cerveza para seis, lo que en general permite obtener algunas gratis. Destacaremos el mayor *talking bar* del estadio, el ***Jin Feng Shi Jia***, pero existen muchos más.

COMPRAS

Evidentemente, tenéis que comprar té *longjing*. Lo encontraréis por todas partes. Hangzhou también está especializado en sombrillas (muchas de mala calidad; las mejores son las de seda) y en... tijeras. Numerosas tiendas turísticas en **Hefang Jie** *(C2)*, muy animado por la tarde.

Mercado de la seda

*(C1, **80**)*: está en Xin Hua Lu, que da a Fengqi Lu *(C1)*. Permanece abierto de 8.30 a 17.30 h. Se pueden negociar los precios entre un 10 y un 20 %.

Mercado nocturno

(C2): Zhongshan Beilu. Encontraréis una gran cantidad de imitaciones y falsificaciones. Si compráis algo, regatead bien.

¿QUÉ VISITAR? ¿QUÉ SE PUEDE HACER?

Lago del Oeste (Xihu; *plano B-C1-2)*

Totalmente natural, el lago del Oeste es la perla de los habitantes de Hangzhou. Se necesitan 4 h para bordearlo. También se puede navegar en canoa por sus aguas tranquilas o alquilar una bicicleta para dar un paseo por sus diques. Todos los parques públicos son gratuitos.

El lago del Oeste no sólo es un lago, sino también un espacio imaginario en el que se encarna la China eterna, orgullosa de su historia, y en el que sus leyendas se reflejan en el chapoteo del agua. Algunos reconocen allí a *Xishi*, una de las cuatro beldades chinas, descubriendo sus atavíos detrás de un velo de niebla. Otros prefieren los juegos de luces del **puente roto,** cuando la nieve invade el parapeto en invierno y crea figuras y efectos ilusorios. El puente llega al **dique Bai Juyi** (poeta Tang; *B1-2*), en un paseo de 1,5 km, antes de llegar a la **Colina Solitaria** *(B2)*. Esta isla, la más grande del lago, alberga el restaurante *Louweilou* (ver «¿Dónde comer?», antes), el **pabellón de la Luna de Otoño sobre el Lago Calmado** (Pinghu Qiuyue), transformado en salón de té; la **Sociedad de Epigrafía** (grabadores de sellos), fundada en 1904, y el **parque Zhongshan**, donde aún se alinean los antiguos palacios y pabellones construidos por el emperador Qianlong (1736-1796). Durante la dinastía Song, el poeta Ling Hejin construyó aquí su residencia, que hoy es el **pabellón de la Grulla** (Fangheting).

También se encuentra aquí desde 1929 el **Museo Provincial de Zhejiang** *(B2, **60**)*, situado en el mismo centro de la isla de la Colina Solitaria. Abierto los lunes de 12 a 16.30 h y de martes a domingo de 9 a 16.30 h. Entrada libre. Presenta 7.000 años de historia con piezas procedentes de las excavaciones realizadas en la región: reliquias, piedras, cerámicas, porcelanas, objetos de jade, de madera y de marfil, caligrafías e incluso ejemplares de los primeros billetes utilizados y de los granos de arroz más antiguos que se cultivaron en el mundo (descubiertos en el pueblo de Hemudu).

Hacia el sur se suceden otras tres islas, a las que sólo se puede acceder por barco: la **isla Ruangongdun,** la **isla del Pabellón en el Corazón del Lago** (Huxinting) y la **isla Xiaoyingzhou.** Esta última, construida en 1607, es conocida por su puente en zigzag entre cuatro estanques repletos de peces rojos: «una isla en un lago, y un lago en una isla».

Siguen a continuación tres pequeños túmulos funerarios, **Santanyinyue** *(B2, **64**)* o la «isla de las Tres *Stupas* que reflejan la Luna», colocados en la superficie de las aguas y que delimitan el punto más profundo del lago. Según las leyendas locales, estas *stupas* controlan también los malos espíritus del lugar. Emblemas de la ciudad, se iluminan todos los años durante la celebración del festival de mediados de otoño. Las velas colocadas en su corazón proyectan entonces una quincena de lunas en la superficie del lago.

En el oeste, el **dique Su Dongpo** *(B2)*, en recuerdo del poeta y gobernador de la ciudad durante el periodo Song, atraviesa el lago de norte a sur. Tres veces más largo que el de su colega, está bordeado por sauces llorones, melocotoneros y plátanos, y atravesado por seis puentes de arcos. El **parque Huagang** *(B2, **40**)* o «parque de la Bahía de las Flores», un antiguo jardín particular de 25 ha, construido por los Song y cuyos estanques contienen miles de carpas rojas, alberga el monumento a Su Dongpo. Alrededor del lago también hay diseminados varios parques y zonas verdes. En el norte, el **parque Quyuan** *(B2, **41**)*, y un poco más al sur, un precioso jardín, **Villa Fenyang** (Guo's Villa o Fenyang; *B2, **42***). Abierto de 8 a 17h. Entrada: 10 ¥ (1 €); descuentos para niños. Este agradable jardín situado a orillas del lago fue creado por un comerciante de seda de la dinastía Qing, y después vendido a un tal Guo Shilin. Podéis comer al aire libre o tomar el té en una terraza a orillas del lago.

Al este del lago: el centro de la ciudad

> **Hubin Lu** *(zoom)*: el paseo peatonal del centro urbano, por la orilla este del lago, ha sido totalmente reformado. La ciudad ya lo ha bautizado como **el pequeño Xintiandi de Hangzhou,** siguiendo el modelo de Shanghai. Los locales de comida rápida y las tiendas crecen aquí como champiñones. Por la mañana, la gente viene para practicar tai-chi, y las familias, para pasear, especialmente los domingos. También se pueden dar paseos en barca.

Farmacia Huqingyu Tang y su museo *(C2, **52**)*: 95, Dajing Lane; en el barrio de Hefang Jie. ☎ 87-02-75-07. En pleno corazón de la ciudad antigua reformada y reorganizada como barrio turístico. Farmacia abierta de 8.30 a 20 h. Entrada libre. El museo permanece abierto de 8.30 a 20 h. Entrada: 10 ¥ (1 €).

Imposible pasar por delante de esta ilustre farmacia sin ver los enormes caracteres «Hu Qing Yu Tang» que resaltan en la pared de alabastro restaurada. Creada en 1874 por Hu Xue Yan (1823-1885), importante personaje de Anhui, perteneció a la manufactura de productos farmacéuticos Tai Ping Hui Min He hasta que fue nacionalizada en 1955. Observad el pasillo de entrada con los 36 paneles de palisandro que representan muchos de los remedios conocidos por los chinos. La decoración de esta antigua farmacia es muy bonita, y sólo por eso ya merece una visita. Por supuesto, muchos turistas occidentales vienen para comprar. Aquí se encuentran medicamentos tan raros como cuernos de rinoceronte o bezoares de

> **AVISO**
>
> **El icono del Trotamundos os indica el interés de la visita.**

buey, fabricados a partir de ingredientes de primera calidad y de antiguas fórmulas que sólo conocen algunos médicos. Fijaos también en la enorme raíz puesta en un tarro que debe de tener unos 1.000 años de antigüedad. Podéis medicaros *in situ*.

Si os interesa mucho el tema, no dejéis de visitar el museo (carteles en inglés). Veréis retratos de los grandes médicos chinos, viejos utensilios, animales disecados que los chinos utilizan frecuentemente (rinocerontes, focas, leopardos...), una sección de minerales, plantas en tarros o detrás de cristales y pequeños talleres de fabricación de los preparados.

Huxueyan Guju *(C2, **53**):* 1, Yuanbaojie. ☎ 86-82-11-31. Abierto de 8 a 17 h. Entrada: 20 ¥ (2 €); descuentos para niños.

La antigua residencia de Hu Xue Yan, un rico farmacéutico de esta ciudad que vivió en el siglo XIX (ver antes). Se casó con 12 mujeres sucesivamente. Tras la Revolución Cultural, aquí vivieron 50 familias, e incluso durante un tiempo fue una fábrica. Actualmente se ha restaurado la casa. Se compone de una serie de patios y jardines privados del más puro estilo Qing. Fijaos sobre todo en la puerta redonda que se abre en el plano del agua y en las grutas que conducen a un pabellón voladizo. Las ventanas son de origen francés; los espejos, británicos, y las lámparas, japonesas.

Al norte del lago

Pagoda Baoshi *(B1, **43**):* bien situada, en una colina en el norte del lago y enfrente del dique Bai Juyi. Entrada libre.

Desde cualquier sitio del lago en que estéis, siempre podréis ver las siete plantas de la pagoda Baoshi. Esta *stupa* de ladrillo, de 45 m de alto, data del año 938 y se reconstruyó en 1933. La pagoda, poco visitada, tiene una bonita vista del lago, y desde ella arranca un agradable paseo por las colinas de la ciudad.

Mausoleo de Yue Fei *(B2, **44**):* situado en la Beishan Lu, en el norte del lago del Oeste y a unos minutos andando del hotel *Shangrila*. ☎ 87-97-26-51. Autobuses nos K7, Y2 e Y3. Abierto de 7.30 a 17.30 h. Entrada: 25 ¥ (2,50 €); descuentos para niños.

Este lugar sólo tiene sentido para los chinos que vienen aquí en peregrinación a sentir vibrar la fibra patriótica. Yue Fei (1103-1142) era un valiente general del ejército de los Song que siempre rechazó sin vacilar las incursiones de los «bárbaros» khitan llegados del norte (dinastía Jin). A pesar de su lealtad, fue traicionado por un ministro celoso, Qin Hui, quien lo mandó ejecutar cuando tenía 39 años. Veintiún años después, en 1221, la presión popular consiguió que el emperador lo rehabilitara y construyera en su honor este mausoleo. Así pasó de traidor a ser proclamado héroe nacional.

Al mausoleo se llega por un pequeño puente seguido de un sendero flanqueado de estatuas. Lo que más se visita es la tumba de Yue Fei, que lleva la célebre frase que la madre del héroe mandó tatuarle en la espalda antes de sus campañas: «Lealtad sin fin y entrega al país». El lugar contiene una colección de estelas grabadas por el héroe, de su propia mano, y otros grandes letrados chinos. Algunas cuentan la historia de las sucesivas reconstrucciones del lugar. Durante el periodo Qing, el mausoleo se enriqueció con una impresionante campana de bronce ofrecida por unos comerciantes japoneses. Durante mucho tiempo, los chinos escupían en las dos estatuas de bronce que representaban al traidor y a su esposa. Actualmente está prohibido.

Zhiwuyuan (Jardín botánico; *A-B2, **56***): 1, Taoyuanlin. Se accede por Yugu Lu. Autobús 28. Todos los días de 16 a 17.30 h. Entrada: 10 ¥ (1 €).

Se trata de un inmenso parque tomado por los estudiantes y las familias los fines de semana. No os perdáis la **fuente de Jade.**

Feilaifeng *(A2)*: al final de la Lingyin Lu, a 20 minutos al oeste de la orilla norte del lago. En el interior se encuentra el templo Lingyinsi (ver más adelante). Autobuses nos K7, Y1 e Y2. Abierto de 5.30 a 18 h. Entrada: 35 ¥ (3,50 €). Se accede con una tarjeta magnética. Calculad 2 horas de visita.

Según la leyenda, el Feilaifeng sería el monte sagrado Gradhrakuta (de origen hindú). Se compone de cuevas y colinas decoradas con bajorrelieves budistas. A lo largo de más de 1.000 años, se esculpieron en la roca más de 300 budas, la mayoría de ellos entre los siglos X y XIV en tiempos de las dinastías Song (960-1279) y Yuan (1279-1368). Se trata de un lugar excepcional, dada la escasez de yacimientos de arte rupestre en el sur.

Con un sentido pedagógico se ha ubicado, al principio del recorrido, un parque con reproducciones de las esculturas que corresponden a los diferentes yacimientos rupestres de China (Datong, Dunhuang, Longmen, etc.). A continuación podréis recorrer un conjunto de cuevas y caminos abiertos en la colina. Símbolo del lugar, el buda *maitreya* de la época Song: un buda barrigón que se ríe de la vanidad del mundo desde sus 9 m de alto y 4 de ancho.

Durante la visita, es posible que algún lugareño os ofrezca sus servicios. Aunque no todos conozcan la historia del lugar, es una buena ocasión para saber cómo viven; les hará mucha ilusión llevaros a su casa (en Longjing o Meijiayu), y os enseñarán cómo se cultiva el té... y la manera de gastar unos cuantos billetes.

Si tenéis hambre hay un restaurante vegetariano *(Tianwaiboam)* a la izquierda de la entrada principal del recinto.

Templo Lingyinsi *(A2, **46**)*: se encuentra en la salida de Feilaifeng, subiendo un poco, a la derecha. Abierto de 7 a 17 h. Entrada: 30 ¥ (3 €).

El Lingyinsi o «templo de la Retirada de las Almas» fue fundado en 326 y reconstruido 16 veces, la última en 1950. Las reliquias de su fundador, el monje Huili, se encuentran en una *stupa* situada justo antes del recinto del edificio. Con los Tang (618-907) fue el lugar de culto más grande del bajo Yangtsé, y uno de los 10 templos de la secta zen en China. Tres mil monjes se repartían por 72 salas, 9 torres y 18 pabellones.

El templo actual ha conservado el estilo de la época. En la primera sala, los cuatro guardianes celestiales están colocados de dos en dos a los lados. En el centro, un buda *maitreya* flanqueado a la espalda por el general guardián Weituo *(skanda)*. Su arma, dirigida hacia el suelo, indica que el templo no tiene dormitorios para los peregrinos. La segunda sala contiene un inmenso buda *sakyamuni*, de 20 m de alto, formado por 24 bloques de madera de alcanforero. Esculpido en 1956, el buda sentado sobre un loto predica la ley. A su espalda, un inmenso bajorrelieve narra una cincuentena de historias de la epopeya de un niño en la vía del budismo.

En el año 2000, el ala izquierda del templo fue transformada en la sala de los 500 *arhats*. Los *arhats* son los discípulos de Buda en la escuela del Pequeño Vehículo del budismo. Cada una de las estatuas cuesta mucho dinero, nada menos que 50.000 ¥ (5.000 €). En primavera vienen muchos peregrinos al Lingyinsi. Los más fervorosos consiguen subir la colina hasta la cima *(bei gaofeng)*, desde donde se disfruta de una magnífica vista del lago, y los perezosos cogen el funicular.

Al sur del lago

Museo del Té *(A2, **48**):* Shuangfeng Village, Longjing Lu. ☎ 87-96-41-12. En el suroeste del lago. Autobús nº 27 desde Beishan Lu. Abierto, excepto lunes, de 8.30 a 16.30 h. Entrada libre.

Este museo está dirigido por el centro de investigación del té más importante de China. En el corazón de las colinas de Longjing shan (té del Pozo del Dragón) se presenta de manera muy completa el cultivo del té: historia y leyendas de la pequeña hoja que servía para mantener despierto al *bodhidharma*; procesos de fermentación a fin de obtener un té negro, verde o rojo, y de recolección y secado, así como exposición de teteras, etc. Detrás del edificio, en un gran jardín, se han acondicionado salones de té, réplica de los de las diferentes regiones del país. Además, también tenéis a vuestra disposición una tienda en la parte delantera del museo.

Pueblo de Longjing *(A3, **49**):* pueblo situado en la colina del Pozo del Dragón (Longjing shan), a 20 minutos del centro urbano por una bonita carretera que serpentea entre los campos de té en terraza. Autobuses Y3 o K27.

Las colinas de los alrededores de Hangzhou producen uno de los cuatro grandes tipos de té chinos: el *longjing cha* resulta tan delicioso que el emperador Qianlong lo añadió a la lista del tributo imperial. Durante años, las delicadas hojas del té se transportaron por el Gran Canal hasta la corte de los Qing. ¿Sus particularidades? Un verde de jade, un aroma perfumado, un sabor pronunciado y hojas bien formadas. Hay algunos que incluso le encuentran un regusto de oliva fresca. La mejor cosecha es la de primavera, justo antes de la Fiesta de los Muertos. Con ella se consigue una calidad óptima, que hace subir los precios hasta 2.000-3.000 ¥ (200-300 €) los 500 g.

En la actualidad existen diferentes variedades de árbol, ya que el Estado ha impulsado las plantaciones más rentables aunque menos sabrosas... Intentad ver cómo se hace el tratamiento de las hojas:

lavado, cinco horneados sucesivos (de 20 minutos cada uno) en unos hornos eléctricos y deshidratación de la hoja antes de ponerla a secar al sol. El té verde necesita poco tratamiento. Así conserva todas las vitaminas. Seguramente no seréis los únicos que estaréis de visita en el pueblo. Aquí vienen muchos turistas chinos a mojarse las manos en el antiguo pozo que dio su nombre al pueblo de Longjing: el Pozo del Dragón. Pero, atención, su agua ya no tiene la misma pureza que antaño y, si hacéis caso del refrán que dice que el hombre que beba un trago de esta agua se hará rico, es muy posible que terminéis con diarrea.

Meijiayu *(fuera del plano, por A3, **50**):* autobús Y4. A los lugareños de Meijiayu les gusta tanto como a los de Longjing invitaros a conocer el cultivo del té. Y aunque este pueblo ha sido durante mucho tiempo menos visitado que su vecino, actualmente se ha puesto de moda. Así que no se ha librado de la invasión de grandes tiendas turísticas, en las que os ofrecerán, además de las degustaciones de té, todos los *souvenirs* chinos (in)imaginables (seda, jade, abanicos, etc.).

Pagoda de las Seis Armonías (Liuheta; *fuera del plano, por B3, **47**):* 16, Zhijiang Lu. ☎ 86-59-13-64. Al lado del río Qiantang. Autobuses n°s 4, 504 y 808 desde el centro urbano. Abierto de 6.30 a 18.30 h. Entrada: 20 ¥ (2 €); suplemento de 10 ¥ (1€) para subir a la pagoda; descuentos.

Construida en 970 con el objeto de amansar el macareo del río Qiangtang, la pagoda servía de punto de referencia para los barcos. La ciudad de Hangzhou es conocida por esas impresionantes olas de fondo arrastradas por la marea (el mar está muy cerca). Todos los años, allá por el mes de agosto, acuden miles de visitantes a ver ese fenómeno completamente natural que dura 10 días. Durante esta época, el nivel de las aguas puede elevarse hasta 9 m de altura. En 1152, la pagoda se reconstruyó en ladrillo, tras sufrir un incendio. En la actualidad mide 59 m de alto, y presenta la particularidad de tener 13 plantas exteriores y sólo siete en el interior. Las Seis Armonías hacen alusión a los seis reglamentos religiosos dictados para los monjes (armonía del cuerpo, del lenguaje, etc.). Enfrente de la pagoda hay un puente de dos niveles (ferroviario y vial), diseñado y construido entre 1934 y 1937 por Mao Yishen. Se trata del primer puente ferroviario realizado en China.

Hupaomeng Quan *(B3, **51**):* justo antes de la pagoda de las Seis Armonías, según se sube por Hupao Lu. ☎ 86-08-63-64. Abierto de 6 a 18 h. Entrada: 15 ¥ (1,50 €); descuentos.

Para degustar como se debe un excelente té, hace falta contar también con un agua de primera. Y la fuente de Hupaomeng («manantial excavado por el tigre») tiene fama de ofrecer el agua más pura de la región. Rica en minerales, era muy apreciada en su tiempo por los ermitaños. Un personaje religioso de la dinastía Tang incluso la declaró «el tercer mejor manantial del mundo». En la actualidad atrae sobre todo a los curiosos que frecuentan las casas de té que se han abierto por los alrededores.

Museo de los Hornos y de la Porcelana Imperial de los Song del Sur (Nan Guan Song Yao Bowuguan; *C3, **55**):* 42, Nanshejiashan. ☎ 86-08-20-78. Autobús nº Y3. Excepto lunes, de 8.30 a 16.15 h. Entrada libre.

Un museo interesante y bien concebido (con comentarios en inglés). En un primer edificio podréis ver objetos antiguos y porcelana. El segundo edificio está dedicado a la historia de la porcelana china. Y al fondo de un paseo hay otro edifico que alberga restos de los hornos donde se cocía la porcelana imperial de la dinastía de los Song del Sur, en un momento en que este arte estaba muy avanzado en Hangzhou

Museo de la Seda *(B3, **54**):* Yuhuangshan Lu. ☎ 87-03-51-50. Autobuses nos 809, 12 e Y3. Todos los días de 8.30 a 16.30 h. Entrada libre. Instalado en un moderno edificio, este museo está dedicado a la historia de la técnica y la producción de la seda. Con comentarios en inglés, está bien concebido y además podréis ver vestidos tradicionales. Exposiciones temporales en la primera planta y desfiles de moda.

Mezquita del Fénix (Fenghuang si; *C3, **57**):* en la cima de la colline Fenghuang, al sureste del lago.

> **Paseos por el Gran Canal:** sólo es posible recorrer el canal a determinadas horas. El embarcadero se encuentra en el muelle oeste al pie del puente Gongchen *(fuera del plano por C1)*. Información y reservas: **Water Bus Info.** ☎ 88-02-43-68. Se trata de un circuito en bucle con la posibilidad de bajarse en el transcurso del mismo. Una excursión que os llevará por el río Qiantang, al sur, y hasta la pagoda de las Seis Armonías (salida del muelle oeste a las 9 h; 120 ¥/12 €; duración: 3,30 h) y otra por el río Yuhang's Tang y hasta Xixi Wetland (salida del muelle oeste a las 8.30 h y a las 13 h; 60 ¥/6 €; duración: 2,30 h).

SUZHOU

2 MILLONES DE HAB. PREFIJO TEL.: 0512

A Suzhou la califican a menudo como ciudad-museo o ciudad-jardín, con una infinidad de canales. Y en verdad lo es. Pero, en realidad, cuando se llega por vez primera, lo que uno descubre es una inmensa ciudad moderna, de plano en cuadrícula y plana, agradable, con aceras anchas y limpias e invadidas por multitud de gente. Lo interesante son los jardines, repartidos por todos los rincones de la ciudad y que figuran entre los más hermosos de China; ocho de ellos están catalogados en el Patrimonio Mundial de la Humanidad (Unesco).

La ciudad antigua forma un rectángulo delimitado por una red de canales navegables y está atravesada de norte a sur por la avenida del Pueblo (Renmin Lu). En las afueras se extiende una gran zona industrial de 80 km^2 (cinco veces mayor que la ciudad antigua), en la que ya se han instalado numerosas empresas de capital mixto (chino y extranjero). En pleno crecimiento (como todas las ciudades chinas), Suzhou se ha dotado de un tren periférico suspendido, y se habla de la construcción del metro. Pero también sueña con conservar su patrimonio. La ciudad restaura sus barrios antiguos (la orilla del canal Pingjiang Lu y Shantang Jie, por ejemplo) y espera con impaciencia la apertura del nuevo museo de Suzhou, que tendría que estar situado en una amplia construcción moderna diseñada por Pei, el arquitecto de la pirámide del Louvre. Y es que detrás de esa máscara de modernidad, Suzhou quiere seguir siendo una ciudad refinada donde aún se disfrute tomando un té *biluochun* (el té verde de la región) en el oasis de tranquilidad que proporcionan sus jardines.

Un poco de historia

Suzhou es una de las ciudades más antiguas de la cuenca del Yangtsé. Su riqueza se debe a la construcción, en tiempos los Sui (siglo VI), del Gran Canal destinado a transportar la seda del sur a las ciudades del norte (Pekín). Así se convirtió Suzhou en un centro comercial y de artesanía de primer orden.

La ciudad de la seda y los jardines

La industria de la seda, que ya existía bajo la dinastía Tang (618-917), adquirió su verdadera importancia con la dinastía Song (960-1279). Como China había perdido el control de la ruta de la Seda (en los oasis de Asia central), la única salida posible para exportar productos a Occidente era la vía marítima. Según se decía entonces, la primera etapa de la ruta de la Seda era Suzhou, y no Xi'an. Cuando Marco Polo pasó por la ciudad en 1276 se quedó asombrado por su «grandeza y nobleza». En el siglo XVI era la primera ciudad productora de seda de toda China (actualmente, la región aún produce el 25% de la seda china, sobre todo en el sector de Wujiang). Y, gracias a esa actividad, alcanzó una prosperidad y un bienestar que aún se hacen sentir actualmente, gracias a la belleza y el refinamiento de sus jardines. A Suzhou la llamaban en la época «la ciudad de los Jardines y la Venecia de Oriente». Los canales eran vías comerciales esenciales para el comercio y el transporte de mercancías. Cabe destacar que en tiempos de los Ming, y después en los de los Qing, hubo 260 jardines particulares. Actualmente quedan unos 60, de los que sólo una decena pueden visitarse. La ciudad también tenía fama por la belleza y la melodiosa voz de sus mujeres. Según dice un refrán chino, «en el cielo está el Paraíso, y en la tierra, Suzhou y Hangzhou». Por último, conviene tener en cuenta que la ciudad se libró en gran parte del vandalismo de la Revolución Cultural, lo cual se hace evidente en su estado de conservación actual.

LLEGAR - SALIR

En autobús

Hay tres estaciones. La del Norte y la del Sur son las más utilizadas (la tercera es la del Oeste). Los autobuses pueden salir de ambas; lo más sencillo es dirigirse a la taquilla de información que hay en la estación de autobuses del Norte, la más céntrica y mejor organizada (incluso aunque todo está en chino) para conocer los horarios y las estaciones de salida.

■ **Estación de autobuses del Norte** *(C1):* Beilman Lu.

■ **Estación de autobuses del Sur** (Qiche Nan Zhan; *fuera del plano, por C3):* 601, Nanhuan Donglu. En la esquina de Renmin Lu y la carretera de circunvalación.

> **Desde/hacia Shanghai:** salidas cada 30 minutos de 6 a 19.30 h. Duración: 1,30 h. En Shanghai se llega a la la estación Henfeng Lu y las que están al lado de la estación ferroviaria (preguntar la estación de llegada cuando compréis vuestro billete; la Henfeng Lu es la más práctica y la más agradable). Precio: 35 ¥ (3,50 €).

> **Desde/hacia Zhouzhuang:** cada 30 minutos de 6.30 a 17 h. Trayecto: 1,30 h. Precio: 17 ¥ (1,70 €).

> **Desde/hacia Tongli:** desde Suzhou, cada hora de 7.30 a 17.30 h (salida de la estación de autobuses del Norte); desde Tongli, autobuses cada 20 minutos de 6.5 a 19 h. Duración: 1 h. Precio: 10 ¥ (1 €).

> **Hacia Nankín:** salidas cada 40 minutos de 7 a 20.30 h. Duración: 3 h. Calculad 70 ¥ (7 €).

> **Hacia Wu Xi:** salidas cada 20 minutos entre las 6.30 y 19.30 h. Duración: h. Calculad unos 25 ¥ (2,50 €).

En tren

Estación de trenes *(B1):* Beilman Xilu. Para los trenes express a Shanghai y Nankín, los billetes se adquieren en las taquillas que están situadas en la plaza delante de la estación. En otro caso hay que dirigirse a los distribuidores que hay en el edificio con fachada de vidrio a la derecha (mirando a la estación).

> **Desde/hacia Shanghai:** hay trenes cada hora (más a las horas punta). Trayecto: 40 minutos para los trenes rápidos. Precio: 15-35 ¥ (1,50-3,50 €).

> **Desde/hacia Hangzhou:** unos 7 trenes diarios. Duración: 2,30-4 h. Precio: 40-100 ¥ (4-10 €). Hay más trenes entre Hangzhou y Suzhou pero son más lentos.

> **Desde/hacia Nankín:** cada 30 minutos (pero los hay más o menos rápidos). Duración: de 1,40 a 3,30 h. Calculad de 30 a 90 ¥ (3 a 9 €) según el confort.

> **Desde/hacia Yangzhou:** circulan dos trenes al día; hacia las 12 h y las 15.30 h desde Suzhou y a las 8.30 h y las 12.30 h desde Yangzhou. Duración: 4-4,30 h. Precio: 50-80 ¥ (5-8 €).

> **Desde/hacia Pekín:** 4 o 5 trenes diarios, la mayoría nocturnos. Literas 170-330 ¥ (17-33 €).

> **Desde/hacia Huang Shan (Montaña Amarilla) o Tunxi:** desde Huang Shan hay cuatro trenes diarios, de los cuales tres son nocturnos; desde Suzhou tres trenes diarios, uno de ellos nocturno. Duración: 9-12 h. Precio: literas 90-250 ¥ (9-25 €), plazas sentadas 50-140 ¥ (5-14 €).

DESPLAZARSE POR LA CIUDAD

La ciudad es muy extensa por lo que lo más sencillo es desplazarse en taxi. La carrera es barata; raras veces pasa en el centro de 11-12 ¥ (1,10-1,20 €). La carrera mínima son 10 ¥ (1 €).

En bici-taxi

Es posible pasear por las callejuelas de Suzhou montados en estos triciclos conducidos por chinos. El conductor va delante y el pasajero se sienta detrás. Un pequeño trayecto cuesta unos 5-20 ¥ (0,50-2 €) según la duración. Negociad bien el precio antes de salir, ya que la sed de dinero se agudiza ante los turistas. Desde allí podéis hacer una pequeña excursión a través del dédalo de antiguas callejuelas, y meteros por

> **AVISO**
>
> **Los horarios que se indican en la guía son orientativos.**

rincones estrechos, entre las casas bajas y los canales que a partir de ahora mantiene el turismo.

Alquiler de bicicletas

Hay varias tiendas de alquiler, principalmente en la parte turística, en la esquina entre Shiquan Jie y Daichengqiao Lu. Por lo general, piden el pasaporte y el pago de una fianza en metálico. A veces también el nombre del hotel y el número de habitación. Finalmente, si llueve mucho (lo que suele suceder en primavera y en verano), compraos un chubasquero especial para bicicletas.

En autobús

Los autobuses urbanos cuestan 1 ¥ (0,10 €); 2 ¥ (0,20 €) si están climatizados. Está previsto que entren en servicio dos líneas turísticas que enlacen con los principales jardines y enclaves de la ciudad, pasando por la estación de trenes y la estación de autobuses del Norte. Estos nuevos autobuses funcionarán, en principio, de 7 a 17 h.

Excursiones en barco

Remitíos al apartado «Paseos en barco por los canales», al final del capítulo de la ciudad.

DIRECCIONES ÚTILES

Información turística

Suzhou Tourist Information Center *(D3):* 495, Shiquan Jie. ☎ 65-20-31-31. Junto al jardín del Maestro de las Redes. Abierto todos los días de 9 a 21 h. ¡Por fin una oficina de turismo de verdad! No esperéis nada del otro mundo, pero resulta agradable comprobar que la ciudad hace un esfuerzo al respecto. Aquí intentarán informaros, en inglés y tanto como puedan. Disponen de algunos folletos desplegables traducidos y gratuitos. El plano de la ciudad es de pago, pero barato. Podréis comprar billetes de tren de largo recorrido (os cobrarán una comisión), así como billetes de avión, y hacer reservas de hoteles. En principio, disponen de acceso gratuito a Internet; hay un ordenador.

CITS - Suzhou China International Travel Service *(C2, **2**):* 18, Dajing Xiang Guan Qian Jie. ☎ 65-15-85-71. Abierto de 9 a 17 h. Se trata de una agencia de viajes gubernamental recientemente privatizada. No esperéis una gran eficiencia. Venden títulos de transporte y disponen de un servicio de guías-intérpretes que cuestan de 500 ¥ (50 €) al día. La gran mayoría de estos guías hablan inglés.

Correos

(C2): 1401, Renmin Lu. En la esquina con Jingde Lu. Abierta de 8 a 20 h.

Bancos

Banco de China (Bank of China; *C2, **3**):* la central se encuentra en el 1450, Renmin Lu, a pocos metros del cruce con Guanqian Jie. Abierto todos días de 8.15 a 17.15 h. Los cajeros automáticos exteriores aceptan *Visa* y *MasterCard*. Sin embargo, si no se trata de una emergencia, es mucho más seguro que retiréis el dinero en una ventanilla: algunas instrucciones de las pantallas están (de momento) en chino. Además, no hay límite de reintegro en la ventanilla y la comisión es la misma. Otras agencias en los barrios turísticos: en la

> AVISO
>
> **Únicamente el criterio independiente del autor ha determinado la selección de establecimientos incluidos en esta guía.**

esquina entre Shiquan Jie y Xiang Wanglu *(D3, **4**)* hay una; otra en el 150, Fenghuang Jie *(D2, **4**)*, y en 1901, Renmin Lu *(C1, **4**)*. Todas siguen el mismo horario que la agencia principal y sólo cambian divisas y cheques de viaje. Las dos últimas disponen de cajero automático.

Internet

El **Suzhou Tourist Information Center** dispone, en principio, de acceso gratuito (pero solamente hay un ordenador). Si no, en el *Provence Coffee* o en *The Pub* (remitíos al apartado «¿Dónde tomar una copa?»).

Foreign Languages Bookstore

*(C3, **5**)*, 580, Renmin Lu. Todos los días de 9 a 19.30 h. Los alumnos chinos acuden aquí para aprender otras lenguas. Impresionante fondo de libros en varios idiomas.

¿DÓNDE DORMIR?

Barato

Mingtown Youth Hostel

*(D2, **18**)*: 28, Pingjiang Lu. ☎ 65-81-68-69. mingtown@foxmail.com Cama en dormitorio (6 plazas) 40 ¥ (4 €), individual 140 ¥ (14€), dobles 140-160 ¥ (14-16 €) con o sin cuarto de baño. Internet y wifi. Situado en la bonita Pingjiang Lu, a orillas del canal, este encantador AJ ocupa un edificio tradicional restaurado. Las habitaciones son monas y un poco irregulares. El conjunto está bien mantenido. Hay un descuento si tomáis el desayuno en el café de al lado *(Mingtown Café)*. Sólo un inconveniente: el reducido tamaño de la cocina. Alquiler de bicicletas.

Suzhou Youth Hostel

*(D3, **16**)*: 178, Xiangwang Lu. ☎ 65-10-94-18. Cama en dormitorio (3-6 plazas) 50 ¥ (5 €), individual (1 cama) o doble (literas) 140 ¥ (14 €). Internet y wifi. AJ en un edificio moderno con una deslucida fachada. Sala de recepción colorida, con TV, billar y un pequeño espacio que hace las veces de salón, lleno de fotos. Los cuartos son bastante básicos y no demasiado grandes, pero están muy bien mantenidos. Baños en el pasillo. Las habitaciones con una cama no están en el edificio, sino en el *Fisher Coffee* (remitíos a «¿Dónde tomar una copa?»). Hablan inglés. Cocina a disposición de los huéspedes y alquiler de bicicletas.

My Hotel

*(D3, **12**)*: 263, Shiquan Jie. ☎ 65-19-31-88. Dobles con baño y AC 200-230 ¥ (20-23 €). Este pequeño hotel de sólo tres pisos pertenece a la joven generación de hoteles privados chinos. Muy bien situado, decorado con sentido y moderno, cuenta con habitaciones impecables a precio asequible. Debajo hay una pizzería.

Green Tree Inn

*(C1, **19**)*: 2156, Renmin Lu.
☎ 67-51-20-10.
www.greentree.com
Dobles 220-230 ¥ (22-23 €), con desayuno. Se trata de otra cadena y, por si fuera poco, situada en los alrededores menos agradables de la Renmin Lu (aunque resulta práctico por estar cerca de la estación). La relación calidad-precio es, no obstante, buena: los precios son baratos y las habitaciones limpias y confortables; tienen una decoración estándar pero bonita y acogedora. La única pega: el olor a humedad que hay en algunas de ellas. Aunque tiene otra ventaja: os pueden reserva un hotel de la misma cadena en lapróxima etapa de vuestro viaje, si es que los Green Tree Inn están implantados allí.

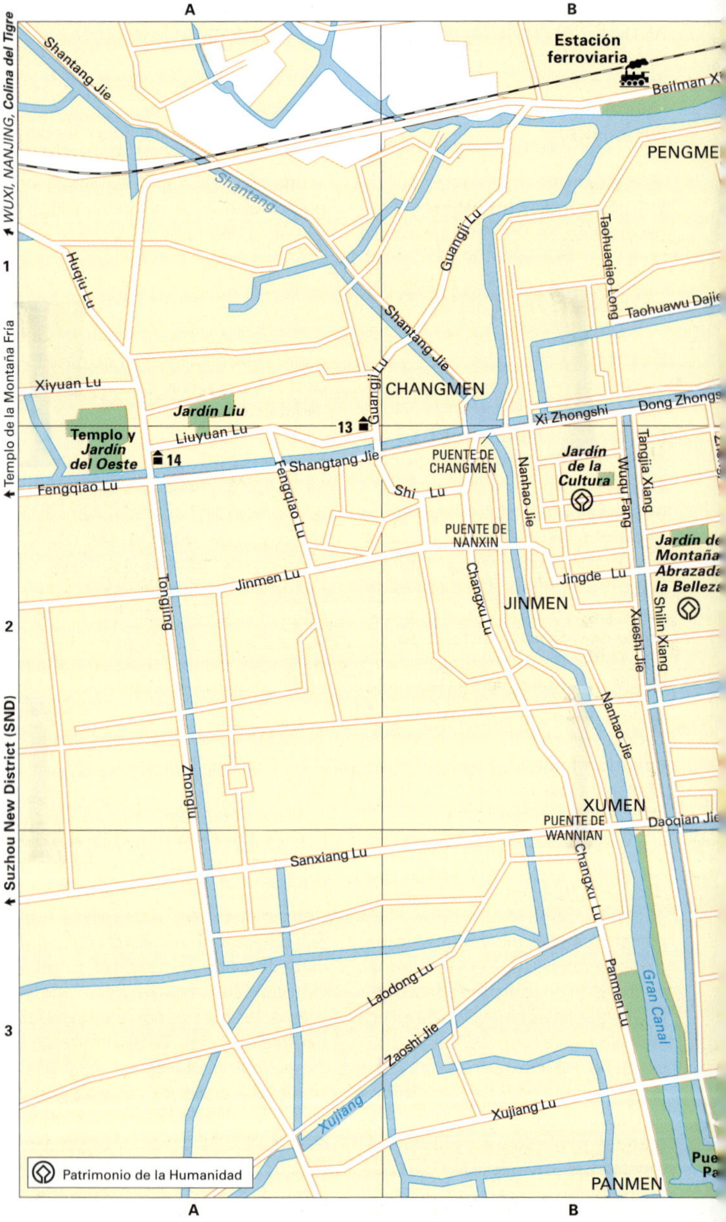
A
B
1
2
3
Estación ferroviaria
Beilman Xi
PENGME
Shantang Jie
Shantang
Huqiu Lu
Guangji Lu
Taohuaqiao Long
Taohuawu Dajie
Shantang Jie
CHANGMEN
Xiyuan Lu
Jardín Liu
13
Templo y Jardín del Oeste
14
Liuyuan Lu
Xi Zhongshi
Dong Zhongs
Shangtang Jie
Fengqiao Lu
Fengqiao Lu
PUENTE DE CHANGMEN
Nanhao Jie
Jardín de la Cultura
Wuqu Fang
Tangjia Xiang
Shi Lu
PUENTE DE NANXIN
Jardín de Montaña Abrazada la Belleza
Jinmen Lu
Changxu Lu
Jingde Lu
JINMEN
Tongjing
Xueshi Jie
Shilin Xiang
Nanhao Jie
Zhonglu
XUMEN
PUENTE DE WANNIAN
Daoqian Jie
Sanxiang Lu
Changxu Lu
Laodong Lu
Panmen Lu
Gran Canal
Zaoshi Jie
Xujiang
Xujiang Lu
Patrimonio de la Humanidad
PANMEN
WUXI, NANJING, Colina del Tigre
Templo de la Montaña Fría
Suzhou New District (SND)

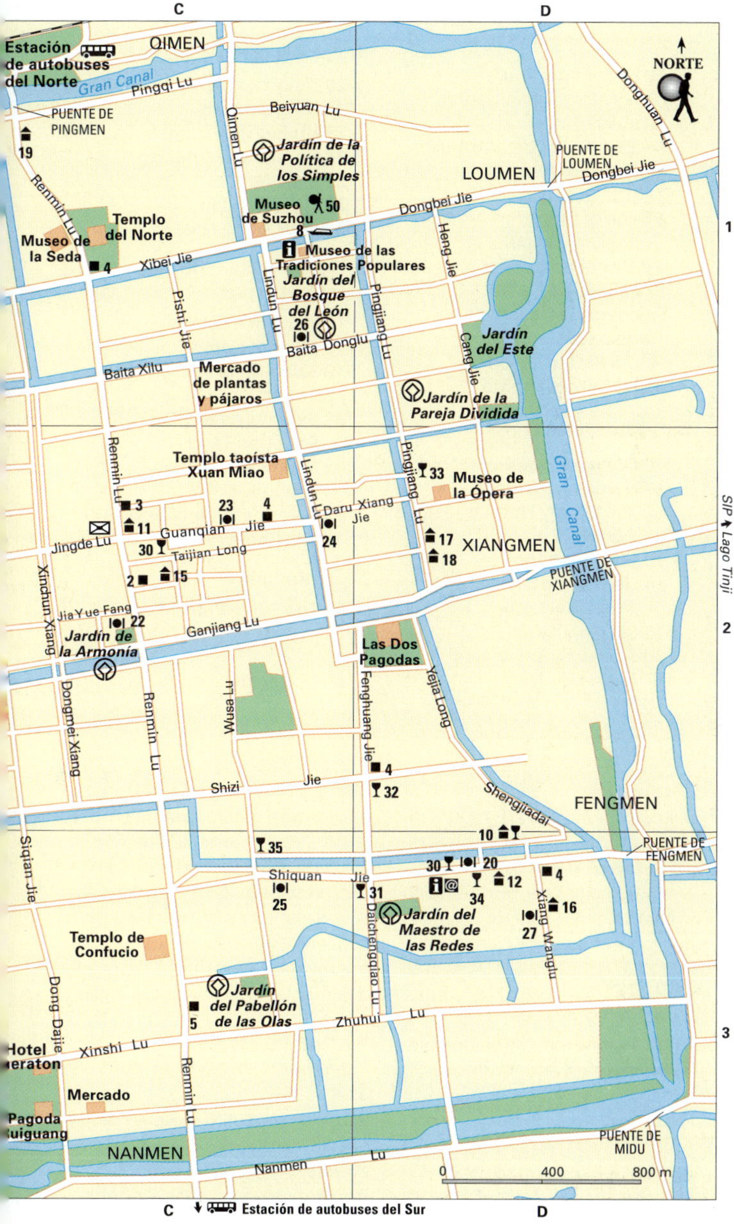
C
D
NORTE
Estación de autobuses del Norte
QIMEN
Gran Canal
Pingqi Lu
PUENTE DE PINGMEN
19
Beiyuan Lu
Qimen Lu
Jardín de la Política de los Simples
Museo de Suzhou
50
8
LOUMEN
PUENTE DE LOUMEN
Dongbei Jie
Donghuan Lu
Renmin Lu
Templo del Norte
Museo de la Seda
4
Xibei Jie
Museo de las Tradiciones Populares
Heng Jie
Jardín del Bosque del León
26
Lindun Lu
Pishi Jie
Baita Donglu
Pingjiang Lu
Jardín del Este
Cang Jie
Baita Xilu
Mercado de plantas y pájaros
Jardín de la Pareja Dividida
Templo taoísta Xuan Miao
33
Museo de la Ópera
Gran Canal
3
23
4
11
Guanqian Jie
Daru Xiang Jie
24
Jingde Lu
30
Taijian Long
17
18
XIANGMEN
2
15
PUENTE DE XIANGMEN
SIP Lago Tinji
Jia Yue Fang
22
Jardín de la Armonía
Ganjiang Lu
Las Dos Pagodas
Xinchun Xiang
Dongmei Xiang
Renmin Lu
Wusa Lu
Fenghuang Jie
Yejia Long
4
32
Shizi Jie
Shengjiadai
FENGMEN
10
35
PUENTE DE FENGMEN
30
20
Shiquan Jie
31
12
4
25
34
16
Siqian Jie
Jardín del Maestro de las Redes
27
Xiang Wanglu
Dalchengqiao Lu
Templo de Confucio
Jardín del Pabellón de las Olas
5
Zhuhui Lu
Dong Dajie
Hotel Sheraton
Xinshi Lu
Mercado
Renmin Lu
Pagoda Ruiguang
NANMEN
PUENTE DE MIDU
Nanmen Lu
0
400
800 m
1
2
3
Estación de autobuses del Sur

SUZHOU *(págs. 346-347)*

- **Transportes y Direcciones útiles**
  - Suzhou Tourist Information Center
  - Correo
  - Estaciones de autobuses
  - Estación ferroviaria
  - **2** CITS
  - **3** Bank of China, oficina principal
  - **4** Otras oficinas del Bank of China
  - **5** Foreign Languages Bookstore
  - **8** Embarcadero de las barcas a remo

¿Dónde dormir?

- **10** Dongwu Hotel
- **11** Home Inn (Ru Jia)
- **12** 100 Happy Hotel y My Hotel
- **13** Jing Jiang Inn
- **14** Garden Hotel (Yuan Wai Lou)
- **15** Lexiang Hotel
- **16** Suzhou Youth Hostel
- **17** Archi-Garden
- **18** Mingtown Youth Hostel
- **19** Green Tree Inn

¿Dónde comer?

- **20** Yang Yang y Wusa
- **22** Tong De Xing
- **23** Huang Tian Yuan
- **24** Da Niang Dumpling
- **25** Maje Music
- **26** Yiji Dajiudian
- **27** Shui Xiang Lou

¿Dónde tomar una copa, un té o un café?

- **10** Provence Coffee y Fisher Coffee
- **30** Salón de té San Wan Chang
- **31** Salones de té Shui Tian Tang
- **32** Ming Tien Coffee Language
- **33** Cafés de la Pingjiang Lu
- **35** The Bookworm

¿Dónde salir?

- **34** The Pub y Pulp Fiction

¿Qué visitar?

- **50** Museo de Suzhou

Home Inn

(Ru Jia; (Home Inn; C2, ***11****):* 1400, Renmin Lu. ☎ 65-23-87-70. Central de reservas: ☎ 65-23-87-70. www.homeinns.com En la esquina con Guanqian Lu, una de las calles comerciales más importantes de la ciudad. Las habitaciones individuales cuestan 190 ¥ (19 €), y las dobles, unos 230 ¥ (23 €). Hotel de cadena. Las habitaciones son de colores alegres y tienen un aire moderno. En conjunto, todo está bastante bien.

Jing Jiang Inn

(A1-2, ***13****):* 2, Liuyuang Lu. ☎ 65-33-12-66. www.jj-inn. com Habitaciones dobles de 180 a 200 ¥ (18 a 20 €). Este pequeño hotel de dos estrellas que pertenece a una cadena se encuentra a medio camino entre el jardín Liu y el barrio de Changmen. Moderno y barato. Todas las habitaciones están equipadas con baño, aire acondicionado y TV. No vale la pena coger una suite (sólo se diferencian por un pequeño salón). Trato agradable. Entienden un poco el inglés.

Dongwu Hotel

(D2-3, ***10****):* 24, Wuyachang. ☎ 65-19-36-81 y 83. En una callejuela que da a la calle Shiquan Jie. Después del jardín del Maestro de la Redes, id hacia el este y cruzad el canal por la izquierda en dirección a las bonitas casas bajas. El hotel está lleno de estudiantes y profesores por sus buenos

precios. Pero, si queda sitio, el mejor plan para un trotamundos está en el edificio 5, con habitaciones que salen por 82 a 260 ¥ (8 a 26 €) por persona. En todas hay dos camas pequeñas, aire acondicionado y una mesa de trabajo donde escribir. Los aseos y las duchas se hallan en el pasillo y las instalaciones están limpias.

De precio medio a selecto

100 Happy Hotel

*(D3, **12**):* 201, Shiquan Jie. ☎ 68-01-77-88. Dobles con o sin baño y AC 380 ¥ (38 €). Un hotel a la medida humana y sin grna encato, pero está limpio y bien equipado, con habitaciones que dal a la calle o a la parte de atrás (más tranquilas). Pedid una en el último piso porque tienen más luz.

Garden Hotel

(Yuan Wai Lou; *A2, **14**):* 477, Liuyuan Lu. ☎ 85-88-85-88. Situado en el noroeste del centro urbano. Habitaciones dobles de 500 a 760 ¥ (50-76 €). Está muy cerca del jardín Liu y del jardín del Oeste. Habitaciones confortables, especialmente las más caras, y la decoración está bastante cuidada. El restaurante da a un bonito jardín interior. Buen trato y buen servicio.

Archi-Garden

*(D2, **17**):* 31, Pingjiang Lu. ☎ 65-81-06-18. 💻 www.archi-garden.com Dobles con baño 700 ¥ (70 €), con desayuno. Sólo cuatro habitaciones en esta especie de casa de huéspedes que también alberga una librería (principalmente dedicada al arte y la arquitectura) y un café. Este bello espacio con decoración contemporánea está acondicionado con buen gusto y las habitaciones están situadas muy discretamente junto a la librería. Las habitaciones son pequeños reductos bastante estrechos con decoración sobria (paredes blancas, parqué oscuro) y con mullidas fundas nórdicas.

Lexiang Hotel

*(C2, **15**):* 18, Dajin Xiang.
☎ 65-22-88-88. Fax: 65-24-41-65. Se encuentra situado en una calle que da a Renmin Lu, entre Ganjiang Lu y Guanqian Jie. Las habitaciones dobles cuestan de 460 a 600 ¥ (40 a 60 €) y más; descuentos del 10 % excepto durante las fiestas. Este hotel de cuatro estrellas ha sido totalmente reformado. Es un hotel a todo confort con un aire elegante, aunque se ciñe al estándar chino un poco recargado. Muy céntrico.

¿DÓNDE COMER?

Está lleno de restaurantes que ofrecen toda clase de platos. La especialidad local es la carpa ahumada, pero con muchas espinas. Si vuestra estancia transcurre entre septiembre y enero, intentad probar el *zhang shu yang rou,* una sopa a base de carne de cordero, muy económica, que encontraréis en los tenderetes y en los restaurantes de la calle.

Barato

Tong De Xing

*(C2, **22**):* 6, Jia Yue Fang. ☎ 65-11-02-81. Todos los días de 6 a 13 h. Bol de sopa menos de 10 ¥ (1 €). Un pequeño restaurante muy popular con un comedor a la antigua. No hay carta, se pide al entrar; con el recibo de haber pagado se retira el plato. Especialidad en sopas.

Yang Yang

*(D3, **20**):* 420, Shiquan Jie. ☎ 65-19-27-28. Delante del jardín del Maestro de las Redes. Abierto de 9 a 2-3 h de la madrugada. En este pequeño restaurante del barrio turístico cui-

dan todos los detalles, desde el escaparate hasta las tarjetas de visita. Podréis comer a cualquier hora unos excelentes *jiaozi* (raviolis de harina de trigo que aquí conocen como *dumplings*) por unos 6 ¥ como máximo (0,60 €) por 12 unidades. También tienen *dim sum* (bocaditos dulces o salados), arroces salteados, tallarines y sopas. El té hecho a base de maíz *(ta mai cha)* es gratis.

Wusa

*(D3, **20**):* situado al lado del *Yang Yang*, en Siquan Jie (antiguo nº 142).
☎ 65-19-07-89. Más pequeño y familiar. Los mismos horarios. Si los acuarios están llenos, podréis probar «pescado mandarín cocido en forma de ardilla». Se llama así... Para esto, pedid un *song shu qui yu* por aproximadamente unos 80 ¥ (8 €); si no queréis gastaros tanto dinero, pedid un *song shu lu yu* por casi la mitad de precio y os hará el mismo efecto. Normalmente también sirven gambas de lago, que os cobrarán por peso o, si ya están peladas, os saldrán por unos 45 ¥ (4,50 €).

En Guanqian Jie *(C2)*, la calle peatonal y comercial, se puede comer por poco dinero en ***Huang Tian Yuan*** *(C2, **23**)*, que reconoceréis por su fachada roja a la derecha del arco ocre que conduce al templo taoísta Xuan Miao. Abierto hasta las 20 h. Es un gran comedor moderno en el que los jóvenes y los no tan jóvenes se atiborran de tallarines de trigo con gambas o anguilas, sopas, *baozi* (panecillos rellenos) o dulces a base de arroz glutinoso. En el exterior venden castañas asadas. Existen muchos restaurantes baratos al final de Guanqian Jie, en Daru Xiang Jie. También podéis probar ***Da Niang Dumpling*** *(C2, **24**)*, un *fast-food* de estilo chino. Dispone de un gran comedor moderno y aséptico en el que los jóvenes empleados de las oficinas se alimentan de *jiaozi* (raviolis) y sopas muy baratas. Para estas dos últimas direcciones, calculad de 3 a 10 ¥ (0,30 a 1 €) por plato.

De precio medio a más selecto

Maje Music

*(C3, **25**):* 767, Shiquan Jie. Abierto todos los días de 10 a 21 h. Platos 30-60 ¥ (3-6 €). Pequeño restaurante con decoración agradable y moderna donde podréis degustar una sabrosa e imaginativa cocina china bien presentada. Carta en inglés con fotos. Buenos postres.

Shui Xiang Lou

*(D3, **27**):* 157, Xiang Wanglu.
☎ 65-19-78-72.
Abierto hasta las 23 h. Calculad unos 100 ¥ (10 €) sin contar la bebida. ¿Y si, para variar un poco, vamos a un restaurante elegante (pero nada caro), con una decoración moderna, y que está bastante de moda? Disponen de una carta en inglés con fotos. En ella encontraréis una buena selección de la comida de Suzhou con codillos al jengibre y cebollino, castañas con arroz de agua o pescado.

Yiji Dajiudian

*(C1, **26**):* 278, Baita Donglu.
☎ 67-29-51-30. Situado al lado del nº 268, en un edificio con fachada acristalada de tres pisos y un letrero azul y amarillo. Comidas entre 50 y 70 ¥ (5-7 €). Aquí tomaréis el pulso a la vida local, en un ambiente ruidoso y a menudo lleno de humo; al fondo, cerca de la cocina abierta del gran salón, podréis ver los acuarios que contienen los peces que os encontraréis después en el plato. El cangrejo es la estrella de la carta (en inglés y con fotos), que roza la poesía y despierta la imaginación –no sabemos exactamente a que corresponden «Los ocho inmortales que atraviesan el océano»–, ¡pero nos encanta!

¿DÓNDE TOMAR UN TÉ O UN CAFÉ?

Uno de los brebajes más famosos de la región es el té *biluochun,* un té verde que debe ser fruto de la primera cosecha. Además, resulta más caro en primavera, cuando acaban de cogerlo (los mejores pueden llegar a costar hasta 1.000 ¥ e incluso más, unos 100 € el kilo). A continuación os indicamos algunos salones de té de la ciudad, pero no olvidéis que cada jardín de Suzhou tiene uno.

Provence Coffee

*(D2-3, **10**):* 24, Wuyachang. En el muelle que rodea el canal. Internet gratuiot. Cafés, tés, sandwiches, platos sencillos en una confortable y gran sala que da al canal.

Salón de té Shui Tian Tang

*(D3, **31**):* en la esquina de Shiquan Jie y Fenghuan Jie. ☎ 65-30-88-38. Abierto de 9.30 a 20 h. Una buena opción cuando uno quiere relajarse un poco y picar algo. En este salón de té tendréis un acceso limitado al bufé (toda clase de frutas y tentempiés ligeros) y un té (verde, negro, con hierbas medicinales, con frutas, etc.). Además, este «paraíso del agua» presenta una decoración muy agradable, incluso con un canal en miniatura, una fuente, mesas de mimbre y biombos. Salones para los más románticos en la primera planta.

Salones de té San Wan Chang

*(D3 y C2, **30**):* os pasamos dos direcciones que permanecen abiertas de 9 a 23 h. La primera se encuentra en el 450, Shiquan Jie, a la izquierda del restaurante *Yang Yang*. ☎ 65-21-89-78. La segunda, en la calle peatonal Guangian Jie, a la derecha del Pizza Hut. En la planta baja de ambas, disponen de múltiples variedades de té, y en el primer piso hay... ¡un salón de té!, donde también sirven café, cerveza y refrescos.

Cafés de la calle Pingjiang Lu

En esta bonita calle a orillas del canal, flanqueado en parte por casa tradicionales renovada, están los cafés de estilo occidental con una ambiente elegante.

Fisher Coffee

*(D2-3, **10**):* 25-1, Wuyachang. ☎ 65-23-07-47. Delante del *Provence Coffee.* Pequeño café con grandes ventanales y una terraza que cae sobre el canal. Un bonito local de ambiente joven e internacional. Gran selección de cafés.

The Bookworm

*(C3, **35**):* 77, Gun Xiu Fang. ☎ 65-26-47-20. En el puente que cruza Shi Quan Jie y Ping Qiao Zhi Jie. En este café-librería no os encontraréis a muchos chinos ya que lo frecuentan expatriados que vienen a tomar cerveza, picar algo y navegar por la red.

Ming Tien Coffee Language

*(D2, **32**):* 132, Fenghuang Lu. ☎ 65-15-18-08. En la esquina con Shizi Jie. Abierto de 8.30 a 1.30 h. En el país del té, los taiwaneses han impuesto esta moda de cafés cálidos y propicios a la conversación. Cómodamente sentados en un canapé, podréis elegir entre un café italiano o suramericano, solo o con leche, caliente o helado. Muy correcto y tranquilo.

> **> AVISO**
>
> **Las tarifas y los horarios que se indican en la guía son orientativos.**

¿DÓNDE SALIR?

La mayoría de los bares nocturnos se encuentran situados en Shiquan Jie. Podréis toparos con algún problema de prostitución en algunos de los establecimientos.

The Pub

*(D3, **34**):* 463, Shiquan Jie. Abierto de 14 a 2 h. Este pequeño pub, regentado por la simpática Jane Wang, tiene como clientela a los expatriados de Suzhou, que mantienen una animada conversación en torno a una cerveza. Sirven algo de comida. En la primera planta también podéis conectaros a Internet, aunque sale un poco caro. Billar.

Pulp Fiction

*(D3, **34**):* entre el 441 y el 455. Un bar frecuentado por jóvenes chinos. Buen ambiente.

¿QUÉ VISITAR?

Los jardines más hermosos de China

Hay ocho jardines que la Unesco ha catalogado Patrimonio de la Humanidad: el jardín del Maestro de las Redes, de la Política de los Simples, Liu, de la Montaña Abrazada por la Belleza, del Pabellón de las Olas, del Bosque del León, de la Pareja Dividida, y el último, bastante desconocido pero con mucho encanto, el jardín de la Cultura. Excepto que se diga otra cosa, los horarios de los jardines son los mismos: de marzo a mediados de noviembre de 7.30 a 17.30 h y el resto del año de 7.30 a 17 h. También son gratuitos para los niños que midan menos de 1,20 m.

Jardín de la Política de los Simples

(Zhuozhengyuan; *C1):* en Dongbei Jie, en el noreste de la ciudad antigua. Entrada de 50 a 70 ¥ (5 a 7 €) según la época del año. Este precio incluye audioguía en inglés. Atención, está lleno de grupos de turistas chinos que van acompañados por guías con megáfono, que junto con el sonido de los teléfonos móviles, pueden hacer que la visita resulte insoportable. Un consejo: venid cuando acaben de abrir o cuando falte poco rato para que cierren.

Es el mayor jardín de Suzhou (más de 5 ha). También lo llaman el **jardín del Humilde Administrador** o **jardín de la Política Ingenua,** en alusión a una frase del letrado Pan Yue (dinastía Jin) que dice: «Cultivar el jardín y vender la cosecha de legumbres... es la política del hombre humilde», lo que quiere decir que es mejor renunciar a la agitación de la vida política y retirarse a cultivar el huerto para llevar una vida tranquila y feliz.

El jardín contiene paisajes de una gran poesía, mezcla de agua y tierra, característicos del jardín Ming del sur del Yangtsé. El agua ocupa una tercera parte de la superficie. Y cada estanque, de color verde (asociado a la piedra de jade), tiene su propio ambiente, su propia fauna y flora y sus olores, entre los que dominan los del loto y el pino. La visita a estos pabellones permite comparar las dinastías Ming y Qing a través del mobiliario y de los objetos de decoración. Mientras que el estilo Ming destaca por la sobriedad, el de los Qing (sus sucesores) es muy trabajado, extraordinariamente lujoso e incluso decadente. Los Qing redistribuyeron los pabellones en dos partes. En la parte destinada a los hombres había una mesa, sillas y vistas al jardín. La parte destinada a las mujeres, justo detrás, tenía un biombo, una cama y vistas a la pared. Los azulejos del suelo de la parte de los hombres eran mayores. Recordemos que fue en tiempos de los Qing cuando se empezó a vendar los pies de las mujeres.

Creado en terrenos de un monasterio confuciano y «bautizado» en el siglo XVI (1509) por Wang Xianchen, un alto dignatario (inspector imperial) en dificultades con el poder, sirvió también de residencia de un gobernador militar local, y de estado mayor a Li Xin Cheng, jefe de la revolución de los Taiping (hasta 1871). El jardín está dividido en tres espacios dispuestos uno tras otro, cada uno con su propio estilo.

Se entra por el **jardín del Este** (la «granja de la Ermita»). A resultas de una restauración mal hecha en 1949, ahora parece un parque: estanque, césped, senderos, pabellón estilo pagoda... Sin embargo, las azaleas en primavera le dan un aire festivo.

A continuación se penetra en el **jardín del Centro** –el más grande y también el que se considera más hermoso–, en el que se extiende un vasto lago de forma alargada, cubierto de lotos desde finales de junio hasta octubre aproximadamente.

A la derecha, tres islas-montaña unidas entre sí por puentes dividen el lago en tres estanques. Son una referencia a las «Tres montañas en un estanque» y una alusión a la tierra de los Inmortales. Cada una de ellas tiene sus propias características: la isla del Este es rocosa y salvaje; la del Centro es una imponente colina de tierra; la del Oeste es llana y está cubierta por una notable red de galerías laberínticas que la convierten en un maravilloso terreno de juego para los niños. Exuberante vegetación de bambúes, granados, sauces rojos y mandarineros. Ver en especial el **pabellón de los Patos Mandarines,** efectivamente lleno de patos (famosos por su fidelidad conyugal). Las islas están coronadas por pequeños pabellones desde los que se puede disfrutar de espléndidas y variadas vistas del lago. Enfrente (a la izquierda) se halla un edificio en forma de barco, el **barco de piedra**: uno de los más hermosos de Suzhou, también llamado «el barco amarrado» o «sin mareo». En la planta baja se celebraban conciertos y fiestas. Y la planta superior estaba reservada al descanso y para «dormir la mona»...

Al fondo hay una magnífica **puerta circular** (símbolo del Cielo y de su perfección) por la que se entra en el **jardín del Oeste,** reconstruido durante el reinado de Guangxu, de la dinastía Qing. Más pequeño y recogido, está ordenado alrededor de un estanque dominado por una colina en la que se encuentran unos pabellones escondidos entre los arces y los cipreses.

Aunque se considere que el jardín más hermoso es el del Centro, el que más nos gusta a nosotros es el del Oeste, más íntimo y tupido, con una magnífica galería cubierta (el itinerario de los días de lluvia) que discurre por el borde de todo el parque. Su techumbre ondula como un dragón, y las tejas representan las escamas del reptil. Al fondo, unos escalones os conducirán a un espléndido jardín de bonsáis, que comprende unos 700 ejemplares del estilo de Suzhou. Con un poco de suerte, podréis ver cómo los cuidan los jardineros (sobre todo en invierno). El bonsái más antiguo tiene 300 años. También encontraréis un salón de té con música tradicional y una exposición de fotos a la salida.

> **Paseo al inicio del jardín:** consiste en alquilar un barco de remos justo delante del jardín para navegar un poco por el canal, a lo largo de Pingjiang Lu. Actualmente está muy limpio, atraviesa un viejo barrio restaurado y permite pasar por debajo de pequeños puentes de piedra, admirar casas antiguas y callejuelas. Para informaros de las tarifas, ver «Paseos en barco por los canales», más adelante. El paseo permite enlazar con la visita del jardín de la Pareja Dividida y del Museo de la Ópera (ver más adelante). También podéis alquilar los servicios de un taxi-bicicleta (pero cuidado con los precios anunciados) y combinarlo con un paseo a pie.

Jardín del Bosque del León (Shizi lin; *C1):* 23, Yuanlin Lu. En el noreste de la ciudad antigua, cerca del jardín de la Política de los Simples. Entrada: de 20 a 30 ¥ (2 a 3 €) según la época.

Éste es el jardín más célebre de China por las formas fantásticas de sus apilamientos de rocas. Una de estas rocas tiene la forma de tres leones entrelazados (a los que se atribuyó erróneamente el origen del nombre del jardín).

Todo empezó en 1350 (o 1342; dinastía Yuan) con el pequeño bosque de una hectárea que el monje Tian Ru acondicionó en el recinto de un monasterio. El monje y sus discípulos lo erigieron en recuerdo de su maestro Zhi Zheng, que residía a los pies del acantilado del León en los montes Tianmu (Zhejiang), y de ahí su nombre. El diseño parece obra del gran pintor de la época mongola Ni Zan, quien realizó una pintura sobre un rollo y compuso un poema para conmemorarlo. Según dice la leyenda, dos de los Ocho Inmortales lo habían visitado y, cuando se perdieron, se instalaron en una cueva para jugar al ajedrez. El tablero en el que jugaron aún se vería grabado en la piedra. El emperador Qianlong mandó hacer una réplica de este jardín en su palacio de verano (Yuanmingyuang). Y en 1918 lo compró el rico industrial Bei Renyuan, abuelo del famoso arquitecto I. M. Pei, que pasó allí su infancia.

Este jardín ocupa cerca de una hectárea. Los antiguos edificios destinados a vivienda están alineados en el lado este. Una vez franqueada la entrada, se tropieza con el apilamiento de piedras más voluminoso; una especie de escultura gigantesca con picos afilados, plegamientos jurásicos y alzamientos telúricos, en los que se han abierto miles de agujeros de los que brotan los árboles, dominados desde lo alto por un pabellón.

Hay una segunda parte dispuesta alrededor de un vasto estanque en forma de Z y bordeado de terrazas. Otro pabellón se eleva en una isla comunicada por un puente en zigzag y que lleva a una cascada (la única en todos los jardines de Suzhou) y a un barco de piedra, mucho más metafórico que en otros jardines. Fijaos en los dorados, que demuestran que el emperador Qianlong pasó por aquí en 1765. Otra originalidad: el **salón de té** acondicionado en la primera planta de uno de los edificios, desde donde se tiene una vista panorámica del estanque y del **laberinto** de piedra en la orilla opuesta.

Ese laberinto, que forma una península que se adentra en el estanque, es la pieza maestra del jardín. Un verdadero dédalo mineral erizado de pináculos, lleno de cuevas, galerías y pasarelas, dominado por un majestuoso *ginkgo* de 360 años. Precisamente, la longevidad de los árboles es otra de las características del jardín (glicinas de 100 años, pinos de 110 años...). El conjunto del laberinto, que no es particularmente estético, compone los Dieciocho Paisajes clásicos. Por lo demás, constituye un verdadero terreno de juego para los niños (hay que agacharse y hacer muchas contorsiones en algunos momentos). Un dédalo donde seguro que os perderéis, y muy divertido. En ocasiones se puede escuchar música tradicional.

Jardín de la Pareja Dividida (Ouyuan; *D1):* situado en Xiao Xin Lan, en el extremo este de la ciudad antigua (calle Zhongchang Jia-Huang), a lo largo del canal del Este.

No está muy frecuentado, sólo algunos grupos... de jubilados chinos. Aunque haya otros jardines más notables, éste es uno de los que más nos gustan por su ambiente y entorno. Está situado en un barrio muy popular (al menos, por el momento) y recientemente restaurado. También podéis llegar en barca desde el jardín de la Política de los Simples (ver antes). En las cercanías se encuentra el Museo de la Ópera (ver más adelante).

Este jardín, también catalogado por la Unesco, es muy pequeño, con unas proporciones muy estudiadas, sobrio, íntimo y refinado (puertas con forma de jarrones). Los pocos árboles que tiene están dispuestos juiciosamente (magnolia, osmanto, camelia). En un principio fue el jardín particular de Lu Jin, un oficial de principios de la dinastía Qing. Rodeado en tres de sus lados por un canal, posee dos entradas (delantera y trasera) con un embarcadero en cada una de ellas: un plano único en su género. El jardín está dividido en dos partes, Este y Oeste, comunicadas por la galería elevada (de ahí el nombre de «Pareja Dividida»).

El **jardín del Este** comprende numerosos pabellones que contienen una infinidad de objetos artísticos, pinturas, caligrafías, muebles labrados y piedras talladas.

En el **jardín del Oeste** hay una galería en zigzag que rodea un curso de agua sinuoso. Es célebre por su montaña de rocas calizas revestidas de amarillo, que habría realizado el gran maestro Zhang Nanyang a finales de la dinastía Ming; también contiene el famoso pabellón entre las Montañas y el Agua, con un hermoso friso vegetal que enmarca la puerta de madera de *ginkgo* labrada de la época Ming. Además cuenta con un salón de té.

Jardín del Maestro de las Redes (Wangshiyuan; *D3):* situado en el sureste de la ciudad. Se entra por Shiquan Jie.

Es uno de los jardines más pequeños de Suzhou (media hectárea) y uno de los más hermosos: la quintaesencia del jardín chino, su arquetipo. Se trata de un lugar de una sobriedad sorprendente, patrimonio de la dinastía Ming e inspirado por una pintura de un paisaje en blanco y negro. Y parece tanto un jardín en una casa como una casa en un jardín. Muchos estadounidenses lo visitan, porque su espacio de roquedos (jardín de la Primavera Atrasada) sirvió de modelo del jardín del pabellón de los Ming, en el Metropolitan Museum de Nueva York. Además, Chang Dai-Chien, considerado el primer pintor contemporáneo chino, vivió aquí antes de instalarse en Estados Unidos.

Acondicionado en el siglo XII (1140), quedó abandonado después hasta que un funcionario jubilado lo restauró en el siglo XVIII. El jardín se divide en tres partes. En el este, una zona residencial con elegantes edificios (antecámaras para «aparcar» las sillas de manos, salas de recepción y aposentos privados). En el oeste, el jardín interior, con un patio ocupado por el pabellón del Fin de la Primavera (gabinete de trabajo del dueño con mobiliario de estilo Ming y dos obras de Chang Dai-Chien en las paredes). Pero lo esencial del jardín se encuentra en el centro: un estanque rodeado de senderos, miradores, pabellones y templetes. No se compone de flores, sino de plantas y árboles –cerezo, ciruelo, granado, magnolia, bambú, pino, plátano...– y un ciprés de 900 años (los mismos que tiene el jardín). Se trata de bellos cuadros «naturales» que se ven a través de las hermosas puertas y las ventanas trabajadas.

Aunque sólo sea por esta vez, os recomendamos encarecidamente que visitéis las tiendas de arte instaladas en los pabellones. Exponen obras de artistas locales interesantes y una colección de postales bastante impertinentes de jóvenes artistas que mezclan a la ligera humor y tradición.

Jardín del Pabellón de las Olas (Canglang ting; *C3):* Renmin Lu. En el sur de la ciudad antigua, en un barrio popular, con pescadores y bicicletas al borde del canal. Entrada: de 15 a 20 ¥ (1,50 a 2 €) según la época del año.

Éste es el jardín más antiguo de Suzhou, que al parecer construyó en el siglo XI (principios de la dinastía Song del norte) un príncipe de Guangling para utilizarlo como segunda residencia. Después lo compró el poeta Su Shunqin (1008-1048; ¿Su Zimei?), caído en desgracia, quien hizo construir un pabellón al borde del río, que en tiempos de los Ming fue un templo budista; más tarde quedó abandonado y, por último, fue restaurado en 1696. Hay una discusión sobre el color de las olas, porque se le llama ya sea jardín del pabellón de las Olas Azules, ya sea jardín del pabellón de las Olas Verde Oscuro, o incluso el pabellón Canglang. En él se celebran periódicamente exposiciones de flores (principalmente orquídeas en otoño). No es tan bonito como los anteriores, pero fue catalogado por la Unesco en 2000.

El espacio está distribuido por niveles en un total de 1,5 ha: el estanque, encajado en el fondo de la hondonada, está rodeado por una **galería-dragón** giratoria.

Otra pieza notable es el **barco de piedra** que navega en un mar de bambúes azulados, de donde procede el nombre del jardín, y que es también el símbolo de la rectitud: su creador, el poeta Su Shunqin, manifiesta así que, a pesar de haber caído en desgracia, se mantiene fiel a sus principios. Otra pieza también remarcable es el **templo de los Quinientos Sabios.** Los 500 sabios son notables, letrados, mandarines o funcionarios de la región, a los que se les rinde homenaje con los grabados sobre piedra. Este templo fue un lugar sagrado del confucionismo.

Jardín de la Armonía (Yiyuan; *C2):* 1265, Renmin Lu. Entrada: 15 ¥ (1,50 €).

También llamado «jardín de la Alegría» y «jardín de la Concordia», es uno de los más pequeños de Suzhou (0,5ha). En este lugar sólo hallaréis unos cuantos ancianos del barrio paseando o fumando y alguna pareja de enamorados. Y, sin embargo, está a un paso del bullicio del centro urbano. Precisamente, el ruido del tráfico pasa por encima de sus muros. Este jardín es el más reciente de todos (época Qing), pero no está catalogado. Antigua propiedad de la familia Gu, cuyos descendientes vivieron hasta hace poco en una parte del edificio, ha adoptado elementos de los otros jardines para crear con ellos su propio estilo.

El **jardín del Este,** creado por el secretario de Estado del emperador Hong-Tsi (finales del siglo XV), comprende varios edificios y dos patios con agrupaciones de arbustos, grandes árboles y monolitos, escondidos entre los bambúes y la hiedra. El **jardín del Centro** está dotado de un salón de té que da a un estanque sinuoso bordeado por cascadas. La **parte Oeste** (estanques con guijarros de colores, roquedos, montículos y pabellones), más tardía e inspirada en diversos jardines célebres, está articulada alrededor del estanque del Loto. También hay un hermoso barco inmóvil sobre pilotes de piedra, anclado en un estanque en el que se reflejan grandes masas de bambúes y un arce chino completamente retorcido.

El jardín constituye también una colección de viejos árboles: pinos de 120 años, *ginkgo* de 260 años, camelia japonesa de 100 años, ciprés de 290 años e incluso un árbol de Júpiter de 610 años. También existen muchos árboles de flor (camelias, ciruelos) y plantas exóticas (bananos, yucas). Disfrutad del salón de té que hay aquí también y de la música.

Jardín (villa) de la Montaña Abrazada por la Belleza (Huanxiu shanzhuang; *B2):* 27, Jing De Lu. Abierto de 8.30 a16 h. Entrada: 15 ¥ (1,50 €). Disponen de guías anglófonos.

Aunque catalogado por la Unesco, no está incluido en los circuitos turísticos. De modo que viene poca gente y sólo se oye el trinar de los pájaros, sin que interfieran los móviles. La antigua vivienda del jardín está ocupada por el Centro de Bordados de Seda de Suzhou. La visita es indispensable: veréis a las obreras entregadas a una faena que requiere, muchas veces, meses de trabajo o incluso años, para las piezas más finas y más caras. La tienda ofrece un gran surtido de souvenirs. También cuenta con un salón de té.

Este jardín formaría parte del jardín del Valle Dorado, creado en tiempos de los Song, y sólo cubre 2.180 m^2 (0,2 ha).

Utilizando las estrías naturales de las rocas calizas del lago Taihu y siguiendo la «técnica del ganchillo», Gu Yuliang consiguió recrear una magnífica cadena de montañas que parece completamente natural y salvaje. Se eleva en medio de un patio y está rodeada por un estanque en forma de río y bordeada por dos pabellones desde los que se tienen espléndidas vistas. Se accede a través de un puente en zigzag, que por desgracia está cerrado. Fue una decisión tomada por la Unesco para preservarlo. Sin embargo, se puede observar esta increíble escultura desde el exterior.

Es una especie de bonsái de piedra gigante que se recorre en todas direcciones, desde la base hasta la cima, pasando por el interior gracias a escaleras y pasarelas que conducen a cuevas de ermitaño con mesas y bancos tallados en la roca. Esta obra maestra resume toda la filosofía china: un exterior simple con un interior complicado. Aquí también hallaréis un salón de té.

Jardín de la Cultura (Yi Pu; *B2):* cuando lleguéis a la esquina de Xizhong Shi y Wu Qu Fang (noroeste de la ciudad antigua), seguid las antiguas flechas rojas que hay en las paredes de las calles. Entrada: 10 ¥ (1 €).

Este jardín, bastante desconocido, está catalogado por la Unesco. Si merece una visita, no es por su arquitectura o por su disposición, sino por su bella simplicidad y su aspecto «de jardín de barrio», con una función casi social. Aquí no veréis turistas, ni grupos con megáfonos; sólo chinos que vienen a relajarse. Este jardín de la época de los Ming fue restaurado durante la dinastía Qing con el nombre de villa de la montaña de Jing Ting. Fue incluso un jardín medicinal. Está dispuesto alrededor de un estanque, y se distingue especialmente por las espléndidas puertas redondas que ofrecen hermosas perspectivas. También tiene bonitos cuadros de mármol.

El **pabellón de la Longevidad** está acondicionado como casa de té, con ventanas-mampara que dan al estanque y a las rocas del jardín. Es tranquilo y sobrio; estamos encantados de haber tomado un té barato observando tranquilamente cómo los peces rojos y amarillos se lanzaban a comer lo primero que se les tiraba.

Jardín Liu o jardín donde Entretenerse (Liuyuan Lu; *A1):* en Liuyuan Lu. Entrada: de 30 a 40 ¥ (3 a 4 €) según la época del año; los niños que no lleguen a 1,20 m entran gratis. En primavera y en otoño se organizan espectáculos de música tradicional.

Catalogado por la Unesco. De él se dice que tiene tanto encanto que, cuando se ha terminado de recorrer, uno no puede vencer la tentación de volver a visitarlo de nuevo. También se le llama «jardín donde se Vagabundea» y «de la Indolencia». En la entrada, un gran panel de jade dibuja el mapa del jardín.

Data de la dinastía Ming (1593) y fue propiedad de Xu Taishi, máximo responsable de los caballos del emperador. Su creador fue un tal Liu, que le puso el nombre de «la granja de la Montaña de Colores de Jaspe Frío» y «pequeñas construcciones para Pasear entre las Flores». Aunque se libró de los destrozos del movimiento Taiping, después quedó abandonado. La familia Cheng lo compró en 1873 y, más tarde, lo agrandó y restauró. Con una extensión de 2,3 hectáreas, se compone de cuatro jardines, y ello gracias a una ingeniosa división del espacio mediante numerosos edificios.

> **Rasgos distintivos:** reputado por su centenar de ventanas trabajadas, muy diferentes unas de otras, pavimentos y rincones, por la complejidad de la red de pasillos y galerías cubiertas, así como por la diversidad de estilos arquitectónicos, el jardín ofrece un aspecto deslumbrante y exuberante. Constituye una magnífica ilustración del jardín de estilo barroco y tardío chino, pero los puristas –y los que prefieren las obras más despojadas– lo encuentran demasiado recargado. Traduce el gusto de los mandarines manchúes y de los soberanos Qing, para quienes –influencia de Occidente– la tendencia a la acumulación no era sólo una característica del estilo barroco, sino también un medio de hacer ostentación de la riqueza (los bloques de piedra de gran tamaño costaban verdaderas fortunas). A sus propietarios les importaban menos la poesía y la meditación que el confort y el lujo. En suma, se roza la decadencia. En cambio, ese gusto por la acumulación ha hecho posible que los edificios estén hoy abarrotados de obras de arte: muebles lacados, pinturas en seda, paramentos de madera grabados con caligrafías, porcelanas, péndulos europeos...

Una **galería-dragón** cubierta, de 300 m de largo, comunica los principales lugares del jardín. En ella se alinean una serie de ventanas-cuadros, y está decorada por 300 caligrafías de maestros célebres. El **pabellón Lin Chuan Chi Su,** con magníficas puertas redondeadas, sigue el modelo del pabellón de los Patos Mandarines. Se levanta delante de una roca de 5 t llamada el «pico de la Primera Nube», de 6,5 m de altura, pulida por las aguas del lago Taihu. También cuenta con un jardín de bonsáis y un salón de té.

Otros lugares que visitar

Museo de Suzhou *(C1, **50**):* 204, Dong Bei Jie, Suzhou Jiangsu. ☎ 67-57-56-66. www.szmuseum.com Excepto lunes de 9 a 17 h (última entrada a las 16 h). Entrada libre.

Inaugurado en octubre de 2006, su arquitecto fue el prestigioso I.M. Pei (autor de la Pirámide del Louvre, la ampliación de la National Gallery de Washington y el Bank of China de Hong Kong, entre otros). El edificio es sencillo, en el que se ha primado la pureza de líneas y la elegancia. La riqueza de sus colecciones es enorme, y los objetos que las componen han sido seleccionados con el mayor rigor. Cuenta además con unos maravillosos jardines.

Podréis ver entre otras cosas los tesoros de la pagoda Rui Guang (241d.C. y reformada en el siglo XII), una hermosa colección de cerámica del neolítico, utensilios de jade, teteras de bronce, urnas funerarias; los tesoros de la pagoda de Hu Qiu (siglo X), colecciones de pintura y caligrafías, etc.

Museo de la Seda *(C1):* 2001, Renmin Lu. Abierto de 9 a 17 h; las últimas entradas se venden a las 16.30 h. Entrada: unos 15 ¥ (1,50 €).

Suzhou es la ciudad de la seda desde el siglo XXI... ¡a.C.! A pesar de que actualmente se ve un poco viejo, el museo resulta apasionante si a uno le interesa la historia y el uso de la seda a través de los años. Paneles explicativos en inglés. También se puede ver un jardín de moreras, un pequeño cultivo de gusanos de seda en activo (si se puede llamar así), un taller de tejido y toda una colección de hermosos vestidos y brocados antiguos.

Templo del Norte (Beisi Ta o Northern Pagoda; *C1):* Renmin Lu, en la intersección con Xibei Jie, justo enfrente del Museo de la Seda. Abierto de 7.45 a 17.30 h. Entrada: 25 ¥ (2,50 €) incluida la subida a lo alto de la torre de siete plantas (espléndida vista del lugar).

Éste fue el primer templo budista de la ciudad, fundado en el siglo III por el rey Sun Quan, en la época de los Tres Reinos, como homenaje a su madre. La pagoda fue reconstruida varias veces. Es la más alta (76 m) de la región de Yangtsé y se divisa desde el jardín de la Política de los Simples. Dentro del jardín, en el **pabellón Guanyn** (Guanyn Hall) hay un impresionante panel de 32 m de largo, totalmente lacado y esculpido, que representa la ciudad y la región como si se tratara de un cómic (explicaciones en inglés). Agradable salón de té delante de un lago.

Museo de la Ópera (Kunqu Bowuguan; *D2):* 14, Zhongzhangjia Xiang. ☎ 67-27-33-34. Está abierto de 8.30 a 16.30 h. Entrada gratis.

En realidad se trata de dos sitios, uno al lado del otro. El **teatro Pin Tan** se caracteriza por sus estatuas y el culi esculpido en la entrada. En el vestíbulo se proyecta un cortometraje de presentación de esta ópera típicamente local. En principio se puede asistir diariamente a una representación de 19.30 a 22 h. Se paga una entrada muy económica. Veréis a un hombre y una mujer explicar una historia en dialecto, en ocasiones cantando. Este tipo de ópera tradicional se escucha en algunos jardines de la ciudad. A la derecha del teatro está el **Museo Kunqu.** La ópera Kunqu se construyó hace 600 años, mucho antes de que apareciera esta tradición en Pekín. Se desarrolló en tiempos de las dinastías Song, Jing y Yuan, y en 2001 fue declarada Patrimonio Oral de la Humanidad por la Unesco. Veréis una estatua de un personaje del Kunqu, Wei Lian Fu, así como vestidos e instrumentos de música tradicionales. El patio alberga un teatro.

Mercado de plantas y pájaros *(C1):* bajando hacia Guanqian Jie, se encuentra en la esquina de Pishi Jie y Jiuxueqian Lu. Abierto todos los días. Muy animado.

Calle Guanqian Jie *(C2):* arteria comercial y peatonal que atraviesa el centro urbano de este a oeste, entre la avenida Renmin Lu y Lindun Lu, el equivalente de la calle Nanjing Lu en Shanghai.

Pabellón de Zheng Shan Men y templo Xuan Miao *(C2):* a mitad de la calle peatonal Guanqian Jie. Este gran edificio de muros amarillos, con una puerta de color burdeos, da a una plaza con un arco. Enfrente hallaréis un *McDonalds* y un *Pizza Hut* (¡nadie es perfecto!), y detrás se levanta el **templo Xuan Miao,** que data del siglo III. Fue reconstruido en el siglo XII. Su nombre significa «misterio» y es el mayor de este tipo de la dinastía de los Song del sur. Actualmente sigue siendo un centro de culto taoísta. Abierto de 7.30 a 17 h. Entrada: 10 ¥ (1 €).

Templo y jardín del Oeste (Xi Yuan; *A1-2):* acceso por Fenqpiao Lu. Abierto de 8 a 17.30 h. Entrada: 25 ¥ (2,50 €).

Muros amarillos (el color imperial), patios sombreados por grupos de árboles, fieles que llevan las ofrendas ante las urnas llenas de humo y monjes que meditan. Este jardín es conocido por el pabellón de los *arhats* (Arhat Hall), que encierra una colección de cerca de 700 estatuas que datan de la dinastía Qing.

Fuera del centro urbano

Colina del Tigre (Huqiu; *fuera del plano, por A1):* a 10 km del centro urbano; el taxi cuesta de 20 ¥ (2 €). Abierto de 7.30 a 18 h de principios de marzo a mediados de noviembre; el resto del año, cerrado a las 17 h. Entrada: de 40 a 60 ¥ (4 a 6 €) según la época; los niños que no lleguen a 1,20 m entran gratis.

Desde la entrada, se sigue un sendero sombreado que sube por el flanco de la colina hasta la cima, donde se levanta la torre de una pagoda de siete plantas construida en 961 y que está inclinada como la torre de Pisa... A pesar del gentío, paseo muy agradable por las 28 ha del lugar e interesante vista desde la terraza (alrededor de la torre). Según cuenta la leyenda, la colina, de 38 m de alto, nació de una erupción volcánica y, si se excavara, se podría encontrar (lo que evidentemente está prohibido) la tumba del primer rey de Suzhou, He Lü. Cada roca y cada arroyo de este jardín cuenta con su propia leyenda o creencia, lo cual explica que el lugar sea tan popular entre los chinos. Durante la subida (a pie, calculad 15 minutos) se atraviesa un pequeño puente de piedra por encima de un barranco; fijaos en los dos agujeros que, en otros tiempos, servían para coger agua con un cubo y una soga.

> **Paseos en barco por los canales:** Suzhou es una ciudad de canales. Antes había 82 km de canales y la ciudad sólo tenía una superficie 15 km^2. Actualmente, la tendencia se ha invertido ampliamente: la ciudad ocupa 100 km^2 y sólo quedan 35 km de canales. Una manera estupenda de descubrir Suzhou, ya que la navegación turística está en pleno desarrollo. Hay varios embarcaderos, según los tipos de barcos; uno de ellos se encuentra frente al jardín de la Política de los Simples *(C1,* ***8****)*. Tarifas negociables (por 1 hora, 60 ¥ /6 € por persona). Desde allí os embarcaréis en los barcos de remos. Navegaréis tranquilamente por los canales (actualmente conservados gracias al turismo), por el Pingjiang Lu y después bajo los antiguos puentes de piedra pasando por las casas bajas reformadas de este viejo barrio lleno de encanto.

> Para **paseos cortos** podéis alquilar barcos en otros puntos de la ciudad, especialmente frente a la puerta de entrada de la colina del Tigre o en el jardín de la Pareja Dividida. La ciudad tiene previsto poner en funcionamiento cinco embarcaderos más para fomentar estos paseos turísticos. Pedid información.

Yangzhou

500.000 hab. Prefijo tel.: 0514

Yangzhou se encuentra a un centenar de kilómetros al este de Nankín y a unos 350 km al noroeste de Shanghai, en la confluencia del río Yangtsé y el Gran Canal. Es una gran ciudad, muy extensa, con una red de grandes avenidas en las que circulan, sobre todo, bicicletas y vehículos de dos ruedas. Existen lugares que se diría que acaban de salir de un embalaje de plástico. A primera vista, no hay nada que llame la atención del viajero, porque las pocas muestras del pasado que quedan están escondidas detrás de la barrera de la modernidad. Pero, en realidad, Yangzhou resulta interesante en el sentido de que representa el prototipo de la ciudad china de tamaño medio. La ciudad también es famosa en tres campos: los masajes, la imprenta y la laca.

Un poco de historia

Realmente, no quedan muchos vestigios del pasado, pero los que hay se remontan a más de 2.000 años de antigüedad, como lo testifican las tumbas reales de la dinastía Han del oeste. Tras la construcción del Gran Canal (581-618), la ciudad se abrió al comercio y a los extranjeros, y se benefició de su situación geográfica en el corazón de la cuenca del Yangtsé. Desde el siglo X hasta el XIV fue una ciudad comercial muy próspera y concurrida por los comerciantes árabes y persas. Entre éstos figuraba el erudito musulmán Pu Hading (Puhaddin), quien predicaba el islam. Al parecer, Marco Polo también estuvo en la ciudad y llegó incluso a ser gobernador de Yangzhou durante tres años. En el siglo XVII, la ciudad, defendida por Shi Kefa, se negó a reconocer la autoridad de los Qing y rechazó los asaltos manchúes hasta en seis ocasiones. Cuando cayó sometida en 1645, fue tratada con una crueldad inaudita. Después, la ciudad entró en un periodo de decadencia, del que se benefició Nankín, y en la actualidad ha recuperado una cierta vitalidad gracias a la influencia del antiguo jefe de Estado Jiang Zhemin, quien nació aquí. En 2005, un puente sobre el Yangtsé que comunicaría Yangzhou con Zhenjiang la ayudó a salir del aislamiento.

TRANSPORTES URBANOS

Los autobuses n°s 1 y 2 salen de la estación de autobuses del Oeste *(fuera del plano, por A3)* y enlazan con los principales puntos turísticos. Calculad 1 ¥ (0,10 €) por trayecto. También tenéis taxis con taxímetro en la ciudad. La bajada de bandera cuesta 6 ¥ (0,60 €) por 3 km, y hasta 7 ¥ (0,70 €) después de las 23 h. Para los trayectos cortos, también podéis utilizar los cochecillos tirados por hombres *(san lion chen)*, a partir de 3 ¥ (0,30 €) la carrera.

DIRECCIONES ÚTILES

Información turística

CITS *(A2, 1)*: 919, Daxue Beilu. ☎ 734-89-25. Fax: 734-42-78. Abierto todos los días de 9 a 17 h. Ofrece el mismo tipo de prestaciones que los otros CITS: no dispone de mucha información turística, pero vende títulos de transporte, tiene servicio de guías, etc.

Correos

(B2): Wenchang Zhonglu. Abierto todos los días de 8 a 18.30 h.

Internet

(B1): existen muchos locales en Wenhe Beilu, en el norte de los hoteles *Yangzhou* y *Xi Yuan*. No resultan caros, pero a veces la conexión es lenta.

Cambio

Os recordamos que numerosos hoteles cambian divisas para sus clientes. Si no, también tenéis la oficina central del **Bank of China** *(B2, **2**)*, que está en el 279 de Wenchang Zhonglu. ☎ 736-10-34. Abierto todos los días de 8.15 a 12 h y de 15 a 17.30 h aproximadamente. Aceptan divisas, cheques de viaje y las tarjetas *Visa* y *MasterCard*. También tienen un cajero automático en el vestíbulo trasero, pero, al parecer, no siempre es fiable. Mejor que cambiéis en la ventanilla. Hay otra agencia en el 1 de Yanfu Xilu, delante del *Yangzhou Hotel (B1, **3**)*. Abierta cada día de 8.30 a 17 h. En ella solamente os cambiarán divisas.

¿DÓNDE DORMIR?

En temporada baja podréis conseguir descuentos.

De barato a más selecto

Xi Yuan Hotel

*(B1, **10**):* 1, Fengle Shang Lu. ☎ 780-78-88. www.xiyuan-hotel.com Las habitaciones dobles cuestan de 280 a 680 ¥ (28 a 68 €) según el edificio. Por más que sea céntrico y que esté incluso instalado en la antigua ubicación de una villa del emperador Qianlong, se trata de un gran edificio de hormigón sin ningún encanto. Las habitaciones más baratas se encuentran en el anexo. No están mal por el precio. Las más caras son, evidentemente, las más confortables, con baño o ducha, WC, aire acondicionado, teléfono y TV. Preguntad antes de ir, porque quieren convertirlo en hotel de lujo.

Shita Hotel

*(B2, **12**):* 246, Wenchang Zhonglu. ☎ 780-11-88. Fax: 731-41-25. Una vez más, si no hay una renovación repentina que convierta en obsoletas nuestras informaciones, las habitaciones dobles deberían costaros unos 200 ¥ (20 €). También tienen otras dobles de 420 a 880 ¥ (42 a 88 €). El hotel es un poco sombrío y antiguo, pero si las habitaciones más baratas del anexo siguen existiendo, están bien para los trotamundos. Si sólo quedan disponibles las otras, id a otro sitio.

Yangzhou Hotel

*(B1, **11**):* 5, Fengle Shang Lu. ☎ 780-58-88. Fax: 734-35-99. Si pedís descuento, es posible que consigáis que la habitación doble que está anunciada de 390 a 480 ¥ (39 a 48 €) os salga por un poco menos; las suites cuestan 680 ¥ (68 €). Uno de los hoteles más famosos de la ciudad. Céntrico, pero sin carácter, y un gran confort al estilo chino para el turismo colectivo organizado. Las habitaciones más baratas no están mal, y las más caras han sido reformadas. El hotel también es famoso por su discoteca, *Banana*, muy animada los fines de semana.

Lantian Hotel

*(B1, **13**):* 42, Wenhe Beilu. ☎ 736-00-00. Fax: 731-41-01. www.ltdshotel.com En pleno centro. Dobles 360 a 600 ¥ (36 a 60 €), y suites, de 700 a 1.900 ¥ (70 a 190 €). Gran hotel moderno de 120 habitaciones, un tres estrellas a todo confort. Las más baratas acostumbran a estar ocupadas,

YANGZHOU

pero podéis quedaros con una de precio medio (48 €). Las más caras están muy bien, especialmente por su mobiliario de madera con un toque de diseño. También tenéis una bolera y una pista de patinaje sobre ruedas. Disponen de un servicio de cambio y aceptan tarjetas de crédito.

¿DÓNDE COMER?

Las especialidades de la ciudad son el tofu *(doufu)* y el arroz salteado *(yangzhou chaofan)*. Atención, muchos restaurantes cierran pronto, la mayoría a las 21.30 h como máximo.

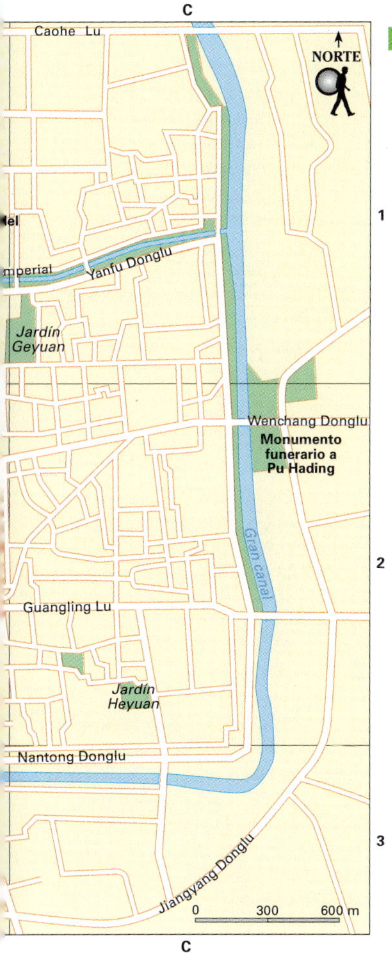

■ **Transportes y Direcciones útiles**

- Estación de autobuses del Oeste
- Estación de trenes
- 1 CITS
- 2 Bank of China (agencia central)
- 3 Bank of China
- Correos
- @ Internet

¿Dónde dormir?

- 10 Xi Yuan Hotel
- 11 Yangzhou Hotel
- 12 Shita Hotel
- 13 Lantian Hotel

¿Dónde comer?

- 20 Tabernas de las calles Guoqing y Ganquan; Fuchun Tea-house
- 21 Wang Yu Lou

¿Dónde tomar una copa? ¿Dónde ir a bailar?

- 11 Banana Night-Club
- 30 Salón de té Aïchun (Yechun) y July Fifth's Bar
- 31 The Cellar Bar

Tabernas de las calles Guoqing y Ganquan

(B2, ***20****):* nuestras dos calles preferidas en Yangzhou, por su aspecto plácido y provinciano. Lo que uno descubre, paseando a la sombra de los plátanos, no son cafés, sino tabernas populares.

Fuchun Tea-house

(B2, ***20****):* alameda Dexingqiao, unos 100 m antes de la intersección con la calle Guoqing Lu, en pleno centro urbano. ☎ 723-33-26. Está mal señalizado, así que preguntad por dónde se llega. Abierto de 6.30 a 13.30 h y de 16 a 19.30 h. Se trata de un salón de té muy prestigioso en una calle popular. Tendréis que olvidaros de vuestros horarios occidentales, ya que la hora en que más animado está el local es antes de las 9 h, para desayunar. Sin embargo, a nuestra hora

del almuerzo o por la tarde, podréis tomar *baozi* (panecillos rellenos), *jiaozi* (raviolis) y otros platos preparados al vapor por unos 12 ¥ (1,20 €), acompañados de té. También sirven algunos platos de tofu, pescado o aves de 10 a 45 ¥ (1 a 4,50 €). Comedor muy bonito. La carta está sólo en chino.

Wang Yu Lou

(B1, ***21****):* 10, Fengle Lu. ☎ 793-07-77. En principio, abierto hasta las 23 h. Platos de 15 a 30 ¥ (1,50 a 3 €). ¡Uno de nuestros lugares favoritos! Está bien situado en un brazo de canal, en un marco fresco y nada pretencioso, donde se come muy bien por poco dinero. El trato de la dueña, que chapurrea el inglés, es muy cordial, así como el de los empleados, que sonríen sin dejar de sorprenderse del paso de los turistas. Os recomendamos encarecidamente el *yuza*, pescado troceado y cocinado en una deliciosa salsa ligeramente picante. Para los paladares sensibles, probad el *pian xiang yu lan pian*, un pescado más clásico, pero muy fresco, acompañado de verduras. Toda la comida que sirven es muy fresca, incluso los simples platos de verdura salteada.

¿DÓNDE TOMAR UNA COPA? ¿DÓNDE IR A BAILAR?

Todas nuestras sugerencias se encuentran en la misma zona.

Salón de té Aïchun

(Yechun; B1, ***30****):* 8, Fengle Shanglu. ☎ 734-73-69. Situado al final de la calle, en la explanada que está junto al canal. Abierto de 13 a 24 h. Se trata de un pequeño salón de té muy agradable, con columpios. Mucha clientela local viene a jugar a las cartas. Disponen de una carta en chino con toda clase de tés de 10 a 25 ¥ (1 a 2,50 €) y ofertas del tipo té, fruta y tentempiés de 30 a 55 ¥ (3 a 5,50 €).

The Cellar Bar

(B1, ***31****):* 8, Fengle Shanglu. ☎ 736-77-13. Abierto de 19.30 a 2 h. En esta bodega no venden vino. Se trata de un bar bastante *underground*, por lo que puede ser que esta dirección no exista durante mucho tiempo más. Os la mencionamos por la simpatía de Alice, una china encantadora que cuida con esmero la decoración un poco abandonada (y, por lo tanto, de moda) del local. Podréis jugar al billar o conversar en inglés con las amigas de Alice, chinos y expatriados mezclados.

July Fifth's Bar

(B1, ***30****):* 8, Fengle Shanglu. ☎ 733-03-81. Al final de la calle, en la explanada que está al lado del canal. Abierto de 19 a 1 o 2 h. Es un bar de una cierta categoría, con una barra de mármol llena de botellas detrás, con luces de todos los colores y un billar. Trato agradable y música de estilo occidental.

Si queréis mover el esqueleto, la discoteca más famosa de la ciudad se llama ***Banana Night-Club*** *(B1,* ***11****)*, en el interior del *Yangzhou Hotel* (remitíos a «¿Dónde dormir?»). Lógicamente, está más animada los fines de semana. Música dance china.

> **> AVISO**
>
> **Las tarifas que se indican en la guía corresponden al momento de la edición de la misma y, por tanto, son orientativas.**

¿QUÉ VISITAR? ¿QUÉ SE PUEDE HACER?

En el centro

Parque del lago Shouxi (Souxihu gongyuan; *A1)*: en el noroeste de la ciudad. Tomad el autobús nº 2. Abierto de 7 a 17.30 h. Entrada: 50 ¥ (5 €); con ella también podréis visitar los jardines en miniatura Xi Yuan (ver más adelante); descuentos para los que no lleguen a 1,45 m; gratis para los que no lleguen a 1,20 m.

Posee tres entradas, una en el sur, cerca del hotel *Honqqiao*; otra en el oeste, cerca del puente de los Cinco Pabellones, y otra en el norte, cerca del monasterio Daming. La entrada sale un poco cara, pero os podéis pasar tranquilamente medio día en este gran parque (si os lleváis la comida). Hay numerosos pabellones y pequeños jardines. Muchos visitantes llegan en barco (excursión «Qianlong» que sale del muelle Imperial; ver más adelante). Se organizan paseos en barco (en templetes flotantes al estilo antiguo), que permiten llegar por el lago hasta el monasterio Daming saliendo de los muelles imperiales. Las barcas simples no van más allá de la puerta oeste. A lo largo de la visita podéis ver la gran *stupa* blanca, edificada según el modelo del parque Beihai de Pekín. Observad también los «anillos mágicos» formados por los pequeños puentes de mármol blanco. Uno de ellos es el **puente de los Cinco Pabellones** (Wuting Qiao; 1757), el más hermoso de todos, con edificios de tejas amarillas. El **pabellón donde se Escucha el Canto del Ruiseñor** contiene preciosos paneles de porcelana de la época Qing, que representan los paisajes fluviales del sur de China. Os harán pagar un pequeño suplemento para visitarlos.

Jardines en miniatura (Xi Yuan; *A-B1):* desde la entrada sur del parque Shouxi, cruzad el pequeño puente (bonita vista del río), seguid la pared del jardín y girad por la primera calle a la derecha. Abierto de 7 a 17.30 h. Entrada: 50 ¥ (5 €); con ella podréis visitar también el parque Shouxi (ver antes).

Se trata de un bonito jardín de bonsáis, algunos de los cuales tienen 300 años. También hay paisajes en miniatura realizados con piedras y plantas. Algunos pabellones y lagos. Muchas parejas de novios vienen a hacerse las fotos de la boda en este jardín.

Muelle Imperial *(B-C1):* entre el *Xi Yuan Hotel* y el *Yangzhou Hotel*. Es un pequeño canal sombreado en el que están atracados algunos barcos estilo «templete chino flotante». Cuando el emperador Qianlong venía en gira de inspección, solía detenerse aquí. Su villa estaba donde se encuentra actualmente el *Xi Yuan Hotel*. El muelle, de piedra gris, es de 1756. El conjunto ha sido restaurado y podría explotarse con fines turísticos.

Viejas torres-pabellón del centro urbano: en la esquina entre Siwanting Lu y Wenhe Beilu *(B1-2)*, se levanta una vieja torre-pabellón oscura, llamada **Watch Tower** porque tiempo atrás servía de torre de observación en la entrada oeste de la ciudad. Data de la época de finales de los Song, principios de los Yuan (siglo XIII).

Hay otra torre *(B2)*, la del Dios de la Literatura, también llamada **pabellón Wencheng,** que se levanta en pleno centro del cruce de Shita Lu con Wenhe Lu. Esta torre es más reciente, de la época de los Ming.

Guoqing y Ganquan *(B2):* dos largas calles a la sombra de los plátanos, bordeadas por una retahíla de tiendas y comercios. Se cruzan en ángulo recto, y son como túneles de verdor por los que da gusto pasear en las horas de mucho sol. Pocos coches y una multitud de bicicletas, triciclos, ciclomotores, además de peatones. La calzada está invadida por la música que sale de las tiendas. Pero, curiosamente, no hay bares ni cafés donde hacer una parada; eso es lo que más se echa de menos aquí. Ni siquiera la *Fuchun Teahouse* sirve té si no coméis algo (ver «¿Dónde comer?»).

Jardín Geyuan *(C1):* en el este de la ciudad. Abierto de 7 a 17.30 h aproximadamente. Entrada: 30 ¥ (3 €); gratis para los niños que no lleguen a 1,20 m.

El ideograma chino que se pronuncia «ge» recuerda la forma de la hoja de bambú que ha dado nombre al jardín. Fue construido a finales de la dinastía Ming (1641-1720) y reorganizado por Huang Zhiyun (o Hoan), máximo responsable del comercio de la sal en la región durante el siglo XIX. El jardín evoca el ciclo de las estaciones y, por lo tanto, queda dividido en cuatro partes. Aquí se viene sobre todo a admirar las rocas artificiales y transformadas, los bambúes y los pequeños lagos. Fijaos también en la casa del maestro, un laberinto renovado que desemboca en una agradable calle. Seguidamente tomad la calle Guoqing, comercial y muy animada (ver antes).

Jardín Heyuan *(C2):* está en el sureste de la ciudad. Abierto de 7 a 17.30 h aproximadamente. Entrada: 30 ¥ (3 €); los niños que no lleguen a 1,20 m entran gratis.

Fue creado por un diplomático mandarín enviado a Francia durante la dinastía Qing en el siglo XIX. Cuando regresó, plasmó las influencias recibidas de la cultura occidental en el estilo europeo de la galerías y de las puertas con pestillos. Las ventanas son todas distintas y siguen un estilo tradicional chino. En el **pabellón de las Mariposas** se aprecian antiguas pinturas, muy deterioradas, realizadas por el grupo de los Ocho Excéntricos de Yangzhou. El pabellón tiene forma de barco (piedras en forma de olas, de flores o de animales) y en él hay un salón de té bastante económico.

Monumento funerario a Pu Hading (Pu Hading Muyuan; *C2):* se halla en la orilla este del canal Imperial, delante del Hospital n° 1. Hasta allí llevan los autobuses n°s 1 y 2. Abierto de 8.30 a 17 h. Entrada: 12 ¥ (1,20 €); descuentos para los niños que no lleguen a 1,45 m y gratis para los que no lleguen a 1,20 m. Al venir desde el centro urbano, después del puente, girad a la derecha.

El porche de entrada está rematado por un grueso bulbo amarillo de estilo árabe, coronado por una media luna. Es un pequeño parque público, plantado de árboles y bordeado por un estanque. En lo alto del montículo está la tumba de estilo chino, nada espectacular, que contendría los restos de Pu Hading (o Puhaddin), un viajero originario de Persia que viajó a China en tiempos de la dinastía Song (segunda mitad del siglo XIII) para propagar el islam. Este personaje está considerado el decimosexto descendiente de Mahoma. También se pueden visitar otras tumbas de chinos musulmanes.

Mezquita de Yangzhou (Xianhe Mosque; *B2):* a la izquierda de Wenhe Lu, hacia el sur de la ciudad, y a la altura del nº 53, hay un pequeño edificio de cristal azul ahumado, y un pasaje (porche para aparcamiento de vehículos de dos ruedas) que lleva hasta una callejuela. Girad a la derecha, y unos metros después está la puerta verde de la mezquita (muy discreta, de estilo chino). La visita depende en realidad de la buena voluntad del guardián de la entrada. Es mejor que vayáis con un guía, pero eso tampoco garantiza nada. En cualquier caso, podéis echarle un vistazo a través de una puerta china redonda. Aparte de una banal inscripción en árabe, no encontraréis nada que indique que se trata de una mezquita islámica. Mahoma se fundió aquí con el paisaje cultural chino. La prueba la tenéis en la discoteca que está junto a la mezquita, justo a la derecha, la *Kiss Disco*. Hablando en serio, la mezquita fue construida en el siglo XIII por Pu Hading (ver antes) y es una de las cuatro mezquitas del sureste de China. En Yangzhou viven menos de 10.000 musulmanes.

Fuera de la ciudad

Monasterio Daming (Monasterio de la Gran Claridad; *fuera del plano, por A1):* a unos 2,5 km al norte del parque del lago Shouxi. Los autobuses nos 1 y 2 os llevan. Abierto de 7.30 a 17 h. Entrada: 30 ¥ (3 €); gratis para los niños que no lleguen a 1,20 m.

Construido en el siglo V sobre una colina apartada de la ciudad, el nombre se lo puso el emperador Qianlong cuando vino a visitarlo en 1765. En 1934 fue totalmente reconstruido. Se compone de varios edificios y templos repartidos por las laderas y la cima de la colina. Hay caminos que lo atraviesan, de modo que podéis recorrerlo todo a pie. Un paseo tan agradable como el del parque del lago Shouxi, pero más relacionado con la historia de Yangzhou.

> **Pabellón Pingshan:** entrando a la izquierda. La antigua casa del escritor Ouyang Xiu (siglo XI, dinastía Song), que también fue gobernador de la ciudad.

> **Jardín del Oeste (o Imperial):** data de la dinastía Qing. No es grande, pero veréis árboles antiguos, templetes y un salón de té delante de un lago.

> El **templo Daming** propiamente dicho sólo es una parte del monasterio. De techo muy alto, tiene una sala de rezos con grandes esta-

> AVISO

La *guía del Trotamundos* defiende valores como los derechos del hombre, la solidaridad entre los pueblos, la biodiversidad cultural y la protección del medio ambiente.

tuas de Buda. Tras Sekyamuni hay una representación de la Misericordia. En él reside una comunidad de monjes budistas. Y la música religiosa que se escucha suele estar grabada.

> **Jianzhen Memorial Hall:** Jianzhen, considerado entre quienes más han contribuido a la «historia de los intercambios culturales entre China y Japón», fue un monje budista chino, originario de Yangzhou, que vivió en tiempos de la dinastía Tang (688-763). En 742 dos monjes japoneses lo invitaron a ir a su país a introducir el budismo. Tras cinco infructuosas tentativas de atravesar el mar de China en barco, por fin consiguió llegar a Japón, donde se estableció con objeto de propagar el budismo. También les mostró la laca y la imprenta, dos especialidades de Yangzhou. En prueba de agradecimiento, Japón contribuyó a la construcción de este monumento. Y el bonzo de Toshodaiji, cerca de Nara, ofreció un regalo simbólico: una linterna de piedra.

> El **templo Ouyang** (o templo Seis Uno) fue reconstruido durante la dinastía Qing. Los paneles llevan explicaciones en chino e inglés.

> La **gran torre de la pagoda Xi Ling** (entrada: 5 ¥/0,50 €) no es antigua, a pesar de su apariencia, sino una reconstrución reciente. Una escalera de madera y metal os lleva hasta la octava planta (la novena para los chinos), desde donde contempláreis una espléndida vista de Yangzhou. Al lado veréis un templo con un buda de jade acostado y un biombo lacado con incrustaciones de jade que narra la historia de Jianzhen en Japón. Una casa de ladrillo gris sirve de chiringuito-restaurante para los turistas.

Museo de Yangzhou: Man-made Lake, West Wenchang Road. ☎ 522-80-01. www.yzmuseum.com

El museo se halla en un gran edificio junto al Centro de Exposiciones, en el barrio moderno comunicado por Wenchang Xilu (la carretera de la estación de trenes; *fuera de plano A1-2)* o por lo autobuses 22 y 26. Todos los días de 9 a 17 h. Entre sus obras más destacables está una vieja barca de unos 1 300 años descubierta en unas excavaciones realizadas en el Gran Canal y que consta de una sola pieza de 13 m, un lince de ónice, bellos ataúdes de madera de la dinastía Han y muchos objetos encontrados en las excavaciones.

Tumbas del rey y la reina Guangling *(fuera del plano, por A1):* en Xiangbie Lu, en el norte de la ciudad y en el este del monasterio. ☎ 761-06-50. Abierto de 8 a 17 h. Entrada: 30 ¥ (3 €); gratis para los niños que no lleguen a 1,20 m.

Este museo apasionará a los amantes de la historia. Se trata de las tumbas del rey y la reina Guangling, de la dinastía de los Han del oeste, exhumados de la antigua ciudad de Shugang. El rey, llamado Liu Xiu, aspiraba a ser el emperador y, aunque no lo consiguió, hizo construir esta tumba de madera siguiendo el esquema simbólico (en miniatura) de su palacio en aquella época. Este tipo de tumba se denominaba *huang chang ti cou* en la China antigua. Es el ejemplar mejor conservado del país. Desde la galería, podéis intentar distinguir las diferentes partes que forman el palacio: la puerta de entrada, la sala del guarda, el salón, los patios, la cocina, el baño, etc. El lugar del ataúd se encuentra en el centro. La madera que se utilizó fue de *nanmu*, que se consideraba extremadamente lujosa y que correspondería, en realidad, a una especie de ciprés de 4.000 años. Sin duda alguna, la eligió el propio «aspirante a emperador» para deslumbrar a sus colegas. La tumba de la reina, situada en el otro edificio, fue concebida según el mismo principio.

Pagoda Wenfeng *(fuera del plano, por B3):* está a 2 km al sur de la ciudad. Id en taxi al atardecer, por los colores. Abierto de 8.30 a 16.30 h aproximadamente. Entrada: 12 ¥ (1,20 €).

A pesar de sus muros de colores desvaídos, la torre de la pagoda (de siete plantas) merece un vistazo. Se eleva por encima de un barrio popular y animado: un brazo del río, barcos y barcazas llenas de mercancías, y una central térmica a lo lejos.

> **Excursiones en barco:** haced la reserva a través del CITS (ver «Direcciones útiles»). Calculad unos 600 ¥ (60 €) por un paseo en barco (de 8 a 10 personas) de unos 30 minutos de duración. Los barcos salen del muelle Imperial (Imperial Dock), cerca del templo Tianming.

¿CÓMO SALIR DE YANGZHOU?

En autobús

Un autobús sale de la **estación de autobuses del Oeste,** situada a 6 km –es decir, unos 15 minutos en taxi– del centro urbano *(fuera del plano, por A3)*. El nuevo puente del Yangtsé tendría que reducir considerablemente el tiempo del recorrido; informaos.

> **Hacia Shanghai:** al menos una quincena de autobuses diarios, entre las 6.30 y 17 h. Precio: de 70 a 85 ¥ (7 a 8,50 €). Son autobuses cómodos y climatizados, y los asientos están numerados. El trayecto de Yangzhou a Shanghai dura unas 5 h. Preguntad por las paradas que hace en Shanghai, porque existen algunos autobuses que paran en la estación de trenes, pero otros os dejan en Pudong, e incluso en el barrio (alejado) de Xu Jia Hui, en el suroeste de la ciudad (211-213, Zhaojiabang Lu).

> **Hacia Hangzhou:** unos seis autobuses diarios entre las 7.15 y 16.30 h. Duración del trayecto: de 5 a 6 h. Precio: unos 90 ¥ (9 €).

> **Hacia Nankín:** autobuses cada 20 minutos de 6.30 a 18.30 h. Duración del trayecto: 1,30 h. Precio: de 20 a 25 ¥ (2 a 2,50 €).

> **Hacia Zhenjiang:** autobuses cada 15 minutos de 6.30 a 18.30 h. Duración del trayecto: de 1 a 1,30 h (lleno de estudiantes). Precio: unos 15 ¥ (1,50 €).

En tren

Estación de trenes *(fuera del plano, por A1):* se encuentra a unos 10 km al oeste del centro.

> **Hacia Shanghai:** el T738 sale cada día a las 9 h y llega a las 14 h.

> **Hacia Xi'an:** el tren K62 sale a las 16.55 h y llega al día siguiente a las 14.18 h.

> **Hacia Pekín:** el Z30 sale a las 17.53 h y llega al día siguiente a las 6.37 h.

> **Hacia Cantón** (Guangzhou): el K224 sale a las 15.02 h y llega a las 17.53 h.

Yunnan

Por más que se atraviesen siete montañas
y siete mares, aún no se llega a Yunnan.
Está casi tan lejos como la Luna.
Y el que vuelve de allí vuelve de la Luna.

La significación del nombre de esta provincia, «al sur de las nubes», tiene algo de poético, y evoca las antiguas estampas chinas. Pero es también una realidad geográfica, en la que desempeña un importante papel el clima templado de que goza a lo largo de todo el año gracias a la altitud. Yunnan, en el suroeste de China, tiene frontera con Myanmar (Birmania), Laos y Vietnam, y es la sexta provincia del país en extensión (más de las tres cuartas partes de España).

Ésta es otra China, la del «Gran Sur», en los confines del Imperio y del resto del mundo, que reúne la mayor variedad de climas, paisajes y poblaciones del territorio chino. Menos inaccesible que en el pasado, hoy se llega fácilmente en avión y en tren, más que por carretera, aunque la red vial está en constante mejora. Los tramos chinos de los grandes proyectos internacionales, como la carretera de Myanmar y la autopista que enlaza Yunnan con Tailandia, estarán listos dentro de poco.

En el centro y en el este se levantan grandes mesetas kársticas, con picos erosionados: el Shilin (el bosque de Piedra) es un ejemplo espectacular. El oeste es una región de altas montañas, austeras y salvajes, algunas de las cuales, las situadas más al norte, culminan a más de 5.000 m de altitud. Tres grandes ríos procedentes de Tíbet atraviesan la provincia: el Yangtsé –llamado el «río de las Arenas de Oro» (Jinsha Jiang)–, el Lancang Jiang (Mekong) y el Nujiang (Saluen). Los tres discurren por valles profundos que antaño eran las únicas vías de acceso al «Techo del Mundo». En el sur se extiende Xishuangbanna, un región tropical de vegetación exuberante, poblada por los dai (un pueblo emparentado con los tailandeses). En Jinghong crecen las siringas, las palmeras y los bananos como en un jardín perfumado, mientras que en Zhongdian (frontera tibetana), los yaks de pelo largo ramonean en los pastos de altura, barridos por el viento, al pie de las montañas cubiertas de nieve y hielo. En cuanto al budismo, tanto si es de origen birmano como tibetano, ha dejado su impronta en la mentalidad de los pueblos de Yunnan mucho más que en el resto de China.

La composición de la población constituye un caso aparte. De las 56 minorías étnicas oficiales del país, 25 están presentes en Yunnan (ver información detallada más adelante). A pesar de la omnipresente influencia china, esas diferentes comunidades han conservado una acusada identidad cultural. Entre las ciudades más interesantes que han preservado su antiguo atractivo destacan Lijiang y Dali, que merecen una escala de varios días. La capital regional, Kunming, suele ser una etapa obligada para entrar y salir de Yunnan. Esta provincia, que aún está muy cerca de la naturaleza y se ha librado de los abusos de la modernidad, es una de las que más posibilidades ofrecen a los viajeros que viajan solos, fuera de las rutas convencionales.

Clima

Yunnan es la única región de China que tiene un clima templado a lo largo de todo el año (excepto en el sur tropical), por lo que puede visitarse en cualquier estación. Sin embargo, se han de tener en cuenta dos consideraciones:

De julio a septiembre, el monzón llega a su máxima actividad (que, por otro lado, es moderada en esta parte del país), por lo que se han de esperar lluvias frecuentes.

En diciembre y enero las temperaturas medias descienden por debajo de los 10 ºC. Las mínimas inferiores a 0 ºC sólo se dan en las proximidades de Tíbet, por encima de los 3.000 m de altitud, lugares a los que hay que viajar con ropa adecuada.

Particularidades regionales

En Kunming, el termómetro en verano raramente supera los 30 ºC. Y en invierno es posible que nieve. Para más detalles, ver más adelante.

En Lijiang y Dali, regiones de altitud media (entre 2.000 y 3.000 m), los veranos son muy agradables y la temperatura se mantiene suave (entre 20 y 25 ºC de media).

En Zhongdian (distrito tibetano), a 3.200 m de altitud, el verano empieza en junio y sólo dura dos meses. Incluso durante ese periodo, conviene llevar ropa de abrigo (por ejemplo, un forro polar), porque por las noches refresca bastante.

LA PROVINCIA DE YUNNAN

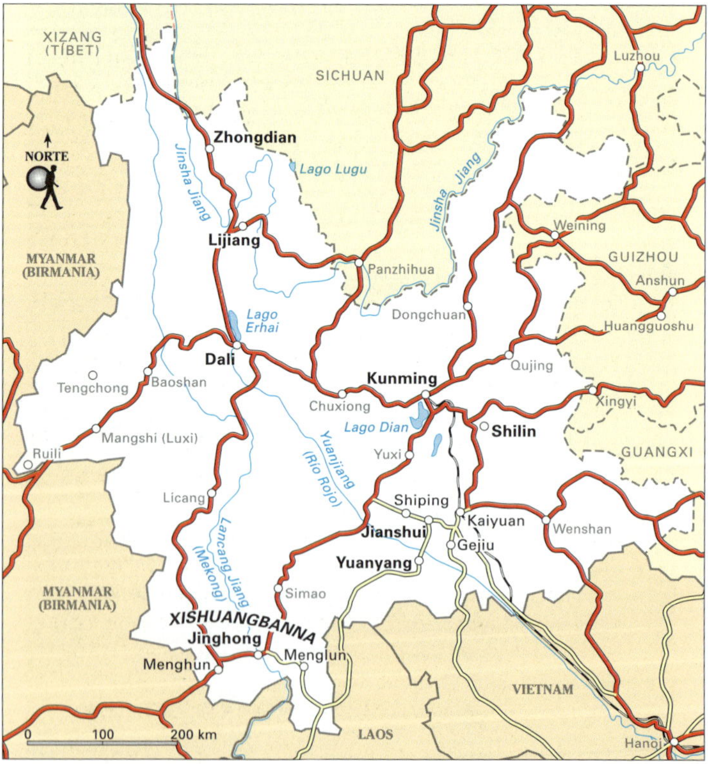

En Jinghong, en el sur (región de Xishuangbanna), el clima es subtropical, parecido al del norte de Tailandia y Laos. La estación cálida y húmeda se extiende de abril a septiembre, y las temperaturas diurnas superan a menudo los 30 °C. Aquí no hace falta ninguna prenda de abrigo, aunque sí es aconsejable tener a mano un chubasquero que os proteja de la lluvia: en verano se producen breves tormentas con aguaceros casi cada día.

Minorías étnicas de Yunnan

De las 56 nacionalidades minoritarias reconocidas oficialmente en la década de 1950, más de las dos terceras partes se encuentran en el sur de China, principalmente en la provincia de Yunnan, que cuenta con 25. Estos pueblos, llegados en oleadas sucesivas, se instalaron y echaron raíces en estas regiones, entonces independientes, desde el siglo IV a.C. (reino de Dian, en la región de Kunming, en Yunnan). Sus descendientes se dividen actualmente en tres grandes familias (tai-kadai, tibetobirmanos y miao-yao), a las que hay que añadir la familia austroasiática, en el sur de Yunnan, que representa un elemento de transición con el mundo del sureste asiático. En total, todos esos grupos étnicos ocupan mayoritariamente las dos terceras partes de la superficie de la provincia y representan cerca del 50% de la población de Yunnan.

La familia de los tai-kadai

Los dai

Los dai, que suman más de un millón de habitantes repartidos por el sur de la provincia (en Xishuangbanna), fueron los primeros en llegar a estos fértiles valles, donde ocuparon las mejores tierras. Viven del cultivo del arroz y el algodón, y de la piscicultura. Sus viviendas, construidas generalmente sobre pilotes, albergan un telar en la planta baja, no lejos del corral. Las mujeres son excelentes tejedoras y venden sus tejidos a las etnias vecinas. Cada grupo tiene sus propios vestidos típicos, de inspiración birmana. Así, las mujeres huayao («dai de caderas floridas») se engalanan con una falda de batik, sobre la que se ponen un delantal negro atado con un cinturón de colores. Los dai, que en un principio eran animistas, se convirtieron al budismo del Pequeño Vehículo a partir del siglo XI, aunque conservaron muchas de sus antiguas creencias. Una de sus fiestas más características sigue siendo la del Año Nuevo. Durante tres días se celebran carreras de piraguas, lanzamiento de cohetes, cortejos de amor y aspersión sagrada de la multitud, que muchas veces degenera en duchas y remojones frenéticos.

La familia de los tibetobirmanos

Los yi

Los yi, a quienes en tiempos de los Han les llamaban «lolo» en señal de desprecio, suman 5,5 millones en China, de los cuales 3 millones viven en Yunnan, principalmente en las altas mesetas y excepcionalmente en la llanura. Procedentes de las tierras altas del este tibetano, la presión de los chinos los debió de empujar hacia el sur, donde ocuparon progresivamente las regiones periféricas. Pero aún no está definitivamente claro cuál es su origen. Tienen una lengua propia, y su escritura se ha redescubierto recientemente. Muchos consideran que Piluoge, un potentado local conocido por haber encabezado el reino de Nanzhao (fundado en 710), era yi. Aunque otros creen que ese reino habría sido bai, o incluso dai.

Los yi fascinaron durante mucho tiempo a los occidentales por su sistema esclavista extremadamente compartimentado. Los nuohuo («yi negros», la aristocracia campesina) representaban antaño el 7 % de la población y poseían entre el 60 y 70 % de las tierras. Actuaban como amos y señores, pero no tenían derecho de vida y muerte ni podían vender a los qunuo («yi blancos»). Éstos representaban el 50 % de la población y disfrutaban de una relativa independencia económica; además podían controlar a las clases subordinadas de los ajia y los xiaxi. En el siglo XIX, muchos se enriquecieron con el cultivo del opio y, con el dinero que ganaban, compraban armas para resistir contra los chinos. Se caracterizan por su porte altivo y nariz aguileña; algunos hombres aún siguen llevando actualmente el moño de buda (influencia birmana).

Los bai

En Yunnan viven cerca de dos millones de bai, principalmente en la zona de Dali. En la época del reino de los bai yue (un siglo antes de nuestra era), los chinos designaban a este pueblo indígena con los nombres de mian jia («gente del pueblo») y bai yi («vestido blanco»). El blanco (bai), nombre de la etnia, sigue siendo el color dominante de la ropa de mujer. Al igual que los mongoles y los yi, los bai también ordeñan las vacas, consumen su leche y hacen dos tipos de queso. Cabe destacar sus espléndidos poblados, completamente de piedra, y sus casas con un patio cuadrado, rodeado por un muro que impide entrar a los malos espíritus (y protege la intimidad familiar), lo que refleja su asimilación de la cultura china.

Los naxi

Concentrados principalmente en el área de Lijiang (Yunnan), los naxi proceden de una sociedad matriarcal. Sin embargo, en la actualidad, el Gobierno chino intenta homogeneizar los usos y costumbres de estas nacionalidades minoritarias. Así, cada vez son más raras las costumbres originales autóctonas, como el sistema de los azhu (practicado por el subgrupo mosuo del lago Lugu), según el cual, cuando anochece, las muchachas reciben en sus viviendas a los muchachos y mantienen relaciones que no crean ninguna obligación.

La religión de los naxi o «dongbaísmo», intensamente sincrética, mezcla animismo, lamaísmo, chamanismo y tantrismo. Sus representantes son los dongba, unos brujos cuya lengua sirve para interpretar los textos canónicos, los acontecimientos de la vida diaria, los cuentos y demás mensajes. Ese lenguaje milenario se compone de pictogramas inspirados en la naturaleza y referidos a la religión primitiva, y de una escritura silábica llamada geba que se añade a los pictogramas. Los naxi también tienen una rica tradición literaria, orquestas formadas por gente muy anciana y una farmacopea muy original. Vivieron un periodo de esplendor durante la dinastía Ming (reino de los Mu) y, aún actualmente, en las calles de Lijiang se puede contemplar el traje típico tradicional de las mujeres: una capa negra y blanca, con un lado que representa la noche, y el otro, el día, y siete estrellas bordadas en la espalda que representan la Osa Menor.

Los hani

Entre 900.000 y un millón de hani viven en el sur de la provincia de Yunnan, principalmente entre el río Yuanjiang (río Rojo) y el Mekong. Limitados por la escasez de tierras de cultivo de estas regiones, finalmente se vieron obligados a convertirse en «escultores de montaña» (sobre todo, en la región de los montes Ailao) y crearon un ingenioso sistema de arrozales en terraza, consolidados por muretes de piedra y tierra. Diseminados en el corazón de este pequeño mosaico natural, sus poblados de adobe están protegidos por una puerta simbólica, destinada a mantener a los espíritus nefastos lejos de la comunidad. Los hani, que son politeístas, practican el culto de los antepasados y, además, veneran al dios del paraíso, al de la tierra, al dragón, así como a los dioses de la familia.

En la región de Yuanyang, cuando se celebra una boda, las mujeres se engalanan con suntuosos complementos teñidos de índigo y realzados con piezas de plata y perlas, cintas o collares. Las casacas, sin cuello, se abotonan por delante con puños entrelazados. En Xishuangbanna, las mujeres llevan faldas, casquetes redondos y cadenas de plata con una infinita variedad de engarces. En este caso se trata de subgrupos hani, más parecidos a los akhas de Laos y Tailandia que a sus parientes chinos. La fiesta local más popular es el kuzhazha, que se realiza allá por el mes de junio (calendario lunar), justo después de la siembra; dura de tres a siete días, y en ella se celebra la esperanza de una buena cosecha. El Año Nuevo *(Misezha)* y la Noche de las Antorchas son otras festividades importantes.

La familia de los miao-yao

Los miao

Según el censo de 1990, viven unos 7.400.000 miao en el suroeste chino. Los del Yunnan oriental pertenecen al subgrupo meo o hmong, y se extienden también por la península indochina. Desplazados en oleadas sucesivas desde el norte de China (cuenca del río Amarillo), los miao fueron los últimos en llegar a estas regiones del sur. Viven en las tierras altas, las más áridas, lo cual les obligó durante mucho tiempo a practicar la agricultura chamicera o de rozas, hasta que al final se sedentarizaron.

Los miao, pertenecientes a una vasta familia etnolingüística, poseen tres lenguas y se subdividen en numerosos grupos, reconocibles por la vestimenta típica de cada uno de ellos, y cuyos numerosos detalles se transmiten de generación en generación y facilitan su identificación.

La mujer miao tiene que saber bordar, así como utilizar una inmensa variedad de estilos, motivos y técnicas. A todas estas habilidades se añaden las de confeccionar tocados originales, cuernos de plata, turbantes voluminosos, postizos de lana, cascadas de joyas, etc. Por último, los miao se expresan a través de la música y la danza. Sus dos instrumentos preferidos son el lusheng (órgano con lengüeta de bambú) y los tambores de bronce; el canto también es muy apreciado y está omnipresente en las numerosas fiestas que jalonan el año.

Delicias culinarias de Yunnan

La cocina de Yunnan tiene fama por su calidad y originalidad. En Kunming, el plato más popular es una sopa que tiene un nombre divertido, «sopa de tallarines que cruzan el puente» *(guoqiao mixian).* Se trata de una sopa de pollo cubierta por una fina capa de aceite hirviendo, en la que cada comensal mete los ingredientes para que se cuezan: carne cruda, legumbres, tallarines de arroz y hierbas. Otra deliciosa especialidad de Yunnan es el jamón ahumado *(xuanwei huotui),* que suele ir acompañado muchas veces de queso de oveja *(rubing* o *rushan).* Reputado por sus virtudes medicinales, el pollo con hierbas al vapor *(qiguoji)* ha de cocerse en una cazuela de barro fabricada en la región de Jianshui (Yunnan del sur), y las hierbas son raíces de gingseng o setas rojas *(chongcao).* Otro plato común es la cazuela de pescado *(shaguoyu).* En cuanto a la cocina hui (de los chinos musulmanes), muy minoritaria y apreciada, se distingue por sus brochetas y sus platos a base de carne de cabra y de cordero. Y la cocina dai es más picante y utiliza mucho el arroz glutinoso.

> SEÑAS DE IDENTIDAD

- **Superficie:** 394.000 km^2 (7 % de tierras cultivadas y 25 % de bosques, es decir, el 8,3 % de la masa forestal de China).
- **Altitud media:** 2.000 m.
- **Temperatura media anual:** 15 °C.
- **Pluviometría:** 1100 mm/año.
- **Población:** más de 40 millones de habitantes.
- **Minorías étnicas:** 25 oficialmente, pero en realidad hay más.
- **Principales ciudades:** Kunming, Jinghong, Dali, Lijiang, Tenchong, Mangshi y Baoshan.
- **Economía:** con una renta per cápita inferior a la media nacional, Yunnan forma parte de las cinco provincias y regiones autónomas más pobres de China, junto con Ningxia, Qinghai, Shaanxl y Gansu.

¿CÓMO LLEGAR?

En avión

> **Desde Tailandia:** dos vuelos regulares y diarios con *Thai Airways y China Eastern Airlines* que salen de Bangkok; los jueves y domingos hacen escala en Chiang Mai, desde donde se puede embarcar. Además, *Bangkok Air Ways* tiene tres vuelos semanales acaba de la línea Bangkok-Chiang Mai-Jinghong. El vuelo Bangkok-Kunming dura 2 h.

> **Desde Hanoi (Vietnam):** tres vuelos por semana con *Vietnam Airlines.* 1,30 h de vuelo.

> **Desde Hong Kong:** dos vuelos directos diarios a Kunming, con *Dragon Air* y *China Southern Airlines*; 2 h de vuelo. Si voláis desde Shenzhen (a poco más de 1 h de Hong Kong en ferri), resulta más económico.

> **Desde Cantón, Pekín y Shanghai:** numerosos vuelos diarios ofrecidos por diversas compañías. Respectivamente, 1,50 h, 3 h y 2,40 h de vuelo.

En tren

> **Desde Hanoi (Vietnam):** debido a la interrupción del tráfico ferroviario del lado chino (ver «¿Cómo salir de Kunming?», más adelante), que aún no tiene fecha de reanudación, tras viajar en tren durante 10 h desde Hanoi hasta **Lao Cai,** en la frontera china, deberéis pasar a pie la divisoria entre los dos países por el puente sobre el río que los separa. Al otro lado, en la ciudad china de **Hekou,** debéis ir a la estación de autobuses (Changtu Qiche Zhan) de donde salen regularmente los autobuses a Kunming.

KUNMING

1 MILLÓN DE HAB. PREFIJO TEL.: 0871

Situada en el centro de la meseta de Yunnan, a 1.800 m de altitud, Kunming constituye la puerta de acceso más directo a la China del suroeste. Llamada «ciudad de la Primavera Eterna» a causa de la suavidad de su clima, es una gran ciudad moderna, asentada en una vasta llanura cerca del lago Dian. Basta una primera ojeada para situarla en el siglo XXI. Desde la apertura económica de China y la decisión de promover el desarrollo económico de las provincias del oeste, el centro urbano se ha transformado en una especie de pequeño Shanghai erizado de torres de acero y cristal, rascacielos y grúas. Una ciudad en obras.

De todas formas, el aire es aquí puro y fresco. Y todavía hay pocos atascos de tráfico. Se circula mucho en bicicleta por los carriles bici de las avenidas plantadas de abedules plateados y cipreses. De modo que Kunming aún no ha vendido su alma al diablo del progreso económico. A un paso de las torres, en el barrio del mercado de los Pájaros y las Flores, todavía se puede deambular por unas calles tranquilas, a la sombra de los plátanos, y creer que se está en un pueblo. Aunque las viejas casas de madera terminarán siendo demolidas, todavía quedan algunas en pie en los *hutong*, que en esta parte de China se llaman *xiang*. La ciudad merece una visita de unos cuantos días. No dejéis de ir al templo de Oro, al de los Bambúes y a las montañas del Oeste, los lugares más bonitos que hallaréis en las cercanías de la ciudad.

Un poco de historia

En un principio –es decir, en el siglo IV a.C.–, esta región se llamaba *reino de Dian* y aún no era una provincia china. El emperador Wu, que codiciaba esta lejana región, situada en el suroeste del Imperio, envió sus tropas a conquistarla y someterla (en 109 a.C.). Hizo un buen negocio, pues *Yizhou* (antiguo nombre de Kunming) se convirtió entonces en una plaza militar y comercial, que aseguraba la presencia de China en la ruta comercial hacia Birmania. En el siglo XII, Marco Polo describió la ciudad con el nombre de *Jacin*. Ésta fue cobrando importancia con el paso de los siglos, hasta el punto de que, entre 1647 y 1660, el emperador Yongli instaló aquí su palacio y la convirtió en capital de los Ming del sur, apoyado por una corriente legitimista contra la nueva dinastía Qing procedente del extranjero (Manchuria). ¿Por una concubina originaria de Yunnan o a causa de la suavidad del clima? Lo cierto es que Yongli fue derrocado por Wu Sangui, un ambicioso general que soñaba con ser rey y que, aprovechándose de que los Qing lo habían enviado para recuperar la provincia, creó la dinastía Zhou (1673-1681), hasta que, finalmente, el Imperio recuperó el control de Yunnan.

Entre 1855 y 1873, los musulmanes de Yunnan se rebelaron contra los chinos de origen han (la mayoría étnica), arrastrando a muchas otras etnias a participar en la rebelión. Ésta empezó en las minas de estaño y se propagó por todo Yunnan. La ciudad de Dali se convirtió en la sede de un sultanato, y los testimonios de los escasos occidentales que visitaron Yunnan en aquella época hacen referencia a un país mayoritariamente musulmán. La reacción de las tropas imperiales contra la provincia rebelde se tradujo en sangrientos combates y masacres organizadas, y se llevó a cabo una represión brutal, de la que Kunming no se libró.

Los franceses en Yunnan

A mediados del siglo XIX, y para «contrarrestar» la creciente influencia británica en China, Francia se estableció en Indochina (Camboya, Laos y Vietnam), es decir, en el suroeste del Imperio chino. El Gobierno francés se propuso penetrar en Yunnan para plantar la adormidera, producir opio, explotar los minerales del subsuelo, acceder al río Yangtsé y al supuesto El Dorado de la provincia de Sichuan. ¡Todo un programa! Tras la guerra franco-china de 1885, la China humillada terminó por autorizar a los franceses la construcción de una línea férrea entre Hanoi (capital de Tonkín) y Yunanfu (nombre de Kunming que significaba «Prefectura de Yunnan»). Y entonces aparecieron unos cónsules de Francia en este rincón del mundo desconocido para los occidentales. El cónsul Auguste François, llamado más tarde el «mandarín blanco», defendió los intereses de su país lealmente, pero siempre mantuvo una postura muy crítica sobre la política expansionista de Francia en Yunnan. En la década de 1920, su sucesor Albert Bodard (padre del novelista Lucien Bodard) tenía, entre otras atribuciones, la de controlar los envíos de opio destinados a enriquecer la colonia de Indochina. Como el comercio del opio estaba oficialmente prohibido en China, los ingresos generados por los impuestos y los derechos de aduanas que gravaban la droga se consignaban como «multas» en los libros de contabilidad.

Yunnan-fu nunca fue una ciudad colonial francesa, como lo fue Hanoi en Vietnam, por más que muchos colonos la escogieran como lugar de veraneo para escapar del calor sofocante de la capital de Tonkín. Siempre se mantuvo completamente bajo el control de China y de los «señores de la guerra», si bien acusó un tanto la influencia francesa. A los plátanos *(faguo wutong)* que bordeaban las calles y les daban sombra, los chinos los llamaron «árboles de los franceses». Los cocineros chinos de la tabernas sabían hacer la patatas salteadas a la francesa, y las panaderías elaboraban unas barras de pan tan crujientes como las de París. Las casas no tenían más de dos plantas. Algunas tenían una escalinata redondeada y balcones y ventanas a la francesa, que perviven como huellas de una presencia ya desaparecida, pero de la que aún se pueden percibir sus vestigios si se mira atentamente.

En la ruta de Birmania

Durante la Segunda Guerra Mundial, Kunming desempeñó un papel crucial en la estrategia de los aliados. En guerra contra los japoneses, que ocupaban toda la costa oriental de China, las tropas nacionalistas del Kuomintang, dirigidas por Chiang Kai-shek, se habían replegado a Chongqing (Sichuan) y, no pudiendo recibir la ayuda vital (armas y hombres) más que desde el oeste de China, construyeron la famosa ruta de Birmania *(Burma Road)* con el apoyo estadounidense e inglés. Esta carretera estratégica (de unos 1.130 km de largo), abierta al precio de esfuerzos inhumanos, partía de Lashio, pasaba por Kunming y terminaba en Chongqing. Su trazado seguía en gran parte el de la ruta meridional de la Seda, la vía comercial que enlazaba las provincias chinas de Sichuan y Yunnan con India pasando por Birmania, menos conocida pero no menos antigua que la ruta septentrional de la Seda (la de los oasis).

A la reconquista del prestigio pasado

En la actualidad, Kunming está experimentando una expansión económica fulgurante, al igual que todo el resto de China. El centro urbano, repleto de torres y rascacielos, parece un barrio moderno de Shanghai. Aunque, por fortuna, se han salvado de milagro unos pocos islotes tranquilos de viejas casas de madera. La ciudad saca partido cada vez más de su situación ideal, inmediatamente al norte del sureste asiático. Poco a poco se van transformando en autopistas las carreteras estrechas que a duras penas atravesaban las montañas de Yunnan. Entre ellas vuelve a aparecer la de Myanmar (antigua Birmania), que ahora se llama la ruta Verde por el comercio de jade, y también ruta Blanca por el intenso tráfico de heroína procedente del Triángulo de Oro.

Ahora, y venidos de todos los rincones de Asia e incluso de territorios aún más lejanos, como puede ser vuestro caso, visitantes de todo el mundo llegan de nuevo a Kunming. ¿Volverá a ser esta ciudad tan cosmopolita como lo fue en tiempos de Marco Polo? El futuro desarrollo de China lo decidirá; mientras tanto, os recomendamos visitar esta agradable y tranquila ciudad para iros aclimatando al país o, simplemente, para reposar un poco antes de continuar el viaje.

¿CUÁNDO IR?

> **En primavera y verano:** la mejor época es de mediados de febrero a junio. Las temperaturas medias suben progresivamente hasta 20 °C, y de finales de junio a primeros de agosto llueve un poco más que durante el resto del año. Nunca hace demasiado calor. A lo largo del año se pueden producir caídas de temperatura de 5 a 10 °C a causa de la altitud.

> **En otoño e invierno:** el otoño corresponde a los meses de octubre y noviembre. En enero, la temperatura oscila entre 5 y 10 °C, y a veces se producen nevadas, pero la nieve no dura mucho.

DESPLAZARSE POR LA CIUDAD

Kunming aún es una ciudad de proporciones humanas. La estación principal de autobuses y la de trenes se encuentran en el extremo sur de la avenida Beijing Lu, trazada de norte a sur. Siguiendo esta calle hacia el norte, encontraréis la de Dongfeng Donglu, la sección oriental de la calle Dongfeng, que la corta en ángulo recto. Desde este cruce, que está aproximadamente en el centro geográfico de la ciudad, la calle Dongfeng continúa hacia el oeste con el nombre de Nanping Jie, durante un corto trayecto, para seguir con el de Dongfeng Xilu (Dongfeng oeste) y acabar curvándose hacia el norte, a la altura del mercado de las Flores y los Pájaros, para ir a parar a las cercanías del parque Cuihu y del barrio de la universidad Yunda, donde se encuentra la alameda Wenhua Xiang.

La mayoría de los turistas se alojan en el sur de la ciudad, en las cercanías de las estaciones o en Dongfeng Donglu. Una alternativa interesante puede ser el barrio de Wenhua Xiang, en el noroeste de la ciudad, que, aunque parece alejado del centro, está bien comunicado con autobuses y taxis y a sólo 30 minutos andando. Un lugar muy animado y pintoresco en el que abundan los pequeños cafés y restaurantes.

A pie

El centro de la ciudad de Kunming no es muy grande, pero os aconsejamos utilizar un medio de locomoción para moveros entre el centro y las estaciones de autobuses y trenes, y, desde luego, para ir y venir del aeropuerto.

En bicicleta

El centro de la ciudad es plano y, aunque el número de calles en las que sólo pueden circular las pequeñas reinas del transporte chino disminuye continuamente, todavía resulta muy agradable desplazarse en bicicleta por la ciudad.

> **Alquiler de bicicletas:** cerca de los hoteles o de los AJ, como el *Camellia Hotel*, el *Spring City Inn*, el *Cloudland Youth Hostel* y el *Hump Hostel*. Calculad 2 ¥ (0,20 €) una hora de alquiler, y 15 ¥ (1,50 €) un día entero. Dependiendo del establecimiento, os pedirán que depositéis una fianza o el pasaporte u otro requisito.

En autobús

Las principales líneas circulan actualmente en itinerarios fijos. No sale caro: 1 ¥ (0,10 €). Algunas líneas útiles son la n° 63 (directo) o la n° 23 (con parada en el cruce de Beijing Lu con Dongfeng), que tarda unos 10 min en ir desde las estaciones de autobuses y trenes del Sur hasta el *Camellia Hotel*; la n° 2, para ir desde las mismas estaciones hasta la universidad (para el hotel *Yunda Binguan*), bajando en el cruce con Yieryi Dajie; la n° 52, que va del aeropuerto y el lago Esmeralda a Wenhua Xiang y el barrio de la universidad (bajad en Xiaoximen), y la n° 22, desde la estación de trenes del Norte y la universidad hasta las estaciones del Sur. Los mapas de Kunming indican las rutas de las principales líneas. El nombre de las paradas se anuncia en los autobuses en chino y en inglés.

En taxi

Son muy numerosos, y su precio mínimo es de 8 ¥ (0,80 €) más 1,80 ¥ (alrededor de 0,20 €) por kilómetro recorrido. Como la ciudad no es muy grande, el precio de una carrera larga no ha de sobrepasar los 25 ¥ (2,50 €), y por el centro, el recorrido entre el *Camellia Hotel* y el mercado de las Flores y los Pájaros, por ejemplo, puede costar unos 10 ¥ (1 €). Los conductores no suelen hablar inglés ni saben el nombre de los hoteles en este idioma, muy diferente a su nombre en chino. Por lo tanto, conviene que llevéis una tarjeta o un mapa en el que aparezca el nombre del hotel en caracteres chinos o que os lo escriba alguien que conozca el idioma.

DIRECCIONES ÚTILES

Correos y telecomunicaciones

> **IP Phones** *(IP Gonghua Chaoshi):* a veces están reagrupados en los centros de llamadas, a veces en pequeñas tiendas y en lugares de mucho paso (estaciones...). Muy prácticos porque no necesitan tarjeta y las tarifas son muy interesantes.

> Más clásicas, las tradicionales **cabinas telefónicas** de color amarillo que hay en Kunming permiten cualquier tipo de conexión internacional, pero a un precio de tarifa normal, mediante unas tarjetas especiales que se venden en los mismos quioscos y en las oficinas de correos.

Os recordamos que las tarjetas de prepago que permiten telefonear tanto al extranjero como al resto de China a unos precios muy reducidos, inferiores al IP Phone, pero hay que prestar atención, porque algunas de ellas solamente funcionan desde una única ciudad o región. Están a la venta en pequeños establecimientos y quioscos que disponen de teléfono IP Phone desde donde se pueden realizar las llamadas.

> **Oficina internacional de correos** (Guoji youju; *C2):* 225, Beijing Lu. Abierta todos los días de 8 a 20 h. El personal habla inglés. También hay servicio de correo *express* (EMS). Es el lugar indicado para enviar paquetes al extranjero (por ejemplo, el envío de un paquete de 5 kg con destino a Europa puede costar aproximada-

mente unos 30 € si viaja en barco y 45 € si lo hace en avión). Examinan el contenido de los paquetes superficialmente.

La mayoría de los AJ; hoteles y cafés tienene acceso a Internet, y a veces wifi. A menudo es gratuito, o muy barato (5 ¥/0,50 € la hora). También encontaréis cibercafés en el barrio de los estudiantes, sobre todo en Yieryi Dajie *(A1, **2**)*.

Bancos, cambio

La mayor parte de los cajeros de la ciudad aceptan *Visa* y *MasterCard*, aunque no veáis los logos impresos. Para cambiar, por el contrario, es mejor dirigirse a las agencias del Bank of China (que también tienen cajeros).

Banco de China (Bank of China; *C2, **3**):* está situado en la intersección de Beijing Lu con Renmin Donglu. Abierto de lunes a viernes de 9 a 17 h. Entrad directamente al anexo que se encuentra en Beijing Lu. Durante el fin de semana id a la agencia de Baita Lu *(C2, **4**)*, abierta de 9 a 17 h (sólo cambian 100 € los fines de semana). La misma entidad tiene cajeros de las mismas características en el exterior de las sucursales de Qingnian Lu y Dongfeng Xilu, y en el hotel Harbour Plaza.

Western Union (Xilian Huikuan): servicio express de envío de dinero.

Visados y consulados

PSB Exit-Entry Service (Gong'an Churu Jingbanzheng zhongxin; *C2, **5**):* en Beijing Lu, casi en la esquina de Shangyi Jie. ☎ 301-78-78. Todos los días de 9 a 11.30 y de 13 a17 h. Calculad 160 ¥ (16 €) por un mes suplementario. En las oficinas hablan inglés. Se necesita fotocopia del pasaporte, recibo del hotel o AJ donde estéis alojados y una foto reciente. Para prolongar vuestro visado, remitíos al capítulo «Generalidades» que está al comienzo de esta guía.

Consulado de Tailandia *(C2, **6**):* en la esquina de Baita Lu y Dongfeng Donglu. ☎ 316-89-16 y 314-92-96. Abierto de 9 a 11.30 h de lunes a viernes. No hace falta visado si la estancia en Tailandia es de 30 días o menos.

Consulado de Laos *(C2, **20**): Camellia Hotel*, 96, Dongfeng Donglu. Pasada la recepción del hotel, dirigíos a los ascensores y girad a la izquierda por el pasillo de las habitaciones de la 105 a la 121. ☎ 317-66-24. Abierto de 8.30 a 11.30 h y de 13.30 a 16.30 h. Los visados para una estancia de 15 o 30 días se tramitan por 30 y 35 €, respectivamente, en tres días laborables; 44 € por un visado urgente que se tramita en un solo día. La entrada en Laos desde Yunnan se hace a través del puesto fronterizo de Boten, unas 7 h al sur de Jinghong, ciudad a la que se puede ir en autobús desde Kunming.

Consulado de Myanmar *(B2, **20**):* 366, Weiyuan Jie. ☎ 360-34-77. Entrada por la izquierda del edificio, en el 5º piso, room A504. Abierto de 8.30 a 12h y de 13 a 14 h. El visado cuesta 185 ¥ (18,50 €), y necesitáis tres fotos tamaño carné. Los viajeros independientes que quieran entrar en Myanmar por un medio que no sea el avión tienen que dirigirse necesariamente a las agencias de viajes especialmente acreditadas. El consulado os dirá cuáles son.

Consulado de Vietnam *(C3, **10**):* en la galería comercial del *Kaiwah Hotel*. Entrada por las escaleras que dan a Dongfeng Lu o a través del *lobby*. De lunes a viernes de 9 a 12 h y de 14 a 18 h. La agencia de *Camellia (China Overseas Travel;* ver más abajo) puede encargarse de tramitar los visados sin suplemento.

Cultura y ocio

Mandarin Books *(A-B1, **8**):* 9-10, Wenhua Xiang 52. ☎ 551-65-79. mandarinbooks@hotmail.com Abierta de 9.30 a 21.30 h todos los días. He aquí, finalmente, una librería digna de ese nombre en Kunming. Igual que las que existen en otras ciudades ya mencionadas, tiene libros técnicos, de viajes y de entretenimiento, muchos de ellos en lenguas extranjeras.

Fotografía: Yunnan es una provincia extraordinariamente fotogénica y, como la película y el revelado salen baratos, hay que aprovecharlo. Sin embargo, debéis ser ciudadosos a la hora de elegir a quién confiar el trabajo. Os recomendamos *Kaida, Beijing Lu (C2,* ***9****)*, en una explanada a dos pasos de la Plaza del Pueblo.≤

Agencias de viajes, compañías aéreas

Camellia Ticket Service *(C2,* ***20****): Camellia Hotel*, 96, Dongfeng Donglu. ☎ 316-66-00. Todos los días de 8 a 21 h. En un pequeño local a la entrada de la alameda que lleva al hotel, a mano izquierda viniendo por Dongfeng Lu. Es un buen lugar para conseguir billetes de última hora (menos de una semana para la fecha de partida).

China Overseas Travel (Yunnan Haiwai Lüyou Gongsi; *C2,* ***20****): Camellia Hotel*, 96, Dongfeng Donglu. Esta agencia de viajes, situada enfrente de Camellia Ticket Service, cuenta con varias oficinas en el interior del hotel. Una de ellas, especialista en Vietnam (☎ 318-44-78), se encuentra en la planta baja del edificio 3 (al fondeo del jardín), room nº 3104. Se ocupan de los visados, con los mismos períodos de espera (3 días laborables) y el mismo precio que el Consulado (350 ¥/35 €). Oferta también vuelos a Hanoi o Saigon a precios económicos. Otra de estas oficinas (☎ 313-75-55), en el 2º piso del edificio principal del hotel (oficina 221), está dedicada a Myammar y tramita permisos especiales para ir a Lashio (a unos 150 km de la frontera, excursiónde 1 día), así como billetes de avión a precios interesantes. Hablan inglés.

Yunnanguide: 💻 www.yunnanguide.com Acoge a chinos y extranjeros enamorados de Yunnan y sus alrededores. Por medio de este sitio se puede, entre otras cosas, entrar en contacto con guías que dominen lenguas extranjeras, *guesthouses* y otros tipos de empresas pequeñas que organizan viajes diversos.

Star Trekking: ✉ startrekkingasia@hotmail.com Isa Daronnat es francesa, y Wang Xiao Gang, chino. Ambos forman un grupo de choque dispuesto a afrontar los puertos más altos y las montañas más terribles de Yunnan. Apasionados por la naturaleza y por los pueblos nativos, organizan excursiones de duración variable (desde siete u ocho días hasta un mes). Os lo pueden preparar todo por e-mail o directamente *in situ*.

China Eastern Airlines *(C2,* ***11****)*: 28, Tuodong Lu. ☎ 316-42-70 (vuelos nacionales) y ☎ 312-12-20 (vuelos internacionales). Confirmación de vuelos: ☎ 312-12-23. Oficina principal abierta de 8.30 a 17.30 h.

Thai Airways *(C3,* ***12****)*: 98, Beijing Lu. Se encuentra en la segunda planta del edificio a la derecha del *Jinjiang Hotel.* ☎ 351-15-15. De lunes a viernes de 9 a 17.30 h.

Vietnam Airlines *(C2)*: 389, Quingnian Lu. ☎ 315-97-99 y 315-99-87. De lunes a viernes de 9 a 17.30 h. Útil para los vuelos Kunming-Hanoi, pero también para las conexiones internacionales con Europa y Oriente Próximo a precios muy interesantes.

Lao Airlines *(C2,* ***20****): Camellia Hotel*, 96, Dongfeng Donglu. ☎ 316-30-00. En el vestíbulo principal. De lunes a viernes de 8.30 a 12 h y de 14.30 a 17.30 h; sábados de 9 a 12 h. Tres vuelos semanales a Vientiane, más barato que China Eastern, porque utilizan aviones de hélice.

> AVISO
>
> **Las tarifas que se indican en la guía son orientativas.**

¿DÓNDE DORMIR?

Muy barato

Cloudland Youth Hostel

*(A2, **21**):* 23, Zhuantang Lu.
☎ 410-37-77.
cloudland2005€@126.com
Al oeste del centro. Dormitorios 4-8 personas 25-35 ¥ (2,50-3,50 €), doble sin baño 90 ¥ (9 €). Descuento con el carné de alberguista réduc avec la carte des AJ. Si buscáis un lugar bien mantenido y de ambiente distendido, no tenéis que ir muy lejos. Tres pisos distribuidos en torno a un patio en los que se alinean dormitorios con literas o habitaciones dobles con un pequeño comedor. Sanitarios comunes, limpios y suficientemente indicados. En la planta baja, billar, ping-pong, salón con DVD y un espacio interior de inspiración tibetana donde podréis desayunar o simplemente tomar un licor. Organizan excursiones y alquilan bicicletas. Internet.

The Hump Hostel

*(B2, **26**):* (Tuofeng Kezhan; *B2, **22**):* Jinma Bijifang, Jinbi Lu. ☎ 364-03-59. www.thehumphostel.com Dormitorios 4-8 pers 25-30 ¥ (2,50-3 €), dobles 80-100 ¥ (8-10 €). Internet de pago. En el tercer piso, con una terraza a cielo abierto que domina la plaza Jinmabiji. Los dormitorios sin cuarto de baño acusan el paso de los años; los que tienen sanitarios, más nuevos y con decoración china, son mejores. Disponen de un restaurante donde sirve platos europeos, y además lavandería, TV, ping-pong, billar, *baby-foot,* alquiler de bicis, reserva de tickets de transporte y por supuesto buen ambiente.

Ming Tong Yin Xiang Youth Hostel

*(C2, **23**):* 94, Mintong Lane. ☎ 312-88-58. Al final de una calle que sale de Beijing Lu. Dobles con o sin baño 60-100 ¥ (6-10 €). No hay mucho ambiente, pero las habitaciones son bonitas y están muy cuidadas, con suelo de madera, TV, DVD, hervidor eléctrico y una mesita, lo que hace que tenga una buena relación calidad-precio. Tienen Internet en el salón de la recepción. Una buena dirección para los que buscan ante todo una buena habitación en calma.

Camellia Youth Hostel

(Chahua Binguan Qingnian Lüguan; *C2, **20**):* 96, Dongfeng Donglu. ☎ 316-30-00. www.kmcamelliahotel.com
Es el AJ del *Camellia Hotel* (ver más abajo), situado en la parte derecha del mismo (pero hay que inscribirse en la recepción del hotel). Calculad 30 ¥ (3 €); descuentos con el carné de alberguista. En el tecer piso, dormitorios y sanitaios (comunes) bien mantenidos. Hablan inglés y porpocionan información sobre la ciudad.

Kunming Youth Hostel

*(B1, **30**):* Qinju Jie, en un anexo del edificio de la biblioteca de Kunming. ☎ 1390-871-17-66. Camas en dormitorio común 30-35 ¥ (3-3,50 €), dobles 120 ¥ (12 €); descuentos con el carné de alberguista. Cuatro pisos ocupados por dormitorios de 3 o 4 camas (uno de 6) y habitaciones con baño. Al conjunto le falta un poco de confort y de mantenimiento, pero en cambio es un albergue bien situado, a unos pasos de los cafés de Wenhua Xiang y del parque del lago Esmeralda.

De barato a precio medio

Kunhu Hotel

*(C3, **24**):* 202, Beijing Lu. ☎ 313-37-37. A 150 m del cruce con Huancheng Lu. Habitaciones dobles desde 60 (baño en el pasillo) a 200 ¥ (baño incluido); de 6 a 20 €. Dormitorios de 3-4 camas a 30 ¥ (3 €) por persona. Un buen plan para los trotamundos que viajan con mochila. El hotel no tiene ningún carácter especial, pero

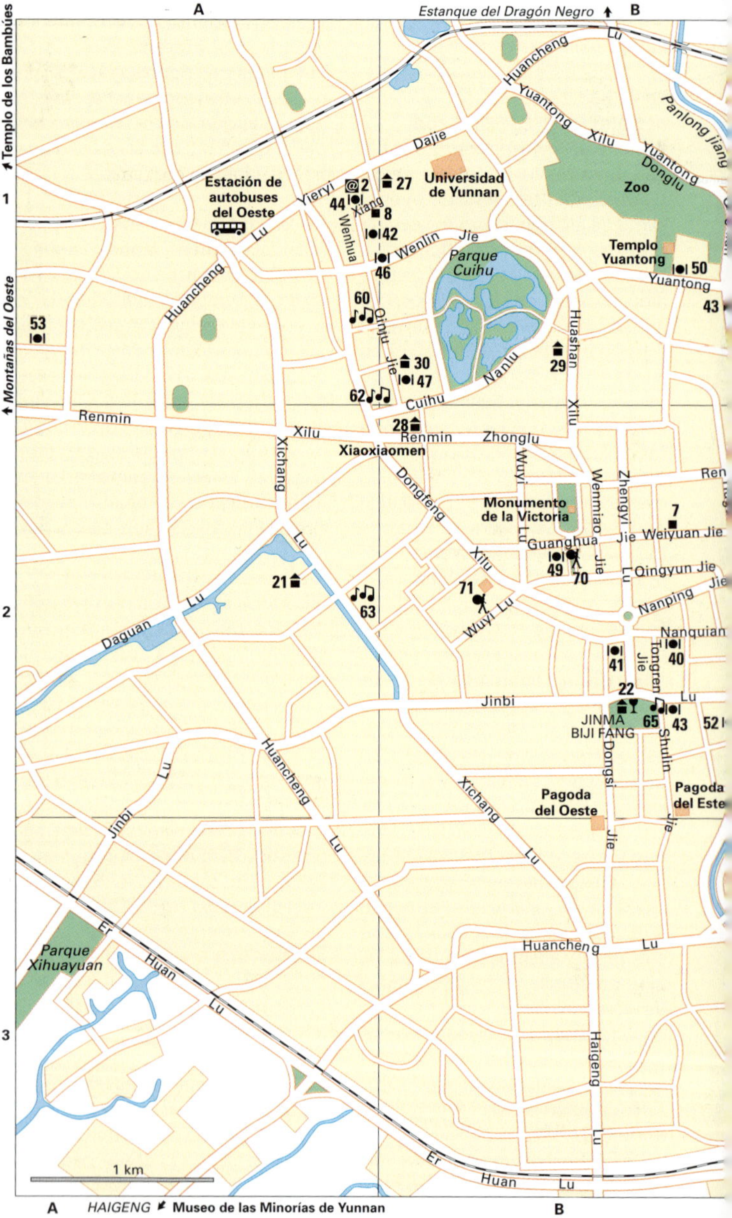
A
Estanque del Dragón Negro
B
Templo de los Bambúes
Montañas del Oeste
1
2
3
Estación de autobuses del Oeste
Universidad de Yunnan
Zoo
Templo Yuantong
Parque Cuihu
Xiaoxiaomen
Monumento de la Victoria
JINMA BIJI FANG
Pagoda del Oeste
Pagoda del Este
Parque Xihuayuan
Huancheng Lu
Yuantong Xilu
Yuantong Donglu
Panlong jiang
Dajie
Yieryi Lu
Xiang
Wenhua
Wenlin Jie
Yuantong
Qinju Jie
Cuihu Nanlu
Huashan Xilu
Renmin Xilu
Renmin Zhonglu
Xichang Lu
Dongfeng Xilu
Wuyi Lu
Wenmiao Jie
Zhengyi Lu
Guanghua Jie
Weiyuan Jie
Qingyun Jie
Nanping Jie
Nanquian
Tongren Jie
Jinbi Lu
Dongsi Jie
Shulin Jie
Daguan Lu
Huancheng Lu
Jinbi Lu
Xichang Lu
Er Huan Lu
Haigeng Lu
1 km
2 27 44 8 42 46 60 53 30 47 62 29 28 50 43 7 49 70 21 63 71 40 41 22 65 43 52
A
HAIGENG
Museo de las Minorías de Yunnan
B

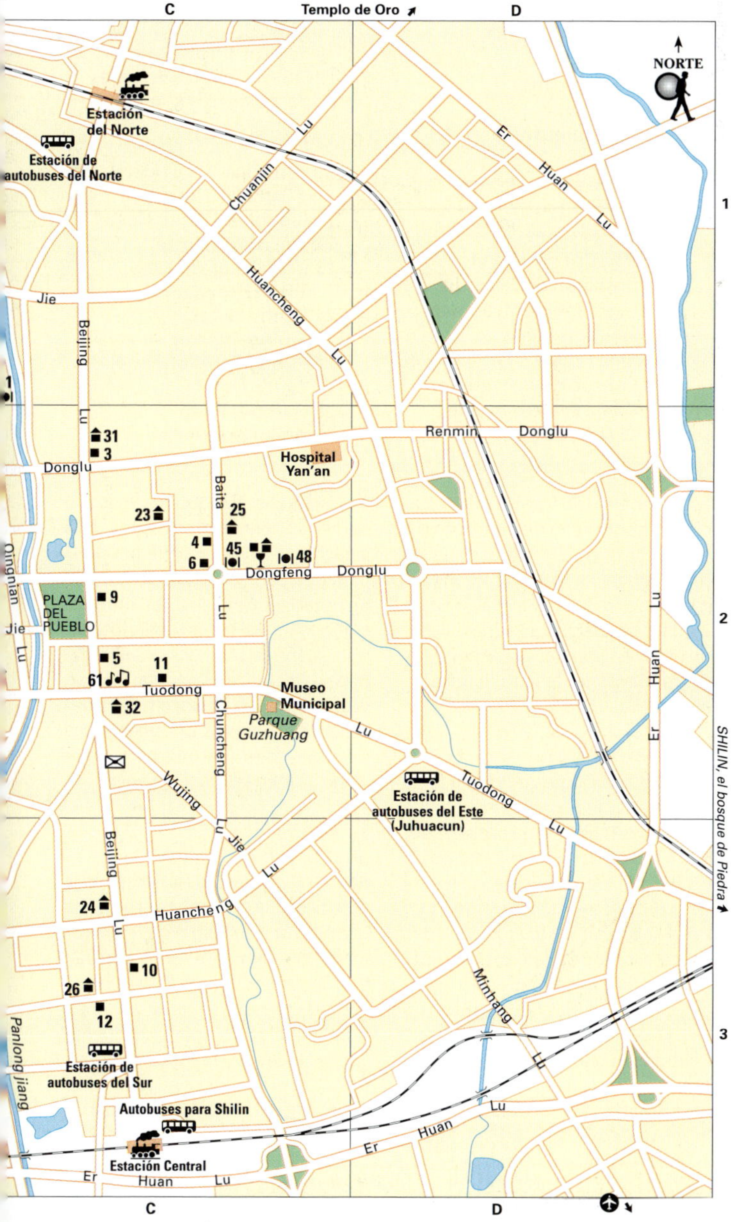

C
Templo de Oro
D
NORTE
Estación del Norte
Estación de autobuses del Norte
Chuanjin
Lu
Er
Huan
Lu
Huancheng
Lu
Jie
Beijing
Lu
31
3
Donglu
Renmin
Donglu
Hospital Yan'an
Baita
23
25
4
45
48
6
Dongfeng
Donglu
Qingnian
Jie
Lu
PLAZA DEL PUEBLO
9
Lu
5
11
61
Tuodong
32
Museo Municipal
Parque Guzhuang
Lu
Chuncheng
Wujing
Lu
Jie
Lu
Estación de autobuses del Este (Juhuacun)
Tuodong
Lu
Er
Huan
Lu
Beijing
Lu
24
Huancheng
10
26
12
Minhang
Lu
Panlong jiang
Estación de autobuses del Sur
Autobuses para Shilin
Estación Central
Er
Huan
Lu
Er
Huan
Lu
1
2
3
SHILIN, el bosque de Piedra
C
D

KUNMING *(págs. 388-389)*

■ **Transportes y Direcciones útiles**

- Estaciones de ferrocarril
- Estaciones de autobuses
- Correos
- **2** Cybercafés de Yieryi Dajie
- **3** Bank of China
- **4** Bank of China
- **5** PSB Exit-Entry Service
- **6** Consulado de Tailandia
- **7** Consulado de Myanmar
- **8** Mandarin Books
- **9** Kaida (fotos)
- **10** Consulado de Vietnam
- **11** China Eastern Airlines
- **12** Thai Airways
- **20** Consulado de Laos, Lao Airlines, Camellia Ticket Service, China Overseas Travel (agencia de viajes de voyages) y Lao Airlines

¿Dónde dormir?

- **20** Camellia Youth Hostel y Camellia Hotel
- **21** Cloudland Youth Hostel
- **22** The Hump Hostel
- **23** Ming Tong Yin Xiang Youth Hostel
- **24** Kunhu Hotel
- **25** Spring City Inn
- **26** Kunming Union Hotel
- **27** Yunda Hotel
- **28** Harbour Plaza
- **29** Green Lake Hotel

está bien situado (cerca de las estaciones de trenes y de autobuses) y en conjunto está limpio, aunque sin pretensiones. Apenas hablan inglés, hay servicio de lavandería, podéis alquilar bicicletas y venden billetes de autobús para las grandes líneas de Yunnan (Dali, Lijiang, Jinghong, Mengla, Ruili).

Camellia Hotel

*(C2, **20**):* 96, Dongfeng Donglu. ☎ 316-30-00. www.kmcamellia-hotel.com Habitaciones dobles 120-220 ¥ (12 y 22 €). En conjunto, es un establecimiento muy bueno. Se trata de un hotel conocido en Kunming, y en él se alojan tanto trotamundos como viajeros de tipo medio. Bufé en la segunda planta del edificio principal. Venden billetes de autobús, organizan excursiones al bosque de Piedra en el *Camellia Travel Service* y alquilan bicicletas (ver «Direcciones útiles», antes). Autobús gratuito hasta el aeropuerto.

Spring City Inn

(Chuncheng Zhixing; *C2, **25**):* 241, Baita Lu. ☎ 616-16-66. Fax: 312-73-79. Seguid el callejón que hay más allá del nº 233 y entrad en el edificio de la derecha (nº 245). Calculad 140 ¥ (14 €) para dos, con desayuno. Se trata de un hotel instalado en unos antiguos edificios con un bonito jardín interior y un estanque. Habitaciones agradables y con suelo de madera, TV... Las *business rooms* (un poco más caras) tienen baños nuevos. Una buena dirección, muy tranquila. Internet y alquiler de bicis en el *business center.*

Yunda Hotel

*(B1, **27**):* 121, Tianjundian Xiang. ☎ 503-41-81. Fax: 503-41-90. Dobles a partir de 180 ¥ (18 €). Es el hotel de lujo de la universidad de Yunnan (llamada popularmente Yunda, abreviatura de *Yunnan Daxue*), frente a cuyas habitaciones está situado. Moderno, muy limpio y bien equipado, cuenta con todas las comodidades: dos restaurantes en los que se puede degustar un bufé de 10 ¥ (1 €), bar, sala de conferencias y pista de baile.

Kunming Union Hotel

(Youlian Binguan; *C3, **26**):* 120, Yong'an Lu. ☎ 313-20-30. Fax: 353-70-38.

30 Kunming Youth Hostel
31 Bestway Hotel Kunming
32 Hai Tian Hotel

¿Dónde comer?

40 y 41 Tabernas de Nanqiang Jie
42 Heavenly Manna y Cacaja
43 Brothers Jiang
44 Bangkok Café y Hanjiang Korean
45 Aoma y Jianxin Yuan
46 Lan Bai Hong-French Café
47 Nanzhao Xiangju
48 Yunnan Flavor
49 Kunming Lao Fangzi
50 Yuquan Zhai
51 Laoxiangzi Huoguo
52 1910 La Gare du Sud
53 Makye Ame

¿Dónde tomar una copa?

20 Chama Bar
22 The Hump Hostel

¿Dónde escuchar música? ¿Dónde ir a bailar?

60 Speakeasy
61 Café de Camel
62 Halfway House
63 Barrio de Kundu
65 Jinma Biji Fang

¿Qué visitar?

70 Mercado de las Flores y los Pájaros
71 Museo de la Provincia de Yunnan

Habitaciones dobles 100 ¥ (10 €). No tiene indicación en pinyin; es un edificio de color amarillo a unos pasos del *Jinjiang Hotel* (oficina de la Thai Airways). Los años de las instalaciones y de las moquetas, del mobiliario de las habitaciones y de los espacios comunes son motivos que rebajan este hotel a sólo aceptable. Más bien una opción si acabáis de llegar en el autobús o en el tren (las estaciones no están lejos).

Más selecto

Bestway Hotel Kunming

*(C2, **31**):* 529, Beijing Lu. ☎ 610-88-88. www.bestwayhotelkm.com Bastante céntrico. Calculad 400 ¥ (40 €) por dos personas con desayuno. Un buen precio para este hotel de lujo que cuenta con restaurantes, sauna, discoteca... Las habitaciones están muy cuidadas y tinen todo el confort.

Hai Tian Hotel

*(C2, **32**):* Tuodong Lu. ☎ 313-35-88. Fax: 317-93-27. Frente al *Camel Café* (remitíos al apartado «¿Dónde tomar una copa?»). Dobles 450-480 ¥ (45-48 €), con desayuno. Otro tres estrellas de buena calidad. Habitaciones *cosy* en sus 17 pisos.

Selecto

Harbour Plaza

*(B2, **28**):* 20, Hong Hua Qiao; en la intersección con una calle que da a Cuihu Nanlu, a 100 m del parque. ☎ 538-66-88. www.harbourplaza.com Abierto a raíz del frenesí hotelero que se apoderó de Kunming con motivo de la Exposición Hortícola de 1998, este hotel de cinco estrellas no sólo ha sobrevivido al acontecimiento, sino que también se ha impuesto por su situación, arquitectura y acondicionamiento interior, sin tener que recurrir al reclamo monumental. Calculad a partir de 583 ¥ (58,30 €) por una habitación doble, con numerosos *forfaits* en función de los servicios anexos y la época. El bar panorámico de la última planta ofrece una hermosa vista de la ciudad. Gimnasio accesible a los no residentes, y restaurantes chino, japonés y occidental. Muy

buena relación calidad-precio, para su categoría.

Green Lake Hotel

*(B1, **29**):* 6, Cuihu Nanlu.
☎ 515-88-88. Fax: 515-32-86.
www.greenlakehotel.com
Habitaciones dobles a partir de 825 ¥ (82,50 €). Hotel de cuatro estrellas y 15 plantas, moderno y funcional, situado cerca del parque del lago Cuihu. Evidentemente, las estancias tienen una bonita vista, y además hay un bar, un café y restaurantes.

¿DÓNDE COMER?

Barato

Tabernas

A pesar de la demolición de los viejos barrios, todavía quedan algunaszonas populares llenas de tabernas y restaurantes: en Nanqiang Jie *(B2, **40**)*, al otro lado de esta misma calle *(B2, **41**)*...

Heavenly Manna

*(A-B1, **42**):* Wenhua Xiang, a 50 m a la derecha viniendo de Wenlin Jie. Todos los días de 9 a 21.30 h. Decoración informal y un espacio exiguo pero con mucho ambiente. Casi siempre está lleno, y razón no le falta: todo es delicioso y no es caro. ¡Y todo sin glutamato!

Brothers Jiang

*(B1, **43**):* cadena de restaurantes muy popular que permanece abierta de 10 a 22 h con servicio continuo. Platos a partir de 10 ¥ (1 €). Hay muchos de ellos en Kunming, como el del 24 de Dongfeng Xilu, pero también el de la esquina de Dongfeng Xilu y Renmin Xilu, el del 87 de Qingnian Lu, cerca del templo Yuangtong *(plano B1)*, y el que está en Jinma Biji Fang *(B2, **43**)*. Especializados en platos como los *guoqiaomixian* («tallarines que cruzan el puente») y los *liangmian*. Se paga antes y se entrega el tique al camarero. No dudéis a la hora de solicitar la ayuda del personal o incluso señalar con el dedo el plato de otro cliente.

Bangkok Café

*(A1, **44**):* ☎ 531-06-69. En la entrada de Wenhua Xiang, a mano derecha viniendo del *Yunda Hotel*. Platos unos 10 ¥ (1 €). Es muy pequeño y está situado en una de las últimas barracas de la calle. Lo dirige Yai, un tailandés de origen chino, que regresó al país para estudiar el idioma y abrió este restaurante en el que prepara los platos tailandeses más populares. Tallarines hervidos acompañados de *larb* (carne cortada en lonchas finas), cerdo *(moo)* o pollo *(kai)*, además de *somtam* (ensalada de papaya verde, pimiento, cacahuete...). Sin pretensiones, pero muy correcto.

Jianxin Yuan

(Zhenxing Fandian; C2, **45**): 209, Baita Lu. ☎ 316-62-21. Taberna china típica donde todos se apresuran para ir al

> **> AVISO**
>
> **Los establecimientos relacionados en la guía están acompañados de una referencia que indica su situación en los PLANOS de la ciudad. Por ejemplo, Bangkok Café *(A1, 44)* significa que dicho restaurante se halla situado en el plano de Kunming, en la cuadrícula A1, y está referenciado mediante el número 44.**

mediodía a comer «los tallarines que cruzan el puente». Bueno, rápido, barato. Tienen carta de platos tradicionales.

De barato a precio medio

Aoma

*(C2, **45**):* 59, Dongfeng Donglu. ☎ 316-73-40. Internet gratuito. A unos metros del *Jianxin Yuan,* tiene una encantadora decoración y está dedicado a la buena cocina europea: *steak* de pollo, sopa de patatas, *roast-beef* de la casa, salmón con verduras, pero también ensaladas, pizzas y excelentes sándwiches. Todo muy copioso.
> En el otro lado, en el 219, Baita Lu, os aconsejaos también ***Mama Fu's,*** de los mismos propietarios que el anterior, con los mismos precios y con los mismos platos.

Lan Bai Hong-French Café

*(A-B1, **46**):* 70, Wenlin Jie. ☎ 538-23-91. lan_bai_hong@hotmail.com Situado casi en la entrada sur de Wenhua Xiang. Abierto de 10 h a medianoche, excepto los domingos, que abre a las 11 h. Predominan las frituras, ensaladas, pizzas y patés. ¡Ofrecen vinos e incluso pasteles! Un espacio confortable donde se puede degustar una buena cocina occidental por un buen precio, obra de Manu y Lotta, dos jóvenes normandos. Su clientela la componen chinos y extranjeros establecidos en la ciudad, así como trotamundos de paso. Buena música, revistas e Internet.

Hanjiang Korean

*(A1, **44**):* 44, Wenhua Xiang. Situado al lado del *Bangkok Café,* está abierto de 11 a 22 h. Los platos los sirven acompañados de sopa y *kimchee* (legumbres marinadas). Muchos chinos de origen coreano vinieron a instalarse aquí e hicieron construir un templo coreano entre los restaurantes locales. El género es bueno y se sirve adecuadamente. Probad los *buckwheat cold noodles* (tallarines fríos sazonados) y el *bulgoki* (buey marinado).

Nanzhao Xiangju

*(B1, **47**):* Qianju Jie, Tushuguan (edificio de la biblioteca). ☎ 533-22-12. Nanzhao (Dali) era un antiguo y pujante reino en otro tiempo. De allí proceden las costumbres de los camareros, el tono general de la decoración a la manera de un «jardín interior», y sobre todo, el contenido de los platos. Probad el salteado de queso de cabra, el jamón ahumado, las verduras, los champiñones, etc. Delicioso. Menú en chino con fotos.

Yunnan Flavor

(Jixinyuan Dian Weicheng; *C2, **48**):* 102, Dongfeng Donglu. ☎ 317-85-38. Inmediatamente a la derecha del *Camellia Hotel.* Un gran comedor dispuesto como un teatro, ya que cada día se celebran espectáculos gratuitos de danza de las minorías étnicas a las 12.30 y 18.50 h. En un ambiente kitsch y de camaradería como corresponde, podréis saborear (menú en inglés) todas las especialidades de Yunnan, incluidos, naturalmente, «los tallarines que cruzan el puente». Es un clásico turístico tanto para los chinos como para los extranjeros.

De precio medio a selecto

Kunming Lao Fangzi

*(B2, **49**):* Jixiang Xiang. ☎ 364-45-55. En el mercado de las Flores (remitíos a «¿Qué visitar?». Cocina dian (de Kunming) servida en un entorno muy elegante de una antigua casa con un patio interior. Carnes, *roubing* (queso de cabra) y una espléndida variedad de verduras y champiñones. Una dirección muy agradable. Menú en chino con fotos.

Yuquan Zhai

*(B1, **50**):* enfrente del templo Yuantong. ☎ 511-18-09. Abre todos los días de 9 a 21 h. Situado en el segundo piso

del edificio que ocupa el *Guang Ming Hotel*.Tiene vistas a la calle, música budista y camareros con un uniforme muy kitsch. Aquí se viene a degustar una cocina vegetariana extraordinaria en la que los platos evocan carnes y pescados por sus nombres, por su apariencia y también ¡por su sabor! Por ejemplo, podéis saborear un «pescado con lonchas de carne» a base de vegetales al cien por cien.

Laoxiangzi Huoguo

*(C1, **51**):* 145, Qingnian Lu. ☎ 315-25-97. Aquí las mesas están agujereadas para poder colocar las marmitas de *fondues*. Se paga un *forfait* por el caldo, y luego se pide separadamente lo que queréis poner dentro: toro, intestinos de oca, lonchas de anguilas, cabezas de pescado, perro, burro (sí, aunque no os lo creáis)... Pero tranquilos, también hay una gran variedad de verduras, batatas, tofu, en una palabra, todo lo necesario para hacer una comida equilibrada. Una decoración cuidada que imita lo antiguo, y camareras con trajes típicos. Si está lleno, os acompañarán hasta un anexo igual de agradable.

1910 La Gare du Sud

*(B2, **52**):* 80, Houxing Jie. ☎ 316-94-86. No lejos del *AJ The Hump*. Si os gusta comer fuera, este restaurante tiene un jardín con no pocas plantas en un espacio interior de un pequeño edificio. También podéis comer en sus agradables salas de dentro. ¿Os habéis fijado en el raíl? Lo colocaron los franceses (de ahí el nombre del restaurante) a principios del siglo XX, cuando con la estación de Sur todavía en funcionamiento el tren pasaba por aquí. Se come bien y las raciones son copiosas sin pagar demasiado a cambio; sólo platos chinos.

Cacaja

*(A-B1, **42**):* Wenhua Xiang. ☎ 533-58-89. En un calle llena de bares y restaurantes, después del *Heavenly Manna*. Si tenéis ganas de cambiar vuestra dieta, poned rumbo a este restaurante indio. Todos los platos clásicos de la zona, bien preparados y en gran cantidad.

Makye Ame

*(A1, **53**):* 2F, Kunming office of Diqing Zhou, Jin Hua Pu Lu, Xi Shan District. ☎ 533-58-89. Está un poco alejado del centro, hacia el oeste; coged un taxi. Restaurante tibetano con espectáculo musical a las 19.30 h. Los precios de la carta son un poco elevados, pero... aquí todo es sencillamente majestuoso.

¿DÓNDE TOMAR UNA COPA?

Bares y cafés de Wenhua Xiang y Wenlin Jie

*(A-B1, **62**):* las dos calles de este agradable barrio, a 5 minutos al noroeste del lago Esmeralda y a pocos pasos de la universidad de Yunnan, se han convertido en un lugar obligado a la hora del aperitivo. Wenhua Xiang forma un recodo entre Yieryi Dajie y Wenlin Jie, en el que encontraréis bares frecuentados por chinos y por extranjeros, estudiantes y trotamundos. El viajero curioso hallará aquí a menudo información complementaria de Yunnan.

The Hump Hostel

*(B2, **22**):* remitíos al apartado «¿Dónde dormir?» anteriormente. Un local muy agradable para tomar una copa en su terraza a cielo abierto. Tienen ping-pong y billar.

Chama Bar

*(C2, **20**):* 96, Dongfeng Donglu, en el edificio del *Camellia Hotel* (al fondo del patio a la derecha). Abierto todos los días desde las 8 h a medianoche. Internet. Gran sala decorada con fotografías de Yunnan.

¿DÓNDE SALIR? ¿DÓNDE ESCUCHAR MÚSICA? ¿DÓNDE IR A BAILAR?

Speakeasy

*(A1, **60**):* 445, Dongfeng Xilu. ☎ 532-70-47. En el extremo norte de la calle, a poca distancia de Wenhua Xiang. Abierto hasta muy tarde. Cervezas y cócteles. Se trata de un antiguo refugio antiatómico, consistente en una gran sala rectangular subterránea, que antes de convertirse en esta discoteca joven y popular era una pista cubierta de patinaje sobre ruedas. Nick, un DJ inglés que ha tenido la iniciativa de fundar una escuela de DJ, probablemente la primera que existe en China, atiende al público los viernes por la noche. En caso de que queráis ver jóvenes «raperos» y bailarines de *breakdance* chinos vestidos a la moda occidental, éste es el lugar. Mucho más tranquilo en los días laborables.

Café de Camel

*(C2, **61**):* 4, Tuodong Lu. El *Camel* ocupa un vasto local distribuido en dos plantas, con terrazas y balcones que dan a la calle, y se ha hecho con una clientela cosmopolita que ha dado prestigio al nuevo local. Permanece abierto teóricamente las 24 h, y se anima muchísimo los fines de semana a partir de medianoche, cuando los DJ se «ponen las pilas» con los bailarines.

Halfway House

*(A1, **62**):* Dongfeng Xilu, un poco más abajo que el *Speakeasy* viniendo de Wenlin Jie. ☎535-27-02. Abierto todos los días de 11 a 2 h. Un local agradale par acabar la noche. Venid los lunes, para la *open mic*, o el fin de semana por las veladas de DJ años 1960 a 1990, es el momento en que todo está al rojo. Otras noches, *funk, reggae,* música africana, e incluso jazz.

El barrio de Kundu

*(A2, **63**):* aquí hay un montón de bares, karaokes y discotecas tecno. La entrada a las discotecas es gratuita, pero se compensa por el precio de las consumiciones (30 ¥/3 € por una cerveza). Entre los bares-discoteca, cabe destacar el *Firebird*, el *Cool Bar* y el *Rock'n' Café*. Este último es una discoteca con mucha animación y mucho humo, llena de jóvenes chinos (20 ¥/2 €, una cerveza).

Jinma Biji Fang

*(B2, **65**):* Jinbi Lu. La «esquina del Caballo de Oro y del Gallo Esmeralda» es un lugar de encuentro para tomarle el pulso a la vida nocturna de los chinos modernos. Se trata de un «nuevo viejo barrio chino» separado de la calle por una explanada con pórticos. El conjunto está considerado la evocación del antiguo Jinbi Lu, antaño fascinante por sus pequeñas casas rodeadas de plátanos. Ahora lo ocupan numerosos bares y restaurantes con terraza.

¿QUÉ VISITAR?

Parque del lago Esmeralda (Parque Cuihu; *B1*): entrada principal por la sección sur de Cuihu Nanlu. Abierto de 6 a 21 h. Entrada gratuita.

Acondicionado en el siglo XVII por el emperador Kangxi. Acudid por la mañana temprano para ver cómo hacen gimnasia los adeptos del *qigong* y el tai-chi. También hay grupos que se dedican a ensayar danzas y números de abanicos. En los pabellones centrales del parque encontraréis abiertos chiringuitos donde se reúnen los jugadores de mah-jong, ajedrez, los aficionados a la ópera y los músicos que tocan el *erhu* (un violín de dos cuerdas). En invierno, cuando llegan miles de gaviotas a invernar, no os perdáis el espectáculo de cómo los pájaros cazan al vuelo los trozos de pan que les lanzan los vecinos del barrio, que se concentran aquí para eso. Después, el parque se vestirá de fiesta para recibir el Año Nuevo chino.

Templo Yuantong o templo de la Comprensión de Todas las Cosas *(B1):* Yuantong Jie. En el norte de la ciudad. A 10 minutos andando del Parque del Lago Esmeralda. Abierto de 8 a 18 h. Entrada: 4 ¥ (0,40 €).

Fundado en tiempos de la dinastía Tang (618-907) y reconstruido durante los Yuang (1276-1368), está situado al pie de una colina, en un plácido jardín, y es uno de los templos budistas más antiguos de Kunming. El camino de entrada desciende hacia un estanque en cuyo centro se levanta un pabellón octogonal consagrado a la diosa Guanyin.

Mercado de las Flores y los Pájaros (Huaniao Shichang; *(B2, 70)*: abierto a partir de las 10 h; está muy animado hacia las 11 h y a última hora de la tarde (cierra a las 18 h).

La entrada norte se halla en la calle Guanghua Jie, y la puerta sur, en la Jingxing Jie. Se encuentra fácilmente. Éste es uno de los últimos barrios que se han salvado de las grúas, los bulldozers y los promotores inmobiliarios que han puesto patas arriba todo el centro urbano de Kunming. Y hay que recorrerlo a pie (los coches no pueden entrar), paseando sin rumbo por el dédalo de calles a la sombra de los plátanos.

En ese universo entre aldeano y provinciano encontraréis de todo, no sólo flores y pájaros, sino también artículos de pesca (cañas de pescar, anzuelos, cebos...), acuarios, bonsáis, jaulas de grillos, peces, ranas, loros, esculturas de madera, mármoles de Dali, jades y recuerdos de China a todos los precios. En algunos tenderetes se venden también objetos antiguos, pero por precios de anticuario (mucho cuidado con las falsificaciones).

Farmacia de hierbas medicinales (Fu Lin Tang Herbal Chinese Medicine Shop): en la esquina entre Dayingui Xiang y Jingxing Jie, cerca del mercado de los Pájaros, en pleno centro antiguo. De 8.30 a 21.30 h.

Es fácil de encontrar: se trata de una bonita casa antigua (que se ha librado de la demolición) con paredes de madera roja, rematada por un tejado con voladizo y adornado con frisos pintados. En su interior se venden toda clase de hierbas y plantas medicinales, y ofrece un consultorio gratuito para los clientes en el que unos médicos de bata blanca recetan la hierba más indicada para curar cada dolencia.

Guanghua Jie y Jingxing Jie *(B2):* calles situadas en los alrededores del mercado de las Flores y los Pájaros. Barrio aún preservado de la ola inmobiliaria que azota Kunming, en él podréis ver muchas casas antiguas y artesanos.

Los masajistas ciegos de las aceras: una de las mayores rarezas de Kunming son los ciegos vestidos con bata blanca que dan masajes corporales en las aceras de las calles. Trabajan en pequeños grupos y en lugares como el paso subterráneo entre Nanping Lu y los grandes almacenes *Kunming Department Store* (en la esquina entre Dongfeng Xilu y Zhengyi Lu) o en la acera que está delante de esos mismos grandes almacenes. Son 10, más o menos, y trabajan sentados en pequeños taburetes, a la sombra de los árboles. Los masajes no cuestan mucho. Lo único que debéis hacer es fijar el precio antes de que empiecen a haceros un vigoroso y metódico masaje de todas las partes del cuerpo, desde los pies hasta la cabeza. Los ciegos están declarados de utilidad pública, y su presencia se considera un buen medio de supervivencia económica y social en un país donde la seguridad social no existe. Así que cuando les pedís un masaje estáis realizando una obra útil. A ningún transeúnte se le ocurrirá reírse si os ve, en la acera, en manos de un masajista ciego. Si la posición que más os gusta es la acostada, *Active's Blind Massage Parlor*, en el 47 de la calle Xingwen (la que lleva al barrio Kundu desde Dongfeng Xilu), es un salón reputado. Calculad 30 ¥ (3 €) por un masaje de 1 h.

Museo de la Provincia de Yunnan *(B2, **71**):* la entrada cuesta 10 ¥ (1 €). Cerrado los lunes.

La fachada exterior muestra claramente un estilo «realista socialista» de unos tiempos que ya no volverán. En la primera planta hay un gran esqueleto de dinosaurio procedente de las excavaciosnes arqueológicas de Yunnan, y algunas de las explicaciones en chino están traducidas al inglés. Ni la decoración ni la presentación de las salas son atractivas, lo cual no quita que podáis admirar unos preciosos tambores de bronce y obras de arte (sala de arte budista del antiguo Yunnan). En la segunda planta, un reportaje etnográfico en color sobre las fiestas tradicionales en el campo. Si el tema os interesa, no os perdáis el Museo de las Minorías (ver «Alrededores de Kunming»).

Barrio de las pagodas del Oeste y del Este *(B2-3):* se accede por Dongsi Jie o por Shulin Jie, pasada la explanada de Jinma Biji Fang. La **pagoda del Este,** de color crema, es la más bonita de las dos, con una galería en el primer piso y un salón de té donde los chinos juegan al mah-jong. Desde aquí se va a la **pagoda del Oeste,** atravesando un barrio totalmente nuevo de estilo antiguo-kitsch, que está de moda. Cabe destacar una de las monumentales puertas de Kunming, que ha sido reconstruida. El barrio cuenta con numerosos cafés, boutiques y galerías.

Barrio antiguo musulmán *(B2):* situado en el sur de la Dongfeng Xilu, entre Shuncheng Jie y Jinbi Lu. La más notable concentración de comercios (la mayor parte restaurantes populares) se encuentra al lado de las viejas casas, marcadas por el paso de los años, de la calle Shuncheng Jie. La mayoría de los restaurantes están a cargo de hui establecidos en Yunnan desde la dinastía Yuan y, en algunos casos, de musulmanes del Turkestán chino que se instalaron mucho más recientemente.

Alrededores de Kunming

Templo de Oro (Jindian; *fuera del plano, por D1):* a 11 km al noreste de Kunming, justo detrás del inmenso parque de la Exposición Hortícola. Los autobuses n°s 10 (de 6.30 a 21 h) y 71 (mismo horario) salen desde la estación de autobuses del Norte. Entrada: 20 ¥ (2 €). Hay un gran aparcamiento al pie de la colina, a la izquierda de la entrada principal. Para llegar, tenéis que subir y andar (camino bastante fácil y corto) a través de un parque lleno de árboles hasta el templo, que se encuentra rodeado de pinos y cipreses. Se accede a través de tres monumentales pórticos: las puertas del Cielo (Tianmen).

Situado en un recinto rodeado por un muro, el templo es una reproducción (1671) de otro que fue erigido tiempo atrás en la cima del Jizu Shan, un monte sagrado del budismo, en los alrededores de Dali. Se puede ver el **pabellón de Bronce,** antaño cubierto de hojas de oro y actualmente sostenido por pilares adornados con inscripciones budistas. Al lado, en un bonito patio interior, se encuentra un pabellón que guarda una estatua del dios de la Estrella Polar, símbolo taoísta del soberano que dirige el Imperio según el principio del *wuwei* (el no actuar). Según Lao Tse, el *wuwei* consiste en gobernar con modestia y sencillez sin abusar nunca del poder. Enfrente del templo de Oro hay un estandarte de bronce que representa las siete estrellas de la Osa Mayor, incluida la Estrella Polar, eje del universo. Por encima de ella se ven el Sol y la Luna, y una inscripción taoísta: «El viento y la lluvia están en armonía, la paz reina sobre el mundo».

Siguiendo por la bonita alameda sombreada, llegaréis al **pabellón de la Campana,** cerca del jardín de la Camelia. El interior está mal restaurado y la campana es vulgar, pero hay una espléndida vista de la colina boscosa y, abajo en el valle, la ciudad de Kunming erizada de rascacielos.

Templo de los Bambúes (Qiongzhu si; *fuera del plano, por A1):* a 12 km al noroeste de la ciudad. El minibús se toma delante del hotel *Yunnan*, al que se llega con los autobuses n°s 5 y 52. Billete: 10 ¥ (1 €). Los minibuses sólo arrancan cuando ya están llenos, y dejan a los pasajeros delante de la puerta del templo. El trayecto dura 30 minutos. Abierto todos los días de 7 a 16.30 h. Entrada: 10 ¥ (1 €).

Situado en una bonita colina y a la sombra, este templo budista, de obediencia *chan* en un principio (639), está habitado por una comunidad de unos 30 bonzos. La secta chan es la que dio origen a las célebres tradiciones zen de Japón. El lugar, plácido, limpio y encantador, nos ha gustado mucho por su entorno de árboles y flores. Los pabellones están dispuestos alrededor de tres patios plan-

> AVISO

La *guía del Trotamundos* defiende valores como los derechos del hombre, la solidaridad entre los pueblos, la biodiversidad cultural y la protección del medio ambiente.

tados de arbustos y magnolias. En el primer patio veréis dos árboles que podrían tener 1.300 años, y los habrían plantado en tiempos de la dinastía Tang; los chinos los llaman *árboles pavo real*. Según la leyenda, un monje plantó su bastón en el suelo y salió un bambú, y por eso el templo se llama de los Bambúes. Es célebre por sus 500 estatuas *luohan* (nombre chino de los *arhats*, los discípulos de Buda), de arcilla y tamaño natural, realizadas entre 1883 y 1890 por Li Guanxiu, un escultor de Sichuan, y que se pueden contemplar en una sala especial (primer patio). Al fondo del templo, el pabellón Hua Yuan Ge alberga estatuas de Buda y hermosos frescos. La gran fiesta anual se celebra en torno al 20 de julio.

Montañas del Oeste (Xishan; *fuera del plano, por A2):* a 16 km al suroeste de Kunming. El autobús 5 sale desde Dongfeng Donglu (Camellia Hotel), después en el final, el 6 hasta Gao Qiao (entrada del parque); desde allí se puede ir a pie o e autobús hasta la cima de la montana. Otra alternativa es pasar el parque Daguan, donde deberéis atravesar un extremo del lago Dian en barco antes de tomar un telesilla hasta la entrada del templo de los Tres Puros. Más cara que el viaje clásico, alrededor de 80 ¥ (8 €), esta combinación ofrece paisajes muy interesantes. No olvidéis visitar los otros templos al bajar.

También llamadas las «montañas de la Belleza Dormida», se trata de colinas por las que hay diseminados templos budistas y oratorios taoístas. La carretera, que atraviesa bosques de pinos y de bambúes, es preciosa. Y tras un bonito paseo a pie, una espléndida vista del lago Dian forma una especie de mar interior (pero, por desgracia, muy contaminado). Ya en el lugar, calculad medio día largo para hacer todo el recorrido a pie y en telesilla (práctico, aunque no encaja muy bien con el paisaje).

La visita empieza por el **templo del Pabellón Majestuoso** (Huating Si), 2,5 km al sur de Gaoqiao (Daxiong Baodian), con una majestuosa sala en la que se guardan 500 *arhats* (obras maestras del arte budista). El **templo del Esplendor Supremo** (Taihua Si) está situado 3 km más lejos, siguiendo por la misma carretera o, mejor, cogiendo el bonito sendero de piedra que la bordea por la derecha. Situado en el flanco de una colina, es el templo más antiguo de las montañas del Oeste. En unos floridos jardines de las cercanías veréis unas galerías cubiertas a lo largo de un estanque que recuerdan mucho Suzhou.

El **templo de los Tres Puros** (Sanginq ge) es el nombre genérico que se da a un grupo de 11 templos y oratorios dispersos por la ladera, y cuya entrada inferior es el propio templo de los Tres Puros. A éste podéis llegar directamente desde la carretera, pasando por entre una multitud de vendedores. Si cogéis el telesilla, empezaréis la visita del lugar por la cima, en la puerta del Dragón, y conforme descendáis iréis descubriendo, entre otros, el oratorio del Funcionario Hábil, el del Dios del Norte de China y la roca del Fénix.

Museo de las Minorías de Yunnan *(fuera del plano, por A3):* situado en la entrada de la zona de Haigeng, no debe confundirse con el parque de las Minorías, un templo del folclore para turistas. Para llegar al Museo de las Minorías, tomad un taxi (unos

35 ¥/3,50 €) o el autobús nº 44 (1 ¥/0,10 €; bajad en la última parada) desde el aparcamiento de la estación de autobuses del Sur. Entrada: 10 ¥ (1 €). Cerrado los lunes.

Construido en forma de estrella con dos niveles, las salas están dispuestas de una manera un poco desconcertante, pero los objetos y las fotos que se exponen dan una idea muy clara de la increíble diversidad étnica de Yunnan, tierra de migraciones. Las salas dedicadas a la indumentaria, las técnicas de tejeduría y los instrumentos musicales son dignas de mención. Y algunos comentarios e informaciones se dan en inglés.

¿CÓMO SALIR DE KUNMING?

Por carretera

> **Hacia Tíbet:** el viaje, en vehículo todoterreno, por una de las carreteras más hermosas del mundo os parecerá espléndido. Las mejores épocas son abril-junio y octubre-noviembre. El resto del año la carretera más hermosa, la del sur, está intransitable muchas veces. Se pasa por puertos de montaña de más de 5.000 m de altitud. Calculad, como mínimo, ocho días de viaje para tener tiempo de visitar los sitios (lagos y monasterios), contemplar el paisaje y marchar un poco. En Kunming, los viajeros independientes pueden ir a informarse al *Camellia Hotel*. Lo ideal es preparar este viaje con suficiente antelación, poniéndose en contacto con las agencias como *Yunnanguide*, *Star Trekking* (remitíos a «Direcciones útiles», antes). Existe igualmente una oficina en Zhongdian.

> **Hacia Laos:** la entrada en Laos se hace por el puesto fronterizo de Boten, en el extremo sur de la región de Xishuangbanna, adonde podéis ir en autobús desde Kunming, pasando por las ciudades de Jinghong y Mengla. 16 h de trayecto.

> **Hacia Myanmar (Birmania):** aunque está prohibido que los viajeros puedan entrar en solitario a Myanmar por carretera, una agencia *partenaire* de *China Overseas Travel* (en el *Camellia Hotel*, remitíos a «Direcciones útiles») oferta excursiones de un día a Lashio, ciudad birmana situada a 150 km de la frontera china. Se encargan de todo (transporte, permiso) pero es bastante caro.

En autobús

En Kunming existen varias estaciones de autobuses. La más importante y mejor organizada es la **estación de autobuses del Sur** *(C3)*, situada completamente al sur de Beijing Lu, a la derecha de la calle (unos 250 m aproximadamente antes de la estación central de trenes, viniendo del centro urbano). ☎ 351-06-17. Encima de la puerta exterior, veréis un gran panel en inglés: «Booking Office for Foreign People». La consigna de equipajes *(Left Luggage)* abre de 6.30 a 21.30 h. En el interior, una oficina de información y una ventanilla «Express Bus Tickets Office» que vende billetes de la compañía *Yunnan Express*; dispone de una flota de autobuses modernos. Para ir a los destinos más frecuentados, os conviene reservar con antelación, sobre todo en temporada alta y en los periodos de fiestas.

> En las demás ventanillas tienen otras opciones más económicas que también os pueden interesar. Una de ellas, las camionetas de tipo *Iveco*, muy rápidas, con asientos estrechos pero lo suficientemente cómodos como para soportar viajes de una duración inferior a 6 h (por ejemplo, Dali, Kaiyuan, Jianshui). Por la noche circulan autobuses con literas *(Wopu)*, que se convierten en auténticos dormitorios

rodantes. Aunque no resultan muy confortables para quienes tengáis las piernas largas...

> **Hacia Dali** (Xiaguan): numerosas salidas todos los días (a escoger entre *Gaokuai Daba*, *Iveco* o los autobuses estándar). De 7.40 y las 19.20 h. Calculad 5 h de trayecto. Los autobuses paran en Xiaguan, a unos 30 minutos de Dali.

> **Hacia Lijiang:** unas diez salidas diarias. De 7.50 a 21 h. Unas 7 h.

> **Hacia Shangri-la (Zhongdian):** un autobús *Gaokuai Daba* por la mañana (hacia las 7.30 h) o un autobús con literas por la noche. Duración del trayecto: unas 13 h.

> **Hacia Jianshui:** salidas cada 30 minutos de 7 a 19.30 h. Furgonetas *Iveco* o autobuses estándar. Unas 4 h.

> **Hacia Yuanyang:** un autobús directo al día a las 10.40 h (trayecto: 6 horas). Es mejor pasar por Jianshui o Geijiu.

> **Hacia Jinghong** (Banna): tres salidas diarias de *Gaokuai Daba* de 9.40 a 11 h, más dos con literas por la noche . Calculad 10 h.

> **Hacia Heko (frontera vietnamita):** dos salidas diarias a las 9.40 h y a las 19.30 h. 10 h de trayecto.

> **Hacia Ruili (frontera birmana):** dos autobuses al día a las 10 h y las 18.20 h. Duración del trayecto: 12 h.

En avión

El aeropuerto de Kunming: situado unos 5 km al sur de la ciudad, el trayecto en taxi desde el centro urbano no superará los 20 ¥ (2 €). También podéis ir con el autobús nº 52 desde la plaza de los Trabajadores, o con el nº 67 desde la estación de trenes del Norte. Autobús gratuito de enlace con salidas regulares desde el *Camellia Hotel*. Duración del viaje: 30 minutos. Normalmente hay cuatro autobuses al día entre las 10.30 y las 16.30 h.

Vuelos nacionales

> **Jinghong** (Banna), **Dali, Lijiang:** numerosos vuelos diarios.

> **Shangri-la (Zhongdian):** mínimo de dos vuelos diarios.

> **Mangshi** (aeropuerto más próximo a la frontera birmana): mínimo tres vuelos diarios.

> **Pekín** (Beijing), **Shanghai, Cantón (Guangzhou), Chengdu, Chongqing, Shenzhen:** hay numerosos vuelos diarios.

> **Lhassa** (Tíbet): un vuelo diario a las 7 h. Unas 2,30 h de vuelo. Hay que comprar obligatoriamente un paquete que comprende: ida sólo y permiso de entrada en Tíbet. Dirigíos a una de las agencias del *hotel Camellia* por ejemplo.

> **Para otras ciudades chinas (Changsha, Fuzhou, Guilin, Haikou, Hefei, Jinan, Lanzhou, Ningbo, Nankín, Nanning, Nanchang, Qingdao, Shantou, Shenyang, Shijiazhuang, Wuhan y Xi'an):** al menos un vuelo diario.

Vuelos internacionales

> **Bangkok** (Tailandia): dos vuelos al día, fletados por las compañías *China Eastern Airlines* y *Thai Airways*. Duración: 2 h.

> **Hanoi** (Vietnam): tres vuelos por semana entre Kunming y Hanoi con *Vietnam Airlines*. Salen los martes, viernes y domingos. Duración del vuelo: 1,30 h.

> **Vientiane** (Laos): un vuelo diario con *China Eastern* y *Lao Airlines*.

> **Hacia Myanmar (Birmania):** *China Eastern Airlines* comunica Mandalay y Yangon (Rangoon) tres veces por semana. Si no, *Thai Airways* tiene un vuelo Kunming-Bangkok-Yangon todos los días excepto jueves y domingos.

En tren

La **estación central de trenes** de Kunming se encuentra en el extremo sur de Beijing Lu *(C3)*. Abierta de 6.30 a 23 h. Podéis adquirir los billetes con tres días de antelación tanto en el CITS como en cualquier agencia de viajes de la ciudad, en cuyo caso pagaréis una pequeña comisión, pero ganaréis tiempo.

> **Dali:** hay dos trenes diarios hacia las 8 h y las 22.10 h. Como los autobuses, el tren para en Xiaguan. Unas 9 h de trayecto, es decir casi el doble que los autobuses. Desde la estación de trenes de Xiaguan, coged el autobús 8 que va hasta la ciudad vieja de Dali (unos 30 minutos).

> **Chengdu** (Sichuan): cuatro trenes diarios. Los de las 12.23 h y 19.58 h tardan 18 h en llegar; los otros dos, más de 22 h. La línea Kunming-Chengdu, que atraviesa los montes Liangshan, es una de las más hermosas de China: 427 túneles y 653 puentes jalonan su trazado.

> **Chongqing:** dos trenes diarios en torno al mediodía. Unas 20 h.

> **Hay dos trenes diarios a Pekín** (Beijing), uno a **Cantón (Guangzhou),** dos a **Shanghai,** uno a **Xi'an,** cuatro a **Nanning** (Guangxi) y uno a **Guilin.**

SHILIN (BOSQUE DE PIEDRA)

Una de las maravillas del patrimonio natural de Yunnan (también uno de los lugares más turísticos), y consiste en un conjunto de picos rocosos kársticos, de formas recortadas, de caliza gris como el color de la piedra pómez. Este alucinante «bosque» de piedra emerge por encima de la masa verde de los bosques y los campos, y constituye una especie de vasto laberinto, que atrae a pesar de lo extraño que es. Aquí querréis aventuraros y explorarlo por dentro durante un buen rato. Hay pitones rocosos que se levantan a más de 30 m y senderos por los que es posible acercarse hasta ellos e incluso escalarlos. Los geólogos han encontrado en Shilin restos fósiles de animales marinos, lo que demuestra que en aquella época (hace unos 270 millones de años) el mar cubría esta parte de Yunnan. Una vez que el mar se retiró, la naturaleza y los elementos continuaron su obra. A consecuencia del lento trabajo de filtración de la lluvia y de la erosión eólica, los picos calcáreos adoptan poco a poco las fantásticas formas que se pueden contemplar en la actualidad.

En realidad, existen varios bosques de piedra. El más importante se llama sencillamente Shilin, que significa literalmente «bosque de piedra». Y hay otro llamado *Naigu Shilin o Black Pine Rock (Heisong Yan),* situado a 17 km al norte. En total, la parte abierta al público sólo representa 80 ha, un pequeño sector en comparación con la inmensidad del paraje, que alcanza 26.000 ha.

LLEGAR - SALIR

Desde Kunming

Shilin está a 126 km al este de Kunming. La carretera que enlaza ambas ciudades pasa por delante de un gran lago de agua dulce (Yangzong Hai), a 35 km de Kunming, donde se cultivan madreperlas. En el campo veréis numerosas plantaciones de tabaco. El paisaje va cambiando conforme os aproximáis al bosque de Piedra y aparecen las configuraciones rocosas kársticas. En esta región, los poblados de adobe han (Quixing) y sani (una rama étnica de los yi) tienen el color rojo de la tierra (laterita).

En autobús

Evitad los autobuses turísticos que salen por la mañana entre las 8 y las 12 h, de la pequeña estación situada frente a la estación de autobuses del Sur *(C3)*. Paran de camino en enormes emporios comerciales y otros sitios sin interés y tardan el doble de lo normal. Es mejor que cojáis un autobús grande en la estación situada a la izquierda de la estación ferroviaria *(C3)*. Son directos (1,30 h de camino) y además más baratos: 22 ¥ (2,20 €). Salen cada 30 minutos de 7.50 h a 19.10 h. También hay otro autobús directo a Shilin que sale del *Camellia Hotel* todos los días a las 9 h y vuelve de Shilin a las 15 h, lo que permite estar en el lugar unas 4 h. Es un poco más caro: la ida y vuelta cuesta 70 ¥ (7 €).

En tren

Hay menos salidas que en el caso de los autobuses y además el primer tren sale a las 11.50 h, por lo que tendríais que dormir en Shilin. Calculad 2 h de trayecto. 19 ¥ (1,90 €).

INFORMACIÓN Y CONSEJOS SOBRE LA VISITA

> **Horarios:** el paraje del gran bosque de Piedra está abierto todos los días las 24 h. Entrada: 140 ¥ (14 €); estudiantes: 100 ¥ (10 €).

> La **visita** se suele hacer en un día, saliendo por la mañana de Kunming y volviendo por la noche. Aunque también podéis quedaros a dormir allí. A la entrada del paraje tenéis hoteles de diferentes niveles de confort con una amplia gama de precios. Así podréis recorrer el bosque de Piedra fuera de las horas de mayor afluencia, justo antes de la apertura o a última hora de la tarde. Por la noche, los picos rocosos están iluminados y el lugar resulta entonces aún más extraño.

¿DÓNDE DORMIR? ¿DÓNDE COMER?

Hay cuatro hoteles en el interior del parque con tarifas similares (200-250 ¥/20-25 € para dos personas), pero ninguno es lo suficientemente atractivo. Si tenéis que escoger uno os recomendamos el ***Summer Hotel*** (☎ 771-10-88; doble 240 ¥, 24 €), situado a 500 m de la entrada del parque, entre el *Stone Forest* y el *Yunlin Hotel*.

Stone Forest Hotel

(Shilin Hotel): en la entrada del recinto. ☎ 771-14-01. Hotel de dos estrellas con habitaciones dobles que cuestan aproximadamente de 120 a 180 ¥ (12 a 18 €), con o sin aire acondicionado. Si preferís algo más económico también hay un dormitorio común (50 ¥/5 € la cama) en la parte de atrás del edificio.

Para comer, hay cinco **restaurantes.** La especialidad local es el pato ahumado sobre un lecho de agujas de pino; calculad de 20 a 40 ¥ (2 a 4 €), según el tamaño.

> AVISO

Únicamente el criterio independiente del autor ha determinado la selección de establecimientos incluidos en esta guía.

¿QUÉ VISITAR?

El paraje de Shilin se recorre **a pie.** Es una caminata preciosa por unos senderos (acondicionados) que serpentean a través del laberinto de picos rocosos. Os reciben unas mujeres ataviadas con el traje sani. Y en las rocas se han hecho inscripciones pintadas en rojo. A lo largo del paseo podréis contemplar un conglomerado rocoso cuyo relieve recuerda a un elefante. Hay otra piedra grande que emite un extraño sonido cuando se pasa la mano por encima. Más lejos hallaréis un lecho de piedra que os dará suerte si permanecéis acostados en él durante tres segundos. El recorrido está lleno de otras curiosidades como, por ejemplo, el paso estrecho entre dos paredes rocosas. Para pasar, el visitante tiene que deslizar la nuca entre dos trozos de piedra redondeados y pulimentados que forman una especie de estrangulamiento.

Las configuraciones de formas originales tienen nombres poéticos: los *Pájaros dándose picotazos,* la *Campana de piedra,* el *Rinoceronte contemplando la luna,* la *Mujer esperando a su esposo,* la *Diosa de la Misericordia,* el *Camello montando al elefante,* el *Cisne mirando a lo lejos* o el *Anciano de paseo.* Lo mejor del recorrido es, evidentemente, la ascensión a un gran pico en cuya cima se eleva un pabellón desde el que se tiene una vista que abarca todo el bosque de Piedra.

Naigu Shilin no es tan espectacular, pero sus formaciones más despejadas dejan entrever bonitas vistas de los alrededores. Mucho menos visitado, para mayor disfrute de los que buscan la calma.

EL SUR DE YUNNAN

> JIANSHUI

420.000 HAB. PREFIJO TEL.: 0873

La ciudad más hermosa del sur de Yunnan, situada a 214 km de Kunming, en una llanura rodeada de colinas. Jianshui se parece a primera vista a las demás ciudades chinas de amplias avenidas flanqueadas por edificios modernos, pero detrás de esa apariencia se esconde su lado provinciano, ya que ha conservado islotes formados por callejuelas antiguas con casas de barro. Además, la ciudad conserva uno de los más notables templos dedicados a Confucio, junto a un hotel con encanto y un salón de té muy agradable. Algunos han calificado Jianshui de «museo de la arquitectura antigua», algo que, en nuestra opinión, resulta un poco exagerado. Pero, a decir verdad, la ciudad conserva algunos hermosos testimonios del pasado.

Un poco de historia

Jianshui fue desde tiempos muy remotos uno de los pasos estratégicos hacia Vietnam: una plaza fuerte en los confines del Imperio de China. En tiempos de los Yuan (dinastía mongol, 1276-1368) fue un activo centro político y militar. Los conquistadores trajeron consigo soldados hui (musulmanes), roturaron las tierras y construyeron escuelas, monasterios, templos y pagodas. Fue también cuna intelectual de muchos hombres sabios y letrados, que superaron los exámenes oficiales con la matrícula de honor de la época. A finales del siglo XIX, cuando, a iniciativa de Paul Doumer, los franceses de Indochina construyeron la línea de ferrocarril de Yunnan entre Hanoi y Kunming, los habitantes de Jianshui se opusieron vigorosamente a que el trazado pasara por la ciudad. Finalmente, la línea quedó abierta en 1912: primero, con un ancho de vía muy reducido (60 cm); al cabo de poco tiempo lo sustituyeron por un ancho más grande (1 m), que es el que sigue en servicio entre Mengzi y Shiping.

LLEGAR - SALIR

En autobús

Estación de autobuses de Jianshui (Jianshui Qichezhan; *fuera del plano por B1)*: se encuentra al norte de la ciudad; para llegar allí autobuses 1, 5 y 13 (10 ¥/1 €) o taxi (3 ¥/0,30 €). Las frecuencias de enlaces son las mismas en los dos sentidos:

> **Kunming:** de 7.30 a 20.30 h circulan más de veinte autobuses diarios. Son 206 km y 3 h de trayecto.

> **Geiju y Kaiyuan:** de 7 a 19 h, hay dos autobuses diarios. Unos 80 km y 1,30 h de trayecto.

> **Yuanyang:** salidas muy numerosas, a veces vía Gejiu. Son 117 km y unas 4 h de viaje. Remitíos también al capítulo de Yuanyuang.

> **Hekou** (frontera vietnamita): un autobús diario. Calculad 280 km y unas 5 h de trayecto.

En tren

Estación de trenes *(B2)*: abierta de 9 a 12 h y de 14 a 17.20 h.

Atención: no hay ningún tren directo entre Jianshui y la frontera con Vietnam ni Kunming, porque las líneas Mengzi-Shiping y Kunming-Hekou ya no funcionan de una manera práctica.

Sin embargo, los amantes del tren podéis tomar esta línea hacia el oeste, hasta Shiping *(*2 h de viaje), y hacia el este, hasta Mengzi (4 h de viaje).

DIRECCIONES ÚTILES

China Construction Bank (Zhongguo Jianshe Yinhang; *A1, **1***): al oeste de la rotonda de los hoteles. De lunes a viernes de 8 a 16 h. Cambian dinero, solamente metálico. Las oficinas más próximas del Bank of China están en Hekou (frontera vietnamita), Gejiu y Kaiyuan.

¿DÓNDE DORMIR?

De muy barato a barato

Tianhe Hotel

*(A1, **20**)*: 187, Beizheng Jie (ou Yongzhen Lu). ☎ 766-11-11. Dobles con cuarto de baño a partir de 120 (12 €) con ventilador y 140 (14 €) con AC, bañera y poco más de espacio. Entrañables esfuerzos en cuanto a la decoración del *lobby*, colonial y moderno a la vez. Una buena dirección, bastante coqueta y correctamente man-

tenida, a pesar de algunos problemas con las tuberías y las camas en algunas habitaciones (ved varias antes de escoger).

Hong Yun Hotel

*(A1, **21**):* cerca de la estación de autobuses, en el norte de la ciudad.
☎ 765-86-48. Habitaciones dobles 80-100 ¥ (8-10 €). Situado en una especie de gran patio interior bordeado de varios edificios (bolera, karaoke y pista de baile) y de un gran recinto en el que se alinean un montón de puestos de comida popular. Hotel de confort medio, limpio y bien cuidado, y muy buena relación calidad-precio. Las habitaciones dan a la calle, pero por la noche hay poco tráfico.

De precio medio a selecto

Hotel del Jardín de la familia Zhu

*(B1, **22**):* 133, Hanlin Jie . ☎ 766-71-09. Fax: 766-79-89. Calculad aproximadamente 280 ¥ (28 €) la habitación doble, con desayuno incluido; 680 ¥ (68 €) la suite. Abierto en 1999 en una antigua residencia de la poderosa familia Zhu. Se trata de un atractivo hotel de estilo antiguo, formado por varios pabellones unidos entre sí a través de patios interiores (cada uno con el nombre de una flor). Habitaciones impecables y con personalidad (algo muy raro), cama con dosel, muebles chinos antiguos (o imitación) y a todo confort (cuarto de baño, TV y ventilador de pie). Las suites constan de dos piezas, separadas por una puerta, y la decoración tiene igualmente encanto. Una sala común hace de salón y da a un jardín con un estanque, donde un grupo de música tradicional actúa por la noche. Servicio de restaurante y buen trato.

Lin an Hotel

*(A1, **23**):* 1, Beizheng Lu. ☎ 765-18-88. Fax: 765-48-88. En el norte de la ciudad, casi enfrente del anterior, un hotel estándar en un gran edificio funcional, algo retirado de la calle y en un sitio tranquilo por la noche. Habitaciones 168-208 ¥ (16,80-20,80 €) con AC. En la planta baja hay un pequeño bar.

Huaqing Hotel

*(B1, **24**):* 46, Hanlin Jie (o Jianxin Jie). ☎ 766-61-66. Continuad por la calle de la familia Zhu hacia el norte; a la derecha, a la altura de una bifurcación, poco antes de desembocar en Huili Beilu (o Chaoyang Beilu). Habitaciones dobles 200 ¥/20 €). Un hotel moderno pero con una decoración que recuerda la atmósfera Qing. Audaz, como esos balconcillos de piedra y mesas haciendo juego, y de un kitsch descarado pero confortable (parqué, buenas camas, duchas modernas, AC).

¿DÓNDE COMER?

Mercado nocturno

*(A1, **30**):* se encuentra situado en la gran explanada que hay detrás del *Hong Yun Hotel*. En un amplio cobertizo acondicionado podréis echar un vistazo a una cantidad increíble de chiringuitos y puestos de comida local típica de Yunnan, como en la plaza de cualquier mercado popular. La mayoría de los platos se cocinan en la barbacoa *(shaokao)*, y por un precio irrisorio podréis disfrutar de parrilladas y brochetas de todo lo habido y por haber. ¿Os apetecen unas brochetas de libélula o de saltamontes? Si no, podéis optar por las platos clásicos a base de carne de cerdo, pollo, salchichas y pescado. Alrededor un sinfín de karaokes, de salas de juegos electrónicos y tiendas. Muy popular y animado hasta la medianoche.

JIANSHUI

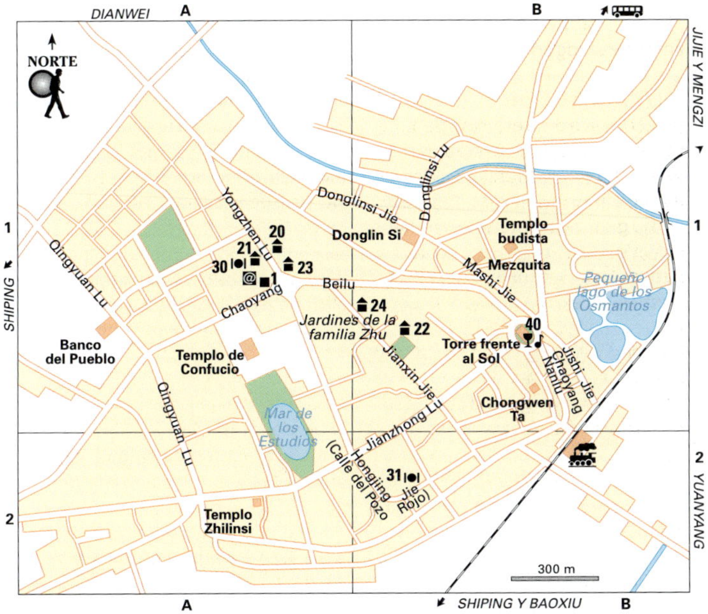

- **Transportes y Direcciones útiles**
  - Estación de ferrocarril
  - Estación de autobuses
  - Internet
  - 1 China Construction Bank
- **¿Dónde dormir?**
  - 20 Tianhe Hotel
  - 21 Hong Yun Hotel
  - 22 Hotel del Jardín de la Familia Zhu
  - 23 Lin'an Hotel
  - 24 Huaqing Hotel
- **¿Dónde comer?**
  - 30 Mercado nocturno
  - 31 Yangjia Huayuan
- **¿Dónde tomar un té? ¿Dónde escuchar música?**
  - 40 Pabellón de té Lin An

Pequeños restaurantes detrás de la torre frente al Sol

(B1): Jishi Jie y Mashi Jie (ambas en el barrio Hui) son dos callejuelas muy populares a la hora de la cena. Dejaos llevar por vuestro olfato y fijaos qué locales de lo smuchos que hay en la zona están más llenos. Pedid el plato a base de *caoya*, una especie de cebolla que, según los lugareños, solamente crece en los alrededores de la ciudad.

Yangjia Huayuan

*(B2, **31**):* 24, Hongjin Jie. ☎ 765-36-29. Después de Jianzhong Lu, , coged la callejuela que prolonga Beizheng Jie hacia el sur; pasad el recodo, está a la derecha. Un patio histórico pero bastante disparatado. Buena cocina regional que se saborea bajo un antiguo techado o en salones en torno a un estanque. Vitrina en la entrada, donde veréis las especialidades de la casa. Indicad con el dedo lo que queréis.

¿DÓNDE TOMAR UN TÉ? ¿DÓNDE ESCUCHAR MÚSICA?

Pabellón de té Lin An *(B1, **40**)*: en la primera planta de la torre frente al Sol, abre hasta medianoche (muy tarde para un salón de té de provincias). Taza: 10 ¥ (1 €); tetera: 30 ¥ (3 €). Abierto de 9 h a medianoche. La sala interior, renovada al estilo antiguo, con techos altos, reservados en los rincones y unos sofás muy confortables, tiene mucho encanto. El local, en el que se está fresco cuando fuera hace calor, es el lugar más agradable de la ciudad para tomar un té. También tiene una terraza soleada que da a una calle muy animada, y sirve muchas clases de té, de todos los precios. El té más caro no es el de Yunnan, sino el de Wu Long (provincia de Fujiang). Buen trato y servicio diligente. Ni siquiera en Kunming resultaría fácil encontrar un local tan entrañable como este salón de té.

¿QUÉ VISITAR?

Templo de Confucio (o Templo de la Cultura, Wenmiao; *A1)*: abierto de 8 a 19 h. Entrada: 20 ¥ (2 €). La entrada principal se encuentra en el sur, por la calle Jianzhong Lu, y en el norte hay otra entrada pequeña. Si accedéis por ésta, primero pasaréis por delante de un campo de baloncesto y de un centro de enseñanza secundaria.

El templo se construyó durante el reinado de Zhi Yuan (dinastía Yuan, periodo de ocupación mongol), en 1285 d.C. Los Yuan deportaron a Yunnan a varios miembros de la familia imperial, para los cuales, como chinos cultivados que eran, privados de sus derechos, el templo de Confucio supuso el símbolo de su cultura ancestral y su sabiduría, y representaba el medio de conservar su identidad amenazada. Lo que a fin de cuentas equivalía a decir que, si bien Yunnan había sido conquistada por la fuerza, bien podía ser gobernada por la ciencia y el espíritu. Así quedaría asegurado el rito confuciano. Los estudiantes podían presentarse aquí a los exámenes de mandarín. De esta manera, los padres transmitían la cultura a sus hijos, para que éstos pudieran retornar algún día a su país natal. El templo, agrandado varias veces, ocupa una superficie de cerca de 8 ha. Es el segundo edificio dedicado a Confucio más grande de China, después del templo de Qufu (provincia de Shandong), donde nació el célebre sabio. En un principio, había 37pabellones diferentes en el recinto del templo; en la actualidad sólo hay 31. Si existe un lugar en Jianshui que no os podéis perder, es éste.

> **Primer pórtico al sur (o de la Vitalidad Taihe):** conduce al mar de los Estudios.

> **Mar de los Estudios:** se trata de un estanque de forma elíptica, que simboliza la inmensidad del saber confuciano. En medio hay un islote unido a la orilla por un puente de tres arcos, y en él se levanta el **pabellón del Placer de Pensar (o de la Tortuga que Pesca),** al que acuden a menudo grupos de músicos.

> **Pórtico de Zhu Si Yuan Yuan:** domina el estanque desde la orilla norte y constituye la entrada de la gran alameda que conduce hasta

el templo. Es con mucho el pórtico más hermoso de todos. Sus cuatro pilares llevan esculturas de animales míticos: un dragón, un unicornio, un león y un elefante. Éste era el punto en que los funcionarios, los soldados y la gente del pueblo tenían que apearse de sus monturas para poder entrar a pie en el templo.

> **Pórtico de Lingxing (o de la Estrella del Talento Literario):** sus columnas de apoyo salen del techo y están rematadas por una porcelana invertida.

> **Pórtico de Dacheng (o de la Gran Perfección):** da a un patio plantado de cipreses centenarios y atravesado por la gran alameda. Durante las ceremonias en honor del aniversario de Confucio, los mandarines civiles se colocaban a la izquierda, y los militares, a la derecha. El 27 de agosto de cada año se celebra la misma ceremonia (una representación de cara al turismo) y en el mismo sitio.

> **Pabellón de Dacheng (o de la Gran Perfección):** se trata del templo principal (Xian Shi Dian). Cabe destacar la admirable mampara-tabique, formada por dos batientes cincelados con motivos de animales de dragones de piedra que rodean los pilares (a izquierda y derecha), muy raros en China.

Jardines de la familia Zhu *(A-B1):* acceso por Jianxin Jie. Abiertos de 8 h a 22 h. Entrada: 50 ¥ (5 €).

Esta lujosa residencia, construida a finales del siglo XIX, se encuentra en pleno centro de 2 ha de espléndidos jardines, bosquecillos de bambú, pabellones residenciales, templetes, galerías cubiertas y patios interiores (más de 40). Una de las piezas más hermosas de este jardín es sin duda el **teatro Acuático,** un admirable pabellón de madera que se refleja en el agua de un precioso estanque. Echad un vistazo a uno de los hoteles más espléndidos del sur de Yunnan, situado dentro del recinto del jardín, el **Jardín de la Familia Zhu,** una maravilla. En uno de los numerosos pabellones del hotel, hay una interesante exposición de fotos, comentadas en inglés, y de documentos de época que traza la historia de la familia Zhu. Uno de sus miembros fue el célebre general Zhu Chaoying, que empezó como un rebelde revolucionario.

Torre frente al Sol *(B1):* esta gruesa torre es en realidad una auténtica puerta medieval fortificada, la última de una serie de cuatro que tiempo atrás guardaban la ciudad de Jianshui. Las otras tres fueron destruidas. Construida en 1389, esta puerta abierta en un muro ocre –que ha resistido las guerras, las revoluciones y los seísmos– servía para vigilar la entrada este. La puerta de Tian'anmen se hizo edificar sobre dos plantas, mientras que la de Jianshui se edificó sobre tres, algo que llena de orgullo a los vecinos de la ciudad. La antigua sala de Guardias es ahora un salón de té.

Mezquita de Jianshui (Qingzhen Si; *B1)* **y otros templos:** la mezquita está situada en el noreste de la ciudad, en un barrio popular conocido como el barrio hui (musulmanes chinos). No resulta fácil de encontrar, porque está escondida en un laberinto de callejuelas de casas de barro y ladrillo, a las que se accede desde la calle Mashi Jie. Una puerta redonda da paso a un pequeño patio interior donde se encuentra el edificio. Seguramente tendréis la suerte de encontrar al viejo guardián chino, que vive al lado y os llevará a la entrada de la sala de rezos, reservada a los fieles y prohibida a los no musulmanes. De modo que sólo podréis echarle un vistazo desde fuera.

Aunque no tiene nada de extraordinario, vale la pena venir si nunca habéis visto una mezquita china. Su arquitectura recuerda la forma de una pagoda, con motivos chinos y puertas de grandes batientes. La comunidad musulmana de Jianshui se compone de unas 500 personas. Todos los viernes a las 15 h, la hora de los rezos, se llena.

Tanto en el barrio hui como en el resto de la ciudad, hay diseminados infinidad de templos budistas, todos protegidos por su calidad de monumentos históricos. Sin embargo, siguiendo el estilo chino, muchos de ellos se encuentran encajonados entre las nuevas construcciones, cuando no convertidos en hoteles-restaurantes; tal es el caso del **Zhilin Si,** uno de los más interesantes, a unos 300 m al este de la entrada principal del templo de Confucio.

Alrededores

Atención: os resultará fácil combinar la visita al puente del Doble Dragón con la de la residencia Zhang. Salid de la estación de minibuses *(B1)* en dirección a Huanglong Si (2 ¥/0,20 €, por persona). Aquí encontraréis vehículos que esperan a los pasajeros y continúan hasta Tuanshan (2 ¥/0,20 €). Al regresar, después de visitar la residencia, decidle al conductor que os deje en el puente.

Puente del Doble Dragón (Shuanglong qiao): a 3 km al oeste de Jianshui. Salid de la carretera de Shiping y bordead a la izquierda un dique entre los campos y los huertos de hortalizas; se atraviesa la vía del tren. También llamado «puente de los Diecisiete Arcos», atraviesa los ríos Tachong y Lu en el punto de su confluencia, y su parte más antigua data del siglo XVIII (1736-1796).

Residencia de la familia Zhang (Zhangjia minju): a 13 km de Jianshui, por la carretera de Shiping, y una vez pasado el templo del Dragón Amarillo (Huanglong si), célebre por sus aguas termales a 26 ºC, debéis coger a la izquierda un camino de tierra y seguirlo unos 800m hasta el pueblo de Tuanshan (visitadlo a pie). Entrada: 20 ¥ (2 €).

La residencia se encuentra en este pueblo, en un dédalo de callejuelas antiguas. Esta hermosa mansión china, que ocupa una superficie de una hectárea (enorme), la mandó construir a finales del siglo XIX un rico comerciante que hizo fortuna con la sal. En la actualidad está ocupada en parte por una escuela primaria. Los pabellones están unidos entre sí por una serie de patios interiores; la arquitectura tradicional ha conservado aquí todo su encanto: mamparas-tabique de madera delicadamente cinceladas, marcos de puertas y ventanas finamente trabajados, frisos decorados con personajes míticos y animales fantásticos.

Cueva de los Vencejos: a unos 28 km al este de Jianshui, por la carretera de Kaiyuan. Entrada: 30 ¥ (3 €). Reputada por sus dimensiones y la profusión de estalactitas, se la considera una de las cuevas kársticas más hermosas de China. Por ella discurre un río subterráneo, el Lujiang. Todos los años acuden en primavera miles de vencejos a anidar entre las agujas de caliza. En verano, a principios del mes de agosto, los muchachos de la etnia yi escalan los 40 o 50 m de paredes abruptas para conseguir los tan codiciados nidos de golondrina.

> YUANYANG

15.000 HAB. PREFIJO TEL.: 0873

A 3 h de carretera al sur de Jianshui y a 30 km del río Rojo (aguas color de barro), Yuanyang es un pueblo grande, sin mucho interés, en el fondo de un valle de vegetación bastante rica. En realidad se trata de una ciudad nueva, llamada Nansha por oposición a Yuanyang, que es la ciudad antigua, situada a unos 30 km de allí, en el flanco de la montaña. A 1.800 m de altitud, en los huertos de Nansha crecen los bananos y los árboles del litchi, lo que suaviza el paisaje y las costumbres. Así pues, se quiera o no, esta ciudad constituye el lugar de paso obligado para quienes quieran conocer los arrozales en terraza de la región. Los más cercanos están situados a unos 50 km al suroeste de Yuanyang, en dirección a Luchun. Por el camino se atraviesan pueblos habitados por los huni, una etnia muy particular que se encuentra muy extendida por toda la región y tiene fama de ingeniosa. Aquí aseguran que los hani de Yuanyang fueron los primeros que idearon y realizaron los arrozales en terraza de toda China. Un sitio único en Yunnan.

LLEGAR - SALIR

En autobús

Los enlaces que indicamos a continuación pueden salir o llegar a Nansha. Nansha está enlazada con Yuanyang-Xinjiezhen (1 h de trayecto) por una flotilla de autobuses. Las frecuencias de enlace son las mismas en los dos sentidos.

Estación de autobuses de Yuanyang-Xinjiezhen: a 1 km de la plaza central bajando hacia Nansha. Edificio rosa más abajo de la carretera. Calculad 3 ¥ (0,30 €) la carrera en triciclo eléctrico. No es necesario acercarse hasta allí puesto que los autobuses pasan por Yuanyang cogiendo a los pasajeros en el centro de la ciudad.

> **Kunming:** tres autobuses directos, uno de ellos con litera. A 330 km. Hay muchos otros que pasan por Jianshui o Gejiu (conexiones fáciles y rápidas en la estación de autobu-

> **AVISO**
>
> **Los horarios que se indican en la guía son orientativos.**

ses). El último sale de Nansha a las 16 h. Son 7 h de trayecto. Desde Kunming es preferible salir hacia el mediodía o más tarde.

> **Jianshui:** la carretera más directa pasa por Potou (118 km). Atraviesa una barrera montañosa cubierta de una vegetación todavía densa, y en la que se suceden bonitos pueblos yi y hani, como Goujie y Dajing, y después se precipita bruscamente en el valle exuberante y tropical del río Rojo. Calculad 4 h de autobús.

> **Gejiu:** de 7 a 18 h de viaje, dos autobuses. También se atraviesan numerosos pueblos antes de bordear el río Rojo aguas arriba.

> **Hekou (frontera vietnamita):** de 6.30 a 11.30 h, hay cuatro autobuses. 200 km y 4 h de trayecto.

> **En dirección a Lüchun** (carreterilla de Xishuangbanna): para los aventureros que quieran recorrer el país de los Dai porl los caminos de los escolares. Diez autobuses al día. Espléndida ruta, con muchos campos en terraza. Calculad unas 3 horas de ruta para 117 km. Las etapas siguientes (Jiangcheng y Jinghong) son más caóticas.

DESPLAZARSE POR LA CIUDAD

> **Por el interior de la ciudad:** el lugar que sirve como referencia es la gran explanada que se encuentra sobre la carretera principal, viniendo de Nansha y Jianshui. Desde esta gran plaza de nueva construcción se aprecia un bello paisaje de los valles y las laderas. Decoradas con esculturas que representan los signos del zodiaco chino, aquí se han edificado en hormigón y con un gusto dudoso las falsas mansiones «tradicionales» de los arroceros. En una de las esquinas de la misma plaza está la sede del gobierno, y a su lado, un antiguo edificio más pequeño de madera se alza sobre pilotes de construcción más reciente y señala la entrada a la ciudad antigua. Si tomáis las escaleras que pasan por debajo, iréis a parar a la calle peatonal donde montan el mercado de la ciudad.

> **Por los alrededores:** las terrazas más próximas (7 km) están situadas en las afueras de la ciudad, siguiendo la calle principal en dirección a Luchun. Podéis ir a pie o alquilar un pequeño triciclo-taxi. Los sitios más espectaculares están un poco más lejos, a unos 20 km por la misma carretera. Pero la mejor manera de desplazarse siguen siendo los transportes públicos locales, como la flota de minibuses que parten a medida que se van llenando. Evidentemente, alquilar un coche ofrece el máximo de posibilidades en el mínimo de tiempo; informaos en los hoteles de la ciudad.

¿CUÁNDO IR?

La mejor temporada es entre finales de enero (Fiesta de la Primavera) y marzo y abril. En esta época, tras la cosecha de la colza, las terrazas están inundadas de agua para plantar arroz. En mayo aparecen los primeros brotes. Debido a la altitud, Yuanyang suele amanecer cubierto por la niebla, y a veces se queda así todo el día. En julio, justo antes de la cosecha, el clima se vuelve húmedo y nublado. Es romántico, pero debéis llevar paraguas, impermeable y ropa de abrigo. En agosto, los hani cosechan el arroz; octubre y noviembre son meses sin lluvia.

Para organizar la estancia

A pesar de que en Yuanyang no existe una gran oferta, el turista occidental puede sentirse algo desconcertado en cuanto a qué hacer. Para preparar vuestras excursiones, comprad un plano del lugar, por ejemplo en el hotel gubernamental *Chen Jia Lüshe* (remitíos a ¿Dónde dormir?»). Allí también os ayudarán a organizar vuestra visita a la región de Yuanyang según vuestros intereses.

DIRECCIONES ÚTILES

Oficina central de correos

En la calle peatonal que se toma cuando se descienden las escaleras al venir del centro. Abierta de 9 a 17 h.

IP Phone

(IP Gonghua Chaoshi): hay muchos en la calle del mercado, uno de los cuales está frente a correos. Cierran bastante pronto, sobre las 20 h.

Internet

Originality Meshwork House: en el primer piso de la minigalería que alberga el restaurante *Xiao Yu*. Abierto 24 h!

Bancos

Agricultural Bank: frente a la plza, a la derecha del pabellón. No cambian más que metálico, pero el cajero acepta tarjetas de crédito.

¿DÓNDE DORMIR?

Chen Jia Lushe

A 300 m más arriba de la plaza de las Terrazas; a la altura de la gran curva, continuad todo recto por la callecita que bordea un aparcamiento. ☎ 562-23-43. Habitaciones entre 20 y 40 ¥ (2-4 €) con o sin baño (rudimentario, pero con agua caliente las 24 horas). ¡Típico de esta ciudad en una cresta, hay casi tantos pisos por debajo de la entrada como por encima! Habitaciones distribuidas en torno a un «pozo» central. Está en el 4º y el 6º, que es el mejor (comodidad, buen mantenimiento y bonitas vistas del valle). Hay tantas opciones en cuanto a las habitaciones como platos en un restaurante chino. Buen ambiente familiar.

Wangyanglou Lüguan

Proseguid más allá del Chen Jia Lüshe por la misma carretera.
☎ 562-24-46. En la casa blanca de 2 pisos adosada a otra casita rosa más pequeña. A partir de 30 ¥ (3 €) la habitación. Sólo habitaciones dobles con cuarto de baño. Ni muy confortables ni demasiado encantadoras, aunque muy folclóricas a su manera (100 % cemento), moderno y con precios negociables.

Hotel Gubernamental de Yuanyang

(Zhengfu Zhaodaisuo): se encuentra situado en la calle principal. ☎ 564-26-59. Pequeño hotel estándar. Las habitaciones, de limpieza y confort variables, os salen por 80 y 120 ¥ (8 y 12 €), el doble de lo que pagan los chinos. Estas prácticas, oficialmente abolidas en 1994, deberían boicotearse. En cualquier caso, procurad conseguir una rebaja.

Yunti Hotel

☎ 562-48-48. Fax: 562-37-07. Situado en la carretera que atraviesa la ciudad. La alameda que conduce hasta allí sale de la parte opuesta del pabellón de abajo. Habitaciones dobles a partir de 140 ¥ (14 €). Una idea del lujo al estilo de Yuanyang. No queremos ser demasiado severos en cuanto a las imperfecciones del servicio y la decoración, puesto que hacen un esfuerzo rebajando los precios de sus habitaciones, correctas y grandes.

¿DÓNDE COMER? ¿DÓNDE TOMAR UNA COPA?

Xiao Yu

Subiendo por la carretera principal, a unos 200 m del centro a mano derecha. Letrero en inglés y fotos en la pared. Xiao Yu es la activa dueña de este restaurante de cocina barata y deliciosa, y no habla más que unas palabras de inglés, pero se esforzará para haceros entender dónde están los mercados y los arrozales, y a qué horas salen los autobuses.

Lao Sichuan

Frente a la plaza de las Terrazas, entre los dos pabellones. Muy rústico. Cocina y vajilla en la misma entrada entrada. Muy parecido a sus vecinos, pero con un *plus* por su calidad y su servicio.

Mercado nocturno

En el tramo de la calle que está más abajo del segundo pabellón, a unos 100 m escasos de la carretera. Bajo toldos ondulados, de día, los puestos se llenan de frutas y legumbres; por la noche, aparecen las barbacoas y unas enormes sartenes en las que se cocinan brochetas, verduras, tofu, tallarines...

Los Pabellones

En la entrada de las calles del mercado. Cierran a medianoche. El primero de ellos, en la plaza, hace las veces de casa de té, mientras que el segundo, más abajo, es más bien un bar. En los dos sirven de todo a buen precio. Encargados agradables.

¿QUÉ VISITAR?

Arrozales en terraza (Titian): Asia sin los arrozales en terraza sería como África sin los animales salvajes. Los arrozales se superponen unos encima de otros como los escalones de una gigantesca escalera al aire libre. Los campos sumergidos de formas irregulares se adaptan al relieve y siguen el contorno de las pendientes. El agua de riego, traída desde las cumbres de las montañas, circula por los canales de bambú y se desliza entre los terraplenes que sirven de senderos a los agricultores. No hay vallas ni barreras, sino bosquecillos de árboles detrás de los cuales se apelotonan los poblados. Mientras que los tejados de las casas hani, tradicionalmente cubiertos de hierba, dan paso poco a poco a las placas de uralita, las casas de los yin aún siguen, en su inmensa mayoría, con el típico tejado en terraza cubierto de tierra batida. La armonía general de estos lugares todavía no ha quedado trastocada por el progreso de las ciudades. El espectáculo es incluso más hermoso cuando las nubes suben desde el fondo del valle y se encaraman por las laderas, hasta las cumbres de las montañas, como aspiradas por el cielo. Este paisaje tan extraño y particular representa ante todo el fruto de una necesidad humana y profesional. Responde a un reto agrícola técnico: ¿cómo conseguir cultivar el arroz (con agua y sol) en lugares diferentes de las llanuras y los valles de fondo llano? La respuesta de los hani: transformando la montaña y adaptándola a las propias necesidades. Esa idea genial es hoy una realidad. En la práctica, para lograr ese objetivo hizo falta realizar un trabajo de titanes durante años y siglos. Hubo que labrar la montaña, excavar constantemente estanques en horizontal y construir miles de pequeños diques de tierra. Esta región de los arrozales es única en Yunnan. Existen pocos sitios tan hermosos como éste. Estos arrozales en terraza también se pueden admirar en la región de Guizhou, donde viven los dong.

Mercados de la ciudad y alrededores: en Yuanyang se organizan los cinco días laborables y en diferentes días en las pequeñas localidades de ese distrito. Muy coloridos y auténticos, no podemos precisar los días que funcionan, porque depende del calendario chino, pero si os quedáis dos o tres días, forzosamente habrá alguno. Preguntad a la simpática Xiao Yu: «Ganjie zai nali?» (¿Dónde hay mercado?).

XISHUANGBANNA

Situada en los confines de Laos y Myanmar, y adosada a las montañas del extremo sur de Yunnan, Xishuangbanna constituye, junto con la isla de Hainan, el territorio más tropical de toda China. En sus fértiles suelos se cultivan palmeras, árboles tropicales, caña de azúcar, arroz, té (especialmente el famoso *pu'er)*, maíz y especias (cardamomo, pimienta). El paisaje, ondulado hasta el infinito, aparece puntuado por hermosos pueblos escondidos detrás de los bosquecillos de bambú.

El gran río Lancang Jiang (nombre chino del Mekong), procedente de Tíbet, atraviesa de norte a sur esta hermosa provincia, y después señala la frontera entre Laos y Myanmar hasta el célebre Triángulo de Oro para, finalmente, adentrarse en los países de Indochina.

XISHUANGBANNA

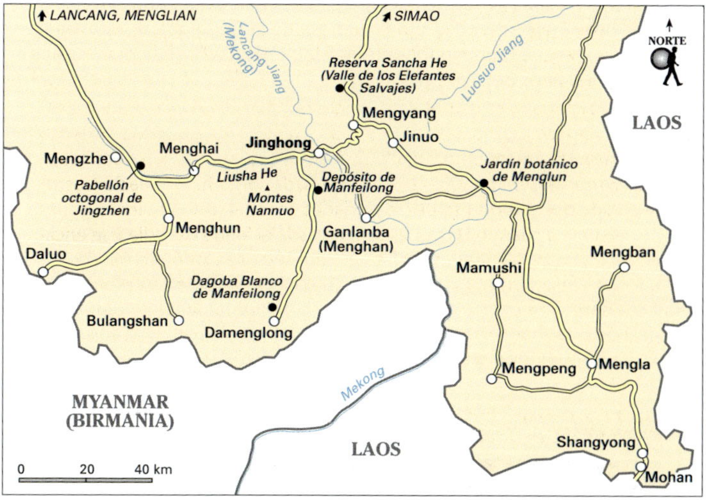

Si disponéis de tiempo, podréis observar en los bosques una serie de animales interesantes: elefantes blancos (en libertad vigilada en un parque), monos gibones de cara blanca, cálaos, pavos reales y una infinidad de mariposas exóticas.

La región cuenta con numerosas minorías, como la de los dai, emparentados con los tailandeses. Comprende 300.000 habitantes de los 800.000 que tiene la región, y posee una cultura muy parecida a la del pueblo tailandés, desde el estilo de las casas hasta su manera de rezar en los templos budistas. Al lado de los dai viven otras minorías, como los hani (principalmente de la rama akha), lahu, yi, bulang, jinuo y yao. Los han (los «chinos chinos»), sólo representan el 30 % de la población total.

> JINGHONG

100.000 HAB. PREFIJO TEL.: 0691

Situada en el extremo sur de Yunnan, a 710 km al sur de Kunming y sólo a unos 30 km de la frontera birmana, Jinghong es una gran ciudad moderna rodeada de colinas con una vegetación exuberante, que se extiende en la ribera oeste del río Lancang Jiang (Mekong). La ciudad, plana y despejada, con una trama urbana de avenidas plantadas de palmeras y ceibas, vive al ritmo del gran sur tropical. Aunque no tenga nada muy interesante (basta un día para visitarla), sí que constituye una buena base para descubrir Xishuangbanna.

El Año Nuevo dai (Fiesta del Agua)

A mediados de abril de cada año, el pueblo dai celebra la fiesta del Año Nuevo. La gran Fiesta del Agua dura tres días. Los participantes se rocían con grandes cubos llenos de agua para llamar a la lluvia benefactora. Así rinden homenaje a Nang Thorani, la diosa de la Tierra que se retorcía la cabellera para que brotaran torrentes de agua hasta conseguir que se ahogaran los ejércitos del demonio.

¿CUÁNDO IR?

Aquí hace calor y buen tiempo durante todo el año, aunque debéis saber que en el mes de abril (a mediados sobre todo), durante el periodo del Año Nuevo dai (Fiesta del Agua), los aviones y los hoteles están llenos. Así que os conviene reservar con antelación. El monzón se extiende de junio a septiembre, con aguaceros diarios que suelen ser cortos pero muy intensos. Entre octubre y febrero, la temperatura desciende un poco por debajo de la media anual, y a veces hay niebla.

> AVISO

Los horarios y las tarifas que se indican en la guía son orientativos.

LLEGAR - SALIR

En autobús

Escoged la estación según vuestro destino. Las frecuencias de los enlaces son equivalentes en ambos sentidos.

■ **Estación nº 1** (Jinghong Keyunzhan; *A2, **1***): para los autobuses de largas distancia. En la fachada podréis leer Jinghong Passenger Bus Station. Esta estación es también conocida como Beizhan (estación del Norte).

> **Kunming:** desde Jinghong, cuatro autobuses por la mañana de 8 a 12.30, y doce autobuses de 15 a 21.30 h. Podéis elegir entrelos estándar, los Gaokuai Daba (express) y los autobuses con literas. 10 h de trayecto.

> **Dali:** dos autobuses al día, de 16.40 a 19 h desde Jinghong. Calculad 14-15 h de carretera.

> **Baoshan, Ruili:** circula un autobús al día. Un viaje aventurado pasando por Lincang.

> **Yuanyang y Jianshui:** desde Jinghong , coged los autobuses para Kaiyuan o Mengzi (hacia las 18 h) que pasan por Yuanyang y Jianshui. Posibilidad también en varias etapas vía-Jiangcheng y Lüchunm, por una carreterilla que discurre a lo largo de las fronteras. Hay tramos sin asfaltar.

■ **Estación nº 2** (Banna Keyunzhan; *A2, **2***): es la estación provincial.

> **Ganlanba y Menglun:** respectivamente a 1 h y 2 h de distancia. Salidas cada 20 minutos de 7 a 8 h. Misma carretera que la de Mengla.

> **Mengla** (y la frontera de Laos): salen cada 30 minutos a partir de las 8 h. Calculad 4-5 h de viaje. Entre Mengla y el puesto fronterizo de Boten (unos 50 km) hay un servicio regular de minibuses.

> **Menghai:** un autobús cada 20 minutos de 7 a 19 h. Unos 45 minutos de trayecto.

> **Daluo** (frontera birmana de Xishuangbanna): cada 30 minutos de 7 a 19 h. Trayecto: 3,30 h. Atención, los turistas extranjeros, a diferencia de los chinos, no pueden pasan la frontera. El único puesto fronterizo posible está en Ruili.

> **Damenglong** (al sur de Jinghong): cada 30 minutos de 8 a 17 h. 3 h de trayecto.

■ **Estación nº 3** (Nanzhan; *fuera del plano, por B3, **3***), poco céntrica, ofrece también poco interés porque los autobuses de larga distancia pasan antes por la nº 1.

En avión

El **aeropuerto** *(fuera del plano, por A3)* se encuentra a 5 km al sur del centro urbano, por la carretera de Damenglong. Para ir al centro urbano, además de las lanzaderas, podéis coger un taxi (20 ¥/2 €). Desde el centro de Jinghong hasta el aeropuerto, también podéis coger el autobús nº 1 (2 ¥/2 €). Pasa a 500 m del aeropuerto, pero con unas monedas de más, podréis pedirle al conductor que os deje delante del mismo.

> **Kunming:** unos 20 vuelos diarios. Duración: 50 minutos.

> **Lijiang y Dali:** de uno a tres vuelos diarios.

> Y numerosos vuelos procedentes de **Pekín (Beijing), Shanghai** y **Chengdu.** Según las temporadas, la frecuencia de los vuelos varía.

En barco por el Mekong rumbo al Triángulo de Oro

Actualmente es posible llegar a Tailandia bajando por el Mekong desde Jinghong. Este viaje entre Xishuangbanna y el Triángulo de Oro se desarrolla en uno de los tramos más espectaculares del río, jalonado por numerosos rápidos, entre orillas encajonadas cubiertas por una vegetación exuberante.

Informaciones prácticas

Hasta hace poco, el viaje se hacía en cargueros que, además del flete, aceptaban a los viajeros. Desde hace un tiempo, hay que coger un *speed-boat*. Es indudable que el viaje ha perdido algo de su naturaleza aventurera, pero nos guste o no, es el precio a pagar por el progreso. Salida martes, jueves y sábado desde el puerto de Jinghong, en el edificio blanco en la orilla izquierda del río *(B2)*. La compra de los billetes y el embarque se hace en el edificio de enfrente, que parece un pequeño aeropuerto, con su aduana y sus aparatos de rayos X... Billete: 820 ¥ (82 €). Salida a las 8.30 h, tenéis que estar allí a las 7.30 h, llegada 8 horas más tarde a Chiang Saen. Podéis regresar desde Tailandia a la mañana siguiente (a las 7 h).

JINGHONG

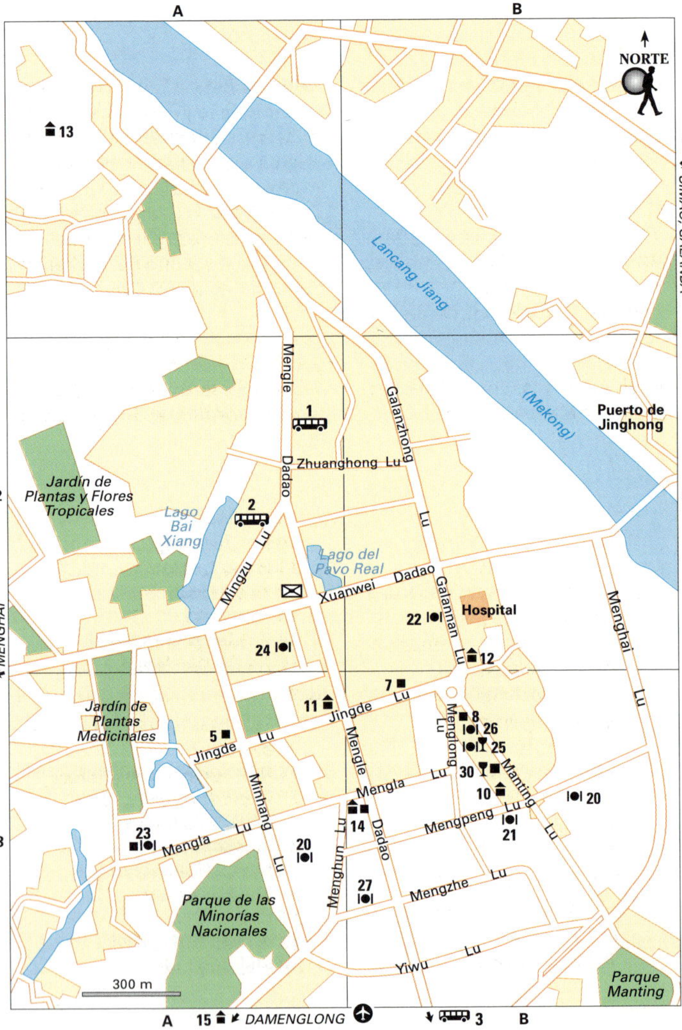

ORIENTACIÓN

Curiosamente, el Mekong no atraviesa la población, ya que se halla separado del centro urbano por campos y suburbios sin interés. El puente Lancang, que cruza el río, es quizá la mejor vista. El centro de Jinghong se encuentra alrededor de la intersección de las cuatro grandes avenidas: Jinghong Beilu, Jinghong Nanlu, Jinghong Donglu y Jinghong Xilu. El otro punto de referencia es el lago artificial del Pavo Real. En Manting Lu, la calle de los trotamundos, se alinean pequeños restaurantes, pensiones y tiendas. Podéis recorrer fácilmente la ciudad andando.

DIRECCIONES ÚTILES

Oficina central de correos

(A2): 73, Xuanwei Dadao. Todos los días de 8 a 20 h. *Servicio de Western Union* (para envíos de dinero internacionales).

IP Phones

(IP Gonghua Chaoshi): numeroso puestos en Ganlan Lu, Manting Lu, al lado de correos, en las estaciones de autobuses, etc. Todos los días de 8 a 22 h.

Internet

Establecimientos con ordenadores en la calle Manting Lu *(B3)*.

Bancos

(Bank of China; *A3*, **4**): en la esquina de Minhang Lu y Jingde Xilu. Abierto de lunes a viernes de 8 a 17.30 h. Es la agencia principal. Cambia divisas extranjeras y cheques de viaje, y podéis retirar dinero en metálico con las tarjetas de crédito internacionales. Hay otra agencia *(B2)* en Ganlan Nanlu, frente al hospital.

Compañías aéreas y agencias de viajes

> **China Eastern Airlines** *(A3,* **5***):* en el mismo edificio que el Bank of China.

■ **Transportes y Direcciones útiles**

- **1 Estación nº 1 (Jinghong Keyunzhan)**
- **2 Estación nº 2 (Banna Keyunzhan)**
- **3 Estación nº 3 (Nanzhan)**
- **Aeropuerto**
- **Correos**
- **5 Bank of China y China Eastern Airlines**
- **6 Bangkok Airways**
- **7 PSB**
- **8 Alquiler de bicicletas**
- **14 Piscinas de los hoteles**
- **23 Forest Cafe**
- **30 Mekong Cafe**

¿Dónde dormir?

- **10 Dai Building Inn**
- **11 Heng Tai Hotel**
- **12 Yu'er Hotel**
- **13 Yourantai**
- **14 Golden Banna Hotel**
- **15 Tai Garden Hotel**

¿Dónde comer?
¿Dónde tomar una copa?

- **20 Barbacoas**
- **21 Restaurantes en *fondues***
- **22 Pequeños restaurantes de la calle Galan**
- **23 Forest Cafe**
- **24 Mianli Huifandian**
- **25 Mei Mei's Cafe**
- **26 Thai**
- **27 Wangtianshu Deli**
- **30 Mekong Cafe**

☎ 212-69-99. Todos los días de 8 a 19.30 h.

> **Bangkok Airways** *(A3, 6):* Minghang Lu. ☎ 212-18-81 y 212-18-82. 💻 www.bangkokair.com Todos los días de 9 a 12 h y de 13 a 18 h.

> ***Forest Café*** *(A2, 23):* ☎ 898-51-22 y 139-8819-5351. 💻 www.forest-cafe.com Calculad 200-250 ¥ (20-25 €) por persona, todo incluido. Sara habla correctamente inglés y tiene mucha experiencia organizando excursiones. Es muy respetuosa con el medio ambiente y con sus habitantes, y busca incesantemente nuevos itinerarios.

> ***Mekong Café*** *(B3, 30):* 111, Manting Lu. ☎ 212-88-95. 💻 www.biodiversitycentre.com Un poco más caro que el *Forest Cafe,* pero aquí hacen excursiones del lado de la frontera birmana, menos frecuentada por los turistas.

Piscinas

El *Golden Banna Hotel (B3, **14**)* y, enfrente, el *Crown Hotel* disponen de una pequeña piscina accesible a los no residentes por un módico precio. También en el *New Tai Garden Hotel (fuera del plano, por A3)*, más cara pero más agradable.

Varios

> **PSB** (Public Security Bureau; *B3, 7):* Jingde Lu, en frente del *King Land Hotel.* De lunes a viernes de 8 a 11.30 h y de 15 a17.30 h. Para prolongar el visado (160 ¥/16 € para un mes).

> **Alquiler de bicicletas** *(B2, 8):* You Qi Bicycle Shop (Manting Lu, antes Mei Mei's Cafe. ☎ 216-11-89. Todos los días de 8.30 a 21 h. Precio: 20 ¥/día. (2 €), con una fianza de 200 ¥ (20 €). Bonita tienda con buenos modelos.

¿DÓNDE DORMIR?

Barato

Dai Building Inn

*(B3, **10**):* 57, Manting Lu. ☎ 213-25-92. Cama por 25 ¥ (2,50 €) en un dormitorio triple; la habitación doble privada sale por aproximadamente unos 50 ¥ (5 €). Pequeño hotel que dispone de bungalows de bambú, provistos de ventanas. Confort somero pero suficiente: aseos en el exterior, ventilador, agua caliente y mosquitera (que debe pedirse). El trato es muy ordinario, y el perro que hay atado en la entrada no es precisamente un ejemplo de jovialidad. Pese a todo, se trata de un establecimiento económico, a falta de algo mejor.

Heng Tai Hotel

*(A3, **11**):* 21, Jingde Lu. ☎ 214-16-37. Habitaciones dobles 60 ¥ (6 €). Un pequeño hotel en una calle bastante concurrida. Las habitaciones (en el 3er y 4º pisos) son un poco ruidosas, pero bastante más confortables (AC, TV, ducha y baños) y bien acabadas. Pero por el precio que tienen no se puede exigir más. Recibimiento en la lengua de Lao Tseu.

Yu'er Hotel

*(B2, **12**):* 9, Galan Nanlu. ☎ 214-47-88. En la esquina de Jingde Lu. Habitaciones dobles 70 ¥ (7€). Es el edificio con una fachada de cristal. Interior anticuado y sin encanto, pero un buen confort para su precio. Evitad las que dan a la calle, muy ruidosa. Sólo hablan chino.

Precio medio

Golden Banna Hotel

(Jin Banna Jiudian; *B3, **14**):* 55, Mengle Dadao. ☎ 212-49-01. En la esquina de Mengla Lu. Habitaciones dobles 200 ¥ (20 €), con descuentos. Vasto *lobby* bastante frío, pero su precio, el acondicionamiento en pabellones en medio de un parque y la piscina hacen de él un establecimiento recomendable. El desayuno, chino, está incluido.

Selecto

Yourantai

*(A1, **13**):* al noroeste de la ciudad por Mengle Dadao. ☎ 0139-88-11-40-89. 💻 www.yourantai.com Los propietarios van a buscaros al aeropuerto o bien os mandan un taxi. Dobles 640-1.000 ¥ (64-100 €). ¡Bienvenidos a esta espléndida propiedad en medio de la vegetación y en las alturas de Jinghong! Dirigida por un ginebrino y su esposa china, alberga, en casas de madera reciclada, un puñado de habitaciones realmente encantadoras y con todas las comodidades que podáis desear. La más cara, que ocupa toda una casa, es realmente sorprendente (cama mullida con mosquitero, salón y extraordinario cuarto de baño, en piedra y con bañera de madera); no obstante, las otras habitaciones también son semejantes: en tonos de blanco y marrón y materiales nobles. Además, por la mañana, un súper desayuno (incluido) con zumo de naranjas recién exprimidas, pan y mermeladas caseros (los dueños también tienen un restaurante y panadería en el centro de Jinghong, leed más adelante) y, por la noche, si os apetece, cena preparada por la dueña, unos 80 ¥ (8 €). ¡Nuestro favorito en Jinghong, sin lugar a dudas!

Tai Garden Hotel

(Daiyuan Jiudian; *fuera del plano, por A3, 15):* 61, Minhang Lu. ☎ 212-38-88. 💻 www.xsbn-taigardenhotel.com Doble estándar 500 ¥ (50 €), con desayuno. Un poco envejecido pero ofrece, como hotel de cuatro estrellas que es, habitaciones lujosas y bien mantenidas (aunque el baño es pequeño). Tenéis la posibilidad de ir al ***New Tai Garden*** que hay enfrente, de cinco estrellas, todo nuevo, con habitaciones impecables y ultraconfortables por 300 ¥ (30 €) más.

¿DÓNDE COMER?

Existen varios restaurantes en Manting Lu, la calle más animada al caer la noche. Las especialidades son las de la cocina dai: pescado envuelto en hojas de banano y cocido al vapor, marinada de buey crudo, frituras variadas (pieles de búfalo o cerdo, sin pelos y cortadas en tiras). Esta cocina combina los sabores dulces y salados como, por ejemplo, la piña con legumbres picantes.

Entre las barbacoas ambulantes acercaos al lado del Mengpeng Li (más allá de Manting Lu; *B3, 20*) o entre Menghun y Minhang Lu *(A3, 20)*. Podréis disfrutar de tallarines salteados, brochetas, parrilladas y bebidas frescas por precios reducidos. Los puestos se animan mucho en cuanto anochece. También debéis probar las popanlares *fondues (B3, 21)* en Mangpeng Lu, antes de Manting Lu viniendo del centro. Y por fin en un calle que sale de Galan, a 100 m al sur del hospital *(B2, 22)* encontraréis varios *hefan,* a los que vienen a desayunar los vecinos del barrio.

Barato

Forest Café

*(A3, **23**):* Mengla Lu, 23, ☎ 898-51-22. Situado en el norte de Manting Lu, es el *alter ego* del *Mei Mei's* en las historias de trotamundos sobre Xishuangbanna. Sarah, la dueña, llegó de Yangshuo hace algunos años. Sirven buenas hamburguesas y desayunos, en los que destacan el pan y las suculentas confituras caseras. Vale la pena probar el pollo con piña y los calabacines con cebolla y champiñones. Terraza en la acera. Organizan excursiones de calidad (ver «Direcciones útiles», antes).

Mianli Huifandian

*(A2, **24**):* casi enfrente de la oficina central de correos, seguid la calle (llena de tiendas, peluquerías y restaurantess) que va hacia el estadio; está unos 100 m más allá, a la derecha (donde dice «Welcome»). ☎ 898-18-86. Cafetería moderna llevada por birmanos. Entre otras especialidades: *chicken oil rice* (arroz blanco con pollo) y el arroz braseado; todos estos platos se sirven con una sopa y verduras. Menú en inglés. También zumos y bebidas. ¡Todo a precios prácticamente simbólicos!

Precio medio

Mei Mei's Café

*(B3, **25**):* en el cruce de Manting Lu y Jingde Donglu. ☎ 212-73-24. Pequeño café-restaurante que da a la acera, a la sombra de las palmeras, regentado por una familia akha (hani) muy agradable. En un pequeño comedor con objetos de artesanía colgados del techo y de las paredes, podéis comer sándwiches, hamburguesas, ensaladas y platos de la cocina local. Los trotamundos dejan aquí mensajes. También tiene otra ventaja: los aseos están limpios y se pueden alquilar bicicletas.

Thai

*(B3, **26**):* 193, Manting Lu. Al entrar a la calle, a mano derecha viniendo del centro. Salón agradable totalmente abierto a la calle. Te acogen con una sonrisa, como es habitual en el país siamés. En la carta hallaréis los clásicos *som tam* (ensaladas salteadas con papaya verde) y una gran variedad de *lab* y *tom yam*. Es el encuentro de los thai en casa de sus primos dai.

Un poco más selecto

Wangtianshu Deli

*(B3, **27**):* Mengzhe Lu, entre Mengle Dadao y Menghun Lu. ☎ 212-15-46. Todos los días de 9 a 22 h. Es el restaurante-panadería atendido por la pareja chino-suiza que regenta el elegante *Yourantai* (leed anteriormente en el apartado «¿Dónde dormir»). La sección de panadería ofrece, para los distintos menús del desayuno, panes de arroz, de levadura, de trigo o integral, todos elaborados en la casa por trabajadores formados por la dueña. El establecimiento funciona también como restaurante. En él cada plato se prepara con esmero, y supondrá un cambio frente a la gastronomía local: pizzas de masa fina, pastas con atún (excelentes), bandeja de quesos y charcutería, salmón noruego, *rib eye steak* (acompañado con patatas fritas, ensalada y sopa de calabaza de entrada)... Por supuesto, es un poco más caro que otros restaurantes, pero la calidad es impecable y el marco muy agradable, abierto a la calle, con mesas de cristal y sillones de mimbre.

¿DÓNDE TOMAR UNA COPA? ¿DÓNDE SALIR?

Mekong Café

*(B3, **30**):* 111, Manting Lu. ☎ 212-88-95. Terraza agradable con mesas y canapés. Existe la posibilidad de comer, pero os aconsejamos que vengáis a tomar una copa por la noche para disfrutar de su relax y de su buen ambiente. Organizan excursiones.

> **> AVISO**
>
> **Únicamente el criterio independiente del autor ha determinado la selección de establecimientos incluidos en esta guía.**

¿QUÉ VISITAR?

Calle Manting Lu *(B3):* en el sureste y ya en las afueras, esta calle contrasta con el resto de la ciudad. En ella no veréis edificios modernos altos, sino sólo casas bajas e inmuebles pequeños. Hace pensar más en las calles de cualquier pueblo indochino (Vietnam o Laos) que en una calle china. Sí hay muchas tiendas, pensiones y restaurantes, y pequeños tenderetes de comida en las aceras. Cuando vayáis hacia el este a través de pequeñas alamedas en dirección al río, descubriréis las casas más tradicionales, las del pueblo de Manjinglan, que fue la capital del primer reino dai. Aunque aquí el ladrillo esté reemplazando cada vez más la madera, aún constituye una buena introducción a la arquitectura y la atmósfera tan particulares de los poblados dai.

La animación aumenta cuando anochece y las familias salen a pasear, se forman corros de hombres con el torso desnudo y las bicicletas circulan con un ritmo indolente. La calle Manting Lu está flanqueada por dos templos budistas: el **templo Changliarn** (Wat Changliarn) y el **templo Manting** (Wat Manting*)*. Cuanto más se desciende por la calle hacia el sur, más adopta ésta un aspecto campestre hasta que, al final, se transforma en un camino de tierra que lleva a numerosos pueblos. Ideal para un paseo en bicicleta.

Parque Manting (antiguo parque Chunhuan; *B3):* 1, Manting Lu. En el extremo meridional de la calle, pasados el templo budista de Wat Changliarn y los restaurantes. Abierto de 7 a 18.30 h. Entrada: 30 ¥ (3 €).

Antes de entrar en el parque público más antiguo de Xishuangbanna, haced una visita al Wat Manting, donde se encuentran el rico templo Zong y una copia del pabellón octogonal de Jingzhen, junto con un estanque, una playa artificial y muchos pavos reales (animal sagrado y presunto antepasado del pueblo dai). Id cuando pega el sol, y así disfrutaréis de la sombra que dan los árboles.

Jardín de Plantas y Flores Tropicales (Xishuangbanna Tropical Flowers and Plants Garden): 99, Xuanwei Dadao. Desde la carretera principal (Xuanwei Dadao) viniendo del centro, proseguid por una especie de entrada en forma de arco a la derecha y después y seguir la alameda hasta el final. Todos los días de 7.30 a 18 h. Entrada: 40 ¥ (4 €).

En medio de una vegetación exuberante crecen más de mil especies de flores. Dos monumentos conmemoran la visita en 1961 del primer ministro Zhou Enlai, que vino a Jinghong a impulsar el cultivo de hevea en Yunnan, de resultas de lo cual Yunnan es actualmente la segunda región productora de látex de China, detrás de la isla de Hainan. Por desgracia, el abuso de este cultivo ha ocasionado graves daños a la economía.

Jardín de Plantas Medicinales (Botanical Garden of Xishuanbanna South Medecine; *A3):* Xuanwei Dadao. Al otro lado del bulevar (en relación al jardín precedente), subir un poco hacia el centro. Todos los días de 8 a 18 h. Entrada: 20 ¥ (2 €). Con menos naturaleza de jardín, es muy poco frecuentado. Lo cierto es que sólo los especialistas se acercan hasta él...

Alrededores

Reserva de Sancha He (valle de los Elefantes Salvajes): a 47 km al noreste de Jinghong. Para ir, coged el minibús en la estación de autobuses nº 2 (12 ¥/1,20 € el billete; 1 h de viaje; salidas cada 90 minutos). La reserva abre todos los días de 8 a 20 h. Entrada: 50 ¥ (5 €). Teleférico *(cable car)*: 40 ¥ (4 €) sólo ida (duración: 45 minutos).

Se trata de una gran reserva natural, en el corazón de una región de montañas cubiertas por un exuberante bosque tropical. El paseo vale la pena en la medida en que, saliendo de Jinghong, en un día podéis ver (con un poco de suerte) unos cuantos elefantes (principalmente elefantes blancos, que no tienen nada de salvajes), dar una caminata por una de las raras junglas chinas y visitar un inmenso invernadero en el que viven pájaros tropicales.

Habrá visitantes que se sientan legítimamente decepcionados por no haber visto ni un solo elefante, pero debéis tener en cuenta que los paquidermos se esconden durante el día y sólo es posible verlos al amanecer o al atardecer, cuando van a beber a las charcas. Por consiguiente, quienes tendrán más posibilidades de verlos serán aquellos que se alojen en la reserva. Los que no tengan esa suerte podrán consolarse viendo buenas sesiones de adiestramiento en el recinto situado en el extremo del sendero tropical, cerca de la segunda puerta del parque.

Por lo que respecta al elefante blanco, en realidad no es blanco, sino más bien albino. Al contrario que el elefante tradicional, tiene una piel gris que debe volverse roja y no negra cuando lo rocían con agua. Los ojos han de tener el iris amarillo, rodeado de rojo. También se dice que la cola debe tener una determinada longitud. Por último, tiene cuatro uñas en cada pie, en vez de las cinco de los elefantes que ya conocemos. Este animal se considera sagrado, más que por los chinos, por los budistas birmanos y laosianos. Así, en Myanmar y Laos, la repentina aparición de un elefante blanco se ha interpretado siempre como un buen presagio y como el anuncio de una era de prosperidad y felicidad para el país.

Elephant Hotel
La recepción está en la entrada del hotel. ☎ 243-02-99. Dobles 480 ¥ (48 €) aunque existe la posibilidad de negociar un descuento hasta 100 ¥ (10 €). Disponen de habitaciones junto a la entrada del parque o a 45 minutos a pie, en los árboles. Las primeras son mejores, pero las otras tienen un emplazamiento más original ya que se trata de casas suspendidas de falsos troncos a 5-7 m del suelo. No hay agua caliente ni electricidad de 20 a 8 h. Llevad vuestras propias viandas, ya que de noche no tendréis ocasión de comprar por aquí.

> **> AVISO**
> **Las tarifas que se indican en la guía son orientativas.**

Hay un restaurante correcto en el interior del parque, no lejos de la entrada, que atiende hasta las 18 h.

Menghun: se halla a 80 km al oeste de Jinghong. El autobús sale de la estación nº 2 y pasa por la ciudad de Menghai. Todos los domingos por la mañana se celebra un gran mercado local que dura hasta primeras horas de la tarde, dominado por los dai y frecuentado por los akhas (etnia hani), bulang y lahu, que acuden desde las colinas cercanas. Los tenderetes están llenos de legumbres, caña de azúcar, pollos, artesanía, cestería de bambú, ropa, brochetas de carne, etc. Las mujeres bulang se reconocen porque llevan un *sarong* oscuro y un bolero abotonado por delante, cargan a la espalda un cuévano de bambú trenzado y llevan el pelo recogido por una gruesa tela roja.

Pabellón octogonal de Jingzhen: se halla a 65 km al oeste de Jinghong, en el pueblo de Jingzhen, cerca de la ciudad de Mengzhe. Para llegar debéis coger un autobús para Menghai desde la estación nº 2 (45 minutos de trayecto) y después un minibús local para Mengzhe y bajar a Jingzhen.

Jingzhen es un pueblo dai con casas de ladrillo rojo (de dos plantas), rodeado por una rica y fértil campiña, con campos de maíz, arrozales en el valle, plantaciones de té *pu'er* en las laderas de las colinas y bosques que cubren las cimas de los montes. En una colina por encima del pueblo, se encuentra el pabellón octogonal de Jingzhen (la *busu* o sala de reunión de los monjes), en una explanada sombreada, cerca de los *wat* y las *stupas*. Además de que la reunión de esos tres elementos caracteriza los conjuntos monásticos tradicionales de las regiones que practican el budismo del Pequeño Vehículo, lo que distingue este lugar es la arquitectura atípica de la *busu*. Muchachas dai con el atuendo tradicional y una flor en el cabello acogen a los visitantes danzando, cerca de un gran amancayo pegado al árbol de Buda. Aquí se imagina uno en Tailandia. Hay una pequeña escuela para los bonzos novicios.

Plantaciones de té pu'er: entre Menghai y el templo de Jingzhen, la carretera (unos 13 km) atraviesa un hermoso paisaje de arrozales que se extienden en el fondo de un valle. En las laderas de las colinas. los campesinos trabajan en las numerosas plantaciones de té *pu'er*, una de las variedades más reputadas de China. Las anchas hojas, preparadas según el procedimiento *pu'er* de fermentación, poseen virtudes medicinales curativas (reducen el nivel de colesterol) y laxantes. En la región de Menghai sólo se recolectan las hojas jóvenes y frescas, y eso siempre se hace a mano, nunca con maquinaria. En tiempos de la dinastía Qing (1644-1911), los emperadores exigían la entrega de más de tres toneladas de té *pu'er* en concepto de pago de impuestos.

Se conoce otra especialidad de la región, el *tuocha* (se trata del producto de una técnica de tratamiento, y no de un crudo particular). Las hojas se prensan en unas muelas en forma de torta o de ladrillo siguiendo una tradición muy antigua (que se remonta al siglo VII), para lograr un té que se conserve y pueda transportarse en las mejores condiciones, algo que preocupaba mucho a los caravaneros. El *tuocha* se puede hacer con té verde, negro, *wulong* o *pu'er.* Existen centenares de variedades de *pu'er* y de *tuocha*.

El noroeste de Yunnan

>Dali

30.000 hab. Prefijo tel.: 0872

Recuerda, hasta cierto punto, uno de esos decorados chinos de las películas de capa y espada, al estilo de *Tigre y dragón,* con viejas murallas de piedra, grandes puertas medievales y calles y callejas empedradas bordeadas por elegantes casas de una planta con tejados en ala de golondrina, detrás de las cuales se esconden jardines y patios secretos. Aquí no hay edificios modernos ni rascacielos de acero y cristal, el tráfico rodado es escaso, y los peatones invaden las calles. Se trata de una pequeña ciudad tranquila y con personalidad, sin ningún parecido con las otras ciudades chinas, inmensas y nuevas. Los prados, los campos y los arrozales están a un paso del centro.

Dali es probablemente (junto con Lijiang) el lugar de Yunnan donde más os apetecerá quedaros unos cuantos días y hacer escala el tiempo necesario para disfrutar al máximo del encanto de la campiña que la rodea. La ciudad, que dista 348 km de Kunming y 191 km de Lijiang, está situada a 1.900 m de altitud, a los pies de una larga cadena montañosa (las Cangshan, con una altitud media de 4.000 m) y al oeste del gran lago Erhai. La zona está habitada mayoritariamente por los bai (más de 1.500.000), una etnia instalada aquí desde hace tres milenios. El mármol de Dali, reputado en toda China, se extrae en las montañas Cangshan desde hace 13 siglos. En consecuencia, *mármol* se dice en chino *Dali shi* («piedra de Dali»).

Un poco de historia

En tiempos del reino de Nanzhao (738-902 d.C.), la región de Dali escapaba al control político chino y basaba su prosperidad en el comercio entre China y Birmania. El budismo ya había penetrado aquí, y sus ideas se habían extendido por toda la zona. A mediados del siglo VIII, este reino llegó a un acuerdo con los tibetanos para resistir el expansionismo chino. Y a partir de entonces supo sacar partido de las relaciones de fuerza entre sus poderosos vecinos aplicando una hábil política de alianzas y contraalianzas con ellos. Cuando el reino de Nanzhao alcanzó el apogeo, su zona de influencia superaba ampliamente las fronteras del Yunnan actual y abarcaba grandes áreas del sureste asiático. Tras su caída apareció en escena un nuevo Estado pluriétnico, el reino de Dali (937-1253), dirigido por la aristocracia bai, que alcanzó su edad de oro con la dinastía Song en el siglo XII. Los soberanos budistas eran tan piadosos que algunos abrazaron el estado religioso y se hicieron monjes. En las orillas del lago perviven numerosas huellas (pagodas, templos...) que son testimonio de la expansión que tuvo el budismo. Con Kublai, jefe de la dinastía mongol de los Yuan (1276-1368) que reinaba en China, la región de Dali y Yunnan quedaron incorporadas definitivamente, aunque no sin dificultades, al resto del Imperio Celeste. En la actualidad hay muchos musulmanes que viven en los pueblos de la región, descendientes de los soldados reclutados en Asia central para combatir en las filas del ejército chinomongol de la época. Son los llamados hui, y constituyen una particular nacionalidad minoritaria de la China moderna, ya que lo que les diferencia de los grupos vecinos son criterios religiosos, y no rasgos étnicos. Ello se explica principalmente por las dos razones siguientes: el matrimonio de los soldados que llegaron solteros con autóctonas (han o no han) y la conversión de numerosas tribus locales a la nueva religión. En el siglo XIX, los hui se rebelaron y crearon el efímero sultanato de Dali (1855-1873).

En la actualidad, cuando se visita Dali aún se perciben claramente las señales de su glorioso pasado.

¿CUÁNDO IR?

En invierno, el clima es suave y soleado. En verano, la temperatura es muy agradable (20-25 °C) y llueve de vez en cuando.

LLEGAR - SALIR

En autobús

La llegada

¡Atención! Por más que haya gente, sobre todo en Kunming, que os ofrezca sus servicios para cuando lleguéis a Dali, es a **Xiaguan**, a 14 km al sur de la ciudad antigua de Dali, y concretamente a sus dos estaciones de autobuses, adonde os llevan todos los autobuses de largo recorrido. Y todos los que se dirigen hacia el noroeste (Lijiang, Zhongdian) o hacia el suroeste (ruta birmana) pasan obligatoriamente por Xiaguan, capital del departamento de Dali, una ciudad moderna sin ningún interés turístico y que es, después de Kunming, la mejor comunicada de Yunnan.

Una vez que lleguéis a Xiaguan, coged el autobús de la línea nº 2 delante de la estación (sin cambiar de acera) para 6 o 7 paradas, y después el nº 4 (en la calle paralela a Renmin Lu) que va a la ciudad antigua de Dali. El viaje dura 30 minutos y cuesta 2,50 ¥ (0,25 €). Por sorprendente que os pueda parecer, todos los años se ven viajeros errando por las calles de Xiaguan en busca de bares típicos y casas antiguas; no hagáis lo mismo.

La salida

Según sea vuestro destino (leed más adelante), la salida se hace o bien desde Xiaguan o bien desde Dali (más práctico) pero, en cualquier caso, aunque se haga desde Xiaguan, cada vez más agencias de viajes de Dali (donde es más que probable que compréis vuestro billete) garantizan el traslado desde el propio Dali. Resumiendo, ¡nada que temer! Tened en cuenta que siempre es mejor reservar la víspera. Si tenéis que ir a Xiaguan por vuestros propios medios, coged el autobús nº 4 desde la puerta norte o el nº 8 desde la puerta oeste *(A1)*.

Estaciones de autobuses de Xiaguan

Xiaguan cuenta con tres estaciones de autobuses de grandes líneas.

> **Estación principal (Qiche keyunzhan. Dali Bus Passenger Transport Station):** la más cercana a la intersección entre Jianshe Lu y Renmin Lu (la calle de donde sale el autobús nº 4 para Dali). Es moderna con una gran sala de espera. Desde ell aparten los autobuses express *(Gaokuai Daba)* para Kunming, Lijiang, Jinghong, etc.

> **Estación central (Xiaguan keyun zhan):** más abajo en Jianshe Lu. Aquí

- **Direcciones útiles**
  - Correos
  - 1 Lazy Books
  - 2 Internet Bar
  - 3 Bank of China
  - 4 Cycling Dali
  - 5 Mandarin Books
  - 24 Café de Jack

¿Dónde dormir?

- 10 No. 3 Guesthouse
- 11 Hotel 6
- 12 Friends Guesthouse
- 13 Tang Chao
- 14 Dali Flybird Hostel
- 15 Yin Villa
- 16 Jim's Peace Cafe and Guesthouse
- 17 Jim's Tibetan Hotel

¿Dónde comer?

- 16 Jim's Peace Cafe
- 20 Mercado nocturno
- 21 Beijing Jiaozi y Yonggong Huizu Fandian
- 22 Bamboo Café
- 23 Meizijing Jiujia
- 24 Café de Jack
- 25 King's Park Kitchen

¿Dónde tomar una copa? ¿Dónde escuchar música?

- 30 Bird Bar
- 31 Lazy Lizard
- 32 Dalida Vodka
- 33 Fifty Bowls

hay que venir para coger las camionetas *Iveco* que van a Kunming y los autobuses a las ciudades de los alrededores de Xiaguan.

> **Estación del norte (Keyun beizhan):** Dali Lu, más allá del río yendo hacia la ciudad antigua de Dali. Comunica Lijiang (en autobuses pequeños) y Shangri-la (Zhongdian).

Frecuencia y duración de los viajes

> **Kunming:** al menos dos camionetas *Iveco* de 7 a 19 h. También un autobús *Gaokuai Daba*/h durante el día. 5 h de trayecto.

> **Lijiang:** camionetas o autobuses estándar cada 30 minutos, de 7 a 19 h. Salen de Xiaguan pero pasan por Dali. También hay cuatro autobuses *Gaokuai Daba* repartidos a lo largo del día. 3 h de trayecto.

> **Shangri-La (Zhongdian):** desde Xiaguan, al menos un autobús diario de 7 a 12 h y un autobús de noche a las 20.30 h. Misma dirección que hacia Lijiang, pasan por lo tanto por la ciudad vieja de Dali. Trayecto de 7 a 8 horas.

> **Jinghong:** tres autobuses al día a las 12 h, 14 h y 20.30 h de Xiaguan. Duración del trayecto: 17 h.

> También hay autobuses hacia **Baoshan.** Algunos de ellos (dos o tres al día) continúan a **Ruili.** Respectivamente 220 y 500 km, unas 4 h y 9 h de ruta.

En avión

El **aeropuerto de Dali** (Jichang) está a 30 km al este de Dali, al otro lado del lago. ☎216-67-71. Coged un taxi (30-35 ¥/3-3,50 €) o el autobús nº 7 (servicio poco regular).

> **Kunming:** tres vuelos diarios. Duración: 30 minutos.

> **Jinghong:** un vuelo al día. Duración: 50 minutos.

En tren

Estación de trenes de Dali (Huoche Zhan): no está en la ciudad antigua de Dali sino en **Xiaguan,** en Dianyuan Lu, al este de las estaciones de autobuses. Para desplazaros hasta Dali Gucheng (ciudad antigua), coged el autobús nº 8, que pasa delante por de la estación. Salidas frecuentes. Duración: 30 minutos.

> **Kunming:** cuatro trenes de noche y un tren por la mañana (atención: ¡asientos duros!). Duración: 9 h. Es preferible el autobús.

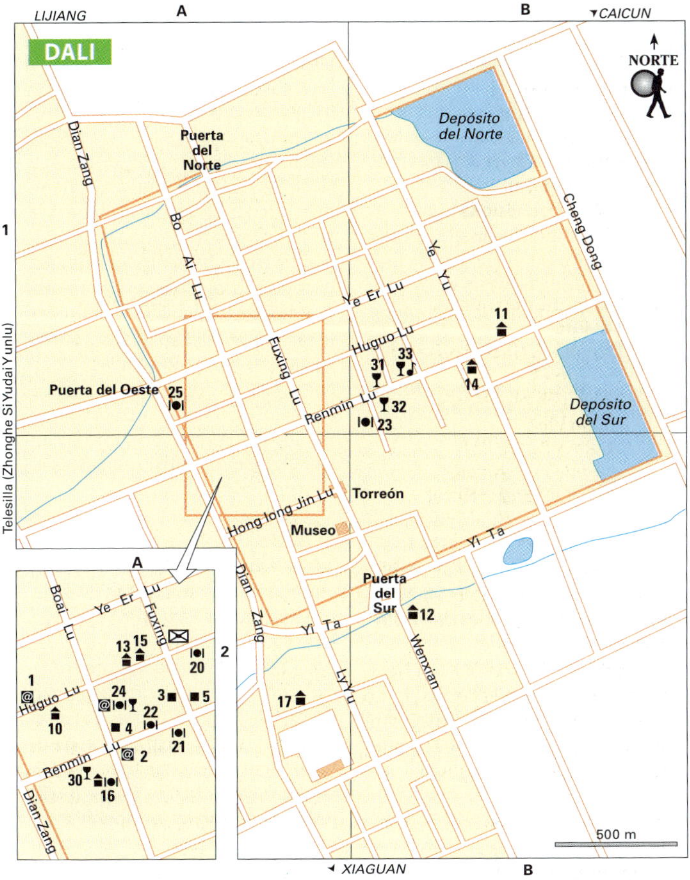

ORIENTARSE

La ciudad antigua no es muy grande. Es llana y con una trama urbana en damero, por lo que resulta fácil recorrerla a pie o en bicicleta. La arteria principal, Fuxing Lu, la atraviesa de norte a sur y cruza en ángulo recto Huguo Lu (Yangren Jie) y Renmin Lu. Los autobuses llevan a los puntos de interés extramuros, como las Tres Pagodas (nº 19) o el embarcadero de Cai Cun (nº 2). Encontraréis planos de la ciudad y su región por todas partes.

DIRECCIONES ÚTILES

Correos y telecomunicaciones

> **Oficina central de correos** *(zoom):* Fuxing Lu. De 8 a 17.30 h. Servicio *Western Union* y *EMS.*

> Hay muchos cafés-restaurantes y *guesthouses* donde de puede navegar libremente, a poco que seáis clientes. Por ejemplo en el ***Café de Jack*** (remitíos a «¿Dónde comer?») o en el

Lazy Books *(zoom, **1**)*, un café muy agradable. También en el ***Tibetan Café***, en Renmin Lu (entre Boai Lu y Fuxing Lu), que dispone de varios ordenadores. Y si buscáis un auténtico cibercafé, ***Internet Bar*** *(zoom, **2**)*, abierto las 24 h.

> **Teléfono internacional:** las tiendas IP Ka, que se encuentran por todas partes en la ciudad vieja, permiten llamar a Europa por 3,60 ¥/0,36 € el minuto. Sin embargo, para conseguir las mejores tarifas, hay que ir al Cycling Dali, la agencia de viajes que os indicamos un poco más abajo: ¡ofrece una conexión telefónica por apenas 1 ¥/0,10 € minuto!

Bancos, cambio

> **Bank of China** *(zoom, **1**)*: Fuxing Lu, 50 m a la derecha conforme se viene de Huguo Lu. Abierto todos los días de 9 a 17 h. Cambian dinero en metálico y cheques de viaje. Hay un cajero en el exterior.

Agencias de viajes

> **Agencias de viaje de Huguo Lu (Yangren JIe) y Baoai Lu:** generalmente abiertas todos los días de 8 a 22 h. Una retahíla de pequeñas oficinas que ofrecen todas prácticamente lo mismo y al mismo precio: reservas y venta de billetes de autobús, trenes y aviones (es posible conseguir precios reducidos), descuentos para el telesilla, visita de los mercados de la región, excursiones a caballo. En ocasiones también cursos de pintura china, caligrafía, taichi, etc. Hablan al menos un poco de inglés. A nosotros nos gustó mucho ***Dali Travel Center*** (☎ 267-12-82), en el nº 76, Huguo Lu, casi haciendo esquina con Fuxing Lu, muy eficaz para los transportes; o también ***Tom's Trips*** (☎ 267-95-45), en el nº 56, Boai Lu. Pero la que os aconsejamos en primer lugar es ***Cycling Dali*** (☎ 267-13-85), en el nº 55, Boai Lu *(zoom, **4**)*. La agencia, que alquila también buenas bicicletas, la dirige una familia originaria de Mongolia interior cuyos hijos hablan muy bien inglés porque han vivido en el extranjero. Además de los servicios habituales (reservas de billetes de transporte, visita a los mercados, etc.), pueden conseguir los tiques para el telesilla a precios de saldo y proporcionan excelente información sobre la ciudad y la región. También podéis reservar cursos de cocina.

Ocio

> ***Mandarin Books*** *(zoom, **5**)*: 330-332, Fuxing Lu. Enfrente del Bank of China. ✉ LXF @public.km.yn.cn Wang Hui y Liu Xiao Feng, propietarios del *Yunnan Café*, son sobradamente conocidos por los enamorados de Yunnan por su pasión por los libros de lance. Su librería posee la colección de títulos más exhaustiva del norte de Tailandia: novelas, guías y libros de viajes, obras históricas y etnográficas, y manuales de chino. La mayoría en inglés. Podéis intercambiar libros.

> **Alquiler de bicicletas:** veréis muchas casas de alquiler que ponen las bicicletas en la acera de Boai Lu *(zoom)*. Lo mismo hacen casi todas las pensiones. Para encontrar una buena bicicleta, os tenéis que levantar temprano y hacer una búsqueda sistemática. Precio: 10 ¥ (1 €) al día; hay que dejar el pasaporte o una fianza de 100 ¥ (10 €).

¿DÓNDE DORMIR?

De muy barato a barato

Guest-house nº 3

*(Zoom, **10**)*: 8, Huguo Lu. ☎ 266-49-41. Calculad 30 ¥/pers (3 €), menos si hay poca gente. Internet gratuito. En torno a un precioso patio interior, bonitos dormitorios de 6 camas, con suelos de baldosas y escalerilla de madera… ¡Excelente mantenimiento

general! Además, servicio de lavandería gratuito. Bar y restaurante en un salón con una gran mesa. Algunos DVD. Venden billetes de autobús. ¡Resulta ideal para quienes no tienen un duro!

Hotel 6

*(B1, **11**):* 4/5, Renmin Lu. ☎ 267-06-60. Cama en dormitorio 20 ¥ (2€), dobles 40-80 ¥ (4-8 €). Internet. ¡Una dirección realmente original! Los mismos dueños se han encargado de la decoración, y hay que decir que, en algunas zonas, es bastante extravagante, comenzando por el dormitorio de 6 plazas, donde se duerme en pequeñas tiendas, con un fresco en las paredes que representa el interior de un bosque. También disponen de 15 habitaciones temáticas, con o sin baños integrados. Nos gustaron varias en particular, como la que tiene una cama de piedra, o la de la bañera de madera, o también la que tiene un gran muñeco negro pintado en la pared, que recuerda al ocupante de la habitación que llegó la hora de... dormir. Divertido. Un detalle: los baños privados, WC incluidos, están instalados en la habitación como si fueran muebles, sin ninguna división. Lavadora de ropa y cocina a disposición de los huéspedes. Tienen préstamo de bicicletas.

Friends Guesthouse

(Sanyou Kezhan; *B2, **12**):* 2, Wenxian Lu. ☎ 266-28-88. 💻 www.friends-dali.com Extramuros, por la puerta sur, en el lado izquierdo de la calle. Cama en dormitorio colectivo 15 ¥ (1,50 €), dobles con baño 60-100 ¥ (6-10 €). Internet gratuito. Os lo decimos sin rodeos: si os recomendamos este establecimiento, es únicamente por las habitaciones que cuestan unos 100 ¥ (10 €), agradables, con suelo de madera, mobiliario de madera y baños bastante nuevos. Además, están frente al lago. El resto, incluidos los dormitorios, deja bastante que desear. Buen desayuno (y barato) a la carta. Alquiler de bicicletas, lavadora de ropa. Proporcionan un recibimiento agradable.

Tang Chao

*(Zoom, **13**):* Huguo Lu. ☎ 266-15-80. Entrada por una callecita en la esquinad el restaurante *Tang Dynasty* (un gran letrero al fondo de la calle). 60 ¥ (6 €) por dos personas. Un establecimiento joven y un poco anárquico, en el que da la impresión de que siempre estuvieran durmiendo hasta las mil. Habitaciones dobles (grandes camas o camas individuales) distribuidas en dos pisos, con TV y baños alicatados. Algunas son un poco oscuras, pero en general, para el precio, no hay nada que objetar.

De barato a precio medio

Dali Flybird Hostel

*(B1, **14**):* 81, Renmin Lu. ☎ 267-65-55. 💻 http://dlfeiniao.blog.sohu.com Habitaciones dobles 80-120 ¥ (8-12 €) en julio-agosto y durante las vacaciones chinas; más barato el resto del año. Internet. Tienen unos precios bastante excepcionales puesto que el establecimiento es en sí mismo flamante y tiene mucho encanto. Disponen de unas 12 habitaciones con paredes verdes, rojas o azules, con parqué, TV, baños impecables (atención, algunos están separados de la habitación por simples tabiques de cristal) e incluso con plantas decorativas. Lavadora a disposición de los huéspedes, y bar en un patio adoquinado.

Yin Villa

(Fuchun He; *zoom , **15**):* 109, Huguo Lu. ☎ 266-46-66. 💻 www.fu-hotel.net Seguid la avenida donde se encuentra la *Koreana Guesthouse*. Habitaciones dobles con baño entre 100 y 120 ¥ (10-12 €); desayuno 10 ¥ (1 €). Casa tradicional que cuenta con 12 habitaciones muy agradables y confortables (TV, parqué, muebles de madera), en una palabra, muy bien para su precio. Las del 2º piso, un poco más acogedoras, dan a una terraza-pasillo con bonitas vistas de los tejados. También se puede desayunar. Céntrico y tranquilo. Ambiente familiar. ¡Una buena opción!

Jim's Peace Cafe and Guesthouse

*(Zoom, **16**):* 63, Boai Lu. ☎ 267-18-22. 💻 www.china-travel.nl Habitaciones dobles 220-250 ¥ (22-25 €), más car en mayo y agosto; con desayuno. Siete habitaciones de diversos tamaños, todas limpias y con una buena relación calidad-precio. Lavabos «a la occidental». Por un precio extra se pueden tomar unos relajantes baños con hierbas.

Un poco más selecto

Jim's Tibetan Hotel

*(A2, **17**):* 13, Yuxiu Lu. ☎ 267-78-24. 💻 www.china-travel.nl Un poco fuera de las murallas, cerca de la puerta sur. Doble 300 ¥ (30 €), más caro en mayo y octubre. Es el otro hotel de Jim y Henriette. Un poco más caro, aunque ofrecen habitaciones muy diferentes. Además, aquí, el desayuno se paga aparte (30 ¥/3 €). Dicho esto, tiene jardín y una bonita terraza en la azotea, con hermosas vistas de los tejados de Dali, el lago y las montañas.

¿DÓNDE COMER?

Barato

Mercado nocturno

*(Zoom, **20**):* bajad por Huguo Lu pasando por Fuxing Lu. Está lleno de tenderetes con una barbacoa y un cocinero. Esta manera de comer, llamada *shaokao*, es una apreciada actividad social que sustituye al karaoke en muchos lugares. Destaca la preparación del tofu, las legumbres, el pollo o las brochetas. Pagando unos diez kuais, os quedaréis muy satisfechos.

Beijing Jiaozi

*(Zoom, **21**):* es la primera taberna a la izquierda subiendo por Renmin Lu desde Fuxing Lu. Raviolis 4 ¥ (0,40 €) la docena. Sólo tres mesas en este local frecuentado por los vecinos de la zona. No dudéis en sentaros, disfrutaréis de unos raviolis rellenos de carne que elaboran al momento cocinándolos en unas cacerolas especiales. También podréis pedir un cuenco de fideos.

Yonggong Huizu Fandian

*(Zoom, **21**):* es la cuarta taberna a la izquierda subiendo por Renmin Lu (desde Fuxing Lu). También aquí tienen únicamente tres mesas. El cartel está en árabe y en chino, puesto que se trata de un local de la etnia Hui, de confesión musulmana. No sirven cerdo, evidentemente, pero sí una buena carne de buey ahumada, cortada en lonchas *(liang pianrou)*, en sopa *(suanrou)* o rebozadas *(zhenrou)*. Se puede acompañar con verduras y setas que iréis a elegir a la cocina.

De barato a precio medio

Calle Renmin Lu

Una hermosa calle que conserva su autenticidad; el tramo comprendido entre los cruces con Boai Lu y Fuxing Lu está lleno de económicos restaurantes populares, algunos de los cuales tienen cartas en inglés. Por la mañana se encuentran sitios en los que un bol de tallarines cuesta entre 5 y 15 ¥ (0,50 y 1,50 €). Muchos establecimientos están regentados por hui (etnia china de religión musulmana).

Bamboo Café

*(Zoom, **22**):* 71, Renmin Lu. ☎ 266-35-18. Platos 30 ¥ (3 €). Un café y restau-

rante bastante clásico en la parte alta de Renmin Lu, con apenas dos o tres mesas en la terraza. Ambiente acogedor y, sobre todo, una excelente cocina. Bastantes platos europeos en la carta, pero os aconsejamos especialmente el *suanla yu,* una espléndida cazuela de pescado picante, o también el guiso de albondiguillas de carne con fideos extrafinos, ¡ya nos contaréis! Recibimiento dinámico, y como guinda del pastel, vino de la región de Yunnan (aceptable); unos 45 ¥ (4,50 €) la media botella. No todos son buenos.

Meizijing Jiujia

(B1, ***23****):* bajando por Renmin Lu, es la primera callejuela a la derecha después de Fuxing Lu (a la derecha). Abierto todos los días de 11 a 21 h. Evitad la sala de delante, sin ningún encanto. Instalaos mejor en uno de los dos pintorescos patios contiguos, bordeados de casas de la etnia bai, y pedid inmediatamente *meizi jiu*. Es una especialidad de la casa, que sale directamente de una plantación particular, mezclada con agua del pozo del patio. También podéis probar el *meizi kaorou* (tocino confitado con ciruelas), un pequeño surtido de setas, la tortilla con flores de calabaza (nanguahua jiedan), las ensaladas frías de carne y el huevo de cien años (pedid *roupian liangban),* además de todas las especialidades típicas de la etnia bai. Menú en chino y trato ¡muy agradable!

Jim's Peace Café

(Zoom, ***16****): happy hours* de 18 a 19 h. Cena de 19 a 21 h. El pequeño restaurante de la planta baja es uno de los lugares de reunión más agradables de Dali. En una estancia muy acogedora se congregan muchos viajeros de todos los países al anochecer. La cena *Special Tibet* (35 ¥/3,50 €) comprende como mínimo seis suculentos platos. No os perdáis el *Jim's nº 1 Special*, la «poción mágica» de Jim y Henriette. Se trata de una bebida digestiva a base de plantas y hierbas medicinales tibetanas, que cura el resfriado y hace dormir a pierna suelta... Los platos occidentales no son fantásticos.

Café de Jack

(Zoom, ***24****):* 46, Boai Lu. ☎ 267-15-72. Establecimiento muy agradable, de ambiente muy cordial, donde se puede tomar una copa escuchando música, desayunar, comer platos bai e internacionales a precios reducidos. Probad el té *Special Jack*, que contiene unos aromas sorprendentes. También sirven vino por copas.

King's Park Kitchen

(A1, ***25****):* 5, Huguo Lu. ☎ 266-40-82. Remontando Huguo Lu, pasad Boai Lu y proseguid por la última avenida a la derecha antes de llegar al muro oeste; está al final, por otra pequeña avenida que conduce a un jardín. Platos entre 15 y 20 ¥ (1,50-2 €). ¡Este restaurante no lo encontraréis por casualidad! Hay que ir a propósito hasta allí. Disfrutaréis de excelentes carpas enteras, cocidas al vapor; enormes platos de *ribs* o guisos de palomas y otros platos como el buey con piña... El dueño es simpático y habla un poco de inglés, y el ambiente es familiar. A veces está vacío, y a veces lleno, ¡tendréis que probar suerte!

¿DÓNDE DORMIR?
¿DÓNDE COMER EN LOS ALREDEDORES?

Higherland Inn

(Plano «Alrededores de Dali»): a 15 minutos subiendo desde el templo Zhonghe Si, en las montañas Cangshan. ☎ (0872) 266-15-99 y ☎ (1398) 853-96-80. 💻 www.higherland.com

Se llega a los 2.600 m de altitud de este nido de águilas, a medio camino de picos que sobrepasan los 4.000 m, caminando durante 2 h, a caballo (con un cuidador) por 40 ¥ (4 €), o en telesilla por menos dinero. Las camas de los dormitorios comunes cuestan 30-35 ¥ (3-3,50 €); las habitaciones sencillas y dobles, 30 y 50 ¥. En todos los casos los cuartos de baño son exteriores y comunes. Tiene vistas al lago y sobre un pequeño jardín. La decoración es sencilla, y el confort, básico. Mantas eléctricas durante el invierno. El propietario es irlandés. Bar y salón de lectura en el interior y terraza en el exterior. Películas, libros y pinturas para los sedentarios.

¿DÓNDE TOMAR UNA COPA? ¿DÓNDE ESCUCHAR MÚSICA?

Cafés-restaurante de la calle Huguo Lu

Como esta calle es peatonal, hay una constante afluencia de gente hasta ella y el consabido ambiente animado que ofrece el constante ir y venir de chinos y occidentales hasta la medianoche. En ella se concentran muchos cafés y bares.

Bird Bar

(Niuba; *zoom*, ***30***): 22, Renmin Lu. Este bar se encuentra situado en un viejo edificio de piedra y madera. Estar allí es como estar en el campo. Por una pequeña escalera de piedra subiréis a una gran sala interior, agradable y donde reina un ambiente cordial; la sala está amueblada con gusto (sofás confortables, salón, gruesas vigas y bonitas telas). El establecimiento empieza a animarse a primera hora de la noche, en la penumbra de las luces indirectas, y cierra muy tarde. Se trata de un lugar de reunión cosmopolita, frecuentado tanto por los jóvenes de Dali como por los viajeros que están de paso.

Lazy Lizard

(B1, ***31****):* 223, Renmin Lu. Todos los días a partir de las 20 h. Imposible no verlo, es el bar indicado por una enorme flecha verde que se ve desde lejos cuando estáis en Renmin Lu. Una salita íntima y a media luz con decoración *trash*, donde podréis tomar buenas cervezas alemanas o belgas. Merece la pena darse una vuelta.

Dalida Vodka

(B1, ***32****):* frente al Lazy Lizard. Otro bar pequeño y tranquilo. Sirven cócteles. Llevado por una agradable china que habla inglés. *Happy hours* 19 a 21 h.

Fifty Bowls

(B1, ***33****):* 243, Renmin Lu. Un poco más lejos que los otros dos viniendo del centro. Aquí se viene a escuchar los conciertos (generalmente gratis) que tienen lugar una vez por semana (días variables). Es la ocasión de escuchar música china en vivo proveniente de todos los rincones del país. En la azotea, una pequeña terraza para contemplar las estrellas.

¿QUÉ VISITAR?

Ciudad antigua: tenéis que recorrerla andando o en bicicleta. De plano en cuadrícula, con calles que se cortan en ángulo recto, no veréis edificios modernos que sean antiestéticos ni tampoco muchas casas que tengan más de dos plantas. Dali ha preservado su patrimonio histórico y su encanto para atraer a los visitantes. Hay numerosas casas antiguas de arquitectura bai tradicional que se distinguen por su puerta de entrada. Muchas de ellas tienen un patio interior, generalmente lleno de flores, y algunas cuentan con un pequeño jardín escondido.

Calle Huguo (Huguo Lu): también recibe el nombre de «la calle de los extranjeros» (Yangren Jie) debido a los muchos cafés, bares y restaurantes que sirven platos de la cocina occidental, además de los locales. Una gran cantidad de tiendas de souvenirs ofrece objetos de artesanía, vestidos tintados con la técnica *tie-dye* (índigo), joyas, cerámica y, por supuesto, objetos de mármol de todas clases, especialidad de Dali.

Museo de Dali *(A2):* todos los días de 8 a 18 h. Entrada: 5 ¥ (0,50 €). Exposiciones modestas en un marco interesante, formado por los pabellones, jardines y patios interiores de la que fue residencia del sultán de Dali. En la planta baja se expone cerámica y objetos de bronce; en la primera, una colección de estatuillas de terracota. También podéis ver, en el patio trasero, un bosque de estelas de Nanzhao.

Antigua iglesia católica de Dali *(B1):* bajad por Renmin Lu hasta más allá de Fuxing Lu, en dirección al lago Erhai, y después coged a la derecha en una pequeña alameda (panel indicador). Es un buen ejemplo del estilo arquitectónico y decorativo propio de las iglesias que florecieron en la región tras la llegada de los misioneros-aventureros franceses a finales del siglo XIX. Se construyó en 1927.

ALREDEDORES

> **Recomendaciones:** en un día o dos podéis hacer fácilmente una larga excursión sin prisas y recorrer buena parte de la región. Si habláis chino, todo os será más fácil y sencillo. Si no, buscad un(a) chino(a) que os acompañe u os escriba el lugar adonde vais en caracteres chinos en un trozo de papel. Los mapas locales pueden resultaros muy útiles, pero a veces tendréis que identificar previamente un lugar cuya transcripción pinyin no se indica. Por ejemplo, se puede ir fácilmente al pueblo de **Zhoucheng** y, más lejos aún, desde **Shaping** (mercado los lunes) con los autobuses que circulan entre Xiaguan y Eryan (ciudad al norte del lago), a lo largo de la orilla oeste. Para ir a la orilla este, en cambio, es mejor coger los ferris que unen Cai Cun (el embarcadero de Dali) y el Pabellón de los Espejos Celestes; después, desde allí, los autobuses que bordean la costa este hasta los pueblos de **Wase** y **Shuang Lang.** Otra opción, más simple pero más cara (excepto si sois varios), es alquilar un taxi. En ese caso podréis dar directamente la vuelta al lago en un día. Por último, una tercera solución: la bicicleta, si sois un poco deportistas. Hay muchos lugares que alquilan bicicletas en Dali y francamente no es caro. Evidentemente, es más lento que el taxi...

Lago Erhai: en chino, *er* significa «oreja», y *hai*, «mar». O sea, que estáis en un pequeño mar interior que tiene la forma de

ALREDEDORES DE DALI

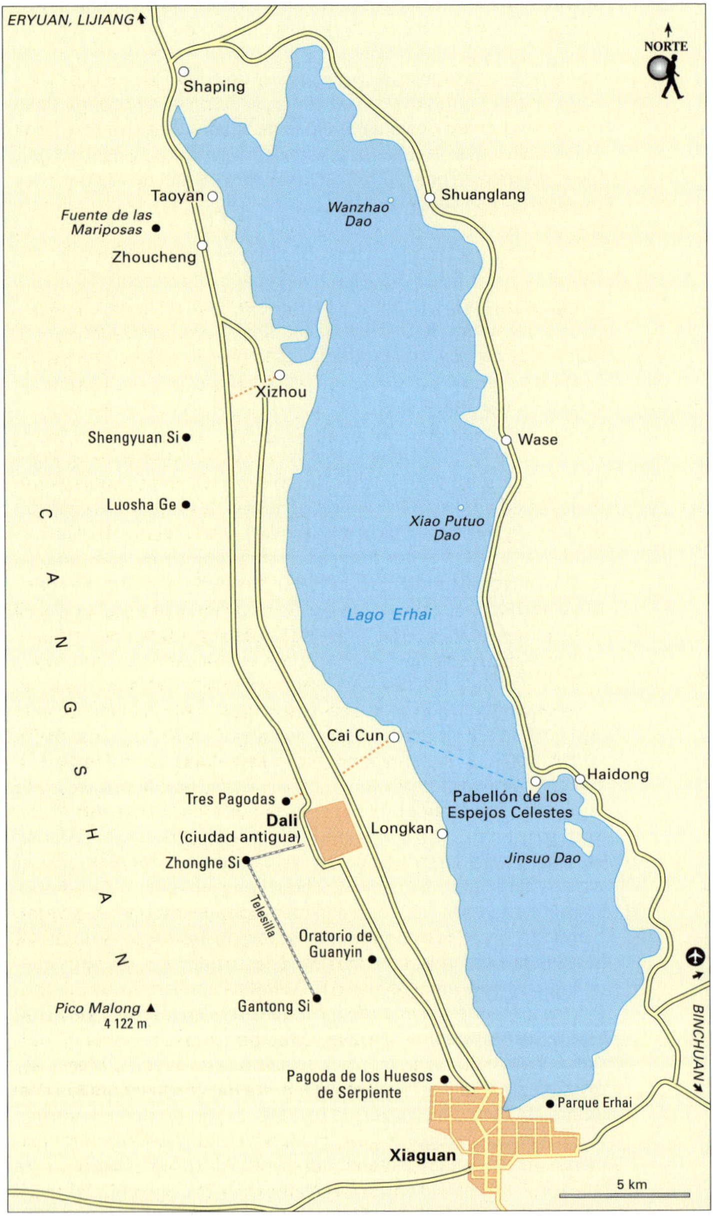

una gran oreja de 42 km de largo y 9 km de ancho. La oreja está rodeada de montañas, colinas y arrozales que descienden suavemente hasta las orillas del lago, que recibe las aguas del río Miju y vierte a su vez en el río Xi'er (que desemboca aguas abajo en el alto Mekong).

En el fondo del lago habitan más de 40 especies de peces, de cuya pesca viven los ribereños. Éstos practican además la piscicultura en numerosos viveros dedicados al engorde de carpas, que constituyen uno de los manjares más apreciados de la cocina china. También se practica la pesca con cormoranes, aunque cada vez menos (ver más adelante).

> PESCA CON CORMORANES

Esta técnica de pesca tiene larga tradición local y se practica en la región del lago Erhai desde comienzos del siglo XIX. Los cormoranes son alimentados desde que nacen por sus propietarios, quienes los crían y adiestran para que, al llegar a la edad adulta, se sumerjan en el agua y atrapen los peces vivos con el pico (igual que en el río Li, cerca de Guilin). En la actualidad, el lago está perdiendo lentamente su riqueza piscícola debido a la sobrepesca, y cada vez hay menos familias que practiquen esta técnica. Como no pueden mantener a los cormoranes, los venden o los matan.

El lago Erhai es célebre por sus claros de luna. Atención, en abril y mayo, a las ráfagas de viento que degeneran en tempestades.

La orilla este se halla dominada por una cadena montañosa (Hongshi Shan), abrupta y árida, y la parte más extraordinaria del lago se encuentra entre Wase y Shuangland. Al contrario de esta orilla inhóspita, la occidental es una larga llanura de tierras bajas que se extiende de norte a sur entre el lago y las montañas Cangshan. Poblada y fértil, en ella se cultiva arroz, algodón, tabaco, caña de azúcar y maíz. Por esta orilla oeste pasa también la ruta histórica y comercial que enlaza Dali con Lijiang, el centro de Yunnan con el lejano Tíbet.

Montañas Cangshan: las leyendas de la región, así como las impresiones visuales del viajero, no estarían completas sin esta cordillera dentada formada por una sucesión de picos y barrancos por la que corren multitud de torrentes.

Coronada por el pico Malong, de 4.122 m, corre paralela a la ribera oeste del lago Erhai. El sol, cuando se oculta detrás de las montañas, lanza sus rayos cada vez más oblicuos creando un sorprendente efecto de barrido del valle al lago, hasta dar con las montañas del lado este.

La manera más cómoda de ir, desde la ciudad antigua (calculad 1 km largo de subida), es tomando el telesilla (salida al noroeste de la ciudad, coged un taxi) hasta el **templo de Zhonghe Si.** Desde allí se asciende por el ***Yudai Yunlu,*** un bello sendero de unos 15 km, empedrado y fácil de subir, que, en muchas de las curvas de la montaña de las que surgen cascadas, ofrece bellas vistas sobre el valle. En la cima encontraréis una estatua de Buda de gusto dudoso.

Isla de la Embarcación Dorada (Jinsuo Dao): se halla en la orilla este, frente a Haidong: un pueblo de pescadores y un pequeño templo dedicado a la riqueza, la felicidad y la longevidad.

En el norte de Dali

Templo de las Tres Pagodas (Santa Si): a 3 km al norte de Dali, a la izquierda de la carretera de Dali a Zhoucheng, y a 15 minutos en bicicleta. Abierto de 8 a 19 h. Entrada: 121 ¥ (12,10 €). Muy caro; se entiende que muchos se conformen con verlo desde fuera.

Este lugar se considera el símbolo de Dali. Son tres altas torres de una pagoda erigidas en el centro de un gran jardín, al pie de las montañas, y que se divisan desde muy lejos. La más elegante y alta (69 m, 16 plantas) es la pagoda de los Mil Despertares (Qianxun Ta), que domina a las otras dos, más bajas (43 m, 10 plantas) y de estilo más pesado. Erigidas en los siglos IX y X, su arquitectura se inspira en la de la gran pagoda de las Ocas Salvajes de Xi'an. El jardín se prolonga por la parte trasera hacia el oeste y las colinas, y ofrece una espléndida vista de la campiña de los alrededores y los arrozales que descienden hasta las orillas del lago Erhai. Desde aquí podéis admirar la torre de la Campana, el palacio del buda Yutong y la tumba de Liyuan Yang Duangang.

Xizhou: a 20 km al norte de Dali y, después, 3 km por un camino. Tomad, en la estación de autobuses de Dali, el minibús con destino a Eryuan (salidas cada media hora; trayecto de 30 minutos). En bicicleta desde Dali, calculad unas 2 h. Todas las mañanas hay mercado a la salida de la población.

Atención: Xizhou parece un pueblo; tiene todo el aspecto, pero en realidad cuenta con 10.000 habitantes. En China no hay que fiarse de las apariencias. La plaza central del pueblo parece salida de una antigua estampa china, y su sencillez, su tamaño y una animación aldeana la sitúan a años luz de Kunming. Es el prototipo de pueblo rural chino, ni demasiado grande ni demasiado pequeño, y un tanto turístico, pero sin pasarse. En la plaza, con árboles y bordeada por casas bajas, veréis los tenderetes al aire libre montados por los pequeños comerciantes. Un panadero elabora unos deliciosos panes con torreznos y cebolletas que se llaman *Xizhou baba*, la especialidad del lugar.

Al lado de la plaza central, el restaurante *Yin Chang* ocupa una antigua casa bai, la del **clan Yang:** muy grande, con una serie de patios interiores, y en la que vivió tiempo atrás una familia enriquecida con el comercio del cobre, el estaño y los ladrillos. Vale la pena echarle un vistazo, pese a que los patios interiores, muy bonitos, estén demasiado llenos de tiendas de souvenirs (lo que quita encanto a la casa). En Xizhou existen cerca de 88 casas bai del mismo estilo, y muchas de ellas están en ruinas.

Zhoucheng: seguro que os quedaréis prendados de su céntrica plaza, a la sombra de dos viejos árboles de gruesos troncos, que tienen más de dos siglos y mantienen el follaje verde a lo largo de todo el año. Detrás de los tenderetes están los comerciantes que venden sus artículos (fruta, legumbres y semillas de marihuana). Cuando lleguéis a la plaza, veréis a la izquierda el precioso escenario de teatro bai al aire libre, muy bien conservado. Esta plaza podría ser muy bien el marco de una novela o de una película antigua. Zhoucheng parece más pobre que Xizhou, pero es un pueblo aún más auténtico.

No dejéis de meteros por las callejas que llevan a la parte de arriba de la población. Si vais con alguien que hable chino, os facilitará los contactos.

El taller de tintorería de Zhoucheng está abierto al público, pero tened en cuenta que las mujeres bai son unas temibles vendedoras y os resultará muy difícil iros sin que os hayan hecho comprar algo. Hay una docena de trabajadoras que tiñen las telas con índigo, si bien los demás tintes utilizados son químicos. Una vez teñidos los tejidos y las telas, los venden a los talleres de confección y a los turistas. Si sabéis regatear bien, con la sonrisa en los labios, podréis hacer un buen negocio.

Mercado de Shaping: Shaping se halla a 5 km de Zhoucheng, en la punta noroeste del lago Erhai, y podéis llegar con la misma línea de autobuses. El mercado es más grande que el de Wase, pero también más turístico. Se celebra todos los lunes. Id a visitarlo por la mañana temprano. Las agencias y los hoteles de Dali organizan excursiones. En bicicleta, calculad aproximadamente unas 2,30 h de ida desde Dali.

Templo Wuwei Si: a 5 km de la salida norte de Dali. Tomad el minibús que va en dirección a Eryuan, e indicad al conductor adónde vais. Luego hay que caminar unos 30 minutos hacia la montaña. Pronto puede apreciarse el templo erigido en una cueva. Es el más antiguo de la región. Otra motivación para subir podría ser que Wuwei Si acoge una escuela de taichi en la que se pueden apuntar extranjeros. Por una suma modesta se consigue alojamiento a pensión completa, además de asistir a las clases, pero al parecer la calidad de la enseñanza también es modesta.

En la orilla este del lago Erhai

Pabellón de los Espejos Celestes (Sky Mirror Pavilion): casi enfrente de Cai Cun (el puerto de Dali), entre Xiaguan y Wase. Para ir, coged uno de los pequeños ferris de Cai Cun (salidas frecuentes de 8 a 17 h). Regateando se puede, en principio, conseguir el billete (ida y vuelta) por 120 ¥ (12 €), la entrada incluye el acceso al lago. Duración de la travesía: 30 minutos. Entrada al Pabellón: 10 ¥ (1 €).

Una de las excursiones más agradables para hacer en los alrededores de Dali. Se trata de un templo encaramado sobre un promontorio a orillas del lago. Se puede subir hasta la cima para disfrutar de un espléndido panorama de la plácida extensión de las aguas, las montañas al otro lado... y el magnífico jardín abajo, sembrado de estanques y otros pequeños pabellones. El templo debe su nombre a los paneles con espejos que cubren el último piso. No dejéis de echar un vistazo también al pequeño templo dedicado a Guanyin, que se encuentra en el parque más abajo. Después, daos el gusto de saborear una brocheta de gambas o pescaditos del lago en cualquiera de los puestos que encontraréis por todas partes...

En el sur de Dali

Oratorio de Guanyin: a 5 km al sur de Dali, por el camino de tierra a la derecha de la carretera de Dali a Xiaguan. Situado en la ladera de una colina, este templo budista, construido durante la dinastía Ming, se levanta en el centro de un jardín plantado de magnolias y osmantos.

Templo de Gantong: a 7 km al sur de Dali, tomad el autobús nº 4. En el oratorio de Guanyin, seguid a la derecha el camino empedrado que lleva al templo situado a 3 km. Construido en la ladera de la cadena montañosa de las Cangshan durante la dinastía Tang, fue reconstruido en tiempos de los Ming y sirvió entonces de refugio a los letrados exiliados, como el poeta y pintor Dandang (1593-1673), cuyo sepulcro podréis ver detrás. En el patio principal del templo hay un salón de té muy agradable, situado frente a dos viejos árboles de té, en el que podréis hacer una parada. Y en las plantaciones que rodean el templo se cultiva el té de Gantong, muy apreciado por los habitantes de la región.

Estela de Nanzhao: a 7 km al sur de Dali, a la derecha de la carretera de Xiaguan. Fue erigida en 766 en la ciudad de Taihe, la primera capital del reino de Nanzhao, y de la que no queda ninguna huella. La estela está «desgastada por los siglos». Los lugareños tienen la costumbre de rascarla para obtener un polvo que tiene virtudes medicinales para los niños.

> LIJIANG

300.000 HAB. PREFIJO TEL.: 0888

Situada a 2.400 m de altitud, entre montañas con las cumbres nevadas, y con la altiva silueta de la montaña del Dragón de Jade (o Yulong Xueshan, 5.596 m) al fondo, Lijiang es una ciudad doble. Por una parte, en el oeste está la ciudad nueva, moderna, extensa y con una trama urbana a la americana; y, por otra, una ciudad antigua, llena de encanto y carácter, con un gran laberinto peatonal de callejuelas tortuosas bordeadas de casas bajas (de madera pintada de color vino). Este centro histórico está bañado por numerosos arroyos y pequeños canales atravesados por puentes de piedra y pasarelas de madera que le confieren una placidez y una personalidad que no encontraréis en ningún otro lugar de China. El agua de los arroyos que desciende de la montaña parece tan pura que algunos lugareños lavan la ropa con ella, y otros la utilizan incluso para limpiarse los dientes. Lijiang es la capital del país naxi, una minoría étnica muy particular, de tradiciones antiguas, en la que las mujeres desempeñan un papel preponderante en el seno de la familia. Paseando por las calles, os cruzaréis con altivas y vivarachas ancianas con el cigarrillo en los labios, un gorro estilo Mao de color azul en la cabeza y una capa que simboliza las siete estrellas de la Osa Mayor.

Los naxi

Los naxi eran nómadas procedentes de los confines del noreste de Tíbet que se sedentarizaron y establecieron en la región de Lijiang antes del siglo X de nuestra era. La palabra *naxi* significa «pueblo negro», por el color de las tiendas en las que este pueblo vivía en tiempos pretéritos. Durante mucho tiempo formaron una sociedad matriarcal en la que el poder de las madres y las mujeres era mucho mayor que el de los hombres. Su religión consiste en una mezcla de animismo y chamanismo, con una gran influencia del lamaísmo tibetano. Los dongba son brujos, exorcistas y guardianes respetados de la tradición naxi. A ellos corresponde asegurar que las cosechas sean abundantes y que el ganado se críe sano. Y, durante las danzas rituales, salmodian los textos religiosos redactados en una escritura pictográfica milenaria muy original, muy diferente de la china y que se compone de 1.300 signos. Todavía se desconoce su origen.

Cocina y vino naxi

> La especialidad naxi es el *baba*, un buñuelo hecho a base de una torta de trigo, rellena con una guarnición dulce o salada (jamón, cebollas verdes, carne). Otra de las delicias de la cocina naxi es el queso de cabra, que se corta en pequeñas rebanadas cuadradas y, muchas veces, se fríe rebozado con lonchas de jamón.

> El *yinjiu* es un vino naxi dulce, con poco alcohol (20º), que se elabora con una mezcla de cebada, trigo, sorgo y una levadura especial. Por si hacía falta que tuviera más pureza, le añaden agua procedente de la montaña del Dragón de Jade.

Joseph Rock en Lijiang

En la década de 1930 vivió en la región de Lijiang un naturalista y antropólogo estadounidense llamado Joseph Rock, quien escribió un libro sobre los naxi titulado *The Ancient Nakhi Kingdom of Southwest China*. Rock fue el primer occidental que dio a conocer la cultura naxi, desconocida hasta entonces. Este aventurero excéntrico, periodista infatigable y explorador insaciable conoció a la incansable viajera Alexandra David-Neel (que estaba de paso en Lijiang, camino de Lhassa) y enseñó inglés al doctor Ho, famoso médico-herborista de Baisha (que aún vive, ver «Alrededores de Lijiang», más adelante).

En busca de Shangri La

Este extraño y poético nombre no es el de ninguna ciudad, región ni país, sino el de un reino imaginario que los orientales, y principalmente los chinos, buscan como si se tratara de un mundo ideal: una especie de paraíso perdido. Pero ¿por qué Shangri La se ha convertido también en un mito para los occidentales? Todo empezó con un reportaje de la revista *National Geographic* realizado por el aventurero norteamericano Joseph Rock (ver antes), en el que se inspiró el escritor británico James Hilton para escribir, en 1933, una novela titulada *Horizontes perdidos*. En ella, Hilton describe una misteriosa región llamada Shangri La, situada en el suroeste de China y escondida entre los bosques, las montañas y los cañones. Una especie de paraíso terrestre en el que sus habitantes vivían con una gran serenidad, siguiendo un estilo de vida ecológico y pacífico, en total armonía con la naturaleza. Respetaban a los hombres y a los dioses, convivían sin problemas con las demás etnias y alcanzaban una longevidad excepcional.

Frank Capra adaptó la novela en una película en blanco y negro que tenía el mismo título, *Horizontes perdidos*, y estaba llena de referencias místicas, lo cual contribuyó a la expansión del mito de Shangri La entre el público estadounidense. Después, vinieron a Yunnan periodistas y aventureros a buscar y localizar ese misterioso reino que tanto excitaba la imaginación. Evidentemente, nadie descubrió absolutamente nada, por más que todos lo intentaron con la misma tenacidad con que los hombres de la Edad Media en Occidente buscaron obsesivamente la existencia del «paraíso terrenal» (que más de uno situó en las islas Molucas). En definitiva, el reino de Shangri La resultó ser un producto imaginario. El 17 de diciembre de 2001, el Gobierno chino informó al mundo entero del nacimiento del condado de Shangri La, en el emplazamiento de Zhongdian. Pese a todo, especialistas locales creen haber identificado algunos rasgos comunes entre el terruño en el que viven y la maravillosa región descrita por Hilton. En la actualidad, parece que Zhongdian le ha ganado a Lijiang la batalla por la capitalidad de Shangri La, con todo lo que eso supone desde el punto de vista turístico.

¿CUÁNDO IR?

El clima de Lijiang es suave, a pesar de encontrarse a más altitud (2400 m) y en una latitud más septentrional que las ciudades de Dali y Kunming. En comparación, aunque las temperaturas son un poco más frescas (2 ºC), tiene más días de sol. No hace ni mucho calor ni mucho frío. La estación de las lluvias, ligeramente atenuada por la altitud, se extiende de junio a septiembre, igual que en el resto de Yunnan. Ése es también el periodo de floración. En invierno puede hacer frío (la temperatura media en diciembre y enero llega a 6 ºC), y a veces nieva durante la noche.

LLEGAR - SALIR

En autobús

En Lijiang hay dos estaciones de autobuses de largo recorrido.

Express Bus Station *(fuera del plano por A1, 1):* en la carretera de Shangri-la (frente al *China Eastern*) para los autobuses Express o VIP *(Gaokuai Daba)*.

Estación de autobuses del Sur *(A2, 2)*, a 3 km de la anterior. Es nueva, y de ella sale el resto de los autobuses. Como siempre es mejor reservar el billete la víspera.

> **Kunming:** cuatro autobuses express al día *(Gaokuai Daba)*. De 8.30 a 11 h desde Lijiang. Unas 8 h de trayecto. También hay autobuses con litera a partir de las 19.30 h. Otra posibilidad es coger un autobús estándar o una camioneta *Iveco* para Xiguan (Dali) desde la estación de Sur, y después otro para Kunming.

> **Dali** *(Xiaguan):* autobús estándar o *Iveco* cada 30 minutos, de 7.10 a 18.30 h desde la estación del Sur. Si no, igual que par Kunming, cuatro salidas diarias en *Gaokuai Daba (VIP)* desde la Express Bus Station. Calculad 3 h de trayecto para 170 km. Podéis pedirle al conductor que os deje en la ciudad antigua de Dali.
> **Shangri-la (Zhongdian):** autobuses estándar cada 40 minutos de 7.30 a 17 h (Estación del Sur), y dos autobuses express de 8.40 a 14.30 h desde Lijiang. 180 km. Calculad un mínimo de 4 h de trayecto.
> **Baoshan** *(ruta birmana):* un autobús al día. Es preferible dirigirse a Dali, desde donde las salidas son más numerosas.
> **Jinjiang (Panzhihua):** en el itinerario de la vía férrea Kunming-Chengdu (Sichuan), a 5 km de la ciudad de Panzhihua. Seis autobuses de día de 7.10 a 20.30 h. Recorre 300 km en 8 h.
> **Lugu Hu:** dos autobuses al día a las 9.30 y las 10.30 h desde Lijiang (estación del Sur). Si no, hay que pasar por Ninglang.
> **Qiatou (gargantas del Salto del Tigre):** dos autobuses a las 7.30 h y las 13 h, pero todos los días. Otra opción es coger un autobús a Shangri-la (hay que pagar el trayecto completo).
> **Jinghong:** un autobús al día.

En avión

> **Aeropuerto de Lijiang:** a 30 km al sur de la ciudad. Hay autobuses que llegan al aeropuerto desde el *hotel Lantian*. Un taxi hasta el aeopuerto cuesta unos 80 ¥ (8 €).
> **Kunming:** hasta 20 vuelos al día en temporada alta. Duración del trayecto: 45 minutos.
> **Jinghong (Xishuangbanna):** de uno a tres vuelos al día. Duración: 1 hora.
> Otros vuelos al día con **Chengdu, Pekín, Shanghai y Cantón.**

ORIENTACIÓN

Para recorrer la ciudad antigua, salid del puente Yulong y seguid hacia el sur por Dong Dajie, Xinyi Jie o Xinhua Jie, las tres arterias que llevan hasta la plaza del mercado Sifang, el auténtico centro de un increíble dédalo de tortuosas callejuelas y canales. Hacia el norte, cuando se sale de la ciudad antigua, se va por Xin Dajie hasta el parque del Estanque del Dragón Negro, pasando por delante de una gran estatua de Mao.

Calculad un día entero para conocer la ciudad antigua.

DIRECCIONES ÚTILES

Información turística

(A1): abierto de 8 a 22.30 h. Hablan un poco de inglés.

Correos

(A1): la sucursal más práctica se encuentra en la punta de Dong Dajie. Abierta de 8 a 20 h. Teléfonos y servicio de envíos internacional.

Internet

En todos los cafés-restaurantes y en las pensiones disponen de puntos de conexión para sus clientes. No tendréis problemas para navegar por la red.

Bank of China

(A1, 3): Dong Dajie. Todos los días de 9 a 17 h. Cambian dinero y también hay cajero automático. Hay otro cajero enfrente de la oficina de correos.

Policía

(A2): PSB, en el sur, no muy lejos de la estación de autobuses del Sur.
☎ 512-15-67.

Varios

Mandarin Books *(A1, 4)*: 4, Xinhua Lu. A mano izquierda del pequeño canal, viniendo de la plaza del mercado, enfrente del restaurante *Sakura*. Un lugar en el que es fácil encontrar lo que deseamos leer. Mapas y postales. Obras en inglés y francés, tanto nuevas como de segunda mano. Se pueden intercambiar libros.

Alquiler de bicicletas *(fuera del plano por A1, 5)*: en la pl. Mao, en el *Peter's Cafe*. Todos los días de 7 a 21 h. Calculad 15-20 ¥ (1,50-2 €). Para la fianza con el número de pasaporte es suficiente.

Agencias

Lantian Airline Ticket Office (Lantian Shiye; *A1, 6*). ☎ 539-99-99. Todos los días de 8 a 21 h. Reserva y compra de venta de billetes de avión (a precio reducido) para China. Algunas pensiones ofrecen el mismo servicio a cambio del cobro de una pequeña comisión.

CAAC-China Eastern Airlines *(fuera del plano por A1, 7)*: Shangri La Dadao. ☎ 519-99-99. Enfrente de la Express Bus Station, en la ciudad nueva. Todos los días de 8 a 19 h. Venta, cambios y anulaciones de billetes.

¿DÓNDE DORMIR?

Advertencia: Lijiang es una población cada vez más turística. En temporada alta y durante el periodo vacacional de los chinos, los precios de las habitaciones aquí indicados pueden aumentar hasta en un 50%. Así que procurad negociar el precio, sobre todo si pensáis quedaros varios días. A veces resulta muy difícil encontrar habitación. Dejad el equipaje en algún café e id inmediatamente a buscar por la ciudad antigua.

Transportes y Direcciones útiles

- Información turística
- Correos
- 1 Express Bus Station
- 2 Estación de autobuses del Sur
- 3 Bank of China
- 4 Mandarin Books
- 5 Alquiler de bicicletas
- 6 Lantian Airline Ticket Office
- 7 CAAC-China Eastern Airlines

¿Dónde dormir?

- 10 Old Town Youth Hostel
- 11 Lao Shay Youth Hostel
- 12 Mama's Naxi Guesthouse
- 13 First Bend Inn
- 14 Old Town Carnation Hotel
- 16 Yulong Hotel
- 17 Hua Ma Guo Hotel
- 18 Yi Yuan Kezhan
- 19 Swiss Snow Inn
- 20 Moon Inn
- 21 Zen Garden Hotel
- 22 Sanhe Hotel

¿Dónde comer?

- 30 Pequeños restaurantes naxi
- 31 Prague Cafe
- 32 Lamu's House of Tibet
- 33 Sakura Cafe
- 34 Calle de las marmitas y las barbacoas
- 35 Mogao Shiku
- 36 Old Town Beef
- 37 Susan's Naxi Local Restaurant
- 38 Blue Papaya

¿Dónde tomar una copa?

- 40 Water Nymph Bar

¿Qué visitar?

- 50 Residencia Mu

Barato

Old Town Youth Hostel

*(A1, **10**):* 61, Xinhua Jie. ☎ 518-86-11. Cama en dormitorio 30 ¥ (3 €), dobles entre 80 y 120 ¥ (8-12 €). Un agradable y pequeño AJ, miembro de la red Hostelling International. Apenas un dormitorio (de 6 camas), de madera y cristal, en una palabra, muy agradable, que da a uno de los canales de la ciudad vieja. O también, habitaciones bien cuidadas con o sin baño privado. También algunas triples. Se puede desayunar en el patio. También tienen otra dirección en el corazón de la ciudad vieja, aunque ésta es nuestra preferida.

Lao Shay Youth Hostel

*(B1, **11**):* 25, Jishan Xiang, Xinyi Jie. ☎ 511-61-18. Camas en dormitorio colectivo 20-30 ¥ (2-3 €); dobles 40-150 ¥ (4-15 €) en temporada baja y 60-200 ¥ (6-20 €) en la alta. Internet. El otro AJ oficial de Lijiang. No está nada mal tampoco, con posibilidad de elegir entre dormitorios de 4 a 8 camas o habitaciones privadas. Estas últimas presentan distintos grados de confort bastante variables: con o sin baño privado (WC al estilo occidental o no), camas individuales o de matrimonio, etc. Sala de estar común con revistas y libros en chino... Sirven desayunos. Cocina a disposición de los huéspedes. Como suele ser habitual, el conjunto está distribuido en torno a un patio.

Mama's Naxi Guesthouse

*(B1, **12**):* 78, Wenhua Xiang, Wuyi Jie. ☎ 510-77-13 y 888-10-12. En los recovecos de la ciudad vieja. Encaminaros por Wuyi Jie o Qiyi Jie desde la plaza del Mercado (apenas 10 minutos a pie). Camas en dormitorio compartido de 3 a 5 personas, entre 15 y

LIJIANG

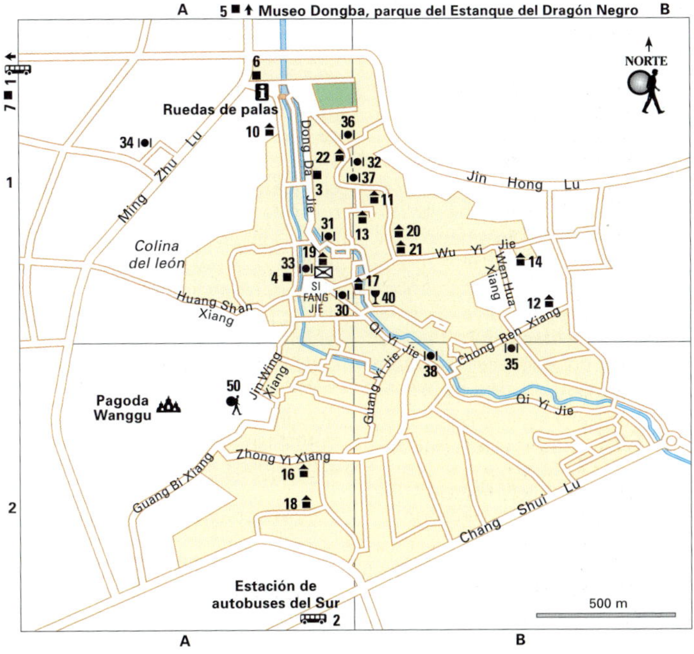

20 ¥ (1,50-2 €), dobles con baño entre 60 y 90 ¥ (6-9 €) según temporada. Distribuidas en tres casas situadas a unos cientos de metros unas de otras, las habitaciones y dormitorios no son nada del otro mundo, pero aquí la gente viene por la personalidad de Ma Ma, a quien le encanta mimar a su clientela de trotamundos. Nada más llegar, os ofrecerá té y plátanos y, por la noche, os invitará (bueno, en realidad cuesta 10 ¥/1 €...) a la cena que reúne a muchos de sus clientes. También vende billetes de autobús y avión, y puede encargarse del transporte hacia las gargantas del Salto del Tigre.

First Bend Inn

*(B4, **13**):* 43, Mishi, por la calle Xinyi. ☎ 518-16-88. Camas en un dormitorio común a 25 ¥ (2,50 €). Doblesy triples a 80-90 ¥ (8-9 €), con duchas comunes. En pleno corazón de la ciudad antigua, a 150m al sur de la pensión *Dongba*. Se trata de un antiguo edificio naxi, con mucho encanto. El personal chapurrea inglés, las habitaciones dan a un agradable patio interior, hay consigna de equipajes, organizan excursiones por la región y os informarán sobre los autobuses.

Old Town Carnation Hotel

(Gucheng Kangnai Kezhan; *B1, **14**):* 134, Wenzhi Xiang, Wuyi Jie. ☎ 511-12-37. ✉ ewan_215@yahoo.com.cn Dobles con o sin baño 60-120 ¥ (6-12 €). Internet gratuito. Extraño nombre para este albergue con *boiseries* trabajadas y bien barnizadas, dispuesto en dos pisos alrededor de un patio. Habitaciones impecables. Se puede desayunar.

Yulong Hotel

(Gucheng Yulong Kezhan; *A2, **16**):* 124, Zhongyi Xiang, Guangyi Jie. ☎ 512-00-55.
✉ yulongkezhan@yahoo.com.cn
Al sur de la ciudad antigua. Pasad frente a la residencia Mufu después, en el cruce en forma de T (restaurante Golden Harbour), proseguid a la derecha; está en la 4ª calle a la izquierda. Dobles entre 80 y 100 ¥ (8-10 €). Internet gratis. Trato familiar y afable. Las habitaciones, limpias, dan a un patio. Un lugar sin pretensiones pero correcto.

Precio medio

Yi Yuan Kezhan

*(A2, **18**):* 59, Guangyi Jie. ☎ 310-02-77. Al sur de la ciudad antigua, no lejos del Yulong Hotel. Dobles a partir de 100 ¥ (10 €). Pequeño porche (atención, no hay cartel escrito en pinyin, sólo caracteres rojos pintados en la pared) que da a un patio típicamente naxi con magnífico adoquinado, rodeado de las habituales construcciones de dos pisos. Habitaciones dobles con parqué y cuarto de baño. También una triple y una familiar. Revestimientos, sábanas y camas agradables. Muy agradable. Intentad alojaros en la planta alta, es mejor. Acogida familiar. Sirven desayunos.

Hua Ma Guo Hotel

*(AB-1, **17**):* Wuyi Jie, Dashi Qiao. ☎ y fax: 512-90-99. Al lado del *Ancient Stone Bridge Inn*. La entrada se encuentra en el callejón sin salida que sale a la derecha y bordea el arroyo, inmediatamente después del puente Dashi según se viene de la plaza del Mercado. Habitaciones dobles 120 ¥ (12 €). El mobiliario de las habitaciones no es de un gusto extraordinario, los baños son bastante antiguos, pero el conjunto, situado a orillas del pequeño canal, tiene un encanto casi bucólico.Agradable terraza, hermosas *boiseries*.

De precio medio a selecto

Swiss Snow Inn

(Ruixue Kezhan; *A1, **19**):* 34, Sifang-jie. ☎ 518-48-51. 💻 www.swisssnowinn.com Desde la plaza central seguid la calle de correos y después la primera a la derecha. Dobles 220 ¥ (22 €) junio a octubre; 160 ¥ (16 €) el resto del año. Bonito patio cuadrado alejado de la calle, rodeado por dos pisos de preciosas habitaciones con madera del suelo al techo. Baños privados impecables. Por la mañana, se puede tomar un desayuno bufé europeo (incluido en el precio de la habitación fuera de temporada) en una sala con chimenea.

Moon Inn

*(B1, **20**):* 34, Wuyi Jie. ☎ 518-05-20. moonline8@126.com A 2 o 3 minutos andando de la plaza central. Dobles con baño 200 ¥ (20 €). Internet. Dispone de diez habitaciones en torno a un patio tranquilo, no demasiado grandes pero están bien cuidadas y equipadas con buenas camas. También tiene dos habitaciones de lujo, de estilo chino, por 500 ¥ (50 €), con una espléndida vista del pueblo (sobre todo por la noche, cuando está iluminado). ¡Ideal para los enamorados! Servicio de lavandería. Y excelente recibimiento de la dueña, que hace grandes esfuerzos por hablar inglés. Una dirección donde os sentiréis muy a gusto.

Más selecto

Zen Garden Hotel

*(B1, **21**):* 36, Wuyi Jie. ☎ 518-97-99. www.zengardenhotel.com Al lado del Moon Inn. Dobles 400 ¥ (40 €) con desayuno. Agradable casa tradicional, con habitaciones impecables, buenas camas y cuarto de baño reluciente. Pedid las que están en la planta alta, por la magnífica vista que tienen desde el balcón de madera. En la planta baja, con decoración china, el personal os podrá iniciar en el arte de la caligrafía y en la ceremonia del té al final de la jornada. Un bonito hotel con encanto.

Sanhe Hotel

*(A1, **22**):* Xinyi Jie. ☎ 512-08-91. www.zengardenhotel.com Doble 380 ¥ (38 €), desayuno incluido. También disponen de suites. Más estándar que el *Zen Garden Hotel* pero de buen nivel, con habitaciones de estilo nórdico y todas las comodidades. Baños elegantes. Bonitos patios típicos. Una relación calidad-precio más que correcta.

¿DÓNDE COMER?

De barato a precio medio

Pequeños restaurantes naxi

*(A1, **30**):* todavía se pueden encontrar muchas tabernas bastante tradicionales a un tiro de piedra de Sifang Ji, la plaza central. *Shaguo* (cacerola de barro) en el escaparate, *baba* dulces o salados y otros platos.

Prague Café

*(A1, **31**):* 80, Mishi Xiang, Xinyi Jie. ☎ 512-37-57. Según venís de Dong Dajie desde la entrada de la ciudad antigua, tomad el puente a la izquierda antes de llegar a la plaza del mercado Sifang. Pequeño café-restaurante que también alquila algunas habitaciones. Cocina china y platos naxi a precios muy razonables, con vino, cerveza y pasteles.

Susan's Naxi Local Restaurant

*(AB-1, **37**):* 80, 35, Jisan Xiang, Xinyi Jie. ☎ 1390-888-76-57. Para los amantes de las especialidades naxi: yak frito, puerros con judías y *baba* de Lijiang... buenos, abundantes y baratos. O también muchos otros platos a la carta, como el jamón al vapor, el pescado a la parrilla, el pollo azucarado (especialidad montañesa) ¡o

también las libélulas, que se comen con queso de cabra! Todo esto en un salón bien arreglado y agradable. La dueña, muy servicial, habla inglés. Os lo recomendamos también por sus buenos desayunos.

Blue Papaya

*(B2, **38**):* 50, Guan Men Gate, Qiyi Jie. ☎ 661-21-14. Desde la plaza central, coged la calle en la esquina sureste (Qiyi Jie) y continuad todo recto; el restaurante se encuentra a la izquierda al final de 200 o 300 m. Nos gustó mucho este restaurante con una decoración sencilla pero acogedora. La cocina os dejará excelentes recuerdos: *dumplings,* sabrosos platos de setas y *hot pots (fondues* chinas) para dar y tomar, sopa de pescado, así como una buena variedad de platos europeos. Servicio muy amable. También tienen un salón en la planta alta, con bancos con cojines y mesas coloridas.

Lamu's House of Tibet

*(AB-1, **32**):* 56, Xinyi Jie. ☎ 0139-87-04-97-50. Casi frente al *Sanhe Hotel.* Venid a este restaurante para un viaje relámpago al país de las Nieves: mesas bajas típicas, banderas de oración, *tankas, tsam-pa,* té a la mantequilla, bolitas secas de queso, *momos,* no falta de nada. Más osado aun, el famoso (¡y consumido!) *Tibetean Coctail,* alcohol de cebada mezclado con mantequilla de yak y una buena ración de miel, necesaria para que pase más fácilmente, ¡salvaje!

Sakura Café

*(A1, **33**):* remontando unos 100 m por la alameda Xinhua Jie (lado derecho del arroyo) desde el mercado de Sifang. Regentado por una pareja chinocoreana que ha sabido conservar la sencillez a pesar del éxito, es desde hace mucho tiempo el lugar preferido por los trotamundos del mundo entero. Comida sabrosa y abundante en la que, junto con los platos chinos, naxi y occidentales, destacan los menús coreanos y japoneses. Local agradable, con libros y mesas frente al arroyo. Lleno de gente desde temprano (excelentes desayunos) hasta tarde por la noche (buena música).

Calle de las marmitas y las barbacoas

*(A1, **34**):* Qixin Jie, en la ciudad nueva. Bajad por Mingzhu Lu hacia el sur unos 150 m y girad a la derecha en Qixin Jie (acceso por un pasaje, después de la China Post). Caminad unos 200 m más para descubrir una sucesión de puestos y de restaurantes cubiertos. Especialidades en *shaokao* (barbacoa) y *huoguo (fondue* china). Nosotros escogimos el ***Pin Pin Wei,*** pero hay otras opciones. No lo dudéis, es excelente, barato, animado y se está lejos de la agitación turística de la ciudad vieja.

Mogao Shiku

*(B1-2, **35**):* 32, Chongren Xiang, Qiyi Jie. ☎ 512-91-17. En la esquina de la calle Wenhua. Pastas y grandes ollas de pollo o buey dan fe de la influencia de las regiones de Gansu y Xinjiang (provincias del noroeste). Por supuesto, también hay una buena selección de platos clásicos del suroeste. Menú en inglés. Dirigido por un equipo de jóvenes muy amables, el local cuenta con un patio muy bonito. Además, un guitarrista y un cantante vienen a animar el ambiente todas las noches a partir de las 21 h.

Old Town Beef

(Gucheng Niurouguan; *A-B1, **36**):* 69, Xinyi Jie. ☎ 0139-88-84-46-15. Casi al lado del *Lamu's House of Tibet.* Cruzad el puente de piedra. No hay mucho que decir de la decoración, pero el recibimiento es muy acogedor y la cocina de buena calidad. Además de los clásicos de la región, también sirven carnes de buey de todas las maneras: con pimientos, comino, salteada con hinojo, etc. Un buen establecimiento.

¿DÓNDE TOMAR UNA COPA?

En la «calle de los bares», que, saliendo de la plaza central, ofrece una retahíla de restaurantes turísticos, diversas animaciones musicales todas las noches a partir de las 19 o las 20 h, acogiendo a cientos (¿miles?) de chinos que comen allí antes de empezar a cantar también ellos, a voz en cuello y animados por algunas cervezas, los grandes clásicos del repertorio nacional... Por supuesto, merece la pena darse una vuelta, pero una vez saciada la curiosidad, se tienen ganas de otras cosas y en ese caso, las posibilidades disminuyen...

Water Nymph Bar

(B1, ***40****):* 21, Qiyi Jie. ☎ 510-15-50. En la calle que sale de la esquina sureste de la plaza central, antes de llegar al restaurante *Blue Papaya*. Ambiente distendido, especie de saloncito acogedor donde actúan regularmente músicos y cantantes chinos o extranjeros. A veces muy tranquilo, y otras muy animado, depende, pero es uno de los pocos locales un tanto alternativos de esta ciudad.

¿DÓNDE ESCUCHAR MÚSICA NAXI?

Naxi Concert Hall

(A1): está situada a la izquierda de Dongda Jie según se llega del norte. ☎ 512-79-71 y 512-45-59. Sala con una buena acústica, donde los conciertos empiezan a las 20 h y suelen durar 1,30 h. Durante la temporada alta se celebra a veces una sesión suplementaria a las 15 h. La entrada cuesta 120-160 ¥ (12-16 €), dependiendo de la zona. Reserva obligatoria en el mostrador del propio local, durante el mismo día o, a ser posible, la víspera.

¿QUÉ VISITAR?

Vista panorámica de la ciudad: para disfrutar de una hermosa vista de la ciudad antigua de Lijiang, subid a la pagoda Wangu en la colina del León, situada en el suroeste del centro histórico. Seguid por Xinhua Jie y, luego, 400 m por Huangshan Jie; por último, coged a la izquierda el camino que sube hasta la cima de la colina.

Ciudad antigua de Lijiang: también la llaman «el Gran Tintero» *(Dayan)*, porque los chinos creen que los numerosos arroyos y canales de Lijiang son una imagen de los chorros de líquido que se precipitan al suelo en todas direcciones cuando cae un tintero y se derrama.

La ciudad antigua fue fundada a comienzos del siglo XII por los Song del sur. A pesar del terremoto de 1996, las estrechas callejuelas pavimentadas de pizarra han conservado todo su encanto, y se han restaurado y reparado las casas tradicionales naxi. Tienen la planta baja ocupada por una tienda que se puede cerrar con grandes ventanas de madera, mientras que las piezas que sirven de vivienda se encuentran en el primer piso.

A lo largo de vuestro recorrido, no tengáis reparo en entrar en los patios interiores de las pensiones, los hoteles o los cafés. En los callejones Jishi y Mishi encontraréis montones de tiendas de batik, esculturas de madera y pinturas dongba. La «calle Cuadrada» (Sifang Jie) consiste en una plaza rectangular en la que tiempo atrás se reunían los comerciantes caravaneros en ruta hacia Tíbet y Birmania, y en la que actualmente hay un mercado. Intentad también alejaros del sector central, y andad sin rumbo fijo por las callejas del sureste.

Residencia Mu (Mufu, *A2, **50***): a 5 minutos andando al sur de la plaza del mercado (seguid las indicaciones). Todos los días de 8.30 a 17.30 h. Entrada: 35 ¥ (3,50 €). Se llega también desde la pagoda Wanggu.

Reconstrucción más o menos fiel de lo que fue la residencia de la familia Mu. Se trata en realidad de un conjunto de casas en un amplio jardín en pendiente hacia la colina del León. Río, árboles floridos... no hay mucho que ver en realidad. Los que no tengáis mucho presupuesto, podéis obviar la visita.

Parque del Estanque del Dragón Negro *(fuera del plano, por A1)*: en el extremo norte de Xin Dajie, permanece abierto de 8 a 18 h. Entrada: 60 ¥ (6 €).

Los arcos del puente del Cinturón del Mandarín, junto con el estanque de aguas claras y las cimas nevadas de las montañas a lo lejos, constituyen la hermosa foto con que más frecuentemente se representa la ciudad de Lijiang. Aquí vienen las familias a pasear, respirar el aire fresco y remar en barca por el lago (las barcas son de plástico y tienen formas de dragón). El paseo es bastante agradable: se pasa por delante del Instituto de Investigaciones de Dongba, el pabellón de los Cinco Fénix, y se puede visitar el museo, aunque no hallaréis ninguna explicación en inglés.

ALREDEDORES

Organizar vuestra propia excursión

Si sois varios, lo más fácil es contratar una excursión en taxi que puede incluir tanto los sitios de interés de los montes del Dragón de Jade como los pueblos de Shuhe, Baisha y, eventualmente, Yuhe. Calculad mínimo 150 ¥ (15 €) todo el día con un monovolumen o un taxi. Los viajeros solitarios podrán aprovechar los monovolúmenes que van a Shuhe y a Baisha en cuanto hayan cargado al resto de los pasajeros. Estos suelen aparcar en el extremo oeste de la plaza de las ruedas de palas. Otra solución pueden ser los autobuses: nº 7 hacia los montes del Dragón de Jade y nº 11 hacia Shuhe (leed más abajo). Y también, la bicicleta (leed «Direcciones útiles») muy apropiada también para ir a Shuhe y Baisha, incluso a Yufent, aunque tenéis una buena cuesta.

Baisha y aún más lejos: coged uno de esos monovolúmenes que esperan en la plaza de las ruedas de palas. O, aún mejor, id hasta allí en bicicleta (pasando por Shuhe).

Baisha se encuentra en una llanura al pie de la montaña nevada de Yulong (el Dragón de Jade). Antaño capital de los naxi, quedó sumida después en un apacible sopor hasta el reciente boom turístico, provocado por sus frescos –los más célebres de todo el país– y por su más célebre vecino, el **doctor *Ho Shi Xiu***.

> **Frescos del palacio Dabajoi Liuli:** en la entrada de la localidad, en la plaza de la derecha según llegáis de la carretera nacional. Todos los días de 8 a 18 h. Entrada: 30 ¥ (3 €). En estos frescos, de más de 600 años de antigüedad, aparece Buda rodeado de inmortales taoístas y patriarcas de las diversas sectas, entre los cuales están forzosamente representados los maestros espirituales de los invasores que llegarían después. Ese sincretismo les permitió, según dicen algunos, salir indemnes de los saqueos posteriores. Pero no bastó para impedir su desacralización por parte de los guardianes de la Revolución Cultural, que borraron la mayoría de las caras.

> **El doctor Ho** es octogenario y es famoso en el mundo entero por sus conocimientos en el campo de las hierbas y las plantas medicinales. Los chinos le llaman «el Li Shizhen de nuestra época». Tiene una clínica en la calle principal del pueblo, la *Jade Dragon Snow Mountain Chinese Herbal Medicine Clinic*, que se encuentra fácilmente. Encima de la puerta de entrada y en las paredes, cuelgan recortes de prensa, en distintos idiomas, que demuestran la notoriedad del personaje. Este médico herborista anglófono recibe todos los días a decenas de visitantes, y su clínica no se parece en nada a las demás: tanto la visita como las curas son gratuitas, aunque existe la costumbre de dejar algo de dinero o hacer una donación al salir. «Cuido gratis a mis pacientes, igual que hacía Joseph Rock», dice el doctor Ho.

La clínica es una casa muy sencilla, a imagen del propietario: un viejo señor, de mirada viva y traviesa, que lleva bata blanca y un gorro en la cabeza. El doctor Ho almacena en esta sala y en el granero centenares de plantas y hierbas raras que encuentra en las montañas de los alrededores. Al igual que un sabio taoísta, él es el único que conoce sus secretos y aplicaciones prácticas para la salud. También tiene en el pueblo un jardín experimental llamado el **jardín de las Cien Plantas,** en el que trabaja su hijo (que continuará la tradición después de su padre).

En la década de 1970, el doctor Ho padeció una grave enfermedad que casi le costó la vida, y entonces decidió cuidarse a sí mismo leyendo numerosos libros de medicina china y occidental. Volvió a su pueblo natal y se fue solo a las montañas de Yunnan en busca de plantas medicinales que pudieran curarle. Una vez restablecido, en 1985 abrió una clínica herborista en Lijiang. Ese año, el escritor británico Bruce Chatwin fue a visitarle y escribió un capítulo sobre el doctor y su familia en *¿Qué hago yo aquí?*, que hizo famoso al doctor en el mundo entero.

> AVISO

El icono del Trotamundos os indica el interés de la visita.

Hasta aquí la bonita historia, pero, sin querer destruirla, también hay que añadir que el doctor Ho es muy criticado, y corren rocambolescas historias respecto a su pasado y a sus relaciones con el doctor Rock.

> Pasando Baisha, la carretera continua hacia **Yufeng Si** (entrada: 30 ¥/3 €), un pequeño monasterio Karmapa, famoso por su camelia tricentenaria que florece a mediados de noviembre. Después la carretera pasa por Yushuizhai, desde donde podéis acercaros a los montes del Dragón de Jade sin pagar los famosos 160 ¥ (16 €), antes de llegar a **Yuhu,** el pueblo de montaña, todavía bastante auténtico, donde vivió Joseph Rock (pequeño museo).

Montes del Dragón de Jade: muy turístico. Entrada: 160 ¥ (16 €). A unos 40 km al norte de Lijiang. Una espectacular sucesión de paisajes yendo por el valle situado tras los montes. Se puede ir por poco dinero con el autobús nº 7, que sube por Minzhu Lu y Xin Dajie en la ciudad nueva de Lijiang. También se puede negociar una excursión en taxi que incluya una visita a Baisha. La guinda del pastel consiste en tomar el telesilla más alto del mundo (caro, 160 ¥/16 €, por persona).

Bellísimo paisaje y foto segura frente al magnífico pico de 4 586 m de altura, si es que vuestros dedos aún no se han congelado. La excursión a los célebres prados de Maoniuping, en los que pastan los yaks y donde las montañas se reflejan en el lago, es relativamente fácil.

>GARGANTAS DEL SALTO DEL TIGRE

(Hutiao Xia). A 95 km al norte de Lijiang, el río Yangtsé, que desciende de las alturas de Tíbet, atraviesa unas espectaculares gargantas consideradas las más profundas y hermosas de toda China; en la mayoría de los folletos en inglés traducen su nombre chino como Tiger Leaping Gorge. Abarcan unos 30 km desde la entrada, en la población de Qiaotou, hasta la llanura de Daju, su lugar de salida por el noreste. En el punto más estrecho, las gargantas sólo miden 30 m de ancho; según la leyenda, fue aquí donde el tigre habría saltado por encima del río cuando huía de un cazador. El lugar (Tiger Rock en los mapas), a 9 km de Qiaotou, ha sido acondicionado para los turistas. La profundidad máxima del río alcanza 196 m, y la corriente tumultuosa atraviesa 18 rápidos. El paisaje es de una belleza deslumbrante, con cumbres de más de 5.000 m.

> Se puede acceder directamente a las gargantas por la carretera desde Qiaotou, situado a 2 horas de autobús de Lijiang. También se puede llegar hasta ellas desde Dajo, un pueblo al otro lado de las gargantas y del otro lado del río, pero en ese caso hay que pagar, además del acceso a las gargantas (50 ¥/5 €), también la entrada al parque de los Yulong Xueshan (160 ¥/16 €). En una palabra, os aconsejamos salir de Qiaotou...

> ¿SABRÁ NADAR EL FAMOSO TIGRE?

Voz de alarma: la compañía que construyó la presa de las Tres Gargantas ha presentado un proyecto para construir otra que estará terminada en 2015. El proyecto contempla la inundación, desde el nacimiento del río hasta más allá de las gargantas del Salto del Tigre, de 13.000 hectáreas de tierra fértil y el desplazamiento (¡en el mejor de los casos!) de 100.000 personas. Recordamos que, en 1998, la provincia de Yunnan y la organizacion *US Nature Conservancy* promovieron el proyecto de Parque Nacional de los Grandes Ríos. La región gozó de la protección de la Unesco... pero no así las orillas del río Yangzi por debajo de los 1.700 m de altitud, lo que puede suponer la condena, muy probablemente, de esta parte de las gargantas. Sentados en la hierba, un poco atónitos por la belleza de los acantilados que se sumergen en el río, permanecemos incrédulos. Sin embargo, los trabajos comenzaron en 2006, y parece que ya nada podrá detenerlos. Es indudable que China tiene enormes necesidades de electricidad, ¿pero es realmente imprescindible, para satisfacer esas necesidades, comprometer de ese modo el irreemplazable patrimonio natural?

LLEGAR - SALIR

> **De Lijiang a Qiaotou:** autobús directo a las 8 h y a las 14 h, calculad 2 horas de camino. O si no, coged un autobús hacia Shangri-la y bajad en Qiaotou; pasa uno cada 40 minutos desde las 7.30 hasta las 17 h. Mejor salir temprano para comenzar la excursión el mismo día.

> **De Lijiang a Daju:** autobús a las 7.30 h y a las 13 h pero no todos los días. ¡Informaos! Calculad unas 3 horas de trayecto. Os recordamos que hay que pagar, para este itinerario, el acceso al parque de los Yulong Xueshan (160 ¥/16 €) aunque no hagáis más que cruzarlo.

> **Después de la excursión:** no sólo es más fácil comenzar el paseo, sino también dejar el sector de las gargantas desde Qiaotou, situado en la ruta Lijiang-Shangri-la. Los autobuses hacia Lijiang y Shangri-la pasan cada 40 minutos aproximadamente por el centro de la localidad hasta las 18 h al menos, por lo tanto no tendréis demasiados problemas en coger uno. O también, como decíamos anteriormente, se puede continuar hacia Shangri-la por la carretera de las gargantas (una vez finalizada la excursión, por ejemplo). Hay muy poco tráfico no obstante; en general hay que coger, desde Qiaotou, el único autobús diario (al principio de la tarde) hacia Baishuitai, pasar la noche en este pueblo y coger, a la mañana siguiente, otro autobús hacia Shangri-la.

¿DÓNDE DORMIR?
¿DÓNDE COMER EN LAS GARGANTAS?

Ningún problema para alojarse y comer en las gargantas, hay varias pensiones bien repartidas a lo largo de la parte alta del sendero de paseo, el que siguen todos los excursionistas. Por lo general, las habitaciones no tienen baño, en dormitorio compartido o individuales, pero empie-

zan a aparecer tímidamente algunas habitaciones dobles más cómodas, con baños privados. En cuanto a la comida, ningún problema, todos los albergues tienen un menú relativamente bueno y barato. Incluso tendréis un café, crepes, y hasta cereales en el desayuno.

QIAOTOU

Jane's Tibetan Guesthouse

Después de la entrada a las gargantas. ☎ (0887) 880-65-70 y 0139-88-72-77-87. Preguntad, todo el mundo lo conoce. Cama 20 ¥ (2 €) en habitación de 2 a 3 personas. Casa de madera con terraza frente a la colina. Dormiréis arrullados por el sonido del río más abajo. El conjunto es muy rudimentario y los baños (compartidos) son apenas aceptables (no tienen agua caliente), pero es práctico para quienes quieren pasar la noche en Qiaotou antes de iniciar la excursión. También podéis dejar vuestras pertenencias antes del paseo, y así caminar más ligeros. Además, Jane, que se las apaña bien en inglés, puede daros información sobre las gargantas y encontraros un vehículo si queréis comenzar la caminata por el otro lado del sendero. En fin, también propone una excelente cena, por apenas 10 ¥ (1 €).

EN LAS GARGANTAS, A LO LARGO DEL SENDERO DE EXCURSIÓN

Saliendo de Qiaotou

Naxi Family

A 1.30 h aproximadamente a pie desde Qiaotou. ☎ 0139-88-75-84-24. Habitación en dormitorio 15 ¥/persona (1,50 €) o doble 70 ¥ (7 €) con enorme cuarto de baño (¡al menos 10 m^2!). Los cuartos están dispuestos en torno a un patio cuadrado con las montañas como telón de fondo. Es la casa del señor y la señora Nice, y... la verdad es que son simpáticos. Sencilla y limpia. Baños compartidos con agua caliente y al estilo chino. No es realmente una situación espectacular pero sí resulta muy práctico para las salidas tardías de Qiaotou o una parada para comer.

Tea Horse Guesthouse

A más de 2 horas de *Naxi Family*. ☎ 0139-88-70-79-22. Dobles con o sin baño entre 30 y 120 ¥ (3-12 €). Una especie de gran chalé que cuenta con un amplio patio con vistas a las montañas. Hermoso lugar. Los baños comunes son básicos, pero las habitaciones con baño privado están impecables, con TV. Buena cocina.

Half Way Guesthouse

A 1.30 h del Tea Horse. ☎ 0139-88-70-05-22. Cama en dormitorio de 2 personas 25 ¥ (2,50 €), doble con baño 160 ¥ (16 €). Un poco más caro que los demás pero tal vez ésta sea la mejor ubicación de las gargantas: se tiene la sensación de estar en las mismísimas paredes rocosas de las montañas. Además, se puede disfrutar mucho puesto que tiene una terraza con vistas panorámicas, donde os podéis instalar por la noche para cenar en compañía de otros excursionistas. Suele haber muy buen ambiente. Sin embargo, el trato y la acogida, no nos han dejado un recuerdo imborrable.

EN LA CARRETERA DE ABAJO

Tina's Guesthouse

En la carretera asfaltada de abajo, a poco más de una hora a pie desde la *Half Way Guesthouse*. ☎ 139-88-77-16-88. Dormitorios o habitaciones sin baño 15-20 ¥/persona (1,50-2 €), dobles con baño 120-280 ¥ (12-28 €). Se trata del gran edificio blanco en la carretera, siempre frente a las montañas. Está mucho más bajo y, por lo tanto, la vista no tiene nada que ver con las direcciones precedentes. No obstante, el alojamiento es de calidad, con dormitorios o habitaciones distribuidas en tres edificios. Cocinan buenos platos, para comer en una terraza muy bonita. Desde aquí se hace el descenso hasta el río, aquí es donde el tigre habría hecho su famoso salto...

Tibet Guesthouse

En Walnut Garden, pequeño poblado a poco más de media hora a pie de *Tina's*, continuando hacia Daju. Calculad 30 ¥ (3 €) para dos personas. Fachada de madera. Siempre en la carretera asfaltada pero con un emplazamiento nuevamente bastante espectacular y más abierto que en la *Tina's Guesthouse*. No tiene grandes lujos pero las habitaciones son muy limpias, con baños compartidos que también están impolutos. Restaurante.

Sean's Guesthouse

En Walnut Garden, justo después de la *Tibet Guesthouse*. ☎ 139-88-77-82-94. Dormitorios 15 ¥ (1,50 €), habitaciones ddobles con y sin baño entre 50 y 180 ¥ (5-18 €). Instalado en este lugar desde hace un cuarto de siglo, fue el primer albergue de la aldea. Si vuestro presupuesto os lo permite, os recomendamos las habitaciones que dan al valle, con TV, elegante cuarto de baño y ¡un osito de peluche en las camas! También funciona como restaurante.

EN HABA

A 2 horas de camino de Qiaotou, es la primera etapa del itinerario bis de Shangri-la. Se trata de un pueblo de montaña, a media altura de un profundo valle, bajando desde las pendientes del monte Haba (más de 5.000 m) hasta Yangzi. Varias pensiones, pero la más bonita es la *Haba Snow Mountain Inn*.

Haba Snow Mountain Inn

☎ 0887-886-65-96. En el mismo lugar donde para el autobús. La dueña cocina muy bien y abundantemente. Dormitorios con 4 o 5 camas, los de arriba son más cómodos. Abajo, en el patio, hay *biaojian* (habitaciones con ducha). Agua caliente disponible pero consultad para que os confirmen los horarios.

EL RECORRIDO

El acceso a las gargantas cuesta 50 ¥ (5 €). La entrada se compra en las taquillas de las salidas de Qiatou y Walnut Grove.

> **Recomendaciones:** informaos previamente en las pensiones y los hoteles de Lijiang, que tienen mapas y folletos con todos los datos de la excursión a las gargantas. Procurad también saber, antes de partir, el estado de los senderos. Estad muy atentos a los partes meteorológicos, y no salgáis si se anuncia mal tiempo. Tampoco debéis ir solos, porque siempre podéis tener algún percance (resbalón, caída, desprendimiento de terreno) o perderos. Con la cantidad de excursionistas que encontraréis, resulta fácil conocer gente para hacer el camino juntos. Pero tampoco hay que exagerar; esto es excursionismo, no alpinismo. Y los únicos accidentes mortales que han deslucido recientemente la historia de las gargantas se han producido por no respetar las reglas esenciales en la alta montaña.

Si tenéis poca experiencia, lo mejor es que hagáis la excursión con un guía local. Las provisiones (comida y agua mineral) las podéis adquirir en Qiaotou o Daju.

> **Sendero de arriba *(upper path):*** se trata de un camino rocoso, que se estrecha muchas veces y en algunos tramos resulta dificultoso (os acordaréis durante mucho tiempo de los famosos 28 repechos), y discurre paralelamente a las gargantas por las laderas de las Haba Xueshan, hasta que se junta con la carretera a unos cuantos kilómetros del Huerto de los Nogales. *Atención:* no se trata de un paseo, sino de una auténtica caminata, difícil y peligrosa a veces. Calculad 6-7 horas para el recorrido. Desde *Tina's Guesthouse,* se puede bajar hasta el río para escuchar de cerca el bramar de su tumultuoso curso. Preved 2-3 horas, ida y vuelta, para este último paseo. Una vez de vuelta a la carretera, no queda más que elegir entre regresar a **Qiaotou** en monovolumen (atención, el tráfico es irregular y a veces hay que «charterizar» los vehículos que cuestan unos 60-70 ¥/6-7 €, lo que supone unos 15 ¥/persona (1,50 €, si sois cuatro) o bien continuar... ya sea hacia **Haba** y después **Baishuitai** (pero cuidado, hay pocos autobuses), o hacia **Daju,** un pueblo situado al final de las gargantas, del otro lado del río.

A riesgo de ser repetitivos, os recordamos que el acceso a este último os costará 160 ¥ (16 €), puesto que está en el parque de los Yulong Xueshan. Si de todas formas la excursión os tienta, pasad por **Walnut Garden,** y después bajad hacia el río, que tendréis que cruzar en ferri (¡también en este caso el servicio es irregular, por lo tanto informaos antes!), antes de llegar a Daju a través de una carretera asfaltada. En Daju, podréis alojaros especialmente en el *Snowflake Hotel* o en el *Tiger Leaping Gorge Hotel.*

> Shangri-la (Zhongdian)

130.000 hab. Prefijo tel.: 0887

Shangri-la está situada a 3.160 m de altitud, en el noroeste de Yunnan, en una vasta región de pastos y montañas de cumbres nevadas que históricamente pertenecen al país kham (este de Tíbet). Actualmente es la capital de la *prefectura autónoma tibetana de Diqing,* que tiene una extensión de 24.000 km^2, así como del condado de *Shangri La* (ver «Lijiang», antes). La ciudad, que dista 198 km de Lijiang, está muy lejos de la capital de Tíbet, Lhassa, situada a 1.870 km al oeste. Los tibetanos representan el 45% de la población total, que también comprende las etnias naxi, yi, lisu, hui (musulmanes chinos), pumi, bai y, por supuesto, una gran proporción de han (chinos). Con excepción de la parte antigua, poco habitada, la ciudad moderna no tiene ningún encanto y carece de interés.

¿CUÁNDO IR?

Las mejores épocas para ir son la primavera y el otoño. De junio a septiembre hace demasiado calor, y el riesgo de lluvias y nieblas es muy alto.

El invierno comienza en noviembre y termina en marzo; la temperatura media desciende unos cuantos grados por debajo de cero de diciembre a febrero. Evidentemente, durante esos meses puede nevar, aunque, por lo general, el tiempo es despejado. Así que llevad ropa de abrigo.

LLEGAR - SALIR

En autobús

Estación (Keyun Zhan): al noreste de la ciudad. ☎ 822-35-01. Comunicada por la línea de autobuses nº 1. Si no, coged un taxi: 6 ¥ (0,60 €).

> **Kunming:** un autobús express (trayecto: 10 h) por la mañana desde Sangri-la, y siete con literas (duración del trayecto: 13 h) de 13 a 19.30 h.

> **Lijiang:** un mínimo de un autobúes estándar por hora de 7 a1 7 h (trayecto: 4-5 h). Fantástica carretera a través de un paisaje de montañas, valles y altas mesetas. Se bordea el río Yangtsé a lo largo de unos 30 km hasta que se pierde de vista cuando entra en las gargantas del Salto del Tigre. A continuación, la carretera sigue la garganta de uno de sus afluentes hasta una zona de pastos de montaña entrecortada por hermosos bosques, un paisaje típico del país kham.

> **Xiangcheng**: una etapa en la carretera Yunnan-Sichuan pasando por el el país kham. Al menos un autobús diario hacia las 7.30 h desde Shangri-la. Unas 8 h de trayecto.

> **Deqin:** cuatro autobuses diarios, de 7.20 a 12 h. Unos 190 km... que se cubren en ¡6 h! Hay que franquear dos puertos de montaña de más de 4.000 m. Por si aún no lo teníais claro, esto es el Techo del Mundo. En invierno la carretera está cortada muchas veces a causa de la nieve o de las intensas lluvias.

En avión

Salen de Kunming varios vuelos por semana. El **aeropuerto** de Zhongdian se encuentra al sur de la ciudad. Para ir al centro, tomad un taxi (unos 10-15 minutos; 15-20 ¥ (1,50-2 €).

> **Kunming:** hay de dos a seis vuelos diarios.

> **Shanghai y Canton:** vuelos diarios en temporada alta (desde mayo a octubre).

> **Lhassa:** ver a continuación.

Entre Shangri-la y Lhassa (Tíbet)

En avión

> Dos vuelos diarios en temporada alta. En invierno no siempre hay conexión; informaos previamente. Es imprescindible pasarse por una agencia de viajes (ver «Direcciones útiles», antes) para hacer la reserva de billetes y obtener el *TTB (Tibet Travel Permit)*, obligatorio. Billete + permiso + prestaciones: unos 2500 ¥ (250 €). En Lhassa, los extranjeros pueden pagar el precio chino para salir de Tíbet.

Por carretera

> Calculad una semana para hacer este viaje. Paisajes suntuosos y austeros, grandes extensiones desnudas sin un árbol, gargantas y valles abruptos (Mekong, Saluén, Brahmaputra), elevadas mesetas barridas por un viento frío, monasterios y lagos perdidos. La logística de este periplo cuesta mucho dinero, ya que la ruta es difícil, y a veces está intransitable en invierno (fuertes nevadas, glaciares) y en verano (desprendimientos de tierra). Cada jeep transporta cinco pasajeros como máximo, además de los conductores y los guías. Calculad un gasto de unos 5.000 ¥ (500 €) si sois cuatro.

Para organizar el viaje, repasad los apartados «Direcciones útiles» en Kunming y «¿Cómo salir de Kunming?», antes.

ORIENTACIÓN

La calle principal de Zhongdian, Changzheng Lu, está trazada de norte a sur. En el norte forma una rotonda de la que parten las carreteras para **Deqin,** el monasterio de **Songzanlin y Baishuitai.** En el extremo sur queda separada de la ciudad antigua por la calle Tuanjie Lu, que hacia el este se cruza con Heping Lu, donde está el *Youth Hostel*. Desde aquí, Heping Lu continúa hacia el norte, paralela a Changzheng Lu. En el sur de ésta se encuentra el *Noah Café*, además de numerosos hoteles, China Telecom, el mercado, los bancos y la oficina de correos. En la ciudad antigua, en proceso de restauración, dos alamedas son la continuación de Changzheng Lu y Heping Lu. En el otro extremo, en la ciudad nueva, se encuentran los bares *Raven* y *Niuba*, y a continuación, los barrios periféricos, muy modernos, donde se halla la estación de autobuses.

DIRECCIONES ÚTILES

Correos

Changzeng Lu, a 1 km de la ciudad vieja, a la izquierda de la calle. Todos los días de 8.30 a 19 h. Servicio de *Western Union*.

Internet

Os podréis conectar en muchas pensiones y bares.

IP Phones

(IP Gonghua Chaoshi): pequeñas tiendas por aquí y por allá, sobre todo frente al *Travellers Club* (un AJ frente a la esquina deChanzheng y Heping Lu). También en la estación de autobuses y en la ciudad vieja. Todos los días de 8 a 21 o 22 h.

Bancos, cambio

Agricultural Bank of China: Changzheng Lu, frente a correos. De lunes a viernes de 9 a 16.30 h. Es el único banco donde podréis cambiar euros o cheques de viaje.

Agencias de viajes

> **Tibet Tourism Bureau:** Changzheng Lu, en el *Shangbala Hotel*, habitación nº 2206, en el segundo piso. ☎ 822-90-28. Unas de las agencias que se ocupan de la reserva de transportes para el Tíbet, así como del permiso necesario. Calculad unos 3-4 días laborables para tramitar billete + permiso, y el doble si queréis ir por carretera.

> **Khampa Caravan:** 117, Beimen Jie. ☎ 828-86-48. 💻 www.khampacaravan.com En el cruce de Changzheng Lu y Tuanjie Lu, frente al *Noah Café*. Ofertan varios tipos de circuitos de buen calidad en la región y también hacia Lhassa.

> **China Eastern Airlines:** Wenming Jie. ☎ 823-45-67. Viniendo de la ciudad vieja en Changzheng Lu, girad a la derecha en el *Shangbala Hotel*. La oficina está abierta todos los días de 8.30 a 18.30 h. Para los billetes de avión.

¿DÓNDE DORMIR?

Barato

Dragon Cloud Guesthouse

94, Beimen Jie. Al dejar Heping Lu, seguid durante 200 m por la alameda que la continúa dentro de la ciudad antigua. ☎ 688-75-73. 💻 www.dragon cloud.cn Dispone de seis habitaciones dobles por 80-120 ¥ (8-12 €) y camas en dormitorios comunes por

15 y 20 ¥ (1,50 y 2 €). WC y duchas comunes. El edificio se distribuye en torno a un patio agradable que la fachada exterior no permite imaginar. Hablan inglés. Lavadora y conexión a Internet (lenta).

Más selecto

Guanguang Hotel

En la esquina de Heping Lu y Wenming Jie (a 400 m de la ciudad vieja). ☎ 823-06-98. 💻 www.shangrila-GGJD.com Calculad 460 ¥ (46 €) para dos personas, con desayuno. Un cuatro estrellas al precio de 1 estrella en Europa. Enorme vestíbulo con columnas de mármol. Nada que objetar y menos por este precio: habitaciones muy confortables.

Muy selecto

Paradise Hotel

Changzheng Lu. ☎ 822-80-08. 💻 www.tjsc-hotel.com

A unos 15 minutos a pie de la ciudad vieja. Habitaciones dobles a partir de 700 ¥ (70 €). Elegante edificio rojo con ventanas de estilo tibetano. Dispone de 270 habitaciones con decoración tibetana o europea, espléndidas y verdadermaente agradables. ¡Un 5 estrellas!

¿DÓNDE COMER?

Barato

Encontraréis muchas barbacoas en la plaza central de la localidad.

De barato a precio medio

Noah Café

(Nuoya Kafeiting): en el extremo sur de Changzheng Lu, en el límite de la ciudad antigua. ☎ 828-80-66. Internet. Cocina occidental y china.

Black Pulu Bar

A 30 m del *Noah Café,* en Tuanjie Lu. ☎0139-88-71-08-21. Sirven copiosos platos de buen arroz tibetano, *iron plate steak* (carne con huevos y cebolla). Música occidental. Higiene y servicio amable.

¿DÓNDE TOMAR UNA COPA?

Zhongdian ha perdido un poco su carácter de Far West (¡del norte!) de Yunnan. La ciudad se ha ido integrando progresivamente en la «aldea global» bajo la influencia de los emprendedores chinos llegados de otras regiones, pero también de los occidentales que buscan una nueva frontera, mientras que Dali y Lijiang aún conservan su dulzura provinciana.

Raven Bar

19, Beimen Jie, la alameda principal de la ciudad antigua, que es la prolongación hacia el sur de la calle Changzheng Jie. En este establecimiento encontraréis una sorprendente selección de cafés y diversidad de licores. La «guarida» de Jason y Amy, dos británicos que han venido a refugiarse aquí, en una vieja casa cuidadosamente restaurada. Buena música, pero no sirven comida.

> **AVISO**
>
> **Los horarios y las tarifas que se indican en la guía son orientativos.**

¿QUÉ VISITAR?

Ciudad antigua (Old Town): la antigua Zhongdian, construida al pie de una colina, tiene todo el aspecto de un pueblo rural, con callejuelas tortuosas y casas antiguas, muchas de ellas en mal estado. Los habitantes se van poco a poco a vivir a las viviendas modernas, sin encanto pero funcionales. Es posible recorrerlo andando en una media hora. A lo largo del camino pasaréis por el **templo Da Gui Shang,** situado en una pequeña colina, y cerca del de **Jing Tang** (en restauración).

Mercado tradicional: la entrada se encuentra en la avenida principal, entre China Telecom y la estación de autobuses.

Es un lugar muy animado, abierto de junio a finales de octubre, que muestra numerosos tenderetes de venta de setas (*bishon* en lengua tibetana). La especie *songrong* (nombre chino), muy apreciada por los tibetanos, está enriqueciendo la región gracias a sus supuestas virtudes anticancerígenas, ya que los japoneses importan masivamente este remedio milagroso al que ellos llaman *matsitaki.*

Monasterio Songzanlin: es con mucho el monasterio más grande de la región. Entrada: 85 ¥ (8,50 €).

Situado a 5 km al noroeste de la ciudad, para ir podéis coger el autobús nº 3 que circula por la calle principal de Zhongdian. Construido en una colina, hay que subir unas escaleras, que pasan entre una serie de casas habitadas por los monjes, para acceder a los templos. Fue una de las 13 grandes lamaserías de la secta de los Boinas Amarillas. Y uno de los dos «budas vivientes» *(tulku)* que dirigían este monasterio tibetano siguió al dalai lama en su exilio hindú de Dharamsala. Muy maltratado por los Guardias Rojos durante la Revolución Cultural, los tibetanos lo están restaurando progresivamente. Desde lo alto del monasterio contemplaréis una hermosa vista de la región.

Aquí viven cerca de 600 monjes. Esto es otro mundo: un viaje en el tiempo. Y quizá os crucéis con Tintín en alguna de sus aventuras. En el interior podéis ver la gran sala de rezos, que, con sus frescos coloristas, es la parte más impresionante. También podéis visitar otra sala situada encima de ésta, ocupada por ruedas de oraciones. Según la tradición tibetana, esas ruedas nunca deben parar de girar, porque su rotación permanente produce plegarias. Así se explica que los fieles intenten mantenerlas en constante movimiento.

> Por último, tened en cuenta que existe una pequeña **clínica de medicina tradicional tibetana,** situada en el recinto del monasterio, abierta a los visitantes extranjeros. Los médicos son lamas con consulta gratuita, aunque está bien visto que se deje alguna ofrenda por cortesía. Y en cuanto a los medicamentos que se recetan, deberéis pagarlos; a veces salen caros.

> Delta del río de las Perlas

Hong Kong

7 millones de hab. Prefijo tel.: 0852

Hong Kong significa «puerto de los perfumes», nombre del antiguo peñón casi deshabitado por el que generaciones enteras de aventureros británicos hicieron transitar sus cargamentos de opio. Años más tarde ocuparían su lugar hombres de negocios y triunfadores, junto con especialistas de las compras y las falsificaciones llegados de todo el planeta. Un confeti colonial británico convertido en uno de los faros del capitalismo en Asia y recuperado después por el sistema comunista chino en 1997, con un régimen particular, cada vez más sometido al poder central

Una identidad aparte

Pese a la retrocesión, Hong Kong continúa teniendo una identidad particular. Detrás de sus aires de City londinense o de pequeño Nueva York de Asia, y del estereotipo de ciudad resplandeciente por la noche desde lo alto del Victoria Peak y los fluorescentes sin fin de Nathan Road, se esconde una ciudad china cuyo ritmo lo marca una población procedente mayoritariamente de Cantón (a la que está unida por el río de las Perlas) y de Shanghai

Pero ¿cuál es el porvenir de lo mejor del Imperio? Desde su devolución a China, que abrió multitud de interrogantes, la crisis asiática –que como mínimo ha impresionado a algunas conciencias– y, más recientemente, la aparición de la epidemia de SARS (síndrome agudo respiratorio severo) –que ha causado auténtico pánico en el resto del mundo–, Hong Kong no puede ocultar su miedo al futuro ni sus angustias y contradicciones: autonomía y libertad de igual a igual con Pekín, grandes flujos migratorios de chinos a sus puertas, paro e inflación, y la inquietud constante de proteger su prosperidad económica, sin olvidar los problemas urbanísticos y de polución que le son propios. A pesar de estas sombras que enturbian su imagen, Hong Kong quiere seguir siendo el símbolo del resurgir de Asia, pero ¿cómo mantener una prosperidad y una identidad propias cuando está inmerso en el proceso de ser absorbido por el gigante comunista?

Malos momentos y fin de la independencia

Han pasado algunos años desde su devolución y, aunque la economía liberal se mantiene, la aprensión frente al poder central es cada vez mayor. En cuanto al derecho de manifestarse, ahora ha de pedirse una autorización. A todo esto se une un clima económico enfermizo: el comercio se ha debilitado desde la apertura del conjunto de la República Popular China, dentro del marco de la OMC el paro aumenta y las multinacionales son aún más ricas que antes. Un único punto positivo: Hong Kong sigue siendo una tierra de acogida para quienes se alzan contra el poder central y los intelectuales todavía no han sido amordazados; pero ¿hasta cuándo? El gobernador ha intentado romper estos círculos viciosos poniendo en marcha diversos proyectos urbanísticos de gran envergadura, como el Cyberport o el Science Park, dos nuevos polos del Silicon Valley asiático, a los que hay que añadir, desde septiembre de 2005, la apertura del parque Hong Kong Disneyland. Sin embargo, todo esto no ha conseguido contener por completo la espiral infernal. Se tratará de ver, en este encuentro entre el capitalismo y el Imperio del Centro, cuál acaba por imponerse al otro. Se admiten apuestas.

Señas de identidad

- **Geografía:** archipiélago de 260 islas, con una principal (Hong Kong, 80 km^2) y una península (Kowloon, 50 km^2), que se prolonga en los Nuevos Territorios (70 % de su extensión). La superficie total es de unos 1.100 km^2.
- **Población:** 7 millones de habitantes, de los que el 95% son chinos. El 70 % de la población vive en los Nuevos Territorios y Kowloon, donde se registra una de las densidades más elevadas del mundo.
- **Moneda:** dólar de Hong Kong (HK$).
- **Lenguas:** chino (mandarín y cantonés) e inglés.
- **Régimen jurídico:** antiguo territorio británico que, desde el 1de agosto de 1997, es una Región Administrativa Especial (RAE) de China, y se rige por una Ley fundamental *(Basic Law)* cuyo objetivo es garantizar el mantenimiento de su sistema económico, judicial y social durante 50 años.
- **Religiones:** budismo, taoísmo, confucianismo y creencias tradicionales ampliamente mayoritarias, así como un 10% de cristianos.
- **Economía:** séptima potencia financiera mundial y segunda de Asia; segundo inversor más importante de Asia; segundo mayor exportador textil del mundo, con un 5,2 % de paro.

Historia

Las guerras del Opio

A principios del siglo XIX se empezaron a sentir los efectos del opio sobre Hong Kong, cuyo pasado estuvo estrechamente ligado a las relaciones diplomáticas y comerciales entre China y el Reino Unido, y en las que el opio desempeñó un papel fundamental como moneda de cambio. El comercio con China se inició con las transacciones entre los comerciantes de Cantón y diversas firmas extranjeras en contacto con los portugueses de Macao. De acuerdo con el deseo del emperador, el té, la seda y todos los productos chinos se pagaban entonces en plata. Así se producía en la balanza comercial británica una hemorragia de metales preciosos que la desequilibraba un tanto, hasta que la Compañía de las Indias Orientales tuvo la ocurrencia de utilizar como moneda de cambio el opio que se cultivaba en India. Eso fue una solución ideal para el Reino Unido. Así que los británicos, empezando por los escoceses Jardine y Matheson, dejaron los principios a un lado y se dedicaron a pagar con opio, hasta que, finalmente, pusieron contra las cuerdas al Gobierno chino, cuando éste se propuso luchar contra lo que calificaba de «cieno extranjero». De esta manera, el opio de contrabando le sirvió al Reino Unido para equipar su ejército durante las guerras napoleónicas.

En 1839, tras la orden del emperador de China de destruir todo el opio almacenado en Cantón, se quemaron 20.000 cajas y se arrojaron al mar. Furioso, el Reino Unido exigió una indemnización al Gobierno chino, que éste rechazó. Así se desencadenó la guerra del Opio, que duró tres años y terminó con el Tratado de Nankín en agosto de 1842, por el que China cedía a los británicos la isla de Hong Kong a perpetuidad. Unos años después se produjeron una serie de escaramuzas que obligaron a China a ceder, en 1859, la península de Kowloon. Por último, 40 años más tarde (en 1898), tras una nueva guerra y una nueva negociación, Hong Kong consiguió el arrendamiento por un periodo de 99 años de 730 km^2 de territorio chino, que comprenden los Nuevos Territorios y todas las islas cercanas.

Potencias coloniales e inmigración

En 1941, a comienzos de la Segunda Guerra Mundial, Hong Kong estaba ocupada por los japoneses, que actuaron con una gran violencia –es lo menos que se puede decir. Al cabo de cinco años de ocupación nipona, la población quedó reducida a la mitad debido al gran número de muertos y fugitivos. En 1946 los británicos recuperaron el territorio e intentaron restablecer la paz y la prosperidad. En 1950 el Reino Unido votó el ingreso de China Popular en las Naciones Unidas, y Pekín continuó tolerando esta isla capitalista por las posibilidades comerciales y la entrada de divisas que le proporcionaba. Pero allí donde manda el beneficio por encima de todo, suele importar bastante poco todo lo que se relaciona con lo social, y de ahí los gravísimos problemas de vivienda, empleo y salud que padecieron los «inmigrados», término empleado por la Administración para designar púdicamente a los refugiados.

La sombra de China

El Gobierno chino fue quien decidió el futuro de la pequeña colonia. Pues no habría sido posible que los escasos efectivos de las fuerzas armadas británicas estacionados permanentemente en el territorio (10.000 hombres) hicieran frente –caso de que así lo decidiera el Gobierno de Londres– a una eventual invasión del poderoso vecino.

El término del arrendamiento británico, fijado en septiembre de 1984 para el 1 de julio de 1997, no dejaba muchas dudas sobre lo que se avecinaba. Desde el punto de vista económico, Hong Kong seguía dependiendo de su vecino para la vida cotidiana, ya que necesitaba importar casi todos sus medios de subsistencia. Los chinos del continente no tuvieron que esperar hasta el 1 de julio para invertir en Hong Kong. Ya estaban allí, por todas partes.

El retorno al hogar chino

El 1 de julio de 1997, el último gobernador inglés abandonó la bahía de Hong Kong. Cabe mencionar que justo antes de la devolución abandonaron el territorio un cierto número de inversores inquietos, como la compañía *Jardine & Matheson* (casi los fundadores de Hong Kong), que se trasladó a Singapur.

En cuanto a la población de la antigua colonia británica, la mayoría tomó partido por este reencuentro forzoso con el resto de la familia; aunque guardándose en la manga un pasaporte para Canadá o Australia, por si las moscas... China, completamente decidida a hacer regresar al hogar a esa concubina de buenas carnes para que el país entrara por la senda de la apertura económica, aplicó, como era de prever, la famosa fórmula mágica de Deng Xiaoping «un país, dos sistemas». La Ley fundamental *(Basic Law)*, en vigor desde el 1 de julio de 1997, ha convertido Hong Kong en una

Región Administrativa Especial de China, con un régimen propio en materia de gobierno, prensa, moneda... Y durante los 50 años siguientes a ese día histórico estarán garantizados el sistema capitalista y la democratización iniciada por el Reino Unido.

Inventario tras la retrocesión

Una vez superadas la retrocesión y la crisis económica asiática de 1997, el ambiente se ha vuelto a tensar con la reaparición de algunos problemas importantes. En primer lugar, el de la inmigración china y el reagrupamiento familiar. El territorio sigue manteniendo las fronteras con la China continental, y limita drásticamente el número de chinos autorizados a establecerse en la isla (150 personas por día) por miedo a que la población se duplique si cada cual se reúne con su familia instalada en el territorio. De ahí que los medios de comunicación se hagan eco periódicamente de escenas de desórdenes públicos y de represión de los movimientos de inmigrados. A todo ello hay que añadir los problemas del 50% de la población, que se hacina en bloques de viviendas vetustos en los Nuevos Territorios, con un proceso de urbanización completamente desbocado que invade la bahía, acompañado de una contaminación también en constante aumento.

Desde el punto de vista económico y político, el verdadero problema es la intromisión de Pekín en los asuntos locales; sobre todo a causa de la designación, tras la salida de los británicos, de gran parte de los miembros del Consejo Ejecutivo, encabezado por Donald Tsang tras la dimisión de Tung Chee-hwa (en marzo de 2005). Antes de que se produjera la retrocesión británica, el último gobierno de Patten introdujo las primeras elecciones directas (en 1991) y reformas electorales encaminadas a garantizar un cierto grado de democracia; de modo que, entre otras medidas, todas las personas activas pudieran participar en la elección de los representantes de sus colegios socioprofesionales. En la actualidad, de los 60 escaños del Consejo Legislativo (Legco, hoy centenario) sólo hay 24 designados por sufragio universal, lo que deja las manos libres a los representantes del mundo de los negocios, que desde siempre han estado del lado del Gobierno, y acredita en gran medida las tesis de quienes temen que el Legco quede totalmente en manos del poder central. Aunque, evidentemente, eso se hará bajo cuerda, porque Pekín quiere hacer lo mismo con la rebelde Taiwan cuando llegue la ocasión.

Personalidades, magnates y estrellas de cine

> **Tung Chee-hwa:** ex jefe del ejecutivo local de Hong Kong, es un magnate y un riquísimo armador que, según las malas lenguas, cambió de chaqueta para librarse de la quiebra y se alineó políticamente con China. Lo que se le critica es que haya querido establecer supuestamente un modelo análogo a Singapur, con prioridad absoluta para los negocios y una democracia limitada a su más mínima expresión. Todo ello al servicio de China y de los miembros de su «casta», cuyos intereses coinciden la mayoría de las veces...

> **Li Ka Shing:** el Rockefeller local. Refugiado en Hong Kong a los 14 años, primero estuvo empleado en una fábrica de plásticos de la que terminó siendo el director, y después montó su propia empresa. Cuando se produjo el boom del sector inmobiliario en la década de 1960, compró un *holding* británico y se dedicó a invertir a troche y moche. Este hombre, al que aquí llaman «Superman», parece que tiene una fortuna estimada en 4.600 millo-

nes de euros, es decir, la segunda fortuna local y la décima mundial... Está muy bien visto en Pekín y es un buen amigo de Tung Chee-hwa.

> **Martin Lee y Emily Lau:** él es el líder del movimiento democrático de Hong Kong, y ella, la «Pasionaria» de los inmigrados chinos sin papeles. Aunque pueden estar muy orgullosos del apoyo popular y los resultados electorales que tuvieron al principio, su poder real no deja de ser testimonial, ya que el número de escaños del Consejo Ejecutivo elegible por sufragio universal es muy reducido.

> **John Woo:** ¿quién teme al malvado Woo? Las estrellas más famosas (Nicolas Cage, Tom Cruise, etc.) se pelean por entrar en el pequeño «Who's Woo?» de este célebre cineasta local instalado en Hollywood. Woo nació en Cantón, de donde emigró con su familia cuando tenía cuatro años. Se hizo primero famoso gracias a sus películas de kung fu.

> **Wong Kar Wai:** nacido en 1958 en Shanghai, es otro de los que tuvieron que emigrar a Hong Kong a causa de la Revolución Cultural. Separado de una parte de su familia, el pequeño Wong se convirtió en un solitario que se volcó en la fotografía y el cine. Primero se apasionó con las películas de John Wayne y compañía, y después descubrió a Godard, Antonioni, Rohmer... Así empezó a trabajar para la televisión y a escribir guiones, hasta que realizó *Chungking Express* en 1994, inspirada en el barrio donde vivió, el de la famosa *Chungking Mansion* y donde están todos los hoteles para trotamundos... El éxito, sobre todo en Occidente, lo alcanzó en 1997 con *Happy Together*, y la consagración le llegó en 2000 con la película *Deseando amar*, elogiada unánimemente por toda la crítica (con su actor fetiche Tony Leung, premio de interpretación en Cannes, y Maggie Cheung, esposa del realizador francés Olivier Assayas). En 2004 estrenó *2046*, un drama romántico.

> **Bruce Lee y Jackie Chan:** la figura mítica en todo el mundo de las películas de kung fu es evidentemente Bruce Lee, muerto en extrañas circunstancias durante un rodaje. Evidentemente también, su heredero es Jackie Chan, hijo de obreros y con un físico menudo, aunque no hay que fiarse de eso. Y es que, de una manera bastante más divertida que la de su maestro, el «Buster Keaton del kung fu» se lo carga todo y a todos al mismo tiempo (enemigos, jarrones, mesas y sillas), con unas increíbles series de volteretas durante las cuales permanece suspendido en el aire un montón de tiempo. Él fue quien inauguró la avenida de las Estrellas en 2004.

Libros de ruta

> ***Adiós, Hong Kong***, de Manuel Leguineche (Plaza & Janés Editores, Barcelona, 1997). Este escritor y periodista tiene publicados numerosos libros de viajes, crónicas y reportajes, entre ellos el que aquí mencionamos sobre Hong Kong.

> ***El año pasado en Hong Kong***, de Robert Elegant (Editorial Planeta, Barcelona, 2000). Se trata de una intensa historia de amor entre una pintora norteamericana y un joven chino, amenazada por el futuro incierto del territorio de Hong Kong.

> ***Hong Kong: antes y después***, de Christopher Patten (Plaza & Janés Editores, Barcelona, 1999). Patten fue el último gobernador británico de Hong Kong. Este libro narra el proceso de transición de Hong Kong a manos chinas y reflexiona acerca del complejo futuro de la antigua colonia.

> ***La casa noble*** (Ediciones Quatro, Barcelona, 1983) y ***Tai-pan*** (Plaza & Janés Editores, Barcelona, 1990), de James Clavell, que cuentan la historia del nacimiento de Hong Kong a través del tráfico de opio.

Modernidad y feng shui

Los empresarios preocupados por la ordenación del territorio de Hong Kong no sólo se enfrentan a problemas materiales, ya sean financieros o logísticos. Para ganarse la estima de la población y beneficiarse al mismo tiempo de la benevolencia de los dioses, están obligados a levantar sus gigantescos edificios siguiendo las reglas del feng shui: es el código de la geomancia china, que se basa en dos elementos naturales: el viento y el agua. El maestro de feng shui establece el mejor equilibrio posible entre el hombre y su entorno inmediato mediante la armonización de los contrarios; de una manera parecida a la del yin y el yang taoístas.

Numerología y supersticiones

Los geománticos también recurren a la astrología y la numerología chinas para determinar la fecha de todos los acontecimientos importantes de la vida de cualquier hombre o mujer, como, por ejemplo, la celebración de una boda o la apertura de un comercio. O, también, de un acontecimiento histórico de mucha importancia. Y es que aquí son de un supersticioso absoluto en cuestión de números, hasta el punto de que los dueños de los Rolls-Royce hacen unas pujas elevadísimas por las placas de matrícula de los coches a fin de que tengan un 8, y llegan a pagar cantidades que superan en más del doble el precio del mismo vehículo. Por la isla de Hong Kong circuló durante bastante tiempo un coche que tenía cuatro ochos en la matrícula; pertenecía al célebre Stanley Ho, antiguo magnate de los casinos de Macao, y le costó varios millones de dólares. El número 8 es sinónimo de riqueza, mientras que el 1 representa la seguridad y el nacimiento; el 2, la facilidad; el 3, la vida; el 4, la muerte; el 7, la suerte, y el 9, la larga vida y la plenitud. Por consiguiente, conviene vivir en el número 28 de la calle, mejor que en el 24, porque el primero quiere decir «propensión para hacerse rico», y el segundo, «propensión para morir».

Todos estos ejemplos demuestran que, a pesar de las fachadas a la occidental y de la manera hipercapitalista de hacer negocios, y a pesar de los hoteles, los coches y las viviendas con un confort ultramoderno y la ropa a la última moda occidental, el dragón sigue con los ojos abiertos y vela por el mantenimiento de las costumbres y los valores tradicionales como la importancia de la familia, el culto a los antepasados e incluso la veneración por China. Y aunque es verdad que las actitudes sobre estas prácticas están evolucionando, sobre todo entre los jóvenes, lo cierto es que distan mucho de estar superadas, principalmente en los Nuevos Territorios. Precisamente, es esa mezcla inextricable de Asia y Occidente lo que hace que Hong Kong resulte tan especial.

ANTES DE PARTIR

Informaciones útiles

Información turística

Oficina de turismo de Hong Kong (Hong Kong Tourism Board): c/o Sergat España, S.L.; Pau Casals, 4, 2°, 08021 Barcelona. ☎ 934-141-794. Fax: 932-018-657.
bcnwwwo@hktb.com

Formalidades

Pasaporte con fecha de validez hasta un mes después del fin de la estancia, más un **billete de ida y vuelta** o de continuación del viaje. No hace falta visado si la estancia es inferior a tres meses.

> Si vais a estar más de tres meses, poneos en contacto con la embajada

de China (ver el apartado «Antes de partir», al principio de la guía) o, *in situ*, con el Departamento de Inmigración, 7, Gloucester Road; Immigration Tower, Wanchai (isla de Hong Kong). ☎ (852) 28-24-61-11. Fax: (852) 28-77-77-11.

Atención: para volver a entrar en China desde Hong Kong se requiere un visado de entrada múltiple, pero también existe la posibilidad de tramitar un visado para China en Hong Kong (ver el apartado «Formalidades», al principio de la guía).

Vacunas

Hasta el momento actual no se exige ninguna vacuna a los viajeros procedentes de Europa. Las vacunas «universales» recomendables en Europa (tétano, polio, difteria, hepatitis A y B) lo son aún más cuando se viaja más lejos. Si surge algún problema, no debéis apuraros, esto es Hong Kong y aquí tienen los mejores hospitales de la zona. En la actualidad Hong Kong forma parte de la OMS, es decir, del selecto club de zonas «seguras» en cuanto a las enfermedades infecciosas.

Clima

Hong Kong disfruta de un clima subtropical con diferencias de temperatura relativamente reducidas, pero con un elevado porcentaje de humedad (80 % de media). Ver los gráficos de climatología que hay en las «Generalidades», al principio de la guía.

> La **primavera** (de marzo a finales de mayo) es caprichosa, con algunas olas de calor, porcentaje de humedad en la media y temperaturas entre 18 y 27 °C.

> El **verano** (de mediados de mayo a mediados de septiembre) coincide con la estación de las lluvias, «salpicada» a veces de calores tórridos (entre 28 y 33 °C de media) y tifones. Pero, tranquilos, hay pocos y la ciudad se ha dotado de un sistema de prevención y protección eficaz. Si pese a todo se acerca algún tifón, se declara en todas partes la «alerta 8», que supone la paralización de muchas actividades y la posible anulación de los vuelos.

> El **otoño** (de finales de septiembre a principios de diciembre) es, sin duda, la mejor época para pasear entre los rascacielos de Hong Kong; aunque, cuidado, es también la temporada alta turística. En este periodo las temperaturas máximas oscilan entre 20 y 26 °C, el cielo está azul, hay menos humedad y, por consiguiente, el tiempo es muy agradable.

> En **invierno** (de mediados de diciembre a finales de febrero) hay menos humedad y el mercurio se sitúa en torno a los 17 °C, aunque puede bajar a menos de 10 °C. Puede resultar incordiante para el viajero, sobre todo cuando llegan vientos fríos, que, por lo general, no suelen alcanzar el sureste asiático. Así que coged ropa de abrigo.

Correos

El servicio es muy fiable y rápido:

> Por una postal con destino a Europa, calculad alrededor de 3 ¥ (0,30 €).

> Para recibir correspondencia, escribid en el sobre: «Lista de correos, vuestro nombre, Tsim Sha Tsui Post Office, Middle Road, Kowloon, Hong Kong». El servicio es gratuito, pero debéis identificaros con el pasaporte. ☎ 23-66-41-11 y 29-21-22-22 (para obtener información en inglés las 24 h). 💻 www.hongkongpost.com

> Las dos oficinas principales de correos (ver «Direcciones útiles») permanecen abiertas de lunes a sábado de 8 a 18 h, y los domingos de 8 a 14 h. Todas las oficinas de correos de barrio están cerradas los domingos y festivos.

Desfase horario

Respecto a España, en Hong Kong llevan 7 h de adelanto en invierno y 6 h en verano.

HONG KONG - PLANO DE CONJUNTO

Sha Tau Kok
Mirs Bay
ung Yeuh Tan
Fanling
Plover Cove
Reservoir
Tai Po
Puerto
de Tolo
Universidad China
Península
de Sai Kung
Fo Tan
Mo shan
High Island
Reservoir
Sha Tin
Tai Wai
Sai Kung
Hebe
Haven
Wong Taisin
Puerto
Shelter
Hang
Hau
véase plano I
Kowloon
Yau Tong
Puerto de Victoria
Lei Yue
Mun
Clear Water Bay
Central
North
Point
véase plano III
Chai Wan
véase plano II
Tai Hang
Joss House
Bay
Aberdeen
Isla de Hong Kong
Big Wave
Bay
Tung lung
Chau
Ocean
Park
Deep Water
Bay
Shek O
Repulse
Bay
Stanley
k Kwu Wan
Lamma
Po Toi
0
5
10 km

Bancos, cambio

> La **moneda** es el dólar de Hong Kong (HK$). Su cotización está claramente por debajo de la del dólar estadounidense, aunque ligada a la del billete verde. 1HK$ equivale, aproximadamente, a 0,10 €.

> Las **oficinas de cambio** son más interesantes que los bancos, que suelen cobrar entre 30 y 50 HK$ (3 y 5 €) por operación. En casi todas partes aceptan las tarjetas de crédito *Visa* y *MasterCard*, y con ellas también podéis conseguir liquidez en los cajeros automáticos que llevan el logo correspondiente.

> Los **bancos** abren generalmente de lunes a viernes de 9 a 16.30 h, y los sábados de 9 a 12.30 h, y cierran los domingos y festivos.

> Si después vais a **Macao**, no tendréis ningún problema para gastar los dólares de Hong Kong ni pagar con ellos todas las facturas.

Electricidad

La tensión es de 200-220 V. Llevad un adaptador de tres bornes, modelo inglés, o pedidlo en vuestro hotel.

Hong Kong en Internet

www.discoverhongkong.com
La web oficial de la oficina de turismo de Hong Kong (Hong Kong Tourism Board), en inglés y en francés, resulta bastante completa, tanto en materia de transportes, sitios, hoteles, gastronomía, fiestas, etc., como en datos prácticos e información general.

www.tdctrade.com
Excelente web en inglés sobre la economía de Hong Kong, perfecta para quien quiera conocer las cifras y estadísticas de esta joya del capitalismo asiático, instalarse aquí y dedicarse a los negocios, o saber la cotización monetaria (señalar «exchange rates»). Alguna información en español.

www.paris-hongkong.com
La web más impertinente y divertida que hemos encontrado está llena de noticias sobre la actualidad cultural y política del territorio, pero tratadas de un modo humorístico. Además, tiene cantidad de enlaces francamente interesantes, como las webs de los periódicos de Hong Kong, las de activismo democrático, etc., así como algunas propuestas maliciosas. En resumen, la antiweb oficial. Está en inglés.

Horarios comerciales

La mayoría de los comercios están abiertos todos los días (excepto algunas tiendas de Central los domingos). Los horarios varían según los barrios y las tiendas, pero, por lo general, en cada barrio rige el mismo horario.

En la isla de Hong Kong

> **Central y Western:** de 10 a 19.30 h.

> **Causeway Bay y Wan Chai:** de 10 a 21.30 h, e incluso más tarde.

En la península, Kowloon

> **Tsim Sha Tsui, Yau Ma Tei y Mongkok:** de 10 a 21 h, excepto en Temple Street, en Yau Ma Tei, donde el mercado nocturno está abierto hasta medianoche.

> **Tsim Sha Tsui Est:** de 10 a 19.30 h.

Lenguas

Las dos lenguas oficiales son el chino y el inglés, y la señalización y las publicaciones turísticas están escritas en ambas lenguas. El cantonés es el dialecto dominante, pero cada vez se habla más el mandarín.

Medios de comunicación

Con el nuevo régimen vigente en Hong Kong desde la retrocesión, la región ha podido conservar la prensa independiente. Hay 20 diarios y 700 publicaciones de diferente periodicidad, además de numerosos canales de televisión y radio privados. Se dice que las presiones continuas de las autoridades chinas y los intereses económicos y políticos de algunos empresarios de prensa han conseguido la autocensura de los periodistas. Durante 2004, tres presentadores de programas de radio, muy conocidos por sus convicciones democráticas, dimitieron de sus puestos debido a las presiones.

Existen dos periódicos en inglés, el *South China Morning Post* y el *Standard Metro* (el mismo que se distribuye gratuitamente en las grandes ciudades europeas), que hizo su aparición en 2002. Se trata de un diario bilingüe redactado en su mayor parte en chino, pero con el apartado de *news* internacionales en inglés. Otro diario, escrito íntegramente en chino, el *Apple Daily*, es conocido por su beligerancia contra el Gobierno de Pekín y por su sensacionalismo.

Las cadenas *TVB Pearl* y *ATV English*, las emisoras de radio *RTHK*, *Channel 3* (FM 106.8) y la *BBC World Service Relay* (AM 675) emiten programas informativos en inglés.

Peligros y contratiempos

Hong Kong es una de las ciudades más seguras del mundo.

Presupuesto

Hong Kong es una de las ciudades más caras del mundo, sobre todo en lo que se refiere al alojamiento. El precio de bienes y servicios como el transporte o la alimentación todavía resulta aceptable. Lo malo es que todo está dirigido a incentivar el consumo. Un refrán local dice: «Con mi dinero en la mente y con mi mente en el dinero».

Alojamiento (en una habitación doble)

> **Muy barato:** de 80 a 150 HK$ (de 8 a 15 €).
> **Barato:** de 150 a 300 HK$ (15 a 30 €).
> **Precio medio:** de 300 a 500 HK$ (de 30 a 50 €).
> **Selecto:** más de 500 HK$ (50 €).

Restaurantes (una comida sin bebida)

> **Barato:** de 30 a 60 HK$ (3 a 6 €).
> **Precio medio:** de 60 a 120 HK$ (de 6 a 12 €).
> **Un poco más selecto:** de 120 a 150 HK$ (12 a 15 €).
> **Selecto:** más de 150 HK$ (15 €).

Propinas

Aunque, por lo general, la cuenta en los hoteles y los restaurantes incluye el 10 % de servicio (en caso contrario, dejad el equivalente), siempre se acostumbra a dar propina.

Teléfono

> **Hong Kong → España:** marcad el 00 + 34 + el número del abonado de 9 cifras.
> **España → Hong Kong:** marcad el 00 + 852 + el número del abonado.

Las llamadas locales son gratuitas para los hongkoneses y en algunos pequeños hoteles. En las cabinas telefónicas cuestan aproximadamente 1 HK$ (0,10 €) los 5minutos. Las llamadas internacionales se pueden hacer desde las cabinas públicas con las siglas IDD (International Direct Dialing). Podéis comprar las tarjetas telefónicas IDD en *Cable & Wireless*, en las oficinas de turismo y en muchas tiendas. Su precio varía de 70 a 100 HK$ (7 a 10 €). En España podéis comprar las tarjetas prepago España Directo, para llamar desde el extranjero (☎ 800-96-00-34).

LLEGAR - SALIR

En avión

Se aterriza en el nuevo aeropuerto ultramoderno de **Chek Lap Kok** *(plano de conjunto)* en el noroeste de la isla de Lantau, con capacidad supuestamente para 35 millones de pasajeros por año (87millones previstos en 2040). Está comunicado con los diversos centros por numerosos medios de transporte. Para obtener información sobre llegadas y salidas de vuelos: ☎ 21-81-00-00 y 21-88-71-11. 💻 www.hkairport.com

Atención: si compráis en Hong Kong el billete de avión para la China continental, comparad las tarifas, porque os puede resultar tres veces más barato adquirirlo en Shenzhen (o Cantón, que sólo está a 1,30 o 2 h de tren). Ver también las direcciones de las agencias de viajes en «Direcciones útiles» más adelante.

Si cogéis el tren Airport Express (AEL), tenéis la posibilidad de registraros a la salida del tren, en la Hong Kong Station o la Kowloon Station, hasta 90 min antes del despegue. *Atención:* procurad llegar a la puerta de embarque con suficiente antelación, porque las colas pueden ser interminables.

> Tened en cuenta la **tasa de aeropuerto internacional**, de aproximadamente unos 120 HK$ (12 €) para los que tienen más de 12 años (la inmensa mayoría, por desgracia), si no está incluida en vuestro billete.

Servicios en el aeropuerto

Oficina de turismo de Hong Kong (Hong Kong Tourism Board o KKTB): cuenta con tres mostradores en la terminal de llegadas (Buffer Hall y zona de transbordos E2), y está abierta de 7a 23 h. Muy bien documentada y eficaz, pueden haceros reservas de hotel. Coged los folletos que editan (en inglés), que os serán muy útiles. Disponen de teléfonos gratuitos a disposición del público pasados el puesto de aduana y la sala de equipajes; muy práctico si llegáis de noche después del cierre de la HKTB y queréis reservar hotel. Pero también se puede conectar con la página web de HKTB las 24 h desde los terminales de *i Cyberlynk*, y la **asociación de hoteleros de Hong Kong** *(HKHA)* cuenta con un mostrador en la sección de llegadas *(Buffer Hall)*, en el que se pueden averiguar precios y reservar habitaciones. ☎ 23-83-83-80 y 27-69-88-22.

> **Macao Government Tourism Office** (MGTO): tiene una oficina en la terminal de llegadas, en el mostrador A06 del gran vestíbulo de los encuentros *(Meeters & Greeters Hall)*. Abierta de 9 a 22 h. ☎ 27-69-79-70; 💻 www.macautourism.gov.mo Folletos en inglés.

Oficina de correos: en la zona de salidas, al lado de la librería *W.H. Smith*. Abierta de 9 a 20.30 h (hasta las 14 h los domingos).

Evidentemente, no tendréis ningún problema para **cambiar dinero** en las oficinas oficiales del aeropuerto, aunque los tipos de cambio no os benefician (algo inferiores a los que se aplican en la ciudad).

También hay **cajeros automáticos** en los que podéis retirar dinero.

Consigna manual: en la zona de llegadas, justo antes de los dos ascensores que se hallan en el centro del vestíbulo. Abierta de 5.30 a 1.30 h. Cuesta unos 50 HK$ (5 €) por paquete durante las 24 h y 120 HK$ (12 €) por 48 h. Se han de añadir 80 HK$ (8 €) por cada nuevo periodo de 24 h.

Autobús para la China continental: empresas como *China Travel Service*, *Chinalink*, *Eternal East*, etc., ofrecen líneas de autobús directas desde el aeropuerto de Hong Kong hasta la provincia de Guangdong (Cantón). Los mostradores de estas compañías se encuentran en la zona de llegadas entre A04 y A11. Muchas salidas entre las 7 y 23 h para Huanggang, Dongguan y el aeropuerto de Shenzhen, entre otros lugares. Este último es un destino interesante, pues desde allí los vuelos interiores salen más baratos que desde Hong Kong. Os recordamos que es necesario que tengáis un visado para China antes de subir a estos autobuses.

¿Cómo desplazarse del aeropuerto al centro?

El desplegable de HKTB titulado *In Transit Guide*, que se consigue en el mismo aeropuerto, incluye los itinerarios para moverse por la ciudad a diferentes horas, así como un plano del metro. También resultan útiles los titulados *Transport* y *Cityflier Route Information*, publicados por las autoridades aeroportuarias, en los que se recogen todos los medios de transporte que van a la ciudad, así como los precios y horarios, además de los nombres de las paradas de los autobuses de las líneas A11, A12, A21 y A22. Hay otras maneras de salir del aeropuerto, como los autobuses y automóviles privados de los principales hoteles, el tren rápido más lanzadera, taxis o limusinas.

En autobús: no es el medio más rápido, pero sí el más económico, con más de 30 líneas en todas direcciones, incluidas nueve nocturnas. Los autobuses parten desde el sótano del aeropuerto. Pedid cambio en los quioscos que hay justo enfrente de los autobuses para poder pagar al conductor el importe exacto (obligatorio), o adquirid una tarjeta *Octopus* (ver sus diversas modalidades en «Transportes. Metro y tren», antes) o el tique en el *Commercial Service Counter*, en el gran vestíbulo al llegar. Cuando bajéis del autobús, ya en la ciudad, echad un vistazo a los planos que hallaréis en las paradas para orientaros.

> **Hacia Kowloon:** todos los hoteles que tenemos reseñados en la península están comunicados por el **autobús A21**, que recorre Nathan Road de punta a punta (desde Mongkok hasta Tsim Sha Tsui) y va a la estación de trenes de Hung Hom *(Kowloon-Canton Railway)*. Sale cada 10-15 min entre las 6 h y medianoche. Calculad aproximadamente una hora de viaje por unos 33HK$ (3,30 €). *Atención:* no lo confundáis con el A22, que sólo corta Nathan Road.

> **Hacia la isla de Hong Kong:** tomad el **autobús A11,** que sale cada 15min entre las 5.30 h y medianoche. Atraviesa todo el centro de la isla, incluidos los barrios de Sheung Wan, Central, Admiralty, Wanchai y Causeway Bay, hasta el embarcadero de North Point. Calculad unos 40 HK$ (4 €) por un trayecto de una hora más o menos. El **autobús A12** también bordea la bahía, pero el bollete resulta algo más caro (además, tiene la terminal muy lejos del centro, en el barrio de Chai Wan, que no hay que confundir con Wanchai).

> **Autobuses nocturnos:** entre medianoche y las 5 h, los **autobuses N21** (hacia Kowloon) y **N11** (hacia la isla de Hong Kong) salen cada 20 o 30 minutos de 0.15 a 5 h. Resultan más baratos, pero sólo paran en un sitio estratégico de cada barrio.

En tren expreso: el *Airport Express Live (AE)* es un tren muy moderno, de alta velocidad, tres veces más rápido que el autobús, pero el doble de caro (100 HK$ o 10 €, sólo ida, y 180 HK$ o 18 €, ida y vuelta). Sale cada 15 min entre las 5.50 y la 1.15 h. Sólo tarda 20 min hasta la primera parada de la Kowloon Station, que está muy al oeste de Nathan Road. Y ello os obligará a tomar alguno de los autobuses de enlace gratuitos que van a los grandes hoteles de la península (cada 20 min de 6 a 23 h). La última parada del tren es la *Hong Kong Station*, en el barrio de Central, en la isla de Hong Kong, comunicada por sólo 3 min de viaje suplementario. Desde allí se puede conectar por metro con el resto de la isla (y de Kowloon), y también hay numerosos autobuses con destino a Exchange Square, tranvías que circulan por Des Vœux Road y autobuses de enlace gratuitos que van a los grandes hoteles de la isla.

En realidad, este tren expreso resulta bastante válido si os alojáis en un hotel selecto y no queréis pagar un taxi, o si tenéis mucha prisa por llegar a Central. Cabe señalar también que, en principio, la ida y vuelta en el mismo día en este medio de transporte da derecho a media tarifa. La media tarifa (100 HK$/10 €) también se aplica a los niños de 3 a 11 años.

En taxi: sale muy caro. El trayecto hasta Tsim Sha Tsui (Kowloon) o Central (isla de Hong Kong) cuesta de 300 a 350 HK$ (30 a 35 €) aproximadamente, incluyendo el paso por el Tsing Ma Bridge o por el túnel de la bahía. Las tarifas se exponen en los folletos publicados por la autoridad aeroportuaria y en los mostradores de los taxis del aeropuerto.

En tren

Todos los trenes salen de la moderna **estación KCR** *(Kowloon Canton Railway; fuera del plano I, por B4)* de Hung Hom, en Tsim Sha Tsui East (Kowloon). Por desgracia, hasta ahora no hay ninguna línea de metro que llegue hasta la estación. El enlace debéis hacerlo desde el Star Ferry de Kowloon con los autobuses nos 5C y 8. Si llegáis directamente del aeropuerto, es el final del autobús A21. Podéis obtener información *in situ* en el *Customer Services Centre*, enfrente de las ventanillas para Lo-Wu, en el vestíbulo principal. Abierto de 7 a 21 h. Información y reserva de billetes: ☎29-47-78-88.

Lo mejor es que compréis lo antes posible el billete, a través de alguna agencia de viajes (ver «Direcciones útiles», antes) o allí mismo, yendo a la oficina del *China Travel Service (CTS)*; no cobran comisión y hablan bien inglés. También podéis ir a las ventanillas del *Through Train Departure Intercity Passengers Services Centre*, al fondo de la estación, a la derecha. El horario y las tarifas se hallan expuestos al público y disponibles en inglés. Las dos oficinas están abiertas de 6.30 a 19.30 h. Además, hay una consigna electrónica, oficinas de cambio, cajeros automáticos, cafés, librerías, etc.

Importante: llegad 45 min antes de la salida para pasar las indispensables formalidades de inmigración con China.

■ **Hacia Cantón** *(Guangzhou):* no se os ocurra venir durante la feria de Cantón en marzo y octubre. Además, es muy posible que tampoco encontréis sitio en esa época. Atención, tenéis dos maneras de llegar:

> Trenes directos*:* el medio más práctico y seguro. Hay unos ocho al día, entre 7.30 y 19 h aproximadamente, y tardan entre 1,30 y 2 h, según paren o no en Dongguan. Calculad algo menos de 200 HK$ (20 €) en clase estándar y cerca del 15 % más en primera clase; descuentos para los niños. En Cantón, los trenes llegan a la nueva estación del Este, desde donde se llega al centro urbano por una única línea de metro o en taxi.

> Trenes hacia la frontera china: la antigua solución, cada vez menos utilizada, consiste en viajar hasta la frontera china por Lo-Wu por unos 33 HK$ (3,30 €). El problema es que, una vez allí, hay que pasar las formalidades policiales y, después, comprar otro billete de tren (o de autobús en Shenzhen, en la China continental); todo eso con la única ayuda de unos letreros y funcionarios chinos que no saben ni pizca de inglés. Así os gastaréis algo menos de dinero, pero tardaréis mucho más tiempo y es bastante más engorroso. Lo bueno es que los trenes llegan a la antigua estación de Cantón, más cerca del centro que la nueva. Si optáis por esta solución, coged el KCR en la estación de metro Kowloon Tong (hasta la terminal de Lo-Wu) y así no tendréis que ir a la estación. Otro detalle práctico: pensad en cambiar dinero en Hong Kong; en la fron-

tera (abierta de 6.30 a 23.30 h) no hay oficina de cambio.

Hacia Shanghai: atención, sólo hay un tren cada dos días. En principio, sale a las 15 h y llega unas 24 h después. En esta línea no hay asientos. En una litera dura, el billete cuesta entre 510 y 530 HK$ (51 y 53 €), según sea la de arriba, la de en medio o la de abajo del compartimento; en una litera blanda o *de luxe*, calculad entre 830 y 1.050 HK$ (83 y 105 €) por persona; descuentos para los niños.

Hacia Pekín (Beijing): como hacia Shanghai, sale un único tren cada dos días, en principio hacia las 16.10 h, que llega unas 26 h después a la estación del Oeste en Pekín. En esta línea tampoco hay asientos. Calculad entre 580 y 600 HK$ (58 y 60 €) la litera dura arriba, en medio o abajo, y entre 940 y 1.200 HK$ (94 y 120 €) la litera blanda o una *de luxe*; descuentos para los niños.

En autobús

> **Enlaces con Cantón:** otra solución más económica es tomar el autobús desde Hong Kong, pero se emplea el doble de tiempo. Calculad 100 HK$ (10 €) para el billete sencillo y 3 h de trayecto. Hay 13 salidas diarias desde las 7.30 hasta las 19.30 h. Los billetes se compran en la ventanilla del CTS situada en el centro de la estación.

En ferri

Muy recomendable reservar, sobre todo los fines de semana, durante las vacaciones y especialmente en temporada alta (de septiembre a principios de diciembre). Los trámites de aduanas conllevan de 15 a 30 min.

Hacia Macao:

> Desde Kowloon: salidas desde la **China Ferry Terminal** *(plano I, A3)*, 33, Canton Road, en Tsim Sha Tsui. Primer piso. Dos empresas ofrecen el viaje de 1 h en hidrodeslizadores. *First Ferry Macau* parte a las medias horas entre 7 y 15.30 h y luego parte a las horas en punto de 16 a 22 h. A partir de 130 HK$ (13 €) en clase económica. Información: ☎ 21-31-81-81 y 💻 www.nwff.com.hk *Turbo Jet* ofrece una prestación semejante al mismo precio, pero con menos conexiones.

> Desde la isla de Hong Kong: salidas desde la **Macau Ferry Terminal** *(plano II, D5)*, en Sheung Wan. Hay una oficina de turismo de Macao en el *Shun Tak Centre*, al lado (ver «Direcciones útiles», antes). Numerosas salidas en *Turbo Jet* las 24 h: cada 10 o 15 min hasta la 1.30 h de la madrugada; luego, cada hora hasta las 7 h. Entre semana, calculad unos 145 HK$ (14,50 €) en clase económica, y un 25 % más a partir de las 18 h por ser viajes nocturnos. También hay suplementos los fines de semana y los festivos. ☎ 29-21-66-68. 💻 www.turbojet.com.hk

Hacia Cantón (Shenzhen y Guangzhou): con *Turbo Jet*, que tiene ocho salidas para Shenzhen desde la China Ferry Terminal de 7.30 a 17.30 h y otra salida desde la Macau Ferry Terminal a las 8 h. Calculad 200 HK$ (20 €) en clase económica y 1 h de trayecto. Lanzadera gratuita entre el embarcadero y el aeropuerto de Shenzhen.

¿CÓMO DESPLAZARSE POR LA CIUDAD?

Los *rickshaw*, esos cochecitos de dos ruedas tirados por un hombre, que introdujo un misionero hacia 1870, ya no circulan por Hong Kong... Las ventajas del progreso. Ahora hay una gran variedad de medios de transporte, de manera que no tiene nada de extraño que en esta ciudad, insaciable e infatigable al mismo tiempo, se vean centenares de ferris atravesando constantemente la bahía y tranvías con imperial en los que se inspiran los autobuses modernos, sin contar metro, trenes, taxis, peato-

nes... Hong Kong es una ciudad llena de energía, y nunca se había merecido tanto ese calificativo como ahora. Para más información:
www.info.gov.hk/td

A pie

Después de llegar en autobús, taxi o ferri al barrio o la isla que hayáis escogido, el medio con el que mejor podréis recorrer Hong Kong es a pie, por no decir el senderismo urbano, ya que el centro (o mejor dicho, los centros) no es (son) un lugar de paseo plácido, sino todo lo contrario, por la abrumadora concentración de edificios, viandantes y coches. Pero, en cualquier caso, esa acumulación se convierte a fin de cuentas en una ventaja, porque salís de una tienda y os metéis en un restaurante, y así sucesivamente durante todo el día o hasta que os apetezca... Haced circuitos coherentes por sectores o andad sin rumbo fijo por las callejuelas de cualquier barrio chino, o recorred un mercado y dad un paseo después por algún parque. Cuando os canséis, siempre podréis arregláros las con los transportes urbanos entre uno y otro circuito.

Ferri

> La travesía de la bahía con el **Star Ferry**, más que centenaria, hay que hacerla una vez por lo menos. Salidas cada 5-10 minutos desde la Star Ferry Terminal de Kowloon hacia la Star Ferry Pier de Hong Kong (y en sentido inverso) entre 6.30 y 23.30 h. La travesía dura unos 8 minutos. Quizá tengáis entonces la oportunidad de cruzaros con un junco con las velas desplegadas: un espectáculo magnífico. Primera clase en el puente superior, por 2,20 HK$ (0,22 €); segunda clase, en el puente inferior, por 1,70 HK$ (0,17 €). Todos los ferris tienen el nombre de alguna película rodada en Hong Kong. La *Shining Star* ofrece cruceros diurnos y nocturnos en el famoso *harbour* con varias salidas diarias. Los precios fluctúan entre los 40 y los 120 HK$ (4 y 12 €) según la duración (los viajes nocturnos son nuestros favoritos, pero también los más caros). Reservas telefónicas en ☎ 21-18-62-01 y 21-18-62-02.
www.starferry.com.hk/harbourtour

> **Otros ferris entre Kowloon y la isla de Hong Kong:** hay uno que efectúa la travesía entre Tsim Sha Tsui (Kowloon) y Wanchai de 7.30 a 23 h, por un precio realmente simbólico; otros cubren la travesía entre Central o Wanchai (isla de Hong Kong) y Hung Hom (estación de trenes KCR de Kowloon) entre las 7.15 y las 20 h (19 h los fines de semana) aproximadamente, por 5,30 HK$ (0,53 €).

> **Ferris entre las islas:** las líneas que cubren cada isla están reseñadas en el apartado «Islas cercanas a Hong Kong», más adelante.

Tranvía

Los pintorescos tranvías con imperial, que podrían considerarse unos juguetes para que los adultos se entretengan con ellos, circulan en Hong Kong únicamente desde 1904 y se hallan cubiertos de anuncios publicitarios e ideogramas, algunos de los cuales son auténticas obras maestras del arte moderno. Van de oeste a este a lo largo de la bahía, atravesando el corazón de los barrios más importantes; es decir, desde Kennedy Town hasta Shau Kei Wan y en sentido inverso, con un desvío hacia Happy Valley. La red cuenta con seis líneas (sin números, por lo que hay que fijarse en el anuncio del lugar de destino) que unen Kennedy Town con Causeway Bay, Western Market con Shau Kei Wan, Kennedy Town con Happy Valley, Whitty Street con North Point, Western Market con Kennedy Town y Shau Kei Wan con Happy Valley. Subid al piso de arriba en cualquiera de ellos (aunque aseguraos antes de que va realmente a vuestro destino) y, cuando vayáis a apearos, pagad en la caja del lado del conductor. Llevad siempre el importe exacto. El precio es el mismo sea cual sea el trayecto, de aproximadamente unos 2 HK$ (0,20 €) por persona (los niños pagan la mitad), y funcionan de 6 h a medianoche.

No nos cansaremos nunca de deciros que si realmente hay algo que hacer aquí, es, precisamente, subir al tranvía y hacer el trayecto que más os apetezca, por corto o largo que sea. Así os haréis una buena idea del centro de la isla de Hong Kong, en unas condiciones divertidas y nostálgicas a la vez, y os saldrá muy barato. Si queréis celebrar el cumpleaños o vivir una experiencia inolvidable con los amigos, alquilad un tranvía. www.hktramways.com

Autobús

La red de autobuses está muy bien. Constituye el medio más económico para dar la vuelta a la ciudad. Funciona de 6 h a medianoche, y en el apartado «¿Qué visitar?» se indican las líneas que debéis tomar para visitar cada lugar de interés. La página web www.citybus.com.hk, muy completa, recoge todos los itinerarios, horarios, frecuencia de paso y tarifas de los autobuses, incluido el que va al aeropuerto. Haceos también con los planos, que podéis adquirir en las oficinas de turismo de la HKTB, para planear los circuitos.

Los autobuses llevan en la parte delantera el punto de destino escrito en inglés, pero los conductores no lo hablan. De todos modos, lo mejor es tener localizada la parada del autobús antes de subir. Y llevad siempre las monedas necesarias para pagar el importe exacto al conductor (el precio está expuesto en un panel), porque el reglamento es inflexible. La tarjeta *Octopus* (ver más adelante) os puede ser de gran utilidad si pensáis desplazaros en transporte público urbano con frecuencia. Por último, tened en cuenta que no podéis subir con equipaje a los autobuses de la letra E.

Metro y tren

> **Metro** (MTR; *ver el plano del metro):* muy práctico para ir de un barrio a otro rápidamente, funciona de 6 a 1 h, y tiene **once líneas** en total que cubren Kowloon y Hong Kong. El medio de transporte más rápido y moderno, pero no os deja ver nada. Atención, en cada estación hay muchas entradas y salidas diferentes, de modo que aprended a localizar el logo del metro, una especie de escarabajo blanco, muy estilizado, sobre fondo rojo. Encontraréis expendedores automáticos de billetes de fácil manejo que aceptan billetes de 10 y 20 HK$ (1 y 2 €), pero debéis llevar monedas o pedir que os cambien en las ventanillas. No hay aseos ni en los vagones ni en las estaciones. Se prohíbe fumar o comer bajo pena de multa. **No estropeéis el billete del metro ni se os ocurra tirarlo, porque tenéis que picarlo en la máquina a la salida.** Por último, mirad las diferentes salidas que indican las calles y los edificios conocidos de la zona.

El metro resulta más caro que los demás medios de transporte. Por término medio, cuesta de 4 a 10 HK$ (0,40 a 1 €), según el trayecto y en función de la distancia. Con la tarjeta llamada **Octopus**, que se puede adquirir en la oficina de turismo y en las estaciones, podéis hacer varios viajes hasta que se agote y permite utilizar el *KCR*, el *Airport Express (AEL)*, el ferri, los *maxicabs* y las diferentes líneas de autobús y tranvía; también se puede comprar en cadenas de alimentación como *7 Eleven* o *Circle K*, así como en ciertos cines y comercios. Se trata de una tarjeta recargable cuyo precio inicial es de 150 HK$ (15 €) repartidos de la siguiente manera: un depósito de garantía de 50 HK$ (5 €) que se reembolsa totalmente al devolverla y un crédito de 100 HK$ (10 €) cuya parte no utili-

EL METRO DE HONG KONG

zada se reembolsa igualmente. No hay ningún problema para conseguir estos reembolsos cuando dejéis la ciudad, pues se hacen efectivos en las ventanillas de las estaciones de metro, en las de tren y en el aeropuerto, donde llega el tren *AEL* (abierto todos los días de 5.50 a 0.50 h). Arregláoslas para tener menos de 500 HK$ (50 €) de crédito reembolsable si queréis que os lo retornen en el acto, de lo contrario el MTR os enviará un cheque por correo. Para más información, pedid el folleto informativo *The Handy Octopus User Guide* o consultad las páginas web www.mtr.com.hk y www.octopuscards.com

Taxi

Aunque algunos taxistas hablan inglés, la mayoría únicamente sabe cantonés. En todos los hoteles podéis obtener tarjetas de visita, en chino y en inglés, que basta con mostrar al taxista. Si no, procuraos la tarjeta de algún hotel o alguna tienda cercanos al lugar adonde queréis ir, o procurad que os escriban vuestro punto de destino en cantonés antes de parar cualquier taxi. En caso de incomprensión total, pedid al taxista la hoja *Top 50 destinations*, que está escrita en chino, inglés y japonés *(trilingual guide)*.

Encontrar taxi no plantea ningún problema. Los de Hong Kong y Kowloon son de color rojo, verde los de los Nuevos Territorios y azul los de Lantau; aunque el color sirve para delimitar su zona de actividad, todos pueden llevaros al aeropuerto. La carrera cuesta como mínimo unos 15 HK$ (1,50 €), a los que hay que añadir 1,40 HK$ (0,14 €) cada 200 m. Al precio que indica el taxímetro, deberéis añadir un elevado suplemento si pasáis por el túnel entre Kowloon y la isla de Hong Kong, y otro suplemento, más modesto, por el equipaje (5 HK$/ 0,50 € por paquete).

> En caso de problemas con algún taxi, anotad su número y telefonead al ☎ 28-89-99-99.

> Para los **objetos perdidos:** ☎ 23-85-82-88.

Alquiler de coches

En Hong Kong se estila poco el alquiler sin chófer, pero, en cambio, se utiliza mucho la modalidad con chófer, por horas o por días, aunque resulta muy cara. De todos modos, circular en coche aquí es una verdadera carrera de obstáculos, por lo que no os lo recomendamos.

Si vuestra intención es alquilar un coche en Hong Kong para ir al otro lado de la frontera, sabed que los vehículos matriculados en esta ciudad necesitan un permiso especial para circular por las carreteras de la China continental. Pedid a la compañía de alquiler las condiciones requeridas antes de firmar el contrato, ya que no se trata de un procedimiento sencillo.

DIRECCIONES ÚTILES

Información turística

Hong Kong Tourism Board: información telefónica diaria de 8 a 18 h por la *hotline* multilingüe. ☎ 25-08-12-34. www.hongkongtourisme

Las oficinas de turismo siguientes están abiertas cada día de 8 a 18 h:

> En Kowloon: en el Peak Piazza *(plano I, A4;* entre la Peak Tower y The Peak Galleria. Todos los días de 9 a 21 h.

> En la isla de Hong Kong: en la estación MTR Causeway Bay *(plano III, I9)*, junto a la salida. Oficina abierta todos los días de 8 a 20 h.

Personal muy competente y excelente documentación. Todo en inglés sobre los transportes, las compras, los barrios, las fiestas y celebraciones, los museos, la vida nocturna, las diferentes cocinas de la ciudad, etc. Pedid asimismo los folletos de los autobuses, muy prácticos. También están en inglés los folletos *Visitors Kit* y *What's on Hong Kong*, actualizados quincenalmente, planos gratuitos de la ciudad, además de recorridos de interés paisajístico o arquitectónico. Los circuitos con guía salen bastante caros, pero son frecuentes las iniciativas del tipo cursos gratuitos de tai-chi, degustación gratuita de tés, cursillos de iniciación al feng shui o al kung fu...

Macao Government Tourism Office *(plano II, D5):* Shun Tak Centre, 200, Connaught Road Central, Sheung Wan, en la isla de Hong Kong. ☎ 28-57-22-87 y 25-59-01-47. Fax: 25-59-06-98. 💻 www.macautourism.gov.mo Abierta todos los días de 9 a 13 h y de 14.15 a 17.30 h. También tiene una oficina en el aeropuerto (ver antes).

Correos y teléfonos

cada barrio tiene una oficina de correos. Las principales son las de Middle Road *(plano I, B4)*, en Kowloon, que tienen lista de correos, excepto los domingos. Justo al lado está la compañía telefónica *Cable & Wireless*, que abre todos los días de 7 h a medianoche. La oficina central de correos de la isla de Hong Kong *(plano II, E6)* está situada entre el Star Ferry y Jardine House, en Central. Ver antes el apartado «Correos» de las generalidades sobre Hong Kong para los horarios. Las tarjetas telefónicas codificadas *(IP cards)* permiten realizar llamadas al extranjero a precios correctos. Se pueden comprar en los supermercados y en la planta baja de la *Chungking Mansion (plano I, B4, **40**)*.

> **Información telefónica:** ☎125-08-12-34 (de 8 a 18 h). Muy útil para encontrar inmediata y gratuitamente cualquier tipo de información con cuatro palabras de inglés.

Internet

Resulta imposible indicaros direcciones realmente fiables, porque cambian constantemente, pero enseguida encontraréis alguna en cualquier rincón si os fijáis un poco. He aquí unos cuantos establecimientos, aunque puede haber cambios: en Tsim Sha Tsui (Kowloon), en la tercera planta del *Ocean Terminal*, frente a la oficina de información del centro comercial *LCX (plano I, A4, **7**)*. La cadena *Pacific Coffee* ofrece a sus clientes acceso gratuito a la red. Hay dos más en la esquina de Staunton y Shellet St, y en el barrio de Wanchai, en la esquna de Fenwick St y Lockhart Rd *(plano III, G9, **7**)*.

Cambio

En la planta baja de *Chungking Mansion (plano I, B4, **40**)* y en las calles aledañas a Nathan Road (Kowloon), hay bastantes oficinas de cambio que nos parecen mucho más interesantes que los bancos, porque éstos cobran unas comisiones muy elevadas. Para retirar dinero de los cajeros automáticos, comprobad antes si tienen expuesto el logo de vuestra tarjeta de crédito. Evidentemente, hallaréis cajeros casi por todas partes. Para cambiar dinero en ventanilla, comprobad primero qué tipo de cambio aplican y, sobre todo, cuál es el importe de la comisión (más elevada para los cheques de viaje que para el dinero en efectivo). También podéis cambiar con unos tipos de cambio interesantes en los hoteles de lujo, aunque generalmente sólo prestan dicho servicio a sus clientes.

> **Transferencias rápidas** de dinero en efectivo con *Western Union:* ☎ 21-17-90-88 y 25-28-56-31. Disponen de una sucursal situada en la planta baja de **Chungking Mansion** *(plano I, B4, **40**)*.

Representación diplomática y comercial

> **Consulado general de España:** se encuentra situado en 8th floor, Printing House, 18, Ice House St, en Central. ☎ 25-25-30-41 y 25-25-30-42.

Fax: 28-77-24-07.
cgsphongkong@mail.mae.es
> **Oficina comercial de España:** 2004 Tower One, Lippo Centre, 89, Queensway, Admiralty. ☎ 25-21-74-33.
Fax: 28-45-34-48.

Urgencias

> **Policía, bomberos y ambulancias:** ☎ 999 y 2860-2000. Ambulancias: 2576-6555.
> **Hospital Queen Elizabeth:** 30, Gascoigne Road (Kowloon).
☎ 29-58-88-88.
> **Hospital Queen Mary:** 102, Pokfulam Road (isla de Hong Kong).
☎ 28-55-38-38.
> **Hospital Prince of Wales:** 30-32, Ngan Shing Street (Nuevos Territorios). Información: ☎ 26-45-12-22.

Ocio

> **Swindon Books** *(plano I, B4, **11**):* 13-15, Lock Road, en Kowloon. ☎ 23-66-80-01. Ⓜ Tsim Sha Tsui. La más antigua de las librerías de Hong Kong, en la que se puede encontrar gran cantidad de libros y toda clase de publicaciones de calidad tanto en inglés como en chino, así como prensa extranjera.
> **Cine:** os aconsejamos el *Broadway Cinemateca (plano I, A1, **12**):* Plaza II, Prosperus Garden, 3 Public Square Street, Kowloon. ☎ 23-88-00-02. Ⓜ Yau Ma Tei. El único cine en el que se pueden ver buenas películas locales que no sean los grandes filmes comerciales. En la tienda se pueden comprar carteles, postales de películas asiáticas, DVDs y CDs de películas. Las entradas cuestan entre 50 y 60 HK$ (5 y 6 €) y están numeradas, por lo que podéis comprarlas anticipadamente y llegar en el último minuto en chino como en inglés.

Piscinas

(Plano I, A3): hay dos inmensas piscinas de pago en el Kowloon Park (ver «¿Qué visitar?», más adelante), una cubierta y otra al aire libre. Abiertas de 6.30 a 22 h con dos pausas (a las 12 y a las 17 h). Precio de la entrada: 20 HK$ (2 €).

Tiendas de alimentación

Si andáis mal de dinero o vivís de noche, tenéis un montón de tiendas de las cadenas *Circle K* y *7-Eleven* por toda la ciudad, en las que podéis hacer la compra y picar algo a cualquier hora del día o de la noche.

Compañías aéreas internacionales

En caso de que cambien de dirección, telefonead al ☎ 10-81 para que os den la nueva.
> **Aeropuerto internacional:** información de vuelos, ☎ 21-81-88-88.
> **Air France:** ☎ 25-01-94-33.
> **Cathay Pacific:** ☎ 27-47-50-00.
> **British Airways:** ☎ 28-22-99-38.
> **Lufthansa:** ☎ 28-68-23-13.
> **China National Aviation Corp** (agrupa numerosas compañías aéreas como China Eastern, China Northern, China Southwest, China Northwest, Air China, Xinjiang Airlines, Xiamen Airlines y Miat Mongolian Airlines): ☎28-61-02-88.
> **Malaysia Airlines:** ☎ 25-25-23-21.
> **Singapore Airlines:**
☎25-20-22-33.
> **Thai Airways:** ☎ 28-76-60-00.
> **Vietnam Airlines:** ☎ 28-10-66-80.
> **Garuda Indonesia:**
☎ 28-40-00-00.
> **Philippine Airlines:**
☎ 23-68-84-08.

Visados y billetes de avión para la China continental

Si no habéis tramitado el visado chino antes de salir de viaje, Hong Kong es un excelente lugar para conseguirlo rápidamente en las agencias de viajes (al cabo de medio día o de tres días laborables, según la prisa y lo que podáis gastaros). También podéis ir directamente al *China Resource Building*, 26, Harbour Road, en Wanchai (isla de Hong Kong), aunque suele haber mucha gente... Entrada por el lateral derecho, en la séptima planta, abierto de lunes a viernes de 9 a 12 h y de 14 a 17 h. ☎ 34-13-24-24 y 34-13-23-00. Los precios varían entre 210 y 1.400 HK$ (21 y 140 €) en función de si es individual o múltiple, del periodo de validez (entre seis días y seis meses) y de la urgencia para obtenerlo. Vuestro pasaporte ha de ser válido en los seis meses siguientes a la fecha de petición y debéis presentar una foto y rellenar un impreso.

La agencia de viajes actúa en delegación de *China Travel Services* o *CTS*, que expide los visados y dispone de dos sucursales en la frontera de Shenzhen. La primera se encuentra situada en la estación *KCR* de Lo-Wu, y la otra, en la segunda planta del viaducto que une Lo-Wu con Shenzhen. Calculad entre 1 y 2,30 h para obtenerlos.

Por otra parte, si compráis el billete de avión para la China continental, comparad las tarifas, porque os puede salir hasta tres veces más barato adquirir un vuelo con salida de Shenzhen, e incluso de Cantón, que sólo está a 1,30 o 2 h de tren o 3 h en autobús. Contactad con cualquiera de las siguientes agencias de viajes o la agrupación de compañías *China National Aviation Corporation* y *Dragonair*.

> **Shoestring Travel** *(plano I, B4, **13**):* en la cuarta planta de Alpha House; 27-33, Nathan Road (Kowloon). ☎ 27-23-23-06. Fax: 27-21-20-85. shoetvl@hkstar.com En la esquina con Peking Road, esta agencia, abierta de lunes a viernes de 8 a 19 h y los sábados hasta las 18 h, se encarga de casi todo en materia de viajes: reservas de hotel, billetes de avión, autobús, tren (incluido el transiberiano), vueltas al mundo, etc. Y, además y sobre todo, tramita el visado chino a unos precios mucho más bajos que la *China Travel Service (CTS)*, justo al lado. Atención, las tarifas varían según la cantidad de entradas previstas y el plazo de entrega solicitado (normal, exprés o urgente). Preved 30 HK$ (3 €) por las cuatro fotos que os tomarán en el acto. También ofrece excursiones y circuitos organizados, además de cursos intensivos de kung fu.

> **Phoenix Services** *(plano I, B3, **14**):* habitación A, 7° piso, Milton Mansion, 96, Nathan Road (Kowloon). ☎ 27-22-73-78. info@phoenixtrvl.com El ascensor se coge en el interior de un portal comercial. Abierto de lunes a viernes de 9 a 18 h y los sábados hasta las 17 h. Ofrece una gama de servicios similar a la de *Shoestring*, pero los visados para entradas múltiples son más baratos. También venden pasajes aéreos para Laos, Camboya y, sobre todo, Vietnam. Atienden en inglés.

> **China Travel Service (CTS;** *plano I, B4, **13**):* justo al lado de *Shoestring Travel*. ☎ 23-15-71-88. www.chinatravelone.com El servicio de visados es más caro que el anterior, aunque esta agencia os permite ver qué tipos de servicios os esperan en China, donde en cada gran ciudad tienen una sucursal. Billetes de avión, tren, etc. La oficina principal en la isla de Hong Kong está en el 78-83 de Connaught Road (Central). ☎ 28-53-38-88.

> **Gray Line:** 72, Nathan Road (Kowloon). ☎ 27-23-54-45. En la quinta planta del Cheong Hing Building (frente a la mezquita). La agencia se halla representada en la mayoría de los grandes hoteles. Para quienes no quieran complicarse la vida y tengan dinero suficiente, organizan numerosas excursiones por Hong Kong, Macao y el territorio chino. También tramitan los visados para el Imperio Celeste y hacen reservas de hoteles (☎ 27-23-54-45) y de billetes de tren, ferri, avión y autobús. Servicio y tarifas catalogados como más selecto.

Visados para los países vecinos

En caso de que no lo hayáis hecho antes de iniciar el viaje, sabed que se

HONG KONG - KOWLOON (PLANO I)

HONG KONG - CENTRAL, SHEUNG WAN Y WESTERN (PLANO II)

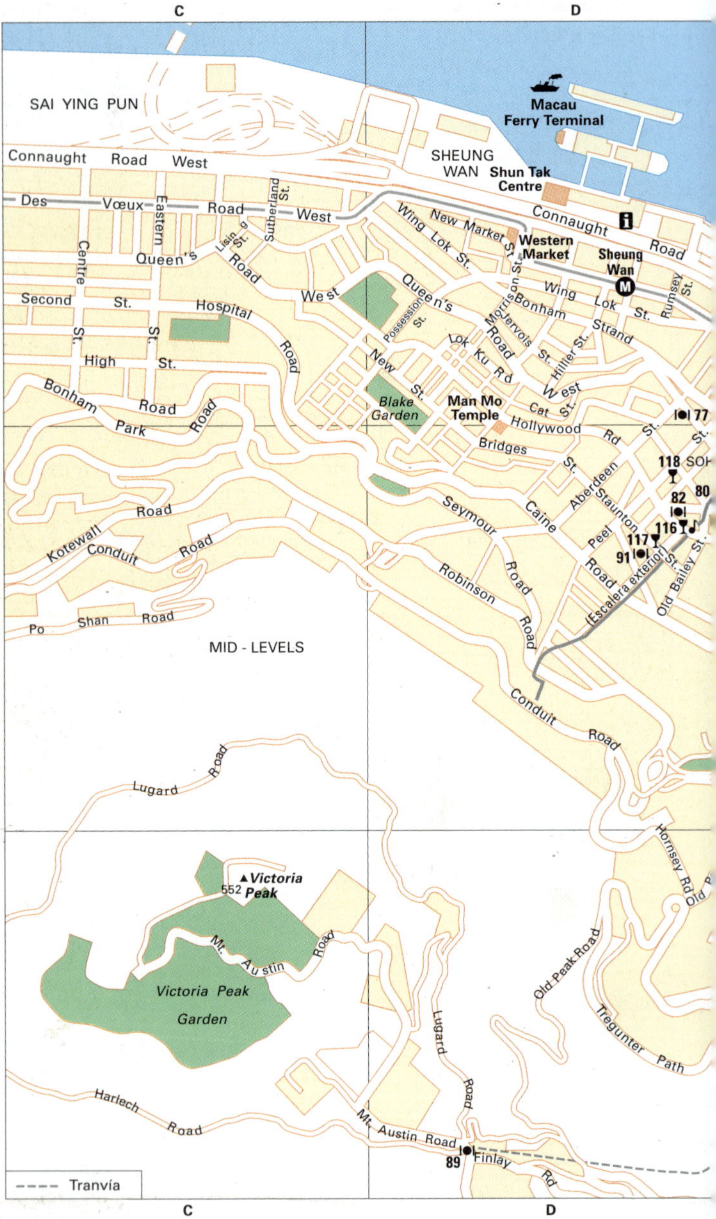

E
F
KOWLOON
NORTE
Embarcadero de ferris
para las islas
1
2
3
4
5
6
7
VICTORIA HARBOUR
Pier Rd
Finance St.
96
113
Central
IFC Tower I
IFC Mall
IFC Tower II
Yiu St.
Man
Des Vœux Road
Hong Kong Station
(Airport Express)
Harbour View St.
Star Ferry Pier
Central Market
Exchange Square
95
CONNAUGHT PL.
Queen's Pier
Queen's
Li Yuen St.O
Li Yuen St.E
Jardine House
EDINBURGH PL.
CENTRAL DISTRICT
City Hall
85
Stanley St.
Wellington St.
74
87
78
88
Central
Pedder St.
Status Square
Prince of Wales Barrack
Rd
LAN KWAI FONG
D'Aguilar St.
93
94
115
58
114
111
Landmark
59
112
Central
Chater Road
Jackson Rd
Legco
Chater Garden
Murray Rd
Lambeth Walk
Harcourt
Hong Kong Red Cross
H.S.B.C.
Bank Rd
Ice House St.
Wyndham
Arbuthnot Road
Glenealy
Lower Albert Road
Catedral de Saint-John
Bank of China Tower
Garden Rd
Admiralty
Tours Lippo
Admiralty Center
Road
véase plano III
Rodney St.
Harcourt Garden
Jardines zoológico y botánico
Upper Albert Road
Albany Rd
Flagstaff House
High Court
Queensway
Cotton Tree Drive
Government Offices
Pacific Place
Hong Kong Park
Justice Drive
Wan Chai, Causeway Bay
Kennedy Road
Macdonnell Road
Borrett Rd
Bowen Road
Magazine Gap Road
Bowen Road
Brewin Path
May Road
Peak Tramway
Magazine Gap Road
Barker Road
0 100 200 m
5
6
7

HONG KONG - WAN CHAI Y CAUSE BAY (PLANO III)

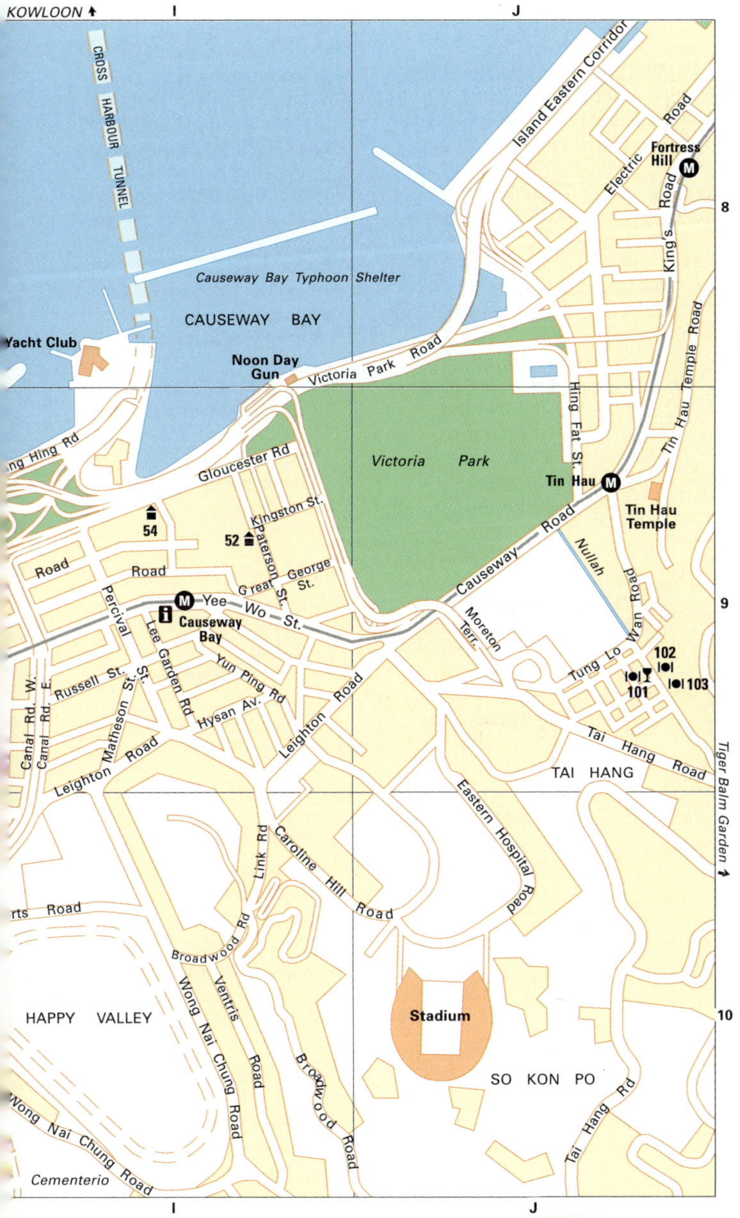
KOWLOON
I
J
CROSS HARBOUR TUNNEL
Island Eastern Corridor
Electric Road
Fortress Hill
King's Road
Causeway Bay Typhoon Shelter
CAUSEWAY BAY
Yacht Club
Noon Day Gun
Victoria Park Road
Tin Hau Temple Road
Hing Fat St.
Victoria Park
Tin Hau
Tin Hau Temple
Gloucester Rd
Kingston St.
Paterson St.
Great George St.
54
52
Road
Percival
Yee Wo St.
Causeway Bay
Lee Garden Rd
Causeway Road
Nullah
Tung Lo Wan Road
Moreton Terr.
102
101
103
Russell St.
Matheson St.
Yun Ping Rd
Hysan Av.
Leighton Road
Canal Rd. W.
Canal Rd. E.
Tai Hang Road
TAI HANG
Tiger Balm Garden
Eastern Hospital Road
Caroline Hill Road
Link Rd
Broadwood Rd
Stadium
HAPPY VALLEY
Wong Nai Chung Road
Ventris Road
Broadwood Road
SO KON PO
Tai Hang Rd
Cementerio
8
9
10

HONG KONG (PLANOS I, II Y III) *(págs. 483-487)*

■ **Transportes y Direcciones útiles**

- Hong Kong Tourism Board en Kowloon *(plano I)*
- Hong Kong Tourism Board en la isla de Hong Kong *(plano III)*
- Macao Government Tourism Office *(plano II)*
- Estación de tren KCR *(plano I)*
- Estación de autobuses
- China Ferry Terminal *(plano I)*
- Macau Ferry Terminal *(plano II)*
- Correos, en Kowloon *(plano I)*
- Correos, en la isla de Hong Kong *(plano II)*
- @ 7 Internet *(plano I y plano III)*
- 10 Librería Parenthèses *(plano II)*
- 11 Swindon Books *(plano I)*
- 12 Broadway Cine *(plano I)*
- 13 Shoestring Travel y China Travel Service *(plano I)*
- 14 Phoenix Services *(plano I)*
- 40 Chungking Mansion *(plano I)*

¿Dónde dormir?

- 40 Chungking Mansion y las *guesthouses (plano I)*
- 41 New Lucky House y las guesthouses *(plano I)*
- 42 Mirador Mansion; Cosmic guesthouse *(plano I)*
- 43 Star Guesthouse *(plano I)*
- 44 Lee Garden Guesthouse *(plano I)*
- 45 Tourist House *(plano I)*
- 46 Rent-A-Room *(plano I)*
- 47 Shamrock Hotel *(plano I)*
- 48 Caritas Bianchi Lodge *(plano I)*
- 49 New Kings Hotel *(plano I)*
- 50 YMCA Salisbury *(plano I)*
- 51 YMCA International House *(plano I)*
- 52 Hong Kong Hostel *(plano III)*
- 53 City Econo Guesthouse *(plano I)*
- 54 Alisan Guesthouse *(plano III)*
- 55 BP International Hotel *(plano I)*
- 56 Kum Loong Hotel *(plano I)*
- 57 The Luxe Manor *(plano I)*
- 58 LKF Hotel *(plano II)*

pueden conseguir visados para Vietnam, Camboya, Laos y Myanmar en sus respectivas representaciones en Hong Kong.

> **Consulado de Vietnam:** Great Smart Tower, 230, Wan Chai Road, en Wanchai. En el 15º piso. ☎ 25-91-45-10. Abierto de lunes a viernes de 9 a 13 h y de 14.30 a 17.30 h. Calculad tres días laborables para recuperar vuestro pasaporte con los sellos correspondientes.

> **Consulado real de Camboya:** unidad 616, Star House, 3, Salisbury Road, en Kowloon; en el sexto piso. ☎ 25-46-07-18. Ⓜ Tsim Sha Tsui. De lunes a viernes de 9 a 13 h y de 14 a 17 h. Tramitan los visados el mismo día.

> **Consulado general de Laos:** 1402, Arion Commercial Centre, 2-12, Queen's Road West, Sheung Wan, Central. ☎ 25-44-11-86. Abierto de lunes a viernes de 9 a 12 h y de 13.30 a 17 h. Entrega en cuatro días laborables.

> **Consulado general de Myanmar (antigua Birmania):** Sun Hung Kai Centre, 30, Harbour Road, habitaciones 2401-2405, Ⓜ Wan Chai. ☎ 28-27-79-29. Está abierto de lunes a viernes de 9 a 12.30 h y de 13.30 a 17 h.

> **Consulado general de Indonesia:** 127-129, Leighton Road, Ⓜ Causeway Bay. ☎ 28-95-01-39 y 28-90-44-21. Está abierto de lunes a viernes de 9 a 13 h y de 14 a 17 h. Más vale telefonear antes de ir.

59 The Landmark Mandarin Hotel *(plano II)*

¿Dónde comer?

70 Tong Tai *(plano I)*
71 Happy Garden Noodles & Congee Kitchen *(plano I)*
72 Sun Yat (*(plano I)*
73 Australia Dairy *(plano I)*
74 Tsim Chai Kee *(plano II)*
75 Pho' Saigon *(plano I)*
76 Nomads *(plano I)*
77 Lin Heung Tea House *(plano II)*
78 Tsui Wah *(plano II)*
80 Ser Wong Fu *(plano II)*
81 Sushi Hiro *(plano I)*
82 Panadería Tai Cheung *(plano II)*
83 Hoi King Heen *(plano I)*
84 Resturantes del Royal Garden Hotel *(plano I)*
85 City Hall Maxim's Palace *(plano II)*
87 Luk Yu Tea House *(plano II)*
88 Yung Kee *(plano II)*
89 The Peak Lookout y Cafe Deco *(plano II)*
91 Peak Café Bar *(plano II)*
92 Hua Moon *(plano II)*
93 Yun Fu *(plano II)*
94 Wagyu *(plano II)*
95 The Square *(plano II)*
96 H One *(plano II)*
97 Wing Wah Noodle Shop *(plano III)*
98 Shanghai *(plano III)*
99 Sang Kee Seafood *(plano III)*
100 Chili Club *(plano III)*
101 Yen Ké *(plano III)*
102 Café Locomotive *(plano III)*
103 Wun's Sha's Kitchen *(plano III)*

¿Dónde tomar una copa? ¿Dónde salir?

111 Balalaika Vodka Bar *(plano II)*
112 Mo Bar *(plano II)*
113 Red y G Bar *(plano II)*
114 Dragon I *(plano II)*
115 Volar *(plano II)*
116 Drop *(plano II)*
117 Staunton's *(plano II)*
118 Club 71 *(plano II)*
120 Delaney's *(plano III)*
121 Joe Banana's *(plano III)*
122 Les Amis *(plano III)*
123 The Carnegie's *(plano III)*

¿DÓNDE DORMIR?

Hong Kong resulta una ciudad cara para presupuestos ajustados. Atención al periodo de temporada alta (que, a grandes rasgos, es de septiembre a principios de diciembre). Como están separados por la bahía, hemos distribuido los hoteles lógicamente entre Kowloon y la isla de Hong Kong, y hemos empezado por el barrio más económico.

EN KOWLOON *(plano I)*

Cabe destacar que podéis ir desde el aeropuerto a todos los establecimientos que reseñamos en Kowloon, con el autobús más barato (A21), entre las 6 h y medianoche. Por aquí hay muchos alojamientos para viajeros (en grandes edificios sin ningún encanto), y es fácil encontrar sitio. Pero os resultará más agradable ir a otros establecimientos más pequeños, situados en edificios no tan superpoblados. En los baratos, las tarifas varían según el tamaño de las habitaciones (que suelen ser muy pequeñas y hasta minúsculas), con cama de matrimonio o dos camas pequeñas (*single* o *twin*), y con cuarto de baño propio que, por lo general, está reducido a su más mínima expresión (ducha encima del WC), o con baño común. Pero, como estamos en Hong Kong, por más rudimentarias que sean las habitaciones, todas disponen de TV, aire acondicionado y teléfono (llamadas locales gratuitas).

De muy barato a barato

Chungking Mansion

*(Plano I, B4, **40**):* 36-44, Nathan Road. Ⓜ Tsim Sha Tsui. Es un gigantesco edificio de 17 plantas, en la principal arteria de Kowloon, que tiene un poco el aspecto de una torre infernal. Precisamente, corren rumores sobre las condiciones de seguridad en caso de incendio, por no decir que no se aguanta de pie. O sea, que vosotros mismos... Aunque es el lugar más célebre de Hong Kong por lo barato que resulta alojarse en él, no lo es en absoluto por lo que respecta al confort ni al trato, aunque aquí casi siempre tendréis la seguridad de encontrar sitio. Se trata, sin duda, de un lugar único en el mundo: una auténtica posada cosmopolita a la que se entra por una planta baja llena de cambistas, tiendas y tipos que intentan captar clientes a gritos, y que, por supuesto, pretenderán llevaros a alguno de los cuatro ascensores del edificio con ánimo de «ayudaros» a escoger su *guest-house* (pensión) o cualquiera de los restaurantes hindúes que hay por las plantas. Atención, puede haber cambios en los nombres y las prestaciones de los establecimientos. Debido a los fallos de la insonorización, muchas veces se oyen las conversaciones telefónicas del vecino, que tiene la puerta abierta y no le importa que se le oiga desde fuera. Aunque, a menor escala, en este lugar también se vive de los negocios... He aquí nuestra selección, junto con algunas indicaciones.

> **Ascensor A:** el que incluye más establecimientos. En la 16ª planta, ***Travellers Hostel*** (☎ 23-68-77-10, ✉ mrspau@yahoo.com.hk) es uno de los pocos que tienen dormitorios sobre los 70 HK$ (7 €) por persona, además de unas cuantas habitaciones dobles baratas; relativamente correcto y bastante frecuentado por los trotamundos (consigna, cocina, Internet...). En la 12ª planta, ***Peking Guesthouse*** (☎ 27-23-83-20) nos gusta porque es pulcro, casi bonito, y el trato es agradable; precio de las habitaciones en función del tamaño, con un cuarto de baño bastante limpio. En la séptima planta, ***Welcome GH*** (☎ 27-21-77-93) hace honor a su nombre y alquila habitaciones correctas con cuarto de baño, con o sin aire acondicionado; también en la séptima, *First GH*, pasable. En la cuarta y quinta plantas, ***Chungking House*** (☎ 23-66-53-62), la única que parece un pequeño hotel, y que alquila habitaciones dobles a todo confort, bastante grandes, por 350 HK$ (35 €). Podréis negociar los precios en muchos establecimientos.

New Lucky House

*(Plano I, B2, **41**):* 300-306, Nathan Road. Ⓜ Jordan. El mismo sistema que *Chungking Mansion*, pero más sencillo: con eso está dicho todo. Las habitaciones y el nivel de confort y limpieza general son bastante parecidos, pero los precios están alrededor de 250 HK$ (25 €). En la tercera, ***Hakkas GH*** (☎27-70-14-70) tiene habitaciones dobles con todo el confort y muy limpias (elegid la nº 9, espaciosa y con dos ventanas). ***Hitton,*** al lado, es más barato, pero menos limpio y confortable. ***Lucky GH*** (☎ 27-80-73-17), en la quinta planta, son dos *guest-houses* bastante nuevas y, por lo tanto, en buen estado y bastante acogedoras.

Mirador Mansion

*(Plano I, B4, **42**):* 54-64, Nathan Road. Tsim Sha Tsui. Se trata de otro «cuartel» para trotamundos. También es de confort medio, pero, a diferencia

del anterior, cuanto más se sube, más se arregla la cosa... un poco. ***Cosmic Guesthouse*** (☎ 23-69-66-69 y 27-21-30-77, 💻 www.cosmicguest.house.com) alquilan dormitorios por unos 60 HK$ (6 €) por persona en la sexta planta, y habitaciones dobles correctas bastante baratas (precio según el tamaño) en la 12ª.

City Econo Guesthouse

*(Plano I, B2, **53**):* Cumberland House, 227, Nathan Rd (y 38, Pilkem St). ☎ 27-30-02-12 y 62-58-83-70. Ⓜ Jordan. Dobles 350-450 HK$ (35-45 €). Pequeña y discreta *guesthouse*, muy céntrica. Habitaciones bastante pequeñas pero impecables.

De barato a precio medio

Star Guesthouse

*(Plano I, B3, **43**):* 21, Cameron Road. ☎ 27-23-89-51 y 27-23-06-86. Fax: 23-11-22-75. Ⓜ Tsim Sha Tsui. En la sexta planta, ésta es una de esas pequeñas casas de huéspedes que nos gustan. Cuenta con 44 habitaciones en total, las dobles con o sin cuarto de baño. Buen trato, bien regentada y con habitaciones pequeñas, pero limpias y bien equipadas, algo bastante diferente de los grandes «cuarteles» anteriores. Son los mismos de *Lee Garden Guesthouse*. Las dobles, con o sin baño, cuestan entre 200 y 300 HK$ (20 y 30 €). Os pueden conseguir el visado para entrar en China mediante una comisión. ¡Atención!

Lee Garden Guesthouse

*(Plano I, B3, **44**):* 36, Cameron Road. ☎ 23-67-22-84. Fax: 23-11-22-75. Ⓜ Tsim Sha Tsui. En la octava planta y casi enfrente del anterior. Edificio y gama de precios idénticos, trato también agradable. Las habitaciones son casi iguales, pero, a ser posible, evitad las más baratas sin cuarto de baño, porque son realmente muy pequeñas. Todas están equipadas con TV, aire acondicionado y teléfono (llamadas locales gratuitas). Los gerentes os tratarán muy bien. En cuanto al mánager, pese a llamarse como Jackie Chan, no podrá presentároslo.

Tourist House

*(Plano I, B4, **45**):* 42, Mody Road. ☎ 27-21-83-09. Ⓜ Tsim Sha Tsui. En la sexta planta, con habitaciones *single* o *twin* bastante espaciosas, comparadas con los minúsculos cubículos de *Chungking Mansion*. Las dobles cuestan 250-300 HK$ (25-30 €), están bien equipadas, con cuarto de baño, aire acondicionado y TV. Confort y trato aceptables.

Precio medio

Rent-A-Room

*(Plano I, B2, **46**):* Knight Garden, 7-8, Tak Hing St, 2º piso, apartamento A. ☎ 23-66-30-11 y 90-23-80-22. 💻 www.rentaroomhk.com Ⓜ Jordan. Dobles 460-550 HK$ (46-55 €) dependiendo del tamaño. Hay que reconocer que el nombre no tiene nada de poético, pero en la prosa hotelera, el fondo cuenta más que la forma. Y en estas condiciones, el pragmatismo se paga: las pequeñísimas habitaciones son impecables, bien concebidas, bien equipadas (TV, AC, ducha, WC) y, sobre todo, están distribuidas en un edificio de viviendas muy tranquilo. Ahora bien, la imaginación en cuanto a decoración no es su punto fuerte...

Caritas Bianchi Lodge

*(Plano I, B1, **48**):* 4, Cliff Road. ☎ 23-88-11-11. Fax: 27-70-66-69. Ⓜ Yau Ma Tei. Cerca de la parada, en una callejuela algo apartada de Nathan Road. Comprobad bien las tarifas antes de reservar, porque en temporada alta duplican los precios, especialmente en marzo y abril; en principio, el precio incluye el desayuno, pero no el 10 % del servicio. Aquí se

viene más por las promociones que por el servicio y el trato, que son insuficientes. Habitaciones estándar a todo confort, y equipamiento y servicios habituales.

Kum Loong Hotel

*(Plano I, B2, **56**):* 312, Nathan Rd, Flat A, 4/F, May Ming Building. ☎ 29-70-16-66. info@kumloonghotel.com Doble 450 HK$ (45 €). Bien situado, pequeño hotel discreto, íntimo y tranquilo. Ambiente y habitaciones agradables y confortables.

New Kings Hotel

*(Plano I, A1, **49**):* 473, Nathan Road. ☎ 27-80-12-81. Fax: 27-82-18-33. Yau Ma Tei. Cerca del metro, al lado del Bank of China, en la esquina entre Nathan Road y Wing Sing Lane. Las tarifas fluctúan en función de la época del año en torno a 600 HK$ (60 €) la doble, pero incluyen las tasas. Un poco retirado de la arteria principal, aunque cerca de algunos lugares interesantes de Kowloon. Dispone de más de 70 habitaciones con una buena relación calidad-precio. Confort estándar y estado impecable, todas equipadas con cuarto de baño, aire acondicionado, TV y teléfono. Atención, las habitaciones dobles salen un poco más caras. Sin desayuno, pero con los servicios habituales (caja fuerte, consigna, cambio, etcétera). Personal atento y servicial. Debéis reservar con antelación.

De precio medio a más selecto

YMCA Salisbury

*(Plano I, A4, **50**):* 41, Salisbury Road. ☎ 22-68-70-00. Fax: 27-39-93-15. www.ymcahk.org.hk Relativamente cerca del Star Ferry y de la estación de metro Tsim Sha Tsui, al lado del hotel *Peninsula*. Las tarifas varían según la época del año (añadid el 10% por el servicio). Sin duda, es el *YMCA* más caro del mundo, pero con una muy buena relación calidad-precio para lo que es Hong Kong. El edificio está situado al lado del palacio más célebre de la ciudad, enfrente de la bahía. O sea, un AJ de lujo, con el mismo trato que un hotel de tres estrellas y a unos precios inferiores a los de la competencia. En la planta baja, un gran patio luminoso y agradable. Las mejores habitaciones tienen vistas a la bahía y el puerto, otras tienen una vista parcial, y las más baratas no tienen vista de ninguna clase. Evidentemente, a todo confort, con cuartos de baño impecables, TV, aire acondicionado, teléfono, etc. No cojáis dormitorios, que son caros y poco interesantes en esta categoría. Muchas comodidades y servicios: restaurante, piscina, instalaciones deportivas, sauna, Internet, lavandería *self-service*, peluquería, etc. Y capilla, porque no hay que olvidar que, a pesar del confort, el lugar está administrado por una conocida asociación cristiana; aunque el carné de socio no es obligatorio, y aceptan a todo el mundo, incluso con tarjeta de crédito. Nuestro mejor establecimiento en esta categoría, aunque hay que reservar necesariamente, porque está muy solicitado.

Shamrock Hotel

*(Plano I, B3, **47**):* 223, Nathan Rd. ☎ 27-35-22-71. www.shamrockhotel.com.hk Ⓜ Jordan. Dobles 750-1.250 HK$ (75-125 €), con desayuno. Ofertas frecuentes. Restaurante de buen nivel en la planta baja: de 15.30 a 17.30 h, *tea buffet* 58 HK$ (5,80 €); de 18.30 a 21.30 h, copioso menú de 68 HK$ (6,80 €) que incluye bufé de ensaladas, sopa, plato, bufé de postres y café. Mientras que muchos otros hoteles apuestan por encandilar a los huéspedes con un rimbombante vestíbulo, este discreto establecimiento ha concentrado sus esfuerzos en la calidad del servicio. Idealmente situado, a un tiro de piedra de la estación de MTR, dispone de habi-

taciones bien equipadas, limpias y luminosas, con tarifas competitivas para su categoría.

BP International Hotel

*(Plano I, A3, **55**):* 8, Austin Rd. ☎ 23-76-11-11. www.bpih.com.hk Ⓜ Jordan. Dobles 1.100-1.500 HK$ (110-150 €), pero con frecuentes ofertas. Muy céntrico. BP no está relacionado con la famosa compañía petrolera, sino con el fundador del movimiento de *scouts,* lord Baden Powell, por lo que este moderno y gran edificio lleva la impronta de la organización. Pero no temáis, no dormiréis bajo las estrellas, y el desayuno no es un *vivaque* organizado en torno a una hoguera en el Kowloon Park. Este hotel de excelente nivel cuenta con impecables y modernas habitaciones muy bien equipadas, y algunas de ellas disfrutan de vistas panorámicas del parque vecino o la bahía de Hong Kong. Buen desayuno bufé y servicio profesional.

YMCA International House

*(Plano I, B1, **51**):* 23, Waterloo Road. ☎ 27-71-91-11. Fax: 27-71-52-38. www.ymcaintlhousehk.org Ⓜ Yau Ma Tei. Habitaciones dobles y suites (añadid el 10 % por el servicio); gratuito para menores de 12 años. A ser posible, reservad antes de venir. Gran edificio de 400 habitaciones en el barrio de Yau Ma Tei. Un *YMCA* abierto a todo el mundo (lógico, ¡con esos precios!), con menos encanto que el anterior, pero está bien para quienes busquen confort sin tener que gastarse mucho dinero. TV, aire acondicionado, teléfono, minibar, piscina, tenis, sauna, restaurante, servicio de cambio, pequeña agencia de viajes, etc. En definitiva, el lujo sin gastar demasiado según los criterios de Hong Kong. ¡Perfecto!

Más selecto

The Luxe Manor

*(Plano I, B3, **57**):* 39, Kimberley Rd, Tsim Sha Tsui. ☎ 37-63-88-88. www.theluxemanor.com Dobles a partir de 1.800 HK$ (180 €); importantes descuentos a partir de septiembre. Totalmente renovado, con una decoración sumamente sofisticada (incluso tiene un cierto toque «Dalí»), al igual que el vestíbulo de entrada, con tonalidades de rojo y negro, un mobiliario realizado por artistas conocidos y lámparas muy recargadas. Habitaciones estilo moderno-kitsch absolutamente originales, TV con pantalla plana insertadas en marcos de cuadros dorados, muebles realizados expresamente para cada habitación, con infinidad de guiños estéticos muy agradables... Las suites tienen magníficos cuartos de baño. Considerado en la actualidad el hotel de más diseño de Hong Kong. En cuanto al restaurante *Aspasia,* también llama la atención por su entorno, une alía armoniosamente lo moderno y lo cálido (muebles de colores y formas diferentes, cuadros contemporáneos). Prepara una verdadera cocina italiana inventiva, pero cara (platos entre 168 y 288 HK$/ 16,80-28,80 €). El chef, Roland Schuller, ha trabajado en famosos restaurantes y ha dirigido la cocina del yate de Cristina Onassis.

> AVISO

Los establecimientos relacionados en la guía están acompañados de una referencia que indica su situación en los PLANOS de la ciudad. Por ejemplo, The Luxe Manor *(plano I, B3, 57)* significa que dicho hotel se halla situado en el plano I de Hong Kong, en la cuadrícula B3, y está referenciado mediante el número 57.

EN LA ISLA DE HONG KONG

(planos II y III)

Francamente, la City no es el lugar más indicado para hacer economías. Aquí el tipo de alojamiento que más abunda es el de los hoteles de lujo, salvando unos pocos casos aislados. Por lo demás, en esta categoría de hoteles selectos no os reseñamos ninguno en particular, ya que lo mejor es que reservéis a través de alguna agencia de viajes para poder beneficiaros de las ofertas que hacen, o que os informéis en el *Hong Kong Tourism Board* cuando lleguéis al aeropuerto (departamento de reservas).

Barato

Jockey Club Mount Davis Youth Hostel

En la cima del monte Davis, en el noroeste de la isla. ☎ 28-17-57-15. Central de reservas de los AJs: ☎ 27-88-16-38. Fax: 27-88-31-05. 💻 www.yha.org.hk Acceso con autobuses de enlace, a 10 HK$ (1 €) por persona, desde la Macau Ferry Terminal todos los días a 9.30, 19.21 y 22.30 h; también, autobuses 5A y 47A hasta abajo de la colina (después, ¡30 min de subida!). Dormitorios sobre 70 HK$ (7 €) por persona y habitaciones dobles en torno a 250 HK$ (25 €); descuentos fuera de temporada. Es obligatorio el carné de alberguista (de venta *in situ*) o suplemento por persona y día. Establecimiento rodeado de vegetación, en la cima de una colina con una espectacular vista panorámica de la bahía y la ciudad, que agradará a los que busquen tranquilidad y quieran librarse del bullicio del centro. Edificios en muy buen estado, con estancias impecables, con literas y baños en el pasillo. Dormitorios básicos para chicos y chicas. Algunas habitaciones para familias. Antes de subir a alojaros, debéis comprar algunos víveres si queréis comer. De todos modos, la subida es un paseo muy agradable. Cocina y comedor colectivo, y pequeño bar para picar algo. Lavadora. Para moveros, tenéis autobuses de enlace a las 7.30, 9, 10.30 y 20.30 h. Buen trato.

Hong Kong Hostel

*(Plano III, I9, **52**):* Paterson Building, 47, Paterson St; en el 3er piso, apartamento A2. ☎ 23-92-68-68. ✉ info@hostel.hk Ⓜ Causeway Bay, salida E. El autobús A11 del aeropuerto para en Yee Woo St o Gloucester Rd. Dobles 350 HK$ (35 €). Internet gratis. Guesthouse seria ue cuenta con cerca de 70 habitaciones distribuidas en varios pisos, no demasiado grandes pero renovadas, bien equipadas y bien cuidadas. Algunas ventajas: llamadas locales gratis, servicio de lavandería. Recibimiento eficaz y agradable.

Alisan Guesthouse

*(Plano III, I9, **54**):* Hoi To Court, 275, Gloucester Rd (entrada por el 23, Cannon St); en el 5º piso. ☎ 28-38-07-62. 💻 http://home.hkstar.com/~alisangh/enquires.htm Ⓜ Causeway Bay. Doble unos 350 HK$ (35 €). Por una vez, la acogida familiar y muy agradable no da la impresión de que seamos un turista más. Por otra parte, las habitaciones confirman esta primera buena impresión: limpias, con TV, AC, cuarto de ducha y adornadas en ocasiones con sábanas de colores. Si no sois demasiado sensibles al ruido o bien lleváis tapones para los oídos, elegid las habitaciones que dan a la calle para disfrutar de la vista al puerto.

Muy selecto

LKF Hotel

*(Plano II, E6, **58**):* 33, Wyndham St. ☎ 35-18-93-33. 💻 www.hotel-LKF.com.hk Dobles a partir de 1.590 HK$ (159 €). No tiene la delirante fantasía «estilo Dalí» del *Luxe Manor* (leed anteriormente «¿Dónde dormir? En Kowloon»), pero es el *non plus ultra* del diseño contemporáneo. La decoración de las habitaciones es parti-

cularmente refinada y el confort es absoluto. Las zonas comunes son aún más atractivas: grandes espacios, juegos sofisticados de luces, mobiliario de líneas delicadas y originales. Una elegancia que destaca sin estridencias ni oropel. En una palabra, lujo y buen gusto... Los tonos marrones, grises y *beige* le proporcionan un pequeño toque neocolonial. Magnífico bar (con piscina) y salón comedor que ofrece la vista más espléndida que se pueda imaginar de la bahía y el bosque de rascacielos. Restaurante *Azure* en el piso 30, ni que decir tiene, muy concurrido.

Todavía más selecto

The Landmark Mandarin Oriental
*(Plano II, E6, **59**):* 15, Queen's Rd. ☎ 21-32-01-88. 💻 www.mandarin.oriental.com Dobles a partir de 4.300 HK$ (430 €). Uno de los hoteles de lujo más recientes y con las habitaciones más grandes de la ciudad (unos 60 m^2). Célebre también por su tecnología de vanguardia en cuanto a servicios y sus cuartos de baño, que son auténticos spas. Claro está, es muy caro (pero consultad sobre los descuentos y *package* especiales que bajan hasta 300 €). Aquí también se viene para admirar su interior, por sus restaurantes y bares, como el *Mo Bar* con su decoración de pasmosa modernidad (leed «¿Dónde tomar una copa?»). Restaurante *Amber* decorado con miles de «tubos» que caen del techo, muy famoso también. Pero el *Mandarin* tiene un plus, y es su inmenso spa «urbano» de 2 pisos, el más avanzado de Hong Kong (y de Asia, según dicen), obra maestra del diseño y del confort. Piscina climatizada de 18 m. Aceptan clientes que no se alojen en el hotel reservando plaza con anticipación (es imprescindible reservar).

¿DÓNDE COMER?

Oficialmente existen más de 10.000 restaurantes, que en realidad se elevan a 30.000, a razón de uno por cada 25 habitantes. ¡Tenéis donde elegir!

Las cocinas de Hong Kong

La cocina cantonesa se distingue por sus alimentos muy frescos, asados y salteados con *wok*, y por sus famosos *dim sum*, cuyo nombre significa en cantonés «que va derecho al corazón», y con toda la razón del mundo. Venir aquí y no probarlos es un fallo garrafal, a menos que vayáis después a Cantón... Los preparan en muchos restaurantes, desde la hora del desayuno hasta media tarde. Son unos platos bastante baratos, consistentes esencialmente en una especie de buñuelos, raviolis o albóndigas (de carne, marisco o legumbres) cocidos al vapor en pequeños recipientes de bambú superpuestos y dispuestos en unos carritos con ruedas, junto con algunos dulces. Podréis comer de todo y a cualquier hora: tallarines, arroz, *congee* (una especie de potaje a base de arroz al que se añade carne o pescado), *wonton* (raviolis), albóndigas de carne y de pescado, etc. Las raciones suelen ser muy abundantes, de modo que muchas veces os bastará con pedir un plato para repartir entre varios.

EN KOWLOON *(plano I)*

De barato a precio medio

Los *dai pai dong* de Temple Street
(Plano I, A2): este célebre mercado nocturno se anima mucho todos los días, entre las 20 y las 23 h aproxi-

madamente, en la zona de los puestos de ropa de hombre y los de venta de CD y de los últimos artilugios con la etiqueta *made in Hong Kong*. En nuestra opinión, éste es el ambiente más agradable de Kowloon y el lugar más adecuado para comer algo barato en los pequeños *dai pai dong*: los tradicionales puestos callejeros que venden tallarines salteados, albóndigas de pescado, salchichas chinas (¡dulces!), patas de pollo guisadas, etc. Su nombre significa «pequeño puesto con una licencia muy grande», a causa del tamaño que tenían en su época. Pero el crecimiento de la ciudad les ha obligado a reagruparse en *food centers*, como el situado en la esquina de Temple Street y Pak Hoi Street. Antes de pedir nada, tened en cuenta qué impresión os produce, porque la higiene puede dejar que desear. Por si os interesa, justo en la esquina hay un precioso salón de té medicinal con bonitos frascos dorados. El restaurante que más nos gusta en esta zona es el ***Tong Tai Restaurant*** *(plano I, A2, **70**)*, en la esquina entre Temple Street y Ning Po Street. Uno se sienta en la mesa en plena calle tras escoger la pieza en un entrañable mostrador de pescado y marisco, en equilibrio inestable junto a la acera. Los bichos aún se mueven, si es que no saltan del cesto (¡y os alcanzan la cara!), lo que es una prueba irrefutable de lo frescos que son. Mejillones enormes, excelentes almejas, cangrejos, etc. En resumen, un tapiz de colores exóticos cocinándose a la vista del público con salsas deliciosas. Para pedir, os basta con señalar con el dedo. Pero conviene que antes miréis el precio, porque algunos platos suben hasta 150 HK$ (15 €), según el animal. Para comer dos, un plato será suficiente si lleva guarnición de arroz.

Australia Dairy

*(Plano I, A2, **73**)*: 47-49, Parks St (y Jordan). En el mismo barrio deque los anteriores. Todos los días, excepto domingo, de 8.30 a 23.30 h. Un gran restaurante sencillo, muy conocido por los estudiantes y empleados del barrio. Prácticamente hay un único plato con precios de antes de la revolución cultural (¡incluso mucho antes!). La clientela se turna permanentemente, los camareros revolotean de un lado a otro, nunca hay que esperar mucho...

Happy Garden Noodles & Congee Kitchen

*(Plano I, A3, **71**)*: 76, Canton Road. ☎ 23-77-26-04. Ⓜ Tsim Sha Tsui. Abierto de 7 a 1 h. Frente al *Ocean Centre* y cerca de la China Ferry Terminal. Con un pequeño comedor del tipo «taberna china» en el que se mezclan los reservados con las tradicionales mesas redondas. La carta también comprende *noodles* elaborados de todas las maneras (incluidos los *wonton*), preparados a la manera clásica, estofados o salteados *(stir-fried)*, y todo ello acompañado de té gratis, a discreción, igual que en el establecimiento anterior. También sirven un extenso surtido de *congee*, cuyo nombre auténtico es *tang souei*, gachas de arroz a las que se añaden ingredientes como carne o pescado. Paltos 32-40 HK$ (3,20-4 €), y tienen una pequeña carta de postres no muy caros. Servicio muy agradable y simpático.

Sun Yat

*(Plano I, B3, **72**)*: 26-28, Cameron Road. ☎ 23-01-41-26. Ⓜ Tsim Sha Tsui. Abierto las 24 h. Si queréis un restaurante típicamente hongkonés, venid a éste, una mezcla de influencias chinas y occidentales. Aunque *Sun Fat* no significa «sol gordo», aquí tienen algunos platos nada dietéticos... La carta, como la de algunos otros restaurantes, es seguramente única en el mundo. Probad para desayunar el *yin'yeung*: té y café mezclados (*tea and coffee together*) en un *set* que comprende pan con piña

(pine-apple breads) y otros bollos rellenos *(buns)*, e incluso tarta de huevos *(eggtart)*, todo ello acompañado de salchichas, beicon o tallarines chinos. De 11 a 18 h hay *set lunch* por unos 45 HK$ (4,50 €) con pan, mantequilla, sopa del día, bebida y postre. Podéis tomaros un jarabe de cacahuete, del que seguramente os acordaréis. En resumen, una experiencia divertida para poneros al día en materia de cocina local.

Para conocer el Hong Kong tradicional, id hasta Kowloon City *(fuera del plano I, por B1)*, donde encontraréis muchos pequeños restaurantes y bares dispersos en las proximidades del antiguo aeropuerto, en la decena de manzanas comprendidas entre las calles Prince Edward y Nga Tsin Wai Road. Para ir, desde el Star Ferry tomad los autobuses n°s 1A, 1, 5 o 9, o bien el autobús A22 en la esquina de Jordan y Nathan Road, en dirección a Lei Yue Mun Road, y bajad en el cruce de Prince Edward Road East con Nga Tsin Wai Road. Tenéis muchas posibilidades de haceros entender en los restaurantes thai. Los precios resultan más económicos que en el sur de la península. Pasead la nariz por entre los aromas de estos locales sin temor. He aquí algunas direcciones por si se os antoja cambiar de barrio.

De precio medio a más selecto

Pho' Saigon

*(Fuera del plano I, por A1, **75**)*: 224 A, Fa Yuen Street, en Mongkok. ☎ 21-42-70-11. Ⓜ Prince Edward, salida B1. En una calle que da a Prince Edward Road West. Abierto desde 11.30 h a medianoche. Calculad entre 60 y 80 HK$ (6 y 8 €). Un poco al norte del Ladie's Market y cerca de los pequeños mercados tradicionales (de flores, pájaros, peces...), veréis un pequeño restaurante vietnamita sin pretensiones, pero que siempre está lleno. Carta traducida al inglés con una retahíla de platos a cual más bueno. Sin olvidar la *pho* (sopa tradicional) ni los deliciosos postres, como el sorprendente *3 colors sticky rice with mango* y el *saigon flan* (una crema caramelizada).

Nomads

*(Plano I, B3, **76**)*: 55, Kimberley Road. ☎ 27-22-07-33. Ⓜ Tsim Sha Tsui y Jordan. Menús a mediodía 60 HK$ (6 €), y cenas por unos 160 HK$ (16 €). Local elegante e íntimo a la vez, justo al lado de la lujosa Knutsford Terrace. Restaurante especializado en cocina mongola, con varias fórmulas de bufé para grandes y pequeños. Detrás de la vitrina están los pinches, provistos de buenas batidoras y ocupados en poner a punto rápidamente todo lo que habéis metido en vuestro bol: carne, pescado, legumbres, especias, hierbas, condimentos, etc., todo ello cocinado al estilo mongol. Y, como es posible que volváis, aquí no os dejarán morir de hambre. Buen ambiente y buena cocina.

Justo detrás, ***Knutsford Terrace*** *(plano I, B3)*: es un poco el Lan Kwai Fong de la península (una copia, a escala reducida, del auténtico en la isla de Hong Kong), con las terrazas de los restaurantes y los bares a la última moda, en los que se come a la occidental o fusión. A mediodía hay menús interesantes, pero por la noche cada plato ronda los 110 HK$ (11 €). También podéis tomar una copa en un ambiente agradable, aunque está menos animado que el Lan Kwai Fong de verdad... En realidad, en la categoría «más selecto», lo más recomendable es cruzar la bahía.

Sushi Hiro

*(Plano I, A3, **81**)*: 7/7 The Toy House, 100, Canton Rd. ☎ 23-77-98-77. en el 7º piso. Abierto todos los días de 12 a 15 h y por la noche hasta 22.30 h. Comida 160 HK$ (16 €). Un marco

japonés clásico: madera blanca, decorado con cierta sobriedad, equños salones y una larga barra donde una numerosa clientela se reúne al mediodía. Tanta gente no puede equivocarse, y terminamos de convencernos después de probar el *sashimi* más fresco y tierno que hayamos comido en mucho tiempo. Los *sushis* no se quedan atrás (con, entre otras cosas, atún, anguila de mar, erizos y langostinos frescos). Además, todo está muy bien presentado, con sopa, arroz, ensalada (o tofu).

Más selecto

Hoi King Heen

*(Plano I, B4, **83**):* Intercontinental Grand Stanford Hotel, 70, Mody Rd. ☎ 27-31-28-83. Todos los días para comer y cenar hasta las 22 h. Platos 100 HK$ (10 €), y los más adinerados, una selección de nidos de golondrina, entre 218 y 688 HK$ (21,80-68,80 €)... Decoración elegante, amplio y confortable salón. Una clientela realmente selecta y un servicio con mucho estilo. La carta es estupenda y ofrece los tradicionales *dim sum* (raviolis al vapor) o platos de la región de Sichuan, como la anguila con anís y pimiento rojo, las vieiras con ginseng o las ranas con ajo y chalotas. Buena variedad de barbacoas. En cuanto al tiburón, cuesta prácticamente lo mismo que los nidos de golondrina. ¡Exquisito, por supuesto!

Restaurantes del Royal Garden Hotel

*(Plano I, B4, **84**):* al principio de Granville Road casi frente al *Intercontinental Grand Stanford*. En la planta baja están dos de los establecimientos más elegantes y de mejor reputación de la ciudad: el ***Royal Garden Chinese*** (☎ 27-24-26-66), especializado en *dim sum* y cocina cantonesa. En un bonito entorno con estanques, fuentes y rocas. Los mariscos son bastante caros, en cambio los platos tradicionales tienen precios razonables, como el pato pekinés, la paloma asada, la oca en salsa de ciruelas, las barbacoas de cerdo... En cuanto al ***Dong Lai Shun*** (☎ 27-33-20-20), calculad en torno a 400 HK$/40 €), del mismo nivel, prepara una cocina pekinesa de gran calidad.

Y finalmente, para las meriendas de los fines de semana, daos un garbeo por la ***Mango Temptation,*** en el Balcony, 3º piso, (☎ 27-33-20-33): bufé de sabrosos postres, sábados, domingos y festivos de 14.30 a 17 h. No es demasiado caro: 138 HK$ (13,80 €), niños 98 HK$ (9,80 €).

EN LA ISLA DE HONG KONG

(planos II y III)

Alrededor del Ⓜ Central

Barato

Tsim Chai Kee

*(Plano II, E6, **74**):* 98-102, Wellington St, Ⓜ Central. ☎ 25-44-45-56. Abierto todos los días de 10 a 21.30 h. Sopa por menos de 20 HK$ (2 €). Ciertamente lo que menos se espera es encontrar un establecimiento como éste en un barrio en plena transformación. Y aunque sus precios súper competitivos pueden prestar a confusión, este minúsculo restaurante es una especie de bar especializado en sopas, donde a diario sirven únicamente 3 o 4 variedades de fideos (gambas, carnes...). Mesas para compartir muy sencillas, al igual que la cocina.

Lian Heung Tea House

*(Plano II, D5, **77**):* 160-164, Wellington Street, Ⓜ Central. ☎ 25-44-45-56. Está abierto de 7 a 16 h. En torno a aproximadamente 50 HK$ (5 €) la cena. El «pabellón del loto perfumado» es uno de los últimos reductos que se resisten a la modernización. Aquí el ambiente no ha cambiado mucho en los últimos cincuenta años.

Gran taberna a la antigua iluminada por neones blancos y perfumada por los vapores que desprenden los platos que desfilan sobre los carritos. Servicio de té en un escalfador gigantesco. De los platos de los carritos probad el *zu gan* (hígado de cerdo con langostinos) o, mejor, los *singha fanguo*, raviolis de loto especialidad de la casa. De la carta, el *tchan peï hap toï teung min*, que es, sin duda, uno de los dos o tres mejores manjares que se pueden comer en el mundo. Se trata de un puchero de pato cocido con nueces y legumbres. Primero se asa el pato, luego se cuece al vapor y finalmente va al puchero. Una receta sencilla y excepcional para un gran momento gastronómico. Para los más madrugadores, un desayuno fuera de lo común servido entre las 6 y las 8 h, con *daï ban* y *dim sum* gigantes, rellenos de carne de cerdo y pollo, además de muchas otras cosas... Nunca hemos encontrado algo mejor para saciar el apetito.

Tsui Wah

*(Plano II, E6, **78**):* 15-19, Wellington Street. ☎ 25-25-63-38. Muy cerca del barrio de los bares de Lan Kwai Fong, muy adecuado para una cena rápida antes de atacar el Victoria Peak. En torno a 35 HK$ (3,50 €) por el *set lunch*. Es un *fast food* correcto con especialidades cantonesas e hindúes. Está lleno las 24 h todos los días. Ambiente alegre de empleados de oficina, en el que se pueden pedir sopas, raviolis *wonton*, tallarines, legumbres salteadas y otras exquisiteces.

Panadería Tai Cheung

*(Plano II, D6, **82**):* 35, Lyndhurst Terrace. Todos los días de 7.30 a 20.30 h (domingos y festivos 19.30 h). El otrora gobernador Chris Patten, al igual que el no menos goloso Helmut Kohl, venían personalmente a comprar a esta diminuta tienda las sabrosas tartaletas de huevo. En ocasiones, las colas son como las del metro en hora punta.

De precio medio a un poco más selecto

Ser Wong Fun

*(Plano II, D6, **80**):* 30, Cochrane Street. ☎ 25-43-10-32. Ⓜ Central. Muy cerca de la famosa escalera mecánica que va a los Mid-Levels, en una calle empinada. Procurad llegar antes de las 22 h. Calculad alrededor de 50-90 HK$ (5-9 €). En este pequeño restaurante chino alegre y sencillo, seréis acogidos por Paulina, una encantadora joven que os dará interesantes consejos gastronómicos en un perfecto inglés. Os recomendamos que pidáis muchos platos a la vez para repartir entre aquellos del grupo que hayan aprendido las buenas costumbres asiáticas. El menú, que va desde las salchichas hasta las mollejas de pato, contiene también diferentes hortalizas y los excelentes *jiao yan paigu*, nuestro plato preferido. Costillas de cerdo condimentadas, absolutamente deliciosas (¡aún se nos hace la boca agua al recordarlas!). Si no, optad por alguna de las sopas de temporada (45 HK$/4,50 €), siempre buenas y originales: la papaya para satisfacer a la señora y el *foie* de pato para tonificar al caballero... ¡Ah!, por cierto, *Ser Wong Fun* significa «el rey de las serpientes», y en invierno, en este restaurante se sirve una sopa de cinco serpientes, recomendada para entrar en calor (tanto como la de perro)..., a no ser que también la tomen en verano los clientes resfriados a causa del frío excesivo del aire acondicionado.

Peak Café Bar

*(Plano II, D6, **91**):* 9-13, Shelley St. ☎ 21-40-68-77. Ⓜ Central. Servicio hasta las 22.30 h (0.30 h para las pizzas). Platos 80-150 HK$ (8-15 €). Una variante del famoso *Café Déco* en Peak (de ahí su nombre). Un nuevo estilo de bar, moderno y agradable, encaramado en una de las calles más escarpadas de la ciudad. Los jóvenes vienen para disfrutar de sus cócteles, sus

ensaladas frescas, sus correctas pizzas y sus buenos postres occidentales. Con sillones un poco gastados y saloncitos para los enamorados.

Hua Moon

*(Plano II, D6, **92**):* 18-20, Lyndhurst Terrace (y Wellington). ☎ 21-26-72-65. Un popular restaurante local. Sencillo, limpio, con algunos reservados tranquilos con cómodas banquetas, para comer correctamente. Como los platos aparcen en la carta fotografiados, no hay ningún problema de traducción. Precios razonables que convendrán a los presupuestos ajustados. El cerdo o el cordero braseados son las especialidades de la casa, así como el pollo al vino tinto chino *(drunken chicken)* y el cangrejo salteado al estilo de Shangai...

City Hall Maxim's Palace

*(Plano II, F6, **85**):* en la segunda planta del City Hall. Ⓜ Central. ☎ 25-21-13-03. Atención, sólo sirven *dim sum* hasta las 15 h; por la noche, platos hasta las 23 h. Un inmenso comedor que parece hecho para banquetes de emperadores romanos o de magnates que estén de paso, con una impresionante galería acristalada que podría llamarse perfectamente «bahía de Hong Kong», porque está... justo encima. Y, además, con todos los adornos chinos de rigor: lámparas, moqueta roja, estatuas, farolillos... Destacan los famosos *dim sum* y *dumpling* (en inglés). Cuidado con la cuenta, porque esa debilidad puede resultar mortal para vuestra cartera.

Luk Yu Tea House

*(Plano II, E6, **87**):* 24-26, Stanley Street. ☎ 25-23-54-64. Ⓜ Central. Abierto de 8 a 22 h. Este restaurante chino es el más antiguo de la ciudad y parece salido directamente de las aventuras de Tintín en *El Loto Azul*. Aquí vienen las ricas y elegantes abuelas de Hong Kong, recién salidas de la peluquería y hechas unos figurines, y en la entrada les esperan unos camareros chinos sin edad que les abren las puertas... y les dejan a cero las tarjetas de crédito. Restaurante con tres plantas decoradas como salones de té y dedicadas principalmente a los *dim sum*. Los domingos se juega al *mah-jong* y se toman copas; pero a lo que se viene realmente es a comer. Y, atención, porque cada bocado cuesta lo suyo. Con esos precios, más vale buscar mesa en la planta baja, el único sitio donde se tiene realmente la impresión de estar dentro del cómic protagonizado por Tintín. El único problema es que suele estar lleno hasta los topes. Y ése es un reproche más que añadir a la lista, como el que los camareros no hablen ni pizca de inglés (carta con fotos, pero sin precios...). Probad el *siao mai* (bocaditos y costillas de cerdo), el *do sa tié tio* (relleno de puré de alubias) y el *tsui jou*.

Encima de Hollywood Road, perpendicular a la famosa escalera mecánica (ver «¿Qué visitar? De Central a Sheung Wan y Western»), ***Staunton Street*** *(plano II, D6)*, en el barrio de SoHo (Central), es una bonita calle llena de restaurantes de moda un poco más selectos. Los hay para todos los gustos, de cocina española, nepalí, italiana, francesa... Resulta imposible reseñarlos todos, porque cambian constantemente, pero el ambiente os parecerá francamente agradable.

De precio medio a más selecto en Wyndham St

Los restaurantes de **Wyndham St** *(plano II, E6):* una calle que ha cambiado por completo en un solo año. Es la calle de moda en Hong Kong.

Yun Fu

*(Plano II, E6, **93**):* 43-55, Wyndham St, Lan Kwai Fong. ☎ 21-16-88-55. Todos los días al mediodía y hasta las 23 h. *Set lunch* 198 HK$ (19,80 €) o 368 HK$ (36,80 €) para 4 personas; pato asado 438 HK$ (43,80 €) para 4 a 6 personas. Una de las más recientes y sor-

prendentes creaciones en materia de restaurantes: no tiene cartel; una escalera conduce hasta el sótano a un magnífico bar redondo, donde se tiene la sensación de entrar directamente en otro capítulo del *Loto Azul* de Tintín. Un largo corredor con elegante decoración al estilo «de la antigua China» conduce entre una romántica luz, no hasta un fumadero de opio, sino al salón-restaurante. Allí descubriréis una de las más innovadoras cocinas chinas de Hong Kong. Una verdadera delicia y con precios todavía asequibles. Algunos platos tradicionales, como el pato asado marinado en hojas de té y hierbas, el cordero laqueado con corazones de apio, el pescado mandarín con pasta de aceitunas negras, la paloma ahumada o, más insólitos aún, la cabeza de medusa roja marinada en salsa de menta o esa extraña combinación de calamares y riñones de cerdo a las hierbas. También preparan unos suculentos *dim sum*. Camareros jóvenes y con clase.

Wagyu

*(Plano II, E6, **94**)*: 60, Wyndham St. ☎ 25-25-88-05. Abierto todos los días de 8 h a medianoche (más tarde los fines de semana). Un entorno sofisticado para una de las carnes más apetitosas del barrio. El *brunch* es memorable, para ver y ser visto.

Y también ***Divino*** en el n° 73, Wyndham St (por su buena selección de vinos y su terraza en el jardín); ***Frog Face Fish*** en el n° 43-55 (famoso por sus excelentes platos de pescados frescos)... y el restaurante ***Azure*** del hotel *LKF* y, por supuesto, ***Finds*** (excelente cocina con influencias escandinavas) en el nº 33... ¡sin contar todos los que habrán surgido entretanto!

> **> AVISO**
>
> **Las tarifas que se indican en la guía son orientativas.**

De precio medio a más selecto

Yung Kee

*(Plano II, E6, **88**)*: 32-40, Wellington Street. ☎ 25-22-16-24. Ⓜ Central. Abierto de 11 a 23.30 h; *dim sum* de 14 a 17.30 h de lunes a sábado, y a partir de las 11 h los domingos y festivos. Toda una institución local, famosa por una de esas historias de hombre hecho a sí mismo que tanto gustan en Hong Kong. Allá por las décadas de 1950-1960, el dueño tenía un puesto de comida en una calle del barrio. Y enseguida se dio a conocer por su excelente asado de oca, hasta que, por fin, consiguió abrir un restaurante. La consagración definitiva la alcanzó en 1968 cuando la revista *Fortune* lo incluyó en su lista de los 15 mejores restaurantes del mundo. En el menú, los tradicionales *dim sun* para la comida y la merienda, la barbacoa de cerdo o la espaldilla, que se degustan acompañados de pepino de mar ligeramente especiado *(deep-fried mini sea cucumber with spicysalt)*.

The Peak Lookout

*(Plano II, D7, **89**)*: ☎ 28-49-10-00. En lo alto del Victoria Peak. Permanece abierto hasta medianoche; último servicio a las 22.45 h. Os recomendamos reservar (pedid mesa en la terraza). Lo más divertido es venir en el funicular (ver «¿Qué visitar? Victoria Peak», más adelante). Ideal para quienes busquen un ambiente selecto e informal a la vez. Acogedor edificio de madera y piedra, antiguo almacén de los obreros que trabajaban en el Peak Tram, con una terraza muy agradable, mesas y sillas de hierro forjado, en un lugar con vistas de la vegetación y de las luces de algunas zonas de la ciudad... Por si no bastara con eso, la cocina es una auténtica vuelta al mundo, cuyas etapas culinarias más concurridas son India, Tailandia, China y Estados Unidos. Cocina impecable y servicio eficaz.

Café Déco

*(Plano II, D7, **89**):* en el Victoria Peak, en la Peak Galleria. ☎ 28-49-51-11. 💻 www.cafedeco.com Abierto hasta medianoche entre semana, y hasta la 1 h los fines de semana; último servicio a las 23 h (23.30 h los fines de semana); hay que reservar. Aquí se lo pasan en grande la gente de Hong Kong y los turistas de paso. Deberéis hacer cola (y hasta abriros paso a codazos) para encontrar un sitio con vistas de la ciudad. Porque hay que reconocer que aquí disfrutaréis de una de las mejores vistas de Hong Kong. Café bastante elegante inspirado en el estilo *art déco*, como indica su nombre. Llegad temprano para conseguir una buena mesa en el gran salón dominado por el mostrador parisiense de la década de 1920, con columnas recuperadas de viejas estaciones de Nueva York y Chicago. Jazz en directo de lunes a sábado de 19.30 a 1 h. En resumen, el lugar ideal para ver y ser vistos. No cabe duda de que tiene una carta internacional con platos italianos, hindúes, tailandeses, mexicanos, japoneses... ¡y hasta con ostras frescas!

Más selecto

The Square

*(Plano II, E6, **95**):* Exchange Sq II, Central. ☎ 25-25-11-63. Ⓜ Central. En el gran centro comercial a la salida del metro. Todos los días, excepto domingos al mediodía, y por la noche hasta las 23 h. Carta 250-300 HK$ (25-30 €); *business lunch* 208 HK$ (20,80 €). No es demasiado fácil de encontrar; está en la torre II, no lejos del café *Starbucks*. Una vez que se desemboca en la galería, encontraréis después una gran escalera de caracol (¡éste es el único lugar donde aparece indicado el restaurante!). En una palabra, esta dirección hay que saber encontrarla. Gran salón con algunas zonas separadas por biombos blancos en este establecimiento fresco y agradable que ofrece una suculenta cocina cantonesa. Es uno de los restaurantes favoritos de los hombres de negocios de la zona, que vienen aquí a saborear sus refinados manjares a precios todavía asequibles. Deliciosos *dim sum,* barbacoas de cerdo laqueado a la miel, pollo relleno de oreja marina, tiburón, jamón de la región de Yunnan (para 5 o 6 personas), *shark's fin stuffed in chicken wing* (pollo relleno con carne de tiburón), sopa de nido de golondrina y cangrejo fresco... Servicio joven y diligente.

Ultra selecto

H One

*(Plano II, E5, **96**):* 8, Finance St, IFC Mall, planta 4 (shop 4008). ☎ 25-22-97-98. Todos los días de 12 a 14.30 h y de 18 a 22.30 h. Platos 198 HK$ (19,80 €); hamburguesa clásica 880 HK$ (88 €), barbacoas al fuego de leña. Creado por el dinámico grupo *Harlan's* (muchos restaurantes y bares en la ciudad) para «desatascar» al restaurante *Harlan's* (probablemente el más caro de Hong Kong, en la planta de arriba), cuyo impresionante éxito provocaba que los plazos para las reservas fueran cada vez más largos... El local es muy elegante, con una excelente vista de la ciudad desde algunas de sus mesas; una clientela de personajes importantes, entre ellos políticos, figuras relevantes de la Bolsa de Hong Kong, famosos del espectáculo y otros VIP de la ciudad. Excelente cocina creativa con influencias mediterráneas, como la lubina de pincho con salsa de tomates cherry, vino blanco y salsa de almejas, el *herb mustard crusted lamb rack* o la *«cioppino»,* sopa de mariscos al ajo y azafrán... La presentación de los platos merece una mención especial. Estupenda carta de vinos donde podréis encontrar algunos Pétrus, así como otros *sauternes* prestigiosos (uno de 1811, y otro de 1847, pero no os hagáis ilusiones, son absolutamente prohibitivos), todos vinos del más alto nivel

(según Robert Parker)... Como es lógico, el precio total de la comida dependerá del vino que escojáis.

Alrededor del Ⓜ Wan Chai

Wing Wah Noodle Shop

*(Plano III, G9, **97**)*: 89, Hennessy Rd. ☎ 25-27-74-76. Ⓜ Wan Chai. Abierto todos los días de 12 a 5 h de la madrugada. Calculad unos 25 HK$ (2,50 €) el cuenco de fideos con *wonton* y unos 45 HK$ (4,50 €) un plato principal. Este restaurante pasaría desapercibido en esta animadísima calle donde abundan los *noodle shops*, de no ser por sus especialidades, frescas y crujientes, que le han valido numerosos elogios en la prensa local. El secreto de la casa reside en su «taller de confección manual de fideos» en la planta alta. Os aconsejamos probarlos en sopa porque guardan el calor hasta el final (¡lamentablemente aquí también el AC funciona a toda pastilla!), con una mención especial para los fideos al *wonton*, cerdo y gambas. ¡Repetiréis!

Shanghai

*(Plano III, G9, **98**)*: 30-32 O'Brien Rd (y Jaffe). ☎ 25-27-23-43. Ⓜ Wan Chai. Todos los días de 12 a 4 h. Comidas máximo 100 HK$ (10 €). Aquí viene todo el barrio, así como artistas, poetas, grupos de amigos..., todos encantados con la calidad de la atención, la frescura del pescado y las verduras, y los precios, que siguen siendo moderados... Mesas giratorias para saborear muchos platos fríos, tipo entrantes, como en Shangai. Probad las gambas al té de Long Jing. ¡Una carta con más de 310 propuestas!

Sang Kee Seafood

*(Plano III, G9, **99**)*: 107-115, Hennessy Rd. Ⓜ Wan Chai. En la 1ª planta. Abierto todos los días hasta las 23 h. Calculad 150-200 HK$ (15-20 €). Otro restaurante para nada turístico (de hecho, el cartel de la calle está escrito en chino y es apenas legible). Los pescados y las gambas se pasean por el acuario de la entrada. Sorprendentemente, a pesar de su discreción, el salón-comedor suele estar lleno (incluso entre semana) por la noche. La decoración es austera y los camareros visten elegantemente con pajarita. Obviamente, lo que cuenta para su clientela de clase media es la cocina. Pescado y mariscos servidos en raciones abundantes. Excelente arroz frito (más que suficiente para dos).

Chili Club

*(Plano III, G9, **100**)*: 88, Lockhart Road. ☎ 25-27-28-72. Ⓜ Wanchai. Está en la primera planta. Sirven hasta las 22.30 h. Restaurante tailandés. Pero no hay que apurarse, no todos los platos os dejarán la boca ardiendo, como lo demuestra el hecho de que europeos de paladar delicado vengan aquí a disfrutar de una buena cocina y una excelente relación calidad-precio. Pedid una mesa que dé a la calle, así estaréis más a gusto, porque el lugar es bastante selecto y clásico al mismo tiempo. Para entrar en materia, empezad, por ejemplo, con una *papaya salad* o un *poached cuttlefish* (pulpo) y continuad con un curry tailandés con leche de nuez de coco. También sirven platos de arroz y tallarines, que salen baratos. Pero el pescado y el marisco resultan caros. Servicio esmerado y cocina bastante fina.

Cerca del metro Tin Hau

Barato

Yen Ké

*(Plano III, J9, **101**)*: Wun Sha St (y King St). Ⓜ Tin Hau. Enfrente del *Locomotive*. La tradicional taberna china inmutable a través de los años. Todavía no está muy acostumbrada a recibir extranjeros, lo que garantiza que podréis disfrutar de buen pescado fresco con precios de la época colo-

nial. Algunas mesas fuera para tomar una copa al fresco.....

De precio medio a más selecto

Café Locomotive

*(Plano III, J9, **102**):* 11, Wun Sha St, Tai Hang. ☎ 28-82-82-27. Ⓜ Tin Hau. Abierto todos los días hasta las 22 h. Especialidades: rabo de toro al vino 98 HK$ (9,80 €), codorniz con especias 48 HK$ (4,80 €), cangrejo frito al curri o a la cerveza 168 HK$ (16,80 €), pescado de mercado con salsa de limón 128 HK$ (12,80 €). No olvidéis reservar en este restaurante que ofrece una excelente cocina vietnamita contemporánea. Siempre hay mucha gente, incluso por la noche entre semana. Sin embargo, el salón no es nada del otro mundo y la decoración es bastante sobria. Los precios, por el momento, son todavía asequibles.

Wun Sha's Kitchen

*(Plano III, J9, **103**):* 33, Wun Sha St. ☎ 28-90-12-30. Ⓜ Tin Hau. Lunes a sábado de 12 a 15 h y de 18 23 h; domingo de 11.30 a 15.30 h. Platos 68-118 HK$ (6,80-11,80 €). El arquetipo del nuevo estilo de restaurante, distinguido y moderno. Un marco de sobria elegancia, en tonos de blanco y gris, bar moderno y servicio con clase. Algunos saloncillos reservados que permiten una cierta intimidad. Cocina tradicional y moderna a la vez. El *salty pork* os encantará. Pescado y marisco bastante caros.

¿DÓNDE TOMAR UNA COPA? ¿DÓNDE SALIR?

Hong Kong es una ciudad en constante movimiento las 24 h, donde los lugares y las discotecas de moda cambian a la velocidad de la luz. Así pues, más que epilogar unos establecimientos que pueden haber cambiado de nombre de aquí al momento de vuestra llegada, hemos hecho una descripción de los principales barrios donde está la movida (casi todos, en la isla de Hong Kong), aunque os reseñamos algunos locales que se han consolidado y que os servirán como puntos de referencia.

Si queréis salir a conocer los últimos bares y discotecas más de moda, consultad el *KH Magazine* (gratuito), el suplemento dominical del *South China Morning Post* o bien el *bc magazine.* Aprovechad los numerosos *happy hours* con los que podéis tomar una segunda consumición gratuita, pese a que nos sigue pareciendo caro (el precio normal de una cerveza en muchos sitios se sitúa en los 50 HK$/5 €). Pero nosotros no fijamos los precios. Además, los *happy hours* y demás precios especiales terminan hacia las 20 h, máximo a las 21 h. Así que tendréis que romper la hucha o haceros budistas por la noche...

Lan Kwai Fong y sus alrededores *(plano II, E5 y E6)*

En Central, en la isla de Hong Kong. Una calle en pendiente, D'Aguilar Street, y una callejuela corta, Wo On Lane, constituyen el centro de la animación nocturna de Hong Kong. Se trata de un barrio que parece realmente un barrio (bonitas callejuelas adoquinadas, con subidas), un islote que no se deja dominar y que es un soplo de frescura en la atmósfera de la rica y moderna ciudad. Perfecto para beber una cerveza en plena acera en compañía de la juventud de moda y residentes extranjeros en mangas de camisa. Entre los muchos bares que hay, os reseñamos unos cuantos como referencia: ***Post 97,*** en 9, Lan Kwai Fong (posibilidad de comer algo), ***Dolce Vita, Va Bene, Whiskey Priest*** y tantos otros. La prolongación de Aguilar Street, la **Wyndham Street** está conociendo un formidable auge.

Mo Bar

*(Plano II, E6, **112**):* 15, Queen's Rd Central. ☎ 21-32-01-88. A pocos pasos del barrio de Lan Kwai Fong. Inmenso espacio (equivalente a 2 pisos) y uno de los decorados más sofisticados de la ciudad. Tanto la barra como la decoración son espléndidas, suelos de mármol italiano, paredes «cobrizas»... Clientela *trendy*, como no podía ser de otra manera, que viene a disfrutar de este interior y este confort sin igual. También podéis comer, buena selección de vinos y cócteles, escogida música de fondo, servicio impecable... en la segunda planta del Ocean Centre, en Kowloon.

Red

*(Plano II, E5, **113**):* Two International Finance Centre (IFC2), 8, Finance St. ☎ 81-29-88-82. 💻 www.pure-red.com En el 4º piso. Ⓜ Central. Todos los días de 11.30 a medianoche (1 h los jueves, 3 h viernes y sábados, 22 h domingos). Gran espacio en un moderno edificio de cristal. Un marco realmente de tendencia. Considerado uno de los bares más «trendy» de la zona, es famoso por sus cócteles y champán *brunchs*. Excelentes DJ. También se puede comer. Además, la vista de Kowloon y Victoria Harbour es espléndida.

G Bar

*(Plano II, E5, **113**):* shop 4009, 4º piso del IFC2. También éste es un bar de moda, igual que *Red*. En un estilo muy neoyorquino, con luminosas tonalidades de amarillo muy logradas. Terraza con una vista única a la bahía. Clientela de *top models, executive women* y jóvenes ejecutivos *trendy*.

> En la isla de Hong Kong, en los barrios de Lang Kwai Fong y de Soho, encontraréis las discotecas más modernas y elitistas. Conseguir entrar en ellas requiere (como en Nueva York o París) estar apadrinado por alguien, llegar en el buen momento una noche entre semana no demasiado cargada, caerle bien al de la entrada o a los vigilantes (están muy cachas) que filtran las entradas y, por supuesto, responder a los códigos indumentarios y otras modas del momento... A continuación os indicamos algunos locales en boga, estrictamente reservados para quienes tengan mucha paciencia y dotes de persuasión...

Dragon I

*(Plano II, E6, **114**):* 60, Wyndham St, Lang Kwai Fong. ☎ 31-10-12-22. En el 1º piso. Cóctel 90 HK$ (9 €), cerveza 60 HK$ (6 €)... Célebre por su gran pajarera en la entrada y la cantidad de *top models* por m^2. Espléndida decoración, barra de bar bajo la Vía Láctea. Frecuentado por gente del *showbiz*, el diseño, la moda, etc. Naturalmente, la admisión en la entrada es muy restrictiva.

Volar

*(Plano II, E6, **115**):* 38-44, D'Aguilar St, Lang Kwai Fong. ☎ 28-10-15-10. 💻 www.volar.com.hk Cerrado los lunes. Reservas: ☎ 28-10-12-76. En el sótano. Se trata de otra de las discotecas más exclusivas, por lo que la criba en la entrada es durísima. En ella actúan los mejores DJ de la noche de Hong Kong. Veladas temáticas.

Drop

*(Plano II, D6, **116**):* Basement, On Lok Mansion, 39-43, Hollywood Rd. ☎ 25-43-88-56. 💻 www.drophk.com Ésta es la discoteca más a la última de Hong Kong entre las que programan *funky music*. Cuenta con los mejores DJ. Casi siempre está abarrotada. Los *happy few* socios suelen llegar bastante tarde. Por lo tanto, antes de las 23 h, tenéis más probabilidades de poder entrar (más tarde, el carné de socio es obligatorio).

Soho *(plano II, D6)*

Este barrio, cuyo nombre es la contracción de «South of Hollywood Road» y un guiño al célebre barrio de Nueva York, es también el barrio de los extranjeros, justo al lado de la escalera mecánica más larga del mundo. Staunton Street es también una calle muy animada donde tomar una copa en un ambiente bastante moderno (restaurantes, bares, pubs...).

Staunton's

*(Plano II, D6, **117**):* 10-12, Staunton St. ☎ 29-73-66-11. Todos los días de 10 a 2 h. La cita ineludible de los anglosajones: residentes extranjeros, hombres y mujeres de negocios..., todos a lo largo de la barra del bar para catar con entusiasmo una buena selección de vinos por copas y muchas otras bebidas... Algunos platos sencillos (ensaladas, *kebabs*, sándwiches, tapas variadas) y también un *English breakfast* que sirven a lo largo de todo el día. A menudo está llenísimo y el ambiente es bastante ruidoso (incluso ensordecedor).

Club 71

*(Plano II, D6, **118**):* 67, Hollywood Rd. ☎ 28-58-70-71. Entrada por Man Hing Lane (entre Peel y Aberdeen). En el sótano. Uno de los locales emblemáticos de la cultura alternativa, que tuvo que abandonar Lan Kwai Fong cuando los alquileres alcanzaron cifras astronómicas. Aquí no hay falsas apariencias, se trata de un agradable punto de encuentro de artistas, intelectuales de todo tipo y grupos de amigos, encantados de encontrarse para charlar un rato.

Wanchai *(plano III, G- H9)*

También en la isla de Hong Kong. En este barrio, famoso por el libro de Richard Mason *El mundo de Suzie Wong*, llevado al cine por Richard Quine, no se ha visto ningún facineroso con ganas de juerga desde tiempos inmemoriales, y ha perdido mucho encanto... En realidad, los sitios de vicio y perdición han sido sustituidos por bares y clubes caros. Entre los supervivientes de aquella época están el ***Joe Bananas*** *(plano III, G9, **121**)*, en la esquina entre Jaffe y Luard Road) y *The Wanch's* (54, Jaffe Road), que intentan que se prolongue la fiesta. ***The Carnegie's*** *(plano III, G9, **123**)*, en el 55 de Lockhart Road, es un buen pub inglés en el que tocan grupos de jazz, de rock and roll y de música de otros estilos. El sábado hay... ¡champán gratis para las chicas! Justo a su izquierda está el *Fennwick*, una sala de fiestas en la que se dan pequeños conciertos. Gran ambiente el fin de semana.

Delaney's

*(Plano III, G9, **120**):* 18, Luard St. Abierto todos los días hasta tarde. De 12 a 15 h (todo el día los fines de semana), *rosbif* o barbacoa del día, con ensalada por 98 HK$ (9,80 €). O si no, *fish and chips* a todas horas. El verdadero pub irlandés, con su barra de madera barnizada, el suelo de baldosas blancas y negras, fotos y objetos antiguos, y conmovedores recuerdos de la vieja Irlanda en las paredes... Las pantallas planas que retransmiten los partidos aportan un toque de modernidad al local. Magnífica colección de *whiskeys* y *whiskies* (¡no confundir los términos!), también cervezas *Kilkenny* y *Guinness* de barril (según dicen, la mejor tirada de la ciudad). Con climatización y alegre animación (eufemismo); a veces, el ruido de los clientes tapa la música.

Les Amis

*(Plano III, G9, **122**):* en la esquina de Lockhart y Luard Rd. Un gran *winebar* animado y tranquilo. Suelo de madera desgastado y una larga barra donde se pueden saborear cervezas y vinos. Impresionante colección de botellas detrás de la barra. No se puede decir que no hagan esfuerzos para atraer a la clientela: *happy hours*

de 16 a 21 h de lunes a viernes; el martes, dos martinis por el precio de uno; el jueves es el día de los cócteles, y el domingo, «la hora feliz» de los vinos durante todo el día. Bufé *lunch* unos 68 HK$ (6,80 €) y muchas cosas para picar: aperitivos, tapas, *crostinis,* pollo asado... En la 1ª planta, el restaurante italiano *Amici* (las pizzas de 12 inches son su especialidad).

FIESTAS Y FESTIVALES

Las fiestas tienen lugar en función del calendario lunar, por lo que las fechas varían de un año para otro. Informaos en el Hong Kong Tourism Board o en su web (ver «Hong Kong en Internet», más adelante). Evidentemente, aquí no os indicaremos todas las fiestas chinas (ver el apartado correspondiente en las «Generalidades»), sino sólo las más importantes, así como los festivales más famosos.

Fiestas

Año Nuevo chino

Es la festividad más importante del calendario. Siempre se celebra aproximadamente entre mediados de enero y mediados de febrero. Ambiente muy típico en las calles durante tres días para celebrar el nuevo año lunar, con fuegos artificiales sobre Victoria Harbour, escaparates profusamente decorados, flores, desfiles de carrozas, danza del león... Y es también el momento en que los hongkoneses saldan sus deudas. Al final del Año Nuevo se celebra la *Fiesta de los Faroles de Primavera* o *Yuen Siu*, durante la cual la gente cuelga farolillos multicolores en los templos, los parques, etc., antes de volver al trabajo. Si venís en este periodo, reservad el hotel con mucha antelación.

Nacimiento de Tin Hau

Abril-mayo: es una jornada durante la cual los pescadores imploran a la Emperatriz Celestial, reina del Cielo y diosa del Mar, para que les conceda buenas capturas. Hay desfiles por las calles y barcos engalanados en las islas y los Nuevos Territorios.

Fiesta de los Panecillos

Abril-mayo: tiene lugar en la isla de Cheung Chau, en el sureste de Lantau. De origen taoísta, los festejos duran ocho días (incluido un desfile de niños con trajes tradicionales el cuarto día), todo ello jalonado con óperas chinas. El día siguiente al desfile se reparten panecillos *(buns)* como prenda de prosperidad para el año siguiente.

Fiesta de los Barcos Dragón

(*Tuen Ng*; mayo-junio): conmemora la muerte de Qu Yuan, un héroe nacional que se ahogó hace unos 2000 años en señal de protesta contra la corrupción del régimen de la época. Con dicho motivo se celebran regatas de barcos, adornados con cabezas y colas de dragón, al son de los tambores.

Fiesta de las Doncellas

Agosto: fiesta de las jóvenes solteras en busca de marido. Hace referencia a la leyenda del boyero y la tejedora. Por consejo de su búfalo, un vaquero le esconde a la séptima hija del emperador del cielo, cuya ocupación consiste en tejer las nubes, el traje que le permite volar, y así se casa con ella. Furiosa, la emperatriz madre los separa utilizando un alfiler de plata que tenía en el moño y que se convierte en la Vía Láctea, hasta que finalmente, conmovida por su amor, los transforma en estrellas y les permite que se vean todos los años el séptimo día del séptimo mes lunar.

Fiesta de la Mitad del Otoño

Septiembre-octubre: muy importante y eminentemente familiar. Es la fiesta de la Luna y de las cosechas. Conmemora también un movimiento de rebelión popular acontecido en el siglo XIV, que utilizó para propagarse unos mensajes escondidos en pequeños pasteles, los famosos *moon cakes* (pastel a base de dátiles y semillas de loto y sésamo), que se saborean observando la luna junto a los farolillos iluminados.

Navidad y Año Nuevo

Ni siquiera aquí os podréis escapar de la Navidad, porque Hong Kong también está influida por la tradición occidental, sobre todo si eso ayuda a vender.

Otras festividades

Fiesta de Qingming (la Fiesta de los Muertos, a principios de abril), aniversario de Buda en mayo, aniversario de la retrocesión a China los días 1 y 2 de julio, etc.

Festivales

Hong Kong Arts Festival

Febrero-marzo: como su nombre indica, el festival atrae la presencia de artistas internacionales a lo largo de un mes de acontecimientos musicales, exposiciones, *performances*, talleres...

Hong Kong International Film Festival

Finales de marzo-principios de abril: durante una quincena se proyectan centenares de películas de todo el mundo en una de las mecas del cine mundial (ver «Personalidades, magnates y estrellas de cine», más adelante).

Festival gastronómico

Agosto: tres semanas de festividades relacionadas con el arte del buen comer, excursiones, menús de degustación en los restaurantes, cursillos de cocina, etc., que organiza la oficina de turismo.

MADE IN HONG KONG (COMPRAS)

En realidad, hay un montón de productos que son más bien made in China o, también, made by chinese, por utilizar la fórmula que ha inventado un modisto local. Como Hong Kong es un puerto franco, los precios están libres de impuestos, o casi, de modo que hay muchos artículos que resultan más baratos que en cualquier país de la Unión Europea...

Hong Kong es un gigantesco centro comercial y, como tal, reivindica poseer la mayor concentración de tiendas del mundo, porque aunque en Hong Kong ya no se hagan negocios como los de antes, sí que aquí todo se compra y todo se vende.

La ciudad tiene también una imagen un tanto sospechosa de «reina de la piratería» y del saldo, es decir, del artículo barato y la copia de mala calidad. Y más ahora, que los chinos pueden ir a aprovisionarse a la ciudad fronteriza de ***Shenzhen***, muy bien comunicada con el tren KCR. Tomar el tren en Lo-Wu y atravesar la frontera para realizar encargos en Cantón se ha convertido en una práctica normal y corriente. Una vez superado el puesto fronterizo (se puede obtener el visado allí mismo mediante el pago de 100 HK$/10 €, pero sólo es válido para circular durante cinco días por el interior de la *Shenzhen Special Economy Zone*), encontraréis un enjambre de comercios y almacenes de todos los tamaños que ofrecen multitud de productos chinos a precios sin competencia. Puede haber incluso DVD con las películas que acaban de estrenarse en Hong Kong. Pero, ¡cuidado!, generalmente se trata de copias, y la aduana china sanciona con dureza el delito de falsificación.

> No olvidéis pedir la factura de compra de los objetos nuevos, porque la podéis necesitar en la aduana. Y tened en cuenta que las tasas que se pagan al entrar en la UE pueden convertir una ganga en una mala compra.

> No se os ocurra adquirir material electrónico, fotográfico, de alta fidelidad, vídeo, telefonía móvil, etc., en las tiendas de Nathan Road, en Kowloon, ni en las de las calles próximas como Tsim Sha Tsui. Los barrios de Mongkok y Sham Shui Po son menos turísticos pero, comercialmente más interesantes.

Material fotográfico, hi-fi, radio, vídeo, CD...

Para el material de radio, cadenas hi-fi o láser, lo mejor es que os informéis bien antes de comprar: precios medios, voltaje y frecuencia, concordancia de los números de serie, longitudes de onda... Antes de pagar, comprobad que el aparato funciona bien. Pedid la factura y la puesta en servicio del aparato, junto con un certificado de garantía internacional. En su caso, controlad que os den al mismo tiempo los accesorios, o el estuche y las pilas que van con el aparato, y que las instrucciones de uso estén en inglés y no en chino. Para el material de vídeo, tened en cuenta estas mismas recomendaciones y las que incluye el folleto de la oficina de turismo de Hong Kong.

> **Direcciones:** para la fotografía, id a Stanley Street, en Central *(plano II, E6)*. Para cualquier tipo de tecnología, es muy conocida la Sai Yeung Choi Street, en Mongkok *(fuera del plano I, por A-B1)*. Para hi-fi, vídeo y fotografía, también podéis ir a *Standard Audio Supply*, la tienda 303, en la tercera planta del *Ocean Centre* de Kowloon (Canton Road, enfrente del Star Ferry; *plano I, A3*). Pero, evidentemente, hay muchísimas más.

Material informático

Aquí os hacemos las mismas recomendaciones, sobre todo teniendo en cuenta que, por lo general, el *hardware* es una compra importante y hay que pensar en la aduana para la vuelta. Y, además, en la garantía internacional (a ver si funciona el día que tengáis algún problema...). Existe mucha piratería en todo lo referente a los programas y el *software*. Una compra aparentemente muy ventajosa puede tener problemas ocultos... o ser simplemente una falsificación. Andad con cuidado, sobre todo en lo referente a los últimos modelos, que por otra parte no resultan mucho más baratos que en Europa (si los tienen en Europa, claro). Así que estudiad bien el asunto.

Confección y trajes a medida

A decir verdad, la confección es sin duda el sector más tentador para ir de compras, aunque a este respecto la China continental está tomando la delantera... Tenedlo en cuenta si vais allí después. Pero, en todo caso, lo que encontraréis en China es más bien ropa barata, de gama baja, y muchas imitaciones. Dicho lo cual, y aunque Hong Kong esté adoptando cada vez más el aspecto de un gran *duty free* de marcas internacionales (aunque no más barato), lo cierto es que aquí también se encuentra toda la producción china.

> AVISO

Las tarifas que se indican en la guía son orientativas.

En cualquier rincón de Hong Kong os venderán toda clase de ropa, desde la de los grandes modistos hasta las líneas de ropa asiáticas como *Giordano*; la ropa de marcas baratas la encontraréis en los mercados de Temple Street y Ladie's Market, así como también en Fa Yuen Street, en Mongkok, y en Granville Road, en Tsim Sha Tsui (ver el apartado «¿Qué visitar?», más adelante). Si queréis conocer el *top* de lo más *top* en materia de moda local, id a echar un vistazo a la tienda *Shanghai Tang*, en Pedder Street *(plano II, E6)*, en Central. Es propiedad de David Tang, un magnate de la jet set. Allí encontraréis los famosos vestidos de la década de 1930, con una abertura lateral y adaptados a la moda actual.

«¡Llévese un traje a medida en 24 horas!». Esta frase aún la veréis en algunos escaparates, sobre todo en los de los sastres hindúes establecidos en la zona de *Chungking Mansion* (ver «¿Dónde dormir?», más adelante). Pero no parece que se pueda tomar muy en serio. Así que lo mejor es que vayáis a las sastrerías más conocidas y que os probéis el traje varias veces. Escoged un sastre que hable bien inglés. Una recomendación: llevad la revista o el anuncio publicitario con la foto del modelo escogido. Por lo general, son buenos trabajando, pero, aun así, hacen falta dos o tres pruebas, y por consiguiente tendréis que esperar una semana para tener el traje.

Antigüedades y artesanía

Hay un barrio especializado en Central District, en la isla de Hong Kong, donde encontraréis desde jarrones chinos hasta abanicos, pasando por reproducciones de carteles publicitarios de cigarrillos, objetos de la época de Mao y todo cuanto imaginéis en ese aspecto, sobre todo si sabéis de qué va la cosa. Pero en esto, como en tantos otros artículos, China resulta bastante más barata, ya que es la proveedora de Hong Kong. De todas formas, siempre podréis daros una vuelta por Hollywood Road *(plano II, D5-6)*, la calle de los anticuarios, y regatear a base de bien. Si compráis una antigüedad de más de cien años (o declarada como tal), exigid su certificado con una descripción detallada. Si buscáis objetos pequeños, id a Cat Street, la calle del mercadillo. Y si os habéis olvidado de comprar fruslerías en China, y no queréis regresar a casa sin llevaros algo que sea curioso y barato, daos una vuelta por los *Chinese Emporiums*, aunque no siempre resulta muy interesante... Id también, por ejemplo, a los *Yue Hwa Chinese Products* de Kowloon, en la esquina entre Nathan y Jordan Roads, o más abajo, al 54-64 de Nathan Road, enfrente de Kimberley Road; en la isla de Hong Kong, en el 24-32 de Paterson Street, en Causeway Bay, frente a algunos de nuestros hoteles recomendados. También podéis encontrar muchas baratijas chinas, bastante económicas, en los supermercados *Chinese Arts & Crafts*. Por último, el jade (principalmente en joyas) es muy apreciado por los chinos y sus soberanos desde el principio de los tiempos. Existe un mercado dedicado únicamente al jade (remitíos a «¿Qué visitar? En Kowloon», más adelante).

¿QUÉ VISITAR?

Podréis combinar fácilmente las caminatas a pie con los transportes urbanos. Dadas las distancias y la inexistencia de grandes museos, aquí os reseñamos los lugares de interés repartidos por los barrios por los que iréis callejeando.

EN KOWLOON *(plano I)*

Kowloon significa «los nueve dragones». Según dice la leyenda, el emperador Ping vio que en este lugar había ocho montañas y, por consiguiente, ocho dragones, ya que en la tradición china cada montaña tiene su correspondiente dragón que vive en ella. Pero, como a los soberanos se les comparaba también con esos animales míticos, añadieron un noveno dragón para que el emperador Ping formara parte del grupo. Aunque, en tiempos mucho más recientes, quizá la gente relacionara involuntariamente ese nombre con los aviones que pasaban en vuelo rasante por encima de los edificios cuando descendían para aterrizar en el corazón de Kowloon. Menos mal que nunca se produjo ningún accidente a lo largo de 30 años, porque la isla sigue estando superpoblada y el barrio de Mongkok detenta seguramente el récord del mundo por densidad de población.

Yau Ma Tei y Mongkok, en el norte, son los barrios más interesantes, con sus mercados turísticos y tradicionales. Al final de la península se encuentra el barrio frente al mar, Tsim Sha Tsui, que desde hace mucho tiempo le está ganando terreno a la bahía con la construcción de diques sucesivos y parece que apunte con el dedo a la isla de Hong Kong, situada enfrente. Este barrio es el más conocido, porque en él hay el mayor número de alojamientos baratos, centros comerciales, tiendas para sonsacarles el dinero a los turistas y casi todos los museos de Hong Kong (no demasiado interesantes). Todos estos barrios se articulan alrededor de una enorme espina dorsal, comercial y de tráfico denso, Nathan Road, por la que pasan una línea de metro y numerosos autobuses.

Tsim Sha Tsui

Paseo de Kowloon *(plano I, A4):* empieza en el Star Ferry, y el ferri transporta más de 35 millones de pasajeros cada año entre Kowloon y la isla de Hong Kong. Hermosa vista panorámica de la bahía y los rascacielos de la City enfrente. Por aquí pasean los lugareños por la tarde, y los recién casados acuden para hacerse la tradicional foto enfrente de la bahía. Es un sitio relajante, donde sopla el aire, y eso se agradece sobre todo después de un periplo por la jungla de asfalto...

El **Hong Kong Cultural Centre**, de una arquitectura moderna ya anticuada, es lo primero que se ve desde el Star Ferry. Justo delante se levanta *The Flying French Man,* una estatua de la Libertad corregida y aumentada por el célebre escultor César, a quien se la encargó la Fondation Cartier. La estatua apunta con un dedo gigantesco hacia la bolsa de la isla de Hong Kong.

Museo de las Artes *(plano I, B4):* al lado del centro cultural. ☎ 27-21-01-16. Abierto de 10 (13 los domingos) a 18 h; cerrado los jueves y algunos días festivos. Entrada de pago; descuentos para los niños y los mayores de 60 años; gratis los miércoles.

En la segunda planta, caligrafía y pintura contemporánea. En la tercera, cerámica china y una parte dedicada a las representaciones de Hong Kong y su región en la historia, con un fondo de un millar de obras y algunas maquetas. Por último, en la cuarta planta, la *Chinese Fine Art Gallery* y algunas exposiciones temporales.

Museo del Espacio *(plano I, B4):* al lado del centro cultural. ☎ 27-21-02-26. Abierto los lunes y de miércoles a viernes de 13 a 21 h, y los fines de semana de 13 a 21 h; cerrado los martes y algunos días festivos. Entrada de pago; descuentos para los niños y los mayores de 60 años; gratis los miércoles.

Vasta cúpula en cuya primera planta se encuentran las secciones de astronomía y ciencias espaciales. Lo más interesante sigue siendo la película que se proyecta en su interior (sistema Omnimax), que dura unos 40 min y requiere pagar un suplemento algo caro. Es una lástima que se haya construido esta masa de hormigón al borde del mar, porque tapa la espléndida vista panorámica de Hong Kong. El hotel *Peninsula*, que está detrás, tuvo que levantar una torre de 30 plantas para poder tener una vista de la bahía.

Hotel Peninsula *(plano I, A4):* constituye el único lugar de la ciudad donde aún se tiene la impresión, cuando se entra en el vestíbulo del *old building* (el edificio principal), de estar en el siglo XIX, en la época de los colonos ingleses. Data de 1928 y fue el cuartel general de los japoneses durante la Segunda Guerra Mundial. Conserva unos magníficos artesonados dorados y en su interior se sigue celebrando el increíble espectáculo del *afternoon tea* con una clientela de postín, vestida de etiqueta, y con un conmovedor quinteto de cuerda. Por poco que uno cierre los ojos, se creería en el célebre *Titanic*... A propósito, el hotel dispone de 14 Rolls-Royce y un helicóptero que aterriza en el tejado del edificio. En la 28ª planta está el restaurante panorámico *Felix*, diseñado por el famoso arquitecto Philippe Starck. Los aseos del restaurante merecen que les echéis un vistazo (están cerrados fuera de las horas de las comidas). Aun cuando no tengáis prevista ninguna partida en vuestro presupuesto para gastar en locuras (el carísimo té cuesta 100 HK$/10 €), sí que vale la pena daros una vuelta y observar este ambiente completamente surrealista. Es necesario vestir correctamente.

Nathan Road: la espina dorsal de Kowloon tiene su inicio no lejos del Star Ferry. Basta con remontar un poco esta arteria de algo más de 4 km de longitud para sumergiros en uno de los aspectos más conocidos de Hong Kong: el desarrollo del comercio, sin tener en cuenta la arquitectura en lo más mínimo. Precisamente, la parte baja de la avenida se llama la «Golden Mile» a causa del impresionante volumen de ventas que se realiza allí cada día.

Detrás de este desfile de grandes hoteles de nombres universales se extiende un mosaico sin fin de almacenes, tiendas, restaurantes, hoteles y puestos de venta de todas clases... Por encima de la masa de peatones, empleados, vendedores, hombres de negocios, taxis, turistas, autobuses y cualesquiera cosas que se muevan, destacan los rótulos con ideogramas de todos los colores mezclados con los nombres en inglés. Además, ocultan el mal estado general de los edificios.

Parque de Kowloon *(plano I, A-B3,* Ⓜ Tsim Sha Tsui o desde el Star Ferry, autobuses de las líneas n°s 1, 1A, 2, 6, 6A y 9): cuando ya estéis hartos de tanto bullicio, refugiaos en este remanso de paz y vegetación de 13 ha en pleno centro. Abierto de 6 h a medianoche. Si queréis ver a los adeptos del tai-chi, venid antes de las 8.30 h.

Museo de Historia *(plano I, B3):* 100, Chatham Road South. ☎ 27-24-90-42. Ⓜ Hung Hom o desde el Star Ferry, autobús nº 8. Abierto de 10 (13 los domingos) a 18 h; cerrado los viernes y algunos días festivos. Entrada de pago (precio según la exposición temporal).

Relata la existencia de Hong Kong desde la prehistoria hasta nuestros días.

Museo de las Ciencias *(plano I, B3):* 2, Science Museum Road. ☎ 27-32-32-32. Ⓜ Hung Hom o desde el Star Ferry, autobús nº 8. Está al lado del anterior. Abierto de martes a viernes de 13 (10 los fines de semana) a 21 h; cerrado los lunes y algunos días festivos. Entrada un poco cara; descuento para los niños; gratis los miércoles.

El museo más divertido de Hong Kong presenta infinidad de juegos y actividades lúdicas que se basan en los principios y las leyes científicos.

Yau Ma Tei y Mongkok

En estos dos barrios están los mercados más interesantes de Kowloon, y por eso son los que más nos gustan: por el ambiente tan particular que hay en ellos y la posibilidad de hacer buenas compras. Para vuestra información, *Yau Ma Tei* significa «lugar donde crece el sésamo», y es que hace mucho tiempo ésta era una zona de campos y cultivos... Pero los tiempos han cambiado mucho. Justo a la altura de Boundary Street empiezan Sham Shui Po y los Nuevos Territorios.

Mercado nocturno de Temple Street *(plano I, A2):* en Temple Street y Shanghai Street (calle paralela), en el barrio de Yau Ma Tei. Ⓜ Jordan. Desde el Star Ferry, autobuses nºs 1, 1A, 2, 6, 6A, 7 y 9.

Todos los días, desde las 18 h hasta medianoche, reina una gran animación entre las docenas de puestos instalados a lo largo de toda la calle, y en los que se venden artículos de todo tipo, desde ropa hasta relojes, bolsos, móviles, CD, baratijas, artesanía y todo lo imaginable. Aunque resulta turístico, también es muy popular. Se conoce por las falsificaciones de marcas extranjeras y, sobre todo, por la abundancia de camisetas y de ropa de hombre. Aquí hay que regatear siempre y con ganas. Prestad mucha atención a vuestras pertenencias, como en cualquier otro mercado.

Ladie's Market *(fuera del plano I, por A1):* en Tung Choi Street. Ⓜ Mongkok. Desde el Star Ferry, autobuses nºs 2, 6, 6A y 9. Abierto todos los días de 12 a 22.30 h aproximadamente y, a veces, hasta más tarde.

Aquí tienen prácticamente de todo para las chicas (de ahí su nombre), ropa, calzado, etc., aunque también podéis comprar cualquier otro tipo de artículo, igual que en Temple Street. Alrededor del mercado hallaréis también muchas tiendas de moda. Y, por supuesto, mucha gente por la noche.

Jade Market *(plano I, A2):* en el norte de Temple Street, en Kan Su y Battery Streets. Ⓜ Yau Ma Tei. Desde el Star Ferry, autobuses n°s 2, 6, 6A y 9. Mercado cubierto que abre únicamente de 10 a 15.30 h.

El jade es una piedra semipreciosa de color verde que traen principalmente de Myanmar y China. Hay tres variedades de jade: la jadeíta (la más cara), la nefrita (más pálida) y la cloromelanita (verde oscuro). Las estrías negras o amarillas le hacen perder valor. La pequeña pieza circular con un agujero en el centro que se lleva colgada del cuello representa el paraíso para los chinos. Si vais a ir después a la China continental, es muy posible que allí encontréis lo mismo a un precio más bajo... ya que todo (o casi) procede de ahí.

Al lado, echad un vistazo al **templo dedicado a Tin Hau,** en la esquina entre las calles Shanghai y Public Square, que abre de 8 a 18 h. Tradicional templo chino más que centenario, dedicado a la diosa del Mar. En un patio grande y bonito, los viejos chinos juegan al mah-jong, los adivinos dicen la buenaventura y, a veces, hay actuaciones callejeras de ópera cantonesa.

Pequeños mercados tradicionales *(fuera del plano I, por A1):* en Mongkok, en el norte del Ladie's Market, se encuentra el ***fish market,*** en la prolongación de Tung Choi Street (de 10 a 18 h). A los chinos les gusta tener peces rojos, porque, según creen, sirven para librarse de la mala suerte y expulsar a los malos espíritus del hogar. La mayor parte de estos magníficos peces exóticos son importados de Filipinas o de Indonesia. El ***flower market*** se encuentra en la calle del mismo nombre (Flower Market Road), en el noreste de Prince Edward Road West (abierto de 7 a 19 h). Al final de este mercado se encuentra el ***bird garden*** de Yuen Po Street, más al este. Llegaréis por la estación de metro Prince Edward, salida B1 por Yuen Po Street, y con los autobuses n°s 1 y 1A desde el Star Ferry de Kowloon. Abierto de 7 a 20 h. Es el mercado de pájaros de Hong Kong y, sin duda, el más interesante de todos. Los chinos mantienen una relación con los pájaros muy parecida a la de los occidentales con los perros y los gatos.

EN LAS PROXIMIDADES: SHA TIN

(plano de conjunto)

Es la ciudad más próxima a Kowloon, y se puede llegar fácilmente en transporte público. Descubriréis uno de los más fascinantes museos inimaginables: el Hong Kong Heritage Museum. Sería imperdonable no visitarlo.

Hong Kong Heritage Museum *(plano de conjunto):* 1, Man Lam Rd, Sha Tin. ☎ 21-80-81-88. Para ir hasta allí: línea KCR

East Rail hasta Sha Tin. Cruzad New Town Plaza, después a la derecha hasta el Sha Tin Park y coged el túnel peatonal hasta el museo. Todos los días, excepto martes, de 10 a 17 h. Entrada: 10 HK$ (1 €); gratis los miércoles.

Museo etnográfico, de arte e historia a la vez. Id con tiempo, porque hay muchas colecciones interesantes.

> **Sección de pintura contemporánea:** reconstrucción de un taller. Magnífica pintura: *Gorriones y bambú* de Henry Wo Yu Kee, uno de los pintores contemporáneos más importantes. Vídeo del artista con demostración de su trabajo.

> **New Territories Heritage Hall:** historia geológica de Hong Kong. Colecciones lapidarias. Sección interesante sobre la vida de los pescadores: reconstrucción de un barco tradicional, herramientas de pesca, anzuelos, puntas de flechas y lanzas. Vida de los campesinos muy presente también. Máquina para separar el arroz de su corteza con pantalla de mimbre, etc.

> **Historia de las tribus Hakka.**

> **Numerosas reconstrucciones:** templo, casas tradicionales, tiendas (ferretería, vendedor de papel ritual, medicina tradicional china y otros). Objetos insólitos y cotidianos, balanzas, muebles tallados y policromos, etc. Todo sobre los transportes... Maqueta sobre los progresos de la construcción y de la desenfrenada urbanización de Hong Kong (bueno, todavía quedan algunas zonas vírgenes, especialmente al este).

> **Sala del teatro Lee:** fotos de piezas antiguas, maravillosos trajes y joyas de teatro, todos los accesorios, maquillajes, instrumentos de música, tocadores de artistas importantes... Colección de carteles antiguos.

> **En el 2º piso**: todo el arte chino. Mobiliario, porcelanas, vasijas funerarias Song, dioses y personajes míticos Tang en terracota policroma o barnizada, mandarines «inclinados» de la dinastía Sui (581-618).

Gran cantidad de magníficas piezas: urnas para granos en cerámica (siglo III), inmenso jarrón Ming *«watch tower»* del siglo III en cerámica verde, carillones en barro cocido del siglo V a.C. Espléndidos bronces, cristales de los siglos X y XIII. Riquísima sala de *tankas* y trajes tibetanos de ceremonia, colección de platería y muchos otros bellísimos objetos. ¡Mucho para ver!

EN EL NORTE DE LA ISLA DE HONG KONG

(planos II y III)

El nombre en inglés de la isla de Hong Kong procede de dos caracteres chinos (*heung* y *gong*, que significan «puerto de olores fuertes»), pero se ha transformado poéticamente en «puerto de los perfumes». En un principio, con ese nombre se designaba un pueblo cercano a Aberdeen, que era el principal puerto de pesca de la isla antes de la colonización inglesa. Algunos piensan que el nombre chino de *Hong Kong* está relacionado con las exportaciones de incienso, que se utilizaba en las ceremonias rituales.

> Para llegar a esta isla, que representa el 7 % del territorio y en la que hoy se asienta la City, por supuesto, hay un ferri verde y blanco de dos puentes que funciona como si fuera un metro y que, des-

pués de dejar su carga de pasajeros en la Star Ferry Terminal de Tsim Sha Tsui, vuelve cargado de nuevo con otra hacia el Central District de Hong Kong, tal como viene haciendo desde hace más de cien años... Los 7 u 8 minutos que dura la travesía permiten contemplar un telón de fondo único: tanto delante como detrás, se elevan las colinas cubiertas de rascacielos que se iluminan de noche; y en el entorno más cercano, enormes cargueros y, a veces, esbeltos juncos, por desgracia, cada vez menos frecuentes.

> Evidentemente, y por aquello de la modernidad, ahora ya se puede ir en metro de Kowloon a la isla de Hong Kong, o en taxi a través del túnel que pasa por debajo de la bahía.

Central *(plano II)*

Mientras que los rascacielos de Kowloon tenían una altura limitada por la proximidad del antiguo aeropuerto, los de la isla son más altos, modernos y resplandecientes, y también más numerosos. Desalojaron las antiguas casas chinas que se habían atrevido a ocupar este paraje excepcional, y enseguida se plantó aquí un «Central District» a la estadounidense donde antes estaba la «City of Victoria». Precisamente durante el reinado de esa señora, los británicos adquirieron la colonia. La misma que dio su nombre a la colina más alta de Hong Kong, el Victoria Peak.

Paseo urbano entre rascacielos

Recorre desde el Star Ferry hasta el Victoria Peak. Si os sentís con ánimo, al bajar del ferri o de cualquier autobús que llegue a Exchange Square, id a pie al centro de negocios de Hong Kong, el equivalente del Financial District de Nueva York. En Central se han establecido prácticamente todos los bancos, la Bolsa y los *holdings*. En excasas hectáreas se encuentra el corazón del mundo capitalista de Asia. Si teméis cansaros (y tenéis motivo para ello), podéis hacer parte del recorrido en tranvía entre Des Voeux Road y la torre del Banco de China. Si no, coged directamente el autobús n° 15C hacia el Peak Tramp y observad los rascacielos a lo largo del recorrido. A decir verdad, no siempre resulta fácil, pero, en ese caso, siempre tendréis la oportunidad de ver los edificios desde la cumbre del Victoria Peak.

Pasad por delante de la torre de **Jardine House** *(plano II, E6)*, que fue la más grande de su época (1973) con 52 plantas y tiene unas ventanas en forma de ojo de buey. El nombre de esta torre hace referencia al apellido de un antiguo cirujano militar escocés llamado William Jardine, que fue uno de los primeros impulsores de la prosperidad de Hong Kong y, en definitiva, de la aparición de tantos rascacielos. Y es que, como recordaréis, fue quien organizó el comercio del opio en el siglo XIX, que provocó el rechazo de las autoridades chinas y terminó

> **AVISO**
>
> **El icono del Trotamundos os indica el interés de la visita.**

desencadenando las famosas guerras entre el Reino Unido y China (ver el apartado «Historia»). Tras los acuerdos de retrocesión de 1984, los herederos de Jardine decidieron mudarse a Singapur.

A continuación, id al **Legco** *(plano II, E6)*, un edificio colonial de 1912 que fue durante mucho tiempo el símbolo del poder inglés (es el antiguo Tribunal Supremo) y que actualmente es la sede del Consejo Legislativo. Casi enfrente tenéis el rascacielos de la **Hong Kong & Shanghai Banking Corporation** (HSBC; *plano II, E6)*, diseñado por Norman Foster, quien a continuación se dedicó al ultramoderno aeropuerto de Lantau. La sede de este banco británico representó toda una innovación en 1984, debido a su estructura de mecano transparente sobre pilotes. El público aún acude al edificio para acariciar las dos cabezas de león de la entrada, porque, según los principios del feng shui (la geomancia china), eso trae suerte y prosperidad. Pero he aquí la paradoja: como consecuencia de la retrocesión, gran parte de las actividades del banco se gestionan ahora desde Londres, como medida de precaución...

Cerca de aquí está la torre del **Banco de China** *(plano II, F6)*, con 70 plantas, 45 ascensores y 368 m de alto, que parece dominar simbólicamente el barrio de los negocios. Aunque la torre levantada por Pei (arquitecto de la pirámide del Louvre) representa en principio un tallo joven de caña que se abre a la luz del día, también tiene numerosas aristas aceradas que algunos consideran dirigidas a propósito (siempre según los principios del feng shui) contra algunos de los edificios cercanos, incluido el antiguo palacio del gobernador británico Chris Patten... Y es que el hombre tuvo sus más y sus menos con el Gobierno de Pekín.

La torre **Two International Finance Centre** *(plano II, E5)*, con 420 m (88 pisos), es la más alta de la isla y resulta inconfundible por su plateada forma ahusada que se alza en la esquina de las calles Man Po y Man Yiu, sobre la Hong Kong Station. Los récords que acumula esta majestuosa torre también dan vértigo: 62 ascensores, el más rápido de los cuales sube al piso 88º en 1 minuto...

Más al este se divisan las dos torres del grupo indonesio **Lippo** *(plano II, F6)*, que los lugareños comparan con cañas de bambú habitadas por koalas a causa de los cubos de vidrio que sobresalen de las torres. Y ahora, para descansar de tanta caminata urbana, id a un parque exótico en pleno centro.

Hong Kong Park *(plano II, E-F6-7)*: abierto de 6.30 a 23 h. Para ir a este parque, a Flagstaff House y a los jardines zoológico y botánico, debéis tomar el autobús nº 3B que sale de Rumsey Street (pequeña calle que da a Des Vœux Road, en el barrio de Sheung Wan) o el nº 15C desde el Star Ferry hasta el funicular del Peak Tram de Garden Road, y seguir luego a pie.

Éste es un sorprendente y agradable remanso de vegetación de 10 ha al que vienen los recién casados para hacerse la foto de rigor. A decir verdad, constituye un pulmón para la ciudad y sus habitantes. Aquí se puede ver una gran pajarera con unos 800 pájaros *(aviary)* importados de Malasia e Indonesia (entrada gratuita) y estanques, espacios verdes, etc.

No dejéis tampoco de echar un vistazo a la elegante **Flagstaff House.** Abierta todos los días, excepto los miércoles, de 10 a 17 h. Entrada gratuita. Se trata del edificio colonial más antiguo de la ciudad. Terminado en 1846, fue la residencia del comandante en jefe del ejército británico. Aunque hoy ya no queda ningún comandante, sí que se recuerda una de sus aficiones preferidas: el té. El museo guarda algunas interesantes colecciones de servicios de té.

Al otro lado del parque se encuentra la **catedral de Saint-John** *(plano II, E6)*, que data de 1847 y que también parece un dinosaurio colonial en esta City erizada de rascacielos. Es la iglesia cristiana más antigua de Hong Kong.

Antes de empezar la subida al Victoria Peak, podéis hacer un pequeño rodeo por los **jardines zoológico y botánico** *(plano II, D-E6)*, ubicados detrás del Peak Tram. Abiertos de 6 a 22 h. Entrada gratuita. Unos cuantos animales y bastantes pajareras, entre las que destaca una bonita colección de ibis rojos y flamencos rosas (o más bien anaranjados) de América. En principio, tendría que haber varios orangutanes en la parte alta. A este refugio de vegetación también suelen venir los chinos hacia las 8 h a practicar el «boxeo de sombras» o tai-chi. No os extrañe encontrar en casi todos los rincones de los parques jaulas con pájaros colgadas de las ramas... Aquí no sacan a pasear a los perros, sino a los pájaros.

Victoria Peak *(plano II)*

Si queréis disfrutar de una **vista de conjunto de la ciudad,** que abarque toda la isla, el puerto y Kowloon, y hacer una foto de Hong Kong de noche, ésta es la excursión que debéis hacer. En Exchange Square, en Central, subid al autobús nº 15, que va directamente hasta el pico, o coged el nº 15C (de 10 a 23.45 h) desde el Star Ferry hasta el funicular del Peak Tram de Garden Road, que funciona de 7 h a medianoche. A ser posible, no vengáis los domingos, porque hay unas colas interminables. Calculad unos 33 HK$ (3,30 €) ida y vuelta, y 20 HK$ (2 €) sólo ida; descuentos. El funicular tarda 8 minutos. Después de bordear los edificios ultramodernos, desde arriba (552 m) se da uno cuenta de que la gente rica de Hong Kong ha escogido para vivir unas hermosas villas escondidas entre la vegetación, muchas de las cuales disponen de piscina y cancha de tenis.

A pesar del enorme centro comercial construido en la cima, en el que destacan dos restaurantes selectos (ver «¿Dónde comer? En la isla de Hong Kong»), desde el Victoria Peak tenéis una vista extraordinaria que abarca todo Hong Kong y os permite reconocer los diferentes barrios que habéis ido recorriendo para conocer la ciudad. Flanqueada por edificios a lo largo de toda la orilla, impresiona la imagen de la bahía, por la que discurren constantemente una infinidad de barcos: desde enormes cargueros hasta minúsculos sampanes. Por la noche, veréis los dos lados de la bahía iluminados por una infinidad de fluorescentes de luz fija, ya que las autoridades del aeropuerto han prohibido el parpadeo de los anuncios publicitarios luminosos. Fijaos también en la iluminación de *The Centre*, que, por el contrario, abarca en su parpadeo todos los colores del arco iris, y en la del *Central Plaza* a partir de las 18 h, cuando la esfera que tiene en lo más alto cambia de color cada cuarto de hora... Os recomendamos un paseo alrededor del Victoria Peak para encontrar las mejores vistas panorámicas.

Caminatas que parten desde el pico

La vuelta del pico (4 km): tomad el sendero asfaltado a la derecha, conforme se sale del funicular. El circuito rodea el pico y regresa al punto de partida. Calculad 50 minutos, con una bonita vista panorámica de las islas, el mar de China y, cuando el tiempo está despejado, Macao.

Hacia el jardín botánico (3,3 km): este itinerario resulta fácil porque es de bajada, sigue Old Peak Road y se puede descender hasta el jardín botánico. Preguntad *in situ* de dónde se sale. Éste es otro agradable paseo.

De Central a Sheung Wan y Western *(plano II)*

Desde los jardines zoológico y botánico, podéis llegar al barrio de Lan Kwai Fong (D'Aguilar Street; *plano II, E6*), famoso por sus bares y restaurantes de moda, pero también muy agradable durante el día por sus callejuelas empedradas, en pendiente, y el bonito edificio redondo del *Foreign Correspondent's Club*. Descended a Queen's Road Central y girad a la izquierda hasta dos callejuelas llamadas **Li Yuen Streets** *(plano II, E6)*, que bajan hasta Des Vœux Road. Aquí se vende ropa barata y el ambiente es bastante popular. Continuad por una de las dos avenidas hasta el **Central Market** *(plano II, E5-6)*, en la esquina entre Des Voeux Road y Queen's Victoria Street (a 5 minutos andando desde la estación de metro Central). En este amplio edificio de cuatro plantas hay un ambiente muy animado por la mañana, cuando se llena de gente y cada cual va a lo suyo. No os perdáis el mercado de la carne ni el del pescado.

Del mercado arranca una **escalera mecánica** que es la más larga del mundo: puede transportar hasta 200.000 personas al día, y se divide en varios tramos a lo largo de unos 800 m. Sube desde las 10.20 h (en punto) hasta medianoche a los barrios ricos de Mid-Levels y cambia de sentido de 6 a 10 h para llevar al personal hasta el centro (en todo caso, a los empleados). Ésa es una buena metáfora sobre los diferentes estratos sociales de la ciudad... Tomadla a fin de echar un vistazo sin esfuerzo a las calles, las casas y los establecimientos del barrio. Bajad a la altura de **Staunton Street** *(plano II, D6)*, con restaurantes occidentales, y echad una ojeada a **Elgin Street,** con pequeñas tiendas y puestos de legumbres y de artesanía. A continuación seguid por **Hollywood Road.** Así llegáis a un barrio más auténticamente chino, lejos de los despachos climatizados de Central District. Hollywood Road es la calle de los anticuarios, que en general no resultan muy baratos; aquí encontraréis hermosas antigüedades chinas, muebles, vajillas, cerámica, etc. Por último, a mitad de camino, veréis el templo de Man Mo.

Templo de Man Mo *(plano II, D5-6):* en la esquina entre Hollywood Road y Ladder Street («calle de la Escalera», y ya sabréis por qué). Abierto de 8 a 18 h.

El templo chino más antiguo de la colonia (1848). Es un centro taoísta dedicado a Kwan Tung, dios de la Guerra, y a Mun Cheong, otra divinidad legendaria. A título anecdótico, precisemos que Man es el dios de las Letras, los Mandarines y los Funcionarios. Mo (Kuang Kung) es la divinidad de las Artes Marciales y la Guerra, y objeto de un culto especial por parte del hampa local. Curiosamente, también ocupa un lugar destacado en las comisarías, donde se le aprecia mucho por su «eficacia».

Un poco más abajo del templo se encuentra **Cat Street,** también llamada *Upper Lascar Row*, donde el **Thieves Market** (mercado de los ladrones) constituye un pequeño rastro.

Conforme vais hacia Bonham Strand East, tomad **Jervois Street** y **Hillier Street** *(plano II, D5)*, calles conocidas por sus tiendas y comercios en los que se venden serpientes; desde la pitón no venenosa hasta la mortífera cobra. *Atención:* no vengáis los domingos, porque el barrio está desierto.

Western Market *(plano II, D5):* en la esquina entre Connaught Road y Morrison Street, es un bonito edificio restaurado de estilo eduardiano. En un principio (1858) fue uno de los primeros mercados de artículos frescos de Hong Kong, pero en la actualidad lo ocupan las tiendas de souvenirs, y los artículos a la venta son fruslerías para turistas, sin ningún interés. En cambio, en el barrio típicamente chino de **Sheung Wan** encontraréis tiendas tradicionales (principalmente, en Des Voeux Road West y Bonham Strand) que venden un poco de todo: plantas y productos medicinales, raíces, pescado seco, aletas de tiburón y vísceras de animales. Wing Sing Street se especializa en huevos de 100 años, y Man Wa Lane, en tampones chinos *(chops)* que os graban al instante. Hay un mercado nocturno con tenderetes y tiendas en este lugar, en el que se puede tomar un bocado mientras se realizan las compras. En el oeste del ferri que va a Macao.

En el este, Wan Chai *(plano III)*, Happy Valley...

Si llegáis desde el oeste de la isla (o en sentido inverso), sólo os queda una cosa por hacer, y es tomar un viejo tranvía con imperial. Por un precio irrisorio (llevad cambio para pagar el importe exacto), os subís a la parte de arriba y contempláis la actividad del centro urbano, entre los sobresaltos y los temblores del tranvía, que se contonea sobre los raíles.

Descended a **Wan Chai**, pese a que el barrio se ha vuelto demasiado turístico. Aquí las tiendas hacen la competencia a las de Tsim Sha Tsui de Kowloon. No hay mucho que ver aparte de la impresionante arquitectura moderna, casi futurista, del **Hong Kong Con-**

vention & Exhibition Centre *(plano III, G8-9)*, cuya masa monumental podéis visitar; está construido sobre un pólder (terreno ganado al mar) y tiene una inmensa galería acristalada que da a la... bahía, delante de la cual se celebraron las ceremonias de retrocesión del territorio a China, el 30 de junio de 1997 a medianoche.

Cerca de allí está el **Hong Kong Arts Centre** (2, Harbour Road; *plano III, G9*), que organiza exposiciones temporales. Pero lo más destacable es la inmensa torre del **Central Plaza** *(plano III, G-H9)*, más alta que la del Banco de China, con 374 m, y que durante unos pocos meses fue también la más alta de Asia, hasta que la destronaron las torres gemelas Petronas de Kuala Lumpur, en Malasia. Su punta cambia de color todos los cuartos de hora desde las 18 h.

Cosas de la modernidad, hoy las pasiones se han orientado al terreno de las carreras de caballos del **hipódromo de Happy Valley** *(plano III, I10)*. El juego, que forma parte integrante de la cultura china, tiene sus principales manifestaciones a través del mah-jong y la lotería, pero las carreras de caballos cuentan también con muchos partidarios. Se calcula que a cada carrera asisten unos 40.000 espectadores, que se gastan en apuestas unos 12.000 millones de euros al año. Así, cuesta creer que el *Jockey Club* (que ya no se llama «Royal» desde la retrocesión) sea realmente un organismo sin ánimo de lucro ni que tenga actividades caritativas, aunque sí es verdad que ha hecho construir escuelas y hospitales. En realidad, las carreras son el único juego legal en Hong Kong, junto con la lotería. Así se comprende que Macao resulte tan popular... Si os gustan las carreras, venid entre septiembre y junio, o programad una visita con guía en la oficina de turismo (llevad el pasaporte).

> También podéis visitar el **Hong Kong Racing Museum,** en la segunda planta del *Jockey Club*, un museo gratuito en el que se repasa la historia y el éxito de este deporte desde las primeras carreras en 1840. Para ir, tomad el autobús nº 1 que sale de Rumsey Street (pequeña calle que da a Des Voeux Road, en el barrio de Sheung Wan) y que para en Connaught Road, enfrente del *Ritz Carlton*, en Central, y además en Wanchai Road; también tenéis el autobús nº 1M, únicamente los días de carreras, con salida desde la estación de metro Admiralty, así como algunos tranvías con imperial. Existe otro hipódromo, construido sobre el mar en Shatin, en los Nuevos Territorios (se llega en tren a la estación KCR, o por la estación de metro Kowloon Tong). *Atención:* la mayoría de las carreras tienen lugar los miércoles hacia las 19 h en Happy Valley, y los sábados y domingos por la tarde en Shatin. Evidentemente, podéis apostar en las ventanillas del *Jockey Club* de cada barrio, e incluso por teléfono. Pero, para los auténticos aficionados, lo bueno es hacerlo en el mismo hipódromo. La entrada y la apuesta mínima cuestan lo mismo: unos 10 HK$ (1 €).

... y Causeway Bay *(plano III)*

En el límite de Wanchai veréis unos cuantos sampanes y juncos, destinados a la descarga de los barcos anclados en el puerto, que se apiñan detrás del refugio antitifones llamado Causeway Bay. Este lugar es en cierto modo la cuna de la historia de Hong Kong, ya que fue allí donde se instaló, en 1840, la primera factoría británica cuando esta zona de China se convirtió en colonia. Aquí, como en todas partes, al atardecer se intensifica la actividad, y entonces resulta posible ir a bordo de un sampán-restaurante, movido a vela, a través del dédalo de canales de este pueblo flotante. También es muy posible que os ofrezcan platos de comida desde una multitud de pequeñas embarcaciones...

A lo largo del frente marítimo se construyeron rápidamente los almacenes *Jardine, Matheson & Co,* la compañía comercial más importante y, en cualquier caso, más antigua de Hong Kong. Allí aún se sigue oyendo, todos los días al mediodía, el cañonazo simbólico que dispara el **Noon Day Gun** *(plano III, I8)* en homenaje al pasado británico del territorio, pese a que éste ya ha vuelto al regazo chino.

Gracias al terreno ganado al mar se creó el **Victoria Park** *(plano III, J9)*, al que cada mañana (bastante temprano) acuden decenas de hombres y mujeres a practicar, como si fuera un ballet bien reglado, el famoso tai-chi. Esta disciplina, que se considera un arte marcial, tiene como objetivo conseguir la paz interior a través del dominio del *chi*, la energía.

EN EL SUR DE LA ISLA DE HONG KONG

(plano de conjunto)

Ahora tenéis la ocasión de dar un paseo en autobús para ver, entre tantos rascacielos, un poco de agua, vegetación y arena. No esperéis encontrar nada de extraordinario, a menos que vayáis a explorar las playas menos turísticas del sureste de la isla, en Shek O y Big Wave Bay.

Aberdeen

Coged los autobuses n°s 7 o 70 desde la terminal de Exchange Square, en Central. Aberdeen es la isla flotante más grande de Hong Kong y está situada en el sur. Y se llama así en recuerdo del secretario de Estado de Asuntos Exteriores británico, Aberdeen, al convertirse Hong Kong en una colonia en 1842. En esta bahía, al abrigo de los tifones, aún siguen amarrados juncos y sampanes –el hogar de miles de personas desde hace varios siglos–. Éste ha sido siempre un pueblo de pescadores, desde mucho antes de la llegada de los británicos. Además de los refugiados, en él viven desde hace mucho tiempo dos etnias, los hoklo y los tanka. Pero la bahía ha sido víctima del hormigón que la rodea y que la asfixia, cada vez más, lenta e inexorablemente... Lo único que podéis hacer aquí es alquilar un sampán e intentar encontrar algún resto de autenticidad en la actividad portuaria de las embarcaciones tradicionales, o bien ir a cenar a alguno de esos gigantescos restaurantes flotantes, eminentemente turísticos. Por el sampán, calculad en torno a unos 60 HK$ (6 €) por persona y unos 30 minutos de paseo, pero el precio se puede arreglar fácilmente.

Pese a todo, lo primero que llama la atención del turista que se adentra en *walla-walla* a través de esta jungla náutica es lo pintoresco del lugar; la precariedad de estos juncos descubre enseguida las dificultades, la suciedad, la miseria... En este puerto se apiñan los grandes y anchos juncos –de popa alta y cuadrada– listos para adentrarse en el océano, las embarcaciones –de velas altas, elegantes– destinadas al cabotaje, los sampanes familiares y toda una armada de cáscaras de nuez a cual más extraña. A través de ese conjunto abigarrado se desplazan, a golpes de espadilla, pequeñas barcas cargadas de flores, frutas y verduras.

En la bahía se ven por la noche unos sorprendentes restaurantes flotantes, como el *Jumbo Floating Restaurant* (☎ 25-53-91-11), inaugurado en 1976, y en el que se rodaron algunas escenas de una película de James Bond, o el *Tai Pak*, restaurado hace poco tiempo. Ambos contrastan por sus vivos colores y la iluminación nocturna, que les da un aspecto mágico. Pero no os sintáis obligados a comer en ninguno de ellos; están pensados para el negocio turístico, aunque el decorado sea bastante atractivo. La lanzadera gratuita de los dos restaurantes flotantes os permite atravesar el puerto y echarles un vistazo sin tener que pagar nada.

Deep Water Bay y Repulse Bay

Para ir desde Exchange Square, en Central, coger los autobuses n°s 260, 6A o 6X, que van hasta Stanley. Si venís desde Stanley, el nº 73. Deep Water Bay y Repulse Bay son dos playas bastante concurridas los fines de semana. Tan concurridas que, precisamente, el nombre de una de ellas (Repulse Bay) le viene como anillo al dedo. En la entrada de Repulse Bay hay un edificio espantoso que fue durante mucho tiempo uno de los más caros de la isla. Según se dice, el inmenso agujero que tiene en medio se hizo tras su inauguración, porque se habían «olvidado» de abrir un hueco por el que pudiera pasar el dragón que viene de la montaña a expulsar los malos espíritus, según las enseñanzas del feng shui. Pero, en realidad, ése es sólo uno de tantos rumores que corren por Hong Kong. Cabe destacar, en el antiguo *Repulse Bay Hotel*, unos cuantos restaurantes selectos y caros para amantes del lujo que quieran contemplar las olas desde una terraza.

Stanley

A 15 km de Central hacia el sur y a unos 30 minutos en autobús desde Central; coged los autobuses nºs 260 o 6A, y el 6X desde Exchange Square. El pueblo estuvo ocupado desde 1841 por los británicos, quienes en 1937 construyeron una prisión que poco después utilizaron los japoneses para encarcelar a los residentes extranjeros, y finalmente se convirtió en una cárcel de alta seguridad.

Hay muchos extranjeros que viven en Stanley, donde los alquileres resultan algo más bajos que en Central. Así que muchos de los turistas que veréis en el **mercado** viven aquí... El lugar es muy conocido precisamente por su mercado y el frente marítimo a lo largo del cual se alinean restaurantes y cafés de moda. Pero se ha edificado demasiado... El mercado está abierto de 10 a 19 h, y en él hallaréis las mismas cosas que en Tsim Sha Tsui, aunque supuestamente salen más baratas (podéis regatear): ropa, incluidas muchas prendas de seda, objetos locales y, sobre todo, camisetas, gorras y pantalones vaqueros, todo con un toque algo hortera. La verdad es que la cosa resulta muy turística y poco interesante, en comparación con el ambiente que reina en los mercados de Kowloon.

Shek O y Big Wave Bay

Shek O: se halla en el sureste de la isla. Podéis ir en metro hasta la estación Shau Kei Wan y, después, tomar el autobús nº 9; los domingos y festivos, también el nº 309. Shek O es una de las playas más hermosas de la isla, y ello explica que haya tantas villas de lujo a su alrededor.

A 2 km al norte de Shek O se encuentra otra hermosa playa, ***Big Wave Bay***, a la que se llega del mismo modo (metro y autobús nº 9) o en taxi desde Shek O. Si no estáis muy cansados, andad estos 2 km, que no es gran cosa, y el paseo es bonito. El rincón más espectacular de la isla de Hong Kong, vale la pena recorrerlo centímetro a centímetro...

ISLAS CERCANAS A HONG KONG

Hong Kong comprende 60 islas más o menos grandes, más o menos alejadas de la City y más o menos habitadas (la mayoría están deshabitadas). Pedazos de tierra que sobresalen del agua y en cuyo interior aún reinan la calma, la vegetación y las tradiciones... La mayoría de sus habitantes son campesinos y pescadores que viven en poblados. Las idas y venidas de los ferris les recuerdan a estos lugares retirados el lazo invisible que los une al mundo de los negocios asiáticos. Ésta es una buena ocasión para alejarse del centro agitado de Hong Kong. Los ferris cubren las islas Lantau, Cheung Chau, Peng Chau y Lamma. Para ir a las demás necesitaréis alquilar un barco o formar parte de una excursión organizada.

¿CÓMO LLEGAR?

En ferri, por supuesto. Ante todo, una recomendación: no vayáis a las islas los fines de semana. Escoged un día laborable, sobre todo en los meses de verano, porque suele haber mucha gente. Además, los domingos y festivos el precio de los barcos es más elevado. La oficina de turismo edita un folleto muy bien hecho y detallado con información sobre los horarios, la duración del viaje y los precios de los ferris.

> Los ferris parten del Outlying Islands Ferry Pier, en Central *(plano II, E5)*, en la isla de Hong Kong, unos 5 min andando al oeste del Star Ferry. Tenéis muchas salidas, pero conviene que comprobéis la hora del último ferri para regresar. En general, hay de dos tipos: los *ordinary ferries* y los *fast ferries*, un poco más rápidos pero también más caros y, a veces, con dos clases, la *ordinary* (puente inferior) y la *de luxe* (puente superior, con climatización).

Lamma

Sale del muelle 4 y llega a Yung Shue Wan, el pueblo principal de la costa oeste; último ferri de regreso hacia las 0.30 h. También hay ferris, con menor frecuencia, que van al pueblo de **Sok Kwu Wan** en la bahía, en el centro de la isla y con restaurantes de marisco. También podéis tomar un ferri desde el paseo de Aberdeen para ir a este mismo pueblo. Calculad de 20 a 35 minutos según el trayecto.

La isla de Lamma, en el sur de Aberdeen, tiene una infinidad de playas y de senderos que la convierten en un destino soñado para los amantes de la tranquilidad y de las caminatas en medio de la vegetación, con la única salvedad de la espantosa central térmica.

Lantau

Sale del muelle 6 hacia **Mui Wo.** En función del ferri, calculad 1 h o 30 minutos (embarcación rápida). La isla de Lantau, la más importante, es el doble de grande que la de Hong Kong, pero está mucho menos poblada. La única isla (excepto la de Hong Kong) en la que están autorizados los coches. El ferri comunica Hong Kong con Mui Wo (o **Silvermine Bay,** llamada así por una antigua mina de plata), la principal ciudad de la isla, desde donde en 30 min de autobús llegaréis a la playa de **Cheung Sha,** que se extiende a lo largo de varios kilómetros.

La isla de Lantau está comunicada directamente con Hong Kong a través de un puente, el **Tsing Ma Bridge,** de 2,2 km de largo, que constituye por sí mismo toda una atracción turística. Actualmente es el puente para coches y trenes más largo del mundo.

En el muelle Silvermine esperan los autobuses a los visitantes para llevarlos a todos los rincones de la isla. Así pues, coged el nº 2, que sube dificultosamente la abrupta colina hasta el **templo budista Po Lin,** que abre de 10 a 18 h. En este lugar de meditación (a 500 m de altitud sobre el altiplano de Ngong Ping), los monjes y las monjas cultivan plantaciones de té. La decoración del templo merece la pena, pero el monasterio propiamente dicho no se visita.

En ese mismo altiplano, no lejos del templo (a 750 m de altitud), hay una **gigantesca estatua de Buda** en la posición del loto, de bronce; es la más alta del sureste asiático (unos 34 m), en esa postura, erigida al aire libre. Al parecer, se divisa desde Macao. En todo caso, se ve desde el autobús y resulta impresionante. Tan impresionante como ver a los budistas que suben de rodillas los 270 escalones, parándose rezando en cada uno. Según indica un letrero, «ni vino ni carne» y «prohibido a los budistas falsos». La entrada es gratuita, salvo la exposición del interior. También os saldrá gratis si compráis un tentempié o un tique para las comidas vegetarianas que se sirven en el monasterio, aunque en nuestra opinión la visita no es nada del otro jueves. Los aficionados a andar pueden continuar hasta las torres del Lantau Peak, en la cumbre de la colina.

> A continuación, podéis ir con el autobús nº 21 de Silvermine Bay a **Tai O,** un pintoresco pueblo de pescadores (que sufrió un incendio, aunque ya se está reconstruyendo), especializado en el secado

de pescado. La mayoría de las familias viven en casas construidas sobre pilotes en una caleta junto al río Tai O, que da nombre a la localidad. Fue un antiguo centro de recogida de sal de Hong Kong. Encontraréis algunos restaurantes populares en Market Street, al otro lado del puente. Para volver a Mui Wo, tomad el autobús n° 1 hasta la terminal de los ferris.

> No lejos de Silvermine Bay (en el noroeste) y con un acceso fácil (tomad el ferri hacia Peng Chau y, después, cruzad en transbordador), se eleva el **monasterio** trapense **de Nuestra Señora de la Alegría,** que merece una visita. De regreso, podéis descender andando hasta Silvermine Bay (1 h aproximadamente); un bonito paseo con una espléndida vista de las islas de Lantau y Peng Chau. Tenéis la posibilidad de dormir en el monasterio, evidentemente, hombres y mujeres separados. La experiencia es única.

Hong Kong Disneyland

Esperado como al hijo pródigo, anunciado con bombo y platillo en todos los medios de comunicación, el recién nacido del imperio Disney abrió sus puertas finalmente al gran público en septiembre de 2005. Las autoridades locales consideran, evidentemente, esta realización uno de los factores del dinamismo de Hong Kong, y esperan sacar buen partido del maná de divisas aportadas por los numerosos visitantes esperados. Y no se anduvieron con chiquitas para preparar la llegada de Mickey: le reservaron un entorno bucólico en la isla de Lantau y una línea especial de MTR se creó para conducir a grandes y pequeños desde el centro de la ciudad. ¡El tío Gilito vigila atentamente sus intereses!

Informaciones prácticas

> **Para ir hasta allí**: ¡es un juego de niños! Coged el MTR desde Central (Tung Chung Line) hasta Sunny Bay. Una vez allí, cambiad por la línea (en el muelle de enfrente) Disneyland Resort Line. Desde Tsim Sha Tsui o Jordan, subid por la Tsuen Wan Line hasta Lai King, y tomad la Tung Chung Line hasta Sunny Bay. Calculad entre 20 y 30 minutos según el trayecto.

> **Los horarios:** son fluctuantes (verano-invierno). No obstante, el parque suele estar abierto generalmente de 10 a 21 h. Por otra parte, Disney edita cada mes una programación indicando los horarios de los desfiles, fuegos artificiales y espectáculos.

> **Para cualquier información:** ☎ 1-830-830. 💻 www.hongkong-disneyland.com

In situ, en caso de reclamación, o para cualquier información de orden práctico (reservar un hotel Disney), contactad con las Guest Relations en el City Hall.

> **Consigna** en la entrada. De pago.

> AVISO

Los horarios y las tarifas que se indican en la guía son orientativos.

> En la entrada, distribución de **folletos** con los horarios, todas las atracciones y un plano del parque.
> **Los precios:** caros, como os podéis imaginar, pero la entrada permite utilizar todas las atracciones del parque (y de manera ilimitada). Adultos: 295 HK$ (29,50 €); niños: 210 HK$ (21 €); 15 % más caro los fines de semana, durante los Golden Weeks, las vacaciones escolares y los días festivos (de Hong Kong).
> **Última información,** vital los días de gran afluencia de público: ¡no olvidéis el ***Fastpass!*** En la entrada de las principales atracciones, varios distribuidores automáticos proporcionan un pase para evitar las colas después de haber insertado la entrada al parque. Este pase indica una franja horaria durante la cual basta con presentarse y podréis pasar delante de todo el mundo. Mientras tanto podéis comer o ver otras atracciones menores. Hay que utilizar el primer Fastpass antes de conseguir un segundo.

¿Dónde dormir? ¿Dónde comer?

In situ, dos hoteles temáticos (Hollywood de la década de 1930 y un complejo americano-victoriano al estilo Mickey) harán las delicias de los aficionados que dispongan de presupuesto. En cuanto a la comida, podemos constatar con sorpresa la débil proporción de *fast-foods* versión USA. Solamente el ***Starliner Diner*** (en Tomorrowland) prepara la clásica hamburguesa con patatas fritas. Los demás ofrecen sopas de fideos y pato laqueado, más adaptados a los gustos de los visitantes. Agradable. Algunos restaurantes más elaborados con precios a tono.

La visita

El parque Disney Asian style no es otra cosa que la enésima repetición del celebérrimo Magic Kingdom de Florida, de California o de París... en versión más pequeña. Sin embargo, se pueden ver algunas bonitas novedades (especialmente en Adventureland), y las obras en curso engrosarán dentro de poco la panoplia de atracciones. Y además, en cualquier caso, si Mickey os gusta, seguro que no os cansáis nunca.

En la muy clásica **Main Street,** con frontones victorianos y farolas al estilo Baltard, los golosos darán una vuelta por sus tiendas de dulces y pastelerías. **Tomorrowland** tiene dos atracciones emblemáticas de éxito garantizado, ***Space Mountain*** (verdaderas montañas rusas en el espacio; magnífica e impresionante, para hacer antes de comer) y ***Buzz Lightyear's Astro Blaster*** (en vuestra nave espacial personal, tenéis que ayudar al héroe de Toy Story a deshacerse, a golpe de pistola laser, de los infames esbirros del emperador Zurg; un ineludible para los pequeños).

En **Fantasyland,** reservado sobre todo para los más pequeñitos (encantadoras aventuras de Winnie The Pooh), es el ya conocido, pero siempre genial ***Mickey's PhilharMagic*** (una película hilarante en 3D, en la cual encontraremos a todos nuestros héroes preferidos del universo Disney) que conseguirá la unanimidad. Es principalmente en la zona de **Adventureland** donde podréis descubrir la mayor cantidad de novedades.

En una isla, la visita a la **casa de Tarzán** permite realizar un paseo insólito lleno de bonitas sorpresas, mientras que la **Jungle Cruise** embarca a los aprendices de exploradores en el descubrimiento de un río tropical con su lote de animales salvajes y tribus belicosas. Realmente agradable para los niños...

Sin olvidar, por supuesto, los excelentes espectáculos al estilo estadounidense (uno sobre *El Rey León*, espectacular, otro sobre una comedia musical al estilo Broadway), el gran desfile y los fuegos artificiales. ¡Todo para pasar un *Magical Day!*

Peng Chau

El ferri sale del muelle 6. Esta pequeñita isla de pescadores se encuentra muy cerca de Lantau. No circulan coches y es posible darle la vuelta en 1 h. De aquí se parte para ir al monasterio trapense de Lantau. Los habitantes de Hong Kong vienen los fines de semana a comer buen pescado.

Cheung Chau

El ferri sale del muelle 5. La isla está a sólo 10 km de la isla de Hong Kong, en el sur de Lantau. También podéis ir desde Mui Wo, en la isla de Lantau. La vida se basa esencialmente en la pesca, lo mismo que en Peng Chau. No hay coches, y los juncos y sampanes recorren constantemente las bahías. La que más nos gusta después de Lamma.

NUEVOS TERRITORIOS

Hace ya muchos años que los llamados «Nuevos Territorios» –un espacio que se mantuvo libre durante mucho tiempo de edificios de hormigón, y que separaba la isla de Hong Kong y la península de Kowloon de la «madre patria»– se convirtieron en una gran barriada de las afueras, superpoblada, y en la que los pueblos de antaño de la costa oeste se transformaron en ciudades de 200.000 habitantes.

Los occidentales son los únicos que, todavía hoy, esperan encontrar viejas aldeas fortificadas con mercados y terrenos de cultivo, en los que las mujeres trabajarían encorvadas de sol a sol mientras los hombres tirarían de sus carros por los caminos de tierra...

Como resultado de las carreras (en Hong Kong se apuesta mucho con la esperanza de ganar dinero y prestigio), todos los que han ganado bastante dinero estos últimos años han invertido a uno y otro lado de la frontera china. De ahí que, cuando se llega a este país, uno se lleve una sorpresa al descubrir una China en la que, en vez de arrozales, bosques y campos, lo que más prolifera son torres y supermercados en lo que antes eran pueblos.

Ping Shan

The Ping Shan Heritage Trail: a pesar de esta urbanización galopante, todavía es posible, para quien dispone de un poco de tiempo, prepararse un periplo histórico por los Nuevos

HONG KONG - PING SHAN HERITAGE TRAIL

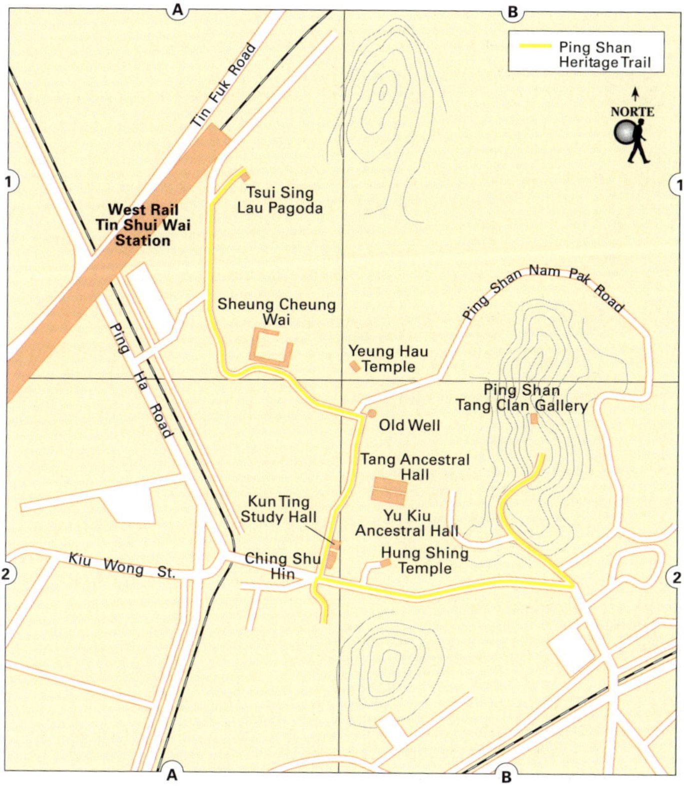

Territorios. Esto permite tener otra visión de Hong Kong. De paso, por aquí y por allí, encontraréis vestigios de venerables arquitecturas, de antiguos modos de vida. Conseguid los diferentes folletos con las descripciones de los paseos (en la Antiquities and Monument Office, 136, Nathan Rd, Tsim Sha Tsui, Kowloon), como el **Hong Kong's Archaeological and Built Heritage,** el **Lung Yeuk Tau Heritage Trail** y sobre todo el **Ping Shan Heritage Trail.** Este recorrido se puede hacer fácilmente en menos de un día. Os permitirá descubrir bonitos monumentos públicos, restos de antiguos pueblos fortificados *(walled villages)*, y comer durante el trayecto (una pequeña recompensa para los curiosos y los valientes) en uno de los restaurantes más auténticos de todos los Territorios.

Fanling

The Lung Yeuk Tau Heritage Trail: atención, centros de interés más dispersos, vestigios menos significativos que el anterior recorrido (exceptuando el Lo Wai). Aquí os presentamos un

HONG KONG - LUNG YEUK TAU HERITAGE TRAIL

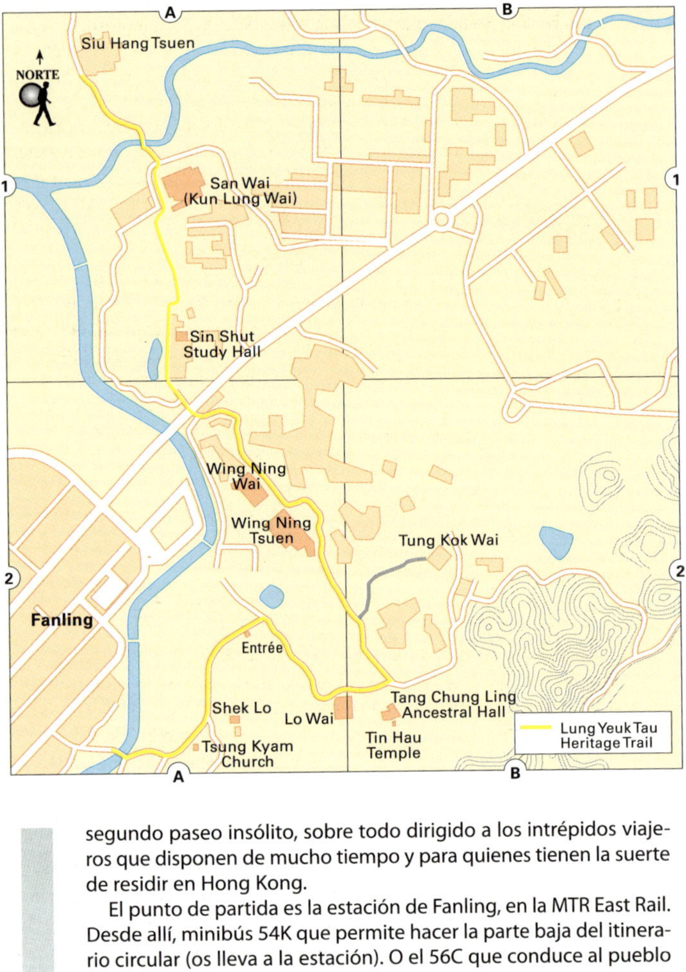

segundo paseo insólito, sobre todo dirigido a los intrépidos viajeros que disponen de mucho tiempo y para quienes tienen la suerte de residir en Hong Kong.

El punto de partida es la estación de Fanling, en la MTR East Rail. Desde allí, minibús 54K que permite hacer la parte baja del itinerario circular (os lleva a la estación). O el 56C que conduce al pueblo de Siu Hang Tsuen, pasando por los principales emplazamientos. La ventaja de estos minibuses es que se detienen con frecuencia y podréis disfrutar de las conversaciones de todas las amables abuelitas de la zona. Al igual que el itinerario precedente, no tiene nada de espectacular en sí mismo, pero sí muchos guiños arquitectónicos, el poder apreciar la vida cotidiana, ambientes evidentemente muy diferentes al de la gran ciudad. Antes de iniciar el viaje, conseguid el folleto *Lung Yeuk Tau Heritage Trail.*

> Os aconsejamos una **excursión** interesante que os ocupará por lo menos medio día. Tomad el KCR en Kowloon Tong, hasta el Taipo Market. Aquí subid al autobús nº 64K hasta *Kodoorie Farm*, un kibutz

dirigido por sefardíes muy amables si les pedís información. Atravesad la carretera y seguid por el sendero señalizado en dirección a la Fanling Station, que es donde tomaréis el KCR de regreso. Enfrente veréis el pico más alto de Hong Kong y, a lo lejos, la frontera china. Por el camino, que transcurre a través de una naturaleza exuberante, se pueden apreciar vistas sobre las impresionantes ciudades dormitorio, la otra cara de la moneda del milagro económico. Bonita vista de Wo Hop Sek, la colina donde se asienta el cementerio más grande de Hong Kong. El paseo está salpicado de caseríos, y no es extraño cruzarse con gran variedad de pájaros y pequeños animales. Una buena bocanada de aire puro.

> Lo dicho, sin embargo, tiene una notable excepción en la espectacular **península de Sai Kung,** en el noreste. Pasead principalmente por el SaiKung Country Park (mapas de excursionismo disponibles en la *Government Bookshop*, en Queensway), donde hallaréis unos sensacionales circuitos para excursiones y playas de ensueño (mar azul turquesa y arena blanca) como *Tai Long Wan*. Si tenéis tiempo, disfrutad de este lugar, el único que no tiene nada que ver en absoluto con todo lo que os hemos dicho hasta ahora.

MACAO

513.000 HAB. PREFIJO TEL.: 0853

Macao es todo lo contrario que su turbulenta vecina Hong Kong, por el encanto de sus pequeñas calles empedradas, el sello portugués de los balcones cubiertos de ropa tendida secándose al sol, sin olvidar sus iglesias barrocas, testimonio de un pasado excepcional. Evidentemente, y lo han denunciado muchos con insistencia, Macao ya no es lo que era desde que los chinos reconstruyeron, con la ayuda de los portugueses, las calles y la arquitectura de la ciudad. Ahora, todo se llena de grandes edificios que crecen como las setas, de centros comerciales y casinos modernos en los que resplandece el mal gusto. Sí, pero los lugareños quizá tengan razón de estar contentos cuando ven cómo se les llenan los bolsillos de dinero, mejora su nivel de vida, las calles están más limpias y cada vez hay más niños que van a la escuela.

Hagan juego, señores

Como se sabe, Macao volvió al seno de China casi en silencio y sin ruido un 20 de diciembre de 1999. Bien es verdad que no todos los problemas se han resuelto, que las tríadas siguen estando al acecho a pesar del control que ejerce Pekín y que cabe preguntarse adónde va el dinero en una ciudad que cada vez parece más un inmenso centro comercial en lugar de un casino flotante. Y es que la célebre fórmula «Macao, el infierno del juego» parece haberse transformado últimamente en la del «infierno del yo» para los turistas adinerados que buscan sensaciones fuertes rebajadas. Porque resulta, y eso hay que decirlo de una vez por todas, que Macao se acabó como se acabó Capri en su tiempo, y que esta «Atlántida eurasiática del juego» está camino de desaparecer a manos de un destino disfrazado de turismo de casino caro y moderno.

Pero, una vez dicho todo eso, volvamos a soñar de nuevo y visitemos los vestigios portugueses espléndidamente restaurados, recorramos las calles y las colinas con vistas, descubramos las pequeñas y entrañables iglesias y centrémonos sin juicios apresurados, pero con el corazón encogido, en lo único que queda: su hermoso pasado arquitectónico. Y disfrutemos aunque sólo sea por un momento, como cuando se paladea un licor fuerte en la garganta, del pasado de esta península que supo atraer tantas vidas agitadas a una atmósfera de languidez meridional, contradictoria e implacable.

Señas de identidad

- **Situación:** Macao pertenece a la provincia china de Guangdong, y se encuentra situada en la orilla occidental del delta del río de las Perlas, enfrente de Hong Kong, de la que dista 1 h de ferri. La ciudad está ubicada en una península de 7,8 km^2, unida por dos puentes a la isla de Taipa (6,2 km^2), al sur, donde se encuentra el aeropuerto, y ésta a su vez se halla unida por un istmo a la isla de Coloane (7,6 km^2). En el norte se sitúa la frontera con la China continental (de sólo 340 m).
- **Régimen jurídico:** Macao volvió a formar parte de China en 1999, con el mismo régimen de región administrativa especial que Hong Kong.
- **Población:** el 96 % de los 513.000 habitantes de Macao son chinos, que en su mayoría proceden de las provincias de Guangdong (región de Cantón) y Fujian. El 4 % restante se compone de asiáticos y europeos, entre los que quedan muy pocos portugueses.
- **Lenguas:** las dos lenguas oficiales son el chino y el portugués, aunque la lengua más hablada es el cantonés. Las placas de las calles y los rótulos de los comercios aún siguen llevando los nombres portugueses. Y el inglés lo comprende y habla mucha gente en los lugares turísticos como hoteles, restaurantes y tiendas, pero no los taxistas.

Historia

Macao fue el primer enclave europeo instalado en tierra china en el siglo XVI, y el último en desaparecer en vísperas del tercer milenio. Así pues, la historia de este confeti colonial ha durado 442 años. Su nombre procede de A Ma Gao, que significa «bahía de A Ma» (una diosa china). De ahí que los portugueses lo transformaran fácilmente en «Macao».

Todo empezó en 1557, cuando Portugal limpió el mar de China de la mayor parte de los piratas que allí operaban. Como muestra de gratitud, el «hijo del Cielo» autorizó al Estado lusitano a ocupar este pequeño trozo de tierra, desde donde a partir de entonces se organizó el comercio chino con los «bárbaros». En el siglo XVII, el poder central de Pekín lamentó ese gesto, pero ya no tuvo ninguna oportunidad de volver atrás, porque los manchúes estaban completamente dedicados a invadir China, los piratas japoneses eran un incordio constante y los campesinos se rebelaban en casi todas partes. Macao quedó arrinconado por la Historia, aunque en el siglo XVIII supo sacar partido de su función mediadora para resolver los conflictos que enfrentaban a los extranjeros (principalmente británicos) con los chinos en el interior de la concesión de Cantón, aguas arriba del río de las Perlas. La dinastía Qing confió a Macao una función de arbitraje, que le permitió disfrutar de los dividendos del comercio al mismo tiempo que mantenía a los extranjeros a distancia.

En realidad, la península no se convirtió oficialmente en «colonia portuguesa» hasta 1844, pero nunca hubo ningún tratado, «desigual» o no –como los que vinculaban entonces Hong Kong al Imperio del Centro–, que le otorgara el más mínimo reconocimiento internacional. Este sorprendente vacío jurídico se mantuvo hasta el final... De hecho, y al contrario que la vecina británica, Portugal consideraba a Macao únicamente una base para comerciar con el resto de Asia, y no como una pieza estratégica en la región. Así que Hong Kong apenas tardó en aplastar económicamente a su pequeña vecina, gracias sobre todo a su puerto en aguas profundas y al comercio del opio, y también a su sólida determinación; al contrario que Macao, que se abandonó a una vida indolente y perezosa. Este enclave fue también un lugar de encuentro de culturas que tenía, entre otros atractivos, los de una población mestiza que no sólo asimiló la herencia europea y portuguesa, sino que además la mezcló con influencias hindúes, malayas, filipinas, rusas, japonesas y, por supuesto, chinas.

Entre la indiferencia y la incertidumbre

Durante la Segunda Guerra Mundial, Macao fue el único lugar de Asia que aplicó el principio de neutralidad, mientras que Hong Kong estuvo ocupada por los japoneses. El resultado fue que la población se multiplicó por tres, hasta alcanzar 500.000 habitantes con los refugiados llegados de toda Asia. Después de la guerra se produjo un importante reflujo, pero Macao continuó jugando la carta de la neutralidad en todos los conflictos, tanto militares como económicos. Así, cuando China fue sometida a un embargo comercial durante la guerra fría, la pequeña colonia se convirtió en el lugar de tránsito por el que continuaron pasando las mercancías que le hacían falta a la economía del Imperio. Macao fue también su único suministrador de oro, ya que el territorio no había firmado ninguno de los tratados internacionales que regulaban este jugoso comercio. Pero las autoridades portuguesas dieron muestras de un patente letargo y Macao tuvo que buscarse la vida, hasta que por fin encontró un filón, en la década de 1960, con la comercialización del juego y del turismo que éste genera. De ese periodo nace (o renace) la reputación infamante de garito de Asia, con su secuela de historias y atmósfera de vicio.

Sin embargo, un año después de la Revolución de los Claveles de 1974, Portugal ofreció a China la devolución de esa antigualla colonial... Hay que reconocer a este respecto que el poder colonial ya había quedado escarmentado, en 1966, por los violentos desórdenes protagonizados por los Guardias Rojos durante la Revolución Cultural de Mao Zedong. Por una de esas paradojas de la Historia, China rechazó la oferta de Portugal y hasta le suplicó que conservara la colonia. Y ello, evidentemente, por razones económicas... De todos modos, Portugal retiró sus tropas en 1975 y perdió gran parte de su autoridad. En ese periodo, Macao, que estaba muy ligado económicamente a su poderosa vecina (el valor del pataca está en función

> **> AVISO**
>
> **La *guía del Trotamundos* defiende valores como los derechos del hombre, la solidaridad entre los pueblos, la biodiversidad cultural y la protección del medio ambiente.**

del dólar de Hong Kong), se benefició del apoyo de la antigua colonia británica cuando ésta decidió deslocalizar una parte de sus industrias para reducir los costes de mano de obra. Así fue como nacieron las fábricas de confección de gama baja, junto con la industria de fabricación de cerillas y la pirotécnica, que tanta fama ha dado a los fuegos artificiales de Macao.

Las crisis de la década de 1990

Durante dicho periodo –es decir, unos cuantos años antes de la retrocesión a China–, Portugal decidió embellecer la imagen de la colonia y darle un toque asiático, para hacerla atractiva y que tuviera una buena dote antes de casarla con el futuro yerno chino. Así, para desgracia de los nostálgicos del viejo Macao, el antiguo colonizador se puso manos a la obra con la ayuda de los inversores de la China continental, y se lanzó a la construcción de un aeropuerto internacional, la renovación del patrimonio arquitectónico, la creación de nuevos museos y el desarrollo del sector de la hostelería y el juego. El enriquecimiento de la colonia se hizo patente, con una especulación inmobiliaria muy fuerte, pero la recesión estadounidense hizo que se creara una burbuja especulativa bastante inquietante, que estalló con la crisis asiática de 1997. De pronto, el sector inmobiliario y el turismo cayeron en picado, mientras el paro alcanzó el 7 % (un récord) y las tasas de interés se pusieron por las nubes.

Y no sólo eso, porque a la crisis económica se sumó otra, igualmente nefasta, la de las tríadas. Macao pasó, de la noche a la mañana, del ruido de los petardos en las fiestas al de los disparos de los ajustes de cuentas entre las tríadas, atraídas por el botín de la colonia, y ello con unas fuerzas del orden más o menos superadas por los acontecimientos, cuando no corruptas... El vacío creado era tanto más llamativo por cuanto el magnate del juego, Stanley Ho, ya estaba de capa caída. Esta sangrienta guerra de bandas provocó 37 muertos en 1999 y aceleró el descenso del turismo. En el apartado «Macao, la otra cara del juego» encontraréis más detalles sobre ese periodo y sus inquietantes protagonistas. La Administración portuguesa, superada y casi humillada (su ejército se había marchado en 1975), dejó en manos de las autoridades chinas la tarea de restaurar el orden y hacer limpieza justo antes de la retrocesión, para que la antigua colonia estuviera presentable cuando regresara al hogar materno... Pero eso no importaba a nadie, y la retrocesión se produjo sin mucho ruido un 19 de diciembre de 1999 a medianoche, al contrario que la restitución de Hong Kong a China dos años antes, que tuvo un gran alcance simbólico.

El retorno a la «madre patria»

Finalmente llegó la calma y, gracias al atisbo de recuperación económica que se produjo, se salvó la cara de la retrocesión. La ex colonia portuguesa se aprovechó sin duda de la experiencia de Hong Kong, juzgada bastante serenamente al otro lado del delta del río de las Perlas. Se ha de reconocer también que las condiciones del regreso a China se calcaron casi por completo del modelo chinobritánico. Macao se planteó muchas menos cuestiones que Hong Kong sobre la democracia y su propio futuro, quizá porque se sobreentendía que Portugal no iba a luchar en absoluto por conservar la colonia, y, además, porque el territorio ya tenía más del 50 % de chinos nacidos en el continente, mientras que Hong Kong siempre había controlado drásticamente su paso por la frontera. Además, en esta parte del mundo la independencia se mide sobre todo por el nivel de riqueza, y la economía de Macao sólo equivale al 5 % de la de su vecina. Lo que significa que la partida ya estaba resuelta de antemano, sin contar con que el sentimiento nacional chino vivió el acontecimiento como una revancha simbólica justo en vísperas del nuevo milenio. Así pues, los habitantes de Macao apenas han incidido en la balanza geopolítica.

En cuanto a los 15.000 o 30.000 macaneses (las cifras varían según los criterios de valoración), nacidos del mestizaje chinoportugués aunque minoritarios, se plantean bastantes interrogantes, como el de saber si serán ellos quienes terminarán pagando el coste de la reunificación de la «Gran China». Para empezar, ya han comenzado a quitarles los puestos que tenían en la Administración para dárselos a chinos «de pura cepa» escogidos a dedo. Es de esperar que las autoridades autónomas, a cuya cabeza figura el jefe del Ejecutivo designado por Pekín, Edmund Ho (que no tiene ningún parentesco con el patrón del juego), sabrán ofrecerles un futuro, lo mismo que a la hermosa cultura macanesa y a su rico patrimonio artístico; algo que merecen desde las hermosas iglesias barrocas hasta los restaurantes de doble identidad china y lusitana, que tanto atractivo ofrecen a este territorio.

Macao, la otra cara del juego

Por más que la antigua colonia portuguesa ya no sea «el infierno del juego» de la canción de la gran orquesta del Splendid, ni el lugar donde se desarrolle la acción de muchas novelas y películas (según la fórmula que inventó el director de cine francés Jean Delannoy la década de 1930), el juego aún sigue siendo una auténtica industria turística y representa cerca del 70 % de los ingresos de la Región Administrativa Especial de Macao. El *Lisboa* es una institución local y, sin duda, el último casino que ofrece algunas reminiscencias de aquella época a los nostálgicos, ya que, aunque aún sea posible encanallarse todo lo que se quiera las 24 h, los casinos se han convertido en unos locales muy respetables...

El magnate del juego Stanley Ho

El juego lo introdujo el gobernador Francisco Guimarães en 1850, pero no adquirió realmente toda su importancia hasta que el Gobierno arrendó el monopolio a la compañía china Tai-Xing en 1934. En 1962, los casinos más importantes pasaron a depender de la poderosa *Societade de Turismo e Diversoes de Macao* (STDM), que también es propietaria de los *jetfoils*, el hotel-casino *Lisboa* y muchas otras empresas, todas ellas controladas por el magnate del juego Stanley Ho. Éste, que desciende de una rica dinastía familiar de Hong Kong, huyó de la antigua colonia británica en 1941, cuando se produjo la invasión japonesa, y después actuó de intermediario para el aprovisionamiento de Macao durante todo el conflicto. Finalmente, se hizo con el control del monopolio del juego. Para ello contó no sólo con el apoyo de Henry Folk, un hombre de negocios de Hong Kong, sino también del mismo gobernador portugués de la época, y a pesar de la postura contraria de... la presidencia de Portugal.

En 1975, Folk intensificó el tráfico de los ferris entre la colonia portuguesa y Hong Kong, con lo que la industria del juego se amplió y se consolidó ante la llegada de una clientela que en la otra orilla del delta sólo podía apostar en las carreras de caballos. Resultado: en la actualidad, Stanley Ho tiene cerca de 80 años, 3 esposas, 17 hijos, 9 casinos y, según se dice, unos 3000 millones de dólares estadounidenses repartidos por el mundo (Macao, Hong Kong, Portugal y Canadá).

El fin de una época

La partida que Stanley Ho jugó con las tríadas y las autoridades chinas y portuguesas en la década de 1990 pudo hacerle caer de su pedestal, una vez que se le terminó la concesión a finales de 2001. Corren rumores de que se conchabó con algunas tríadas para calmar sus pretensiones (llegó a ofrecerles un salón VIP en su célebre casino del *Lisboa*), y una de las principales consecuencias que eso tuvo fue la intensificación de la guerra entre las bandas. Pero el hombre aún sigue esperando recuperar todo lo que apostó. Porque el «bueno» del doctor Ho (*Ho* significa «bueno») se cree el dueño, por no decir el padre, de Macao. A este respecto, hay que tener en cuenta que fue la industria del juego la que financió en gran parte a la Administración portuguesa, tanto en sentido propio como figurado... De ahí que para impedir la aparición de eventuales adversarios lanzara los cibercasinos (con la idea de ser uno de los primeros en explotar el negocio de las apuestas en la red) y, además, creara casinos flotantes situados en aguas internacionales que funcionan todas las noches. A pesar de todo, el coloso ha perdido una parte de su imperio en beneficio de inversionistas extranjeros (las sociedades chinas no están autorizadas a participar oficialmente en negocios como éste).

Las tríadas

Las tríadas son sociedades secretas, el equivalente en Asia de la Mafia, implantadas localmente o llegadas de Hong Kong, Taiwan y Japón. Al parecer, Portugal identificó la existencia de 115 tríadas a lo largo de ese periodo negro, con 4.000 miembros afiliados a esos sindicatos del crimen, frente a 3.000 policías en activo. El sistema es muy sencillo. En los casinos, y más concretamente en los salones privados de los VIPs, los jugadores que pierden no pierden cantidades pequeñas: las apuestas mínimas se fijan de antemano, y casi siempre superan los 1.525 €. Así es posible hacerse una idea de la enormidad de las ganancias que generan las mesas de juego y de la magnífica oportunidad que ofrecen a las tríadas para blanquear dinero. Por otra parte, además de los propios jefes de las tríadas que recogen el dinero ganado, allí están sus acólitos, unos auténticos buitres encargados de prestar dinero a los jugadores que van perdiendo y quieren desquitarse... Al final, éstos tienen que devolver el préstamo con unos intereses astronómicos, tanto si ganan como si pierden de nuevo.

El golpe de mano del Imperio del Centro

Harto de esta publicidad tan nefasta para la colonia justo antes de su devolución a la «madre patria», el Gobierno de Pekín lanzó una gran operación de limpieza durante la cual se detuvieron a más de 100.000 personas, y se ordenó la ejecución de «Big Spender» o el «Rumboso»: gran jefe de la 14K, célebre por apostar cada día 10 millones de HK$ en las mesas de juego de los casinos. Ese mismo año, «Diente roto», que concedía entrevistas a troche y moche, se pasó de la raya con la financiación de una película de ficción para enaltecerle, protagonizada por una de las grandes estrellas de Hong Kong. La película se llamaba *Casino*, quizá como un *remake* (¿involuntario?) de la célebre película de Martin Scorsese, con Robert De Niro y Sharon Stone. Para colmo, al día siguiente del estreno, el hombre hizo explotar el coche del jefe de la policía, aunque fue detenido unas horas después. Os ahorramos la lista de hechos delictivos de que le imputaron durante el proceso que tuvo lugar en 1999 (juego ilegal, extorsión, tráfico de drogas, etcétera) y por los que fue condenado a la pena máxima: es decir, 15 años de cárcel en la isla de Coloane; la está cumpliendo actualmente, aunque, según dicen, continúa dando órdenes a través del teléfono móvil...

Las diferentes variantes del juego

Esperemos que, después de haberos contado todas estas historias, no se os hayan quitado las ganas de ir a Macao. Por suerte, la situación se ha tranquilizado mucho, y, salvo algún nuevo incidente o estallido de violencia que destaquen los periódicos, se puede hacer turismo en Macao sin correr el más mínimo riesgo. Y, además, tened en cuenta que, para colmo de la ironía, los casinos ahora son comunistas.

Por un lado, las mesas de juego no son muy diferentes de las que había: bacará, black-jack, ruleta (idéntica a todas las del mundo, aunque la de Macao tiene un solo cero, el *keno*), y, por supuesto, las inevitables máquinas tragaperras, que aquí llaman «tigres hambrientos».

Además de los juegos que ya conocemos, están los propiamente chinos, algunos de los cuales no se conocen muy bien en Europa:

> ***Fan-tan:*** el crupier sumerge una especie de taza de plata en una pila de fichas de porcelana, y se hacen las apuestas sobre las casillas que llevan los números 0, 1, 2 o 3. A continuación, se vacía el recipiente y se cuentan las fichas de cuatro en cuatro hasta que sólo quedan una, dos, tres o ninguna, ya que las apuestas se han hecho precisamente sobre el número de fichas restantes.

> ***Dai-siu:*** se llama también «big and small». Es un juego de dados como el 421, en el que se apuesta sobre la suma de los números descubiertos. Las apuestas se colocan sobre las casillas pequeñas (hasta el 11) o las grandes (del 12 en adelante).

> ***Pai-kao:*** aquí aparece la banca con fichas de dominó, y los jugadores comparan sus resultados con el de ésta.

Para vuestra información, los casinos permiten la entrada a los extranjeros mayores de 18 años, están climatizados, no tienen relojes (¿para que los que juegan no se den cuenta de cómo pasa el tiempo?) y en ellos está prohibido fotografiar a los jugadores.

ANTES DE PARTIR

Información turística

Si llegáis desde Hong Kong, dirigíos a las oficinas de las agencias turísticas reseñadas en el aeropuerto y en las «Direcciones útiles» de dicha ciudad. También podéis consultar la web www.macautourism.gov.mo

Formalidades

> **Pasaporte:** requiere forzosamente un periodo de validez de un mes a partir del primer día de la llegada a Macao. Los españoles no necesitan visado para estancias de menos de 20 días. Atención, acordaos de rellenar las hojas de *departure* y *entry* (salida y entrada) cada vez que paséis de Hong Kong a Macao o a China, antes de visar vuestro pasaporte, porque de lo contrario habréis hecho la cola inútilmente. Comprobad que habéis cogido las hojas que ponen «visitors» y no «Chinese Nationals», «HK» o «Macao Residents». Pasaréis sin mayores problemas, a no ser que coincidáis con la locura del fin de semana, cuando se entra por carretera o por vía marítima.

Vacunas

No se exige ninguna en particular. Ver nuestras recomendaciones refe-

MACAO- PLANO DE CONJUNTO

故宫博物院
THE PALACE MUSEUM

提示：请您阅读购票处须知，副券打孔或撕下作废，开闭馆时间见门票背面。
http://www.dpm.org.cn

旺季成人票

0100589672

票价：¥180.00

出票人：003069

3 人券

2013-09-17 11:11

门票当日有效 南进北出 单向参观

财政票据监制章
中央
财政部监制

故宫博物院
THE PALACE MUSEUM
专用收据
RECEIPT

国财号 NF CODE 03701

票据号 RECEIPT NO. 1319892330

验证码 VERIFIED CODE 1319892330

授权码 PASS WORD 1319892330

报销凭证

故宫博物院开放时间

OPENING HOURS

4月1日－10月31日	11月1日－3月31日
April 1–October 31	November 1–March 31
8:30—17:00	8:30—16:30
停止入馆时间（含专馆）16:10	停止入馆时间（含专馆）15:40
Last entry to the Palace Museum (including galleries) 16：10	Last entry to the Palace Museum (including galleries) 15：40

周一开放时间8：30-12：00，下午闭馆（法定节假日、7月和8月除外）。
Opening hours on Monday is from 8:30 AM to 12:00 PM. The museum closes every Monday afternoon, except on public holidays and in July and August.

故宫以内严禁吸烟。
No smoking in the Palace Museum.

禁带打火机和火柴入院。
Lighte nd matches are not permitted in the museum.

■ **Transportes y Direcciones útiles**

- Aeropuerto international
- Terminal de ferris
- **1** CTS (China Travel Service)

¿Dónde dormir?

- **20** Pousada de Mong-Hâ
- **24** Pousada de São Tiago

¿Dónde comer?

- **31** Pequeños restaurantes-cafeterías de la rua de Pequim
- **34** Porto Interior
- **36** Porto Exterior
- **37** The Lion King
- **40** Henri's Galley
- **41** Ali Curry
- **42** Restaurantes frente al mar

¿Dónde tomar una copa? ¿Dónde salir?

- **24** Pousada de São Tiago
- **42** Cafés frente al mar

rentes a Hong Kong, que también son aplicables aquí.

Clima

Dada la cercanía de la ciudad de Hong Kong, el clima es el mismo, aunque el aire del mar actúa aquí como un climatizador natural. Ver los gráficos en las «Generalidades», al principio de la guía.

Bancos, cambio

> La **moneda** local, procedente de la colonización portuguesa, es el *pataca* (Pat.; suelen emplear la forma abreviada MOP$), que se divide en 100 *avos*. Dicho esto, el gobierno ha fijado la cotización del pataca en función del dólar de Hong Kong (HK$), de manera que esta última moneda la aceptan absolutamente en todas partes (no ocurre lo mismo con el pataca). En la antigua colonia portuguesa se puede retirar y cambiar dinero, y hasta pagar, con dólares de Hong Kong. Las dos monedas tienen un tipo de cambio prácticamente idéntico, con una paridad total hasta los 100 HK$. Por encima de esa cantidad, la proporción es de 103 Pat. a 107 Pat. por 100 HK$. Una vez que hayáis gastado todos los HK$, os puede resultar ligeramente ventajoso pedir patacas. Para simplificar los cálculos, consideraremos que 1 pataca es igual a 1 HK$, que, a su vez, son 0,10 €.

> **Cambio:** los cheques de viaje se cambian sin problemas. Pero os resultará más ventajoso ir a las oficinas de cambio que a los bancos (ver «Direcciones útiles», más adelante), aunque estos últimos están mejor situados, también cambian moneda y tienen cajeros automáticos de los que se puede retirar dinero en efectivo. En los casinos como el *Lisboa* podéis cambiar las 24 h, pero perderéis dinero (sobre todo, si es para llevarlo a un tapete verde y jugar).

> **Bancos:** abiertos de lunes a viernes de 9 a 16 h aproximadamente y los sábados hasta las 12 h.

> Aceptan las **tarjetas de crédito** en los principales hoteles, restaurantes y tiendas.

Macao en Internet

www.macautourism.gov.mo
La web oficial de la ciudad. Información útil.

www.macau.gov.mo
Es la web de la oficina de turismo de Macao, con numerosos datos prácticos y reportajes publicitarios.

Presupuesto

Macao resulta más barato que Hong Kong tanto respecto a los alojamientos como a la alimentación, los desplazamientos y las compras de regalos, aunque la oferta comercial no es tan rica como la de su vecino.

Teléfono

> **España → Macao:** marcad el 00 + 853 + el número del abonado.

> **Macao → España:** marcad el 00 + 34 + el número del abonado (de nueve cifras)

> **Macao → Hong Kong:** marcad el 01 + el número del abonado sin el prefijo.

¿CÓMO LLEGAR?

Terminal de ferris

(plano de conjunto)
Se encuentra en el este del centro urbano, al final de la avenida de Amizade. Hay una oficina de turismo eficaz y con buena documentación. ☎ 28-72-64-16. Podéis cambiar, retirar dinero en efectivo del cajero y utilizar las consignas. Además, encontraréis muchos taxis y bastantes autobuses baratos con diversos destinos.

> **Hacia el centro urbano:** tomad los autobuses n°s 3, 3A, 10 o 10A. Cualquiera de ellos os servirá para regre-

sar. Los principales hoteles de la ciudad tienen también autobuses de enlace, frecuentes y gratuitos, que salen por la izquierda. Decid a algún conductor el nombre del vuestro y os indicará a cuál subir.

> **Hacia Taipa:** autobús nº 28A.

> **Hacia Coloane:** tomad cualquier autobús hasta el hotel *Lisboa* y, después, los nºs 21 o 26 hasta el pueblo (los nºs 21A y 26A van a las playas).

Aeropuerto

El aeropuerto internacional se encuentra en la isla de Taipa. ☎ 28-86-11-11. Cambio y oficina de turismo *in situ*: ☎ 28-86-14-36. Para ir a la ciudad, tomad el autobús especial AP1, que atraviesa el centro urbano y comunica con la terminal de ferris y los principales hoteles, y no resulta caro (6 Pat./0,60 €, el trayecto). Un taxi os costará bastante más caro (30 Pat./3 €, aproximadamente). También podéis coger el autobús de los casinos (es gratis). El mejor es del *Grand Lisboa*, que os deja en pleno centro.

Frontera china

(fuera del plano de conjunto)

En el norte de la ciudad. Tenéis que coger los autobuses nºs 3, 10 o 18 hacia el centro urbano, o el nº 25 hacia Taipa y Coloane. Pequeña oficina de turismo abierta de 9.15 a 13 h y de 14.30 a 18 h.

TRANSPORTES URBANOS

A pie

Una vez en el centro, lo mejor será recorrerlo a pie, incluso para atravesarlo de punta a punta; así es como mejor apreciaréis los hermosos vestigios de la época portuguesa. Como los nombres de las calles aún están en portugués, resulta más fácil orientarse, aunque hay que tener cuidado con algunas que rodean la misma manzana de casas y se llaman igual, al contrario de lo que se indica en algunos planos...

Autobús

Muy práctico y no sale caro. Circula de 6.30 a 23.30 h aproximadamente, según las líneas, y cuesta 3,20 Pat. (0,30 €), cuando se viaja por el interior de la península y 4 Pat. (0,40 €) los trayectos que van hasta Coloane. En los planos que se entregan en la oficina de turismo figuran los recorridos de las líneas de autobús. Remitíos también a «¿Cómo llegar?».

Taxi

Hay muchos taxis y no resultan caros, en comparación con Hong Kong. Los de aquí son de color negro, aunque los radiotaxis son amarillos. La bajada de bandera cuesta 10 Pat. (1 €) y, después, el taxímetro va marcando despacio. Entre el centro urbano y Taipa no hay ningún suplemento, pero sí lo hay entre Macao (o Taipa) y Coloane. Calculad unos 80 Pat. (8 €) entre Macao y la playa de Hac Sa, en la punta sur de Coloane. Si no os entendéis con el conductor en portugués, mostradle el lugar de destino o un punto de referencia en el plano.

Coche y moto

Algunos turistas adinerados alquilan *mini-mokes* para pasear por las islas de Taipa y Coloane. Calculad unos 500 Pat. (50 €) al día. Hay que tener 21 años o más, llevar el pasaporte, una tarjeta de crédito y el carné de conducir internacional. Tened en cuenta que aquí **se circula por la izquierda.** Contactad con *Avis-Rent-a-Car*, en el *Mandarin Oriental Hotel*: ☎ 28-33-67-89. O con *Happy Mokes*, directamente, en llegadas de la terminal de ferris (oficina 1025): ☎ 28-43-93-93.

Para alquilar una moto, llamad a *New Spot Bike Rental*: ☎ 28-75-08-80.

Triciclos-taxi

Pedicab en inglés. Bastante turístico, es el vehículo adecuado para los románticos que quieran bordear el frente marítimo pasando por delante de la estatua de Kun Iam y terminar la velada, por ejemplo, en alguno de los muchos bares de la zona. Salidas delante del hotel *Lisboa* y en la terminal marítima. Caro: de 90 a 150 Pat. (9 a 15 €) por 30 minutos y 1 h, respectivamente, que se pueden negociar, pero hay que ponerse de acuerdo antes de cogerlo.

¿CÓMO SALIR DE MACAO?

Para alcanzar la frontera

Dirigíos directamente a la frontera (*Portas do Cerco*, en el norte de la ciudad; abierto de 7 h a medianoche; *fuera del plano de conjunto*) en taxi, con el autobús nº 3, enfrente de la oficina de turismo, o, también, con el 10B, desde la terminal de ferris. Si estáis cerca de la parada de alguno de los autobuses nos 5, 9, 9A, 16, 28C o 34, también van allí en principio.

Originariamente, la frontera era una pequeña puerta que data de 1573, pero ya no se pasa por ella (ha quedado muy estrecha). Por esta frontera pasa cada día un tráfico basado en el intercambio de pollos y legumbres chinas por material hi-fi llegado de la isla.

Se ha instalado otro puesto fronterizo *(Posto de Cotai)* entre las islas de Taipa y Coloane. Más rápido y menos engorroso que el anterior, permanece abierto de 9 a 20 h. Se llega con los autobuses nos 21, 21A, 25, 26 y 26A desde el hotel *Lisboa*. En el lado chino hay un autobús para Zhuhai y luego para Cantón. La salida ideal para quienes se alojan en Coloane.

Hacia Cantón (Guangzhou)

En autobús

Una vez pasado el control de policía, id a la terminal especial en la **Qiguan Bus Station (o Kee Kwan Station),** que está en el sótano. El billete para Cantón os costará unos 60 Pat. (6 €), que podéis pagar también en HK$. Algunas azafatas hablan un poco de inglés. En todo caso, está bien organizado y los autobuses son cómodos y hay muchos (casi cada 20 minutos), hasta las 20 h. De 2 a 3 h de viaje.

Podéis reservar billete para algún autobús que salga del centro urbano en la misma **Kee Kwan Station**, abierta de 7.30 a 20h. ☎ 93-38-88. *Atención:* indicador de los autobuses en chino, pero los empleados saben algo de inglés. Salida de minibuses justo al lado de la taquilla o desde ciertos hoteles (informaos). Un poco más caro, por supuesto, y casi no ganaréis tiempo, puesto que hay que pasar las formalidades de rigor en la frontera.

En taxi

Los taxis que van a Cantón tienen la parada delante de la oficina de la *Kee Kwan Station*, ya superadas las formalidades en la frontera (ver antes). Caro, pero puede resultar interesante si lo cogéis entre varios: os dejará directamente en vuestro hotel de Cantón si le enseñáis la dirección o el nombre en chino. Calculad de 300 a 400 Pat. (30 a 40 €), según la negociación.

Hacia Hong Kong

Para ir a la terminal de ferris *(plano de conjunto)* y helicópteros, ver el apartado «¿Cómo llegar?». Procurad llegar con 30 minutos de adelanto por las formalidades de la aduana. Para los ferris, en principio sólo se autoriza un bulto de mano de 10 kg.

En Hong Kong sólo autorizan la entrada de hasta 200 cigarrillos y una botella de alcohol.

En ferri

Calculad de 50 minutos a 1 h de viaje, sin las formalidades, que pueden durar mucho los días de mayor afluencia. Si habéis hecho reserva, debéis llegar 30 minutos antes de la salida. La información está en el primer piso de la terminal.

> La compañía **Turbo Jet** une las islas de Macao y Hong Kong cada 30 minutos todo el día. En Macao: ☎ 28-790-70-39, y en Hong Kong: ☎ (852) 28-59-33-33. 💻 www.turbojet.com.hk Llegadas a la Macau Ferry Terminal, estación de metro MTR Sheung Wan, en la isla de Hong Kong. Tarifas diurnas, nocturnas (de 17.45 a 6 h) y de fin de semana y festivos: 134-176 Pat. (13,40-17,60 €).

> La compañía **New World First Ferry** también sale cada media hora de 7 a 20.30 h, con precios similares. En Macao: ☎ 28-72-63-01, y en Hong Kong: ☎ (852) 25-16-95-81. Llegadas a la China Ferry Terminal, en Kowloon, a 500 m de la estación KCR de Tsim Sha Tsui. 💻 www.nwff.com.hk

> Más económico, pero también más lento, **STDM Charter Service** tiene ocho salidas diarias con destino a Kowloon de 7 a 19.15 h por 100 Pat. (10 €), que cobran tanto en los días laborables como los fines de semana, festivos y vacaciones. Aconsejable reservar en el ☎ 790-70-39.

> También la compañía *CotaiJet*, que enlaza la terminal de ferris de Hong Kong Macao y la terminal de ferris temporal de Macao Taipa. En Macao ☎ 28-85-05-95 y en Hong Kong: ☎ (852) 2359-9990.

En avión hacia todos los destinos

Vuelos regulares hacia la China continental y ciertos países asiáticos (Singapur, Tailandia, Filipinas...). Los demás vuelos internacionales pasan por Hong Kong. Información en la compañía aérea *Air Macau:* ☎ 8396-68-66. 💻 www.airmacau.com.mo Oficinas en el aeropuerto y en la intersección de la rua de Berlin con la alameda Doctor Carlos d'Assumpção, que permanece abierta de 9 a 18 h. Ver «¿Cómo llegar?» para ir al aeropuerto. Información sobre los vuelos: ☎ 28-86-11-11.

DIRECCIONES ÚTILES

Oficina de turismo

(Plano general, B2): 9, largo do Senado, PO Box 3006. ☎ 28-39-711-20. 💻 www.macautourism.gov. mo Abierta todos los días de 9 a 18h, muy bien situada, en el corazón del Macao histórico. Buena documentación, con una guía bastante completa en inglés, mapas, folletos gratuitos sobre todos los lugares de interés; sucursales en la terminal de ferris y en el aeropuerto.

> También existen centros de información interactivos por ordenador *Cityguide* en diferentes puntos de la ciudad, como el Senado y enfrente de la oficina de turismo.

Correos

(Plano general, C3): cerca de la oficina de turismo. Abierto de lunes a viernes de 9 a 18 h, y los sábados de 9 a 13 h. Cabe destacar también que encontraréis muchos buzones de correos de color rojo por toda la ciudad, y que algunos están equipados con dispensador de sellos e indicador de tarifas.

> **> AVISO**
>
> **Los horarios que se indican en la guía son orientativos.**

Teléfono

Existen muchas cabinas públicas por toda la ciudad, que funcionan tanto con monedas como con tarjetas CTM, que cuestan entre 70 y 150 Pat. (7 y 15 €) y están a la venta en las oficinas de correos y en algunos quioscos de prensa, desde las que se pueden realizar llamadas internacionales y locales. Estas últimas, sin embargo, suelen ser gratuitas desde teléfonos privados.

Internet

Alquemie Internet Cafe en el 64, rua de Alfandega (plano general B3, 4). Todos los días las 24 h. Calculad unos 5 Pat./0,50 € por hora.

Para salir de un apuro, las terminales interactivas *Cityguide* permiten enviar correo electrónico utilizando las tarjetas de teléfono.

Cambio

Un buen cambista cerca de la oficina de turismo, la **Casa de câmbio Soi Cheong** *(plano general, B2,* ***5****)*, 230, Almeida Ribeiro. Abre todos los días de 8.30 a 20 h y no cobra comisión. Numerosos cajeros automáticos y bancos en las zonas turísticas, como **HSBC** *(plano general, C3,* ***6****)*, en la esquina entre la avenida da Praia Grande y la rua do São João. Servicios de cambio permanentes en el aeropuerto y en el interior del casino *Lisboa*, claro. Ver el apartado «Dinero», antes.

Consigna

En la terminal de ferris. Ver «¿Cómo llegar?», antes.

Visado para China

(Plano de conjunto, 1): en el **CTS** *(China Travel Service)*, en la primera planta del Xin Hua Shopping Arcade, 33-35, rua de Nagasaki. ☎ 28-70-08-88. Abierto todos los días de 9 a 17 h. Tomad la escalera mecánica. Los visados turísticos se tramitan en 24 h, incluso el domingo, y son válidos por un periodo de 30 a 90 días, según el número de ciudades que se solicita visitar. A quienes prevean realizar un viaje de más de un mes por la misma región les conviene saber que nadie se tomará la molestia de comprobar su presencia en los cuatro extremos de China..., lo que puede permitirles ahorrarse los gastos de ampliación de visado. Llevad el pasaporte, una foto y 210 Pat. (21 €) en efectivo.

Sanidad

> **Farmacias:** la **Farmacia Popular** en el largo do Senado (ver «El Macao histórico», más adelante). Tiene todo lo que haga falta. Sus competentes empleados hablan inglés.

> **Urgencias:** ☎ 999; en caso de problemas de salud, id al **São Januário Hospital** *(plano general, D2)*, en la estrada do Visconde (☎ 28-31-37-31), o al **Kiang Wu Hospital**, en la estrada Coelho do Amaral (☎ 28-37-13-33). Las urgencias de estos dos hospitales funcionan las 24 h.

Denuncias

Para contactar con la policía, ☎ 28-57-33-33; para denunciar estafas o abusos, ☎ 28-30-78-20, o dirigíos a la oficina de turismo *(plano general, B2)*.

¿DÓNDE DORMIR?

En Macao existen bastantes hoteles modestos que son baratos. Durante los fines de semana y los periodos de vacaciones, los casinos funcionan a tope y están llenos de turistas que ocupan todos los alojamientos. Y, además, muchos hoteles aprovechan para aumentar los precios. Para los hoteles más selectos, averiguad los precios de las agencias –hay muchas en las terminales de ferris de Hong Kong y Macao–, ya que se pueden negociar al hacer la reserva.

Muy barato

San Va Hospedaria

*(Plano general, B2, **26**):* 67, rua da Felicidade. ☎ 28-57-37-01. 💻 www.sanvahotel. com Frente al restaurante *Fat Siu Lau*. Habitaciones dobles sobre los 70 Pat. (7 €). En una de las calles más ambientadas de Macao, la antigua «calle del pecado», remozada para el turismo y maquillada con bonitos escaparates de laca roja. Este pequeño hotel macanés ha sabido conservar un toque personal con unos agradables pasillos pintados de todos los colores. Habitaciones muy sencillas –no hay que pedir la luna–, pero muy correctas por el precio, con ducha y WC en el pasillo. Todo está bastante limpio. Y algunas habitaciones tienen balcón que da a la calle. Buen trato.

Albergues juveniles de la isla de Coloane

*(Plano Taipa y Coloane, A2, **11** y B2, **12**):* sede de la adminitración av. de Dom João IV, nos 7-9 (1º piso), Macao. Macao. ☎ 28-55-55-33.
💻 www.dsej.gov.mo Desde el hotel *Lisboa*, tomad los autobuses n^{os}21A o 26A y bajad en las playas de Cheoc Van (nuestra preferida) o Hac Sa (que es más grande y es donde el autobús tiene el final). Calculad un trayecto de 40 minutos. Las habitaciones son correctas y bien cuidadas, pero hace falta ser miembro de la FUAJ y hacer la reserva con antelación. Solucionados estos pequeños inconvenientes, representan una oportunidad poco corriente en China de lo que podríamos considerar un balneario a un precio bajo: dormitorios cuádruples y dobles a 40, 50 y 70 Pat. (4, 5 y 7 €), respectivamente, por persona; es más caro los sábados y los días festivos. Dada la frecuencia de los autobuses, resulta fácil desplazarse a Macao a menudo.

Muy muy barato a barato

Vila Universal

*(Plano general, B2, **14**):* 73, rua da Felicidade. ☎ 28-57-32-47. Al lado del *Ko Wah Hotel*. Su principal ventaja es que está muy bien situado. Las habitaciones, aunque antiguas, son aceptables, con cuarto de baño, aire acondicionado, TV y, un detalle importante, con o sin ventana; pedid que la tenga, porque resulta más agradable. Las dobles andan sobre los 280 Pat. (28 €).

Ko Wah Hotel

*(Plano general, B2, **14**):* 71, rua da Felicidade. ☎ 28-93-07-55. Al lado del anterior. La recepción se halla en la tercera planta por el ascensor. Habitaciones dobles con AC y cuarto de baño por 250-350 Pat. (25-35 €) aproximadamente, y un poco más caras los sábados. Hotel sin mucho encanto (en un edificio viejo), pero que tiene muchas habitaciones a precios diferentes. El recibimiento es cordial y hablan inglés.

Vila Meng Meng

*(o Men Men; plano general, C3, **10**):* 24, rua do Dr. Pedro José Lobo. ☎ 28-71-52-41. En la tercera planta, una casa de huéspedes cuyos dueños no hablan ni pizca de inglés, así que hay que arreglárselas con gestos y papel y lápiz, a menos que sepáis algo de chino. Habitaciones dobles de 180 Pat. (18 €) aproximadamente. Recibiréis un buen trato,

> PARA ORIENTAROS

Consultad los planos de Macao: plano de conjunto ***(págs. 538-539),*** **plano general** ***(págs. 546-547),*** **islas de Taipa y Coloane** ***(pág. 569)*** **y Taipa - zoom** ***(pág. 570).***

MACAO - PLANO GENERAL

C
D
1
2
3
4
R. de Tomás Vieira
Estrada
R. do Al. Costa Cabral
Cementerio São Miguel
R. do Tap Siac
Almeida
Rua Horta da Companhia
Estrada do Cemitério
C. de Paulo
São Paulo
Museo de Macao
Fort São Paulo do Monte
R. dos Repouso
Calcada da Igreja de S. Lazaro
R. do E. Marques
Miguel
C. Central de S. Lazaro
R. de S.
Rua de Volong
Av. do Conselheiro Ferreira de
Av. de Abreu Nunes
R. de Amaral
Ferreira do
de S. Paulo
C. da Rocha
Calcada
C. das Verdades
C. do Poço
Calcada do Gaio
Rua do Monte
R. do T. do Pato
Pato
do Monte
R. R. de Horta e Costa
Macedo
Mitra
Guia
R. de Henrique da
Colina da
Rua
Domingos
R. de Pedro Nolasco da Silva
Campo
R. de T. da Rosa
Rua Nova a
Estrada do Visconde de S. Januário
R. de S. Domingos
do
R. do Noronha
Rua
da Palha
Tr. São Domingos
Tr. dos Anjos
Rua
Hospital S. Januário
LARGO DA SÉ
Casa da Misericordia
Catedral
R. São Joao
Rua Formosa
R. de Sta Clara
R. da Sé
Ribeiro
6
Grande
Jardim São Francisco
Francisco
R. do Pedro José Lobo
Praia Grande
T. da
R. do Comandante
M. e Oliveira
D.
João IV
de S.
Estrada de
33
Monumento a Jorge Alvares
10
Avenida do Infante D. Henrique
Dr.
de
Clube Militar
Rodrigues
Rodrigo
Av. do Doutor Mário Soares
21
Avenida
Henrique
Rua de Cantão
Casino Grand Lisboa
Av. do Dr.
Sarmento de Carvalho da
Av. de Lopo
25
Casino Lisboa
Aeropuerto, TAIPA, COLOANE
Amizade
Artes
Autobuses para Taipa y Coloane
Avenida
Jardín de las
Av. Zheng
Guang Ying
Sintra
R. Cidade de
Van
TAIPA, COLOANE

MACAO - PLANO GENERAL *(págs. 546-547)*

■ **Direcciones útiles**

- Oficina de Turismo
- Correos
- 4 Alquemie Internet Cafe
- 5 Casa de cambio Soi Cheong
- 6 HSBC

¿Dónde dormir?

- 10 Vila Meng Meng
- 14 Vila Universal y Ko Wah Hotel
- 16 Hou Kong Hotel
- 17 Hotel Sun Sun
- 18 East Asia Hotel
- 21 Hotel Sintra
- 25 Hotel Lisboa
- 26 San Va Hospedaria

¿Dónde comer?

- 30 Centro de comidas
- 33 Solmar
- 34 A Lorcha
- 35 Fat Siu Lau

¿Dónde picar algo? ¿Dónde probar las especialidades culinarias?

- 52 Leitaria I Son
- 53 Pastelaria Koi Kei

¿Dónde tomar una copa? ¿Dónde salir?

- 60 Face Disco

pero las habitaciones son muy rudimentarias. Las más baratas son muy pequeñas y sin cuarto de baño; las más grandes tienen ducha, WC, ventilador o climatización al estilo antiguo. Vale la pena por el precio.

De barato a precio medio

Hou Kong Hotel

*(Plano general, A2, **16**):* 1, travessa das Virtudes. ☎ 28-93-75-55. Fax: 33-88-84. Dobles 300-400 Pat. (30- 40 €). Bonita fachada de la década de 1930 con columnas jónicas. Hotel sencillo, sin pretensiones, bien cuidado. Habitaciones con un correcto confort: cuartos de baño impecables, TV, teléfono. Según nuestra opinión, una de las mejores relaciones calidad-precio.

Hotel Sun Sun

*(Plano general, A2, **17**):* 14-16, praça Ponte e Horta. ☎ 28-93-93-93. hotel@bwhotelsunsun.com.mo La mejor oportunidad de Macao. Habitaciones dobles de 600 a 980 Pat. (60 a 98 €) aproximadamente, que salen más caras los sábados y durante las vacaciones. Hotel recién estrenado, con una excelente relación calidad-precio. Las habitaciones estándar son bastante pequeñas, pero impecables. Las superiores son más grandes, y algunas con vistas al puerto. Y, por supuesto, todas están equipadas con cuarto de baño, TV, aire acondicionado y teléfono. El trato es bueno, hablan inglés y podéis discutir el precio si vais a estar más de dos días (excepto en temporada alta). Servicio de cambio con condiciones interesantes. Por el contrario, el desayuno resulta caro. Un auténtico rayo de sol en el panorama hotelero.

East Asia Hotel

*(Plano general, B1, **18**):* 1A, rua da Madeira. ☎ 28-92-24-33. Desde la avenida de Almeida, tomad la rua de Cinquo de Octobro. Dobles sobre los 340 Pat. (34 €), que aumentan a unos 400 Pat. (40 €) los sábados y durante las vacaciones (impuestos incluidos). Es un hotel de gama intermedia, anticuado y sin encanto, pero tranquilo y con un buen trato. Las habitaciones son funcionales, pero pulcras, con cuarto de baño, aire acondicionado, TV y teléfono. Quizá algo tristón, pero correcto.

De precio medio a más selecto

Pousada de Mong-Hâ

*(Plano de conjunto, **20**):* Instituto de Formación Turística situado en la colina de Mong-Hâ, a mano izquierda antes de llegar a la cima. ☎ 28-51-52-22. www.ift.edu.mo/pmh Una habitación doble, a todo confort, que en realidad tiene el tamaño de una suite, con vistas al jardín, cuesta 640 Pat. (64 €). Caro, pero tiene un nivel de calidad por el que podrían cobrar tres o cuatro veces más. Lugar encantador, es uno de los pocos edificios de estilo «macanés» bien restaurados, que durante la dictadura era la sede del cuartel general portugués y donde actualmente se asienta el instituto de turismo local. El personal es joven y muy atento, pues la nota de final de carrera depende de ello. Isla verde en la que han instalado un jardín botánico, el hotel destaca por sus magníficas habitaciones llenas de detalles de refinado buen gusto, como la vajilla de loza, la famosa mayólica portuguesa... cuyo origen es chino.

Hotel Sintra

*(Plano general, C3, **21**):* av. de Dom João IV. ☎ 28-71-01-11. www.hotelsintra.com Entre semana, calculad entre 1.160-3.260 Pat. (116 y 326 €) por una estándar o una *de luxe*; multiplicad el precio por dos durante los fines de semana y las vacaciones. Uno de los muchos hoteles de lujo de Macao, pero que nos ha gustado, en primer lugar, por sus precios especiales de oferta entre semana y, además, por su aspecto de pequeño hotel de lujo sobrio, nada ostentoso ni feo como muchos otros de la ciudad. Las habitaciones son grandes, con vistas, y con todo el confort y los servicios que cabe pedir a un hotel de esta categoría.

Pousada de Coloane

*(Plano Taipa y Coloane, A2, **22**):* playa de Cheok Van, isla de Coloane (remitíos a «¿Cómo llegar?» e «Islas de Macao»). ☎ 28-88-21-43. www.hotelpcoloane.com.mo Un establecimiento familiar con aspecto de hotel de lujo, aunque un poco marchito, con vistas al mar. Habitaciones dobles que oficialmente cuestan 750 Pat. (75 €), pero por las que se puede conseguir hasta un 50 % de descuento. Parece que lo frecuenta una clientela fiel, seducida tanto por las facilidades para bañarse en esta caleta de Cheok Van como por sus famosas barbacoas de los fines de semana.

Regency Macau Hotel

*(Plano Taipa y Coloane, A1, **23**):* 2, estrada Almirante Marques, Esparteiro, isla de Taipa. ☎ 28-83-12-34. Fax: 83-01-95. Dobles 900-1.200 Pat. (90-120 €), con desayuno. El clásico hotel de lujo según las normas internacionales. En total, 326 habitaciones amplias y cómodas. Las de delante tienen una hermosa vista de la ciudad de Macao y la bahía. Espléndida piscina (en forma de pequeños lagos en medio de la vegetación), squash, cuatro pistas de tenis, gimnasio, etc. Abundante desayuno bufé.

Muy selecto

Pousada de São Tiago

*(Plano de conjunto, **24**):* av. da República, Fortaleza de São Tiago da Barra. ☎ 28-37-81-11. www.saotiago.com.mo Reervas en Hong Kong: room 3711A, 37/F, Shun Tak Centre, 200, Connaught Rd Central. ☎ (852) 25-46-69-44. sales@florinda.com.hk
Es imprescindible reservar. Dobles a partir de 2.600 Pat. (260 €) aproximadamente, entre semana; añadid cerca del 20 % los fines de semana y durante las vacaciones, y no olvidéis el 15 % de tasas. Así que no os diremos cuánto cuestan las suites... Procurad pasar por alguna agencia para conseguir precios especiales o intentad negociar con la sucursal. Pero ¿cómo calificar este hotel, sin duda, el más hermoso,

original y sorprendente de la ciudad? Desde que el *Bela Vista* cerró tras la retrocesión de Macao a China, los amantes de los edificios hermosos y el lujo están encantados de alojarse en esta antigua fortaleza del sigloXVII, espléndidamente restaurada. Se entra por el antiguo túnel de acceso que protegía el fuerte contra los piratas y las naciones europeas rivales... Una sensación de frescor y sorpresa muy agradable antes de descubrir la bonita terraza del hotel que domina la bahía. La dirección ha sabido conservar el estilo y el encanto del lugar, desde la antigua capilla hasta los baldosines de época, pasando por unos delicados azulejos. Las habitaciones son también una maravilla, con teléfono antiguo y mecedoras que invitan al relax, y las más caras, con un agradable balcón con vistas. Lo único que le reprochamos es el precio, bastante elevado, y el trato algo seco y estirado. El restaurante es de calidad mediana. Sin embargo, y aunque no podáis alojaros aquí, vale la pena que vayáis a tomar una copa.

Hotel Lisboa

(Plano general, D4, ***25****):* 2-4, av. de Lisboa. ☎ 28-37-76-66 y 10-800-153-0023 (nº gratuito). 💻 www.hotelisboa.com Dobles a partir de 1.650 Pat. (165 €). Cerca de 1.000 habitaciones y suites... compartidas entre la Lisboa Tower y la East Wing. La desmesura total, igual que el increíble vestíbulo de entrada, su monumental escalera, sus lámparas de cristal. Verdadero museo también con sus enormes estatuas de jade, su extravagante decorado de azulejos azules y dorados... Incluso las habitaciones estándar son lujosas: mobiliario distinguido y con marquetería, cama king size, TV con gran pantalla incrustada en la pared. Curiosamente, algunos baños son pequeños. *Noite e Dia Café* (abierto las 24 horas) y prestigioso restaurante *Robuchon* con una de las mejores bodegas de vino de Asia.

¿DÓNDE COMER?

A este respecto, el tipo de cocina que más abunda en Macao es la portuguesa, que se ha combinado con la china, la hindú y la malaya. El resultado es una gastronomía local que ha creado un género aparte, la cocina macanesa. En muchos restaurantes se prepara la famosa *galinha africana picante* (o pollo a la africana, picante y original, con una excelente salsa a base de ajo, nuez de coco, pasta de cacahuete, tomate y pimienta) y los más clásicos *caldo verde* (sopa de legumbres), *peixe assado a portuguesa* (pescado a la portuguesa), *sardinhas assadas*, además del delicioso *pombo assado* (asado de pichón). Como veréis, esta cocina no se caracteriza precisamente por la exquisitez. Pero sí hallaréis un buen surtido de vinos, procedentes casi todos de Portugal: *branco*, *tinto* y *verde* (el mejor). Evidentemente, también encontraréis comida china, ya que, a fin de cuentas, estamos en un lugar que nunca ha dejado de ser chino... De cualquier modo, aquí hay una mezcla bastante interesante, tanto antes como después de meterse de lleno en la gastronomía del Imperio Celeste. Y otra cosa, no olvidéis que las raciones son muy abundantes y que un solo plato suele bastar para dos. Aunque al precio debéis añadirle el 15 % por el servicio y la tasa turística.

De barato a precio medio

En la ciudad hay otros muchos restaurantes populares, principalmente en la **travessa do São Domingos** *(plano general, C2)* y en las callejuelas próximas a la rua do Comandante Mata e Oliveira *(plano general,*

C3), entre la rua da Praia Grande y la avenida de Dom João IV.

Centro de comidas

*(Plano general, B2, **30**):* en la tercera planta del Central Market, detrás del largo do Senado. Calculad apenas 20 Pat. (2 €). Aquí hay cantidad de puestos de comida china en los que podéis comer, sentados en un taburete alrededor de una mesa pequeña. Señalad el plato que queréis o llevad el diccionario y unas cuantas frases aprendidas de memoria... Buen ambiente y productos frescos, ya que estáis al lado del mercado de carne y frutas y verduras más popular del centro urbano.

Restaurantes de la rua de Pequim

*(Plano de conjunto, **31**):* a la derecha de la calle de Pequim, viniendo del Casino Lisboa, antes del hotel *Metropark* y la rua de Xanghai. Muchos pequeños restaurantes buenos, bonitos y baratos, abiertos hasta tarde por la noche. Os las podréis apañar con algunas palabras de inglés y chino.

De precio medio a más selecto

En el centro hay unos cuantos **restaurantes chinos** en la rua da Felicidade *(plano general, B2)*. Ofrecen un ambiente bastante íntimo por la noche, con las cortinas en las puertas, pero no tengáis reparo en entrar. Por último, los **cafés y restaurantes del frente marítimo** *(plano de conjunto, **42**)*, en la avenida Dr. Sun Yat-sen (delante de la impresionante estatua dorada de Kun Iam), sirven menús de casi todas las cocinas del mundo, en locales de moda y terrazas.

Solmar

*(Plano general, C3, **33**):* av. da Praia Grande. ☎ 28-57-43-91. Abierto de 11 a 23.30 h. De entrada, el *Solmar* atrae por su esmerada decoración. Dos elegantes comedores, uno encima del otro, con baldosines antiguos, muros lacados en amarillo (sin duda, para hacer juego con el nombre), una hermosa cerámica y refrescantes cuadros de arte moderno (sin olvidar la sorprendente placa de la *Chaîne des Rotisseurs* de la planta baja). Da gusto sentarse a la mesa, cubierta con un mantel blanco, y sentirse rodeado de camareros atentos; aunque los fines de semana estén un poco desbordados. La carta, que tiene un aspecto bastante elegante, presenta algunas especialidades de marisco y los tradicionales platos de pescado a la portuguesa: la *caldeira de mariscos* y las gambas. También, algunos platos de carne. En la carta se reproducen las etiquetas de los vinos, que salen a unos precios relativamente asequibles. En resumen, vale la pena venir aquí tanto por el ambiente y el local como por sus platos, pues todo resulta muy correcto y agradable.

A Lorcha

*(Plano general, A4, **34**):* 289, rua do Almirante Sérgio. ☎ 28-31-31-93. Se cena por unos 80 Pat. (8 €). Restaurante portugués en el que se reúnen los últimos macaneses de origen 100 % lusitano. En un ambiente de cueva corsaria, pero con un servicio eficaz, se pueden degustar más de 15 formas distintas de preparar el bacalao. Excelente marisco, como los famosos *camarãoes a la Lorcha*, hechos a la brasa y flambeados con Porto. Vinos de Portugal y Macao.

Fat Siu Lau

*(Plano general, B2, **35**):* 64, rua da Felicidade. ☎ 28-57-35-80. Abierto de 12 h a 23.30 h. Una auténtica institución local en pleno centro de la antigua «calle del pecado» que se mantiene en pie desde 1903. No dejéis de entrar, y no os importe lo pesada que es la puerta. Os atenderán unos encantadores camareros que lo único que quieren es hacer su trabajo lo mejor posible. Hay algunos que parece

que estén aquí desde que se inauguró el restaurante... Instalaos cómodamente en la planta baja, más íntima, o subid a los pisos superiores si la edad os lo permite. A veces os encontraréis, entre la clientela habitual, con unas encantadoras ancianas que vienen a saborear el famoso *pombo assado* (asado de pichón), según la auténtica receta original que el *Fat Siu Lau* dice tener. Ello no quita que esté muy sabroso, lo mismo que la *galinha africana picante*, la otra especialidad de Macao. Regadlo todo con un *vinho branco* o *verde*. El ambiente es más bien selecto.

Porto Exterior

*(Plano de conjunto, **36**):* edif. « Chong Yu », Almeida Gomès (calle peatonal paralela a la avenida de Amizade). ☎ 28-70-32-76. Todos los días de 12 h a medianoche. Platos 65-86 Pat. (6,50-8,60 €). Vinos portugueses a partir de 95 Pat. (9,50 €). Gran restaurante que hace esquina, con la fachada un poco ostentosa. Sin embargo, no os equivoquéis, es muy popular entre los jóvenes (y los menos jóvenes), que vienen a divertirse en grupo y ocupan largas mesas. Sabrosa cocina portuguesa servida generosamente en una gran sala climatizada muy animada.

The Lion King

*(Plano de conjunto, **37**):* rua Cidade de Sintra, edif. Dynasty Plaza. ☎ 28-75-26-28. En el primer piso. Abierto todos los días para comer y cenar hasta las 22 h. Menús portugueses 68 Pat. (6,80 €) y 388 Pat. (38,80 €) para cuatro; especialidad «Lion King Special» y cangrejo al curry. Realmente se tiene la impresión de caminar por una playa; los frescos de tema marítimo de las paredes, todas en tonalidades de azul, os introducen inmediatamente en ambiente. Es que aquí se entra en un templo consagrado al dios del marisco y a la cocina lusitano-china. Al mediodía, mucha gente. Es prácticamente el restaurante de todos los empleados de la zona, que toman un plato o el menú corto del día en un ambiente alegre y ruidoso.

Porto Interior

*(Plano de conjunto, **34**):* 259B, rua do Almirante Sérgio. ☎ 28-96-77-70. Práctico y situado a dos pasos del Museo Marítimo. Todos los días de 12 a 23.30 h. En una bonita casa: ventanas delicadamente trabajadas, preciosos platos de porcelana, fotos antiguas. Platos macano-portugueses: *cozido a portuguesa* (diferentes carnes y salchichas braseadas con verduras), la *feijoada a moda da casa* (manitas de cerdo y judías pintas).

Henri's Galley

*(Plano de conjunto, **40**):* 4, av. da República. ☎ 28-55-62-51. Abierto de 12 a 22 h. En un sector agradable, al lado de uno de los depósitos de agua. Otro restaurante macanés. Sí, pero éste tiene un dueño chistoso, que a unos les parecerá divertido, y a otros, pesado... El capitán de marras tiene plantado su restaurante frente a la bahía, con la decoración adecuada estilo «barco» y (cada cual lo toma como le parece) algunos toques de humor que apreciarán los de su calaña. Escudado en su delantal, vende como nadie (parece que tenga un argumentario) su pollo a la africana. Hay que reconocer que está muy bueno y que las raciones son abundantes. Una especialidad, el cangrejo al curry, para dos personas como mínimo; aunque sale un poco caro, al igual que el café.

Ali Curry

*(Plano de conjunto, **41**):* 4, av. da República. ☎ 28-55-58-65. Abierto de 12.30 a 23.30 h. Al lado del anterior, calculad 50 Pat. (5 €) por un curry y una sopa. Muy solicitado por culpa de (¿o gracias a?) su gran terraza. A pesar de la cúpula de mezquita que le sirve de logotipo, sólo es musulmán en la decoración. Buenas costillas de cerdo al curry.

¿DÓNDE COMER EN LOS ALREDEDORES?

Es muy aconsejable reservarse una (o dos) ocasiones para comer en las islas de Taipa o de Coloane. Particularmente exótico y agradable. Es otro aspecto de Macao para descubrir, una ciudad también es bucólica, íntima y tranquila a la vez.

Para las direcciones que os damos a continuación, remitíos más adelante al mapa de las islas de Taipa y Coloane, así como al zoom de Taipa.

EN TAIPA

Sería algo así como comer en un antiguo pueblo, lejos, muy lejos de la muchedumbre y de la ciudad trepidante. Y para digerir la comida, un paseo tranquilo por entre las callejuelas llenas de niños... Hacia el viejo centro, autobuses n°s 11, 15, 22, 28A, 30, 33 y 34 (parada Rua do Cunha).

Barato

Cafe Tai Lei Loi Kei

*(Plano Taipa zoom, A1, **44**):* rua Correa da Silva. ☎ 28-82-71-50. Servicio ininterrumpido. Algunos platos simples y muy baratos como las pastas con carne 15 Pat. (1,50 €), las albondiguillas de pescado, la sepia, etc. Todos los días a partir de las 15 h, sándwich de carne de cerdo *(pork chop bun)*. Pequeña y popular plaza con sombra para tomar una copa o comer (platos sencillos). Amplia terraza invadida por las familias.

De precio medio a más selecto

Galo

*(Plano Taipa zoom, A1, **45**):*45, rua do Cunha, en la isla de Taipa. ☎ 28-82-74-23. Para ir, coged delante del hotel *Lisboa* el autobús nº 28A y bajad en la parada «Rua do Regador». Calculad unos 80 Pat. (8 €) por la comida. Este bonito establecimiento se encuentra en la callejuela principal del antiguo Taipa, y se ha esmerado en cultivar todo lo relacionado con el gallo portugués, partiendo de una decoración, cálida y burlona a la vez, que abarca desde el nombre del restaurante hasta los más pequeños objetos de terracota. Pero lo malo, y eso es lo que más cuenta, es que no se come muy bien. La carta es un verdadero álbum de fotos que incluye el *polvo frito de sale pimenta* (pulpo frito) o el *bacalhau assado na brasa*. Podréis tomar cerveza y vinos portugueses por precios razonables. Servicio amable y agradable, pese al ruido de fondo del televisor, pero el inconveniente desaparece en el comedor de la primera planta.

Panda

*(Plano Taipa zoom, A1, **46**):* 4, rua Carlos Eugenio. ☎ 28-82-73-38. A 400 m del museo (Taipa House Museum). Abierto de 11 a 23 h. Un gran contraste entre esta fachada que tiene un cierto caché y el salón restaurante con un estilo francamente ordinario. Pero, lo que en realidad cuenta, es lo que encontraremos en los platos. En ese aspecto, no os podréis quejar. Aquí encontraréis la quinta esencia de la cocina portuguesa, realizada con mucha seriedad y regularidad. Gran variedad, pero las estrellas de la carta son las codornices y las palomas asadas.

EN COLOANE

Cenar lejos del bullicio de las ciudades, en lugares románticos, es posible en esta isla. No os preocupéis, hasta las 23 h todos los autobuses, excepto el nº 15, van al centro de la ciudad. O si no, el taxi os costará apenas lo mismo que cualquiera de los platos que os servirán en cualquiera de nuestras excelentes direcciones.

Nga Tim

*(Plano de Taipa y Coloane, A2, **48**):* 8, rua Caetano. ☎ 28-88-20-86. Se puede cenar por unos 60 Pat. (6 €), en una terraza sin mucho encanto. Platos cocinados por un chef fabuloso. En su extensa carta aparecen platos como pichones asados, conejo a la portuguesa, faisán con malanga, guisado de rana y, lo mejor, pescado del día. Justo al lado, en el 9 de la rua de Caetano, una pequeña tienda de antigüedades guarda celosamente los tesoros chinos.

Fernando

*(Plano de Taipa y Coloane, A2, **49**):* en segunda línea de la playa de Hac Sá, en la isla de Coloane. ☎ 28-88-22-64. Para ir, subid a los autobuses nos 25, 21A o 26A, que pasan por delante del hotel *Lisboa*. Servicio hasta 21.30 h. Conviene reservar. Calculad 100 Pat. (10 €). Es una especie de chiringuito a la portuguesa, escondido entre una frondosa vegetación, al final de la línea de autobús y casi de Macao. Pese a todo, hasta aquí vienen hambrientos los residentes extranjeros con ganas de comer bien y los chinos adinerados, que acuden en pareja o con toda la parentela como si fueran a pasar un día en el campo... Aunque el entorno no es muy bucólico, que digamos, los manteles a cuadros y la música portuguesa componen un ambiente agradable en el comedor del fondo, rodeado de vegetación y equipado con una sorprendente chimenea. No comáis en el primer comedor, no vale la pena. El bar suele estar muy animado por la noche. La carta del restaurante es un poco más selecta y cara que en los demás sitios. El dueño es muy atento y os ayudará a escoger los mejores platos. La salsa de las *ameijodas a casa* es absolutamente divina, pero también podéis escoger una contundente *feijoada*. Acompañadlo todo con sangría o con vino portugués, y después os costará levantaros de la mesa y marcharos. Aunque tendréis que hacerlo. Tranquilos, todos los autobuses menos el n° 15 van al centro urbano. Un taxi os costará como uno de los platos de *Fernando*.

¿DÓNDE PICAR ALGO? ¿DÓNDE PROBAR LAS ESPECIALIDADES CULINARIAS?

Leitaria I Son

*(Plano general, B2, **52**):* largo do Senado, bajo las arcadas, a la izquierda de la oficina de turismo. Abierto de 10 a 23 h. Carta en inglés. Entre otras delicias, podréis comer algunos sándwiches y saborear postres como el flan de huevo al baño María (el *ovo de banho maria*), aparte de otros expuestos en el escaparate. El local se llena de jóvenes. Tiene una sucursal no lejos de aquí (381, Almeida Ribeiro), con una lustrosa vaca en el rótulo.

> **> AVISO**
>
> **Los horarios que se indican en la guía son orientativos.**

Pastelaria Koi Kei

*(Plano general, B2, **53**):* 70/72, rua da Felicidade, frente al hotel *Koh Wah*. Toda una institución por los pasteles perfumados de almendra y las tiras de carne seca y azucarada. Que os precisen el precio antes de serviros.

Lord Stow's Bakery

(Plano de Taipa y Coloane, A2): ☎ 28-88-25-34. En la plaza principal de Coloane, cerca de donde llegan los autobuses. Tartaletas de crema y *pasteis da nata*, que son deliciosos.

¿DÓNDE TOMAR UNA COPA? ¿DÓNDE SALIR?

Cafés del frente marítimo

*(Plano de conjunto, **42**):* av. Marginal da Baia, también llamada Sun Yat-sen, hasta la estatua dorada de Kun Iam. Están abiertos hasta las 4 h de la madrugada. Consumiciones a partir de 25 Pat. (2,50 €), pero pueden resultar más baratas en las *happy hours* de los primeros días de la semana. *Rio Café* tiene la decoración más bonita; *Moonwalker*, una orquesta de señoritas, y *Oparium*, una especie de tienda de ultramarinos, con dos o tres mesas, entre los bares, ofrece las cervezas y la coca-cola más baratas de los alrededores.

Face Disco

*(Plano general, B3, **60**):* 405, av. Praia Grande. ☎ 28-33-00-02. Situado en el sótano del edificio, abre a las 22 h y no se paga entrada, excepto los días en que actúan DJ famosos. Cerveza y cócteles a partir de 30 Pat. (3 €), con música *hip-hop, lounge* y pop hasta la 1 h, cuando empieza el break y el tecno house.

Pousada de São Tiago

*(Plano de conjunto, **24**):* remitíos a «¿Dónde dormir?», antes. Si estáis dispuestos a pagar sobre los 40 Pat. (4 €) por una cerveza, venid a tomar una copa o picar algo a esta espléndida fortaleza del siglo XVII transformada en hotel de lujo. Vale la pena. Sobre todo en la terraza, con una preciosa vista de la bahía, aunque la tape la espesa vegetación.

¿DÓNDE JUGAR O DÓNDE MIRAR CÓMO JUEGAN LOS DEMÁS?

Si deseáis saber más al respecto, ved también el apartado «Macao, la otra cara del juego», antes. Si os gusta jugar, pero no estáis enganchados, os debería bastar con las máquinas tragaperras o apostar en las famosas carreras de galgos (ver «¿Qué visitar?», más adelante).

Casino Lisboa y Grand Lisboa

(Plano de conjunto y general, D4): avenida da Amizade. ☎ 28-57-76-66. No tiene pérdida, todo el mundo lo conoce, y por la noche parece una inmensa piña iluminada. Pertenece al célebre magnate del juego Stanley Ho. Fue construido en la década de 1960 con una decoración que hoy resulta auténticamente kitsch, aunque está en constante renovación. Y es que, según dijo un adivino, el famoso doctor Ho, que controla casi todo en Macao, moriría en cuanto se terminaran las obras. Y, claro, el dueño del *Lisboa* no tiene prisa por terminarlas. Si durante vuestra estancia tenéis que poner los pies en un casino, aunque sólo sea para verlo, escoged éste. Es sin duda el último donde aún podréis ver lo locos por el juego que se vuelven los asiáticos cuando vienen a Macao. Al principio, tendréis la impresión de entrar en un centro comercial, pero una vez pasado el túnel de seguridad (hay que venir bien vestido) entraréis en una atmósfera bulliciosa y llena de humo en todas las plantas, capaz de hacer soñar... Si queréis perder 1.500 Pat. (150 €) más, el casino es también un gigantesco hotel (echad un vistazo al vestíbulo, muy kitsch). Pero, atención, aquí se paga por adelantado, por si las moscas.

Casino Macau Palace

(Casino Flotante; *plano de conjunto):* al lado de la terminal de ferris. Aquí viene mucha gente, pero no hay el mismo ambiente que en el anterior. Y es que el mundo echa en falta sin duda el antiguo casino flotante, que se ha convertido en una ruina, al otro lado de la ciudad... Es el único de este tipo en Macao, con muchos oropeles y bastante pequeño. Aquí hemos visto a algunos cabecillas locales en los salones VIPs, con el gesto bastante tenso. Piden el pasaporte en la entrada; la cosa promete...

Kam Pek Casino

Avda. Almeida Ribeiro. En un edificio moderno, con una gran sala sin encanto, se juega al *fan-tan* y al *dai-siu*.

Casino Oriental y Casino del hotel Mandarin

Los dos están en la avenida da Amizade (Outer Harbour). Aquí vienen, esencialmente, los que juegan a lo grande.

Los nuevos casinos americanos estilo Las Vegas

El **Sands** se alza orgullosamente cerca del puerto de los ferris. El **MGM Grand** y el **Wynn** están frente al célebre **Casino Lisboa,** como si quisieran desafiarlo... **The Venetian** es tan grandioso y ocupa tanto espacio que se extiende como un monstruo consagrado al placer del juego, en un vasto terreno a orillas del lago de Taipa (leed más adelante «Las islas de Macao»). Copia exacta del de Las Vegas, este megacasino reproduce la mayoría de los monumentos históricos del planeta, como el Rialto veneciano y sus góndolas.

FIESTAS Y CELEBRACIONES

En Macao se celebran fiestas chinas y portuguesas. Estas últimas recuerdan evidentemente las ceremonias católicas de Portugal en versión tropical... Adquirid el folleto de la oficina de turismo con la lista completa de las fechas de las fiestas y festividades del año en curso.

Año Nuevo chino

La fiesta más típica es el Año Nuevo chino (finales de enero-principios de febrero). Tiene lugar durante diez días y está llena de festejos, danzas del león y el dragón... Las calles y los templos se engalanan, y todo está amenizado con fuegos artificiales. Los vecinos se visitan unos a otros y se ofrecen mutuamente unos pequeños sobres rojos que contienen algo de dinero para desearse buena suerte en todos los sentidos. Durante ese periodo cierran muchas tiendas y la mayorái de las dependencias administrativas.

Hay otras muchas fiestas chinas, como la del **Dragón Borracho** (en mayo), la de los **Barcos Dragón** (en mayo o junio) y la de la **Mitad del Otoño** (septiembre-octubre). Remitíos a «Fiestas y festivales» en Hong Kong, antes.

Procesión de Nosso Senhor dos Passos

Se celebra todos los años el primer domingo de Cuaresma (en febrero-marzo) entre la iglesia de Santo Agostinho y la catedral, en alusión a un milagro popular (ver «¿Qué visitar?», más adelante).

Procesión de Nossa Senhora da Fatima

Tiene lugar el 13 de mayo de cada año.

Festival Internacional de Fuegos Artificiales

En septiembre-octubre. Macao es célebre en todo el mundo por sus fuegos artificiales, aunque la industria pirotécnica haya declinado mucho en los últimos años. En cualquier caso, se trata de una gran competición internacional que tiene lugar sobre el lago Nam Van, bastante popular y espectacular.

Festival Internacional de Música

Durante dos semanas de octubre, ópera, música china, jazz, flamenco, danza, etc.

Gran Premio

Si estáis en Macao durante el mes de noviembre (más concretamente, el tercer fin de semana), no tendréis que preguntar de qué va la cosa, porque estaréis atrapados en el excitado ambiente que se vive todos los años desde 1954 con la celebración del Gran Premio. Carreras de motocicletas, de coches y de Fórmula 3. Se trata de un periodo que conviene evitar, porque a veces hay que reservar con una antelación de hasta un año.

COMPRAS

Como su rival Hong Kong, Macao es un puerto franco y, por consiguiente, libre de impuestos.

Ropa

Aquí podéis renovaros el vestuario si buscáis ropa barata, porque es incluso mucho más ventajoso que Hong Kong, que cada vez se orienta más a las prendas de marca. Id, por ejemplo, al mercado de São Domingos *(plano general, B2)*, con las calles llenas de puestos de ropa barata, detrás de la oficina de turismo. Podéis encontrar algunas gangas, y el ambiente es agradable. En la misma zona, las tiendas empiezan en el largo do Senado y se multiplican en las calles que están a la izquierda de la iglesia de São Domingos. Más de moda y menos baratas, pero si buscáis bien, encontraréis restos de serie interesantes. Alrededor del Red Market *(plano de conjunto,* en el norte; ver «¿Qué visitar?»), en las ruas da Emenda y do Lu Can de la ciudad china, hay un mercado popular con cantidad de puestos y tiendas de calzado, ropa, chucherías, etc.

Muebles y antigüedades

La calle especializada es la rua de São Paulo *(plano general, C1-2)*, que lleva hasta la fachada de la iglesia del mismo nombre, y los anticuarios también están en la rua de São Antonio. Pero, claro, aquí todo resulta muy caro. Preciosas reproducciones de muebles chinos o macaneses; regatead a fondo. Cuidado, muchos querrán venderos gato por liebre. Los comerciantes lo tienen todo previsto para haceros el envío a casa (es seguro, pero sale muy caro). Aunque si finalmente compráis, pedid todos los documentos que hagan falta. En lo referente a antigüedades auténticas, no esperéis encontrar aquí nada que valga la pena. Es mejor que vayáis, por ejemplo, a la tienda del *China Pictures Curios Centre*, frente a la estafeta de correos del largo do Senado (en el 103 de la avenida Almeida Ribeiro), donde encontraréis objetos antiguos de verdad, pero por precios muy elevados. Echar un vistazo sale gratis...

Bisutería y electrónica

Macao tiene cierta reputación en lo referente a joyería. Id a la avenida Almeida Ribeiro, en el centro, y si os encaprichái de alguna joya, pedid el certificado de autenticidad y la factura en inglés o portugués. La misma recomendación para la electrónica, además del certificado de garantía internacional. No nos parece muy recomendable la idea, pero si estáis empeñados, id, por ejemplo, a dar una vuelta por la rua das Estalagens.
> Dirigíos a la rua do Campo *(plano general, D2)* para encontrar accesorios, a precios sin competencia, tanto para la fotografía con película como para la digital.

¿QUÉ VISITAR?

Los portugueses tuvieron la buena idea de restaurar, antes de la retrocesión a China, casi todos los monumentos edificados por sus antepasados, empezando por las iglesias, los edificios administrativos y coloniales, teatros, etc. Y crearon nuevos museos. En resumen, hicieron todo lo necesario para conservar un hermoso patrimonio artístico (mucho más importante que el de Hong Kong), y así protegerlo contra eventuales giros de manivela por parte de las autoridades chinas... Y contra los promotores inmobiliarios sin escrúpulos. Así que os hemos preparado unos paseos de lo más interesantes para que podáis visitar todos y cada uno de esos edificios tan hermosos.

EL MACAO HISTÓRICO

Largo do Senado *(plano general, B-C2):* es la bonita plaza principal en el corazón del Macao histórico, donde se encuentran la oficina de turismo, correos, el Leal Senado y la inmaculada fachada blanca, resplandeciente, de la **Santa Casa da Misericordia** (primera obra de caridad instalada en Asia, que data de 1569). Justo a la izquierda del edificio, veréis un pequeño pasaje elegante al fondo del cual se encuentra el busto del fundador de la institución, el obispo D. Belchior Carneiro. Cabe destacar también los colores de los edificios con arcadas de la plaza, que se levantan sobre un suelo de mosaico moderno en el que se dibujan olas y símbolos marinos, en homenaje a los navegantes portugueses y al pasado colonial del territorio. Bajo las arcadas, delante de la oficina de turismo, a veces se encuentran *fortune tellers* que dicen la buenaventura.

Echad también un vistazo al **Central Market** (alimentación), detrás de la oficina, y en la pequeña rua Leste do Mercado São Domingos, que la bordea, observad la tienda *Kuong Heng Hou*, en el 23A, que sólo vende aletas de tiburón secas, algunas de ellas enormes.

Leal Senado *(plano general, B2-3):* llamado así porque este noble recinto se negó a reconocer la soberanía española tras la anexión de Portugal por Felipe II. Actualmente está ocupado por el Consejo Municipal, que tiene aquí su sede. El edificio del Senado está considerado la muestra más representativa de la arquitectura portuguesa tradicional de Macao. De una belleza clásica, cuenta con un patio interior en el que podréis admirar los preciosos azulejos que cubren las paredes y una fuente en el centro. Las piezas interiores y la biblioteca, dedicadas a la gloria de la metrópoli, atraen a cuantos se interesan por la historia. Allí se encuentran una de las más hermosas colecciones de libros, en inglés y en chino, y todos los periódicos publicados en Macao.

La **biblioteca,** que es en sí misma una obra maestra, fue construida en 1920 siguiendo el modelo de la de la universidad de Coimbra, en Portugal. Abierto de lunes a sábado de 13 a 19 h. Otras salas albergan exposiciones de pintura, escultura y fotografía.

Casa Lou Kau *(plano general C2):* a un tiro de piedra de la catedral. Abierto solamente los fines de semana de 9 a 18 h.

No os podéis perder esta magnífica casona patricia, construida en 1889 por Lou Kau, un riquísimo comerciante chino. Entrada por un pequeño patio de piedra gris. Decorado con gran refinamiento. Observad los altorrelieves y las consolas talladas a ambos lados (pájaros de madera y follaje). En lo alto, ventana con grabados de pájaros (signo de prosperidad). En la sala del fondo, pórtico de madera esculpida, vitrales y tímpanos en relieve por encima de las puertas. Acceso al dormitorio. A la izquierda de la entrada, una hermosa escalera conduce al 1º piso. A la izquierda, un bello altar de piedra; a la derecha, el retrato del antiguo propietario.

Iglesia de São Domingos *(plano general, B-C2):* atravesad el largo do Senado de espaldas al Leal Senado.

Magnífica iglesia barroca muy bien restaurada y, sin duda, la más impresionante de Macao. Después de contemplarla desde el exterior, uno ya no tiene más remedio que entrar en ella. Como su nombre indica, la construyeron los dominicos portugueses en el siglo XVII, inspirándose en sus cofrades españoles. Los chinos la llamaban «el templo de los muros de madera». Esta iglesia ha dado lugar a muchas anécdotas. Cuando Portugal se independizó de España en 1640, el sargento mayor de la ciudad declaró en público que estaba a favor de la Corona española, tras lo cual fue apresado por la multitud y arrastrado hasta la iglesia, donde lo mataron a pedradas delante del altar mayor, en plena misa. Cuando en el siglo XIX se propagó hasta aquí el sentimiento anticlerical portugués, las autoridades llegaron a transformar la iglesia en una cuadra para los caballos de las tropas...

El interior es absolutamente maravilloso, como podréis comprobar. Hermoso ejemplo de arquitectura barroca portuguesa del siglo XVIII, con algunas influencias locales que le dan un encanto muy especial, empezando por la utilización de maderas tropicales. Altar impresionante, elegantes pilares y pinturas sacras bajo un hermoso techo de madera. La iglesia guarda también una bonita colección de imágenes religiosas, incluida una Virgen de Fátima en cuyo honor se celebra todos los años una importante procesión el día 13 de mayo. Además, desde hace poco está abierto un **museo de arte sacro** con unas 300 piezas, muchas de ellas fabricadas *in situ* para enviarlas a África y Asia. Abierto todos los días de 10 a 18 h; entrada gratuita. Pequeña exposición sobre los medios empleados en la renovación de la iglesia y una rica colección de objetos religiosos del siglo XVII al XIX.

Fachada de la iglesia de São Paulo *(plano general, C1):* poneos enfrente de São Domingos, girad a la izquierda y remontad la rua da Palha hasta la de São Paulo. Subiréis por una escalera hasta el monumento más conocido de Macao y el más emblemático de todos. La iglesia original la diseñó un jesuita italiano en el siglo XVI y la edificaron unos maestros de obras japoneses. En 1762 los jesuitas fueron expulsados de Macao, y la iglesia quedó más o menos abandonada. Por último, en 1835 quedó devastada por un incendio, junto con el colegio anexo. Lo único que aún hoy se mantiene en pie es la impresionante fachada barroca, coronada por la cruz de Jerusalén como si fuera un altar.

Dividida en cuatro niveles horizontales y nueve secciones verticales, llenos de símbolos, la parte triangular superior está dominada por la representación de la Santísima Trinidad y de la Virgen. Alrededor de la imagen de Jesucristo se encuentran los aparejos empleados en la Crucifixión. Junto con los símbolos cristianos, se mezclan inscripciones chinas y un dragón. En la parte rectangular inferior están encajadas las imágenes de cuatro santos jesuitas, incluido san Francisco Javier. Para interpretar cada detalle, podéis adquirir el folleto de la oficina de turismo, muy bien hecho. Detrás de la fachada, las excavaciones han descubierto las tumbas, y en el sótano podéis visitar los cimientos de la capilla principal, una cripta en la que descansan las reliquias de los mártires de las guerras de Japón y Vietnam, además de un pequeño **museo de arte sacro.** Entrada gratuita.

Fuerte São Paulo do Monte y Museo de Macao

(plano general, C1): a la derecha de la fachada. Información: ☎ 28-35-79-11. Todos los días, excepto lunes, de 10 a 18 h. Entrada (museo): 15 Pat. (1,50 €); descuentos a niños y estudiantes.

La fortaleza también la levantaron los jesuitas en el siglo XVI, y su momento culminante en la historia se sitúa en 1622, cuando los disparos de sus cañones destruyeron la flota holandesa que intentaba entrar en la bahía. Eso ocurrió un 24 de junio, día de San Juan; después de rechazar el asalto, se decidió adornar la entrada del fuerte con un bajorrelieve con la imagen del santo. El sitio resulta ideal para disfrutar de una vista completa de Macao. Pero también, y sobre todo, es la sede (después de haberlo sido de una estación meteorológica) del museo más reciente e interesante sobre la historia de la antigua colonia.

> **Nivel 1:** en la entrada, una serie de objetos relacionan las culturas portuguesa y china. Además, vestigios arqueológicos, escenificación de la ruta de la Seda y del comercio de las especias, del té y de la porcelana portuguesa, la primera prensa de imprenta de Macao, unas bellas imágenes de piedra y de madera policroma, objetos de arte sacro que sirvieron a la evangelización portuguesa y el mecanismo del péndulo de la catedral de Sé.

> **Nivel 2:** artes y tradiciones populares, con reproducciones de casas coloniales y de escenas del antiguo Macao; interiores de casas y tiendas tradicionales, oficios menores callejeros; todo ello con animaciones y explicaciones en inglés bien claras. Cabe destacar el bonito teatro de marionetas chinas, los vestidos de ópera, la cama de matrimonio roja y la espléndida exposición sobre la cocina macanesa.

> **Nivel 3:** planta consagrada al Macao contemporáneo y algo menos interesante. Pese a todo, destaca la edición original de *Os Luisiadas*, escrita por el famoso poeta Luis de Camões. En cuanto al resto, entre las viejas fotos y las imágenes asépticas del Macao actual, vale la pena que os fijéis en los divertidos objetos procedentes del hotel *Bela Vista*, tan entrañable para todos los novelistas y diplomáticos de la época colonial, y que actualmente es la sede del consulado de Portugal.

En resumen, un museo que no hay que perderse, y al que es preciso dedicar por lo menos 2 h para visitarlo. Para terminar, disfrutad de las vistas que ofrece la terraza de la fortaleza con sus viejos cañones.

Y ahora, media vuelta a la derecha y marchad hasta la **catedral del largo da Sé** *(plano general, C2-3)*, no tan hermosa como cabría esperar (la original fue destruida por un tifón a finales del siglo XIX y reconstruida en 1937), y, enfrente del Leal Senado, tomad por la **avenida de Almeida Ribeiro** *(plano general, B2)* a la derecha. La arteria principal del centro urbano. A pesar del intenso tráfico, aún se distinguen, por encima de las arcadas, las fachadas coloniales con los típicos tonos pastel de Macao. A partir de aquí se respira una atmósfera popular que se vuelve un poco más íntima cuando, al cruzar a la izquierda, se toma la travessa do Aterro Novo y, después, a la derecha, la **rua da Felicidade.** Ésta es la antigua «calle del pecado», como su nombre deja adivinar, y ha sufrido una renovación muy apropiada que ha realzado las fachadas cubiertas de un bonito lacado rojo. Nos gustan mucho esta calle y el barrio, con mucha animación tanto de día como de noche, con sus *pastelarias* y *mercearias*, los tenderetes de golosinas, los pequeños hoteles y los restaurantes íntimos (ver «¿Dónde dormir?» y «¿Dónde comer?», antes). Pasead igualmente por las calles cercanas, como la **travessa de Auto Novo** (en el 25 tenéis el salón de té tradicional *Chá Medicinal Un lec*), donde el Macao chino parece fusionarse por completo con su pasado portugués.

EL SUR DE LA PENÍNSULA

Acercaos al bonito **largo de Santo Agostinho** *(plano general, B3)*, recientemente rehabilitado, con el agradable **Instituto da Cultura de Macao** y la pequeña iglesia del mismo nombre, edificada en 1814. Según cuentan, cuando trasladaron a la catedral la imagen de mármol blanco de Jesucristo llevando la cruz (en el altar), ésta volvió milagrosamente a su lugar de origen. Y el primer domingo de Cuaresma de todos los años se celebra en su honor una procesión hasta la catedral. Justo detrás, no os perdáis el **teatro Dom Pedro V,** encaramado en un montículo. Es el teatro colonial más antiguo de Extremo Oriente (1859) y sorprende tanto por su presencia como por el encanto de su arquitectura. Inaugurado en 1864, albergó muchos refugiados durante la Segunda Guerra Mundial, y después se rehabilitó y convirtió en el local del *Crazy Paris Show*, un espectáculo de revista. Podéis informaros sobre los espectáculos en la oficina de turismo.

También en esta zona se encuentra la **capilla de São José,** que vale la pena visitar por sus altares, brillantes dorados y placas grabadas (rehabilitado recientemente), así como el **seminario de São José,** en el que, según dicen, descansan los restos de san Francisco Javier. Para visitarlos, informaos *in situ*.

Iglesia de São Lourenço *(plano general, A4):* una de las más hermosas de Macao. Encaramada en un montículo rodeado de un jardín con palmeras, tiene una fachada amarilla y blanca de un colorido que embelesa al visitante y es objetivo de los fotógrafos, con una preciosa campana a un lado y un reloj al otro. Pero la puerta principal no siempre está abierta, y en este caso hay que entrar por detrás, por el lado izquierdo del edificio, enfrente del seminario. En principio, abre todos los días, salvo los lunes, de 10 a 18 h. Ha sufrido muchas reformas entre los siglos XVI y XIX (la original era de madera), pero seguramente no ha perdido nada con los cambios. Magnífico techo de madera azul turquesa, con vigas fileteadas de blanco y oro, y ventanas en forma de ojo de buey que difunden la luz del día por los rincones. Cabe destacar igualmente las vidrieras.

A cuatro pasos de allí, echad un vistazo al agradable **mercado municipal São Lourenço,** muy animado, donde se vende pescado, carne, frutas y legumbres. Desde allí, id al malecón, construido durante la dinastía Ming, por la larga rua do Almirante Sérgio o por la rua da Barra, que domina la colina, en la punta sur de la península. El barrio de los marineros, que ya no tiene tanta mala fama como antes, sigue estando dominado por el templo de la diosa que, según dicen ellos, guía su destino...

Templo de la diosa A Ma *(plano de conjunto):* está considerado generalmente el más antiguo de Macao. Al parecer, data de 1555, pero lo cierto es que ya estaba aquí cuando los primeros portugueses desembarcaron en la península. Precisamente, el propio nombre de Macao proviene del de esta diosa taoísta (A Ma Gao), venerada por los navegantes y los pescadores, y por los marinos portugueses. Según la leyenda, se apareció en el siglo X a Lin Mo, una muchacha muy piadosa nacida en el seno de una familia de pescadores de Fujian. Gracias a sus poderes mágicos, salvó a su padre y a su hermano de un naufragio, y éstos, para recompensarla, no tuvieron otra ocurrencia que prometerla en matrimonio a un anciano. Pero ella se negó y se suicidó... A partir de entonces, empezó a aparecerse a los marineros en sus periplos por el mar, y varios decretos imperiales reconocieron su existencia y entronizaron su culto. Así nació la nueva divinidad.

Una de las características de este templo es la roca de la entrada, orientada hacia el mar, sobre la cual hay una representación colorista del junco chino que transportó a la divinidad en medio de los tifones y las tempestades. En esa figura se la ve marchar sobre la cresta de la colina Barra y subir a los cielos. Por el flanco de la colina, muchas rocas albergan inscripciones que al parecer tienen más de seis siglos.

Museo Marítimo *(plano de conjunto):* se halla enfrente del templo de la diosa A Ma. Abierto todos los días, excepto los martes, de 10 a 17.30 h. Entrada: 10 Pat. (1 €); descuentos los domingos y para los niños.

Un museo bien planteado sobre todo lo relacionado con el mar, con la historia de la diosa A Mao, que dio origen a esta región, y la de Wat Yun (o Qu Yuan), un importante personaje injustamente depuesto de sus funciones en el siglo III a.C. y a quien los lugareños intentaron salvar de morir ahogado echando arroz al mar para que los peces no se lo comieran. Al parecer, las famosas carreras de *dragon boats* nacieron en su honor... Encontraréis información sobre la construcción de barcos, el comercio marítimo en los mares de China, la pesca, etc. Hay un pequeño café y es posible dar un paseo en barco por el puerto (de pago, claro).

> Aprovechando que ya estáis aquí, podéis escoger entre ir a tomar una copa en la hermosa **Pousada de São Tiago** para terminar la jornada (ver «¿Dónde tomar una copa? ¿Dónde salir?», antes) o ver unos cuantos edificios más. En este caso, lo mejor es que subáis la colina da Penha y recorráis las calles residenciales hasta la iglesia del mismo nombre. No tiene ningún interés arquitectónico, pero ofrece una hermosa vista de la ciudad. Desde aquí podéis volver a bajar por la rua da Boa Vista hasta el antiguo **hotel Bela Vista** *(plano de conjunto)*, actual consulado de Portugal, del que habla Joseph Kessel en su hermoso libro de viajes *Hong Kong y Macao*. Bonita casa colonial que, por desgracia, está cerrada al público. Si tenéis ganas de ver más cosas, id al **Palacio do Governo** *(plano general, B4)*, un hermoso edificio rosa y blanco que se ve desde la avenida da Praia Grande, enfrente de la bahía, donde últimamente se ha edificado mucho...

De vuelta en el centro, en la esquina entre esta gran arteria y la avenida da Amizade se encuentra el **monumento a Jorge Alvares** *(plano general, C3)*, que conmemora el desembarco en la isla de Lin-Tin de los primeros colonos portugueses en 1513. La colonia se mantendrá siempre fiel a la madre patria, como se puede apreciar en su divisa, según la cual no hay ciudad más fiel que ésta. En cambio, la estatua del gobernador Amaral la devolvieron a Lisboa, en 1992, por ser un símbolo demasiado humillante del colonialismo, lo cual se explica porque dicho personaje, que gobernó Macao de 1846 a 1849, estaba representado a caballo golpeando a un joven chino caído en el suelo. Por último, al final de la avenida da Praia Grande, en la rua Santa Clara, existe otro edificio muy hermoso de color rosa: el **Clube Militar** *(plano general, D3)*, que data de 1870 y sigue siendo el club de los oficiales. Tiene un restaurante selecto abierto al público, pero no así el bar, que está reservado a los socios. Justo al lado se halla el adorable **jardim São Francisco,** con grandes tapices florales y una torre erigida en honor de los antiguos combatientes de la Primera Guerra Mundial. El lugar, muy frecuentado por los estudiantes, cuenta con unos románticos bosques.

PASEO POR LA CIUDAD CHINA

Ahora os llevaremos a una parte muy poco conocida de Macao: primero, desde el norte del centro urbano y, después, de oeste a este. Es la parte de la ciudad que, poco a poco, se vuelve completamente china...

A partir de la avenida de Almeida Ribeiro, remontad la rua de Cinco de Outubro hasta el **templo de Hou Kong Min** (o Hong Kung; *plano general, B1)*, a la derecha. En el 115, una antigua tienda vende té suelto y en bolsas, la **Loja de Chá Ieng Kei.** Más arriba, conforme uno se va acercando al **porto interior** (puerto interior), se desarrolla la vida tradicional china, que mantiene a raya a los promotores inmobiliarios; aunque ¿por cuánto tiempo? Fijaos en los últimos vendedores de incienso, de aletas de tiburón o de plantas medicinales, y en el 53, en las hermosas colecciones de estatuas destinadas a unos improbables turistas... Girad al este por la **rua do Tarrafeiro** hasta la **praça Luís de Camões,** el gran poeta portugués que vivió parte de su exilio en Macao a partir de 1557.

Antiguo cementerio protestante *(plano de conjunto):* en el noroeste. Abierto de 7 a 17.30 h.

Muy bien conservado y enormemente bucólico, es todo un monumento a los muertos y está dedicado a los primeros comerciantes no portugueses que llegaron a Macao. Encima de la entrada hay una placa de mármol blanco que dice: «East India Company, old protestant cemetery, 1814». En su interior, una pequeña iglesia anglicana donde todos los domingos se celebran los oficios en la lengua de Shakespeare. Tumbas inglesas, norteamericanas, alemanas, holandesas, danesas... Y un **monumento funerario a Georges Chinnery,** decano inglés de los artistas del sureste chino que vivió en Macao desde 1825.

Justo al lado se encuentra la **Fundação Oriente**, que ofrece un agradable marco de vegetación. Periódicamente se celebran exposiciones de arte contemporáneo gratuitas. La fundación hace cuanto puede para conservar el alma y el espíritu de la cultura macanesa.

Jardim Camões *(plano de conjunto):* cerca de la Fundaçao. Autobús nº 17 desde la terminal de ferris. Abierto de 6 a 21 h.

Este jardín también rinde homenaje a Luís de Camões, cuyo busto se encuentra en un nicho en la roca rodeado de lápidas conmemorativas. En 1785 el cartógrafo y astrónomo francés La Pérousse estuvo estudiando en el observatorio que mandó construir aquí en lo alto de la colina. También veréis muchos adeptos del tai-chi, como en casi todos los jardines chinos. Ver el apartado «Jardines chinos», más adelante.

Red Market *(plano de conjunto):* en el norte de la ciudad. Tomad un taxi, el autobús n° 26A o, si tenéis buenas piernas, id andando hasta la avenida de Horta e Costa, más al norte.

El nombre del mercado se debe al color rojo de los ladrillos empleados en su construcción. Aquí ya estáis de lleno en un barrio y un universo profundamente chinos. Entrañable mercado en la planta baja, donde se despieza tranquilamente el pescado y se cortan en pedacitos las ranas y las tortugas vivas (no apto para almas sensibles).

La primera planta está dedicada al mercado de la carne, con bonitas luces rojizas. En cuanto a las frutas y las verduras, se venden en

> **PARA ORIENTAROS**
>
> **Consultad los planos de Macao: plano de conjunto** ***(págs. 538-539),*** **plano general** ***(págs. 546-547),*** **islas de Taipa y Coloane** ***(pág. 569)*** **y Taipa - zoom** ***(pág. 570).***

el exterior, alrededor del edificio, y en medio de los puestos de pescado seco, charcutería china y aves de corral vivas... Muy agradable, pero lo mejor es venir por la mañana. Os recordamos que tenemos la dirección de un buen restaurante chino en esta zona (remitíos a «¿Dónde comer?», antes).

Carreras de galgos - Canódromo Yat Yuen *(plano de conjunto):* avenida do General Castelo Branco, en el norte del Red Market. Abierto los lunes, jueves y fines de semana a partir de las 20 h. Entrada: 10 Pat. (1 €), que sirve como apuesta. Cada velada consta de unas 15 carreras. Las apuestas van a buen ritmo, lo que no es de extrañar, tratándose de las carreras de galgos con los mejores premios del mundo.

Templo Lin Fong *(plano de conjunto):* en la avenida do Almirante Lacerda, se entra por el patio de la escuela. Completamente chino en su concepción, está dedicado fundamentalmente a los dioses que controlan aspectos como el arte, la enseñanza y la cirugía. Este templo lo escogieron algunos mandarines chinos como lugar de residencia cuando venían a Macao, atraídos probablemente por su arquitectura de proporciones armoniosas. Un hermoso ejemplo de arquitectura budista clásica, con unos frisos de arcilla sobre la entrada que constituyen una de las obras más hermosas de la región. Por suerte, hay unas verjas que los protegen de los partidos de fútbol. En el interior alberga una bonita colección de estatuas y arquetas pintadas.

Templo de Kun Iam *(plano de conjunto):* en la avenida do Coronel Mezquita. Dedicado a la diosa de la Misericordia, se remonta a la época de la dinastía Yuan (siglo XIII). Los edificios, que datan de 1627, se construyeron donde antes había un templo del siglo XVI. Del patio interior arranca una escalera guardada por dos leones esculpidos en una **sola pieza de granito,** cada uno de los cuales tiene en la boca una piedra redonda que, según dicen, trae suerte si se la gira hacia la izquierda tres veces seguidas. Los tejados están adornados con bonitas figuras de porcelana barnizada.

En su interior veréis, entre una multitud de budas y estatuas de personalidades chinas, a Marco Polo, que se convirtió al budismo cuando estuvo en China. Además, en el jardín trasero hay una mesa de granito rodeada de infinidad de bonsáis. Fue en esa mesa donde Ki Ying, virrey de China en Cantón, y Caleb Cushing, antiguo diputado de Massachusetts convertido en «comisionado, enviado extraordinario y ministro plenipotenciario» en China del presidente de EE UU John Tyler, firmaron el primer tratado chinoestadounidense el 3 de julio de 1844. Bonito cementerio detrás del templo.

Museo Lin Zexu *(plano de conjunto):* Avda. Do Almirante Lacerda, cerca del Canydromo Yat Yuen, el museo se encuentra en el patio del templo de Lin Fong. ☎ 28-55-01-66. Todos los días, excepto lunes, de 9 a 17 h. Entrada: 10 Pat. (1 €).

Un pequeño museo dedicado a quien luchó en el siglo XIX contra el tráfico de opio. En 1839, Lin Zexu se reunió con oficiales portugueses para poner fin al tráfico de esta sustancia. Bonitas pinturas, grabados históricos evocando esa época, estampas (entre las cuales hay una sobre una imponente instalación de opio en India). Algunos recuerdos antiguos; pipas para fumar opio y distintos objetos relacionados.

Jardines chinos: numerosos en Macao. Constituyen una manifestación de la cultura china desde hace más de 2 000 años y sirven para canalizar las emociones y relajar la mente. En ellos se levantaban pabellones para observar la luna, escribir poesías, hacer el amor, beber vino... Los jardines, que están a cargo del Senado, se animan desde muy temprano por la mañana con el tai-chi, las jaulas de los pájaros colgadas de las ramas y los escolares que acuden a hacer los deberes. Los chinos juegan a los dados y a las cartas en unas minúsculas pagodas. La visita de estos jardines representa un auténtico relax y una dosis de aire puro. El Jardim Camões y el Jardim São Francisco se han comentado antes, y los que se reseñan a continuación están todos en el este del centro urbano.

> **Jardim de Montanha Russa** *(plano de conjunto):* cerca del templo de Kun Iam. Autobús nº 28C. Abierto de 6 a 22 h. Sin duda el jardín más tranquilo. No es el que más nos gusta, pero tiene un bonito plantel de árboles tropicales y europeos.

> **Jardim Flora y colina da Guia** *(plano de conjunto):* en la avenida de Sidonio Pais. Abierto de 7 a 19 h. Funicular de 7.30 a 18.30 h.

El jardín más grande de Macao perteneció a un palacio que se quemó a consecuencia de la explosión de una fábrica de fuegos artificiales cercana. Podéis acceder a una fortaleza haciendo una parte en funicular y otra a pie. Domina Macao desde las alturas y comprende una capilla y el faro (abierto de 9 a 17.30 h). Fue construida hacia 1637 cuando el gobernador era Camara de Noronha. La capilla de techo abovedado es del mismo estilo que las ermitas portuguesas del siglo XVII. Las pinturas originales se pusieron al descubierto recientemente y se restauraron conforme a las originales. Cabe destacar la tumba de la entrada, que data de 1720. El altar de la Virgen María es una copia (el original está en el Museo de Macao). En cuanto al faro, es el más antiguo de la costa china y data de 1865. Fijaos en la enorme ancla marina que han subido hasta aquí y contemplad la hermosa vista circular desde la terraza, donde podréis refrescaros en el chiringuito después de la subida, bastante empinada, por cierto...

> **Jardim Lou Lim Ioc** *(plano de conjunto):* el más típicamente chino y el que más nos gusta. Abierto de 6 a 21 h. Entrada de pago, pero muy barata. Os recomendamos venir por la mañana temprano o a última hora de la tarde, cuando veréis a los chinos pasear y cómo cuelgan las jaulas de los pájaros. Construido por un rico comerciante chino del siglo XIX siguiendo el modelo de los jardines de Suzhou,

> **AVISO**

El icono del Trotamundos os indica el interés de la visita.

está a cargo de la ciudad desde 1974. Bonitos estanques, puentes y templetes chinos, y otros refinados atractivos...

Casa de Sun Yat-sen *(plano de conjunto):* 1, rua Silva Mendes. ☎ 28-57-40-64. Abierta todos los días, excepto los martes, de 10 a 17 h. Entrada gratuita.

Seguramente ya conocéis a este hombre que, en 1911, fundó la República de China y pasó la mayor parte de su vida en el exilio. Vivió en Hong Kong, Tokio, Londres, Estados Unidos, y pasó dos años en Macao, donde ejerció abnegadamente la medicina. Entre 1892 y 1894 trabajó en el hospital de Kiang Vu y fundó su propia clínica en la rua das Estalagens, donde muchas veces atendió a los pobres sin cobrarles nada. Pero las amenazas de los mandarines le obligaron a irse de Macao, aunque su primera mujer y sus dos hijos se quedaron y mandaron construir este edificio en su honor. En él se conservan recuerdos, fotos y muebles del célebre médico.

EL MACAO MODERNO

En el Macao moderno hay unas cuantas curiosidades por ver, pese a que esa zona, en gran parte ganada al mar, se ha desarrollado demasiado para nuestro gusto... Evidentemente, se trata de la zona de los hoteles de lujo y los casinos, desde el anticuado *Lisboa* hasta el último casino flotante estrenado para los adictos al juego que acaban de llegar por la terminal de ferris, justo al lado (remitíos a «¿Dónde jugar o mirar cómo juegan los demás?»). De modo que si queréis ver cómo será el futuro de Macao, éste es el barrio donde se cuece todo.

Macau Tower *(plano de conjunto):* al sur de la ciudad, al pie del puente de Sai Van. ☎ 28-93-33-39. 💻 www.macautower.com.mo Restaurante giratorio que ofrece un bufé a 160 Pat. (16 €) a mediodía y 230 Pat. (23 €) para cenar hasta las 22 h.

Esta torre, con sus 338 m, es más alta que la torre Eiffel y ocupa el decimoquinto puesto del ranking de torres más altas del mundo. A los 233 m hay una plataforma de observación desde la que podréis contemplar, siempre que haga buen tiempo, hasta una distancia de ¡55 km!

Museo del Gran Premio (Museu do Grande Prémio; *plano de conjunto):* rua de Luís Gonzaga Gomes. Abierto de 10 a 18 h; cerrado los martes. Entrada de pago; hay descuentos para adolescentes.

Un museo para forofos de los coches, con modelos de todas las épocas desde el primer Gran Premio de Macao de Fórmula 3 en la década de 1950, cuando se decía que este circuito se parecía al de Mónaco.

Centro Cultural de Macao *(plano de conjunto):* avenida Xian Xing Hai, al final de la *reclaimed land* (parte ganada al mar). ☎ 28-75-14-01. Museo de arte que abre de 10 a 19 h y cierra los lunes. Entrada: 5 Pat. (0,50 €); gratis los domingos.

Exposiciones permanentes y temporales en un edificio muy moderno, inspirado en el que se realizó para la ceremonia de retrocesión del territorio a China (que fue destruido después). Cada año se celebran tres o cuatro exposiciones temáticas bastante interesantes, de cerámica de Shiwan, retratos del siglo XIX, vistas de Macao, etcétera. También se organizan en su interior conciertos y festivales. Pedid el programa en la oficina de turismo o *in situ*.

Estatua de Kun Iam *(plano de conjunto):* impresionante estatua dorada en pleno centro de la *reclaimed land*. Consultad la información sobre el templo que lleva su nombre en el apartado «¿Qué visitar?», antes. Erigida recientemente por las autoridades, supuestamente con la misión de proteger a la población contra los tifones y, ¿quién sabe?, quizá también contra los ajustes de cuentas entre las tríadas... Alberga un centro ecuménico.

Macau Fisherman's Wharf *(plano de conjunto):* en el puerto Exterior, a lo largo de Sun-Yat-sen. ☎ 28-22-22-00 o 25. www.fishermanswharf.com.mo

Es uno de los delirios de Macao, una realización faraónica de dos célebres hombres de negocio, Sir Stanley Ho (el rey de los casinos) y Mr. David Chow. Imposible no verlo desde la terminal de ferris. Se extiende a lo largo de 33 hectáreas y recuerda a Las Vegas. Casinos y centros comerciales reproducen los más hermosos escenarios arquitectónicos y ambientales de algunas de las ciudades de todo el mundo: Nueva Orleans, Ciudad del Cabo, Amsterdam, la Riviera italiana, Lisboa, Miami, barrios de estilo español, medieval inglés, romano, un palacio veneciano, etc. Para los niños, un fuerte con actividades y atracciones. Reproducción de un anfiteatro romano para los espectáculos y de una ciudad china fortificada de la dinastía Tang para presentar todas las cocinas de China. Pero la guinda del pastel es el volcán (¡en actividad!) que se puede visitar. Aquí encontraréis el primer *roller coaster* interior de Asia (¡emociones garantizadas!). En cuanto al Water World, se pueden admirar las acrobacias y proezas de los especialistas en *jet-ski* y los clavadistas.

LAS ISLAS DE MACAO

Las islas de **Taipa** y **Coloane** ya no lo son realmente, porque están unidas al continente por una serie de puentes. Fueron auténticos remansos de paz para Macao. Pero en la actualidad están muy urbanizadas, pese a que quedan aún unos cuantos rincones, playas y zonas verdes que valen la pena. Para comer y cenar, remitíos a «¿Dónde comer en los alrededores?», antes.

Taipa

Para llegar a la isla de Taipa, coged el **autobús nº 28A** que sale de la terminal de los ferris y pasa por delante del hotel *Lisboa* (parada «Rua do Regador», al lado del núcleo antiguo de la ciudad).

Taipa está actualmente unida a Macao por dos puentes que por la noche se convierten en cintas luminosas. Se espera la próxima inau-

ISLAS DE TAIPA Y COLOANE

- **Transportes**
  - Aeropuerto internacional
- **¿Dónde dormir?**
  - **11 y 12** Albergues juveniles de Coloane
  - **22** Pousada de Coloane
- **¿Dónde comer?**
  - **48** Nga Tim
  - **49** Fernando

guración de un inmenso Marine Park. Por suerte, aún queda el centro histórico.

Paseo por el centro histórico

Al bajar del autobús, tomad la calle principal, la **rua do Cunha,** con pequeñas tiendas... Al final encontraréis un plano con explicaciones históricas de los sitios, justo enfrente del restaurante *Galo* (ver

TAIPA - ZOOM

¿Dónde dormir?

23 Regency Macau Hotel

¿Dónde comer?

44 Cafe Tai Lei Loi Kei
45 Galo
46 Panda

«¿Dónde comer en los alrededores?»). Tenéis una **oficina de turismo** al lado del templo Tin Hau, en un recodo, que abre todos los días hasta las 17.45 h aproximadamente.

> **Templo Tin Hau:** está integrado en una escuela, dedicado a la diosa del Mar, y tiene un altar al que vienen a rezar los budistas. Enfrente veréis un bonito ayuntamiento colonial verde claro. Pasead por las viejas callejuelas flanqueadas por bellas casas portuguesas de estilo antiguo, y volved hasta el restaurante *Galo*.

Al final de esta calle principal, girad a la izquierda por la rua Direita Carlos Eugénio (talleres de pirotecnia abandonados) hasta la escalera que sube a la **iglesia de Nossa-Senhora-do-Carmo,** a la derecha. Es de estilo colonial portugués del siglo XIX y domina la avenida da Praia. Esta plaza de la iglesia sombreada, tranquila y llena de flores, nos gusta mucho. Justo enfrente, la **Biblioteca;** detrás, una escalera que baja hasta el mar y por la que llegáis al **Taipa House Museum** (☎ 28-82-53-14. Abierto en principio de 10 a 18 h, cerrado los lunes y entrada gratuita). Está instalado en varios edificios coloniales rehabilitados, de color verde manzana, frente al mar. El más interesante reproduce el interior de una casa macanesa de principios del siglo XX, con muebles de estilo portugués y chino mezclados y objetos religiosos. En los demás se celebran exposiciones temporales.

Coloane

Desde Macao, el **autobús nº 25 o el nº 26** delante del hotel *Lisboa*. En Taipa, preguntad por el hotel *Taipa* y apostaos en la carretera que sale de la rotunda Ouvidor Arriaga, en la misma acera del hotel. Todos los autobuses van a Coloane (pueblo y playas); cartel con las tarifas.

Más espaciosa que la vecina Taipa, sus colinas, bosques y playas atraen algo más a los turistas. El autobús llega hasta las playas de Cheoc Van y Hac Sá (final). Paseando sin rumbo podéis pasar por un bonito templo chino, una capilla portuguesa o un monumento erigido para conmemorar la «liquidación», el 13 de julio de 1910, de una sanguinaria banda de 10 piratas. Precisamente, la isla fue un refugio de los piratas del mar de China hasta 1910.

> Para volver a Macao, cualquier autobús frente al restaurante *Fernando* o en el pueblo de Coloane, salvo el n° 15.

Capilla de San Francisco Javier: se trata de una encantadora capilla de estilo portugués, blanca y amarilla, construida en 1928. En ella se conserva parte del brazo del misionero, que fue un verdadero conocedor de Extremo Oriente, donde es muy venerado por los cristianos. La hermosa fachada de color ocre combina el estilo jesuítico con signos chinos, y bajo las arcadas de enfrente hay un agradable restaurante (ver «¿Dónde comer en los alrededores?»).

Templo Tam Kung: en el extremo sur de la avenida Cinco de Outubro, en el frente marítimo. Un bonito edificio en el que se conserva una barba de ballena de más de 1 m. Y en ella se esculpió una piragua con una menuda tripulación de chinos que llevan el típico sombrero puntiagudo. Continuando por la parte trasera del templo, se llega a la playa de Cheoc Van después de unos 15 minutos de paseo.

Playas: **Cheoc Van** está en el sur de la isla, sus aguas reflejan bonitos colores y la arena es blanca. En principio, podéis alquilar canoas. Un poco más lejos se halla **Hac Sá** (arena negra), llamada así por el color grisáceo de la arena volcánica. Es la más frecuentada y la mayor, lo que le resta encanto. En el noreste, **Ka Ho,** un antiguo refugio de piratas. Y en el oeste hay un gran jardín de 20 ha donde están representadas 200 especies de aves y gran variedad de plantas.

CANTÓN (GUANGZHOU)

7 MILLONES DE HAB. PREFIJO TEL.: 020

Cantón es la cuna de la gastronomía china en el extranjero, difundida por los cantoneses emigrados que han instalado sus modestos restaurantes de barrio hasta en la esquina del propio domicilio de cualquiera de vosotros. Aquí andan picando todo el tiempo, desde el desayuno hasta el «té de la noche», esos famosos buñuelos al vapor, orgullo de Cantón: los *dim sum*.

Una megalópolis meridional y comercial

Cantón, que fue el primer puerto de China que comerció con los «bárbaros» extranjeros, ha cultivado desde siempre una imagen meridional, procurando mantenerse alejada del poder central de Pekín, al que considera demasiado frío y lejano. Aquí la gente habla poco el mandarín, y casi todo el mundo se expresa en cantonés, con sus siete tonos diferentes.

A base de razonar en términos de costes y rapidez, Cantón ha urbanizado el centro deprisa y corriendo, de modo que hay que buscar con lupa las escasas callejuelas más o menos auténticas que aún quedan. Un inmenso cinturón de ronda rodea los barrios de grandes bloques donde se hacinan los chinos, que necesitarían calzarse unas botas de siete leguas para poder moverse entre los gigantescos edificios que se elevan junto a cualquier cruce de calles. Cuando uno pasa por aquí se siente como un liliputiense, dominado por una sensación de anarquía aún más fuerte que la que percibe en Hong Kong... Menos mal que todavía queda la isla de Shamian, el mayor mercado de la farmacopea china del mundo, y para la gente curiosa como nosotros quedan aún muchos templos y museos, últimos vestigios del pasado que resisten el proceso de urbanización salvaje que vive la ciudad.

Un poco de historia

El «sistema de Cantón»

Cuando los navegantes portugueses llegaron a la provincia de Guangdong, en 1514, le pusieron el nombre de Cantón. Este nombre se identificó después con el de la propia ciudad, para evitar que Guangdong se confundiera con Guangzhou, que es el nombre de la ciudad en chino. Ése fue, sin duda, el primer malentendido de los muchos que se producirían entre los chinos y los extranjeros. Al principio, durante la dinastía Ming, la ciudad les estuvo prohibida, aunque se autorizó a los portugueses a que se instalaran en Macao. Aquí estuvo bloqueado el célebre jesuita san Francisco Javier, que evangelizó China y Japón, a la espera de una autorización para entrar en territorio chino y continuar su obra. Y aquí murió en 1552 sin que hubiera recibido ninguna respuesta.

Este periodo de las grandes expediciones europeas fue, a pesar de todo, una brecha por donde se lanzaron españoles y holandeses primero, y franceses, ingleses y estadounidenses después. El poder imperial puso en práctica entonces el «sistema de Cantón» para controlar severamente los intercambios comerciales. Los extranjeros sólo estaban autorizados a fondear sus barcos fuera del puerto de la ciudad, y a tratar con los comerciantes y funcionarios cantoneses a través del Cohong, un organismo de corredores de comercio marítimo que representaba sus intereses. Finalmente, Cantón se convirtió en el siglo XVIII en el único puerto de China que comerciaba con los europeos, y la ciudad se enriqueció gracias a las exportaciones de té.

Una concesión extranjera

Pero el estrangulamiento comercial que representaban las limitaciones portuarias se les hacía cada vez más insoportable a los ingleses y su balanza comercial, porque el comercio del té les salía demasiado caro y no les daba beneficios. Y para compensar esa pérdida no se les ocurrió otra cosa que introducir el famoso opio de India.

Furioso ante los estragos causados por el «cieno extranjero», el poder imperial intentó prohibir este comercio que también causaba su ruina. El mandarín Lin Zexu ordenó, en 1839, la destrucción de 20.000 cajas de opio y la expulsión de los comerciantes ingleses de Cantón. Pero lo único que consiguió fue que se desencadenara la primera guerra del Opio y los ingleses atacaran la ciudad en 1841. El resultado fue que el poder imperial, considerablemente debilitado, tuvo que autorizar la extensión del tráfico y ceder un pedazo de territorio a los ingleses en una roca deshabitada llamada Hong Kong... Los ingleses no se quedaron satisfechos, y se asociaron con los franceses para desencadenar la segunda guerra del Opio, que concluyó con los tratados de Tianjin y Pekín en 1858 y 1860, respectivamente. Al año siguiente instalaron su propia concesión a orillas del río de las Perlas, en pleno corazón de Cantón. Al parecer, habían ganado la partida.

Un foco nacionalista

Pero la región se convirtió en un foco de insurrecciones. Los culis chinos habían empezado a emigrar masivamente al extranjero huyendo de la miseria, y el movimiento Taiping encabezó la rebelión contra los Qing, a los que acusaban de todos los males. Su fanatismo le hizo fracasar, aunque otro nativo de Guangdong, Sun Yat-sen, consiguió hacer triunfar la rebelión contra el poder manchú y aniquilarlo en 1911. Y fue en Cantón donde el padre de la Revolución china creó el Kuomintang, con el apoyo de la Unión Soviética, para hacer frente a los «señores de la guerra» en el norte del país, y donde se asoció con el recién fundado Partido Comunista Chino, que también nació aquí en 1921. Durante la guerra chino-japonesa (1937-1945), la ciudad fue ocupada, y estuvo en manos del Kuomintang hasta la entrada de las tropas comunistas en 1949.

Cantón en la actualidad

Cantón sigue siendo una ciudad eminentemente comercial, pero no se preocupa lo más mínimo por la arquitectura ni por la ecología. Pese a ello, se puede percibir la diferencia de desarrollo entre la «perla del sur» y la antigua colonia británica, Hong Kong, a sólo 100 km de distancia, adonde han emigrado una multitud de cantoneses que se han llevado en el equipaje gran parte de su cultura; una cultura que actualmente constituye un elemento esencial de la identidad del enclave capitalista. Pero desde que se iniciaron las reformas en el país, Cantón aspira a formar parte del polo económico del sur aglutinado por su poderosa vecina, que, desde hace ya bastante tiempo, ha deslocalizado por toda la región sus industrias, en las que emplea a millones de personas. Las autoridades también han creado áreas económicas especiales a las puertas de los antiguos territorios anexionados, para estimular la actividad de la provincia de Guangdong. Y se ha iniciado una carrera por el desarrollo que pretende ganar a Shanghai, la «perla del norte».

Cantón anuncia muy claramente sus intenciones en este inicio de milenio: quiere ser a la vez el primer puerto de China y la piedra angular del tráfico aéreo regional. El nuevo aeropuerto, cinco veces más grande que el antiguo, fue inaugurado en 2004. Los proyectos de un tren expreso hacia Zhuhai (punto de acceso a Macao) y de una línea de metro que una la ciudad con todo el extrarradio de Cantón atestiguan la magnitud del desarrollo iniciado.

En la actualidad, Cantón tiene unos 7 millones de habitantes, 2,8 millones de bicicletas, 650.000 motos y un millón de vehículos de cuatro ruedas. Uno de cada cuatro cantoneses tiene teléfono móvil, y prácticamente uno de cada dos tiene ordenador. Esta larga marcha (¿huida?) hacia delante en pro del desarrollo se puede calibrar mejor si se tiene en cuenta que estas cifras habrán quedado ampliamente superadas dentro de muy poco.

Peligros y contratiempos

Según nos indican, los descuideros se están haciendo notar ahora mucho más que antes, de modo que no olvidéis la vigilancia de vuestros efectos personales, ni siquiera los dejéis en el suelo cuando esperéis un taxi. Aparte de eso, Cantón no tiene fama de ser una ciudad peligrosa. De todas maneras, id siempre con mucho cuidado por el barrio de la estación central, llena de animación.

¿CUÁNDO IR?

> **EVITAD** coincidir con la feria de Cantón, en la segunda quincena de los meses de abril y octubre. Durante esos días, los transportes urbanos van a reventar, lo mismo que los hoteles, que aprovechan para duplicar y triplicar los precios.

> **Clima:** desde abril a septiembre aumentan las precipitaciones y las temperaturas, con puntas en mayo y junio para las lluvias, y olas de calor de junio a septiembre u octubre. Entre agosto y noviembre hay algún riesgo de tifones.

LLEGAR -SALIR

Aeropuerto de Bayun

(Fuera del plano de conjunto): situado a unos 25 km al norte del centro de la ciudad. Oficinas de información, de cambio y del *China Travel Service*. Los independientes ofrecen mejores precios. Se pueden reservar billetes sin comisión en el CITS o en el CTS, pero para los más atrevidos existen numerosas agencias pequeñas en las cercanías del aeropuerto, en el centro de la ciudad y en los hoteles, en las que se pueden conseguir rebajas de hasta el 50 % *(wu zhi)* en los vuelos nacionales, tres o cuatro días antes de la salida.

> **Vuelos interiores:** todos los días hay una decena de vuelos a Pekín y Shanghai, menos a Guilin. Tasa del aeropuerto: 50 ¥ (5 €).

> **Vuelos internacionales:** vuelos diarios a Singapur, Bangkok (Tailandia) y Osaka (Japón). Tasa del aeropuerto: 90 ¥ (9 €).

Desplazamiento del aeropuerto al centro

> **En autobús o taxi:** trayecto rápido gracias a la apertura de una vía exclusiva de la ciudad al aeropuerto. En taxi unos 100 ¥ (10 €). Con el Airport Express podéis enlazar con la princi-

pal estación de tren (cada 30 minutos, 25 ¥ (2,50 €).

En tren

¡Atención, hay dos!

■ **Estación central de Guangzhou Zhan** *(plano de conjunto):* se encuentra en el norte del centro urbano y de ella salen las líneas hacia las principales ciudades del país, excepto Hong Kong. Si no habláis chino, os aconsejamos que vayáis al CITS o al CTS (ver antes). Consigna en el exterior del edificio. Funcionan de 7 h a medianoche. Calculad 8-20 ¥ (0,80-2 €) por un día dependiendo del peso.

> **Frecuencia y duración de algunos viajes:** unos tres trenes al día hacia **Pekín** (24 h de viaje; 460 ¥/46 €, en una litera dura, y **Shanghai** (de 24 a 28 h de viaje; 390 ¥/39 €, en una litera dura), y dos trenes hacia **Xi'an** (28 h) y **Guilin** (de 13 a 17 h).

■ **Estación del Este Guangzhou Dongzhan** *(fuera del plano de conjunto):* en el este del centro, y accesible en metro. Es la más moderna y funcional. Desde ella salen los trenes a Hong Kong. Tiene consigna de 7.30 a 22.30 h (4-10 ¥/0,40-1 € por maleta dependiendo del peso) y un Bank of China. El CTS está en Linhexi Lu, saliendo de la estación a unos 100 m a la derecha.

> **Enlaces con Hong Kong:** los billetes se compran en una taquilla específica que está en el primer piso, arriba de la escalera. Abierta de 7.30 a 21.30 h. Salen unos doce trenes diarios de 8.30 a 21.30 h. Calculad 1,30 h de viaje para los directos más rápidos, y entre 210 y 260 ¥ (21 y 26 €) según la clase. Las formalidades inmigratorias se efectúan tanto en la estación de salida como en la de llegada.

> El antiguo sistema de coger el tren para Shenzhen es el más económico; consiste en tomar el KCR hasta la estación de Kowloon Tong y después el MTR hasta vuestro destino en Hong Kong. Podéis realizar el trayecto de Cantón a Kowloon en 2,30 h y ahorraros hasta 100 ¥ (10 €).

La ventanilla para *Shenzhen* está a la derecha, antes que la de Hong Kong, y permanece abierta de 5.50 a 21.45 h. Los trenes salen cada 20 minutos de 6.10 a 22 h, y los más rápidos realizan el trayecto en 1 h, pero el precio del billete es de 90 ¥ (9 €), mientras que en los que tardan 2 h cuesta 70 ¥ (7 €).

> **Enlaces con Pekín:** desde esta estación salen dos trenes diarios a la capital.

En autobús

Las principales estaciones de autobuses están en los alrededores de la estación central de trenes. Es recomendable ir provisto de un papel en el que esté escrito el nombre de vuestro destino en chino.

Atención: recargo del 50 % de promedio en el precio de los billetes durante el Año Nuevo chino (hacia mediados de enero o febrero).

■ **Provincial Bus Passenger Station Sheng Qichezhan** *(plano de conjunto):* 145, Huanshi Xilu. Id por el puente peatonal que hay a la izquierda de la explanada, desde donde se ve la estación de trenes, y luego descended por la rampa de la derecha. Para desplazamientos de largas distancias.

> De esta estación parten numerosos autobuses con literas con destino a **Guilin,** a partir de 150 ¥ (15 €); **Nanning** (provincia de Guangxi), a partir de 150-220 ¥ (15-22 €); **Haikou** (isla de Hainan), 180-300 ¥ (18-30 €); **Guiyang** (provincia de Guizhou), 280 ¥ (28 €), y más sitios, así como numerosos autobuses para **Shenzhen,** que parten cada 20 minutos de 6.30 a 23 h, y para **Zhuhai Gongbei,** que parten cada 30 minutos de 6.30 a 20.30 h, por el mismo precio que en la estación de Liuhua. También enlaces a Kaiping.

■ **Estación de Liuhua** *(plano de conjunto):* atravesad el pasaje Subterrá-

CANTÓN - PLANO DE CONJUNTO

Aeropuerto, FOSHAN
Montaña Baiyun
Lago Luhu
Luhu Lu
Luhu Lu
Museo de Arte de Guangzhou
Hengfu
Lu
Xiatangxi
Lu
Jardín de las Orquídeas
50
Yuexi Park
Parque Yuexiu
China Hotel
Museo y Tumba del Rey de los Yue del Sur
Pabellón Zhenhai
Xiaobei
Huanshi
Zhonglu
Guangdong International Hotel
Parque Huanghuagang
Zoo
51
Friendship Store
54
53
31
23
Taojin
Xianlie Zhonglu
Huanshi Donglu
Tianhe, estación del Este
Yuexiu
Xiaobei
Memorial Sun Yat-sen
Jiefang
Sun Yat-sen Memorial Hall
Dongfeng
Zhonglu
Xianlie Nanlu
Dongfeng Donglu
Beilu
Ayuntamiento de Cantón
Beilu
Museo Revolucionario de Guangdong
Memorial de los Mártires
Parque del Pueblo
Jardín Real de los Yue del Sur
Instituto del Movimiento Campesino
Zhongshan
Silu
Yuexiu zhonglu
Zhongshan
Martyr's Park
Sanlu
Zhongshan
Erlu
1
Dongshankou
Zhongshan Wulu
Wende
61
Peasant Movement Inst.
Gongyuanqian
Policía
Xihu Lu
Guangzhou
60
Beijing
Wenming
Lu
Lu
Donghua
Xilu
Lu
Donghua
Donglu
Jiefang zhonglu
Yuexiu
Baiyun
Lu
DASHATOU
Lu
Lu
Nanlu
Haizu Square
Jiefang Nanlu
PLAZA HAIZHU
2
Yanjiang
Zhonglu
21
Parque Dongshan
Lago Dongshan
35
Lu
Xilu
PUENTE HAIZHU
Río de las Perlas
Donglu
Donghu
Xilu
Nanhua
(Zhujiang)
PUENTE HAIYIN
ERSHATOU
Museo de Guangdong
Binjiang
Wanhua zhonglu
Donglu
Tongfu Donglu
zhonglu
The 2nd Worker's Cultural Palace
Jiangnan
Qianjin
Lu
dadao
Jiangnanxi
Parque Xiaogang
0
500
1 000 m
2
Universidad Sun Yat-sen

CANTÓN - PLANO DE CONJUNTO *(págs. 576-577)*

Transportes y Direcciones útiles

- Aeropuerto de Baiyun
- Estación central Guangzhou Zhan
- Estación del Este Guangzhou Dongzhan
- Provincial Bus Passenger Station
- Estación de Liuhua
- Oficina de correos Liuhua
- 1 China International Travel Service (CITS)
- 2 China Travel Service (CTS)
- 3 Oficinas del Bank of China
- 6 CAAC
- 7 China Telecom
- 9 Wangqu
- 10 Masajes chinos – Youyi Muzu Tang

¿Dónde dormir?

- 20 Guangdong Tourist Building
- 21 Binjiang Youth Hostel
- 23 Habitaciones de la General Products of Guangdong Company

¿Dónde comer?

- 31 Bei Yuan
- 32 Huimin Fandian
- 33 Xi Guan Shi Jia Yuan Lin
- 34 Panxi
- 35 Restaurantes de marisco de Dashatou

¿Dónde tomar un té? ¿Dónde tomar una copa?

- 50 Pabellones del jardín de las Orquídeas
- 51 The Hill Bar
- 52 Bar Street (Baietan)

¿Dónde salir? ¿Dónde ir a bailar?

- 53 Wave
- 54 Cave Bar y Gipsy King Bar
- 55 Face Club

Compras

- 60 Mercado de noche
- 61 Guangzhou Antique Shop Head Office

¿Qué visitar?

- 70 Liwan Museum

neo e id por la pasarela que parte del *McDonald's*. Muy práctica, sobre todo por las ventanillas exteriores para los autobuses que van a Shenzhen. Especialmente indicada para destinos en el interior de la provincia de Guangdong. Expendedores automáticos en la planta baja muy prácticos para **Shenzhen** (60 ¥/6 €) y **Zhuhai** (35-60 ¥/ 3,50-6 €), un sistema barato para ir a Hong Kong o Macao, respectivamente. Para otros destinos, dirigíos al vestíbulo de la primera planta.

> **Hacia Hong Kong:** salen muchos autobuses directos privados, fletados por las agencias de viajes de los hoteles, con destino al centro de Hong Kong o a su aeropuerto (aseguraos), de manera que se puede conectar con vuelos del mismo día (ver «¿Dónde dormir?»). Si no, podéis ir directamente al *China Hotel* (la mejor elección) o al *Dongfang Hotel*, ambos cerca de la estación de metro de Liuhua, o incluso al *Garden Hotel* o al *Liuhua Hotel*. El viaje suele durar unas 3 h, con salidas cada hora de 5.30 a 20.30 h, con billetes entre 100 y 240 ¥ (10 y 24 €), según las compañías. Debéis prever que hay control aduanero en Shenzhen.

> **Hacia Macao:** también van muchos autobuses privados directos, cuyas plazas se reservan en las mismas direcciones citadas en el apartado anterior. Servicio de 7 a 20 h, aproximadamente. El trayecto suele durar de 2 a 3 h. Precio: unos 80 ¥ (8 €).

En ferri

> **Hacia Hong Kong:** actualmente salen numerosos barcos desde la ciu-

dad, pero sigue siendo más lento que ir en tren o autobús. Para quienes igualmente prefieren ir por mar, la compañía *Turbo Jet* ofrece un servicio de catamaranes ultrarrápidos que salen de Pingzhou, un puerto situado a 1 h de viaje por carretera en el sur de Cantón. Las reservas, e incluso la compra de billetes para viajar el mismo día, pueden realizarse en el vestíbulo del *China Hotel*, desde donde también salen los minibuses para el puerto, a las 8.45 y a las 12.45 h. Calculad en total unas 3 horas para realizar la entrada en la bahía de Hong Kong. Precio: 190 ¥ (19 €).

¿CÓMO DESPLAZARSE POR LA CIUDAD?

Por más que queráis, no podréis recorrer a pie todo el centro, es demasiado cansado. Cantón está muy contaminada y tiene mucho tráfico. Las cuatro líneas de metro que atraviesan el centro urbano resultan muy útiles para el turista.

Una buena opción es recurrir a un taxi para ir de un barrio a otro. Ver «En taxi», más adelante.

Por suerte, la mayoría de los rótulos de las calles están traducidos en pinyin. Para leer bien los planos, recordad que «calle» se dice *lu* en chino. Pero, como las vías urbanas suelen ser muy largas, casi siempre se les añade un prefijo para indicar que se está en la parte norte *(bei)*, sur *(nan)*, oeste *(xi)* o este *(dong)*, mientras que *zhong* se reserva para el centro. Así, Renmin Lu se llama «Renmin Beilu» cerca de la estación central, «Renmin Zhonglu» en su parte central y «Renmin Nanlu» cerca de Shamian, más al sur.

Otra recomendación: llevad siempre encima alguno de los planos turísticos de la ciudad, que tienen casi todos los nombres de las calles y los edificios más importantes en inglés y en caracteres chinos. Ello os servirá tanto para preguntar por una dirección como para indicarle a un taxista adónde queréis ir. Los planos son gratuitos y los encontraréis en casi todos los hoteles un poco selectos de la ciudad, en las agencias de viajes y en las oficinas del CITS y el CTS (ver «Direcciones útiles»). El mejor que existe es el editado por CNPIEC, que se vende, por ejemplo, en la librería del hotel *White Swan* (ver «¿Dónde dormir?»).

En taxi

Hay muchísimos taxis, de color rojo, y el taxímetro suele funcionar sin problemas. La bajada de bandera cuesta unos 7 ¥ (0,70 €) y cada kilómetro sale por unos 2,60 ¥ (0,26 €). Por lo general, hay una reja entre el taxista y el pasajero, lo cual no impide que uno pueda sentarse delante y mostrarle al taxista el sitio al que quiere ir en el plano. Así sabréis también si el taxista conoce el sitio o no; si antes de arrancar resulta evidente que no lo conoce, lo mejor es cambiar de taxi. Siempre que sea posible, contentaos con mostrar un sitio conocido, cercano a vuestro punto de destino, para evitar los equívocos.

Otro problema: existe un cinturón de ronda de 27 km que rodea todo el centro urbano, y los taxistas le tienen una extraña querencia, porque cada vez que pueden lo cogen. Ello se justifica cuando se quiere evitar el centro urbano, sobre todo en las horas punta (hacia las 8.30 h por la mañana, y entre las 16.30 y las 18 h aproximadamente), pero a veces lo toman para hacer más larga la carrera, y entonces el taxímetro se dispara. No es necesario ir por esa ruta entre la estación y Shamian, pues la vía subterránea que está sobre Renmin Lu es muy rápida. Decid: «Wo bu yao zou Huanshi Lu!» (¡No quiero pasar por Huanshi Lu!). Los cantoneses, sobre todo por la noche, negocian el precio de las carreras a partir del que marca el taxímetro. Ensayad «Da bazhi» (20 % de descuento), aunque algunos ofrecen un precio fijo, supuestamente más bajo, por llevaros a un lugar determinado. Puede estar bien si sabéis el precio que marcaría el taxímetro.

En metro

Cantón es la quinta ciudad de China donde se está construyendo actualmente una red de metro. Una línea, en servicio desde 1999, atraviesa el centro urbano de oeste a este hasta la nueva estación de trenes de la línea de Hong Kong y únicamente recorre la Zhongshan Lu. La línea nº 2 va de norte a sur y luego gira al este. La línea nº 3 atraviesa la ciudad de norte a sur y la nº 4, al sudeste, prolonga la nº 2. Está en proyecto una quinta línea que irá de este a oeste.

El metro funciona de 6.30 a 23 h y tiene todas las indicaciones importantes en inglés o en pinyin.

Las estaciones se distinguen por las iniciales en rojo que parecen un doble tallo que se curva a los dos lados. La tarifa es de 2 ¥ (0,20 €) por un trayecto de tres estaciones seguidas y luego 1 ¥ (0,10 €) extra por cada grupo suplementario de tres estaciones; 5 ¥ (0,50 €) suelen ser suficientes para los viajes largos, como el que va de la estación del Este a la isla de Shamian. Presionad el botón correspondiente a vuestra estación en las máquinas automáticas insta-

EL METRO DE CANTÓN

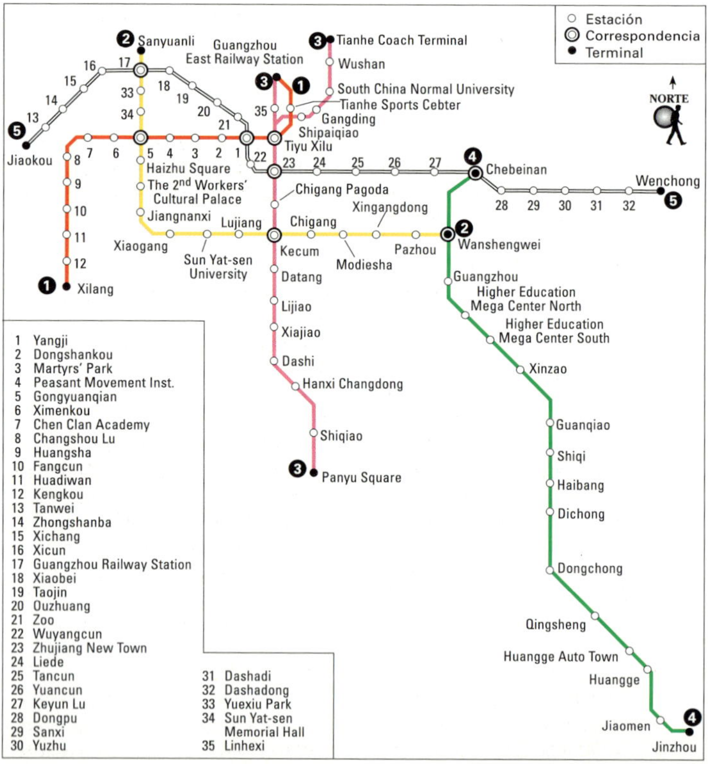

ladas en las estaciones y después introducid la cantidad solicitada en monedas de 1 ¥ (0,10 €) o en billetes de 5, 10 o 20 ¥ (0,50, 1 o 2 €).

En autobús o minibús

El medio más económico para desplazarse. Preved monedas para insertar en la máquina de la entrada: 2 ¥ (0,20 €) para los autobuses con aire acondicionado y 1 ¥ (0,10 €) para los demás. Aseguraos de haber elegido bien la línea, siguiendo su recorrido sobre un plano de la ciudad, que en caso de necesidad siempre se puede consultar con otro pasajero.

ORIENTACIÓN

Cantón es una ciudad enorme, como ya hemos dicho. El centro limita al sur con el famoso río de las Perlas, que los negociantes anglosajones y extranjeros remontaban para instalarse en la concesión de la isla de Shamian, único remanso de paz en el corazón del centro urbano. Desde allí arranca la gran Renmin Lu por la orilla norte, en la que se concentran la mayoría de establecimientos y centros de interés, hasta la estación central de trenes a lo largo de unos 5 km. A uno y otro lado de esta gran arteria se encuentran casi todos los templos, parques, mercados y, alrededor de la estación, la mayoría de los hoteles. Algunos hoteles de lujo están situados en el este de la estación central, en Huanshi Lu, que lleva hasta la nueva estación del Este, de la que sale la línea de Hong Kong, en el barrio moderno de Tianhe.

DIRECCIONES ÚTILES

Información turística

> **China International Travel Service** (CITS; *plano de conjunto, **1***): a la derecha de la estación central de trenes. ☎ 86-66-68-89 (extensión 111). 💻 www.citsgd.com.cn Abierto de lunes a viernes de 9 a 18 h y los fines de semana de 9 a 16 h. Hablan un poco de inglés. Debemos recordar que el CITS es una agencia de viajes del Estado y no una oficina de turismo, por lo que ofrecen venta de billetes de tren (comisión), vuelos internacionales y nacionales, reservas de hotel, etc. No facilitan planos de transportes.

> **China Travel Service** (CTS; *plano de conjunto, **2***): 10, Qiao Guang Lu, en la plaza Haizhu. ☎ 83-33-68-88. Para información sobre trenes y autobuses: ☎ 83-33-31-42. Para los aviones: ☎ 83-33-31-02. 💻 www.gdcts.com Permanece abierto de lunes a viernes de 8.30 a 18 h, y los fines de semana y festivos de 9 a 17h. Hablan un poco de inglés. Aquí encontraréis información sobre transportes y venta de billetes. Resulta bastante eficaz, aunque no es nada del otro mundo.

> También podéis ir a las agencias de viajes de los hoteles un poco más selectos y a ciertos hoteles de categoría media. Para los billetes de autobús, son más baratas que el CTS.

> **Reclamaciones:** *hotline* en inglés, ☎ 86-68-70-42.

Correos

> **Oficina de Liuhua** *(plano de conjunto)*: justo a la izquierda del edificio de la estación, abre todos los días de 9 a 19 h. Venta de sellos y posibilidad de llamadas internacionales.

> **Oficina de Shamian** *(plano general, B4)*: Shamian Dajie. Abierta de 9 a 17 h. Cerrada los domingos.

China Telecom

*(Plano de conjunto, **7**)*: frente a la estación central (tomad el pasadizo subterráneo). Abierto todos los días de 8

a 19 h. Servicio de teléfono, fax e Internet. Venta de tarjetas telefónicas de 30, 50 y 100 ¥ (3, 5 y 10 €), que también se encuentran en los numerosos quioscos bajo la sigla IC. Para las llamadas al interior de China, se pueden utilizar los teléfonos de pequeños comercios anunciados.

Internet

Cantón no es Hong Kong, y cuesta más consultar el correo electrónico y enviar mensajes. En el centro de la ciudad, en **China Telecom** (ver antes). En Shamian, en 46, Shamian Dajie, **Blenz Coffee** *(plano general A4, 8)* tiene acceso gratuito a sus clientes de 7.30 a 23 h. También, desde la isla de Shamian, coged el metro hasta la estación de Chen Jia Ci Lu para llegar al cibercafé **Wangqu** *(plano de conjunto, 9):* 130, Xihua Lu, el el primer piso. Abierto de 8 a medianoche.

Bank of China

*(Plano general, A4, **13**):* 33, Shamian Dajie. En la isla de Shamian. Abierto de lunes a viernes de 9 a 17.30 h y los fines de semana de 9 a 15.30 h. Cambio en ventanilla y cajero automático *Visa* y *MasterCard* en el exterior. Otra agencia en el 137, **Changdi Damalu,** cerca de Shamian *(plano general, D3, **2**).* Más sucursales en la ciudad *(plano de conjunto, **3**).* Los grandes hoteles también canjean dinero con unos tipos de cambio correctos.

> ***American Express:*** en caso de pérdida o robo de vuestros cheques de viaje *Amex*, llamad a la oficina de Amex en Cantón: ☎ 83-31-17-71. Dadles la referencia y retirad los nuevos cheques de viaje en el *Banco de China*, Guangzhou International Financial Building (197, Dongfeng Xilu). ☎ 83-33-80-80.

> AVISO

Los horarios que se indican en la guía son orientativos.

> **Urgencias financieras:** *Western Union* está en las oficinas de correos de Liuhua y de Shamian (ver antes).

Compañías aéreas

> **CAAC** *(plano de conjunto, **6**):* a la derecha del CITS, en la estación central. ☎ 86-68-20-00 (las 24 horas). Venta de billetes de avión para la red nacional e internacional.

> **China Southern Airlines:** 181, Huanshi Lu. ☎ 86-68-20-00 (las 24 horas). La principal compañía regional del sur de China, afiliada al CAAC.

Masajes chinos - Youyi Muzu Tang

*(Plano de conjunto, **10**):* 698, Renmin Beilu. ☎ 86-68-69-22. Separado de la acera, en una pequeña explanada, al lado de la Expo. Buscad la banderola que pone «Foot Massage» y atravesad el vestíbulo del hotel *Youyi Binguan*; encontraréis un pequeño establecimiento «étnico tradicional» especializado en el tratamiento de los pies. Si encontráis el masaje muy fuerte, decídselo a las masajistas, pero, en general, ellas saben adaptarse a vuestros pies. 1,30 h de masaje, pedicura incluida, con la aplicación de un ungüento de yerbas y una infusión, por 48 ¥ (4,80 €). Existen otros establecimientos semejantes en la ciudad, que pueden reconocerse por la misma banderola en inglés.

Crucero por el río de las Perlas

*(Plano general, C4, **14**):* pequeñas empresas situadas en el muelle Xidi, sobre el paseo Yanjiang Xilu, en el este de Shamian, ofrecen esta excursión desde sus casetas con techumbres adornadas de redes; id entre las 19.30 y las 21.30 h, para aprovechar las luces de la ciudad; más tarde se aplican restricciones a la iluminación. El precio por persona está sobre los 40 ¥ (4 €). El hotel *White Swan* ofrece excursiones más lujosas con cena los viernes y sábados.

¿DÓNDE DORMIR?

La hostelería cantonesa no tiene nada que despierte el entusiasmo; alterna un confort correcto, pero sin pasarse, con una decoración bastante fea. Como ya os hemos dicho, no vengáis cuando se celebra la feria de Cantón, porque los hoteles están llenos, y los precios se duplican o triplican... Por el contrario, fuera de los periodos de feria y de vacaciones, podéis conseguir rebajas del 5 al 50 %; sobre todo si llegáis a última hora y no han podido alquilar todas las habitaciones. No tengáis ningún reparo en regatear. Pasar por una agencia también puede resultar eficaz para los hoteles de lujo. Pero, en cambio, tendréis que añadir de un 5 a un 20 % de tasas según la categoría del hotel. Estas tasas se dedican, en parte, a financiar la construcción del metro.

De muy barato a barato

Guangzhou Youth Hostel

(Plano general, A4, ***25****):* 2, Shamian Sijie. ☎ 81-21-86-06. Fax: 81-88-49-79. Telefonead para saber si quedan habitaciones libres. Magníficamente situado, más abajo del *White Swan Hotel*, en la isla de Shamian. 50 ¥ (5 €) por persona en un dormitorio de ocho camas, lo más barato de Cantón; habitaciones dobles de 200 ¥ (20 €). Es una especie de albergue juvenil privado, ideal para el que quiera alojarse en este remanso de paz. No exigen carné de socio. No sirven desayunos. Baños comunes para los dormitorios, y privados para el resto de habitaciones. Si pagáis una comisión de 20 ¥ (2 €), podéis comprar billetes de metro y autobús. Hablan un poco de inglés.

Guangdong Tourist Building

(Plano de conjunto, ***20****):* 179, Huanshi Xilu. ☎ 86-66-68-89 (extensiones: 38-12 y 38-18). Fax: 86-67-97-87. Dos establecimientos, el *City Youth Hostel (Guangzhou Guoji Qingnian Lüguan)* y el *CITS Hotel (Guangzhou Guolü Jiudian)*, comparten este edificio situado a la derecha de la estación central, justo al lado del CITS. Las reservas se hacen indistintamente en el mismo mostrador. El primero ofrece alojamiento barato en las dos primeras plantas e incluso desayuno y cena en el pequeño restaurante de la segunda planta. Para los poseedores del carné internacional de albergues juveniles (que se puede conseguir allí mismo, previo pago de 70 ¥/ 7 €), una cama en un dormitorio común o una habitación individual minúscula cuesta 60 ¥ (6 €), y 120 ¥ (12 €) una doble con aire acondicionado, aunque también espartana; en los dos casos el baño es exterior. Quienes no posean el carné deberán pagar un 30 % más. En cuanto al *CITS Hotel*, ofrece habitaciones dobles con baño, en los pisos tercero y cuarto, por 170 ¥ (17 €), con un descuento del 30 %. Mejor visitadlos antes de reservar. Lavadoras de pago. Hablan un poco de inglés. Sed prudentes en este barrio por la noche. El metro para ir a Shamian se encuentra delante de la estación de trenes.

Habitaciones de la General Products of Guangdong

(Plano de conjunto, ***23****):* 12, Bei Jiao Chang Lu. ☎ 83-70-91-41. Al fondo del aparcamiento del edificio de la Alianza francesa. Doble 130 ¥ (13 €) la noche, 2 300 ¥ (230 €) el mes. Tanto los viajeros de estancias largas como los de una noche, encontrarán lo que necesitan en esta casa que compite por el título de mejor opción de Cantón. Bien escondida al fondo de un patio interior, y disfrutando por lo tanto de una tranquilidad apreciable, esta *guesthouse* presenta una ali-

CANTÓN - SHAMIAN (PLANO GENERAL)

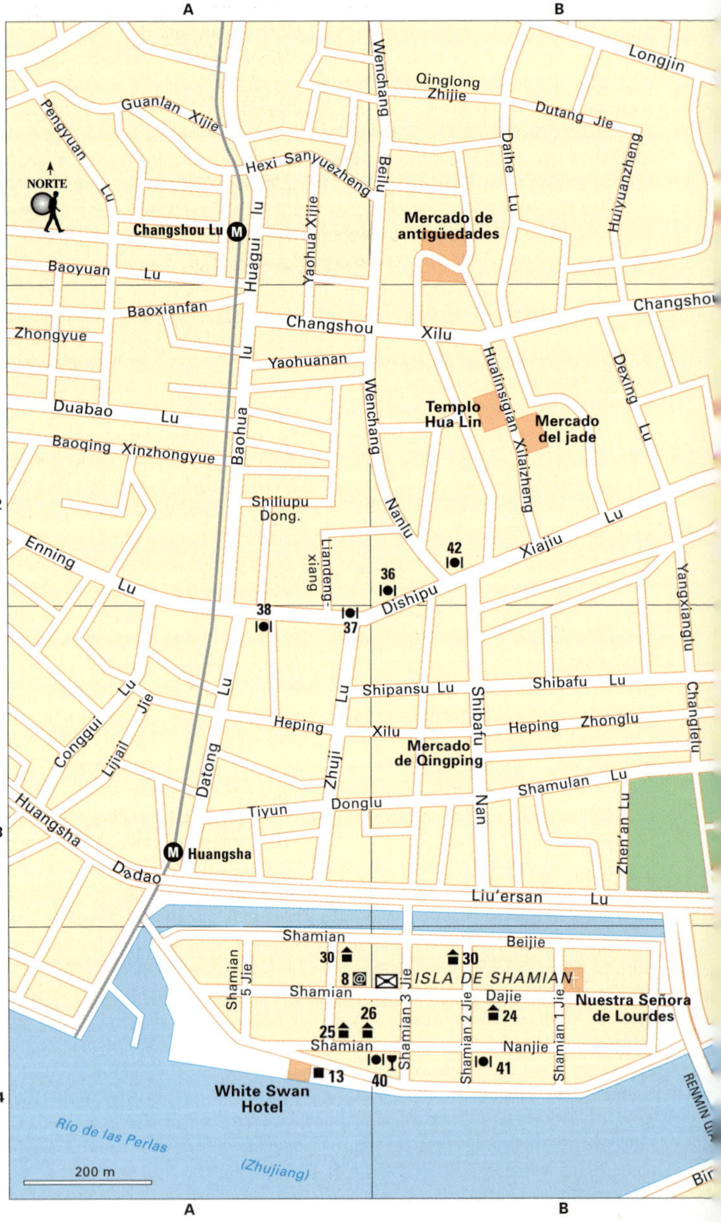

C
D
1
2
3
4
Templo de los Cinco Inmortales
Guangzhou Chinese Medical Hospital
Catedral del Sagrado Corazón
Sun Yat-sen Hospital
Crucero por el Río de las Perlas
Parque Wenhua
Parque Haichuang
2
14
27
28
29
39
Yuntaili
Jiefang Zhonglu
Mishi Lu
Xianlinxiang
Tianshuixiang
Zhihang Lu
Huifu Xilu
Huifu Donglu
Zhonglu
Shishu Lu
Renmin Zhonglu
Baiwei Jie
Zoumu Lu
Xihuali
Haizhu Zhonglu
Donglu
Dade Lu
Haopan Jie
Jiefang Nanlu
Guangfu
Shangjiu Lu
Daxin Zhonglu
Yuzixiang
Haizhu Nanlu
Tiancheng lu
Guangfu Nanlu
Maima Jie
Yide Donglu
Xianleli
Yide Zhonglu
Jinghai Lu
Renmin Nanlu
Jianglan Lu
Yide Xilu
Damalu
Heping Donglu
Renqi Xilu
Renqi Lu
Nan Lu
Changdi
Shisanhang Lu
Yanjiang Xilu
Binjiang Xilu
Zhonglu
Nanhua Xilu
Nanhua Zhonglu
Tongfu Zhonglu
Xilu

CANTÓN - SHAMIAN (PLANO GENERAL), *págs. 584-585*

- **Transportes y Direcciones útiles**
  - ✉ Correos de Shamian
  - 2 Bank of China
  - @ 8 Blenz Coffee
  - 13 Bank of China
  - 14 Crucero por el río de las Perlas
- **¿Dónde dormir?**
  - 24 Customs Hotel
  - 25 Guangzhou Youth Hostel
  - 26 Shamian Hotel
  - 27 Aiqun Hotel
  - 28 New Asia Hotel
  - 29 Bai Gong Hotel
  - 30 Guangdong Victory Hotel
- **¿Dónde comer?**
  - 36 Li Wan Ming Shi Jia
  - 37 Nanxin
  - 38 Tao Tao Ju
  - 39 Dai Tung
  - 40 Lucy's Bar & Cafe
  - 41 Lan Kwai Fong
  - 42 Guangzhou
- **¿Dónde tomar una copa?**
  - 40 Lucy's Bar & Cafe

neación de habitaciones con una relación calidad-precio imbatible: de buenas dimensiones, limpias, equipadas con ducha y WC privados, climatización y TV. Un esfuerzo para alegrar la falta de decoración y sería perfecto.

Binjiang Youth Hostel

*(Plano de conjunto, **21**):* 405, Yanjiang Donglu. ☎ 83-83-41-10. Fax: 83-83-10-17. Habitaciones dobles 150 ¥ (15€). Pequeño hotel chino impecable, situado frente al río de las Perlas, lejos de los barrios de los hoteles y los turistas. Las habitaciones más baratas cuentan con baño en el exterior, pero tienen TV y aire acondicionado. Las demás las han renovado recientemente y tienen cuarto de baño, TV, aire acondicionado y teléfono. El hotel está muy cuidado y ofrece una excelente relación calidad-precio. Claro que aquí nadie habla inglés, así que tendréis que espabilaros. Buen trato, y el precio se puede rebajar un poco.

Bai Gong Hotel

*(Plano general, C3, **29**):* 13-17, Renmin Nanlu. ☎ 81-01-22-13. Fax: 81-88-91-61. Enfrente del *New Asia Hotel*. Habitaciones dobles de 320 a 390 ¥ (32 a 39 €). Podéis conseguir un descuento de hasta el 30 o 40 %. Habitaciones limpias y correctas con un confort a la occidental. Las más caras tienen además un saloncito, caja fuerte y cuarto de baño con bañera. En la recepción hablan inglés y rebajan el precio de *motu proprio*. Venden billetes de tren, autobús, etc.

De barato a precio medio

Shamian Hotel

*(Plano general, A-B4, **26**):* 52, Shamian Nanjie, en la isla de Shamian.
☎ 81-21-82-88. Fax: 81-21-86-28.
💻 www.gdshamianhotel.com
Habitaciones dobles por 220-280 ¥ (22-28 €) después de un descuento del 15 %. Al lado del *Youth Hostel*, pequeño hotel estándar renovado con un confort muy correcto. Habitaciones completamente equipadas con cuarto de baño, aire acondicionado, TV, teléfono, etc., de las que las mejores son las de la tercera y cuarta planta con vistas al río. Está muy cuidado y el trato es bueno. No sirven desayunos.

Aiqun Hotel

*(Plano general, C3, **27**):* 113, Yanjiang Xilu. ☎ 81-86-66-68.

Fax: 81-88-35-19.
www.aiqunhotel.com
Al lado del hospital Sun Yat-sen. Habitaciones dobles de 320 a 430 ¥ (32 a 43 €, descuentos del 20 %. Nos gusta este hotel delante del río de las Perlas. Como demuestran las fotos que veréis bajo las arcadas, el edificio es de 1937 y fue en su momento el más alto de Cantón. Escoged una habitación con vistas al río, una A. Las estándar son más viejas y menos luminosas que las *de luxe*, pero no están mal, y todas las B dan a la parte trasera. También cuenta con varias suites. En resumen, un hotel agradable y más original que sus competidores directos. Acogedor. Venden billetes de medios de transporte. Aceptan tarjetas de crédito.

New Asia Hotel

*(Plano general, C3, **28**):* 10-12, Renmin Nanlu. ☎ 88-88-47-22. Fax: 88-88-37-33. www.newasia-hotel. com.cn Enfrente del *Bai Gong Hotel*, pero cruzad la pasarela. Habitaciones dobles de 380 a 480 ¥ (38 a 48 €), pero os pueden descontar hasta el 30 o el 40 %. En elda este de Shamian, céntrico. Nivel de un dos estrellas. Las estancias más baratas son las de las plantas inferiores, más ruidosas. También son más pequeñas que las demás, pero todas están bien equipadas (cuarto de baño, TV, aire acondicionado...). Las estándar de las plantas superiores están algo mejor, y mucho mejor las más caras, completamente renovadas y realmente impecables. Buena relación calidad-precio. No hablan inglés. También tienen agencia de viajes.

Customs Hotel

*(Plano general, **24**):* 35, Shamian Dajie, en la isla de Shamian. ☎ 81-10-23-88. Fax : 81-21-85-52. Dobles 350 ¥ (35 €) después del descuento. A pesar de su vestíbulo llamativo y ostentoso que podría hacer temer lo peor, sus grandes habitaciones son clásicas y sin extravagancias. Muy bien cuidado, bien situado y tranquilo, está dirigido por un equipo servicial y simpático. Un lugar agradable y apacible.

Evidentemente, existen muchos más hoteles de esta categoría, sobre todo en el barrio de la estación central, que está junto a la feria de Cantón. El barrio no es de los más atractivos, pero si os cuesta encontrar alojamiento, id, por ejemplo, al ***Friendship Hotel*** (698, Renmin Beilu, ☎ 86-67-98-98) o al ***Liuhua Hotel*** (194, Huanshi Xilu, ☎ 86-66-88-00), que ofrecen una comodidad correcta.

De más selecto a muy selecto

Guangdong Victory Hotel

*(Plano general, A4 y B4, **30**):* 53 y 54, Shamian Beijie, en la isla de Shamian. ☎81-21-66-88. Fax: 81-21-61-62. www.vhotel.com Dobles entre 400 y 500 ¥ (40 y 50 €). Es posible conseguir un descuento del 5 al 15 %. El hotel tiene dos alas sobre Shamian: una antigua, pero renovada, y otra moderna. Habitaciones estándar con o sin ventana, decoradas con mal gusto; las más caras son mayores y cuentan con un mobiliario de madera clara agradable. Comparad las dos alas, están en la misma calle. Dispone también de agencia de viajes. Aceptan tarjetas de crédito.

White Swan Hotel

(Plano general, A4): 1, Shamian Nanjie, en la isla de Shamian. ☎ 81-88-69-68. www.whiteswanhotel.com Fuera de los periodos de feria, calculad unos 1.000-1.600 ¥ (100-160 €) por una habitación doble, más un 15 % de tasas. Tiene el aspecto exterior de un gran inmueble sin encanto, pero lo cierto es que las prestaciones que ofrece están a la altura de su reputación... y sus precios. El té de la tarde con bufé libre, por 60 ¥ (6 €), resulta la opción más barata para poder apreciar alguno de sus encantos.

¿DÓNDE COMER?

Como ya os hemos dicho en la introducción, los cantoneses se pasan el día comiendo. Y, además, han exportado su famosa cocina al mundo entero. Ese éxito se debe, en primer lugar, a que fueron los primeros chinos que emigraron, haciendo honor a su carácter independiente y rebelde. El segundo motivo reside en lo fresca y variada que es, con muchas legumbres salteadas o rehogadas en el *wok*. Se cocinan muchos platos de volatería, carne y pescado, pero también de bichos muy raros como las serpientes. Es verdad que los cantoneses comen a veces carne de perro o de gato; pero, tranquilizaos, no es muy frecuente encontrar esas viandas en los restaurantes. No pasa nada, nadie os va a obligar a comerlas.

Y, cómo no, los famosos *dim sum:* esos entrantes cocinados al vapor o fritos, salados o dulces, preparados de todas las maneras habidas y por haber, que se sirven en unos deliciosos cestos de bambú trenzado y que se toman con el té de la mañana, el *yum cha,* como desayuno. Os los recomendamos a cualquier hora del día, ante todo porque son una verdadera bendición para el estómago (precisamente, la palabra cantonesa *dim sum* quiere decir «que da derecho al corazón») y, en segundo lugar, porque los presentan en unos carritos con ruedas; de modo que resulta muy fácil encargarlos señalándolos con la mano.

Muy barato

Li Wan Ming Shi Jia

*(Plano general, B2, **36**):* 99, Dishipu Lu. ☎81-39-14-05. Está abierto de 7 a 23h. Éste es el típico local chino *(xiao shi)*: una gran sala muy animada con una decoración tradicional, repleta de gente durante todo el día. Un camarero os acompañará desde la entrada a algún lugar libre donde os servirá una taza de té y, con un tarjetón en la mano, os dirá algo en chino que no entenderéis. Todos los platos, muy numerosos y baratos (en torno a 10 ¥/ 1 €), están expuestos encima de unas planchas de madera grabadas en chino. Escoged al azar o señalando con el dedo el plato del vecino. También podéis intentar pronunciar el nombre de unos cuantos platos típicos, como el *ji di zhou*, un caldo de arroz con cerdo, o el *shang tang xian xia hun tun*, que es una sopa deliciosa con raviolis y gambas.

Nanxin

*(Plano general, A3, **37**):* 47, Dishipu Lu. ☎ 81-38-99-04. A 100 m del anterior, a la izquierda, frente al final de Zhuji Lu. Comedor en la planta baja sin ningún atractivo, pero con aire acondicionado. El gran surtido de platos y postres se muestra en una vitrina. Señalad lo que queráis con el dedo, pagad y sentaos. Buena cocina popular.

Cantón está lleno de pequeños restaurantes y bares populares, los hay casi por todas partes. Si vais, por ejemplo, a una callejuela animada y típica como Tianshuixiang *(plano general, D1)*, entre la mezquita Huaisheng (en Guangta Lu) y el templo de los Cinco Inmortales (Huifu Xilu), podréis comer pato, pollo y pasteles baratos, pero debéis espabilaros en chino o señalar con la mano. En Changdi Damalu *(plano general, D3)*, enfrente del Banco de China, también hallaréis pequeños restaurantes de *dim sum* bajo las arcadas. Y no seguimos porque no acabaríamos.

De barato a precio medio

Bei Yuan

*(Plano de conjunto, **31**):* en la explanada de Xiao Beilu y Yuexiu Beilu. ☎ 83-56-33-65. Frente a una de las

entradas del parque Yuexiu. La comida os costará de 30 a 60 ¥ (3 a 6 €). Es nuestro restaurante preferido en Cantón. Decoración muy bonita. Fijaos en las inmensas aletas de tiburón de la entrada y, después, entrad en un gran patio con un pequeño estanque, un puente y algunos arbustos. En los comedores del restaurante (os recomendamos el de la primera planta), mobiliario tradicional con biombos, sillas de madera barnizada y bonitas vidrieras. Da gusto sentarse aquí, aunque no haya carta en inglés, porque os bastará con ir a escoger al bufé y, de paso, podréis admirar los juegos malabares que hace el cocinero con la pasta para preparar los tallarines. Os recomendamos los excelentes *dim sum*, que sirven de 7 a 16.30 h y de 20.30 a 0.30 h. Por si queréis probar otros platos, entre las demás especialidades está el asado de cochinillo, de pato y de pichón. Y, por último, unos cuantos platos de serpiente por si os decidís a probarla.

Dai Tung

*(Plano general, C3, **39**):* en la esquina entre Renmin Nanlu y Yanjiang Xilu. ☎ 81-88-89-88. *Dim sum* de 7 a 12 h, de 14 a 16.30 h y de 20.30 h a medianoche. Calculad entre 30 y 50 ¥ (3 y 5€). Preguntad en qué comedor los sirven, según la hora. Algunas mesas dan al río. La habitual decoración de mal gusto, pero el restaurante tiene fama en Cantón por sus *dim sum* al vapor. Así que haced como los cantoneses, que vienen a tomarlos de tentempié por la mañana o por la noche; mejor aún, venid por la tarde, cuando hay más variedad y son más baratos. También cuentan con una carta en inglés que incluye sopas y platos de rana.

Lucy's Bar & Café

*(Plano general, A-B4, **40**):* 3, Shamian Nanjie, en la isla de Shamian. ☎ 81-21-51-06. Abierto de 11 a 2 h. Menús 30 ¥ (3 €) y platos de 20 a 50 ¥ (2 a 5 €). La terraza más agradable de todas para picar algo o tomar una copa a cualquier hora (ver «¿Dónde tomar una copa?»). Buena cocina occidental y asiática, con algunos menús interesantes por unos 50 ¥ (5 €), y platos de todos los estilos y sabores: ensaladas, sopas, parrilladas, curry hindú y tailandés, chile con carne, etc. En un islote de calma y vegetación, perfecto para reponerse de las tribulaciones padecidas en la ciudad.

> UNOS CUANTOS TRUCOS QUE CONVIENE SABER

Para llamar al camarero o la camarera en cantonés, decid enérgicamente *m'goi*, y (él o ella) os entenderá enseguida. Para dar las gracias podéis usar exactamente la misma palabra, pero lo que se hace la mayoría de las veces es dar un pequeño golpe sobre la mesa con el índice y el dedo corazón juntos, en recuerdo de un emperador chino que viajaba de incógnito y no podía decentemente dar las gracias con la cabeza como el común de los mortales. Y el gesto pasó a ser de dominio público. No olvidéis lavar el cuenco y los palillos con té hirviendo; es un gesto de higiene bastante corriente. Por último, si el té os parece demasiado fuerte o queréis que os vuelvan a llenar la tetera con agua hirviendo, poned la tapa sobre el borde, y el (la) camarero(a) comprenderá enseguida... Por último, los precios expuestos no suelen incluir el 10 % del servicio, que se añade al final en la cuenta. Así que no resulta muy corriente dejar propina, pero si la dais, nadie os lo reprochará...

Lan Kwai Fong

*(Plano general, B4, **41**):* 5, Shamian Nanjie. ☎81-92-15-23. Cerca del anterior, enfrente de una cancha de tenis. Abierto hasta las 4 h de la madrugada. Calculad 30-50 ¥ (3-5 €). Un restaurante tailandés que casi siempre está lleno, pese a que no se pueda comparar con el *Lan Kwai Fong* de Hong Kong. Por la noche acuden multitudes para saborear el *deep fried pigeon*, preparado en el exterior, o curry o una anguila. Bonito comedor de obra vista con sillas de hierro forjado y manteles a cuadros. También se está muy bien en la terraza de fuera, atendida por unos camareros muy rápidos y desorganizados. Venid temprano para no tener que estar esperando con el tique en la mano.

Huimin Fandian

*(Plano de conjunto, **32**):* 325, Zhongshan Liulu. ☎81-30-39-91. En la esquina con Renmin Zhonglu. Se localiza fácilmente por el minarete y el puente colgante del rótulo luminoso, y está en la primera planta. Abierto hasta medianoche. Unos 20-80 ¥ (2-8 €). No se ve todos los días un restaurante mitad chino y mitad musulmán como éste, el cual pertenece a chinos de la etnia hui, que se diferencian poco para los no especialistas, tanto en la apariencia como en la cultura, de la mayoría han. No cambia nada: gran comedor climatizado al más puro estilo chino, tan ruidoso como los demás, y no veréis ningún chino con chilaba. Pero aquí no se come cerdo, sólo cordero (unas suculentas brochetas de lechal o *fondue* de cordero para dos) y oca o pato asados (*roasted crispy goose* o *pigeon*), muy recomendables. También tienen una gran variedad de platos fríos a partir de 20 ¥ (2 €). Carta en inglés. Buena cocina.

> **> PLATOS TÍPICOS CANTONESES**
>
> - **Raviolis al vapor o *zheng jiao*.**
> - **Raviolis salteados o *jian jiao*.**
> - **Arroz a la cantonesa o *guang zhou chao fan*.**
> - **Cochinillo laqueado o *cui pi ru zhu*.**
> - **Pichón laqueado o *ru ge hong shao*.**
> - **Pato laqueado o *shen jing shao e*.**
> - **Sopa del día o *li tang*.**
> - **Sopa de pequeños raviolis o *hun tun*.**
> - **Sopa de serpiente, pollo y... gato *(sic)* o *long hu feng*.**

Tao Tao Ju

*(Plano general, A3, **38**):* 20, Dishipu Lu. ☎ 81-38-09-51. Una de las muestras sobresalientes de arquitectura de esta calle comercial en la que abundan los edificios restaurados. Por fuera parece un templo, pero por dentro, el antro de Gargantúa. Un desenfreno de platos y menús repartido en tres pisos. En la planta baja, grandes mesas; en el primer piso, a un lado un gran bufé, y comedor de *dim sum* en el otro, y en el segundo, los comedores más tranquilos, alrededor del patio interior, donde se pueden encargar las especialidades más elaboradas. No tienen carta en inglés, pero sí fotos; os recomendamos el pollo frío de la casa con cebolla y jengibre. Al llegar, una azafata os acompañará hasta la mesa y os dará la tarjeta mágica en la que anotaréis los platos que elijáis. Pastelitos deliciosos de todos los tamaños durante la Fiesta de la Mitad del Otoño.

De precio medio a más selecto

Xi Guan Shi Jia Yuan Lin

*(Plano de conjunto, **33**):* 155, Longjin Xilu. ☎ 81-95-16-88. Todos los días de 7 a 23 h. Platos 30-50 ¥ (3-5 €). Este

amplio restaurante, instalado acertadamente a orillas del lago Liwan, forma parte del circuito clásico de las familias con ganas de divertirse. ¡No podía ser de otro modo! Sus grandes ventanales, que se abren al encantador paisaje de lotos, rocas y pabellones de recreo, son algunos de los argumentos que incitan a reservar una mesa. Y los buenos clásicos de la cocina cantonesa, como los filetes de cerdo laqueados o las chuletas al ajillo, no contradicen esta buena impresión.

Guangzhou

(Plano general, B2, ***42****):* 2, Wenchang Nanlu. ☎81-88-83-88. Justo en el norte del mercado de Qingping. Abierto de 7 a 15 h y de 17 h a medianoche. Calculad unos 80 ¥ (8 €). Uno de los más conocidos de la ciudad y, contando todas sus sucursales, el que tiene la facturación más elevada. Restaurante de 2.000 cubiertos en varias plantas, con numerosos comedores con horarios diferentes y alrededor de un estanque. La decoración es un poco fea, pero bastante alegre. Tienen carta en inglés. Este establecimiento es conocido sobre todo por su manera de cocinar el excelente cochinillo laqueado *(roasted suckling pig)*. Para acompañar el plato principal, probad una sopa de serpiente, un arroz a la cantonesa *(guangzhou style)* o un plato de legumbres. El restaurante también sirve *dim sum* hasta medianoche. La cocina es francamente muy buena.

Panxi

(Plano de conjunto, ***34****):* 151, Longjin Xilu. ☎81-81-57-18 y 81-81-57-77. Abierto de 7 a 21.30 h. Calculad unos 100 ¥ (10 €). Lo conocen todos los taxistas de la ciudad. Es un inmenso restaurante situado junto al parque Liwanhu, en el oeste del centro. Pero no está pensado para los trabajadores chinos, a juzgar por las fotos de sus clientes famosos como Deng Xiaoping, Helmut Kohl o George Bush... Se trata precisamente del restaurante estatal más grande del país. Pero, lo que son las cosas, los cocineros de la gran época se han pasado todos al sector privado, y la cocina del restaurante ya no es lo que era. A pesar de todo, el local y el ambiente merecen la visita. Hay muchos comedores alrededor de un lago, pero los *dim sum* los sirven en unas salitas adosadas, sin vistas, aunque verlos desfilar en los carritos resulta agradable, si bien podéis escoger un comedor al borde del agua y os parecerá que estáis en un restaurante flotante. La carta en inglés es muy reducida y ningún camarero habla ni pizca de este idioma. Turístico, pero sin pasarse... Restaurante conocido. Lo ideal es venir con un acompañante chino. En caso contrario adquiriréis experiencia.

Restaurantes de marisco de Dashatou

(Plano de conjunto, ***35****):* en Yanjiang Donglu. Al pie del puente Haiyin, Dashatou es un muelle al borde del río de las Perlas. Calculad unos 100 ¥ por persona (10 €) por una cena en los numerosos restaurantes de marisco que intentan atraeros para que os quedéis a comer en alguno de ellos. Es preferible ir a los que tienen balcones con terrazas exteriores; de todas maneras, si no queréis que os den gato por liebre, no tendréis más remedio que ir a escoger vosotros la presa en los acuarios... Pescado, moluscos y crustáceos, y además serpiente, muy cara. Comprobad que pesen el bicho en vuestra presencia y haced que os escriban el precio. Atención, los precios expuestos no están indicados por kilos, sino por libras. No os recomendamos ningún restaurante en particular, así que dejaos llevar por la intuición. En cualquier caso, estáis en un rincón encantador donde podéis pasar una velada de lo más agradable.

¿DÓNDE TOMAR UN TÉ TRADICIONAL?

Pabellones del jardín de las Orquídeas

*(Plano de conjunto, **50**)*: 901, Jiefang Beilu. Entrada por la pequeña Lanpu Lu. Salones de té abiertos de 10 a 18 h. Calculad alrededor de 20 ¥ (2€) por la visita del parque y el ritual del té (tique especial). Magnífico jardín chino (ver «¿Qué visitar?») donde podéis tomar el té al más puro estilo tradicional. Para eso hay dos pabellones: el primero es de una gran sencillez y sobriedad, muy hermoso; el segundo, más recargado *(Bright Mirror Pavilion)*, es un bello edificio de madera sobre el agua con una sala en la primera planta y unas cuantas mesas al nivel del estanque. El tique incluye un té normal, pero la carta (en chino) también contiene una gama de tés a cual más elaborado, por los que deberéis pagar un suplemento. Ya sabréis que el té es en China lo que el vino en España. Mientras que los pekineses no paran de beber té al jazmín, los cantoneses tienen predilección por el té verde y, sobre todo, por el *wu long*, o «dragón negro». Evidentemente, los hay que resultan muy caros, de modo que tened cuidado; pasa lo mismo que con los precios de algunos vinos. Quizá terminéis diciendo buenos días como los cantoneses: «Yin cha le ma?» (¿Habéis tomado el té?).

¿DÓNDE TOMAR UNA COPA?

Lucy's Bar & Café

*(Plano general, A-B4, **40**)*: en la isla de Shamian (ver «¿Dónde comer?»). La mejor terraza de la isla y el sitio más agradable para observar tranquilamente a los adeptos del tai-chi y ver cómo ensayan las cantantes de ópera y los bailarines. Cerveza por un buen precio (a partir de 0,90 €) y posibilidad de comer agradablemente. *Happy hours* de 14.30 a 19h. Una auténtica bocanada de aire puro después de corretear por esta ciudad trepidante.

The Hill Bar

*(Plano de conjunto, **51**)*: 367, Huanshi Donglu, en una colina baja, en el este de la ciudad, a la izquierda del *Baiyun Hotel*. Pub ambientado con blues y rock, en el que las baratas pintas son servidas por un simpático personal femenino. Se puede picar algo al tiempo que se disfruta del mirador.

Bar Street

*(Baietan; plano de conjunto, **52**)*: para transmutar enérgicamente el ánimo cuando se viene de Shamian. Divertida excursión en ferri (0,50 ¥/0,05 €) que atraviesa el río y os deja en la otra orilla, donde se amontonan los típicos *bar street* chinos con una recargada decoración tradicional.

¿DÓNDE SALIR? ¿DÓNDE IR A BAILAR?

Aunque la ciudad de Cantón cuenta con una vida nocturna más animada de lo que parece, no tiene ni punto de comparación con la que podáis encontrar en Hong Kong o Shanghai. La verdad es que los locales son del tipo discoteca occidental o karaoke. Y, como la cosa cambia muy deprisa, seguid la actualidad de la noche cantonesa a través de la revista mensual en inglés *That's Guangzhou*, de distribución gratuita en los grandes hoteles y los centros comerciales. Y en Internet: www.thatsguangzhou.com

Wave

*(Plano de conjunto, **53**):* 6, Heping Lu, Overseas Chinese Village Huanshi Dong Lu. ☎ 83-49-45-68. Al lado del *Holliday Inn*, Heping Lu es una alameda llena de bares. El *Wave* está situado en una gran torre de dos pisos con terrazas y balcón. Entrada gratuita. En el interior encontraréis una mezcla de occidentales y chinos que bailan desenfrenadamente en la planta baja, animados por una buena selección de tecno, funky y rap. En el segundo piso están los salones más tranquilos, con un pequeño escenario donde se suceden los espectáculos, que van de las cantantes de pop a las más sugerentes gogós. Consumiciones por unos precios razonables.

Cave Bar y Gipsy King Bar

*(Plano de conjunto, **54**):* 360, Huanshi Donglu, Zhujiang Building. Dos grandes salas de fiestas instaladas en los extremos de los sótanos del Zhujiang Building. El *Cave Bar*, a la izquierda según se entra al inmueble, con un ambiente tranquilo, es un bar que ya ha pasado los días de gloria. Precios razonables y *happy hours* de 19 a 22 h. El *Gipsy King Bar* abarrotado y algo delirante, alterna las pantallas con los espectáculos en vivo, como ocurre en los países de los que provienen la mayoría de los asistentes que bailan acalorados.

Face Club

*(Plano de conjunto, **55**):* 191, Dongfeng Xilu. Abierto de 20 a 2 h. La entrada suele ser gratuita, salvo las noches especiales. Discoteca tecno de estilo chino y occidental al mismo tiempo, en la línea de las de Hong Kong. Precisamente, el DJ y casi todas las camareras son de esta ciudad. Música a tope y camareras con pelucas rubias, reservados con karaoke, bailarinas que se exhiben encima de la barra y decoración bastante a la moda. En resumen, la discoteca más marchosa en versión cantonesa.

COMPRAS

Mercado nocturno

*(Plano de conjunto, **60**):* en la pequeña Xihu Lu que da a Beijing Lu, la gran arteria comercial. Por la noche, de 19 a 23 h aproximadamente, la calle se cierra al tráfico y la ocupan decenas de puestos de ropa, baratijas, mochilas y todo tipo de artículos. Se parece mucho a ciertos mercados de Hong Kong (venden artículos del mismo estilo), pero, sorprendentemente, el ambiente de éste es mucho más moderno. Ello se debe probablemente a la proximidad de las tiendas de moda de la famosa Beijing Lu, que están abiertas por la noche hasta bastante tarde. El ambiente aquí es muy popular y podéis hacer unas buenas compras. En el centro del mercado hay una terraza que vende nueces de coco y donde podréis tomar una copa. Destaca el sector completamente dedicado a los vestidos de novia de todos los colores, desde el azul hasta el rosa, muy kitsch.

Antigüedades, chamarilería y artesanía

Lo más divertido es dar una vuelta por el mercado de antigüedades de la zona de Daihe Lu *(plano general, B1)*, en este barrio en plena renovación, a la espera de que esta palabra signifique algo más que «demolición»... Existen cantidad de callejuelas con una infinidad de tiendas populares que venden objetos más o menos auténticos: estatuillas, joyas, porcelanas, despertadores Mao, etc. No todo son antigüedades y no hay nada que autentifique el origen de los objetos; pero, aun así, aquí compraréis cosas más baratas que en Hong Kong. Si queréis comprar en una tienda estatal (o simplemente visitarla), id a la ***Guangzhou Antique Shop Head Office*** *(plano de conjunto, **61**)*: 172, Wende Lu. ☎83-33-01-75. Abierta de 10 a 18 h. Aquí tienen de todo, desde armarios chinos hasta cajitas de plata y porcelana para las pastillas. Resulta caro y los precios no varían, pero os dan certificados de autenticidad que sirven para exportarlos. La entrega a domicilio en el propio país es posible y aceptan tarjetas de crédito. Podéis adquirir un bonito regalo, nada caro, en el departamento de bellas artes de la planta baja.

Centros comerciales

Son como los alienígenas de las películas de Hollywood, que siempre terminan por invadirlo todo. De los muchos que hay, sólo os reseñamos el ***Friendship Store*** *(plano de conjunto)*, en Huanshi Donglu, en el barrio de los hoteles de lujo, exactamente igual que los que tenemos en Europa; tiene de todo.

¿QUÉ VISITAR?

En la capital de Guangdong existen templos y museos muy representativos de la cultura y la historia de la provincia, teniendo en cuenta que, tras un largo periodo de persecuciones, ahora se reconoce la libertad de culto y los chinos pueden acudir de nuevo a los templos. Así pues, sería una lástima no visitar alguno de ellos, y peor sería no ir por las calles de la mayor farmacia del mundo a cielo abierto, en el mercado de Qingping.

EN EL CENTRO

Isla de Shamian *(plano general, A-B4)*: la antigua concesión británica que data de los siglos XVIII y XIX. Venid entre las 6.30 y las 10 h para observar en el parque, a orillas del río de las Perlas, a los adeptos del tai-chi y, a lo largo del día, a los jugadores de mah-jong y los cursos de danza improvisados bajo el puente; y, a veces, los ensayos de ópera cantonesa a última hora de la tarde. Otro fenómeno es el de las madres occidentales que pasean con sus retoños chinos, fruto de las cada vez más numerosas adopciones. En las alamedas del centro de esta península, se asiste también a unos endiablados partidos de bádminton, un deporte anglosajón que se les da muy bien a los chinos.

Como habréis comprendido, éste es el barrio más tranquilo y agradable de Cantón, a juzgar por su arquitectura y la casi inexistencia de coches. Sólo mide 4 km^2. Si recorréis Shamian Dajie, la arteria principal, veréis los edificios de estilo victoriano y segundo Imperio, bastante bien conservados, que los comerciantes británicos y franceses ocupaban en aquellos tiempos. Ahora se vuelven a celebrar misas en la pequeña iglesia de Nuestra Señora de Lourdes *(plano general, B4)*, que la Revolución Cultural transformó en fábrica.

Mercado de Qingping *(plano general, B3)*: el mercado tradicional de Cantón. Empieza justo al norte de la isla de Shamian, al otro lado de la ancha Liuersan Lu, que se atraviesa por unas pasarelas. El mercado de plantas medicinales se celebra todos los días de 8 a 18.30 h aproximadamente. Por la mañana y antes de la hora de cierre suele estar más animado. Gracias a los aires de liberalización económica que empezaron a soplar en la década de 1980, nació aquí la que es, sin duda, la mayor farmacia china del mundo, y ello a pesar de que el proceso de urbanización se haya desbocado y amenace las fachadas de Liuersan Lu, obligando a los vendedores ambulantes de plantas medicinales que llenaban las calles a reagruparse en un edificio colonial renovado.

En la actualidad, las inmediaciones de Liuersan y el principio de Qingping Lu no deberían sorprender a nadie salvo que a uno le emocione ver sacos enteros llenos de pedazos de ciervo, desde patas y cuernos hasta penes y colas secos, que se consideran afrodisiacos (2.000 a 6.000 ¥/200 a 600 € el kilo); además observaréis una mezcla de lo más variopinto: caballitos de mar contra el bocio, lagartos aplanados como *crêpes*, milpiés, escorpiones secos contra la laringitis del fumador, sanguijuelas, cucarachas y serpientes. Para los vegetarianos, unos hermosos champiñones que supuestamente proporcionan un poco de inmortalidad, y gingseng, un reconstituyente presentado en cajas como las de chocolate.

Seguid derecho atravesando Zhuji Lu hasta un mercado de alimentación. Observad los famosos «huevos de cien años», que tienen un aspecto negruzco y, en realidad, han estado conservados en cal durante un mes. En cuanto a los huevos frescos, para saber si lo son de verdad, se ponen sobre una caja que tenga una bombilla encendida para mirarlos al trasluz. Y después se encuentran las tranquilas tiendas de plantas medicinales, bonsáis y ornamentos vegetales. Además, algo para hacer felices a los amantes de los acuarios: piedras coloreadas que sirven de decoración a exóticos crustáceos, y toda clase de animales de compañía, alguno de los cuales no habríais imaginado nunca que lo fueran. Antiguamente proliferaban los traficantes de especies protegidas, pero ahora son más discretos.

Terminad el paseo en Dishipu Lu, completamente al final, donde podréis contemplar las pocas **casas cantonesas de los siglos XIX y XX** renovadas. Ventanas con vidrieras y elegantes arcadas rematan las numerosas tiendas de moda de esta calle típicamente comercial. Si después de este periplo tenéis hambre, podéis ir a alguno de los restaurantes de la zona reseñados en «¿Dónde comer?».

Templo Hua Lin *(plano general, B2):* 31, Xilaizheng Lu. En el noreste de Dishipu Lu, en el corazón del mercado de jade. Abierto de 8 a 17 h. No os lo perdáis.

Conforme entráis en el patio, a la derecha hay una estatua de un monje hindú barbudo con un óbolo en la mano; se trata de Dharma, quien habría llegado en barco hace más de 1.000 años y fundó el templo. Precisamente, el nombre original del templo es Xilai, que quiere decir «el que viene del oeste». Pero lo más interesante es la sala de los discípulos de Buda, representados nada menos que por 500 estatuas doradas del siglo XIX.

Alrededor del templo está el **mercado de jade.** Tomad por las pequeñas callejuelas cercanas a la calle principal, pero no esperéis hacer una buena compra fácilmente, porque tropezaréis con la barrera de la lengua y el juego sutil de la negociación. El mercado es sobre todo para los profesionales y los entendidos. De todos modos, nos recuerda que los chinos valoran mucho el jade por su importancia comercial y sus cualidades espirituales. Aún hoy se utiliza para infinidad de cosas: joyas, sellos personales, etc.

Templo de los antepasados de la familia Chen

(plano de conjunto): 7, Zhongshan Qilu. Abierto todos los días de 8.30 a 17 h. Entrada: 10 ¥ (1 €).

Un templo centenario fundado por el clan Chen, una familia de comerciantes de Cantón muy poderosa en el siglo XIX. Por si no lo sabéis, Chen es aquí un apellido tan corriente como Martínez en España. El clan construyó el templo con los fondos recogidos en los 72 cantones de Guangdong donde tenía (y, sin duda, aún tiene) familia, para que sirviera de escuela y de lugar de culto y de reunión para todos sus miembros. Evidentemente, también se celebraban muchas ceremonias para honrar a los antepasados del clan. Destacan las hermosas esculturas barnizadas de terracota que se alinean a lo largo del tejado y las paredes, y que representan magníficas escenas de las historias y leyendas chinas pertenecientes a la mitología y la ópera. Antes de penetrar en el templo, observad los dos leones de la entrada, que tienen en la boca una bola que hay que girar tres veces hacia la izquierda para tener suerte y prosperidad. Después, entráis en un espacio impresionante concebido, según el modelo confuciano, con tres pabellones emblemáticos: uno para recibir, el segundo para reunirse y el tercero para honrar a los antepasados.

El templo es también el **Museo de las Artes Populares de Guangdong:** en el pabellón de la derecha hay unas bonitas reproducciones de los tradicionales azulejos a guisa de ventanas, los muebles de Cantón del siglo XIX, la cama para fumar opio y, al fondo, el modesto mobiliario de las mujeres condenadas al celibato de por vida. En el pabellón del fondo, un hermoso palanquín de gala de madera dorada, diseñado para el transporte de dioses, y, sobre todo, dos enormes muebles abovedados de finales del siglo XIX que servían para guardar urnas funerarias. Echad un vistazo a la sala de la izquierda, dedicada al marfil y... sus imitaciones de hueso de camello. Si no habéis visto hasta ahora las famosas «cabezas de Cantón», ésta es la ocasión. Una de ellas se compone de 43 elementos labrados e imbricados entre sí. A los ecologistas les gustará enterarse de que está oficialmente prohibido exportar marfil, aunque les indignará saber que su comercio interior está autorizado.

Templo de las Seis Higueras

(plano de conjunto): 87, Liurong Lu. Abierto de 8 a 17 h. La entrada cuesta 15 ¥ (1,50 €); pedid el tique para la visita de la pagoda.

El templo alberga todavía a una comunidad de monjes. Fue fundado en 537, se quemó durante la dinastía Song y fue reconstruido en 989. Su nombre procede de las seis higueras indias que lo adornan y que desaparecieron. Hace más de un siglo se plantaron dos.

La **pagoda de las Flores** era de madera antes del incendio, y la reconstruyeron en 1097. Ahora acaban de restaurarla, porque le ocurre lo mismo que a la torre de Pisa, y estaba demasiado torcida. Se halla rematada por una columna de bronce de 5 t del siglo XIV, llamada de los Mil Budas, y tiene 57 m de altura y ocho niveles, cada uno de ellos desdoblado en su interior. En realidad, y al contrario de las apariencias, tiene 17 plantas en vez de nueve, incluyendo la planta baja. Atención, al subir id siempre por la derecha después de las dos primeras escaleras, y siempre por la izquierda al bajar. En el caso contrario no os sentiréis definitivamente perdidos, pero marea un poco.

Al fondo del templo a la izquierda se halla la sala de los muertos, con las tradicionales tablillas y las fotos de los fallecidos. Las tablillas rojas significan que el emplazamiento está reservado y se pagan muy caras. Por si no lo sabéis, con los problemas de superpoblación que hay, en la actualidad se incinera cada vez más y ya no se conservan las cenizas en el templo por falta de sitio. Por último, echad un vistazo a la **estatua de Kun lam** (nombre en cantonés, porque en mandarín se llama *Guanyin*). Este personaje tan particular del budismo habría sido un hombre en un principio y, según dicen, se cambió de sexo para atraer a las creyentes al budismo.

Templo de la Brillante Piedad Filial (Guangxiao; *plano de conjunto):* 109, Guangxiao Lu. Cerca del anterior. Abierto de 6 a 17 h. La entrada cuesta 5 ¥ (0,50 €).

A los chinos se les da muy bien eso de los nombres poéticos. Este templo budista es el más antiguo de Cantón (y de Guangdong también), pero no el más interesante. Sabed de todos modos que fue el lugar de residencia de Zhao Jiande, uno de los soberanos del reino de los Yue del sur hacia el año 100 a.C., y que en él se conserva el recuerdo del paso de Bodhidharma en el siglo VI y el de Huineng en el siglo VII. Bodhidharma contribuyó a la introducción de la escuela de meditación chan en el país mucho antes de que se hiciera famosa con el nombre de *zen* que le dieron los budistas japoneses.

EN EL SUR DE LA ESTACIÓN CENTRAL

Museo y sepulcro del rey de los Yue del sur *(plano de conjunto):* 867, Jiefang Beilu. ☎ 86-66-49-20. Cerca de la estación de metro de Liuhua. Abierto todos los días de 9 a 17.30 h (últimos tiques a las 16.45 h). Entrada: 12 ¥ (1,20 €); gratuito para menores de 10 años. Calculad 2 h de visita, por lo menos. Presentación de un vídeo sobre las excavaciones del museo. Empezad por subir las escaleras hasta la explanada adornada con pequeñas pirámides del estilo de la del Louvre que protegen la tumba y las salas del «tesoro».

> **Sepulcro del rey Zhao Mo:** descubierto en la época de la gran transformación urbanística de Cantón, que se produjo en la década de 1980. En él se encontraron los miles de piezas que se exponen en las salas contiguas. Es el decubrimiento arqueológico más impor-

tante de la provincia y uno de los sepulcros mejor conservados del país.

Zhao Mo fue el segundo rey de los Yue del sur, de 137 a 122 a.C., y el nieto del fundador de un reino que se independizó y causó mucho revuelo. Observad las siete cámaras, separadas en dos partes por puertas con vanos de piedra, repletas de piezas de jade, oro y plata. En ellas se encontraron también los restos de unas quince personas sacrificadas para acompañar al rey en el más allá: cocineros, músicos, concubinas...

> **Primera sala del museo:** tiene como tema el rey Zhao Mo y todo lo que se encontró en la tumba. Su sello real de oro (hábilmente colocado sobre un pequeño espejo) es, sin duda, el más antiguo de China. A continuación se observan diferentes sellos reales, la reproducción de su ataúd y, sobre todo, la de un sorprendente sudario de jade tejido con seda roja (el original está dando vueltas por el mundo). Y, además, trozos de cráneo y dientes del rey en una vitrina con sus restos, unas cuantas cosillas reales de más de 2 000 años... Imposible no fijarse en la profusión de discos de jade, redondos como la representación del cielo, que ya se hacían los soberanos de la época. En realidad, querían apropiarse de la solidez del jade, con la esperanza de alcanzar la inmortalidad. Precisamente, resulta imposible tallar ese material, así que hay que someterlo a un intenso frotamiento o pulirlo. Por supuesto, el jade indicaba también el rango social.

> **Segunda sala:** en la planta inferior alberga otra impresionante colección de discos de jade, entre los que destacan los símbolos del dragón y el fénix, que se han convertido en el emblema de este museo. Serie de espadas de hierro con empuñadura de ese mismo material real, bello ritón (útil para beber, también de jade) y otras piezas finamente cinceladas.

> **Tercera sala:** se consagra a los sacrificios humanos. Esta práctica, corriente en aquella época, se mantuvo aquí durante más tiempo que en el norte de China. Objetos sacrificiales y sellos que portaron concubinas, cocineros, músicos y servidores para acompañar a su dueño y señor en el más allá.

> **Cuarta sala:** contiene un poco de todo sobre el tema de los «tesoros encontrados».

> **Quinta sala:** alberga instrumentos de cocina y de música. Observad los ganchos de carne provistos de un bol con agua para que se ahoguen las hormigas; muy ingenioso. En resumen, todo lo necesario para hacer la comida en el más allá. En cuanto a la música, cabe destacar una especie de maracas en forma de peces y, para terminar, una bonita serie de campanas.

> AVISO

Los lugares de interés relacionados en la guía están acompañados de una referencia que indica su situación en los PLANOS de la ciudad. Por ejemplo, Parque Yuexiu *(plano de conjunto)* significa que dicho parque se halla situado en el plano de conjunto de Cantón.

> Tras la inevitable tienda, no os perdáis la sala dedicada a los guerreros de terracota de Xi'an, sobre todo si no vais a visitar el emplazamiento original, así como la sorprendente *exposición de almohadas chinas* de la primera planta: más de 200 modelos en cerámica y porcelana, con unas formas rectangulares y ovales muy particulares... Según un proverbio chino, «si la almohada es alta, no se tienen preocupaciones». Ofrecidas por un generoso donante hongkonés, las más antiguas datan del siglo VII, aunque la mayoría son de los siglos XI a XIII. Por si no lo sabíais, este tipo de almohada estuvo vigente hasta el siglo XIX. Pero, tranquilos, porque encima se le ponía un cojín para no terminar con tortícolis.

Jardín de las Orquídeas *(plano de conjunto):* Jiefang Beilu, pero se entra por la pequeña Lanpu Lu. Abierto de 8 a 18 h aproximadamente. La entrada vale 8 ¥ (0,80 €) o 20 ¥ (2 €) si queréis tomar el té (ver «¿Dónde tomar un té tradicional?», antes). Con la entrada os darán un pequeño folleto con plano incluido.

Hermoso jardín chino, con estanques, pequeños puentes, puertas de luna y elegantes pabellones. Visitad ante todo el cercado de las orquídeas; la mejor época para verlas es en febrero. Perfecto para una pausa en el recorrido de la ciudad y, sobre todo, para vivir el incomparable ritual del té.

Parque Yuexiu *(plano de conjunto):* tiene varios accesos. Entrad por detrás del monumento a Sun Yat-sen. Abierto de 6 a 21 h. Entrada: 6 ¥ (0,60 €).

Según venís del monumento, los 498 escalones os llevan a otro mausoleo en honor del padre de la Revolución china. Pero el principal interés del parque consiste en pasear a través de sus siete colinas y venir por la mañana a escuchar a los músicos aficionados o a contemplar los elegantes movimientos de tai-chi y de gimnasia china.

Siempre toparéis con la escultura de las *Cinco Cabras*, cuya historia está ligada a la fundación de Cantón. En tiempos del emperador Yi, de la dinastía Zhou, parece que aterrizaron cinco personajes del Cielo a lomos de sendas cabras y repartieron arroz entre la población, que así se libró de una nueva hambruna, tras lo cual se echaron a volar de nuevo pero sin llevarse las cabras; y éstas se reencarnaron en las estatuas de piedra que podéis ver. Así se entiende por qué llaman a Cantón la «ciudad de las cabras» y la «ciudad del arroz», y hasta qué punto la población china está obsesionada por el fantasma del hambre.

La visita más interesante es la del pabellón Zhenhai, sede del hermoso **Museo Municipal de Guangzhou** (abierto de 9 a 17.30; entrada: 10 ¥/1 €). Explicaciones en inglés. De un atractivo color rojo tirando a marrón, el pabellón constituye el último vestigio de la muralla de la ciudad levantada en 1380 por los Ming. Su nombre significa «dominando el mar», aunque actualmente la vista queda un tanto deslucida por el estadio y las construcciones edificadas más abajo. Empezad por leer la presentación, un poco grandilocuente pero divertida, de la planta baja y, después, observad la gran maqueta de la ciudad y la vieja ancla de barco. En la primera planta hay explicaciones en inglés sobre unas hermosas piezas de alfarería trabajadas y un extraño reloj hidráulico de bronce del periodo Yuan, que tiene una tortuga con cabeza de cabra y una serpiente encima del caparazón.

En la segunda planta, una hermosa campana de media tonelada, pequeños cañones y relojes de la época Qing. Observad la pieza de reloj de la catedral del Sagrado Corazón y una Biblia en chino que recuerda que por aquí penetraron las religiones cristianas. Numerosos objetos y documentos testimonian las relaciones con Occidente. En la tercera, fotos, sillas gestatorias y de novia, y un divertido «coche de bomberos» de la época Qing. Y en la cuarta y última, vista panorámica y puesto de refrescos.

Monumento a Sun Yat-sen *(plano de conjunto):* abierto de 8 a 17.30 h; entrada de pago para el parque y más cara para el teatro.

Podéis contentaros con mirar desde fuera. Nos ha gustado su arquitectura, bastante majestuosa y típicamente china, en la que destaca la magnífica tonalidad azul que ilumina los tejados sucesivos, muy elegantes. El edificio se construyó entre 1929 y 1931, y no tiene ningún pilar central, como no deja de repetir el panel de la entrada, que cuenta lo beneficiosa que fue la Revolución china. Se ha de reconocer que éste es, sin duda, el edificio más agradable del periodo revolucionario que hay en Cantón.

Jardín de los Bonsáis *(plano de conjunto):* Dongfeng Xilu. En el extremo oeste del parque Liuhua. Abierto de 9 a 17 h; entrada bastante barata.

Agradable jardín que comprende estanques, bonsáis y... carreras de eslalon entre las mangueras de riego. Por si no lo sabíais, fueron los chinos los que inventaron los bonsáis, y lo único que hicieron los japoneses fue ponerlos de moda. Algunos son muy antiguos, pero lo que realmente importa a los chinos son las formas que tienen. Si os fijáis, veréis que ocurre lo mismo con las piedras y las raíces de los árboles (de los que hacen periódicamente exposiciones temporales en los pabellones). Alberga un roble plantado en 1986 por la reina Isabel de Gran Bretaña.

Mercado de los pájaros *(plano de conjunto):* entrada por Dongfeng Xilu. Abierto de 9 a 17 h; entrada gratuita.

Bastante escondido, podéis combinar su visita con la del jardín de los Bonsáis, al lado. Desde aquí veréis la pequeña isla en el lago del ***parque Liuhua***, donde a las aves les gusta anidar. Pero el mercado y el parque no se comunican. Así que debéis volver a la entrada principal por Renmin Beilu. Entrada: 2 ¥ (0,20 €).

OTROS LUGARES DE INTERÉS

Si aún tenéis tiempo y ganas, hay unas cuantas visitas suplementarias que podéis hacer.

Catedral del Sagrado Corazón *(plano general, D2):* 56, Jiubuqian, que da a Yide Donglu. Abierta, en principio, únicamente de 7 a 10.30 h, pero podéis intentar llamar al guarda.

Los chinos la llaman *Shi Shi* o la «casa de piedra», porque no se escatimaron medios y la hicieron maciza, con un granito gris que, por desgracia, no desentona mucho del cemento empleado en los grandes bloques cercanos... Aunque Cantón siempre haya estado en contacto con las religiones extranjeras, uno se lleva una pequeña sorpresa cuando se encuentra frente a este edificio católico después de haber estado visitando tantos templos. Erigida por el arquitecto francés Guillemin entre 1863 y 1888, durante la dinastía Qing, es la iglesia más grande de estilo gótico del país. Durante la Revolución Cultural estuvo cerrada y se deterioró ligeramente.

Museo de Arte de Guangzhou *(plano de conjunto):* Luhu Lu, en el noreste del centro y en el sur del lago Luhu. ☎ 86-65-93-37. Abierto de 9 a 17 h. Os llevan los autobuses nos 10 y 297. Entrada: 20 ¥ (2 €).

El edificio es moderno, espacioso, blanco y luminoso, con estatuas también modernas en todos los rincones; tiene un maravilloso patio ajardinado con cascada, en el que podréis descansar entre una y otra visita de las numerosas galerías. Cada artista o donante cantonés presente aquí posee su propia galería con un texto muy elogioso para él, traducido al inglés. Evidentemente, veréis muchos cuadros cuyo tema es la naturaleza. No vamos a reseñarlo todo, pero empezad por la galería de la planta baja, que presenta obras de todas las dinastías (Song, Yuan, Tang y Ming), con cuadros sobre seda preciosos; además de algunas de los Ocho Excéntricos de Yangzhou (mediados de la dinastía Qing), que rechazaban la sofisticación de sus predecesores.

> Guilin y el río Li

GUILIN

700.000 HAB. PREFIJO TEL.: 0773

El nombre de la capital de la provincia de Guangxi significa «bosque de osmantos» (un bonito árbol de flores rojas y blancas que se abren entre junio y julio). Farallones en pleno centro de la ciudad, paisajes poéticos a lo largo del río Lijiang cantados por los poetas y los pintores chinos, poemas caligrafiados y acuarelas continúan proliferando en la región como las flores en primavera. La ciudad lo ha comprendido muy bien, y hoy es una de las más visitadas del país, con un turismo interior muy intenso además del procedente del sureste asiático. Por otra parte, Guilin se ha convertido desde hace unos años en una ciudad en obras, con la construcción de un aeropuerto internacional, la renovación de la red vial, la edificación de nuevos hoteles a un ritmo vertiginoso, etc. Todo ello para acoger a los numerosos aficionados a los cruceros de lujo por el río Li, algo que no gustará a los enamorados de la conservación de la naturaleza ni a los que buscan la soledad tranquila del viajero. Pero todos ellos pueden marcharse directamente a Yangshuo y perderse entre los arrozales y los tramos del río a los que no llegan los autocares de los turistas. Aunque, de todos modos, sería una equivocación pasar por Guilin sin detenerse lo más mínimo. Los farallones de nombres tan poéticos los encontraréis hasta en el mismo centro de la ciudad. Asimismo, hay una cueva llamada de la Flauta de Caña, muy venerada y muy kitsch, que ya merece por sí sola una parada.

LLEGAR - SALIR

Mucho cuidado con los amigos de lo ajeno en las estaciones de trenes y de autobuses. Los transportes ofrecen muchas posibilidades para salir de Guilin, pero también os podéis organizar la salida en autobús desde la terminal de Yangshuo o a través de las agencias de viajes allí mismo (ver «LLegar- Salir de Yangshuo?», más adelante).

En autobús y minibús

> **Yangshuo:** minibuses frecuentes todo el día desde las estaciones de trenes y de autobuses. Calculad 1 h más o menos. El billete debería rondar los 9-10 ¥ (0,90-1 €).

> **Longsheng:** salidas desde la estación de autobuses y detrás de la de trenes. Calculad unas 3 h hasta el país de los dong.

> **Cantón** (Guangzhou): varias salidas diarias. Escoged el *sleeping-bus*, porque son de 13 a 15 h de viaje. Resulta largo y cansado.

En barco

> **Descenso por el río Li hasta Yangshuo:** reservad en el CITS (ver «Direcciones útiles») o en el hotel (posible

rebaja). También lo subcontratan algunas agencias de Binjiang Lu, sin contar a los que ofrecen sus servicios presentándose muchas veces como estudiantes. Sus embarcaciones suelen ser pequeñas lanchas a motor, rápidas y algo más baratas, pero no resultan muy seguras, así que mucha prudencia. Como ya os hemos dicho, el crucero «oficial» de descenso del río Li hasta el pueblo turístico de Yangshuo, que nos encanta, sale realmente caro. Calculad algo menos de 500 ¥ (50 €) por persona, incluyendo la comida y el regreso en autobús el mismo día (o negociad el regreso otro día). Gustará o no gustará, aunque debéis saber que se trata de un crucero de entretenimiento, y hay muchos grupos organizados.

Primero, os llevan en autobús hasta **Zhujiang,** a 28 km al sur de Guilin, y a continuación os ponen en fila india para embarcar en una especie de grandes golondrinas (pero sin alas). Y a navegar entre los farallones. La comida es correcta, y se pueden pedir suplementos de pescado o marisco (bastante caro), con *duty free* local a bordo, etc. Todo el mundo se dedica a sesiones racheadas de fotos desde el puente superior, y os describen las formas imaginarias que se atribuyen a los farallones en chino, japonés e inglés chapurreado. Si sois amantes de la naturaleza y la soledad, es mejor que vayáis en autobús y subáis entonces en las embarcaciones locales, más baratas y menos llenas de gente. Así recorreréis algunos tramos del río más tranquilamente.

Un consejo por si hacéis el descenso a pesar de todo: en Yangshuo hay tantas cosas que ver y hacer, que deberíais quedaros un día entero por lo menos. Otra cosa: en periodo de estiaje (aguas bajas) –es decir, de noviembre a febrero– salen menos barcos y navegan más despacio, con lo que la duración del crucero se alarga un poco. Calculad de 4 a 5 h de viaje.

En tren

Reservad con tres días de adelanto por lo menos.

> **Cantón:** uno o dos trenes al día. Unas 14 h de viaje. Calculad 200 ¥ (20 €) en una litera dura y unos 300 ¥ (30 €) en una litera blanda.

> **Pekín:** dos trenes diarios. De 24 a 29 h de viaje. Calculad 430 ¥ (43 €) en una litera dura y unos 660 ¥ (66 €) en una litera blanda.

> También parten dos trenes diarios hacia **Shanghai** (el viaje dura unas 26 h), cinco hacia **Nanning** (7 h de viaje), dos o tres a **Kunming** (30 h) y uno hacia **Xi'an** (29 h).

En avión

El **aeropuerto** está situado a 30 km al oeste de la ciudad. Punto de información, agencia del Banco de China y mostrador del CITS (China International Travel Service), donde hablan un poco de inglés.

Del aeropuerto al centro urbano

> Lo más económico es coger alguno de los autobuses de enlace de la CAAC. Calculad unos 20 ¥ (2 €). Pasan por la estación de trenes y tienen parada delante de la sede de la compañía *(A3,* ***3****)*, enfrente del *Aviation Hotel*. Trayecto: 35 minutos.

> El taxi os costará unos 100 ¥ (10 €).

> Si queréis ir directamente a Yangshuo, la estación de autobuses no se halla muy lejos de la de trenes, y allí para el autobús de enlace de la CAAC.

Del centro urbano al aeropuerto

Para llegar al aeropuerto coged los autobuses de enlace de la CAAC *(A3,* ***3****)* que salen de la sede de la compañía cada 30 minutos entre las 6.30 y las 19.30 h. Calculad unos 20 ¥ (2€). Consigna (de pago) en la recepción del hotel *Aviation*, al lado.

> Salen numerosos vuelos diarios hacia **Cantón, Pekín, Shanghai** y **Haikou,** y sólo uno hacia **Nankín** y **Kunming.**

Transportes y Direcciones útiles

- Estación de trenes
- Estación de autobuses de larga distancia
- China International Travel Service (CITS)
- Correos y teléfonos
- 2 Agencias del Bank of China
- 3 CAAC
- 4 Shanghai Airlines
- 6 Guilin Tourism International Service

¿Dónde dormir?

- 10 Guilin Flowers Youth Hostel
- 11 Xiao Yang Lou International Youth Hostel
- 12 Guilin Lixin Hotel
- 13 City Convenience Hotel
- 14 Taihe Hotel
- 15 Guilin Riverside Hostel
- 16 Mei Du Hotel
- 17 Guilin Tai Lian Hotel
- 18 Osmanthus Hotel
- 19 Xingui Hotel
- 20 Guilin Fubo Hotel
- 21 Guilin Park Hotel
- 22 Guilin Backstreet Youth Hostel

¿Dónde comer?

- 25 Yi Yuan
- 27 Xia Nan Guo
- 28 Da Guang Fu
- 29 Little Italian
- 30 Xa Xiù
- 31 G. L. Dongjianggang

¿Qué visitar?

- 45 Museo de la Herencia de los Príncipes de Jingjiang, Museo Etnográfico y Museo de Historia de la Ciudad

Una recomendación: si vais a **Hong Kong,** lo mejor es tomar un vuelo hacia Shenzen y seguir el viaje en autobús o tren, o un vuelo hacia Cantón y, después, cualquier tren. Lo mismo para **Macao,** pasad por Zhuhai y coged un autobús, está justo al lado. De este modo, el viaje os saldrá dos veces más barato que si voláis directamente a las antiguas colonias. Pensad también en la tasa de aeropuerto, bastante elevada, en torno a 90 ¥ (9 €) para cada una de estas dos ciudades que aún conservan sus fronteras con la República Popular China, en el marco de los acuerdos de la retrocesión.

¿CÓMO DESPLAZARSE POR LA CIUDAD?

La ciudad no es demasiado grande, de modo que resulta bastante fácil ir a los sitios andando. La mayoría de los establecimientos y lugares de interés se encuentran en la orilla oeste del río Lijiang y a ambos lados de la avenida principal, Zhongshan Lu. Dicho esto, os puede resultar útil el autobús o el taxi de vez en cuando, aunque sólo sea para cambiar de barrio o ir a visitar los alrededores.

En autobús

Cuesta alrededor de 1,20 ¥ (0,12 €), sea cual sea el trayecto (llevad el importe exacto). Aquí os indicamos cuál es el autobús más práctico para ir a cada lugar, pero tened en cuenta que las líneas más interesantes son las siguientes:

> La **línea nº 2** sale de la estación de trenes al sur, remonta Zhongshan Lu y llega a la colina de la Trompa de Elefante y a las de Fubo y los Colores Acumulados.

> La **línea nº 3** parte igualmente de la estación de trenes y llega hasta la cueva de la Flauta de Caña.

GUILIN

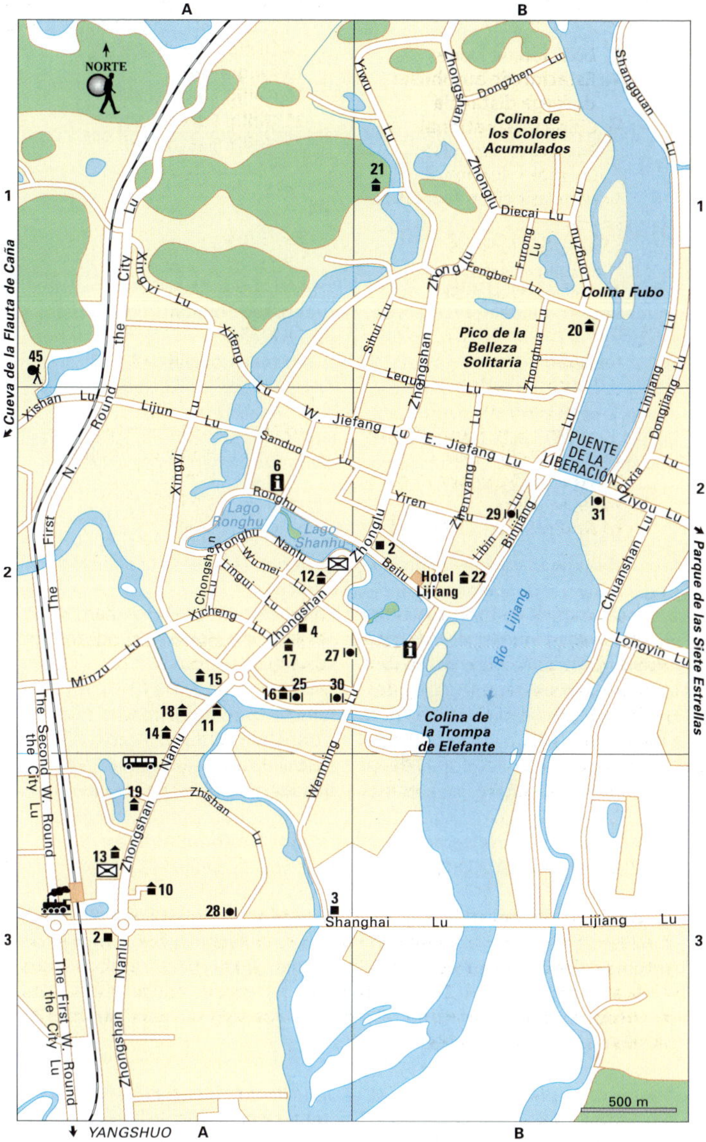

> La **línea nº 13** sale del parque de las Siete Estrellas y atraviesa el centro de este a oeste hasta la cueva de la Flauta de Caña.

En bicicleta

Una buena idea para visitar los alrededores, pero no tanto para circular por la ciudad a causa de la contaminación y de los atascos de tráfico. En bastantes hoteles las alquilan (ver «¿Dónde dormir?», más adelante).

En taxi

Los taxis son de color rojo y la bajada de bandera cuesta aproximadamente unos 7 ¥ (0,70 €), y cada kilómetro, un poco menos de 2 ¥ (0,20 €). Hay también muchas mujeres taxistas (de lo que nos congratulamos), y también motos-taxi y *trishaws*, que no hacen mucho caso del código de la circulación; de modo que debéis ser bastante intrépidos para cogerlos e ir con cuidado...

DIRECCIONES ÚTILES

Información turística

> **China International Travel Service** (CITS; *plano B2)*: 41, Binjiang Lu. ☎ 286-16-23. Fax: 282-74-24. Abierto de 8.30 a 21 h. Información turística sobre la región, los transportes (excepto autobuses) y reserva de cruceros de lujo por el famoso río Lijiang. Calculad algo menos de 500 ¥ (50 €) por persona, incluidos el desayuno y el regreso durante el día; resulta bastante caro... Si os habéis quedado con las ganas, podéis navegar por algunos tramos del río saliendo de Yangshuo, y os sale casi cinco veces más barato (ver más adelante). Además, disponen de servicio de correo electrónico bastante barato y hablan un poco de inglés.

> **Guilin Tourism International Service** *(A2, **6**)*: 14, North Ronghu Rd. ☎ 280-03-18. Todos los días de 8 a 22 h. Hablan un poco de inglés. Tienen a la venta un plano de la ciudad.

> **Reclamaciones:** ☎ 280-03-15.

Bank of China

*(A3 y B2, **2**)*: tiene varias agencias repartidas por la ciudad. Una cerca del hotel *Lijiang*, en la esquina entre Zhongshan Zhonglu y Shanhu Beilu. Otra cerca de la estación de trenes, abierta todos los días de 8 a 18 h aproximadamente. Con la tarjeta de crédito, podéis retirar efectivo en ventanilla (3 % de comisión). Aceptan las divisas y los cheques de viaje.

Correos y teléfonos

(A3): estafeta principal en Zhongshan Zhonglu, al lado de la estación de ferrocarril.

China Post *(A2)*: en Zhongshan Zhonglu, enfrente del establecimiento *Xinhua Bookstore*.

Compañías aéreas

> **CAAC** *(A3, **3**)*: en Shanghai Lu, precisamente al pie del puente Zhishan. ☎ 384-39-22. Es el principal representante de las compañías aéreas.

> **China Southern Airlines:** 26, Ziyou Lu. ☎ 581-42-96.

> **Shanghai Airlines** *(A2, **4**)*: Zongshan Zhonglu. ☎ 282-69-35. La oficina permanece abierta entre semana de 8 a 19 h.

¿DÓNDE DORMIR?

A ser posible, no vengáis durante el periodo de las vacaciones escolares. Los hoteles suelen estar llenos y no hay habitaciones libres en ninguna parte. Guilin es una de las ciudades más turísticas de China. Si ello no os gusta o si andáis cortos de presupuesto, marchaos enseguida a Yangshuo, donde los hoteles resultan mucho más baratos. Además, los hoteles de Guilin son bastante corrientes y tirando a tristones. Casi todos los establecimientos hoteleros dan a la gran arteria principal, Zongshan Lu.

De muy barato a barato

Xiao Yang Lou International Youth Hostel

*(A2, **11**):* 110-25, Zhongshan Nanlu. www.hostelworld.com Habitaciones dobles 130 ¥ (13 €), camas en dormitorio (4-6 camas) 35-40 ¥ (3,50-4 €). Nuestro albergue favorito en Guilin. Muy bien situado, a lo largo del paseo del lago y lejos del bullicio del bulevar. Escoged la nº 203 con vistas al lago.

Guilin Flowers Youth Hostel

*(A3, **10**):*6, Shangzhi Lane, Block 2, South Zhongshan Rd. ☎ 383-96-25 y 384-52-75. www.yhaguilin.com En una calle tranquila. En el primer piso. Pequeño dormitorio de 6 camas 25 ¥/2,50 € (persona) y dobles 60-90 ¥ (6-9 €). Internet. Este AJ es miembro de la rel red oficial, está muy bien situado (cerca del tren y de los autobuses así como del centro de la ciudad) y bien mantenido. Agradable sala común. Dormitorios y habitaciones climatizados (con o sin ducha). Lavandería y posibilidad de comer.

Guilin Backstreet Youth Hostel

*(B2, **22**):* 3, Renmin Lu. ☎ 281-99-36. www.guilinhostel@hotmail.com Cama en dormitorio 35 ¥ y habitación doble 100 ¥ (10 €) para los socios. Internet. Pequeño y céntrico albergue juvenil, bien equipadoy acondicionado confortablemente. Baños colectivos impecables. Comidas *in situ.* Alquiler de bicicletas, lavandería, información sobre excursiones.

Guilin Riverside Hostel

*(A2, **15**):* 6, Zhumu Xiang Nan Men. ☎ 258-02-15. www.you.guilinhome.com A 200 m del bulevar, por un camino que sigue al río. Dobles 100 ¥ (10 €); sin desayuno. En realidad no es un albergue juvenil, sino un pequeño hotel económico al borde del río. Grandes habitaciones (algunas con 3 camas), tranquilas y equipadas con todo lo necesario (cuarto de baño y climatización).

Guilin Lixin Hotel

*(A2,**12**):* 19, Zhongshan Nanlu. ☎ 282-26-05 y 280-03-54. A lado de una oficina de correos, tiene una entrada discreta pero lo reconoceréis por su fachada de cerámica amarilla. Dobles a partir de 180 ¥ (18 €), triple 210 ¥ (21 €). Sencillo, bien mantenido, seducirá a los presupuestos más modestos por su céntrico emplazamiento, sus habitaciones bastante espaciosas (cuarto de baño, AC) y sus correctos baños. Vistas al río o a la parte de atrás, más tranquilo. Escoged la 313.

Taihe Hotel

*(A2, **14**):* 427, Zhongshan Nanlu. ☎ 383-55-04. Cerca de la estación de autobuses. Habitaciones dobles a partir de 150 ¥ (15 €). Confort de un dos estrellas, buen trato y hablan un poco de inglés. En el vestíbulo hay un terminal informatizado de información sobre la ciudad, bastante completo.

Mei Du Hotel

*(A2, **16**):* 17, Nan Huan Lu. ☎ 283-82-68. Fax : 288-66-98. Dobles 160 ¥ (16 €). Internet. Del mismo tipo que el *Guilin Lixin Hotel* pero algo inferior. Escoged una habitación en los pisos superiores (son más tranquilas).

De precio medio a más selecto

City Convenience Hotel

*(A3, **13**):* 97, Zhongshan Nanlu. ☎ 356-61-11. Dobles 500 ¥ (50 €). Pequeño hotel de categoría media, perteneciente a una cadena. Muy bien situado, ofrece habitaciones funcionales e impecables con una buena relación calidad-precio; algunas tienen un balcón. Recibimiento correcto.

Guilin Tai Lian Hotel

*(A2, **17**):* 12, Zhongshan Zhonglu. ☎ 282-28-88 y 289-28-88.

www.gltailian.com Dobles 500 ¥ (50 €), con posibilidad de un descuento del 50 %. Unas 200 habitaciones. Inmenso vestíbulo para este hotel que constituye un pequeño lujo a precio asequible. Las habitaciones se distribuyen en torno a un extenso patio. La mayoría son agradables y confortables. AC, nevera. Bar y restaurante.

Osmanthus Hotel

*(A2, **18**):* 451, Zhongshan Nanlu. ☎ 383-43-00. Fax: 383-53-16. glosmh@ public.glptt.gx.cn Habitaciones dobles a partir de 300 ¥ (30 €) aproximadamente, tasas incluidas; se puede negociar una rebaja del 20 al 30 %, y aceptan tarjetas de crédito. Se trata de un gran edificio de hormigón a orillas del río, en la zona donde la corporación de limpiabotas está muy presente. Atención, hay dos alas; no las confundáis, porque cada una tiene una recepción diferente. La *East Wing* es la más antigua y barata, mientras que la *West Wing* es más nueva y confortable. El hotel organiza muchas salidas por la región y, además, tiene restaurante, discoteca, bar, piscina, alquila bicicletas, y dispone de un salón de masaje de pies (una especialidad de la región), muy agradable después de un largo paseo por los parques de la ciudad.

Xingui Hotel

*(A3, **19**):* 1, Yinding Rd. ☎ 385-00-00 y 383-27-65. xinguihotel@gl.gx.cn-info.net A 100 m del cruce con Zongshan Lu (gran bulevar). Dobles 290-460 ¥ (29-46 €). Un hotel con unas 130 habitaciones espaciosas. Muy confortables, con AC, TV, teléfono, nevera, caja de seguridad, etc. Restaurante, bar y gimnasio.

Selecto

Guilin Fubo Hotel

*(B1, **20**):* 121, Binjiang Lu. ☎ 282-99-88. Fax: 282-23-28. fubo@public.glptt.gx.cn Habitaciones dobles y suites de 800 a 1500 ¥ (80 a 150 €) aproximadamente, más 10 % de tasas; fuera del periodo de vacaciones, podéis conseguir una rebaja del 30 al 40 %. Hotel de lujo bien situado, un poco apartado del centro urbano y justo enfrente de la colina Fubo, como su nombre indica. Muy buena reputación. Las estancias más baratas dan a la parte trasera o lateral. Si podéis, escoged entre las que dan al río o al parque, que tienen una bonita vista. Aquí vienen muchos turistas occidentales que van o vuelven de un crucero por el río Li. Restaurante, servicio de cambio, pequeña agencia de viajes, gimnasio, sala de juegos, masajes, etc. Buen trato.

Guilin Park Hotel

*(B1, **21**):* Luosi Hill. ☎ 255-88-99. www.parkhtl.com 730-1 .460 ¥ (73-146 €). Bonito y lujoso hotel sobre una colina a cuyos pies se extiende un romántico lago. Más de 260 habitaciones amplias y con todo el confort. Copioso desayuno bufé , AC, TV, caja de seguridad, restaurantes, bares, sauna, bonita piscina y excursiones.

¿DÓNDE COMER?

La cocina de Guilin tiene fama de ser bastante fuerte y exótica, a base de serpiente, pangolín, coipo, civeta, tortuga y otros animales más o menos salvajes, lo cual puede herir la sensibilidad de las personas escrupulosas. También puede herir el bolsillo, porque esos platos salen muy caros. Evidentemente, podéis comer platos más convencionales. Entre las especialidades locales figuran los tallarines a la manera de Guilin y el *huoguo*, una especie de cocido chino. Se riega todo con cerveza de la casa (la *Liquan*, ligera y barata) o con el té perfumado a las flores de osmanto.

De barato a precio medio

En la Food Street («calle de la comida»), como llaman a **Yiren Lu** *(B2)*, encontraréis cantidad de restaurantes turísticos, y en **Libin Lu,** una calle perpendicular que lleva al *Universal Hotel*, conocida también como «Little Hong Kong», donde hay muchos restaurantes populares. La mayoría tienen ganchos en la puerta para atraer a los turistas, pero siempre podéis escoger. Antes de encargar un plato, comprobad los precios, así no os tomarán el pelo por aquello de que sois turistas. Por último, en **Zhishan Lu** *(A3)* hay tenderetes y puestos de comida barata.

Yin Yuan

*(A2, **25**):* 106, Nanhuan Lu. ☎ 282-04-70. Abierto de 11.30 a 14.30 h y de 17 a 21.30 h aproximadamente. Sirven comidas por unos 30 ¥ (3 €), pero un plato puede ser suficiente para dos. Sin duda, el restaurante preferido de los turistas, y se lo merece. El local está completamente decorado en madera. Excelente cocina de Sichuan, que sorprende la primera vez que se prueba. Los que tengan un estómago más delicado pueden probar los crujientes *crispy chicken* y *sizzling crispy rice cake*, y si sois varios, una *fondue*. Carta en inglés. Buena selección de vinos, incluyendo algunos extranjeros. Buen trato y servicio esmerado. Nuestro establecimiento preferido en Guilin.

Little Italian

*(B2, **29**):* Binjiang Lu, a 200 m del puente de la Liberación, a la derecha viniendo desde allí. Platos 24-36 ¥ (2,40-3,60 €). Céntrico y bien situado, es un pequeño café-restaurante para tomar y comer algo. Es también muy agradable para desayunar.

Xiao Nan Guo

*(A-B2, **27**):* Wenming Lu. ☎ 285-55-18. Todos los días hasta las 21.30 h. Platos 16-26 ¥ (1,60-2,60 €). Inmensa sal y un servicio veloz. Gran variedad de pequeñas especialidades, como los caracoles al estilo Yangshuo. Raciones generosas.

Da Guang Fu

*(A3, **28**):* en la esquina de Shangai Lu y Zhishan Lu. Inmenso restaurante, muy popular entre los vecinos, aunque también llegan hasta ella algunos turistas. Excelente cocina a precios moderados, menú en inglés. Los entrantes son más que suficientes para dos.

De precio medio a más selecto

Xa Xiù

*(A2, **30**):* 159, Nanhuan Lu. ☎ 283-50-28. Todos los días hasta las 23 h. Es uno de los restaurantes más famosos para probar los platos exóticos. de carne. También los cangrejos en salsa picante.

Selecto

G.L. Dongjianggang

*(B2, **31**):* en el puente Jiefang, a 50 m del río y del conjunto escultórico de los caballos. ☎ 580-00-00. Abierto todos los días a mediodía y para cenar hasta las 21 h. Típico restaurante para hombres de negocios en un patio turístico. Buena reputación. Varias salas pequeñas, climatizadas y con mesas giratorias. Debéis escoger, como manda la tradición, el pescado y el marisco en los acuarios. Posibilidad de comer en la terraza al abrigo de las palmeras.

> **> AVISO**
>
> **Las tarifas que se indican en la guía corresponden al momento de la edición de la misma y, por tanto, son orientativas.**

COMPRAS

Mercado nocturno *(B2):* todas las tardes se instalan una infinidad de puestos de artesanía en Binjiang Lu, a lo largo del río. Es muy bonito, pero bastante turístico, y van a la caza del turista a base de bien. Cantidad de artículos de todas clases y de telas estampadas, pasando por los sellos chinos, que se venden a 1 € la pieza.

¿QUÉ VISITAR? ¿QUÉ SE PUEDE HACER?

> Podéis dar un agradable paseo alrededor de los **lagos Ronghu y Shanhu** *(A2)*. Echad un vistazo a la antigua puerta del Sur, vestigio de las murallas de la ciudad, encima de la cual hay ahora una pequeña galería de arte.

Colina de los Colores Acumulados *(B1):* el monte Diecai, en el norte del centro urbano. Os lleva el autobús nº 2. Abierto todos los días de 7 a 19 h. Entrada: unos 20 ¥ (2 €); gratuito para los niños que no llegan a 1,40 m.

Bonitas vistas panorámicas de la ciudad y de los picos kársticos, así como de la réplica del puente del Viento y la Lluvia de las tribus dong, al otro lado del río. Fijaos en la cueva del Cráneo Blanco, que justifica en parte el nombre del paraje, y en la Cueva Venteada, que contiene reliquias y estatuas budistas. Aquí podréis comprobar lo mucho que les gusta a los chinos tocar las estatuas. Si no hay demasiada gente, intentad subir hasta la cima, aunque por lo general siempre está llena de turistas chinos y asiáticos que vienen atraídos por su valor simbólico. Id también al pequeño parque dedicado a los pájaros. Un paseo muy bonito, a pesar de todo.

Colina Fubo *(B1):* está en el norte y al borde del río. Tomad el autobús nº 2. En principio, permanece abierta día y noche, ya que aquí vienen los chinos a hacer gimnasia a cualquier hora del día, y cuando acuden por la tarde a bailar le dan a la colina un aire de fiesta. Claro que ellos no tienen que pagar, al contrario que nosotros (la entrada cuesta unos 15 ¥/1,50 €).

La colina lleva el nombre del célebre general chino Ma Yuan, quien masacró a varios miles de vietnamitas en el siglo I para aniquilar el secesionismo creciente de esta región anexionada por China hacía poco. Su nombre significa «domador de las aguas», por la flota de unos 2.000 juncos que utilizó para alcanzar sus objetivos. En el paraje, aparte de la hermosa vista panorámica, podéis ver una campana de 2,5 t del siglo XVII, así como una copia de la cueva de la Perla, con numerosos relieves budistas. La cueva se llama así porque, según una leyenda, un pescador se llevó la perla que alumbraba al dragón que vivía en la cueva, pero después tuvo tantos remordimientos que la volvió a poner en su sitio.

Colina de la Trompa de Elefante *(B2):* se halla en la orilla del río, y es sin duda el paraje más conocido de la ciudad y el más frecuentado. Llegar hasta ella en una pequeña embarcación constituye un peregrinaje... Y, francamente, basta con observarla desde fuera. La verdad es que el agujero que hay en la colina le da, incuestionablemente, la forma de una silueta de elefante con la trompa metida en el río para beber. Pero lo más bonito es la leyenda que cuentan. Antes de convertirse en piedra, este elefante formaba parte del séquito del emperador de Jade que devastó el pueblo cuando pasó por él. Allí, el animal cayó enfermo de repente y, cuando estaba a punto de morir, un anciano se apiadó de él y lo curó. Entonces el elefante, agradecido, le ayudó a reconstruir el pueblo. Cuando el emperador se enteró, envió a sus hombres para que lo asesinaran. El elefante luchó con ellos varios días hasta que lo mataron, por sorpresa, cuando estaba bebiendo agua en el río para reponerse y seguir luchando... Y éste es, pues, su cuerpo fosilizado.

Museo de la Herencia de los Príncipes de Jingjiang *(A1, **45**):* Xishan Lu. En la planta baja. Todos los días, excepto el fin de semana, de 8 a 11.30 h y de 14.30 a 17.15 h.

En una enorme sala de una elegante museografía podréis ver espléndudas cerámicas y porcelanas de los siglos X al XVII; destacan sobre todo las del reino de Wanli (1573-1619). Hay numerosas explicaciones acerca de los motivos utilizados en la decoración: aves acuáticas, peces, árboles, bambú, flores..., en definitiva todo aquello que está próximo a la vida cotidiana de las gentes del lugar y todo con lo que el artista puede expresar la belleza de la naturaleza. En el museo también se exponen piezas del período Song (960-1279) y del período Ming.

En el primer piso del museo está ubicado el **Museo Etnográfico** (en principio, tiene los mismos horarios). En él podréis ver vestimentas de las etnias locales, como los de los músicos y las mujeres yao, los zhuang... En la sala anexa, los Yao blancos con tambores de bronce. Joyas y diversos ejemplos de la hermosa arquitectura Dong. En la última sala, todo sobre las etnias jin y maonan.

Por último, en el mismo edificio se encuentra el Museo de Historia de la Ciudad, el menos atractivo de los tres. Presentación un poco anticuada y textos únicamente en chino. Son interesantes algunas piezas de bronce, cerámica, vasos y manuscritos.

Descenso por el río Li hasta Yangshuo: remitíos al apartado «Llegar - Salir de Guilin».

Otros lugares de interés

Parque de las Siete Estrellas *(fuera del plano, por B2):* Qixing Gongyuan. Tomad el autobús nº 11 desde la estación. Abierto de 6 a 22 h. Entrada: unos 43 ¥ (4,30 €), más caro si visitáis la cueva; gratuito para los niños que no llegan a 1,40 m.

El parque sólo resulta interesante para quienes quieran conocer mejor la ciudad. Se trata del más grande de Guilin. La colina más conocida es la que tiene forma de camello, aunque lo que más atrae a los visitantes es la placa que hay justo delante, que conmemora un emocionante discurso ecológico de Bill Clinton en 1998. Algo curioso, sabiendo cómo «funciona» el Gobierno estadounidense en materia de ecología... También se puede ver la sala donde pronunció el discurso y hasta la mesa en la que se sentó, expuestas como si fueran reliquias. ¿Se estarán convirtiendo los chinos en admiradores de lo estadounidense? Bueno, ésta es otra razón de peso para no entrar en el parque, aparte de que el zoo no es nada del otro mundo.

Alrededores de Guilin

Cueva de la Flauta de Caña *(fuera del plano, por A2):* está a 8 km al noroeste del centro. Tomad el autobús nº 3 desde la estación o el nº 13 desde el parque de las Siete Estrellas. Abierto de 7.30 a 17.20 h. Entrada: 60 ¥ (6 €), según la temporada. Por 50 ¥ (5 €), billete combinado con el mausoleo de los príncipes (ver a continuación). Atención: obra maestra de arte kárstico kitsch iluminada a la china.

Esta inmensa cueva, descubierta en 1959 y que sirvió de refugio antiaéreo durante la guerra contra Japón, tiene cabida para más de 1000 personas y aún sobra sitio. Está llena de impresionantes estalactitas y estalagmitas y, sobre todo, iluminada de una manera que resultaría inconcebible en España. Aquí los chinos se han propuesto divertirse o, en todo caso, divertir a los visitantes (aunque sea involuntariamente), y han alcanzado la culminación, si puede decirse así, en el arte de la iluminación kitsch. Evidentemente, todas estas «concreciones formales» han sido adornadas con una serie de nombres y de historias poeticolegendarias como sólo los chinos pueden imaginar, y que sirven para realzar los magníficos volúmenes de las «salas» y los espectaculares «drapeados» de la roca. Así que vale la pena meterse de lleno en el juego.

Destacaremos el *Dragón alrededor de una pagoda*, el *Muñeco de nieve*, el *Mercado de frutas y verduras* y sobre todo, como remate final, el magnífico *Palacio de Cristal*, que se refleja en un estanque y que constituye el decorado que escogen todas las parejas para hacerse la foto (o verse sorprendidas besuqueándose). El pasillo de salida tiene un bonito acompañamiento musical. A título de curiosidad, y si por casualidad tenéis un imán, haced lo mismo que los guías y ponedlo en las placas que sirven para encender y apagar la iluminación; así conseguiréis diferentes puntos de vista muy divertidos sobre las «obras», algo así como en los espectáculos de luz y sonido (pero sin sonido). O bien seguid a cualquier guía local.

Y al fin comprenderéis por qué se llama esta cueva «de la Flauta de Caña»: la cueva está recubierta de flautas de bambú.

Mausoleo de los príncipes de Jingjiang: se halla a 10 km al este de la ciudad. Abierto de 8.30 a 16.30 h. Calculad unos 60 ¥ (6 €) en taxi, incluido el tiempo de espera. Entrada: unos 50 ¥ (5 €); gratuito para los niños que no llegan a 1,40 m. Si venís por la mañana temprano, no hay mucha gente.

Los príncipes de Jingjiang pertenecen a una rama de la dinastía Ming que decidió descentralizar el poder en el siglo XIV. Estos soberanos locales administraron la región hasta mediados del siglo XVII, cuando los manchúes se hicieron con el poder y profanaron las tumbas. El mausoleo está concebido siguiendo el modelo de las sepulturas Ming de Pekín, pero, evidentemente, con unas proporciones mucho más modestas. En un eje norte-sur, un primer patio con la puerta del fondo guardada por dos leones y, a continuación, una *Vía de los Espíritus* atravesada por un minúsculo puente, que tiene un cierto parecido con el de la Ciudad Prohibida de la capital china. Fijaos en los detalles simbólicos del puente: el jarrón de la abundancia, el loto que simboliza la pureza y el de la pesca que representa la inmortalidad. Hermoso grupo de estatuas con un par de leones *suanni*, moruecos símbolos de la belleza, jinetes y elefantes, además de unos cuantos animales fantásticos casi indescriptibles. En realidad, algunos de ellos son *qilin*, una especie de unicornios que simbolizan la paz, y los otros, *bi'an*, una especie de cruce entre tigre y perro (aunque no está muy claro).

En la actualidad se considera que la sepultura de los príncipes está en la pequeña colina que hay detrás, donde muchas veces se encuentran restos de incienso quemado en su honor. Por último, antes de iros visitad el curioso pabellón de la derecha de la entrada principal, que contiene los cuerpos conservados en formol del jefe adjunto Ming de la provincia de Guangxi (algo así como un subgobernador de la época) y su esposa, hallados en 1973 en la provincia de Hubei. La verdad es que constituyen una visión alucinante. Pequeña exposición de restos de vestidos, tejidos y objetos encontrados en las tumbas, y paneles explicativos en chino.

> Para quienes os guste caminar, podéis hacer un interesante paseo por la zona que consiste en subir en 1,30 h aproximadamente al bonito ***monte Yao***, saliendo del punto que está a menos de un kilómetro del mausoleo (seguid el gran panel rojo). Si no queréis andar, el teleférico funciona de 9 a 16 h. Calculad unos 20 ¥ (2 €) para subir y 35 ¥ (3,50 €) ida y vuelta; descuento para los niños que no llegan a 1,30 m.

YANGSHUO

PREFIJO TEL.: 0773

Aquí uno puede venir únicamente para ver el río Li y después morir de tanta emoción poética... Pero sería una lástima, porque Yangshuo tiene muchas más cosas, desde paseos en bicicleta entre los arrozales y los farallones que se pierden en el horizonte, hasta un núcleo urbano de lo más animado, con una parte turística tan atractiva que cabría considerarla un pueblo por sí sola. Yangshuo es la meca para los trotamundos que vienen a tomarse un respiro entre ciudad y ciudad, descansar en sus pequeños hoteles nada caros y realmente hechos a su medida, y comer y beber a sus anchas en las terrazas de la calle principal, entre compra y compra en las tiendas de artesanía baratas, y mientras preparan el próximo periplo por el Imperio del Centro... Si no habéis conseguido aprender nada de chino, tranquilizaos porque aquí se habla inglés como en pocos lugares de China. Incluso buscan profesores, aun sin experiencia, pero que estén motivados, sin duda para formar a los futuros guías de Yangshuo. De manera que si estáis a gusto y sabéis idiomas, aquí tenéis una oportunidad. Con todo lo que os acabamos de decir, queda claro que Yangshuo es uno de los rincones de China que más nos gustan. No os la perdáis.

LLEGAR - SALIR

Consultad las pequeñas agencias de viajes de Xijie Lu (ver «Direcciones útiles»), que organizan circuitos y venden viajes en sleeping-bus hacia las ciudades del sur. A ser posible, procurad reservar con una antelación de tres días como mínimo, y comprobad que la reserva esté bien hecha y por escrito para evitar sorpresas desagradables. También podéis pedir que os muestren el autobús para haceros una idea. Asimismo, comparad las tarifas. Atención: los precios suben un poco en el periodo de vacaciones. Para trenes y aviones, tenéis que ir a Guilin.

En autobús

Todas las salidas se hacen desde la **estación de autobuses** de Yangshuo *(A2)*. Los minibuses regionales salen desde la plaza, y los autobuses de largo recorrido, desde el edificio azul de enfrente. Información:
www.trax2.com/china/schedules/bus/gl-express.html

> **Guilin:** desde la plaza salen muchos minibuses de 6 a 20 h. Calculad unos 5 ¥ (0,50 €) por persona, con un suplemento de 1 o 2 ¥ (0,10 o 0,20 €) por cada bicicleta. Hay un Express Bus cada 30 minutos de 7.15 a 18.45 h. Otros autobuses salen cada 10 minutos, pero hacen más paradas en ruta por lo que la duración del trayecto es mayor.

> **Fuli y Xingping:** salen también desde la plaza. Para ir a Xingping, la tarifa es casi la misma que para Guilin. Cada 15 minutos de 7.15 a 19 h (los días de mercadom de 6 a 20 h). Pero si bajáis en Fuli, os costará la mitad. Para el que quiera saberlo, no es posible ir directamente de Xingping a Guilin, sino que deberéis pasar necesariamente por Yangshuo.

> **AVISO**
> **Los horarios que se indican en la guía son orientativos.**

> **Yang Di:** cada 20 minutos de 7.20 a 18.30 h.

> **Longsheng y Sanjiang:** las puertas de acceso al país de los dong, con su arquitectura típica y sus magníficos arrozales... Hay que pasar por Guilin, pero algunas agencias locales se ofrecen a acompañaros para que no perdáis tiempo buscando los sitios o los medios de transporte, sobre todo si no habláis chino. Puede ser una buena idea, sobre todo teniendo en cuenta que el alojamiento *in situ* resulta bastante barato. Calculad unos 150 ¥ (15 €) por día, independientemente de cuántos seáis. Pero tenéis que pagar aparte el alojamiento y la comida del guía.

> **Cantón** (Guangzhou): las agencias venden plazas en los autobuses con asientos reclinables por 80 ¥ (8 €). Así podréis dormir un poco durante las 13 o 15 h de viaje; pero, antes de partir, conviene ir a la estación de autobuses y echar un vistazo a los vehículos para hacerse una idea de lo confortables que son. Con el *Luxury Express* se tarda unas 8 h (en *sleep* o *seat);* hay dos salidas al día.

> **Hong Kong:** consultad también en las agencias. Tenéis autobuses con asientos reclinables directos hacia Shenzhen por unos 120 ¥ (12€) y, desde allí, un autobús o tren hacia Hong Kong. *Atención:* coged alguno de los autobuses que pasan por Cantón y allí tomad otro autobús para Shenzhen (eso suma tres transportes diferentes). Calculad 10-16 h de viaje hasta Shenzhen, más 1,30 h para cruzar la frontera y llegar a Hong Kong.

DIRECCIONES ÚTILES

China International Travel Service

(CITS; *B2):* 103, Xijie Lu. ☎ 882-71-03. Fax: 882-71-02. En la calle principal. Abierto todos los días de 8.30 a 22 h. Venta de planos locales y reservas de transportes, principalmente con los *sleeping-bus* hacia Cantón y, eventualmente, *hovercraft* hacia Hong Kong. Pero os conviene comparar sus tarifas con las de las pequeñas agencias locales.

Correos y teléfonos

(A2): al final de Xijie Lu. Abierto todos los días de 8 a 22 h. Venta de sellos, lista de correos y llamadas nacionales e internacionales.

Internet

En Xijie Lu y calles aledañas encontraréis cantidad de cafés y tiendas especializadas que prestan este servicio.

Bank of China

*(B1, **1**):* en Binjiang Lu, al final de la calle principal a la izquierda. Abierto de 8 a 17 h. Sin cajero, pero obtendréis liquidez en la ventanilla con la tarjeta de crédito (3 % de comisión). También cambian cheques de viaje y divisas. Tiene una sucursal *(B2, **1**)*, al comienzo de la calle Xijie Lu, provista de cajero automático.

Excursiones y agencias de viajes

En Xijie Lu hallaréis muchas pequeñas agencias, como *Uncle Bob* y *Sunny Travel Agency*, dentro del *Sihai Hotel*, pero comparad sus prestaciones con las de las demás. Los cafés-restaurante también organizan salidas en bicicleta y en barco, así como para ver la pesca con cormoranes. Y hay muchos guías locales. Ver «¿Qué visitar? ¿Qué se puede hacer?», más adelante.

¿DÓNDE DORMIR?

La mayoría de los hoteles están situados en la calle principal (y las adyacentes), Xijie Lu, que significa «calle del oeste», lo cual deja bien claro su vocación de acoger a los trotamundos occidentales. Además, los establecimientos resultan francamente baratos, aunque suben un poco los precios en la temporada alta, es decir, durante las vacaciones y las fiestas chinas. A este respecto, se ha de tener en cuenta que la única actividad de este lugar es el turismo, que el invierno es frío y que en temporada baja aquí no hay nadie. Por último, los precios están referidos a una persona, salvo que se diga lo contrario.

De muy barato a barato

Youth Hostel International

*(B2, **10**):* 102, Xijie Lu. ☎ 882-09-33 y 13-977-387-188. 💻 www.52hostel.com Cama en dormitorio (9 plazas) 25 ¥/ (2,50 €) persona. Dobles 80 ¥ (8 €); más caras durante el fin de semana y las fiestas. Es el clásico albergue, bullicioso y animado. Bien mantenido, con cli-

matización en los dormitorios y en las habitaciones. Organizan excursiones.

Yangshuo Backstreet Youth Hostel

*(B1, **11**):* 60, Guihua Nan Lu. ☎ 881-40-77. backstreet_hostel@hotmail.com Dormitorio 25 ¥/(2,50 €) persona y dobles 80 ¥ (8 €). Wifi. Más discreto y menos frecuentado que el *Youth Hostel International*. En una callejuela, cerca del *Red Star Express*. Dormitorios limpios de 6 a 8 camas, con cuarto de baño y AC. Lavandería, alquiler de bicicletas. No hay servicio de cocina para los huéspedes.

Yangshuo International Youth Hostel

*(A2, **28**):* 70, Pantao Lu. ☎ 882-28-60. Fax: 882-28-53. Dormitorios 15 ¥/1,50 € (persona). Dobles 100-200 ¥ (10-20 €) según temporada y confort. Limpio, aunque los dormitorios y las habitaciones son bastante ruidosos. Convendrá a los que queráis estar cerca de la estación de autobuses. Servicio de lavandería, alquiler de bicicletas, reservas de transportes.

Yangshuo Senior Leader Youth Hostel

*(B1, **15**):* 36, Fuqian Lane, Diecui Lu. ☎ 6919780. laobanzhang720@yahoo.com.cn www.yslbz.cn A 3 minutos andando de la calle Xijie Lu. Cama en dormitorio a partir de 30 ¥ (3 €). Dobles 200 ¥ (20 €). Internet gratuito. Pequeño albergue bien situado en una tranquila calle. Climatización en cada habitación. Lavandería, alquiler de

YANGSHUO

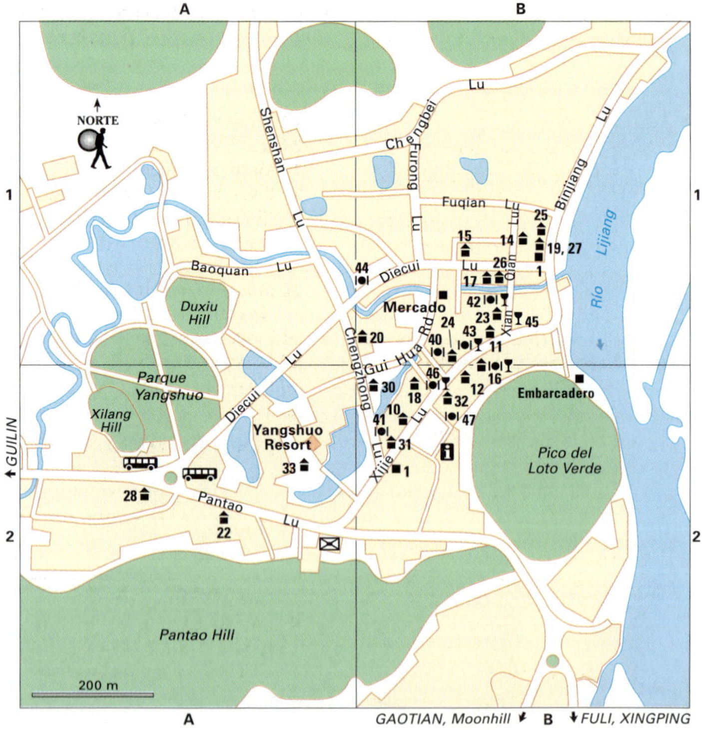

bicicletas, cocina a disposición de los huéspedes.

De barato a precio medio

Home Comfort's Hotel

*(B1, **17**)*: 13, Die Cui Lu. ☎ 13-878-372314. www.getyangshuo.com

Calculad 120 ¥ (12 €), posibilidad de descuentos. Un pequeño hotel que se ha quedado algo antiguo frente a la modenidad de la villa. La decoración de la fachada y el mobiliario así lo indican. En cambio, habitaciones con cuarto de baño propio. Gustará a quienes busquen un poco de la atmósfera íntima del Yangshuo de antes.

Bamboo House Inn & Café

*(B2, **18**)*: 23, Guihua Lu. ☎ 882-32-22.

En una callejuela perpendicular a Xijie Lu. Dormitorio común a 25 ¥ (2,50 €) aproximadamente por persona; habitaciones dobles de 60 a 120 ¥ (6 a 12 €) por persona, según la temporada. En una bonita callejuela típicamente china. Los dormitorios bajo el tejado son bastante calurosos pese al ventilador, y las habitaciones, bastante pequeñas, pero en cambio están muy limpias y todas cuentan con ducha, WC y ventilador o aire acondicionado. Algunas tienen un pequeño balcón. También hay restaurante y organizan algunas excursiones interesantes por el río Li (con salida desde Yangshou y, en principio, más baratas).

Sihai Hotel

*(B2, **12**)*: 73, Xijie Lu. ☎ y fax: 882-20-13. sihai@hotmail.com

20 ¥ (2 €) aproximadamente por persona, en un dormitorio común o en una habitación doble sin cuarto de baño; las dobles con cuarto de baño, aire acondicionado y TV cuestan 100-180 ¥ (10-18 €) por persona. Unas 30 habitaciones recién renovadas en el corazón de la calle principal, quizá un poco ruidosas por la noche. Decoración funcional, pero buen confort

Transportes y Direcciones útiles

- China International Travel Service (CITS)
- Estación de autobuses
- Correos y teléfonos
- **1** Bank of China

¿Dónde dormir?

- **10** Youth Hostel International
- **11** Yangshuo Backstreet Youth Hostel
- **12** Sihai Hotel
- **14** Peace Hotel, Double Moon Hostel
- **15** Yangshuo Senior Leader Youth Hostel
- **16** Lisa's Cafe
- **17** Home Comfort's Hotel
- **18** Bamboo House Inn & Cafe
- **19** Scenic River Hotel
- **20** Jin Quan Hotel
- **22** Good Companion Holiday Inn
- **23** Hotel Explorer
- **24, 25** Coco Hotel
- **26** Magnolia Hotel
- **27** Riverview Hotel y Oversea Chinese Hotel-YSHQJD
- **28** Yangshuo International Youth Hostel
- **30** Morningsun Hotel y 7th Heaven Cafe & Hostel
- **31** West Street Hotel
- **32** Hong Fu Palace
- **33** Paradesa Hotel

¿Dónde comer? ¿Dónde tomar una copa?

- **16** Lisa's Cafe
- **40** Susanna's Cafe
- **41** Cloud 9
- **42** The Balcony
- **43** Red Star Express
- **44** Lou's Bakery
- **45** Buffalo Bar
- **46** Café del Moon
- **47** Le Vôtre

y buen mantenimiento. Algunos apartamentos para familias, trato muy agradable y servicio de lavandería y consigna. Pequeña agencia de viajes en la planta baja.

Scenic River Hotel

*(B1, **19**):* 10, Bin Jiang Lu. ☎ 881-29-76 y 13-316-168-068. Dobles a partir de 100 ¥ (10 €). En conjunto, está bien. Habitaciones luminosas y con una hermosa vista. Las de atrás son más tranquilas. Buen confort.

Jin Quan Hotel

*(B1, **20**):* 11, Chenzhong Lu. ☎ y fax: 881-53-78. Dobles 60-120 ¥ (6-12 €). Discreto hotel de estilo chilo. Agradable, íntimo y buen recibimiento. Las habitaciones ddisponen de climatización.

7th Heaven Cafe and Hostel

*(B2, **30**):* 2, Cheng Zhong. ☎ 882-61-01 y 13-517-639-591. ✉ the7thheavencafe@hotmail.com Calculad 15 ¥/ 1,50 € (persona) en dormitorios, dobles 60 ¥ (6 €). Internet. Una buena y económica dirección con habitaciones y dormitorios limpios y bien mantenidos. Café-restaurante en la planta baja a orillas del río.

Lisa's Café

*(B1-2, **16**):* 71, Xijie Lu. ☎ y fax: 882-02-17. ✉ lisayangshuo@hotmail.com 30 ¥ (3 €) por persona, en un dormitorio de tres camas o en una habitación doble con o sin cuarto de baño; dobles con cuarto de baño y aire acondicionado, de 120 a 150 ¥ (12 a 15 €) aproximadamente para dos personas (en principio, las tarifas son las mismas todo el año). Y ya que estamos, os vamos a contar un secreto: a nosotros nos parece que *Lisa's* es uno de los hoteles-restaurante más agradables de Yangshuo. La dueña es una joven que siempre va vestida con el traje Mao y encaja perfectamente con el local, constelado todo él de libros rojos y viejas fotos de la China revolucionaria. El personal femenino también es muy agradable, desde la madre de Lisa hasta las jóvenes, que se codean con los trotamundos a lo largo de todo el año. Habitaciones muy correctas y bastante bien mantenidas, y servicio de lavandería barato. Además, organizan excursiones en barco por el río Li y para observar la pesca con cormoranes. El hotel tiene un bar-restaurante que nos gusta tanto que lo hemos incluido en el apartado «¿Dónde comer? ¿Dónde tomar una copa?», más adelante.

> **> AVISO**
>
> **Las tarifas que se indican en la guía son orientativas.**

Peace Hotel

*(B1, **14**):* 10, Xian Qian.
☎ 882-62-62 y 13-878-378-011.
✉ ys_mini@163.com Sin pretensiones pero limpio y bien mantenido con habitaciones de confort minimalista (baños, AC). Hablan un poco de inglés.

Double Moon Hostel

*(B1, **14**):* 16, Xian Qian. ☎ y fax: 881-29-89 y 13-878-372-926. Dobles 60-100 ¥ (6-10 €). Anexo al *Peace Hotel*. Las habitaciones son un poco más pequeñas pero está muy limpio. Recibimiento amable.

Good Companion Holiday Inn

*(A2, **22**):* 62, Pantao Lu, al final de Xijie Lu, a la derecha de correos. ☎ 882-27-66. Calculad 100-150 ¥ (10 a 15 €) en una habitación, y el doble en temporada alta. En una calle un poco ruidosa. Buen trato. Las habitaciones son limpias; algunas están recién renovadas y las hay que tienen cuarto de baño y aire acondicionado, según el precio. Al lado encontraréis varios

cafés y restaurantes, una agencia de viajes y un salón de masajes.

Precio medio

Hotel Explorer

*(B1, **23**):* 40, Xian Qian Lu. ☎ 882-81-16. Fax: 882-78-16. jimmyqin@hotmail.com En una pequeña calle perpendicular a Xijie Lu. Dobles de 180 a 250 ¥ (18 a 25 €) aproximadamente; podéis negociar una rebaja hasta del 30 o 50 % fuera de los periodos de vacaciones. En una pequeña calle bastante tranquila, habitaciones nuevas alrededor de un patio. Sin ningún encanto específico, pero es limpio y confortable, con cuarto de baño privado, agua caliente, aire acondicionado y TV. Varias estancias familiares de cinco camas, algunas sin ventana y, por lo tanto, un poco oscuras. Si vais solos o en pareja, pedid una individual (en realidad, la cama es de matrimonio) con balcón. Evitad las habitaciones de la planta baja. Un buen trato y los servicios habituales: lavandería, excursiones por la región, etc.

Coco Hotel

*(B1, **24**):* 80, Xijie Lu. ☎ y fax: 882-91-89. www.yscoco.com Habitaciones dobles en torno a 200 ¥ (20 €); precio negociable fuera de la temporada turística. Hotel reciente, bien situado y, sobre todo, con bonitas estancias espaciosas y confortables. Parqué encerado, hermoso mobiliario, TV último modelo o casi. Un establecimiento elegante.

Magnolia Hotel

*(B1, **26**):* 7, Die Cui Lu. ☎ 881-92-88. magnoliashotel@hotmail.com www.yangshuoren.com Dobles 250-380 ¥ (25-38 €); descunetos. Hotel moderno en el meollo del bullicio, con un interior agradablemente decorado en el estilo del país. Habitaciones limpias y con un excelente confort y un bonito mobiliario. La mayoría tiene balcón a una tranquila calle.

Riverview Hotel

*(B1, **27**):* 11, Binjiang Lu. ☎ 882-26-88 y 13-517-865-311. www.riverview.com.cn Dobles 100-180 ¥ (10-18 €), aunque los precios aumentan en fiestas. Al borde la carretera que sigue al río Li. Bien mantenido y excelente confort. Habitaciones agradables de paredes inmaculadamente blancas, mobiliario de estilo chino. AC, TV... Restaurante en la planta baja.

Morningsun Hotel

*(B2, **30**):* 4, Chengzhong Lu. ☎ 881-38-99. www.morningsunhotel.com Dobles 170-180 ¥ (17-18 €), aunque los precios aumentan en fiestas y en temporada alta. Un hotel con encanto que combina el estilo tradicional chino con la modernidad. Las habitaciones, dispuestas en tono a un patio, están bien equipadas y son confortables; tienen cuaro de baño, y algunas balcón. Una de nuestras mejores direcciones.

Oversea Chinese Hotel-YSHQJD

*(B1, **27**):* 10, Binjiang Lu. ☎ 881-07-77. www.yshqhotel.com Dobles 200 ¥ (20 €); sin desayuno. Próximo al mercado y a una de las calles principales por lo que algunas de las habitaciones de la parte delantera son un poco ruidosas. Las de arriba son más tranquilas pero no tienen vistas.

West Street Hotel

*(B2, **31**):* 108, Xijie Lu. ☎ 882-86-59. Fax: 882-86-58. Habitaciones dobles y suites a partir de 220 ¥ (20 €) aproximadamente, más el 15 % de tasas; fuera de la temporada turística podéis negociar una rebaja hasta del 30 %. Hotel reciente a todo confort que da a la calle principal. Bonitas estancias muy espaciosas, con parqué encerado, cuarto de baño moderno, TV, aire acondicionado y

teléfono. Servicio de cambio, lavandería, fax y correo electrónico. Un buen trato y un buen establecimiento.

Selecto

Hong Fu Palace

*(B2, **32**):* 79, Xijie Lu. ☎ 882-94-89 y 13-737-397-888. hongfuhotel-yangshuo@yahoo.fr Se aconseja reservar. Dobles 400 ¥ (40 €), con desayuno; importantes descuentos en temporada baja. En el fondo de una placita, por lo que la tranquilidad está asegurada. Se trata de un magnífico hotel instalado en una antigua residencia restaurada. Disponen de unas 30 habitaciones, espaciosas y dispuestas en torno a un colorido patio con vistas al bosque de viejos tejados. Decoración fuera de lo común, y al lado, uno de los mejores restaurantes de la ciudad. ¿Qué más se puede pedir?

Paradesa Hotel

*(A2, **33**):* 116, Xijie Lu, al final de la calle a la derecha. ☎ 882-21-09. www.paradiseyangshuo.com A partir de 500 ¥ (50 €); con desayuno bufé. Es el hotel más caro de la localidad y el que recomiendan todos los operadores turísticos, pero no hay para tanto, pues resulta demasiado caro por lo que ofrece. De todos modos, es el único que puede entrar en los catálogos internacionales, a juzgar por las fotos de los personajes que en él se han alojado y donde, cómo no, aparece Bill Clinton.

¿DÓNDE COMER? ¿DÓNDE TOMAR UNA COPA?

Aquí, esos dos capítulos se convierten en uno solo, por la sencilla razón de que el viajero llega a Xijie Lu, se toma el aperitivo en cualquiera de los entrañables restaurantes y después come en ése o en el siguiente; y esta operación se repite cada día en un restaurante diferente. Eso sí que es vida, por más que la calidad puede variar un poco de un restaurante a otro o según qué día se vaya... En realidad, podéis disfrutar comiendo platos muy baratos, tanto chinos como occidentales, realmente variados: *pancakes,* tortillas y muesli para desayunar, y pizzas, filetes, sándwiches y platos de tallarines chinos o arroz, las demás veces. Sin olvidar las especialidades locales, como el pato borracho (cocinado con vino, por supuesto), pescado de río cocido a la cerveza, además de un plato absolutamente obligatorio para cualquier turista que quiera llevarse un buen sabor de boca del viaje: nada más y nada menos que una lustrosa serpiente, bien fresca, cuya sangre se bebe previamente mezclada con una gota de alcohol. Y al llegar la noche, id a dar una vuelta por los cafés. Así es como se vive en Yangshuo...

De barato a precio medio

Susanna's Café

*(B1, **40**):* situado en la esquina entre Xijie Lu y la calle que lleva hasta el mercado. Es uno de los restaurantes más antiguos de Yangshuo y aún se sigue poniendo medallas por haber servido un pato borracho *(drunk duck)* a Jimmy Carter. Quizá arrancaran de ahí todos los problemas que tuvo el hombre al final de su mandato presidencial... Por la noche, bonitas mesas con velas encendidas alegran la terraza del restaurante. Por lo que respecta a la comida, ni que decir tiene que os recomendamos de todo corazón que entréis en la leyenda de Jimmy Carter. El pato borracho es excelente, pero la carta tiene muchas más especialidades.

Cloud 9

(B2, ***41****):* en la esquina de Xijie Lu y Chengzhong. ☎ 881-36-86. En el primer piso. Abierto todos los días a mediodía y para cenar hasta las 22 h. Pato laqueado 25 ¥ (2,50 €), mao gu 40 ¥ (4 €). Especialidades regionales a precios moderados. Un acocina auténtica, de sabores intensos y aromas originales. En los entrantes, os aconsejamos una de las 15 sopas de la casa.

The Balcony

(B1, ***42****):* 28, Xian Qian Lu. ☎ 881-23-31. Todos los días, excepto lunes por la mañana, de 8 h hasta tarde. *Happy hours* de 17 a 19 h. Es el «café francés de Yangshuo», pero no lo regenta un francés, sino un chino. En un bonito rincón, podréis degustar platos de legumbres seleccionadas, ensaladas, quiches, etc.

Red Star Express

(B1, ***43****):* Xijie Lu, casi enfrente del *Lisa's*. Conocido por sus 15 pizzas diferentes, también preparan sándwiches, hamburguesas, platos de inspiración mexicana, arroz y tallarines chinos, además de servir algunos vinos del país por copas. Gran variedad de desayunos, tés, cafés, etc. En resumen, como en todas partes. Trato y servicio muy agradables.

Lisa's Café

(B1-2, ***16****):* ver «¿Dónde dormir?». Lisa y su terraza en mitad de la calle que los operadores reservan de un día para otro. Lisa y sus trotamundos que acaban de aterrizar y enseguida se convierten en clientes habituales. Lisa y sus *girls* que se quedan con el personal por aquello de divertirse un poco. Lisa y su madre, que se desvive porque los clientes estén a gusto, etc. Resulta agradable sentarse a la mesa y seguir los acontecimientos del día a día de la casa. Así que no es de extrañar que estemos prendados del sitio. En todo caso, y aunque la vida resulta muy barata en Yangshuo, su carta es sin duda una de las más baratas de la calle, lo mismo que su cerveza bien fresca. Probad, por ejemplo, el sabroso *roast duck with potatoes (Lisa's special)*. Pero Lisa hace muchas más cosas, lo mismo que sus honorables vecinos y colegas, y no es raro que se celebre por la noche el famoso ritual de la serpiente en honor de algún turista de paso...

Lou's Bakery

(A-B1, ***44****):* 26, Die Cui Lu. ☎ 882-26-19. Abierto todos los días hasta tarde. Es la mejor panadería-pastelería de la ciudad. Los golosos no podrán resistirse ante su apetitoso escaparate.

Buffalo Bar

(B1, ***50****):* 50, Xian Qian Lu. ☎ 881-36-44. Abierto hasta tarde por la noche. Uno de los bares más agradables de la localidad. Muy popular entre expatriados anglosajones. Arriba tiene una sala más tranquila con billar.

En **Gui Hua Road** *(B1-2)*, los cafés se suceden unos a otros hasta desembocar en un agradable plaza. No es posible relacionarlos todos, así que haced caso de vuestra intuición.

De precio medio a más selecto

Café del Moon

(B2, ***46****):* Xijie Lu, enfrente del *Susanna's*. Gran terraza en esquina, acogedora y cordial, y bonito balcón para enamorados que quieran alcanzar la luna mientras en la calle reina una gran animación. En la planta baja hay un enorme cartel en francés y música de jazz para amenizar el ambiente. Carta un poco más cara que la de los establecimientos anteriores, pero aquí comeréis un delicioso pescado a la cerveza *(fish beer)*, además del surtido de platos habituales y una amplia gama de *dim sum*. Larga carta de cócteles para terminar la velada en un ambiente bastante lujoso.

Le Vôtre

*(B2, **47**)*: 79, Xijie Lu. ☎ 882-80-40. Todos los días desde el mediodía hasta 22.30 h. Pizzas 30-40 ¥ (3-4 €), menús 78-88 ¥ (7,80-8,80 €). Restaurante regentado por un francés e instalado en un hermoso templo chino restaurado. A título anecdótico, funcionó como sala de billar durante la Revolución Cultural. Cocina francesa y precios dentro de la categoría de muy selecto para lo que es Yangshuo.

COMPRAS

En **Xijie Lu** se encuentra prácticamente toda la artesanía que se produce en China, excepto muebles. Ésta es realmente una ocasión ideal para hacer vuestras compras si estáis a punto de volver a casa. Palillos de jade, arquetas de caligrafía, sellos personalizados, estatuillas, pinturas, camisetas con inscripciones divertidas, libros rojos, flautas chinas, copias malas de budas y estuches de gafas grabados; todo eso y más lo encontraréis en Yangshuo. Pero no busquéis antigüedades auténticas, porque apenas las hay. Los precios de salida suelen ser muy elevados (a veces, cuatro o cinco veces su valor real), porque los chinos saben que, como cualquier buen occidental o buen chino que se precie, todo el mundo intentará regatear. Es muy posible que os lancen un «hello, look in» a cada momento, y hasta que os sigan por la calle para ofreceros un último precio... Aquí suelen ser muy tenaces negociando, pero no abuséis del método «me-voy-si-no-bajas-el-precio», porque el objetivo del juego consiste, a fin de cuentas, en que todo el mundo haga negocio, y todo con una sonrisa en los labios... De todos modos, si no os siguen, es que os habéis pasado de intransigentes...

¿QUÉ VISITAR? ¿QUÉ SE PUEDE HACER?

El pueblo: además de la calle principal Xijie Lu (donde está estrictamente prohibido circular en bicicleta bajo pena de multa) – no olvidéis que Yangshuo es una localidad mucho más grande que el «pueblo turístico», invadido por los trotamundos–, las callejuelas son un encanto, y no hay que perderse la visita al **mercado de alimentación** *(B1)* que tiene lugar todos los días justo al lado. En la parte de fuera y bajo la lonja cubierta, hallaréis cantidad de puestos baratísimos a los que van a comer los chinos. Entre los tenderetes de legumbres y frutas, de carne y pescado al aire libre, de medicina china tradicional y de chucherías que son el último grito en Yangshuo, la gente vive su vida. Y en las callejuelas próximas del barrio se alinean tiendas y pequeños mercados con toda clase de artículos manufacturados, calzado, vestido, baratijas...

Hay también un **parque** cuya entrada, evidentemente, es de pago. Asimismo podéis pasear por el lado del *puerto* al que llegan los barcos cargados de turistas, y adentraros un poco más en el interior de la población al otro lado del puente.

Pesca con cormoranes: por todas partes (hoteles, cafés y agencias de viajes) os ofrecerán el «espectáculo». Cuesta unos 30 ¥ (3 €) por persona, y tiene lugar por la tarde, generalmente hacia las

19 h. Muy turístico. La gente se embarca en grupo en embarcaciones locales cubiertas y navega por el canal justo enfrente del pueblo, remolcando la barca del pescador con sus cormoranes, esos grandes pájaros esbeltos de largo pico. A continuación, las dos embarcaciones se siguen en paralelo, y el pescador, que lleva encendida una lámpara de petróleo, envía al agua a los cormoranes uno a uno, diciéndoles con un sonido particular que se sumerjan de cabeza para atrapar los peces. Los pájaros tienen el cuello apretado por un hilo para que no puedan tragarse las presas y las entreguen enteras a su dueño. El ritual dura cerca de 1 h, en cualquiera de los dos sentidos del canal, y durante todo ese tiempo los flashes zumban sobre los pobres animales que se lanzan al agua contaminada. Todo termina en un banco de arena donde se siguen haciendo fotos de recuerdo con el pescador, al que por lo general siempre se le retribuye...

Bueno, ya habréis comprendido que somos un poco reticentes ante este negocio turístico, que nos parece bastante tramposo. Por paradójico que parezca, le falta autenticidad; aunque en verdad resulta curiosa esta forma de pescar, que sin duda es original y constituye un medio de vida de los lugareños. Pero cabe preguntarse si no es el turismo el que mantiene esa actividad tradicional.

> **Cursos de artes y tradiciones chinas:** aunque los organizan varios cafés, el *Kingfisher*, en Xijie Lu, se enorgullece de ser el principal centro de arte y cultura de la localidad. Cursos de tai-chi, masajes, mah-jong, pintura, caligrafía, cocina e, incluso, cursos de mandarín en un ambiente agradable.

Alrededores

Una infinidad de excursiones. Por si no lo sabíais, siempre podéis combinar la bicicleta, el autobús y el barco, e incluso llevar la bicicleta en el autobús (hay que pagar un suplemento) o en el barco, por aquello de ir combinando los medios de locomoción...

> **Paseos en barco por el río Li:** os los ofrecerán por todas partes, y así podréis evitaros pagar la exorbitante tarifa del paseo con salida de Guilin; no tenéis por qué lamentarlo, ya que es mucho más agradable hacerlo desde aquí. En cualquier caso, estudiad primero lo que os propongan. En realidad, lo mejor es ir en autobús o en bicicleta a Xingping, en la orilla este del río, y tomar un barco que vaya a Yangdi, más al norte. Ese tramo resulta el más interesante, y aquí están los farallones más hermosos. De modo que no vale la pena salir de Yangshuo y pagar un trayecto de ida y vuelta que por lo general sale más caro.

De **Xingping a Yangdi** calculad, ida y vuelta, unos 100 ¥ (10 €) por persona y unas 3 h aproximadamente. Reservad, ya sea en Yangshuo, o directamente *in situ*, pero en este último caso presentaos la víspera

> **AVISO**

El icono del Trotamundos os indica el interés de la visita.

o llegad por la mañana muy temprano para no perder la salida hacia las 10 h (si es que ya no está lleno...). Tenedlo en cuenta, sobre todo en temporada alta. El alojamiento podéis resolverlo en el barrio del puerto de Xingping. En principio, se pueden conseguir plazas bastante más baratas con los barcos que van de Xingping a Yangdi los días de mercado (ver más adelante), pero como por lo general salen hacia las 7 h de la mañana, no hay más remedio que alojarse *in situ*. Aunque es una gozada ir a Yangdi en día de mercado.

Al parecer, el *One World Café* de Xingping también organiza salidas de «auténtica» pesca con cormoranes al atardecer (un poco caras).

RÍO LI

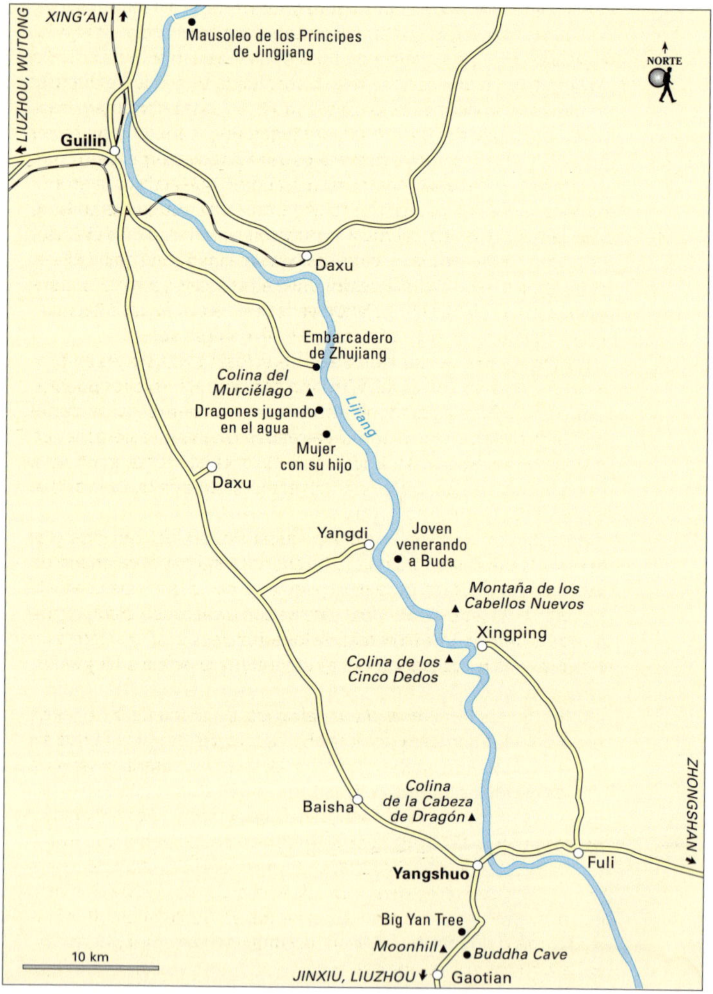

Además, por si alguien se propone terminar su estancia aquí con un crucero, la vuelta a Guilin la puede hacer desde Yangdi; en cuyo caso deberá cambiar de autobús al llegar a la intersección de la carretera nacional.

Por último, es posible que os propongan ir a **Fuli** en barco desde Yangshuo; francamente, es mejor ir en bicicleta, porque está prácticamente a la vuelta de la esquina. Más al sur de Fuli se halla Pu Yi, adonde podéis ir en una bonita excursión, aunque resulta más impresionante el tramo Xingping-Yangdi, el recorrido que más nos gusta.

> **Excursiones en bicicleta:** este medio de locomoción es el más utilizado aquí. En primer lugar, podéis alquilarla en cualquiera de los establecimientos de la calle principal (de 5 a 10 ¥ al día/0,50 a 1 €); comprobad el estado de las ruedas y los frenos. En segundo lugar, escoged un buen guía. Habitualmente, siempre encontraréis alguno delante del *Yangshuo Resort*. Aquí, el truco consiste en hacer medio día de excursión por los arrozales y comer luego en el pueblo de vuestro guía, por no decir en su propia casa. Os resultará muy interesante hacer un poco la misma vida que los lugareños, y, además, sin correr peligro de perderos por los numerosos senderos que serpentean entre los arrozales y los farallones, al mismo tiempo que activáis la economía local. Y ello nos parece muy bien porque creemos que el turismo debe beneficiar directamente a los lugareños. Calculad 50 ¥ (5 €) por persona y día, incluida la comida. Los paisajes son de una gran belleza, como ya os hemos dicho. Pueblos, mercados locales, arrozales, campesinos y sus animales trabajando en los campos, y la posibilidad de conversar con las gentes... En resumen, algo impagable.

Ver también la descripción de dos preciosas excursiones en bicicleta un poco más adelante. Asimismo podéis visitar sólo los pueblos donde se celebra mercado (ver las fechas más adelante) por las carreteras principales, e incluso tomar carreteras secundarias siempre que estén señalizadas en los mapas. Preciosas excursiones en solitario si disponéis de una bicicleta en buen estado, pues de lo contrario el regreso a pie es un poco largo...

> Otra solución: recorred los principales parajes en ***trishaws*** o **motos-taxi.** Las tarifas para cada paraje están expuestas en el carenado de la moto, pero podéis regatear un poco y, en principio, rebajar el precio a la mitad... No es nada raro cruzarse con un verdadero convoy de turistas en motos-taxi en medio de los arrozales y en las carreteras, y revivir en versión turística local las escenas de la película *Easy Rider*.

Moonhill *(ver el plano del río Li):* la «colina de la Luna» se encuentra en la carretera de Gaotian, en el sur de Yangshuo. Entrada: unos 15 ¥ (1,50 €). Podéis dejar la bicicleta en la entrada, pues está incluido en el precio.

El paraje más conocido y el que os propondrán más a menudo. Hermosa colina rematada por un arco natural; es decir, un amplio agujero excavado en la roca, como un anillo que algún dios quisiera poner en el dedo de su diosa... Desde arriba disfrutaréis de una vista preciosa, aunque suele estar lleno de gente. Se llega en 30 minutos. También podéis llegar hasta la cima y el arco pasando por el sendero que discurre por detrás.

Mercados locales *(ver el plano del río Li):* constituyen una maravilla. Además del mercado permanente de Yangshuo, del que ya hemos hablado, en la región tienen lugar muchos pequeños mercados siguiendo un ritual muy preciso. Uno de nuestros preferidos es el de **Gaotian,** en el sur de Yangshuo. Se celebra todos los días que terminan en 2, 5 y 8. Es uno de los menos turísticos: un vistoso agrupamiento de vendedores de frutas y legumbres, tabaco, té, ropa, vajilla, vasijas y baratijas de todo tipo, etc. Y una buena ocasión para que os corte el pelo alguno de los peluqueros ambulantes.

El mercado de **Fuli,** en el este de Yangshuo (carretera de Xingping), es más conocido y más grande, con algunas secciones un tanto más turísticas, y tiene lugar exactamente los mismos días que el de Gaotian. El mercado de **Xingping** es también un gran mercado que se celebra todos los días que terminan en 3, 6 y 9, lo mismo que el de Yangshuo. Pero este último, mucho más turístico (no lo confundáis con el mercado de alimentación, abierto todos los días), no aporta nada nuevo a la retahíla de tiendas de la calle principal. Por último, los mercados de **Yangdi** y **Baisha,** en el norte de Yangshuo, se celebran los días que terminan en 1, 4 y 7. El de Baisha no tiene mucho interés, ya que se trata de una ciudad grande, situada a medio camino en la carretera que va a Guilin. En cualquier caso, los mercados son unos preciosos destinos que deberíais incluir en el programa.

Cuevas: constituyen otro reclamo para impulsar el turismo, y la más conocida es la **Buddha Cave.** Oficina de recepción en el pueblo, enfrente de Moonhill. Calculad de 50 a 100 ¥ (5 a 10 €) aproximadamente por persona y de 1,30 a 3 h de exploración.

La versión larga comprende descenso con cuerdas, tramos por el agua, descubrimiento de estalagmitas y baños de barro. Así que quien quiera mancharse el traje de baño puede hacerlo. Por la misma ruta hay más cuevas que se están acondicionando, como la **Water Cave** y la **Mo's New Water Cave,** pero llevan menos tiempo abiertas al público.

Dos bonitas excursiones en bicicleta

> **Yangshuo-Fuli por el camino de los escolares:** calculad unas 2 h sólo ida. Esta excursión evita la carretera que pasa por los dos municipios, con mucho tráfico, y constituye un verdadero encanto. Al final de Xijie Lu, enfrente de correos, tomad la carretera de la izquierda hasta bordear el río Li. Justo antes del puente de Yangshuo, girad a la izquierda por el sendero que desciende por debajo del puente y seguid el camino que atraviesa unos bonitos poblados hasta el transbordador del río Lijiang. Subid la bicicleta al transbordador para cruzar el brazo del río (calculad unos 2 ¥/0,20 € por persona) y continuad camino por la orilla opuesta siguiendo la orilla. Así pasaréis por bancales, arrozales y numerosos campos hasta Fuli. Es realmente una excursión estupenda, en especial a última hora de la tarde. Evidentemente, también podéis hacer el camino en sentido inverso después de visitar el mercado de Fuli, y así cruzar el río y llegar a

Yangshuo a la puesta de sol... En ese caso llevaos un guía local; es más seguro para saber dónde empieza la excursión desde Fuli.

> **Desde Yangshuo hasta el puente del Dragón:** esta excursión se hace acompañado por un guía local, y, como la otra, consiste en recorrer el camino de los escolares. Aunque en este caso es mejor hablar de «camino de los arrozales», realmente magnífico y sin fin. Pedid salir desde el norte de Yangshuo y seguir después los senderos en dirección a Baisha, que llevan hasta el pueblo antiguo de **Jiao Xin** a lo largo del Dragon River (o casi). Este pueblo multicentenario tiene casas antiguas de una arquitectura deteriorada pero típica, viejos soportes de campanas con extraños dragones labrados... y unas abuelas encantadoras. Hay pocos guías que lo conozcan, pero si buscáis bien, siempre encontraréis alguno.

Prolongad la excursión hasta el Dragon Bridge (construido hace 500 años), que domina un brazo del río Li. Desde el puente disfrutaréis de una vista de lo más plácida del río, que parece un espejo perfecto, sobre todo cuando aparece alguna embarcación con su reflejo en medio del agua con los farallones como telón de fondo... Además, podéis efectuar un pequeño viaje en balsa, barato, y beber algo en el colmado cercano. La excursión puede durar una media jornada, en función del tiempo que dediquéis a recorrer los arrozales, a entreteneros con los demás componentes de la excursión o a conocer la gente con que os crucéis en los campos.

Otros lugares de interés

Big Yan Tree *(ver el plano del río Li):* en la carretera de Moonhill, antes de Gaotian, se halla este parque en el que hay una espectacular higuera de India que, al parecer, tiene 1.500 años. El único inconveniente es que no vemos por qué razón debemos pagar para contemplar un árbol, por muy majestuoso que sea. Haced lo que mejor os parezca.

Índice

> B

> C

> D

> E

> F

> G

> H

> J/K

> L

> M

> N

> O

> P

> Q

> S

> T/V/W

> X

> Y

> Z

Índice de mapas, planos y plantas

CÓDIGO DEL TROTAMUNDOS

Cuando salimos de nuestro país, los extranjeros somos nosotros. Con este refrán en mente, una actitud correcta caerá por su propio peso.

Los usos y costumbres del país: respetad sus costumbres o creencias aunque os sorprendan. La discreción y la humildad permiten a menudo evitar algún malentendido. Bastará con observar las actitudes de los demás y adaptarse a ellas. Informarse de las tradiciones religiosas resulta siempre interesante. Un atuendo discreto, una sonrisa, algunas palabras en el idioma local, son detalles que facilitan el intercambio y el establecimiento de una verdadera relación. Estos pequeños gestos constituyen un paso hacia el otro. Y somos los visitantes quienes debemos darlo. La consigna: tolerancia y derecho a la diferencia.

Visitante/visitado: una relación de fuerzas desequilibrada: el pasado colonial o las abismales desigualdades económicas pueden conllevar tensiones. La diferencia de poder adquisitivo es enorme entre el Norte y el Sur. No exhibáis vuestro dinero, sobre todo billetes grandes, que muchos no habrán tenido jamás entre las manos.

El turismo sexual: es inadmisible que los occidentales utilicen sus medios económicos para aprovecharse sexualmente de la pobreza. Nuevas leyes permiten perseguir y juzgar en sus países de origen a aquellos culpables de abusos sexuales, especialmente a menores. Apelamos a la conciencia personal y al simple respeto al prójimo. Combatir estos comportamientos es fundamental. Boicotead los establecimientos que favorecen este tipo de relaciones.

¿Foto o no foto?: hay que informarse bien sobre la relación que los habitantes del país establecen con esta cuestión. Algunos pueblos consideran que la fotografía roba el alma. Limitaos a fotografiar paisajes o pedid permiso antes de apuntar con vuestro objetivo. No ignoréis la opinión de la gente. No dudéis en apuntar la dirección de la persona retratada para enviarle una copia. Un objeto mágico: dejadle una foto polaroid.

Cada uno, su traje: querer comprender un país para apreciarlo mejor es una actitud encomiable, pero a veces conviene mantener cierto distanciamiento (que no distancia), permaneciendo en el lugar que nos corresponde. No es preciso llevar un traje beréber para demostrar que nos gusta el país. La idea misma de «imitar» a los habitantes locales será mal recibida. Asimismo, los atuendos demasiado escuetos les resultan a menudo molestos.

Cada uno, su ritmo: los viajeros tienen siempre demasiada prisa. No puede verse ni hacerse todo. Hay que aceptar los imprevistos, a menudo más ricos en recuerdos que los periplos sin sorpresas. Las mejores relaciones humanas nacen con el tiempo y no con el dinero. Tomaos tiempo para sonreír, hablar, comunicaros... Ahí radica el secreto de un viaje memorable.

Evitar las actitudes moralistas: el trotamundos «aleccionador» resulta molesto. Observad, comparad e informaos antes de expresar opiniones. Y, sobre todo, escuchad.

El exotismo adulterado: denunciad a las empresas turísticas que tratan a los autóctonos de forma degradante y rechazad las excursiones que suponen el disfrute de una curiosidad malsana. No alentéis los espectáculos turísticos que adulteran las tradiciones y pervierten a los habitantes.